DICIONÁRIO TÉCNICO JURÍDICO

DEOCLECIANO TORRIERI GUIMARÃES
(*IN MEMORIAM*)

DICIONÁRIO TÉCNICO JURÍDICO

27ª EDIÇÃO 2024

ATUALIZADORA:
Ana Claudia Schwenck dos Santos

EDITORA RIDEEL
Quem tem Rideel tem mais.

Expediente

Fundador	Italo Amadio (*in memoriam*)
Diretora Editorial	Katia Amadio
Editora	Mônica Ibiapino
Assistente Editorial	Giovanna Homma
Atualização	Ana Claudia Schwenck dos Santos
Projeto Gráfico	Sergio A. Pereira
Diagramação	WK Comunicação

Dados Internacionais de Catalogação na Publicação (CIP)
Angélica Ilacqua CRB-8/7057

Guimarães, Deocleciano Torrieri
Dicionário técnico jurídico / Deocleciano Torrieri Guimarães ; atualização de Ana Claudia Schwenck dos Santos. - 27. ed. - São Paulo : Rideel, 2024.

ISBN 978-85-339-6178-4

1. Direito - Dicionários I. Santos, Ana Claudia Schwenck dos

CDD 340.03
24-0247 CDU 340(038)

Índice para catálogo sistemático:
1. Direito – Dicionários

EDITORA RIDEEL

ABDR
EDITORA AFILIADA

e-mail: sac@rideel.com.br
www.editorarideel.com.br

1 3 5 7 9 8 6 4 2
0 2 2 4

Apresentação

É com grande satisfação que apresentamos mais uma edição do Dicionário Técnico Jurídico.

Sendo o Direito o mais completo registro da vida humana, em sua forma e essência, aquela mutável, esta dinâmica, muitas vezes perecível uma e em constante mutação a outra, sob o influxo da própria evolução de usos, costumes e tecnologias, impossível cerceá-lo em definitivos parâmetros.

A execução de obra de tal porte, pois, por mais atualizada se apresente, é trabalho de Danaides, que mal se conclui obriga a reiniciar-se, característica das ciências intrinsecamente ligadas à vida do homem, em permanente ebulição.

Traz esta obra todo o riquíssimo Universo do Direito pátrio, como se estrutura hoje, magnífico edifício em cuja construção devem ser honrados e louvados os esforços de mestres eméritos do passado e do presente. Nada se poupou, no sentido de dotá-la de todos os verbetes, alguns com evidente sabor de tempos passados, mas necessários ao conhecimento da evolução das leis; outros novíssimos, leis e decretos cuja tinta com que foram promulgados ainda não secou de todo.

Professores, estudantes, profissionais do Direito nela encontrarão abundante messe de conceitos atualizados, informações precisas e remissões indispensáveis, que completam o texto, necessariamente essencial.

Evidentemente, não pretendemos ter elaborado obra isenta de senões, cujo apontamento desde já esperamos e agradecemos, para futuras corrigendas. Repetimos, modestamente, a tradicional advertência:

"QUOD POTUI, FECI; FACIANT MELIORA POTENTES".

Agradecemos a amigos de ontem e de hoje a colaboração emprestada, à qual esperamos ter feito jus, sem desmerecê-los.

A recompensa maior de tanto esforço, leitor, é a possibilidade de poder ser-lhe útil.

Torrieri Guimarães (*in memoriam*)
Advogado, Escritor, Dicionarista.

Lista de abreviaturas

Abrev.	Abreviatura
Ac.	Acórdão
ADCT	Ato das Disposições Constitucionais Transitórias
ADI	Ação Direta de Inconstitucionalidade
ADPF	Arguição de Descumprimento de Preceito Fundamental
Art.	Artigo
BACEN	Banco Central do Brasil
BNDT	Banco Nacional de Devedores Trabalhistas
B.O.	Boletim de Ocorrência
CC/1916	Código Civil – Lei nº 3.071/1916, em vigor de 01.01.1917 a 10.01.2003
CC/2002	Código Civil – Lei nº 10.406/2002, em vigor a partir de 11.01.2003
CCom	Código Comercial – Lei nº 556/1850
CDC	Código de defesa do Consumidor – Lei nº 8.078/1990
CE	Código Eleitoral – Lei nº 4.737/1965
CEF	Caixa Econômica Federal
CF	Constituição Federal
CLT	Consolidação das Leis do Trabalho – Dec.-Lei nº 5.452/1943
CNJ	Conselho Nacional de Justiça
Cód.	Código
Cód. Bras. Aer.	Código Brasileiro de Aeronáutica – Lei nº 7.565/1986
CP	Código Penal – Dec.-lei nº 2.848/1940
CPC/1939	Código de Processo Civil e Comercial – Dec.-Lei nº 1.608/1939, em vigor de 01.02.1940 a 31.12.1973
CPC/1973	Código de Processo Civil – Lei nº 5.869/1973, em vigor de 01.01.1974 a 16.03.2016
CPC/2015	Novo Código de Processo Civil – Lei nº 13.105/2015, em vigor a partir de 17.03.2016
CPM	Código Penal Militar – Dec.-Lei nº 1.001/1969
CPP	Código de Processo Penal – Dec.-lei nº 3.689/1941
CPPM	Código de Processo Penal Militar – Dec.-lei nº 1.002/1969
CTB	Código de Trânsito Brasileiro – Lei nº 9.503/1997
CTN	Código Tributário Nacional – Lei nº 5.172/1966
Dec.	Decreto
Dec. Leg.	Decreto Legislativo
Dec.-Lei	Decreto-lei
Dir.	Direito
EC	Emenda Constitucional
ECA	Estatuto da Criança e do Adolescente – Lei nº 8.069/1990
EPD	Estatuto da Pessoa com Deficiência – Lei nº 13.146/2015
FGTS	Fundo de Garantia do Tempo de Serviço
inc.	Inciso
INPI	Instituto Nacional da Propriedade Industrial
INSS	Instituto Nacional do Seguro Social
LC	Lei Complementar
LCP	Lei das Contravenções Penais – Dec.-lei nº 3.688/1941
LEP	Lei de Execução Penal – Lei nº 7.210/1984
LINDB	Lei de Introdução às Normas do Direito Brasileiro (antiga LICC) – Dec.-Lei nº 4.657/1942
Loc. lat.	Locução latina
LOJF	Lei orgânica da Justiça Federal – Lei nº 5.010/1966
LRE	Lei de Recuperação Judicial, Extrajudicial e Falências – Lei nº 11.101/2005
MP	Medida provisória
nº	Número
OAB	Ordem dos Advogados do Brasil
OIT	Organização Internacional do Trabalho
p.	Página
PAR.	Parágrafo
pl.	Plural
Por ex.	Por exemplo
RCJF	Regimento de Custas da Justiça Federal – Lei nº 9.289/1996
Res.	Resolução
RICNJ	Regimento Interno do Conselho Nacional de Justiça
RISTJ	Regimento Interno do Superior Tribunal de Justiça
RISTF	Regimento Interno do Supremo Tribunal Federal
segs.	Seguintes
SUDS	Programa de Desenvolvimento de Sistemas Unificados e Descentralizados de Saúde nos Estados
Súm.	Súmula
Súm. Vinc.	Súmula Vinculante
STF	Supremo Tribunal Federal
STJ	Superior Tribunal de Justiça
TNU	Turma nacional de Uniformização dos Juizados Especiais Federais
TFR	Tribunal Federal de Recursos
TRF	Tribunal Regional Federal
TSE	Tribunal Superior Eleitoral
TST	Tribunal Superior do Trabalho

Prefácio

A utilidade de um bom dicionário é incalculável. Mas, sob certo ponto de vista, é maior, quando se trata de obra especializada em certo domínio científico, em cujas fronteiras, abstraída a classe dos vocábulos originalmente técnicos, as próprias palavras do discurso corrente já se sujeitam a outras regras convencionais de uso, que as remetem a um mundo semântico particular.

São poucos, senão pouquíssimos, em língua portuguesa, editados no Brasil, os dicionários de termos técnicos da área jurídica. Esta deficiência já bastaria por justificar todo o esforço de outra publicação, ainda quando fosse desprovida dalguma singularidade metodológica, ou de alcance prático adicional.

Não é o caso desta obra, a qual tem virtudes, e muitas.

O autor, que, como advogado, jornalista, escritor e tradutor, conta com largo tirocínio no manejo da linguagem, valeu-se dessa experiência para estruturar a obra conforme a justa dimensão e serventia de um dicionário, escapando às duas tentações que poderiam sacrificar-lhe tal propósito: a de querer constituir-se numa pequena enciclopédia jurídica, com pretensões de sínteses exaustivas, e a de não ousar mais que um catálogo de definições breves, com proveitos limitados.

Cada verbete foi concebido e redigido com o intuito de dar ao leitor, que, embora sendo profissional do Direito, não tenha intimidade com a matéria, ou, tendo-a, não seja ajudado da memória, ou não possa recorrer de imediato aos textos legais e ao acervo da doutrina e da jurisprudência, uma ideia clara do conteúdo semântico dos vocábulos e das locuções que ocorrem nas proposições jurídicas e nas proposições normativas. Desta clareza e propriedade vem-lhe, por consequência natural, toda a valia que representa a estudantes, estagiários e leigos nas questões jurídicas.

Não se reduz a definir, explica. Não apenas explica, mas situa, quando deve, no contexto legislativo atualizado e nas províncias do saber jurídico; com isso, abre horizontes. É estrito: não faz digressões supérfluas e mostra-se contido nas referências analógicas. Não regateia: recupera palavras e expressões vernáculas e latinas, algumas arcaicas, outras em desuso, mas com grande poder de comunicação, e quase todas indispensáveis à inteligência, não só dos escritos de leitura ocasional, mas também das técnicas, conceitos e instituições que compõem a trama da história do Direito e se propõem como objetos permanentes do pensamento jurídico.

É perceptível a seriedade das pesquisas que o suportam. Não chegando, ainda, assim, a esgotar o cabedal de termos e expressões jurídicos, o que seria tarefa de possibilidade e eficácia duvidosa, nasce com a disposição de estar aberto às contribuições críticas e a um projeto de aperfeiçoamento constante, e com a certeza objetiva de representar uma contribuição sólida à difusão dos conhecimentos jurídicos. Lisonjeia-me poder apresentá-la e antecipar-lhe a boa acolhida.

Antonio Cezar Peluso
Ministro Aposentado do Supremo Tribunal Federal.

Nota da Atualizadora à 27ª edição

Somos gratos à Editora Rideel por mais uma oportunidade de atualizar esta obra, a qual caminha para sua 27ª edição.

Agradecemos ao leitor, desde já, pela leitura desta obra e esclarecemos que buscamos manter, tanto quanto possível, as definições originais do Autor, com a atualização de termos decorrente de alterações legais, bem como a referência legislativa correspondente a diplomas normativos editados após a última edição. Trata-se de uma tarefa árdua, a qual nunca poderá ser conclusiva, e que requer o constante acompanhamento da produção legislativa, jurisprudencial e doutrinária do país.

Os desafios propostos pela atualização desta edição são as alterações trazidas pela Nova Lei de Licitações (Lei nº 14.133, de 1º de abril de 2021), que, a partir de 30-12-2023, revogou a totalidade da lei anterior (Lei nº 8.666, de 21 de junho de 1993) e da Lei nº 10.520, de 17 de julho de 2002, sobre a modalidade de licitação pregão, bem como a Reforma Tributária iniciada com a promulgação da EC nº 132/2023, e a Lei nº 14.811/2024, que institui medidas de proteção à criança e ao adolescente e trata ainda do *bullying* e do *cyberbullying*.

Ademais, muitos conceitos novos surgiram, e outros foram alterados, conforme consta da presente edição.

Assim, continuamos a obra do mestre Torrieri, a qual merece ser preservada, não mais na inteireza formal dos verbetes aqui contidos, mas, sim, no espírito de constante renovação da linguagem jurídica. Esperamos ter honrado esse princípio.

São Paulo, janeiro de 2024.

ANA CLAUDIA SCHWENCK DOS SANTOS

Ana Claudia Schwenck dos Santos

- Mestre em Direito Político e Econômico pela Faculdade de Direito da Universidade Presbiteriana Mackenzie.
- Especialista em Direito Civil pela Universidade Presbiteriana Mackenzie.
- Especialista em Direito do Trabalho pela Faculdade de São Paulo – FSP.
- Especialista em Direito Empresarial pela Faculdade Autônoma de Direito – FADISP.
- Servidora pública federal.

A

A. – (Abrev.) Autue-se ou autuado.

AB ABRUPTO – (Latim) Bruscamente, de repente.

AB ABUSU AD USUM NON VALET CONSEQUENTIA – (Latim) O abuso de uma coisa não serve de argumento contra o seu uso.

AB ACCUSATIONE DESISTERE – (Latim) Desistir de uma acusação.

AB ACTIS – (Latim) Dos efeitos dos autos, que está ou pertence aos autos.

AB AETERNO – (Latim) De toda a eternidade.

ABAIXO ASSINADO – Documento de cunho coletivo que contém manifestação de protesto, de solidariedade, pedido ou reivindicação, firmado por um grande número de pessoas. Quando se refere à pessoa que assina um documento (p. ex., uma petição), não se usa hífen: "abaixo assinado"; pl.: *Abaixo assinados.*

AB ALIQUO – (Latim) De alguém.

ABALO DE CRÉDITO – Perda de credibilidade, no comércio, provocada de modo injusto (protesto e interpelação ou penhor, requeridos abusivamente, boatos que comprometem a honorabilidade ou atribuição de insolvência ou impontualidade. (art. 940 do CC: "*Aquele que demandar por dívida já paga, no todo ou em parte, sem ressalvar as quantias recebidas, ou pedir mais que for devido, ficará obrigado a pagar ao devedor, no primeiro caso, o dobro do que houver cobrado e, no segundo, o equivalente do que dele exigir, salvo se, por lhe estar prescrito o direito, decair da ação*"). A penalidade deve ser pleiteada em reconvenção ou ação própria, mas só se aplica se demonstrada a má-fé do credor. Ressalva-se a cobrança excessiva, mas feita de boa-fé.

✱ *V. CC: art. 940.*

✱ *V. Súm. nº 159 do STF.*

ABALROAMENTO – 1. Para fins de Dir. Aeronáutico, é a colisão entre aeronaves, no ar ou em manobras na superfície. 2. Para fins de Dir. Marítimo, é a colisão de embarcações em movimento, ou uma delas estacionada. ***V.*** *abalroação.* 3. Para fins da legislação de trânsito, é o choque lateral entre veículos automotores.

✱ *V. Cód. Bras. Aer., arts. 9º, 273 a 279, e 317, III e VI.*

✱ *V. CCom., arts. 749 a 752 e 754.*

Culpa comum: quando a responsabilidade se mede em proporção às faltas cometidas; não sendo essa avaliação possível divide se a culpa em partes iguais entre os responsáveis.

Culposo: quando há desídia, negligência, inabilidade ou culpa do capitão ou da guarnição, do navio ou aeronave, ou quando o navio ou a aeronave não têm condições de navegabilidade ou equipagem suficiente para as manobras.

Fortuito: se verifica por força maior, como cerração, vendaval, correntes marítimas.

Misto ou duvidoso: quando a causa do choque não pode ser determinada, nem apurada a culpa.

AB ALTO – (Latim) Por alto, por presunção, por suspeita.

ABANDONATÁRIO – Aquele que toma posse de coisa abandonada; ocupador (Dir. Marítimo). Aquele em cujo favor se opera o *abandono liberatório* (q.v.).

ABANDONO – Figura de Dir. prevista nos Códigos Penal, Civil, Comercial, do Trabalho, Marítimo e nas leis de processo.

ABANDONO ASSECURATÓRIO – *V. Abandono sub-rogatório.*

ABANDONO DA AÇÃO OU CAUSA – Dá-se quando o autor não promove, em prazo superior a 30 dias, atos e diligências que são de sua competência, o que acarreta a extinção do processo sem julgamento do mérito. Depende a extinção do processo, contudo, de requerimento pela parte contrária.

✱ *V. CPC/1973, art. 267, III.*

✱ *V. CPC/2015, art. 485, III.*

✱ *V. Súm. nº 240 do STJ.*

ABANDONO DA CARGA – Dá-se quando, nos casos previstos em lei, o segurado abandona os objetos segurados e pede ao segurador indenização por perda total (Dir. Comercial Marítimo).

✱ *V. CCom, art. 753.*

ABANDONO DA COISA – Renúncia voluntária de um bem não fungível, objeto de contrato de empréstimo gratuito. Coisa móvel abandonada transforma-se em *res nullius* (sem dono) e que pode ser ocupada. A coisa imóvel abandonada é arrecadada como bem vago e, 10 anos depois, passa ao domínio da União ou Estado.

Da coisa dada em comodato: abandono de coisa não fungível, objeto de contrato de empréstimo gratuito.

✱ *V. CC, art. 583.*

Da coisa dada em depósito: o depositário abandona-a e omite o dever de guardá-la e conservá-la.

✱ *V. CC, arts. 627 a 629.*

Da coisa segurada: quando da perda total da coisa objeto de seguro, ou sua deterioração em três quartos, pelo menos, do respectivo valor, a cessão é feita ao segurador.

✱ *V. CCom, art. 753.*

ABANDONO DA HERANÇA – Renúncia da herança. Recusa voluntária do herdeiro em receber a herança, por exemplo, para não ser obrigado a pagar dívidas e legados do espólio, que passam à responsabilidade dos coerdeiros, legatários e credores. A renúncia deve constar, expressamente, de escritura pública ou termo judicial.

✱ *V. CC, arts. 1.806 a 1813.*

ABANDONO DA SERVIDÃO – Dá-se quando o dono do prédio serviente deixa-o, voluntariamente, ao proprietário do dominante; se este se recusar a receber propriedade ou parte dela, será obrigado a custear obras necessárias a sua conservação e uso.

✱ *V. CC, art. 1.382.*

ABANDONO DE AERONAVE – Dá-se quando o proprietário, de forma expressa, abandona a aeronave, ou quando esta estiver sem tripulação e não se puder determinar sua legítima procedência (Cód. Bras. Aer., art. 17, § 2º). Cessão feita ao segurador nos casos de perda ou avaria grave, ou decurso do prazo de 180 dias (art. 120, § 2º) após a última notícia do avião, na hipótese de desaparecimento.

ABANDONO DE ANIMAIS – Renúncia ao direito de propriedade ou perda voluntária da posse. Consequência: os animais tornam-se *res nullius* e podem ser apreendidos e apropriados (CC, arts. 1.263, 936). Apreensão em propriedade alheia é delito (CP, art. 164).

ABANDONO DE CARGO PÚBLICO – 1. Crime cometido por funcionário público contra a Administração, quando abandona seu cargo fora dos casos que a lei permite. A pena é de detenção, de 15 (quinze) dias a 1 (um) mês, ou multa, e se do fato resultar prejuízo público, a pena é de detenção de 3 (três) meses a 1 (um) ano e multa. Se o fato ocorrer em lugar compreendido em faixa de fronteira, a pena é de detenção, de 1 (um) a 3 (três) anos e multa. 2. Para o Dir. Administrativo, é a infração funcional de servidor público, caracterizada pela ausência do serviço público por 30 (trinta) dias consecutivos, sujeita à demissão do cargo, função ou emprego público. *V. Abandono de função pública.*

✱ *V. CP, art. 323.*

✱ *V. Lei nº 8.112/1990 (Regime Jurídico Único dos Servidores Públicos Civis da União, Autarquias e Fundações Públicas Federais), arts. 132, II, 138 e 140.*

ABANDONO DE EMPREGO – Hipótese de dispensa por justa causa do empregado, pelo não cumprimento, sem justificação, da obrigação de trabalhar (CLT, art. 482, *i*). Para bem caracterizar o fato, devem ser levados em conta dois pressupostos: ***material:*** falta continuada ao trabalho por período igual ou superior a 30 dias consecutivos, desde que fique bem patente o intuito de não retornar. O abandono não se configura quando não há vontade deliberada de o empregado em faltar ao emprego, isto é, por doença ou motivo alheio à sua vontade. Há a caracterização do abandono, mesmo em prazo inferior a 30 dias, quando o empregado passa a trabalhar em outra empresa; ***subjetivo:*** intenção de não retornar ao emprego. O empregado perde direitos, como indenização, aviso-prévio, 13º salário e férias (proporcionais), não podendo, se optante, movimentar sua conta no FGTS. Não é o mesmo que *abandono de serviço* (q.v.).

✱ *V. CLT, art. 482,* i.

✱ *V. Súmulas nºs 32, 62 e 73 do TST.*

ABANDONO DE FAMÍLIA – Deixar de cumprir, por ato voluntário, deveres próprios do chefe de família – obrigações alimentícias, de moradia, educação, assistenciais e outras –, enseja perda do poder familiar.

✱ *V. CC, art. 1.638, II.*

✱ *V. CP, arts. 244 e segs.*

Intelectual: deixar, sem justa causa, de prover a instrução de filho em idade escolar.

✱ *V. CP, art. 246.*

Material: deixar de prover a subsistência de pessoa que se tem o dever de alimentar.

✱ *V. CP, art. 244.*

ABANDONO DE FUNÇÃO PÚBLICA – *V. abandono de cargo público.*

ABANDONO DE INCAPAZ – Deixar de cumprir os deveres de vigiar e cuidar dos menores ou incapazes sob seus cuidados, guarda, vigilância ou autoridade (pais ou responsáveis). O mesmo que *abandono de pessoa e abandono de menor.*

✱ *V. CP, art. 133.*

✱ *V. Lei nº 8.069/1990 (Estatuto da Criança e do Adolescente).*

ABANDONO DE INSTÂNCIA – Dá-se quando o Autor renuncia, por vontade própria, a prosseguir o procedimento por ele iniciado. *V. desistência da ação.*

ABANDONO DE SERVIÇO – Ato de indisciplina pelo qual o empregado abandona, sem justificativa, o serviço em meio à jornada de trabalho, voltando posteriormente. Se repetidos, caracterizando desídia e insubordinação, mesmo se o empregado não deseja deixar o emprego, constitui justa causa para rescisão do contrato de trabalho.

✱ *V. CLT, art. 482,* e, h *e* i.

ABANDONO DO ÁLVEO – Trata-se de aquisição por *acessão* (q.v.), quando o curso de um rio é modificado e o álveo abandonado passa à posse dos proprietários ribeirinhos das duas margens.

✱ *V. CC, arts. 1.248, IV, e 1.252.*

ABANDONO DO ESTABELECIMENTO – É um dos atos característicos para decretação da falência. Dá-se quando o comerciante fecha seu estabelecimento e abandona os atos negociais sem motivo razoável sem deixar procurador para responder pelas obrigações sociais. Pela antiga Lei de Falências, rescindia-se a concordata nesse caso. Um dos princípios da LRE, é o rigor na punição relativa à falência e à recuperação, diferentemente da lei anterior cujas penas eram brandas e aplicadas pela prática ou omissão de atos formais. Não há um momento específico para que sejam avaliados os crimes falenciais conforme a antiga lei, mas vários momentos possíveis. Nos arts. 168 a 178 estão descritos onze (11) tipos penais, sendo que em dez (10) deles a pena pelos delitos praticados é a de reclusão.

✱ *V. Lei nº 11.101/2005 (Lei de Recuperação de Empresas e Falências), art. 94, III,* f.

ABANDONO DO IMÓVEL – 1. Deixar ao abandono bem imobiliário, sem propósito definido, acarretando-lhe a perda. 2. Nos termos da Lei nº 13.301/2016, é considerado imóvel em estado de abandono aquele que demonstre flagrante ausência prolongada de utilização verificada por suas características físicas, por sinais de inexistência de conservação, pelo relato de moradores da área ou por outros indícios que evidenciem a sua não utilização.

✱ *V. Lei nº 13.301/2016 (Dispõe sobre a adoção de medidas de vigilância em saúde quando verificada situação de iminente perigo à saúde pública pela presença do mosquito transmissor do vírus da dengue, do vírus chikungunya e do vírus da zika): art. 1º, § 2º, I.*

Do imóvel locado: Abandonado pelo inquilino, o locador não pode retomar o imóvel, de fato, tendo que aguardar a decisão final do juiz, mas pode pedir sua imissão na posse do imóvel, sendo os aluguéis e encargos devidos pelo locatário até a data da imissão.

✱ *V. Lei nº 8.245/1991 (Dispõe sobre as locações dos imóveis urbanos e os procedimentos a elas pertinentes), arts. 4º, par. ún., e 66.*

✱ *V. Lei nº 12.112/2009 (Altera a Lei nº 8.245, de 18 de outubro de 1991, para aperfeiçoar as regras e procedimentos sobre locação de imóvel urbano).*

ABANDONO DO LAR – Dá-se quando um dos cônjuges se afasta com intenção de não mais retornar ao lar, o que enseja o divórcio. A Lei nº 12.424/2011 acrescentou o art. 1.240-A ao Código Civil para dispor sobre o usucapião especial por abandono do lar, que assim prescreve: "Art. 1.240-A. Aquele que exercer, por 2 (dois) anos ininterruptamente e sem oposição, posse direta, com exclusividade, sobre imóvel urbano de até 250m² (duzentos e cinquenta metros quadrados) cuja propriedade divida com ex-cônjuge ou ex-companheiro que abandonou o lar, utilizando-o para sua moradia ou de sua família, adquirir-lhe-á o domínio integral, desde que não seja proprietário de outro imóvel urbano ou rural".

✱ *V. CC, arts. 1.240-A e 1.573, IV.*

✱ *V. EC nº 66/2010 (Dispõe sobre a dissolubilidade do casamento civil pelo divórcio, suprimindo o requisito de prévia separação judicial por mais de 1 (um) ano ou de comprovada separação de fato por mais de 2 (dois) anos).*

ABANDONO DO NAVIO – *V. Abandono liberatório.*

ABANDONO DO PRÊMIO – Ocorre na Bolsa de Valores, quando o comprador desiste de opção em operação a termo sobre títulos e, por isso, paga uma indenização (ou prêmio) previamente ajustado.

ABANDONO DO PROCESSO – Ocorre na paralisação do processo por tempo superior a um ano, por negligência de ambas as partes, ou por mais de 30 dias, em razão do autor. *V. Extinção – Perempção.*

✱ *V. CPC/1973, art. 267, II e III.*

✱ *V. CPC/2015, art. 485, II e III.*

ABANDONO DO PRODUTO – Quando se tem um produto de importação abandonado, o cálculo do imposto é o preço da arrematação e o arrematante é o contribuinte desse imposto.

✱ *V. CTN, arts. 20, III, 22, II, 46, III, e 51, IV.*

ABANDONO DO RECÉM-NASCIDO – Deixar exposto ou abandonado recém-nascido, para ocultar desonra própria, é crime.

✱ *V. CP, art. 134.*

ABANDONO INTELECTUAL – Pela Lei Penal Brasileira (art. 246), constitui crime "deixar, sem justa causa, de prover à instrução primária de filho em idade escolar". A pena é de detenção por 15 dias a 1 mês ou multa. O art. 247 preceitua outras formas de abandono intelectual nos seus incisos de I a IV, prefixando pena de detenção de 1 a 3 meses ou multa. Segundo o art. 3º da Lei Federal nº 10.741 de 1º-10-2003, em vigor desde 1º-1-2004, o idoso tem direito à vida, à saúde, à alimentação, à educação, à cultura, ao esporte, ao lazer, ao trabalho, à cidadania, à liberdade, à dignidade, ao respeito, e à convivência familiar e comunitária, sendo o atendimento desses direitos obrigação da família, da comunidade, da sociedade e do Poder Público. O parágrafo único indica a garantia de prioridade em oito incisos. O art. 98 pune o abandono do idoso "em hospitais, casas de saúde, entidades de longa permanência, ou congêneres, ou não prover suas necessidades básicas, quando obrigado por lei ou mandado". O Estatuto da Criança e do Adolescente (ECA), em seu art. 98, dispõe sobre medidas de proteção à criança e ao adolescente, as quais são aplicadas sempre que os direitos reconhecidos pela lei forem ameaçados ou violados: por ação ou omissão da sociedade ou do Estado; por falta, omissão ou abuso dos pais ou responsável; em razão de sua conduta. Segundo o art. 1.638 do CC/2002, o pai ou a mãe perderá, por ato judicial, o poder familiar, nas seguintes condições: castigar imoderadamente o filho; deixar o filho em abandono; praticar atos contrários à moral e aos bons costumes; incidir, reiteradamente, nas faltas previstas no art.1.637.

ABANDONO LIBERATÓRIO – Nos casos que as leis comerciais preveem, o dono ou comparte do navio, para eximir-se de responsabilidade decorrente de atos do capitão ou danos causados a efeitos recebidos a bordo, deixa que os credores se apoderem do navio no estado em que se encontra. Significa a transferência da propriedade do navio para ressarcimento dos prejuízos. O capitão não pode abandonar o navio fora da hipótese de naufrágio.

✱ *V. CCom, art. 508.*

ABANDONO MATERIAL – O Código Penal dispõe, em seu art. 244, que constitui abandono material "deixar, sem justa causa, de prover a subsistência do cônjuge ou de filho menor de 18 anos ou inapto para o trabalho ou de ascendente inválido ou maior de 60 anos, não lhes proporcionando os recursos necessários ou faltando ao pagamento de pensão alimentícia judicialmente acordada, fixada ou majorada; deixar, sem justa causa, de socorrer descendente ou ascendente gravemente enfermo". Estabelece para o caso pena de detenção de 1 a 4 anos e multa de uma a dez vezes o maior salário mínimo vigente no País.

ABANDONO MORAL – Comete delito, punível penalmente, quem permite que menor de 18 anos, sob seu poder, vigilância ou autoridade, frequente casa de jogo, conviva com pessoa de má vida, frequente espetáculo que possa pervertê-lo ou ofender seu pudor, ou dele participe, resida ou trabalhe em casa de prostituição, mendigue ou sirva a mendigo para excitar comiseração pública. Atualmente o *abandono moral* está contido no *abandono intelectual.*

✱ *V. CP, art. 247.*

ABANDONO SUB-ROGATÓRIO – Dá-se quando o segurado abandona ou transfere aos segurados os efeitos de sua apólice para deles receber a quantia total estipulada no seguro, ou indenização por perda total, e não apenas o valor dos prejuízos em caso de arresto, naufrágio, varação ou sinistro marítimo (Dir. Marítimo). *V. Abandono de aeronave* e *Abandono de carga.* O mesmo que *abandono assecuratório.*

✱ *V. CCom, art. 753.*

AB ANTIQUO – De há muito tempo, distante, remoto.

ABATIMENTO NO ALUGUEL – Se o prédio precisar de urgentes reparos, o inquilino os autorizará; se os reparos forem além de 15 dias, poderá pedir abatimento proporcional no aluguel; por mais de 30 dias, tem o direito de rescindir o contrato.

ABDICAÇÃO – (Dir. Político) Renúncia ao poder soberano da parte de reis e imperadores, previsto na Constituição Imperial Brasileira, de 1824, art. 126: "*Se o Imperador, por causa física ou moral, evidentemente reconhecido pela pluralidade de cada turma das câmaras da Assembleia, se impossibilitar para governar, em seu lugar governará, como regente, o príncipe imperial, se for maior de 18 anos*".

ABDICATIO TUTELAE – (Latim) Renúncia à tutela nos casos previstos em lei. A tutela testamentária, a legítima e a dativa obrigam seu desempenho.

✱ *V. CC, art. 1.736, I a VII.*

✱ *V. CPC/1973, arts. 1.192 e 1.193.*

✱ *V. CPC/2015, art. 760,* caput, *§§ 1º e 2º.*

ABERRATIO DELICTI – (Latim) Erro acidental do agente quando a ofensa a um bem jurídico é diferente daquela que ele pretendia. Visa um resultado e alcança outro que não estava em cogitação. Ex.: *A* quer atingir *B* e atira-lhe uma pedra que vai ferir C, provocando-lhe lesões corporais culposas. Distingue-se do *aberratio ictus* (q.v.) e do *aberratio persona* (q.v.).

✱ *V. CP, art. 74.*

ABERRATIO FINIS LEGIS – (Latim) Dá-se quando há distanciamento da finalidade da lei, do objetivo da norma jurídica.

ABERRATIO ICTUS – (Latim) Erro quanto à pessoa da vítima. Há erro no uso dos meios de execução do delito. Ex.: *A* atira em *B* que vem acompanhado de *C* e, por erro de pontaria, não de pessoa, acerta *C*. Sendo a vida humana, no caso, o bem protegido, ainda que diverso o agente passivo, o agente responderá como se quisesse cometer o crime contra a pessoa que foi atingida.

✱ *V. CP, arts. 20, § 3º, e 73.*

ABERRATIO PERSONAE – (Latim) Erro quanto à pessoa. Também se diz *error in persona*. Dá-se quando o agente atinge alguém, pensando tratar-se de outra pessoa.

ABERRATIO REI – (Latim) Aberração, erro, quanto à coisa.

ABERTURA DA SUCESSÃO – Ocorre no instante da morte do autor da herança. Pode ser *definitiva* ou *provisória*. Será *provisória* quando se declara aberta a sucessão sem se ter a certeza da morte do autor da herança, isto em caso de ausência prolongada e, decorrido um ano da publicação do primeiro edital, não se tendo ainda notícia do ausente nem se apresentando seu procurador ou representante, os interessados requerem que se abra, provisoriamente, a sucessão. A *definitiva* pode ser requerida quando se provar quer o ausente conta 80 anos de idade e datam de cinco anos suas últimas notícias.

✱ *V. CC, arts. 37 e 38.*

✱ *V. CPC/1973, art. 1.163,* caput.

✱ *V. CPC/2015, art. 745, § 1º.*

ABERTURA DE AUDIÊNCIA – Ato pelo qual abre a audiência o magistrado que a preside, seja na sede do juízo, seja em outro local por ele previamente marcado. O juiz que declarar aberta a audiência mandará apregoar as partes e os seus respectivos advogados.

✱ *V. CPC/1973, art. 450.*

✱ *V. CPC/2015, art. 358.*

ABERTURA DE CRÉDITO – Contrato pelo qual dinheiro, mercadorias ou outros valores são colocados, durante certo tempo, em estabelecimento de crédito ou casa comercial, à disposição de pessoa que se obriga ao seu total reembolso, ou parcelado, acrescido de despesas dentro de um prazo preestabelecido. A abertura de crédito pode ser verbal ou por meio de testemunhas. Se há promessa de garantia e esta não se efetiva, o creditado nada pode exigir (CC, arts. 476 e 477), ser de natureza *bancária* ou *mercantil*. Esse crédito, também chamado *rotativo* pode ser:

A coberto: quando o creditado dá garantias sobre imóveis ou móveis, ou valores em caução.

Confirmado: de uso no alto comércio; dá-se quando o banco concede o crédito pedido, ao exportador ou vendedor, obrigando-se a aceitar seus saques conforme as condições estipuladas no contrato. Não pode ser revogado.

Documentado: neste a duração é prefixada. O comprador ou exportador dispõe de certa quantia no banco e vai descontando-a até seu limite; saca contra o importador uma cambial do valor da compra e a desconta no banco, transferindo-lhe os documentos que comprovam a expedição da mercadoria. Pode ser simples ou em *conta corrente*.

Em branco ou a descoberto: quando, por confiança, o banqueiro não exige do creditado garantias imediatas, ou por possuir o seu cliente bens suficientes para garantir o crédito.

Garantida: a que tem, como garantia, fiança, penhor ou caução.

Simples: aquela que determina o reembolso integral, de uma só vez.

ABERTURA DE ESTABELECIMENTO – Instalação de uma firma e início de seus negócios (Dir. Comercial).

ABERTURA DE FALÊNCIA – Entrada do processo no juízo competente por requerimento do credor ou do devedor, sendo decretada a falência deste último.

✱ *V. Lei nº 11.101/2005 (Lei de Recuperação de Empresas e Falências).*

ABERTURA DE HOSTILIDADES – Declaração de estado de guerra e início de hostilidades entre dois ou mais países (Dir. Internacional Público).

ABERTURA DE INVENTÁRIO – Instaurar-se-á o inventário judicial do patrimônio hereditário sempre que houver menores ou incapazes interessados ou quando houver testamento. O inventário deverá ser aberto no prazo de 60 dias (2 meses, nos termos do CPC/2015) a contar da abertura da sucessão (q.v.) e ser encerrado nos 12 meses seguintes. Esse prazo poderá ser dilatado por requerimento do inventariante ou de ofício pelo juiz. Com a entrada em vigor da Lei nº 11.441/2007, que altera o art. 982 do CPC, foi criada a possibilidade de feitura do inventário e partilha de bens extrajudicialmente, por meio de escritura pública, a qual constituirá título hábil para o registro imobiliário. Com relação ao tema, houve alteração pela Lei nº 11.965, de 3-7-2009, que passou a dispor sobre a participação do defensor público na lavratura da escritura pública de inventário, partilha e divórcio consensual. Além disso, o § 1º do art. 982 da mesma lei dispõe que a partir de agora o tabelião somente lavrará a escritura pública se todas as partes interessadas estiverem assistidas por advogado comum ou advogados de cada uma delas ou por defensor público, cuja qualificação e assinatura constarão do ato notarial. Veja que, com o advento desta alteração, passa a entrar a figura do defensor público no rol.

✱ *V. CC, art. 1.796.*

✱ *V. CPC/1973, arts. 982 a 986.*

✱ *V. CPC/2015, arts. 610 a 614.*

✱ *V. Súm. nº 542 do STF*

✱ *V. EC nº 66/2010 (Dispõe sobre a dissolubilidade do casamento civil pelo divórcio, suprimindo o requisito de prévia separação judicial por mais de 1 (um) ano ou de comprovada separação de fato por mais de 2 (dois) anos)*

ABERTURA DE PRAZO – Determinação do momento em que começam a correr prazos para o exercício de um direito, cumprimento de uma obrigação ou execução de algum ato jurídico. Quem detiver a posse e administração do espólio deverá requerer o inventário e a partilha, instruindo o requerimento com a certidão de óbito do autor da herança.

✱ *V. CPC/1973, arts. 241; 983; 987 e 988.*

✱ *V. CPC/2015, arts. 231, caput, I a IV, VI e § 1º, 611, 615 e 616.*

✱ *V. Lei nº 9.800/1999 (Permite às partes a utilização de sistema de transmissão de dados para a prática de atos processuais).*

ABERTURA DO TESTAMENTO – Ato pelo qual o juiz abre e lê um *testamento cerrado* (q.v.). Deve fazê-lo na presença do escrivão e do apresentante, examinando-o previamente, para constatar se está intacto e não apresenta vício que o torne suspeito de nulidade ou falsidade.

✱ *V. CPC/1973, arts. 173, II, e 1.125 e segs.*

✱ *V. CPC/2015, arts. 214, 735 e segs.*

✱ *V. CC, art. 1.875.*

ABIGEATÁRIO OU ABÍGEO – Ladrão de gado.

ABIGEATO – Furto de animais nos currais ou campos, sem a vigilância do proprietário, razão pela qual captura de animais bravios não tipifica o crime.

AB IMIS FUNDAMENTIS – (Latim) Desde a base, o princípio, os fundamentos.

AB IMMEMORABILE – (Latim) Desde tempos imemoriais, remotíssimos. Proteção jurídica a uma situação de fato, por ser muito antiga. O mesmo que *ab aeterno*.

AB IMO AD SUMMUM – (Latim) De cima para baixo, do princípio ao fim.

AB INITIO – (Latim) Desde o início, do começo. Anular um processo *ab initio*.

AB INTEGRO – (Latim) Inteiramente, por completo, por inteiro, completamente.

AB INTESTATO – (Latim) Sem deixar testamento. Diz respeito à sucessão sem testamento ou dos herdeiros por ele beneficiados, ou ainda, do próprio *de cujus*.

AB IRATO – (Latim) Movido pela ira, pelo ódio, pela cólera, pelo arrebatamento. Diz-se de crime cometido, cuja pena pode ser atenuada ou reduzida se a ira for originada de ato injusto praticado pela vítima. (Dir. Civil) Ato praticado *ab irato* pode ser anulado se nele se verificar vício da vontade: testamento *ab irato*.

ABJUDICAR – Entrar ou reintegrar-se na posse de coisa, por via judicial, que outro ilegitimamente detinha.

ABOLIÇÃO DO CRIME – (Latim) *abolitio criminis*. Se lei posterior deixar de considerar crime um fato, cessam a execução e os efeitos penais de uma sentença condenatória. Entrando em vigor a lei nova, deve ser reconhecida e declarada a *abolitio criminis*, na primeira e na segunda instâncias.

ABOLITIO CRIMINIS – Exclusão do tipo penal. Ocorre quando a lei penal nova não mais considera crime um fato anteriormente como tal tipificado. Faz desaparecer todos os efeitos penais, mas permanecem os de natureza civil.

ABONO – Fiança, garantia de pagamento, dados por uma pessoa a uma outra; ato de responsabilizar-se pela veracidade de uma assinatura (abono de firma); gratificação em dinheiro dada a funcionários públicos ou a trabalhadores.

ABONO ANUAL – Trata-se de benefício previdenciário ao segurado e ao dependente que, durante o ano, receberam auxílio-doença, auxílio-acidente, aposentadoria, pensão por morte ou auxílio reclusão. O cálculo se faz conforme o valor da renda mensal do benefício no mês de dezembro de cada ano.

✱ *V. Lei nº 8.213/1991 (Dispõe sobre os Planos de Benefícios da Previdência Social e dá outras providências), art. 40.*

✱ *V. Dec. nº 3.048/1999 (Regulamento da Previdência Social), art. 120.*

ABONO DE FÉRIAS – O empregado tem a prerrogativa de converter um terço do seu período de férias em dinheiro, devendo requerê-lo 15 dias antes do término do período aquisitivo. Quando se tratar de férias coletivas, a conversão será objeto de acordo coletivo, não dependendo de movimento individual. O pagamento da remuneração das férias e do abono devem ser feitos até 2 dias antes de seu início.

✱ *V. CLT, arts. 139 e 143.*

ABONO PIS/PASEP – Este benefício está previsto no art. 239, § 3º, da CF e na Lei nº 7.998/1990, art. 9º. É pago ao trabalhador de empresas que contribuem para o PIS ou para o PASEP, que recebem até dois salários-mínimos de remuneração mensal e que já estejam, pelo menos, há cinco anos devidamente cadastrados.

AB ORIGINE – (Latim) Desde o princípio, a partir da origem.

ABORTO – (Latim *ab* = privação; *ortus* = *nascimento*) Interrupção da gestação, com expulsão ou não do feto, do que resulta a sua morte. Será *ovular*, se ocorrer no primeiro mês de gestação; *embrionário*, se se der no fim do primeiro mês até o fim do terceiro mês de gravidez; ou *fetal*, se se verificar do quarto mês em diante. O aborto doloso é crime e se configura em qualquer fase da gestação. O aborto pode ser:

Consensual: consentido pela gestante (CP, art. 126).

Criminoso (feticídio): consiste na morte do feto, antes de ter início o nascimento; provocado ou consentido pela gestante.

Espontâneo: por estado patológico da gestante ou do feto.

Feto Anencefálico: O STF, por maioria de votos, em 2012 julgou procedente a ADPF nº 54, interpretando que a interrupção da gravidez de feto anencéfalo não é conduta criminosa. Portanto, este tipo de aborto não está tipificado nos arts. 124, 126, 128, I e II, do Código Penal.

Forma qualificada: se em razão do abortamento ou dos meios usados para provocá-lo vier a gestante a sofrer lesões corporais de natureza grave ou se sobrevier a sua morte (CP, arts. 124 a 128). Neste último caso as penas são duplicadas. Nossa legislação não admite *aborto eugênico* (para aprimoramento da raça), o *estético* (para não deformar o corpo da gestante) nem o *econômico* (justificado pela pobreza dos pais ou pela dificuldade de manter os outros filhos já nascidos). A lei ordena que se faça o registro civil de criança nascida morta, como em muitos casos de aborto.

Honroso, moral: *honoris causa*, quando a gravidez resulta de estupro e a mãe tem o direito de não aceitar um filho gerado em tal condição; não é punível.

Necessário ou terapêutico: quando feito por médico para salvar a vida da gestante, não sendo punível (CP, art. 128, I). O Ministério da Saúde editou, em setembro de 2005, Portaria que cria o Procedimento de Justificação e Autorização da Interrupção da Gravidez, em substituição ao Boletim de Ocorrência (BO), para casos de estupro em que haja a necessidade de realização de aborto; o procedimento tem 4 fases: 1ª) a vítima relata o crime, informando o dia da ocorrência e descrevendo o agressor diante de dois profissionais de saúde; 2ª) é reservada só para o parecer do médico; 3ª) a vítima assina um termo de responsabilidade em que garante a veracidade das informações; 4ª) a vítima declara, também por meio de termo, estar ciente do desconforto da operação, das possibilidades de internação e assistência e da garantia do sigilo. Defensores da Portaria sustentam que o Boletim de Ocorrência por si só não comprova a veracidade dos fatos. O Conselho Federal de Medicina (CFM), que havia recomendado formalmente aos associados a exigência do BO para fazer o aborto em casos de estupro, agora aprova a sua dispensa, defendendo a humanização do atendimento na delegacia para que a mulher vítima do estupro tenha acesso digno à justiça consubstanciada na prisão do agressor, o que só é possível com o BO (*V.* também *estupro*).

AB OVO – (Latim) Desde o começo, desde o ovo.

AB REO DICERE – (Latim) Discorrer, dizer, em favor do réu.

ABREVIATURA – 1. Ato ou efeito de abreviar. 2. Representação de uma palavra, nome ou expressão por uma ou alguma de suas letras. 3. É expressamente proibido o uso de abreviaturas nos autos e termos do processo (CPC/1973, art. 169, § 1º; correspondente ao art. 272, § 3º, do CPC/2015), devendo ser escritos todos os vocábulos por extenso, sem códigos nem siglas. Não se admite a supressão de letras ou abreviatura de palavras em fichas de registro e em carteira profissional.

ABRIR CRÉDITO – Autorizar despesa pública; dar autorização para que uma pessoa efetue o levantamento de uma quantia em dinheiro ou mercadoria.

De exportação: quando o importador autoriza ao exportador a levantar importância ou o desconto de letras, por conta de mercadorias a ele enviadas.

AB-ROGAÇÃO – Revogação total de uma lei por outra. Uma das formas de revogação da lei, por ato do Poder Legislativo. O mesmo que *revogação*. Pode ser:

Expressa: quando declara ab-rogada ou revogada a lei anterior. Diz-se que é *geral*, quando declara revogadas todas as disposições em contrário; e *especial*, se especifica a lei ou leis abolidas. O mesmo quando se trata de ab-rogar tratado internacional.

Tácita: quando a nova lei é formal e totalmente contrária à anterior.

ABSENTEÍSTA – Refere-se ao proprietário agrícola que passa a maior parte do tempo fora de sua propriedade e do trabalhador que tem faltas reiteradas no trabalho, sem motivo justificado (*absenteísmo*).

ABSOLUTÓRIA – Diz-se de sentença que absolve.

ABSOLUTÓRIO – Ato que contém absolvição (Dir. Processual).

ABSOLVIÇÃO – Ato pelo qual o réu é declarado inocente ou isento de sanção. O réu deve ser absolvido quando: I) estiver provada a inexistência do fato; II) não houver prova da existência do fato; III) não constituir, o fato, infração penal; IV) não existir prova de ter o réu concorrido para a infração penal; V) existir circunstância que exclua o crime ou isente o réu de pena; VI) não existir prova suficiente para a condenação. No item V devem ser ressaltadas as excludentes de *ilicitude* e de *culpabilidade*, a primeira invocada quando o ato é praticado em legítima defesa, estado de necessidade, estrito cumprimento do dever legal ou exercício regular de direito; a segunda, quando há erro de fato, coação irresistível, estrita obediência à ordem não manifestamente ilegal de superior hierárquico, doença mental ou desenvolvimento mental incompleto ou retardado e embriaguez completa ou acidental. A decisão absolutória transitada em julgado impede seja o caso apreciado de novo na esfera criminal, ao contrário da sentença condenatória, que pode ser objeto de revisão. As sentenças que conferem *perdão judicial* não são absolutórias, porque não aplicam a pena, mas reconhecem a autoria do crime. Assim, se o réu tornar a delinquir, fica configurada a reincidência. A absolvição pode ser:

Anômala: quando o juiz reconhece a existência do crime, mas deixa de aplicar a pena.

Da causa: quando há perempção da ação.

De instância: expressão abolida pelo CPC de 1973 (o CPC/2015 manteve o entendimento do CPC/1973), cujas hipóteses hoje são resolvidas pela *extinção do processo sem julgamento do mérito*.

Sumária: concedida pelo juiz ao acusado, em decorrência de seu convencimento de que há circunstância que exclui o crime ou isenta o acusado da aplicação da pena. É diferente da *impronúncia* (q.v.), porque essa permite novo processo, enquanto não estiver extinta a punibilidade e na ocorrência de novas provas.

✱ *V. CPC/1973, arts. 267 e 269.*

✱ *V. CPC/2015, arts. 485 e 487.*

✱ *V. CPP, arts. 17; 18; 19; 22; 24, § 1º; 413 a 421 (com redação dada pela Lei nº 11.689/2008).*

✱ *V. CP, arts. 140, § 1º, 176, parágrafo único.*

Contra sentença de impronúncia ou de absolvição sumária caberá recurso de apelação:

✱ *V. art. 416 do CPP.*

ABSTENÇÃO – Deixar, intencionalmente, de exercer um direito ou uma função. Renúncia. Desistência. Escusa de participar de sufrágio coletivo numa assembleia deliberante. Repúdio tácito da herança, pelo qual ela se torna jacente.

ABSTENÇÃO DE ATO – Obrigação de não fazer ou *obrigação negativa*: se o obrigado praticar o ato, ao credor cabe exigir que o desfaça, sob pena de perdas e danos.

ABSTENÇÃO DO JUIZ – Diz-se quando o juiz se declara suspeito ou impedido de funcionar no feito por razões de ordem íntima ou pessoal. Não cabe abstenção a pretexto de lacuna ou obscuridade da lei.

✱ *V. CPP, arts. 252 a 254.*

ABSTENÇÃO DO ÓRGÃO DO MINISTÉRIO PÚBLICO – Ato pelo qual o promotor, o curador ou outro órgão do Ministério Público se dá por impedido.

✱ *V. CPP, art. 112.*

ABSTENTO – Pessoa que desiste de herança.

ABUNDANS CAUTELLA NON NOCET – (Latim) Cautela abundante não prejudica.

ABUSO – (Latim *ab* = fora; *usus* = uso) Excesso, mau uso do poder, exorbitância do mandato, arbítrio, violação ou omissão do dever funcional.

ABUSO CULPOSO – Quando há, inicialmente, uma atitude lícita do agente.

ABUSO DA CONDIÇÃO DE SÓCIO – É uma das causas de dissolução da sociedade.

ABUSO DA FIRMA (razão social) – Uso indevido da firma (ou razão social) pelo sócio-gerente; verifica-se o abuso quando ultrapassado o limite do objeto social. Cabe ação de perdas e danos, sem prejuízo de responsabilidade criminal, contra o sócio que usar indevidamente da firma social ou que dela abusar.

✱ *V. Dec. nº 3.708/1919 (Regula a constituição de sociedades por cotas de responsabilidade limitada), arts. 10, 11, 13 e 14.*

ABUSO DA SITUAÇÃO DE OUTREM – Consiste em abusar da inexperiência, simplicidade ou inferioridade mental de outrem, em proveito próprio ou alheio. O mesmo que *induzimento à especulação* (q.v.).

ABUSO DE AUTORIDADE – 1. Para o Dir. Penal, consiste na prática por agente público, no exercício de suas atribuições ou a pretexto de exercê-las, de atos que vão além dos limites impostos pela lei, com a finalidade de prejudicar a outrem ou de beneficiar a si mesmo ou a terceiro, ou, ainda, por mero capricho ou satisfação pessoal. Três pressupostos fazem-se necessários para que esse tipo de abuso se caracterize: que o ato praticado seja ilícito; praticado por funcionário público no exercício de sua função; que não tenha havido motivo que o legitime. 2. A Lei nº 13.869/2019 consolidou as disposições legais sobre as diversas hipóteses de abuso de autoridade, estendendo seu alcance não apenas a servidores públicos como também a membros do Poderes do Ministério Público e dos Tribunais ou Conselhos de Contas. Foi inserido na referida lei o crime de violência institucional, pela Lei nº 14.321/2022, consistente em submeter a vítima de infração penal ou a testemunha de crimes violentos a procedimentos desnecessários, repetitivos ou invasivos, que a leve a reviver, sem estrita necessidade, o episódio de violência ou outro gerador de sofrimento ou estigmatização. 3. Para o Dir. Civil, também se denominam abuso de autoridade os atos de abuso do poder familiar e de abuso no poder marital. 4. São necessários para que esse tipo de abuso se caracterize: que o ato praticado seja ilícito; praticado por funcionário público no exercício de sua função; que não tenha havido motivo que o legitime. No Dir. Penal, a matéria estava tipificada sob a rubrica de exercício arbitrário ou abuso de poder, posteriormente revogado pela Lei nº 13.869/2019.

✱ *V. Lei nº 13.869/2019 (Dispõe sobre os crimes de abuso de autoridade).*

ABUSO DE CONFIANÇA – Abusar alguém da confiança que outrem nele deposite e assim auferir vantagem ilícita. Praticar atos não autorizados pelo mandante, vindo a prejudicá-lo; infidelidade do empregado. O abuso de confiança constitui agravante no crime de furto e outros delitos contra o patrimônio, a qual se comunica a eventuais coautores. Na esfera da Administração Pública, é o que se dá no peculato.

ABUSO DE CRÉDITO – Dá-se quando uma pessoa ou comerciante usa, com exorbitância, seu crédito, contraindo dívidas superiores às suas possibilidades financeiras (Dir. Comercial).

ABUSO DE DIREITO – O CC/2002 acolhe o abuso do direito como ato ilícito. Exercício anormal de um direito, desvirtuando sua finalidade social com interesse de lesar a outrem. Os direitos não sendo absolutos, mas limitados em sua extensão e submetidos a pressupostos quanto a seu exercício, se utilizados além desses limites, tornam-se ilegítimos. Com o abuso, cessa o direito. O CC/2002 acolhe a teoria do abuso do direito como ato ilícito. Assim se caracteriza o abuso: exercício que vai além da necessidade determinada por sua destinação individual; exercício sem utilidade para o titular; exercício com dano a outra pessoa.

✱ *V. CPC/1973, art. 17.*

✱ *V. CPC/2015, art. 80.*

✱ *V. CC, art. 187.*

✱ *V. CF, art. 5º.*

ABUSO DE DIREITO DE DEMANDA – Abuso cometido por quem, por temeridade, negligência, emulação ou má-fé causa prejuízos injustos a outrem. Dá-se também quando o réu opõe resistência injustificável ao andamento da lide. Uso exorbitante de um direito, com lesão patrimonial ou do direito de outrem, e responsabilidade moral do agente. O mesmo que *lide temerária.*

ABUSO DE FUNÇÃO – Ocorre quando o funcionário se excede em suas funções, indo além de seus limites (Dir. Administrativo).

ABUSO DE INCAPAZ – Consiste em tirar proveito de necessidade, paixão, alienação ou debilidade mental de outra pessoa, induzindo-a à prática de ato suscetível de produzir efeito jurídico, em prejuízo de incapaz ou de terceiros. Crime que se pratica mais facilmente com menor, sendo autor o responsável por ele ou com sua conivência, pois, não sendo assim, os atos do incapaz não produziriam efeitos jurídicos. Tais atos são, porém, possíveis com aparente licitude: quando o trabalhador, menor, assina recibos superiores à remuneração que recebe, os quais são aceitos, sem discussão, na Justiça do Trabalho (salvo os de quitação geral). Trata-se de *crime formal*, já que basta para caracterizá-lo a iminência do dano.

✱ *V. CP, art. 174.*

ABUSO DE LEGÍTIMA DEFESA – Dá-se quando o ofendido se excede, culposamente, nos meios que emprega em sua legítima defesa.

✱ *V. CP, art. 25.*

ABUSO DE PODER – 1. Até a promulgação da Lei no 13.869/2019, era crime tipificado no art. 350 do CP, pelo qual autoridade pública ordena a execução, arbitrariamente, de medida privativa de liberdade individual de alguém sem que sejam atendidas as formalidades legais. Com a edição da nova lei de abuso de autoridade, foi desmembrado em diversos tipos penais autônomos, com penas diversas. 2. Para o Dir. Administrativo, é vício que invalida o ato administrativo, constituindo gênero do qual são espécies o excesso de poder (atuação do agente público fora dos limites de sua competência) e o desvio de poder (atuação do agente público com finalidade diversa daquela que deveria objetivar o ato).

✱ *V. Lei nº 13.869/2019 (Dispõe sobre os crimes de abuso de autoridade), arts. 9º, 10, 12, 13, 15, 18, 19 e 22.*

✱ *V. Lei nº 4.717/1965 (Lei da Ação Popular), art. 2º, "a" e "e", e par. único, "a" e "e".*

ABUSO DE RESPONSABILIDADE DE FAVOR – Comete esse delito quem expede ou aceita duplicata, com a respectiva fatura, que não corresponda a venda efetiva de bens ou real prestação de serviços (*papagaios*). É a chamada *duplicata simulada.*

✱ *V. CP, art. 172.*

ABUSO DO PAPEL EM BRANCO – Dá-se quando a pessoa utiliza em seu benefício e em detrimento do interesse de outrem, papel assinado em branco por este, preenchendo-o com texto que não era desejado pelo signatário. Ocorre na Justiça do Trabalho, quando empregadores utilizam em sua defesa recibos e vales e outros documentos assinados em branco e que eles preenchem, posteriormente, com declarações contrárias ao empregado.

ABUSO DO PODER ECONÔMICO – Uso abusivo do poder econômico, em prejuízo da economia popular ou nacional, com açambarcamento de mercadorias, manobras especulativas irregulares, formação de cartéis, monopólios, trustes etc., para eliminar a concorrência e auferir lucros demasiados.

✱ *V. Lei nº 12.529/2011 (nova Lei do CADE).*

✱ *V. CF, art. 173, § 4º.*

ABUSO DO PODER FAMILIAR – Dá-se quando o pai ou a mãe exorbitam de seus direitos, ou deles se omitem, prejudicando os bens ou interesses dos filhos. Por requerimento de um parente, o juiz ou o Ministério Público pode suspender, temporariamente, o poder familiar. Também o perdem os pais condenados por sentença irrecorrível em crime apenado com mais de 2 anos de prisão. Perdem o poder familiar por ato judicial: a) o pai ou mãe que castigar, de modo brutal e imoderado, o filho, caso em que podem ser incursos no art. 136 do CP, que cuida dos maus-tratos; b) os pais que deixarem o filho em abandono (*abandono material* e *abandono intelectual*) (q.v.) (CP: arts. 244 e 246); c) os pais que cometerem atos atentatórios à moral e aos bons costumes. O Estatuto da Criança e do Adolescente (art. 155 e segs.) também aponta outras causas para a perda do poder familiar, perda que não isenta os pais de continuarem a prover o sustento dos filhos.

ABUSO ESCUSÁVEL – Quando não é intencional (Dir. Penal).

ABUSO NO REQUERIMENTO DE FALÊNCIA – Requerer falência de outrem por dolo. A decisão que julgar improcedente o pedido condenará, o requerente a indenizar o devedor, apurando-se as perdas e os danos em liquidação de sentença.

ABUSUS NON TOLLIT USUM – (Latim) O abuso não impede o uso.

AB UTROSQUE LATERE – (Latim) De ambos os lados, das duas partes.

AB UTROSQUE PARTE DOLUS COMPENSANDUS – (Latim) O dolo de ambas as partes pode ter compensação recíproca.

AÇAMBARCADOR – Nome que se dá a pessoa que adquire diretamente dos produtores mercadorias para o consumo, a fim de, monopolizando-as, causar uma elevação de preços e, com este artifício, auferir maiores lucros.

AÇAMBARCAR – O mesmo que monopolizar. Em época de crise, ou com vista à especulação, reter grande quantidade de um produto ou gênero, para forçar a alta dos preços, passando o *açambarcador* a *atravessador*, o que as leis do Brasil consideram crime, visto que o açambarcamento prejudica a livre concorrência e o interesse coletivo. Ele pode ser feito por uma só pessoa, por várias (físicas ou jurídicas), ou uma associação. Nos Estados Unidos coíbe-se esse abuso com leis antitrustes e outras. *V. Abuso do poder econômico.*

✱ *V. Lei nº 12.529/2011 (nova Lei do CADE).*

✱ *V. Lei nº 1.521/1951 (Lei da Economia Popular): art. 3º, III e IV.*

✱ *V. Lei nº 8.137/1990, art. 4º, IV.*

AÇÃO – 1. Resultado ou efeito do agir. 2. Manifestação de uma força. 3. Maneira ou modo de agir, comportamento. 4. Acontecimento ou sequência de acontecimentos. 5. Movimento, atividade, processo ou procedimento visando um resultado. 6. Operação de um agente ou força policial ou militar. 7. Em Dir. Processual, tem a palavra vários significados: no *sentido formal*, é o processo previsto em lei para obter, da autoridade jurisdicional, a reintegração ou o reconhecimento de um direito violado ou ameaçado; no *sentido objetivo*, é sinônimo de instância, demanda, causa; no *sentido subjetivo*, do qual dependem os dois primeiros, é, conforme a definição de Celso, a *facultas* ou *potestas agendi*, o direito de agir, de acionar o Poder Judiciário.

✱ *V. Direito de ação.*

AÇÃO (DIR. COMERCIAL) – Título que representa parte (cota) da divisão do capital de uma sociedade anônima, de uma sociedade comercial, que dá ao seu possuidor direito creditício perante esta. É um título de crédito que propicia a seu portador dividendos, isto é, uma participação no meio social. Em relação à companhia a ação é indivisível, mas, quando pertence a mais de um titular, os direitos são exercidos pelo representante do condomínio. O subscritor ou possuidor da ação denomina-se *acionista* (q.v.). O estatuto social fixará o número de ações em que será dividido o capital social e seu valor será o obtido pela divisão desse capital pelo número de ações. Quanto ao *valor*, ela pode ser: *nominal*, que se afere pela referida divisão e vem expresso no *certificado da ação*, documento que a formaliza; *real* ou *patrimonial*, que possui, além do *nominal*, outro valor mais palpável, que resulta da divisão do patrimônio líquido da sociedade pelo número das ações; *de valor de mercado*, mais importante que o *nominal*. Quanto às *espécies*, a ação pode ser: a) quanto à natureza dos direitos atribuídos ao seu titular; b) quanto à forma de sua circulação. Quanto à *natureza*: 1) *ações ordinárias*, que atribuem direitos e obrigações comuns a todos, sem distinção alguma; 2) *ações preferenciais*, com privilégios na distribuição de dividendos, no reembolso de capital, com prêmio ou não, ou acumulação de vantagens indicadas pela lei, tendo o acionista direito a voto; 3) *ações de gozo ou fruição*, que podem ser emitidas em substituição à de capital, quando se dá sua amortização completa, paga por antecipação, integralmente. Quanto à circulação, deve ser nominativa, uma vez que a Lei nº 8.021/1990 extinguiu as ações endossáveis e ao portador. Há também *ação à ordem*, transferida por simples endosso, ou tradição, se não é nominal; *integralizada* (liberada), quando integralmente paga; *fungível*, a que está sob custódia de instituição financeira; *listada em bolsa*, ação de empresas que atendem aos requisitos das Bolsas de Valores para efeito de negociação; *vazia*, a que já exerceu todos os seus direitos; *a reemitir*, a adquirida pela própria sociedade emitente que aguarda recolocação.

✱ *V. Lei nº 6.404/1976 (Lei das Sociedades por Ações).*

AÇÃO (DIR. PROCESSUAL) – No Dir. Romano, segundo a definição clássica de Celso, "*ação é o direito de alguém pleitear em juízo o que lhe é devido*" (*Actio nihil aliud est quam jus persequendi in judicio quod sibi debetur*). Tem a palavra vários significados: no *sentido formal* é o processo previsto em lei para obter, da autoridade jurisdicional, a reintegração ou o reconhecimento de um direito violado ou ameaçado; no *sentido objetivo*, é sinônimo de instância, demanda, causa; no *sentido subjetivo*, do qual dependem os dois primeiros, é, conforme a definição de Celso, a *facultas* ou *potestas agendi*, o direito de agir, de acionar a Justiça. O italiano Giuseppe Chiovenda diz que ação é direito autônomo, que não se dirige contra o Estado, mas contra o adversário; é o direito de mover o aparato judicial do Estado contra quem lesa um direito subjetivo. José Frederico Marques diz que a *ação não é um direito à tutela jurisdicional* e sim o *direito de pedir essa tutela*, já que o Poder Judiciário não a prestará apenas porque o interessado o requer, pois o pedido não será atendido se não preencher a forma prescrita, não existir interesse e a legitimidade, quando houver ausência de pressupostos de constituição e de desenvolvimento válido e regular do processo, quando não concorrer qualquer das condições da ação, como a possibilidade jurídica, a legitimidade das partes e o interesse processual.

✱ *V. Direito de ação.*

✱ *V. CPC/1973, arts. 2º, 36, 37, 267, IV, e 282.*

✱ *V. Lei nº 8.906/1994 (Estatuto da Advocacia e a OAB), arts. 5º a 15.*

✱ *V. CF art. 5º, XXXV.*

AÇÃO ACESSÓRIA – Ligada à *ação principal* (q.v.), da qual é subsidiária; ela é proposta perante o juiz daquela, isto é, será processada e julgada no mesmo juízo da causa. Daí dizer-se: *Accessorium sequitur principale*. Alguns autores dizem que ela pode ser: *preparatória ou voluntária*, quando vem antes da principal, como no caso de separação de corpos, prestação de alimentos provisionais etc.; *preventiva* ou *obrigatória*, a que pode vir antes ou simultânea à ação, para dispor os meios de salvaguardar ou amparar direitos e interesses das partes, vistorias e arbitramentos, prestação de cauções, sequestro, arresto etc. Precede, necessariamente, a principal; e *incidente*, se tem fórmulas próprias e aparece durante a lide, sendo resolvida antes do julgamento da ação principal: detenção, busca e apreensão (cível), exibição de coisas e atentado etc. (penal).

AÇÃO ACIDENTÁRIA – De competência da Justiça Estadual, deverá ser proposta no domicílio ou residência do acidentado, no local de trabalho, ou no local do acidente; o rito processual é o sumário: a intervenção do Ministério Público é obrigatória por tratar-se de ação de interesse público e de caráter alimentar. Há entendimentos que a Lei nº 8.213/1991 não revogou o art. 13 da Lei nº 6.367/1976, a qual afirma que "para pleitear direitos decorrentes desta lei não é obrigatória a constituição de advogado".

✱ *V. CF, art. 109, I.*

✱ *V. Lei nº 8.213/1991 (Lei dos Planos de Benefícios da Previdência Social), art. 129, II.*

✱ *V. CLT, art. 643, § 2º.*

✱ *V. Súm. nº 15 do STJ.*

✱ *V. Súm. nº 501 do STF.*

✱ *V. Súm. nº 226 do STJ.*

AÇÃO ANULATÓRIA – 1. Destina-se à desconstituição de ato ou negócio jurídico. Distingue-se da *ação declaratória de nulidade* (q.v.) quanto ao objeto: a de anulação corresponde ao ato anulável, enquanto a de nulidade, ao ato nulo. 2. No Processo Civil, em regra, a decisão judicial que homologa acordo extrajudicial, extinguindo o processo com resolução de mérito, embora transite em julgado, pode ser impugnada por ação anulatória, calcada nas hipóteses de nulidade de negócio jurídico, estabelecidas no Código Civil. 3. No Processo do Trabalho, entende-se que a homologação da conciliação, judicial ou extrajudicial, transita em julgado no mesmo dia, e que somente é impugnável por *ação rescisória*. 4. Também vem sendo acolhido pela doutrina e jurisprudência o cabimento de ação anulatória em relação às decisões proferidas em fase de execução e insuscetíveis de recurso ou impugnação nos mesmos autos, como a adjudicação e arrematação de bens, transcorrido o prazo para embargos.

✱ *V. CPC/1973, art. 486.*

✱ *V. CPC/2015, art. 966, § 4º.*

✱ *V. Súm. 195 do STJ.*

✱ *V. Orientação Jurisprudencial nº 129 da SBDI-II do TST.*

AÇÃO ANULATÓRIA DE CASAMENTO – Pode ser impetrada por qualquer dos cônjuges ou por outrem que tenha legítimo interesse moral ou econômico. Pleiteia-se a declaração de nulidade do casamento, quando celebrado sem atender aos ditames da lei ou perante autoridade não competente. Segue o rito ordinário; tem a intervenção do promotor de Justiça, por se tratar de *ação de estado* (q.v.).

✱ *V. CC, arts. 1.521, I a VII, 1.547, 1.558, 1.562, 1.564, 1.634.*

✱ *V. CPC/1973, arts. 3º, 82 e 852, II, a 854.*

✱ *V. CPC/2015, arts. 17 e 178.*

AÇÃO ANULATÓRIA DE DÉBITO FISCAL – Compete ao contribuinte que, de sujeito passivo de ação tributária, assume a posição de autor, para pleitear a anulação de decisão administrativa, como lançamento indevido de tributo.

✱ *V. CTN, arts. 165 a 1.691.*

AÇÃO ANULATÓRIA DE PARTILHA – Visa desfazer partilha amigável, quando viciada por coação, dolo, erro essencial ou intervenção de incapaz. Segue o rito ordinário e prescreve em 1 ano. Quando a partilha é julgada por sentença, só pode ser anulada por *ação rescisória* (q.v.). O mesmo que *ação de nulidade de partilha de sentença amigável.*

✱ *V. CPC/1973, arts. 1.029 a 1.036.*

✱ *V. CPC/2015, arts. 657 a 664.*

✱ *V. CC, art. 1.206.*

AÇÃO APROPRIATÓRIA – É aquela que promove o dono do solo, de boa-fé, contra terceiro de boa-fé, ou o dono de má-fé contra terceiro de má-fé, que tenha plantado, semeado ou edificado sem a sua permissão, quando então ele pleiteia apropriar-se de sementes, plantas ou edificações mediante indenização pelo justo valor.

✱ *V. CC, arts. 1.253 e 1.254.*

AÇÃO AQUISITIVA – Dá-se quando o proprietário de terreno vago em zona urbana pretende adquirir, por indenização arbitrada, do proprietário de prédio contíguo, metade da parede deste para colocar aí seu travejamento. Pode ser também intentada por proprietário de prédio urbano ou rural contra o dono de imóvel confinante para, com indenização prévia, obter meação no tapume divisório feito pelo segundo.

✱ *V. CC, arts. 1.297 e 1.304 a 1.313.*

AÇÃO CAMBIÁRIA – Baseia-se em título cambial vencido, protestado ou não, que é cobrado: nota promissória, letra de câmbio, cheque, duplicata etc. É de natureza executória; seu autor é o credor, também denominado *tomador*. No caso de concurso de credores, um deles pode representar os demais; havendo vários devedores, pode o credor pedir o recebimento do que lhe é devido de um ou de vários devedores, no total do débito ou parcial. O título deverá instruir a petição inicial, se for possível; o foro competente é o do domicílio do réu. Para opor embargos à execução, o devedor dispõe de instrumentos nos arts. 736 a 740 do CPC. O protesto do título só é obrigatório na *ação cambiária regressiva* para descaracterizar a responsabilidade dos coobrigados. Também se diz: *Execução cambiária* ou *cambial*.

✱ *V. CPC/1973, arts. 580 e 736 a 740.*

✱ *V. CPC/2015, arts. 777, 786, 914,* caput, *§ 1º; 915, 917, § 3º, 918,* caput, *I a III, 919 e 920.*

AÇÃO CASUAL – Aquela em que o agente pratica ato ilícito inconsciente com ou sem intenção. Condição que isenta de culpa.

AÇÃO CAUTELAR – 1. Aquela em que se pleiteia proteção urgente e provisória de um direito, ou medida que assegure a eficácia de sentença da ação principal a que está relacionada. Garante o exercício de outra ação, de conhecimento ou de execução, sendo, assim, instrumental, verificando-se nela uma pretensão pré-processual. Pode ser instaurada antes ou no curso da ação principal. Elementos da ação cautelar: a) autoridade judicial a que é dirigida (juiz da causa principal ou, se esta se encontra no tribunal, ao relator do recurso); b) nome, estado civil, profissão, residência do requerente e do requerido; c) o processo e seu fundamento (esse elemento só será exigido quando for requerido em procedimento preparatório); d) exposição sumária do direito ameaçado e o receio da lesão; e) provas a serem produzidas. 2. As *cautelares típicas*, previstas de modo expresso no CPC/1973, são: arresto, sequestro, caução, busca e apreensão, exibição, produção antecipada de provas, alimentos provisionais, anulamento de bens, justificação, protestos, notificações e interpelações, homologação de penhor legal; posse em nome do nascituro, atentado, apreensão de títulos e mais os oito itens constantes do art. 888 do CPC/1973. As *atípicas*, também mencionadas no CPC/1973, são todas as demais medidas provisórias que o juiz julgar necessárias e adequadas. O CPC/2015 trouxe sistema mais simples ao fixar requisitos iguais tanto para a concessão de tutela cautelar quanto de tutela satisfativa, quais sejam: perigo de dano ao direito em caso de demora e probabilidade de existência do direito pleiteado. Nesse sentido, o art. 294, parágrafo único, do CPC/2015 informa que a tutela de urgência é gênero de que são espécies a tutela cautelar e a tutela antecipada, enquanto o art. 300, do novo Código de Ritos, fixa os requisitos para a concessão delas. Outra alteração trazida pelo CPC/2015 é que ele não estabeleceu procedimentos cautelares típicos ou específicos autônomos como fazia o CPC/1973.

✱ *V. CPC/1973, arts. 796 a 889.*

✱ *V. CPC/2015, arts. 9º e 294 a 302.*

AÇÃO CÍVEL – Visa à garantia de um direito ou ao cumprimento de obrigação civil, tutelada pelo Direito Civil. Também é cível a ação promovida para a reparação de danos causados por infração penal.

AÇÃO CIVIL PÚBLICA DE RESPONSABILIDADE – Visa à reparação de danos causados ao meio ambiente, ao consumidor, aos bens e direitos de valor artístico, estético, histórico, turístico e paisagístico. É de rito especial, disciplinada pela Lei nº 7.347/1985, sem prejuízo de *ação popular* (q.v.), com uma diferença a ser notada: a *civil pública* tem de ser interposta pelo Ministério Público, União, Estados e Municípios, ou autarquias, empresas públicas, fundações, sociedades de economia mista ou associações constituídas há 1 ano; e a *popular* deve ser proposta por cidadão eleitor.

✱ *V. CF, art. 5º, LXXIII.*

✱ *V. Lei nº 4.717/1965 (Lei da Ação Popular), art. 1º.*

✱ *V. Lei nº 7.347/1985 (Lei da Ação Civil Pública).*

AÇÃO COLETIVA TRABALHISTA – Trata de direitos e interesses de grupos ou categorias; objetiva obter decisão da Justiça do Trabalho para criar ou modificar condições de trabalho. Pode ser interposta pelos trabalhadores ou pelos empresários. As ações coletivas são conhecidas como *dissídios coletivos.*

✱ *V. CLT, arts. 856 a 875.*

AÇÃO COMINATÓRIA – O texto legal sofreu alteração pela Lei nº 10.444/2002 (q.v.). Na obrigação de dar não cabe cominação de multa (Súm. nº 500 do STF). Para a prestação de *obrigação de fazer* ou *não fazer*, usa-se o rito ordinário, remanescendo, porém, procedimentos especiais ligados à extinta ação cominatória, entre eles a *ação de prestação de contas* (q.v.).

✱ *V. CPC/1973, art. 287.*

✱ *V. CPC/2015, arts. 139, IV, 497 a 501, 536 e 538.*

AÇÃO COMISSÓRIA – Proposta pelo senhorio direto contra o enfiteuta (aquele que detém o domínio útil) para pedir a extinção da enfiteuse e restituição da coisa emprazada, por não terem sido pagas as pensões devidas pelo prazo de 3 anos consecutivos. O vendedor pode propô-la contra o comprador para desfazer o contrato de compra e venda ou que seja pago o preço ajustado, quando existir cláusula de anulação de venda se o preço não for pago em determinado dia (art. 692, II, do antigo CC) O novo proíbe a constituição de enfiteuses e semienfiteuses (q.v.).

AÇÃO COMPENSATÓRIA – Compete ao curador ou tutor contra o pupilo ou curatelado, para dele receber, após a extinção da curatela ou tutela, o pagamento das despesas que fez em benefício do menor ou interdito, assim como da remuneração a que tem direito por sua administração.

✱ *V. CC, arts. 1.752,* caput, *e § 1º, e 1.774.*

AÇÃO COMPULSÓRIA – Ação movida por proprietário, inquilino ou morador de um prédio contra quem ocupa propriedade vizinha da qual faz mau uso. Visa fazer cessar a falta de segurança, abuso contra o sossego e a saúde.

AÇÃO CONDENATÓRIA – Compete ao autor a quem se concede título executivo para condenar o réu ou reclamado a pagar, dar, fazer ou abster-se de fazer algo, quando não cumpre voluntariamente a obrigação.

✱ *V. CPC/1973, arts. 566, 571 e 585.*

✱ *V. CPC/2015, arts. 778,* caput, *§ 1º, 784 e 800.*

AÇÃO CONEXA – É aquela que está de tal modo ligada a outra, ainda que diversas, que a reunião dos dois feitos se torna imperiosa, para não haver julgamentos contraditórios. Ex.: ação penal por furto, outra por receptação dos objetos furtados. A conexão está presente em processos na área civil, trabalhista, penal etc.

AÇÃO CONFESSÓRIA – Compete ao proprietário de prédio dominante contra o do prédio serviente para fazer valer a servidão, sob pena de multa. Também se usa quando o filho ou seus herdeiros pleiteiam o reconhecimento de sua legitimação (investigação de paternidade ou de maternidade). Pode propô-la o enfiteuta contra o senhorio direto. Também cabe ao nu-proprietário para lhe serem reconhecidas e declaradas as servidões ativas da enfiteuse.

AÇÃO CONSIGNATÓRIA – *V. Ação de consignação de pagamento.*

AÇÃO CONSTITUTIVA – É ação de conhecimento; objetiva criar, alterar ou extinguir uma relação jurídica, por exemplo a anulação de um ou mais atos jurídicos. A sentença pode ter efeito de retroação (*ex tunc*) e de irretroatividade (*ex nunc*).

AÇÃO CONTRA ATO ADMINISTRATIVO – Pode ser acionada por qualquer pessoa que se sinta prejudicada por ato administrativo legal: mandado de segurança, *habeas corpus*, ação de nulidade, ação popular etc.

AÇÃO DA MULHER CASADA – A Lei nº 4.121/1962 (Estatuto da Mulher Casada) capacitava a mulher casada a acionar a Justiça sem a necessidade de consentimento do marido, retirando-a da classificação de relativamente incapaz. Tal disposição tornou-se inócua com a promulgação da Constituição de 1988, que consagrou a igualdade total de direitos entre homens e mulheres.

✱ *V. CPC/1973, arts. 10 e 11.*

✱ *V. CPC/2015, arts. 73 e 74.*

AÇÃO DE ADJUDICAÇÃO COMPULSÓRIA – Cabe ao compromissário de imóvel, comprado a prestação, cujo pagamento foi integralizado, mover contra o promitente que se recusa a dar escritura definitiva para que lhe outorgue em 5 dias, ou seja, em caso contrário, o lote adjudicado ao adquirente por via judicial.

✱ *V. CPC/1973, art. 1.218; sem correspondente no CPC/2015.*

✱ *V. Lei nº 6.014/1973 (Adapta o CPC/1973 às leis que menciona).*

AÇÃO DE ALIMENTOS – Ação especial em que, por força de lei, se obriga uma pessoa a prestar alimentos a outra. A palavra *alimentos* designa, além da subsistência material, auxílio à educação, à formação intelectual e saúde física e mental. Esse direito é recíproco entre pais e filhos, podendo ser exigido uns dos outros, e estendendo-se aos ascendentes. O juiz deve fixar os alimentos de acordo com as necessidades do reclamante e os recursos do reclamado, podendo ser solicitada exoneração, redução ou agravação do encargo, conforme mude a situação financeira de quem os supre ou os recebe. Cônjuges divorciados contribuirão na proporção de seus recursos para a manutenção dos filhos. Os alimentos podem ser: *provisionais*, quando fixados precariamente até o julgamento da ação principal. O art. 130, parágrafo único, do ECA determina que alimentos provisórios sejam fixados cautelarmente em favor da criança ou adolescente cujo agressor seja afastado da moradia comum por determinação judicial, *definitivos*, quando fixados por sentença transitada em julgado. A sonegação de alimentos, tanto provisionais como definitivos, leva o sonegador à prisão civil. Se insistir em negá-los, pode ser incurso nas penas do art. 244 do CP (*abandono material*). O foro competente para a ação de alimentos é o do domicílio ou residência do alimentando, e o processo corre em segredo de Justiça.

✱ *V. CF, art. 5º, LXVII.*

✱ *V. CC, art. 1.694 e segs.*

✱ *V. CPC/1973, arts. 155, II, 520, 732 a 735.*

✱ *V. CPC/2015, arts. 189, II, 911 a 913 e 1.012.*

✱ *V. Lei nº 5.478/1968 (Lei de Alimentos).*

✱ *V. Lei nº 6.515/1977 (Lei do Divórcio).*

✱ *V. EC no 66/2010 (Dispõe sobre a dissolubilidade do casamento civil pelo divórcio, suprimindo o requisito de prévia separação judicial por mais de 1 (um) ano ou de comprovada separação de fato por mais de 2 (dois) anos).*

AÇÃO DE ANTICRESE – Compete ao credor anticrético para haver do devedor o pagamento integral de dívida vencida. *V. Anticrese.*

AÇÃO DE ANULAÇÃO DE ADOÇÃO – Pode propô-la a pessoa que detém a guarda do menor adotado contra o adotante, para anular a adoção feita sem o seu consentimento. Pode, ainda, ser proposta pelo adotado ou pelo adotante, nas hipóteses de deserdação.

✱ *V. CC, arts. 1.962 e 1963.*

AÇÃO DE ANULAÇÃO DE ATOS PATERNOS – Proposta pelo filho, seus herdeiros ou representante legal (quando menor) para pedir a anulação de atos praticados pelo pai ou pela mãe, na constância do poder familiar, quando lesivos ao patrimônio do filho.

AÇÃO DE ANULAÇÃO DE CAMBIAL – Ação em que o autor requer ao juiz competente (lugar do pagamento), em caso de extravio de letra de câmbio, que intime o sacado ou o aceitante e os coobrigados, para que não a paguem, e citação do detentor para que a apresente em juízo no prazo fixado por lei. Em caso de extravio e destruição, pede-se ao juiz que cite os coobrigados para contestação com base em defeito de forma, do título ou falta de requisito essencial ao exercício da ação cambial, pedindo por fim a substituição do título por sentença judicial, a qual terá valor de documento creditório, para todos os efeitos legais.

AÇÃO DE ANULAÇÃO DE COMPRA E VENDA – Compete a uma das partes do contrato, comprador ou vendedor; pede-se que se declare sua nulidade em virtude de vício insanável. Essa nulidade pode ocorrer em todos os casos previstos no CC, art. 166, também é nulo o contrato no qual fica ao arbítrio de uma das partes a taxação de preço (CC, art. 489), ou se a compra e venda é realizada entre ascendentes e descendentes, sem o consentimento necessário requerido pelo art. 496 do CC e, também, se realizada por pessoas proibidas de adquirir certos bens por causa de sua condição ou função, conforme estabelece o art. 497 do CC.

AÇÃO DE ANULAÇÃO DE CONTRATO SOCIAL – Pode ser movida por qualquer dos sócios para pleitear anulação do contrato eivado de vícios insanáveis. As hipóteses que sustentam essa ação estão consubstanciadas no CC (art. 1.008).

AÇÃO DE ANULAÇÃO DE DOAÇÃO – Compete a toda pessoa que se sinta prejudicada por doação fraudulenta, em especial à mulher casada que pleiteia anular doação feita pelo marido que contraria determinação legal ou a sua concubina.

AÇÃO DE ANULAÇÃO DE MARCA DE INDÚSTRIA OU DE COMÉRCIO – Nessa ação, o pedido consiste na declaração de nulidade do registro de marca de indústria ou de comércio que tenha sido feito com infração da lei. Podem intentá-la pessoa que possua legítimo interesse e o Instituto Nacional de Propriedade Industrial – INPI.

AÇÃO DE ANULAÇÃO DE PATENTE DE INVENÇÃO – Visa à decretação de nulidade de patente de invenção, pedida pelo inventor ou seu representante legítimo ou por qualquer pessoa prejudicada, se a concessão for feita em desacordo com a legislação vigente. Pede-se o cancelamento do registro, podendo interpor-se, cumulativamente, *ação de indenização* (q.v.).

AÇÃO DE ANULAÇÃO DE REGISTRO PÚBLICO – Pede-se a declaração de nulidade de assentamento em registro feito contrariamente ao que dispõe a lei: se lavrado fora das horas regulamentares ou em dias em que não houver expediente. O oficial que der causa à nulidade será responsabilizado civil e criminalmente.

✱ *V. Lei nº 6.015/1973 (Lei dos Registros Públicos).*

AÇÃO DE ANULAÇÃO DE SOCIEDADE – Qualquer dos sócios pode impetrá-la contra os demais, pedindo a nulidade da sociedade por vícios essenciais à sua constituição.

✱ *V. CC, art. 1.008.*

AÇÃO DE ANULAÇÃO DE TESTAMENTO – Aquela que o herdeiro *ab intestato* ou o deserdado sem motivo impetram contra os herdeiros constituídos (legatários), pedindo a decretação de nulidade do testamento, se eivado por vício ou falsa causa, preterição de disposição legal ou formalidade substancial intrínseca ou extrínseca, e requerem sua investidura na herança. Intervém no processo o órgão do Ministério Público. É ação de rito ordinário.

✱ *V. CPC/1973, art. 82, II.*

✱ *V. CPC/2015, art. 178.*

✱ *V. CC, arts. 1.860, 1.876, 1.900, I a IV, 1.846.*

AÇÃO DE ANULAÇÃO DE TÍTULO CAMBIÁRIO – Visa sustar a circulação de título de crédito que se extraviou ou foi subtraído de seu possuidor. Dada a sentença, o título será considerado não válido. O devedor deve lavrar outro título em substituição àquele, em prazo determinado. Se houver contestação, ela deve ser acompanhada do título, seguindo-se o rito ordinário.

✱ *V. CPC/1973, arts. 907 a 913.*

✱ *V. CPC/2015, art. 259, II.*

AÇÃO DE ATENTADO – Cautelar que se propõe contra a parte que comete atentado no decorrer do processo, autuando-se esta petição em separado e sendo a ação de atentado processada e julgada pelo juiz da causa principal, mesmo estando esta no tribunal. Julgado procedente o pedido, restabelece-se o estado anterior, suspende-se a causa principal e proíbe-se ao réu que fale nos autos até a purgação do atentado. O réu poderá, ainda, por sentença, ser condenado a pagar os danos sofridos pela parte contrária.

✱ *V. CPC/1973, arts. 879 a 881.*

✱ *V. CPC/2015, art. 77, §§ 1º e 7º.*

AÇÃO DE AUTORIA – *V. Ação de evicção.*

AÇÃO DE AVARIA – Proposta pelo segurado contra o segurador, visando a cobrança de indenização com a liquidação do valor das avarias cobertas pela apólice.

AÇÃO DE CAUÇÃO – Visa ao cumprimento forçado de direito já reconhecido.

AÇÃO DE COBRANÇA – Movida pelo credor para haver do devedor o crédito que lhe é devido. Pode seguir o rito comum, se a lei não impõe o especial, cabendo o procedimento sumário na cobrança de honorários dos profissionais liberais.

AÇÃO DE COMODATO – Movida pelo comodante, em procedimento sumário (CPC/1973, art. 275, II, *g*, sem correspondente no CPC/2015) para obter do comodatário a coisa emprestada e receber indenização por perdas e danos, se cabíveis (CC, arts. 579 a 585).

AÇÃO DE COMPLEMENTO DA LEGÍTIMA – Compete aos ascendentes e descendentes do testador contra aquele que foi injustamente beneficiado, para obrigá-lo a devolver os bens recebidos além do que lhe era devido.

AÇÃO DE CONCUBINATO – O STF garante que, "comprovada a existência de sociedade de fato entre os concubinos, é cabível sua dissolução, com a partilha do patrimônio adquirido pelo esforço comum" (Súm. nº 380 do STF). *V. Concubinato.* Atualmente, consolidado o conceito de união estável entre homem e mulher, e o seu reconhecimento legal, após a CF de 1988, a ação utilizada para a obtenção da partilha de bens é denominada ação de reconhecimento e dissolução de união estável.

AÇÃO DE CONHECIMENTO – Aquela que visa a uma sentença que reconheça o direito do autor.

AÇÃO DE CONSIGNAÇÃO EM PAGAMENTO – O mesmo que *ação consignatória* e *ação de depósito em pagamento*. Visa liberar o devedor de uma obrigação, fazendo em juízo o depósito de quantia ou de coisa devida, obtendo assim a quitação da dívida quando o credor não quer receber ou não é encontrado ou é incerto. Não havendo contestação no prazo de 10 dias o juiz dará como procedente o pedido, declarará extinta a obrigação e condenará o réu ao pagamento das custas e honorários.

✱ *V. CPC/1973, arts. 890 a 900.*

✱ *V. CPC/2015, arts. 539 a 549.*

AÇÃO DE CONSTRUÇÃO E CONSERVAÇÃO DE TAPUMES – Baseia-se no direito de vizinhança. Cabe ao proprietário de um imóvel para obrigar os proprietários dos imóveis confinantes a concorrer para as despesas de construção e conservação de tapumes divisórios (sebes vivas, cercas de arame etc.).

✱ *V. CC, art. 1.297.*

AÇÃO DE CONTESTAÇÃO DE MATERNIDADE – Compete à mulher que figure em certidão de nascimento como mãe de alguém, a fim de negar esse parentesco. Como não é necessário que a mãe compareça ao Registro Civil (*mater semper certa est*), o registro parece válido. A suposta mãe deve provar erro ou falsidade do termo.

✱ *V. CC, art. 1.608.*

AÇÃO DE CONTESTAÇÃO DE PATERNIDADE LEGÍTIMA – O mesmo que *ação negatória de paternidade*. Compete, privativamente, ao marido para contestar a legitimidade dos filhos nascidos de sua mulher. O direito da ação é imprescritível. Iniciada a ação, essa passa aos herdeiros do marido.

✱ *V. CC, arts. 1.601 a 1.611.*

AÇÃO DE CONTRAFAÇÃO – Compete ao autor ou cessionário de direitos autorais contra quem vier a publicar ou reproduzir obra literária, artística ou científica de que é proprietário, sem sua expressa permissão. Pode pedir indenização por perdas e danos. A ação civil por ofensa a direito de autor prescreve em 10 anos, contado o prazo da data da contrafação.

✱ *V. Lei nº 9.610/1998 (Revogou os arts. 649 a 673 e 1.346 a 1.362 do CC de 1916 e também as seguintes Leis: 4.944/1966; 5.988/1973 – exceto o art. 17 e seus §§ 1º e 2º; 6.800/1980; 7.123/1983; 9.045/1995, e manteve em vigor as Leis nºs 6.533/1978 e 6.615/1978).*

✱ *V. Dec. no 75.699/1975 (Promulga a Convenção de Berna para a Proteção das Obras Literárias e Artísticas, de 9 de setembro de 1886, revista em Paris, a 24 de julho de 1971).*

AÇÃO DE CUMPRIMENTO – Neste processo especial, o título executivo é a sentença coletiva de caráter apenas normativo (condenação indireta) e sua execução é ajuizada perante a Vara do Trabalho pelo empregado ou pelo sindicato de Categoria.

✱ *V. CF, art. 8º, III.*

✱ *V. CLT, art. 872.*

AÇÃO DE CUMPRIMENTO (COMPETÊNCIA) – À Justiça do Trabalho compete a conciliação e o julgamento de dissídios originados no cumprimento de convenções e/ou acordos coletivos de trabalho, ainda que ocorram entre sindicatos ou entre sindicato de trabalhadores e o de empregador (Lei nº 8.984/1995: art. 1º). A Súm. nº 57 do STJ, que limitava a competência da Justiça do Trabalho às convenções homologadas perante ela, deixa de ser aplicável, tendo em vista a lei citada.

AÇÃO DE DANO – O art. 927 do CC em vigor prevê que aquele que por ato ilícito causar dano fica obrigado a repará-lo; e o seu parágrafo único dispõe que haverá indenização independente de culpa: nos casos especificados em lei "ou quando a atividade desenvolvida pelo autor do dano implicar, por sua natureza, riscos para os direitos de outrem". Como se vê, foi incluída aqui a *teoria do risco* também sem especificação legal. O art. 928 admite ser o incapaz responsável pelo pagamento de prejuízos, quando seus responsáveis não tiverem a obrigação de fazê-lo ou não tenham meios suficientes. O seu parágrafo único ameniza a rigidez do *caput* ao determinar que a indenização seja equitativa e não prive do necessário o incapaz nem as pessoas sob sua dependência. Este artigo admite, de maneira expressa, o *favor debitoris*, o *beneficium competentiai*, o *id quod facere potest* do Direito Romano de Justiniano. O CC de 1916 não previa este artigo. Ao admitir, no art. 944, que a indenização seja medida pela extensão do dano, os autores do CC/2002 adotam a *teoria das três culpas – grave, leve e levíssima* –, existente na época medieval e inspirada sobre comentário de ULPIANO sobre a Lei Aquília: *In lege Aquilia et levissima culpa venit*. O juiz, porém, pode reduzir, de maneira equitativa, a indenização, quando há desproporção entre a gravidade da culpa e o dano. A CF acolhe, em seu art. 5º, inciso X, o dano moral.

AÇÃO DE DANO (ANIMAIS) – Impetrada contra o dono do animal, introduzido ou abandonado num terreno, para que o dono se ressarça dos danos causados e o infrator seja apenado. Caso a intenção tenha sido a de apenas alimentar o animal, o delito configura-se como furto.

✱ *V. CC, art. 936.*

AÇÃO DE DANO IMINENTE – Cabe ao proprietário de imóvel para exigir que o proprietário do prédio vizinho proceda à imediata reparação ou demolição deste, no caso de estar sob ameaça de *desabamento*. Exige-se, também, caução pelo dano iminente.

✱ *V. CC, arts. 937 e 1.280.*

AÇÃO DE DANO INFECTO – Também denominada *ação compulsória*. Proposta pelo dono de um prédio para impedir que seu vizinho de parede construa junto a essa forno, fornalha, fogão, chaminé, que prejudique sua propriedade. Procedimento sumário.

✱ *V. CC, arts. 1.277 a 1.281.*

AÇÃO DE DECLARAÇÃO DE AUSÊNCIA – É aquela em que se pede, por sentença judicial, a regularização dos bens deixados por pessoa desaparecida, sendo declarada sua ausência e nomeado, pelo juiz, um curador para os seus bens. O juiz declara a ausência, manda arrecadar os bens do ausente e nomeia um curador. Durante um ano, o juiz fará publicar editais, reproduzidos a cada 2 meses, nos quais se anuncia a arrecadação e o ausente é instado a entrar na posse de seus bens. Não tendo, após esse prazo, comparecido o ausente, nem dele tido notícias, nem se apresentando seu representante ou procurador, podem os interessados requerer a abertura provisória de sua sucessão, que cessa se houver o comparecimento do ausente. A sucessão torna-se definitiva: *a*) havendo cabal certeza da morte do ausente; *b*) 10 anos após ter passado em julgado a sentença de abertura da sucessão provisória; *c*) contando o ausente 80 anos de idade e transcorridos 5 anos de suas últimas notícias. Transcorridos 10 anos da abertura da sucessão definitiva, caso o ausente retorne, ou alguns de seus descendentes ou ascendentes, só poderão requerer em juízo a entrega dos bens no estado em que se acharem estes, aqueles sub-rogados em seu lugar ou o preço que houver sido pago pelos alienados depois daquele tempo.

✱ *V. CC, arts. 22 a 39.*

✱ *V. CPC/1973, arts. 1.159 a 1.169.*

✱ *V. CPC/2015, arts. 744 e 745.*

AÇÃO DE DEMARCAÇÃO OU DEMARCATÓRIA – Compete ao proprietário ou condômino de um prédio, rústico ou urbano, contra possuidores dos prédios confinantes para fixação de novos rumos ou renovação, aviventação ou restauração dos existentes, para se estabelecerem as linhas divisórias comuns ou corrigir limites confusos.

✱ *V. CC, arts. 1.297 e 1.298.*

✱ *V. CPC/1973, art. 946, I, e segs.*

✱ *V. CPC/2015, arts. 569 a 587.*

AÇÃO DE DEMOLIÇÃO OU DEMOLITÓRIA – Compete tanto a um particular como ao Poder Público, para obrigar quem construiu ilegalmente a demolir a sua obra. Como medida cautelar ou incidente, pode ser proposta durante a ação principal ou antes dela, para demolir prédio no resguardo da saúde, da segurança ou por outro interesse público.

✱ *V. CC, arts. 1.301 e 1.302.*

AÇÃO DE DEPÓSITO – 1. Cabe ao depositante, para exigir do depositário, ou de pessoa que tenha direito ao depósito, a restituição do bem depositado, com seus acréscimos. 2. A CF, em seu art. 5º, LXVII, restringiu a possibilidade de prisão civil por dívidas a obrigações alimentícias e ao descumprimento de deveres pelo depositário fiel. Contudo, o STF entendeu que, com a ratificação pelo Brasil da Convenção Interamericana de Direitos Humanos (Pacto de San Jose da Costa Rica), é incabível a prisão civil por qualquer modalidade de depósito. 3. O CPC/2015 deixou de estabelecer procedimento especial para esta ação, que, doravante, adota o procedimento comum.

✱ *V. CF, art. 5º, LXVII.*

✱ *V. CC/2002, arts. 627 a 652.*

✱ *V. CPC/1973, arts. 901 a 906, sem correspondentes no CPC/2015.*

✱ *V. Súm. Vinc. nº 25.*

AÇÃO DE DEPÓSITO EM PAGAMENTO – *V. Ação de consignação em pagamento.*

AÇÃO DE DESAPROPRIAÇÃO – Compete ao Poder Executivo, no uso de seu poder discricionário, para imitir-se na posse de imóvel, sob alegação, quanto à *finalidade*, de *utilidade pública*, *interesse social* ou *necessidade*. O Poder Executivo indeniza o proprietário pelo preço que fixa ou, em caso de contestação, pelo que o juiz decretar, após avaliação judicial. O mesmo que *ação expropriatória*.

✱ *V. CC, art. 1.387.*

✱ *V. Dec.-lei nº 3.365/1941 (Lei das Desapropriações).*

✱ *V. Lei nº 2.786/1956 (Altera a Lei das Desapropriações).*

✱ *V. Lei nº 4.132/1962 (Define os casos de desapropriação por interesse social e dispõe sobre sua aplicação).*

✱ *V. Lei nº 4.504/1964 (Estatuto da Terra).*

✱ *V. Dec.-lei nº 1.075/1970 (Regula a imissão de posse,* initio litis, *em imóveis residenciais urbanos.).*

AÇÃO DE DESAPROPRIAÇÃO DE OBRA LITERÁRIA, CIENTÍFICA OU ARTÍSTICA – Compete ao Poder Público que, mediante prévia indenização, se invista nos direitos de propriedade, por utilidade pública, de obras que o autor não quis reeditar. Os arts. 649 a 673 do CC antigo foram revogados pela Lei nº 5.988/1973 (que tratava de direitos autorais) e depois pela Lei nº 9.610/1998, que altera, atualiza e consolida a legislação que cuida desses direitos; o art. 115 deste último diploma revogou a primeira lei aqui citada.

AÇÃO DE DESERDAÇÃO – É uma ação de rito ordinário que cabe ao herdeiro instituído ou a quem aproveite a deserdação ou tenha nela legítimo interesse, para prover a veracidade da causa alegada pelo testador, para promover a exclusão do herdeiro ou do legatário, provando-se a prática de ato de indignidade (CC, arts. 1.814 a 1.818). Esta ação prescreve em 4 anos, contado o prazo da abertura da sucessão (CC, arts. 206 e 1.965, parágrafo único).

AÇÃO DE DESLIGAMENTO DE ADOÇÃO – Compete ao adotado contra o adotante para desligar-se da adoção feita quando era incapaz, ou vice-versa, quando há ingratidão do adotado. O prazo de decadência da ação é de 1 ano, a partir da cessação da menoridade ou da interdição.

✱ *V. CF, art. 227, § 6º.*

✱ *V. CC, arts. 1.618 a 1.629.*

✱ *V. Lei nº 8.069/1990 (Estatuto da Criança e do Adolescente – ECA), arts. 39 a 52.*

AÇÃO DE DESPEJO DE IMÓVEL – Promovida pelo proprietário ou locador para retomada de imóvel alugado. Pode ser por falta de pagamento de aluguéis, por passar o imóvel a residência do locador ou de seus descendentes ou ascendentes. Se o fundamento é a falta de pagamento, pode o inquilino evitar a rescisão do contrato requerendo, no prazo da contestação, lhe seja permitido o pagamento do aluguel e dos encargos devidos, o que se denomina *purgação de mora*. O foro competente para a ação é o da situação do imóvel, sendo o valor da causa o de uma anuidade. A ação é de rito ordinário, não dependendo do valor da causa. Também o locatário, que tenha sublocado o imóvel, pode intentar ação contra o sublocatário, o comodante contra o comodatário, o administrador do imóvel locado contra o ocupante. Para completa atualização do assunto, é indispensável conhecer a Lei nº 8.245/1991, que contempla todas as situações de locação residencial e não residencial urbana, assim como a locação para temporadas.

✱ *V. Lei nº 8.245/1991, arts. 59 a 66.*

AÇÃO DE DESTITUIÇÃO DO PODER FAMILIAR – Compete ao juiz, *ex officio*, ao Ministério Público, ou a qualquer parente do menor, contra o pai ou a mãe que infligir castigos brutais, imoderados, ao filho, deixá-lo em estado de abandono ou praticar contra ele atos atentatórios aos bons costumes.

✱ *V. CC, art. 1.638, I a III.*

✱ *V. Lei nº 8.069/1990 (Estatuto da Criança e do Adolescente – ECA).*

AÇÃO DE DISSOLUÇÃO E LIQUIDAÇÃO DE SOCIEDADE CIVIL E COMERCIAL – Cabe a qualquer interessado obter essa liquidação e, posteriormente, a liquidação judicial. Dissolve-se a sociedade quando se mostra que é impossível sua continuação por não poder preencher o intuito e fim social, por perda de capital social ou por não ser suficiente; quando há inabilidade de alguns dos sócios, incapacidade moral ou civil, julgada por sentença; por abuso, prevaricação, violação ou falta de cumprimento das obrigações sociais, ou a fuga de algum dos sócios.

✱ *V. CC, arts. 1.029, 1.033 e 1.034.*

✱ *V. Lei nº 6.404/1976 (Lei das Sociedades por Ações).*

AÇÃO DE DIVISÃO OU DIVISÓRIA – Cabe a qualquer condômino de imóvel em comum, urbano ou rural, tendo título hábil e direito real, pedir que ele seja partilhado, na proporção do direito de cada partícipe, separando-se o quinhão que lhe couber. Ação declaratória da propriedade que pode ser cumulada com a *ação de demarcação* (q.v.). O *foro* competente é o da situação da coisa.

✱ *V. CPC/1973, arts. 89, I, 95, 946 a 949, e 967 a 981.*

✱ *V. CPC/2015, arts. 23, I, 47, 569 a 573 e 588 a 598.*

✱ *V. Lei nº 6.383/1976 (Lei das Ações Discriminatórias).*

AÇÃO DE DIVÓRCIO – Destina-se a por fim ao casamento e aos efeitos civis do matrimônio religioso. Dá-se, com ela, a dissolução do vínculo conjugal. O pedido de divórcio é privativo dos cônjuges e só por eles pode ser exercido, a menos que um deles seja incapaz, quando poderá fazê-lo por curador, irmão ou ascendente. A EC nº 66/2010 deu nova redação ao § 6º do art. 226 da CF, que dispõe sobre a dissolubilidade do casamento civil pelo divórcio, suprimindo o requisito de prévia separação judicial por mais de um ano ou de comprovada separação de fato por mais de dois anos.

✱ *V. CF, art. 226, § 6º.*

✱ *V. Lei nº 6.515/1977 (Lei do Divórcio), com modificação de seu art. 40 pela Lei nº 7.841/1989.*

AÇÃO DE EMANCIPAÇÃO – Cabe ao menor, com 16 anos completos, com a citação do Ministério Público, promover contra o seu pai e, na falta deste, contra a mãe ou tutor, para que seja declarado maior e capaz para os atos da vida civil e para administrar os seus bens. O menor assina a petição com o advogado. Tendo o menor pai, ou mãe, um ou outro pode comparecer a um tabelionato e assinar escritura de emancipação (*emancipação outorgada*). A emancipação terá de ser registrada no Registro Civil da comarca do domicílio do menor, sem o que não produzirá efeito (Estatuto da Criança e do Adolescente – Lei nº 8.069/1990, art. 148, parágrafo único, *e*). A competência é da Justiça da Infância e da Juventude, criada por essa lei.

AÇÃO DE EMBARGOS À PRIMEIRA – Visa a proteção da posse ameaçada. O mesmo que *ação de força iminente, ação de preceito cominatório ou ação de interdito proibitório* (q.v.).

AÇÃO DE EMBARGOS DE OBRA NOVA – *V. Ação de nunciação de obra nova.*

AÇÃO DE EMPREITADA – Compete ao dono da obra contra o empreiteiro, por descumprimento de obrigações assumidas por este. Embora de natureza civil, quando há litígio entre as partes, a empreitada é regida pela lei trabalhista (CLT, art. 652, *a*, III). O processo será trabalhista e os direitos adjetivos civis (CC, arts. 610 a 619).

AÇÃO DE ENRIQUECIMENTO INDÉBITO – Em latim: *Actio de in rem verso*. Nela, o autor reclama do réu o que, por pagamento indevido, por erro de fato ou de direito, ele recebeu com proveito ilegítimo e prejuízo do patrimônio do autor; ou o que pagou por ele, de boa-fé e não por erro, para extinguir obrigação sua. Qualquer pessoa prejudicada tem o direito de reclamar, com essa ação, a restituição de bens de que foi privada ou indenização por seu justo valor. O mesmo que *ação de repetição*.

✱ *V. CC, arts. 149, 181, 876 a 883, 1.216, 1.220, 1.255, 1.256.*

AÇÃO DE ESBULHO POSSESSÓRIO – Em Latim: *Interdictum recuperandae possessionis*. Compete ao possuidor, que tem título legítimo, para recuperar a posse de coisa móvel ou imóvel e seus rendimentos, da qual se vira privado por ato de violência, clandestinidade ou precariedade. Pede-se, ainda, ao espoliador, ou terceiro que a recebeu ciente da espoliação, ressarcimento de perdas e danos e interesses que se liquidarem, assim como a condenação do réu nas custas processuais. Contra pessoas jurídicas de direito público, não será deferida a manutenção ou reintegração liminar sem prévia audiência dos representantes judiciais. Quando intentada em ano e dia da espoliação, a ação tem curso sumário; após esse prazo, o rito é ordinário. O autor tem de provar: *a*) sua posse; *b*) a turbação ou o esbulho praticado pelo réu; *c*) a data da turbação ou do esbulho; *d*) a continuação da posse, embora turbada, na *ação de manutenção*; a perda de posse, na *ação de reintegração*. O mesmo que *ação de reintegração* (q.v.) ou *interdito recuperatório*.

✱ *V. CPC/1973, arts. 924 a 931.*

✱ *V. CPC/2015, arts. 558 a 566.*

✱ *V. CP, art. 161, § 1º, II.*

✱ *V. CC, arts. 952, parágrafo único, 1.196 e 1.210 a 1.224 – Sobre indenização, em caso de usurpação ou esbulho.*

AÇÃO DE ESTADIA – Cabe ao fretador ou ao capitão de navio contra o afretador para ressarcir-se das despesas com estadia e sobre-estadia em determinado porto, por culpa do afretador ou do consignatário.

✱ *V. CCom, art. 606.*

AÇÃO DE ESTADO – *V. Ação prejudicial.*

AÇÃO DE EVICÇÃO – Cabe ao adquirente de coisa da qual sofreu perda total ou parcial, por sentença que a atribui a terceiro, por direito anterior à venda e ignorado pelo comprador, para reembolsar-se do preço pago e das despesas judiciárias e de transmissão, assim como indenizar-se dos frutos que tiver de devolver, e de perdas e danos apurados. O mesmo que *ação de garantia* (q.v.).

✱ *V. CC, art. 456.*

AÇÃO DE EXCUSSÃO DA HIPOTECA – A que move o credor hipotecário para exigir do devedor o pagamento da dívida garantida pela hipoteca. Também é chamada *ação executiva hipotecária* ou *executivo hipotecário*.

✱ *V. CPC/1973, arts. 466 e 585, III.*

✱ *V. CPC/2015, arts. 495 e 784.*

AÇÃO DE EXECUÇÃO – Visa ao cumprimento forçado de direito já reconhecido.

AÇÃO DE EXECUÇÃO DE PENHOR – Compete ao credor pignoratício contra o devedor, para cobrança de dívida. O mesmo que *ação pignoratícia* (q.v.).

✱ *V. CPC/1973, art. 585, III.*

✱ *V. CPC/2015, art. 784.*

AÇÃO DE EXERDAÇÃO – O mesmo que *ação de deserdação* (q.v.). Não ficando provada a causa invocada para deserdação, são nulas a instituição e as disposições que prejudiquem a legítima do deserdado.

✱ *V. CC, arts. 1.814, 1.961 a 1.965,* caput.

AÇÃO DE EXTINÇÃO DE FUNDAÇÃO – Visa extinguir fundação quando se verifica que ela é nociva ou é impossível sua manutenção e, ainda, por ter vencido o prazo de sua existência. Pode ser promovida por qualquer pessoa interessada ou pelo Ministério Público. Extinta, seus bens são incorporados aos de outra fundação congênere. Essa destinação não se verificará se houver disposição em contrário no ato constitutivo da fundação.

✱ *V. Lei nº 6.435/1977 (Dispõe sobre as entidades de previdência privada).*

✱ *V. CC, arts. 68 e 69.*

AÇÃO DE EXTINÇÃO DE HABITAÇÃO – Cabe ao proprietário contra ocupante de casa a título de habitação, para declarar findo o direito real, que desfruta, e ela seja restituída ao seu dono.

✱ *V. CC, art. 1.416.*

AÇÃO DE EXTINÇÃO DE USO – Compete ao proprietário contra o usuário, para que se declare extinto o direito real em cujo gozo estava.

✱ *V. CC, art. 1.413, combinado com arts. 1.410, I a VII, e 1.411.*

AÇÃO DE EXTINÇÃO DE USUFRUTO – Cabe ao nu-proprietário contra usufrutuário a fim de que seja declarado extinto o direito a ele conferido.

✱ *V. CC, arts. 1.410 e 1.411.*

AÇÃO DE FALSIDADE – É a arguição de falsidade contra documento público ou particular apresentado no processo principal; é ação incidental em que se argui tanto a falsidade material do documento apresentado no processo principal quanto a da veracidade do seu contexto e, como tal, converge sobre a ação principal em andamento e com ela passa a caminhar, dentro do mesmo processo.

✱ *V. CPC/1973, arts. 390 a 395.*

✱ *V. CPC/2015, arts. 430 a 433.*

AÇÃO DE FILIAÇÃO – Cabe ao filho ou a seus herdeiros para que os pais ou os herdeiros destes lhe reconheçam a filiação, negada ou não reconhecida até então. O filho pode impetrá-la enquanto viver, passando aos herdeiros seus se ele morrer menor ou incapaz; para o filho, a ação não prescreve; se exercida, porém, por seus herdeiros, prescreve em um ano. Os filhos, havidos ou não de relação de casamento ou por adoção, terão os mesmos direitos e qualificação, estando proibidas designações discriminatórias relativas à filiação.

AÇÃO DE FILIAÇÃO ILEGÍTIMA – *V. Ação de investigação de maternidade e de paternidade.*

AÇÃO DE FORÇA ESPOLIATIVA – O mesmo que *ação de esbulho possessório* (q.v.). Diz-se também *ação de força maior* ou de *força velha espoliativa*, conforme o esbulho date de menos ou de mais de um ano e dia.

AÇÃO DE FORÇA IMINENTE – *V. Ação de embargos à primeira.*

AÇÃO DE FORÇA TURBATIVA – O mesmo que *ação de manutenção de posse* (q.v.).

AÇÃO DE FRAUDE CONTRA CREDORES – *V. Ação pauliana* ou *ação revocatória.*

AÇÃO DE FRAUDE DA LEGÍTIMA – O mesmo que *ação fabiana*. Compete ao descendente herdeiro contra o coerdeiro a quem o *de cujus* vendeu bens sem que os demais descendentes dessem seu consentimento, a fim de que a coisa vendida seja trazida à colação e partilhada. Ocorre, também, no caso de troca.

✱ *V. CC, arts. 533, 2.002, parágrafo único, e 2.023.*

AÇÃO DE GARANTIA – O mesmo que *ação de evicção* (q.v.).

AÇÃO DE GARANTIA DE NOME COMERCIAL – Visa proibir ou impedir o uso ilegal de firma, denominação ou dístico particular, registrado ou inscrito, que designa a pessoa jurídica do comerciante ou industrial, singular ou coletiva.

AÇÃO DE GESTÃO DE NEGÓCIOS – Ação que o dono do negócio promove contra gestor, a fim de que esse lhe preste contas. Pode ocorrer também do gestor contra o dono do negócio, requerendo que o isente de compromissos que em seu benefício assumira ou que o indenize de gastos que fez com a gestão de seus negócios.

AÇÃO DE *HABEAS CORPUS* – Ação mandamental que visa tutelar a liberdade de locomoção de uma pessoa, seu direito de ir, vir ou de permanecer, contra coação ou coerção ilegal da autoridade. Tem a finalidade de garantir a *liberdade individual* ordenada pela CF. Entende-se por *coação* (*vis compulsiva*) a pressão psicológica, e, por *coerção* (*vis materialis*), a violência física. Apresenta-se o *habeas corpus* sob duas formas: *preventivo*, para prevenir, quando se está na iminência de sofrer coerção; e *liberativo*, quando já se está sofrendo a coerção. Veja-se no art. 648 do CPP as hipóteses de ilegalidade da coerção. O *habeas corpus* sofre restrições em caso de sítio, como prevê o art. 139 da CF. Para se impetrar o *habeas corpus*, é preciso que haja uma autoridade coatora, o paciente da coação ou coerção e pessoa que apresente a ordem (impetrante). A petição deve trazer: o nome da pessoa ameaçada de sofrer violência ou coação e o do coator; a declaração da espécie de constrangimento, ou, em caso de ameaça, as razões de seu temor; a assinatura do impetrante, ou de alguém a seu rogo, quando não souber ou não puder escrever, e a designação das respectivas residências.

✱ *V. CF, arts. 5º, LXVIII, e 139.*

AÇÃO DE *HABEAS DATA* – Ação cautelar. Pretende o postulante informações de sua pessoa, retificação de dados em registros de bancos de dados de entidades governamentais ou de caráter público.

✱ *V. CF, art. 5º, LXXI, regulamentado pela Lei nº 9.507/1997 (Lei do Habeas Data).*

AÇÃO DE HONORÁRIOS – Também chamada ação *executiva de cobrança de honorários*. Compete aos profissionais liberais – advogados, solicitadores, médicos, dentistas, professores, engenheiros, psicólogos –, para recebimento de honorários, havendo contrato por escrito ou comprovada, no transcurso da lide, a prestação do serviço. Na falta de contrato, a ação segue o rito ordinário, sendo os honorários arbitrados.

✱ *V. CPC/1973, arts. 585, II, e 275, II,* f.

✱ *V. CPC/2015, art.784, II.*

AÇÃO DE IMISSÃO DE POSSE – Podem impetrar esta ação ordinária os adquirentes de bens, a fim de obter a sua posse, contra alienantes ou terceiros que os detenham; administradores e representantes de pessoas jurídicas de direito privado, para obter dos antecessores a entrega de bens que pertenciam à pessoa representada; os mandatários, para obter dos antecessores a posse dos bens dos mandantes. Se a coisa não for entregue ou depositada nem admitidos embargos que suspendam a execução, expede-se em favor do credor mandado de imissão na posse ou de busca e apreensão, quer se trate de móvel, quer de imóvel. O devedor poderá oferecer embargos no prazo de 10 dias, contados da juntada aos autos do mandado de imissão de posse ou de busca e apreensão. A parte que, no curso do processo, violar a imissão na posse comete um atentado.

✱ *V. CPC/1973, arts. 625 a 628, 738, III, e 879, I.*

✱ *V. CPC/2015, arts. 806 a 810 e 915.*

AÇÃO DE IMPUGNAÇÃO DE ADOÇÃO – O mesmo que *ação de desligamento da adoção* (q.v.).

AÇÃO DE IMPUGNAÇÃO DO RECONHECIMENTO – Cabe ao filho, após a maturidade, contra quem o perfilhou sem a sua anuência, quando menor, para que o ato do perfilhante seja declarado nulo. A ação deve ser proposta nos 4 anos que se seguirem à maioridade ou emancipação.

✱ *V. CC, art. 1.614.*

AÇÃO DE INDENIZAÇÃO – Cabe ao prejudicado cujo direito foi violado, por ação, omissão voluntária, negligência ou imprudência de outrem, para ressarcir-se pelo dano causado. O mesmo que *ação de dano.*

✱ *V. CC, art. 186.*

AÇÃO DE INDENIZAÇÃO (POR ACIDENTE DE CARRO) – Nesta ação observa-se o rito sumário, qualquer que seja o valor da causa. O autor intenta a reparação dos danos causados ao seu carro, com base no art. 186 do CC. Pode anexar à petição inicial certidão do inquérito policial (B.O.) e documento em que o requerido reconheça sua culpa e prometa responsabilizar-se pelas despesas a serem feitas para reparação dos danos causados ao veículo.

✱ *V. CC, arts. 186, 942.*

✱ *V. CPC/1973, arts. 275, II,* d, *e 276, sem correspondentes no CPC/2015.*

✱ *V. Lei nº 9.503/1997 (Código de Trânsito Brasileiro), arts. 177 e 178.*

AÇÃO DE INDENIZAÇÃO DE PAREDE DIVISÓRIA – Promovida pelo proprietário de um prédio urbano contra o seu vizinho para pedir-lhe indenização sobre a metade da parede divisória construída, onde colocou traves, e do chão correspondente.

✱ *V. CC, art. 1.304.*

AÇÃO DE INTERDIÇÃO – Promovida pelo pai, mãe, tutor, cônjuge, parente próximo, interessado legítimo ou o Ministério Público para que o juiz reconheça e decrete a incapacidade de uma pessoa para reger os atos de sua vida civil, nomeando-lhe um curador. É intentada contra o louco, o pródigo, o toxicômano, o surdo-mudo etc. É procedimento de jurisdição voluntária.

✱ *V. CC, arts.1.767 a 1.778.*

✱ *V. CPC/1973, art. 1.177 e segs.*

✱ *V. CPC/2015, arts. 747 a 758.*

AÇÃO DE INTERDITO PROIBITÓRIO – Ação de caráter preventivo, para prevenir violência iminente contra a posse, não tendo havido ainda esbulho ou turbação.

✱ *V. CC, art. 1.210, § 1º.*

AÇÃO DE INVENTÁRIO – Procedimento especial de jurisdição contenciosa. A matéria está regulada no CPC/1973, arts. 982 a 1.038; correspondentes aos arts. 610 a 667 do CPC/2015.

AÇÃO DE INVESTIGAÇÃO DE MATERNIDADE – Cabe ao filho natural contra a suposta mãe, ou seus herdeiros, visando o reconhecimento da filiação que alega (o art. 358 do CC de 1916 foi revogado pela Lei nº 7.841/1989). Qualquer pessoa com justo interesse pode contestar a ação. A sentença que julgar procedente a ação de investigação produzirá os mesmos efeitos do reconhecimento.

✱ *V. CC, arts. 1.615 e 1.616.*

AÇÃO DE INVESTIGAÇÃO DE PATERNIDADE – Compete ao filho havido fora do casamento contra o pretendido pai ou seus herdeiros, para que, por sentença judicial, sua filiação seja declarada provinda do investigado. Pode ser cumulada com a petição de herança. O processo corre em segredo de Justiça.

✱ *V. CC, arts. 1.600 a 1.607.*

✱ *V. CPC/1973, art. 153, II.*

✱ *V. CPC/2015, art. 164.*

✱ *V. Lei nº 8.560/1992 (Lei de Investigação de Paternidade).*

✱ *V. Súm. nº 301 do STJ.*

AÇÃO DE LAUDÊMIO – Compete ao senhorio direto e é impetrada quando houver a transferência, por venda ou dação em pagamento, do imóvel aforado ou do domínio útil, para receber do alienado o laudêmio fixado no título de aforamento. *V. Laudêmio.*

AÇÃO DE LEVANTAMENTO DE INTERDIÇÃO – Cabe ao interdito e seu curador, para pedir que cessem os efeitos da interdição, por não mais existirem as razões que a determinaram, ou não mais existindo cônjuge nem ascendente ou descendente legítimo.

AÇÃO DE LICENÇA DE CASAMENTO – Promovida pelo menor, ou interdito, contra o pai, mãe, tutor ou curador, para que o juiz, com sua licença, supra o consentimento que aqueles lhe negaram para casar-se.

✱ *V. CC, art. 1.519.*

AÇÃO DE MANDADO DE SEGURANÇA – *V. mandado de segurança.*

AÇÃO DE MANDATO – De procedimento sumário, seja declaratória, seja constitutiva, seja condenatória, não importando o valor da causa. Pode exercê-la o mandante contra o mandatário, ou vice-versa, para exigir prestação de contas, restituição de coisas obtidas no exercício do mandato, indenização por prejuízos (perdas e danos) pelo não cumprimento do mandato ou renúncia a este. O direito à renúncia do mandato, previsto na lei, invalida ação que o mandante teria para obrigar o mandatário a cumpri-lo.

✱ *V. CC, arts. 653 a 692.*

✱ *V. CPC/1973, art. 275, II,* g, *sem correspondente no CPC/2015.*

AÇÃO DE MANUTENÇÃO DE POSSE – Visa manter o possuidor na posse de coisa física, móvel ou imóvel, da qual não fora legalmente privado, para pedir seja protegida, em razão de estar ameaçada, ou prevenir violência, com garantia pelos danos causados a ela. Deve ser precedida, portanto, de turbações sofridas pelo possuidor durante o exercício de seu direito, as quais não implicam a perda total ou parcial, quando então se daria o caso de *ação de reintegração de posse* (q.v.). Quando não houver uma distinção transparente, o juiz conhece o pedido e outorga a proteção jurisdicional adequada. A ação será sumária quando intentada no prazo de ano e dia da turbação; e ordinária, ultrapassado esse prazo.

✱ *V. CC, arts. 1.210,* caput, *e 1.222 a 1.224.*

✱ *V. CPC/1973, arts. 95, 920 e 931.*

✱ *V. CPC/2015, arts. 47, 554 e 566.*

AÇÃO DE MÚTUO – Promovida pelo mutuante contra o mutuário para exigir desse a restituição do bem, no mesmo gênero, qualidade e quantidade. O mutuário responde pelos juros de mora, podendo envolver juros expressamente convencionados.

✱ *V. CC, arts. 536 a 542.*

AÇÃO DE NOVA PARTILHA DE BENS DE AUSENTE – Pode ser proposta por herdeiros de bens de ausente, para que se proceda a nova partilha, considerando a data do seu falecimento e a vocação hereditária da data da morte. Atua-se contra aqueles ilicitamente beneficiados na partilha anterior.

✱ *V. CC, art. 35.*

AÇÃO DE NULIDADE – Visa pedir a declaração de ineficácia de ato em que se verifiquem vícios ou defeitos essenciais que o tornem nulo de pleno direito. É ação de rito ordinário e natureza declaratória, podendo ser a nulidade alegada por qualquer interessado ou pelo órgão do Ministério Público, devendo ser pronunciada pelo juiz quando conhecer do ato ou de seus efeitos e ela estiver provada, não podendo supri-la mesmo a requerimento das partes.

✱ *V. CC, arts. 168 a 184, e seu parágrafo único.*

✱ *V. CPC/1973, arts. 243 a 250.*

✱ *V. CPC/2015, arts. 276 a 283.*

✱ *V. Lei nº 8.625/1993 (Lei Orgânica Nacional do Ministério Público), art. 25.*

✱ *V. Lei nº 9.800/1999 (Permite às partes a utilização de sistema de transmissão de dados para a prática de atos processuais).*

AÇÃO DE NULIDADE DE CONTRATO DE EMPREITADA – Visa obter a declaração de nulidade de contrato de empreitada e cabe ao dono da obra contra o empreiteiro, ou a esse contra aquele, quando vício essencial ou defeito tornem nulo o contrato.

✱ *V. CC, arts. 610 a 619 e 623.*

AÇÃO DE NULIDADE DE PARTILHA AMIGÁVEL – O mesmo que *ação anulatória de partilha amigável*. Segue o rito ordinário e compete ao herdeiro, meeiro ou interessado legítimo, para que seja decretada a nulidade da partilha quando ocorrem vícios, omissões ou defeitos, falta das solenidades essenciais que a invalidem como ato jurídico, ou intervenção de incapazes. O direito de propor essa ação prescreve em 1 ano, contando-se esse prazo: 1) no caso de coação, do dia em que ela cessou; 2) no caso de erro ou dolo, do dia em que o ato se realizou; 3) quanto ao incapaz, do dia em que cessar sua incapacidade. *V. Ação anulatória de partilha.*

✱ *V. CC, art. 2.027.*

✱ *V. CPC/1973, art. 1.029, parágrafo único.*

✱ *V. CPC/2015, art. 657, parágrafo único.*

AÇÃO DE NUNCIAÇÃO DE OBRA NOVA – O mesmo que *ação de embargos de obra nova*. Compete ao proprietário ou possuidor de um prédio urbano, para impedir que a construção de obra nova prejudique seu prédio, ou se a obra nova estiver sendo erguida em descumprimento de determinação legal. Pode ser arguida, também, quando prejudica a ordem pública, razão por que é da competência, igualmente, do Município. Compete, ainda, ao condômino, para obstar que o coproprietário execute obra em prejuízo ou alteração da coisa comum. Esta ação não se confunde com a *demolitória*, na qual se pede a demolição de obra já concluída, enquanto na de *nunciação* a obra está em andamento e deve ser interrompida. Pode-se interpô-la para impedir a abertura de janelas, sacada, terraço ou varanda a menos de metro e meio ou por causa de goteiras que vertam água sobre o prédio vizinho. É ação de rito sumário.

✱ *V. CC, arts. 186, 1.280 e 1.281.*

✱ *V. CPC/1973, art. 934 e segs.*

✱ *V. CPC/2015, arts. 47, § 1º, 77, § 1º, e 214, I.*

AÇÃO DE OFÍCIO – Faculdade da Administração Pública de adotar decisões executórias e levá-las a termo por coação, com uso da força contra o particular.

AÇÃO DE OUTORGA COMPULSÓRIA (de escritura de imóvel) – *V. Ação de adjudicação compulsória.*

AÇÃO DE PACTO DE MELHOR COMPRADOR – Presente no CC anterior, portanto válida para ações interpostas antes do atual, este tipo de ação não está explicitamente contemplada no CC em vigor a partir de 10-1-2003. A cláusula de desfazer o negócio caso apareça melhor comprador é válida por 1 ano, prazo não sujeito à interrupção ou suspensão; só vigora entre os contratantes, sendo uma condição resolutiva.

✱ *V. CC de 1916, arts. 1.158 a 1.162.*

AÇÃO DE PARCERIA AGRÍCOLA, PECUÁRIA, AGRO-INDUSTRIAL OU EXTRATIVA – Compete ao proprietário ou parceiro locador de prédio rústico, ou de gado, contra outro contratante ou locatário para que lhe preste contas ou o indenize de danos causados ao imóvel ou de frutos pendentes, ou colhidos; ou do locatário contra o locador para que lhe entregue o prédio, objeto de parceria e seus acessórios, garantindo-lhe seu uso enquanto dure o contrato.

✱ *V. CC, arts. 1.410 a 1.415.*

AÇÃO DE PARTILHA – Ação simplesmente declaratória da propriedade que o herdeiro, ou interessado legítimo, move para exigir do cabeça do casal ou de coerdeiros que se acharem na posse dos bens comuns, que os deem a inventário ou partilha, com os rendimentos havidos desde a abertura da sucessão.

✱ *V. CC, art. 2.020.*

AÇÃO DE PASSAGEM DE ÁGUAS – Compete a qualquer um que tenha legítimo interesse, contra donos de prédios rústicos (menos chácaras, sítios murados, quintais, pátios, hortas, jardins) para poder canalizar por meio desses as águas a que tenha direito, em proveito agrícola ou industrial próprio, pagando prévia indenização.

✱ *V. CC, art. 1.293.*

✱ *V. Dec. nº 24.643/1934 (Cód. Águas), arts. 117 e 118.*

AÇÃO DE PASSAGEM FORÇADA – Ação de rito sumário a que tem legitimidade o proprietário, o usufrutuário, o usuário, o habitador ou possuidor de prédio encravado em outro, para pedir saída para via pública, fonte ou ponto. O proprietário do prédio situado entre o encravado e o acesso à via pública tem legitimidade passiva.

✱ *V. CC, art. 1.285.*

AÇÃO DE PERDA DO PODER FAMILIAR – Compete ao órgão do Ministério Público ou a pessoa com legítimo interesse para destituir do poder familiar o pai ou a mãe, em caso previsto em lei.

✱ *V. Lei nº 8.069/1990 (Estatuto da Criança e do Adolescente – ECA), arts. 155 a 163.*

AÇÃO DE PERDAS E DANOS – Também chamada *ação de indenização por perdas e danos*; pede-se a condenação do réu ao pagamento de perdas e danos que causou por ação ou omissão voluntária, negligência ou imprudência. Cabe, ainda, à parte prejudicada por sentença dolosa, contra o juiz que a proferiu. Observar-se-á o procedimento sumário nas causas cujo valor não exceda a 60 (sessenta) vezes o valor do salário mínimo. A nova redação do inciso I foi dada pela Lei nº 10.444/2002.

✱ *V. CPC/1973, art. 275, I e II, sem correspondente no CPC/2015.*

AÇÃO DE PETIÇÃO DE CONTAS – Compete ao mandante contra o administrador de seus bens ou negócios, ou ao tutelado contra o tutor, para que exiba em juízo, no prazo que lhe der, as contas relativas à sua gestão, com todos os comprovantes.

✱ *V. CC, arts. 668, 1.755 a 1.762.*

AÇÃO DE PETIÇÃO DE HERANÇA – Compete ao herdeiro legítimo ou testamentário para haver a cota da herança a que tem direito, seus acessórios e frutos, desde a abertura da sucessão. Ação universal, tem por objeto a universalidade das coisas e direitos que compõem a herança e isso deve ficar claro na petição inicial.

✱ *V. CC, art. 1.791, parágrafo único.*

AÇÃO DE PETIÇÃO DE LEGADO – Cabe ao legatário contra herdeiro ou testamenteiro que estiver na posse do bem em litígio, e até contra todos os herdeiros, se nenhum deles tiver ficado incumbido pelo testador para que lhe façam a entrega do legado.

AÇÃO DE PODER FAMILIAR – Ação que compete ao pai ou à mãe do menor para reclamá-lo da pessoa que, ilegalmente, o detenha em sua companhia.

✱ *V. CC, arts. 1.634 a 1.640, 1.690,* caput.

AÇÃO DE POSSE EM NOME DO VENTRE – Chamada de *ação de posse em nome do nascituro.* Movida pela mulher, cujo marido faleceu, deixando-a grávida, a fim de que, provando seu estado por exame médico-legal, seja dado um curador ao nascituro que deve suceder nos bens do seu progenitor.

✱ *V. CC, art. 1.779.*

AÇÃO DE PREEMPÇÃO OU DE PREFERÊNCIA – Ação movida pelo vendedor para reaver do comprador a coisa que lhe vendeu, desde que garantido contratualmente ou de forma legal seu direito de preferência ou de prelação. Assim ele tem de volta, por preço ajustado, o bem que alienara. O prazo não pode exceder a 180 dias, se a coisa for móvel, ou a 2 anos, se imóvel.

✱ *V. CC, art. 513 e segs.*

AÇÃO DE PRESCRIÇÃO DE HIPOTECA – Cabe a terceiro que comprou como livre um imóvel hipotecado, o qual já possui há 10 ou 20 anos, a contar da data da transcrição da escritura; pede-se que a prescrição seja declarada por sentença e outorgado o cancelamento da garantia real.

✱ *V. CC, arts. 205 e 1.499, II.*

AÇÃO DE PRESTAÇÃO DE CONTAS – Ação cominatória, de procedimento especial, que cabe a quem tem direito a pedir contas a outrem, como a esse contra aquele, o dono do negócio e o seu gestor, um contra o outro, já que ambos são responsáveis por despesas a serem confrontadas. Pelo balanço contábil, conclui-se qual a parte devedora e o montante do débito; pelo valor do saldo reconhecido na sentença faz-se, nos autos, a execução contra o devedor.

✱ *V. CC, art. 861 e segs.*

✱ *V. CPC/1973, arts. 914 a 919.*

✱ *V. CPC/2015, arts. 550 a 553.*

AÇÃO DE RECLAMAÇÃO – V. *Reclamação.*

AÇÃO DE RECUPERAÇÃO DE TÍTULO AO PORTADOR – Cabe à pessoa desapossada injustamente de título ao portador.

✱ *V. CPC/1973, art. 907, I e II.*

✱ *V. CPC/2015, arts. 53, III, e 259, II.*

AÇÃO DE REDUÇÃO DO PREÇO – V. *Ação estimatória* ou *quanti minoris.*

AÇÃO DE REFORÇO DE GARANTIA – Promovida pelo credor contra o devedor, para exigir que a garantia fidejussória ou real por ele prestada seja reforçada, sob pena de a dívida ser considerada vencida.

✱ *V. CC, art. 1.425.*

AÇÃO DE REINTEGRAÇÃO DE POSSE – V. *Ação de esbulho.*

AÇÃO DE REIVINDICAÇÃO – Cabe ao titular de domínio de coisa móvel ou imóvel, devidamente transcrita, para reaver seus bens de quem injustamente os retenha, com reparação de prejuízos e danos que forem apurados. O usufrutuário tem o uso e o gozo do usufruto, mas não pode alienar a coisa.

A propriedade é o exemplo marcante dos direitos reais, e uma das características desses direitos é a oponibilidade contra todos (*erga omnes*): do foreiro contra o enfiteuta, este contra aquele. Pode ser intentada também pela mulher casada para receber de volta móveis ou imóveis doados ou transferidos pelo marido à concubina, até 2 anos depois de terminada a sociedade conjugal.

✱ *V. CC, arts. 1.228, 1.642, V, 1.649 e 1.675.*

AÇÃO DE REMIÇÃO DE ANTICRESE – Cabe ao devedor anticrético para liberar do ônus o imóvel de sua propriedade, que serve de garantia, oferecendo ou consignando judicialmente o pagamento. Pode pedir-lhe sejam restituídos os frutos percebidos a mais e indenização por prejuízos e danos ao objeto de direito real.

✱ *V. CC, art. 508.*

AÇÃO DE REMIÇÃO DE IMÓVEL HIPOTECADO – Aquela que é promovida pela pessoa que adquire imóvel hipotecado, no prazo de 30 dias contados da transcrição do título aquisitório; ou o credor contra segunda hipoteca, em qualquer tempo, vencida a primeira, contra o respectivo credor e no devido tempo, oferecendo ou depositando em juízo preço nunca inferior ao da aquisição, para liberá-lo do ônus.

✱ *V. CC, art. 1.481.*

AÇÃO DE REMIÇÃO DO PENHOR – Cabe ao devedor pignoratício, ou seu sucessor, ou terceiro interessado em liberar o bem penhorado, exibindo em juízo a prova do pagamento da dívida, para restituição do bem dado em penhor. Quitada a dívida, fica o credor obrigado a entregar a coisa, ressalvado o direito de retê-la para indenização de despesas que tiver feito com a coisa dada em penhor (CC, art. 1.433). *Obs.:* A palavra *remição* aparece grafada *remissão* em alguns lugares dos códigos. *Remissão* tem o significado de *remitência, ato ou efeito de remitir (se), ação de remeter* ("remeta-se ao artigo tal da lei tal") é também *remessa*, além de outros significados. Parece-nos, s.m.j., que a palavra correta, nos casos dos verbetes acima, deva ser *remição*, que significa *ato ou efeito de remir*, isto é, *isentar, livrar de ônus, pagar resgate.*

AÇÃO DE RENOVAÇÃO DE CONTRATO DE LOCAÇÃO COMERCIAL – O locatário comerciante ou industrial (ou empresarial, segundo o CC/2002), poderá obter a renovação do aluguel, judicialmente, havendo contrato escrito por mais de cinco anos ininterruptos nos termos do art. 51 da Lei nº 8.245/1991 (Lei das Locações). No contrato firmado por qualquer prazo, será ele indeterminado se, ao seu término, não houver manifestação das partes ao cabo de 30 dias quanto à sua prorrogação. Instalada esta, caberá a denúncia imotivada (vazia), a qualquer tempo, para a desocupação. Deverá pautar-se o interessado pelo disposto no art. 58 e seus incisos e nos arts. 71 a 75 da Lei nº 8.245/1991 (Lei das Locações). O processo tramita durante as férias forenses e não se suspende pela superveniência delas (art. 58, I); é competente o foro do lugar da situação do imóvel, salvo se outro houver sido eleito no contrato (art. 58, II). *V. Ação renovatória.*

AÇÃO DE REPARAÇÃO (DE DANO) – Cabe ao prejudicado por delito de outrem, ou procedimento que lese o seu patrimônio, para compeli-lo ao ressarcimento pecuniário. O direito de exigir reparação e o de prestá-la transmitem-se com a herança, menos nos casos excluídos pelo Código Civil. O titular da pretensão é a vítima, o causador do dano é o responsável direto pela indenização. Se a vítima falecer, seus beneficiários podem pedir a indenização. A responsabilidade civil independe da criminal; mas não se questionará sobre o fato ou seu autor, quando essas questões estiverem decididas no crime. *V. Ação de danos.*

✱ *V. CC, arts. 186 a 188.*

AÇÃO DE REPARAÇÃO DE DANOS (ACIDENTE DE TRÂNSITO) – Visa restabelecer um nexo causal entre o ato praticado pelo réu (ou seu preposto) e o dano que dele adveio (sendo o dano requisito fundamental para o ajuizamento da ação). Aferido este, pecuniariamente, deve ser o autor indenizado. A Lei nº 6.104/1994 aboliu o Dec.-lei nº 814/1969. É obrigatório o pagamento em 5 dias após a apresentação dos documentos exigidos.

✱ *V. CC, arts. 186 e 942.*

✱ *V. CPC/1973, art. 275, II,* d *e* e, *sem correspondente no CPC/2015.*

AÇÃO DE REPETIÇÃO – *V. Ação de enriquecimento indébito.*

AÇÃO DE REPETIÇÃO DE INDÉBITO – Pleiteia-se a restituição de quantia paga indevidamente. Chama-se também *ação de restituição de indébito.*

✱ *V. CC, art. 876 e segs.*

✱ *V. CTN, art. 165.*

AÇÃO DE RESCISÃO DE DOAÇÃO – Cabe ao doador ou a seus herdeiros, contra o donatário ou seus herdeiros, ou esses contra aqueles, para que seja declarada, por sentença, nula a doação feita, se nela há vício ou defeito que a inquine de anulável.

✱ *V. CC, arts. 548 e 549.*

AÇÃO DE RESCISÃO DE EMPREITADA – Aquela que compete ao dono da obra contra o empreiteiro, ou desse contra aquele, quando se verificar motivo legal ou o inadimplemento de condição fixada em contrato.

✱ *V. CC, arts. 610 a 626.*

AÇÃO DE RESGATE OU DE RETRATO – *V. Ação de retrato ou de resgate.*

AÇÃO DE RESPONSABILIDADE PESSOAL DOS SÓCIOS DA SOCIEDADE FALIDA – Ação prevista no art. 82 da Lei de Recuperação de Empresas e Falências (Lei nº 11.101/2005), que tem por finalidade exigir dos sócios de responsabilidade limitada a integralização do capital social, bem como o ressarcimento de prejuízos causados à massa falida por atos de seus administradores. Prescreve em 2 (dois) anos contados do trânsito em julgado da sentença de encerramento da falência.

AÇÃO DE RESTITUIÇÃO – Consiste na devolução da coisa ou no retorno dela ao estado anterior, com origem em obrigação estipulada convencionalmente ou por determinação legal. Não podendo ser a coisa devolvida ou colocada em seu estado primitivo, haverá a reparação por perdas e danos; nas ações possessórias, a restituição é a devolução da posse a quem dela tenha sido privado. Ao proprietário é assegurado o direito de usar, gozar e dispor de seus bens e de reavê-los do poder de quem quer que injustamente os possua. No CC atual, os arts. 105, 166, 171, 180, 181 informam a respeito da restituição no que se refere aos incapazes; arts. 1.233 e 1.234 quanto à coisa achada; arts. 876 a 883 (assim como os arts. 165 a 169 do CTN) no tocante ao pagamento indevido; arts. 884 a 886 sobre enriquecimento sem causa; arts. 417 a 420 relativamente às arras; arts. 565 e 578 no que diz respeito à locação de coisas.

AÇÃO DE RESTITUIÇÃO DE ARRAS – Cabe ao contraente que pagou arras (sinal) para tornar obrigatório o contrato contra o que o recebeu, para exigir deste a devolução em dobro se se arrependeu do negócio e haja cláusula sobre arrependimento. Em ambos os casos, não haverá direito a indenização suplementar.

✱ *V. CC, art. 420.*

AÇÃO DE RESTITUIÇÃO DE INDÉBITO TRIBUTÁRIO – Visa à restituição de tributos indevidamente pagos. Ação de rito ordinário.

✱ *V. CTN, arts. 165 a 169.*

AÇÃO DE RESTITUIÇÃO DE POSSE – Movida pelo vendedor da coisa com reserva de domínio contra o comprador inadimplente, para reaver a posse da coisa objeto do contrato. Ação de procedimento especial.

✱ *V. CPC/1973, arts. 920 a 931.*

✱ *V. CPC/2015, arts. 554 a 566.*

AÇÃO DE RETIFICAÇÃO, EXCLUSÃO OU RECLASSIFICAÇÃO DE CRÉDITO – Ação cabível no juízo da recuperação judicial ou falimentar, a ser proposta, até seu encerramento, pelo administrador judicial, credor, Comitê ou representante do Ministério Público, se descobrir dolo, falsidade, fraude, erro, simulação ou a existência de documento desconhecido na época da inclusão do crédito no quadro geral de credores.

AÇÃO DE RETRATO OU DE RESGATE – Promovida pelo comprador ou vendedor, no prazo de 3 anos, para resolução do contrato de compra e venda em que constar o pacto *redimendi retro-vendendum*, com restituição recíproca da coisa e do preço, este acrescido das despesas feitas pelo adquirente. O mesmo que *ação de retrovenda*.

✱ *V. CC, arts. 506 a 508.*

AÇÃO DE RETROVENDA – *V. Ação de retrato ou de resgate.*

AÇÃO DE REVISÃO DE CLÁUSULA – Visa atualizar o valor de prestações devidas.

AÇÃO DE REVOGAÇÃO DE BEM DE FAMÍLIA – Cabe ao credor contra o devedor, extensiva a seu cônjuge e filhos menores, para revogar instituição do bem de família, se ela foi feita em prejuízo do pagamento de dívida anterior (CC, arts. 1.711 e segs.). O bem de família é impenhorável e não responde por qualquer tipo de dívida. *V. Bem de família.*

✱ *V. Lei nº 8.009/1990 (Lei da Impenhorabilidade do Bem de Família).*

AÇÃO DE REVOGAÇÃO DE DOAÇÃO – Compete ao doador contra o donatário, visando tornar sem efeito a doação, em razão de ingratidão deste e também pelas razões inerentes a todos os contratos. Também no caso de doação onerosa, por não ter sido executado o encargo, se o donatário incorrer em mora.

AÇÃO DE REVOGAÇÃO NA FALÊNCIA – Trata-se da aplicação da *ação pauliana* (q.v.) à falência.

AÇÃO DE SALÁRIOS – Ação destinada a obter o pagamento de salários vencidos e não pagos (CLT, art. 643). *V. Reclamação.*

AÇÃO DE SEGUROS – Promovida pelo segurado contra o segurador para indenizar-se do valor da coisa que pereceu, sofreu dano ou se extraviou, na vigência do contrato e cujo risco fora assumido pelo segurador.

✱ *V. CC, art. 757 e segs.*

AÇÃO DE SIMULAÇÃO – Proposta por prejudicados por atos simulados; do credor contra devedor que alienou, simuladamente, bens do próprio patrimônio em detrimento de garantias dadas ao credor, para que tal ato seja declarado insubsistente quanto aos efeitos jurídicos da transmissão. Também os representantes públicos podem pedir a nulidade do ato.

✱ *V. CC, arts. 167 e 168.*

AÇÃO DE SOLDADAS – Cabe ao capitão, oficiais e tripulantes de um navio contra o proprietário deste para exigir lhe sejam pagas as soldadas vencidas. A competência para apreciar esta ação é, atualmente, da Justiça do Trabalho, pelas Varas do Trabalho; não as havendo, cabe ao juiz de Direito da respectiva comarca.

AÇÃO DE SONEGADOS – Compete a herdeiro ou credor da herança contra herdeiro ou inventariante que sonegou bens do espólio. Se esse não os tiver em seu poder, pagará importância correspondente aos valores ocultados, com acréscimo de perdas e danos. O inventariante ou testamenteiro sonegador será removido.

✱ *V. CC, art. 1.993.*

✱ *V. CPC/1973, art. 1.140.*

✱ *V. CPC/2015, arts. 621 e 622, VI.*

AÇÃO DE SUCESSÃO DEFINITIVA – Compete aos interessados pleitear em juízo a sucessão definitiva do ausente e levantamento das cauções prestadas, havendo certeza da morte do ausente ou decorridos 10 anos do trânsito em julgado da sentença de abertura da sucessão provisória ou apresentando-se prova de que o ausente contaria 80 anos e decurso de 5 anos de suas últimas notícias. A Lei nº 8.049/1990 excluiu o Estado da sucessão nas heranças vacantes ao alterar o art. 1.594 do antigo CC (no CC/2002 é o 1.822). Os colaterais que não se habilitarem até a declaração da vacância ficarão excluídos da sucessão.

✱ *V. CC, arts. 37 a 39.*

✱ *V. CPC/1973, arts. 1.163, 1.164 e 1.167, I.*

✱ *V. CPC/2015, art. 745.*

AÇÃO DE SUCESSÃO PROVISÓRIA – Um ano após a arrecadação dos bens do ausente ou, se ele deixou representante ou procurador, ao decorrer 3 anos, os interessados poderão requerer a declaração de ausência e a abertura provisória da sucessão.

✱ *V. CC, arts. 26 a 36.*

AÇÃO DE SUPRIMENTO DE CONSENTIMENTO – Movida por quem depende de consentimento de outrem, para a prática de certo ato, para que o juiz o supra, quando haja recusa injustificada.

AÇÃO DE SUSPENSÃO DO PODER FAMILIAR – Impetrada contra quem exerce o poder familiar (antes denominado pátrio poder), pelos parentes do menor ou pelo órgão do Ministério Público, para pedir ao juiz que declare aquele suspenso até quando convenha, por motivo de prática de atos indevidos, prejudiciais ao menor, previstos em lei.

✱ *V. CC, art. 1.637.*

✱ *V. Lei nº 8.069/1990 (Estatuto da Criança e do Adolescente – ECA), art. 129, X.*

AÇÃO DE TAPAGEM – *V. Ação de construção e conservação de tapume.*

AÇÃO DE TUTELA – Cabe ao curatelado ou tutelado contra os seus curadores ou tutores e visa obter a prestação de contas e indenização por danos que tenham causado.

AÇÃO DE USUCAPIÃO – É movida pelo possuidor do imóvel particular alheio, com ou sem título aquisitório, contra possíveis interessados, observados os requisitos legais, para que, por sentença, lhe seja reconhecido o domínio sobre ele, decorrido o prazo que a lei exige. A nova CF consagrou dois tipos de usucapião, alterando disposições legais anteriores. São eles:

Especial ou pro labore: concedendo a propriedade a quem, não sendo proprietário, possua como seu imóvel rural ou urbano, por 5 anos ininterruptos, sem oposição, área de terra em zona rural não superior a cinquenta hectares, tornando-a produtiva por seu trabalho ou de sua família, tendo nela moradia. Não são passíveis de usucapião os imóveis públicos.

✱ *V. CF, arts. 183, § 3º, e 191.*

Urbano: adquire o domínio de área urbana até duzentos e cinquenta metros quadrados quem a possuir como sua por 5 anos ininterruptos e sem oposição, utilizando-a para sua moradia ou a de sua família, com a condição de que não seja proprietária de outro imóvel urbano ou rural. Pela Lei nº 6.969/1981, art. 5º, adotar-se-á o procedimento sumário na ação de usucapião especial. O autor pode requerer, na petição inicial, onde exporá o fundamento de pedido e individualizará o imóvel, que seja designada audiência preliminar para justificar a posse e, comprovada esta, para nela ser mantido até a decisão da causa. Deve requerer, ainda, a citação pessoal daquele em cujo nome se acha transcrito o imóvel usucapiendo, assim como a dos confinantes e, por edital, dos réus ausentes, incertos e desconhecidos. Representantes da Fazenda Pública (União, Estados, Distrito Federal e Municípios) terão ciência do feito, por carta, para que se manifestem no prazo de 45 dias. Pode o autor requerer, e o juiz da causa determinar, que a autoridade policial garanta a integridade física dos ocupantes.

✱ *V. CC, arts. 1.238 a 1.244.*

✱ *V. CPC/1973, arts. 941 a 945.*

✱ *V. CPC/2015, arts. 246, § 3º, e 259, I.*

✱ *V. Dec.-lei nº 9.760/1946 (Dispõe sobre os bens imóveis da União), art. 200.*

✱ *V. Lei nº 4.504/1964 (Estatuto da Terra), art. 98.*

✱ *V. Lei nº 6.969/1981 (Altera o art. 589, § 2º, do antigo CC), art. 1º.*

AÇÃO DECLARATIVA – O mesmo que *ação prejudicial* (q.v.).

AÇÃO DECLARATÓRIA – Aquela que visa obter declaração judicial sobre a existência ou não de relação jurídica, tornando certo o incerto; ou de autenticidade ou falsidade de documento. É, pois, *ação de conhecimento* (q.v.), prevenindo litígios (CPC/1973, art. 4º, I e II, e parágrafo único, correspondente aos arts. 19 e 20 do CPC/2015). Admite-se reconvenção (q.v.) em ação declaratória (Súm. nº 258 do STF). Também cabe este tipo de ação para reconhecimento de tempo de serviço.

✱ *V. Súm. nº 242 do STF.*

AÇÃO DECLARATÓRIA DE CONSTITUCIONALIDADE – Aquela em que o Poder Público pleiteia do STF a declaração de constitucionalidade de lei ou ato normativo. Depois desse pronunciamento não há possibilidade de uma decisão em contrário, visto ter ela poder vinculante.

✱ *V. CF, arts. 102, § 2º, e 103.*

✱ *V. Lei nº 9.868/1999 (Dispõe sobre o processo e julgamento da ação direta de inconstitucionalidade e da ação declaratória de constitucionalidade perante o Supremo Tribunal Federal).*

AÇÃO DECLARATÓRIA DE INCONSTITUCIONALIDADE – Deve ser ajuizada perante o STF, para se obter declaração de inconstitucionalidade de lei ou de atos normativos do poder público.

AÇÃO DECLARATÓRIA INCIDENTAL – Destina-se a solicitar julgamento de questão prejudicial referida no processo, isto é, aquela que não está em julgamento mas é posta como antecedente lógico da decisão que venha a ser proferida e, por si só, deveria ser objeto de processo autônomo. Nesse contexto a questão prejudicial não faz coisa julgada, a não ser que a parte o requeira, por meio desta ação.

✱ *V. CPC/1973, arts. 5º, 325, 469, III, e 470.*

✱ *V. CPC/2015, arts. 313, IV, e 504.*

AÇÃO DEMOLITÓRIA – Deverá ser intentada pelo autor a fim de que promova o réu demolição de construção que transgrida a legislação, nos termos dos arts. 1.299 a 1.313 do CC de 2002.

AÇÃO DIRETA – Aquela dirigida contra pessoas nas quais de imediato se reflete a relação processual estabelecida.

AÇÃO DIRETA DE INCONSTITUCIONALIDADE – Ação para obter do STF declaração de inconstitucionalidade de lei em tese ou de ato normativo. Determinadas autoridades ou entidades é que podem propor esta ação, por exemplo: o Procurador Geral da República ou o partido político.

✱ *V. CF, art. 103.*

✱ *V. Súm. Vinc. nº 10 (Viola a cláusula de reserva de plenário (CF, art. 97) a decisão de órgão fracionário de tribunal que, embora não declare expressamente a inconstitucionalidade de lei ou ato normativo do poder público, afasta sua incidência, no todo ou em parte).*

✱ *V. Lei nº 9.868/1999 (Dispõe sobre o processo e julgamento da ação direta de inconstitucionalidade e da ação declaratória de constitucionalidade perante o Supremo Tribunal Federal).*

AÇÃO DIRETA DE INCONSTITUCIONALIDADE POR OMISSÃO – Competência originária do STF para que seja declarada a inconstitucionalidade de lei ou ato normativo de âmbito estadual ou federal com disposição no art. 102, I, *a*, da CF de 1988. Com relação ao tema, a Lei nº 12.063, de 27-10-2009, acrescentou à Lei nº 9.868, de 10-11-1999, o Capítulo II-A, que estabelece a disciplina processual da ação direta de inconstitucionalidade por omissão.

✱ *V. Lei nº 9.868/1999 (Dispõe sobre o processo e julgamento da ação direta de inconstitucionalidade e da ação declaratória de constitucionalidade perante o Supremo Tribunal Federal).*

AÇÃO DISCRIMINATÓRIA – Compete à União ou a um Estado para separar terras de seu domínio de outras que pertençam a particulares.

✱ *V. Lei nº 6.383/1976 (Lei das Ações Discriminatórias).*

AÇÃO DIVISÓRIA – *V. Ação de divisão* ou *divisória.*

AÇÃO DÚPLICE – Dá-se esse nome a toda ação cumulada na qual as partes são simultâneas e reciprocamente autores e réus, razão pela qual qualquer litisconsorte poderá promover o andamento do processo, se o autor não o fizer. Estão nesse caso as ações *de divisão, de demarcação* e outras. Nesta ação pode-se reconhecer direito a favor do réu, não dependendo de reconvenção, como nas ações remarcatórias e nas possessórias.

AÇÃO EM CAUSA PRÓPRIA – É lícito à parte postular em causa própria quando tiver habilidade legal ou, não a possuindo, no caso de falta de advogado no lugar ou recusa ou impedimento dos que houver(art. 136 do CPC/1973, correspondente ao art. 147 do CPC/2015, e art. 4º da Lei nº 8.906/1994 – Estatuto da Advocacia e a OAB). "O ato praticado por advogado, em causa própria, simplesmente impedido para o exercício da profissão, é passível de anulabilidade, logo sanada por tempestiva ratificação (RTJ 98/293 e RP 26/258)". No Juizado Especial Cível as causas de valor até 20 salários mínimos poderão ser intentadas pelas partes, podendo ser assistidas por advogado; nas de valor superior a assistência é obrigatória (art. 9º da Lei nº 9.099/1995 – Lei dos Juizados Especiais). Passando a ação para a fase recursal, as partes, obrigatoriamente, serão representadas por advogado (art. 41, § 2º, da referida lei).

AÇÃO *EMPTI* – Nasce de uma aquisição ou uma venda e é movida para que o autor exija do vendedor a entrega da coisa adquirida sem diferenças quanto ao que foi estabelecido no contrato; se isto não for possível, pede-se a rescisão do contrato ou o abatimento proporcional do preço. Diz-se também *ação ex empto* e é diferente da *ação redibitória* (q.v.) ou *quanti minoris* (CC, art. 500). A prescrição se dá em 15 dias, se se trata de coisa móvel; e em 6 meses, se imóvel (CC, art. 501).

AÇÃO ESPECIAL – Toda ação não sujeita ao procedimento comum do Código de Processo Civil, como as de *despejo, preferência, dissolução, liquidação de sociedade* e outras. O CPC/2015 trouxe um procedimento comum, formado pela unificação dos ritos ordinário e sumário do CPC/1973, mais abrangente, pois abarcou procedimentos antes disciplinados como especiais. Em que pese tal mudança do procedimento comum, o CPC/2015 continua prevendo procedimentos especiais.

AÇÃO ESPOLIATIVA – O mesmo que *ação de força espoliativa* e *ação de reintegração de posse* (q.v.).

AÇÃO ESTIMATÓRIA OU *QUANTI MINORIS* – Compete ao comprador de coisa móvel ou imóvel, contra o que lha vendeu, ao descobrir diminuição na quantidade ou na extensão, para exigir, por arbitradores, se faça abatimento proporcional no preço ajustado. Cabe também a quem compra coisa com vícios ou defeitos ocultos, mas que apenas lhe diminuem o valor, para exigir redução do preço de compra, somente. Coisa adquirida em hasta pública não é passível de semelhante ação. ***V.*** *Ação redibitória.*

✱ *V. CC, arts. 442, 443, 447, 500, 615 e 616.*

AÇÃO EXECUTIVA – Ação pela qual o credor intima o devedor de título extrajudicial, assim reconhecido em lei, certo, líquido e exigível, a pagar-lhe quantia certa, entregar coisa ou cumprir obrigação de fazer ou de não fazer. O procedimento desta ação tradicionalmente segue ritos especiais, mais céleres, previstos no CPC e em leis especiais.

✱ *V. CPC/1973, arts. 76, 80, 580, 585, 595, parágrafo único, e 596.*

✱ *V. CPC/2015, arts. 132, 771 a 925.*

AÇÃO EXECUTIVA FISCAL – Cabe à Fazenda Pública da União, dos Estados e dos Municípios, contra obrigado seu para cobrança de dívida de impostos, taxas, contribuições, multas, foros, laudêmios e aluguéis, ou reposições e alcances de responsáveis pela administração e guarda de dinheiros públicos. ***V.*** *Ação de execução fiscal.*

✱ *V. CPC/1973, arts. 578 e 585, VI.*

✱ *V. CPC/2015, arts. 46, § 5º, e 784.*

✱ *V. Lei nº 6.830/1980 (Lei das Execuções Fiscais).*

AÇÃO EXECUTIVA HIPOTECÁRIA – O mesmo que *ação de excussão da hipoteca* (q.v.).

AÇÃO EXECUTIVA PARA COBRANÇA DE PENSÃO ALIMENTÍCIA – Chama-se, atualmente, *ação de execução de prestação alimentícia.* Compete ao cônjuge a quem foi concedida pensão alimentícia fixada em sentença judicial ou por acordo homologado em juízo, contra o alimentante devedor para exigir o pagamento das prestações devidas. Pode ser proposta por um parente contra outro que, por sentença, foi obrigado a prestar-lhe alimentos. A execução se fará conforme o que dispõe o Capítulo IV do Título II do CPC.

✱ *V. CC, arts. 1.694,* caput, *a 1.710.*

✱ *V. CPC/1973, arts. 732 a 735.*

✱ *V. CPC/2015, arts. 528, 529 e 911 a 913.*

AÇÃO *EX EMPTO* – Compete ao comprador para exigir do vendedor a entrega da coisa vendida, em sua totalidade, frutos pendentes, acessórios e título de propriedade; a completar área de imóvel transmitido, se ela não corresponder às dimensões enunciadas, ou promover a rescisão do contrato ou o abatimento proporcional do preço; ou, ainda, à resolução do contrato, restituição do preço, indenização por perdas e danos, no caso de evicção do prédio vendido.

✱ *V. CC, art. 500.*

AÇÃO EXIBITÓRIA – Pede-se em juízo a satisfação de pretensão de exibir-se documento ou coisa, da parte que os conserva em seu poder.

✱ *V. CPC/1973, art. 355 e segs.*

✱ *V. CPC/2015, arts. 396 a 404.*

AÇÃO EXONERATÓRIA DE TUTOR – Cabe a parente do menor tutelado, a quem tenha legítimo interesse, ou ao órgão do Ministério Público, contra o tutor, pedindo-se sua exoneração do cargo por lhe faltar capacidade ou idoneidade.

✱ *V. CC, art. 1.760.*

✱ *V. CPC/1973, arts. 1.194 a 1.198.*

✱ *V. CPC/2015, arts. 761 a 763.*

AÇÃO *EXPENSA LITIS* – Cabe à mulher, contra o marido, para obrigá-lo a concorrer com as despesas necessárias no caso de anulação de casamento em que ele é réu. O mesmo que *ação de alimentos provisionais* (q.v.).

AÇÃO EXPLETÓRIA – O mesmo que *ação de suplemento da legítima* (q.v.).

AÇÃO EXPROPRIATÓRIA – O mesmo que *ação de desapropriação* (q.v.).

AÇÃO FABIANA – ***V.*** *Ação de fraude da legítima.*

AÇÃO FALIMENTAR – Cabe ao credor ou devedor comerciante. Considera-se falido o comerciante que não pagar, no vencimento, sem relevante razão de direito, obrigação líquida materializada em título ou títulos executivos protestados cujo valor total ultrapassem 40 salários mínimos, ou deixar de satisfazer execução judicial ou praticar atos falimentares.

✱ *V. Lei nº 11.101/2005 (Lei de Recuperação de Empresas e Falências), art. 94.*

AÇÃO IDÊNTICA – Diz-se daquela que tem as mesmas partes, a mesma causa de pedir, o mesmo pedido de outra.

✱ *V. CPC/1973, arts. 267 e 301, § 2º.*

✱ *V. CPC/2015, arts. 337, § 2º, e 485.*

AÇÃO INCIDENTAL – Aquela que converge sobre outra que já está em curso, passando a tramitar com ela no mesmo processo.

AÇÃO INCIDENTE – Ação que se interpõe no curso de outra, para que o juiz declare, por sentença, um fato novo relacionado à primeira ação. A *ação declaratória incidental* é novo tipo de ação incidente prevista pelo CPC/1973, arts. 5º, 325 e 470, correspondentes ao art. 313, IV, do CPC/2015.

✱ *V. CPC/1973, arts. 34 (despesas processuais), 109 (competência), 265, IV,* c *e § 5º (suspensão do processo).*

✱ *V. CPC/2015, arts. 85, § 1º, e 313.*

AÇÃO INDIRETA – Toda ação que se exercita contra terceiro, não estipulante da obrigação ou de responsabilidade acessória em contrato, mas que está vinculado a ele. Usa-se por oposição a *ação direta* (q.v.).

AÇÃO *IN REM SCRIPTA* – Diz-se de ação pessoal com caráter de real, às vezes, como a que o consignatário da carga propõe contra o segurador, exigindo indenização. Exemplos deste tipo de ação: a *pauliana*, a *exibitória*, a *remissória*, a *de petição de herança*, a *divisória*, a de *partilha*, a de *demarcação*.

AÇÃO *IN REM VERSO* – Compete à pessoa cujo patrimônio é desfalcado por outra que à sua custa se enriqueça, sem justa causa, quando, para evitar o prejuízo, não dispunha a vítima de nenhuma ação derivada de contrato, quase-contrato ou quase-delito.

AÇÃO INSTITUTÓRIA – Dá-se quando um terceiro, mesmo no caso de mandato tácito, pede que o empregador responda pela obrigação assumida por preposto seu, ou cumpra o que com este foi contratado.

AÇÃO MISTA – Diz-se daquela em que as partes em litígio são, ao mesmo tempo, autores e réus, como nas ações *de partilha*, *de demarcação* e na *de divisão de coisa comum*. O mesmo que *ação dúplice*.

AÇÃO MONITÓRIA – Pode ser proposta por quem pretender, com base em prova escrita sem eficácia de título executivo, pagamento de soma em dinheiro, entrega de coisa fungível ou de determinado bem móvel. É meio para se obter o título executivo correspondente, caso não seja entregue o dinheiro ou a coisa.

✱ *V. CPC/1973, arts. 1.102,* a, b e c, *§§ 1º a 3º, acrescido pela Lei nº 9.079/1995.*

✱ *V. CPC/2015, arts. 700 a 702.*

AÇÃO NEGATÓRIA DE AFORAMENTO – Proposta por proprietário de prédio contra o pretenso senhorio direto pedindo se declare nula a enfiteuse ilegalmente constituída, condenando-o a restituir os foros que recebeu de modo indevido.

AÇÃO NEGATÓRIA DE DOMÍNIO – A que visa impedir o estabelecimento de uma servidão ilegítima.

AÇÃO NEGATÓRIA DE SERVIDÃO – Ação pela qual o proprietário de um prédio se opõe à pretensão de seu vizinho de constituir sobre ele uma servidão, para tanto alegando e provando que a este carece o direito.

AÇÃO ORDINÁRIA – Ação que faz parte do procedimento comum, que é o que se aplica a todas as causas, a menos que haja disposição em contrário no CPC ou em lei especial. A maioria das ações cíveis estão sob a epígrafe de ação ordinária, para cuja tramitação é de regra o procedimento ordinário. Há casos, ainda, em que mesmo o procedimento especial se converte em ordinário. No caso de anulação de pedidos, com procedimento diverso, será admitida a cumulação se o autor utilizar o rito ordinário.

✱ *V. CPC/1973, arts. 271, 272 – com alterações do* caput, *de incisos e parágrafos introduzidas pela Lei nº 8.952/1994 –, 275 – com alterações feitas pela Lei nº 9.245/1995, retificada em 4-1-1996 – 282, 292, 903, 910, parágrafo único, 955 e 968.*

✱ *V. CPC/2015, arts. 318, 319, 327, 578 e 589.*

AÇÃO PARA OUTORGA JUDICIAL DE CONSENTIMENTO – Dá-se nos casos de recusa ou impossibilidade do consentimento que a lei exige para a prática de qualquer ato. Ouve-se o Ministério Público quando for o caso de suprir o consentimento do ausente ou de menor.

✱ *V. CPC/1973, art. 11.*

✱ *V. CPC/2015, art. 74.*

✱ *V. Lei nº 6.015/1973 (Lei de Registros Públicos).*

AÇÃO PARA VENDA DE COISA COMUM – Proposta pelo condômino de coisa indivisível quando quer vender a sua parte, contra os demais consortes.

✱ *V. CC, arts. 632, 636 e 1.139, parágrafo único.*

AÇÃO PATRIMONIAL – Pleiteia-se nela a recuperação ou o reconhecimento do direito de propriedade ou outro direito real, violado ou desconhecido. Ela pode ser:

Pessoal: quando assegura o direito patrimonial ou obrigacional, ou está relacionado ao seu dever de dar, fazer ou não fazer alguma coisa, por exigência de convenção ou dispositivo legal. Exemplos: cobrança de dívida, despejo de prédio, pedido de alimentos.

Real: baseia-se na proteção de direito de propriedade sobre a coisa. Exemplos: *ação confessória, negatória, nunciativa, petição de herança, reivindicação de bem imóvel* em poder de terceiro.

AÇÃO PAULIANA – Cabe ao credor quirografário que, prejudicado, pleiteia a anulação de atos praticados por devedor insolvente, para que os bens por este alienados fraudulentamente a outrem (a título oneroso ou gratuito) voltem à posse do alienante e se tornem passíveis de execução. É ação de natureza individual, também chamada de *ação revocatória civil* (no sentido estrito), que não pode confundir-se com a *ação revocatória falimentar*, que é de natureza coletiva (concurso universal de credores).

✱ *V. CC, arts. 158 a 165.*

AÇÃO PENAL – Faculdade que tem o Poder Público de, em nome da sociedade, apurar a responsabilidade dos agentes de delitos, o autor de crime ou contravenção, para lhes aplicar sanções punitivas correspondentes às infrações. É também o exercício dessa faculdade ou o processo movido contra o réu no juízo criminal. O mesmo que *ação criminal*. Pode ser:

Privada: quando promovida após queixa da parte ofendida ou de quem possuir qualidade jurídica para representá-la. Ela pode ser intentada como subsidiária da ação penal pública se o Ministério Público não o fizer no prazo legal.

✱ *V. CP, arts. 100 e 145.*

Pública: a iniciativa cabe ao Ministério Público, representando a sociedade, mas depende, quando a lei assim o determina, de representação do ofendido ou de requisição do Ministério da Justiça. No primeiro caso diz-se que é *condicionada*; no segundo, *incondicionada*.

AÇÃO PEREMPTA – Aquela que se extingue quando ocorre a *perempção* (q.v.). Pode-se, contudo, alegar o direito em defesa, porque a perempção atinge a ação e não o direito que ela objetivava assegurar. Contudo, não se pode renovar a ação.

✱ *V. CPC/1973, art. 268, parágrafo único.*

✱ *V. CPC/2015, art. 486, § 3º.*

✱ *V. CP, art. 107, IV.*

✱ *V. CPP, art. 60.*

AÇÃO PESSOAL – A que tem por base não um direito real, mas sim pessoal, obrigacional ou de crédito. Exemplos: *divórcio, executiva de cobrança de honorários, declaratória* para provar a autenticidade de um documento.

AÇÃO PETITÓRIA – Tem por objetivo pedir e obter o reconhecimento ou a proteção, assim como o livre exercício do direito de propriedade ou de qualquer outro direito real imobiliário, que tenha sido violado, perturbado ou desconhecido. Exemplos: *reivindicatória, nunciativa, confessória, negatória*. Não se confunde com a *ação possessória*, já que nessa se protege ou se recupera a posse.

AÇÃO PIGNORATÍCIA – O mesmo que *ação de excussão de penhor* (q.v.).

AÇÃO POPULAR – O titular desta ação é o cidadão no pleno uso de seus direitos políticos; a ação, que é uma garantia individual, destina-se a obter a anulação ou a declaração de nulidade de atos ou contratos lesivos ao patrimônio da União, dos Estados, Municípios, Distrito Federal, ou de empresas públicas, autarquias, fundações. O objetivo da ação, portanto, é o interesse público e não o individual. O autor não está sujeito ao pagamento de custas judiciais e do ônus da sucumbência, a menos que se comprove sua má-fé. Todos os atos do Poder Público são passíveis de ação popular, podendo ser proposta até contra a lei, caso em que esta não se torna nula, pois é da competência do Judiciário uma decisão constitutiva negativa que abata a eficácia da norma considerada lesiva. Sua nulificação é atribuição do Poder Legislativo. Contra decisões judiciais a praxe é refugar a ação popular.

✱ *V. CF, art. 5º, LXXIII.*

✱ *V. Lei nº 4.717/1965.*

✱ *V. Súm. nº 365 do STF.*

AÇÃO POSSESSÓRIA – 1. No sentido material do direito de ação, objetiva a defesa da posse ou o direito a ela, podendo se dar como pedido principal ou mesmo incidental, em qualquer tipo de procedimento. 2. Para o Processo Civil, é a denominação dada aos procedimentos especiais que tenham por pedido principal a manutenção, reintegração ou proibição de interdição à posse, sob rito abreviado e concentrado. Historicamente, foi o procedimento que admitiu a figura não apenas da tutela de urgência, como também da tutela de evidência, servindo de parâmetro para desenvolvimento da ideia de medida liminar. Por outro lado, a construção jurisprudencial passou a restringir seu cabimento, impedindo que se cumulassem pedidos complexos, tais como o do reconhecimento do direito de propriedade sobre o bem controvertido. Tal entendimento serviu de base para outros procedimentos especiais, mormente para o mandado de segurança. 3. O CPC/2015, na contramão da tradição jurisprudencial, passou a admitir expressamente o manejo de ações possessórias na hipótese em que figurem no polo passivo grande número de pessoas, estabelecendo inclusive a hipótese de citação por edital e de intervenção do Ministério Público e da Defensoria Pública, o que demonstra, por si só, que a pretensão deveria ser manejada pelo procedimento comum. Ainda com base nesta inovação procedimental, o STJ fixou o entendimento de que entes públicos detêm legitimidade para intervir, incidentalmente, em ações possessórias envolvendo particulares, podendo deduzir qualquer matéria defensiva, inclusive, se for o caso, o domínio sobre o bem.4. Após a Emenda Constitucional nº 45/2004, o STF fixou o entendimento de que compete à Justiça do Trabalho apreciar ações possessórias decorrentes de conflitos coletivos de trabalho, especialmente aqueles decorrentes do exercício do direito de greve. ***V.*** *Manutenção de posse, reintegração de posse, interdito proibitório e imissão de posse.*

✱ ***V.*** *CPC/1973, arts.920 a 933.*

✱ ***V.*** *CPC/2015, art. 554 a 568.*

✱ ***V.*** *Súm.Vinc. nº 23.*

✱ ***V.*** *Súmulas nºs 415 e 487 do STF.*

✱ ***V.*** *Súm. nº 637 do STJ.*

AÇÃO PREJUDICIAL – A que se refere a *questão prejudicial* prevista em lei. Procura-se reconhecer, garantir e defender o estado civil ou a situação jurídica da pessoa nas relações com a família. Exemplos: *anulação de casamento, divórcio, investigação* e *negativa de paternidade, suspensão do poder familiar* (q.v.). Compete ao Ministério Público intervir. O mesmo que *ação de estado.*

✱ ***V.*** *CPC/1973, arts. 82, II, e 92, II.*

✱ ***V.*** *CPC/2015, art. 178.*

✱ ***V.*** *CPP, art. 92.*

AÇÃO PREPARATÓRIA – Visa-se, com essa ação, a tomada de providências que vão servir para o êxito de outra ação, a principal.

AÇÃO PREVENTIVA – O mesmo que *ação cautelar* (q.v.).

AÇÃO PRINCIPAL – Diz-se daquela que tem existência autônoma e não subsidiária. Opõe-se às *incidentais, cautelares* ou *acessórias*, que devem ser consideradas antes medidas que ações.

AÇÃO PRIVADA – Compete ao ofendido ou seu representante legal no juízo criminal. Ex.: *calúnia, difamação, injúria* (com as exceções da lei), *danos* (em alguns casos), contra a dignidade sexual (com as exceções previstas em lei). ***V.*** *Ação penal.*

AÇÃO PÚBLICA – Dá-se por meio de denúncia e é de iniciativa do Ministério Público. É *incondicionada* (independente), quando não depende de representação, nem de requisição; é *condicionada* (dependente) quando há necessidade, por lei, de requisição do Ministro da Justiça ou de representação de ofendido. Pela regra, a ação penal é sempre pública, salvo quando a lei expressamente a declara privativa do ofendido. Deve-se atentar para a Lei nº 12.033, de 29-9-2009, que tornou pública condicionada a ação penal em razão de injúria consistente na utilização de elementos referentes à raça, cor, etnia, religião, origem ou a condição de pessoa idosa ou portadora de deficiência. ***V.*** *Ação penal.*

✱ ***V.*** *CP, art. 100 e parágrafos.*

AÇÃO PUBLICIANA – Inscrita no Dir. Romano pelo pretor Publício, daí o seu nome. Cabe ao possuidor, que ainda não é proprietário, mas na iminência de usucapir, contra quem passou a deter a coisa com título menos justo que o seu, exigindo então a posse de que precisa para completar o usucapião. A Doutrina e a Jurisprudência têm acolhido essa ação, que não está expressa em dispositivo legal.

AÇÃO *QUANTI MINORIS* – O mesmo que *ação estimatória* (q.v.).

AÇÃO QUASE-INSTITUTÓRIA – Compete a um terceiro, que contratou com o mandatário, para exigir que o mandante responda perante ele, nos limites da procuração, pelo cumprimento de obrigação, ainda que verbal, ou tácita, assumida pelo seu mandatário, ainda que contrariando instruções pessoais do mandante. Mas esse terá contra seu mandatário ação pelas perdas e danos que resultarem da inobservância das instruções.

✱ ***V.*** *CC, art. 679.*

AÇÃO *QUOD METUS CAUSA* – Cabe a quem foi despejado de bens mediante ameaça, medo ou violência (daí a locução latina), a fim de pleitear sua recuperação.

AÇÃO REAL – Apoia-se no direito de propriedade, na defesa de direito real sobre coisa alheia, móvel ou imóvel, contra quem o viola. Opõe-se à *ação pessoal* (q.v.), visto que tem por base um direito não real. Ex.: *reivindicação, pauliana, petição de herança, nulidade de testamento, pignoratícia, anticrética, possessória.*

AÇÃO RECOGNITIVA – Designação que se dá, também, à *ação prejudicial* (q.v.).

AÇÃO RECUPERATÓRIA – O mesmo que *ação de reintegração de posse* (q.v.).

AÇÃO REDIBITÓRIA – Movida pela pessoa que adquire um bem e pleiteia a devolução do preço e mais despesas de contrato, mediante sua rescisão, alegando vícios ou defeitos ocultos que a tornam inadequada para o uso a que se destina ou que lhe diminuam o valor. Pode o comprador optar pela redução do preço, em vez da redibição, entrando com a *ação de redução de preço*, também conhecida como *ação quanti minoris.*

✱ ***V.*** *CC, art. 442 e segs.*

AÇÃO REGRESSIVA – 1. Cabe a quem satisfaz o pagamento de obrigação principal de outrem a fim de reaver deste as importâncias pagas, invocando o direito de regresso. O pagante age como sub-rogado nos direitos do obrigado originário. Também conhecida como *ação de regresso* e *ação de retorno.* Tome-se como exemplo e *ação regressiva* prevista no art. 195 do CC. 2. A CF, ao prever a responsabilidade civil objetiva do Estado pelos danos que seus agentes, nesta qualidade, causarem a terceiros, admite a ação regressiva contra os responsáveis, quando estes agirem com dolo ou culpa. Antes mesmo de a CF garantir estsa possibilidade de reparação, no âmbito da União, já havia tal previsão na Lei nº 4.619/1965. 3. Na vigência do CPC/1973, prevalecia o entendimento de que o exercício do direito de regresso deveria ser realizado no mesmo processo em que declarada a responsabilidade do sub-rogado, mediante *denunciação da lide*, exceto na hipótese em que veda a intervenção de terceiros. Embora o CPC/2015 ainda autorize tal procedimento, deixa expresso que o sub-rogado pode promover ação regressiva autônoma. 4. A Lei nº 8.213/1991, em sua redação original, admite que a Previdência Social (através da Procuradoria da União) promova ações regressivas contra as empresas que, por negligência no cumprimento das normas de saúde e segurança no trabalho, causassem acidentes de trabalho que ensejassem a concessão de benefícios previdenciários aos trabalhadores. A jurisprudência passou a admitir, com alguma controvérsia, que os responsáveis por acidentes de trânsito também respondessem regressivamente pelos benefícios concedidos às vítimas. A Lei nº 13.846/2019 estendeu a possibilidade de direito de regresso contra responsáveis por atos de violência doméstica e familiar contra mulheres, apurados na forma da Lei nº 11.340/2006, que ensejem afastamento da empregada do trabalho, hipótese que deve se intensificar, após o entendimento pelo STJ no sentido de que compete às Varas especializadas em Violência Doméstica determinar o afastamento cautelar da vítima junto ao empregador, com pagamento de benefício previdenciário pelo INSS.

✱ *V. CF, art. 37, § 6º.*

✱ *V. CC, arts. 43, 195, 312, 363, 414, par. único, 680, 735, 880, 899, § 1º, 914, § 2º, 930, 1.318, 1.481, § 4º, 1.646, 1.935, e 1.999,*

✱ *V. CPC, arts. 125, 128, 143, 155, 181, 184 e 187.*

✱ *V. CDC, arts. 13, par. único, e 88.*

✱ *V. CLT, art. 455, par. único.*

✱ *V. Lei nº 4.619/1965 (Dispõe sobre a ação regressiva da União contra seus agentes).*

✱ *V. Lei nº 8.213/1991 (Lei dos Planos de Benefícios da Previdência Social), art. 120.*

✱ *V. Súmulas nºs 187, 188 e 257 do STF.*

✱ *V. Súm. nº 475 do STJ.*

AÇÃO REIPERSECUTÓRIA – Cabe ao autor pedir a coisa que lhe pertence ou foi indevidamente alienada de seu patrimônio. Daí o nome composto: *res* (coisa) *persecutivo* (perseguida). O autor pode incluir na ação o pedido de condenação ao pagamento de interesses e penas da lei. Exemplo de *ação reipersecutória*: a *de recuperação de título ao portador* (q.v.). O mesmo que *ação de reivindicação*.

AÇÃO REIVINDICATÓRIA – O mesmo que *ação de reivindicação* (q.v.).

AÇÃO RENOVATÓRIA – Visa a renovação de contrato de locação comercial promovida pelo locatário, seus cessionários ou sucessores, para que obedeça às mesmas condições anteriores ou de acordo com as que forem judicialmente estabelecidas. É ação de rito ordinário, objetivando a prorrogação do contrato de locação ou arrendamento de imóvel para fim comercial, o chamado "ponto". A ação renovatória enseja mudança substancial na relação jurídica, portanto não se confunde com a *ação revisional* (q.v.), que tutela o reajuste do aluguel, sem questionar o contrato (Dec. nº 24.150/1934, a Lei de Luvas, arts. 1º, 2º e 5º, revogada pela Lei nº 8.245/1991, que regula a locação de imóveis urbanos). A petição inicial deve ser instruída com os seguintes documentos: *a)* contrato de locação com prazo de 5 anos pelo menos; *b)* prova de estar em exploração de comércio ou indústria no mesmo ramo por 3 anos ininterruptos; *c)* prova do cumprimento do contrato de locação em vigência; *d)* quitação de impostos, taxas e emolumentos. Se a inicial for indeferida, o recurso cabível é de *apelação*, igualmente para sentença que julgar procedente ou improcedente a renovatória.

AÇÃO RESCISÓRIA – 1. Em sentido lato, é toda ação que visa desconstituir ato ou negócio jurídico. Difere da *ação anulatória* e da *ação declaratória de nulidade*, pois o autor não pretende que o ato rescindido não produza quaisquer efeitos, mas que deixe de produzi-los com efeitos prospectivos ou a partir de determinado momento, normalmente ligado ao descumprimento de obrigação pela parte contrária. São exemplos de ação rescisória a ação de despejo por falta de pagamento ou por descumprimento de cláusulas contratuais e o pedido contraposto pelo réu na ação renovatória de locação. 2. Em sentido mais restrito, também denominada ação rescisória de sentença, é o procedimento que visa à desconstituição de decisão judicial transitada materialmente em julgado, podendo ou não cumular pedido de realização de novo julgamento da causa. 3. Por ser ação de natureza constitutiva, sujeita-se a prazo decadencial, em regra, de 2 anos, a contar do trânsito em julgado da decisão rescindenda. Com o CPC/2015, tal prazo será contado separadamente para cada decisão ou pedido julgado definitivamente, em razão da possibilidade de julgamento parcial de mérito. Na hipótese de pedido de rescisão do julgado pela descoberta de prova nova (art. 966, VII), o prazo passa a ser de 5 anos, a contar da última decisão proferida no processo. Após esse prazo, diz-se formada a *coisa julgada soberana*, insuscetível de rescisão judicial. 4. O autor, ao propô-la, deve depositar 5% do valor da causa, que reverterá ao réu se houver improcedência da ação. No Processo do Trabalho, a garantia sobe para 20% do valor. Tal depósito é dispensado para os entes da Administração Pública direta e para os beneficiários da gratuidade judiciária. 5. A CF, nos arts. 102, I, *j*, 105, I, *e*, e 108, I, *b*, trata, respectivamente, da competência do STF, do STJ e dos TRF para processar e julgar, originariamente, as ações rescisórias de seus julgados, ou, no caso dos Tribunais Regionais Federais, dos juízes federais a eles vinculados. 6. Não é admitida nos Juizados Especiais e no julgamento das ações de controle concentrado de constitucionalidade, o que pode estar acoimado de inconstitucionalidade, pois a coisa julgada material depende da presença de todas as demais garantias processuais previstas na Constituição, as quais são indiretamente tuteladas nas hipóteses de cabimento de ação rescisória, constantes do rol do art. 485 do CPC/1973, correspondente ao art. 966 do CPC/2015. 7. Há décadas, o STF consolidou o entendimento de que não seria admissível o cabimento de ação rescisória por literal violação de lei, quando houver controvérsia judiciária acerca da interpretação de determinado dispositivo legal, o que sempre foi bastante criticado pela doutrina. Por outro lado, nos últimos anos, o próprio STF vem mitigando esse entendimento, quando a norma que enseja o ajuizamento de ação rescisória for disposição da própria Constituição, uma vez que a interpretação final do texto constitucional cabe ao próprio STF. 8. O CPC/2015 admite o trânsito em julgado de partes da decisão, conforme a cumulação de pedidos e a irrecorribilidade de determinados capítulos da sentença, o que positiva no Dir. brasileiro a figura da *coisa julgada progressiva*, com marcos distintos para ajuizamento de ação rescisória. 9. No Processo Civil, em regra, a decisão judicial que homologa acordo extrajudicial, extinguindo o processo com resolução de mérito, embora transite em julgado, deve ser impugnada por *ação anulatória*, calcada nas hipóteses de nulidade de negócio jurídico, estabelecidas no Código Civil. Tal entendimento também vem sendo acolhido pela doutrina e jurisprudência em relação às decisões proferidas em fase de execução e insuscetíveis de recurso ou impugnação nos mesmos autos, como a adjudicação e a arrematação de bens, transcorrido o prazo para embargos. Por sua vez, no Processo do Trabalho, entende-se que a homologação da conciliação, judicial ou extrajudicial, transita em julgado no mesmo dia, e que somente é impugnável por *ação rescisória*. 10. No processo perante a Justiça Eleitoral, a única hipótese de ação rescisória diz respeito às decisões que declaram a inelegibilidade de candidatos, devendo ser proposta em 120 dias, a contar do trânsito em julgado. 11. A LRE previu o direito ao administrador judicial, ao Comitê, a qualquer credor ou ao representante do Ministério Público de pedir a exclusão, outra classificação ou a retificação de qualquer crédito, nos casos de descoberta de falsidade, dolo, simulação, fraude, erro essencial ou, ainda, documentos ignorados na época do julgamento do crédito ou da inclusão no quadro geral de credores. Tal ação, de natureza inequivocamente constitutiva, pois visa alterar o quadro geral de credores da massa, foi denominada pela doutrina de *rescisória falimentar* e sujeita-se a prazo decadencial, qual seja, até o encerramento da recuperação judicial ou da falência. 12. Parte da doutrina entende que, se não houve citação válida da parte ou o juízo prolator da decisão for absolutamente incompetente para a causa, com base em disposição constitucional, não seria hipótese de desconstituição do julgado por ação rescisória, mas, sim, de declaração de inexistência do próprio processo, por meio de ação autônoma, designada por *querela nullitatis insanabilis*.

✱ *V. CF, arts. 102, I,* j*; 105, I,* e*; e 108, I,* b.

✱ *V. CPC/1973, arts. 485 a 495.*

✱ *V. CPC/2015, arts. 966 a 975.*

✱ *V. CLT, art. 836.*

✱ *V. CE, art. 22, I,* j.

✱ *V. LRE, arts. 19 e 184, parágrafo único.*

✱ *V. Lei nº 9.099/1995 (Dispõe sobre os Juizados Especiais Cíveis e Criminais): art. 59.*

✱ *V. Lei nº 9.868/1999 (Dispõe sobre o processo e julgamento da ação direta de inconstitucionalidade e da ação declaratória de constitucionalidade): art. 26.*

✱ *V. Lei nº 9.882/1999 (Dispõe sobre o processo e julgamento da arguição de descumprimento de preceito fundamental): art. 12.*

✱ *V. Súmulas nºs 249, 252, 264, 295, 343, 514 e 515 do STF.*

✱ *V. Súmulas nºs 175 e 401 do STJ.*

✱ *V. Súmulas nºs 83, 99, 100, 158, 192, 219, II, 259, 298, 299, 303, II, 365, 397 a 413 e 425 do TST.*

✱ *V. Orientações Jurisprudenciais nºs 12, 21, 25, 41, 69, 70, 76, 78, 80, 84, 97, 101, 103, 107, 112, 123, 124, 131, 132, 134 a 137, 146, 150 a 152, 155 e 157 da SBDI-II do TST.*

AÇÃO RESCISÓRIA DE SENTENÇA – *V. Ação Rescisória.*

AÇÃO REVISIONAL DE ALUGUEL – É a ação pela qual se objetiva a adequação do valor do aluguel que está em desacordo com os valores de mercado. A lei permite que seja utilizada tanto para a obtenção da majoração do aluguel defasado, como para sua minoração. O primeiro caso é o de maior frequência. A revisão judicial só poderá ser pleiteada após três anos de vigência do contrato ou do último acordo.

✱ *V. Lei nº 8.245/1991 (Lei das Locações), arts. 68 a 70.*

✱ *V. Lei nº 12.112/2009.*

AÇÃO REVOCATÓRIA – Deverá ser proposta no prazo de três anos, contados a partir da sentença que decreta a falência do devedor. É específica do processo de falência e só poderá ser ajuizada na sua pendência. A legitimidade para a propositura desta ação é conferida ao administrador judicial, ao credor devidamente habilitado na falência e ao representante do Ministério Público. O ajuizamento desta ação tem por objetivo recuperar bens ou numerário desviados pelo devedor antes do decreto de falência. Visa também restaurar o princípio da igualdade dos credores quando o devedor pratica atos que favorecem determinado credor com prejuízo dos demais. A sentença que julgar procedente a ação revocatória determinará o retorno dos bens à massa falida em espécie com todos os acessórios, ou o valor de mercado acrescido das perdas e danos. Declarada a ineficácia objetiva do ato praticado pelo devedor em decisão interlocutória ou julgada procedente a ação revocatória, retornam as partes ao estado anterior. O art. 136 da Lei nº 11.101/2005 diz do direito de restituição ao contratante de boa-fé dos bens ou valores entregues ao devedor. Ponto não muito pacífico entre os doutrinadores que acreditam ser esse dispositivo aplicado somente nos casos de reconhecimento de ineficácia nas hipóteses previstas no art. 129, por tratar-se de ineficácia objetiva, o terceiro que participar do ato poderá estar de boa-fé. O que não ocorrerá no caso de ação revocatória, em que se pleiteia a revogação do ato praticado com a intenção de fraudar credores e, ainda, restar provado o conluio entre o devedor e o terceiro contratante que, de maneira alguma, poderá ser considerado de boa-fé. O terceiro de boa-fé a qualquer tempo poderá propor ação de indenização por perdas e danos contra o devedor ou seus garantes. A requerimento do autor da ação revocatória, ordenará o juiz, como medida de precaução, na forma da lei processual, o sequestro dos bens retirados do patrimônio do devedor que estejam em poder de terceiros (art. 137).

AÇÃO REVOCATÓRIA CÍVEL – *V. Ação Pauliana.*

AÇÃO SEQUESTRÁRIA – Tem caráter de depositária, porém é a autoridade judiciária que faz o depósito.

AÇÃO SUB-ROGATÓRIA – Dá-se quando o autor vai a juízo como sub-rogado em direitos de outrem, por ter pago obrigação deste ou para defesa do patrimônio dele, no qual o autor tenha interesse.

✱ *V. CC, art. 1.813.*

AÇÃO SUBSIDIÁRIA DA REIVINDICAÇÃO – O proprietário da coisa pode interpô-la contra o possuidor ou detentor dela, exigindo o pagamento de seu preço e a restituição dos frutos percebidos, em lugar de pedir a sua restituição, por impossível, por ter-se deteriorado ou sido alienada.

✱ *V. CPC/1973, art. 627.*

✱ *V. CPC/2015, art. 809.*

AÇÃO TEMPORAL – Denomina-se assim aquela que é prescritível, em oposição à perpétua ou imprescritível.

AÇÃO TRABALHISTA – Usualmente, diz-se *reclamação trabalhista*, para abranger as ações de competência da Justiça do Trabalho. Entretanto, com a Emenda nº 45/2004, que ampliou as competências do Judiciário laboral, a expressão deve ser restrita apenas às demandas que decorrem da relação de trabalho. Nas localidades que não dispõem de Vara do Trabalho, os juízes de direito têm competência para julgar as causas trabalhistas. *V. reclamação.*

✱ *V. CF, arts. 7º, XXIX, e 114, I.*

✱ *V. CLT, arts. 2º, 448, 477 a 479, 482, 668, 669, 731, 763 a 910.*

AÇÃO TRANSMISSÍVEL – Assim considerada aquela que pode ser proposta pelo titular do direito e também por seus herdeiros, ou continuada por eles. A *ação de divórcio*, por exemplo, é intransmissível.

AÇÃO VEXATÓRIA – Dá-se este nome à ação injusta ou temerária, totalmente descabida, que indica litigância de má-fé, na qual o autor tem o deliberado propósito de perturbar a parte contrária. É típico abuso de direito, que deve ser punido com a obrigação de pagar perdas e danos e honorários advocatícios das partes, além de outras sanções.

✱ *V. CPC/1973, art. 16 e segs.*

✱ *V. CPC/2015, arts. 79 a 81.*

ACAREAÇÃO – Confronto entre pessoas, colocadas frente a frente, para se dirimir divergências ou contradições nos depoimentos das testemunhas, se os confirmam ou desmentem, ou se esclarecem declarações feitas em desacordo umas com as outras. Ato processual para se apurar a verdade entre afirmações contraditórias. Pode ocorrer no cível entre testemunhas, e no criminal, entre testemunhas e partes, entre o acusado e o ofendido. Não é permitida a acareação entre as partes. A Lei nº 11.900/2009 admitiu, excepcionalmente, a possibilidade de acareação por videoconferência ou outro recurso tecnológico de transmissão de sons e imagens em tempo real.

✱ *V. CPC/1973, art. 418, II.*

✱ *V. CPC/2015, art. 461, II.*

✱ *V. CPP, art. 229.*

ACAREAR – Promover a *acareação* (q.v.).

ACASO – Fato imprevisível, incerto, inevitável, de causa ignota. Eventualidade, casualidade. O mesmo que *caso fortuito* e *força maior* (q.v.).

ACATAMENTO – Ato e efeito de acatar. Concordância, obediência, aceitação.

ACATAR – Cumprir, aceitar, observar, respeitar – *a lei, a autoridade*.

ACAUTELADO – Resguardado, prevenido, que tem ou usa de cautela.

ACAUTELAR – Resguardar, usar de cautela; tratar com cautela.

ACCEPIENS – (Latim) Aquele que recebe a coisa em tradição, ao contrário do que a entrega (*tradens*).

ACCEPTANS ACTUM, CUM OMNIBUS SUIS, QUALITATIBUS ACCEPTARE VIDETUR – (Latim) Aquele que aceita, aceita com todas as qualidades.

ACCESSIO CEDIT PRINCIPALI – (Latim) Subordina-se o acessório ao principal.

ACCESSIO TEMPORIS – (Latim) Indica aquisição de propriedade ou de um direito pelo transcurso do tempo, por exemplo o usucapião. Acessão do tempo. A Lei nº 8.245/1991, Lei das Locações, art. 51, determina que, nas locações comerciais, para propositura de *ação renovatória*, os contratos devem ser escritos, contínuos e interligados, sem que entre eles haja lapso de tempo desprovido de contrato escrito. Só tem cabimento a *accessio temporis* para contratos com prazo determinado, não a cabendo para contrato verbal ou indeterminado, exigindo-se o prazo mínimo de 3 anos durante o qual o locatário esteja explorando o seu comércio, no mesmo ramo. O direito assegurado nesse artigo poderá ser exercido pelos cessionários ou sucessores da locação. No caso de sublocação total do imóvel, o direito à renovação somente pode ser exercido pelo sublocatário.

✱ *V. Lei nº 8.245/1991, art. 51.*

✱ *V. Dec. nº 24.150/1934 (Lei de Luvas), art. 2º,* b.

ACCESSORIUM CORRUIT SUBLATO PRINCIPALI – (Latim) Destrói o acessório retirando-se-lhe o principal.

ACCESSORIUM SEMPER CEDIT PRINCIPALI – (Latim) O acessório segue sempre o principal.

ACCIDENTALIA NEGOTII – (Latim) A expressão latina refere-se a cláusulas que constam do ato jurídico, mas não são essenciais à sua existência, como condições, modos e termos.

ACCIPERE IODICIUM – (Latim) Receber os termos da sentença.

ACCUSARE NEMO SE DEBET NISI CORAM DEO – (Latim) Ninguém deve ser constrangido a acusar-se na presença de Deus.

ACEDENTE – Aquele que acede, aquiesce, concorda.

ACEDER – Dar consentimento, aquiescer, concordar.

ACEFALIA (Terat.) – Ausência congênita de cabeça. Figuradamente, emprega-se para indicar ausência de um chefe, de um dirigente.

ACÉFALO – Sem cabeça. Sem chefia, sem comando; lugar a que falta o seu principal funcionário. *Comarca acéfala*: aquela que não tem juiz ou esse, por estar ausente, não a administra.

ACEITAÇÃO – Aprovação, aquiescência, concordância. Diz-se do ato pelo qual uma parte aceita proposta da outra. Declaração de vontade que enseja a formação de uma relação jurídica. Pode ser:

Expressa: quando se opera por ato escrito ou é manifestada por sinais inequívocos.

Pura e simples: a que não está vinculada a prazos ou condições.

Tácita ou presumida: quando se depreende de ato não expresso, ou não existindo recusa, em certos casos.

ACEITAÇÃO CONTRATUAL – Manifestação da vontade representando o consentimento das partes intervenientes em um contrato para cumprimento das obrigações que dele derivam.

ACEITAÇÃO DA DOAÇÃO – Quando o donatário expressa sua vontade de aceitar a liberalidade, ou não manifesta a sua recusa. Pode ser *expressa* ou *tácita*.

ACEITAÇÃO DA HERANÇA – Também se diz *adição da herança*. É o ato pelo qual o herdeiro manifesta, expressa ou tacitamente, ou presumidamente, sua vontade de receber a herança, a qualquer título, assumindo os encargos e direitos do finado, se não forem estes além de suas posses.

✱ *V. CC, arts. 1.804 e 1.805.*

ACEITAÇÃO DA LETRA DE CÂMBIO – Ato pelo qual uma pessoa, apondo sua assinatura no anverso da Letra de Câmbio contra ela sacada, vincula-se a essa obrigação cambial, reconhecendo seu débito. Na qualidade de *aceitante* (q.v.), assume a situação de devedor principal e direto da soma expressa nesse título, devendo pagá-la no dia do vencimento. Firmado o aceite, não pode ser cancelado nem retirado, e sua falta ou recusa se prova pelo *protesto* (q.v.). Pode ocorrer o *aceite de honra*: quando um terceiro intervém, evita o protesto, honrando a assinatura do sacado ou de outro endossante. ***V.*** *Aceite.*

ACEITAÇÃO DA PROPOSTA DE CONTRATO – É o que faz o destinatário ao dar resposta afirmativa à pessoa que lhe propõe contrato.

✱ *V. CC, art. 430 e segs.*

ACEITAÇÃO DA QUITAÇÃO – Dá-se quando o devedor aceita a quitação que lhe dá o credor.

ACEITAÇÃO DA TUTELA – Formaliza-se com a assinatura, em livro próprio, do compromisso prestado pelo tutor, levando a rubrica do juiz.

✱ *V. CPC/1973, art. 1.188 e segs.*

✱ *V. CPC/2015, art. 759 e segs.*

ACEITAÇÃO DE CARGO – Ato expresso pelo qual alguém se obriga a desempenhar função para a qual foi designada. É expressão usada no Dir. Administrativo.

ACEITAÇÃO DE CURATELA – Condições pelas quais a pessoa pode aceitar ou se eximir do encargo que lhe é proposto. A matéria é regulada pelo CPC.

✱ *V. CPC/1973, arts. 1.187 a 1.198.*

✱ *V. CPC/2015, arts. 759 a 763.*

ACEITAÇÃO DE TESTAMENTO – Ato pelo qual o testamenteiro assume o compromisso de zelar pelo cumprimento fiel do testamento e da vontade do testador. Registrado o testamento no respectivo cartório, o escrivão intimará o testamenteiro nomeado para assinar, no prazo de 5 dias, o termo de testamentaria; não havendo testamenteiro nomeado, se estiver ausente, ou não aceitar o encargo, o escrivão certificará a ocorrência e fará os autos conclusos, caso em que o juiz nomeará testamenteiro dativo, observando-se a preferência legal.

✱ *V. CPC/1973, art. 1.127, parágrafo único.*

✱ *V. CPC/2015, art. 735.*

ACEITAÇÃO DO MANDATO – Ato do mandatário concordando com o mandato que o mandante lhe outorga. Pode ser expressa ou tácita, verbal ou por escrito. Para atos que exigem o instrumento escrito, não se admite mandato verbal. Caso uma parte revogue o mandato outorgado a seu advogado, deve no mesmo ato constituir outro que assuma o patrocínio da causa. O advogado pode, a qualquer tempo, renunciar ao mandato, mas deve notificar o mandante para que lhe nomeie sucessor; durante os 10 dias seguintes à notificação, continuará a representar o mandante, desde que necessário para evitar-lhe prejuízo.

✱ *V. CPC/1973, arts. 44, 45 e 275, II, f.*

✱ *V. CPC/2015, arts. 111 e 112.*

ACEITAÇÃO DO PERDÃO – Dá-se quando o querelado aceita o perdão oferecido pelo querelante, o que pode ser manifestado no prazo de 3 dias, importando o silêncio em aceitação. Pode dar-se fora do processo, mas é obrigatório constar de declaração assinada pelo querelado, por seu representante legal ou procurador com poderes especiais.

ACEITAÇÃO MODIFICATIVA – Ocorre quando se faz alteração na proposta original de contrato, com adições ou restrições, impedindo a plena adesão; transforma-se o contrato em proposta pela resposta do solicitante.

ACEITANTE – Aquele que aceita, recebe o que lhe é oferecido ou concorda com uma oferta ou proposta (Dir. Cambiário). Pessoa que se obriga a pagar a importância constante de título, no seu vencimento. O mesmo que aceitador.

ACEITAR – Admitir, concordar, reconhecer. Colocar o seu *aceite* (q.v.) em título cambial.

ACEITE – O mesmo que *aceitação* (q.v.). Reconhecimento, concordância. Ato expresso pelo qual a pessoa se obriga a pagar o título cambial, ao escrever a palavra *aceito*, ou outra equivalente, seguida de assinatura. Atualmente, basta a assinatura do sacado para configurar o aceite (Dir. Comercial). O aceite pode ser:

Condicional, limitado ou qualificado: quando se prende a cláusula ou condição limitante ou modificadora dos termos do saque.

Direto ou ordinário: quando exarado expressamente pelo sacado.

Indireto, extraordinário ou por intervenção: quando dado por terceiro.

Pleno: quando se configura só pela assinatura do aceitante.

Puro e simples: quando não se subordina a condições que alterem ou restrinjam o cumprimento da obrigação. A letra de câmbio pode prescindir do aceite; se sacada à vista, não o comporta e deve ser apresentada ao sacado para pagamento e não para aceite. Se forem dois os sacados, o portador apresenta a letra ao primeiro nomeado; se esse recusar, ao segundo, se morar na mesma praça. Dado o aceite, ele não pode ser cancelado nem retirado; sua falta ou recusa prova-se pelo protesto.

✱ *V. Dec. nº 2.044/1908 (Lei da Letra de Câmbio e a Nota Promissória), arts. 9º a 13.*

ACEITE DE HONRA – Dá-se quando um terceiro interveniente, para evitar o protesto, honra a firma do sacado ou de outro endossante e assume contra si a obrigação; contudo, é necessário que o portador do título ou quem o detenha consinta nesse aceite, apondo sua assinatura no título. Diz-se também *aceitação por intervenção*.

✱ *V. Dec. nº 2.044/1908 (Lei da Letra de Câmbio e a Nota Promissória), arts. 9º a 13.*

ACELERAÇÃO DO PARTO – Consiste na antecipação do nascimento, saindo o feto vivo antes do parto normal. Tipificada como lesão corporal de natureza grave, agrava o delito (CP, art.129, § 1º, IV). Pode ser desclassificada para lesão simples (CP, art. 19).

ACEPTILAÇÃO – Ocorre quando o credor, por ato expresso, dá quitação a um devedor seu, extinguindo o débito dos outros coobrigados. O mesmo que perdão ou *remição* de dívida não paga. Não pode ser condicionada.

✱ *V. CC, arts. 324 e 386.*

ACERVO – Total dos bens, do patrimônio, de uma pessoa física ou jurídica. O acervo da empresa responde pela dívida.

Hereditário: conjunto dos bens do espólio.

ACESSÃO – Incorporação a bens, acréscimo. É a maneira, originária ou derivada, de adquirir a propriedade definitiva da coisa, a qual, materialmente, adere à coisa principal, como está na expressão latina: *accessorium sequitur suum principale.* A acessão pode ser:

Artificial (ou industrial): por efeito de fato ou ação do homem, por construção de obras, plantações etc.

Mista: quando há, ao mesmo tempo, ação da natureza e do homem.

Natural: quando resulta de fato da natureza, como a formação de ilhas, a avulsão, o aluvião, abandono de álveo.

✱ *V. CC, art. 1.248.*

Obs.: no Dir. Internacional Público, dá-se a *acessão* quando um Estado, que não participou de tratado anteriormente celebrado, a ele se vincula em igualdade de condições com os demais, dos quais deve obter a aquiescência. O mesmo que *adesão.* O Dir. Internacional Privado consiste no acréscimo do território de um país por formações que lhe sobrevêm, por meios naturais, artificiais, ou mistos. É uma das formas de aquisição imobiliária.

ACESSÃO DE POSSE – (Latim: *accessio possessionis*). Diz-se quando o possuidor, para completar o prazo de prescrição aquisitiva, acrescenta ao tempo de sua posse aquele durante o qual seu antecessor a exerceu, mansa, pacífica e ininterrupta.

ACESSIONISTA – É aquele que adquire por acessão. *V. Adicionante.*

ACESSO – Aproximação, chegada, passagem, trânsito. Em Medicina, fenômeno patológico repentino, periódico. Elevação de nível, em cargo público ou posto militar. Ingresso, admissão.

ACESSÓRIA – Coisa cuja existência supõe a da principal, à qual cede ou adere.

ACESSÓRIO – Aquilo que, no contrato, serve de garantia à coisa principal: hipoteca, fiança, endosso, caução, depósito. É também o que se junta à coisa principal, sem dela ser parte integrante ou essencial; tem caráter secundário, subsidiário. Pode ser: *natural,* quando pode confundir-se com a coisa principal, como as árvores de uma propriedade são parte integrante dela, embora acessória; *do solo,* tudo que se liga ao solo ou está debaixo dele, como os minerais; *por destino,* quando ligado à coisa principal por sua utilização: as panelas na cozinha.

✱ *V. CC, arts. 92 a 97.*

ACHACADOR – Pessoa desqualificada, de má índole, que aborda outra para extorquir-lhe dinheiro ou bens.

ACHACAR – Acusar, apresentar queixa ou denúncia contra alguém, por supostas razões. Abordar alguém para extorquir-lhe dinheiro ou bens. Cair doente, adoecer, enfermar.

ACHADA – Diz-se do ato de descobrir, encontrar a coisa perdida.

ACHÁDEGO – Recompensa que deve ser dada a quem devolve coisa que achou.

ACHADO – Coisa encontrada, descoberta. No Dir. Civil, é sinônimo de *invenção.*

✱ *V. CC, arts. 1.233 a 1.237.*

ACHADOR – Aquele que encontra coisa perdida, tesouro oculto ou abandonado. O mesmo que *inventor,* no Dir. Civil.

✱ *V. CC, arts. 1.233 a 1.237.*

ACHAMENTO – Modo de obter o tesouro encontrado; invenção.

ACHAR – Encontrar coisa perdida, por procura ou acaso.

ACHAQUE – Golpe aplicado pelo *achacador* (q.v.), para obter dinheiro ou outro bem, utilizando-se de meios inidôneos.

ACIDENTADO – Designa aquele que foi vítima de um acidente, de trânsito, do trabalho.

ACIDENTAL – Relativo a acidente; casual, fortuito, imprevisto.

ACIDENTE – Qualquer acontecimento casual, fortuito, por ação ou omissão, imperícia, imprudência ou negligência, do qual advém dano à pessoa ou ao patrimônio de outrem.

ACIDENTE DE TRÂNSITO – Aquele que ocorre no trânsito entre veículos automotores. É crime culposo e pode dar origem a indenização.

✱ *V. CC, arts. 182, 929, 942 e segs.*

✱ *V. CPC/1973, art. 275, II,* d.

✱ *V. CPC/2015, art. 53, V.*

✱ *V. Lei nº 5.970/1973 (Exclui os casos de acidente de trânsito da aplicação do disposto nos arts. 6º, I, 64 e 169 do CPP).*

ACIDENTE DO MAR OU DE NAVEGAÇÃO – Evento súbito, inevitável, que ocasiona perda ou dano total ou parcial do navio, de carga e passageiros, como incêndio, naufrágio, encalhe, tempestade, apresamento, saque etc. Também se dizia fortuna do mar.

✱ *V. Reg. Int. do Tribunal Marítimo, art. 21.*

ACIDENTE DO TRABALHO – 1. Evento que ocorre pelo exercício do trabalho a serviço de empresa ou empregador doméstico, com lesão corporal ou perturbação funcional que cause a morte, perda ou redução temporária da capacidade para o trabalho. Ele é sempre casual, por isso a autolesão descaracteriza a espécie. As doenças profissionais também caracterizam acidente do trabalho; as *ergopatias* dividem-se em *tecnopatias,* moléstias advindas de trabalho especializado; e *profissionais atípicas,* que sobrevêm em razão das condições em que o trabalhador atua. Já a *mesopatia* não é classificada como doença profissional, por depender de condições específicas do trabalho ou de outros fatores, físicos, mecânicos, psíquicos etc. 2. O Plano de Benefícios da Previdência Social contempla prestações específicas para cobertura dos eventos de invalidez e doença decorrentes de acidente de trabalho, custeados com contribuição por parte dos empregadores, incidentes sobre sua folha de salários, designada "seguro de acidentes de trabalho". 3. Com a edição da LC nº 150/2015, os trabalhadores domésticos foram incluídos na cobertura por benefícios acidentários. Ainda estão excluídos da cobertura pelos benefícios acidentários os empresários, trabalhadores autônomos, segurados facultativos e trabalhadores eventuais, em razão da ausência de fonte de custeio. 4. Com a EC nº 45/2004 houve uma cisão na competência para processamento das demandas envolvendo acidentes laborais. Em face do INSS, postulando a concessão de benefícios previdenciários negados administrativamente, a competência é da Justiça Estadual. Por sua vez, as demandas propostas contra os empregadores, requerendo indenização por danos materiais e morais, passaram à competência da Justiça do Trabalho. 5. Enquanto afastado das atividades por acidente de trabalho, o empregado fica com seu contrato suspenso, não podendo ser dispensado pelo empregador. Contudo, a jurisprudência do TST entende que tal situação não suspende os prazos de prescrição referentes a pretensões surgidas anteriormente ao acidente. Por outro lado, justamente porque o contrato ainda existe, é obrigação do empregador manter as cláusulas adjetas, como a cobertura por plano de saúde, se fornecer aos seus trabalhadores. 6. O empregado acidentado que retornar ao serviço tem garantida a estabilidade provisória de emprego por um ano, a contar do retorno ao empregador. A dispensa arbitrária do empregado neste período é ilegal, mas a Justiça do trabalho vem aplicando analogicamente o art. 496 da CLT e convertendo o período de estabilidade em indenização pelos salários do período.

✱ ***V.** CF, arts. 7º, XXVIII e parágrafo único; 109, I; 114, I e IV.*

✱ ***V.** CLT, arts. 476 e 496.*

✱ ***V.** Lei nº 6.367/1976 (Institui o Seguro de Acidentes de Trabalho).*

✱ ***V.** Lei nº 8.213/1991 (Lei dos Planos de Benefícios da Previdência Social), arts. 19 a 23, 26, I, 104, 118, 121 e 129.*

✱ ***V.** Súm. Vinc. nº 22.*

✱ ***V.** Súmulas nºs 35, 198, 229, 230, 234, 236 e 464 do STF.*

✱ ***V.** Súmulas nºs 15, 89, 110, 146, 159, 178 e 226 do STJ.*

✱ ***V.** Súmulas nºs 46, 378, 392, 440 e 454 do TST.*

✱ ***V.** Orientações Jurisprudenciais nºs 41 e 421 da SBDI-I do TST.*

ACIDENTE *IN ITINERE* (Latim) – Diz-se daquele que o trabalhador sofre *em trânsito*, no itinerário de ida ou de volta ao seu local de trabalho. (Dir. Trabalhista).

ACIDENTE NO TRANSPORTE – Dano sofrido por passageiro de veículo de qualquer natureza, com o qual o transportador fez contrato de condução representado pelo bilhete de passagem, ficha ou a simples permanência do transportado.

ACIONADO – O mesmo que réu, reclamado. Aquele contra quem se ajuíza demanda. Polo passivo da relação processual.

ACIONADOR – Autor da ação, o que ajuíza processo contra o réu. Aquele que aciona. O mesmo que *acionante*. Polo ativo da relação processual.

ACIONAR – Ingressar em juízo com reclamação trabalhista; propor ação.

ACIONARIADO – Refere-se a organização, industrial ou agrícola, na qual os que prestam serviços também são acionistas, com direito a participar de sua administração e dos lucros.

ACIONISTA – O que possui ações (títulos) de companhia ou empresa. O mesmo que *acionário*. Pode ser: ***Controlador:*** que tem a maioria dos votos nas assembleias e elege a maioria dos administradores. ***Majoritário:*** o que tem mais de 50% das ações de uma sociedade anônima.

ACIPIENTE – Diz-se daquele que recebe a coisa na tradição (Dir. Comercial).

ACLAMAÇÃO – Modo de aprovação, numa assembleia, de uma proposta ou de um ato. Eleição que não depende de escrutínio. Escolha coletiva, por aprovação verbal ou outra manifestação, de alguém para cargo ou função.

ACLARAÇÃO – Aditamento que se faz a um contrato ou texto legal, para esclarecimento de artigos ou cláusulas.

AÇÕES AFIRMATIVAS – Políticas públicas de promoção da igualdade de oportunidades e de tutela dos interesses metaindividuais das populações historicamente discriminadas por preconceito de raça ou de cor. São previstas genericamente na Lei nº 12.228/2010 (Estatuto da Igualdade Racial) e especificadas em outros diplomas legais, como a Lei nº 12.990/2014, que estabelece reserva de vagas em concursos públicos na Administração Pública federal, e a Lei nº 12.711/2012, que estabelece cotas em Instituições Federais de Ensino Superior. *V.* Igualdade Racial.

✱ ***V.** CF, arts. 3, IV, 5º, XLII, 7º, XXX, e 215, § 1º,*

✱ ***V.** Lei nº 12.228/2010 (Institui o Estatuto da Igualdade Racial), arts. 1º, VI, e 4º.*

✱ ***V.** Lei nº 7.347/1985 (Lei da Ação Civil Pública), arts. 1º, VII, 4º, 5º, V, 13, § 2º.*

A

✱ V. Lei nº 7.716/1989 (Define os crimes resultantes de preconceito de raça ou de cor).

✱ V. Lei nº 9.099/1995 (Proíbe a exigência de atestados de gravidez e esterilização, e outras práticas discriminatórias para efeitos admissionais ou de permanência no trabalho), arts. 3º e 4º.

✱ V. Lei nº 12.711/2012 (Dispõe sobre o ingresso nas universidades federais e instituições federais de ensino técnico de nível médio), arts. 5º a 7º.

✱ V. Lei nº 12.990/2014 (Reserva vagas oferecidas em concursos públicos para cargos efetivos e empregos públicos no âmbito da Administração Pública federal, das autarquias, das fundações públicas, das empresas públicas e sociedades de economia mista controladas pela União).

✱ V. Convenção nº 111 da OIT (Convenção concernente à discriminação em matéria de emprego e profissão), ratificada pelo Dec. Leg. nº 104/1964, e promulgada pelo Dec. nº 62.150/1968.

AÇÕES CONEXAS – Aquelas que têm em comum o objeto ou a causa de pedir, podendo, por isso, ser cumuladas. O juiz, de ofício ou a requerimento de qualquer das partes, pode ordenar a reunião de ações propostas em separado, para decisão simultânea. Se ações conexas correm em separado perante juízes com a mesma competência territorial, considera-se prevento o que despachou em primeiro lugar.

✱ V. CPC/1973, arts. 102, 105, 106, 108 e 109.

✱ V. CPC/2015, arts. 54, 57, 58 e 61.

AÇÕES DE ESTADO E DE CAPACIDADE – Objetivam estabelecer ou alterar o estado ou a capacidade das pessoas, razão pela qual são ações personalíssimas. Entre elas, estão: *negatória de paternidade, impugnação de paternidade* (privativa do marido), *anulatória de casamento, revogação de adoção* e outras. Também são chamadas *ações prejudiciais.*

ACOITADOR – O que acoita, homizia, esconde, dá refúgio a um criminoso, sabendo que ele o é, cometendo assim crime de favorecimento pessoal.

ACOITAMENTO – Crime praticado por quem acoita, homizia, oculta pessoa criminosa procurada pela Justiça, sabendo de sua condição. O mesmo que *favorecimento, acoutamento.*

ACOITAR – Acolher, proteger, pôr a salvo, dar guarida a pessoa fugitiva da polícia ou da Justiça.

✱ V. CP, art. 348.

ACOLHER – Admitir, atender, receber. Na linguagem jurídica: *acolher os embargos.*

ACOLHIDA – *V. Acolhimento.*

ACOLHIMENTO – Ato ou efeito ou modo de acolher, receber. *De recurso, de preliminar* etc.

ACOMODAÇÃO – Composição amigável, acordo em litígio, seja por transação, seja por arbitragem. Conciliação, reconciliação. Alojamento, divisão de cômodos, em casa ou apartamento.

ACOMPANHANTE – Pessoa que acompanha, protege, assiste outra, menor, incapaz, deficiente físico, enferma.

ACOMPANHAR (PROCESSO) – Seguir a tramitação da ação em juízo.

ACONSELHAR – Dar conselho, encaminhar. Papel do advogado junto ao seu cliente.

A CONTADO – Em linguagem comercial, refere-se ao pagamento à vista, no ato da entrega da mercadoria. O mesmo que *dinheiro à vista.* Diz-se também *de contado.*

A CONTRARIO SENSU – (Latim) Expressão latina que significa: pela razão contrária, em sentido contrário, pelo fundamento oposto.

ACÓRDÃO – Julgamento, decisão, resolução de recursos, proferida pelos tribunais de 2º grau e superiores. Diz-se ainda da sentença de órgão coletivo da administração pública. Deriva da forma adotada para início do texto decisório "acordam", isto é, "põem-se de acordo". O mesmo que *aresto.* Não cabem embargos infringentes a acórdão proferido em agravo de petição, em execução fiscal; mas cabem a acórdão não unânime proferido em remessa *ex officio.*

✱ V. CPC/1973, arts. 163, 475 e 530.

✱ V. CPC/2015, arts. 204 e 496.

✱ V. Súm. nº 77 do TFR.

ACORDO – No Dir. Diplomático, convênio assinado entre duas ou mais potências. Ajuste entre as partes em litígio, encerrando a lide. Consenso.

ACORDO COLETIVO DE TRABALHO – Acordo estabelecido por funcionários de uma empresa não pela categoria. Participam interessados sindicalizados, ou não. Modernamente, faz-se distinção entre *acordo* e *convenção coletiva*, não se confundindo esta com *pacto social.* A Lei nº 13.467/2017 (Reforma Trabalhista) fixou limites para os direitos objetos de acordo coletivo de trabalho ao incluir os arts. 611-A (autorizados) e 611-B (proibidos), limitação esta anteriormente realizada pela jurisprudência ao analisar o caso concreto. Ademais, estipulou que as condições estabelecidas em acordo coletivo de trabalho sempre prevalecerão sobre as fixadas em convenção coletiva de trabalho. *V. Convenção coletiva de trabalho.*

✱ V. CF, art. 7º, XXVI.

✱ V. CLT, arts. 611 a 625.

ACORDO COMERCIAL – Entre Nações, convenção feita por vias diplomáticas, visando ao lado comercial.

ACORDO DE NÃO PERSECUÇÃO CÍVEL – 1. Negócio jurídico celebrado no âmbito de uma ação civil por ato de improbidade administrativa, pela qual as partes podem resolver o litígio pela autocomposição. 2. Trata-se de figura inspirada no instituto do Dir. Norte-americano conhecido como *plea bargain*, inserida na Lei nº 8.429/1992 pela Lei nº 13.964/2019, dentro de uma nova perspectiva de solução consensual de conflitos na esfera administrativa, ligada à ideia de *justiça restaurativa*. 3. Diferentemente do acordo de não persecução cível, não há vinculação de que a proposta somente possa ser formulada pelo Min. Público, uma vez que a disposição do art. 17-A da Lei nº 8.429/1992, inserida pela Lei nº 13.964/2019, foi vetada pela Presidência da República. Entretanto, em função do veto total a este dispositivo da aludida Lei, o processamento e condições para o acordo não estão definidos. Aparentemente, aplicar-se-iam as disposições sobre o acordo de não persecução penal, constantes do art. 28-A do CPP. Entretanto, parece não haver razões para que fossem impostas as mesmas restrições constantes da figura análoga, podendo, em princípio ser proposto o acordo pelo réu. De outro turno, como a figura foi inserida no § 1º do art. 17 da Lei nº 8.429/1992, o qual trata do recebimento da petição inicial da ação por ato de improbidade, aparentemente o acordo somente poderia ser homologado antes desta etapa do procedimento. Ademais, diferente do acordo de não persecução penal, que não caracteriza sentença condenatória, a homologação de acordo de não persecução cível acarreta a extinção do processo com resolução de mérito, sendo difícil sustentar que não acarreta as consequências jurídicas de uma condenação por ato de improbidade, sobretudo aquelas decorrentes da "Lei da Ficha Limpa" (LC nº 135/2010). Outra controvérsia ainda não pacificada pela jurisprudência diz respeito à possibilidade ou não de desconstituição do acordo em caso de nulidade ou anulabilidade do negócio jurídico, e nesse caso, de quem seria a competência para processamento da causa.

✱ *V. Lei nº 8.429/1992 (Lei de Improbidade Administrativa), art. 17, § 1º.*

ACORDO DE NÃO PERSECUÇÃO PENAL – 1. Negócio jurídico celebrado no âmbito de uma investigação criminal ou de uma ação penal em que ainda não houve recebimento de denúncia, proposto pelo Ministério Público e, sendo aceito pelo investigado/acusado, é levado ao Juiz da causa, para homologação. São condições necessárias para a propositura do acordo a confissão real do ato delituoso pelo investigado/acusado, a pena *in abstrato* inferior a 4 (quatro) anos de restrição de liberdade (consideradas eventuais causas de aumento ou diminuição aplicáveis ao caso concreto) e a ausência das vedações previstas no art. 28-A, § 2º, do CPP. Ao aderir ao acordo, o investigado/acusado não está transacionado com o Min. Público, mas, sim, se submetendo às medidas reparatórias indicadas pelo Órgão Acusador, tais como a recomposição de danos à vítima, a renúncia a bens ou direitos auferidos como produto de crime, a prestação de serviços à comunidade ou outras condições proporcionais e compatíveis com o ato praticado. 2. Trata-se de figura inspirada no instituto do Dir. Norte-americano conhecido como *plea bargain*, inserida no CPP pela Lei nº 13.964/2019, dentro de uma nova perspectiva de solução consensual de conflitos na esfera penal, ligada à ideia de *justiça restaurativa*. Entretanto, o projeto de lei enviado ao Congresso Nacional pelo Ministério da Justiça, que veio a ser convertido na Lei nº 13.964/2019, previa duas formas distintas de acordo, sendo aprovada apenas a primeira, pela qual a composição se dá antes do recebimento de denúncia. Havia a previsão de outra modalidade de acordo, após o recebimento da denúncia, pela qual o réu concordaria com a aplicação imediata da pena sugerida pelo Min. Público, exigindo a anuência inclusive da vítima, considerando-se sentença condenatória para todos os fins. Contudo, referida proposta não foi aprovada pelo Congresso Nacional. 3. A modalidade de acordo aprovada pela Lei nº 13.964/2019 não acarreta os efeitos de uma sentença penal condenatória, de modo que não caracteriza reincidência, para fins de agravamento de pena por outro crime. No entanto, o investigado/acusado não poderá celebrar novo acordo pelos 5 (cinco) anos seguintes. Ainda não há jurisprudência pacífica no sentido de que a existência de acordos homologados pode caracterizar maus antecedentes, para a caracterização das circunstâncias pessoais do réu, em caso de nova condenação por outro crime. Também não há precedente que defina a possibilidade ou não de desconstituição do acordo, em caso de nulidade ou anulabilidade do negócio jurídico, e, nesse caso, de quem seria a competência para processamento da causa.

✱ *V. CPP, art. 28-A.*

ACORDO INTERNACIONAL – O que visa criar, desenvolver ou alterar norma de Dir. Internacional entre dois ou mais países.

ACORDO ORTOGRÁFICO DA LÍNGUA PORTUGUESA – um tratado internacional que tem por objectivo criar uma ortografia unificada para o português, a ser usada por todos os países de língua oficial portuguesa.

✱ *V. Dec. nº 6.586/2008 (Acordo Ortográfico da Língua Portuguesa).*

ACORDO TÁCITO – Aquele em que é presumida a conjugação de vontades.

ACORDO VERBAL – Aquele que está firmado na palavra, verbalmente expressa, das partes em litígio.

A

ACOSTADO – Diz-se daquele que presta serviço a outrem.

ACOSTAMENTO – Margem à beira da rodovia onde podem estacionar veículos que precisam de conserto. Em condições normais, é proibido trafegar pelo acostamento. Remuneração que consiste em habitação.

ACQUISITIO DOMINI POSSESSIONEM PROLIXAM ET JUSTAM VEL AQUISITO PER USUM – (Latim) Aquisição de domínio pela posse prolixa e justa ou aquisição por uso.

ACREDITADO – (Dir. Diplomático) Diz-se do agente diplomático autorizado, que representa um Estado junto a outro, que está investido de missão permanente junto ao governo de outro país, por meio de *credenciais*. Pessoa à qual se concedeu crédito.

ACREDITADOR – Que acredita; que dá ou concede crédito; abonador.

ACREDITAR – Fazer com que alguém seja reconhecido como agente diplomático do país junto a outro país, por meio de *carta de plenos poderes*. Dar crédito, abonar, afiançar.

ACRESCER – Aumentar, elevar, ajuntar. Dir. de *acrescer*: na sucessão testamentária em que há disposição conjunta, direito que os herdeiros ou legatários têm às cotas do herdeiro ou legatário que, voluntária ou acidentalmente, não recolheu a herança, ou cujo direito a ela caducou.

ACRESCIDO – Referente ao terreno aluvional que foi juntado ao de outrem. O mesmo que *acrescimento*.

ACRÉSCIMO – Aumento da parte que cabe ao herdeiro. Acessão.

ACROGRAMA – Abreviatura de títulos ou denominações, usando-se apenas as iniciais de cada vocábulo. *V. Acrossemia*.

ACROSSEMIA – Reunião das letras iniciais de cada vocábulo formando abreviaturas das palavras, como INSS, IOF, IPTU.

ACTIO AB SEPULCHRUM VIOLATUM – (Latim) Ação por violação de sepulcro.

ACTIO AD EXHIBENDUM – (Latim) O mesmo que *ação de exibição, ação ex empti*.

ACTIO AESTIMATORIA – (Latim) Ação de pagamento subsidiário.

ACTIO CALUMNIAE – (Latim) Ação de calúnia.

ACTIO COMMODATI – (Latim) Ação de comodato.

ACTIO COMMUNI DIVIBUNDO – (Latim) Ação de divisão de coisa comum.

ACTIO CONDITIO EX MUTUO – (Latim) Ação de pagamento de empréstimo.

ACTIO CONDUCTI – (Latim) Ação de arrendamento.

ACTIO CONFESSORIA – (Latim) Ação confessória.

ACTIO CONSTITORIA – (Latim) Ação constitutória.

ACTIO DAMNI INJURIAE – (Latim) Ação de dano por injúria.

ACTIO DE DAMNO INFECTO – (Latim) Ação de dano infecto.

ACTIO DE DOTE – (Latim) Ação dotal.

ACTIO DE EDENDO – (Latim) Ação de edição.

ACTIO DE IN REM VERSU – (Latim) Ação destinada a recuperar o obtido à sua custa com o locupletamento alheio; ação de locupletamento indevido contra quem o obteve.

ACTIO DE PECUNIA CONSTITUTA – (Latim) Ação de dinheiro constituído.

ACTIO DEPENSI – (Latim) Ação para reivindicar despesa.

ACTIO DEPOSITI – (Latim) Ação de depósito.

ACTIO DUPLEX – Ação dúplice.

ACTIO DOLI – (Latim) Ação de dolo.

ACTIO EMPHITEUTICARIA – (Latim) Ação de enfiteuse.

ACTIO EMPTI – (Latim) Ação de coisa comprada.

ACTIO EXERCITORIA – (Latim) Ação exercitória.

ACTIO EXPLETORIA – (Latim) Ação expletória.

ACTIO FAMILIAE ERCISCUNDAE – (Latim) Ação de partilha de herança.

ACTIO FINIUM REGUNDOROM – (Latim) Ação de demarcação.

ACTIO HIPOTHECARIA – (Latim) Ação hipotecária.

ACTIO IN PERSONAM INFERTUR, PETITIO IN REM – (Latim) A ação recai na pessoa, o pedido na coisa.

ACTIO IN REM SCRIPTA – (Latim) Ação ligada à coisa.

ACTIO INSTITORIA – (Latim) Ação institutória.

ACTIO INTERROGATORIA – (Latim) Ação interrogatória.

ACTIO JUDICATI – (Latim) Ação de coisa julgada.

ACTIO LEGATI – (Latim) Ação de legado.

ACTIO LIBERA IN CAUSA – (Latim) Ação livre da causa. Diz-se quando o agente se deixa ficar em estado de inconsciência, seja dolosa, seja culposamente, e nesse estado comete o delito. Pela teoria exarada na Exposição de Motivos do CP de 1940, adota-se a doutrina da *responsabilidade objetiva* – o agente responde pelo crime mesmo agindo sem dolo ou culpa. Com a reforma da parte geral do CP (Lei nº 7.209/1984), propugnou-se pela abolição da responsabilidade objetiva, mas resquícios dela ainda subsistem como nos casos de embriaguez culposa ou voluntária completa e rixa qualificada pelo resultado morte ou lesão corporal, em razão de *participação na rixa*.

✱ *V. CP, art. 137, parágrafo único.*

ACTIO MANDATI – (Latim) Ação de mandato.

ACTIO MUTUI – (Latim) Ação de mútuo.

ACTIO NEGOTIARUM GESTORUM – (Latim) Ação de gestão de negócios.

ACTIONES ESPECIAES – (Latim) Ações especiais.

ACTIONES EX CONTRATU – (Latim) Ações nascidas do contrato.

ACTIONES EX DELICTO – (Latim) Ações provenientes do delito.

ACTIONES EX LEGE – (Latim) Ações procedentes da lei.

ACTIONES EX QUASI CONTRATU – (Latim) Ações por quase-contrato.

ACTIONES EX QUASI DELICTO – (Latim) Ações por quase-delito.

ACTIONES HONORARIAE – (Latim) Ações de honorários.

ACTIONES MIXTAE (REI ET POENAE SIMUL PERSECUTIO) – (Latim) Ações mistas (reclamação simultânea de pena e de coisa).

ACTIONES NOXALES – (Latim) Ações de perdas e danos.

ACTIONES POENALES – (Latim) Ações penais.

ACTIONES REIPERSEQUENDI – (Latim) Ações para reclamar a coisa.

ACTIONES STRICTI JURIS – (Latim) Ações de direito estrito.

ACTIONES TRANSEUNT AD HAEREDES – (Latim) Ações passam aos herdeiros como autores e como réus.

ACTIO NON DATUR NISI CONSTET DE CORPORE DELICTO – (Latim) Sem corpo de delito não pode haver ação penal.

ACTIO OPERIS NOVAE NUNCIATIONES – (Latim) Ação de nunciação de obra nova.

ACTIO PERSONALIS MORITUR CUM PERSONA – (Latim) Ação pessoal extingue-se com o indivíduo.

ACTIO PIGNORATICIA – (Latim) Ação de penhor.

ACTIO POENALIS – (Latim) Ação penal.

ACTIO PRO TUTELA – (Latim) Ação de tutela.

ACTIO QUANTI MINORIS – (Latim) Ação de redução do preço.

ACTIO REDHIBITORIA – (Latim) Ação redibitória.

ACTIO RESCISORIA – (Latim) Ação rescisória.

ACTORE NON PROBANTE REUS ABSOLVITUR – (Latim) Se o autor não fizer prova do que alega, o réu deve ser absolvido.

ACTOR ET REUS IDEM ESSE NON POSSUNT – (Latim) Autor e réu não podem ser os mesmos.

ACTORI ONUS PROBANDI INCUMBIT – (Latim) Ao Autor incumbe o ônus da prova.

ACTOR SEQUITUR FORUM REI – (Latim) O autor deve seguir o foro do réu. A competência é fixada em função do domicílio do réu. Salvo as exceções indicadas pela lei.

ACTOR SEQUITUR REI SITAE – (Latim) Fixa-se a competência em função da coisa em demanda. É o foro de exceção.

ACUDIR – Atender a chamado, comparecer (quando citado).

ACUMPLICIADO – Aquele que se torna cúmplice de alguém em ato delituoso.

ACUMULAÇÃO – 1. Ato ou efeito de acumular. 2. Acréscimo, aumento, incremento, soma. 3. *De funções:* para o Dir. do Trabalho, é o exercício de atividades inerentes a mais de uma função desempenhada na estrutura organizacional do empregador. Também denominado *acúmulo de função.* A jurisprudência trabalhista não é uníssona quanto à possibilidade de condenação do empregador ao pagamento suplementar de verbas remuneratórias quando provada a acumulação de atividades pelo mesmo empregado, a despeito de, em termos contratuais, tal prática representar enriquecimento sem causa de uma das partes. Na legislação, a única hipótese de pagamento suplementar encontra-se na lei que regulamenta a profissão de radialista, prevendo percentuais de pagamento adicional conforme a potência de transmissão da estação de radiofrequência. 4. *De férias*: reunião de vários períodos de férias. No regime celetista, o patrão que deixa acumular dois períodos de férias do empregado terá de pagá-las em dobro. 5. *De partes*: ***V.*** *Litisconsórcio.* 6. *De pedidos*: acumulação de ações; cúmulo objetivo. 7. *De ações*: ajuizamento de mais de uma ação por meio de uma só petição inicial, quando o juízo a que são distribuídas é competente para apreciar ambas (CPC/1973, art. 573, correspondente ao art. 780 do CPC/2015; CLT, art. 842). 8. *De delitos*: quando existe pluralidade de agentes de um só crime, vários crimes por um só delinquente ou muitos crimes e muitos delinquentes. 9. *De penas*: concorrência de penas em que incide o mesmo indivíduo, autor de dois ou mais delitos. Pode dar-se a *acumulação material*, quando há adição ou totalização da pena, sendo o réu punido tantas vezes quantas suas infrações; absorção da pena menor pela maior; *acumulação jurídica*, quando se substitui a pena mais grave por outra mais elevada.

* ***V.*** *CP, arts. 69 e 70.*
* ***V.*** *Lei nº 7.210/1984 (Lei de Execução Penal), art. 111.*
* ***V.*** *Lei nº 6.615/1978 (Dispõe sobre a regulamentação da profissão de radialista), arts. 13 a 15.*

ACUMULAÇÃO DE BENEFÍCIOS – Proíbe-se o recebimento acumulado de benefícios da Previdência Social, a menos que se prove a hipótese de direito adquirido ou de exceções previstas em lei. Tais hipóteses são: aposentadoria e auxílio-doença; mais de uma aposentadoria; aposentadoria e abono de permanência em serviço; salário-maternidade e auxílio-doença; mais de um auxílio-acidente; mais de uma pensão deixada por cônjuge ou companheiro, podendo-se optar, porém, pela mais vantajosa.

✱ *V. Lei nº 8.213/1991 (Planos de Benefícios da Previdência Social), art. 124.*

ACUMULAÇÃO DE CARGOS – 1. Exercício de mais de uma função ou de cargo público pela mesma pessoa, sendo vedada,com exceções, pela CF. A Emenda Constitucional nº 101/2019 acrescentou o § 3º ao art. 42 da CF, para deixar claro que também se aplicam as hipóteses de vedação à acumulação de cargos aos militares dos estados, do Distrito Federal e dos territórios. 2. A Lei nº 8.112/1990 regulamenta as hipóteses constitucionais de acumulação de cargos na Adm. Pública federal, bem como prevê procedimento administrativo de rito abreviado para apuração de eventual acumulação ilegal de cargo, com possibilidade de demissão do servidor.

✱ *V. CF, arts. 37, XVI, e 42, § 3º.*

✱ *V. Lei nº 8.112/1990 (Regime Jurídico Único dos Servidores Públicos Civis da União, das autarquias e fundações públicas federais), arts.118 a 120, 132, XII, e 133.*

ACUSAÇÃO – Ato de imputar a alguém a prática de um ato ilícito. Atividade do Ministério Público (promotor de Justiça), ou de advogado contratado pela parte ofendida, para obter a condenação do réu noTribunal do Júri. No Júri, são quatro as fases do debate: acusação, defesa, réplica (complemento da acusação) e tréplica (complemento da defesa).

✱ *V. CPP, arts. 471 a 474.*

ACUSADO – Aquele a quem se atribui a prática de crime; réu, querelado, indiciado.

ACUSADOR PARTICULAR – Advogado ou procurador da vítima que auxilia o Ministério Público na acusação. *Assistente* ou *auxiliar de acusação*. Ele será admitido pelo juiz após ouvir o promotor de Justiça que funciona no processo. Ele será admitido enquanto não passar em julgado a sentença, recebendo a causa no estado em que ela se encontrar. É parte ilegítima para requerer desaforamento.

✱ *V. CPP, art. 442 e segs.*

AD ABSURDUM – (Latim) Proceder por absurdo.

AD ABUNDANTIORUM CAUTELAM – (Latim) Para maior cautela.

ADÁGIO – Aforismo; expressão resumida de um conceito. Os jurídicos, em geral, são enunciados em latim por virem do Dir. Romano.

AD ARBITRIUM – (Latim) Arbitrariamente, à vontade.

AD ARGUMENTANDUM TANTUM – (Latim) Apenas para argumentar. Faz-se uma concessão ao adversário, para refutar seus argumentos com mais segurança e firmeza.

AD BENEPLACITUM – (Latim) Com permissão, aprovação de, consentimento.

AD CAUSAM – (Latim) Na causa.

AD CAUSAM PERTINET – (Latim) Relativo, pertinente à causa.

AD CAUTELAM – (Latim) Por precaução. Diz-se do ato que se pratica a fim de precaver-se contra inconvenientes.

AD CORPUS – (Latim) Com essa expressão indica-se que um imóvel foi vendido sem medição de sua área. Oposto à venda *ad mensuram* (q.v.).

ADENDA – Acréscimo, aditamento, complemento (Substantivo feminino).

AD DIEM – (Latim) Último dia de prazo para cumprir uma obrigação. Até o dia.

ADEPÇÃO – Tomada de posse de um benefício ou vantagem.

ADESÃO – Concordância; ato de aderir.

A DESCOBERTO – Operação que consiste em fazer pagamento ou utilizar uma quantia sem dela dispor, sem ter a cobertura de fundos suficientes; emissão de cheque ou título sem fundos para cobri-los.

ADÉSPOTA – Terreno que não está sob domínio ou posse.

AD EXEMPLUM – (Latim) Para exemplo; por exemplo.

AD HOC – (Latim) Usada para indicar substituição eventual ou nomeação para determinado ato. O juiz pode nomear um advogado *ad hoc* para o réu sem defensor público. Para promotor público, a nomeação *ad hoc* é ilegal (CC, art. 1.539, §§ 1º e 2º).

ADHUC SUB JUDICE LIS EST – (Latim) Indica processo em poder do juiz. Litígio não julgado em última instância. Questão não dirimida definitivamente.

ADIAMENTO – Designação de nova data, posterior à anteriormente marcada, para realização de ato, sessão, audiência.

Sine die: quando a data nova é incerta, não designada.

✱ *V. CPC/1973, arts. 29, 172, § 1º, 174, I, 412, 453, § 3º, e 701, §§ 1º, 3º e 4º.*

✱ *V. CPC/2015, arts. 93, 212, § 1º, 215, I, 362, § 3º, 455 e 896, §§ 1º, 3º e 4º.*

✱ *V. CPP, arts. 372, 448 a 450, 451, § 2º, 452, 455, 459, § 1º, e 664.*

✱ *V. Lei nº 8.906/1994 (Estatuto da Advocacia e a OAB), art. 34.*

ADIANTAMENTO DA LEGÍTIMA – Doação de bens dos pais aos filhos, que a lei considera pagamento antecipado da legítima, isto é, parte do que seria sua herança. Se, quando falecer o doador os donatários não forem possuidores dos bens doados, são obrigados a trazer à colação (que objetiva igualar as legítimas dos herdeiros) seu valor, ao tempo de abertura da sucessão.

✱ *V. CC, arts. 544, 2.002, parágrafo único, a 2.012.*

✱ *V. CPC/1973, art. 1.014.*

✱ *V. CPC/2015, art. 639.*

ADIANTAMENTOS – Referentes aos valores que são passíveis de desconto, segundo prescreve a CLT em seu art. 462.

ADIÇÃO – Acréscimo permitido por lei a alguma coisa, para esclarecê-la, corrigi-la, ou aumentar-lhe o valor.

✱ *V. CC, art. 1.081.*

ADIÇÃO DA HERANÇA – Consiste na aceitação, pelo herdeiro, da herança. Pode ser expressa ou tácita.

ADIÇÃO DE BENS – Transferência de bens imobiliários, por sentença, venda, doação, dote, adjudicação ou remição.

ADIÇÃO DE DENÚNCIA – Dá-se quando o Ministério Público, depois de formular denúncia, acrescenta nomes ou fatos novos não contidos na inicial.

ADIÇÃO DE LEGADO – Aceitação do legado.

ADIÇÃO DE NOME – Acréscimo que se faz, motivadamente, por exceção, ao sobrenome ou nome de família.

ADICIONAL – 1. Que se acrescenta, que se adiciona. 2. Para o Dir. do Trabalho, representa o pagamento de uma contraprestação pelo labor em condições mais gravosas, a qual pode ser estabelecida por lei, acordo ou convenção coletiva ou mesmo por contrato individual. Adicionais pagos em caráter permanente integram o cálculo de outras verbas de natureza salarial. 3. Para o Dir. do Trabalho, Previdenciário e Tributário, equipara-se ao salário, para fins de repercussão em outras verbas remuneratórias, incidência de imposto de renda e contribuições previdenciárias e cálculo do salário de contribuição. 4. Para o Dir. Administrativo, é a parcela pecuniária distinta do vencimento básico, decorrente do trabalho em condições gravosas, não podendo ser considerada para efeito de acréscimos ulteriores.

✱ *V. CF, art. 37, XIV.*

✱ *V. Lei nº 8.112/1990 (Regime Jurídico Único dos Servidores Públicos Civis da União, Autarquias e Fundações Públicas Federais), arts. 49, III, e 68 a 76.*

A legislação prevê os seguintes adicionais:

De horas extras: Acréscimo de tempo de trabalho à jornada normal; a remuneração é superior, no mínimo, 50% da hora normal, de acordo com o art. 7º, XVI, da CF, que altera o § 1º do art. 59 da CLT, o qual preceitua va 20% a mais que a hora normal. A Lei nº 13.467/2017 (Reforma Trabalhista) deu nova redação ao § 1º do art. 61 e determinou que, nos casos de necessidade imperiosa de serviço (força maior), o excesso de horas extras pode ser exigido independentemente de convenção coletiva ou acordo coletivo de trabalho.

✱ *V. CF, art. 7º, XIII e XVI.*

✱ *V. CLT, arts. 58, 59, 61, 62, 64 e 65.*

✱ *V. Súmulas nºs 90, 102, 109, 110, 113, 115, 118, 124, 132, 172, 199, 226, 253, 291, 340, 347, 366, 376, 423, 437, 438, 446 e 449 do TST.*

✱ *V. Orientações Jurisprudenciais nºs 47, 60, 97, 206, 233, 235, 242, 274, 275, 355, 394, 397 e 415 da SBDI-I do TST.*

De insalubridade: Remuneração superior em razão das condições insalubres do local em que se efetua o trabalho. Se o empregado desempenhar *função perigosa* e *insalubre*, pode optar pelo adicional que lhe for mais favorável, não lhe sendo reconhecido o direito de receber os dois adicionais. O art. 189 da CLT expressa o conceito de atividade insalubre; a sua caracterização está no art. 195, *caput*, e § 1º da CLT. É assegurado à gestante o afastamento dessa atividade durante a gestação e a lactação, período em que deverá laborar em ambiente salubre, consoante art. 394-A da CLT. O entendimento de que a mulher gestante deve trabalhar em local salubre passou por mudanças. A Lei nº 13.467/2017 (Reforma Trabalhista) restringiu a proibição às atividades consideradas insalubres em grau máximo e passou a exigir atestado médico para as de grau médio ou mínimo, bem como para o período de lactação em qualquer grau de insalubridade, todavia o pagamento do adicional de insalubridade segue assegurado durante o afastamento. O art. 192 da CLT determina os percentuais de 40%, 20% e 10%, conforme o grau de insalubridade, que pode ser máximo, médio e mínimo. A empresa é obrigada a fornecer, gratuitamente, equipamentos de proteção. ***V.*** *Insalubridade.*

✱ *V. CF, art. 7º, XXIII.*

✱ *V. CLT, arts. 189 a 192 e 194 a 197.*

✱ *V. Norma Regulamentadora nº 15, aprovada pela Portaria MTE nº 3.214/1978 (Estabelece atividades e operações insalubres).*

✱ *V. Súm. Vinc. nº 4.*

✱ *V. Súmulas nºs 194 e 460 do STF.*

✱ *V. Súmulas nºs 47, 80, 139, 248, 361, 293 e 448 do TST.*

✱ *V. Orientações Jurisprudenciais nºs 47, 103, 121, 165, 171, 172, 173, 278 e 345 da SBDI-I do TST.*

De periculosidade: Importância que se acresce à remuneração pela possibilidade de danos à saúde do empregado, decorrentes da exposição a riscos de acidentes imprevisíveis, com consequências lesivas à saúde e à segurança. O art. 193 da CLT estabelece o conceito de periculosidade, limitado, porém, ao contato permanente com explosivos, inflamáveis, sistemas elétricos de potência, radiações ionizantes, atividades de segurança e vigilância patrimonial ou com emprego de motocicletas. O art. 7º, XXIII, da CF garante o adicional, cujo percentual (30% sobre o salário contratual) é estatuído no art. 193 da CLT. A empresa é obrigada a fornecer, gratuitamente, equipamentos de proteção. ***V.*** *Periculosidade.*

✱ *V. CF, art. 7º, XXIII.*

✱ *V. CLT, arts. 193 a 197.*

✱ *V. Norma Regulamentadora nº 16, aprovada pela Portaria do MTE nº 3.214/1978 (Estabelece atividades e operações perigosas).*

✱ *V. Súm. nº 212 do STF.*

✱ *V. Súmulas nºs 39, 70, 132, 191, 361, 364, 447 e 453 do TST.*

✱ *V. Orientações Jurisprudenciais nºs 165, 172, 259, 324, 345, 347 e 385 da SBDI-I do TST.*

De transferência do empregado de seu local de trabalho: Se, por necessidade de serviço, o empregador transferir o empregado para localidade diversa daquela do contrato, ficará obrigado ao pagamento suplementar de 25%, no mínimo, dos salários até então percebidos pelo empregado, enquanto durar essa situação.

✱ *V. CLT, art. 469, § 3º.*

✱ *V. Súmulas nºs 29 e 43.*

Noturno: Destinado a compensar o desgaste físico pelo esforço despendido à noite, em horas normalmente destinadas ao repouso. Garantido pelo art. 7º da CF, IX; regulado pelo art. 73 da CLT, pelo qual a hora do trabalho noturno é de 52'30" e o período das 22 horas de um dia às 5 horas do dia seguinte. O acréscimo a ser pago é de 20% (nas cidades) e de 25% (trabalho rural).

✱ *V. CF, art. 7º, IX.*

✱ *V. CLT, art. 73.*

✱ *V. Lei nº 4.860/1965 (Dispõe sobre o regime de trabalho nos portos organizados), art. 4º, § 1º.*

✱ *V. Lei nº 5.889/1973 (Estatui normas reguladoras do trabalho rural), art. 7º.*

✱ *V. Súmulas nºs 213, 214, 313 e 402 do STF.*

✱ *V. Súmulas nºs 60, 65, 112, 140 e 265 do TST.*

✱ *V. Orientações Jurisprudenciais nºs 60, 97, 127, 259, 388 e 395 da SBDI-I do TST.*

De risco: Remuneração devida ao trabalhador em portos organizados, já englobando a insalubridade e a periculosidade, no importe de 40% (quarenta por cento) sobre o salário-hora diurno, e proporcional ao tempo em que o trabalhador estiver no serviço sob condições de risco.

✱ *V. Lei nº 4.860/1965 (Dispõe sobre o regime de trabalho nos portos organizados), art. 14.*

✱ *V. Orientações Jurisprudenciais nºs 60, 316 e 402 da SBDI-I do TST.*

A Constituição Federal também previu a criação do adicional de penosidade, pelo exercício de trabalho em condições gravosas à saúde por esforços repetitivos ou falta de ergonomia, mas que nunca foi regulamentado por lei. Outros adicionais comuns, mas não previstos em lei, são o adicional de quebra de caixa, pelo exercício da função de caixa de bancos, supermercados etc., exposto ao risco de diferenças de numerário, o adicional de risco de vida, pelas funções de vigilância e segurança patrimonial, e o adicional regional, pelo labor em regiões com maior custo de vida. Esses adicionais são geralmente previstos em normas coletivas, integrando-se ao salário para todos os fins.

✱ *V. Súmulas nºs 84 e 247 do TST.*

ADICIONAMENTO – O mesmo que *aditamento.*

ADICIONANTE – O que faz acessão artificial ou industrial em propriedade alheia.

AD IDO – (Latim) Até agora.

ADIDO – Membro de corpo diplomático, de graduação menor, que serve nas legações, embaixadas, consulados, como auxiliar, sob as ordens do respectivo titular. Pode ser:

Civil: são os adidos diplomáticos, comerciais, econômicos, financeiros, culturais, de imprensa etc.

Comercial: técnico encarregado de estudar o meio comercial e financeiro do país onde está e tratar de interesses comerciais em proveito de sua nação.

Militar, Naval e Aeronáutico: oficial das Forças Armadas que, designado pelos respectivos ministérios de seu país, serve em embaixadas ou legações e procede a estudos e observações, restritos à sua atividade, e que interessem ao seu país.

A DIGITO COGNOSCITUR LEO – (Latim) Pelo dedo se conhece o leão.

ADIMPLEMENTO – Cumprimento de uma obrigação decorrente de contrato ou outro negócio jurídico. Ato de *adimplir* (q.v.).

Da obrigação: compreende todas as formas de extinção das obrigações: *novação* (CC, arts. 360 a 367), a *compensação* (CC, arts. 368 a 380), a *transação* (CC, arts. 840 a 850), a *confusão* (CC, arts. 381 a 384), a *remissão da dívida* (arts. 385 a 388) e o *pagamento* (CC, arts. 304 e segs.).

ADIMPLIR – Dar cumprimento a, executar, cumprir, saldar o compromisso.

AD INSTAR – (Latim) À semelhança de, à maneira de.

AD INTERIM – (Latim) Provisoriamente, interinamente.

ADIR – (Dir. Administrativo) Agregar, lotar. Receber, entrar na posse de herança. Adicionar, ajuntar.

ADITADO – Acrescentado, ajuntado.

ADITAMENTO – Acréscimo, ampliação, adição, ato ou efeito de acrescentar para completar documento, pedido, libelo. O mesmo que *adicionamento.* Pode ser:

Da queixa: o mesmo que *adição da denúncia* (q.v.).

Do libelo: nos crimes de ação pública, articulado suplementar que o assistente do Ministério Público oferece, subsidiariamente, ao libelo do promotor de Justiça.

Do pedido: aquele que o autor faz ao que foi pedido na inicial, mas só admitido quando apresentado antes da citação, ou depois dessa se o réu consentir (CPC/1973, art. 264 e parágrafo único, sem correspondente no CPC/2015). Ajuizada a petição inicial, somente poderá ser aditado um pedido omitido por *ação distinta*. Na Justiça Trabalhista, com a expedição da citação postal e seu recebimento pelo destinatário, o pedido não pode ser modificado.

ADITAR – Emendar, ampliar, retificar pedido feito em juízo, sem que ocorra alteração substancial do seu conteúdo. Deve ser feito antes da contestação, mas também depois dela se houver anuência do réu. Significa ainda adicionar, acrescentar, cláusulas em contrato.

ADITÍCIO – Complementar.

ADITIVO (DIR. CONSTITUCIONAL) – Emenda que se acrescenta a projeto de lei, para incluir nele novos dispositivos. Adicional. Substância adicionada a outra para aumentar, diminuir ou eliminar determinada propriedade desta.

ADJACÊNCIAS – Vizinhança de uma coisa a outra, de um lugar.

✱ *V. CC, arts. 79 e 1.229.*

ADJECTUS SOLUTIONIS CAUSA – (Latim) (Dir. Romano) O mesmo que *adjectus solutionis gratia*: acrescentado, para receber em pagamento. Por esta cláusula, inserida em um contrato, designa-se a pessoa a quem o pagamento da obrigação pode ser feito, à escolha do devedor: ao credor ou a quem esse indique.

ADJETIVO – O que é feito visando a aplicação de outra coisa ou para servir a outra coisa. Daí dizer-se adjetivo o Dir. Instrumental, como o processual, aquele que serve à aplicação de outros ramos do Dir.

ADJETO – Adicionado, acrescentado.

ADJUDICAÇÃO – Concessão ou atribuição por sentença ou julgamento. Por este ato judicial os bens penhorados ao devedor, após alienados, são transmitidos ao credor exequente, ou a outro habilitado na forma da lei, a seu requerimento e para pagamento de seu crédito. A Lei nº 11.382/2006 introduziu no processo de execução a possibilidade de os bens serem adjudicados e alienados por particular, além de alienados em hasta pública ou leilão. A adjudicação prefere à alienação particular, e esta à hasta ou leilão. A adjudicação é uma das formas de expropriação de bens do devedor para satisfazer direito do credor, ao passo que a adjudicação dos bens penhorados é uma forma de pagamento ao credor. Podem também os credores, no processo de inventário, antes da partilha, pedir ao juízo do inventário o pagamento das dívidas vencidas, podendo requerer que lhes adjudiquem os bens já reservados. Não confundir adjudicação com *arrematação* (q.v.).

✱ *V. CPC/1973, arts. 558, parágrafo único, 647, II, 698, 708, II, 746 e parágrafo único, 1.017, § 4º, e 1.174.*

✱ *V. CPC/2015, arts. 642, § 4º, 825, 889 e 904, II.*

ADJUDICADOR – Que ou aquele que adjudica.

ADJUDICANTE – Aquele a quem se adjudica a coisa. O mesmo que *adjudicatário*.

ADJUDICAR – Declarar, por sentença judicial, que a propriedade de uma coisa passa de uma pessoa para outra. Conceder, atribuir, entregar a coisa adjudicada.

ADJUDICATIVO – Diz-se do ato ou sentença em que há adjudicação. O mesmo que *adjudicatório*.

AD JUDICIA – (Latim) Significa *para o juízo*. É o mandato judicial (procuração) que o mandante outorga ao advogado para representá-lo em juízo. O atual CPC não usa a palavra *ad judicia*, substituindo-a por *procuração geral para o foro*. Não autoriza a prática de atos para os quais são exigidos poderes expressos.

✱ *V. CPC/1973, art. 38.*

✱ *V. CPC/2015, art. 105.*

✱ *V. CC, art. 660.*

✱ *V. Lei nº 8.906/1994 (Estatuto da Advocacia e a OAB).*

ADJUNÇÃO – O mesmo que *comistão* ou *confusão* (q.v.). É uma forma de *acessão* (q.v.) da coisa móvel. Trata-se de mistura, confusão de coisas da mesma espécie pertencentes a pessoas diversas, ajuntadas sem o consentimento delas, mas que continuam a pertencer-lhes, se for possível separá-las sem que se deteriorem. Não sendo possível fazer-se a separação, ou resultando esta excessivamente dispendiosa, o todo subsiste indiviso, cabendo quinhão proporcional ao valor da coisa com que cada um dos donos entrou para o agregado. Se puder considerar-se uma das coisas principal, o seu dono também o será do todo, mas deve indenizar os demais. Se a mistura se operou de má-fé, caberá à outra parte a escolha entre guardar o todo, pagando a parte que não for sua, ou renunciar à que lhe pertencer, recebendo indenização completa. Formando-se, da confusão de matérias de várias naturezas, uma nova espécie, *a comistão* terá a natureza de especificação para atribuir-se o domínio ao seu respectivo autor.

✱ *V. CC, arts. 1.272,* caput, *§ 1º, a 1.274.*

ADJUNTO – Assistente, auxiliar, *adjeto*, substituto.

AD LIBITUM – (Latim) À vontade, a inteiro critério.

AD LITEM – (Latim) Para a lide, o litígio. Diz-se dos atos praticados durante o processo.

AD MENSURAM – (Latim) De acordo com a medida. Venda estipulada conforme o peso ou a medida (metragem).

ADMINÍCULA – Concessão feita pelo dono do prédio dominante ao dono do fundo serviente, imprescindível ao regular exercício da *servidão* (q.v.).

ADMINICULAR – Que ajuda a constituir prova.

ADMINÍCULO – Prova subsidiária; tem valor apenas para complementar outra. Princípio de prova ou meio de prova indireto.

ADMINISTRAÇÃO – Período de exercício de um governo regularmente eleito para um período certo. Pode ser:

Direta: exercida diretamente pelos órgãos do Estado.

Indireta: que exercem as empresas públicas, autarquias e sociedades de economia mista.

É, assim, o conjunto de órgãos hierarquizados, cujo objetivo é determinar, disciplinar e executar as funções do Estado, na prestação de serviços que atendam ao interesse ou necessidades da coletividade, assim como coordenar a direção dos negócios públicos. Diz-se também do conjunto de pessoas que dirigem uma empresa.

ADMINISTRAÇÃO DA FALÊNCIA – Exercida conforme a nova LRE pelo administrador judicial (que extinguiu a figura do sindico), escolhido pelo juiz podendo ser, advogado, economista, contador. *V. Falência.*

ADMINISTRAÇÃO DA JUSTIÇA – Exercício regular da judicatura – tribunais, juízos singulares, auxiliares diretos da Justiça –, por meio dos órgãos do Poder Judiciário. Diz-se também do conjunto desses órgãos.

ADMINISTRAÇÃO DOS BENS DA HERANÇA – Compete ao cônjuge supérstite até que se faça a partilha; se esse faltar, cabe a um dos herdeiros e, faltando esses, a um inventariante judicial ou testamenteiro nomeado. O art. 1.579 do antigo CC foi tacitamente revogado pelo art. 990 do CPC/1973, correspondente ao art. 617 do CPC/2015.

✱ *V. CC, arts. 1.977 e 1.978.*

ADMINISTRAÇÃO DOS BENS DO CASAL – Compete ao homem e à mulher a administração dos bens do casal que sejam comuns a eles. *V.* também Lei nº 8.971/1994, que regula o direito da concubina, bem como do concubino, a alimentos e à sucessão.

✱ *V. CF, art. 226, § 5º.*

ADMINISTRAÇÃO DOS BENS DOS MENORES – Compete aos pais, na falta de um deles, ao cônjuge, supérstite, administrar, legalmente, os bens dos filhos que estejam sob o seu poder. O usufruto desses bens é inerente ao exercício do poder familiar. O viúvo, ou a viúva, com filhos do cônjuge falecido, que se casar antes de fazer inventário do casal e dar partilha aos herdeiros, perderá o direito ao usufruto dos bens dos mesmos filhos.

✱ *V. CC, arts. 1.689 a 1.693.*

ADMINISTRAÇÃO DOS BENS DOTAIS – Prescreve em 4 anos, contados da dissolução do vínculo conjugal a ação da mulher para: desobrigar ou reivindicar os imóveis do casal, quando o marido os gravou ou alienou sem a outorga uxória, ou suprimento dela dado pelo juiz; reaver do marido o dote ou outros bens seus confiados à administração marital. Esse dote deve ser devolvido à mulher, ou a seus herdeiros, dentro no mês que se seguir à dissolução da sociedade conjugal, se não o puder ser imediatamente. Também prescreve em 4 anos, contados da dissolução da sociedade conjugal, o prazo para a ação dos herdeiros da mulher e dessa ou de seus herdeiros para os efeitos do art. 206, item IX, § 4º. O CC/2002 revogou o regime dotal.

✱ *V. CC, arts. 1.567, 1.659 e 1.668.*

ADMINISTRAÇÃO DOS BENS PENHORADOS – Caso o credor não concorde que o devedor seja o depositário, deverão ser depositados no Banco do Brasil, na Caixa Econômica Federal ou em Banco de que o Estado-Membro da União possua mais de metade do capital social integralizado; ou em qualquer estabelecimento de crédito designado pelo juiz, na falta desses estabelecimentos de crédito ou agências suas no lugar, as quantias em dinheiro, as pedras e metais preciosos, assim como os papéis de crédito; móveis e imóveis urbanos ficam com o depositário judicial; com depositário particular os demais bens.

✱ *V. CPC/1973, arts. 666, I a III, 677 a 679.*

✱ *V. CPC/2015, arts. 840 e 862 a 865.*

ADMINISTRAÇÃO PROVISÓRIA DA PESSOA E DOS BENS DO PSICOPATA – O psicopata recolhido a qualquer estabelecimento, até 90 dias de internação só poderá praticar ato de administração ou disposição de bens por meio do cônjuge não separado judicialmente e, na falta desse, é curador legítimo o pai, na falta desses, a mãe e, ou, o descendente maior. Entre os descendentes, os mais próximos precedem aos mais remotos. Na falta das pessoas mencionadas, o juiz indicará o curador (art. 1.775 do CC). Passados os 90 dias de internação, persistindo a doença mental e tendo o psicopata bens, rendas ou pensões, ser-lhe-á nomeado, por tempo não superior a 2 anos, um administrador provisório, a menos que fique provada a conveniência da interdição imediata, com a consequente curatela. Vencido o prazo de 2 anos, não tendo o psicopata condições de assumir a direção de sua pessoa e bens, a autoridade judiciária competente decretará a sua interdição, promovida obrigatoriamente pelo Ministério Público, se não o for, em 15 dias, pelas pessoas indicadas no art. 1.768, I, e II, do CC. Essas medidas, salvo a de interdição, são promovidas em segredo de Justiça.

✱ *V. CC, arts. 1.768, I e II, e 1.775.*

✱ *V. Dec. nº 24.559/1934 (Dispõe sobre remuneração, obrigações e penalidades a administradores e curadores da pessoa e dos bens do psicopata), arts. 27, §§ 1º, 2º, 3º e 4º, e 28, §§ 1º a 4º.*

ADMINISTRAÇÃO PÚBLICA – Poderes criados, distribuídos e administrados pelo governo da União, dos Estados, do Distrito Federal e dos Municípios, para atender a necessidades e interesses da coletividade, com execução de atividades e serviços públicos. É norteada por princípios expressamente previstos na CF, e seus agentes estão sujeitos a limites para seus atos, inclusive os ditos discricionários, que podem ser revistos tanto em sede administrativa (por razões de conveniência ou oportunidade) quanto judicial (por vícios de legalidade). Compreende: a *Administração Direta*, constituída pelos serviços integrados na estrutura dos Poderes Executivo, Legislativo e Judiciário, bem como dos órgãos autônomos, como o Ministério Público, os quais não têm personalidade jurídica própria; e a *Administração Indireta*, constituída pelas autarquias, fundações públicas, empresas públicas e sociedades de economia mista, com personalidade jurídica e patrimônios próprios, ainda que sujeitos à ingerência da Administração Direta em suas atividades. A Lei nº 13.204/2015, que alterou o art. 2º, II, da Lei nº 13.019/2014, conceitua como União Estados, Distrito Federal, Municípios e respectivas autarquias, fundações, empresas públicas e sociedades de economia mista prestadoras de serviço público, e suas subsidiárias, alcançadas pelo disposto no § 9º do art. 37 da CF.

✱ *V. CF, art. 37.*

✱ *V. EC nº 19/1998 (Modifica o regime e dispõe sobre princípios e normas da Administração Pública, servidores e agentes políticos, controle de despesas e finanças públicas e custeio de atividades a cargo do Distrito Federal).*

✱ *V. Dec.-lei nº 200/1967 (Dispõe sobre a organização da Administração Federal e estabelece diretrizes para a Reforma Administrativa).*

✱ *V. Lei nº 9.784/1999 (Regula o processo administrativo no âmbito da Administração Pública Federal).*

✱ *V. Lei nº 13.019/2014 (Estabelece o regime jurídico das parcerias entre a administração pública e as organizações da sociedade civil), art. 2º, II.*

✱ *V. Súmulas nºs 346 e 473 do STF.*

ADMINISTRAÇÃO TRIBUTÁRIA – Diz-se dos órgãos que têm atribuições, competência e funções em lei para procederem à tributação, cobrança de impostos, lançamento e fiscalização de tributos, até os julgamentos.

✱ *V. CTN, arts. 194 a 208.*

ADMINISTRADOR – 1. O que se encarrega de gerir bens, negócios ou patrimônio alheio. 2. Mandatário dos acionistas que gere os negócios sociais em uma sociedade anônima. 3. Funcionário, ou pessoa de confiança do governo, que dirige departamento, autarquia ou regional de serviços públicos. 4. É considerado público o administrador que é agente público revestido de competência para assinar termo de colaboração, termo de fomento ou acordo de cooperação com organização da sociedade civil para a consecução de finalidades de interesse público e recíproco, ainda que delegue essa competência a terceiros, conforme definição da Lei nº 13.019/2014, art. 2º, V.

ADMINISTRATIVISTA – Estudioso do Dir. Administrativo; aquele que estuda, tem obra, escreve ou ministra aula sobre Dir. Administrativo.

ADMISSÃO – 1. Aceitação, permissão, ato de admitir. 2. Autorização para negociação de certos títulos. 3. No Direito Internacional, é o reconhecimento por parte de um governo de pessoa que lhe foi enviada para negócios. 4. Ato pelo qual se concede a alguém a possibilidade de exercer ações de seu interesse. 5. No Direito Administrativo, consiste no ingresso em função, cargo ou emprego. 6. No Direito Processual, a admissão de recurso é o recebimento deste pela autoridade judiciária o que requer a interposição dentro do prazo e das condições previstas em lei.

✱ *V. CPC, art. 994.*

✱ *V. CPP, art. 574, 581, 593, 619.*

✱ *V. CLT, art. 893.*

ADMISSIBILIDADE – Pressuposto para o julgamento de um recurso. Qualidade de satisfazer as condições das quais depende a averiguação do conteúdo.

ADMITIR – Colher por cabível, aceitar, receber, *embargo, provas*, etc.

ADMOESTAÇÃO – Advertência, reprimenda, repreensão. Constitui pena disciplinar. O mesmo que *admonição* (q.v.).

ADMOESTAR – Advertir, censurar, repreender levemente.

ADMONIÇÃO – Advertência, aviso, repreensão, censura, no sentido eclesiástico. Na linguagem forense, é a advertência que o juiz faz às pessoas malcompostas durante a audiência. Cabe-lhe admoestar as partes, os advogados, testemunhas e até serventuários que não se conduzam de maneira condigna na lide. No processo penal, ocorre a *audiência admonitória* quando o réu é advertido pelo juiz da condenação sobre a prática de nova infração penal.

✱ *V. CPC/1973, arts. 15, 445, II, e 446, III.*

✱ *V. CPC/2015, arts. 78, 360, II, e 361.*

✱ *V. Lei nº 7.210/1984 (Lei de Execução Penal), arts. 159, § 2º, 160 e 161.*

AD NEGOTIA – (Latim) Para os negócios. Mandado que se outorga para fins de negócios.

AD NUTUM – (Latim) Conforme a vontade de, ao arbítrio de; ato revogável pela vontade só de uma das partes. Demissibilidade de funcionário público que ocupe cargo de confiança: os Ministros são demissíveis *ad nutum*, isto é, basta a vontade do Presidente da República.

ADOÇÃO – 1. Ato ou efeito de adotar legalmente alguém, assumindo os poderes e deveres inerentes à paternidade. 2. Ato jurídico pelo qual um casal ou uma pessoa aceita outra como filho. Não se confunde com *perfilhação* (q.v.). De acordo com o ECA (art. 42), podem adotar os maiores de 18 anos, independentemente do estado civil, mas devem ser, no mínimo, 16 anos mais velhos que o adotando. A adoção só se efetua com o consentimento dos pais ou do representante legal do adotando. Será precedida de estágio de convivência com a criança ou o adolescente pelo prazo que o juiz fixar, observadas as peculiaridades do caso; mas esse estágio pode ser dispensado se o adotando já estiver sob a tutela ou guarda legal do adotante durante tempo suficiente para que seja possível avaliar a conveniência da constituição do vínculo. 3. O Estatuto da Criança e do Adolescente, com a redação dada pela Lei nº 12.010, de 3-8-2009, passa a proteger vítima de abuso sexual permitindo a instauração de procedimento especial para exame pericial de criança e adolescente, em caso de abuso sexual, além da elaboração de um laudo psicossocial para apurar elementos indicativos de abuso. Ademais, passou a determinar que, para a apuração dos crimes, seja permitida a produção antecipada de prova, que poderá consistir em inquirição de testemunha ou vítima e exame pericial. 3. Em caso de adoção por pessoa ou casal residente ou domiciliado fora do País, o estágio de convivência, cumprido no território nacional, será de, no mínimo, 30 dias. De acordo com as novas alterações feitas no ECA, considera-se adoção internacional aquela na qual a pessoa ou casal postulante é residente ou domiciliado fora do Brasil, conforme previsto no art. 2 da Convenção de Haia, de 29-5-1993, relativa à Proteção das Crianças e à Cooperação em Matéria de Adoção Internacional, aprovada pelo Dec. Legislativo nº 1, de 14-1-1999, e promulgada pelo Dec. nº 3.087, de 21-6-1999. Assim, a adoção internacional de criança ou adolescente brasileiro ou domiciliado no Brasil somente terá lugar quando restar comprovado que a colocação em família substituta é a solução adequada ao caso concreto; que foram esgotadas todas as possibilidades de colocação da criança ou adolescente em família substituta brasileira, após consulta aos cadastros mencionados no art. 50 da Lei; que, se tratando de adoção de adolescente, este foi consultado, por meios adequados ao seu estágio de desenvolvimento, e que se encontra preparado para a medida, mediante parecer elaborado por equipe interprofissional, observado o disposto nos §§ 1º e 2º do art. 28 do ECA. Além disso, os brasileiros residentes no exterior terão preferência aos estrangeiros, nos casos de adoção internacional de criança ou adolescente brasileiro. 4. A idade do adotante foi reduzida de 30 anos, como determinava o art. 368 do antigo CC, para 18 anos, com o advento do ECA (art. 42). 5. Os filhos adotivos têm os mesmos direitos que os legítimos. O atual Código Civil aboliu a *adoção simples*, por escritura pública, passando a prevalecer apenas a *adoção judicial*. Pelo Código Civil de 2002 só se admite a adoção integral, assumindo o adotado a condição de filho, com igual direito sucessório. Assim, o novo Código põe fim à *adoção parcial*, feita apenas para que a criança tivesse um nome de família, ficando excluída do direito ao patrimônio familiar.

- ✱ *V. CF, art. 227, § 5º.*
- ✱ *V. Convenção relativa à proteção das crianças e à cooperação em matéria de adoção internacional, concluída em 29-5-1993, ratificada pelo Dec. Legislativo nº 1/1999 e promulgada pelo Dec. nº 3.087/1999.*
- ✱ *V. CC, arts. 1.596, 1.618 a 1.619, 1.635, IV.*
- ✱ *V. CLT, arts. 392-A a 392-B.*
- ✱ *V. ECA, arts. 8º, § 5º; 13, parágrafo único; 20; 28; 31; 33, §§ 1º, 2º e 4º; 39 a 52-D; 148, III; 165, parágrafo único; 166, § 2º e 5º; 167; 170; 197-A a 197-E; 199-A e 199-C.*
- ✱ *V. Lei nº 12.010/2009 (Cria o cadastro nacional e cadastros estaduais de adoção e altera dispositivos do CC e do ECA sobre adoção).*
- ✱ *V. Lei nº 6.015/1973 (dispõe sobre Registros Públicos), arts. 29, § 1º,* e*; 102, 3º; e 105.*
- ✱ *V. Lei nº 8.213/1993 (Dispõe sobre planos de benefícios da Previdência Social), arts. 71-A a 71-C.*
- ✱ *V. Lei nº 8.112/1990 (Regime Jurídico Único dos Servidores Públicos Civis da União, Autarquias e Fundações Públicas Federais), arts. 102, VIII,* a*, 185, I,* e*, 208 e 210.*
- ✱ *V. Dec. nº 6.690/2008 (Institui, no âmbito da Administração Pública federal, o programa de prorrogação da licença à gestante e à adotante).*

AD OPONENDUM – Em oposição. Em sentido contrário.

ADOTADO – Pessoa que, por adoção, é recebida como filho. Diz-se *filho adotivo*.

ADOTANTE – Pessoa que recebeu outra mediante adoção, como filho.

ADOTIVO – Filho assim considerado em razão de adoção.

AD PEDEM LITERAE – (Latim) Ao pé da letra. Diz-se de uma tradução ou interpretação.

AD PERPETUAM REI MEMORIAM – (Latim) Para lembrança perpétua da coisa. (Jur.) Vistoria judicial para resguardar ou conservar um direito que, futuramente, será demonstrado nos autos da ação.

AD PRAETERITA PERTINENS – (Latim) Dar o efeito retroativo a uma lei.

AD PRAETERITUM – (Latim) Para o passado.

AD PROBATIONEM – (Latim) Significa que certa formalidade da lei só é exigida para prova do ato, em oposição a *ad solemnitatem*.

AD PROBATIONEM TANTUM – (Latim) Refere-se à forma não essencial ou só necessária para a prova do ato.

AD QUEM – (Latim) Para quem; para o qual. Tribunal acima daquele que proferiu a sentença ao qual se interpõe recurso desta.

ADQUIRENTE – O que adquiriu, o que assume a propriedade de uma coisa. O mesmo que *adquiridor*.

De boa-fé: quem julga ter adquirido a coisa do verdadeiro proprietário.

De má-fé: o que adquire a coisa sabendo que quem a vende não é seu legítimo dono.

ADQUIRIDOS – Bens obtidos na constância do casamento. O mesmo que *aquestos* ou *adquistos*.

AD REFERENDUM – (Latim) Para ser referendado. Ato que depende de aprovação ou ratificação de autoridade ou poder competente.

AD REM – (Latim) À coisa. Direito ligado à coisa.

AD RETRA – (Latim) Para trás. Pacto no qual o que vende pode reaver a coisa vendida, mediante devolução do preço e despesas acessórias no prazo estipulado.

AD SIMILIA – (Latim) Por analogia, por semelhança.

AD SOLEMNITATEM – (Latim) Para a solenidade. O oposto de *ad probationem*. A expressão indica que um requisito da lei é necessário para a forma essencial ou intrínseca do ato jurídico e sua validade e não apenas sua prova.

AD SOLVENDO – (Latim) Para saldar, solver, uma dívida.

AD SUBSTANTIAM ACTUS – (Latim) Essencial à validade do ato em sua existência legal. Para a substância do ato. Diz-se do instrumento público quando exigido como formalidade solene.

AD SUBSTANTIAM NEGOTII – (Latim) Que é da essência, da substância do negócio.

ADUANA – Alfândega.

ADUANEIRO – Alfandegário; que pertence à aduana: tarifa alfandegária, *aduaneira*. Funcionário da Alfândega.

ADULTERAÇÃO – Falsificação, modificação, contrafação, alteração. Ato ou efeito de *adulterar*.

ADULTERAR – Falsificar, modificar documento de maneira ilícita, promover a contrafação de.

ADULTERINIDADE – Caráter adulterino; condição do que é adúltero.

ADULTERINO – O que provém de união adulterosa; relativo a filho nascido de adultério de um ou de ambos os pais. O art. 227, § 6º, da CF, confere aos filhos, havidos ou não da relação do casamento, os mesmos direitos e qualificações, proibidas quaisquer designações discriminatórias relativas à filiação.

A matre: quando a mãe é a adúltera. O filho adulterino, considerado *espúrio*, assim como o incestuoso, não podiam ser reconhecidos, até a vigência da Lei nº 7.841/1989, que expressamente revogou o art. 358 do CC antigo que impunha essa restrição.

✱ *V. CC, art. 1.596.*

A patre: quando o pai o é.

ADULTÉRIO – Ato de infidelidade conjugal consistente na prática, por qualquer um dos cônjuges, do ato sexual com terceiro. O crime de adultério foi abolido pela Lei nº 11.106/2005.

ADULTERIUM EST AD ALTERUM THORUM VEL UTERUM ACCESSIO – (Latim) Adultério é a acessão ao leito ou útero de outrem.

ADÚLTERO – Aquele que praticou adultério.

AD UNUM – (Latim) Até o fim, até o último.

AD UNUM OMNES – (Latim) Unanimemente; todos, sem exceção.

AD USUM FORENSE – (Latim) Segundo o costume, o uso, do foro.

ADUZIR – Expor razões, argumentos, oferecer, apresentar.

AD VALOREM – (Latim) Conforme o valor. Tributação segundo o que vale a mercadoria, não por seu peso, espécie, volume ou quantidade.

AD VANUM – (Latim) Em vão, inútil.

ADVENTÍCIO – O que vem de surpresa, inesperadamente; pessoa estranha ao meio, estrangeiro. Bem havido por sucessão colateral ou liberalidade de terceiro.

AD VERBUM – (Latim) De acordo com o texto.

ADVERSÁRIO – O mesmo que *ex adverso*. Competidor. Numa lide, a parte contrária em relação à outra. No feminino – *adversária* –, era livro no qual os pais de família (*pater familiae*) de Roma anotavam a movimentação de dinheiro.

ADVERSO – O contrário ou oposto, o adversário. *Advogado adverso*, ou o *ex-adverso* (o que cuida dos interesses da parte contrária na demanda).

ADVERSUS OMNES – (Latim) Que se opõe a todos, contra todos. O mesmo que *erga omnes*.

ADVERTÊNCIA – Aviso, oral ou por escrito, para chamar a atenção de alguém sobre fato, direito ou obrigação que deixou de observar ou cumprir. O juiz alerta as testemunhas de que devem dizer a verdade, os jurados quanto ao seu procedimento (sigilo e incomunicabilidade entre eles). Pode ser, também, observação sobre falta cometida; pena disciplinar branda aplicada a advogados, juízes, serventuários da Justiça, funcionários públicos, e ao réu que obtém livramento condicional quando seu procedimento deixa a desejar. Uma das medidas aplicadas ao adolescente que praticar ato infracional.

✱ *V. Lei nº 8.069/1990 (Estatuto da Criança e do Adolescente – ECA), art. 112, I.*

ADVERTIR – Fazer advertência oral ou por escrito. Chamar atenção de; observar, avisar.

AD VICEM – (Latim) À maneira de.

ADVINCULAR – Tornar conexo, ligar, anexar.

AD VINCULUM – (Latim) A vínculo.

AD VINDICTAM – (Latim) Por vingança.

ADVOCACIA – *Munus*, ofício público. Profissão liberal, exercida por pessoa devidamente habilitada por diploma e exigências da Ordem dos Advogados do Brasil, que patrocina ou pleiteia direitos de terceiros em juízo ou fora dele, mediante cobrança de honorários.

ADVOCACIA ADMINISTRATIVA – Constitui crime o exercício ilícito de prestígio pessoal ou influência política, para intermediar, como advogado ou não, favores ou vantagens da Administração Pública ou do Governo, em seu interesse ou de terceiros, sendo o agente funcionário público. A pena é de 1 a 3 meses de detenção ou multa. Se o interesse é ilegítimo, a pena é de 3 meses a 1 ano de detenção, além da multa.

✱ *V. CP, art. 321.*

ADVOCACIA-GERAL DA UNIÃO – A sua incumbência é a de representar a União judicial e extrajudicialmente, competindo-lhe o assessoramento e a consultoria jurídicos do Poder Executivo. Rege-se pela Lei Complementar nº 73/1993 (Lei Orgânica da Advocacia-Geral da União). Os órgãos superiores da Advocacia-Geral da União são: a) o Advogado-Geral da União; b) Procuradoria-Geral da União e da Fazenda Nacional; c) Consultoria-Geral da União; d) Conselho Superior da Advocacia-Geral da União; e) Corregedoria-Geral da Advocacia da União. O ingresso na carreira é por meio de concurso público; os procuradores estaduais adquirem estabilidade após três anos de efetivo exercício e avaliação de desempenho. A chefia, porém, cabe ao Advogado-Geral da União, que não precisa ser integrante da carreira pois é nomeado livremente pelo Presidente da República, dentre cidadãos maiores de 35 anos, de notável saber jurídico de reputação ilibada.

✱ *V. Lei Complementar nº 73/1993 (Lei Orgânica da Advocacia-Geral da União).*

ADVOCATÓRIO – Que se refere à advocacia. Que pode advogar. O mesmo que *advocatício*.

ADVOGADO – A palavra tem origem latina – *advocatu* –, isto é, aquele que é chamado para junto de, para assistir alguém, defender. Profissional graduado em Dir., legalmente habilitado, que orienta juridicamente quem o consulta e presta assistência, em juízo ou fora dele, à parte de que é mandatário. É órgão auxiliar da Justiça. A atuação como advogado é privativa dos profissionais inscritos na OAB, cometendo contravenção penal quem, não o sendo, usar carteira ou cartão de identidade, vestimentas, insígnias e títulos privativos do advogado ou estagiário, ao anunciar-se nessas condições ou intitular-se representante ou agente de advocacia no estrangeiro. O advogado estrangeiro pode ser admitido na OAB se satisfizer às exigências do seu Estatuto. O advogado não pode postular em juízo sem o instrumento do mandato, a procuração. A polêmica criada com respeito ao *jus postulandi* (o direito de alguém pleitear *pessoalmente*, por si, sem advogado, no Poder Judiciário), preservado pela nova CF, consagrado na CLT, no CPC e na Lei nº 6.515/1977 (Lei do Divórcio, com modificação de seu art. 40 pela Lei nº 7.841/1989), e em normas esparsas como a Lei nº 9.099/1995 (Juizados Especiais Cíveis e Criminais), ou a Lei nº 5.478/1968 (Ação de Alimentos) – essa controvérsia cresceu com a promulgação do Estatuto da Ordem dos Advogados do Brasil, em 4 de julho de 1994 (Lei nº 8.906/1994). Ele não somente garante privilégios à categoria, como também imunidade idêntica à dos parlamentares (o advogado responderá somente à OAB em caso de denúncia, de injúria, difamação e desacato contra autoridade judicial, não podendo o juiz puni-lo, mas apenas representar contra ele na entidade de classe), como também obriga a população a constituir advogado nas ações no Juizado de Pequenas Causas e nas Trabalhistas. Segundo o jurista Miguel Reale,* o novo Estatuto criará dificuldades aos próprios advogados, já que 70% são funcionários de empresas privadas e poderão perder os seus empregos, visto que a nova lei lhes faculta um horário de 4 horas diárias e cobrança das horas extras com 100% de acréscimo. Além disso, segundo ele, ela pode ser arguida de inconstitucionalidade, porque impõe proibições ao exercício pleno da profissão, "num totalitarismo normativo que não é menos pernicioso que os demais". (arts. 5º, LXIV, e 133 da CF; art. 839, *a*, da CLT; arts. 14, 15, 36 a 45 do CPC/1973; e legislação citada). O primeiro ato contrário à nova lei foi o do corregedor-geral de Justiça do Estado de São Paulo, des. Antônio Carlos Alves Braga, que orientou os juízes a continuar fazendo audiências no Juizado de Pequenas Causas sem *advogado*. O STF já se manifestou contra alguns dispositivos do Estatuto pelo julgamento da

ADIn nº 1.127-8, declarando a inconstitucionalidade das expressões: "qualquer" contida no art. 1º, I, "assim reconhecidas pela OAB" contida no art. 7º, V, "ou desacato" contida no art. 7º, § 2º, "e controle" contida no § 4º do art. 7º, e dar interpretação conforme a CF à expressão "requisitar" contida no art. 50, para que seja entendida como dependente de motivação, compatibilização com as finalidades da lei e atendimento de custos dessa requisição. Além dessas decisões, no julgamento das ADIns nºs 1.105-7 e 1.127-8, foi declarado inconstitucional o inc. IX do art. 7º, e no julgamento da ADIn nº 1.194-4 foi declarado inconstitucional o § 3º do art. 24.

(*) (O Estado de S. Paulo, 30-7-1994, p. A-2)

✱ *V. Lei nº 8.906/1994 (Estatuto da Ordem dos Advogados do Brasil).*

✱ *V. Lei nº 11.767/2008 (Altera o art. 7º da Lei nº 8.906/1994 – Estatuto da Advocacia e a OAB, para dispor sobre o direito à inviolabilidade do local e instrumentos de trabalho do advogado, bem como de sua correspondência).*

✱ *V. Lei nº 13.245/2016 (Altera o art. 7º da Lei nº 8.906, de 4 de julho de 1994 – Estatuto da Ordem dos Advogados do Brasil).*

✱ *V. Lei nº 13.247/2016 (Altera a Lei nº 8.906, de 4 de julho de 1994 – Estatuto da Advocacia).*

✱ *V. Lei nº 13.363/2016 (Altera a Lei nº 8.906, de 4 de julho de 1994, e a Lei nº 13.105, de 16 de março de 2015 – Código de Processo Civil, para estipular direitos e garantias para a advogada gestante, lactante, adotante ou que der à luz e para o advogado que se tornar pai).*

✱ *V. Súm. Vinc. nº 5 (A falta de defesa técnica por advogado no processo administrativo disciplinar não ofende a Constituição).*

ADVOGADO *AD HOC* – Diz-se daquele que por indicação do juiz funciona em algum ato específico do processo, geralmente em audiências.

ADVOGADO DATIVO – *V. Advogado de ofício.*

ADVOGADO DE OFÍCIO – Aquele que, por indicação do juiz ou incumbência do tribunal, defende o réu sem ter procuração. Aquele que defende beneficiário da Justiça gratuita por designação da Assistência Judiciária ou nomeado por juiz. Opõe-se a advogado constituído (pela parte). Existe também na Justiça Militar, porém, em caráter efetivo. ***V.*** *defensor público.* O mesmo que *advogado dativo.*

ADVOGADO DO DIABO – Eclesiástico que se incumbia, nos processos de canonização, de contestar os méritos do candidato ou apresentar razões de veto à santificação.

ADVOGADO-GERAL DA UNIÃO – É o chefe da Advocacia-Geral da União e Representante da União judicial e extrajudicialmente.

ADVOGAR – Patrocinar, defender a causa de alguém.

AD VOLUNTATEM – (Latim) Como se deseja; à vontade.

AEQUO ANIMO – (Latim) Sem se perturbar.

AERÓDROMO – Área de terra, água, ou flutuante, destinada a pouso, decolagem ou movimentação de aeronaves. Pode ser usado para fins civis ou militares, obedecidas as respectivas prescrições. Para ser utilizado deve estar legalmente registrado. Pertencem ao aeródromo as instalações, equipamentos e edificações.

✱ *V. Cód. Bras. Aer., arts. 27, 44 e 45.*

AEROLEVANTAMENTO – Conjunto de operações aéreas e/ou espaciais de medição, computação e registro de dados de um terreno, pela utilização de sensores ou equipamentos apropriados, assim como interpretação desses dados.

✱ *V. Dec.-lei nº 1.177/1971, sobre aerolevantamentos no território nacional.*

AEROMOCTOMIA – Termo usado em Medicina Legal para indicar morte produzida por ar que entra nas veias.

AERONAUTA – Profissional habilitado pelo Ministério da Aeronáutica (brevê) a exercer funções a bordo de aeronaves civis, como as de comandante, piloto, navegador, mecânico e comunicador.

AERONÁUTICA – Ciência e arte da navegação aérea por aparelhos mais pesados que o ar, desenvolvida pelo brasileiro Santos Dumont. Uma das áreas das Forças Armadas.

AERONAVE – 1. Avião, balão, dirigível, hidroavião, helicóptero – todo aparelho que tem a capacidade de elevar-se, sustentar-se e mover-se nos ares. 2. A aeronave é tida como bem imóvel para efeito de garantia real. 3. Classificam-se as aeronaves em: públicas, as militares e as civis, as quais usadas pelo Estado em serviço público; *privadas*, as empregadas por particulares no uso comercial. 4. Com a decretação do estado de calamidade pública, gerada pela pandemia de Coronavírus – Covid-19, medidas emergenciais foram tomadas para atenuar os efeitos na aviação civil brasileira. As referidas medidas foram expressamente prorrogadas pela Lei nº 14.174/2021. ***V.*** *extraterritorialidade.*

✱ *V. Lei nº 7.565/1986 (Dispõe sobre o Código Brasileiro de Aeronáutica).*

✱ *V. Lei nº 14.034/2020 (Dispõe sobre medidas emergenciais para a aviação civil brasileira em razão da pandemia da Covid-19).*

✱ *V. Lei nº 14.174/2021 (Altera a Lei nº 14.034, de 5 de agosto de 2020, para prorrogar o prazo de vigência de medidas emergenciais para a aviação civil brasileira em razão da pandemia da Covid-19).*

AERONAVEGAÇÃO – Navegação aérea por meio de *aeronaves* (q.v.).

AEROPATIA – Nome que se dá em Medicina Legal ao mal-estar sofrido a bordo de aeronave em voo, que se caracteriza por falta de ar e náuseas.

AEROPORTO – Local em terra, na água ou flutuante, preparado para pouso e decolagem de aeronaves. Usualmente, são os aeródromos públicos dotados de instalações e facilidades para apoio de operações de embarque e desembarque de passageiros das aeronaves, assim como pouso e decolagem de aviões de carga. Diz-se *aduaneiro* quando é obrigatório o pouso das aeronaves que demandam ou deixam o território nacional.

✱ *V. Cód. Bras. Aer. art. 31, I.*

AEROVIA – Espaço aéreo navegável, cobrindo faixa equivalente a trinta quilômetros de largura do solo, segundo estabelece o Comando da Aeronáutica.

A FACTO AD JUS NON DATUR CONSEQUENTIA – (Latim) Não se pode tirar de um fato consequência para o direito.

AFASIA – Diz-se, em Medicina Legal, do transtorno ou perda da faculdade de expressão, da palavra escrita ou falada, por lesão dos centros cerebrais.

À FÉ – Expressão que significa: sob juramento, sob garantia, sob palavra.

AFEIDOMIA OU AFIDOMIA – O mesmo que *prodigalidade* (q.v.). Caráter da pessoa pródiga, que esbanja os próprios bens, de maneira imotivada, imoderada, prejudicando-se por não fazer para si qualquer reserva ou poupança.

AFERIÇÃO – *Ato de aferir.* Verificação, fiscalização. Conferir, com base em padrões oficiais, medidas e pesos usados no comércio, para prevenir defraudações, que são crimes contra a economia popular.

AFERIDOR – O que afere, verifica, fiscaliza. Pessoa incumbida do trabalho de *aferição* (q.v.).

AFERIR – Conferir, fiscalizar, ajustar ao padrão legal.

AFETAÇÃO – No Dir. Administrativo, é o ônus imposto a bem móvel ou imóvel para garantia de dívida ou obrigação. Ato pelo qual se confere destinação dada a bem público.

AFETAÇÃO DE RECURSOS – 1. Para fins de Dir. Processual, é o reconhecimento formal, por um Tribunal Superior, da multiplicidade de recursos que versem sobre idêntica matéria de direito, submetendo a controvérsia ao procedimento de julgamento de recursos repetitivos. A partir de então, são selecionados um ou mais recursos representativos da questão controvertida, sendo sobrestados todos os demais, cujo prosseguimento fica vinculado à decisão do Tribunal em relação ao recurso paradigma. 2. No processamento de recursos extraordinários, a afetação decorre do prévio reconhecimento da repercussão geral da matéria constitucional ventilada, sendo que, se o STF negar a sua existência, considerar-se-ão inadmitidos todos os demais recursos extraordinários interpostos sobre idêntica fundamentação jurídica. Reconhecida a repercussão geral, o julgamento de mérito dos recursos selecionados afeta a apreciação de admissibilidade dos demais apelos pelos Tribunais inferiores, os quais poderão considera-los prejudicados ou retratar-se, caso o julgamento tenha sido contrário ao entendimento do STF. Na hipótese dos recursos extraordinários já terem sido admitidos e remetidos ao STF, este poderá, conforme o caso, cassar ou reformar liminarmente as decisões em dissonância com a decisão do recurso paradigma. Embora não exista previsão legal, o STF aplica analogicamente a modulação de efeitos da decisão, prevista no art. 27 da Lei nº 9.868/1999, mediante quórum de 2/3 (dois terços) de seus membros, processando e julgando os demais recursos afetados conforme o marco temporal fixado. 3. No processamento de recursos especiais pelo STJ, cabe ao Presidente do Tribunal de origem suscitar a afetação, encaminhando um ou mais recursos representativos da controvérsia, e o julgamento de mérito pelo STJ será realizado por uma Seção ou pelo Órgão Especial, acaso a questão diga respeito à matéria de competência de mais de uma Seção. Julgado o mérito da questão controvertida, os demais recursos especiais afetados poderão ser julgados monocraticamente pelos relatores, ou, se ainda não admitidos na origem, terão seguimento denegado ou serão novamente examinados, à luz da decisão do STJ. 4. No processamento de recursos de revista pelo TST, a afetação pode ser suscitada por qualquer das Turmas ou Seções Especializadas, que submeterá a controvérsia à Seção Especializada em Dissídios Individuais ou ao Tribunal Pleno, conforme o caso. Procede-se, então, ao julgamento na mesma forma disciplinada para os recursos especiais, com a possibilidade do órgão competente do TST, conforme o caso, modular os efeitos da decisão, na hipótese de revisão de jurisprudência até então prevalente naquele Tribunal, admitindo e processando os recursos sob idêntica questão, conforme a fixação do marco temporal. ***V.*** *julgamento de recursos repetitivos.*

✱ *V. CPC/1973, arts. 543-A a 543-C.*

✱ *V. CPC/2015, arts. 1.035 a 1.041.*

✱ *V. CLT, arts. 896-B e 896-C.*

✱ *V. RISTF, arts. 322 a 329.*

✱ *V. Res. nº 8/2008 do STJ.*

✱ *V. Ato SEGJUD. GP nº 549/2014 do TST.*

AFETO – Adjetivamente, que está submetido a, sujeito, que depende de decisão de juiz ou tribunal.

AFFECTIO MARITALES – (Latim) Diz-se da reciprocidade de tratamento entre marido e mulher, devendo existir entre eles compreensão, afeição e harmonia.

AFFECTIO POSSIDENDI – (Latim) Intenção de possuir a coisa como própria.

AFFECTIO SOCIETATIS – (Latim) Manifesta boa intenção, vontade, ânimo de cooperação de duas ou mais pessoas que se unem em sociedade, mercantil ou de outra natureza, para atingirem fins comuns com direitos recíprocos. É o elemento subjetivo indispensável para a realização da sociedade.

AFFECTIO TENENDI – (Latim) Vontade de possuir a coisa como dono.

AFFIDAVIT – (Latim) Denomina-se, na França, *certificat de coûtume*. É declaração firmada por autoridade competente, adotada em alguns países. Constitui meio de prova do direito ou da lei estrangeira aplicável à causa em discussão no país e constante de atestação, legalizada pelo respectivo cônsul, de advogado, magistrado ou jurista notável da nacionalidade do litigante estrangeiro.

AFFIRMANS PROBAT – (Latim) O que afirma, prova.

AFFIRMANTI INCUMBIT PROBATIO – Incumbe a prova a quem afirma.

AFIANÇADO – Abonado; que foi objeto de fiança. Diz-se da pessoa em favor da qual se prestou fiança.

AFIANÇADOR – O mesmo que *fiador*. O que dá, presta, fiança.

AFIM – Parente por *afinidade*. *V. Relações de parentesco.*

A FINAL – Aquilo que, na linguagem forense, deve ser deixado para o fim do processo, quando estiver concluído. Exemplo: *custas pagas a final*.

AFINIDADE – Vínculo de parentesco que se estabelece com o casamento, entre cada cônjuge e os respectivos parentes. Tanto quanto o *parentesco* por *consanguinidade*, a afinidade cria incompatibilidades para o exercício de certas funções. Ex.: pessoas afins do falido até o terceiro grau não podem exercer funções de administrador judicial. O nepotismo é uma das práticas condenáveis da afinidade. Os afins em linha reta, seja o vínculo legítimo ou ilegítimo, não podem casar: sogro e nora, genro e sogra. A afinidade, na linha reta, não se extingue com a dissolução do casamento que lhe deu origem. A testemunha não é obrigada a depor sobre fatos que acarretem danos graves ao cônjuge ou parentes afins, em linha reta ou na colateral em segundo grau. Não podem ser admitidos como testemunhas os cônjuges, se têm interesse no processo ou relação de parentesco com as partes. No Dir. Trabalhista, o testemunho de parente até o terceiro grau civil valerá como simples informação.

✱ *V. CC art. 1.595, § 2º.*

✱ *V. CPC/1973, arts. 406 e 414.*

✱ *V. CPC/2015, arts. 448 e 457.*

✱ *V. CLT, art. 829.*

AFINITAS AFINITATEM NON GENERAT – (Latim) A afinidade não gera afinidade.

AFINITAS NON EGREDITUR EX-PERSONA – (Latim) A afinidade não sai da pessoa.

AFINITATIS CAUSA FIT EX-NUPTIIS – (Latim) A causa da afinidade são as núpcias.

AFINS INTER SE NON SUNT AFINS – (Latim) Os afins não são afins entre si.

AFIRMAÇÃO – Declaração solene, formal, em sentido positivo, sobre um fato ou um ato. Manifestação inequívoca da vontade individual. Consentimento. Alegação. O mesmo que *compromisso*. Está abolida a antiga *afirmação in litem*, que o juiz permitia a uma das partes para que confirmasse a veracidade de fato inerente à causa ou fizesse a estimativa exata da coisa objeto da execução.

AFIRMANTE – Aquele ou aquela que afirma.

AFIRMAR – Dizer com firmeza; declarar com solenidade; dar, sustentar, asseverar a veracidade de fato ou ato. Consentir, concordar.

AFIXAÇÃO – Ato de afixar, prender alguma coisa a algum lugar. Os editais relativos a processos são afixados no foro ou lugar de fácil acesso, para que todos tomem deles conhecimento.

AFIXAR – Pregar em lugar visível, no foro, auditório, cartórios, na porta da empresa do falido, edital, aviso, citação para conhecimento público.

AFORADO – Que está no foro, sob conhecimento de juiz; ajuizado. Imóvel cujo domínio útil foi concedido a quem não é seu proprietário, em razão de *enfiteuse*.

AFORADOR – Senhorio que deu imóvel em aforamento, enfiteuse. Opõe-se a *foreiro*, senhorio útil ou enfiteuta, que é quem toma ou recebe a coisa e paga foro ao *nu-proprietário*.

AFORAMENTO – O mesmo que *enfiteuse* (q.v.).

AFORANTE – O mesmo que *enfiteuta* (q.v.).

AFORAR – Dar ou tomar por *aforamento* (q.v.).

AFORCIADA – Violentada, estuprada.

AFORCIAR – Violentar, possuir à força, estuprar.

AFORISMO – Máxima, brocardo, adágio, enunciado que, de maneira concisa, apresenta um pensamento com sentido, que se aceita como verdade jurídica. Não se confunde com *axioma* (q.v.).

AFORISTA – Autor de aforismo; o que utiliza aforismos.

AFORMALAR – Dar ao ato jurídico a forma que deve ter. Atribuir em formal de partilha.

A FORTIORI – (Latim) Com razão ainda mais forte, com toda a evidência.

AFRETADOR – Pessoa que toma a frete ou por afretamento um navio ou embarcação, para transportar pessoas ou mercadorias.

AFRETAMENTO – Contrato que o armador ou capitão faz com o dono da carga (afretador) cedendo seu navio para seu uso total ou parcial, por um preço previamente ajustado (o frete).

AFRETAR – Tomar a frete um navio.

AFRONTA – Ciência que o comprador dá ao vendedor primitivo, da venda que vai fazer de coisa sujeita a preferência, para que ele exerça seu direito de prelação no prazo legal. Aviso que o funcionário encarregado de leilão judicial leva ao juiz sobre o maior lanço feito em hasta pública ou leilão, sobre coisa que ele apregoou e encerrou com a fórmula: "Afronta faço, que mais não acho". Acareação, injúria, ultraje, provocação.

AGASALHADOS – No Dir. Marítimo, é o nome que se dá aos volumes de mercadorias que o capitão e os marinheiros embarcam sem o caráter de carga, para vendê-las em outro porto.

AGÊNCIA – Filial de bancos, sucursal de casas comerciais. Lugar onde o agente exerce as suas funções. Escritório particular que se encarrega de administrar negócios alheios ou prestar serviços a terceiros.

AGENCIADOR – Procurador, intermediário, de negócios alheios; corretor.

AGÊNCIA EXECUTIVA – Qualificação conferida à autarquia ou fundação de direito público responsável por atividades e serviços de competência exclusiva do Estado, a qual, em razão de um plano de metas estabelecido com a administração direta, celebra contrato de gestão com fundamento no art. 37, XIX, e § 8º, da CF, para atender ao princípio da eficiência, passando a se submeter a um regime jurídico diferenciado. A entidade tem sua autonomia ampliada enquanto vigorar o contrato de gestão. O Dec. nº 2.487/1998 dispõe sobre a qualificação de autarquias e fundações como agências executivas, estabelece critérios e procedimentos para a elaboração, acompanhamento e avaliação dos contratos de gestão e dos planos estratégicos de reestruturação e de desenvolvimento institucional das entidades qualificadas; e o Dec. nº 2.488/1998 define medidas de organização administrativa específicas para essas entidades. Exemplo de agência executiva é o Instituto Nacional de Metrologia, Normalização e Qualidade Industrial – INMETRO.

AGÊNCIA REGULADORA – Pessoa jurídica de direito público integrante da administração indireta, com natureza jurídica de autarquia de regime especial, caracterizada, normalmente, por independência administrativa, ausência de subordinação hierárquica, mandato fixo e estabilidade de seus dirigentes e autonomia financeira, sujeita a um conjunto de normas próprias, estabelecidas na lei de criação, com função normativa ou reguladora e fiscalizatória. O regime jurídico aplicável ao quadro de pessoal da agência reguladora pode ser o estatutário, para aqueles que ocupam cargos públicos, ou celetista, para os ocupantes de emprego público (Lei nº 9.986/2000, que dispõe sobre a gestão de recursos humanos das agências reguladoras). São exemplos de agências reguladoras: Agência Nacional de Energia Elétrica – ANEEL (Lei nº 9.427/1996, Lei nº 12.111/2009 e Decreto nº 10.893/2021); Agência Nacional de Telecomunicações – ANATEL (art. 21, XI, da CF, e Lei nº 9.472/1997); Agência Nacional do Petróleo, Gás Natural e Biocombustíveis – ANP (art. 177, § 2º, III, da CF, e Lei nº 9.478/1997 e Lei nº 12.114/2009.); Agência Nacional de Vigilância Sanitária – ANVISA (Lei nº 9.782/1999); Agência Nacional de Saúde Suplementar – ANS (Lei nº 9.961/2000); Agência Nacional de Águas – ANA (Lei nº 9.984/2000); Agência Nacional de Transportes Aquaviários – ANTAQ e Agência Nacional de Transportes Terrestres (Lei nº 10.233/2001); Agência Nacional do Cinema – ANCINE – (MP nº 2.228- 1/2001); Agência Nacional de Aviação Civil – ANAC (Lei nº 11.182/2005).

AGENESIA – Impossibilidade de conceber, de gerar filhos. Esterilidade.

AGENTE – Pessoa que está à frente de cargos ou desempenha funções como representante do Estado: agente diplomático, agente consular. Intermediário de negócios: agente de seguro. Sujeito ativo da infração penal. O agente pode ser:

Auxiliar do comércio: aquele cujo ofício, regulado pelas leis do comércio, é o de facilitar operações ou negócios mercantis. Podem ser *autônomos*, que agem em seu próprio nome e interesse; e *dependentes*, se subordinados a outrem.

Consignatário: preposto comercial que tem a guarda e conservação de bens ou valores do proprietário, como o encarregado de armazéns, o almoxarife.

Consular: o cônsul.

Da autoridade: os que, por medidas preventivas ou repressivas, fazem respeitar a lei, a ordem e a segurança pública: soldados, policiais civis e militares, delegados. Pessoa que representa qualquer órgão do poder constituído.

De câmbio: corretores que intermediam compra e venda de títulos cambiários, ações.

De inspeção do trabalho: pessoa que tem atribuição legal de verificar a obediência às leis trabalhistas, só o podendo fazer exibindo a carteira de identidade fiscal, segundo a CLT, art. 630.

De leilões: titulares de ofício público e auxiliares autônomos do comércio, afiançados e matriculados, que vendem em leilão público mercadorias mediante comissão. São *mandatários*, quando presente o dono da coisa leiloada; e *comissários*, quando as coisas lhe foram consignadas, ou o dono delas está ausente.

De navios: preposto de companhia de navegação, que se incumbe de receber e fazer chegar aos destinatários as cargas desembarcadas, cobrar fretes, vender passagem, tomar as providências necessárias aos fretamentos.

De polícia: auxiliares da Polícia Judiciária; investigadores.

De viagens: pessoa que organiza viagens e se incumbe dos roteiros, passagens, reserva de hotéis.

Diplomático: representante de um país junto a uma nação estrangeira. Pode ser: *ordinário*, o diplomata de carreira que representa, em caráter permanente, o seu governo junto ao de outro Estado; *extraordinários*, quando desempenha cargo em comissão de natureza política, acreditado permanentemente perante governos estrangeiros, ou vai em missão honorífica especial assistir a posses de Chefes de Estado, funerais etc.

Do Poder Executivo: que age legalmente em nome do Poder Executivo.

Emissor de certificados: instituição financeira autorizada a contratar com a companhia, escriturar, manter a guarda dos livros de registro e transferência de ações e a emissão de certificados.

Financeiro: representante de estabelecimento financeiro.

Inspetor do trabalho: aquele a quem incumbe orientar, executar e fiscalizar o cumprimento da legislação trabalhista e normas de proteção ao trabalho nos meios rural e urbano.

✱ *V. CLT, art. 626 e segs.*

Provocador: aquele que incita outrem a cometer crime para prendê-lo em flagrante ou comprometê-lo. Ele, quase sempre, não aparece ostensivamente.

Público: pessoa física incumbida de exercer função administrativa. O agente apenas exerce cargo ou função, que pertencem ao Estado e podem ser por ele alterados ou suprimidos.

AGER PUBLICUS – (Latim) Terra que pertence ao Estado.

AGER PRIVATUS – (Latim) Terra pertencente a particular, de propriedade privada.

AGERE NON VALENTI NON CURRIT PRAESCRIPTIO – (Latim) Não corre a prescrição contra quem não pode ajuizar a ação.

ÁGIO – Lucro, bonificação, juros. Diferença de valor entre a moeda de um país e a de outro, de acordo com as cotações oficiais. Comissões recebidas por cambistas ou banqueiros na troca de moedas. Especulação do preço de certos produtos, especialmente de carros.

AGIOTA – O que pratica *agiotagem* (q.v.); o que especula com ágio. Usurário, que empresta dinheiro a juros extorsivos.

AGIOTAGEM – Crime de usura, contra a economia popular. Consiste em operações fictícias ou artifícios para provocar alta ou baixa de preços de mercadorias, títulos públicos ou valores, visando lucros exorbitantes. Lucro excessivo que resulta de especulação em ágio.

✱ *V. Dec. nº 22.626/1933 (Lei de Usura).*

✱ *V. Lei nº 1.521/1951 (Crimes contra a Economia Popular).*

AGIOTISTA – O mesmo que *agiota* (q.v.).

AGIR – Exercer ação; ingressar, ativa ou passivamente, em juízo para defender, garantir, restaurar relação de direito violada ou ameaçada.

AGITADOR – Indivíduo que provoca agitação de pessoas, que subverte a ordem pública, movido por ideologia política.

AGNAÇÃO – No Dir. Romano parentesco consanguíneo em linha reta, transmitido pelo lado masculino, entre os que descendiam de uma só e mesma família, ou que viviam sob o mesmo poder familiar. Atualmente, diz-se do parentesco entre descendentes consanguíneos patrilineares. Parentesco civil.

Do próximo: nascimento de filhos legítimos, após a feitura de testamento, instituído quando o testador não tinha conhecimento de que lhe nasceriam filhos.

AGNADO OU AGNATO – Parente por *agnação* (q.v.). Opõe-se a *cognado* ou *cognato* (q.v.).

AGNATI SUNT PER PATREM EX EADEM FAMILIA – (Latim) Os agnados são da mesma família pelo pai.

AGNATÍCIO – No Dir. Romano o que vem por varonia, de varão a varão, por parte do pai.

AGNÁTICO – Que diz respeito aos agnados.

AGNOME – Apelido que é acrescentado ao sobrenome.

AGRACIADO – Que recebeu uma graça, um título honorífico; aquele que foi indultado.

AGRACIAR – Conceder graça ou perdão da pena de um sentenciado. Conceder honraria a alguém.

AGRAFIA – Perda da faculdade de exprimir o pensamento por meio da escrita.

A GRANEL – Diz-se de produtos que não estão acondicionados, mas se apresentam soltos, misturados.

AGRÁRIO – Relacionado a terras, melhor distribuição de terras, ou à lavoura.

AGRAVAÇÃO – Aumento, acréscimo, majoração do delito e da pena correspondente, em razão de circunstâncias agravantes que intensificam o dolo do agente. O CP prevê diversos casos de aumento de penas e registra as circunstâncias agravantes nos arts. 61 e 62.

De riscos: aumento da responsabilidade sobre coisa segurada, quando diminuir a sua estabilidade (seguridade).

✱ *V. CC, art. 770.*

AGRAVADA – Relativo à sentença ou fonte dela contra a qual se interpõe agravo.

AGRAVADO – Ofendido. Sujeito passivo do recurso de agravo, por oposição ao *agravante* (q.v.). Relativo ao ato processual contra o qual é interposto agravo. O juiz *a quo* ou aquele de cuja decisão se recorre (agravo).

AGRAVANTE – 1. Para fins de aplicação da lei penal, diz-se da circunstância que agrava o delito, aumentando sua gravidade. 2. No âmbito do Direito Processual, diz-se da parte que interpõe *agravo* (q.v.).

✱ *V. CP, arts. 61 e 62.*

✱ *V. CPC/1973, arts. 522 a 529.*

✱ *V. CPC/2015, arts. 1.015 a 1.020.*

AGRAVO – 1. Ofensa, afronta, injúria, insulto. 2. Gravame, vexame. 3. Dano, lesão, prejuízo, injustiça. 4. Aumento do dano ou lesão. 5. Em Dir. Processual Civil, é o recurso cabível contra as decisões interlocutórias proferidas no processo, objetivando que estas sejam modificadas ou reformadas. Difere de *apelação* (q.v.), já que essa é interponível da sentença. Possui as seguintes espécies: agravo de instrumento, agravo retido, agravo regimental e agravo propriamente dito. Como prevê o CPC/1973, replicado no CPC/2015, a regra é o agravo na forma retida, que corre nos autos do processo. Todavia, se, em razão da decisão houver a possibilidade de ocorrer grave prejuízo para a parte, o agravo deverá ser interposto por instrumento e correrá em autos apartados, sendo endereçado diretamente à instância superior à que proferiu a decisão. No CPC/2015, o cabimento de agravo de instrumento será restrito a doze hipóteses expressas, constantes do art. 1.015, além de outras, constantes do próprio Código ou de outras leis. 6. No Processo do Trabalho, é previsto em apenas três hipóteses: para destrancar recurso ordinário ou de revista ao qual o Juízo *a quo* denegou seguimento, caso em que se nomeia como *agravo de instrumento*; nas decisões de mérito em fase de execução, hipótese em que se fala em *agravo de petição;* e nas decisões proferidas monocraticamente por relatores em recursos ordinário, de revista e de embargos no TST, hipótese em que se diz *agravo regimental*. Em todas as demais hipóteses de decisão interlocutória, é incabível recurso, podendo a parte interessada impugnar a questão diretamente no recurso ordinário, como preliminar. Embora a Súm. nº 214 do TST afirme que cabe recurso da decisão que declina competência em função do território, com remessa dos autos para Tribunal Regional distinto daquele ao qual se vincula o Juízo excepcionado, ocorre que tal decisão não tem natureza interlocutória, mas, sim, terminativa do feito, embora se aproveitem os atos processuais já praticados. De qualquer forma, também não é cabível agravo neste caso, mas, sim, o recurso ordinário. 7. No Processo Penal, é o nome dado aos recursos das decisões proferidas em incidentes na fase de execução.

✱ *V. CPC/1973, arts. 522 a 529.*

✱ *V. CPC/2015, arts. 12, § 2º, VI, 101, 136, parágrafo único, 354, parágrafo único, 356, § 5º, 521, III, 537, § 3º, 937, VIII e § 3º, 941, § 2º, 942, § 3º, II, 946, 994, II, III e VIII, 1.009, § 1º, 1.015 a 1.021, 1.024, § 3º, 1.027, § 1º, 1.028, § 1º, 1.035, § 7º, 1.036, § 3º, 1.037, § 13º, 1.042 e 1.070.*

✱ *V. CLT, arts. 709, § 1º, 893, IV, 894, § 4º, 896, § 12, 897 e 899, §§ 7º e 8º.*

✱ *V. CE, arts. 279 e 282.*

✱ *V. CPPM, arts. 579 a 583.*

✱ *V. ECA, art. 198, VII.*

✱ *V. LRE, arts. 17, 59, § 2º, e 100.*

✱ *V. Lei nº 7.210/1984 (Lei de Execução Penal), art. 197.*

✱ *V. Lei nº 8.038/1990 (Institui normas procedimentais perante o STF e o STJ), arts. 20, II, 25, § 2º, 28, 36, II, e 39.*

✱ *V. Lei nº 9.868/1999 (Dispõe sobre o processo e julgamento da ação direta de inconstitucionalidade e da ação declaratória de constitucionalidade), arts. 4º, parágrafo único, 12-C, parágrafo único, e 15, parágrafo único.*

✱ *V. Lei nº 9.882/1999 (Dispõe sobre o processo e julgamento da arguição de descumprimento de preceito fundamental), art. 4º, § 2º.*

✱ *V. Lei nº 12.016/2009 (Lei do Mandado de Segurança), arts. 7º, § 1º, 10, § 1º, 15 e 16, parágrafo único.*

✱ *V. Súmulas nºs 228, 249, 287, 288, 405, 425, 427, 515, 622, 639, 699, 700 e 727 do STF.*

✱ *V. Súmulas nºs 86, 116, 118, 182, 223, 255, 315 e 316 do STJ.*

✱ *V. Súmulas nºs 195, V, 214, 218, 266, 283, 285, 353, 385, 411, 416 e 421, II, do TST.*

✱ *V. Orientações Jurisprudenciais nºs 110, 132, 217, 260, 282 a 286, 374 e 412 da SBDI-I do TST.*

AGRAVO DE PETIÇÃO – 1. No CPC/1939, era um recurso admitido em hipóteses para as quais a lei não fazia expressa referência ao agravo de instrumento ou à apelação, como as decisões que punham fim à ação sem resolver o seu mérito. Tinha de ser interposto em 5 dias, nos próprios autos da ação, menos em casos de Alçada, quando cabiam embargos. Foi revogado na sistemática recursal do CPC de 1973, que criou as decisões interlocutórias, em face das quais cabe sempre agravo, de instrumento ou na forma retida. 2. Recurso ainda existente no Processo do Trabalho, cabível em face de decisões na fase de execução, assim como nas que julgam os embargos, incluídos os de terceiros, ou julga válida arrematação, remição ou adjudicação. Prazo de 8 dias contados da sentença; não tem efeito suspensivo, mas o juiz pode sobrestar o andamento do feito até que o recurso seja julgado. Processa-se nos autos principais ou em apartado; no último caso, será autuado, com traslado das peças indicadas pelo agravante e pelo juiz. O agravante deve saldar os emolumentos em 48 horas. Feito isso, é notificado para arrazoar em 8 dias. Os autos sobem ao Tribunal Regional pertinente ao juízo agravado.

✱ *V. CPC/1939, arts. 846 a 850.*

✱ *V. CLT, art. 897, a, §§ 1º a 3º e 8º.*

✱ *V. Súmulas nºs 283 e 416 do TST.*

AGRAVO REGIMENTAL – O agravo regimental é interposto diretamente no Tribunal, assim como o agravo interno, sem haver a precisão de comprovação nos autos, tendo em vista que ataca decisão proferida em segunda instância, que será apreciada por órgão superior dentro do próprio Tribunal de Justiça. A diferença entre o agravo interno e o agravo regimental será em face de quem prolatou a decisão, ou seja, no caso da decisão ser do Presidente ou Vice-Presidente do tribunal caberá agravo interno, com fulcro no regimento interno do tribunal se houver previsão expressa. No entanto, em face de decisão proferida no tribunal caberá (se não for proferida pelo presidente ou vice) agravo regimental, nos termos do art. 544, § 2º, do CPC/1973, correspondente ao art. 1.042 do CPC/2015.

AGRAVO RETIDO – A Lei nº 11.187/2005, que entrou em vigor em janeiro de 2006, conferiu nova disciplina aos agravos retido e de instrumento passando a vigorar com nova redação os arts. 522, 523 (revogado o § 4º) e 527 do CPC/1973, correspondentes aos arts. 1.015 e 1.019 do CPC/2015. A inovação pretende deixar o agravo de instrumento para aplicações excepcionais, a ser permitido somente quando a decisão interlocutória for lesiva à parte e de difícil reparação. Destarte, contra as interlocutórias o recurso é de agravo na modalidade retido. O agravante pode requerer, na petição do agravo, que este fique *retido nos autos*, não sendo logo encaminhado à instância superior, para que o tribunal o conheça preliminarmente na ocasião do julgamento da apelação. O pedido tem de ser expresso, nas razões ou nas contrarrazões, sob pena de renúncia. Não pedindo fique ele retido, entende-se sua opção pela formação do instrumento. Para o agravo retido, não há preclusão nem no juízo *a quo* nem no juízo *ad quem*. Deve ser apreciado pelo juiz da causa depois de ouvido o agravado; como não ocorre a preclusão, o juiz pode reexaminar a questão a qualquer tempo. Há vantagens no pedido de retenção do agravo: não formando instrumento, não se arca com ônus e a falta do seu preparo não prejudica o andamento da lide. Será sempre retido o agravo das decisões posteriores à sentença.

Agravo Retido nos Autos: Lei nº 12.322/2010 transformou o agravo de instrumento interposto contra decisão que não admite recurso extraordinário ou especial em agravo nos próprios autos, alterando dispositivos da Lei nº 5.869/1973 – Código de Processo Civil.

✱ *V. CPC/1973, arts. 522 a 529.*

✱ *V. CPC/2015, arts. 1.015 a 1.020.*

AGREDIDO – Aquele que sofreu a *agressão* (q.v.).

AGREDIR – Atacar alguém; ferir, física ou moralmente, uma pessoa.

AGRESSÃO – Ato de atacar alguém, investindo contra ele, ferindo-o com as mãos ou outro instrumento que cause dano à sua integridade física. Pode ser também agressão à moral.

Física: pode dar origem à lesão corporal, a qual se classifica em *simples* (dolosa), *qualificada* (dolosa e culposa), e *privilegiada* (dolosa). Se a agressão causa a morte da vítima, dá-se o caso de homicídio previsto no art. 121 do CP, que pode ser *simples, qualificado* ou *culposo*. Não sendo graves as lesões, o juiz pode substituir a pena de detenção por multa. A pena pode ser reduzida ou aumentada, nos casos previstos no art. 129.

✱ *V. CP, arts. 25, 121, §§ 1º a 5º, e 129, §§ 1º ao 8º.*

Moral: que dá origem aos crimes contra a honra, que são a *calúnia*, a *difamação* e a *injúria*. Agressão pode ser: *atual*, aquela que se verifica com a ofensa a que o paciente não pôde fugir; *iminente*, a que está prestes a consumar-se pela atitude do agressor; *injusta*, quando o agredido não dá motivo nem age provocativamente. Essa é requisito integrante da *legítima defesa* (q.v.).

✱ *V. CP, arts. 138, 139 e 140.*

AGRESSÃO A EMPREGADO – O empregado que sofrer agressão de parte do empregador ou de superior hierárquico pode, indiretamente, considerar-se despedido e pleitear as verbas rescisórias.

✱ *V. CLT, art. 483, f.*

AGRESSÃO EM SERVIÇO – Ainda que a pessoa agredida seja estranha ao ambiente de trabalho, este tipo de agressão constitui falta grave.

AGRESSOR – Aquele que pratica *agressão* (q.v.). O que agride. Sujeito ativo de crime doloso contra a vida ou de lesões corporais dolosas, de contravenção, de vias de fato, e outros.

AGRIMENSOR – Profissional, detentor de diploma legal, que mede, divide e demarca terras ou propriedades rurais. É pessoa habilitada para funcionar em processos de divisão e demarcação de terras.

ÁGUA – 1. A água é um bem de domínio público. 2. A água é um recurso natural limitado, dotado de valor econômico. 3. A Lei nº 14.549/2023 instituiu a Semana Nacional do Uso Consciente da Água com a finalidade de minimizar o gasto desnecessário desse valioso recurso através de atividades educacionais realizadas na semana que envolver o Dia Mundial da Água, em 22 de março.

✱ *V. CF, arts. 20, III; 26, I; 200, VI.*

✱ *V. Lei nº 9.433/1997, art. 1º, I e II (Institui a Política Nacional de Recursos Hídricos, entre outras providências).*

✱ *V. Lei nº 14.549/2023 (Institui a Semana Nacional do Uso Consciente da Água).*

ÁGUA ABERTA – Falta de água em navio em alto-mar.

AGUADA – Fonte; abastecimento de água por navio.

AGUADEIRO – Pessoa que vendia água nas ruas ou em domicílio.

AGUAGEM – Termo usado para designar a emissão de títulos destinados a reforçar empresa afetada por maus negócios.

ÁGUAS ADJACENTES – Situadas entre o alto-mar e o território de um país, sujeitas à sua soberania; chamadas também *mar territorial.*

✱ *V. Águas territoriais.*

ÁGUAS ALHEIAS – As que existem dentro de propriedades particulares. Quem pescar em águas alheias, sem permissão do dono, perde para esse o peixe que tiver pescado e responderá por dano que faça ao proprietário. Quando as águas particulares atravessem terrenos de muitos donos, cada ribeirinho tem direito a pescar de seu lado até o meio das águas. A Lei nº 7.679/1988 proíbe a pesca no período de reprodução dos peixes. Dec. nº 24.643/1934 (Cód. de Águas), mantido, com modificações, pelo Dec. nº 852/1938.

ÁGUAS ARTIFICIAIS – Aquelas que são correntes ou depositadas em construções feitas pelos homens como canais e represas.

ÁGUAS BRASILEIRAS – *V. Águas territoriais.*

ÁGUAS COLATÍCIAS – Aquelas que descem pela encosta de uma montanha, por efeito natural. Também chamadas *águas vertentes.*

ÁGUAS COMUNS – Águas que devem ser acessíveis ao público para suas necessidades, não podendo os proprietários das margens impedir que seus vizinhos delas se utilizem.

✱ *V. Cód. de Águas, arts. 34 e 35.*

ÁGUAS CONTÍGUAS – Aquelas que servem de divisa a dois países, indo de uma nação à outra.

Não contíguas: que não confinam com outras de nação limítrofe, mas com o mar alto ou livre.

ÁGUAS DORMENTES – São as que não têm curso, estão paradas, por isso chamam-se, também, *águas manentes* ou *estantes*: lagos, açudes, lagoa, poços, piscinas.

ÁGUAS ESTADUAIS – As que pertencem ao Estado por ter nascentes e foz no território do Estado.

ÁGUAS ESTAGNADAS – São as águas paradas que derivam de chuvas, de transbordamento de rios, fontes captadas ou de açudes, as quais ficam imobilizadas devido à planura e impermeabilidade do solo.

ÁGUAS EXTERIORES – No Dir. Público e Internacional, são aquelas que estão entre dois países, mas não integram o mar territorial de nenhum deles.

ÁGUAS FEDERAIS – Lagos e quaisquer correntes de água que estejam em terreno de domínio federal, ou banhem mais de um Estado, sejam limite com outros países, ou se estendam a território estrangeiro; também as ilhas fluviais e lacustres nas regiões limítrofes com outros países.

✱ *V. CF, art. 20.*

ÁGUAS FLUTUÁVEIS – As que não são navegáveis, mas podem servir para o transporte de materiais que flutuem, como madeira.

ÁGUAS INTERIORES – As que integram o território de um país: águas marítimas, fluviais e lacustres. São bens públicos de uso comum do povo os mares e os rios. Esse uso comum pode ser gratuito ou retribuído, conforme as leis da União, dos Estados ou dos Municípios a cuja administração pertencerem.

✱ *V. CC, arts. 99 a 103.*

✱ *V. CF, arts. 5º, LXXIII, 20, III, e 26, I a III.*

✱ *V. Lei nº 8.617/1993 (Sobre Mar Territorial).*

✱ *V. Lei nº 7.661/1988 (Sobre praias).*

ÁGUAS INTERNACIONAIS – Diz-se daquelas do alto-mar, o mar livre, além dos limites marítimos dos países.

ÁGUAS JURISDICIONAIS – *V. Mar territorial.*

ÁGUAS LIVRES – As que não estão sob jurisdição, sujeitas ao domínio de nenhuma nação.

ÁGUAS MORTAS – Águas que, por infiltração, são absorvidas pelo terreno e ficam depositadas no solo mais baixo. Denominam-se também *escorralho, escorredouras* ou *escorreduras.*

ÁGUAS MUNICIPAIS – As que se situam apenas no território do município.

ÁGUAS NACIONAIS – As que pertencem aos mares interiores no território de um país, baías, enseadas, portos, canais e outras partes do mar entre as costas e que se comuniquem com o mar livre. *V. Águas territoriais.*

ÁGUAS NASCENTES – Aquelas que surgem naturalmente ou por meios artificiais por obra humana e correm dentro de um prédio particular e, transpondo-o, não tenham sido abandonadas pelo proprietário.

ÁGUAS NAVEGÁVEIS – Aquelas que se prestam à navegação.

ÁGUAS NOCIVAS – As insalubres, de ação maléfica por efeito de contaminação.

ÁGUAS PARTICULARES – As nascentes, as correntes ou as estantes. Usadas em terreno particular, que não estão compreendidas entre as águas públicas ou as de uso comum.

ÁGUAS PLUVIAIS – Aquelas que se originam de chuva e se acumulam natural ou artificialmente. Caídas em lugares ou terrenos públicos de uso comum, podem ser utilizadas por qualquer proprietário dos terrenos por onde passem, desde que se observem os regulamentos administrativos.

✱ *V. Dec. nº 24.643/1934 (Código de Águas), arts. 102 e 103, 106 e 107.*

ÁGUAS PÚBLICAS (DE USO COMUM) – As que estão submetidas ao domínio público – as dos rios e do mar territorial –, sendo de uso comum. Não podem ser apropriadas por particulares, concessão feita só a título precário e revogada assim que o exija o interesse público.

ÁGUAS REMANESCENTES – Aquelas que, desviadas para fins industriais, excedem o seu aproveitamento. Chamam-se ainda: *supérfluas, transbordantes, sobejas* ou *sobrantes.*

ÁGUAS SUBTERRÂNEAS – As que se acumulam ou correm a certa profundidade do terreno, acima da camada argilosa.

✱ *V. Cód. de Águas, art. 96.*

ÁGUAS TERRITORIAIS – As que existem no território de um país – *marítimas, fluviais* e *lacustres* – parte das que existem entre dois Estados e ainda o *mar territorial* (faixa de água ao longo da costa do país). O Brasil fixou em 12 milhas marítimas o seu mar territorial, contadas da linha da baixa-mar do litoral continental e insular, exercendo completa soberania sobre ele. Tratados internacionais legislam o assunto.

✱ *V. Lei nº 8.617/1993 (Altera os limites do mar territorial do Brasil), art. 1º.*

ÁGUAS VIVAS – Relativas às águas correntes que derivam de nascentes, rios ou poços.

A INCLUSIONE UNIUS AD EXCLUSIONEM ALTERIUS – (Latim) Da inclusão de um à exclusão do outro.

AIR-BAG – Equipamento suplementar de retenção frontal para o condutor e o passageiro do banco dianteiro que passou a ser exigido pelo art. 105, VII, do CTB, ocorrido com o advento da Lei nº 11.910/2009. O *air-bag* será progressivamente incorporado aos novos projetos de automóveis e dos veículos deles derivados, fabricados, importados, montados ou encarroçados, a partir do primeiro ano após a definição pelo Contran das especificações técnicas pertinentes e do respectivo cronograma de implantação e a partir do quinto ano, após esta definição, para os demais automóveis zero quilômetro de modelos ou projetos já existentes e veículos deles derivados.

AJUDA – 1. Ato ou efeito de ajudar. 2. Auxílio, assistência, socorro. 3. Coparticipação na prática de crime doloso.

AJUDA DE CUSTO – Adiantamento em dinheiro que as empresas privadas ou a Administração Pública fazem a seus colaboradores, além de seus vencimentos, para provimento de despesas necessárias e extraordinárias com viagens a serviço, mudança, instalação, estada etc., não integrando a remuneração para efeitos tributários e previdenciários. 2. Para fins trabalhistas, a partir da entrada em vigor da Lei nº 13.468/2017, a ajuda de custo independentemente do seu percentual em relação à remuneração total, não é considerada parte do salário.

✱ *V. CLT, arts. 239, § 2º, 457, § 2º.*

✱ *V. Lei nº 8.112/1990 (Dispõe sobre regime jurídico dos servidores públicos civis da União, das autarquias e das fundações públicas federais), arts.53 a 57.*

✱ *V. Lei nº 7.713/1988 (Altera a legislação do imposto de renda), art.6º, XX.*

✱ *V. Lei nº 8.212/1991 (Lei Orgânica da Seguridade Social), arts. 22, § 14, II, e 28, § 8º,* g.

✱ *V. Dec. nº 4.004/2001 (Dispõe sobre a concessão de ajuda de custo e de transporte aos servidores públicos civis da União, das autarquias e das fundações públicas federais).*

AJUDA VINCULADA – Empréstimo que obriga o país devedor a comprar do país que faz o financiamento materiais e produtos necessários ao seu projeto de investimento. Em inglês: *Tied Loan.*

AJUDADOR – Pessoa que auxiliava o Ministério Público na acusação. Hoje o *assistente de acusação.*

AJUIZADO – Que foi levado a juízo, submetido a julgamento, que está sob a apreciação do Judiciário.

AJUIZAMENTO – Propositura de uma ação. Ato de levar a juízo o tribunal. Também indica decisão, julgamento.

AJUIZAR – Submeter uma lide ao pronunciamento do Judiciário. Tornar objeto de processo judicial. Formar um juízo em relação a alguma questão. Apreciar, como magistrado.

AJUNTADAS – O mesmo que *adjunção, confusão, comistão* (q.v.).

✱ *V. CC, art. 1.272 e segs.*

AJUNTAMENTO ILÍCITO – Reunião, em lugar público, de indivíduos que provocam tumultos, em condições proibidas ou com fins vedados pelas leis em vigor.

AJUSTADO – Contrato por preço certo, combinado, acertado. O mesmo que *justo,* como se vê na fórmula consagrada dos contratos: "e assim *justos* e contratados, assinam".

AJUSTADOR – Intermediário na realização de negócios, acordo ou contrato.

De avarias: perito nomeado pelas partes litigantes ou pelo juiz para regulação e averiguação do valor das avarias, para que elas paguem o que lhes couber. O mesmo que *regulador.* ***V.*** *Regulação.*

AJUSTAMENTO – Conciliação, acordo em negócio, contrato ou questão.

AJUSTAR – Pactuar, combinar, convencionar, chegar a um *ajuste.*

AJUSTE – Convenção ou acordo, com uma finalidade determinada, entre duas ou mais pessoas (ajuste da venda); liquidação, acerto (ajuste de contas). No Dir. Penal, é circunstância agravante, quando dois ou mais indivíduos firmam um pacto para cometer delito que pode ser praticado por um só deles. Diz-se também do engajamento de tripulantes para prestar serviços a bordo mediante salário fixo ou participação em eventual provento. Esse contrato, feito pelo armador, por meio do capitão, pode ser por tempo fixo ou indeterminado. No Dir. Internacional Público, é sinônimo de *tratado.* Outras formas de ajuste são a do proprietário com o empreiteiro (ajuste de locação de serviços) e do advogado e procurador com seus clientes (procuração).

✱ *V. CC, art. 615.*

AL – Abreviatura de *aliud*: outra coisa mais, outro motivo, coisa diversa, como se vê comumente em sentença criminal.

ALARGAMENTO – Medida de utilidade pública, adotada pela Administração, visando aumentar a largura de ruas, estradas e praças, para isso autorizando as necessárias desapropriações.

✱ *V. CC, art. 31.*

✱ *V. Dec.-lei nº 3.365/1941 (Lei das Desapropriações), art. 15.*

✱ *V. Dec.-lei nº 1.075/1970 (Regula a imissão de posse,* initio litis, *em imóveis residenciais urbanos).*

✱ *V. Lei nº 4.132/1962 (Lei das desapropriação por interesse social).*

A LATERE – (Latim) Ao lado. É utilizada quando se aduz um fundamento além daquele que foi indicado como o essencial ou o principal.

ALBERGADO – Aquele que é admitido em albergue; condenado sob o regime de prisão-albergue.

ALBERGAR – Ocultar pessoa procurada; dar asilo, hospedar.

ALBERGARIA – Contrato de hospedagem em albergue; local de recolhimento de pessoas carentes desamparadas.

ALBERGUE – Local onde se é recolhido por caridade, asilo, refúgio. Casa utilizada para alojamento permanente ou temporário.

ALBINAGIO – Direito que, antigamente, os Estados tinham de suceder, parcial ou totalmente, a estrangeiros que falecessem em seu território sem deixar herdeiros nacionais.

ALÇA – O mesmo que *recurso,* no Dir. antigo.

ALÇADA – Limite de jurisdição, de competência de juízo ou tribunal para conhecer ou para julgar causas, de acordo com o seu valor, constante da petição. O crimes dolosos contra a vida, no direito brasileiro, por exemplo, são da alçada do júri. O Tribunal de Alçada do Estado tinha competência limitada ao valor das causas e a outras circunstâncias foi extinto pelo art. 4º da EC nº 45/2004, tornando-se órgão do Tribunal de Justiça.

ALCAGUETE – Informante da polícia; vive entre os delinquentes e, sigilosamente, leva informações deles à polícia.

ALCAIDE – Oficial de Justiça no tempo das Ordenações; meirinho; também governador de castelo, província, ou comarca com jurisdição civil e militar. Atualmente, prefeito.

ALCAIOTA – Mulher alcoviteira.

ALCAIOTE – Intermediário na prática do lenocínio; proxeneta, traficante de pessoas, rufião.

✱ *V. CP, arts. 230 e 231.*

ALCANÇADO – O acusado de desviar dinheiro ou valores, que estavam sob a sua guarda e responsabilidade. O que comete o crime caracterizado pelo *alcance* (q.v.).

ALCANCE – Desfalque, peculato, extravio de valores monetários. Desvio ou uso indevido de bens. É crime de *peculato* (q.v.) se praticado por funcionário público.

✱ *V. CP, art. 312.*

✱ *V. CC, art. 1.762.*

ALCOOFILIA – *V. Alcoolatria.*

ALCOOLATRIA – Diz-se, em Medicina Legal, do desejo irresistível de ingerir álcool. O mesmo que *alcoofilia* e *dipsomania.*

ALCOOLEMIA – Em Medicina Legal, significa a presença de álcool no sangue.

ALCOOLISMO – É tido como o principal fator da criminalidade. Conjunto de fenômenos psicopatológicos resultantes da abusiva ingestão de bebidas com alto teor alcoólico, que levam à embriaguez com sua sequela de distúrbios cerebrais, intelectuais e morais. A embriaguez é uma das circunstâncias que sempre agravam a pena; não exclui a imputabilidade penal a embriaguez, voluntária ou culposa, pelo álcool ou substância de efeitos análogos, no entanto, se decorrente de força maior ou caso fortuito, fica isento de pena o agente se, ao tempo da ação ou missão, era incapaz de entender o caráter ilícito do fato.

✱ *V. CP, arts. 28, II, §§ 1º e 2º, e 61, II,* I.

ALCOUCE – Bordel, lupanar, prostíbulo, casa onde se pratica a prostituição.

ALCOUCEIRO – Dono de alcouce, de prostíbulo; pensão de meretrizes.

ALCOVITEIRO – Rufião, lemão, corretor de prostitutas. Diz-se daquele que explora o lenocínio. Atualmente, qualifica a pessoa que espalha boatos ou vive de mexericos.

ALCUNHA – O mesmo que *cognome*. Apelido que, em geral, lembra, depreciativamente, peculiaridades físicas de quem o recebe. Epíteto que os pais, carinhosamente, dão aos filhos.

ALEA – (Latim) Refere-se a uma espécie de jogo, lembrando-se, a propósito, as palavras de Júlio César ao transpor o Rio Rubicon: "a sorte está lançada: *alea jacta est*". Daí, igualmente, *aleatoriu* = casa de jogo. Refere-se à cláusula de um contrato cujo cumprimento está na dependência de um acontecimento futuro, imprevisível, que implica possibilidade de ganho ou de perda, resultando da sorte, do risco. Por isso, os seguros, as loterias, são considerados *contratos aleatórios*. A *alea é ordinária*, quando os contratantes preveem a possibilidade de ocorrer um evento futuro previsível e suportável, portanto que gere efeitos sobre o contrato e, por isso, aceitam o risco, como se dá nos casos de seguro ou de empreitada; e *extraordinária*, a que se prende a acontecimento futuro fortuito, totalmente imprevisível, danoso a uma das partes e que, por ser excessivamente oneroso, obriga à partilha do prejuízo resultante, por medida de equidade. Esta última forma é usual no Dir. Administrativo.

ALEATÓRIO – Que depende de acontecimento futuro, de ocorrência imprevisível, ou da sorte, do acaso, do azar. *V. Contrato aleatório.*

ALEGAÇÃO – Aquilo que se alega ou se aduz como prova de um direito. Nos Códigos de Processo Civil e Penal, é usada no plural.

ALEGAÇÕES – Designa quaisquer sustentações, razões, arrazoados, impugnações, de fato e de direito, feitos nos autos do processo no decorrer da lide. As alegações dividem-se em: *preliminares*, quando se quer alegar uma nulidade processual, por afronta a matéria de direito ou por ter havido cerceamento de defesa na fase de instrução processual; e *de mérito*, quando se expõem razões de fato e de direito que provem a inocência do réu. Por matéria de fato entendem-se as provas, o álibi do acusado; se a prova coligida não permitir a absolvição, pleiteia-se a aplicação de pena reduzida.

Do réu: razões apresentadas pelo réu para invalidar o pedido do autor.

Finais: as que apresentam os litigantes dos fatos do processo, para deduzir argumentos pró ou contra o direito controvertido, fundamentando-se na lei, nas provas dos autos, na doutrina e na jurisprudência. Podem ser verbais ou por escrito. Também se diz: "*debates*".

Orais no Tribunal do Júri: *V.* art. 411, § 4º, do CPP (com redação dada pela Lei nº 11.689/2008).

ALEGADO – O Código Civil e o de Processo Civil apresentam diversas oportunidades em que as partes podem participar dos autos com alegações pertinentes.

✱ *V. CC, art. 193.*

✱ *V. CPC/1973, arts. 75, III, 131, 245, 282, VI, 343, § 1º, 391, 492, 841, 903, 909 e 928.*

✱ *V. CPC/2015, arts. 128, III, 278, 319, VI, 371, 385, 431, 562 e 972.*

ALEGANTE – Aquele que apresenta alegação em juízo, em processo de que é parte.

ALEGAR – Apresentar razões pertinentes à defesa da lide, oralmente ou por escrito; produzir *alegações* (q.v.). Afirmar, expor argumentos.

ALEIVE – Acusação falsa, calúnia.

ALEIVOSIA – Traição, felomia, ato malévolo praticado contra alguém sob falsa demonstração de amizade. Como sinônimo de *traição* é uma circunstância agravante da pena.

✱ *V. CP, arts. 61, II, c, e 121, § 2º, IV.*

ALEXIA – Em Medicina Legal, é uma forma de afasia na qual a pessoa fica, patologicamente, impossibilitada de ler.

Motora: quando a pessoa entende o que lê, o que vê escrito, mas não pode ler em voz alta.

ALFAIAS – Móveis que pertencem a estabelecimento comercial. Objetos de uso pessoal ou doméstico, como tapetes, lustres, cortinas, bibelôs, estatuetas, baixelas, enfeites, joias, adereços.

ALFANDEGAGEM – Cobrança feita pela Alfândega.

ALFÂNDEGAS – O mesmo que *aduana*. Repartição fiscal federal, onde são vistoriadas, registradas, despachadas ou desembaraçadas, mercadorias importadas e exportadas, para cobrança de direitos ou impostos. Também são vistoriadas bagagens e pertences de pessoas que entram e saem do país. A Alfândega é *marítima* ou *fluvial*, se está situada em porto de mar ou de rio; *seca* ou *terrestre*, se fica em ponto de trânsito terrestre.

ALFINETES – No antigo Dir. português, referia-se a determinada quantia de dinheiro que o marido reservava para a mulher, ambos pertencentes à nobreza, por contrato antenupcial, de que ela podia dispor livremente para a compra de adornos ou para suas despesas pessoais.

ALFORRIA – Liberdade concedida ao escravo pelo seu senhor, por meio da *Carta de Alforria*, em geral registrada em Cartório.

ALGEMAS – Braceletes de aço, ligados por pequenas correntes, que os policiais usam para prender pelos pulsos e conduzir criminosos de certa periculosidade à prisão.

✱ *V. Súm. Vinc. nº 11 (Só é lícito o uso de algemas em casos de resistência e de fundado receio de fuga ou de perigo à integridade física própria ou alheia, por parte do preso ou de terceiros, justificada a excepcionalidade por escrito, sob pena de responsabilidade disciplinar, civil e penal do agente ou da autoridade e de nulidade da prisão ou do ato processual a que se refere, sem prejuízo da responsabilidade civil do Estado).*

ALGOFILIA – *V. Algolagnia.*

ALGOLAGNIA – Termo utilizado em Psiquiatria e Medicina Legal para designar pessoa que sente volúpia pela dor. Trata-se de perversão sexual que leva a pessoa a sentir prazer sexual apenas quando a cópula é acompanhada por sofrimento físico que experimenta ou inflige no parceiro. Quando *ativa*, é classificada como *sadismo*; quando *passiva*, caracteriza o *masoquismo*.

ALGORITMO DE ESTADO – O Dec. nº 7.845/2012, que regulamenta procedimentos para credenciamento de segurança e tratamento de informação classificada em qualquer grau de sigilo e dispõe sobre o Núcleo de Segurança e Credenciamento, conceituou algoritmo de Estado. De acordo com o art. 2º, I, considera-se algoritmo de Estado: "(...) função matemática utilizada na cifração e na decifração, desenvolvido pelo Estado, para uso exclusivo em interesse do serviço de órgãos ou entidades do Poder Executivo federal;"

ALHEAÇÃO – Termo de pouco uso que indica ato ou efeito de transferir a propriedade de uma coisa ou de um direito a outra pessoa. O mesmo que alienação.

ALHEADO – O que pode ser objeto de *alheação*.

ALHEAR – O mesmo que *alienar*, transferir domínio ou direito sobre uma coisa.

ALIADO – No Dir. Internacional Público, país que mantém aliança com outro, em razão de tratado político. Pessoa que se une a outra por um interesse comum. Cúmplice.

ALIANÇA – Tratado que duas ou mais nações fazem para defesa mútua, por meios militares ou não.

De partidos: coligações partidárias às vésperas das eleições para fortalecer candidaturas; ou união de partidos para aprovação ou rejeição de proposta do Legislativo ou do Executivo.

ÁLIBI – A palavra significa *em outro lugar*. O acusado alega, opondo esta exceção, que no momento do delito se encontrava em lugar diferente e afastado daquele em que ele ocorreu, portanto, materialmente não poderia tê-lo praticado nem dele participado.

ALICANTINA – Ardil para prejudicar ou embaraçar o ex-adverso numa demanda; astúcia contra a parte contrária, visando prejudicá-la.

ALICERCE – Base sólida de uma construção, de um edifício, que dá ensejo a cominações legais.

✱ *V. CC, art. 1.305 e parágrafo único.*

ALICIAÇÃO – *V. Aliciamento.*

ALICIADO – Aquele que foi vítima de aliciamento.

ALICIADOR – Enganador, subornador; aquele que alicia.

ALICIAMENTO – Ação ou efeito de *aliciar*, com promessa enganosa, pessoas para fins escusos ou contrários à lei e à moral.

De militar: crime praticado por civil ou militar que, em período de guerra, induz alguém, com falsas promessas ou por suborno, a rebelar-se contra a ordem interna do país ou a passar-se para o inimigo ou prestando-lhe apoio, a fim de que o faça.

De trabalhadores: para conduzi-los a outros pontos do país, com mentirosas ofertas de trabalho. Resulta, na maioria das vezes, em *trabalho escravo*. É crime contra a organização do trabalho.

✱ *V. CP, art. 207.*

Para fins de emigração: crime que cometem aqueles que aliciam trabalhadores para levá-los para fora do país.

✱ *V. CP, art. 206.*

Para fins desonestos: crime que consiste em aliciar menores de ambos os sexos para furtos, roubos e prostituição.

✱ *V. CP, arts. 206 e 207.*

✱ *V. CPM, art. 360.*

ALICIAR – Proceder a *aliciamento* (q.v.). Induzir, incitar, com falsas promessas, pessoas a fins ilícitos.

À LIDE – O mesmo que *ad litem*. Expressão forense que significa na demanda, na lide.

ALIENABILIDADE – Qualidade que a coisa ou o direito apresenta, juridicamente, para serem transferidos a outrem, livremente e a qualquer título.

ALIENAÇÃO – O mesmo que *alheação* (termo pouco usado). Consiste na transferência de coisa ou direito, real ou pessoal, a outra pessoa. A alienação pode ser a *título gratuito*, quando feita por mera liberalidade, sem obrigar o adquirente à contraprestação; a *título oneroso*, se existe obrigação ou encargo para ambos, pessoal ou real, como na permuta; *criminosa*, forma qualificada de *estelionato, segundo a qual, o agente vende, permuta, dá em pagamento, em locação ou garantia, coisa alheia a terceiros, fazendo-se passar como real proprietário, cuja pena é de reclusão, de 1 (um) a 5 (cinco) anos e multa;* em *fraude de execução*, a que o devedor faz a terceiro, para furtar seus bens à execução iminente, a fim de prejudicar o credor (*V. fraude de execução*); *judicial*, dá-se pela transferência da propriedade de um bem ou de um direito, em razão de leilão ou por ordem judicial.

* *V. CPC/1973, arts. 42, 619, 647, I, 667, II, 670, parágrafo único, 673, § 1º, 679, 687, § 2º, 690, § 1º, 692, 697, 701, § 1º, 702, parágrafo único, 705, I, V, 773, 776, 785, 870, parágrafo único, 1.046, 1.047, II, 1.070, § 1º, 1.112, III, IV e V, 1.113, §§ 1º a 3º, 1.115, 1.116, parágrafo único, 1.118, 1.119 e 1.155.*
* *V. CPC/2015, arts. 109, 674, 725, 730, 742, 804, 825, 851, 852, 853, 857, 864, 884, 887, 889, 891, 892, 894, 895, 896 e 899.*
* *V. CC, arts. 31, 459, 504, 576, 609, 661, § 1º, 879, 1.267, 1.268, 1.314, 1.393, 1.410, VII, 1.570, 1.642, III, 1.647, 1.648, I, 1.691, 1.748, 1.750, 1.782, 1.817 e 1.939, II.*
* *V. CP, art. 171, § 2º, I.*

ALIENAÇÃO ANTECIPADA – Para fins de Processo Penal, trata-se de medida assecuratória, disciplinada no art. 144-A do CPP, inserido pela Lei no 12.694/2012. Visa resguardar a utilidade da apreensão de bens e valores sobre os quais recai suspeita de terem sido adquiridos de forma ilícita ou através de atos ilícitos, os quais poderão ser alienados antes do término do processo se, por acaso, estiverem sujeitos a qualquer grau de deterioração ou depreciação, ou quando houver dificuldade para sua manutenção. O produto da alienação ficará depositado em conta vinculada ao juízo até a decisão final do processo, procedendo-se à sua conversão, no caso de condenação, em renda para a União, Estado ou Distrito Federal, ou, no caso de absolvição, a sua devolução ao acusado. Na hipótese da indisponibilidade de bens recair sobre dinheiro, inclusive moeda estrangeira, títulos, valores mobiliários ou cheques emitidos como ordem de pagamento, o juízo determinará a conversão do numerário apreendido em moeda nacional corrente e o depósito das correspondentes quantias em conta judicial. No caso da alienação de veículos, embarcações ou aeronaves, o juiz ordenará à autoridade de trânsito ou ao equivalente órgão de registro e controle à expedição de certificado de registro e licenciamento em favor do arrematante, ficando este livre do pagamento de multas, encargos e tributos anteriores, sem prejuízo de execução fiscal em relação ao antigo proprietário.

* *V. CPP, art. 144-A.*

ALIENAÇÃO FIDUCIÁRIA – 1. Transferência da propriedade resolúvel e da posse indireta de um bem imóvel ou móvel infungível, como garantia de dívida, efetuada em favor do próprio devedor ou de terceiros, ficando o devedor como depositário, até que, pela liquidação do débito, resolve-se o direito do credor fiduciário, retornando a propriedade plena ao devedor fiduciante. Este tipo de alienação só se prova por escrito, cujo título constitutivo deverá conter informações sobre a obrigação garantida, tais como total da dívida, prazo para pagamento, taxa de juros e descrição da coisa objeto da transferência. 2. No caso de compra de carro por esse sistema, nos documentos do veículo, anota-se que ele está alienado até o cumprimento da obrigação assumida. Vencida a dívida, o credor fiduciário poderá promover ação de busca e apreensão do bem, independentemente da propositura da ação principal de cobrança, que poderá ser processada diretamente como ação executiva. 3. O Dec.-lei nº 911/1969 equiparava o devedor fiduciante ao depositário fiel, para fins de prisão civil. Contudo, o STF entendeu que, com a ratificação pelo Brasil da Convenção Interamericana de Direitos Humanos (Pacto de San Jose da Costa Rica), é incabível a prisão civil por qualquer modalidade de depósito. 4. No caso de aquisição de bem imóvel, é imprescindível o registro do contrato na matrícula do imóvel e, inadimplida a dívida, o credor poderá consolidar a propriedade plena, desde que notifique o devedor para purgar a mora, devendo colocar o referido bem em hasta pública ou oferecer para alienação direita a terceiros, a fim de que, com o produto da venda, seja quitada a dívida. Se da venda do referido bem, sobejar recursos além do saldo devedor da obrigação, a diferença deve ser restituída ao devedor.

* *V. CC, arts. 1.361 a 1.368-B.*
* *V. Lei nº 4.728/1965 (Disciplina o mercado de capitais e estabelece medidas para o seu desenvolvimento), art. 66-B.*
* *V. Lei nº 6.015/1973 (Lei dos Registros Públicos), arts. 129, 5º; 167, I, 35; 167, II, 8 e 30.*
* *V. Lei nº 9.514/1997 (Dispõe sobre o sistema financeiro imobiliário e institui a alienação fiduciária e de coisa imóvel).*
* *V. Dec.-lei nº 911/1969 (Estabelece normas de processo sobre alienação fiduciária).*
* *V. Súm. Vinc. nº 25.*
* *V. Súmulas nºs 28, 92, 245 e 284, do STJ.*

ALIENAÇÃO MENTAL – Distúrbio permanente ou temporário das faculdades mentais que torna uma pessoa incompatível com o meio social. Provoca a diminuição ou a total subtração de sua responsabilidade criminal, anula-lhe a capacidade civil, quando permanente. ***V.*** *Interdição.*

ALIENAÇÃO PARENTAL – É a interferência na formação psicológica da criança ou do adolescente promovida ou induzida por um dos genitores, pelos avós ou pelos que tenham a criança ou adolescente sob a sua autoridade, guarda ou vigilância para que repudie genitor ou que cause prejuízo ao estabelecimento ou à manutenção de vínculos com este. Constitui violação a direitos fundamentais da criança ou adolescente e descumprimento de deveres inerentes à autoridade parental, à tutela ou à curatela, conforme o caso. A apuração de atos de alienação parental será processada perante o Juízo da Infância e da Juventude, mediante perícia psicológica ou biopsicossocial, e, uma vez constatada, sujeita o agente alienante a sanções, como a alteração ou inversão do regime de guarda do menor, a fixação cautelar de domicílio para a criança ou o adolescente ou mesmo a suspensão do poder familiar, sem prejuízo da responsabilidade civil ou até criminal, conforme o caso. O sistema de garantia de direitos da criança e do adolescente vítima ou testemunha de violência surgiu com o objetivo de prevenir e coibir a violência contra crianças e adolescentes, entre elas a violência psicológica inerente ao ato de alienação parental.

✱ *V. Lei nº 12.318/2010 (Dispõe sobre alienação parental).*

✱ *V. Lei nº 13.431/2017 (Estabelece o sistema de garantia de direitos da criança e do adolescente vítima ou testemunha de violência), art. 4º, II,* b.

✱ *V. Dec. nº 9.603/2018 (Regulamenta a Lei nº 13.431, de 4-4-2017, que estabelece o sistema de garantia de direitos da criança e do adolescente vítima ou testemunha de violência).*

ALIENAÇÃO OU ONERAÇÃO FRAUDULENTA DE COISA PRÓPRIA – Crime praticado por quem vende, permuta, dá em pagamento, em locação ou oferece, como garantia, coisa própria onerada ou inalienável, sem esclarecimento dessa situação a terceiros. A pena é de reclusão, de 1 (um) a 5 (cinco) anos e multa.

✱ *V. CP, art. 171, § 2º, II.*

ALIENADO – O que sofre alienação mental; louco. Diz-se daquilo que foi transferido do domínio de uma pessoa a outra.

ALIENADOR – Aquele que aliena, transfere, vende propriedade ou um domínio que lhe pertence. O mesmo que *alienante*.

ALIENAR – Transferir o domínio ou o usufruto da coisa. Tornar alheio. Vender, doar, gravar de ônus reais.

ALIENATÁRIO – O mesmo que *adquirente*. Aquele em favor do qual se fez a alienação.

ALIENATÓRIO – Transmissível por alienação; que diz respeito ou lhe serve de objeto.

ALIENE JURIS – (Latim) No Dir. Romano, pessoa que estava sob o poder doméstico de outra: pai, tutor, curador. Incapaz. Em oposição a *sui juris*.

ALIENO NOMINE – (Latim) Em nome ou por conta de outra pessoa; em nome alheio.

ALIENO NOMINE DETINENDI – (Latim) Ato de deter em nome de outro.

ALIENO TEMPORE – (Latim) Fora de tempo.

ALIJAMENTO (DE CARGA) – No Dir. Marítimo, é o lançamento da carga do navio ou de parte dela ao mar, para livrá-lo de naufrágio iminente e salvar as cargas remanescentes. Trata-se de *avaria grossa*. ***V.*** *Avarias*. Pode ser: *regular*, quando há deliberação prévia do capitão e de membros graduados da tripulação; *irregular*, se é feito antes de qualquer deliberação, a qual é impossível em razão da situação grave e urgente do navio.

✱ *V. CCom, arts. 764, 2 e 3, e 765.*

ALIJAR – Lançar fora a carga ou parte dela do navio, para evitar o naufrágio.

ALIMENTA IN LITEM – (Latim) Alimentos provisionais, nos quais se incluem recursos para pagamento de gastos judiciais, nas ações de *nulidade* ou *anulação de casamento*. Também se diz *alimenta expensa litis*.

✱ *V. EC nº 66/2010 (Dispõe sobre a dissolubilidade do casamento civil pelo divórcio, suprimindo o requisito de prévia separação judicial por mais de 1 (um) ano ou de comprovada separação de fato por mais de 2 (dois) anos).*

ALIMENTAÇÃO – 1. Efeito ou ato de alimentar. 2. Tudo aquilo que é utilizado para nutrir, alimentar. 3. No Direito do Trabalho, a concessão do intervalo de, no mínimo, 1 (uma) hora de duração para repouso ou alimentação do empregado, é obrigatória no período contínuo de trabalho, excedente de 6 (seis) horas e, a menos que exista acordo escrito ou contrato coletivo em contrário, não poderá exceder de 2 (duas) horas. 4. O Decreto nº 10.880/2021 regulamentou o Programa Alimenta Brasil destinado ao incentivo da agricultura familiar, dentre outras finalidades. 5. A Lei nº 14.284/2021 instituiu o Programa Alimenta Brasil. 6. O fomento à agricultura familiar conta, também, com o Programa de Venda em Balcão destinado ao acesso do pequeno criador de animais ao estoque público de milho. Ademais, a mesma lei do referido programa (Lei nº 14.293/2022) determina a competência da Companhia Nacional de Abastecimento (Conab)) para atos destinados ao cumprimento do programa. 7. No ano de 2022, a EC nº 123/2022 assegurou suplementação orçamentária de R$ 500.000.000,00 (quinhentos milhões de reais) ao Programa Alimenta Brasil.

✱ *V. CLT, art. 71.*

✱ *V. Lei nº 14.016/2020 (Dispõe sobre o combate ao desperdício de alimentos e a doação de excedentes de alimentos para o consumo humano).*

✱ *V. Lei nº 14.275/2021 (Dispõe sobre medidas emergenciais de amparo à agricultura familiar, para mitigar os impactos socioeconômicos da Covid-19, dentre outras disposições).*

✱ *V. Lei nº 14.284/2021 (Institui o Programa Auxílio Brasil e o Programa Alimenta Brasil, dentre outras disposições).*

✱ *V. Lei nº 14.293/2022 (Institui o Programa de Venda em Balcão, com o objetivo de promover o acesso do pequeno criador de animais ao estoque público de milho; e dá outras providências).*

✱ *V. Dec. nº 10.880/2021 (Regulamenta o Programa Alimenta Brasil, instituído pela Medida Provisória nº 1.061, de 9 de agosto de 2021).*

✱ *V. EC nº 123/2022 (Altera o art. 225 da Constituição Federal para estabelecer diferencial de competitividade para os biocombustíveis; (...) expande o Programa Auxílio Brasil, de que trata a Lei nº 14.284, de 29 de dezembro de 2021, dentre outras disposições).*

Direito social: A EC nº 64/2010 inseriu a alimentação como direito social (art. 6º da CF).

Do trabalhador: Ao trabalhador de baixa renda destinam-se os programas de alimentação, de acordo com a Lei nº 6.321/1976, devendo os mesmos ser aprovados pelo Ministério do Trabalho. O trabalhador participa dos custos com 20%, ficando o empregador responsável pelo restante. Quando pago in natura o valor respectivo não se incorpora à remuneração do empregado. O Decreto nº 10.854/2021 autorizou a portabilidade gratuita do pagamento de alimentação, caso o trabalhador solicite e, dentre outras determinações, limitou a dedução do Imposto de Renda a valores de até um salário mínimo em caso de recebimento de até cinco salários mínimos pelo trabalhador.

✱ *V. Dec. nº 5/1991 (Regulamenta a Lei nº 6.321, de 14 de abril de 1976, que trata do Programa de Alimentação do Trabalhador), art. 2º, § 1º. (Revogado pelo Decreto nº 10.854/2021.)*

✱ *V. Dec. nº 10.854/2021 (Regulamenta disposições relativas à legislação trabalhista e institui o Programa Permanente de Consolidação, Simplificação e Desburocratização de Normas Trabalhistas Infralegais e o Prêmio Nacional Trabalhista, e altera o Decreto nº 9.580, de 22 de novembro de 2018).*

Do trabalhador rural: O empregador, para fornecer alimentação ao trabalhador rural, deve obedecer a quatro condições para poder descontá-la do salário: 1) alimentos em quantidade e qualidade suficientes; 2) é proibido cobrar preços mais elevados do que os da área em que atua; 3) o desconto deve obedecer ao limite máximo de 25% do salário-mínimo; 4) o empregado deve dar autorização expressa para os descontos.

ALIMENTADO – Aquele cuja alimentação é feita a expensas de outrem.

ALIMENTANDO – Aquele que tem direito a receber *alimentos* (q.v.).

ALIMENTANTE – Quem, por obrigação, presta alimentos a outrem. O mesmo que *alimentador*.

ALIMENTÁRIO – Aquele a quem se presta alimentos. O mesmo que *alimentado*.

ALIMENTÍCIO – O que alimenta; aquilo que concerne à alimentação. *Pensão alimentícia*: importância pecuniária que o juiz fixa para atender aos diferentes casos de prestação de alimentos previstos em lei.

✱ *V. CC, arts. 1.694 a 1.707.*

ALIMENTOS – Integra este instituto, no sentido jurídico, tudo o que for necessário ao sustento de uma pessoa, o *alimentando* (q.v.), não só a alimentação, mas também moradia, vestuário, instrução, educação, tratamentos médico e odontológico; conforme a Jurisprudência, incluam-se ainda neste título as diversões públicas. Os alimentos devem ser fixados na proporção das necessidades do reclamante e dos recursos da pessoa obrigada a prestá-los. Havendo mudança na fortuna de quem os supre ou na de quem os recebe, após a sua fixação, o interessado tem o direito de pedir ao juiz, conforme a situação, exoneração, redução ou agravação do encargo. Pode não ser exercido, mas não pode ser renunciado o direito a alimentos. Esse direito transmite-se aos herdeiros do devedor. O cônjuge responsável pela dissolução da sociedade conjugal prestará ao outro, se este necessitar, a pensão fixada pelo juiz e corrigida monetariamente. Cônjuges separados por sentença judicial contribuem na medida de suas posses para a manutenção dos filhos. Para garantir que a pensão será paga, o juiz pode determinar a constituição de garantia real ou fidejussória. Os parentes também podem exigir, reciprocamente, os alimentos de que necessitem para a sua subsistência. Esse direito é recíproco entre pais e filhos e extensivo aos ascendentes, recaindo nos mais próximos em grau, uns na falta dos outros. Sonegar alimentos, tanto os provisionais quanto os definitivos, leva o inadimplente à *prisão civil* prevista pela CF. A polêmica nos meios jurídicos é quanto à duração da prisão civil do devedor cuja recusa injustificada à prestação de alimentos pode levá-lo às penas de 1 a 4 anos de prisão, conforme o art. 244 do CP (*abandono material*). O prazo da *prisão civil*, a qual não é pena, não pode exceder a 60 dias; dada a ordem de prisão, a interposição de *agravo de instrumento* (q.v.) não suspende sua execução, sendo recebido no *efeito devolutivo*, tornando-se inoperante, já que no seu preparo e tramitação decorrerá o tempo da prisão. Daí ser ele substituído, cada vez mais, pelo *habeas corpus*, mais aceito pelos Tribunais. O foro competente para a *ação de alimentos* (q.v.), que corre em segredo de Justiça, é o do domicílio ou residência do alimentando. Tendo este procurador, a petição será endereçada diretamente ao juiz; se for defensor dativo, esse entregará a petição dentro de 24 horas a partir do momento em que tomou ciência de sua nomeação, sendo a inicial autuada com o termo de gratuidade da Justiça. Na petição deve constar a declaração de pobreza que será objeto de sanção, se falsa. Se a prestação alimentícia for pedida verbalmente, será reduzido o pedido a termo, com todos os dados necessários à apreciação plena do juiz, sendo suas três vias datadas e assinadas pelo escrivão. Os alimentos denominam-se: *civis* ou *necessários*, aqueles devidos em virtude do vínculo de parentesco (*jure sanguinis*); *definitivos*, concedidos ao cônjuge inocente, no divórcio *contencioso*; na *amigável*, são aqueles ajustados entre marido e mulher; *expensa litis* (*in litem*), aqueles que são atribuídos junto com os provisionais; *futuros*, aqueles devidos após uma determinada data; *legítimos* ou *legais*, devidos em face do parentesco; *naturais*, os que são necessários à manutenção da pessoa; *pretéritos*, os que deveriam ter sido prestados e não o foram; *provisionais*, concedidos à mulher para que tenha meios para sua subsistência e para prover as despesas necessárias à demanda de *nulidade de casamento*, de *investigação de paternidade*, com sentença favorável na primeira instância, incluídos os honorários do advogado. São devidos desde a data em que forem arbitrados pelo juiz, até que a sentença passe em julgado. Pelo CC/2002, o marido também poderá exigir pensão alimentícia (art. 1.704, parágrafo único). O julgamento da ADI nº 5.422 retirou a incidência de Imposto de Renda sobre valores recebidos a título de pensão alimentícia ou alimentos, fixados no direito de família, com efeito retroativo, pois tal tributação viola direitos fundamentais e resulta em uma dupla tributação, vedada pelo ordenamento pátrio.

✱ *V. CF, art. 5º, LXVI.*

✱ *V. CC, art. 1.694 e segs.*

✱ *V. CPC/1973, arts. 100, II, 155, II, 520, II, e 732 a 735.*

✱ *V. CPC/2015, arts. 53, 189, 911 a 913 e 1.012.*

✱ *V. CP, art. 244.*

✱ *V. Lei nº 5.478/1968 (Ação de Alimentos), arts. 3º, § 2º, e 19, § 3º.*

✱ *V. Lei nº 6.515/1977 (Lei do Divórcio).*

✱ *V. Lei nº 8.971/1994.*

✱ *V. Lei nº 11.804/2008 (Disciplina o direito a alimentos gravídicos e a forma como ele será exercido).*

✱ *V. EC nº 66/2010 (Dispõe sobre a dissolubilidade do casamento civil pelo divórcio, suprimindo o requisito de prévia separação judicial por mais de 1 (um) ano ou de comprovada separação de fato por mais de 2 (dois) anos).*

A LIMINE – (Latim) Desde o início.

ALÍNEA – Subdivisão de artigo de lei, regulamento, parágrafo ou cláusula de contrato, precedida de uma letra minúscula. Nova linha que se escreve, abrindo parágrafo. Do Latim: *a linea*.

ALINHAMENTO – No Dir. Administrativo, é o ato da Administração Municipal que determina as linhas pelas quais um lote de terreno vago ou particular limita com a via pública, a fim de que as edificações que se erguerem no local atendam a essas delimitações.

ALÍQUOTA – Percentual fixado por lei que se aplica sobre a base de cálculo do fato gerador para fixar o valor do tributo devido ao Fisco.

✱ *V. CTN, arts. 19, 20, II, 21, 39, 65, e 213 e parágrafo único.*

ALISTAMENTO – Ato de alistar-se, perante autoridade pública, para o cumprimento de obrigação legal ou para função ou serviço público. Exemplos: alistar-se para o serviço militar ou inscrever-se como eleitor. A CLT, em seu art. 473, inc. V, dispõe que o empregado, sem prejuízo do salário, pode faltar ao serviço, "até dois dias consecutivos ou não para o fim de se alistar eleitor, nos termos da lei respectiva".

ALITER – (Latim) De modo diverso, de outro modo.

ALIUD EST CELARE, ALIUD TACERE – (Latim) Uma coisa é ocultar, outra calar.

ALIUD EST DARE, ALIUD PROMITTERE – (Latim) Uma coisa é dar, outra prometer.

ALIUD EST PRAETIUM REI, ALIUD POSSESSIONIS – (Latim) Uma coisa é o preço da coisa, outra o da posse.

ALIUD PRO ALIO INVITU CREDITORI DARE POTEST – (Latim) Não se pode dar uma coisa por outra, contra a vontade do credor.

ALIUNDE – (Latim) Estranho aos autos do processo. De outra parte, de outro lugar, de outras pessoas.

ALJUBE – Cárcere destinado aos condenados pelo juízo eclesiástico, no Direito antigo.

ALLEGANS CASUM FORTUITUM, ILLUM PROBARE TENETUM – (Latim) Aquele que alega o caso fortuito tem de prová-lo.

ALLEGARE NIHIL ET A ALLEGATUM NON PROBARE PARIA SUNT – (Latim) Nada a alegar é o mesmo que não provar o alegado.

ALLEGATIO PARTIS NON FACIT JUS – (Latim) O que a parte alega não enseja direito.

ALMOEDA – Venda em praça pública pelo melhor lanço, em leilão ou hasta pública.

ALMOFACEL – Na terminologia das Ordenações, era pessoa encarregada de fiscalizar pesos, medidas, preços e distribuição de gêneros.

ALMOXARIFADO – Depósito de materiais públicos ou particular, para a guarda de máquinas, objetos e materiais diversos.

ALMOXARIFE – Responsável pelo almoxarifado. Na Administração Pública, é cargo de carreira preenchido por concurso, exigindo-se para exercê-lo instrução de nível médio.

ALODIAL – Diz-se do imóvel livre de quaisquer ônus, como hipoteca e outros.

ALODIALIDADE – Característica da propriedade alodial; isenção de foros, pensões, hipotecas e outros ônus.

ALÓGRAFO – Assinatura a rogo; opõe-se a *autógrafo*.

ALONGAMENTO – O mesmo que *alongo*, do francês *allonge*. Trata-se da extensão do título cambiário ou da folha do cheque, colando-se à sua margem uma folha suplementar sobre a qual se opõem os novos endossos, os avais, e indicações do título, para maior garantia. Diz-se também *folha de alongamento*.

ALOTRIOTECNIA – Em Medicina Legal, refere-se à expulsão de feto monstruoso.

ALQUEIRE – Unidade de medida agrária que varia de região a região do país. O alqueire em Minas Gerais tem o dobro do tamanho daquele de São Paulo, respectivamente, 48.400 metros quadrados e 24.200 metros quadrados. No Norte, é de 27.327 metros quadrados.

ALQUILADOR – O mesmo que *almocreve*. O que aluga animais de transporte; o contrato referente a esse aluguel chama-se *alquilaria*.

ALTA – Elevação de preços ou cotação de mercadorias, papéis de crédito; no mercado de ações, tendência de elevação de preço quando há muita procura.

Indagação: refere-se a toda questão, de fato ou de direito, que só pode ser esclarecida após demorado exame, contestações, alegações, discussão plena e produção de provas não documentais das partes envolvidas, pelas vias ordinárias do processo. Diz-se também *maior indagação*.

Jogar na: comprar ações, estocar mercadorias, prevendo elevação de sua cotação ou de seu preço.

Justiça: no Dir. antigo era a jurisdição a que se submetiam os crimes, exceto os atribuídos a membros da família real. Em seus domínios, os senhores feudais exerciam a *alta*, a *média* e a *baixa Justiça*.

Traição: atentado contra a segurança do Estado, por fornecimento de informações sigilosas a país estrangeiro ou inimigo, durante estado de guerra ou na iminência. É crime político gravíssimo. O mesmo que *crime de lesa-pátria*.

ALTERAÇÃO – 1. Mudança, modificação. 2. Adulteração. 3. O CPC/1973 prevê casos de alteração nos arts. 264, parágrafo único, 934, II, e 1.203, sem correspondentes no CPC/2015. 4. É elemento material da *falsificação*, com alteração no conteúdo ou na forma extrínseca da coisa ou do ato jurídico. 5. Nos crimes de falsidade, é um dos característicos da imitação.

De contrato social: acréscimo ou modificação de suas cláusulas.

De firma comercial: modificação do nome ou da razão social, feita no contrato social.

De função: quando o empregado é transferido para a função para a qual não foi contratado; só é lícita quando há consentimento mútuo entre empregado e empregador. A transferência para o cargo de mesmo nível é admitida quando se extingue o cargo ocupado pelo empregado e o novo é compatível com o extinto.

✱ *V. CLT, art. 468.*

De horário: feita na jornada normal de trabalho, que só pode ser ampliada com o consentimento do empregado e pagamento adicional; a redução é lícita se assegurado o mesmo salário da jornada anterior.

✱ *V. CLT, arts. 58, 58-A e 59.*

De limites: supressão ou deslocação de tapumes, marco ou outro sinal indicativo de linha demarcatória ou divisória, para apropriação de coisa imóvel alheia. É o *crime de usurpação*.

✱ *V. CP, art. 161.*

De local protegido por lei: crime que se consuma com a modificação de local protegido por lei, sem licença da autoridade competente.

✱ *V. CP, art. 166.*

De marca de animais: consuma-se este crime de usurpação com a supressão ou a mudança fraudulenta de marca ou sinal em animais de rebanho alheio. Não se confunde com *abigeato*.

✱ *V. CP, art. 162.*

De nome civil: no primeiro ano, após atingir a maioridade, o interessado pode, pessoalmente ou por procurador, alterar o nome civil, com a condição de que não prejudique os nomes de família. A mudança do nome será averbada e publicada pela imprensa. O juiz só permitirá outra alteração posterior do nome, por exceção e motivadamente, depois de ouvir o Ministério Público.

✱ *V. Lei nº 6.015/1973 (Registros Públicos), arts. 56 e 57.*

De nome comercial: pode ocorrer, nos casos permitidos por lei, que o sócio ou os sócios adotem o nome do sócio ou dos sócios que se retiram, para que o negócio continue sob a mesma razão social, mantendo-se o bom conceito da empresa.

De pagamento: quem é pago por tempo não pode passar a receber por produção, a menos que concorde, nem pagamento em moeda passar a ser feito por utilidades, ou vice-versa. A alteração unilateral ilícita pode dar ensejo ao empregado de pleitear na Justiça a volta às condições anteriores ou reivindicar o pagamento de indenizações, por ter o empregador dado justa causa à extinção do contrato em decorrência da alteração ilegal que nele promoveu.

✱ *V. CLT, arts. 468 a 483.*

De salário: pode ser aumentado, não reduzido. A supressão de horas extras e de adicionais, cessadas as razões por que eram pagos, assim como a perda de gratificações, não são consideradas reduções.

ALTERIDADE DA NORMA JURÍDICA – Também chamada *bilateralidade*. Implica o vínculo entre duas ou mais pessoas, o qual se denomina *relação jurídica*. A expressão *alteridade* (que vem do latim *alter*, outro) indica que as normas jurídicas são bilaterais, porque regem a conduta de uma ou mais pessoas em relação à conduta de outra ou de outras. Tem essa característica a norma que obriga o devedor a pagar a dívida e dá ao credor o direito de exigir o pagamento.

ALTERNATIVA – Possibilidade de fazer escolha, de optar por uma entre várias coisas possíveis. Faculdade conferida a alguém, por lei ou convenção, de fazer essa opção.

ALTERUM NON LAEDERE – Não prejudicar terceiro.

ALTO-MAR – A porção do mar que está além dos limites das águas territoriais das nações e do domínio de qualquer uma delas, sendo seu uso comum a todos os homens e livres à navegação. O mesmo que mar aberto, mar livre, águas neutras, pleno mar.

ALUCINÓGENO – Droga ou substância que provoca alucinação, fantasias.

ALUGADA – Diz-se de coisa, objeto de locação.

ALUGADOR – Aquele que aluga, locador.

ALUGAR – Locar, dar ou tomar em aluguel. Contratar a locação de coisa ou de serviço.

ALUGATÁRIO – O que aluga; que toma a coisa por contrato de aluguel. *Inquilino, locatário*.

ALUGUEL – Cessão do direito de uso e gozo, por preço convencionado e por prazo previamente estipulado ou não, de prédio, ou de coisa móvel ou de um bem. É a importância que o *locatário* (q.v.) paga ao *locador* (q.v.), pelo uso de um prédio para residência ou para comércio. O aluguel é de livre fixação pelas partes; não pode ser alterado unilateralmente desde que foi por elas fixado. Pela lei do inquilinato em vigor (Lei nº 8.245/1991), o aluguel pode ser revisto depois de 3 anos da vigência do contrato ou do acordo, por uma *ação revisional*. No curso das ações renovatória e revisional, pode ser estabelecido o *aluguel provisório*, no valor máximo de 80% do valor pretendido a partir do primeiro mês de contrato na ação renovatória e a partir da citação na revisional. A renovação é compulsória nas locações feitas por sociedades civis e industriais com fins lucrativos. A convenção do aluguel é livre, mas proíbe-se sua estipulação em moeda estrangeira e a vinculação à variação cambial ou ao salário mínimo. Na locação para temporada – *lazer*, tratamento de saúde, realização de cursos, construção de obras –, a máxima duração do contrato é de 90 dias, e o proprietário pode receber o aluguel antecipadamente. Se o locatário permanecer no imóvel, findo o aluguel, por mais de 30 dias sem que o locador se manifeste contrariamente, o contrato passa a ser considerado prorrogado por tempo indeterminado e o proprietário não poderá mais receber adiantado. O locador só poderá entrar com a denúncia vazia após 30 meses contados do início do contrato. A Lei nº 8.245/1991 (Lei das Locações), revogou o Dec. nº 24.150/1934, que regulava as condições e o processo de renovação de locações para fins comerciais e industriais; a Lei nº 6.239/1975, que tratava das ações de despejos de hospitais, unidades sanitárias oficiais, e estabelecimentos de saúde e de ensino; a Lei nº 6.649/1979, que cuidava de locações prediais urbanas; a Lei nº 6.698/1979, que dispunha sobre reajuste de aluguel nas locações residenciais; a Lei nº 8.157/1991, que alterava a Lei nº 6.649/1979; a Lei nº 7.355/1985, que modificava o art. 7º da Lei nº 6.649/1979; a Lei nº 7.538/1986, que suspendia a execução de sentença em ações de despejo; a Lei nº 7.612/1987, que cuidava da suspensão dos processos de despejo. Alterou também inúmeros artigos de leis anteriores.

✱ *V. Lei nº 9.069/1995 (Plano Real).*

✱ *V. Lei nº 12.112/2009.*

ALUVIAL – Referente a *aluvião*. Terreno formado por aluvião.

ALUVIÃO – Forma de acessão da propriedade imóvel. Processo de aumento paulatino de um terreno pelo depósito sedimentar (terra, areia) que um rio ou mar fazem, ou por aterros naturais ou pelo desvio de um curso de água. Diz-se: *própria*, quando os acréscimos são naturais, com materiais trazidos pelas águas; *imprópria*, quando se dá pelo desvio paulatino das águas, ficando desnudo o álveo do rio.

✱ *V. CC, art. 1.250.*

✱ *V. Dec. nº 24.643/1934 (Código de Águas).*

ALUVIONÁRIO – Terreno que se forma por aluvião; o mesmo que *aluvial* ou *aluviano*.

ALVARÁ – Ordem que a autoridade dá em favor de alguém, para certificar, determinar, autorizar, aprovar ato, estado ou direito. O ato tem força de lei quando a Administração Pública dá autorização, faz concessão, outorga um direito, aprova ou confirma um estado.

De licença: expedido pela Municipalidade em favor de pessoa física ou jurídica, autorizando o funcionamento de uma atividade ou estabelecimento comercial em local previamente fixado.

De soltura: mandado que o juiz ou o tribunal expede para libertação de réu absolvido em virtude de processo penal ou o preso que cumpriu sua pena, ou o paciente que obteve *habeas corpus*.

ÁLVEO – Leito do rio, por onde fluem as suas águas naturalmente, sem transbordar. Pode ser: *público* (*de uso comum*), quando é de domínio de pessoa jurídica de direito público; *particular*, quando é de propriedade privada; *abandonado*, quando deixa o seu leito, mudando o curso de suas águas; até o meio, e acede aos proprietários ribeirinhos das duas margens.

✱ *V. CC, art. 1.252.*

✱ *V. Dec. nº 24.643/1934 (Código de Águas), art. 26.*

ALVÍSSARAS – Prêmio dado a quem traz boa notícia ou entrega ao seu dono coisa que ele perdera. O mesmo que *achádego*.

AMAMENTAÇÃO – 1. Ato de alimentar bebês com o leite gerado pelas glândulas mamárias da mulher. 2. A CLT em seu art. 396 confere à mulher, para nutrir seu filho até que complete seis meses de idade, o direito a dois descansos especiais de meia hora cada, durante a jornada de trabalho. 3. A Lei nº 13.467/2017 (Reforma Trabalhista) alterou a redação do referido artigo para estender os referidos descansos à mulher com filho advindo de adoção, bem como esclarecer que tais períodos de descanso deverão ser definidos em acordo individual entre a mulher e o empregador.

✱ *V. CLT, art. 396.*

AMANCEBADO – Concubinário, amásio. Homem (ou mulher) que vive em mancebia ou concubinato com pessoa de sexo oposto como se marido (ou mulher) fosse.

AMANCEBAMENTO – Ato de amancebar-se; *concubinato* (q.v.). União de pessoas de sexo oposto sem casamento.

AMÁSIA – Concubina. Ela pode requerer em seu registro de nascimento a averbação do patronímico de seu companheiro. *V. Concubinato.*

✱ *V. Lei nº 6.015/1973 (Registros Públicos).*

✱ *V. Lei nº 8.971/1994 (Dir. dos Companheiros a Alimentos e à Sucessão).*

AMASIO – Mancebia, concubinato, amigação.

AMÁSIO – Diz-se do amancebado.

AMAZÔNIA LEGAL – Os Estados do Acre, Pará, Amazonas, Roraima, Rondônia, Amapá e Mato Grosso e as regiões situadas ao norte do paralelo 13º S, dos Estados de Tocantins e Goiás, e a oeste do meridiano de 44º W, do Estado do Maranhão.

✱ *V. Lei nº 12.651/2012 – Novo Código Florestal.*

AMBICÍDIO – Designa o homicídio-suicídio pactuado entre duas pessoas.

AMBIENTE REGULATÓRIO EXPERIMENTAL (*SANDBOX* REGULATÓRIO) – Conjunto de condições especiais simplificadas para que as pessoas jurídicas participantes possam receber autorização temporária dos órgãos ou das entidades com competência de regulamentação setorial para desenvolver modelos de negócios inovadores e testar técnicas e tecnologias experimentais, mediante o cumprimento de critérios e de limites previamente estabelecidos pelo órgão ou entidade reguladora e por meio de procedimento facilitado.

✱ *V. Lei Complementar nº 182/2021 (Institui o marco legal das* startups *e do empreendedorismo inovador, dentre outras disposições), art. 2º, II.*

AMBIGUIDADE – Duplicidade de sentido; falta de clareza, obscuridade, que causa duplo sentido ou má interpretação de lei ou texto. O mesmo que *anfibologia.*

AMBÍGUO – Que admite diferentes interpretações; eivado de ambiguidade; obscuro, sem clareza.

AMBIVALÊNCIA – Presença simultânea, em uma pessoa, de atitudes, tendências, sentimentos opostos. Pode ser: voluntária, intelectual e afetiva.

AMBULANTE – Dizia-se do vendedor que levava sua mercadoria deslocando-se pelas ruas; atualmente, nas grandes cidades, a Administração Municipal fixa para eles determinados pontos de venda, estabelecendo normas para sua atividade, cobrando-se a respectiva licença (Termo de Permissão de Uso).

AMBULATÓRIO – Local equipado para atendimento de doentes.

AMEAÇA – Forma de intimidação delituosa; imposição de receio à vítima de coação, verbal ou por escrito, assinado ou não, por gesto ou outro meio simbólico e inequívoco para perturbar-lhe a vontade ou viciar-lhe o consentimento. O autor da ameaça promete acarretar à vítima um mal futuro ou iminente, seguido de perigo real ou difícil de ser evitado. Para caracterizar-se a coação, é necessário que a ameaça seja capaz de provocar o temor, de tal modo que obrigue a vítima à prática do ato; não sendo assim, não há vício da vontade. Não é coação a ameaça do exercício normal de um direito nem o temor reverencial (receio de magoar o pai, a mãe ou pessoas às quais se deve obediência). No Dir. Penal, a ameaça está presente em dois delitos: *constrangimento ilegal* e *ameaça* propriamente dita. A ameaça pode ser: *direta*, dirigida à pessoa coagida; *indireta*, feita a terceira pessoa, a que o ameaçado se ligue por parentesco próximo.

✱ *V. CPC/1973, art. 932.*

✱ *V. CPC/2015, art. 567.*

✱ *V. CP, arts. 146 e 147.*

✱ *V. CC, arts. 153 e 1.210.*

AMEAÇADO – Diz-se do que está sob ameaça; sujeito passivo do crime de ameaça.

AMEAÇADOR – Aquele que faz ameaça.

AMEAÇAR – Intimidar, constranger, coagir.

AMENTAL – Indivíduo que sofre de doença mental; louco, interdito.

✱ *V. CPC/1973, arts. 1.177 a 1.186.*

✱ *V. CPC/2015, arts. 747 a 758.*

✱ *V. CP, art. 26.*

✱ *V. Lei nº 7.210/1984.*

AMIGÁVEL – Por amizade, por meio suasórios ou extrajudiciais. Exemplo: *partilha amigável.*

✱ *V. CPC/1973, arts. 1.029 e 1.030.*

✱ *V. CPC/2015, arts. 657 e 658.*

AMISSIO LUCRI EST DAMNUM – (Latim) A perda de lucro é dano.

AMISSÍVEL – Que se pode perder: posse *amissível.*

AMIZADE ÍNTIMA – Profundo laço afetivo entre duas pessoas, com notória e constante convivência, estreitas relações e dedicação recíproca. É um dos motivos para suspeição de juiz, escrivão, peritos, testemunhas, administradores judiciais.

✱ *V. CPC/1973, arts. 135 e 304.*

✱ *V. CPC/2015, art. 145.*

✱ *V. CPP, art. 95.*

AMNÉSIA – Em Medicina Legal, perda parcial ou total da memória. Impossibilidade de reter (*amnésia de fixação*) ou de recordar em tempo desejado (*amnésia de evocação*).

AMOEDAR – Cunhar moeda; reduzir a moeda. Vender a dinheiro.

AMORAL – Desprovido de senso moral, contrário à ética, à moral.

AMORTIZAÇÃO – Pagamento de parcela de uma dívida. Pagamento parcial para extinção de dívida advinda de empréstimo pecuniário.

Da dívida pública: resgate feito pelo Governo, todos os anos, da dívida interna ou externa.

De ações: aquisição feita por sociedades anônimas de suas próprias ações, sem redução capital.

AMORTIZAR – Pagar dívida em prestações fixas, ou variáveis, até saldá-la inteiramente.

AMOSTRA-TIPO – Porção de um produto, sem valor comercial, que se envia aos interessados em sua aquisição.

AMOTINAÇÃO – Sublevação, motim, rebelião. Crime de caráter coletivo, contra a ordem pública, que pode ser punido até com pena de morte em tempo de guerra.

AMOTINADO – Aquele que participa de rebelião, motim.

AMOVIBILIDADE – No Dir. Administrativo, é qualidade do titular de um cargo, que pode ser removido ou transferido, livremente, por decisão do Governo ou de superior hierárquico. Removibilidade, transferibilidade.

AMOVÍVEL – Transferível, removível (funcionário público).

AMPARAR – Defender, proteger, patrocinar (uma causa); servir de amparo, auxiliar.

AMPLA DEFESA – Princípio de direito que assegura a todos a mais ampla defesa quando processados, com a admissão do contraditório.

✱ *V. CF, art. 5º, XXXIX a XXXVIII.*

AMPLIAÇÃO (DA PENHORA) – Ato pelo qual se procede a nova penhora, dada a insuficiência da anterior. A requerimento do interessado e ouvida a parte contrária, poderá o juiz mandar ampliar a penhora ou transferi-la para bens mais valiosos, se o valor dos penhorados for inferior ao referido crédito. Alguns autores são de opinião que se trata de continuação de penhora e não de nova penhora.

Da pena: aumento de pena.

Do prazo: dilatação de um prazo.

ANALFABETO – Pessoa que não sabe ler nem escrever e pela qual outra pessoa assina "*a rogo*" ou como procurador. O analfabeto é inelegível, mas pode, facultativamente, exercer o direito de voto (CF, art. 14, § 1º, II, e § 4º). O art. 446 da CLT dispõe que o pagamento de salários para analfabetos deverá ser contra recibo, no qual ele aponha sua impressão digital; na impossibilidade disto, faz-se contra recibo elaborado a seu pedido (a rogo). Procede-se da mesma maneira no preenchimento de sua carteira profissional, conforme determina a CLT, art. 17, § 2º.

ANALISAR – Estudar minuciosamente, examinar com cuidado e atenção.

A prova: estudo pormenorizado da prova produzida nos autos.

ANÁLISES TOXICOLÓGICAS – Análises químicas ou bioquímicas realizadas com a função de determinar compostos tóxicos, seus produtos de biotransformação ou seus efeitos em materiais biológicos de organismos potencialmente expostos.

ANALOGIA – Diz-se da existência de elementos de semelhança entre coisas diversas entre si. Juridicamente, é o processo lógico que autoriza o juiz a adaptar a um caso concreto, não previsto pelo legislador, uma norma que possua o mesmo fundamento. Pode-se dizer, ainda, que é a operação pela qual se aplica a um caso não previsto norma que diz respeito a uma situação prevista, havendo entre elas identidade de razões, de causas ou de fins. Sua finalidade é suprir lacunas da lei, daí por que não se refere à interpretação jurídica em si, mas à integração da lei.

Jurídica ou Analogia Juris: é a extraída dos princípios gerais que disciplinam um instituto jurídico, quando se buscam fundamentos dos princípios gerais do Dir.

Legal ou Analogia Legis: é aquela que se deduz da própria lei, quando se infere da identidade de uma norma jurídica a hipótese a resolver, conforme o princípio pelo qual os casos análogos devem submeter-se a normas semelhantes, quando não previstos em lei. Aplica-se a parêmia: *ubi eadem legis ratio, ibi eadem legis dispositivo:* onde impera a mesma razão deve prevalecer a mesma decisão. Requisitos fundamentais da analogia: 1º) a disposição legal invocada deve ser suscetível de extensão; 2º) no caso omisso, deve verificar-se perfeita paridade das razões que ditam as disposições no caso expresso da lei.

A analogia pressupõe *omissão* involuntária do legislador. Não se deve confundi-la com a *interpretação extensiva*, que é a técnica da interpretação da lei que estende o seu alcance aos casos que o legislador previu, mas não conseguiu expressar sua inclusão no texto legal. Analogia é técnica de integração do Dir., de preenchimento de lacunas de lei; não havendo essa lacuna nem omissão, não se pode usá-la sob pena de violar o Dir., deixando de aplicar a lei, o que dá legitimidade à *ação rescisória de sentença* ou recurso apropriado. Não se admite a analogia no direito Penal, a não ser para favorecer o réu, nunca para agravar a pena. Pode ocorrer a interpretação ostensiva, mas não analogia no Dir. Penal, e a razão é simples: não há crime sem lei anterior que o defina. O mesmo ocorre no Dir. Fiscal. A analogia não pode ser confundida com a *interpretação extensiva*, como afirmado, visto que aquela constata a imprevisão do legislador, ao passo que esta pressupõe que o legislador previu a hipótese, porém não a disciplinou expressamente, podendo o intérprete fazê-lo. Igualmente não confundi-la com os princípios gerais do Dir., pois para se recorrer a esses é necessária a inexistência de norma expressa análoga. No Dir. Tributário, analogia é o processo que deduz solução de semelhança que ocorre entre duas situações.

✱ *V. CTN, art. 108, I.*

✱ *V. CPC/1973, art. 126.*

✱ *V. CPC/2015, art. 140.*

✱ *V. CPP, art. 3º.*

✱ *V. CLT, art. 8º.*

ANALOGISMO – Raciocínio, argumento, dedução por analogia.

ANALOGISTA – Aquele que utiliza a analogia.

ANÁLOGO – Em que há analogia, que se baseia na analogia.

ANARQUIA – Palavra de origem grega, composta por *An*, privação, ausência, e *arkhé*, governo. Sistema político e social utópico no qual não existe governo nem autoridades ou leis coercitivas a que o cidadão deva obediência.

ANARQUISMO – Repúdio a qualquer forma de governo que represente domínio do homem sobre os seus semelhantes. O anarquismo, por não se consubstanciar numa obra acabada, é um ideal que não se materializa nunca, constituindo uma aspiração que se renova constantemente. Ao anarquismo está ligada a ideia da independência absoluta do homem, de sua ilimitada liberdade, sem as peias do Estado autoritário ou da religião castradora. O Estado, organizado à base de normas coercitivas, é plenamente dispensável. Assim sendo, o anarquista pode prestar ajuda mútua, mas não cooperação forçada; repudia o Estado, não aceita a propriedade individual mas existem grupos que pretendem que ela possa ser administrada por voluntários. Querem os anarquistas libertar-se de qualquer poder que implique restrição à sua liberdade de viver. Há anarquistas *românticos*: os que não aceitam a organização social, vivendo à margem dela, mas sem agredi-la; um exemplo dessa corrente são os *cínicos* da velha Grécia, liderados por Diógenes, assim como os epicuristas e os estoicos; e existem os *pragmáticos*, corrente que se inicia no século XIX com Proudhon, Bakunin e Kropotkin, sendo ao primeiro atribuída a célebre frase: "a propriedade é um roubo" (que, na verdade, foi dita por Brissof de Warville). Já Bakunin preconizava a destruição do Estado para o surgimento de relações sociais livres, em associações naturais, cada vez mais amplas, até "a completa unificação internacional, livre de explorações e de injustiças". Kropotkin opta, não pela destruição do Estado, mas por uma permanente denúncia contra as injustiças sociais. Os anarquistas tornam-se violentos no final do século XIX, atribuindo-se a eles vários assassinatos de figuras importantes, como os presidentes McKinley, dos Estados Unidos, Carnot, da França, e o rei Humberto I, da Itália. No Brasil, desde o início da imigração, no final do século passado, colonos italianos e espanhóis introduziram o anarquismo no País, principalmente no Rio e em São Paulo, onde realizaram a greve operária de 1917, a partir da qual o movimento declinou. Anarquistas florentinos fundaram no Paraná a famosa Colônia Cecília, que Afonso Schmidt descreve no romance do mesmo nome; e Zélia Gattai, mulher de Jorge Amado, dá um excelente relato da vida e atuação dos anarquistas em seu livro *Anarquistas, graças a Deus.*

ANATA – Renda ou produto anual.

ANATOCISMO – Acumulação de juros vencidos ao capital, contando-se juros sobre juros vencidos e não pagos, o que não é permitido pela lei.

ANCESTRAL – Antepassado, avoengo. No plural: ascendentes em linha reta, avós.

ÂNCORA – Peça de ferro que se usa para ancoragem do navio; é lançada ao fundo do mar para segurar o navio por uma corrente a que está ligada. No Dir. Marítimo, constitui *avaria grossa* o abandono da âncora para salvamento ou benefício comum; sua perda implica *avaria simples.*

ANCORADOURO – O mesmo que *fundeadouro.* Local, natural ou artificial, em um porto, onde o navio pode lançar âncora, fundear.

De isolamento: onde o navio fica retido quando há suspeita ou se constatou a bordo doença infecciosa; o navio fica "de quarentena".

De vigia: local onde o navio fica em observação se há suspeita, ainda não comprovada, de doença a bordo.

De visita: onde o navio ancora para receber autoridades sanitárias, que façam a inspeção.

ANDAMENTO (DA CAUSA) – Acompanhamento do processo em obediência à lei processual da instrução ao julgamento. O autor não pode deixar de promover o andamento da causa por mais de 30 dias; se o fizer, dá causa à extinção do processo, sem julgamento do mérito.

✱ *V. CPC/1973, art. 267, III.*

✱ *V. CPC/2015, art. 485, III.*

ANDROCRACIA – Regime social no qual o homem mantém o poder pela violência, subjugando a mulher e conservando-a como quase escrava.

ANDROGINIA – (Do grego *andros*, macho; *gyne*, fêmea). Existência, no mesmo indivíduo, de caracteres sexuais femininos e masculinos, com predomínio destes. Hermafroditismo.

ANDRÓGINO – O mesmo que *hermafrodita*.

ANDROLEPSIA – Represália a que uma nação procede, sequestrando pessoas ou bens de outra nação, estando eles em seu território, para que lhe dê satisfação de ato que considera ofensivo a sua soberania ou lesivo a seus direitos ou interesses.

AN ET QUANTUM DEBEATUR – (Latim) O que se deve e seu valor.

ANEXAÇÃO – Diz-se da reunião de ações conexas que têm curso no mesmo juízo. No Dir. Internacional Público, é a incorporação do território de uma região conquistada pelas armas, permuta, venda, convenção, adjudicação, acessão, prescrição ou arbitragem. Diz-se, ainda, da reunião de um patrimônio a outro de maior importância, de entidade de Dir. Público ou Privado, como a anexação de um Estado, Município ou propriedade agrária; e da reunião de órgãos administrativos ou judiciários.

ANEXO – O que está anexado, ligado, a outro. Acessório, complemento.

ANFETAMINA – Droga estimulante que causa forte dependência psicológica. É tida como a que provoca maior grau de dependência. Leva seu usuário a um comportamento antissocial e a transtornos mentais. É usada, erroneamente, em remédios para controle do apetite. O seu uso abusivo leva à morte.

ANGARIA – No Dir. Internacional Público, é a requisição que o governo de uma nação em guerra faz de navios mercantes neutros de qualquer nacionalidade que estejam em suas águas jurisdicionais. O procedimento não subsiste nos usos internacionais atuais.

ANIMAL – 1. Ser vivo multicelular, dotado de movimento, de crescimento limitado, com capacidade de responder a estímulos. 2. Ser animal destituído de razão; animal irracional. Bicho, besta, animalejo, animália, alimária. 3. Relativo ou próprio aos animais. 4. Extraído ou obtido de animal. 5. A Constituição estabelece que é dever do Poder Público proteger os animais de práticas que coloquem em risco sua função ecológica, provoquem a extinção de espécies ou os submetam a crueldade. 6. O Dir. Civil conceitua os animais como bens móveis, suscetíveis de movimento próprio, doutrinariamente denominados semoventes. Contudo, referida expressão deve limitar-se aos animais passíveis de negociação, ante a existência de diversas leis e normas que restringem o comércio de animais silvestres, exóticos e em extinção. 7. A Lei nº 13.330/2016 introduziu o § 6º ao art. 155 do Código Penal, prevendo pena de reclusão de 2 (dois) a 5 (cinco) anos se a subtração for de semovente domesticável de produção, ainda que abatido ou dividido em partes no local da subtração. Também foi inserido o tipo penal de receptação de semovente domesticável de produção, com pena de reclusão de 2 (dois) a 5 (cinco) anos e multa. Portanto, tais tipos penais partem da premissa de que os animais são patrimônio. 8. A Lei nº 9.605/1998 trata os animais como bem jurídico autônomo, ainda que considerado coletivamente (fauna), prevendo tipos penais, muitos meramente formais, como a caça sem permissão da autoridade competente. Parte da doutrina inclusive atribui a tais tipos penais a expressão de acessoriedade administrativa, pois não visam tutelar propriamente a vida animal, mas, sim, a autoridade pública ambiental. 9. A Lei nº 1.283/1950 dispõe sobre a inspeção industrial e sanitária dos produtos de origem animal. Referida lei foi regulamentada por diversos decretos esparsos, consolidados no Decreto nº 9.013/2017, editado em resposta a uma crise sanitária na fiscalização dos produtos derivados de carne bovina. Tal decreto inovou ao prever que o abate de animais somente deve ser permitido com o emprego de métodos humanitários, utilizando-se de prévia insensibilização, baseada em princípios científicos, seguida de imediata sangria. 10. A Lei nº 14.064/2020 acrescentou o § 1º-A ao art. 32 da Lei nº 9.605/1998, para aumentar a pena cominada ao crime de maus-tratos, quando se tratar de cão ou gato, a qual passou a ser de reclusão, de 2 (dois) a 5 (cinco) anos, multa e proibição da guarda do animal.

- **V.** *CF, art. 225, §§ 1º, VII, e 7º.*
- **V.** *CC, art. 82.*
- **V.** *CP, arts. 155, § 6º, e 180-A.*
- **V.** *Lei nº 1.283/1950 (Dispõe sobre a inspeção industrial e sanitária dos produtos de origem animal).*
- **V.** *Lei nº 9.605/1998 (Tipifica condutas lesivas ao meio ambiente), arts. 29 a 37.*
- **V.** *Dec. nº 9.013/2017 (Regulamento da inspeção industrial e sanitária dos produtos de origem animal).*

ANIMI CONSCIENTIA – (Latim) O testemunho da consciência.

ANIMO ET FACTO – (Latim) Com a intenção e o fato.

ANIMUS – Elemento subjetivo do ato jurídico, no Dir. Civil; no criminal, é relevante para a caracterização do ilícito penal. Em latim significa intenção, vontade, desejo.

ANIMUS ABUTENDI – (Latim) Desejo de cometer abuso.

ANIMUS ADJUVANDI – (Latim) Desejo de ajudar, de auxiliar, de favorecer.

ANIMUS AEMULANDI – (Latim) Vontade de emular, imitar.

- **V.** *CPC/1973, arts. 16 a 18.*
- **V.** *CPC/2015, arts. 79 a 81.*

ANIMUS ALIENO NOMINE TENENDI – (Latim) Intenção de possuir em nome alheio, de terceiro.

ANIMUS AMBULANDI – (Latim) Intenção de andar, de se locomover, de ir e vir.

✱ *V. CF, art. 5º, LXVIII.*

ANIMUS APROPRIANDI – (Latim) Desejo de apropriar-se.

ANIMUS CALUNIANDI – (Latim) Intenção de caluniar (Dir. Penal).

ANIMUS CANCELANDI – (Latim) Intenção de cancelar.

ANIMUS CELANDI – (Latim) Intenção de ocultar. Do latim *celatus*, oculto.

ANIMUS CONFITENDI – (Latim) Intenção de confessar.

✱ *V. CPC/1973, arts. 348 a 354.*

✱ *V. CPC/2015, arts. 389 a 395.*

ANIMUS CONSULENDI – (Latim) Intenção de pedir conselho, informar-se ou de aconselhar-se.

ANIMUS CONTRAENDAE SOCIETATIS – (Latim) Intenção de constituir uma sociedade; o mesmo que *affectio societas*.

ANIMUS CONTRAENDI – (Latim) Vontade de contratar, de pactuar.

ANIMUS CORRIGENDI – (Latim) Intenção de corrigir, de aplicar corretivo.

ANIMUS CUSTODIENDI – (Latim) Intenção de conservar, guardar, proteger.

ANIMUS DAMNI EVITANDI – (Latim) Desejo de evitar dano ou prejuízo.

ANIMUS DECIPIENDI – (Latim) Ânimo, intenção de enganar. É elemento essencial da simulação.

✱ *V. CP, arts. 238 e 239.*

ANIMUS DEFENDENDI – (Latim) Intenção de defender-se. Não se confunde com *animus injuriandi*.

ANIMUS DELIQUENDI – (Latim) Intenção, ânimo de delinquir.

ANIMUS DERELINQUENDI – (Latim) Intenção de abandonar, renunciar à coisa, à posse. Daí a expressão *res derelicta*.

ANIMUS DETINENDI – (Latim) Intenção de deter, reter a posse ou a coisa.

ANIMUS DIFFAMANDI – (Latim) Intenção de difamar, injuriar.

✱ *V. CP, art. 139.*

ANIMUS DIFFERENDI – (Latim) Desejo de prorrogar, dilatar, retardar.

ANIMUS DISPONENDI – (Latim) Intenção de dispor, arranjar, pôr em ordem.

ANIMUS DOLENDI – (Latim) Intenção de agir de modo doloso, de trapacear.

✱ *V. CC, arts. 145 a 155.*

✱ *V. Dec.-lei nº 3.688/1941, art. 3º.*

ANIMUS DOMINANDI – (Latim) Intenção de ter o domínio, a posse, como dono da coisa.

ANIMUS DOMNI – (Latim) Vontade de ter como sua coisa que já possui sem ser o proprietário. Configura um dos elementos do *usucapião* (q.v.).

ANIMUS DONANDI – (Latim) Intenção de doar a título gratuito, de praticar uma liberalidade.

✱ *V. CC, arts. 538 e 554.*

ANIMUS FALSANDI – (Latim) Vontade de mentir, de dizer falsidades, inverdades.

✱ *V. CPC/1973, arts. 14, I, 17, II, e 415.*

✱ *V. CPC/2015, arts. 77, I, 80, II, e 458.*

✱ *V. CP, arts. 307, 339 a 343.*

ANIMUS FALSIFICANDI – (Latim) Intenção de falsificar, de tornar falso.

✱ *V. CP, arts. 289 a 331.*

ANIMUS FRAUDANDI – (Latim) Intenção de fraudar, de prejudicar com má-fé.

✱ *V. CC, arts. 150 a 151 e 158 a 165.*

✱ *V. CP, arts. 307, 229 a 343.*

ANIMUS FURANDI – (Latim) Vontade de apropriar-se do alheio, de furtar.

✱ *V. CP, arts. 155 e 156.*

ANIMUS HABENDI – (Latim) Intenção de possuir, de ter.

ANIMUS HOSTILIS – (Latim) Intenção hostil, de mostrar-se agressivo.

ANIMUS INFRINGENDI – (Latim) Intenção de infringir, desrespeitar, desobedecer, transgredir lei ou regulamento.

ANIMUS INJURIAE FACIENDAE – (Latim) Intenção de praticar ato injurioso, um crime de injúria.

ANIMUS INJURIANDI – (Latim) Desejo de injuriar, de abater o moral.

✱ *V. CP, arts. 140 a 142.*

ANIMUS INTERPRETANDI – (Latim) Intenção de apreender o que está no espírito da lei, a vontade do legislador, ou o que está numa cláusula de contrato. Elemento íntimo da lei interpretativa.

ANIMUS JOCANDI – (Latim) Intenção de pilheriar, gracejar, fazer rir.

ANIMUS LAEDENDI – (Latim) Intenção de ofender, atacar, ferir, produzir lesões corporais, lesionar.

✱ *V. CP, art. 129.*

ANIMUS LUCRANDI – (Latim) Vontade de lucrar, tirar proveito, auferir lucro.

ANIMUS LUCRI FACIENDI – (Latim) Intenção de obter lucro. Caracteriza o dolo, no estelionato e em outros crimes contra o patrimônio.

ANIMUS MANENDI – (Latim) Intenção de ficar no mesmo local. Caracteriza domicílio.

✱ *V. CC, art. 70.*

ANIMUS METUS – (Latim) Intenção de incutir medo.

ANIMUS MORANDI – (Latim) Intenção de demorar.

ANIMUS NARRANDI – (Latim) Intenção de expor, relatar, descrever, narrar.

ANIMUS NECANDI – (Latim) Intenção de matar. O mesmo que *intentio necandi.*

✱ *V. CP, arts. 121 a 128.*

ANIMUS NOCENDI – (Latim) Intenção de causar malefício, de prejudicar.

ANIMUS NON REVERTENDI – (Latim) Intenção de não regressar, de não voltar.

ANIMUS NOVANDI – (Latim) Intenção de fazer novação, de inovar.

ANIMUS OBLIGANDI – (Latim) Intenção de assumir a obrigação, de obrigar.

ANIMUS OCCIDENDI – (Latim) Intenção de matar.

ANIMUS OFFENDENDI – (Latim) Ânimo de causar mal físico ou moral, de ofender.

ANIMUS OPPUGNANDI – (Latim) Intenção de agredir, resistir, atacar.

ANIMUS POSSIDENDI – (Latim) Intenção de possuir, de ter a coisa materialmente como sua.

✱ *V. CC, arts. 1.196 a 1.224.*

ANIMUS PRAEVARICANDI – (Latim) Desejo de prevaricar, de tornar-se prevaricador, corrupto.

✱ *V. CP, art. 319.*

ANIMUS RECIPIENDI – (Latim) Intenção de receber.

ANIMUS REMANENDI – (Latim) Intenção de continuar ausente.

ANIMUS REM POSSIDENDI – (Latim) Ânimo de possuir a coisa. O mesmo que *animus rem sibi habendi.*

ANIMUS RENUNCIANDI – (Latim) Ânimo de renunciar.

ANIMUS RETINENDI POSSESSIONEM – (Latim) Intenção de manter, conservar a posse.

ANIMUS RETORQUENDI – (Latim) Intenção de replicar, retorquir, revidar, refutar.

ANIMUS REVERTENDI – (Latim) Intenção de retornar, regressar.

ANIMUS REVOCANDI – (Latim) Intenção de anular um ato, de revogar.

ANIMUS SIBI HABENDI – (Latim) Intenção de ter para si a coisa como própria.

ANIMUS SIMULANDI – (Latim) Vontade de aparentar, fingir, simular.

✱ *V. CC, arts. 167 a 170.*

ANIMUS SOCII – (Latim) Intenção de tomar parte, de associar-se em fato delituoso.

ANIMUS SOLVENDI – (Latim) Intenção de liquidar dívida, de pagar, solver.

ANIMUS TENENDI – (Latim) Intenção de ter, possuir a coisa como própria.

ANIMUS TRADENDI – (Latim) Intenção de transmitir a posse, a coisa, o domínio.

ANIMUS ULTRAJANDI – (Latim) Intenção de insultar, ultrajar, ofender. É elemento do crime de desacato.

✱ *V. CP, art. 331.*

ANIMUS UXORIS – (Latim) Vontade, consentimento da mulher; intenção de ser esposa. Elemento essencial para o matrimônio.

ANIMUS VIOLANDI – (Latim) Intenção de violar, de forçar, de exercer violência sobre alguém.

ANIMUS VULNERANDI – (Latim) Intenção de produzir lesões corporais de ferir.

ANISTIA – É uma forma de extinção da punibilidade; medida legislativa de caráter coletivo, espécie de graça, que beneficia pessoas condenadas criminalmente, declarando-as isentas de culpa e do cumprimento da pena, tornando sem efeito as sanções que lhes foram aplicadas. Restitui-se-lhes, com a anistia, o pleno gozo de seus direitos civis e políticos. Depois de concedida, não pode a anistia ser revogada (CF, arts. 5º, XXXVI e XL, 21, XVII). A concessão da anistia, em matéria penal, tem efeito *ex tunc*: anula a sentença penal condenatória irrecorrível. Assim, se o anistiado vier a cometer novo crime, não será considerado reincidente. Contudo, não impede a ação civil de reparação de dano, visto que a anistia alcança somente os efeitos penais da sentença (CPP, art. 67, II). Se ocorrer inquérito policial, a anistia tem o efeito de fazer arquivar o procedimento investigatório (CP, art. 107, II). Compete ao Congresso dispor sobre a anistia, que só se verifica após ser sancionada pelo Presidente da República. O STJ firmou entendimento na Súm. nº 624 de que é possível cumular a indenização do dano moral com a reparação econômica da lei de anistia política. A anistia pode ser:

Absoluta: a que é concedida sem condições.

Condicional: quando os agraciados devem submeter-se a cláusulas.

Fiscal: perdão coletivo, dado pelo governo, de dívidas fiscais oriundas de impostos e sanções cominadas por autoridade fazendária, desde que da contravenção não advenha delito (CTN).

Geral: atinge a totalidade dos incursos no fato delituoso.

Limitada ou restrita: quando exclui pessoas, crimes ou lugares.

Plena: quando seus efeitos são completos.

✱ *V. Disposições Transitórias, arts. 8º e 9º.*

✱ *V. Lei nº 7.210/1984 (Lei de Execução Penal), art. 187.*

✱ *V. Lei nº 10.559/2002 (Lei da Anistia Política).*

ANISTIADO – Diz-se daquele que recebeu o benefício da anistia.

ANISTIAR – Conceder *anistia* (q.v.).

ANO – Período de tempo de 12 meses. O ano é:

Agrícola: começa com o amanho da terra e termina com a colheita e venda do produto; diz-se também *ano agrário*.

Base: o que se convenciona tomar como referência, como ocorre no Imposto de Renda.

Civil, legal, ou do calendário: período de 1º de janeiro a 31 de dezembro; ano solar ou do calendário gregoriano; o mesmo que *ano solar*.

✱ V. Lei nº 810/1949 (Define o ano civil), art. 1º.

Comercial: oposto ao civil, é aquele em que todos os meses têm 30 dias.

Contínuo: aquele em que são contados não só os dias úteis, mas também domingos e feriados.

Criminal: aquele que se conta por 365 dias completos, para efeito de prescrição ou cumprimento de pena.

Econômico ou financeiro: conta-se do dia de início ao dia de encerramento do exercício financeiro de uma administração patrimonial, podendo coincidir com o ano civil.

Fiscal: período do ano civil em que o governo apura receitas e despesas.

Útil: o que é consagrado ao trabalho produtivo, excluídos dias de férias, domingos e feriados.

ANO E DIA – Refere-se ao prazo extintivo ou prescricional. Período que se fixa para autorizar ou não medida liminar nas ações possessórias, quando esse prazo não corre enquanto o possuidor defende sua posse, para restabelecer a situação de fato que antecedia a turbação ou esbulho.

✱ V. CPC/1973, art. 924.

✱ V. CPC/2015, art. 558.

✱ V. CC, art. 1.302.

ANOMALIA (MEDICINA LEGAL) – Anomalias sexuais: representam modificações quantitativas ou qualificativas do instinto sexual, podendo ser divididas em quatro grupos: 1º) *paradoxia* (intempestividade do instinto sexual); 2º) *anestesia* (deficiência do instinto); 3º) *hiperestesia* (excesso do instinto); 4º) *parestesia* (desvios do instinto). Neste último grupo é que se incluem as perversões e inversões propriamente ditas.

ANOMIA – Ausência de leis, desorganização social. O termo foi criado por Durkheim para retratar a situação social do indivíduo, em razão da qual ele fica desorientado por não existirem normas que lhe ditem o comportamento, podendo chegar até o suicídio. A anomia, no auge das mudanças políticas, leva o indivíduo a agir contra o que está socialmente estabelecido, à subversão.

A NON DOMINO – (Latim) Alienação efetuada por quem não tem o domínio da coisa.

ANONIMATO – Qualidade ou estado do que é ou se mantém anônimo. Ocultação do nome e outros dados, de modo a impedir o reconhecimento da pessoa.

ANÔNIMO – De autoria desconhecida; oculto. Aquele que omite o nome naquilo que escreve.

ANONIMOGRAFIA – Em Medicina Legal, tendência mórbida que leva as pessoas a escreverem cartas anônimas. É frequente em pessoas neuróticas.

ANORQUIDIA – Deformidade sexual masculina que se caracteriza pela ausência total ou atrofia dos testículos. Pode ser causa de impotência *generandi* (incapacidade, no homem para gerar filhos) e de impotência *coeundi* (incapacidade para concluir o ato sexual). A impotência *coeundi*, se não revelada antes do casamento, pode torná-lo anulável.

✱ V. CC, arts. 1.556 e 1.557, III.

ANOTAÇÃO – Registro; nota ou apontamento por escrito em livro, título, carteira profissional, no Registro Civil.

De bens: arrecadação de bens.

ANOVO – Refere-se a processo que recomeça em novo órgão judicial, ou é levado a novo julgamento.

ANTE ACTA – (Latim) Preliminarmente, antes do ato.

ANTECEDÊNCIA – Antecipação, anterioridade.

ANTECEDENTE – O que ocorrer antes e relacionado com o evento posterior. É ocorrência do passado de uma pessoa que se considera em relação a um acontecimento presente. Usa-se de preferência no plural: *antecedentes criminais*, o mesmo que *antecedentes penais*, ações criminosas anteriores já punidas, e são levadas em conta na fixação de nova pena; *antecedentes judiciários*, dados referentes à pessoa em relação a processos movidos contra ela.

ANTE CERTEM DIEM – (Latim) Antes do termo convencionado.

ANTECESSOR – O que precedeu a outrem; no plural são os ascendentes. O oposto de *sucessor*.

ANTECIPAÇÃO – Diz-se da circunstância de ocorrer uma coisa antes da data em que estava marcada para verificar-se.

Da audiência: quando ocorre, o juiz, de ofício ou a requerimento da parte, mandará intimar pessoalmente os advogados para dar-lhes ciência da designação da nova data.

✱ V. CPC/1973, arts. 242 e 248.

✱ V. CPC/2015, arts. 281 e 1.003.

Da legítima: ato pelo qual o pai faz doação de bens aos filhos, o mesmo que partilha em vida ou antecipação de herança; dá margem à colação.

✱ *V. CC, arts. 544 e 549.*

Da tutela: ato pelo qual o juiz, a requerimento da parte, poderá antecipar, total ou parcialmente, os efeitos da tutela pretendida, desde que haja receio de dano irreparável ou abuso de direito de defesa ou manifesto propósito protelatório do réu. A tutela deverá ser fundamentada e não será concedida quando houver perigo de irreversibilidade do provimento antecipado.

✱ *V. CPC/1973, art. 273.*

✱ *V. CPC/2015, art. 296 a 298, 300 e 311.*

De feriados: a Lei nº 7.320/1985 dispunha sobre a antecipação para as segundas-feiras dos feriados que caíssem nos outros dias da semana, exceto sábados e domingos; não incluía, também, os dias 1º de janeiro, 7 de setembro, 25 de dezembro, sexta-feira santa e *Corpus Christi*. Essa lei foi expressamente revogada pela Lei nº 8.087/1990.

De provas: deve o requerente justificar sumariamente a necessidade da antecipação e mencionar com exatidão os fatos sobre os quais há de recair a prova.

ANTECONTRATO – Pré-contrato, provisório, que as partes celebram como preliminar de assinatura de contrato definitivo. O mesmo que *promessa de compra e venda*; arras.

ANTEDATA – Data que consta de um documento, mas que é anterior àquela em que ele de fato foi elaborado.

ANTEDATADO – Em que foi colocada uma antedata.

ANTE DIEM – (Latim) Antes do prazo prefixado, do dia legal.

ANTE LITEM – (Latim) Antes que seja proposta a ação ou o ato preparatório. O mesmo que *in limine lictis* ou *in initio litis*.

ANTENOME – O mesmo que *prenome*.

ANTENUPCIAL – Que ocorre antes do casamento, que o antecede, mas está com ele relacionado, como o *pacto antenupcial*, sobre o regime de bens entre os cônjuges.

ANTEPOSSUIDOR – O que era possuidor antes, o que precedeu a outro na posse da coisa.

ANTEPROJETO – Estudo, forma preliminar de um projeto de lei para ser apreciado nas Comissões e discutido em Plenário, antes de sua redação final. Redação provisória de contrato, estatuto ou qualquer documento, para discussão e deliberação, antes de ser aprovada.

ANTERIORIDADE – Prioridade de data; precedência; qualidade do que é anterior.

Da lei penal: princípio da legalidade ou da reserva legal: não há crime sem lei anterior que o defina. Não há pena sem prévia cominação legal. A lei aplica-se ao fato praticado durante sua vigência. A CF garante que ninguém é obrigado a fazer ou deixar de fazer alguma coisa senão em virtude de lei.

✱ *V. CF, art. 5º, II.*

✱ *V. CP, arts. 1º e 3º.*

Da lei tributária: princípio constitucional segundo o qual as leis que criam ou majoram tributos devem ser cotadas, aprovadas e publicadas no ano anterior ao exercício em que terão vigência. É vedado à União, aos Estados, ao Distrito Federal e aos Municípios cobrar impostos no mesmo exercício financeiro em que haja sido publicada a lei que os instituiu ou aumentou. Distingue-se da *anualidade* (q.v.).

✱ *V. CF, art. 150, III,* b.

✱ *V. CTN, art. 9º, I e II.*

ANTE TEMPO – (Latim) Antes do prazo, antes do tempo.

ANTICATEXIA – Em Medicina Legal, caracteriza a pessoa que ama inconscientemente outra, porém manifesta ódio por ela.

ANTICONSTITUCIONAL – Tudo o que seja contrário, que fira a Constituição. Ao Senado Federal compete, privativamente, suspender a execução, no todo ou em parte, de lei declarada inconstitucional por decisão definitiva do STF. Os Tribunais somente poderão declarar a inconstitucionalidade de lei ou ato normativo do Poder Público pelo voto da maioria absoluta de seus membros ou dos membros do respectivo órgão especial. Ao STF compete, precipuamente, a guarda da Constituição, cabendo-lhe processar e julgar, originariamente, a *ação direta de inconstitucionalidade* de lei ou ato normativo federal ou estadual (CF, arts. 52, X, 97 e 102, I, *a*).

ANTICRESE – Trata-se do uso de uma coisa por outra, segundo a origem grega da palavra. Direito real de garantia sobre coisa alheia. Contrato acessório da obrigação principal pelo qual o devedor, ou alguém em seu nome, a título de garantia da dívida, mantendo ou não a posse do imóvel, entrega-o ao credor, denominado *anticresista*, que passa a perceber os seus frutos ou rendimentos e pode retê-lo até o cumprimento da obrigação, de que é titular, e dos juros quando houver.

✱ *V. CC, arts. 165, parágrafo único, 1.425, parágrafo único, 1.423 a 1.425, 1.428, 1.435, 1.506, 1.507 a 1.510, 373, 364 e 365.*

ANTICRESISTA – O mesmo que *credor anticrético*.

ANTICRÉTICO – Que se refere a anticrese.

ANTICRONISMO – Erro na data.

ANTÍGRAFO – Cópia manuscrita de documento; transcrição.

ANTIGUIDADE – No Dir. Administrativo, tempo de serviço público que, preenchido, favorece a ascensão do funcionário civil ou militar, no quadro funcional ou no posto a que pertence.

ANTIJURIDICIDADE – Diz-se da qualidade do que é contrário ao Dir. Confronto da ação do homem com o que é juridicamente proibido. Qualidade de ato, decisão ou fato que contrarie o direito expresso, que não pode o agente justificar com razões procedentes. Ilegalidade. É característica do *ato ilícito* (q.v.).

Específica: conduta em contraste com o preceito da norma jurídico-penal, expressamente referida no tipo. Essa modalidade revela-se pelas expressões *indevidamente, arbitrariamente.*

Formal: quando a conduta está em contraste com o preceito legal.

Material: dano ou perigo de dano ao bem jurídico tutelado.

ANTIJURÍDICO – Que contraria o direito estatuído, a boa Justiça, os princípios da razão jurídica. Aquilo que é ilícito, ilegal, ilegítimo.

ANTILOGIA – Contradição entre ilações do mesmo arrazoado ou de dois princípios, entre conceitos dos mesmos autos ou entre passagens do mesmo livro.

ANTINOMIA – Contradição ou conflito, total ou parcial, entre duas leis que versem sobre a mesma matéria, entre duas disposições de uma mesma lei ou entre duas decisões, cuja solução não se prevê na ordem jurídica. Para que se caracterize a antinomia, é preciso: 1) que as normas em conflito sejam realmente jurídicas; 2) que estejam em vigor; 3) integrem a mesma ordem jurídica; 4) emanem de autoridade competente num mesmo sistema de referência normativo, prescrevendo comandos ao mesmo sujeito; 5) o conteúdo de cada uma tem de negar a da outra; 6) não disponha de critério para solucionar o conflito a pessoa incumbida de fazê-lo. Resumindo, são necessários três pressupostos essenciais: *incompatibilidade, indecidibilidade* e *necessidade de decisão.* A antinomia pode ser: *real*, quando se verifica a impossibilidade de se conciliar duas leis, a atual e a antiga, ficando uma tacitamente derrogada; *aparente*, quando existem, simultaneamente, dentro da mesma lei disposições antagônicas ou colidentes. Resolve-se pelos critérios da *hierarquia das normas* (*lex superior derogat legi inferior*), *da especialidade* (*lex specialis derogat legi generali*), e pelo *cronológico* (*lex posterior derogat legi priori*).

ANTISSOCIAL – Que contraria a ordem, a organização social, interesses e costumes da sociedade. *V. Ato antissocial.* Diz-se de pessoa que, por suas atitudes, constitui perigo à sociedade.

ANTÍTESE – Proposição que se opõe à *tese*. Antagonismo entre ideias, pensamentos, palavras. O oposto, o contrário. Contraste.

ANTITÉTICO – Que contém *antítese*.

ANTROPOLOGIA CRIMINAL – Doutrina criada e desenvolvida por César Lombroso, em seu livro *L'uomo Delinquente*, em 1871. Criminólogo e psiquiatra italiano, ele estudou o criminoso – assim como Ferri, Garófalo e Ingenieros –, por suas características anatômicas e psíquicas, por seus caracteres somáticos, pretendendo encontrar nele estigmas e taras hereditárias que denunciariam um caráter propenso à criminalidade. Segundo Lombroso, o delinquente era mais um enfermo que necessitava de tratamento do que um infrator digno de punição. A doutrina lombrosiana está atualmente desacreditada, substituída por outras mais modernas. Também se diz *Biologia Criminal.*

ANTROPOLOGIA FORENSE – Parte da Medicina Legal que estuda o indivíduo em relação à idade, sexo, raça, peso, altura etc. Na parte judiciária, compreende a Antropometria e a Dactiloscopia.

ANTROPOLOGIA PENITENCIÁRIA – Serviço criado na Bélgica por Vervaeck visando a recuperação do criminoso, seu tratamento pela indagação das causas remotas da delinquência, o estado físico, fisiológico e psicológico de cada criminoso, a capacidade para delinquir, a periculosidade e a sua reeducabilidade.

ANTROPOMETRIA JUDICIÁRIA – Foi Bertillon quem criou este método, que consiste em submeter o criminoso a rigorosa inspeção física, estudando as suas medidas somáticas, classificando sinais, anomalias e características que o individualizam. Este método foi substituído pela *dactiloscopia* (q.v.).

ANUA – Salário ou renda anual.

ANUALIDADE – Princípio constitucional segundo o qual as leis que criam ou majoram tributos devem ser cotadas, aprovadas e publicadas na lei orçamentária do ano anterior ao exercício em que passarão a ter vigência. Tal princípio ingressou no ordenamento jurídico da 1ª CF de 1967, sendo substituído, na vigente Constituição pela *anterioridade* (q.v.). A palavra indica, também, quantia que se paga em data certa, prefixada a cada ano.

ANUÊNCIA – Assentimento, concordância. Manifestação da vontade favorável à conclusão de ato jurídico. Pode ser *expressa* ou *tácita*, conforme exija ou não aprovação escrita ou verbal. *Pedido de*: o mesmo que *agrément*.

ANUENTE – Aquele que dá a sua aprovação, seu consentimento, o que anui.

ANUIDADE – Prestação anual fixa, que compreende amortização e juros de mora devidos, até extinguir-se a obrigação. O que se paga a clubes esportivos, sociais, culturais, ou a escolas e cursos superiores.

ANUIR – Consentir, concordar, aprovar, aquiescer.

ANULABILIDADE – Qualidade daquilo que é anulável. A anulabilidade está presente no contrato celebrado com erro essencial por parte de um dos contratantes; o ato vai surtindo efeitos, como se válido fosse, mas pode ser anulado, no prazo da lei, pelo contratante induzido em erro. É diferente de *nulidade* (q.v.).

✱ *V. CC, arts. 176, 177 e 182.*

ANULAÇÃO – Decisão pela qual se cancela ato anulável ou se declara não válido ou desfeito um ato ou negócio jurídico, por infração da norma legal ou de cláusula convencional. Efeito de decisão, judicial ou administrativa, que torna sem valor ato que contenha nulidade. A anulação de ato jurídico ocorre por sentença judicial; a do ato administrativo por decreto, portaria ou regulamento. Diz-se *anulável* quando pode tornar-se válido, perfeito, por ato posterior que implique sua retificação.

Da receita: estorno de receita pública, parcial ou total.

De cambial: justificado previamente o extravio ou destruição da cambial no juízo competente (lugar do pagamento), seu legítimo portador requer a anulação do título e que lhe seja reconhecido o direito de receber o seu valor, seja dos obrigados diretos, seja dos regressivos e seus avalistas.

De despesa: estorno parcial ou total de despesa pública.

De licitação: desfazimento de licitação por ordem administrativa ou judiciária.

ANULADO – Ato que deixou de existir ou de surtir efeitos em razão de anulação.

ANULAMENTO – Ato pelo qual são declarados nulos ou anuláveis atos administrativos.

ANULAR – Promover a anulação, tornar sem efeito ato que contém vícios, cassar.

ANULATÓRIO – Que tem força para anular; característica do ato que determina a anulação.

ANULÁVEL – Diz-se do ato irregular que, embora contrário às normas ou apresentando vícios, produz efeitos até que o interessado, no prazo fixado pela lei, o invalida. *V. Anulabilidade e nulidade.*

ANÚNCIO – Aviso, notícia, propaganda, publicidade. Quem, por anúncios públicos, se compromete a dar recompensa ou gratificar alguém, contrai a obrigação de cumprir o prometido (CC, art. 854). Na ocasião, por edital, um dos requisitos é a juntada nos autos de exemplar de cada publicação, bem como do anúncio (edital) baixado na sede do juízo (CPC/1973, art. 232, § 1º, V, correspondente ao art. 257 do CPC/2015). Na falência e na recuperação judicial há, também, obrigação de publicação de editais, avisos, anúncios e quadro geral dos credores, na imprensa oficial.

✱ *V. Lei nº 11.101/2005 (Lei de Recuperação de Empresas e Falências), arts. 7º, 52 e 99.*

ÂNUO – Que se repete anualmente, anual.

ANVERSO – Lado anterior de título ou documento, contrário do *verso*, onde está seu contexto. O mesmo que frente, rosto, face. Oposto a *reverso*.

AO PAR – Referente ao câmbio igual entre duas nações; de ações ou papéis de crédito quando seu valor nominal é o mesmo de sua cotação pelo câmbio do dia. Não confundir com *a par*.

À ORDEM – Do latim *ad ordinem*. Cláusula que indica, em título ou documento, que ele pode ser transferido pelo seu titular a outra pessoa e negociável por via de endosso. Nas cambiais e nos conhecimentos nominativos de frete, essa cláusula está implícita.

AOS COSTUMES – Abreviação da locução "às perguntas de costume", que são as que o juiz formula antes da tomada do depoimento, para verificar se há impedimento à testemunha para depor (amizade íntima, parentesco ou inimizade em relação à parte). A locução "aos costumes nada disse" significa que a testemunha respondeu de modo negativo, não havendo impedimentos a que deponha.

APANÁGIO – No antigo Dir., era a pensão concedida à mulher da nobreza, na sua viuvez, pela casa a que pertencia seu finado marido.

APARELHAR – Por em condições de ser cumprido (despacho, sentença). Preparar, aprontar.

APARELHO DE COMUNICAÇÃO – A Lei nº 12.012, de 6-8-2009, passou a tipificar como crime o ingresso de pessoa portando aparelho telefônico de comunicação móvel, de rádio ou similar, sem autorização legal, em estabelecimento prisional. Pena: detenção, de 3 (três) meses a 1 (um) ano.

A PARI – (Latim) Pelo mesmo motivo, argumento.

APARTADO – Organizado em separado dos autos da ação principal, a que deve ser apenso; à parte.

APARTAR – Excluir da herança.

APARTE – Palavra ou frase com que se interrompe o orador. Pedido de interferência, para rebate de acusação ou explicações, em discurso de outrem nas casas legislativas.

APARTHEID – Política de segregação racial que vinha sendo posta em prática pelo Governo sul-africano, provocando atos de violência, superada pelas recentes medidas políticas que culminaram com a eleição à presidência de Nelson Mandela, expreso político e seu maior combatente.

APART-HOTEL – Prédio de apartamentos com serviço de hotel. Imóvel cuja locação não é regida pela Lei das Locações (Lei nº 8.245/1991), mas pelo próprio

CC, e pelas leis especiais (parágrafo único do art. 1º da Lei nº 8.245/1991). Visa atender a pessoas que querem preservar a sua privacidade, morarem sozinhas, ao mesmo tempo em que desfrutam de serviços oferecidos pelos locatários, como lavanderia, alimentação e outros. Tem regulamento próprio ao qual deve submeter-se o inquilino (ou proprietário).

APÁTRIDA – Aquele que, em razão de conflito de leis interespaciais sobre sua origem, não tem pátria nem nacionalidade definidas, estando privado dos direitos de cidadania. A Lei nº 13.445/2017 definiu como a "pessoa que não seja considerada como nacional por nenhum Estado, segundo a sua legislação, nos termos da Convenção sobre o Estatuto dos Apátridas, de 1954, promulgada pelo Decreto nº 4.246, de 22 de maio de 2002, ou assim reconhecida pelo Estado brasileiro". Os critérios de atribuição da nacionalidade são privativos do Estado soberano e não da vontade individual. O mesmo que apólida. *V. jus sanguinis* e *jus soli*.

✱ *V. Lei nº 13.445/2017 (Lei de Migração), art. 1º, § 1º, VI.*

APELAÇÃO – 1. Ato ou efeito de apelar. 2. Pedido de ajuda, súplica. 3. Uso de meios grosseiros ou condenáveis. 4. Recurso admitido no Dir. Processual brasileiro, nos processos de competência da Justiça Comum Federal e Estadual, interposto junto ao juiz da causa pela parte que se considera prejudicada por sentença. Tem de ser interposto em tempo hábil à segunda instância, para que esta reexamine e julgue a sentença, em razão do mérito da causa ou de preliminar ou preliminares arguidas. 5. Especificamente no âmbito do Processo Civil, é o recurso que impugna a sentença, tanto aquela meramente terminativa, em um dos casos previstos no art. 267 do CPC/1973 (correspondente ao art. 485 do CPC/2015), quanto a definitiva, ou de mérito, nas hipóteses do art. 269 do CPC/1973 (correspondente ao art. 487 do CPC/2015). Assim, será cabível para atacar o ato do juiz de primeiro grau com eficácia extintiva do processo, ou, em outras palavras, que encerra a relação jurídica processual, caso não seja provocada a abertura da fase recursal. Essa definição se ajusta ao modelo adotado pelo nosso legislador (art. 513 do CPC/1973, correspondente ao art. 1.009 do CPC/2015), que, com o Código de 1973, procurou simplificar o sistema de recursos, abolindo o antigo agravo de petição, e, agora, com a atualização progressiva que se empreende desde 1993, o enxugou mais ainda. Sempre que o profissional estiver diante de um ato proferido por juiz de primeira instância (federal ou estadual) que tenha a potencialidade de extinguir o feito, seja uma sentença que conclua pela inadmissibilidade da ação, ante a falta de certo pressuposto processual, ou de uma das condições da ação, ou que indefira a inicial, ou determine o arquivamento do feito ante a inércia do autor, seja uma sentença de mérito, desde aquela que pronuncia a decadência ou a prescrição, ou a que extinga o processo ante o reconhecimento do pedido pelo réu, até aquela em que o juiz acolhe ou nega o pedido após analisar os fundamentos da ação, em todas essas hipóteses caberá apelação. Requisitos da apelação no âmbito civil: a) o recurso deve ser dirigido, como anteriormente dito, ao juiz da causa; b) nele devem constar o nome e a qualificação das partes; c) referir-se aos fundamentos de fato e de direito; d) pedir reforma total ou parcial da sentença que se impugna, especificando a parte questionada. Não atendidos os requisitos a apelação será considerada *inepta*, não sendo conhecida. Os fatos devem ser nela resumidos, remetendo-se às folhas dos autos em que se produziu a prova e referindo-se às circunstâncias pelas quais se entenda que a matéria está suficientemente provada. Deve ser interposta no prazo de 15 dias, contados da publicação da sentença. O juiz intimará o recorrido (apelado) para opor contrarrazões no prazo de 15 dias. A apelação devolverá ao tribunal a matéria impugnada. Serão, porém, objeto de apreciação e julgamento pelo tribunal todas as questões suscitadas e discutidas no processo, ainda que a sentença não as tenha julgado por inteiro. Quando o pedido ou a defesa tiver mais de um fundamento e o juiz acolher apenas um deles, a apelação devolverá ao tribunal o conhecimento dos demais. Nos casos de extinção do processo sem julgamento do mérito (art. 267 do CPC/1973, correspondente ao art. 485 do CPC/2015), o tribunal pode julgar desde logo a lide se a causa versar questão exclusivamente de direito e estiver em condições de imediato julgamento. Constatando a ocorrência de nulidade sanável, o tribunal poderá determinar a realização ou renovação do ato processual, intimadas as partes; cumprida a diligência, sempre que possível prosseguirá o julgamento da apelação. Ficam também submetidas ao tribunal as questões anteriores à sentença, ainda não decididas. As questões de fato, não propostas no juízo inferior, poderão ser suscitadas na apelação, se a parte provar que deixou de fazê-lo por motivo de força maior. Interposta a apelação, o juiz, declarando os efeitos em que a recebe, mandará dar vista ao apelado para responder. O juiz não receberá o recurso de apelação quando a sentença estiver em conformidade com súmula do Superior Tribunal de Justiça ou do Supremo Tribunal Federal. Apresentada a resposta, é facultado ao juiz, em 5 dias, o reexame dos pressupostos de admissibilidade do recurso. Provando o apelante justo impedimento, o juiz relevará a pena de deserção, fixando-lhe prazo para efetuar o preparo. A decisão referida neste artigo será irrecorrível, cabendo ao tribunal lhe apreciar a legitimidade. A apelação será recebida em seu efeito devolutivo e suspensivo. De acordo com o art. 520 do CPC/1973, correspondente ao art. 485, III, do CPC/2015, será recebida só no efeito devolutivo, quando interposta de sentença que: homologar a divisão ou a demarcação; condenar à prestação de alimentos; decidir o processo cautelar; rejeitar liminarmente embargos à execução ou julgá-los improcedentes; julgar procedente o pedido de instituição de arbitragem; confirmar a antecipação dos efeitos da tutela. Outras hipóteses de efeito apenas devolutivo são a decisão que decreta a interdição civil e a concede mandado de segurança. Recebida a apelação em ambos os efeitos, o juiz não poderá inovar no processo; recebida só no efeito devolutivo, o apelado poderá promover, desde logo, a execução provisória da sentença, extraindo a respectiva carta. 6. No Processo Penal, o cabimento se dá tanto para decisões definitivas de condenação ou absolvição, proferidas pelo juiz singular, quanto para hipóteses não previstas no rol do art. 581 do CPP, em relação ao cabimento de recurso em sentido estrito. Em face de decisões proferidas pelo Tribunal do Júri, o cabimento da apelação é mais estrito, admitindo-se apenas para atacar nulidade posterior à decisão que pronunciou o réu, contrariedade da sentença à lei ou à decisão dos jurados, erro ou injustiça especificamente no tocante à cominação da pena ou medida de segurança, ou, por fim, se a decisão dos jurados for manifestamente contrária à prova dos autos. Neste último caso, a decisão da apelação não pode substituir o veredicto, devendo ser anulado o primeiro julgamento e realizado novo Júri. Em qualquer caso, a jurisprudência entende que o conhecimento de recurso de apelação do réu independe de sua prisão, pois do contrário haveria violação ao princípio da presunção de inocência. Questão controvertida dizia respeito à recepção pela Constituição da previsão de que o recurso seria considerado deserto na hipótese de fuga do réu, o que foi pacificado apenas em 2011, com a Lei nº 12.403, que revogou o art. 595 do CPP.

Necessária, oficial ou de ofício: *V. Reexame necessário.*

Voluntária: quando só depende da vontade da parte vencida ou de terceiros que tenham interesse na decisão da lide.

✱ *V. CPC/1973, arts. 285, § 1º, 296, 475, 475-M, § 3º, 496, I, 500, II, 508, 513 a 521, 551, 555, 559, 587, 1.110 e 1.184.*

✱ *V. CPC/2015, arts. 101, 331, 332, § 2º, 485, § 7º, 496, 702, § 9º, 706, § 2º, 724, 937, I, 941, § 2º, 942, 946, 994, I, 997, § 2º, II, 1.009 a 1.014 e 1.028.*

✱ *V. CPP, arts. 416, 574, 593 a 603 e 670 e 673.*

✱ *V. CPPM, arts. 510,* b, *526 a 537, 591 e 694 a 696.*

✱ *V. ECA, arts. 198, VII, 199 a 199-E.*

✱ *V. LRE, arts. 90, 100, 135, parágrafo único, 154, § 6º, 156, parágrafo único, 158, § 5º, e 164, § 7º.*

✱ *V. Lei nº 8.038/1990 (Institui normas procedimentais perante o STF e o STJ), arts. 34 e 36, I.*

✱ *V. Lei nº 12.016/2009 (Lei do Mandado de Segurança), arts. 10, § 1º, e 14.*

✱ *V. Súmulas nºs 320, 428, 705, 708 e 713 do STF.*

✱ *V. Súmulas nºs 317, 331 e 347 do STJ.*

APELADA – Referente à sentença contra a qual se interpôs o recurso da *apelação* (q.v.).

APELADO – Diz-se da parte contrária à que interpôs apelação. O juiz ou o tribunal *a quo* de cuja decisão se apela. Terá o apelado vista dos autos para responder (art. 518 do CPC/1973, correspondente ao art. 1.010, § 1º, do CPC/2015).

APELANTE – Aquele que apela. Incumbe-lhe o preparo dos autos, no prazo fixado pelo juiz, incluindo o porte de retorno, sob pena de deserção.

✱ *V. CPC/1973, art. 519.*

✱ *V. CPC/2015, art. 1.007, § 6º.*

APELAR – Interpor apelação, recorrer de sentença por apelação.

APELÁVEL – Diz-se de qualquer sentença ainda não transitada em julgado, da qual cabe apelar, interpondo-se apelação nos prazos da lei.

APELIDO – Juridicamente, é o nome de família ou sobrenome, o patronímico. Nas Ordenações Manuelinas era chamamento geral para defesa da cidade e também senha que os soldados gritavam, nas batalhas, para se reconhecerem entre si. *Apelido*, atualmente, refere-se ao sobrenome das pessoas que se junta ao *prenome* ou *nome de batismo*. O apelido difere, modernamente, da *alcunha*, por ser essa derivada da observação de defeito físico, vício moral, semelhança, característica pessoal. "Qualquer dos nubentes, querendo, poderá acrescer ao seu, o sobrenome do outro".

✱ *V. CC, art. 1.565, § 1º.*

APELO – O mesmo que *apelação* (q.v.). Relativo a apelação, recurso.

APENAÇÃO – Aplicação da pena; ato ou efeito de apenar.

APENAR – Aplicar, impor pena, punir, condenar. Notificar sobre cominação de pena.

APENDER – O mesmo que *apensar* (q.v.).

APENHADO – Dado em penhor, em garantia.

APENHAMENTO – O mesmo que *penhora*.

APENHAR – Dar em penhor, penhorar, empenhar.

APENSAMENTO – Anexação de autos de um processo em outro ou outros, mantendo-se, porém, os números das folhas do principal e os das folhas do apensado. Difere de "juntada", quando os autos ou documentos que se juntam integram os autos principais, continuando a numeração.

✱ *V. CPC: arts. 51, I, 59, 105, 261, 299, 393, 736, 809, 919, 1.017, § 1º, 1.043, § 2º, e 1.067, § 1º.*

✱ *V. CPC/2015, arts. 57, 120, 293, 553, 642, 672, 685, 716, 914.*

APENSAR – Anexar petição ou documento em outros autos no reverso dos principais, sem alterar a ordem das peças que constituem o processo principal, no qual deve ser lançado termo de apensamento. O mesmo que *apender.*

APENSO – Junto, anexo; o que se anexa, se apensa aos autos

APERTIS VERBIS – (Latim) Claramente expresso.

APEX JURIS – (Latim) A sutileza da lei ou do direito.

APICUM – A Lei nº 12.651/2012 (Novo Código Florestal), em seu art. 3º, XV, conceituou *apicum*. "XV – *apicum*: áreas de solos hipersalinos situadas nas regiões entremarés superiores, inundadas apenas pelas marés de sizígias, que apresentam salinidade superior a 150 (cento e cinquenta) partes por 1.000 (mil), desprovidas de vegetação vascular;"

APLICABILIDADE – Capacidade ou possibilidade de aplicação, de utilização.

APLICAÇÃO – Utilização, incidência; inversão de capital em negócios ou título.

Da pena: imposição da pena a réus condenados.

De capitais: inversão de dinheiro ou valores em negócios financeiros, com fins de lucro.

Do Direito: ato de autoridade judiciária ou administrativa qua aplica solução jurídica a caso ou ato previsto em lei.

APLICAR – Dar cumprimento, executar, por em prática; fazer inversões no mercado de capitais.

APÓCRIFO – Cuja autenticidade não é comprovada; duvidosa. Que não merece fé. Documento ou obra que se atribui a quem não o assinou ou não o fez. Falso, suposto.

APODERAMENTO – Ato de tomar posse de alguma coisa, móvel ou imóvel.

APODERAR-SE – Entrar na posse ou no domínio. Pôr-se na posse ou poder de; senhorear-se.

APODÍTICA – Capacidade para demonstrar a verdade de um princípio, por simples raciocínio, sem recorrer a provas de fato. Prova evidente por si, sem que se precise demonstração.

APODÍTICO – Aquilo que convence pela certeza absoluta demonstrada e não pela experiência, que é irretorquível, irrefutável, incontestável.

APÓGRAFO – O mesmo que *traslado*. Cópia de escrito original. O oposto de *autógrafo*.

APÓLICE – Ação de empresa; instrumento de contrato de seguro, de vida ou de risco; título de obrigação civil ou mercantil; título de dívida pública. Pode ser: *à ordem:* a que apresenta essa cláusula e pode ser transferida por endosso ou por simples tradição, se não for nominal; *ao portador*: aquela que não indica o favorecido, sendo de quem a apresentar; *nominativa*: quando traz expresso o nome de seu titular ou beneficiário; *flutuante*: a do seguro marítimo que cobre as mercadorias do segurado durante um certo tempo, sem discriminar-lhes a espécie nem o navio que as transportará. O mesmo que *contrato de seguro* in quovis; *de carga*: conhecimento de transporte; *de companhia*: ação ou cota de sociedade anônima; *da dívida pública*: título emitido pelo Estado que fica devedor da quantia nele lançada, podendo ser nominal ou ao portador; *de frota*: relativa a vários veículos do mesmo segurado; *de seguro*: aquela que serve de instrumento do contrato que celebram o segurado e o segurador. Constam nela: os riscos que o segurador assume, o valor do objeto segurado, o prêmio e as outras cláusulas.

✱ *V. CC, arts. 757 a 802.*

✱ *V. Dec.-lei nº 73/1966 (Dispõe sobre sistemas nacionais de seguros privados).*

✱ *V. CCom, art. 667, 1 a 13 (Seguro Marítimo).*

APOLOGIA – Exaltação, defesa, justificativa, elogio.

Do crime e do criminoso: ato pelo qual alguém elogia, justifica, aprova o fato delituoso ou seu autor. É crime previsto em lei, com pena de detenção de 3 a 6 meses e multa.

✱ *V. CP, art. 287.*

APONTADO – Que foi levado a apontamento no Cartório de Protestos (título).

APONTAMENTO – Anotação. Apresentação de título para protesto por falta de aceite ou de pagamento. Trata-se de nota preliminar que o oficial do Cartório de Protestos faz no título cambial que, não sendo pago no prazo concedido ao devedor, será protestado.

APONTAR – Proceder ao apontamento de título para protesto.

A PORTAS CERRADAS – Audiência realizada em sigilo, a portas fechadas.

APOSENTAÇÃO – O mesmo que *aposentadoria*.

APOSENTADO – 1. Que se aposentou. 2. Pessoa que, em virtude de ter idade e tempo de serviço que a lei exige, por incapacidade ou invalidez, permanente ou não, deixa de trabalhar e passa a receber proventos da Previdência Social, ou do órgão público pagador, no caso de servidor público efetivo ou autárquico.

APOSENTADORIA – 1. Ato ou efeito de aposentar-se: aposentação, jubilação, reforma. 2. Estado daquele que se aposentou. 3. Hospedagem, gasalhado, pousada. 4. Diz-se dos vencimentos ou proventos do aposentado. 5. Estado de inatividade remunerada, de empregado filiado à Previdência Social ou de servidor público sujeito a regime próprio de Seguridade Social, após determinada idade, tempo de serviço e/ou tempo de contribuição previstos em lei, quando passam a perceber proventos pagos mensalmente. 6. Reforma, no caso dos militares, ou reserva. 7. A aposentadoria está entre os direitos dos trabalhadores, urbanos ou rurais. É assegurada a contagem recíproca do tempo de contribuição na administração pública e na atividade privada, rural e urbana. 8. O estado de calamidade pública, decretado pelo Decreto Legislativo nº 6, de 20 de março de 2020, gerado pela pandemia de Coronavírus (COVID-19) fez o Poder Público aumentar, temporariamente, a margem de crédito consignado dos titulares de benefícios de aposentadoria e pensão do Regime Geral de Previdência Social para 40 (quarenta) por cento. Posteriormente, a Lei nº 14.431/2022 estabeleceu como margem de crédito consignado para aposentados e pensionistas 45 (quarenta e cinco) por cento, sendo 35% destinados a empréstimo consignado, 5% para cartão de crédito consignado e 5% para cartão consignado de benefício, somando o total de 45%.

✱ *V. CF, arts. 7º, XXIV, e 202, § 2º.*

✱ *V. EC nº 20/1998 (Modifica o Sistema de Previdência Social e estabelece normas de transição).*

✱ *V. EC nº 41/2003 (Modifica os arts. 37, 40, 42, 48, 96, 149 e 201 da Constituição Federal, revoga o inciso IX do § 3º do art. 142 da Constituição Federal e dispositivos da Emenda Constitucional nº 20, de 15 de dezembro de 1998, e dá outras providências).*

✱ *V. EC nº 103/2019 (Altera o sistema de previdência social e estabelece regras de transição e disposições transitórias).*

✱ *V. Lei nº 8.212/1991 (Lei Orgânica da Seguridade Social).*

✱ *V. Lei nº 8.213/1991 (Lei dos Planos de Benefícios da Previdência Social).*

✱ *V. Lei nº 14.431/2022 (Altera as Leis nºs 10.820, de 17 de dezembro de 2003, 8.213, de 24 de julho de 1991, e 8.112, de 11 de dezembro de 1990, para ampliar a margem de crédito consignado aos empregados regidos pela Consolidação das Leis do Trabalho, aprovada pelo Decreto-Lei nº 5.452, de 1º de maio de 1943, aos segurados do regime próprio de previdência social dos servidores públicos federais, aos servidores públicos federais e aos segurados do Regime Geral de Previdência Social e para autorizar a realização de empréstimos e financiamentos mediante crédito consignado para beneficiários do benefício de prestação continuada e de programas federais de transferência de renda, a Lei nº 13.846, de 18 de junho de 2019, para dispor sobre a restituição de valores aos cofres públicos, e a Lei nº 14.284, de 29 de dezembro de 2021, para alterar procedimentos relativos à concessão do Auxílio Inclusão Produtiva Urbana).*

✱ *V. Dec. nº 3.048/1999 (Aprova o Regulamento da Previdência Social).*

✱ *V. Súm. Vinc. nº 3.*

✱ *V. Súm. nº 65 da TNU.*

A aposentadoria pode ser:

Compulsória: Imposta ao funcionário público que atingir 75 anos de idade, com proventos proporcionais ao tempo de contribuição. Facultada ao empregador quando o empregado completa 70 anos (homem) ou 65 (mulheres).

✱ *V. CF, arts. 7º, XXIV, e 40, § 1º, II.*

✱ *V. Lei Complementar nº 152/2015 (Dispõe sobre a aposentadoria compulsória por idade, com proventos proporcionais).*

De trabalhador rural: Segundo a CF, em seu art. 195, § 8º, o produtor, o parceiro, o meeiro e o arrendatário rurais e o pescador artesanal, bem como os respectivos cônjuges, que exerçam suas atividades em regime de economia familiar, sem empregados permanentes, contribuirão para a seguridade social mediante a aplicação de uma alíquota sobre o resultado da comercialização da produção e farão jus aos benefícios da aposentadoria. Assim, o benefício é válido para todos que, sendo proprietários ou não, desenvolvem atividade agropastoril ou hortifrutigranjeira por conta própria, individualmente ou no regime de economia familiar.

✱ *V. Lei nº 11.718/2008, que cria o contrato de trabalhador rural por pequeno prazo e estabelece normas transitórias sobre a aposentadoria do trabalhador rural.*

Espontânea: A aposentadoria espontânea não é causa de extinção do contrato de trabalho se o empregado permanece prestando serviços ao empregador após a jubilação. Assim, por ocasião da sua dispensa imotivada, o empregado tem direito à multa de 40% do FGTS sobre a totalidade dos depósitos efetuados no curso do pacto laboral.

✱ *V. Orientação Jurisprudencial da SDI-1 Transitória do TST nº 361.*

Para ex-combatente da 2ª Guerra Mundial: Concedida com proventos integrais aos 25 anos de serviço efetivo, em qualquer regime jurídico.

✱ *V. CF, Disposições Transitórias, art. 53, V.*

Por tempo de contribuição

Por tempo de serviço: V. *Aposentadoria por tempo de contribuição.*

APOSENTADORIA ESPECIAL – 1. *Especial*: Modalidade de aposentadoria do Regime Geral de Previdência Social e dos regimes próprios de Seguridade Social dos servidores públicos. Tecnicamente é uma submodalidade da aposentadoria por tempo de contribuição,concedida aos trabalhadores que exerceçam atividades sobcondições especiais que prejudiquem a saúde ou a integridade física, bem como às pessoas com deficiência, definidas em lei complementar. 2. A Emenda Constitucional nº 103/2019 excluiu a possibilidade de cômputo de tempo especial para atividades exercidas em condições de periculosidade, mantendo apenas para as hipóteses de trabalho insalubre, e neste último caso, pela exposição a agentes químicos, físicos e biológicos. 3. A Emenda Constitucional nº 47/2005 passou a admitir a contagem de tempo especial pelo exercício de trabalho por pessoas com deficiência, desde que tais atividades acarretassem maiores obstáculos à plena inserção dos trabalhadores na sociedade em igualdade de condições com as demais pessoas. Nesse sentido, foi editada a Lei Complementar nº 142/2013, que estabeleceu a possibilidade de contagem de tempo diferenciada para fins de concessão de aposentadoria, mediante a aplicação de avaliação socioeconômica do segurado. 4. Tendo em vista que desde a promulgação da Emenda Constitucional nº 20/1998, nunca foi editada a lei complementar para regulamentação da contagem de tempo especial aos servidores públicos, o STF, através do julgamento de milhares de mandados de injunção, fixou o entendimento de que devem ser aplicados por analogia os mesmos critérios utilizados para contagem especial no âmbito do Regime Geral de Previdência Social, vindo a editar Súmula Vinculante neste sentido.

✱ *V. CF, art. 40, §§ 4º a 4º-C, e 201, § 1º.*

✱ *V. EC nº 103/2019 (Altera o sistema de previdência social e estabelece regras de transição e disposições transitórias), art. 10, §§2º e 3º; e 19, § 1º.*

✱ *V. LC nº 142/2013 (Regulamenta a aposentadoria da pessoa com deficiência segurada do Regime Geral de Previdência Social – RGPS).*

✱ *V. Lei nº 8.213/1991 (Dispõe sobre os Planos de Benefícios da Previdência Social), arts. 57a e 58.*

✱ *V. Dec. nº 3.048/1999 (Regulamento da Previdência Social), arts. 64 a 70-I e Anexo IV.*

✱ *V. Súm. Vinc. nº 33 do STF.*

✱ *V. Súmulas nºs 9, 26, 49, 50, 55, 62, 66, 68, 70, 71, 85 e 87 da TNU.*

APOSENTADORIA POR IDADE – 1. Benefício do Regime Geral da Previdência Social, que exige carência de 180 (cento e oitenta) contribuições, e idades mínimas de 65 (sessenta e cinco) anos para o homem, e 60 (sessenta) anos, para a mulher, reduzido em 5 anos o limite para os trabalhadores rurais de ambos os sexos e aos que exerçam suas atividades em regime de economia familiar, nestes incluídos o produtor rural, o garimpeiro e o pescador artesanal. 2. Historicamente, é o benefício com maior representatividade junto aos trabalhadores rurais, ante as enormes dificuldades de comprovação de tempo de contribuição pelo trabalho realizado no campo. Até mesmo por isso, a Lei nº 8.213/1991 foi alterada pela Lei nº 11.718/2008 e mais recentemente pela Lei nº 13.846/2019, para estabelecer provas materiais mínimas do exercício de atividade rural, especialmente pelos segurados especiais.

✱ *V. CF, art. 201, I.*

✱ *V. Lei nº 8.213/1991 (Dispõe sobre os Planos de Benefícios da Previdência Social), arts. 48 a 51 e 106.*

✱ *V. Dec. nº 3.048/1999 (Regulamento da Previdência Social), arts. 51 a 54.*

✱ *V. Súmulas nºs 14, 44, 54 e 76 da TNU.*

APOSENTADORIA POR INCAPACIDADE PERMANENTE – 1. Modalidade de aposentadoria do Regime Geral de Previdência Social e dos regimes próprios de Seguridade Social dos servidores públicos. Pressupõe a incapacidade permanente do segurado para o exercício de atividade que lhe garanta subsistência. Embora a legislação mencione que a concessão começa a partir da cessação do auxílio-doença, nada obsta a sua concessão imediata, caso decorra de fatos que permitam a aferição de incapacidade permanente desde o evento lesivo. 2. Até a edição da Lei nº 8.213/1991, após sua concessão pelo prazo de 5 (cinco) anos, era considerada definitiva. Desde então, o aposentado por incapacidade permanente deve se submeter periodicamente a avaliação pelo serviço médico do INSS, podendo ser suspenso o pagamento do benefício a qualquer tempo. As avaliações periódicas somente estão dispensadas caso o aposentado por incapacidade permanente seja portador de AIDS ou já tenha completado 60 (sessenta) anos de idade. Termina quando o inválido recupera, total ou parcialmente, sua capacidade laborativa. 3. Exige carência de 12 (doze) contribuições, exceto nos casos de acidente de trabalho ou de incapacidade causada por doenças listadas no art. 151 da Lei nº 8.213/1991. 4. O aposentado por incapacidade permanente que necessitar do auxílio permanente de outra pessoa fará jus a um acréscimo de 25% (vinte e cinco) por cento no valor da renda do benefício. Entretanto, não basta que o aposentado seja cuidado por terceiros, mas sim que seja efetivamente incapaz de realizar as atividades mais básicas, tais como vestirse e alimentarse. 5. A EC nº 70/2012 acresceu o art. 6ºA à EC nº 41/2003 para estabelecer critérios para o cálculo e a correção dos proventos da aposentadoria por incapacidade permanente dos servidores públicos que ingressaram no serviço público até a data da publicação daquela Emenda Constitucional. 6. Para o Dir. do Trabalho, o afastamento do empregado em decorrência da concessão de auxílio-doença é hipótese de suspensão do contrato de trabalho, obstando inclusive o decurso de prazo de avisoprévio. Entretanto, a suspensão do contrato de trabalho não implica na suspensão do prazo prescricional em função de eventuais valores devidos ao empregado, que continua a fluir desde a violação do direito.

✱ *V. CF, art. 40, § 1º, I, e 201, I.*

✱ *V. EC nº 70/2012 (Estabelece critérios para o cálculo e a correção dos proventos da aposentadoria por invalidez dos servidores públicos que ingressaram no serviço público até a data da publicação da Emenda Constitucional nº 41/2003).*

✱ *V. EC nº 103/2019 (Altera o sistema de previdência social e estabelece regras de transição e disposições transitórias), art. 10, § 1º, II.*

✱ *V. Lei nº 8.213/1991 (Dispõe sobre os Planos de Benefícios da Previdência Social), arts. 25, I, 42 a 47, 101, 118 e 151.*

✱ *V. Lei nº 8.112/1990 (Regime Jurídico Único dos Servidores Públicos Civis da União, Autarquias e Fundações Públicas Federais), arts. 186, I, e 188.*

✱ *V. Dec. nº 3.048/1999 (Regulamento da Previdência Social), arts. 43 a 50 e Anexo I.*

✱ *V. Súm. nº 576 do STJ.*

✱ *V. Súmulas nºs 36, 47, 53, 57, 65 e 73 da TNU.*

Aposentadoria por incapacidade permanente acidentária: Devida nos casos de incapacidade total e permanente, para o trabalho decorrentes de situações enquadradas pela legislação, como acidente de trabalho ou doença profissional. A renda mensal inicial é igual a 100% do salário de benefício. Não é aposentadoria definitiva, vez que o beneficiário deve submeterse a exames periódicos até completar 60 anos. A competência para processamento de demandas envolvendo a concessão ou manutenção do benefício é das Varas Estaduais de Acidentes do Trabalho. 2. Em caso de afastamento do empregado por aposentadoria por incapacidade permanente decorrente de acidente ou doença do trabalho, o empregador deve manter os recolhimentos a título de FGTS pelo período, bem como é proibido de dispensar imotivadamente o trabalhador até 1 (um) ano, a. contar do retorno do emprego à atividade. Caso o empregador custeie plano de saúde, o empregado tem direito à sua cobertura durante todo o período de afastamento. Entretanto, a suspensão do contrato de trabalho não implica a suspensão do prazo prescricional em função de eventuais valores devidos ao empregado, que continua a fluir desde a violação do direito.

✱ *V. Lei nº 8.213/1991 (Dispõe sobre os Planos de Benefícios da Previdência Social), art. 118.*

✱ *V. Lei nº 8.036/1990 (Dispõe sobre o Fundo de Garantia por Tempo de Serviço), art. 15, § 5º.*

✱ *V. Súmulas nºs 371, 378, I e II, e 440 do TST.*

✱ *V. Orientação Jurisprudencial nº 375 da SBDII do TST.*

APOSENTADORIA POR INVALIDEZ – *V. Aposentadoria por incapacidade permanente.*

APOSENTADORIA POR TEMPO DE CONTRIBUIÇÃO – 1. Modalidade de aposentadoria do Regime Geral de Previdência Social e dos regimes próprios de Seguridade Social dos servidores públicos. Criada pela Emenda Constitucional nº 20/1998, tacitamente derrogando as normas legais acerca da aposentadoria por tempo de serviço. Originalmente, era de vida ao segurado que completasse 35 anos de contribuição, se homem, e 30 anos de contribuição, se mulher. Tais requisitos eram reduzidos em cinco anos para o professor que comprove exclusivamente tempo de efetivo exercício das funções de magistério na educação infantil e nos ensinos fundamental e médio. Na contagem do cálculo, agrega-se também o tempo de expectativade vida, além do período de vida e o de contribuição, formando o chamado "fator previdenciário". Por isso,desapareceu a chamada aposentadoria por tempo de serviço, uma vez que ela agora depende do tempo de contribuição, da expectativa de vida e da idade atual do segurado. 2. A Emenda Constitucional nº 103/2019 alterou substancialmente as disposições sobre esta modalidade de aposentadoria, no que diz respeito tanto ao benefício concedido pelo Regime Geral quanto aos regimes próprios de servidores públicos, estabelecendo uma composição de critérios de idade com tempo de contribuição, bem como estabelecendo regras de transição para determinados segurados que implementariam os requisitos para concessão nos próximos anos.

✱ *V. CF, art. 40, § 1º, III, e §§ 2º, 3º, 5º, 8º, 9º e 12; 201, §§ 7º e, 8º.*

✱ *V. EC nº 20/1998.*

✱ *V. EC nº 103/2019 (Altera o sistema de previdência social e estabelece regras de transição e disposições transitórias), arts. 4º, 5º, 10, 15 a 21 e 26.*

✱ *V. Lei nº 8.213/1991 (Dispõe sobre os Planos de Benefícios da Previdência Social), art.18, I, "c"; 29-C, 52 a 56.*

✱ *V. Lei nº 10.887/2004.*

✱ *V. Dec. nº 3.048/1999 (Regulamento da Previdência Social), arts. 53 a 63 e 188.*

APOSSAR – Apoderar-se, tomar posse.

APOSTA – Contrato aleatório pelo qual duas ou mais pessoas convencionam o pagamento de um prêmio ou de certa soma de dinheiro, ou ainda a realização de um ato para aquela que acertar qual acontecimento futuro os apostadores aguardam. Dívidas de jogo não podem ser cobradas judicialmente, assim como as de aposta. Não obrigam a pagamento; não se pode pedir reembolso de quantia empenhada para aposta ou jogo.

✱ *V. CC, arts. 814 a 817.*

A POSTERIORI – (Latim) Do que vem depois. Sistema de argumentação que parte do efeito para a causa. Oposto à argumentação *a priori*.

APOSTILA – Aditamento, anotação, registro feito em documento público ou na documentação relativa a algum servidor. Os títulos são apostilados nos casos de remoção, promoção etc. Também se refere a pontos para concursos em cópias xerografadas.

APOTEGMA – Aforismo, brocardo.

APRAZAMENTO – Indicação, designação de prazo.

APRAZAR – Fixar, determinar, designar um prazo.

A PRAZO – No Dir. Comercial, pagamento em prestações, em parcelas, feito após a realização do negócio.

APREÇAMENTO – Ajuste, ato de apreçar.

APRECIAÇÃO – Avaliação, exame, julgamento. Valor que o juiz dá a certo ato ou à causa sob seu exame e às provas apresentadas, ao se pronunciar sobre o mérito, no julgamento.

Judicial da petição inicial: assim que tome conhecimento da inicial o juiz pode *despachá-la* ou *indeferi-la*. No primeiro caso, ordenará a citação do réu para responder aos termos propostos pelo autor. ***V. citação*** e ***petição inicial***.

APREENSÃO – 1. Preocupação, tomada, apoderamento. 2. Ação de apreender, tomar ou apoderar-se de. 3. Ato de retirar pessoa ou coisa da posse de quem a detenha injustamente, com autorização de órgão competente: apreensão de mercadorias, dos bens do réu para cumprir sentença indenizatória.

De embarcação: ato pelo qual o fiscal apreende navio registrado indevidamente como nacional ou que perdeu, há mais de 6 meses, as condições para continuar sendo nacional.

De mercadorias: feita pela fiscalização quando desrespeitadas posturas municipais, com requisição de auxílio policial e especificadas as mercadorias apreendidas em *auto de apreensão*, no qual se fixam prazos de carência e multas e o pagamento de despesas de remoção, pagas pelo infrator *de título*.

✱ ***V.*** *CPC/1973, arts. 882 a 885, parágrafo único.*

✱ ***V.*** *CPC/2015, arts. 403 e 1.046.*

De título: quando o interessado, provando ter entregue título ao emitente, sacador ou aceitante ou a quem deveria pagá-lo, mas se nega a restituí-lo ou a satisfazer a obrigação, promove ação contra o devedor, pedindo a apreensão do título e a prisão do culpado.

De veículo: Modalidade de pena por infração da legislação de trânsito, consistente em recolhimento do veículo envolvido ao depósito, sob custódia e responsabilidade do órgão ou entidade apreendedora. A restituição do veículo apreendido sujeita-se ao prévio pagamento de multas, taxas e despesas com remoção e estada, de responsabilidade do proprietário do veículo.

✱ ***V.*** *CTB, arts. 256, IV, e 262.*

APREGOAÇÃO – Ato de apregoar a compra e venda de títulos de coisas, assim como os lanços que são oferecidos. A apregoação é feita pelos porteiros dos auditórios, por operador de corretora ou por leiloeiros.

APREGOADO – Chamado por pregão; anunciado.

APREGOAMENTO – Anúncio feito por pregão, ato de proclamar; chamada para ato judicial público. O mesmo que *pregão*.

APREGOAR – Convocar chamar, avisar, anunciar, fazer pregão. Anunciar, em alta voz, a abertura de praça, leilão, ou da Bolsa e os lances sobre coisa posta à venda. Na sessão de instrução e julgamento, aberta a audiência, o juiz mandará apregoar as partes e os advogados.

✱ ***V.*** *CPC/1973, art. 450.*

✱ ***V.*** *CPC/2015, art. 358.*

✱ ***V.*** *Lei Orgânica da Magistratura Nacional, art. 35, VI.*

✱ ***V.*** *Lei nº 8.906/1994 (Estatuto da Advocacia e a OAB), art. 7º, XX.*

APRENDIZ – 1. O que aprende arte ou ofício. 2. Novato, noviço, principiante. 3. Para o Dir. do Trabalho, é pessoa maior de 14 (quatorze) anos e menor de 24 (vinte e quatro) anos, inscrita em programa de aprendizagem, que celebra contrato de aprendizagem, nos termos do disposto no art. 428 da CLT, aprovada pelo Dec.-lei nº 5.452, de 1º de maio de 1943. Os aprendizes com deficiência estão excluídos da limitação de idade máxima. 4. Embora o aprendiz seja empregado, o INSS vem resistindo ao reconhecimento do tempo na atividade em aprendizagem para fins previdenciários. Nesse sentido, a Turma Nacional de Uniformização de Jurisprudência dos Juizados Especiais federais fixou o entendimento de que, sendo provado que o aprendiz recebia remuneração, ainda que indireta, sua atividade deve ser computada como tempo de serviço, ainda que exercida antes dos 14 (quatorze) anos, quando a legislação admitia o trabalho a partir dos 12 (doze) anos de idade.

A EC nº 65/2010 deu nova redação ao art. 227, § 3º, III, para garantir o acesso do trabalhador adolescente e jovem à escola.

✱ ***V.*** *CF, art. 7º, XXXIII.*

✱ ***V.*** *Súm. nº 205 do STF.*

✱ ***V.*** *Súm.nº 18 da TNU.*

✱ ***V.*** *Dec. nº 11.479/2023 (Altera o Decreto nº 9.579, de 22 de novembro de 2018, para dispor sobre o direito à profissionalização de adolescentes e jovens por meio de programas de aprendizagem profissional).*

APRENDIZAGEM – 1. Ato ou efeito de aprender. 2. Para a Psicologia, é o processo pelo qual o comportamento humano sofre mudanças permanentes, como resultado de treino ou experiências. 3.Processo que conduz ao conhecimento de um ofício, arte ou função. 4. Para o Dir. do Trabalho, o contrato de aprendizagem é um contrato de trabalho especial, ajustado por escrito e por prazo determinado não superior a dois anos, em que o empregador se compromete a assegurar ao aprendiz formação técnico-profissional metódica compatível com o seu desenvolvimento físico, moral e psicológico e o aprendiz se compromete a executar, com zelo e diligência, as tarefas necessárias a sua formação. O objetivo é a formação profissional de jovens a partir de 14 (catorze) anos até 24 (vinte e quatro) anos, de modo a abarcar conhecimentos técnicos e profissionais, seja em escola ou no próprio local de trabalho com cláusula de aprendizado, e não pode ser superior a 2 (dois) anos, com exceção do aprendiz com deficiência que não está limitado ao prazo de duração do contrato ou ao limite de idade.

Os estabelecimentos industriais e os comerciais são obrigados a empregar e a matricular, uma cota de aprendizes de, no mínimo, 5% (cinco por cento), e no máximo, de 15% (quinze por cento), do número de vagas de trabalho que demandem formação profissional de aprendizes. A Lei nº 10.097/2000 alterou diversos dispositivos da CLT acerca do contrato de aprendizagem, admitindo inclusive que os aprendizes sejam contratados por entidades sem fins lucrativos ou entidades de prática desportiva, para prestação de serviços a terceiros, hipótese em que haverá vínculo de emprego com os tomadores dos serviços. Após a promulgação desta lei, o Poder Executivo editou o Decreto nº 5.598/2005, regulamentando diversos aspectos do contratode aprendizagem. Posteriormente, as disposições do Decreto nº 5.598/2005 foram incorporadeas ao Decreto nº 9.579/2018, que consolidou normas sobre direitos da criança e do adolescente.

✱ *V. CF, art. 7º, XXXIII.*

✱ *V. Lei nº 10.097/2000 (Altera dispositivos da Consolidação das Leis do Trabalho – CLT, aprovada pelo Dec.-lei nº 5.452, de 1º de maio de 1943). arts. 403 e 424 a 438.*

✱ *V. Dec. nº 9.579/2018 (Consolida atos normativos editados pelo Poder Executivo ffederal que dispõem sobre a temática do lactente, da criança e do adolescente e do aprendiz), arts. 43 a 75.*

✱ *V. Dec. nº 11.479/2023 (Altera o Decreto nº 9.579, de 22 de novembro de 2018, para dispor sobre o direito à profissionalização de adolescentes e jovens por meio de programas de aprendizagem profissional), art. 1º.*

✱ *V. Súm. nº 205 do STF.*

✱ *V. Súm. nº 18 da TNU.*

APRESADOR – Navio que apresa, captura, outro navio e também a sua carga.

APRESAMENTO – Ato de *apresar* (q.v.). Captura de navio ou embarcação.

APRESAR – Apreender, capturar, fazer presa de navio, inimigo ou mercante, e de sua carga.

APRESENTAÇÃO – Entrada de autos de recurso na instância superior; exibição de livros comerciais para perícia requerida na lide pelo autor; ato de exibir título cambiário para aceite; entrega ao escrivão do feito de papéis e documentos necessários para início ou instrução do processo; entrega de arrazoado em que se defende interesses de uma das partes na lide; arrolamento de testemunhas.

A PRIORI – (Latim) Refere-se à apresentação de conclusões ou exposição de pontos de vista sem o respaldo de experiências anteriores. Diz-se de raciocínio que se fundamenta em hipótese não provada. Opõe-se a *a posteriori* (q.v.).

APRIORISMO – Raciocínio *a priori*. Argumenta-se por hipótese não provada, apenas com base na razão, chegando-se a conclusões que não se apoiam nem na observação experimental nem em fatos positivos.

APRIORISTA – Aquele que raciocina *a priori*, que admite evidentes fatos ou proposição que não têm base experimental; aquele que argumenta por hipótese, apoiado na razão e com desprezo à realidade.

APRIORÍSTICO – Que se refere ao *apriorismo*.

APROPRIAÇÃO – Apossamento; trazer para si coisa alheia ou sem dono. Pode ser: *lícita*, se o antigo proprietário concorda com a transferência da propriedade imóvel (CC, arts. 1.228, 1.245, 1.263, 1.275, 1.276; CP arts.155 a 157, 161, 168, 169, I e II), ou *indébita*, quando alguém converte em própria, dolosamente, abusando da confiança de outrem, coisa alheia móvel de quem tem a guarda, posse ou detenção para qualquer fim. Feita ao arrepio da lei, o apropriante ilegítimo fica incurso nos dispositivos que penalizam o *crime contra o patrimônio*. Ninguém pode apropriar-se de coisa alheia vinda ao seu poder por erro, caso fortuito ou força da natureza; da mesma forma comete crime quem se apropria, quando de tesouro achado em prédio alheio, no todo ou em parte, da cota a que tem direito o proprietário do prédio; e ainda quem se apossa, no todo ou em parte, de coisa achada, deixando de restituí-la ao seu dono ou à autoridade competente, no prazo de 15 dias. O Código Civil relaciona as coisas abandonadas, sem dono, sujeitas à apropriação, sem violação da lei. E também as hipóteses em que há perda da propriedade imóvel.

✱ *V. CP, arts. 155 a 157, 161, 168, 169, I e II, 170 e 171.*

✱ *V. CF, art. 5º,* caput, *XXII a XXIV.*

APROPRIAR – Conservar a coisa alheia em seu poder, com intenção de dono.

APROVAÇÃO – Concordância, assentimento, anuência, ratificação, homologação. Autenticação de ato escrito em que alguém manifesta sua vontade, como no testamento.

APROVAR – Consentir, autorizar, dar aprovação, concordar.

APROVEITAMENTO – Utilização de algo ou de pessoa, essa para cargo ou função, no caso de provimento especial de funcionário posto em disponibilidade.

APTIDÃO – Capacidade, habilidade, disposição. Capacidade jurídica para exercitar ou adquirir um direito ou ter obrigações. Qualidade legal e idoneidade para o desempenho de um cargo ou de uma função.

APTO – Capaz, habilitado, aceitável, válido, idôneo.

APUD – (Latim) Consoante, conforme, segundo (referência a livro, a obra ou autor).

APUD ACTA – (Latim) Nos autos, no processo, junto aos autos. Diz-se de uma espécie de procuração tomada a termos pelo escrivão, nos autos do processo e assinada perante o juiz pelos outorgantes, autores ou réus, assistentes ou oponentes. Estando ausente o juiz, a procuração pode ser assinada, mas exigem-se duas testemunhas que conheçam a parte e assinem conjuntamente.

APURAÇÃO – Exame, investigação, verificação, pesquisa. Verificação contábil de contas ou parcelas de um conjunto de operações. Averiguação de um fato irregular ou criminoso. Separação e contagem de votos nas eleições.

De haveres: ocorre quando o sócio diverge da alteração do contrato social e deseja retirar-se da sociedade (por cotas de responsabilidade limitada); reembolsado da parcela correspondente ao seu capital, ele fica obrigado ao pagamento das cotas respectivas para saldar obrigações contraídas até a data do registro definitivo da modificação do estatuto social. O sócio pode retirar-se a qualquer tempo nas sociedades por tempo indeterminado e se não concordar com a modificação do contrato social; mas não quando a sociedade tem prazo prefixado de duração, sendo obrigado a aguardar seu termo final.

APURADO – O que foi investigado, verificado, averiguado; resultado da apuração. Aprimorado. Dinheiro à vista recebido na venda de coisa, no comércio.

APURADOR – Aquele que faz a apuração.

APURAR – Computar, verificar, procurar conhecer com exatidão. Contar o dinheiro da venda à vista. Aperfeiçoar.

AQUEDUTO – Canal para condução de água de um ponto a outro do terreno. Se feito por meio de prédios rústicos alheios constitui *servidão* (q.v.).

A QUEM DE DIREITO – Locução com que se remete à pessoa, funcionário ou autoridade com competência para resolver ou tomar conhecimento de pedido, reclamação, ou um caso administrativo. Oposto a *de quem de direito.*

AQUESTOS – Bens que os cônjuges, ou um deles, adquire na constância do casamento, a qualquer título – menos por doação, sucessão, sub-rogação, ou bens de filhos anteriores ao casamento, em razão de poder familiar –, e que entram para a comunhão, sendo esse o regime, não havendo pacto antenupcial ou cláusula expressa em contrato que o impeça. Ver *regime* de *comunhão parcial.*

✱ *V. CC, arts. 1.659, VII, e 1.672 a 1.686.*

AQUIESCÊNCIA – Anuência, consentimento, concordância, assentimento. Pode ser *expressa,* quando se dá por declaração escrita ou oral do aquiescente ou mandatário sem quem possua poderes especiais; *tácita,* quando deduzida de ato que faz supor a intenção de consentir do agente; quando este não proteste contra certo ato; *pura e simples,* aquela dada sem imposição de condições ou reserva.

AQUIESCENTE – Aquele que aquiesce, consente, concorda, anui.

AQUIESCER – Consentir em ato ou contrato.

AQUÍFERO – Corpo hidrogeológico com capacidade de acumular e transmitir água por meio dos seus poros, fissuras ou espaços resultantes da dissolução e carreamento de materiais rochosos.

AQUINHOADO – O que recebeu quinhão em partilha de bens.

AQUINHOAMENTO – Ato de repartir, distribuir, em quinhão.

AQUINHOAR – Dar em quinhão, dividir, repartir, distribuir quinhões.

AQUISIÇÃO – Fato de uma pessoa assumir um direito, passar à condição de titular de um direito, do domínio de uma coisa ou a sua propriedade; fato pelo qual uma coisa passa a fazer parte do patrimônio de uma pessoa. Pode-se adquirir um direito *em virtude de lei,* como os *direitos persnalíssimos* garantidos pela CF; ou por *ato de vontade,* como nos contratos, por transferência legal de um titular para outro. A aquisição pode ser:

A título gratuito: transmissão de bens para beneficiar ou recompensar o adquirente, por ato de liberalidade, como no *legado,* na *doação.*

A título oneroso: transmissão de bens com o pagamento do preço avençado ou permuta por efeitos equivalentes.

A título singular: a que abrange uma determinada coisa ou a universalidade dos bens, discriminados pelas partes. O mesmo que *a título particular.*

A título universal: transmissão de todos os bens de uma pessoa, como no caso de sucessão hereditária.

Causa mortis: quando ocorre pela morte do proprietário dos bens.

✱ *V. CC, arts. 1.784 a 1.790.*

De boa-fé: em que o adquirente supõe que o bem a si transferido realmente pertença a quem o está alienando, sendo este seu legítimo proprietário.

De frutos: quando a lei os atribui ao proprietário da coisa que o produz.

✱ *V. CC, arts. 1.214 e 1.232.*

De má-fé: tendo o adquirente conhecimento de que o vendedor não é o legítimo dono da coisa.

De posse: dá-se pela apreensão da coisa ou pelo exercício do direito, por dispor dela ou direito sobre ela, ou por qualquer dos modos de aquisição.

✱ *V. CC, arts. 1.204 e 1.205.*

Derivada: quando sucede a posse anterior, alterando-se a titularidade do direito. Essa forma de aquisição pode dividir-se em *translativa,* quando o direito é integralmente transferido (compra à vista de um bem móvel ou imóvel); e *constitutiva*, quando o direito não se transfere de imediato, mantendo-se ainda com o antigo titular, como na transferência de imóveis com cláusulas de usufruto, entre pais e filhos. O direito desses fica limitado, enquanto os pais forem vivos, já que conservam o direito de usufruto, tendo transferido apenas a *nuda proprietas*.

Inter vivos: transmissão de bens efetuada em vida do alienante; opõe-se à *aquisição causa mortis*.

Legal: fundada em dispositivo de lei.

Originária: começa com o próprio ato de posse, o direito é autônomo, não necessita da ação de uma segunda pessoa, como na aquisição de propriedade por ocupação ou na ocupação de uma *res nulius*.

Por acessão: Ver *acessão*.

Por justo título: aquela feita por título legalmente apto, por sua natureza e forma, para a transmissão do domínio da coisa.

Prescritiva: aquela que se baseia no usucapião.

A QUO – (Latim) De que, do qual, de quem. *Do qual*: dia a partir do qual tem início a contagem de um prazo *dies a quo*. Diz-se de juiz ou tribunal de cuja decisão se recorre; juiz *a quo*: juiz de instância inferior, em relação a outro ao qual se recorre; juízo recorrido. Opõe-se a *ad quem* (q.v.).

A RADICE – (Latim) Desde a raiz; pela raiz.

ARBITRADOR – Perito em arbitramento; pessoa que, por indicação de juiz ou das partes, presta esclarecimento de ordem técnica em fato controvertido.

ARBITRAGEM – Jurisdição ou poder que se concede, por lei ou por escolha das partes em litígio, a pessoas que vão dirimir questões; processo decisório entre partes contendoras. O julgamento dos árbitros, que não precisam ser diplomados em Dir., tem força de sentença, não sujeita a recurso, a menos que sua interposição esteja estipulada pelas partes. O laudo arbitral produz os mesmos efeitos da sentença judiciária entre as partes e seus sucessores; se houver condenação, a homologação lhe dá eficácia de título executivo. Essa homologação é da competência do juiz a que estiver afeto, na origem, o julgamento da causa. Só não podem ser árbitros os incapazes, os analfabetos, os legalmente impedidos de servir como juiz e os suspeitos de parcialidade. O juízo arbitral pode ser *judicial*, quando celebrado por termo nos autos, perante o tribunal no qual se desenvolva a lide; *convencional* ou *extrajudicial*, por escritura pública ou particular, assinada pelas partes e duas testemunhas e, posteriormente, homologada. A Lei nº 13.467/2017 (Reforma Trabalhista) trouxe a possibilidade de pactuação de cláusula de arbitragem nos contratos individuais de trabalho em que a remuneração é superior a duas vezes o limite máximo estabelecido para os benefícios do Regime Geral de Previdência Social e a iniciativa é do empregado ou conta com a concordância expressa dele.

✱ *V. CLT, art. 507-A.*

✱ *V. Lei nº 9.307/1996 (Lei da Arbitragem).*

De câmbio: usada por banqueiros para liquidarem suas contas numa terceira praça; transferência de fundos negociáveis de uma praça para outra, estrangeira. O mesmo que *câmbio indireto*. No Dir. Internacional Público, instituto que cuida da solução judicial de conflito internacional por árbitros ou por negociações diretas por meio do chefe de outro Estado, para isso convidado, sendo estabelecido o objeto da pendência, a sede do tribunal e o processo a observar-se. As partes assinam, de antemão, o *compromisso arbitral*, obrigando-se a aceitar e a cumprir a sentença. Diz-se *compulsória* ou *obrigatória*, quando os países envolvidos tenham firmado pacto, por meio de tratado, com cláusula que os obrigue a recorrer à arbitragem se necessário; e *voluntária* ou *facultativa*, quando o país decide, voluntariamente, se quer ou não se submeter à Justiça arbitral, conforme suas conveniências. O mesmo que *arbitramento internacional*.

ARBITRAMENTO – Exame feito por árbitros ou peritos para estabelecer critérios corretos de avaliação de fatos ou coisas, para determinar o valor de uma coisa ou avaliar em pecúnia a obrigação que a ela se liga.

Da liquidação da sentença: faz-se quando determinado pela sentença ou acordo entre as partes, ou quando o objeto da liquidação o exigir. Nas ações de perdas e danos quando o juiz não tem elementos para declarar, de imediato, o valor da indenização.

✱ *V. CPC/1973, arts. 606, I e II, e 607.*

✱ *V. CPC/1973, arts. 606, I e II, e 607; revogados pelo CPC/2015.*

Por indenização: feita judicialmente nos casos de violência sexual ou ultraje ao pudor; por ofensa à liberdade pessoal – cárcere privado, prisão por queixa ou denúncia falsa e de má-fé, prisão ilegal, caso em que a autoridade que ordenou a prisão é obrigada a ressarcir o dano –, que consiste no pagamento de perdas e danos ao ofendido e de uma soma calculada nos termos do parágrafo único do art. 953 do CC.

✱ *V. CC, arts. 944 a 954.*

ARBITRARIEDADE – *Abuso de autoridade* (q.v.). Procedimento que não tem amparo legal, contrário à ordem jurídica ou à moral social, que é determinado por capricho, abuso das próprias razões ou pela vontade do agente. Qualidade de arbitrário.

ARBITRÁRIO – Que se origina do arbítrio, da vontade, do capricho individual, mas com violação das normas legais, que não respeita regras, não aceita restrições; discricionário, despótico.

ARBÍTRIO – Poder da vontade que escolhe e decide por si mesma, sem dependência estranha, fundada apenas em razões íntimas.

Do juiz: quando o juiz decide por convencimento próprio, escolhendo livremente dentre dois depoimentos o que lhe parece mais verdadeiro, sem que haja prova decisiva nos autos. ***V.*** *Livre convencimento.*

ARBITRIUM JUDICIS – (Latim) Pelo arbítrio apenas do juiz.

ARBITRIUM REGULATUM – (Latim) Arbítrio moderado, poder discricionário comedido.

ÁRBITRO – Perito; membro de tribunal arbitral que países em litígio constituem para resolver litígio internacional. ***V.*** *Arbitragem.* Pessoa contratada pelas partes em demanda para decidir sobre fatos ou atos que interessam à decisão da lide. Sua sentença é irrecorrível, a menos que as partes pactuem em contrário. Homologado, o laudo tem força de execução.

Desempatador: aquele que proferia o voto de desempate em pronunciamentos contrários de outros árbitros. Conforme a redação original do CPC/1973, revogada pela Lei nº 9.307/1996, os árbitros deveriam ser sempre em número ímpar, para evitar o empate de votos. Quando as partes se louvarem em apenas dois, esses se presumem autorizados a nomear, de imediato, um terceiro.

ARCONTE – Designação dada aos primeiros magistrados de Atenas, antes de Sólon (que morreu por volta de 559 a.C.); tinham o poder de legislar; depois dele, tornaram-se apenas executores das leis.

Epônimo: magistrado encarregado da preparação e organização dos concursos de tragédias e comédias, entre os gregos antigos.

ARDIL – É um dos meios para a prática do estelionato (CP, art. 171). Estratagema fraudulento visando obter, para si ou para outrem, vantagem ilícita em prejuízo alheio.

ÁREA – Medida de um imóvel, sua superfície.

Comum: que pertence a um condomínio.

De proteção ambiental (APA): espaços territoriais e seus componentes, em todos os Estados, que devem ser especialmente protegidos, sendo sua alteração ou supressão permitidas somente por meio de lei.

✱ ***V.*** *CF, art. 225, III e IV.*

✱ ***V.*** *Lei nº 6.938/1981 (Lei da Política Nacional de Meio Ambiente), art. 9º, VI.*

Non aedificandi: terreno no qual não se pode edificar, por exemplo: faixa das linhas de transmissão, faixas junto a cursos de água de represas, e outras que forem definidas em lei.

Pioneira: constituída de terras virgens que podem ser usadas para agricultura, pecuária, exploração agroindustrial ou extrativa.

Útil: privativa de um apartamento, sem contar as dependências de uso comum do condomínio.

Verde urbana: A Lei nº 12.651/2012 (Novo Código Florestal), em seu art. 3º, XX, conceituou área verde urbana: "XX – área verde urbana: espaços, públicos ou privados, com predomínio de vegetação, preferencialmente nativa, natural ou recuperada, previstos no Plano Diretor, nas Leis de Zoneamento Urbano e Uso do Solo do Município, indisponíveis para construção de moradias, destinados aos propósitos de recreação, lazer, melhoria da qualidade ambiental urbana, proteção dos recursos hídricos, manutenção ou melhoria paisagística, proteção de bens e manifestações culturais;"

ÁREA DE PROTEÇÃO AMBIENTAL (APA) – É uma modalidade de unidade de conservação destinada à proteção ambiental, mediante certas restrições de uso, visando assegurar o bem-estar das populações humanas e a conservação ou melhoria das condições ecológicas locais. Respeitados os princípios constitucionais que regem o exercício do direito de propriedade, o poder executivo poderá criar Áreas de Proteção Ambiental, estabelecendo normas que limitem ou proíbam a implantação ou o desenvolvimento de atividades que afetem as características ambientais dessas áreas, suas condições ecológicas ou ainda que ameacem extinguir as espécies da biota regional. Nesse sentido, a APA é uma Unidade de Conservação que visa a proteção da vida silvestre e a manutenção de bancos genéticos, bem como dos demais recursos naturais, por meio da adequação e orientação das atividades humanas na área, promovendo a melhoria da qualidade de vida da população. Trata-se de uma forma de conservação que disciplina o uso e a ocupação do solo, por meio do zoneamento, procedimentos de controle e fiscalização, programas de educação e extensão ambiental, cujo encaminhamento se dá em articulação com os órgãos do poder executivo, com as universidades, os municípios envolvidos e as comunidades locais. A implantação das APAs federais é de competência do IBAMA, e a das estaduais compete à Secretaria do Meio Ambiente respectiva.

✱ ***V.*** *Lei nº 9.985/2000 (Regulamenta o art. 225, § 1º, incisos I, II, III e VII da Constituição Federal, institui o Sistema Nacional de Unidades de Conservação da Natureza).*

ÁREA DE PRESERVAÇÃO PERMANENTE (APP) – Área protegida, coberta ou não por vegetação nativa, com a função ambiental de preservar os recursos hídricos, a paisagem, a estabilidade geológica e a biodiversidade, facilitar o fluxo gênico de fauna e flora, proteger o solo e assegurar o bem-estar das populações humanas. Segundo o novo Código Florestal (Lei nº 12.651/2012), o art. 4º considera Área de Preservação Permanente, em zonas rurais ou urbanas: I – as faixas marginais de qualquer curso d'água natural perene e intermitente, excluídos os efêmeros, desde a borda da calha do leito regular, em largura mínima de: a) 30 (trinta) metros, para os cursos d'água de menos de 10 (dez) metros de largura; b) 50 (cinquenta) metros, para os cursos d'água que tenham de 10 (dez) a 50 (cinquenta) metros de largura; c) 100 (cem) metros, para os cursos d'água que tenham de 50 (cinquenta) a 200 (duzentos) metros de largura; d) 200 (duzentos) metros, para os cursos d'água que tenham de 200 (duzentos) a 600 (seiscentos) metros de largura; e) 500 (quinhentos) metros, para os cursos d'água que tenham largura superior a 600 (seiscentos) metros; II – as áreas no entorno dos lagos e lagoas naturais, em faixa com largura mínima de: a) 100 (cem) metros, em zonas rurais, exceto para o corpo d'água com até 20 (vinte) hectares de superfície, cuja faixa marginal será de 50 (cinquenta) metros; b) 30 (trinta) metros, em zonas urbanas; III – as áreas no entorno dos reservatórios d'água artificiais, decorrentes de barramento ou represamento de cursos d'água naturais, na faixa definida na licença ambiental do empreendimento; IV – as áreas no entorno das nascentes e dos olhos d'água perenes, qualquer que seja sua situação topográfica, no raio mínimo de 50 (cinquenta) metros; V – as encostas ou partes destas com declividade superior a 45º, equivalente a 100% (cem por cento) na linha de maior declive; VI – as restingas, como fixadoras de dunas ou estabilizadoras de mangues; VII – os manguezais, em toda a sua extensão; VIII – as bordas dos tabuleiros ou chapadas, até a linha de ruptura do relevo, em faixa nunca inferior a 100 (cem) metros em projeções horizontais; IX – no topo de morros, montes, montanhas e serras, com altura mínima de 100 (cem) metros e inclinação média maior que 25º, as áreas delimitadas a partir da curva de nível correspondente a 2/3 (dois terços) da altura mínima da elevação sempre em relação à base, sendo esta definida pelo plano horizontal determinado por planície ou espelho d'água adjacente ou, nos relevos ondulados, pela cota do ponto de sela mais próximo da elevação; X – as áreas em altitude superior a 1.800 (mil e oitocentos) metros, qualquer que seja a vegetação; XI – em veredas, a faixa marginal, em projeção horizontal, com largura mínima de 50 (cinquenta) metros, a partir do espaço permanentemente brejoso e encharcado.

ÁREA RURAL CONSOLIDADA – Consiste na área de imóvel rural com ocupação antrópica preexistente a 22 de julho de 2008, com edificações, benfeitorias ou atividades agrossilvipastoris, admitida, neste último caso, a adoção do regime de pousio.

✱ *V. Lei nº 12.651/2012 – Novo Código Florestal*

ÁREAS DE RELEVANTE INTERESSE ECOLÓGICO (ARIE) – A criação de uma ARIE tem como finalidade a proteção de uma área natural de grande valor ecológico e extensão relativamente pequena (sempre inferior a 5.000 hectares), regulamentando e disciplinando a utilização de seus recursos ambientais."

ÁREAS NATURAIS TOMBADAS – São áreas ou monumentos naturais, cuja conservação é de interesse público, seja pelo seu valor histórico, ambiental, arqueológico, geológico, turístico ou paisagístico. Podem ser instituídas em terras públicas ou particulares e, uma vez inscritas no Livro do Tombo, essas áreas passam a ter restrições quanto ao uso, de modo a garantir a conservação de suas características originais.

ÁREAS SOB PROTEÇÃO ESPECIAL (APES) – São áreas ou bens assim definidos pelas autoridades competentes, em terras de domínio público ou privado, cuja conservação é considerada prioritária para a manutenção da qualidade do meio ambiente, do equilíbrio e da preservação da biota nativa. Podem ser definidas por resolução da autoridade ambiental federal, estadual ou municipal. Essa mesma autoridade é responsável pela coordenação das ações necessárias à sua implantação e conservação. As ASPES se caracterizam como uma primeira medida de proteção de áreas ou bens que após estudos mais aprofundados podem ser incluídos em outras categorias de conservação mais restritivas.

ÁREAS ÚMIDAS – A Lei nº 12.651/2012 (Novo Código Florestal), em seu art. 3º, XXVI, conceituou áreas úmidas: "XXVI – áreas úmidas: pantanais e superfícies terrestres cobertas de forma periódica por águas, cobertas originalmente por florestas ou outras formas de vegetação adaptadas à inundação;"

AREÓPAGO – Antigo Tribunal de Justiça de Atenas, renomado pelo senso de justiça e pela integridade de seus membros, competente para casos religiosos e políticos. Empregado na linguagem forense com o sentido de tribunal ou órgão colegiado.

ARESTO – O mesmo que acórdão. Decisão definitiva, sentença de órgão judiciário.

ARGENTÁRIO – Pessoa dedicada à manipulação e aplicação de dinheiro.

ARGUENTE – Aquele que argui, alega; parte que argumenta contra outra, que impugna ato ou afirmação da parte contrária.

ARGUIÇÃO – Objeção, impugnação dos argumentos do ex-adverso; alegação fundamentada; interrogatório com tomada de depoimento.

ARGUIÇÃO DE CONSTITUCIONALIDADE – Procedimento em que se impugna atos contrários aos preceitos da Constituição Federal. A competência para tal procedimento está disposta no art. 103 da CF.

Arguição de falsidade: procedimento pelo qual é suscitada a ilegitimidade de assinatura ou documento.

✱ *V. CPC/1973, arts. 390 a 395.*

✱ *V. CPC/2015, arts. 430 a 433.*

Arguição de nulidade: apontamento de vícios em processo judicial.

✱ *V. CPC/1973, art. 243.*

✱ *V. CPC/2015, art. 276.*

✱ *V. CPP, art. 571.*

ARGUIDO – Alegado, deduzido por raciocínio.

ARGUIR – Proceder à arguição, ao interrogatório; refutar, impugnar os argumentos contrários; inquirir.

Suspeição: alegar suspeição do juiz, do Ministério Público, das testemunhas, em processo cível ou penal.

ARGUMENTAÇÃO – Conjunto de razões, e argumentos, de raciocínios, com que se defende um ponto de vista.

ARGUMENTAR – Debater, tirar de razões lógicas, de argumentos, as deduções que levem ao convencimento quanto à certeza de uma proposição. Aduzir os raciocínios que compõem uma argumentação.

ARGUMENTO – Raciocínio por meio do qual se tira uma conclusão, consequência ou dedução. Assunto, enredo, tema. Pode ser *indutivo* ou *dedutivo*. O silogismo é a forma mais comum de argumento. Pode ser:

A contrario sensu: conclui-se pela aplicação de regra contrária à hipótese figurada em um texto (*exclusio unus, exclusio alterius*).

A fortiori: deduz-se do menor o maior, do menos evidente a conclusão mais clara. Pode ser: *a majori ad minus*, isto é, quem pode o mais também pode o menos; *a minori ad majus*, restrição ao mais atinge também o menos.

A pari ratione ou a simili: o que invoca, por analogia, para apoio de uma proposição, igual razão de existir da outra.

A posteriori: raciocínio apoiado em fatos. Opõe-se a *a priori*.

A priori: o que despreza fatos, apóia-se na razão, parte da causa para o efeito, antes da experiência ou da observação. Por suposição.

Ab absurdo: aquele que admite um princípio contrário, as próprias razões a combater, para tirar ilações favoráveis; demonstra-se o absurdo de se interpretar do modo contrário.

Ab auctoritate: o que se baseia na opinião dos tratadistas.

Ad hominem: aquele com o qual se refuta a opinião do adversário, opondo-lhe suas próprias razões e assim o confundindo.

Ad judicium: fundamentado na opinião corrente ou no senso comum.

Baculino: o que despreza a razão, emprega força ou violência. A cacete, porque báculo era uma espécie de cajado.

Ex vano: sem fundamento.

Intrínseco: tirado do próprio assunto tratado.

Pro subjecta materia: que se deduz do lugar em que um texto se encontra.

ARISTOCRACIA – Forma clássica de governo, não mais utilizado, exercido por uma minoria composta por pessoas consideradas de sangue nobre, das classes privilegiadas. O oposto de *democracia* e *monarquia*. Preconizada por Sócrates, deveria originariamente ser exercida pelos cidadãos mais capazes. Já Aristóteles preconizava uma forma mista de governo, a *politeia*, onde seriam admitidos os mais capazes (aristocracia), porém também permitia que todos concorressem aos cargos públicos (democracia).

ARMA – Aparelho, instrumento, mecanismo utilizado como meio de ataque ou de defesa, podendo causar dano a pessoas ou animais. No plural o termo indica, também, insígnias, emblemas, etc. A Lei nº 10.826/2003 (Estatuto do Desarmamento) regula a aquisição, registro, posse e porte de armas.

Atômica: a que utiliza energia atômica, superada, atualmente, pela de nêutrons.

Branca: as que não empregam explosivos, como o punhal, a faca, a espada.

Cortante: as que se destinam a corte, tendo gume afiado ou ponta aguda, como faca, navalha, punhal.

Corto-contundente: a que corta e contunde.

De alcance: para atirar projéteis a grandes distâncias.

De arremesso: na qual o projétil é lançado usando-se a força humana.

De fogo: a que funciona com projéteis expelidos por força de explosão, à base de pólvora.

Perfurante: a que produz furos, como punhal, furadores de gelo, atiçadores de lenha nas lareiras, certos tipos de espada.

Perfurocortante: as que tanto podem cortar quando furar, como punhal de lâmina fiada.

ARMA DE FOGO – São engenhos mecânicos destinados a lançar projéteis, pela ação da força expansiva dos gases, oriundos da combustão da pólvora. O Decreto nº 8.935/2016, que alterou o Decreto nº 5.123/2004, modificou requisitos para a aquisição e renovação do Certificado de Registro de Arma de Fogo, bem como estabeleceu que caberá à Polícia Federal expedir o Porte de Arma de Fogo para os guardas portuários. Ademais, o Decreto nº 8.938/2016, trouxe novas alterações ao Decreto nº 5.123/2004 quanto à doação de armas apreendidas aos órgãos de segurança pública e às Forças Armadas. A Lei nº 13.675/2018 instituiu o Sistema Único de Segurança Pública (SUSP) e criou a Política Nacional de Segurança Pública e Defesa Social (PNSPDS), destinados a preservar a ordem pública e a integridade tanto das pessoas quanto do patrimônio com a atuação conjunta dos órgãos de segurança pública e defesa social da União, dos Estados, do Distrito Federal e dos Municípios, em articulação com a sociedade.

✱ *V. Lei nº 10.826/2003 – Estatuto do Desarmamento.*

✱ *V. Lei nº 13.675/2018 – Institui o Sistema Único de Segurança Pública (SUSP) e cria a Política Nacional de Segurança Pública e Defesa Social (PNSPDS).*

✱ *V. Decreto nº 5.123/2004 – Regulamenta a Lei nº 10.826, de 22 de dezembro de 2003, que dispõe sobre registro, posse e comercialização de armas de fogo e munição, sobre o Sistema Nacional de Armas – SINARM e define crimes.*

ARMAÇÃO – Aparelhamento de navio para sua navegação; equipamento.

ARMADA – Conjunto das forças armadas do mar, para defesa interna ou externa; esquadra, Marinha de Guerra.

ARMADOR – Proprietário de navio mercante, ou pessoa por ele escolhida (afretador), que o equipa à sua custa para usá-lo depois de provê-lo do necessário, incluindo o capitão e a equipagem, que ele mesmo contrata. Diz-se:

Fretador ou armador-locador: o que equipa o navio por conta própria, antes de o entregar ao *afretador*.

Gerente: o preposto do proprietário, encarregado de administrar o navio.

Locatário ou afretador: o que toma a frete o navio para exploração comercial ou outro fim lícito, ficando às suas expensas equipá-lo.

Proprietário: quando a mesma pessoa é o armador e o dono da embarcação.

ARMAMENTISMO – Doutrina que preconiza que todos os países devem aumentar seu potencial de material bélico; corrida armamentista.

ARMAMENTO – Ação de equipar o navio com o material necessário à navegação. Conjunto das armas que são privativas das Forças Armadas.

ARMAR – Equipar o navio; prover de armas.

ARMAS NACIONAIS – Forças militares que compõem as Forças Armadas de um país: o Exército, a Aeronáutica, a Marinha. Brasões.

ARMAZÉM – Depósito para guarda de mercadorias por longo tempo ou em trânsito; parte de prédio com lojas; estabelecimento comercial.

✱ *V. CLT, art. 462, § 2º.*

Alfandegado: destinado a mercadorias importadas, a serem exportadas ou em trânsito para o exterior.

Geral: estabelecimento que se destina à guarda e depósito de mercadorias, até que sejam enviadas ao seu destino, cobrando-se as taxas, emitindo-se títulos especiais (*warrants*), ficando as mercadorias sujeitas a direitos e obrigações. O mesmo que *armazém especial*.

✱ *V. Warrant.*

Regulador: destinado à guarda de mercadorias para regulagem e controle de preços pelas autoridades.

ARMAZENAGEM – Recolhimento de mercadorias a armazéns. Taxa paga sobre mercadoria mantida em depósito, guardada em armazéns gerais, de alfândega, das companhias de docas ou de ferrovias. Pode ser: *externa* ou *interna*, a primeira de mercadorias de exportação ou importação que a Administração do porto recebe em depósito em armazém não alfadengado; a segunda, de mercadorias importadas, sujeitas ao desembaraço aduaneiro, ou mercadorias nacionais importadas por cabotagem, porém destinadas ao trânsito ou pronta entrega, essas em armazém não alfandegados.

ARMISTÍCIO – Convenção ou acordo que fazem nações beligerantes, por meio de mediadores, para cessação provisória de hostilidade, suspensão momentânea de atividades militares a partir de uma determinada data, enquanto se discute ou conclui um tratado de paz. Não se confunde com *trégua* (q.v.).

A ROGO – A pedido. Diz-se da assinatura do nome de quem não sabe escrever ou está impedido de fazê-lo.

ARQUEAÇÃO – Ato ou efeito de medir a capacidade ou a tonelagem do navio, para se saber o limite de carga que pode transportar.

ARQUITETO – Profissional que elabora projetos de construção. A Lei nº 4.950-A/1966, estabelece normas para a fixação salarial.

ARQUIVAMENTO – 1. Ato ou efeito de arquivar. 2. Ato de registro ou depósito de um documento em repartição oficial. 3. Ato de guarde de documento ou outro objeto, após esgotamento de sua validade ou vigência. 4. Trancamento de um processo, que fica arquivado no cartório competente. 5. No Processo do Trabalho, é hipótese de extinção do processo sem julgamento de mérito pelo não comparecimento do reclamante à audiência. A Lei nº 13.467/2017 (Reforma Trabalhista) passou a exigir o recolhimento de custas pelo autor nesta situação, ainda que beneficiário da gratuidade judiciária, o qual passa a ser condição para a repropositura da demanda. Entretanto, tais disposições parecem inconstitucionais por colidirem com o art. 5º, XXXV e LXXIV, da CF/1988.

O STF, no julgamento da ADI nº 5.766, pacificou o entendimento e declarou a constitucionalidade do parágrafo segundo do artigo 844 da CLT. 6. No Processo Penal, se o órgão do Ministério Público não apresenta denúncia e requer o arquivamento do inquérito policial, caso o juiz julgue improcedentes as razões alegadas para tanto, remeterá o inquérito ou as peças de informações ao Procurador-Geral da Justiça, ao qual caberá oferecer a denúncia; designar outro órgão do Ministério Público para fazê-lo, ou insistir no pedido de arquivamento. Neste último caso, o juiz terá de atendê-lo. A autoridade policial não pode mandar arquivar autos do inquérito. Ordenado o arquivamento, não cabe ao juiz mandar fazer novas investigações; mesmo discordando do arquivamento, é impedido de baixar portaria contra o indiciado. Contudo, a autoridade policial pode proceder a novas investigações, enquanto não prescrever a ação penal. Assim, o arquivamento do inquérito policial por falta de base para a denúncia não constitui coisa julgada, podendo a denúncia ser de novo oferecida, atendido o prazo prescricional.

✱ ***V.*** *CLT, art. 844,* caput *e §§ 2º e 3º.*

✱ ***V.*** *CPP, arts. 17 e 28.*

✱ ***V.*** *Lei nº 12.682/2012 (Dispõe sobre a elaboração e o arquivamento de documentos em meios eletromagnéticos).*

ARQUIVAR – Depositar, recolher, guardar em arquivo documentos, autos encerrados, processos prejudicados por falta de fundamento e outros.

ARQUIVO – Repartição oficial onde se recolhem documentos históricos, cuja conservação se considera de interesse e utilidade pública. O cartório do juízo, com seus acessórios. Móvel ou repartição para guarda de documentos.

ARRAS – Sinal em dinheiro ou outro valor qualquer para garantia de um contrato, de uma obrigação. Esta garantia é dada por um dos contratantes e firma a presunção de um acordo final, tornando o pacto obrigatório. As arras em dinheiro são consideradas princípio de pagamento, a menos que se estabeleça estipulação em contrário. Não havendo esta, devem ser restituídas quando se concluir o contrato ou esse for desfeito. As partes podem expressar o direito ao arrependimento; se o arrependido deu as arras, pede-as em proveito do outro; se se arrepende, tendo-as recebido, terá de devolvê-las em dobro.

✱ ***V.*** *CC, arts. 417 a 420.*

As arras serão:

Confirmatórias ou propriamente ditas: se representam uma prestação efetiva.

Esponsalícias: pensão, dinheiro, ou móveis e imóveis que o futuro cônjuge se obrigava a dar à mulher, no contrato dotal, para garantia do casamento e sua manutenção, caso ela lhe sobrevivesse. Costume há muito em desuso.

Penitenciais: quando existe cláusula de arrependimento e a perda da prestação constitui a pena.

ARRAZOADO – Alegações fundamentadas, argumentação que pode ser oral ou escrita, que as partes apresentam durante o processo, para a defesa de um ponto de vista. Podem fazê-lo em petição, contestação, acusação ou defesa. É também o conteúdo de memorial, minuta ou contraminuta de agravo ou o conjunto de razões aduzidas num recurso. O mesmo que *arrazoamento.*

ARRAZOAR – Produzir razões, apresentar arrazoado.

ARREBATAMENTO – Apoderamento, ato de apossar-se; exaltação.

De preso: delito que consiste na retirada violenta de um preso do poder de quem o está conduzindo ou o mantenha sob guarda ou custódia, com o fim de lhe causar maus-tratos. A pena é de reclusão de 1 a 4 anos, além daquela imposta pela violência do ato.

✱ ***V.*** *CP, art. 353.*

ARRECADAÇÃO – Reunião, arrolamento, descrição e recolhimento de bens. Processo pelo qual entidade de Dir. Público cobra imposto que lançou a débito dos contribuintes, direta ou indiretamente, de acordo com sua capacidade contributiva.

De bens: medida judicial para salvaguardar a situação dos bens de devedor insolvente, impedindo sua livre disponibilidade, acautelando-se assim os interesses de terceiros. É diferente da penhora, porque não tem a finalidade de alienar os bens. Faz-se mesmo nos feriados e nas férias forenses. A guarda e conservação é confiada a depositários ou a administrador, que receberão remuneração fixada pelo juiz de acordo com a situação dos bens, o tempo de serviço e as dificuldades de sua execução. Respondem pelos prejuízos que causarem à parte, perdendo a remuneração; mas podem reaver o que legitimamente gastaram no exercício do cargo.

✱ ***V.*** *CPC/1973, arts. 1.159 a 1.161.*

✱ ***V.*** *CPC/2015, arts. 744 a 745.*

De bens do ausente: ato pelo qual o juiz, *ex officio*, ou por indicação da autoridade policial, determina o recolhimento dos bens daquele que foi declarado ausente. Eles são entregues, por ordem judicial, a um curador privativo ou nomeado; são afixados editais durante 1 ano, reproduzidos de 2 em 2 meses, comunicando ao ausente a arrecadação e convidando-o a tomar posse dos referidos bens.

De herança jacente: dá-se quando o juiz, de ofício, ou a requerimento do Ministério Público, manda recolher, descrever e guardar bens de pessoa que faleceu e da qual não se conhecem herdeiros, não tendo deixado cônjuge ou testamento, ou se os herdeiros renunciaram a herança, quando esses bens são devolvidos à Fazenda do Estado, se sucessores ou herdeiros devidamente habilitados não se apresentarem.

De salvados: recolhimento e inventário, por autoridade competente, de bens que se salvaram de naufrágio.

Na falência: recolhimento, feito pelo administrador judicial, de livros, documentos, e bens do falido.

Na penhora: ato praticado por oficial de Justiça ao remover os bens penhorados.

ARRECADAR – Recolher, guardar, tomar posse de bens; ato de cobrança do Fisco. Ato do administrador judicial ao tomar posse de bens da falência.

✱ *V. Lei nº 11.101/2005 (Lei de Recuperação de Empresas e Falências), art. 24, III, f.*

ARREMATAÇÃO – Compra ou venda de bens em leilão ou hasta pública, por lance. Trata-se de ato do processo de execução por quantia certa contra devedor solvente, cujos bens são alienados em praça pública ou leilão. Não se trata de compra e venda por independer da vontade do proprietário, sendo imposição do Poder Judiciário. Comprova-se a transferência por *Carta de Arrematação* na qual se conterá a descrição do imóvel, prova de quitação de impostos, auto de arrematação e o título executivo.

✱ *V. CPC/1973, arts. 690 a 1.707.*

✱ *V. CPC/2015, arts. 892, 895 a 903.*

De bens: transferência coercitiva de bens penhorados, com pagamento em dinheiro, para satisfação de crédito dos que participam da execução. Faz-se por *praça* ou *leilão*, a primeira também chamada de *hasta pública* (no Dir. Romano, fincava-se uma lança (hasta) no solo do imóvel onerado), para bens imóveis, e o *leilão* para os demais bens (CPC/1973, arts. 697 a 704, correspondentes aos arts. 881, 889, 894, 896 e 901 do CPC/2015). Publica-se o *edital de praça* em jornal local, afixa-se na sede do juízo 20 dias antes do evento, no mínimo. Na Justiça do Trabalho não se distinguem *praça* e *leilão*, sendo os bens penhorados numa só praça, não importando o valor da avaliação. Outra distinção consiste que, no processo trabalhista, se faz apenas uma publicação, iniciando-se a partir dela o prazo de 20 dias. ***V.*** *Carta de arrematação.*

✱ *V. CLT, art. 888, § 3º, com aplicação subsidiária do art. 686 do CPC/1973, correspondente ao art. 886 do CPC/2015.*

✱ *V. CPC/1973, arts. 746, 762, § 2º, 788, I, e 1.048.*

✱ *V. CPC/2015, art. 675.*

✱ *V. CP, art. 358.*

✱ *V. CC, arts. 532, III, 677, par. único, 689, 849, VII, e 855.*

✱ *V. Lei nº 6.015/1973 (Lei de Registros Públicos), art. 167, I, 26.*

ARREMATANTE – Aquele que adquire bem por *arrematação.*

ARREMATAR – Adquirir bens móveis ou imóveis em leilão ou hasta pública.

ARREMESSO – Ação de arremessar, lançar alguma coisa. Constitui contravenção penal arremessar ou derramar em via pública, ou em lugar de uso comum, ou uso alheio, coisa que possa ofender, sujar ou molestar alguém, com pena de multa. Incorre na mesma pena quem coloca ou deixa coisa suspensa, sem as devidas cautelas, a qual, caindo na via pública ou lugar de uso comum ou de uso alheio, possa ofender, sujar ou molestar alguém. É crime previsto em lei arremessar projétil contra veículo em movimento, destinado ao transporte público por terra, água ou ar, com pena de detenção de 1 a 6 meses. Se resultar do fato lesão corporal, a pena é de 6 meses a 2 anos de detenção; se resultar morte, a pena é a de homicídio culposo, isto é, detenção de 1 a 3 anos, aumentada de um terço.

✱ *V. CP, art. 264.*

ARRENDADO – Que se arrendou; objeto de contrato de *arrendamento* (q.v.).

ARRENDADOR – O que arrenda, o que dá a coisa em arrendamento; locador.

ARRENDAMENTO – Ato ou efeito de arrendar. Contrato pelo qual uma pessoa (*arrendador*) cede a outra (*arrendatário*), por prazo certo e renda ou preço previamente convencionado, uso e fruição de bens imóveis ou de coisas – prédios rústicos ou urbanos, navios, aviões, minas, pedreiras, caminhões, automóveis, terras etc. Não se pode fazer contrato de arrendamento sem um preço certo. Este seria o *arrendamento* no sentido mais amplo, diferenciando-se da locação, que ficaria restrita, segundo alguns autores, à cessão de imóvel urbano mediante pagamento de aluguel mensal, ou a locação de automóvel por prazo certo e cobrança de diárias. O arrendatário pode transferir a outrem, no todo ou em parte, direitos e obrigações do seu contrato de arrendamento, sendo para todos os efeitos classificado como arrendador. As coisas feitas pelo arrendatário devem estar em conformidade com o contrato. O *arrendamento rural* é contrato agrário de cessão, por tempo determinado ou não, de imóvel rural ou parte dele, podendo incluir benfeitorias ou facilidades, para exploração pelo arrendatário de atividades agrícolas, pecuárias, agroindustrial, extrativa ou mista, com pagamento de aluguel nos limites da lei. Provada a inadimplência contratual, seja por não pagamento da produção pactuado, seja pelo desmate desmedido com ofensa aos recursos naturais da gleba, é lícita a rescisão do contrato e o despejo dos arrendatários. *Leasing* (q.v.).

✱ *V. Dec. nº 59.566/1966 (Estatuto da Terra), arts. 1º e 3º.*

✱ *V. Lei nº 4.504/1964 (Estatuto da Terra).*

✱ *V. Lei nº 4.947/1966 (Fixa normas de direito agrário).*

ARRENDAR – Fazer, ceder para arrendamento.

ARRENDATÁRIO – O que arrenda, o que recebe a coisa por arrendamento; locatário, rendeiro, inquilino.

ARREPENDER-SE – Mudar de ideia quanto a contrato firmado; retratar-se. É direito assegurado às partes por lei ou cláusula contratual, podendo gerar efeitos jurídicos.

ARREPENDIDO – O que se arrependeu. Diz-se do promitente comprador que, ao arrepender-se do negócio, pode perder o sinal dado.

ARREPENDIMENTO – No Dir. Penal, é a suspensão pelo agente da execução de ato seu criminoso ou obstar a que ele se consume. O arrependimento, nesse caso, diz-se *eficaz* ou *desistência voluntária*, respondendo o agente apenas pelos atos já praticados. Demonstra o agente o arrependimento eficaz, por exemplo, quando o agressor providencia o atendimento médico ao agredido, quando o envenenador dá antídoto à sua vítima, ou o ladrão restitui a coisa furtada antes que se perceba ter sido ela subtraída. Dá-se o *arrependimento posterior*, nos crimes cometidos sem violência ou grave ameaça à pessoa, quando o agente, por ato voluntário, restitui a coisa ou repara o dano, até o recebimento da denúncia ou da queixa. Assim procedendo, sua pena será reduzida de um a dois terços. A Lei nº 7.209/1984 (que revogou a antiga Parte Geral do Código Penal de 1940) introduziu esta inovação na lei penal, em razão de orientação adotada pelo STF em sua Súm. nº 554, sobre fraude no pagamento por cheque, concluindo pela inexistência de ação penal se o título for pago antes de apresentada denúncia. Para efetiva redução de pena, a reparação do dano ou a restituição têm de ser feitas pelo agente, voluntariamente, e não por terceiro. *Arras* (q.v.).

✱ *V. CP, arts. 15 e 16.*

ARRESTABILIDADE – Qualidade da coisa que pode ser objeto de *arresto* (q.v.).

ARRESTADO – Aquele que sofreu arresto; pessoa passiva do ato de arresto; aquilo que é objeto de arresto.

ARRESTANTE – O que promove ou requer o *arresto*; aquele em favor do qual foi o arresto deferido.

ARRESTAR – Apreender por meio de arresto; fazer arresto de.

ARRESTO – Medida cautelar que consiste na apreensão, embargo judicial de bens do devedor, antes ou durante a lide, para garantia de que saldará o seu débito. Meio excepcional e de urgência pelo qual o credor previne seu direito e ação, assim como a execução que vier a promover. O *arresto* não se confunde com *sequestro*; aquele incide sobre tantos bens quantos forem necessários para cobrir o montante do débito; este incide apenas sobre determinado bem, objeto do litígio. Como instituto de Dir. Processual, o arresto é medida cautelar para garantir o resultado do processo principal, prescindindo da prévia indagação de existência do direito material.

✱ *V. CPC/1973, arts. 148, 173, II, 750, II, 879, I.*

✱ *V. CPC/2015, arts. 159 e 214.*

✱ *V. Lei nº 6.830/1980, arts. 7º, III, 11 e 14.*

ARRETAMENTO – Diz-se da venda com cláusula de *retrovenda*.

ARRETAR – Vender com cláusula de *retrovenda*.

ARRIBADA – Entrada de navio em porto não prevista no roteiro da viagem.

Forçada: quando a isso o capitão é compelido pela ocorrência de situações emergenciais, como avaria danosa.

✱ *V. CCom, art. 740.*

Voluntária: quando decorre da vontade exclusiva do capitão, sem estar a isto obrigado. O mesmo que *arribação*.

✱ *V. CCom, art. 748.*

ARRIMO – Sustento, segurança.

De família: aquele que sustenta ou auxilia pessoas de sua família.

ARROGAÇÃO – O mesmo que *ad-rogação*. Ato pelo qual se pretende coisa sobre a qual não se tem direito; atribuir-se indevidamente função ou qualidade. Diz-se da perfilhação de adulto que não tem pai.

ARROGAR – Tomar para si, como próprio; atribuir-se indevidamente poder, jurisdição, direito, ou competência, função ou qualidade que não tenha.

ARROLAMENTO – Registro ou lista de coisas ou pessoas; indicação de testemunhas. Forma simplificada, não solene, de inventário e partilha, de procedimento mais rápido e menos oneroso. É feito entre pessoas maiores e capazes, sendo *voluntário* quando os herdeiros concordam, qualquer que seja o valor da herança; e *obrigatório*, se este for superior a determinada quantia fixada por lei.

De bens: trata-se de medida cautelar específica que se requer quando se teme o extravio ou dissipação de bens, podendo requerê-la qualquer pessoa que tiver interesse na conservação dos bens. O juiz, convencido do risco, defere a medida e nomeia depositário dos bens; o qual lavrará auto com a minuciosa descrição dos bens e registro das ocorrências que interessem à sua preservação. Não sendo possível concluir o arrolamento no dia indicado, ou efetuá-lo de imediato, colocam-se selos nas portas da casa e nos móveis em que estejam os bens, prosseguindo-se a diligência no dia seguinte ou naquele que for designado.

✱ *V. CPC/1973, arts. 855 a 860, 1.031 a 1.038.*

✱ *V. CPC/2015, arts. 659 a 667.*

No Tribunal do Júri: *V.* art. 406 do CPP (com redação dada pela Lei nº 11.689/2008).

✱ *V. Súm. Vinc. nº 21.*

ARROLANTE – Aquele que procede a arrolamento ou requer inventário sob essa forma.

ARROLAR – Fazer o *arrolamento* (q.v.); tomar em rol; inventariar.

ARROMBAMENTO – Ato de abrir alguma coisa usando violência ou instrumento apropriado ou explosivo que cause rombo ou abertura. Rompimento da resistência da coisa (cofre, porta, cadeia). Caracteriza o *roubo*. Pode ser *externo*, se feito na parte exterior da coisa ou edifício, com o propósito de nele penetrar; e *interno*, se feito dentro da casa.

Na execução da penhora de bens: ato de diligência, que consta como cláusula no mandado do juiz, pelo qual os oficiais de Justiça estão autorizados a arrombar porta, móveis e gavetas, onde presumirem estar os bens, de tudo lavrando, auto circunstanciado, a ser assinado por duas testemunhas presentes. O juiz pode requisitar força policial para auxiliar os oficiais de Justiça na penhora e na prisão de quem resistir à ordem.

✱ *V. CPC/1973, arts. 660 a 662.*

✱ *V. CPC/2015, art. 846.*

Na execução de despejo: após a notificação ao réu, ou às pessoas que morem no prédio, para desocupá-lo no prazo assinado, findo este, o prédio será despejado por oficiais da Justiça até com uso de força e, se preciso, *arrombamento*. A resistência, se houver, deve ser contida pela força policial, lavrando-se auto circunstanciado da ocorrência. Os bens móveis do inquilino devem ser entregues a depositário judicial; não havendo ou estando o depósito lotado, o próprio autor do despejo será constituído depositário, até que o inquilino, num prazo razoável, reclame os seus pertences. Se não o fizer, eles servirão para ressarcimento das despesas do locador com a sua guarda.

✱ *V. Lei nº 8.245/1991 (Lei das Locações).*

✱ *V. Lei nº 12.112/2009.*

ARROMBAR – Abrir alguma coisa (porta, parede, cofre etc.) com violência.

ARRUAÇA – Agitação de grupos de pessoas nas praças e nas ruas; agitação popular, tumulto.

ARRUACEIRO – O que promove ou toma parte em *arruaça*; desordeiro.

ARRUINADO – Aquele que dissipou ou perdeu todos os seus bens; falido.

ARRUMAÇÃO – Acomodação da carga a ser transportada em navio; escrituração falsa, enganosa.

ARRUMADOR – Empregado incumbido da disposição da carga no porão de um navio ou nos armazéns do porto.

ARSENAL – Lugar onde se guarda material bélico.

ARS LEGIS – (Latim) Baluarte, sustentáculo da lei.

AR TERRITORIAL – O mesmo que *espaço atmosférico*.

ARTICULAÇÃO – Enunciação, por artigos, de fatos a serem discutidos, examinados, confrontados e provados em juízo, no decurso de uma lide. Exposição em artigos de petição, libelo etc.

ARTICULADO – Exposição, apresentada de maneira ordenada, item por item, artigo por artigo, de matéria em que se baseiam a defesa ou a acusação. Petição, libelo ou alegações das quais são deduzidas as razões ou direitos requeridos.

ARTICULAR – Estruturar, organizar, movimentar. Formular, expor, enunciar, por artigos.

ARTICULUS TEMPORIS – (Latim) Momento decisivo.

ARTÍFICE – Operário hábil, capaz, especializado; que trabalha ou produz artesanato.

ARTIFÍCIO – Astúcia, fingimento, disfarce para iludir, enganar, embair. Diz-se *grave*, quando exerce forte impressão sobre o espírito de indivíduo sensato, caracterizando o dolo por vício de consentimento. *V. Ardil.*

✱ *V. CP, art. 171.*

ARTIGO – Do latim *articulus*, significando divisão, parte de um todo. Unidade básica da estrutura da lei, sua divisão ordenada, que se designa por número e divide-se em parágrafos, itens ou incisos e alíneas (ou letras). Sua numeração é a ordinal até o nono (9º) e cardinal a partir daí. Diz-se também de cada uma das partes numeradas ou itens do articulado ou libelo, sendo os artigos de *direito* ou de *fato*. Refere-se, ainda, a mercadoria ou objeto de negócio no comércio ou, ainda, a textos assinados por articulistas nos órgãos de imprensa.

✱ *V. Lei Complementar nº 95/1998.*

ARTIGOS – O mesmo que *articulados*.

De atentado: denominação dada no antigo CPC de 1939, substituída no CPC de 1973, por ação de atentado (mantido o entendimento no CPC/2015). Inicia-se com o requerimento de um dos litigantes, afirmando que o outro produziu alterações ou inovações ilegais que prejudicarão os efeitos de sentença que se proferir em favor do requerente, e pedindo providências para que as coisas permaneçam como estavam inicialmente.

✱ *V. CPC/1973, arts. 880, parágrafo único, e 881, parágrafo único.*

✱ *V. CPC/2015, art. 77, §§ 1º e 7º.*

De falsidade: em que se procura demonstrar que um documento que consta dos autos é falso.

De habilitação incidente: em que o herdeiro de pessoa morta no decurso de uma lide requer e se habilita a ficar na posição de parte no lugar do *de cujus*.

✱ *V. CPC/1973, art. 1.060.*

✱ *V. CPC/2015, art. 689.*

De liquidação da sentença: em que se requer a fixação do valor de condenação ilíquida, quando houver necessidade de alegar e provar fato novo.

✱ *V. CPC/1973, arts. 475-E e 475-F.*

✱ *V. CPC/2015, art. 509, II.*

Nunciativos: em que o requerente pede o embargo de construção feita em seu detrimento, solicitando a cominação de pena e a condenação em perdas e danos.

✱ *V. CPC/1973, art. 936, I a III, sem correspondente no CPC/2015.*

ARTIMANHA – Artifício usado para iludir, enganar; ardil, astúcia.

ARTISTA – 1. Dispõe a Lei nº 6.533/1978, em seu art. 2º, I, que o artista é "o profissional que cria, interpreta ou executa obra de caráter cultural de qualquer natureza, para efeito de exibição ou divulgação pública, por meio de meios de comunicação de massa ou em locais onde se realizam espetáculos de diversão pública". Configura-se como atividade de trabalho quando a atividade artística se desenvolve em benefício de outrem. 2. A atividade de compositor é considerada uma profissão artística. É compositor o autor de obras musicais, com ou sem letra, expressas por qualquer meio ou fixadas em qualquer suporte, tangível ou intangível, conhecido ou que se invente no futuro.

✱ *V. Lei nº 6.533/1978 (Dispõe sobre a regulamentação das profissões de Artistas e de técnico em Espetáculos de Diversões, e dá outras providências), art. 2º, I.*

✱ *V. Lei nº 14.258/2021 (Dispõe sobre o exercício da profissão de compositor), art. 2º.*

ÁRVORE GENEALÓGICA – Linhagem, estirpe, genealogia. Gráfico, em forma de árvore ou não, em que são apontadas as relações de parentesco natural de uma família, ao longo dos tempos. Conjunto de ancestrais, dos descendentes e ascendentes de uma pessoa.

ASCENDÊNCIA – Relação dos parentes dos quais uma pessoa se originou: os avós, o pai, a mãe. Diz-se também da influência que uma pessoa exerce sobre a outra.

ASCENDENTE – Aquele de quem se originaram os parentes, pai, mãe, avós, que formam a linha reta ascendente. Todos têm ascendentes, podendo não ter descendentes. A ação para anular venda de ascendente a descendente, sem consentimento dos demais, prescreve em 20 anos, contados da data do ato.

Civil: o que fica equiparado para efeitos práticos, em decorrência de adoção ou legitimação adotiva.

✱ *V. CC, arts. 496, 533, II, 1.829, 1.837 e 1.838, 1.521, I, 1.696 e 1.962.*

✱ *V. CPC/1973, art. 405, § 2º.*

✱ *V. CPC/2015, art. 447, § 2º.*

✱ *V. Súm. nº 494 do STF, que revoga a Súm. nº 152.*

Natural: é o consanguíneo.

ASCENSORISTA – Profissional que trabalha em elevadores, cuja jornada de trabalho foi estabelecida em seis horas pela Lei nº 3.270/1957.

ASFIXIA – Suspensão da respiração, sufocação. Estado mórbido que resulta de obstáculo à passagem do ar por meio das vias respiratórias ou dos pulmões, ou da incapacidade dos glóbulos vermelhos para fixar o oxigênio do ar. Recebe pena de 12 ou 30 anos de reclusão quem comete homicídio com emprego de asfixia.

✱ *V. CP, art. 121, § 2º, III.*

ASFIXIOLOGIA FORENSE – Na Medicina Legal, é o estudo da asfixia.

ASILADO – Pessoa a quem se concedeu asilo político, refugiado; navio que recebe permissão para asilar-se.

ASILANTE – Aquele que concede asilo.

ASILO – Lugar que recolhe pessoas carentes, ou que oferece abrigo, proteção, repouso, temporária ou permanentemente.

Diplomático: no Dir. Internacional Público, diz-se do acolhimento que embaixadas e consulados oferecem em sua sede a acusados ou condenados por crime político que lhes pedem asilo e onde estão em segurança em virtude do privilégio da extraterritorialidade que têm as representações diplomáticas de outros países. Esse acolhimento não é obrigatório, mas de praxe.

Marítimo: abrigo em que, nos ancoradouros de nações neutras, navios de guerra podem recolher-se em virtude de avarias graves ou para fugir de belonaves inimigas e onde recebem, por prazo de 24 horas, os socorros necessários ao prosseguimento de sua viagem.

Político: acolhimento e proteção que um país concede a estrangeiros acusados de crime político, mantendo-os em seu território e não permitindo sua extradição, em prisão; podem ser recolhidos também a navios de guerra e aeronaves militares, quando em mar adjacente ou território estrangeiro, para os mesmos efeitos e garantias, pois navios e aviões desfrutam igualmente o princípio da extraterritorialidade, pela soberania da bandeira que arvoram. Não se concede asilo político a autor de crime comum.

Territorial: abrigo que é dado, em território estrangeiro, a pessoas vítimas de perseguição em seu próprio país, cerceado o asilo a quem praticou crime comum ou atos contrários aos princípios das Nações Unidas.

ASSACADILHA – Imputação aleivosa ou caluniosa.

ASSACAR – Atribuir falsamente um ato a alguém; fazer imputação falsa, aleivosa, caluniosa. Acusar perfidamente.

ASSALARIADO – Aquele que recebe salário; trabalhador, de qualquer categoria, que recebe salário; o que está a soldo de alguém.

ASSALARIAR – Pagar salário; recompensar a força de trabalho com o pagamento de salário; remunerar alguém pela prestação de serviço certo e continuado.

ASSALTANTE – O que assalta, com uso ou não de violência, para cometer roubo. Aquele que, sozinho ou em grupo, acomete pessoa de improviso, em lugar ermo, à mão armada, para roubar, ou para isso invade a propriedade alheia.

ASSALTO – Ataque inesperado, traiçoeiro, contra pessoa ou propriedade alheia, com o objetivo de roubo, mediante grave ameaça ou violência. A pena prevista é de 4 a 10 anos e multa, incorrendo na mesma pena aquele que, subtraída a coisa, emprega a violência contra pessoa ou grave ameaça para assegurar a impunidade do crime ou a detenção da coisa para si ou para terceiro. A pena é agravada de um terço até a metade, se é usada arma, se concorrem duas ou mais pessoas no assalto e se a vítima está no serviço de transporte de valores e o agente sabe desta circunstância. Se resultar lesão corporal grave a pena é de reclusão de 5 a 15 anos e multa; se resultar morte, reclusão de 15 a 30 anos e multa. Há crime de latrocínio se se consuma o homicídio, mesmo que o agente não subtraia bens da vítima.

✱ *V. CP, art. 157, §§ 1º a 3º.*

✱ *V. Lei nº 8.072/1990, art. 1º, II (Lei dos Crimes Hediondos).*

ASSASSINAR – Cometer assassínio. Tirar a vida de outra pessoa, praticando homicídio. Matar alguém.

✱ *V. CP, art. 121.*

ASSASSINATO – Ato de tirar, voluntariamente, a vida de uma pessoa.

ASSASSÍNIO – Homicídio doloso. O mesmo que *assassinato*. Dizia-se, na Idade Média, o homicídio mercenário.

ASSASSINO – Aquele que comete ou cometeu homicídio. O nome, segundo especialistas, teria origem no cânhamo ou haxixe (maconha), com o qual se preparava uma bebida embriagante, usada por membros de uma seita de ismaelitas do Egito, estabelecida na Pérsia e na Síria, cujo chefe era chamado "O velho da montanha", a quem obedeciam cegamente na prática de morticínios.

ASSÉDIO MORAL – Conduta abusiva, forma de tortura psicológica que atenta contra a integridade psíquica. É praticada de modo constante e repetitivo, por comportamentos, atos, gestos, palavras, que ofendem o trabalhador, expondo-o a situações humilhantes. Pode causar danos psíquicos e emocionais, angústia, insegurança, insônia, depressão, síndrome do pânico, podendo levar o ofendido até a cometer suicídio. Os tribunais têm reconhecido os danos causados por essas condutas e condenado os responsáveis a pagar indenizações aos ofendidos. Embora o assédio moral não esteja regulamentado, a Constituição Federal tem sido o fundamento legal para se obter a reparação desse dano. Ele é constatado por perícia médica que comprova a deterioração progressiva da saúde mental do ofendido no ambiente de trabalho. O assédio moral caracteriza-se por humilhações frequentes, exposição do trabalhador ao ridículo, redução e empobrecimento das tarefas, sonegação de informações sobre o trabalho, rigor e cobrança excessivos, que levam à redução da produtividade e aumento do número de acidentes. A OIT editou lista que tipifica esse comportamento por meio de: a) medidas que visam excluir uma pessoa de uma atividade profissional; b) ataques constantes e negativos ao rendimento pessoal ou profissional, sem motivo; c) manipulação de reputação pessoal ou profissional de pessoa por meio de rumores e ridicularização; d) abuso de poder por meio do menosprezo continuado no trabalho da pessoa ou a fixação de objetivos com prazos inatingíveis ou pouco razoáveis ou atribuição de tarefas impossíveis; e) controle desmedido ou inapropriado do rendimento de uma pessoa. *V. Mobbing.*

ASSÉDIO SEXUAL – Na lei penal, define-se o assédio sexual como o ato de constranger alguém com o intuito de obter vantagem ou favorecimento sexual, prevalecendo-se o agente de sua condição de superior hierárquico ou ascendência inerentes ao exercício de emprego, cargo ou função. A pena é de detenção, de 1 a 2 anos. A Lei nº 12.015/2009 incluiu o § 2º ao art. 216-A, que prevê o aumento da pena em até um terço se a vítima é menor de 18 anos.

✱ *V. CP, art. 216-A.*

ASSEMBLEIA – Reunião de pessoas para tomada de decisões que a elas interessam, convocadas em obediência a norma legal, regulamentar ou estatutária.

Constituinte: colegiado convocado a elaborar nova Constituição política para o País ou os Estados ou a revê-la parcialmente, não se subordinando a nenhum poder, pois representa a Nação. A última Constituinte, no Brasil, foi convocada em 27 de novembro de 1985 e elaborou a atual CF, em vigor desde 5 de outubro de 1988.

Constitutiva: aquela que se destina à criação, instalação de uma sociedade, empresa, sindicato etc.

De credores: reunião de credores de um devedor ou falido para adotarem providências que atendam a seus interesses. Reúnem-se, na falência, com a presença de um juiz e do administrador judicial.

Extraordinária: a que se reúne segundo o estabelecido na lei e nos estatutos, para exame e deliberação sobre assuntos imprevistos, como nova legislação que altere o funcionamento de uma sociedade; nas sociedades anônimas, a que é convocada para tratar de assuntos que não se refiram a matéria, atos e contas já apreciados. Pode ser cumulativamente convocada e realizada com a ordinária.

✱ V. Lei nº 6.404/1976 (Lei das Sociedades por Ações), art. 131, parágrafo único.

Geral: reunião da maioria ou da totalidade dos acionistas.

Legislativa: corporação política de cada Estado, sendo seus membros (deputados) eleitos a cada 4 anos por sufrágio universal, para discutir e elaborar as leis.

Nacional: a que reúne os órgãos deliberativos do país, Câmara e Senado, no regime bicameral, que é o adotado pelo Brasil.

Ordinária: reunião de acionistas para verificação dos resultados de um exercício, para discutir e votar relatórios da diretoria e para eleger o conselho fiscal.

✱ V. Lei nº 6.404/1976 (Lei das Sociedades por Ações), art. 132, I a IV.

ASSEMBLEIA GERAL DE CREDORES – AGC – Em a nova lei de falência, cabe à AGC a rejeição ou a aprovação do Plano de Recuperação da Empresa, não podendo os seus atos serem modificados por ato de juiz. Aprovado pela AGC o plano, será concedida a recuperação; sendo rejeitado, será decretada a falência. *V. Comitê de Credores.*

ASSEMELHAÇÃO – Ato pelo qual a mercadoria não classificada para efeito de tarifa alfandegária é submetida ao mesmo regime de mercadoria análoga.

ASSEMELHADO – Diz-se de pessoa que exerce junto às Forças Armadas funções públicas, não tendo estado de qualificação jurídica de militar, mas sujeita à subordinação, disciplina e jurisdição militares.

ASSENSO – O mesmo que *assentimento.*

ASSENTADA – Termo processual, civil ou penal, que precede a tomada de depoimento de testemunha ou os interrogatórios, fazendo-se nela a referência à data e lugar onde se realiza, à autoridade que a preside e aos interessados presentes ao ato. Lavra-se um termo para cada grupo de testemunhas, as do autor e as do réu. Dá-se esse nome, ainda, ao termo lavrado em sessão do Tribunal de Justiça, onde são julgadas as causas que constam da pauta.

✱ V. CPC/1973, art. 457 e segs.

✱ V. CPC/2015, art. 367 e segs.

ASSENTAMENTO – Registro de ato público ou privado; registro, assento, averbação. Inscrição no Registro Civil.

Individual de funcionário: no Dir. Administrativo, anotações sobre a vida funcional do servidor público em livros ou ficha.

✱ V. Lei nº 6.015/1973 (Lei dos Registros Públicos), arts. 109 a 113.

ASSENTAR – Tomar nota, fazer anotações, registrar; estipular, firmar, estabelecer.

ASSENTE – Registrado, acertado, ajustado.

ASSENTIMENTO – O mesmo que *assenso.* Concordância, anuência, consentimento.

ASSENTIR – Concordar, anuir, aceitar, consentir, ser favorável.

ASSENTO – Registro, assentamento; apoio, base, fundamento; interpretação autêntica de uma lei (CPC/1973, art. 371, III, correspondente ao art. 410, III, do CPC/2015).. Lançamento em livro comercial. Registro em livro próprio, atendidos os requisitos da lei, a pedido das partes ou por ordem judicial, após a celebração de ato: *assento* de casamento, de óbito, retificação de nome, de nascimento etc. Posse em cargo ou função.

ASSESSOR – Assistente, auxiliar especializado, de governos, ministros, parlamentares, ouvidos a respeito de assuntos sobre os quais têm amplo conhecimento.

Econômico: que presta serviços a organizações financeiras ou comerciais e a órgãos do Estado.

Jurídico: pessoa graduada em Dir., que presta serviços a empresas ou a órgãos do governo.

Técnico: pessoa com conhecimentos especializados em assuntos técnicos que esclarece ou resolve casos em diversas áreas e também na Justiça.

ASSESSORAR – Trabalhar ou atuar como assessor; auxiliar, orientar.

ASSESSORIA – Consultoria de caráter técnico; cargo ou função de assessor; local ou empresa onde o assessor exerce suas funções.

ASSIDUIDADE – Dever do empregado, nos termos da letra "i" do art. 482 da CLT, e dos funcionários públicos conforme estatutos respectivos, cujo descumprimento acarreta ao primeiro, demissão por justa causa, e, ao segundo, após 30 faltas consecutivas ou 60 interpoladas, exoneração por faltas.

ASSINADO – Refere-se ao prazo fixado, determinado pelo juiz. Documento em que consta assinatura.

ASSINALAMENTO – Aposição de sinal. Marcação.

ASSINANTE – Aquele que assina; o que pagou para receber publicação periódica.

ASSINAR – Prazo marcado para a prática de ato processual; lançar assinatura em documento.

ASSINATURA – Ato de apor o nome em documento; pagamento de importância que dá direito a receber publicação (revista, jornal etc.) por um prazo estipulado.

A rogo: em nome e a pedido de quem não sabe ou está impedido de escrever.

Abreviada ou rubrica: a que compreende parte do nome.

Completa ou por extenso: a que abrange todo o nome civil (prenome e patronímico).

De próprio punho: feita à mão pelo subscritor, não por chancela ou carimbo.

Digital: realizada mediante a utilização de um Certificado Digital Público consistente na identificação digital de uma pessoa jurídica ou física em meio eletrônico (cartão ou *token*).

Eletrônica: aquela que utiliza mecanismo eletrônico (senha, impressão digital, assinatura escaneada, entre outros) para ser confirmada. Segundo a Lei nº 14.063/2020, são "os dados em formato eletrônico que se ligam ou estão logicamente associados a outros dados em formato eletrônico e que são utilizados pelo signatário para assinar, observados os níveis de assinaturas apropriados para os atos previstos nesta Lei".

✱ *V. Lei nº 14.063/2020 (Dispõe sobre o uso de assinaturas eletrônicas em interações com entes públicos, em atos de pessoas jurídicas e em questões de saúde e sobre as licenças de* softwares *desenvolvidos por entes públicos).*

✱ *V. Decreto nº 10.543/2020 (Dispõe sobre o uso de assinaturas eletrônicas na administração pública federal e regulamenta o art. 5º da Lei nº 14.063, de 23 de setembro de 2020, quanto ao nível mínimo exigido para a assinatura eletrônica em interações com o ente público).*

Em branco: a que consta de papel que não contém dizeres, ou no qual não estão preenchidas as partes principais do texto.

Pública: o mesmo que *firma pública* ou *sinal público*.

ASSINESIA – Em Medicina Legal, caracteriza estupidez, inteligência obtusa.

ASSISTÊNCIA – 1. Ajuda, apoio, auxílio. 2. Para o Dir. Civil, é a complementação necessária para a validade de atos da vida civil praticados pelos relativamente incapazes, por meio da manifestação concomitante de vontade de um sujeito plenamente capaz. 3. Para o Dir. Processual Civil, é a intervenção de terceiro em processo do qual não é parte, mas em que tem interesse juridicamente qualificado. Pode ser: *simples*, quando há envolvimento indireto; *litisconsorcial*, se o envolvimento é direto – a sentença, neste caso, deve ser uniforme tanto para o assistido quanto para o assistente; *própria*, quando o assistente tem direito comum ou afim com o do assistido; e *autônoma*, ou *impropriamente dita*, se o direito do assistente colide com o do assistido. 4. Para o Dir. Processual Penal e Penal Militar, é a admissão da vítima ou de seus sucessores, para auxiliar a acusação, com vistas a futuros efeitos patrimoniais advindos de eventual sentença condenatória. 5. Para o Dir. Internacional, diz-se *assistência hostil* quando um país neutro dá suporte a outro, envolvido em guerra.

✱ *V. CPC/1973, arts. 50 a 55 e 1.144, I.*

✱ *V. CPC/2015, arts. 119 a 123 e 739, § 1º, I.*

✱ *V. CPP, arts. 268 a 273.*

✱ *V. CPPM, arts. 60 a 68.*

Marítima: Auxílio que uma embarcação presta a outra em perigo.

Reeducativa: Cuja finalidade é a de reeducar e readaptar os segurados amparados por auxílio-doença, os aposentados e pensionistas inválidos.

Social: Proteção e auxílio que o Estado presta aos hipossuficientes sob o ponto de vista econômico, educacional, jurídico etc.

Funerária: O conjunto de serviços contratados a serem prestados ao titular e a seus dependentes na realização das homenagens póstumas.

✱ *V. CF, arts. 203 e 204.*

✱ *V. Lei nº 8.212/1991 (Lei Orgânica da Seguridade Social), art. 4º.*

✱ *V. Lei nº 8.742/1993 (Lei Orgânica da Assistência Social).*

✱ *V. Lei nº 13.261/2016 (Dispõe sobre a normatização, a fiscalização e a comercialização de planos de assistência funerária).*

ASSISTÊNCIA JUDICIÁRIA – 1. *Prestação de serviços, por intermédio de órgãos estatais ou entidades sindicais*, a pessoas carentes que não dispõem de recursos para pleitear seus direitos *em juízo*. 2. Faz-se distinção entre *assistência judiciária* e *Justiça gratuita*. Aquela é instituição do Dir. Administrativo, para dispensa de pagamento de despesas processuais a pessoas carentes, com indicação de advogados para ela; a *Justiça gratuita* é instituto de direito pré-processual, com dispensa provisória de despesas. 3. São ações gratuitas as ações de *habeas corpus* e *habeas data*, assim como os atos necessários ao exercício da cidadania. 4. A assistência judiciária gratuita está prevista na CF, devendo ser prestada pelo Estado aos que comprovarem insuficiência de recursos. 5. No Processo do Trabalho, compete ao sindicato profissional a que pertence o trabalhador, sendo devida a todo aquele que percebe salário igual ou inferior ao dobro do mínimo legal, assegurando-se benefício igual ao trabalhador de maior salário se ficar provado que sua situação econômica não lhe permite demandar sem prejuízo do próprio sustento ou da família.

✱ *V. CF, arts. 5º, LXXIV, LXXVII, 203 e 204.*

✱ *V. CPC/2015, arts. 26, I, 98 a 102 e 186, § 3º.*

✱ *V. Lei nº 1.060/1950 (Lei de Assistência Judiciária).*

✱ *V. Lei nº 5.584/1970 (Dispõe sobre normas de Direito Processual do Trabalho, altera dispositivos da Consolidação das Leis do Trabalho, disciplina a concessão e prestação de assistência judiciária na Justiça do Trabalho), art. 14, § 1º.*

✱ *V. Lei nº 8.906/1994 (Estatuto da Advocacia e a OAB), art. 33, parágrafo único.*

ASSISTENTE – O que assiste, o que dá assistência.

Técnico: pessoa que autor e réu podem indicar ao perito nomeado para avaliação de bens nos processos de desapropriação.

✱ *V. CPC/1973, art. 421, § 1º.*

✱ *V. CPC/2015, art. 465, § 1º.*

ASSISTIDO – Pessoa que recebe o benefício da assistência judiciária; aquela que recebe assistência de outra em processo, seja no polo passivo, seja no polo ativo, seja no de terceiro, seja no de tutor, seja no de curador, seja no de patrono.

ASSISTIR – Prestar assistência judiciária. Ato ou efeito de prestar assistência a quem esteja litigando: o advogado ao acusado; o tutor ao tutelado. Os pais assistem aos filhos; *assistir* na causa; *assistir ao menor*. Emprega-se também no sentido de ter um direito, uma prerrogativa: assiste-lhe o direito à reclamação.

ASSOCIAÇÃO – Formada com ou sem capital, diferindo, porém, de sociedade; geralmente não tem fins econômicos, podendo ser beneficente, recreativa, literária, artística, cultural, científica, de amparo, proteção, religiosa ou de utilidade pública, quando assim considerada por legislação estadual ou federal. No Dir. Trabalhista, é organização, em sindicato de classe, para análise, amparo e coordenação de interesses econômicos ou profissionais de seus membros.

Ilícita ou criminosa: organizada contrariamente ao direito positivo ou com finalidade por ele vedada. É a associação ou reunião de 3 (três) ou mais pessoas para o fim específico de cometer crimes. É a associação estável e permanente de delinquentes com a finalidade de praticar vários crimes.

Sindical: no sentido amplo pode referir-se a sindicatos, federações ou confederações de pessoas ou empresas que exercem atividades profissionais ou econômicas idênticas ou afins.

ASSOCIAÇÃO INTERNACIONAL DE ADVOGADOS (INTERNATIONAL BAR ASSOCIATION) – Fundada em 1947, tem com o objetivo de estabelecer e manter intercâmbio entre as Ordens de Advogados de vários países e promover desenvolvimento das ciências jurídicas. Tem sua sede em Londres e é constituída de associações locais e nacionais de dezenas de países.

ASSOCIAÇÃO PROFISSIONAL – É o embrião do sindicato, convertendo-se neste quando satisfeitos os requisitos do art. 515 da CLT.

ASSOCIAÇÃO SEM FIM LUCRATIVO – Assim considerada a beneficente, a recreativa e outras do mesmo gênero sujeitas, porém, às leis trabalhistas. A Lei nº 11.127/2005 alterou os arts. 54, 57, 59, 60 e 2.031 do CC, que dificultavam e poderiam inviabilizar o funcionamento de associações sem fins econômicos. Foi retirada do art. 54 do CC a competência privativa da AssembleiaGeral para eleger os administradores e aprovar contas. Eliminouse também exigência contida no parágrafo único desse artigo, que fixava quorum mínimo para validade da assembleia, não lhe permitindo "deliberar em 1ª convocação sem maioria absoluta de associados, ou com menos de um terço das convocações seguintes". Pela alteração havida, a eleição dos administradores e aprovação das contas voltam a ser regidas pelo estatuto das associações. Alteração introduzida no art. 57 retirou da assembleiageral a exclusiva competência para aprovar a exclusão de associados, ao revogar totalmente o seu parágrafo único, o que afasta a competência recursal da assembleia na decisão de recurso de associado excluído, temas que voltam a ser disciplinados pelo estatuto, que também tem competência para fixar o quorum de associados em uma assembleia. Os artigos corrigidos por essa lei continham dispositivos que contrariavam a própria Constituição Federal que estabelece como direito individual e Coletivo, no inciso XVIII do art. 5º: "a criação de associações e, na forma da lei, a de cooperativas independem de autorização, sendo vedada a interferência estatal em seu funcionamento". A nova lei deu ainda nova redação ao art. 2.031, dando novo prazo até 11-1-2007 para que as associações se adaptem às novas disposições. A LC nº 187/2021 regulou as condições para limitação ao poder de tributar da União em relação às entidades beneficentes, no tocante às contribuições para a seguridade social, bem como estabeleceu que entidade beneficente é a pessoa jurídica de direito privado, sem fins lucrativos, que presta serviço nas áreas de assistência social, de saúde e de educação, assim certificada na forma desta LC.

✱ *V. Lei Complementar nº 187/2021 (Dispõe sobre a certificação das entidades beneficentes e regula os procedimentos referentes à imunidade de contribuições à seguridade social de que trata o § 7º do art. 195 da Constituição Federal, dentre outras providências).*

ASSOCIADO – Sócio, membro de associação. Diz-se de quem faz parte de uma agremiação, organização, associação etc.

ASSOLDADADO – Pessoa que trabalha por soldo, que recebe soldo, assalariado. O mesmo que *assoldado*.

ASSOLDADAR – No Dir. Marítimo, diz-se do ajuste do capitão do navio ou armador que ajusta a tripulação por soldadas; assalariar. O mesmo que *assoldar*.

ASSUADA – Vaia; escarnecer de algo publicamente com a finalidade de ridicularizar pessoa ou fato. Perturbação do sossego alheio; grupo de pessoas que provocam essa perturbação.

ASSUMIR – Tomar posse de cargo ou função. Aceitar, atrair para si, tomar atitude.

ASSUNÇÃO – Ato e efeito de assumir.

Da prova: ato pelo qual o juiz toma conhecimento da prova.

ASTROFOBIA – Em Medicina Legal, temor que tem o indivíduo pela influência astral sobre sua vida.

ASTÚCIA – Artifício usado para induzir pessoa em erro; artimanha, ardil. Constitui elemento subjetivo de determinados crimes como o *estelionato.*

✱ *V. CP, art. 171.*

ATA – Registro escrito de fatos ou ocorrências e resoluções tomadas em sessão de Diretoria, conselhos consultivo e deliberativo.

De Assembleia-geral: lavra-se em livro próprio, assinada pelos membros da mesa e acionistas presentes, sendo suficientes os que bastem para constituir a maioria necessária às deliberações adotadas; devem ser tiradas certidões ou cópias para efeitos legais.

✱ *V. Lei nº 6.404/1976 (Lei das Sociedades por Ações), art. 130, §§ 1º,* a *e* b, *2º e 3º.*

De registro de preços: é modalidade de aquisição, serviços, obras e compras dos serviços públicos federais, estaduais e municipais, controlada por seus órgãos gerenciadores. No Judiciário, fazem-se atas das audiências em que são ouvidas testemunhas e produzidas razões.

Deliberativa: registro das providências a serem implementadas com relação a navio ou à sua carga.

ATACADISTA – Aquele que negocia ou comercia por atacado, que não vende diretamente ao consumidor, mas a distribuidores, ou que vende apenas grandes quantidades de produtos.

ATACADO – Venda de mercadorias, em quantidade, diretamente aos distribuidores, retalhistas. Diz-se do comércio grossista, vendas a grosso.

ATALAIA – Tocaia, cilada, emboscada; guarda, vigilância, lugar de observação, de espera.

De atalaia: à espreita, de sobreaviso, à espera, emboscado. É caracterizadora de crime qualificado.

✱ *V. CP, art. 121, § 2º, IV.*

ATAVISMO – Em Medicina Legal, o aparecimento na pessoa de caracteres de um ascendente e que permanece por mais de uma geração. O mesmo que hereditariedade, herança.

ATEMPAÇÃO – Prazo para remessa de recurso a instância superior. Ação de marcar, impor prazo.

ATEMPAR – Determinar o lapso de tempo para subida do recurso ao juízo superior; marcar prazo.

A TEMPO CERTO (DA DATA) – Refere-se a título cambial que tem data certa para vencimento, constante do título e que é contada a partir da data de emissão.

Da vista: título com data certa que deve ser apresentado ao aceite no prazo nela marcado; não sendo estipulado prazo, em 6 meses contados da data da emissão.

✱ *V. Dec. nº 2.044/1908 (Lei da Letra de Câmbio e a Nota Promissória), arts. 6º, IV, e 9º e parágrafo único.*

ATENDENDO A – Locução com que o juiz inicia cada um dos fundamentos da sentença. O mesmo que *considerando que.*

ATENDER – Acolher, deferir, despachar.

ATENDIBILIDADE – Qualidade do que pode ser atendido; possibilidade de ser deferido, admitido, acreditado.

ATENTADO – Tentativa de prática de ato que prejudique a outrem; agressão a uma pessoa ou a um direito. Alteração no estado de coisa no curso de uma lide, contrariando o direito e que cause ou venha a causar prejuízo à parte contrária àquela que promoveu a modificação ilícita. Diz-se de qualquer inovação introduzida na causa em pendência, que a prejudique ou ao recurso interposto. Repara-se o prejuízo por meio de *ação de atentado* (q.v.). Qualquer ação delituosa ou contra pessoas, bens, direitos, instituições nacionais ou à ordem pública, à segurança, do Estado, nesse caso incluindo-se os atentados terroristas. Um exemplo de atentado é a construção de cerca em terreno quando este é objeto de *ação demarcatória* (q.v.) (*RT* 481/178).

À liberdade: cercear à pessoa o direito de ir e vir, de deslocar-se de um lugar para outro, ou de exercer profissão, reunir-se, associar-se.

✱ *V. CP, art. 148.*

Ao pudor: A Lei nº 12.015/2009 revogou o art. 216 do CP, que previa o crime de Atentado Ao Pudor Mediante Fraude.

Contra a liberdade de associação: constranger alguém, por violência ou grave ameaça, a participar, ou deixar de participar, de sindicato ou associação profissional.

✱ *V. CP, art. 199.*

Contra a liberdade de trabalho e boicotagem violenta: consiste em constranger alguém, com violência ou grave ameaça, a celebrar contrato de trabalho ou a não oferecer a outrem ou não adquirir de outrem matéria-prima ou produto industrial ou agrícola.

Contra a liberdade de trabalho: constranger alguém, por violência ou grave ameaça, a exercer ou não arte ou ofício, profissão ou indústria, ou a trabalhar ou não trabalhar em certo período ou determinados dias; a abrir ou fechar o seu estabelecimento de trabalho ou a participar de parede ou paralisação de atividade econômica.

✱ *V. CP, art. 197.*

Contra a segurança de serviço de utilidade pública: consiste em atentar contra serviços de água, luz, gás, força, ou outro. Pena de reclusão de 1 a 5 anos e multa.

✱ *V. CP, art. 265.*

Contra a segurança de transporte marítimo, fluvial ou aéreo: consiste em expor a perigo embarcação ou aeronave, própria ou alheia, ou praticar ato que impeça ou prejudique a navegação aérea, marítima ou fluvial.

✱ *V. CP, arts. 261, § 1º, e 263.*

Contra o sentimento religioso: consiste em voltar-se, ostensivamente, contra o livre exercício de práticas religiosas ou praticar ultraje a culto. Pena de detenção de 1 mês a 1 ano e multa, agravada de um terço, se há emprego de violência.

✱ *V. CP, art. 208.*

Contra a segurança de outro meio de transporte: consiste em expor a perigo, impedir-lhe ou dificultar-lhe o funcionamento, outro meio de transporte público. Pena de detenção de 1 a 2 anos. Se resulta desastre, reclusão de 2 a 5 anos; se o agente é culpado pelo desastre, detenção de 3 meses a 1 ano. Se dos crimes contra a segurança dos meios de transporte, comunicação e outros serviços públicos, resultar lesão corporal a pena de privação da liberdade é aumentada de metade; se resultar morte, aplica-se a pena em dobro.

✱ *V. CP, art. 262.*

Violento ao pudor: Era espécie de crime prevista originalmente no Código Penal. Consistia em constranger alguém, mediante violência ou grave ameaça, a praticar ou permitir que com ele se praticasse outro ato libidinoso, diferente de conjunção carnal. Porém, a Lei nº 12.015/2009 incorporou o elemento normativo deste crime no crime de Estupro, previsto no art. 213 do mesmo corpo legislativo. Assim, atualmente, considera-se estupro constranger alguém, mediante violência ou grave ameaça, a ter conjunção carnal ou a praticar ou permitir que com ele se pratique outro ato libidinoso. A Lei nº 12.654/2012 acresceu o art. 9º-A à Lei nº 7.210/1984, estabelecendo que os condenados por crimes previstos no art. 1º da Lei nº 8.072/1990 serão submetidos, obrigatoriamente, à identificação do perfil genético, mediante extração de DNA – ácido desoxirribonucleico –, por técnica adequada e indolor. A identificação do perfil genético será armazenada em banco de dados sigiloso, conforme regulamento a ser expedido pelo Poder Executivo. A autoridade policial, federal ou estadual poderá requerer ao juiz competente, no caso de inquérito instaurado, o acesso ao banco de dados de identificação de perfil genético.

✱ *V. Lei nº 8.072/1990 (Lei dos Crimes Hediondos), art. 1º, VI.*

ATENUAÇÃO – Diminuição, redução (de pena ou de responsabilidade).

ATENUANTE – Diz-se da circunstância que pode ensejar a redução do grau de pena imposta por delito, por diminuir-lhe a gravidade. Não reduz a pena abaixo do mínimo imposto para cada crime, na Parte Geral do CP; difere, assim, das previstas na Parte Especial, ou em leis correlatas ou complementares, que tornam o crime "privilegiado" ou "atenuado", visto que fixa um novo mínimo; o juiz tem a prerrogativa de individualizar a pena, adotando a quantidade que, em seu entender, é mais adequada ao caso concreto.

ATERMAR – O mesmo que *atempar* (q.v.).

A TERMO – No Dir. Comercial, é o contrato de compra e venda de mercadorias que deverão ser entregues no fim do prazo estipulado, mantido o preço fixado no momento em que se realiza. É operação comum nas Bolsas de Mercadorias.

ATERRISSAGEM – Manobra feita por aeronave para pousar no solo. Descida ou pouso de avião em terra. O mesmo que *aterragem*.

ATERROS NATURAIS – Acréscimos formados por acumulação de terra ou depósito e também pelo desvio das águas de um rio, mesmo navegáveis. Ficam pertencendo aos proprietários dos terrenos marginais.

ATESTAÇÃO – Ato de atestar, certificar, confirmar, afirmar alguma coisa; confirmação, depoimento, certificação. Testemunho.

ATESTADO – Documento que certifica alguma coisa; declaração escrita e assinada por quem a faz, para servir de documento a outrem, para firmar ou certificar a existência ou verdade de um fato, estado, ou qualidade, pelo conhecimento pessoal ou por causa do cargo ou ofício que exerce. Está proibida a exigência de atestados de gravidez e de esterilização, e outras práticas discriminatórias, para efeitos admissionais ou de permanência da relação jurídica de trabalho.

De inatividade: certificado, por escrito, de que seu portador não exerce qualquer atividade remunerada, para concessão de amparo previdenciário.

De pobreza: expedido por autoridade policial ou pelo prefeito para informar se a pessoa é pobre no sentido da lei.

De residência: expedido por agente de autoridade policial para declarar que o portador reside no local indicado há certo tempo. Substitui-se hoje, na maioria dos casos, por comprovantes de pagamento de tarifas como água, luz e telefone ou extrato bancário.

Falso: é crime previsto em lei, acarretando, no caso de falso atestado médico, pena de detenção de 1 mês a 1 ano; falsificar atestado ou certidão, ou alterar o seu teor com vistas à obtenção de cargo público, isenção de ônus ou de serviço de caráter público, ou outra vantagem, detenção de 3 meses a 2 anos; se o crime tem finalidade de lucro, aplica-se ainda multa. No caso de atestado ideologicamente falso, a pena é de 2 meses a 1 ano.

✱ *V. CP, arts. 301 e 302.*

ATESTADO MÉDICO – Declaração assinada por profissional, a qual se presume verídica, para certificar um fato médico e as suas consequências. Na legislação trabalhista tem o efeito de documento que visa provar o estado de saúde do trabalhador, especialmente quando se trata de verificar a suspensão do contrato individual de trabalho.

ATESTANTE – Aquele que atesta alguma coisa, que dá atestado.

ATESTAR – Certificar por escrito; passar atestado. Testemunhar, ratificar, confirmar.

ATIPIA – No Dir. Penal, desconformidade do ato imputado com o fato escrito, tipificado como crime.

ATIPICIDADE – Qualidade do crime que não se enquadra na definição legal do direito. *Crime atípico* é aquele para o qual não há lei anterior que o defina.

Conceitual: é o erro de conceito, de imputação, ao conceituar circunstâncias ou elementos do fato incriminado como idênticos aos descritos no tipo legal.

ATIRAR – Disparar arma de fogo contra alguém. Lançar, arremessar.

A TÍTULO DE – Por direito ou na qualidade de.

Proprietário: como verdadeiro dono, com justo título.

Gratuito: contrato feito por mera liberalidade, que não acarreta ônus nem encargos ao adquirente, como o de doação.

Lucrativo: quando se objetiva o lucro.

Oneroso: contrato que estabelece encargos ou obrigações (compra e venda).

Precário: referente a coisa que se concede ou se desfruta por favor, da qual se tem a posse material, sem intenção de a possuir como própria*:* o usuário, o comodatário, o usufrutuário; de caráter provisório, revogável.

ATIVA – Condição do funcionário que exerce cargo ou função no quadro a que pertence, que continua em exercício efetivo.

ATIVIDADE – 1. Serviço habitual, ocupação, prática rotineira de uma função, exercício de um cargo; prática frequente de certos atos. 2. Consoante a Lei nº 13.204/2015, que alterou o inc. III-A do art. 2º da Lei nº 13.019/2014, atividade é o conjunto de operações que se realizam de modo contínuo ou permanente, das quais resulta um produto ou serviço necessário à satisfação de interesses compartilhados pela administração pública e pela organização da sociedade civil. 3. Para a Lei nº 14.791/2023, é o instrumento de programação para alcançar o objetivo de um programa, envolvendo um conjunto de operações que se realizam de modo contínuo e permanente, das quais resulta um produto necessário à manutenção da ação de governo.

✱ *V. Lei nº 14.791/2023 (Dispõe sobre as diretrizes para a elaboração e a execução da Lei Orçamentária de 2024 e dá outras providências).*

Insalubre: Aquela que, por sua natureza, condições ou métodos de trabalho, exponha os empregados a agentes nocivos à saúde, acima dos limites toleráveis fixados em razão da natureza e da intensidade do agente e do tempo de exposição a seus efeitos. Gozam de aposentadoria especial os trabalhadores expostos à insalubridade e a atividades perigosas ou penosas; a caracterização dos quadros de insalubridade está na Portaria nº 3.214/1978, NR 15; os de periculosidade, no Dec. nº 40.119/1976, Portaria nº 3.214/1978, NR 16.

✱ *V. CLT, arts. 189 a 197 e 394-A.*

Subsidiária do Estado: Aquela que diz respeito a objetivos estratégicos que impliquem a segurança do País. E também atividades das quais o Estado deva participar, por não terem os particulares capacidade econômica ou interesse em realizá-las, embora assegure a CF: "A todos o livre exercício de qualquer atividade econômica, independente de autorização de órgãos públicos, salvo nos casos previstos em lei", cabendo ao Estado a exploração direta de atividade econômica "quando necessária aos imperativos da Segurança Nacional ou a relevante interesse coletivo, conforme definidos em lei".

✱ *V. CF, arts. 170 e 173.*

ATIVIDADE ESSENCIAL – 1. É a atividade que sustenta as necessidades básicas do indivíduo e também da sociedade. 2. A Lei nº 7.783/1989 (Lei de Greve) fixou um rol de atividades consideradas essenciais, no art. 10, que exigem a comunicação da greve pelos trabalhadores ou pelas entidades sindicais com a antecedência mínima de 72 (setenta e duas) horas da paralisação. Durante o período de greve, é necessária a prestação dos serviços indispensáveis ao atendimento das necessidades inadiáveis da comunidade pelos prestadores da atividade essencial. A lei citada define como necessidades inadiáveis da comunidade, no parágrafo único do art. 11, "aquelas que, não atendidas, coloquem em perigo iminente a sobrevivência, a saúde ou a segurança da população". 3. A situação de pandemia provocada pela COVID-19, em 2020, fez o Poder Público editar a Lei nº 13.979/2020, que estabeleceu um rol de profissionais considerados "essenciais ao controle de doenças e à manutenção da ordem pública." 4. Segundo o Decreto nº 10.282/2020, atividade e também serviço público essenciais são "aqueles indispensáveis ao atendimento das necessidades inadiáveis da comunidade, assim considerados aqueles que, se não atendidos, colocam em perigo a sobrevivência, a saúde ou a segurança da população". Além dessa definição, o referido decreto trouxe um rol dessas atividades.

✱ *V. Lei nº 7.783/1989 (Dispõe sobre o exercício do direito de greve, define as atividades essenciais, regula o atendimento das necessidades inadiáveis da comunidade, e dá outras providências), arts. 10 a 13.*

✱ *V. Lei nº 13.979/2020 (Dispõe sobre as medidas para enfrentamento da emergência de saúde pública de importância internacional decorrente do coronavírus responsável pelo surto de 2019), art. 3º-J, § 1º.*

✱ *V. Decreto nº 10.282/2020 (Regulamenta a Lei nº 13.979, de 6 de fevereiro de 2020, para definir os serviços públicos e as atividades essenciais), art. 3º.*

ATIVIDADE-MEIO – Nos termos da Súm. nº 331 do TST, a terceirização pode ser aplicada em todas as áreas da empresa definidas como atividade-meio. Não forma vínculo de emprego com o tomador a contratação de serviços de vigilância (Lei nº 7.102/1983) e de conservação e limpeza, bem como a de serviços especializados ligados à atividade-meio do tomador, desde que inexistentes a pessoalidade e a subordinação direta.

ATIVIDADE PREPONDERANTE – Aquela dsenvolvida por empresa, que caracteriza a "unidade de produto, operação ou objetivo final" para cuja obtenção todas as demais atividades convirjam, exclusivamente, em regime de conexão funcional".

✱ *V. CLT, art. 581, § 2º.*

ATIVIDADE SAZONAL – É o trabalho de temporada, conceituado como próprio de uma estação, como aquele realizado em finais de ano, férias etc.

ATIVIDADES EVENTUAIS OU DE BAIXO IMPACTO AMBIENTAL – Consiste em abertura de pequenas vias de acesso interno e suas pontes e pontilhões, quando necessárias à travessia de um curso d'água, ao acesso de pessoas e animais para a obtenção de água ou à retirada de produtos oriundos das atividades de manejo agroflorestal sustentável; implantação de instalações necessárias à captação e condução de água e efluentes tratados, desde que comprovada a outorga do direito de uso da água, quando couber; implantação de trilhas para o desenvolvimento do ecoturismo; construção de rampa de lançamento de barcos e pequeno ancoradouro; construção de moradia de agricultores familiares, remanescentes de comunidades quilombolas e outras populações extrativistas e tradicionais em áreas rurais, onde o abastecimento de água se dê pelo esforço próprio dos moradores; construção e manutenção de cercas na propriedade; pesquisa científica relativa a recursos ambientais, respeitados outros requisitos previstos na legislação aplicável; coleta de produtos não madeireiros para fins de subsistência e produção de mudas, como sementes, castanhas e frutos, respeitada a legislação específica de acesso a recursos genéticos; plantio de espécies nativas produtoras de frutos, sementes, castanhas e outros produtos vegetais, desde que não implique supressão da vegetação existente nem prejudique a função ambiental da área; exploração agroflorestal e manejo florestal sustentável, comunitário e familiar, incluindo a extração de produtos florestais não madeireiros, desde que não descaracterizem a cobertura vegetal nativa existente nem prejudiquem a função ambiental da área; outras ações ou atividades similares, reconhecidas como eventuais e de baixo impacto ambiental em ato do Conselho Nacional do Meio Ambiente – CONAMA ou dos Conselhos Estaduais de Meio Ambiente.

ATIVO – Patrimônio. Soma dos bens que pertencem à pessoa física ou jurídica; conjunto dos bens que formam o patrimônio de alguém ou de uma empresa. Pode ser: *material*, quando inclui valores físicos ou positivos, como utensílios, máquinas, veículos, mercadorias, matéria-prima, móveis, imóveis etc.

Circulante: bens de uma ou mais pessoas – numerário de caixa, bancos, valores e contas liquidáveis dentro do ano financeiro –, que podem ser convertidos em dinheiro com rapidez. O mesmo que *ativo corrente*.

Compensável: registro de direitos, representados por títulos em caução, hipotecas etc.

De direito: representado por títulos cambiais, o nome e o ponto do estabelecimento, o contrato de locação, a clientela, patente de invenção, registro de marcas. Opõe-se a *passivo*. Diz-se também do autor de delito (sujeito ativo) por ação ou omissão, em oposição a sujeito passivo (vítima).

Disponível: o que está à disposição de imediato.

Fictício ou nominal: sujeito a compensação ou contraprestação, aleatório, instável, como despesas a vencer ou a amortizar e o saldo que representa prejuízo na conta de lucros e perdas. Oposto a *ativo real*.

Financeiro: título que representa parte do patrimônio ou dívida: ações, letras de câmbio, dinheiro.

Imobilizado: patrimônio de que dispõe uma empresa, constituído por bens corpóreos ou incorpóreos: terrenos, edifícios, máquinas, móveis e utensílios, marcas e patentes, concessões, nome comercial, título, ponto do estabelecimento. Diz-se também *ativo estável* ou *fixo*.

Incorpóreo: o total de crédito ou títulos a receber.

Líquido: quando o ativo, excluído o capital, é superior ao passivo.

Material: soma dos valores físicos realizáveis: móveis e utensílios, mercadorias, máquinas, dinheiro em caixa.

Não realizável: que não é conversível em dinheiro.

Real: soma de valores em dinheiro ou certos bens que podem ser, a qualquer momento, convertidos em dinheiro. Oposto a *ativo fictício*.

Realizável a curto prazo: parte do ativo realizável que deve converter-se em dinheiro dentro de 180 dias, contados da data do balanço.

Realizável a longo prazo: deve converter-se em dinheiro depois de 180 dias, contados da data do balanço.

Social: patrimônio variável de sociedade mercantil, que não se confunde com *capital social*, o qual é fixo. O mesmo que *fundo social*.

Virtual: é a representação digital de valor que pode ser negociada ou transferida por meios eletrônicos e utilizada para realização de pagamentos ou com propósito de investimento, excluídas as moedas nacional, estrangeiras, eletrônica, pontos de programas de fidelidade, ativos financeiros e valores mobiliários. Foi acrescido ao CP o art. 171-A que prevê o crime de Fraude com a utilização de ativos virtuais, valores mobiliários ou ativos financeiros, consistente em Organizar, gerir, ofertar ou distribuir carteiras ou intermediar operações que envolvam ativos virtuais, valores mobiliários ou quaisquer ativos financeiros com o fim de obter vantagem ilícita, em prejuízo alheio, induzindo ou mantendo alguém em erro, mediante artifício, ardil ou qualquer outro meio fraudulento. A pena estabelecida é de reclusão, de 4 (quatro) a 8 (oito) anos, e multa.

✱ *V. Lei nº 14.478/2022 (Dispõe sobre diretrizes a serem observadas na prestação de serviços de ativos virtuais e na regulamentação das prestadoras de serviços de ativos virtuais, dentre outras disposições), art. 3º e 10.*

ATLETA PROFISSIONAL – Aquele que tem na prática do esporte sua profissão principal e contrato escrito com entidades de prática desportiva. Esse contrato é o de prazo determinado, não podendo sua vigência ser inferior a três meses.

✱ *V. Lei nº 9.615/1998 (Lei do Desporto – Lei Pelé), art. 30.*

ATMOSFERA TERRITORIAL – No Dir. Público e Internacional Público, espaço aéreo superposto a todo o território real e às águas inferiores e territoriais de um país. O mesmo que *espaço aéreo territorial.*

ATO – Acontecimento em que há manifestação da vontade; tudo o que se faz ou se pode fazer; modo de agir, de proceder. Ocasião em que se realiza alguma coisa, solenidade; regulamento baixado pelo Governo; parte de peça teatral.

✱ *V. CC, arts. 104, 138 a 144, 166, 171, 175, 177, 191, 538 a 555, 1.275 e 1.276, 1.388, 1.521, 1,523, 1.525,* caput *e § 1º, 1.535, 1541, 1.556, 1.558, 1.647, parágrafo único, 1.707 e 1.741.*

✱ *V. CPC/1973, arts. 155, 162 e 174.*

✱ *V. CPC/2015, arts. 189, 203 e 215.*

Acautelatório: o que se processa nas férias forenses, não sendo suspenso por elas, como as ações de alimentos provisionais, remoção ou dação de tutores e curadores, os atos de jurisdição voluntária, os necessários à conservação de direitos que possam ser prejudicados, e causas determinadas por lei federal.

Acessório: o que complementa o principal.

Adicional: usado, em certa época, para completar ou alterar o texto da Constituição, dela fazendo parte, sem tramitação no Congresso. Os atos institucionais do período ditatorial (1964 a 1985) foram abolidos pela nova CF.

Administrativo: inferior à lei em hierarquia, é o que emana de órgão competente da Administração Pública, no exercício legal de suas funções e a estas relacionado. Não tem força coercitiva, mas objeto lícito e forma prescrita e não defesa em lei. Em juízo é aquele que, sem discussão ou contestação, é levado a efeito no interesse comum das partes, como o inventário, a demarcação e divisão de terras, a arrecadação, a verificação de contas e outros. O ato administrativo *formal* é o que emana do Executivo. No Legislativo e no Judiciário, há atos de natureza material: portarias, circulares, provimentos, ordens de serviço, resoluções etc. O decreto regulamentar é ato administrativo *normativo*, porque regulamenta a lei, da qual é apenas um complemento; quando o Executivo não regulamenta uma lei, os órgãos administrativos e o próprio Judiciário devem supri-lo, pela Jurisprudência.

Antissocial: o que viola preceitos da lei penal ou atenta contra a moral social e os bons costumes.

Anulável: aquele constituído em detrimento dos interesses legítimos de quem está sob tutela da lei, como contra pessoa relativamente incapaz ou que, sendo capaz, sofreu coação, fraude ou teve o seu consentimento viciado por simulação, erro ou dolo. Ato que não atende a formalidades legais e, ainda que ratificável pelas partes, pode ser anulado por quem tenha interesse em sua ineficácia. A novação pode confirmar a obrigação simplesmente anulável.

Atributivo: diz-se do ato judicial que confere a alguém o direito reclamado por ele e assim cria nova situação jurídica.

Autêntico: o que é lavrado ou apenas reconhecido por oficial público.

Bilateral: no qual participam duas ou mais vontades; compra e venda, mútuo, mandato. O mesmo que ato *sinalagmático*. Opõe-se a *ato unilateral.*

Coletivo: onde se declara a vontade simultânea de muitas pessoas.

Complexo: que resulta do concurso de vários órgãos, singulares ou coletivos, voltados para uma mesma finalidade.

Concessivo: aquele por meio do qual se faz uma concessão.

Consensual: cuja validade se firma apenas com a vontade ou consentimento das partes. O mesmo que *ato não solene* ou *não formal.*

Conservatório: o que mantém ou garante bem ou direito do patrimônio de alguém.

Constitutivo: que estabelece um direito; resulta da constituição ou formação de uma coisa; sociedade anônima etc.

Contencioso: que envolve contestação, resultante de litígio ou que enseja discussão de uma relação de direito.

Controlador: no Dir. Administrativo, é o ato do poder público destinado ao controle de mérito e de legalidade de determinado ato administrativo prévio ou posterior.

De autoridade: praticado por quem está investido de parcela do poder público e tem o direito de fazer-se obedecer no desempenho de seu cargo. O mesmo que *ato de império.*

De benefício: o que se faz por liberalidade, como na doação.

Declarativo: o que reconhece, revela ou declara que um fato ou relação jurídica preexistente é legal. O contrário de *ato atributivo;* o mesmo que *ato declaratório.*

De comércio: todo ato realizado sobre coisa móvel, e com habilidade ou não, de natureza mercantil e regulado por lei. Pode ser*: objetivo* ou *absoluto* quando independe da qualidade de comerciante de quem o realiza; *subjetivo, relativo* ou *acessório,* quando nele intervém pessoa qualificada como comerciante; *unilateral,* se apenas uma das partes é comerciante; *bilateral,* se realizado por dois comerciantes.

De concorrência: ocorre quando o empregado pratica atividade econômica superposta à do seu empregador, com prejuízo para este. É falta grave, configurada entre aquelas referidas no art. 482, c, da CLT, a qual autoriza a extinção justificada do contrato de trabalho.

De condição: manifestação da vontade no exercício do poder legal, cujo objeto é colocar o indivíduo em situação jurídica objetiva ou tornar regular o exercício de poder objetivo; o efeito jurídico se produz pela aplicação de situação jurídica preexistente, como optar alguém pela nacionalidade brasileira.

✱ *V. CF, art. 12, I,* c, in fine.

De crueldade: quando o criminoso pratica atos perversos, revelando sua periculosidade. É agravante de pena.

De defesa: reação contra violação da integridade física ou moral ou de direito seu ou de outrem. Não há crime quando o fato é praticado em legítima defesa.

De gestão: no Dir. Público, é o que o agente público pratica na execução de serviço ou na administração da coisa pública ou dos bens do Estado; ato que se pratica apenas por vontade do agente na administração de coisa alheia. Confunde-se com *ato de império.*

De hostilidade: agressão inesperada de uma nação à outra, da qual pode resultar rompimento de relações diplomáticas e declaração de guerra da parte ofendida, se não receber satisfação cabal do ato.

De improbidade do empregado: praticado pelo empregado e caracterizado por atos concretos contra o patrimônio do empregador, de terceiros ou de companheiros de trabalho; exige o dolo como elemento subjetivo.

De indisciplina: descumprimento, pelo empregado, de ordem emanada do empregador; pode ser justa causa para despedida.

De jurisdição indevida: no Dir. Penal Militar, é crime o militar praticar no território nacional, indevidamente, ato de jurisdição de país estrangeiro ou favorecer a prática desse ato.

✱ *V. CPM, art. 138.*

De Justiça: o que reconhece e declara o direito de alguém e lho atribui.

De ofício: o que se pratica em decorrência do cargo.

De polícia: no Dir. Administrativo, aquele que visa garantir a fiscalização da aplicação e cumprimento de leis e regulamentos; o que leva a polícia a impedir ou reprimir a violação da ordem pública.

De reconhecimento: aquele que reconhece ou certifica a legitimidade de um fato, de uma pessoa ou coisa.

De tentativa: no Dir. Penal, ato que dá início à prática de crime que não se consuma em razão de circunstâncias alheias à vontade do agente.

De tolerância: em que há condescendência, indulgência ou permissão presumida por parte daquele que detém o direito de reprimir ou impedir sua prática; assentimento tácito do dono da coisa a atos praticados por seu ocupante ou detentor a título precário.

De última vontade: praticado por alguém antes de sua morte, para externar as suas últimas vontades, como no testamento.

De violência: praticado com uso de força física ou violência material contra pessoa, impossibilitando-lhe a resistência; no Dir. Civil, torna anulável o ato jurídico por vício de consentimento.

Diplomático: documentos, tratados e convenções entre pelo menos dois países.

Discricionário: são os praticados pelo agente da Administração Pública com liberdade de escolha de seu conteúdo, de conveniência e oportunidade e do modo de sua realização. Sempre praticados nas condições que repute mais convenientes ao interesse público.

Do juiz: sentenças, decisões e despachos, inquirição das partes e testemunhas, interrogatório, inspeção judicial etc.

Do tutor: por ele praticado para reger o menor e administrar-lhe os bens, com inspeção do juiz.

Doloso: praticado com astúcia, para enganar, embair ou prejudicar alguém em proveito próprio.

Essenciais: indispensáveis para a validade e o andamento da lide, como a citação inicial, a exibição de documentos nos quais se baseia o pedido, contestação, penhora, avaliação, sentença, publicação da sentença.

Excessivo: quando agente da autoridade exorbita de suas funções.

Executório: que dá cumprimento a decisão, sentença, deliberação; fase do *iter criminis,* na qual o agente do delito põe em execução a ideia criminosa preconcebida.

Extrajudicial: praticado fora do foro, visando a produção de efeito jurídico.

Facultativo: o que depende da vontade do agente; não é obrigatório.

Formal ou solene: que se subordina a uma forma ou a solenidades próprias, especiais ou substanciais, para ter eficácia legal.

Fraudulento: praticado com fraude, para prejudicar a outrem.

Gratuito: em que uma das partes apenas é beneficiada pela liberalidade. Oposto a *ato oneroso.*

Ilícito: do qual advém lesão ao direito de outrem. Para se configurar o ato lícito é necessário que haja relação de causalidade e ocorrência de dano. Pode ocorrer por descumprimento de contrato ou ação ou omissão extracontratual. Ação ou omissão que caracterizem infração de deveres ou obrigações de caráter internacional. O mesmo que *ato antijurídico.*

Imperfeito: aquele no qual se preteriu alguma formalidade essencial à sua existência e validade jurídicas.

Inconstitucional: o que atenta contra os princípios da CF.

Inexistente: destituído de valor jurídico, por lhe faltar elemento essencial e indispensável à sua constituição e validade. Confunde-se com *ato nulo de pleno direito;* incapaz de surtir efeitos.

Interruptivo: interrompe, por um tempo, a fluência de um prazo.

Inter vivos: aquele que se pratica para produzir efeito em vida de seus agentes.

Jurídico: revestido das formalidades legais para criar, modificar, conservar ou extinguir um direito. Pode apresentar defeitos que acarretem consequências, podendo ser *inexistente,* por vício essencial; *nulo,* por vício insanável; *anulável,* por erro, dolo, coação ou simulação, anulação só possível se praticada pelos interessados; *irregulares,* os que podem ser sanáveis; em *sentido estrito:* forma rígida para a constituição de ato legal e de suas decorrências (CC, art. 185), como, no casamento, o reconhecimento do filho.

Legislativo: emanado do Poder Legislativo e sancionado pelo Executivo.

Libidinoso: satisfação de instintos lúbricos sem conjunção carnal.

Médico legal: o que é enviado pelos médicos à Justiça e que auxilia na elucidação dos fatos em exame: relatórios, pareceres, atestados, depoimentos.

Misto: quando é civil e mercantil, isto é, o consumidor compra em casa comercial utilidades para seu uso.

Mortis causa: que só deve produzir efeitos após a morte de quem o celebra.

Não essencial: aquele cuja preterição não anula o processo e considera-se suprido desde que as partes o mencionem sem o arguir.

Não formal: o mesmo que *consensual.*

Nulo: sem os requisitos essenciais ou contrário à norma legal, inquinado de ineficácia absoluta por não ter agente capaz, objeto lícito e forma prescrita ou não defesa em lei, ou porque a lei taxativamente o declare nulo ou lhe negue efeito; o juiz não pode suprir-lhe a nulidade nem ratificar o ato.

Obrigatório: aquele ao qual se está obrigado por lei ou por contrato.

Obsceno: o que, praticado em lugar aberto ou exposto ao público, caracteriza ultraje público ao pudor.

Oneroso: no qual existe ônus ou encargo para todos os que dele participam.

Preparatório: fase do *iter criminis;* só é punido quando expressamente previsto como delito.

Processado em juízo: que se pratica ou foi praticado em juízo, pelo juiz e pelos auxiliares da Justiça. Pode ser: *ordinatório,* quando ordena e dá andamento à lide, como as citações, despachos, diligências, instrução do feito; *decisório,* o que fundamenta a sentença e decide a causa, como pronúncia, impronúncia, absolvição de instância etc.; *misto,* promovido pelas partes em litígio, mas que depende do juiz, que o ordena: arrematações, recursos, adjudicações, penhoras etc.

Protelatório: destinado a protelar, retardar o andamento da lide.

Público: feito por oficial público, revestido de todas as formalidades legais.

Regulamentar: que emana do Poder Executivo para a regulamentação de assunto de administração pública ou a forma e aplicação de lei.

Regra: de caráter normativo, emanado de autoridade administrativa, para execução de leis e regulamentos.

Renunciativo: expresso ou tácito, contendo a renúncia a um direito.

Retrocessivo: no Dir. Administrativo, ato em que o Poder Público devolve imóvel ao desapropriado com restituição do preço pago, por seu não aproveitamento no interesse público.

Secreto: o que se processa em segredo de Justiça, quando o exige o interesse público ou diga respeito a casamento, filiação, divórcio, alimentos e guarda de menores.

✱ *V. CC, arts. 104 a 113, 145, 147, 151, 152 e 161.*

✱ *V. CPC/1973, arts. 31, 155, 162, 174, 265, 266 e 275.*

✱ *V. CPC/2015, arts. 189, 203, 215, 313 e 314.*

✱ *V. CP, arts. 218 e 233.*

✱ *V. CLT, art. 482.*

✱ *V. EC nº 66/2010 (Dispõe sobre a dissolubilidade do casamento civil pelo divórcio, suprimindo o requisito de prévia separação judicial por mais de 1 (um) ano ou de comprovada separação de fato por mais de 2 (dois) anos).*

Simples: para o qual é suficiente a declaração de uma só vontade, para constituir ou extinguir uma relação jurídica, por exemplo, a renúncia à herança.

Sinalagmático: o mesmo que *ato bilateral,* formado de duas ou mais vontades.

Solene: para cuja validade são exigidas formalidades indispensáveis, como no casamento; sua forma é prescrita por lei; ato formal; cuja forma é da substância do ato.

Suspensivo: aquele que suspende ou impede o curso de um prazo ou de processo, como exemplo a convenção das partes; difere do ***ato extintivo*** porque, vencido o prazo de suspensão, reinicia-se o curso a que se refere.

Translativo: dá-se quando alguém transfere a outrem coisa ou direito, como na venda, permuta, doação, legado, cessão. Também se diz *ato transitivo* ou *transmitivo*.

Unilateral: aquele em que o resultado traduz a manifestação de uma única vontade, de uma das partes apenas: gestão de negócios, renúncia à herança, testamento, doação, emissão de títulos de crédito e outros. Opõe-se a *ato bilateral*.

Uníloquo: o mesmo que *ato unilateral* ou *simples*.

Viciado: que não está de acordo com diretrizes do Dir. Positivo relativas à matéria em causa.

Vinculado: para que se torne válido é preciso que se observem determinações da lei a respeito de sua efetivação.

Volitivo: de vontade própria, que enseja ação delituosa.

Voluntário: de livre arbítrio do agente, de sua exclusiva vontade; espontâneo.

ATO ATENTATÓRIO À DIGNIDADE DA JUSTIÇA – 1. Ato que, no curso de processo judicial, em fase de conhecimento ou de execução, demonstra a má-fé de uma das partes, não apenas em relação à pretensão da parte contrária, mas também em face da autoridade jurisdicional, desrespeitando os provimentos mandamentais. Os Códigos de Processo Civil elencam (tanto de 1973 quanto de 2015), como atos atentatórios à dignidade da Justiça, os seguintes: atos que implicam fraude à execução; atos pelos quais o réu se opõe maliciosamente à execução, empregando ardis e meios artificiosos; dificulta ou embaraça a realização da penhora (conduta prevista no art. 774, III, do CPC/2015) resistência injustificada às ordens judiciais; e recusa em indicar, quando intimado, quais são e onde se encontram os bens sujeitos à penhora e seus respectivos valores, neste último caso, quando há elementos inequívocos de que tais bens existem e que são ocultados pelo devedor. Em tais hipótese, o réu/executado será penalizado em multa não superior a 20% (vinte por cento) do valor atualizado do débito em execução, que reverterá em favor do próprio credor. Além destes atos, o art. 14 do CPC/1973, correspondente aos arts. 5º e 77 do CPC/2015 prevê deveres que ambas as partes devem cumprir no curso do processo, cujo descumprimento, exceto no caso dos advogados (que se sujeitam às sanções administrativas aplicadas pela OAB), permite a cominação de multa, não superior a 20% (vinte por cento) do valor da causa, em favor da União ou do Estado, conforme o Tribunal em questão. 2. A legislação penal também têm previsão de sanções para atos praticados contra a Administração da Justiça, os quais podem ser imputados não apenas às partes litigantes, como também a outros sujeitos do processo, como testemunhas, peritos, advogados e agentes públicos. 3. A CF prevê a ação autônoma de reclamação, dirigida ao STF e ao STJ quando verificado o desrespeito, por particular ou autoridade pública, a decisão destas cortes ou a enunciado de súmula vinculante. No caso de descumprimento por parte de autoridade jurisdicional, o RISTF permite que o relator, monocraticamente, casse a decisão reclamada, independentemente da possibilidade de recurso. 4. No direito estrangeiro, especialmente em países da tradição consuetudinária (*common law*), é empregada a expressão *contempt of court*, para designar atos das partes ou de terceiros que afrontam a autoridade dos Tribunais.

✱ *V. CF, arts. 102, I, l; 103-A, § 3º; e 105, I, f.*

✱ *V. CPC/1973, arts. 14 e 593 a 601.*

✱ *V. CPC/2015, arts. 5º, 77, 771, 772, 774 e 792 a 796.*

✱ *V. CP, arts. 338 a 359.*

✱ *V. Lei nº 8.038/1990 (Estabelece normas procedimentais para os processos que especifica, perante o STF e o STJ), arts. 13 a 18.*

✱ *V. Lei nº 12.016/2009 (Disciplina o Mandado de Segurança Individual e Coletivo), art. 26.*

✱ *V. RISTF, arts. 156 a 162.*

ATRACAÇÃO – Ato e efeito de atracar.

ATRACADOURO – Lugar para se atracar ou amarrar a embarcação, como cais, doca, ponte flutuante.

ATRACAR – Amarrar a embarcação no atracadouro ou encostá-la ao bordo de outra ou no cais.

ATRASAR – Delongar, demorar, retardar, ir além do prazo.

ATRASO – Demora no pagamento de prestação vencida.

ATRAVESSADOR – Aquele que adquire grande quantidade de mercadorias destinadas ao consumo e as retém para forçar a alta dos preços e, com isso, auferir grandes lucros. O mesmo que *açambarcador*.

ATRAVESSADOUROS – Passagens existentes em propriedades agrárias, de particulares, que não constituem *servidão*.

ATRIBUIÇÃO – Função, competência, ocupação, autoridade para conhecer de negócio ou questão; concessão, usado em geral no plural.

ATRIBUTIVO – Que confere poderes ou funções, direito ou vantagem. Dizem alguns juristas que a norma jurídica é atributiva, porque atribui o direito de o lesado reagir contra aquele que o lesou; esta característica é questionada por outros, que afirmam que ela não atribui esse direito já que ela própria não tem a faculdade de agir, sendo meramente autorizativa do uso da faculdade de agir em juízo.

ATRIBUTO – Qualidade, poder, dever específico para determinados atos.

ATROPELAMENTO – Ato ou efeito de atropelar.

ATROPELAR – Diz-se, hoje, mais frequentemente, do fato de um veículo automotor, em marcha, colher sob suas rodas ou atingir um pedestre, chocando-se contra ele, causando-lhe lesões corporais ou a morte. Aplica-se aos crimes culposos de trânsito a pena de interdição ou proibição de dirigir. O proprietário do automóvel não é responsável por dano causado pelo seu veículo quando este for furtado e dirigido por ladrão (RT 414/144). A pena acessória reserva-se aos casos mais graves, como os de reincidência ou embriaguez. Não se aplica ao réu não habilitado a interdição de não dirigir. A remessa de ofício para submeter a novos exames o motorista não é considerada, na maioria dos julgados, pena acessória.

✱ *V. CP, arts. 47, III, 57 e 135.*

ATUAÇÃO – Atividade, ação. O modo de proceder de uma pessoa em determinada área.

ATUAR – Exercer atividade, pressão sobre alguém; exercitar, ser atuante.

ATUÁRIO – Contador especializado em cálculos atuariais, aqueles necessários à elaboração de tabelas de seguros, cálculo de tarifas etc.

AUDÁCIA – Ousadia, arrogância; sentimento de poder que induz a pessoa a arriscar-se a vencer um obstáculo difícil, perigoso ou a atingir um fim a qualquer custo.

AUDI ALTERAM PARTEM – (Latim) Para julgar com isenção e imparcialidade o juiz deve ouvir a outra parte, a defesa após a acusação.

AUDIATUR ET ALTERA PARS – (Latim) No Dir. Processual, máxima que manda ouvir a parte contrária, não devendo o juiz tomar nenhuma decisão sem ouvir a outra parte.

AUDIÊNCIA – 1. O total do público que comparece a um local para um espetáculo de música, teatro etc. 2. Diz-se, hoje, do número de ouvintes ou telespectadores de programas de rádio ou televisão, segundo medições feitas por institutos especializados. 3. Ato pelo qual uma autoridade pública recebe outras para conhecer suas reivindicações, ou debater programa de trabalho, como no caso de governadores e prefeitos com os seus secretários. 4. Ato de ouvir a parte em juízo; ato público determinado e fixado pelo juiz que se realiza com a presença das partes interessadas, das testemunhas, do órgão do Ministério Público, previamente notificado. 5. Reunião de tribunal para julgar feitos e recursos, publicar despachos e acórdãos etc. Pode ser: *ordinária*: quando se realiza em lugar, dia e hora prefixados; audiência de instrução e julgamento; *extraordinária*: que se faz por motivo particular ou por imperiosa necessidade do feito; *especial*: na qual são praticados determinados atos, como diligências na ação de demarcação etc.; *de instrução e julgamento*: ato solene e público, no qual o juiz instrui o feito e apura as provas, ouvindo partes, testemunhas e peritos, assiste os debates orais e profere sentença definitiva, depois, no prazo legal, por escrito ou verbalmente; *de publicação da sentença*: designada pelo juiz para proferir sentença, quando não o fez na audiência de instrução e julgamento; *admonitória*: a que o juiz realiza para advertir os que foram beneficiados pela suspensão condicional da pena a respeito das condições a que estarão sujeitos. 6. A Lei nº 11.900/2009 introduziu no Brasil a possibilidade de audiência por videoconferência, em que o Juiz e as partes estão em locais distintos, mas mantêm as demais formalidades do procedimento. Embora tal procedimento tenha sido previsto apenas para as audiências criminais, também tem sido utilizado para processos cíveis.

✱ *V. CPC/1973, arts. 56, 435, 450 a 457.*

✱ *V. CPC/2015, arts. 358 a 368, 477, §§ 3º e 4º, e 682.*

✱ *V. CPP, arts. 185, 210, parágrafo único, 400 a 405, 411, 531, 554, 703 a 705 e 791 a 795.*

✱ *V. CPPM, arts. 431 a 436.*

De instrução no Tribunal do Júri: *V.* art. 411 do CPP (com redação dada pela Lei nº 11.689/2008).

AUDIÊNCIA DE CUSTÓDIA – 1. Audiência obrigatoriamente realizada em até 24 (vinte e quatro) horas após prisão em flagrante, a ser realizada por Juiz criminal, com a presença do preso, seu defensor e membro do Min. Público. 2. Embora sua previsão legal advenha da redação conferida ao art. 310 do CPP pela Lei nº 13.964/2019, o Conselho Nacional de Justiça já impunha tal procedimento desde 01.02.2016, data da entrada em vigor da Resolução nº 213, decorrente da interpretação que aquele Órgão conferia ao art. 7º, item 5, da Convenção Americana sobre Direitos Humanos (Pacto de San José da Costa Rica), segundo o qual "toda pessoa detida ou retida deve ser conduzida, sem demora, à presença de um juiz ou outra autoridade autorizada pela lei a exercer funções judiciais e tem direito a ser julgada dentro de um prazo razoável ou a ser posta em liberdade, sem prejuízo de que prossiga o processo". Embora a previsão dessa Convenção Internacional decorra da preocupação dos membros da Organização de Estados Americanos com a prática de tortura, a audiência de custódia passou a ser praticada, no Brasil, como um controle preliminar de legalidade não apenas da prisão como também da própria investigação. 3. A não realização da audiência no prazo previsto implica a ilegalidade da prisão; entretanto, os Tribunais têm flexibilizado a aplicação dessa disposição, fazendo uso da possibilidade de conversão em prisão preventiva, tendo em vista as dificuldades logísticas de condução de presos e limitações físicas e tecnológicas para sua oitiva em tempo hábil. Da realização da audiência de custódia pode advir o relaxamento da prisão, a concessão de liberdade provisória ou a conversão em prisão preventiva ou outras medidas cautelares, reais ou pessoais. A realização da audiência de custódia não torna o Juízo prevento para o recebimento da denúncia e processamento de outros incidentes.

✱ *V. CPP, art. 310.*

✱ *V. Convenção Americana sobre Direitos Humanos (Pacto de San José da Costa Rica), art. 7º, 5.*

✱ *V. Res. CNJ nº 213/2015 (Dispõe sobre a apresentação de toda pessoa presa à autoridade judicial no prazo de 24 horas).*

AUDITOR – Juiz que tem jurisdição provativa ou cumulativa na Justiça Militar; pessoa que é especialista em assuntos técnicos, que emite parecer sobre assuntos de sua competência.

De guerra: membro do 1º grau da Justiça Militar.

De nunciatura: assessor do Núncio Apostólico.

AUDITORIA – Função ou cargo de *auditor*, local onde exerce suas funções. Ato de examinar as operações de uma associação, empresa, privada ou pública, emitindo parecer sobre elas com sugestões. Exame minucioso de contas das despesas públicas por parte de órgãos especializados, como o Tribunal de Contas.

AUDITÓRIO – Local apropriado para reuniões, espetáculos, palestras. Lugar certo e determinado onde o juiz dá audiência, despacha o expediente, promove inquirições, pratica os atos ordenatórios ou decisórios de sua alçada.

AULAS – Dispõe a CLT em seu art. 318, que o professor não pode dar por dia mais de quatro aulas consecutivas, nem mais de seis intercaladas em um mesmo estabelecimento de ensino.

AUMENTO SALARIAL – Segundo a CLT em seu art. 624, e ainda a Súm. nº 249 do TST, quando implicar elevação de tarifas ou de preços que devam ser fixadas por autoridade pública, depende desta a prévia autorização do aumento salarial.

AURA – Em Medicina Legal, fenômeno que antecede o ataque de uma doença, especialmente na epilepsia.

AURICULAR – Diz-se da testemunha que conhece um fato por ouvir dizer, que não o presenciou; apreendido pelo ouvido.

AUSÊNCIA – 1. Carência, falta de requisito ou bem da vida. 2. É o não comparecimento de uma pessoa a um lugar ou evento em que era aguardada. 3. Em Medicina Legal e Psicologia, é a perda transitória da consciência, não respondendo o indivíduo, durante a crise, a qualquer solicitação e, depois dela, não se recordando do ocorrido. 4. No Direito Civil, refere-se também ao fato de alguém estar ausente de seu domicílio e em lugar ignorado, sem deixar procurador ou representante para seus bens, o que caracteriza a *ausência presumida*. A ausência pode ser *declarada* ou *definitiva*. 5. No Direito Processual Penal, a ausência do ofendido, quando declarada por decisão judicial, permite ao cônjuge, ascendentes, descendentes ou irmãos assumirem o direito de oferecer queixa. 6. No Direito do Trabalho, a *ausência legal* é a falta do empregado ao serviço, prevista e garantida por lei. Por sua vez, a chamada *ausência justificada* é prevista no art. 473 da CLT e consiste no não comparecimento do trabalhador ao serviço por motivo relevante. A Lei nº 13.767/2018 acrescentou ao rol do referido artigo a falta justificada de até três dias, a cada doze meses de trabalho, para a realização de exames preventivos de câncer devidamente comprovada.

✱ *V. CC, arts. 22 a 39.*

✱ *V. CPP, art. 455, par. único.*

✱ *V. CLT, arts. 131 e 473.*

Do ofendido: quando declarada por decisão judicial, o cônjuge, ascendentes, descendentes ou irmãos assumem o direito de oferecer queixa.

Legal: é a falta do empregado ao serviço, prevista e garantida por lei.

✱ *V. CLT, art. 131.*

Justificada: Prevista no art. 473 da CLT, trata-se do não comparecimento ao trabalho por motivo relevante.

AUSENTE – Aquele que abandonou, há tempos, seu domicílio habitual, retirando-se para lugar remoto e não sabido, deixando seus bens ao desamparo, sem deixar procurador ou representante, nem dar notícias de seu paradeiro; aquele que não está no local onde tem seu domicílio. Declarado judicialmente ausente, passa a ser considerado incapaz e lhe é nomeado um curador.

✱ *V. CPC/1973, arts. 9º, parágrafo único, 97, 991, VI, 999, 1.042, I, 1.159 a 1.168.*

✱ *V. CPC/2015, arts. 49, 72, 618, VI, 626, 671, I, 744 e 745.*

✱ *V. CC, arts. 6º, II, 22 a 39 e 198.*

AUTARCIA – Capacidade de independência econômica, de suprimento próprio; autossuficiência econômica de um Estado.

AUTARQUIA – Tem a natureza de pessoa jurídica de direito público interno, patrimônio próprio e atribuições estatais específicas, como órgão desmembrado do Estado e por ele tutelado. É auxiliar indireto dos serviços do Estado, que assim se descentralizam, sendo seus dirigentes nomeados pelo Governador. A autarquia não pode ser criada por decreto ou resolução, apenas por lei. Está isenta de tributação e desfruta prazos processuais especiais e foro judicial privilegiado. Seus funcionários não são servidores públicos e sim servidores autárquicos, equiparados, porém àqueles para os efeitos penais. Conceito de autarquia: serviço autônomo, criado por lei, com personalidade jurídica, patrimônio e receita próprios, para executar atividades típicas da Administração Pública, que requeiram para seu melhor funcionamento gestão administrativa e financeira descentralizadas.

✱ *V. CF, arts. 37, XIX.*

✱ *V. CC, art. 41, IV.*

✱ *V. Dec.-lei nº 6.016/1943 (Dispõe sobre a imunidade dos bens, rendas e serviços das autarquias), art. 2º.*

✱ *V. Lei nº 4.717/1965 (Lei da Ação Popular), art. 20.*

✱ *V. Dec.-lei nº 200/1967 (Dispõe sobre a organização da Administração Federal), art. 5º.*

Econômica: diz-se do sistema de política nacionalista de autoprotecionismo econômico.

AUTENTICADO – No qual há garantia de que é autêntico, fidedigno: *cópia autenticada*; firma reconhecida autêntica. Conferido com o original.

AUTENTICAR – Reconhecer a autenticidade, validade, fidedignidade de documento ou assinatura. Dar força de legitimidade a ato ou documento, conferindo fé pública ou revestindo-o das solenidades ou formalidades imprescindíveis à sua validade.

AUTENTICIDADE – Validade do que é autêntico, legítimo, veraz.

AUTÊNTICO – Que se reveste das formalidades e solenidades exigidas pela lei, merecendo fé pública. Que foi certificado como verdadeiro por oficial público. Que é da pessoa a quem se atribui, no caso de assinatura; de cuja identidade ou legitimidade não há como duvidar, como na cópia *autêntica*.

AUTO – Descrição detalhada, minuciosa, por escrito, dos atos ocorridos em juízo. Escrito por oficial público difere do *termo*, que não é descritivo. Exemplos de lavraturas de autos: de penhora, de flagrante, de corpo de delito, de inventário, de partilha, de arrolamento, de arrecadação, de sequestro, de arbitramento, de busca e apreensão, e outros. No plural é o conjunto material das peças do processo.

De abertura: instauração de procedimento judicial ou administrativo; abertura de cofre por ordem do juiz.

Acusação falsa: peculiar aos mitômanos e paranoicos, é crime que consiste em imputar perante autoridade a autoria de delito inexistente ou cometido por outra pessoa; a pena é de 3 meses a 2 anos ou multa.

✱ *V. CP, art. 341.*

Agressão: atos destrutivos que atingem o próprio agressor.

De corpo de delito: inspeção ocular de vestígios deixados pelo criminoso, feita por peritos oficiais, da qual se tiram conclusões para instruir o laudo. Esse exame, quando houver vestígios é indispensável, não o suprindo a confissão do acusado. Não havendo peritos oficiais, será feito por duas pessoas idôneas, que prestarão compromisso e responderão aos quesitos formulados. O CPP prevê casos de divergências entre peritos, a nomeação de um terceiro, a aceitação ou não de seu laudo.

✱ *V. CPP, arts. 158 a 160, 167, 180, 182 e 184.*

AUTOCIDA – O mesmo que *suicida*.

AUTOCÍDIO – O mesmo que suicídio, autoquiria, propricídio. Destruir o indivíduo a si mesmo, matar-se.

AUTOCOMPOSIÇÃO – É uma das modalidades utilizadas na solução de conflitos coletivos de trabalho, quando prevalece a vontade das partes sobre a sujeição de uma à vontade de outra, ou de ambas à vontade de um terceiro. Alcança-se pela arbitragem ou pela conciliação ou, ainda, pela mediação.

AUTOCONTRATO – Contrato celebrado por alguém com ele mesmo; as duas partes, a sua como mandatário e a outra cuja vontade ele exprime, numa só. O mesmo que *contrato consigo mesmo*.

AUTOCRACIA – Governo de um só, de um ditador, em que o poder do Estado é fundado na força e no exercício discricionário do chefe absoluto do governo.

AUTOCRATA – Aquele que governa com poderes absolutos, ilimitados, sem obedecer a nenhuma Constituição política.

AUTO DE CORPO DE DELITO – Ver *auto*.

AUTODEFESA – Ato pelo qual alguém, ofendido na sua pessoa ou nos seus bens, reage para defender-se ou defendê-los. O mesmo que *autojustiça*.

AUTO DE PARTILHA – Documento onde são descritos, pormenorizadamente os bens a serem partilhados e a parte da herança a que cada herdeiro tem direito. Ver *formal de partilha*.

AUTO DE PENHORA – Peça essencial no processo de execução; é o auto no qual se relatam as diligências do oficial de Justiça na penhora de bens, lavrando-se um só auto se elas se realizaram em um só dia; se houver mais de uma penhora, cada uma terá um auto próprio, assinado por duas testemunhas presentes. Havendo resistência à penhora, o juiz requisitará força policial para ajudar os oficiais de Justiça, que também podem requerer o arrombamento de portas, paredes, cofres, lavrando-se em duplicata o auto da resistência, com cópia ao escrivão do processo para autuação e outra à autoridade policial a quem o preso será entregue; nessa, constarão o rol e a qualificação das testemunhas.

✱ *V. CPC/1973, arts. 660 a 665.*

✱ *V. CPC/2015, arts. 838, 839 e 846.*

AUTO DE PERGUNTAS – Termo processual que registra o depoimento de testemunhas.

AUTO DE PRISÃO EM FLAGRANTE – Peça do inquérito policial em que a autoridade competente relata as circunstâncias da prisão de pessoa apanhada em flagrante delito. Está nesta condição quem: está praticando a infração penal; acaba de praticá-la; é perseguido logo após pela autoridade, pelo ofendido ou por qualquer pessoa em situação que enseje a presunção de que é o autor do delito; é encontrado, logo de imediato, com indícios que o incriminem: instrumento, armas, objetos ou papéis. Apresentado o preso à autoridade competente, ela ouvirá o condutor e colherá, desde logo, sua assinatura, entregando a este cópia do termo e recibo de entrega do preso. Em seguida, procederá à oitiva das testemunhas que o acompanharem e ao interrogatório do acusado sobre a imputação que lhe é feita, colhendo, após cada oitiva, suas respectivas assinaturas, lavrando, a autoridade, por fim, o auto, do qual devem constar: 1) local e hora em que ocorreu o delito e sua descrição; 2) menção do condutor e das testemunhas, que confirmem a afirmativa do primeiro; 3) assinatura do preso; se analfabeto, de alguém por ele, a rogo e duas testemunhas. Com a redação da Lei nº 12.403/2011, dispõe o CPP que a prisão de qualquer pessoa e o local onde se encontre serão comunicados imediatamente ao juiz competente, ao Ministério Público e à família do preso ou à pessoa por ele indicada. Em até 24 horas após a realização da prisão, será encaminhado ao juiz competente o auto de prisão em flagrante e, caso o autuado não informe o nome de seu advogado, cópia integral para a Defensoria Pública. No mesmo prazo, será entregue ao preso, mediante recibo, a nota de culpa, assinada pela autoridade, com o motivo da prisão, o nome do condutor e os das testemunhas. Se o réu se livrar solto, deverá ser posto em liberdade, depois de lavrado o auto de prisão em flagrante. Ao receber o auto de prisão em flagrante, o juiz deverá fundamentadamente: I – relaxar a prisão ilegal; ou II – converter a prisão em flagrante em preventiva, quando presentes os requisitos constantes do art. 312 deste Código, e se revelarem inadequadas ou insuficientes as medidas cautelares diversas da prisão; ou III – conceder liberdade provisória, com ou sem fiança. Se o juiz verificar, pelo auto de prisão em flagrante, que o agente praticou o fato nas condições de Exclusão de ilicitude (art. 23 do CP), poderá, fundamentadamente, conceder ao acusado liberdade provisória, mediante termo de comparecimento a todos os atos processuais, sob pena de revogação.

✱ *V. CPP, arts. 301 a 310.*

✱ *V. CF, art. 5º, XI e LXI.*

AUTODETERMINAÇÃO – No Dir. Internacional Público, é a capacidade de um povo de organizar-se e dirigir-se politicamente por si mesmo, soberanamente, com eleições livres para escolha de seus governantes. Pelo princípio de autodeterminação, justifica-se o conceito de soberania, que pode ser *interna* ou *externa*. A interna garante ao Estado o domínio sobre o seu território, pessoas e coisas, sua organização política e judiciária; a externa dá competência ao Estado para relacionar-se com os demais países, assim como declarar a guerra e assinar a paz.

AUTOELIMINAÇÃO – O mesmo que *suicídio*.

AUTOFALÊNCIA – Termo utilizado para designar o requerimento de falência feito pelo próprio empresário devedor, disciplinado nos arts. 105 a 107 da Lei nº 11.101/2005 (Lei de Recuperação de Empresas e Falências).

AUTOFALSIFICAÇÃO – Aquela em que o agente, de maneira intencional, deforma sua assinatura ou escrita, para furtar-se ao cumprimento de uma obrigação com a alegação de que o documento ou o título são apócrifos.

AUTOFISCAL – Aquele lavrado pela autoridade contra o contribuinte, em consequência de sonegação de impostos, contravenção às leis fiscais e outros.

De apreensão: documento da fiscalização oficial onde se especificam as mercadorias apreendidas, identifica-se o infrator que é convidado a tomar ciência dele; não o fazendo, duas testemunhas assinarão o auto. Este deve trazer o local e a hora da apreensão.

De infração: É obrigatória a sua lavratura, pelo fiscal do trabalho, sempre que concluir pela violação de preceito legal.

✱ *V. CLT, art. 628.*

De intimação: no qual o fiscal intima o infrator a apresentar documentos, cessar atividades ou cumprir dispositivos legais.

De multa: no qual o infrator é identificado, a legislação citada, dado o conhecimento da multa aplicada; o infrator é notificado pelos Correios e dá-se-lhe prazo para recurso e pagamento.

AUTOGESTÃO – Moderna forma de direção de uma empresa, gerenciada por seus próprios empregados, representados por uma diretoria e por conselho de gestão.

AUTOGOVERNO – Condição de um governo autônomo.

AUTÓGRAFO – Assinatura, de próprio punho, autêntica; escrito pelo próprio autor.

AUTOLANÇAMENTO – Dá-se quando o próprio contribuinte faz o lançamento, apurando sua obrigação, sujeito a verificação posterior de autoridade fiscal, como no Imposto de Renda e no ISS. Está previsto no CTN com a denominação de *lançamento por homologação*.

✱ *V. CTN, art. 156, VII.*

AUTOLESÃO – Em Medicina Legal, aquela que o agente pratica em si próprio, para, por exemplo, tentar conseguir, com essa fraude, o pagamento de indenização.

AUTOLIMITAÇÃO – Limitação que o indivíduo impõe a si mesmo. Declaração de vontade que, sofrendo restrição em seu conteúdo e redução de extensão de seus efeitos, incide sobre qualquer elemento acessório do ato jurídico. O mesmo que *determinação acessória*.

AUTOMATIZAÇÃO – Usa-se, hoje, com o mesmo sentido, o termo *automação*. Emprego de robôs (autômatos), que são máquinas de alta tecnologia que se movimentam e operam automaticamente, nas fábricas, para substituir operários em serviços estressantes ou perigosos. Para prevenir o desemprego que pode advir da robotização das indústrias, a CF inseriu, entre os direitos sociais, a proteção dos trabalhadores "em face da automação, na forma da Lei". Aguarda-se a lei ordinária que regulamente a matéria.

✱ *V. CF, art. 7º, XXVII.*

AUTONOMIA – Faculdade de alguém reger-se por si mesmo. Faculdade conferida às autarquias de terem legislação própria e prover suas necessidades; princípio constitucional pelo qual os Estados e Municípios podem organizar-se com economia própria e administração interna, mas subordinados ao poder central, com o que têm autonomia relativa; autodeterminação de um povo que se governa por suas próprias leis, embora sem soberania.

Administrativa: liberdade do município, ou entidade econômica privada, de reger-se pelos regulamentos que elabora, observados os preceitos legais.

Da vontade: princípio pelo qual a vontade dos contratantes, ou do agente do ato jurídico, é soberana e produz efeitos legais, quando a pessoa é capaz, não contraria o direito expresso, o interesse coletivo nem a ordem pública.

Dos poderes: pela qual os três poderes (Executivo, Legislativo e Judiciário) funcionam independentes e em harmonia entre si.

Sindical: É uma das modalidades da liberdade sindical, a qual indica atuação de grupo organizado e não de indivíduos isoladamente.

AUTÔNOMO – Que não depende de outro; aquele que desenvolve a sua atividade profissional por conta própria, sem ser empregado.

AUTÓPSIA – O termo mais correto é *necropsia*. Em Medicina Legal, exame minucioso de todas as partes de um cadáver, para determinação da causa da morte. A autópsia deverá ser feita pelo menos 6 horas depois do óbito, a menos que os peritos, pela evidência dos sinais de morte, julguem que possa ser feita antes desse prazo, o que declararão no auto. Nos casos de morte violenta, bastará o simples exame externo do cadáver, quando não houver infração penal a apurar, ou quando as lesões externas permitirem precisar a causa da morte sem necessidade de exame interno.

✱ *V. CPP, art. 162 e parágrafo único.*

AUTOR – No sentido comum, é a pessoa que escreve obra literária, técnica, científica, teatral, ou produz obras de arte. Em Dir., é o que propõe, promove, ação judicial; a parte ativa ou titular da relação processual contenciosa que aciona a Justiça, que provoca a atividade jurisdicional, nos casos e formas legais, sem o que nenhum juiz prestará tutela jurisdicional (*princípio da demanda* ou *princípio da ação*). Não deve ser lícito ao autor o que não se permite ao réu. Não confundir o termo autor, nessa acepção, com o de autor da herança ou da sucessão, que designa pessoa que, ao falecer, deixa bens a inventariar; aquele de quem advém a herança, o *de cujus*. No Dir. Penal, designa o agente do delito, todo aquele que, por ação, inação ou omissão, direta ou indiretamente, comete infração penal. São autores, pelo novo CP, todos os que cooperam para a execução do crime. Nesse sentido, o autor pode ser: *intelectual, moral* ou *psíquico*: quando planeja e resolve pela prática do crime, cuja execução transfere a outrem, ou quando permite que ele se consuma, apesar de ter os meios apropriados para impedi-lo; *físico* ou *material*: quando executa ou ajuda, diretamente, na execução do delito que outro planejou; *físico* e *moral*: quando decide e executa o delito.

AUTORAL – Que diz respeito ao autor; direito por ele recebido.

AUTORIA – Qualidade de autor. *V. Chamamento à autoria e nomeação à autoria.* A lei penal em vigor não faz distinção entre autoria e cumplicidade. Pode ser: *singular*, quando há um só agente ostensivo, que planeja e executa um ou mais crimes; *coletiva* ou *concurso de delinquentes*, quando são muitos os agentes que, ao mesmo tempo, cooperam para a execução de um mesmo delito; *incerta*, quando ocorre um homicídio, com um só tiro, num grupo de pessoas reunidas ocasionalmente, não havendo como identificar o seu autor. Quando o agente confessa, espontaneamente, perante a autoridade, a autoria do crime tem sua pena atenuada.

AUTORIDADE – Princípio inerente ao exercício do poder; poder público legítimo, com função administrativa, da qual emana o direito de ordenar, de se fazer obedecer. Pode ser: *civil*, aquela que dispõe sobre assuntos civis, entre cidadãos; *militar*, a que resolve problemas e cuida de assuntos da área militar. Diz-se, também, da pessoa que tem esse poder, que exerce legitimamente um cargo ou função que lhe dá poderes de decisão sobre assuntos de vários setores de atividade. Poder legal que opera efeitos jurídicos: a coisa julgada, a sentença etc.; *administrativa*, agente do Poder Executivo que se desincumbe de negócios públicos, administra, executa atos necessários ao bom funcionamento da Administração; *constituída*, a que foi reconhecida com legitimidade para exercer o cargo que ocupa; *de Justiça*, força dos atos praticados pelas autoridades judiciárias no exercício de suas funções; *policial*, agente do Poder Executivo encarregado de manter ou de restaurar a ordem e segurança públicas e reprimir atos que atentem contra a propriedade e os bons costumes.

AUTORITÁRIO – Que tem caráter de autoridade; aquele que exorbita, abusa dos poderes atribuídos à função que exerce; prepotente, que impõe sua autoridade usando de violência, coação, dominação.

AUTORIZAÇÃO – Permissão, assentimento, anuência, concordância, licença, consentimento. Poder ou permissão judicial, administrativa ou particular, supletiva ou corretiva, que se dá a alguém para que, nos casos e formas previstas em lei ou regulamento, faça algo ou pratique um ato jurídico. Pode ser *expressa* ou *tácita*. A autorização judiciária é *corretiva* quando, sem motivo ou por erro, dolo, simulação, ou fraude, existe recusa de autorização da pessoa que devia dá-la; *supletiva*, quando é dada nos casos que a lei prevê, ou na falta ou impedimento da pessoa com capacidade para consentir no ato; *governamental*, necessária para a constituição de determinadas pessoas jurídicas; *judicial*, para a alienação de bens dos filhos; para que o tutor possa alienar bens móveis e imóveis de seu tutelado, em praça pública; necessária para o casamento, quando o consentimento é negado, injustamente, com recurso a instância superior; ou quando menores devem casar-se para evitar a imposição ou o cumprimento de pena criminal, podendo o juiz ordenar a separação de corpos até que os cônjuges atinjam a idade legal; impondo a separação de bens no casamento para os que dependerem, para se casar, de autorização judicial; para a retirada de dinheiro de órfãos nas Caixas Econômicas Federais; com relação aos bens dos interditos; *marital*, para a mulher praticar atos que o marido não poderia sem o consentimento da mulher; alienar ou gravar de ônus real os imóveis de seu domínio particular, qualquer que seja o regime de bens; alienar seus direitos reais sobre imóveis de outrem; contrair obrigações que importem em alheação de bens do casal. A autorização do marido pode ser *geral* ou *especial*, mas deve constar de instrumento público ou particular previamente autenticado; ela é revogável a todo tempo, respeitados os direitos de terceiros e os efeitos dos atos iniciados. Pode ser suprida judicialmente, validando os atos da mulher, mas não obrigando os bens próprios do marido; quando não suprida pelo juiz, e necessária, invalida o ato da mulher; *policial*, necessária para a prática de atos que exigem uma formalidade, como o funcionamento de casas de diversões; *uxória*, o mesmo que *outorga uxória*. Consentimento que a mulher precisa dar para o marido praticar certos atos, como a venda de imóvel de sua propriedade, qualquer que seja o regime de bens; *de saída de presos*, os condenados em regime aberto ou semiaberto e os presos provisórios podem obter permissão para, sob escolta, deixar o estabelecimento penal, quando: 1) vier a falecer, ou padecer de doença grave, o cônjuge, companheira, descendente ou ascendente ou o irmão; 2) houver necessidade de tratamento médico ou dentário. O diretor do estabelecimento concederá a permissão permanecendo o preso fora pelo tempo necessário à finalidade da saída.

✱ *V. Lei nº 7.210/1984 (Lei de Execução Penal), arts. 120 e 121.*

AUTORIZAR – Permitir, consentir, anuir, concordar; dar autorização, permissão, poder.

AUTOS – Conjunto das folhas e peças que formam o processo; diz-se do próprio processo, que se materializa com os atos, termos, arrazoados. Há os *principais* e os *suplementares*, esses duplicatas daqueles, destinados a suprir o extravio dos originais. Não os havendo, qualquer das partes pode promover-lhes a restauração se tiverem desaparecido. Os pendentes são os que estão em curso; *da execução*: aqueles nos quais a execução é processada.

✱ *V. CPC/1973, arts. 1.063 a 1.069.*

✱ *V. CPC/2015, arts. 712 a 718.*

AUTOTUTELA – É o poder da Administração em corrigir seus atos, revogando os irregulares ou inoportunos e anulando os ilegais, respeitados os direitos adquiridos e indenizados os prejudicados, se for o caso.

✱ *V. Súmulas nºs 346 e 473 do STF.*

AUTUAÇÃO – Ato e efeito de *autuar*, lavratura de um ato. Lavratura de termo, na capa dos autos, designando-se a espécie da ação, do juízo, do cartório a que foi distribuída, nomes do escrivão, autor e réu, menção da procuração e documentos que fundamentam o pedido e que estão na inicial. Descrição detalhada feita pelo escrivão, o que oficializa o ingresso do pedido em juízo e firma a responsabilidade do escrivão sobre os documentos. Diz-se também da junção aos autos de qualquer peça processual, mediante termo.

AUTUADO – Aquele que sofre autuação; o que foi objeto de autuação; inserido nos autos.

AUTUAMENTO – Ato de incluir no processo as peças apresentadas ou que se mandou juntar, depois do termo respectivo, as quais são numeradas e rubricadas pelo escrivão.

✱ *V. CPC/1973, arts. 166 a 171.*

✱ *V. CPC/2015, arts. 206 a 211.*

AUTUANTE – Pessoa que promove uma *autuação* (q.v.). Autoridade ou funcionário público que, no exercício de seu cargo, lavra um auto.

AUTUAR – Fazer a autuação; lavrar um auto. Reunir e pôr em ordem as peças do processo, para formar os autos, lavrando-se o termo de autuação no anverso da primeira página; juntar aos autos peça processual; reduzir a auto.

AUXILIAR – Ajudante; ajudar alguém; dar auxílio a.

Do comércio: aquele que tem sua atividade habitual voltada para o comércio, autonomamente ou não, em seu nome ou de outra pessoa.

Da acusação: o mesmo que assistente do Ministério Público.

Da defesa: advogado assistente que auxilia o principal defensor do réu.

Autônomo: o que colabora com empresários, de maneira autônoma, sem vínculo empregatício, como os tradutores, intérpretes, despachantes, corretores, leiloeiros etc.

Da Justiça: são aqueles cujas atividades são essenciais à realização dos atos processuais: serventuários, funcionários da Justiça, investidos legalmente em seus cargos, que lhes definem atribuições e disciplina, constituindo os *órgãos auxiliares da Justiça*; pessoas às quais são atribuídos eventuais encargos no processo, e constituem os *órgãos de encargo judicial*, e outras entidades que, exercendo funções específicas de administração pública, não sendo órgãos judiciários, realizam atos no processo, como os Correios e Telégrafos, o *Diário da Justiça* etc. (essa classificação é proposta pelo eminente jurista Moacyr Amaral Santos, *Dir. Processual Civil*, 1º volume, pág. 172, edição Max Limonad).

✱ *V. CPC/1973, arts. 139 a 153.*

✱ *V. CPC/2015, arts. 149 a 164.*

AUXÍLIO – Ajuda, apoio, amparo, assistência, socorro, subsídio. 2. Para o Dir. Previdenciário, é utilizado como sinônimo de benefício prestado em caráter subsidiário à fonte principal de renda do segurado ou quando for concedido em caráter temporário.

AUXÍLIO-ACIDENTE –1. Benefício concedido pelo Regime Geral de Previdência Social, cujo pressuposto é a incapacidade parcial e permanente do segurado para o trabalho ou atividade habitual. Até a promulgação da Lei nº 9.528/1997, apenas era concedido aos segurados que, após afastamento por acidente de trabalho, apresentassem sequelas que implicassem redução da capacidade laboral. Desde então, é admitida a redução da capacidade produtiva em decorrência de acidente de qualquer natureza. 2. Até a promulgação da Lei Complementar nº 150/2015, os empregados domésticos não podiam receber tal benefício, embora as razões para tanto tivessem deixado de existir desde 1997. 3. Com a edição da Lei nº 13.846/2019, foi pacificada a controvérsia acerca da perda da qualidade de segurado de quem, mesmo recebendo o benefício de auxílio-acidente, deixou de contribuir à Previdência Social pelo período de graça.

✱ *V. Lei nº 8.213/1991 (Dispõe sobre os Planos de Benefícios da Previdência Social), art.86.*

✱ *V. Dec.no 3.048/1999 (Regulamento da Previdência Social), art.104 e Anexo III.*

AUXÍLIO-CRECHE – 1. Valor pago pelo empregador, normalmente com amparo em convenção ou acordo coletivo de trabalho, com o objetivo de substituir a obrigação imposta pelo art.7º, XXV, da CF, a fim de que as empregadas possam custear a matrícula de seus filhos com até 5 (cinco) anos em instituições privadas de ensino infantil. 2. No âmbito da Administração Pública Federal, é denominado *auxílio pré-escolar*, sendo concedido aos servidores com dependentes (não necessariamente filhos) até 6 (seis) anos de idade.

✱ *V. CF, art. 7º, XXV.*

✱ *V. CLT, art. 389, §§ 1º e 2º.*

✱ *V. Dec. nº 977/1993 (Dispõe sobre a assistência pré-escolar destinada aos dependentes dos servidores públicos da Administração Pública Federal direta, autárquica e fundacional).*

AUXÍLIO-DOENÇA – *V. Auxílio por incapacidade temporária.*

AUXÍLIO-DOENÇA ACIDENTÁRIO – Devido nos casos de incapacidade total e temporária para o trabalho decorrentes de situações enquadradas pela legislação, como acidente de trabalho ou doença profissional. A renda mensal inicial é igual a 91%do salário de benefício. Não é aposentadoria definitiva, vez que o beneficiário deve submeter-se a exames periódicos até completar 60 anos. A competência para processamento de demandas envolvendo a concessão ou manutenção do benefício é das Varas Estaduais de Acidentes do Trabalho. 2. Em caso de afastamento do empregado por auxílio-doença decorrente de acidente ou doença do trabalho, o empregador deve manter os recolhimentos a título de FGTS pelo período, bem como é proibido de dispensar imotivadamente o trabalhador até 1 (um) ano, a. contar do retorno do emprego à atividade. Caso o empregador custeie plano de saúde, o empregado tem direito à sua cobertura durante todo o período de afastamento.

✱ *V. Lei nº 8.213/1991 (Dispõe sobre os Planos de Benefícios da Previdência Social), art.118.*

✱ *V. Lei nº 8.036/1990 (Dispõe sobre o Fundo de Garantia por Tempo de Serviço), art. 15, § 5º.*

✱ *V. Súmulas nºs 371, 378, I e II, e 440 do TST.*

✱ *V. Orientação Jurisprudencial nº 375 da SBDI-I do TST.*

AUXÍLIO EMERGENCIAL – Valor pago ao trabalhador, pelo Governo Federal, através da Caixa Econômica Federal que atua como agente operador, para conferir proteção durante o período da pandemia de Coronavírus – Covid-19. O referido benefício é destinado a maiores de 18 (dezoito) anos, salvo mães com menos de 18 anos, microempreendedores individuais (MEI), autônomos, trabalhadores informais, desempregados, bem como pessoas que integram famílias cuja renda mensal, per capita, não ultrapassa meio salário mínimo ou a renda total seja de até 3 (três) salários mínimos. O auxílio emergencial poderá ser recebido na conta do tipo poupança social digital. A EC nº 109/2021 liberou a proposição legislativa com o propósito exclusivo de conceder auxílio emergencial residual para enfrentar as consequências sociais e econômicas da pandemia da Covid-19 da observância das limitações legais quanto à criação, à expansão ou ao aperfeiçoamento de ação governamental que acarrete aumento de despesa.

✱ *V. EC nº 109/2021 (Institui regras transitórias sobre redução de benefícios tributários; desvincula parcialmente o superávit financeiro de fundos públicos; e suspende condicionalidades para realização de despesas com concessão de auxílio emergencial residual para enfrentar as consequências sociais e econômicas da pandemia da Covid-19, dentre outras alterações), art. 3º.*

✱ *V. Lei nº 13.982/2020 (Altera a Lei nº 8.742, de 7 de dezembro de 1993, para dispor sobre parâmetros adicionais de caracterização da situação de vulnerabilidade social para fins de elegibilidade ao benefício de prestação continuada (BPC), e estabelece medidas excepcionais de proteção social a serem adotadas durante o período de enfrentamento da emergência de saúde pública de importância internacional decorrente do coronavírus (Covid-19) responsável pelo surto de 2019, a que se refere a Lei nº 13.979, de 6 de fevereiro de 2020).*

✱ *V. Lei nº 13.998/2020 (Promove mudanças no auxílio emergencial instituído pela Lei nº 13.982, de 2 de abril de 2020; e dá outras providências).*

✱ *V. Lei nº 14.058/2020 (Estabelece a operacionalização do pagamento do Benefício Emergencial de Preservação do Emprego e da Renda e do benefício emergencial mensal de que trata a Lei nº 14.020, de 6 de julho de 2020).*

✱ *V. Lei nº 14.075/2020 (Dispõe sobre a conta do tipo poupança social digital e dá outras providências).*

AUXÍLIO POR INCAPACIDADE TEMPORÁRIA – 1. Benefício concedido pelo Regime Geral de Previdência Social, cujo pressuposto é a incapacidade total e temporária do segurado para o trabalho ou atividade habitual por mais de 15 (quinze) dias. Exige carência mínima de 12 (doze) contribuições mensais, afastada no caso de acidente ou doença do trabalho, bem como de doenças taxativamente listadas, como tuberculose, câncer, moléstia psiquiátrica, AIDS, paralisia, lepra etc. Caso a incapacidade perdure por menos de 15 (quinze) dias, compete ao empregador pagar o salário pelo seu valor integral. A Lei no 13.846/2019 estabeleceu que este auxílio não é devido ao segurado recluso em regime fechado. 2. Para o Dir. do Trabalho, o afastamento do empregado em decorrência da concessão de auxílio por incapacidade temporária é hipótese de suspensão do contrato de trabalho, obstando inclusive o decurso de prazo de aviso prévio. Entretanto, a suspensão do contrato de trabalho não implica a suspensão do prazo prescricional em função de eventuais valores devidos ao empregado, que continua a fluir desde a violação do direito.

✱ *V. CF, art.201, I.*

✱ *V. EC nº 103/2019 (Altera o sistema de previdência social e estabelece regras de transição e disposições transitórias), art. 9º, § 3º.*

✱ *V. CLT, art.476.*

✱ *V. Lei nº 8.213/1991 (Dispõe sobre os Planos de Benefícios da Previdência Social), arts. 59 a 64.*

✱ *V. Dec. nº 3.048/1999 (Regulamento da Previdência Social), arts.71 a 80.*

✱ *V. Dec. nº 10.410/2020 (Altera o Regulamento da Previdência Social, aprovado pelo Decreto no 3.048/1999), art. 1º.*

AUXÍLIO-FUNERAL – 1. Benefício previdenciário extinto pela Lei nº 9.528/1997, pago em valor único ao executor do funeral do segurado com renda até determinado limite legal. Desde então, a Lei Orgânica da Assistência Social admite que os entes federativos possam dispor sobre a concessão de benefício assistencial em função da morte do instituidor, segundo critérios definidos pelo Conselho de Assistência Social local. 2. No âmbito da Administração Pública Federal, é benefício do Regime Próprio de Seguridade Social dos servidores públicos sujeitos ao regime estatutário, pago à família do servidor falecido na atividade ou aposentado, em valor equivalente a um mês da remuneração ou provento.

✱ *V. Lei nº 8.213/1991 (Dispõe sobre os Planos de Benefícios da Previdência Social), art. 141 (revogado pela Lei nº 9.528/1997).*

✱ *V. Lei nº 8.742/1993 (Lei Orgânica da Assistência Social), art.22.*

✱ *V. Lei nº 8.112/1990 (Dispõe sobre regime jurídico dos servidores públicos civis da União, das autarquias e das fundações públicas federais), art. 226.*

AUXÍLIO-INATIVIDADE – *V.* Renda mensal vitalícia.

AUXÍLIO-MORADIA – 1. No âmbito da Administração Pública Federal, é verba indenizatória paga a servidores públicos sob o regime estatutário, atendidas as hipóteses legais, para ressarcimento de despesas comprovadamente realizadas com aluguel de moradia ou com meio de hospedagem administrado por empresa hoteleira. O valor mensal do auxílio-moradia é limitado a 25% do valor do cargo em comissão, função comissionada ou cargo de Ministro de Estado ocupado, não podendo superar 25% da remuneração de Ministro de Estado. 2. Para servidores públicos federais em missão permanente ou transitória no exterior, a verba não apresenta a limitação geral, condicionada, contudo, à efetiva comprovação da despesa com locação de residência. 3. A Lei Orgânica da Magistratura Nacional prevê ajuda de custo para moradia em localidades em que não houver residência oficial à disposição. Como a Lei Orgânica do Ministério Público passou a prever a concessão de benefício análogo com exigências menos rigorosas, a Associação de Magistrados Brasileiro ingressou com ações ordinárias perante o STF, tendo sido deferidas medidas liminares para garantir o pagamento de auxílio-moradia a todos os magistrados do país em 2014. Posteriormente, em 2018, as liminares foram revogadas, encontrando-se os processos ainda pendentes de julgamento. Em função desta nova decisão, o Conselho Nacional de Justiça editou resolução disciplinando o pagamento da verba a magistrados, aplicando analogicamente disposições da Lei nº 8.112/1990.

✱ *V. LC nº 35/1979 (Lei Orgânica da Magistratura Nacional), art.65, II.*

✱ *V. LC nº 75/1993 (Estatuto do Ministério Público da União), art.227, VIII.*

✱ *V. Lei nº 5.809/1972 (Dispõe sobre a retribuição e direitos do pessoal civil e militar em serviço da União no exterior, e dá outras providências), arts.45-A a 45-C.*

✱ *V. Lei nº 8.112/1990 (Dispõe sobre regime jurídico dos servidores públicos civis da União,das autarquias e das fundações públicas federais), arts.60-A a 60-E.*

✱ *V. Res. CNJ nº 274/2018 (Regulamenta o pagamento de auxílio-moradia no Poder Judiciário Nacional).*

AUXÍLIO-NATALIDADE – 1. Benefício previdenciário extinto pela Lei nº 9.528/1997, pago em valor único à seguradado INSS, casada, para custeio das despesas resultantes do nascimento de filho, ou ao segurado, pelo parto da esposa ou companheira, se esta não for segurada, desde que o segurado(a) recebesse remuneração até determinado limite legal. Desde então, a Lei Orgânica da Assistência Social admite que os entes federativos possam dispor sobre a concessão de benefício assistencial em função da morte do instituidor, segundo critérios definidos pelo Conselho de Assistência Social local. 2. No âmbito da Administração Pública Federal, é benefício do Regime Próprio de Seguridade Social dos servidores públicos sujeitos ao regime estatutário, pago à servidora por motivo de nascimento de filho, em quantia equivalente ao menor vencimento do serviço público, inclusive no caso de natimorto. Na hipótese de parto múltiplo, o valor será acrescido de 50% (cinquenta por cento), por nascituro. O auxílio será pago ao cônjuge ou companheiro servidor público, quando a parturiente não for servidora.

✱ *V. Lei nº 8.213/1991 (Dispõe sobre os Planos de Benefícios da Previdência Social), art. 140 (revogado pela Lei nº 9.528/1997).*

✱ *V. Lei nº 8.742/1993 (Lei Orgânica da Assistência Social), art.22.*

✱ *V. Lei nº 8.112/1990 (Dispõe sobre regime jurídico dos servidores públicos civis da União, das autarquias e das fundações públicas federais), art. 196.*

AUXÍLIO-RECLUSÃO – 1. Benefício concedido pelo Regime Geral de Previdência Social, cujo pressuposto é a perda de renda do núcleo familiar, em razão do recolhimento do instituidor do benefício à prisão em regime fechado. Ao contrário do quanto é equivocadamente veiculado na mídia, o benefício é pago aos dependentes de segurado, desde que ele não receba nenhuma remuneração da empresa em que trabalha, nem tampouco receba benefício previdenciário. O benefício perdura enquanto durara reclusão ou detenção e converte-se em pensão com o falecimento do segurado. 2. Com a edição da Emenda Constitucional nº 20/1998, passou a ser exigido que o segurado, na data do recolhimento à prisão, não recebesse salário superior a um determinado valor, que segundo aquela mesma Emenda, seria de R$ 360,00 (trezentos e sessenta reais) por mês. Desde então, o Poder Executivo federal, sem autorização legal, passou a reajustar o valor anualmente, apenas vindo a ser atualizado o montante de referência pela Emenda Constitucional nº 103/2019 para R$ 1.364,43 (mil, trezentos e sessenta e quatro reais e quarenta e três centavos). Por sua vez, a Lei nº 13.846/2019 passou a prever que, para cálculo deste valor limite, será considerada a média dos 12 (doze) salários de contribuição anteriores ao recolhimento à prisão, ou, alternativamente, o valor de eventuais benefícios previdenciários recebidos pelo recluso no mesmo período. Referida lei também inovou ao prever carência mínima para concessão ao benefício de 24 (vinte e quatro) contribuições mensais.Pela Emenda nº 103/2019, benefícios concedidos a partir de 13.11.2019 não poderão ter renda mensal superior a 1 (um) salário mínimo, havendo fundados indícios de inconstitucionalidade nesta norma. 3. No âmbito da Administração Pública Federal, é benefício do Regime Próprio de Seguridade Social dos servidores públicos sujeitos ao regime estatutário, pago à família do servidor nas hipótese de prisão em flagrante ou preventiva ou decorrente de sentença condenatória transitada em julgado, desde que a pena cominada não acarrete a perda do cargo público.

✱ *V. CF, art.201, I.*

✱ *V. EC nº 103/2019 (Altera o sistema de previdência social e estabelece regras de transição e disposições transitórias), art. 27.*

✱ *V. Lei nº 8.213/1991 (Dispõe sobre os Planos de Benefícios da Previdência Social), art.80.*

✱ *V. Lei nº 8.112/1990 (Regime Jurídico Único Público Civis da União, Autarquias e Fundações Públicas Federais), art. 229.*

✱ *V. Dec. nº 3.048/1999 (Regulamento da Previdência Social), arts.116 a 119.*

AVAL – Garantia ou abono, pleno e autônomo, que uma pessoa dá a terceiro do pagamento de título de crédito, que consiste na sua assinatura no verso ou no anverso da peça cambial. Não se confunde com *endosso*, porque, neste caso, o endossante é parte do título, transferindo a outrem a sua propriedade; nem com a *fiança*, que é obrigação subsidiária, respondendo o fiador somente quando o afiançado não o faz. No caso do aval, ao contrário, a obrigação é *solidária*, e o avalista *codevedor*, podendo ser-lhe exigido diretamente o pagamento da obrigação sem que o seja antes contra o avalizado. O aval pode ser: *em branco*, quando traz apenas a assinatura de próprio punho do avalista; *em preto* ou *completo*, quando indica, expressamente, a pessoa a quem é dado, com a cláusula "por aval de"; *sucessivo*, aquele em branco superposto a outros, no qual o avalista posterior garante o anterior e todos o mesmo obrigado principal; *cumulativo ou simultâneo*, se é completo e em preto, em conjunto com outros, abonando o mesmo obrigado ou coobrigado.

AVALIAÇÃO – Operação para determinar o valor de bens submetidos, judicialmente, à apreciação de peritos particulares, ou oficiais de reconhecida idoneidade. De praxe, nos casos de desapropriação de imóveis, pela Prefeitura, Estado ou União. Valor em pecúnia atribuído aos bens que forma objetos de penhora ou descritos em inventário.

Convencional: feita pelas partes, de comum acordo, fixando importância a ser paga por danos ou prejuízos.

Da causa: fixação do valor de uma ação, a ser feita na petição inicial. É importante item para determinação do procedimento cabível, indicação do tribunal que apreciará o recurso, fixação de honorários advocatícios e outros efeitos.

Das rendas públicas: sobre as importâncias que o Estado deve receber em um exercício orçamentário.

De seguro: aquela feita sobre objetos que estão ou serão segurados.

Judicial: feita no decorrer de um processo, como no caso de venda de bens penhorados.

Repetida: quando o juiz determina avaliação sobre um bem já avaliado, que uma das partes contesta.

AVALIADO – Que foi objeto de avaliação; ao qual se deu determinado valor.

AVALIADOR – Aquele que faz avaliação; perito que determina o valor de um bem.

Judicial: o que faz avaliação no decorrer do processo.

AVALIAR – Determinar, por peritos, o valor de uma coisa.

AVALISTA – Aquele que apõe o seu aval em um título cambiário; o que garante o pagamento de título, vinculando-se diretamente a ele quando coloca, de próprio punho, sua assinatura no verso ou anverso, tornando-se solidário com a obrigação principal ou outro coobrigado. Equipara-se àquele ao qual indica; na falta dessa indicação, àquele que assina antes dele, ou ao aceitante e, se não está aceita a letra, ao sacador. O mesmo que *avalizador.*

AVALIZADO – Diz-se da pessoa a que se presta aval ou do título que o recebeu.

AVALIZAR – Apor aval em títulos de crédito, assinando no verso ou em seu anverso, ficando responsável pelo pagamento caso o avalizado não o honre; coobrigar-se por meio de *aval.*

AVANÇO – Antecipação, adiantamento de numerário;

De herança: o mesmo que *adiantamento da legítima* (q.v.).

AVARIA – Estrago, dano.

Comum ou grossa: aquela provocada, intencional e voluntariamente, em um navio ou em sua carga, para preservá-los em caso de perigo; qualquer avaria que afete a carga ou o navio.

Danosa: quando o dano material afeta a carga ou o navio. O mesmo que *avaria deteriorante.*

Expensiva ou dispendiosa: são despesas extraordinárias feitas com o navio ou a carga que não se relacionam com a deterioração material. O CCom (art. 761) define como avarias "todas as despesas extraordinárias feitas a bem do navio ou da carga, conjunta ou separadamente, e todos os danos acontecidos àquele ou a esta, desde o embarque e partida até a sua volta e desembarque". Nele as avarias são de duas espécies: *grossas* ou *comuns* e *simples* ou *particulares*, especificadas, extensamente, nos arts. 772 a 796.

✱ *V. CPC/1973, arts. 762 a 768.*

✱ *V. CPC/1973, art. 1.218, que mantém procedimentos do Dec.-lei nº 1.608/1939, itens XIII e XIV, tendo sido revogado o item XV pela Lei nº 7.542/1956.*

✱ *V. CPC/2015, arts. 707 a 711.*

AVENÇA – Convenção entre litigantes, acordo, ajuste, contrato. Também se diz *aveniência*: o contrário é a discórdia, o desajuste, isto é, a *desavença.* Salário pago a *avençal.*

AVENÇAL – Aquele que presta serviço por prazo determinado a outra pessoa, com salário (*avença*) convencionado.

AVENÇAR – Entrar em avença, concordar, ajustar-se, fazer acordo, pactuar.

AVERBAÇÃO – Ato ou efeito de averbar; apor anotação à margem de um registro público, indicando as ocorrências que o alteram ou anulam. Inscrição de títulos ou documentos em repartições públicas. A averbação da sentença definitiva de divórcio deve ser feita no registro competente, segundo a Lei nº 6.515/1977. O mesmo que *averbamento.* Pode ser feito com relação à pessoa física e à pessoa jurídica. Para averbações ou retificações do Registro Civil, ver Lei nº 6.015/1973 (Lei dos Registros Públicos), que disciplina a matéria.

AVERBAR – Fazer constar, em documento, título, registro, qualquer alteração ou ocorrência que o modifique e deva constar por lei. Arguir, lançar a pecha de.

AVERIGUAÇÃO – Diz-se da ação ou do ato de averiguar, investigar, diligenciar, em busca de todos os indícios que levem à verdade sobre uma ocorrência.

AVERIGUAR – Fazer diligências, pesquisar, buscar, para apurar os fatos; buscar certificar-se da verdade.

A VERO DOMINO – (Latim) Pelo verdadeiro proprietário.

AVIAMENTO – No Dir. Comercial, constitui um dos elementos essenciais do *fundo de comércio,* não se confundindo, porém, com *clientela* (q.v.). É também a eficiência no atendimento aos clientes pela boa organização, qualidade e fama de seus produtos.

AVIAR – Expedir, despachar mercadorias.

AVINDO – Ajustado, convencionado, que se aveio.

AVIR – Ajustar, concordar, pactuar, pôr-se de acordo numa controvérsia.

AVISAR – Dar aviso; prevenir, comunicar.

AVISO – Ato administrativo, fórmula oficial de expediente, usada por autoridades graduadas ou chefes de serviços, para transmitir ordens ou instruções a seus subordinados ou para interpretar e esclarecer dispositivos legais ou regulamentares, desde que sua execução não esteja afeta exclusivamente ao Judiciário, ou para pedir informações. Ciência que o sacador dá, por escrito, ao sacado, no caso de extravio de cambial. O aviso de caráter geral tem o nome de *circular*.

De férias: dado ao empregado pelo empregador, que escolhe o período que melhor consulte os interesses da empresa.

✱ *V. CLT, arts. 134 a 138.*

De lançamento: informação que o banco dá ao correntista sobre o movimento de sua conta bancária.

Prévio: comunicação feita por um contratante ao outro, informando-lhe que deseja rescindir o contrato, ainda que sem justa causa, perdurando por algum tempo. Também se dá o aviso-prévio na locação de serviços. No Dir. do Trabalho, o aviso-prévio é muito antigo, desde a Lei nº 62/1935, que previa, unilateralmente, o aviso-prévio somente do empregado para o empregador. A CLT regulou depois a matéria que foi também objeto de aperfeiçoamento na CF, que estabeleceu o aviso-prévio proporcional ao tempo de serviço para trabalhadores urbanos e rurais de, no mínimo, 30 dias. Trata-se de ato jurídico unilateral, porque depende somente da vontade de um dos contratantes, não importando a de quem o recebe. Ele é dado no contrato por prazo indeterminado, porém a CLT assegura que, nos contratos por prazo determinado, quando houver cláusula que assegure o direito recíproco de rescisão antes que esse prazo expire, se aplicam os princípios do contrato por prazo indeterminado; não havendo essa cláusula, o aviso-prévio não será devido. O aviso-prévio deve ser dado por escrito, apondo o empregado o seu *ciente* no próprio comunicado, entregando-lhe o empregador uma cópia, que será a prova de que o recebeu. Se o empregado é despedido sem justa causa e sem usufruir o tempo do aviso-prévio, terá de ser indenizado em dinheiro pelo período correspondente; se é o empregado que deixa o emprego sem dar aviso-prévio, pode o empregador descontar o salário correspondente ao respectivo período, menos 13º, férias etc. O empregado doméstico tem direito a aviso-prévio. Empregados com mais de 40 anos têm obtido aviso-prévio de até 45 dias por sentença judicial nos dissídios coletivos. É ilegal substituir o tempo de aviso-prévio pelo pagamento das horas correspondentes. O aviso-prévio integra o tempo de serviço para todos os efeitos. O empregado tem o direito de deixar o serviço 2 horas antes, para procurar novo emprego. Se o empregador violar esse requisito essencial, causa sua nulidade. O empregado pode pedir a dispensa de cumprimento do aviso-prévio, mas não pode renunciar ao salário do período e ao cômputo do tempo como de serviço. O contrato de experiência que chegue ao seu termo sem que se alegue incapacidade para o serviço não desonera o empregador de dar aviso-prévio. O aviso prévio será concedido na proporção de 30 dias aos empregados que contem até um ano de serviço prestado na mesma empresa, até o máximo de 60 dias, totalizando até 90 dias.

✱ *V. CF, art. 7º, XXI.*

✱ *V. CC, art. 599.*

✱ *V. CLT, arts. 481, 487 a 491.*

✱ *V. Lei nº 12.506/2011.*

À VISTA – No Dir. Comercial, é a cláusula que torna exigível no ato de sua apresentação a obrigação ao devedor. Compra e venda cujo preço é pago no ato da entrega da coisa.

AVIVENTAÇÃO – Operação de restaurar ou se avivar, nos processos de demarcação, os marcos delimitativos que existiam antes entre imóveis confinantes. *V. ação demarcatória.*

✱ *V. CPC/1973, arts. 25, 946, I, 950 e 951.*

✱ *V. CPC/2015, arts. 89, 569, I, e 574.*

✱ *V. CC, art. 1.297.*

AVIVENTAR – Restabelecer ou reparar marcos e linhas confusas entre prédios urbanos ou rústicos.

AVOCAÇÃO – 1. Requisição, para apreciação por autoridade superior, de processo submetido a autoridade inferior. 2. Ato do juiz de chamar para si a causa em trâmite perante outro juízo de igual hierarquia. 3. O mesmo que avocamento ou avocatura. 4. A autoridade avocante é a que requisita o feito da autoridade avocada.

✱ *V. CPC, art. 496, § 1º.*

✱ *V. CPP, arts. 82, 117 e 642.*

✱ *V. CLT, art. 638.*

AVOCADO – Órgão judiciário ou administrativo ao qual se dirige a avocação de um processo.

AVOCANDA – É a ação ou processo objeto da avocatória (q.v.).

AVOCANTE – O juiz que promove a avocação de um processo.

AVOCAR – Proceder a avocamento; chamar o juiz a si causa que corra em instância inferior a sua, por atribuir-se competência para julgá-la. Ato pelo qual a autoridade administrativa avoca a si um processo, ordenando à autoridade de grau inferior que o entregue para tomar conhecimento de seu teor.

AVOCATÓRIA – Ato processual pelo qual o juiz, por carta avocatória, chama ao seu juízo prevento causas que são de sua atribuição ou jurisdição. É feita por provocação da parte ou de ofício. Diz-se juiz avocante (o que avoca) e juiz deprecado (aquele ao qual se pede a avocatória). Mediante avocatória, o STF restabelecerá a sua jurisdição, sempre que exercida por qualquer dos juízes ou tribunais inferiores.

✱ *V. CF, art. 102, I, o.*

✱ *V. CPC/1973, art. 117.*

✱ *V. CPC/2015, art. 952.*

AVOCÁVEL – Aquilo que pode ser avocado, chamado a si.

AVULSÃO – Deslocamento, por força natural, súbita e com violência, de uma porção de terra que se desloca de um imóvel e se junta a outro à frente ou de lado. É um dos modos de acessão (q.v.). Pode o dono da parte deslocada reclamá-la do dono do terreno acrescido, ao qual cabendo concordar ou indenizar o reclamante. Perde o dono o direito de reclamá-la se não o fizer em 1 ano, incorporando-se a porção deslocada ao terreno, imóvel ou prédio onde se encontra. Difere de aluvião, por ser este uma adjunção lenta.

✱ *V. CC, art. 1.250 e parágrafo único.*

AVULSO – Nome que se dá, em algumas regiões, ao trabalhador que presta serviços por meio do sindicato a que está filiado, ou por requisição de mão de obra feita a sindicato, como ocorre em geral com os portuários. Difere de autônomo, porque o avulso é considerado empregado.

AVUNCULICIDA – Aquele que comete avunculicídio.

AVUNCULICÍDIO – No Dir. Penal, ato de o sobrinho ou sobrinha matar o próprio tio ou tia.

AXIOLOGIA JURÍDICA – Teoria dos valores necessários à elaboração do Dir. Teoria crítica dos conceitos de valor, aplicada ao Dir.

AXIOMA – Proposição cuja verdade é de evidência imediata, que não requer demonstração.

AXIÔNIMO – Termo que indica forma cortês de tratamento, expressão reverencial, como Meritíssimo, Vossa Excelência, Senhor.

AZIENDA – Conjunto do ativo e passivo de um comerciante ou industrial, sobre o qual exerce administração; o mesmo que fundo de comércio (q.v.).

B

BABUGEM – Em terminologia comercial, significa ninharia, bagatela.

BACALAR – Nos tempos antigos, era prédio rústico de 10 ou 12 casas, em terras de granjeio, cada um dos quais servido por uma junta de bois, em que as várias famílias viviam da exploração da terra. O mesmo que *bacalária*. O bacalário era o colono, vassalo sujeito ao Censo, porém isento de cargo servil.

Indominicado: o que era cultivado por conta do senhorio.

BACHAREL – Aquele que obtém o primeiro grau de formatura numa faculdade, com aprovação final e colação de grau. Dizia-se, antigamente, do aluno que completava o curso médio ou o ginásio. O bacharel em Dir. precisa inscrever-se na Ordem dos Advogados do Brasil, após competente exame, para exercer a profissão. A condição de bacharel é requisito essencial para cargos na área da Justiça, como procurador, promotor, delegado, juiz togado. Os bacharéis em Dir., como outros profissionais de nível superior, gozam do privilégio de prisão especial, enquanto não condenados.

✱ ***V.*** *CPP, art. 295, VII.*

BAFÔMETRO – ***V.*** *etilômetro.*

BAGAGEIRA – Subsídio que o Poder Público fornece a funcionários que se deslocam de seu posto, em comissão, para o pagamento de despesas com transporte e mudança. É uma das modalidades da ajuda de custo.

BAGAGEM – O total dos objetos, de uso pessoal, do passageiro, transportados em malas, maletas, sacolas, bolsas de viagens etc., que são confiadas ao transportador e sobre as quais recaem direitos, assim como são passíveis de fiscalização alfandegária.

Acompanhada: aquela que segue com o passageiro.

Arrolada: a que vai no compartimento de carga do transportador, sob sua responsabilidade.

BAIXA – 1. Diminuição de preço de mercadorias, queda no valor dos títulos na Bolsa de Valores. 2. Desligamento do serviço militar. 3. Em Dir. Processual Penal, retirada do nome do réu do rol de culpados, em razão de sentença de impronúncia ou absolutória ou de reforma da decisão em segundo grau.

Dos autos: retorno do processo à instância inferior (juízo *a quo*) após julgamento de recurso pela instância superior (juízo *ad quem*), a fim de que se cumpra o acórdão. Volta de inquérito à polícia para efetuação de diligências requisitadas pelo Ministério Público ou pelo juiz. *Cancelamento de carga* de um processo, anotando-se a devolução de processo entregue em confiança, conforme consignado em livro próprio.

✱ ***V.*** *CPC/1973, art. 510.*

✱ ***V.*** *CPC/2015, art. 1.006.*

Na distribuição: ato do distribuidor, cancelando a distribuição de um processo.

BAIXA-MAR – Maré baixa; o nível mais baixo a que ela chega em determinado lugar. Opõe-se a *preamar*. Serve como orientação para a fixação do início do mar territorial brasileiro, de 12 milhas, contada "a partir da linha da baixa-mar do litoral continental e insular, tal como indicada nas cartas náuticas de grande escala, reconhecidas oficialmente no Brasil".

✱ ***V.*** *Lei nº 8.617/1993, art. 1º.*

BAIXAR – Voltar, fazer descer. Ato de autoridade que expede ou faz publicar normas ou um conjunto de normas com caráter obrigatório, que devem ser levadas ao conhecimento público. Exemplo: baixar decreto, portaria, regulamento, ordem de serviço. Fazer transitar o feito, do juízo ao cartório, do tribunal ao juízo ou tribunal de inferior instância.

BAIXISTA – Aquele que especula na Bolsa de Valores vendendo títulos cambiais ou ações para forçar a baixa de sua cotação, auferindo lucro com a diferença no dia da liquidação; aquele que opera com a previsão de baixa de mercadorias ou fundos públicos. Manobras baixistas são crimes contra a economia popular.

BALA – Projétil metálico, encaixado na cápsula do cartucho; fardo equivalente a 10 resmas ou 5.000 folhas. Guloseima feita de açúcar e substâncias aromáticas.

De festim: inofensiva, usada em exercícios de instrução.

Dum-dum: usada pelos ingleses, após a proibição do uso de balas explosivas para armas de pequeno calibre; o nome vem do campo de tiro Dum-Dum, em Calcutá, na Índia.

Explosiva: a que contém uma carga explosiva no núcleo, que explode ao impacto do projétil.

BALANÇA – (Latim *bilancea*, dois pratos.) Originariamente, instrumento com dois pratos para o peso e para a mercadoria, pelo qual se aferia a massa ou peso relativo. É o símbolo do Dir. ou da Justiça, cuja figura ostenta a balança em uma das mãos.

Comercial: quadro comparativo de vendas e compras entre dois países, por meio das importações e das exportações em certo período de tempo, em termos de moeda ou padrão-ouro. Ela é *favorável* ou *desfavorável* a um ou outro país, conforme apresentem superávit ou déficit.

De pagamento: comparação entre créditos e débitos de um país, num período determinado, que engloba a soma de pagamentos feitos e as inversões recíprocas de capitais, assim como créditos, débitos etc., advindos de empréstimos. A balança de pagamentos tem influência no câmbio.

BALANCEAR – Operação contábil que consiste em levantar o ativo e o passivo de uma empresa comercial, industrial, de crédito etc., ou de um órgão da Administração Pública, verificando-se o respectivo saldo. Comparar, confrontar, promover o balanço.

BALANCETE – Balanço parcial de uma escrituração comercial; resumido e provisório, faz-se periodicamente para verificar a equivalência dos saldos credores e devedores; também chamado *balanço de verificação*. Nos casos de herança jacente, incumbe ao curador, entre outras providências, apresentar mensalmente ao juiz um balancete da receita e da despesa.

✱ *V. CPC/1973, art. 1.144, IV.*

✱ *V. CPC/2015, art. 739, § 1º, IV.*

BALANÇO – Verificação, mediante levantamento contábil minucioso, de todas as contas do ativo e do passivo e apuração de lucros e perdas do exercício financeiro que termina, da receita e da despesa de estabelecimento comercial, industrial, bancário, de sociedade de fins econômicos ou de órgãos da Administração Pública, assim como de associação, autarquia ou fundação.

Condensado: aquele que é classificado e resumido.

De contas: demonstração, feita por meio de gráfico, do que o país recebe em moeda estrangeira, durante certo período, por suas exportações e por meio de empréstimos e juros, e do que paga o estrangeiro por importações da mesma natureza; se recebe mais que paga, o balanço diz-se *favorável*; se paga mais que recebe, é *desfavorável*. Não confundir com *balança comercial* (q.v.).

De estoque: relação das mercadorias existentes no estoque ao término do exercício financeiro.

Econômico: o que mostra o resultado de um exercício findo, com a alteração do patrimônio líquido, ocasionado por lucros e perdas.

Estático: aquele que demonstra o valor real dos bens para efeito de liquidação.

Financeiro: o que mostra, em resumo, o movimento em dinheiro de uma empresa, ou as operações de caixa, apontando disponibilidades financeiras no início e no fim de certo período de negócios.

Geral: exposição do conjunto das operações contábeis, realizadas anualmente, em época determinada. Demonstra-se o estado atual do patrimônio da empresa ou a sua situação jurídico-econômica, confrontando as contas de ativo e passivo, que revelam lucros e perdas no último período financeiro. Também se diz *balanço patrimonial* ou *balanço de encerramento*.

Orçamentário: previsão de receita e despesa para um período da Administração Pública.

BALCONISTA – Caixeiro, empregado de loja, que atende fregueses no balcão; auxiliar do comércio.

BALDEAÇÃO – Ato de transferir passageiros e carga de uma embarcação para outra, ou em qualquer outro meio de transporte. Diz-se também de uma faixa de terreno, nas salinas, de onde se retira terra para reparos ou construção destas. O mesmo que *transbordo*.

BALDEAR – Passar passageiros ou carga de um transporte para outro.

BALDIO – Diz-se de terrenos vagos desocupados, não aproveitados, não cultivados, sem benfeitorias. Podem ser *públicos* ou *particulares*; no primeiro caso, têm o sentido de terras devolutas.

BALÍSTICA – Em Medicina Legal, estudo que se faz do tiro de arma de fogo e movimentos do projétil nela e fora dela, isto é, *balística interior* e *balística exterior*.

BALIZA – Marco, estaca, haste, pedaço de madeira ou qualquer outro objeto que se usa para demarcar um limite; estaca ou boia que indica um baixio.

BANCA – Escritório de advocacia; o conjunto das causas de um advogado. A Advocacia, a profissão do advogado.

BANCADA – Conjunto dos deputados e senadores que representam um Estado; grupo de parlamentares filiados a um partido político.

BANCÁRIO – Funcionário de banco, que é protegido por legislação própria do setor financeiro. Relativo a banco.

✱ *V. CLT, arts. 224 a 226.*

✱ *V. Dec.-lei nº 546/1969 (Dispõe sobre trabalho noturno).*

BANCARROTA – O termo origina-se do italiano *banca*, banco, e *rotta*, quebrada. Na Itália Medieval, os credores quebravam a banca – onde os banqueiros faziam seus negócios –, assim como móveis e utensílios do estabelecimento que cessasse os seus pagamentos. Emprega-se, atualmente, não como sinônimo de falência fraudulenta, mas para designar a falência do Estado que suspende o pagamento de suas obrigações vencidas. A distinção que se faz entre *bancarrota* e *falência* está em que, na primeira, há sempre fraude do devedor, ao passo que na segunda ocorre, apenas, a quebra, sem ou com dolo do devedor.

✱ *V. Lei nº 4.995/1964.*

BANCO – Estabelecimento de crédito, particular ou estatal, que tem como finalidade o comércio do dinheiro, a sua guarda e empréstimo, movimentação de títulos representativos de valores, desconto e redesconto de títulos negociáveis, cobranças, operações de câmbio, captação e aplicação de dinheiro no sistema financeiro com rendimentos pré e pós-fixados para os aplicadores. Depende de autorização do Poder Público e suas operações são fiscalizadas e controladas pelo Banco Central. Tabela com os serviços prestados pelos bancos e seus valores correspondentes deve ser afixada em lugar visível em todas as agências bancárias. Cheque é pagável à vista; não o pagar é apropriação indébita pelos bancos; o cliente não precisa avisar com antecedência de 24 horas.

Agrícola ou rural: o que auxilia, com crédito, os produtores agrícolas sob penhor de sua produção.

Central: autarquia federal, nascida da transformação da Sumoc – Superintendência da Moeda e do Crédito, e destinada a fiscalizar as instituições financeiras públicas e privadas não federais, assim como as cooperativas de crédito. Suas funções foram aumentadas nos últimos anos, com novas atribuições no controle da expansão monetária e da aplicação de taxas de juros.

✱ *V. Lei nº 4.595/1964 (Lei do Sistema Financeiro Nacional), arts. 8º e 10.*

Comercial ou de depósitos: objetiva servir ao comércio e à indústria, com redesconto de títulos e operações de empréstimo a juros, por prazo certo, cobranças, câmbio, transferência de dinheiro, pagamento e outros serviços.

De crédito real ou imobiliário: destinado, precipuamente, à realização de empréstimo a prazo com garantias hipotecárias e pignoratícias, além das operações comuns do comércio, emitindo letras hipotecárias.

✱ ***De horas:*** Trata-se de um método de compensação de jornada de trabalho. A Lei nº 13.467/2017 estabeleceu que este banco de horas pode ser fixado em acordo individual escrito, desde que a compensação ocorra no período máximo de seis meses. Ademais, esclareceu que, se as horas não forem compensadas como acordado e excederem a duração máxima da jornada semanal, será devido apenas o adicional correspondente a elas. Igualmente, horas extras habituais não descaracterizam o banco de horas.

✱ *V. CLT, arts. 59 e 59-B.*

De investimentos: de caráter privado, sociedade anônima, especializado em operações de financiamento, a prazos médios e longos, com recursos próprios ou alheios. Atualmente, os bancos, em geral, mantêm todos os serviços (crédito, financiamento, aplicações financeiras, empréstimos, pagamentos, carteiras de desconto e redesconto etc.), reunindo as finalidades antes privativas de alguns estabelecimentos.

Do Brasil: sociedade anônima de capital misto e aberto, na qual o governo detém 51% das ações, sendo 49% de particulares. É o mais antigo do Brasil, fundado em 1808, com a chegada de D. João VI e sua Corte ao Brasil.

Dos réus: diz-se do lugar onde o réu é colocado durante os julgamentos criminais (Tribunal do Júri) ou nos atos em que é obrigatória a sua presença, na fase de instrução criminal.

BANCO NACIONAL DE DEVEDORES TRABALHISTAS (BNDT) – Banco de dados composto por pessoas naturais e jurídicas, de direito público e privado, inadimplentes perante a Justiça do Trabalho quanto às obrigações estabelecidas em sentença condenatória transitada em julgado ou em acordos judiciais trabalhistas, inclusive no concernente aos recolhimentos previdenciários, a honorários, a custas, a emolumentos ou a recolhimentos determinados em lei; ou decorrentes de execução de acordos firmados perante o Ministério Público do Trabalho ou Comissão de Conciliação Prévia. A Lei nº 13.467/2017 (Reforma Trabalhista) estabeleceu que o nome do executado só poderá ser inscrito no BNDT depois de transcorrido o prazo de 45 dias a contar da citação do executado, se não houver garantia do juízo.

✱ *V. CLT, arts. 642-A, 883-A e 896, § 10.*

✱ *V. Resolução Administrativa no 1.470/2011, do TST (Regulamenta a expedição da Certidão Negativa de Débitos Trabalhistas – CNDT e dá outras providências).*

BANDEIRA – Pavilhão, de tecido, com uma ou mais cores, com legendas e emblemas ou desenhos, que representa um país e hasteado em ocasiões especiais e solenes, em edifícios públicos. Há também pavilhões que distinguem corporações, clubes, partidos. A Bandeira é um dos símbolos nacionais, juntamente com o Hino, as Armas Nacionais e o Selo Nacional. A sua forma e apresentação está ordenada na Lei nº 5.700/1971, que também apresenta os seus modelos. A bandeira deve ser hasteada às 8 horas e arriada às 18 horas; seu hasteamento é obrigatório em dias festivos ou de luto (a meio mastro), nos edifícios das repartições públicas federais, estaduais e municipais, nas escolas, nas instituições desportivas, artísticas, científicas e outras. É obrigatório o ensino do desenho da Bandeira Nacional nas escolas. O desrespeito, vilipêndio ou ultraje à Bandeira Nacional é punido com pena de 1 a 3 anos de prisão (Lei nº 5.700/1971, sobre a forma e a apresentação dos Símbolos Nacionais; CF, art. 13, § 1º). O termo designava, também, as expedições armadas que, no século XVIII, partiam de São Vicente e depois de São Paulo para o desbravamento dos sertões, à cata de ouro e pedras preciosas ou do apresamento de índios para o trabalho escravo. Atualmente é usado para nomear a placa metálica que, nos taxímetros, indica o custo de uma corrida de táxi (bandeirada). Só podem ser hasteadas as bandeiras que estiverem em bom estado; as malconservadas devem ser levadas a uma unidade militar, onde, em ato solene, serão incineradas, no Dia da Bandeira, em cerimonial peculiar.

BANDIDO – Malfeitor, assaltante, aquele que pratica roubos, assaltos e outros delitos à mão armada.

BANDITISMO – Condição do indivíduo que vive como bandido. Ação de um malfeitor, facínora, assaltante.

BANDO – Conjunto de malfeitores que se associam para a prática de crimes. Até 2013, caracterizava-se pela reunião de mais de três pessoas para o fim de cometer crimes, e com a edição da Lei nº 12.850/2013, que alterou o art. 288 do CP, passou a ser a associação de três ou mais pessoas com o objetivo de cometer crimes, não sendo necessário até que os crimes se consumam. É a *societas delinquentium* ou *societas sceleris*, que não se confunde com a *societas in crimine*, na qual não há punição se o delito não chega a ser, ao menos, tentado. Não se confunde com o conceito de organização criminosa, o qual pressupõe estrutura ordenada e caracterizada pela divisão de tarefas, ainda que informalmente. Bando de malfeitores, em geral armados, sob a direção de um chefe, que se dedica à prática habitual de assaltos, a bancos, a carros-fortes, a caminhoneiros etc. A pena é de reclusão de 1 (um) a 3 (três) anos, que aumenta até a metade se houver a participação e criança ou adolescente.

✱ *V. CP, arts. 29 a 31 e 288.*

BANDOLEIRISMO – O mesmo que *banditismo* (q.v.).

BANDOLEIRO – Diz-se do salteador à mão armada que anda em bandos nômades praticando assaltos, saques e toda espécie de delitos.

BANHOS – Notícia sobre a habilitação para o casamento, que é dada por meio dos proclamas, pregões ou editais afixados na igreja na qual os nubentes devem casar. Correspondem aos editais do casamento civil e destinam-se a saber se existem impedimentos à união proclamada.

BANIDO – Aquele que é proscrito, desterrado, expatriado, expulso do país; exilado, degredado.

BANIMENTO – Medida de ordem política ou pena criminal que consistia em expulsar alguém do país e proibir o seu retorno enquanto durasse a pena, podendo ser perpétuo ou temporário. Expulsão, desterro. A atual CF proíbe a pena de banimento; também não permite a extradição de brasileiro, com exceção do naturalizado em caso de crime comum praticado antes da naturalização, ou quando se comprovar seu envolvimento em tráfico ilícito de entorpecentes e drogas afins, na forma da lei; o estrangeiro não poderá ser extraditado por crime político ou de opinião.

✱ *V. CF, art. 5º, XLVII,* d, *LI e LII.*

BANIR – Expulsar da pátria por sentença judicial ou ato do governo; exilar, degredar.

BANQUEIRO – Comerciante que tem por profissão habitual do seu comércio as operações chamadas de banco – segundo a definição do CCom Dono ou diretor de banco, ou aquele que tem o controle acionário de um banco.

✱ *V. Lei nº 4.595/1964 (Lei do Sistema Financeiro Nacional).*

BARAÇO – Corda, ou o laço, que nela se fazia, com a qual se executavam por enforcamento os condenados à pena capital.

BARATARIA – Ato fraudulento, voluntário e intencional, ou não, praticado pelo capitão do navio ou outros membros da tripulação, no exercício de suas próprias funções e que seja contrário aos seus deveres e à presumida vontade legal do dono da embarcação, dele resultando dano ao navio, à carga ou aos passageiros, como a troca fraudulenta de mercadorias embarcadas. A barataria pode ser:

Fraudulenta: se provocada intencionalmente, o que acarreta a indenização por perdas e danos, além da responsabilidade criminal do agente. O motivo de força maior exclui a barataria. A rebeldia é uma das formas da barataria, não respondendo o segurador por dano ou avaria que ocorra por rebeldia.

✱ *V. CCom, arts. 712 e 713.*

Simples ou culposa: se origina de atos do capitão ou da tripulação, ou de ambos, ou por descuido, imperícia, imprudência ou negligência, o que enseja responsabilidade civil.

BARATO – De baixo preço; vendido ou comprado por um preço reduzido. Errado dizer-se *preço barato*; o correto é *preço baixo*.

BARCAGEM – Frete cobrado pelo barqueiro para o transporte de pessoas ou carga em um barco. Designa também o contrato que se faz para esse transporte.

BARQUEIRO – Aquele que dirige barco. O que é contratado para transportar pessoas ou carga, fretando seu barco ou alugando-o.

BARRA – Nos tribunais ou nas salas de audiências, dizia-se do gradil de madeira que separa os juízes do público; *levar às barras do tribunal* significa mover processo contra uma pessoa.

BARRAGEM – Tapume ou construção, na parte mais estreita de um rio, feito de cimento e pedra, para barrar suas águas, represá-las. O proprietário de prédio superior não pode fazê-la para impedir que as águas corram naturalmente rumo ao interior; o proprietário de uma nascente não pode desviar-lhe o curso, quando dela se abasteça a população circunvizinha; o fluxo natural das águas que pertencem ao dono do prédio superior para os inferiores não constitui servidão por si só em favor destes.

✱ *V. CC, art. 1.290.*

✱ *V. Cód. de Águas, arts. 70, 90 e 94.*

BARREGÃ – Concubina, amásia.

BARREIRA – Posto de fiscalização de veículos, à entrada de uma cidade ou em algum ponto da rodovia, onde fiscais cobram tributos ou direitos referentes à entrada ou saída de mercadorias, as quais podem ser apreendidas quando transitam ilegalmente. São também barreiras os postos alfandegários e de pedágio nas rodovias estaduais e federais.

BASE – Fundamento, no sentido jurídico; *a base fáctica* é o apoio em fatos comprovados; *a base jurídica* é a previsão dos fatos na lei. Suporte, apoio, amparo, na lei ou nos fatos.

De cálculo: é o valor que se adota para calcular as alíquotas do imposto.

✱ *V. CTN, arts. 24 e 69.*

Do preço: preço exato de custo de um bem para ser objeto de ato judicial. O Imposto sobre Serviço de Transporte e Comunicações, de competência da União, tem por base de cálculo o preço do serviço.

BASE TERRITORIAL DO SINDICATO – A CF em seu art. 8º, II, dispõe que a base territorial do sindicato deve ser definida pelos trabalhadores ou empregadores, não devendo seus limites ser nunca inferiores aos limites do município, revogando, tacitamente, a regra contida no art. 517 da CLT, que remetia essa prerrogativa ao Ministro do Trabalho.

BASÍLICAS – Coleção de Leis Romanas em 60 volumes, dos quais se conhecem apenas 41. Traduzidas para o grego no século XI por ordem dos imperadores Basílio I e seu filho Leão VI, permaneceram em vigor até a queda de Constantinopla, em 1453; continham as Institutas, o Código, as Novelas, Éditos de Justiniano e de outros Imperadores.

BASTANTE – Que é suficiente para o fim que se deseja; que tem a atribuição necessária ou a qualidade para a prática de certos atos: *fiador bastante, procurador bastante*.

BASTARDIA – Estado, condição, qualidade de *bastardo*; descendência bastarda; ilegitimidade de filho.

BASTARDO – Filho ilegítimo, aquele concebido fora do casamento. São *naturais* aqueles cujos pais não estavam impedidos de casar-se; e *espúrios*, aqueles cujos pais estavam proibidos legalmente de contrair matrimônio ao ser o filho concebido, ou por serem já casados (não entre si), ou por parentesco muito próximo. No primeiro caso, são *filhos adulterinos, a patre*, se o pai estava impedido pelo fato de ser casado, e *a matre*, se a mãe era casada; e *incestuosos*, no segundo caso (parentesco muito próximo). A lei não mais permite a distinção entre filhos naturais ou adotados, havidos ou não na constância do casamento, tendo todos igualdade de direitos.

BATIDA – Termo de uso policial, para indicar incursão em casa, ou terreno, para realizar busca e apreensão ou a prisão de malfeitores; também se usa na atuação de fiscais em estabelecimentos comerciais.

BATISMO – Sacramento da Igreja. A certidão de batismo era aceita para prova de idade de pessoas nascidas antes de 1o de janeiro de 1889, quando começou a vigorar o Registro Civil das Pessoas Naturais pelo Dec. nº 9.886/1888. Diz-se, popularmente, da adulteração do vinho e do leite por adição de água.

BÊBADO – 1. Embriagado, pessoa dada ao vício da embriaguez. 2. Indivíduo que apresenta perturbação dos sentidos motivada pela ingestão de bebidas alcoólicas. 3. Se o bêbado se apresenta em público causando escândalo ou pondo em risco a segurança própria ou alheia, será penalizado com prisão simples de 15 dias a 3 três meses e multa; se a embriaguez é habitual, será internado em casa de custódia e tratamento. 4. Se o vício provoca perturbação mental, o bêbado pode ser interditado.

✱ *V. CP, arts. 28, II, §§ 1º e 2º, e 61, II.*

✱ *V. LCP, art. 62.*

✱ *V. CPC/1973, arts. 1.177 a 1.186.*

✱ *V. CPC/2015, arts. 747 a 758.*

BEBIDAS ALCOÓLICAS – São bebidas potáveis que contenham álcool etílico em sua composição, com índice de concentração igual ou superior a meio grau Gay-Lussac.

BECA – Toga. Veste talar de cor preta que advogados e membros do Ministério Público (promotores e procuradores de Justiça) usam, especialmente, no Tribunal do Júri e em sessões dos tribunais superiores. É tradicional o seu uso por formandos de faculdades superiores, distinguindo-se as categorias profissionais pela diferente cor da faixa, sendo a do bacharel em Dir. de cor vermelha.

BEDEL – Termo específico da área de Justiça, que se deslocou, atualmente, para a designação de funcionário subalterno das universidades. Antigamente era o oficial de justiça que conduzia a juízo *debaixo de vara* (*bidelus*, no latim) a testemunha ou o indiciado recalcitrante.

BEIRAL – Parte terminal do telhado que ultrapassa o prumo das paredes, não devendo escorrer sobre o prédio vizinho águas de chuva. Caso isto aconteça e o dono do prédio prejudicado tem o prazo de até um ano e dia, após a conclusão da obra prejudicial, para exigir o seu desfazimento. Decorrido o prazo, não poderá impedir o escoamento das águas da goteira, se isto acarretar prejuízo ao prédio vizinho.

✱ *V. CC, art. 1.302.*

BELEGUIM – Esbirro, mastim, meirinho. Antigamente, era a designação dada ao oficial de Justiça que efetuava prisões. Hoje tem sentido pejorativo, indicando ainda o agente policial que executa mandado contra alguém, de prisão, de busca e apreensão, de condução de testemunhas. O mesmo que *tira*.

BELIGERÂNCIA – No Dir. Internacional Público, estado ou qualidade de beligerante. Disposição de uma nação em estado de guerra com outra. Dir. de declarar e promover guerra com o uso de tropas e armas, observados os princípios e leis internacionais. Opõe-se a *neutralidade*.

BELIGERANTE – Que se encontra em estado de beligerância.

BEM – Pouco usado no singular, corresponde, de maneira geral, à *coisa*, embora se distinga dela no caso dos bens incorpóreos que, por serem intangíveis, não são, *stricto sensu*, coisas: a honra, a vida, a liberdade, o crédito. Bem é tudo aquilo que, corpóreo ou incorpóreo, móvel ou imóvel, é suscetível de utilidade, conveniência, vantagem, proveito, apropriação, economicamente apreciável, e objeto de direito. No sentido usual, é virtude, utilidade, riqueza; no sentido ético, é o que está de acordo com os usos e costumes, a norma social e protegido pela lei. No sentido jurídico, é o direito ou vantagem de que alguém é titular, inerente à sua pessoa, protegido pela ordem jurídica.

BEM DE FAMÍLIA – Faculdade que se confere ao chefe de família de destinar uma casa para domicílio exclusivo da família, a qual não poderá ser penhorada nem alienada, enquanto viverem os cônjuges e, na falta destes, os filhos do casal até a maioridade destes. O prédio não pode ser executado por dívidas, salvo as advindas de impostos relativos ao mesmo. Este instituto é concedido por meio de escritura pública, transcrita no Registro de Imóveis e publicada na Imprensa. Este instituto é originário dos Estados Unidos (o *homestead*), que surgiu no Texas em 1839. Foi adotado depois em todo aquele país e visa a proteção da família; só pode ser instituído pelo chefe da família (marido ou mulher), não sendo permitido que o instituam as pessoas solteiras, os curadores e tutores, e igualmente os insolventes. Incluem-se no bem de família (imóvel urbano ou rural) plantações, benfeitorias, equipamentos, os móveis da casa (desde que quitados), para efeito de impenhorabilidade. Não há limite de valor para o imóvel bem de família. Excluem-se da impenhorabilidade os veículos de transporte, obras de arte e adornos suntuosos. Se o casal possui vários imóveis, a impenhorabilidade recai sobre o de menor valor.

✱ *V. CC, arts. 1.711 a 1.722.*

✱ *V. Dec.-lei nº 3.200/1941 (Dispõe sobre a organização e a proteção da família), arts. 19 a 23.*

✱ *V. Lei nº 6.015/1973 (Lei de Registros Públicos), arts. 167, I, 260 a 265.*

✱ *V. Lei nº 6.742/1979 (Alterou o Dec.-lei nº 3.200/1941 e fixou o valor do bem de família).*

✱ *V. Lei nº 8.009/1990 (Dispõe sobre a impenhorabilidade dos bens de família), arts. 1º, 2º, 4º,* caput, *e 5º.*

BEM INDIVISÍVEL – O CC. de 1916, em seu art. 53, praticamente o definia: "São indivisíveis: I – os bens que não se podem partir sem alteração na sua substância; II – os que, embora naturalmente divisíveis, se consideram indivisíveis por lei, ou vontade das partes".

✱ *V. CC, art. 88.*

✱ *V. Lei nº 4.504/1964 (Estatuto da Terra), art. 65.*

BENE ANIMATUS – (Latim) Bem-intencionado.

BENEFICÊNCIA – Designação que se dá a associações, sociedades ou entidades com fins piedosos e de caridade, que auxiliam, material e moralmente, os necessitados. Igrejas e sociedades religiosas são entidades de beneficência.

BENEFICIÁRIO – Aquele que desfruta ou aproveita vantagem, liberalidade ou renúncia, concedida por outrem ou pela lei como na doação, no seguro de vida, ou nos efeitos de uma lei; pessoa a quem aproveita um ato de terceiro; o mesmo que *favorecido*, no caso de cheque ou letra de câmbio, ou os que são beneficiários de um contribuinte da Previdência Social.

✱ *V. CC, arts. 790 e segs.*

BENEFÍCIO – Favor, mercê, auxílio, provento que se concede a uma pessoa; ganho, lucro, interesse. Juridicamente, em sentido amplo, é o direito ou vantagem que se dá a alguém por ato jurídico ou por lei; no sentido restrito, é direito dado a alguém como exceção à aplicação das normas legais. Pode ser:

Da idade: dispensa para exercer cargo ou função, ou para gerir os seus atos e seus bens antes da idade em que, normalmente, se atinge a plena capacidade jurídica. Obtém-se por meio de *emancipação*, que é procedimento especial de jurisdição voluntária. Primazia dada, em concurso, ao que tem mais idade.

✱ *V. CPC/1973, art. 1.112, I.*

✱ *V. CPC/2015, art. 725, I.*

Da massa: conferido aos credores da falência ou no processo da insolvência de pedirem o retorno à massa falida dos bens do devedor por ele ilícita ou fraudulentamente transferidos em detrimento dos interesses dos credores. Esse benefício se expressa, na falência, nos termos da *ação revocatória falimentar* (q.v.).

✱ *V. Lei nº 11.101/2005 (Lei de Recuperação de Empresas e Falências), arts. 129 a 138.*

Da remição: pelo qual o devedor pode liberar bens submetidos à execução, pelo pagamento da dívida pela qual foram dados em garantia.

Da restituição: rescisão unilateral, arbitrária, que era garantida no Dir. antigo, pela qual eram devolvidas as quantias pagas quando o negócio jurídico, ainda que válido, era considerado prejudicial aos interesses das pessoas que esse instituto beneficiava – menores, interditos, Estado etc. Procedia-se de modo a restabelecer, na medida do possível, os direitos das partes ao estado anterior. Atualmente, não se admite mais a rescisão unilateral se o negócio for validamente realizado pelos menores e interditos, por meio de seus representantes ou com a assistência necessária.

Da servidão: conferido a cada quinhão do prédio dominante, no caso de partilha, para que se mantenha a indivisibilidade da servidão.

✱ *V. CC, art. 1.386.*

Da sub-rogação: pelo qual o fiador tem o direito de sub-rogar-se nos direitos do credor, pagando o débito sob fiança, demandando cada um dos outros fiadores pela respectiva cota.

✱ *V. CC, art. 831.*

De cessão: o que se atribui ao cessionário (credor) de se sub-rogar nos direitos do devedor que tenha crédito contra terceiro, para agir contra esse.

De cessão de bens: dá-se quando o devedor abandona aos credores alguns bens, para saldar obrigação. Ver também *abandono liberatório* e *abandono sub-rogatório*.

De divisão: a lei atribui a cada um dos devedores de dívida coletiva a faculdade de pagar apenas a cota-parte que lhe compete, desde que esteja expressa no contrato, sem o que prevalecem as normas da solidariedade passiva.

✱ *V. CC, arts. 829 e 830.*

De excussão ou de ordem: direito concedido ao fiador demandado para saldar débito, de exigir, até a ou na contestação da lide, que sejam executados (excutidos) os bens do devedor em primeiro lugar, desde que não se tenha obrigado como "devedor solidário ou principal devedor".

De execução: que se concede ao sócio, que pode pleitear que os bens da sociedade da qual faz parte sejam executados primeiramente. Cabe-lhe nomear os bens da sociedade, localizados na mesma comarca, livres e desembaraçados, quantos sejam suficientes para o ressarcimento do débito. Os bens dos sócios não se confundem com o patrimônio da sociedade, a menos que os desta não sejam suficientes e o sócio seja, também, responsável.

✱ *V. CPC/1973, arts. 592, II, e 596.*

✱ *V. CPC/2015, arts. 790, II, e 795.*

De exoneração ou desoneração: concedido ao fiador, desobrigando-o quando o credor, sem seu consentimento ou sem lhe exigir o pagamento, concede prorrogação de prazo ou faz novação de contrato com o devedor. Diz-se também do benefício à mulher casada de não sujeitar sua meação a nenhuma fiança prestada pelo marido sem a sua expressa anuência.

De gratuidade ou de justiça gratuita: atribuído pelo Dir. Processual a quem não disponha de recursos financeiros para arcar com os ônus do processo, incluídos honorários de advogados e peritos, podendo obter a prestação jurisdicional do Estado. É direito personalíssimo, não se transmitindo aos herdeiros, que deverão requerer em nome próprio o mesmo benefício legal. São gratuitas as ações de *habeas corpus* e *habeas data* (q.v.) e os atos necessários ao exercício da cidadania. A CF enumera as diversas situações de gratuidade. Em ações de alimentos, o benefício é dado mediante a simples afirmativa da interessada, perante o juiz, de que não está em condições de pagar as custas do processo sem prejudicar seu próprio sustento e o de sua família.

No processo trabalhista, esse benefício é regulado pela Lei nº 5.584/1970. A Lei nº 13.467/2017 (Reforma Trabalhista) restringiu a concessão de gratuidade àqueles que perceberem salário igual ou inferior a 40% (quarenta por cento) do limite máximo dos benefícios do Regime Geral de Previdência Social, antes era aos que ganhassem salário igual ou inferior ao dobro do mínimo legal.

✱ ***V.*** *CF, art. 5º,* caput, *XXXIV, LXXIV, LXXVI e LXXVII.*

✱ ***V.*** *CPC/1973, art. 19.*

✱ ***V.*** *CPC/2015, art. 82.*

✱ ***V.*** *CLT, art. 790, § 3º.*

✱ ***V.*** *Lei nº 1.060/1950 (Lei da Assistência Judiciária).*

✱ ***V.*** *Lei nº 5.584/1970 (Dispõe sobre a concessão e a prestação de assistência judiciária na Justiça do Trabalho).*

De inventário: concedido ao herdeiro, que pagará as dívidas do *de cujus* até o limite do valor de sua herança, não respondendo com seus bens particulares aos encargos que a ultrapassem.

De prazo: dilatação de prazo que se concede por determinação legal a certas pessoas; contar-se-ão em quádruplo os prazos para representantes da Fazenda e do Ministério Público para contestação e em dobro para interpor recursos.

✱ ***V.*** *CPC/1973, arts. 187 e 188.*

✱ ***V.*** *CPC/2015, arts. 180 e 227.*

De separação: direito que têm os credores de pedir a separação de bens no montante de seus créditos, para garanti-los. No inventário, os credores do *de cujus* podem pedir ao juiz que sejam separados os bens que bastem ao pagamento das dívidas vencidas, ficando garantidos contra credores do herdeiro, que receberão apenas sobre o seu quinhão líquido.

✱ ***V.*** *CPC/1973, art. 1.017 e segs.*

✱ ***V.*** *CPC/2015, art. 642 e segs.*

Do credor: vantagem que a lei dá ao credor para garantir seu crédito.

Social: atribuído aos trabalhadores pela Previdência Social.

BENEFÍCIO DE PRESTAÇÃO CONTINUADA (BPC) – 1. Vulgarmente chamado por "LOAS". Trata-se de benefício assistencial previsto pela CF/1988, mas apenas operacionalizado a partir de 1996, após a regulamentação da Lei nº 8.742/1993, conhecida como Lei Orgânica da Assistência Social. Embora seja atualmente operacionalizado pelo Instituto Nacional do Seguro Social, difere-se dos benefícios previdenciários administrados por aquela autarquia, na medida em que não exige contribuições ao sistema de seguridade social para sua concessão. De outro turno, a própria Constituição restringiu seu cabimento a apenas dois grupos, eleitos em função de sua especial vulnerabilidade: idosos e pessoas com deficiência, desde que não fossem capazes de prover seu sustento ou de tê-lo provido por sua família. A Lei nº 8.742/1993 passou a regulamentar as condições para sua condição, estabelecendo requisitos ainda mais rigorosos que a própria CF/1988, levando a uma elevada judicialização da matéria. 2. Segundo a LOAS, complementada pelo Estatuto do Idoso, a idade mínima para cobertura em função da velhice é de 65 (sessenta e cinco) anos, paradoxalmente mais elevada que a idade segundo a qual a Lei nº 10.741/2003 considera alguém idoso para os demais fins (60 anos). Ademais, esta idade é fixada desconsiderando as diferentes expectativas de sobrevida entre as diferentes regiões do país, bem como as dificuldades experimentadas por pessoas na casa de 50 anos de idade para inserção no mercado de trabalho. 3. A caracterização da deficiência, após diversos diplomas que alteraram sua conceituação, passou a ser disciplinada em sintonia com a norma geral, qual seja, a Convenção Internacional dos Direitos das Pessoas com Deficiência, internalizada pelo Decreto nº 6.949/2009 e recepcionada como Emenda Constitucional. Entretanto, embora a definição de deficiência daquele diploma internacional exija uma análise biopsicossocial, os procedimentos administrativos adotados pelo INSS pautam-se pela avaliação meramente clínica da condição física, mental ou sensorial do candidato ao benefício, desconsiderando as barreiras à sua integração com o meio social em que vive. A Lei nº 14.176/2021 trouxe disposições a respeito da concessão do auxílio-inclusão devido a pessoa com deficiência moderada ou grave que cumpra os requisitos legais. 4. A impossibilidade de prover o sustento ou de tê-lo provido por sua família foi regulamentada pelo legislador com base em um parâmetro equivocado, qual seja, a renda familiar per capita, apurada pela divisão da renda de determinados membros da família pelo número total de integrantes. Este parâmetro, atualmente fixado em ¼ (um quarto) de salário mínimo, desconsidera as diferenças de custos de vida entre as diversas regiões do país e as maiores despesas incorridas em determinados núcleos familiares, tais como aquisição de medicamentos e outros insumos, quando não fornecidos pelo próprio Estado. Ademais, a Lei nº 8.742/1993 define o grupo familiar por apenas alguns membros, desde que vivam sob o mesmo teto, o que leva a distorções quando filhos ou pais com capacidade de manter o candidato não residem com o mesmo. 5. Toda a complexa articulação de requisitos administrativos tem por objetivo a concessão de um benefício pecuniário no valor de um salário mínimo por mês, pago independentemente da maior ou menor renda total do grupo familiar, o que gera fortes distorções entre os beneficiários do próprio auxílio, bem como em relação a outros programas assistenciais. 6. Após o STF haver declarado a constitucionalidade do parâmetro meramente pecuniário de atribuição de miserabilidade dos candidatos, no julgamento da ADI 1.232, em 27/08/1998, a jurisprudência foi superando gradualmente este requisito, mediante a análise concreta das circunstâncias de vida dos candidatos que tinham seus pedidos negados e entravam com demandas judiciais. Este entendimento passou a ser encampado pelo próprio STF, no julgamento do Recurso Extraordinário nº 567.985, em 18/04/2013, ao compreender que o art. 20, § 3º, da Lei nº 8.742/1993, se tornou progressivamente inconstitucional, sem, contudo, ter o Excelso Pretório declarado sua nulidade. Esta situação ode perplexidade leva a Procuradoria da União a adotar a tese de que ainda deve o INSS aplicar o critério legal, enquanto não for substituído. 7. A Lei nº 13.981/2020, após veto pela Presidência da República, derrubado pelo Congresso Nacional, elevou o parâmetro monetário de miserabilidade para ½ salário mínimo por membro do grupo familiar. O Governo federal ajuizou a ADPF 662 para impedir a entrada em vigor deste diploma legal, obtendo medida liminar favorável perante o STF. Em seguida, foi aprovada a Lei nº 13.982/2020, mantendo o parâmetro de ¼ de salário mínimo até 31/12/2020, e elevando para ½ salário mínimo per capita a partir de 01/01/2021, mas este dispositivo foi novamente vetado pela Presidência da República. Até o fechamento desta edição, não havia sido aprovada norma para suprir esta anomia, acarretando uma omissão inconstitucional. A mesma Lei nº 13.982/2020 inseriu o art. 20-A à Lei nº 8.742/1993, admitindo que, em função do estado de calamidade pública provocado pela epidemia por Coronavírus, o Governo federal possa ampliar o critério de aferição da renda familiar per capita, considerando as condições concretas de vida decorrentes do grau de deficiência, da dependência de terceiros para as atividades da vida diária e do comprometimento do orçamento familiar com gastos necessários à manutenção da saúde e da vida do idoso/deficiente. Entretanto, até o fechamento desta edição, não se tinha notícia de que o Governo federal houvesse regulamentado esta disposição. 8. A Lei nº 14.176/2021 fixou a renda familiar mensal *per capita* igual ou inferior a 1/4 (um quarto) do salário-mínimo como parâmetro monetário de miserabilidade. Ademais, esclareceu que o beneficiário do benefício de prestação continuada poderá ser convocado para avaliação da manutenção das condições ensejadoras da concessão. 9. A Medida Provisória nº 1.045/2021 vedou o pagamento do Benefício Emergencial de Manutenção do Emprego e da Renda ao beneficiário de benefício de prestação continuada. A vigência da referida MP foi de 28 de abril de 2021, data de sua publicação no *Diário Oficial da União – DOU*, até 17 de fevereiro de 2022, data de publicação no *DOU* de sua rejeição. Durante o período de vigência da referida MP, os atos nela embasados seguem válidos. 10. A Lei nº 14.431/2022 estabeleceu como margem de crédito consignado para beneficiários do benefício de prestação continuada 45 (quarenta e cinco) por cento, sendo 35% destinados a empréstimo consignado, 5% para cartão de crédito consignado e 5% para cartão consignado de benefício, somando o total de 45%.

- ✱ ***V.*** *CF, art. 203, V.*
- ✱ ***V.*** *Lei nº 8.742/1993 (Lei Orgânica da Assistência Social), arts. 20 a 21-A e 26-A a 26-H.*
- ✱ ***V.*** *Lei nº 14.176/2021 (Altera a Lei nº 8.742, de 7 de dezembro de 1993, para estabelecer o critério de renda familiar* per capita *para acesso ao benefício de prestação continuada, estipular parâmetros adicionais de caracterização da situação de miserabilidade e de vulnerabilidade social e dispor sobre o auxílio-inclusão de que trata a Lei nº 13.146, de 6 de julho de 2015 (Estatuto da Pessoa com Deficiência); autoriza, em caráter excepcional, a realização de avaliação social mediada por meio de videoconferência; e dá outras providências), art. 1º.*
- ✱ ***V.*** *Lei nº 14.431/2022 (Altera as Leis nºs 10.820, de 17 de dezembro de 2003, 8.213, de 24 de julho de 1991, e 8.112, de 11 de dezembro de 1990, para ampliar a margem de crédito consignado aos empregados regidos pela Consolidação das Leis do Trabalho, aprovada pelo Decreto-Lei nº 5.452, de 1º de maio de 1943, aos segurados do regime próprio de previdência social dos servidores públicos federais, aos servidores públicos federais e aos segurados do Regime Geral de Previdência Social e para autorizar a realização de empréstimos e financiamentos mediante crédito consignado para beneficiários do benefício de prestação continuada e de programas federais de transferência de renda, a Lei nº 13.846, de 18 de junho de 2019, para dispor sobre a restituição de valores aos cofres públicos, e a Lei nº 14.284, de 29 de dezembro de 2021, para alterar procedimentos relativos à concessão do Auxílio Inclusão Produtiva Urbana).*
- ✱ ***V.*** *Dec. 6.214/2007 (Regulamenta o benefício de prestação continuada da assistência social).*
- ✱ ***V.*** *MP nº 1.045/2021 (Institui o Novo Programa Emergencial de Manutenção do Emprego e da Renda e dispõe sobre medidas complementares para o enfrentamento das consequências da emergência de saúde pública de importância internacional decorrente do coronavírus (covid-19) no âmbito das relações de trabalho).*
- ✱ ***V.*** *Súms. 29, 48, 78, 79 e 80 da TNU.*

BENEFICIUM JURIS NEMINE EST DENEGANDUM – (Latim) A ninguém deve ser negado o benefício do direito.

BENEPLÁCITO – Licença, permissão, consentimento. Aprovação de ato de outra pessoa.

BENFEITORIAS – Toda obra ou despesa que é feita em coisa móvel ou imóvel, para protegê-la, conservá-la, melhorá-la, ou torná-la mais agradável ou valiosa. Se mudarem a natureza da coisa móvel não se consideram benfeitorias, assim como os melhoramentos feitos à coisa sem a intervenção do proprietário, possuidor ou detentor. As acessões naturais não são tidas como benfeitorias. Podem ser: *necessárias*, se indispensáveis para conservação da coisa, evitando sua deterioração ou destruição, como o levantamento de muro de arrimo; *úteis* ou *proveitosas*, se melhoram a comodidade, facilitam o uso e aumentam o valor da coisa, como a pavimentação de um acesso à casa; *voluptuárias ou aprazíveis*, se são úteis apenas para quem as faz, sejam ou não de grande valor, como um piso de cerâmica em local antes cimentado. Obra feita em objeto móvel e que dê como resultado espécie nova não é benfeitoria e, sim, especificação. É necessário ter em conta essas distinções, no caso de serem consideradas indenizáveis, dando ou não direito a retenção pelo possuidor de boa-fé.

✱ *V. CC, arts. 96, 1.219, 1.220 e 1.269.*

✱ *V. CPC/1973, arts. 628, 744, 973 e 976.*

✱ *V. CPC/2015, arts. 593 e 810.*

BENS – Conjunto de coisas que, tendo um valor apreciável, formam o patrimônio ou a riqueza de uma pessoa, física ou jurídica, de direito privado ou público, como móveis, imóveis, semoventes, valores, ações, direitos etc. Tudo o que é suscetível de utilização ou valor, servindo de elemento para formar o acervo econômico e objeto de direito. Para o Dir., bem é coisa que tem valor econômico ou moral, não importando, para alguns autores, que seja corpóreo ou incorpóreo. No Dir. Penal, bem é tudo o que representa valor para o ser humano (material, moral, intelectual etc.) ou para a sociedade. No Dir. Civil, bens são coisas ou valores que podem ser objeto de propriedade ou de outros direitos reais.

✱ *V. Súm. Vinc. nº 21 (É inconstitucional a exigência de depósito ou arrolamento prévios de dinheiro ou bens para admissibilidade de recurso administrativo).*

Acessórios: cuja existência está na dependência dos principais.

Adquiridos: os incorporados ao patrimônio de alguém.

Adventícios: os recebidos de fora, por herança, por sucessão colateral e não direta; os recebidos por doação.

Alodiais: os que estão livres de encargos, tendo o proprietário pleno domínio sobre eles, ao contrário dos foreiros ou enfitêuticos e dos vinculados.

Antifernais: os doados pelo marido à mulher na escritura antenupcial.

Aquestos: adquiridos na constância da sociedade conjugal.

Clausulados: os que estão sujeitos a condições restritivas de alienação.

Colacionáveis: os que têm de ser apresentados à colação.

Comuns: os que pertencem a mais de uma pessoa.

Corpóreos: os que têm existência física, podem ser percebidos pelos sentidos.

Da União: os que pertencem a essa legalmente ou que ela os tenha adquirido *intervivos* ou *mortis causa*.

✱ *V. CC, arts. 98 e 99.*

✱ *V. CF, arts. 20,* caput, *e 176.*

De capital: os que devem gerar riquezas, representados pelas máquinas de uma indústria, por exemplo.

De consumo: representados por aqueles que não geram frutos, deixando de existir com o uso; opõe-se a *bens de produção*.

De menores: os que não podem ser gravados nem alienados sem prévia autorização judicial.

De raiz: os que estão enraizados no solo (e o próprio solo), que não podem ser dele separados sem perda de valor ou destruição (terreno, casa, benfeitorias).

Do casal: podem os nubentes estipular, antes do casamento, o que desejarem quanto a seus bens, mas essa convenção só é válida se feita por escritura pública e realizando-se as núpcias. É obrigatório o regime de separação de bens para os maiores de 60 anos e para a mulher maior de 50 anos; para órfãos de pai e mãe ou cujos pais perderam o poder familiar, ainda que se casem com consentimento do tutor; para pessoas que celebrarem com infração do que dispõe o art. 1.641 do CC; e para todos os que dependam de autorização judicial para se casar. Os bens do casal podem ser objeto de sequestro, medida cautelar específica, para retirada ao proprietário de bens certos, quando lhe for disputada a propriedade ou a posse, com fundado receio de rixas ou danificações (CC/2002, art. 1.210 e CPC/1973, arts. 822 a 825, sem correspondentes no CPC/2015). O CC/2002 permite alteração do regime de bens após o casamento, se for da vontade do casal. A situação mais comum, no casamento com separação de bens, deverá ser a mudança para regime parcial. Nesse regime, graças a outra mudança no CC, o cônjuge terá mais direitos na herança, pois concorre com a parte do patrimônio deixado para os filhos, além da metade dos bens a que tem direito. Explica-se: a metade dos bens a que tem direito com a morte não constitui herança, e sim a parte que a lei lhe assegura dos bens adquiridos durante o matrimônio, a menos que o regime seja o de separação total de bens.

Do espólio: os bens, ativos e passivos, do *de cujus*, em sua posse no dia do falecimento.

Dotais: os que são especificados em escritura antenupcial, trazidos pela mulher e que devem ser devolvidos com a dissolução do casamento. O CC/2002 aboliu o regime dotal.

Extradotais: os bens parafernais da mulher e os particulares do marido que não entram no dote nem na comunhão.

Exequíveis: o mesmo que *penhoráveis*.

Imóveis: são os que não podem ser transferidos de um lugar para outro, sem destruição, ou aqueles que a lei imobiliza. São de quatro tipos: *por natureza*, o solo e a sua superfície, árvores e frutos pendentes, espaço aéreo e subsolo; *por acessão física artificial*, o que se incorpora permanentemente ao solo (semente, edifícios e construções); *por acessão intelectual*, o que o proprietário mantém empregado no imóvel em sua exploração industrial, para comodidade ou embelezamento; *por determinação da lei*, são os direitos reais sobre imóveis, apólices da dívida pública oneradas com cláusula da inalienabilidade, direito à sucessão aberta. Alguns bens, como os navios, são móveis por natureza, porém a lei os considera imóveis para certos efeitos, como o de hipoteca, nas vendas judiciais ou em escrituras públicas, típicas dos imóveis. Os bens podem ser ainda:

Impenhoráveis: aqueles que, por força da lei e não por ato jurídico, são inalienáveis, assim como os isentos de execução judicial.

Inalienáveis: os que não podem ser doados, vendidos ou penhorados, em virtude de lei ou de cláusula contratual, com as exceções de lei. Podem ser trocados por outro, mediante sub-rogação, recaindo a inalienabilidade sobre o bem adquirido com o produto da venda daquele que estava inalienável, ou sobre o que for recebido na troca.

Incomunicáveis: aqueles que não passam ao domínio de outro cônjuge, em razão de lei, contrato ou testamento, qualquer que seja o regime de bens.

Incorpóreos: os de existência imaterial e intangível, como os direitos autorais, direitos creditórios, a vida, a honra.

Intelectuais: as invenções, as marcas de fábrica, e de comércio, a propriedade literária, a qual deve ser registrada na Biblioteca Nacional, e as outras nos órgãos competentes.

Livres: aqueles sobre os quais não pesam encargos, dos quais o proprietário pode dispor livremente.

Móveis: que podem ser deslocados de um ponto a outro sem alteração ou destruição. São *semoventes*, quando se movem por si mesmos (bois, cavalos etc.), ou removidos por força alheia (títulos de crédito, um objeto de valor).

Onerados: *sobre os quais recaem ônus ou restrição impossibilitando seu uso pleno.*

Parafernais: aqueles que, no regime dotal (extinto pelo CC/2002), são de propriedade exclusiva da mulher; os que forem imóveis, porém, só podem ser alienados com o consentimento do marido.

Particulares, privados ou próprios: os pertencentes a pessoas físicas ou jurídicas, em oposição a *bens públicos*.

Partilhados ou pró-divisos: aqueles divididos em quinhões, na partilha, ou para os que os possuíram em condomínio, como na dissolução de uma sociedade. Opõe-se a *pró-indiviso*.

Patrimoniais: os que fazem parte do patrimônio de alguém.

Penhoráveis: os que são passíveis de serem penhorados.

Presentes: os que já integram o patrimônio, em oposição a *futuros*, que são os bens em expectativa.

Remotos: os que não estão sob a jurisdição do juiz que aprecia uma ação, mas podem ser penhorados se não houver, no foro da execução, bens suficientes. Podem ser reservados, no inventário, para a sobrepartilha.

Reversíveis: aqueles que são frutos de concessões da Administração Pública e devem reverter ao Estado após findo o prazo de concessão.

Sequestrados: os que passam à custódia do juízo, judicialmente tirados do seu possuidor por deferimento de pedido de sequestro.

Sociais: os que integram uma sociedade ou associação, independentemente dos bens particulares dos sócios ou associados.

Vacantes: os que integram uma herança jacente quando, feitas todas as diligências previstas em lei, não se habilitam herdeiros.

Vagos: aqueles abandonados, que não têm dono certo e sabido nem são reivindicados com fundadas razões. O imóvel abandonado será arrecadado como bem vago, passando ao domínio do Estado, do Território, ou do Distrito Federal, 10 anos depois, se está em zona urbana; 3 anos depois se está em área rural.

✱ ***V.*** *CC, art. 1.275.*

Vinculados ou gravados: os inalienáveis, os incomunicáveis, os impenhoráveis, em razão de lei ou disposição de alguém.

✱ ***V.*** *CF, arts. 20,* caput, *21, XXV, 22, XII e parágrafo único, 26 e 176.*

✱ ***V.*** *CC, arts. 79 a 81, 98, 1.275, parágrafo único, 1.310, 1.819 e segs.*

✱ ***V.*** *CCom, arts. 468 e 478.*

✱ ***V.*** *Súm. nº 340 do STF.*

✱ ***V.*** *Dec.-lei nº 3.236/1941 (Dispõe sobre propriedade de jazidas de petróleo).*

✱ ***V.*** *Cód. Águas, arts. 96 a 98 e 145.*

✱ ***V.*** *Lei nº 1.310/1951 (Uso e exploração de minérios para energia atômica).*

✱ ***V.*** *Dec.-lei nº 200/1967 (Organiza a Administração Federal), art. 195.*

✱ *V. Dec.-lei nº 227/1967 (Código de Minas), art. 85.*

✱ *V. Dec.-lei nº 900/1969, que altera a Lei nº 200/1967.*

BENS PÚBLICOS – Bens do domínio nacional pertencentes às pessoas jurídicas de direito público interno; só podem ser alienados na forma e casos que a lei prescrever; são impenhoráveis e não podem ser adquiridos por usucapião.

✱ *V. CF, arts. 183, § 3º, e 191, parágrafo único.*

✱ *V. CC, arts. 99 a 103.*

De uso comum: os que, sendo públicos, não estão afetados a uma atividade da Administração Pública, sendo acessíveis a qualquer pessoa, livremente ou mediante prévia licença ou pagamento de taxas e tarifas, V.g. rios, mares, estradas, ruas e praças. Para fins da legislação eleitoral, equiparam-se a bens de uso comum aqueles que, mesmo sendo de propriedade privada, a população em geral lhes tem acesso, tais como cinemas, templos e estádios.

✱ *V. CC, art. 99, I.*

✱ *V. Lei nº 9.504/1997 (Estabelece normas para eleições), art. 37, § 4º.*

De uso especial: bens públicos voltados a alguma atividade da Administração Pública, estando afetados por esta atividade e dela não podendo ser afastados, sem ato normativo específico, V.g. terrenos e edifícios destinados a serviço ou estabelecimento da Administração direta ou autárquica.

✱ *V. CC, art. 99, II.*

Dominicais: representativos do patrimônio da União, Estados, Distrito Federal e Municípios; podem ser alienados, na forma que a lei determinar.

✱ *V. CC, art. 99, III.*

✱ *V. Lei nº 8.666/1993 (Institui normas gerais sobre licitações e contratos administrativos), arts. 17 a 19. Revogada pela Lei nº 14.133/2021.*

BERÇÁRIO – Nas empresas em que estejam empregadas 30 ou mais mulheres, maiores de 16 anos, torna-se obrigatória a instalação de berçário, a menos que existam creches distritais.

✱ *V. CLT, arts. 389, § 1º, e 400.*

BESTIALIDADE – Depravação ou perversão que leva o homem ou a mulher a manter relação sexual com animais. O mesmo que *zoofilia.*

BIANDRIA – Diz-se do casamento simultâneo de uma mulher com dois homens; bigamia.

BICAMERAL – Sistema político com dualidade de órgãos legislativos, como ocorre no Brasil; Câmara dos Deputados e Senado Federal.

BICAMERALISMO – Referente ao regime bicameral.

BICO – Expressão popular que designa o trabalho mal remunerado e eventual que o trabalhador realiza em curta jornada.

BIGAMIA – Condição de bígamo. Crime instantâneo contra a família que consiste em alguém, sendo casado, contrair novo casamento; estado da pessoa que se casa duas vezes sem que o primeiro matrimônio estivesse desfeito legalmente. Nesse caso, a pena é de reclusão, de 2 a 6 anos; se pessoa solteira casa-se com outra já casada, sabendo dessa circunstância, sua pena é de reclusão ou detenção de 1 a 3 anos; se o casamento for anulado por qualquer motivo, mesmo não sendo o da bigamia, o crime é considerado inexistente. A prescrição do crime de bigamia, antes do trânsito em julgado da sentença final, começa a partir da data em que o fato se tornou de conhecimento público. Se a união que caracteriza a bigamia não se apresentar formalmente inatacável, realizada com todas as fórmulas e solenidades pertinentes, então se dá o delito de *simulação de casamento.*

✱ *V. CP, arts. 111, IV, 235 e 239.*

BÍGAMO(A) – Pessoa casada com duas outras ao mesmo tempo; a que, estando casada, contrai novo casamento. O que comete *bigamia* (q.v.).

BILATERAL – Mesmo que *sinalagmático.* Contrato em que duas partes assumem prestações recíprocas; ato jurídico em que há acordo de vontades entre as duas partes.

BILHETE – Ingresso para assistir espetáculos públicos; entrada, ingresso. Cédula com a qual o portador concorre a prêmios, como na loteria. Título no qual consta a obrigação de pagamento de importância em dinheiro, ou no qual o portador tem certo direito ou vantagem.

À ordem: papel assinado por uma pessoa que se obriga a pagar a outra, num prazo certo, à vista ou a sua ordem, soma de dinheiro.

Ao portador: promessa escrita de pagamento à vista, que não indica o nome do beneficiário.

De bagagem: recibo (conhecimento) que as empresas de transporte emitem sobre objetos acondicionados em malas, maletas, pacotes ou bolsas que acompanham os passageiros.

De banco: nota representativa de dinheiro, emitida ao portador por estabelecimento bancário e que tem curso normal e legal no país.

De carga: bilhete de despacho alfandegário, remetido pelo chefe da repartição ao conferente que dará saída ao que está nele indicado.

De depósito: título sobre mercadorias depositadas nos armazéns gerais, companhias de docas, trapiches e armazéns alfandegados. O mesmo que *conhecimento de depósito.*

De loteria: expedido pelo concessionário de loteria autorizada e, quando o portador é sorteado, ele é resgatado com o pagamento do respectivo prêmio.

De mercadorias: título particular em que uma pessoa se obriga a entregar à outra ou ao portador uma determinada quantidade de mercadoria, no prazo e pelo preço preestabelecido; equiparado à letra de câmbio com as mesmas garantias.

De passagem: pelo qual o transportador assume a obrigação de transportar, sãos e salvos, os passageiros do embarque ao seu destino de chegada, por via terrestre, marítima, aérea, fluvial, lacustre. Pode ser de ida e volta. Hoje se diz, apenas, *passagem*.

BILINEAR – Tipo de sucessão, em que os filhos sucedem, por linha paterna (sucessão patrilinear), as filhas por linha materna (sucessão matrilinear), adotado ainda entre alguns povos.

BILL OF RIGHTS – "Bill" (projeto de lei) era o documento jurídico com normas de direito individuais dos cidadãos e limitações do poder dos governantes. O mais conhecido é o *Bill of Rights*, formulado na Inglaterra em 1689, após a deposição do rei Jaime II pela Revolução Gloriosa de 1688 e ao qual sucedeu Guilherme de Orange. O *Bill of Rights* reduzia o poder do monarca, instituindo a monarquia constitucional em lugar da realeza do Dir. Divino. O Parlamento adquiria poderes mais amplos, como o de cobrar impostos.

BÍNUBO – Viúvo que se casa de novo; pessoa casada em segundas núpcias.

BIODIESEL – Combustível biodegradável derivado de fontes renováveis, vegetal e animal. O biodiesel substitui total ou parcialmente o óleo diesel de petróleo em motores ciclodiesel automotivos (de caminhões, tratores, camionetas, automóveis etc.) ou estacionários (geradores de eletricidade, calor etc.).

✱ *V. Lei nº 11.116/2005 (Dispõe sobre registro especial, na Secretaria da Receita Federal – Ministério da Fazenda, de produtos importados de biodiesel e sobre a incidência da contribuição para o PIS/PASEP e do COFINS sobre as receitas decorrentes da venda desse produto).*

BIODIVERSIDADE – Definida pela Convenção sobre Diversidade Biológica como a "variabilidade de organismos vivos de todas as origens, compreendendo, dentre outros, os ecossistemas terrestres, marinhos e outros ecossistemas aquáticos e os complexos ecológicos de que fazem parte; compreendendo ainda a diversidade dentro de espécies, entre espécies e ecossistemas". Conjunto de todas as espécies de seres vivos existentes na biosfera. Diversidade biológica.

BIOLOGIA CRIMINAL – O mesmo que *antropologia criminal*. Estudo dos aspectos biológicos do comportamento criminal do homem.

BIONTOLOGIA CRIMINAL – O mesmo que *biotipologia criminal* (q.v.).

BIOPIRATARIA – Exploração, manipulação, reprodução, exportação ou comercialização ilegal de espécies de seres vivos.

BIOSFERA – Do grego *bios*, que significa "vida", a biosfera se estende um pouco acima e um pouco abaixo da superfície do planeta Terra e compreende uma película de terra firme, água, ar e energia, que envolve o globo terrestre e serve como habitat viável a todas as espécies de seres vivos.

BIOSSEGURANÇA – Lei nº 11.105/2005 (Lei da Biossegurança). Regulamenta os incisos II, IV e V do § 1º do art. 225 da CF; estabelece normas de segurança e mecanismos de fiscalização de atividades que envolvem organismos geneticamente modificados – OGM e seus derivados. Cria o Conselho Nacional de Biossegurança – CNS e reestrutura a Comissão Técnica Nacional de Biossegurança – CTNbio; dispõe sobre a Política Nacional de Biossegurança – PNB.

BIOTECNOLOGIA – Definida pela Convenção sobre Diversidade Biológica como "qualquer aplicação tecnológica que utilize sistemas biológicos, organismos vivos, ou seus derivados, para fabricar ou modificar produtos ou processos para utilização específica".

BIÓTIPO – Em Medicina Legal, grupo de pessoas que possuem, geneticamente, a mesma constituição hereditária fundamental, o mesmo genótipo.

BIOTIPOLOGIA CRIMINAL – Ciência que estuda tipos de delinquentes do ponto de vista biopsíquico-moral, sua constituição e particularidades somáticas, fazendo análise de seus caracteres anormais, diferenças entre os vários tipos do mesmo grupo, índole, hábitos, comportamento de cada um, para submetê-los a regime penal mais de acordo com sua personalidade, visando sua readaptação mais eficiente.

BISCATE – Trabalho de pequena monta, eventual, de baixa remuneração.

BISCATEIRO – Designação popular do trabalhador avulso; autônomo, que faz "biscates" (trabalho de pouco valor); o que realiza trabalhos eventuais não sendo considerado empregado e não tendo as garantias das leis trabalhistas.

BIS DAT QUI CITO DAT – (Latim) Quem dá depressa dá duas vezes.

BIS DE EADEM RE NON SIT ACTIO – (Latim) Não cabem duas ações a respeito da mesma coisa.

BIS IN IDEM – (Latim) Incidência de dois atos sobre uma mesma coisa, como aplicar duas penalidades iguais, em épocas diferentes, a um mesmo empregado, ou fazer incidir a autoridade novo tributo, com nome diferente, sobre objeto já tributado por ela.

BISPADO – No Dir. Canônico, é a jurisdição territorial sob a direção de um bispo, a diocese, dividida em paróquias. Dignidade de bispo; palácio onde atua no exercício de sua atividade episcopal.

BISPO – Dignitário da Igreja Católica que dirige uma diocese.

BISSEXUAL – Indivíduo que mantém relação sexual com ambos os sexos.

BITRIBUTAÇÃO – Incidência indevida de dois tributos, impostos por autoridades diferentes, sobre uma mesma mercadoria ou uma atividade, relativos ao mesmo fato gerador. A diferença com o *bis in idem* está em que neste a mesma autoridade impõe dois tributos sobre o mesmo objeto.

✱ *V. CF, arts. 146 a 156.*

BLASFÊMIA – Ultraje, por palavras, à divindade, capitulada como delito pelo Dir. Canônico.

BLOQUEIO – Cerco que um exército faz a uma cidade, durante uma guerra, para impedir o envio de alimentos e armas ao inimigo.

Econômico ou comercial: não tem caráter bélico, mas visa impedir transações econômicas do país bloqueado com outros, para forçá-lo ao cumprimento de obrigações ou alteração de regime político, como o efetuado pelos Estados Unidos a Cuba, objeto de recentes negociações entre os dois países.

Pacífico: represália adotada por um país, para obter concessões de outro, que consiste em proibir a entrada, em seus portos, de navios de sua bandeira.

BOA-FÉ – Vem do latim *fides*, com o significado de honestidade, confiança, lealdade, fidelidade. É conceito ético que se define como o entendimento de não prejudicar outras pessoas. Possui várias aplicações em nosso Direito. Divide-se em *objetiva* e *subjetiva*. A primeira constitui tema importante ao Direito das Obrigações; trata-se de princípio geral de Direito, pelo qual todos devem comportar-se segundo um padrão ético de competência e lealdade. Diz respeito a normas de conduta que orientam como o indivíduo deve agir. Gera deveres secundários de conduta, impondo às partes comportamentos que, mesmo não previstos nos contratos de forma expressa, são necessários e precisam ser obedecidos para permitir que se realizem as justas expectativas surgidas com a celebração e a execução da avença. A Doutrina e a Jurisprudência reconhecem, mesmo não existindo uma regra geral sobre boa-fé, a sua existência e incidência como meio de *interpretação* dos negócios jurídicos, como elemento de criação de *deveres contratuais* secundários e como elemento de *integração do Direito*. Havendo duas interpretações possíveis para uma mesma estipulação contratual, o intérprete privilegiará (art. 112 do CC) a que estiver mais conforme à real intenção das partes; deve prevalecer, porém, a que esteja de acordo com a exigência de atuação segundo a boa-fé. Constitui-se num parâmetro jurídico de comportamento; nele as atitudes das pessoas serão valoradas conforme os padrões de lealdade, probidade e honestidade. Aplica-se a todas as fases do processo contratual. A *subjetiva* é considerada um estado de espírito, de consciência, como o conhecimento ou o desconhecimento de uma situação, e já estava prevista no CC de 1916. Nela se considera que o sujeito ignora o caráter ilícito de seu ato, sendo mais comum no Direito das Coisas, em temas como o usucapião e aquisição de frutos. Trata-se de um conceito técnico-jurídico inserido em várias normas para descrever ou delimitar um suposto fático, passando a considerar-se a intenção do sujeito. Exemplo: o possuidor de boa-fé tem direito aos frutos percebidos. Tanto na *objetiva* quanto na *subjetiva* o elemento comum é a confiança, porém, somente na *objetiva* existe um segundo elemento: o dever de conduta de outrem.

BOA-FÉ OBJETIVA – Princípio geral aplicável ao Direito das Obrigações, pelo qual se produz nova delimitação do conteúdo e objetivo do negócio jurídico, especialmente o contrato, mediante a inserção de deveres e obrigações acessórios ou que produzam restrição de direitos subjetivos; ou na declaração de vontade, com o fim de ajustar a relação jurídica à função econômico-social, determinável no caso concreto. Aplica-se a todas as fases do processo contratual.

BOATO – Notícia sem fundamento, inverídica, da qual não se sabe a origem, a procedência, usual em períodos de crise política ou de guerra.

BOIAS-FRIAS – É considerado boia-fria o trabalhador que, sem vínculo empregatício, permanece semanas e até meses sem ser convocado para o trabalho na lavoura e sem percebimento de vantagens, não estando, portanto, à disposição do empregador. Expulsos das fazendas pela modernização dos trabalhos agrícolas, com o uso intensivo de máquinas, os trabalhadores rurais passaram a morar nas periferias das cidades, onde aguardam convocação para o trabalho no campo. Não têm vínculo empregatício e ganham pelo trabalho temporário que realizam durante as safras. Não têm direito à Previdência Social, seus benefícios e auxílios.

BOICOTAGEM – Uso de meios que visam criar embaraços a qualquer empreendimento; oposição sistemática a atos do governo ou de empresas, visando a reformulação de leis ou de atos de comércio.

Violenta: no Dir. Penal, é o crime de obrigar alguém, mediante violência ou grave ameaça, a celebrar contrato de trabalho ou a não fornecer a outrem, ou não adquirir de outrem, matéria-prima ou produto industrial ou agrícola. A pena é de detenção, de 1 mês a 1 ano e multa, além da pena correspondente à violência.

✱ *V. CP, art. 198.*

BOICOTE – Palavra oriunda do nome próprio Boycott, corretor de terras inglês; os irlandeses, em 1879, recusaram-se a negociar com ele em razão de motins causados pelas leis inglesas. O mesmo que *boicotagem* (q.v.).

BOLCHEVISMO – Nome da doutrina e tática político-revolucionária de Lênin, em 1903, quando houve a cisão do Partido Social Democrata da Rússia.

BOLETIM – Documento onde são resumidas informações, notas escolares, atividades de empresas, tendências do tempo (meteorológico) etc.

Das bolsas: resumo diário do movimento das Bolsas de Valores.

Individual: peça que integra o processo criminal, em três vias destacáveis, uma para o arquivo do cartório policial, outra para o Instituto de Identificação e Estatística e a última acompanhando o processo. Nele estão os dados relativos ao réu e ao ato ilícito que lhe é imputado. Passada em julgado a sentença definitiva, são lançados os dados finais e enviada àquele Instituto ou repartição congênere.

✱ *V. CPP, art. 809.*

BOLETIM DE OCORRÊNCIA – Depois de ouvir o indiciado em infração penal, a autoridade policial lavrará o boletim de ocorrência, que será assinado por duas testemunhas que ouviram sua leitura.

✱ *V. CPP, arts. 6º, V, e 185 a 196.*

BOLETO – Ordem de autoridade militar determinando a particulares que dêem alojamento a soldados.

BOLSA – Organização de pessoas com atividades conexas que se reúnem para discussão de assuntos de sua área de atuação.

De estudos: auxílio dado a estudantes para conclusão de seus cursos; pode ser a título gratuito, ou subvencionada pelo Governo, para ressarcimento posterior à formatura do estudante. Pode ser dada para o Brasil ou para cursos no estrangeiro.

De mercadorias ou do comércio: onde se negociam produtos agrícolas ou manufaturados.

De valores: para compra, venda e distribuição de títulos ou de valores mobiliários, nacionais e estrangeiros. São órgãos com autonomia administrativa, financeira e patrimonial, vinculados ao Ministério da Fazenda e supervisionados pela Comissão de Valores Mobiliários. Têm a incumbência de fiscalizar os respectivos membros e as operações que nelas se efetuam. Definição de Bolsas de Valores dada pelo III Congresso Nacional de Bolsas de Valores do Brasil, em 1948: "Mercado de valores mobiliários, juridicamente disciplinado, organizado, limitado e fiscalizado".

BOLSISTA – Aquele que especula na Bolsa de Valores; pessoa que recebeu bolsa de estudos.

BOM – Idôneo, correto, que pratica o bem, observador das boas normas de educação e de convivência social; o que é proveitoso, conveniente; o que merece confiança. No Dir. Romano, havia o *bonus et diligens pater familias*, que era o homem honrado, de atitudes regulares, tomado como modelo para vários efeitos. A expressão foi adotada por muitos países em sua legislação, como o Código Civil Francês, art. 450.

Nome: patrimônio moral que faz com que uma pessoa desfrute apreço e consideração.

Senso: faculdade de discernir com acerto sobre fatos e coisas; modo de pensar e agir com racionalidade.

BONA EST LEX SI QUIS EA LEGITIMA UTATIOR – (Latim) A lei é boa se usada legitimamente.

BONA FIDE – (Latim) Boa-fé.

BONA FIDEI – (Latim) De boa-fé.

BONA FIDE POSSESSOR – (Latim) Possuidor de boa-fé.

BONA FIDES EST JUSTA OPINIO QUA QUIS REM ALIENAM QUAM POSSIDENT SUA EXISTIMAT ALIENAM IGNORAT – (Latim) A boa-fé é a justa opinião pela qual alguém julga sua uma coisa alheia de que tem a posse e ignora que é alheia.

BONA FIDES EST PRIMUM AC SPIRITUS VIVIFICANS COMERCII – (Latim) A boa-fé é o primeiro móvel e o espírito vivificador do comércio.

BONA FIDES NON PATITUR UT BIS IDEM EXIGEATUR – (Latim) A boa-fé não tolera que se exija a mesma coisa duas vezes.

BONA GRATIA – (Latim) De boa vontade.

BONA INSTANTIA SE UTI, NON CALUMNIAE CAUSA SE INFITIAS IRE – (Latim) Deve litigar-se em boa instância e não contradizer-se caluniosamente.

BONA INTELLIGUNTUR CUISQUE QUAE AERE ALIENS DEDUCTO SUPERSUNT – (Latim) Entende-se por bem de alguém o que sobra, deduzido o direito dos outros.

BONA RES – (Latim) Em bom estado.

BONIFICAÇÃO – Vantagem, gratificação, benefício, abatimento, redução de preço, concessão de bônus.

Em ações: distribuição gratuita de ações novas aos acionistas de uma companhia, por incorporação ao capital de reservas ou lucros ou pela reavaliação do ativo.

BONORO PUBLICO USUCAPIO INTRODUCTA EST NE SCILICET QUARUNDAM RERUM DIU ET FERE IN INCERTA DOMINIA ESSENT – (Latim) O usucapião foi introduzido para o bem público, para que certas coisas não permanecessem por muito tempo e inteiramente em domínio incerto.

BONORUM APPELATIO SICUT HEREDITATIS UNIVERSITATEM QUANDUM AC JUS POSSESSIONIS ET NON SINGULAS RES DEMONSTRAT – (Latim) O termo *bens*, como *herança*, demonstra certa universalidade e direito de posse e não cada coisa singularmente.

BONORUM EMPTORES – (Latim) A posse dos bens em nome do ventre.

BONS COSTUMES – 1. Termo antigamente designado para denominar os crimes contra os costumes, os quais, com o advento da Lei nº 12.015/2009, passaram a ser chamados de *crimes contra a dignidade sexual*, como o estupro, o ultraje público ao pudor e a bigamia. 2. Diz-se da conduta que se ajusta aos princípios morais consagrados pelo meio social em que vive a pessoa. Emprega-se, no sentido comum, com referência à moralidade sexual. A legislação tutela, em geral, os bons costumes como proteção aos valores morais da sociedade.

✱ *V. CP, arts. 213 a 239.*

✱ *V. CPC/1973, art. 332.*

✱ *V. CPC/2015, art. 369.*

BONS OFÍCIOS – Intervenção, intercessão, voluntária ou solicitada, de uma pessoa junto a outra, para resolver pendências. Mediação, ação de arbitragem.

BÔNUS – Desconto, abatimento; prêmio que empresas concedem aos subscritores de suas ações; dividendo pago a acionista por aumento de capital ou incorporação de reservas.

De guerra: emitidos pelo Tesouro para captar recursos para o esforço de guerra. O Dec. nº 4.789/1942 previa a subscrição compulsória de títulos da dívida pública por parte dos contribuintes do Imposto de Renda.

Do tesouro: títulos relativos a empréstimos contraídos por um Estado.

BORDERÔ – Do francês *bodereau*. Impresso enviado pelo banco aos clientes informando lançamentos efetuados em suas contas, em geral sob a forma de carta.

BORRADOR – Também chamado *costaneira* por alguns autores, é livro de uso no comércio, destinado a receber, em rascunho, lançamentos de escrita mercantil que, posteriormente, serão escriturados no livro *Diário* sob a forma de partidas dobradas. Não é livro obrigatório.

BRAÇAGEM – Trabalho rude, manual, sem ajuda de aparelhos ou instrumentos; remuneração paga por trabalho braçal.

BRASILEIRO – O natural do Brasil, aquele que nasceu neste país; aquele que detém a cidadania brasileira, atendidos aos dispositivos da CF. São brasileiros natos os que nascem no Brasil, ainda que de pais estrangeiros, desde que não estejam a serviço de seu país; os que nascem no estrangeiro, de pai e mãe brasileiros, desde que qualquer deles esteja a serviço do Brasil; os que nascem no estrangeiro de pai ou mãe brasileiros, desde que sejam registrados em repartições brasileiras competentes, ou venham a residir no Brasil antes da maioridade e, depois dessa, optem em qualquer tempo pela nacionalidade brasileira. São privativos de brasileiros natos os cargos de Presidente e Vice-Presidente da República, Presidente da Câmara dos Deputados e do Senado Federal, de Ministro do STF, da carreira diplomática, de oficial das Forças Armadas e de Ministro de Estado da Defesa. Perde a nacionalidade o brasileiro que tiver cancelada sua naturalização por sentença judicial, em virtude de atividade nociva aos interesses nacionais ou que adquirir outra nacionalidade, por naturalização voluntária. Quanto aos *naturalizados*, ver a legislação pertinente. O brasileiro naturalizado pode ser vereador, deputado estadual ou federal, senador. E também ser dono de empresa jornalística e de radiodifusão de sons e imagens.

✱ *V. CF, arts. 12, I e II, letras e parágrafo, e 222.*

✱ *V. Lei nº 6.815/1980 (Estatuto do Estrangeiro), art. 111 e segs.*

✱ *V. Dec. nº 86.715/1981, que regulamenta a Lei nº 6.815/1980, art. 119 e segs.*

✱ *V. CLT, art. 352, sobre proporcionalidade de empregados brasileiros nas empresas.*

BREVE PONTIFÍCIO – Carta credencial escrita à mão pelo Papa pela qual se dá investidura ao representante do Vaticano nas funções diplomáticas junto ao Governo de outro país.

BREVET – Título de habilitação concedido a aviador.

BREVI ANTE – (Latim) Pouco antes.

BREVI TEMPORE – (Latim) Pouco tempo depois.

BROCARDO – 1. Adágio jurídico, aforismo. 2. Os brocardos são ensinamentos práticos reduzidos a pequenas lições e funcionam como auxiliares na aplicação das normas. Guardam experiência jurídica de antigos legisladores, com a qual ajudam na aplicação correta das leis. Têm conexão com os "princípios gerais do Dir.", por isso a legislação brasileira recomenda sua aplicação quando a lei for omissa ou obscura.

✱ *V. Dec.-lei nº 4.657/1942 (Lei de Introdução às normas do Direito Brasileiro – LINDB (antiga LICC).*

✱ *V. CPC/1973, art. 126.*

BRUTO – Que age com brutalidade; refere-se ao peso total de uma mercadoria, incluído o do frasco e o da embalagem.

BULAS – Escritos que o Papa envia aos membros da Igreja com orientação sobre assuntos de interesse do Clero; decretos papais.

BULLYING – (Inglês) 1. Expressão empregada para exprimir todo tipo de violência que, verbal ou fisicamente, acontece de modo repetitivo e persistente, sendo direcionada contra uma ou mais pessoas em determinado meio social, normalmente atingindo indivíduos mais vulneráveis, com o objetivo de intimidar, humilhar ou maltratar as vítimas. 2. Para o Dir. brasileiro, é empregada como sinônimo de intimidação sistemática, caracterizada como todo ato de violência física ou psicológica, intencional e repetitiva, que ocorre sem motivação evidente, praticado por indivíduo ou grupo contra uma ou mais pessoas, com o objetivo de intimidá-la ou agredi-la, causando dor e angústia à vítima, em uma relação de desequilíbrio de poder entre as partes envolvidas, caracterizada, sobretudo, por ataques físicos, insultos pessoais, comentários sistemáticos, ameaças, expressões preconceituosas e isolamento social consciente e premeditado. 3. A Lei nº 13.185/2015 estabelece o Programa Nacional de Combate à Intimidação Sistemática, buscando reprimir esse tipo de conduta, especialmente no âmbito escolar. 4. A Lei nº 14.811/2024 transformou o *bullying* em conduta típica ao considerar crime o ato de intimidar sistematicamente, individualmente ou em grupo, mediante violência física ou psicológica, uma ou mais pessoas, de modo intencional e repetitivo, sem motivação evidente, por meio de atos de intimidação, de humilhação ou de discriminação ou de ações verbais, morais, sexuais, sociais, psicológicas, físicas, materiais ou virtuais. A pena prevista é de multa, caso a conduta não seja crime mais grave.

- ✱ *V. CP, art. 146-A.*
- ✱ *V. Lei nº 13.185/2015 (Institui o Programa Nacional de Combate à Intimidação Sistemática – "Bullying").*
- ✱ *V. Lei nº 13.277/2016 (Institui o dia 7 de abril como o Dia Nacional de Combate ao Bullying e à Violência na Escola).*
- ✱ *V. Lei nº 14.811/2024 (Institui medidas de proteção à criança e ao adolescente contra a violência nos estabelecimentos educacionais ou similares, prevê a Política Nacional de Prevenção e Combate ao Abuso e Exploração Sexual da Criança e do Adolescente e altera o Decreto-Lei nº 2.848, de 7 de dezembro de 1940 (Código Penal), e as Leis nºs 8.072, de 25 de julho de 1990 (Lei dos Crimes Hediondos), e 8.069, de 13 de julho de 1990 (Estatuto da Criança e do Adolescente).*

BURGUESIA – Classe (social) média. Dizia-se da classe intermediária entre a nobreza e o povo, a plebe; entre a aristocracia e o proletariado.

BURLA – Trapaça, logro, fraude.

BURLAR – Enganar, trapacear, lograr.

***BURNOUT* (SÍNDROME DE)** – (Inglês) Distúrbio psíquico, de caráter depressivo, precedido de esgotamento físico e mental intenso, normalmente verificado em pessoas submetidas a condições agressivas de trabalho, sobretudo em casos de assédio moral, podendo desencadear diversas doenças físicas e psíquicas, e até levar à morte.

BUROCRACIA – Serviços rotineiros de funcionários públicos; sinônimo da lentidão e complicação no andamento de papéis, na adoção de providências, motivo de desprestígio da classe dos servidores públicos. Procedimento administrativo com excesso de rotina ou formalismo. Poder, influência e rotina de funcionários públicos na administração. A classe dos funcionários públicos.

BUSCA E APREENSÃO – 1. No Processo Civil, é a medida cautelar destinada à busca e apreensão de pessoas ou coisas, sendo que a busca é anterior à apreensão; esta decorre de ato voluntário, ou de coação, se houver negativa na entrega de coisa. 2. No Processo Penal, é meio de prova para a apreensão de pessoas ou de coisas com a finalidade de esclarecimento do delito. A busca é domiciliar ou pessoal, a primeira devendo ser precedida de expedição de mandado, sendo determinada de ofício ou a requerimento de qualquer das partes. A busca pessoal não depende de mandado, por razões que a lei especifica. A busca domiciliar deve ser feita de dia, a menos que o morador permita que os policiais entrem à noite em sua moradia; antes de entrar, devem mostrar e ler o mandado de apreensão ao morador ou a quem o represente, intimando-o a abrir a porta. Se esse não obedecer a eles, será arrombada e forçada a entrada. Ausente o morador, será intimado o vizinho a assistir à operação. Terminada a diligência, os executores lavrarão auto circunstanciado e o assinarão com duas testemunhas presentes ao ato. Podem os agentes realizar a busca e apreensão em território de jurisdição alheia, até em outro Estado, devendo apresentar-se, porém, à autoridade competente local, antes ou depois da diligência, conforme sua urgência. 3. Com a promulgação do Dec.-lei nº 911/1969, também passou a designar a ação autônoma de cobrança de dívida garantida por bem móvel alienado fiduciariamente, a qual permite a constrição judicial do bem, para posterior alienação a terceiros, a fim de saldar o débito. Na hipótese de não localização do bem garantidor, a ação poderá ser convertida em execução extrajudicial.

- ✱ *V. CPC/1973, arts. 173, II, 839 a 843 e 905.*
- ✱ *V. CPC/2015, arts. 214, 536, § 2º, e 806, § 2º.*
- ✱ *V. CPP, arts. 240 a 250.*
- ✱ *V. Dec.-lei nº 911/1969 (Estabelece normas de processo sobre alienação fiduciária).*

C

CABEÇA – 1. A parte de cima, superior, de alguma coisa. 2. Chefe, pessoa que chefia um grupo, o principal de uma instituição.

Da comarca: sede de uma comarca, cidade em que se localiza o Foro.

✱ ***V.*** *CPC/1973, arts. 253 a 255.*

✱ ***V.*** *CPC/2015, arts. 286 a 288.*

De casal: cônjuge a quem incumbe a administração dos bens do casal, em geral o marido. Por investidura judicial, é também o cônjuge supérstite nomeado inventariante dos bens deixados pelo cônjuge falecido, desde que casado sob o regime de comunhão e que estivesse convivendo com o outro ao tempo da morte deste. O marido é o chefe da sociedade conjugal, com a colaboração da mulher, não podendo, porém, sem o consentimento dessa, realizar alguns atos previstos em lei. À mulher compete a direção e administração da casa quando o marido estiver em lugar remoto ou não sabido; estiver em cárcere por mais de 2 anos ou for judicialmente declarado interdito. A CF de 1988, em seu art. 226, § 5º, porém, estabeleceu que "os direitos e deveres referentes à sociedade conjugal são exercidos igualmente pelo homem e pela mulher". A Lei nº 12.195/2010 alterou o art. 990 da Lei nº 5.869/1973 (Código de Processo Civil), para assegurar ao companheiro sobrevivente o mesmo tratamento legal conferido ao cônjuge supérstite, quanto à nomeação do inventariante.

CABECEL – Patrimônio líquido, conjunto de bens, posto de reserva; capital.

CABER – Ser oportuno ou admissível, ter cabimento, pertencer como cota ou quinhão.

CABO ELEITORAL – Pessoa que angaria votos para candidatos a cargos eletivos; que trabalha para a eleição de vereadores, deputados, senadores, prefeitos, governadores etc.

CABOTAGEM – Referente à navegação costeira, feita entre os portos de um país. O mesmo que *costeagem*. A navegação de cabotagem e a interior são privativas de embarcações nacionais, salvo em caso de necessidade pública, segundo dispuser a lei. A Lei nº 14.301/2022 estabeleceu o Programa de Estímulo ao Transporte por Cabotagem (BR do Mar) e conceituou como embarcação em construção aquela cujo pagamento inicial já tenha sido efetuado pelo proprietário da embarcação ao estaleiro construtor até a assinatura do termo de entrega e aceitação pelas partes, e como operações especiais de cabotagem: aquelas consideradas regulares para o transporte de cargas em tipo, rota ou mercado ainda não existentes ou consolidados na cabotagem brasileira.

✱ ***V.*** *CF, art. 178.*

✱ ***V.*** *Lei nº 14.301/2022 (Institui o Programa de Estímulo ao Transporte por Cabotagem (BR do Mar), dentre outras disposições), art. 5º, § 2º, I e II.*

CAÇA E PESCA – Consistem na busca e captura de animais terrestres ou aquáticos, apenas como prática esportiva ou para fins comerciais e industriais, com aproveitamento de carne, pele, dentes, penas, chifres etc. A competência para legislar sobre o assunto é da União, porém os Estados podem suprir irregularidades. A caça e a pesca feitas sem licença da autoridade do setor são consideradas furtivas e punidas. É proibido o exercício da caça profissional, assim como o comércio de espécimes da fauna silvestre e de produtos e objetos que impliquem a caça, perseguição, destruição ou apanha. É proibida a exportação para o exterior de peles e couros de anfíbios e répteis em bruto. A pena para infração dessas disposições é de 2 a 5 anos de reclusão.

✱ *V. Lei nº 5.197/1967 (Dispõe sobre a proteção à fauna), arts. 1º, 2º, 3º, 17 e 18.*

✱ *V. Dec.-lei nº 289/1967 (Dispõe sobre a criação do Instituto Brasileiro de Desenvolvimento Florestal).*

✱ *V. Lei nº 9.605/1998 (Lei dos Crimes Ambientais), arts. 29 a 37.*

CADAFALSO – Estrado erguido em praça pública, onde são executados criminosos condenados à morte por enforcamento.

CADASTRO – Registro onde são armazenados dados de interesse para a administração pública ou para empresas, bancos e outros fins.

Bancário: ficha que os clientes preenchem ao abrir conta nos bancos, renovável periodicamente; ou registro feito pelos bancos a respeito de firmas comerciais e prováveis clientes da praça onde operam, com dados atualizados sobre haveres e garantias que oferecem, para efeito de empréstimos e descontos de títulos.

De admissões e dispensas de empregados: instituído em caráter permanente no Ministério do Trabalho.

De contribuinte mobiliário: registro de todas as empresas, autônomos, prestadores de serviços e de comércio do Município, para pagamento do ISS – Imposto sobre Serviços, taxas de licença, instalação e funcionamento e demais contribuições municipais. Esse cadastro localiza o contribuinte municipal.

De estrangeiros: informações que devem ser prestadas por estrangeiros que residam no território brasileiro. Há extensa legislação sobre permanência provisória ou não, trabalho, extradição, expulsão, naturalização, concessão de permanência etc.

✱ *V. Lei nº 6.815/1980 (Estatuto do Estrangeiro).*

✱ *V. Dec.-lei nº 2.236/1985 (Alterou a tabela de emolumentos fixada pelo Estatuto do Estrangeiro).*

✱ *V. Lei nº 7.685/1988 (Dispõe sobre o registro provisório para estrangeiros).*

✱ *V. Dec. nº 98.830/1990 (Dispõe sobre a coleta, por estrangeiros, de dados e materiais científicos no Brasil, e diversas resoluções).*

Geral de Contribuintes (CGC): mantido pelo Departamento de Arrecadação do Ministério da Fazenda em que estão cadastradas todas as empresas do país; conhecido pela sigla CGC. Sua denominação é Cadastro Nacional da Pessoa Jurídica (CNPJ).

Positivo: criado pela Lei nº 12.414/2011, disciplina a formação e consulta a bancos de dados com informações de adimplemento, de pessoas naturais ou de pessoas jurídicas, para formação de histórico de crédito.

Profissional: registro de trabalhadores segundo suas atividades profissionais, para enquadramento sindical.

Rural: registro dos imóveis rurais, em todo o território brasileiro, contendo o nome do proprietário e de sua família, títulos de domínio, natureza da posse e formas de administração, localização geográfica, áreas com divisas e respectivos confrontantes, dimensões das testadas para vias públicas, valor das terras, benfeitorias, equipamentos, instalações e outras informações.

CADASTRO DE PESSOAS FÍSICAS (CPF) – Número que recebe o contribuinte, na Receita Federal, no Cadastro de Pessoas Físicas. Criado pelo Decreto-lei nº 401/1968. O referido número foi estabelecido como único e suficiente para identificar cidadãos em bancos de dados de serviços públicos, inclusive com determinação expressa de fazê-lo constar em todos os documentos enumerados na Lei nº 14.534/2023.

✱ *V. Lei nº 14.534/2023 (Altera as Leis nºs 7.116, de 29 de agosto de 1983, 9.454, de 7 de abril de 1997, 13.444, de 11 de maio de 2017, e 13.460, de 26 de junho de 2017, para adotar número único para os documentos que especifica e para estabelecer o Cadastro de Pessoas Físicas (CPF) como número suficiente para identificação do cidadão nos bancos de dados de serviços públicos).*

✱ *V. Dec. Lei nº 401/1968 (Altera dispositivos da legislação do Impôsto de Renda e dá outras providências).*

CADASTRO NACIONAL DE CRIANÇAS E ADOLESCENTES DESAPARECIDOS – 1. Cadastro criado pela Lei nº 12.127/2009 consistente em base de dados que contenham *as características físicas e dados pessoais de crianças e adolescentes cujo desaparecimento tenha sido registrado em órgão de segurança pública federal ou estadual. 2. O cadastro citado* integra o Cadastro Nacional de Pessoas Desaparecidas originado pela Lei nº 13.812/2019. A compatibilização dos cadastros foi feita pela Lei nº 14.548/2023.

✱ *V. Lei nº 12.127/2009 (Cria o Cadastro Nacional de Crianças e Adolescentes Desaparecidos).*

✱ *V. Lei nº 13.812/2019 (Institui a Política Nacional de Busca de Pessoas Desaparecidas, cria o Cadastro Nacional de Pessoas Desaparecidas e altera a Lei nº 8.069, de 13 de julho de 1990 (Estatuto da Criança e do Adolescente)).*

✱ *V. Lei nº 14.548/2023 (Altera a Lei nº 8.069, de 13 de julho de 1990 (Estatuto da Criança e do Adolescente), para compatibilizá-la com a Lei nº 12.127, de 17 de dezembro de 2009, que criou o Cadastro Nacional de Crianças e*

Adolescentes Desaparecidos, e com a Lei nº 13.812, de 16 de março de 2019, que instituiu a Política Nacional de Busca de Pessoas Desaparecidas e criou o Cadastro Nacional de Pessoas Desaparecidas).

CADASTRO NACIONAL DE PESSOAS DESAPARECIDAS (CNPD) – 1. Cadastro originado pela Lei nº 13.812/2019 ao criar a Política Nacional de Busca de Pessoas Desaparecidas. 2. O referido cadastro é composto de banco de informações públicas, de livre acesso por meio da internet, com informações acerca das características físicas das pessoas desaparecidas, fotos e outras informações úteis para sua identificação sempre que não houver risco para a vida da pessoa desaparecida, banco de informações sigilosas, destinado aos órgãos de segurança pública, com registros padronizados de cada ocorrência e com o número do boletim de ocorrência, que deverá ser o mesmo do inquérito policial, assim como informações acerca das características físicas das pessoas desaparecidas, fotos, contatos dos familiares ou responsáveis pela inclusão dos dados da pessoa desaparecida no cadastro e qualquer outra informação relevante para sua pronta localização, bem como de banco de informações sigilosas, destinado aos órgãos de segurança pública, que conterá informações genéticas e não genéticas das pessoas desaparecidas e de seus familiares, destinado exclusivamente a encontrar e a identificar a pessoa desaparecida. 3. O Cadastro Nacional de Crianças e Adolescentes Desaparecidos, criado pela Lei nº 12.127, de 17 de dezembro de 2009, integra o Cadastro Nacional de Pessoas Desaparecidas. A compatibilização dos cadastros foi feita pela Lei nº 14.548/2023.

✱ *V. Lei nº 12.127/2009 (Cria o Cadastro Nacional de Crianças e Adolescentes Desaparecidos).*

✱ *V. Lei nº 13.812/2019 (Institui a Política Nacional de Busca de Pessoas Desaparecidas, cria o Cadastro Nacional de Pessoas Desaparecidas e altera a Lei nº 8.069, de 13 de julho de 1990 (Estatuto da Criança e do Adolescente)).*

✱ *V. Lei nº 14.548/2023 (Altera a Lei nº 8.069, de 13 de julho de 1990 (Estatuto da Criança e do Adolescente), para compatibilizá-la com a Lei nº 12.127, de 17 de dezembro de 2009, que criou o Cadastro Nacional de Crianças e Adolescentes Desaparecidos, e com a Lei nº 13.812, de 16 de março de 2019, que instituiu a Política Nacional de Busca de Pessoas Desaparecidas e criou o Cadastro Nacional de Pessoas Desaparecidas).*

CADÁVER – 1. Originária de *cadaver*, do verbo *cadere*, em latim, que significa cair. 2. Nome que se dá ao corpo de pessoa privado de vida, morta. 3. A lei penal exige o respeito aos mortos, punindo a destruição, a subtração ou a ocultação de cadáver com reclusão de 1 a 3 anos e multa; e o vilipêndio a cadáver com detenção de 1 a 3 anos e multa. 4. A inumação ou exumação de cadáver, em desrespeito às normas legais, é punida com prisão simples de um mês a um ano ou multa. 5. A remoção de órgãos, tecidos ou partes do corpo de cadáver ou pessoa em desacordo com a Lei de Transplantes enseja pena de reclusão de dois a seis anos e multa de 100 a 360 dias-multa.

✱ *V. CP, arts. 211 e 212.*

✱ *V. CC, art. 13.*

✱ *V. Lei nº 9.434/1997 (Dispõe sobre a remoção de órgãos, tecidos e partes do corpo humano para fins de transplante e tratamento e dá outras providências), art. 14.*

CADEIA PÚBLICA – Destina-se ao recolhimento de presos provisórios. Cada comarca terá uma cadeia pública, próxima do centro urbano, para resguardar o interesse da administração criminal e a permanência do preso em local próximo a seu meio social e familiar. O condenado será alojado em cela individual com dormitório, aparelho sanitário e lavatório. São requisitos básicos da unidade celular: salubridade do ambiente (aeração, insolação e condicionamento térmico adequado à vida humana); área mínima de 6 metros quadrados; isolamento na mesma cela ou local adequado.

✱ *V. Lei nº 7.210/1984 (Lei de Execução Penal), arts. 88, parágrafo único, e 102 a 104.*

CADEIRA ELÉTRICA – Forma de execução de pena de morte, por descarga elétrica letal, após aplicação de eletrodos na fronte e na perna direita do indivíduo. A pena é aplicada em alguns Estados americanos. O mesmo que *eletrocussão*.

CADERNETA – Pequeno caderno. Documento no qual se fazem anotações relativas a débitos e créditos ou a alguma atividade.

De campo: aquela na qual o agrimensor anota, com um código próprio, o resultado das medições a que procede.

De poupança: garantida pelo Governo Federal e remunerada mensalmente com taxas que cobrem a inflação apurada no mês (ou aquela previamente presumida) e juros de 6% ao ano; uma forma popular de investimento financeiro.

CADUCAR – Tornar-se sem efeito, esgotar-se o prazo para realização de um ato; incorrer em caducidade, perder o direito, decair do prazo, da validade ou do efeito jurídico, por ultrapassagem do termo legal ou convencional, ou não atendimento de condições prefixadas.

CADUCIDADE – 1. Estado ou qualidade do que é caduco; caduquice, caduquez, velhice. 2. Em Dir., é empregada como sinônimo de *decadência*. Decadência; perda de um direito ou da possibilidade de exercê-lo, por inércia ou renúncia da parte ou por inadimplência de cláusula; extinção de direito não exercido em determinado prazo. A ação torna-se *caduca* por *prescrição* (q.v.); o direito material caduca por *decadência* (q.v.). A caducidade origina-se de ato, fato, transcurso de prazo ou decisão judicial.

CADUCO – Ato jurídico ou título que perdeu o valor por circunstâncias que lhe tiraram os efeitos legais. Diz-se de ato, fato, documento, ação que incorreram em *caducidade* (q.v.).

CÁFTEN – Proxeneta, rufião, alcoviteiro; aquele que explora a prostituição (CP, arts. 230 a 231-A).

CAFTINA – Mulher que explora casa de lenocínio; alcoviteira.

CAFTINISMO – Exploração do lenocínio, tráfico de pessoas para fim de exploração sexual.

✱ *V. CP, arts. 230 a 231-A.*

CAIXA – Livro auxiliar da escrituração mercantil para registro de recebimentos e pagamentos; empregado de banco ou estabelecimento comercial, a quem é incumbido receber e pagar.

De amortização: voltada para o pagamento da dívida pública e atividades conexas.

De navio: representante dos compartes interessados no navio, que os representa em juízo ou fora dele.

Forte: cofre de aço, de grandes proporções, para guarda de valores com segurança.

CAIXEIRO – Agente auxiliar do comércio que atende fregueses no balcão e vende mercadorias; balconista.

Despachante: que se incumbe de assuntos nas repartições aduaneiras ou fiscais para o estabelecimento comercial onde trabalha.

Viajante: o que angaria fregueses em outras praças ou os visita, periodicamente, para vender-lhes mercadorias e para cobrança de duplicatas vencidas.

CALABOUÇO – O mesmo que *masmorra*. Prisão subterrânea para onde eram levados e aprisionados os condenados especiais ou os indiciados em homicídios.

CALADO – Nome dado à parte imersa do navio; distância vertical da quilha à linha de flutuação do navio.

✱ *V. Dec. nº 60.696/1967 (Promulgou a Convenção Internacional para Salvaguarda da Vida Humana no Mar e as regras para evitar abalroamento no mar).*

CALAMIDADE PÚBLICA – *V. Estado de calamidade pública.*

CÁLCULO – Operação aritmética para encontrar o resultado de uma conta.

De custo: feito para averiguar o preço de fabricação da unidade de um produto, ou as despesas decorrentes de um serviço.

Do contador: feito pelo contador do juízo para a verificação de despesas processuais.

CALENDÁRIO CIVIL – É aquele em que se considera o ano como formado de um número inteiro de dias e meses, segundo as regras próprias de um povo ou nação.

✱ *V. Lei nº 810/1949 (Define o ano civil).*

CALLIDITAS NON DEBET ALICUI PRODESSE ET ALTERI NOCERE – (Latim) A astúcia não deve aproveitar um e prejudicar outro.

CALORE RIXAE – (Latim) No auge da luta, da rixa.

CALOTEAR – Não pagar dívida; contrair débito sem intenção de pagá-lo.

CALOTEIRO – Aquele que contrai dívidas sem possibilidade de saldá-las.

CALUMNIA LITIUM – (Latim) Chicana.

CALÚNIA – Engodo, embuste. Imputação a alguém de falso delito. Crime contra a honra; consiste em imputar a outrem, sem fundamento, conscientemente, um fato que a lei define como crime. O delator pode utilizar-se da *exceção da verdade*, isto é, cabe-lhe provar o que alega. A calúnia é penalizada com detenção de 6 meses a 2 anos e multa, pena na qual incorre também aquele que, sabendo falsa a imputação, a propala. Pune-se, ainda, a calúnia contra os mortos. Não se confunde com *difamação* e *injúria* (q.v.).

Equívoca: aquela que se infere de alusões, referências, frases; o ofendido pode pedir explicações em juízo; responde pela ofensa aquele que se recusa a dá-las ou, a critério do juiz, não as dá satisfatórias.

✱ *V. CP, arts. 138 e 144.*

✱ *V. CPP, arts. 519 a 523.*

CALUNIADO – Aquele que é vítima de *calúnia*; sujeito passivo no crime de calúnia.

CALUNIADOR – O que calunia; agente, sujeito ativo no crime de calúnia.

CALUNIAR – Imputar, falsamente, com intenção de ferir moralmente, a uma pessoa fato delituoso, que ela não praticou.

CÂMARA – Local onde se reúnem os membros de uma congregação, de corpos legislativos ou deliberantes. Na Organização Judiciária, tem esse nome cada órgão em que se dividem os tribunais de justiça. Podem ser designadas por *primeira, segunda, terceira câmaras*. Diz-se também de seção especial de um tribunal, funcionando isolada ou reunida a outra: *Câmara Cível, Câmara Criminal* etc.

Alta: o Senado Federal.

Apostólica: Tribunal Eclesiástico Romano, para dirimir questões relativas ao patrimônio da Igreja.

Baixa: denomina-se, assim, a Câmara dos Deputados, no sistema de representação bicameral.

De comércio: organismo dirigido por comerciantes para defender seus interesses comerciais.

De compensação de cheque: reunião diária de banqueiros ou membros da Bolsa de Valores para acertar suas contas, por diferença ou compensação dos negócios realizados por meio de cheques e de outros documentos de crédito, para evitar a mobilização de dinheiro em espécie. Fundada em Londres, em 1775, e depois em Nova York, existe hoje em quase todos os países. Funciona junto ao Banco Central, com autorização do Governo Federal, e em cidades com maior concentração de bancos.

De gás: onde são executados, em alguns dos Estados dos Estados Unidos, condenados à pena capital pela aspiração de gás letal.

Dos deputados: órgão que integra o Poder Legislativo, formando com o Senado o Congresso Nacional. A CF especifica sua composição, o número de deputados por Estado e as hipóteses de perda do mandato.

Municipal: corpo legislativo do Município onde legislam os vereadores; o edifício onde ele funciona. *V. Vereadores.*

Sindical: corporação oficial de corretores de fundos públicos, da Bolsa de Valores, que a administra.

CAMBIAL – Referente ao *câmbio* (q.v.). Denominação que se dá, usualmente, à Nota Promissória, que é promessa de pagamento. Também o *cheque* e a *duplicata mercantil* são considerados títulos de créditos, formais, autônomos e completos, de natureza cambial.

A prazo: aquela que vence 30 dias após sua emissão ou apresentação ao sacado.

À vista: pagável no ato da apresentação.

CÂMBIO – Troca; permuta de moedas de diferentes países. A diferença na troca entre o valor real e o nominal da moeda constitui o *câmbio* ou a *taxa de câmbio*. Compete à União administrar as reservas cambiais do País e fiscalizar operações de natureza financeira, especialmente as de crédito, câmbio e capitalizações, bem como as de previdência privada; é privativo da União legislar sobre política de câmbio; e as operações de câmbio públicas são reguladas por lei complementar. A Lei nº 14.286/2021 dispõe sobre o mercado de câmbio brasileiro, o capital brasileiro no exterior, o capital estrangeiro no País e a prestação de informações ao Banco Central do Brasil, para fins de compilação de estatísticas macroeconômicas oficiais. Ademais, a referida lei conceitua como residente a pessoa física ou jurídica residente, domiciliada ou com sede no Brasil e como não residente a pessoa física ou jurídica residente, domiciliada ou com sede no exterior.

✱ *V. CF, arts. 21, VIII, 22, VII, e 163, VI.*

✱ *V. Lei nº 14.286/2021 (Dispõe sobre o mercado de câmbio brasileiro, o capital brasileiro no exterior, o capital estrangeiro no País e a prestação de informações ao Banco Central do Brasil, dentre outras disposições).*

O câmbio pode ser:

Abaixo do par: quando não há tomadores e as cambiais caem de preço.

Acima do par: quando há muita procura e as cambiais só podem ser adquiridas com ágio mais elevado.

Ao par: quando há equivalência de valor entre moedas de dois países, não se permitindo ágio na troca.

Comum ou real: compra e venda ou troca, entre cambistas e o público, de moeda por outra, congêneres ou não, de país diverso, realizadas no mesmo lugar.

Direto: quando o título usado para pagamento tem curso entre as duas praças que estão em relações.

Do novo saque: o mesmo que *recâmbio*.

Em alta: quando aumenta a quantidade de moeda estrangeira.

Em baixa: quando ocorre fato inverso.

Externo: entre praças de países diferentes.

Futuro: para liquidação futura.

Indireto: quando um terceiro país faz a permuta da moeda de dois países.

Interior: entre praças do mesmo país.

Livre: no qual as operações são abertas, francas, observadas as taxas oficiais.

Manual: o mesmo que *câmbio comum*.

Marítimo: contrato aleatório feito pelo capitão do navio nos casos que são previstos pela lei, com garantia real. Medida hoje em desuso.

Negro: compra e venda de mercadorias, clandestinamente, por preços acima dos permitidos ou tabelados. É crime contra a economia popular.

Oficial: realizado com base em cotação fixada pelo governo.

CAMBISTA – Aquele que tem por profissão negociar com câmbio ou papéis de crédito ou permuta de moedas nacionais e estrangeiras.

CAMINHO – Faixa estreita de terreno, de uso habitual, pelo qual se vai de um ponto a outro. O proprietário do prédio encravado pode entrar em juízo para lhe ser permitida a passagem pelo prédio vizinho ou para o restabelecimento da servidão de caminho, perdida por culpa sua:

Vicinal: o que põe em comunicação duas ou mais localidades no mesmo município.

✱ *V. CC, arts. 1.285 a 1.287.*

CAMORRA – Associação de malfeitores que existiu na Itália, principalmente em Nápoles. Envolvia pessoas de todas as classes sociais, incluindo magistrados. Associação idêntica, porém com processos criminosos mais sofisticados, é a Máfia da Sicília, que se fixou e se expandiu também nos Estados Unidos, sobretudo durante a chamada "Lei Seca" (1920-1933). Entre seus líderes criminosos mais famosos, estava Al Capone.

CAMPO – Extensão de terra, sem matas, com ou sem árvores esparsas. Terreno extenso e plano, que pode ter muitas finalidades, entre elas pastagens, plantações, esportes. Formação vegetal com apenas um estrato de cobertura, constituída principalmente de leguminosas, gramíneas e ciperáceas de pequeno porte, inexistindo praticamente formas arbustivas. A palavra admite inúmeras outras aplicações.

Operações de: são trabalhos geodésicos, feitos pelo agrimensor, com aparelhos próprios, medindo, dividindo, demarcando glebas, fazendo levantamento de mapas cadastrais ou geográficos, muitas vezes para ajudar, com seu laudo, a dirimir pendências judiciais.

CAMPO SUJO – Formação vegetal com apenas um estrato de cobertura, constituída principalmente de leguminosas, gramíneas e ciperáceas de pequeno porte, mas sobre as quais despontam, de modo esparso, formas arbustivas.

CANAL – Escavação natural ou feita pelo homem para condução ou escoamento de águas. Modo adequado de se obter um resultado, usado em geral no plural: *canais competentes*, isto é, os meios legais ou hábeis para se atingir o fim colimado. Neste sentido, é igual a *trâmites legais*.

CANCELAMENTO – Anulação, desfazimento. Traços a tinta, cruzados, com os quais se invalida ou inutiliza um documento.

De distribuição: será cancelada a do feito que, em 30 dias, não for preparado no foro em que deu entrada.

De hipoteca: diz-se da baixa que se faz da hipoteca, tirando-lhe os efeitos de direito.

De protesto de título cambiário: o devedor fará o cancelamento para restaurar o seu crédito. O protesto é cancelado mediante exibição e entrega do título pago, que se arquiva no cartório. Não se aceitam cópias ou reproduções, mesmo autenticadas. Não lhe sendo possível apresentar o título protestado e quitado, o devedor deve apresentar declaração de anuência de todos os interessados, com qualificação completa e firmas reconhecidas, a qual ficará arquivada no cartório. Para outros tipos de cancelamento de protesto, há necessidade de determinação judicial decorrente de ação própria.

✱ *V. Lei nº 9.492/1997 (Disciplina o protesto de títulos cambiais), art. 26.*

CANCELAR – Anular, desfazer, tornar sem efeito, nulificar. Inutilizar ou anular o que está escrito, fazendo sobre ele traços cruzados de tinta. Apor declaração à margem de documento, inscrição, registro, averbação, feita por oficial público competente, para elidir os seus efeitos: cancelar a hipoteca, a servidão, o usufruto, o penhor etc. Tem o sentido, também, de *rescindir*, no caso de contrato, e de *cassar*, no caso de licença. Declarar sem efeito legal, perdoar: cancelar a punição, o imposto, a multa. Por termo; cancelar o processo. Extinguir os efeitos jurídicos, total ou parcialmente, de um documento. Cancelado o protesto, não mais constarão das certidões expedidas, nem o protesto, nem seu cancelamento, a não ser mediante requerimento escrito do devedor ou requisição judicial. Anteriormente, as certidões expedidas continuavam apontando o protesto, mesmo sendo cancelado e provada a quitação do título, o que hoje não mais se verifica, graças à Lei nº 9.492/1997, o que os juristas consideram uma humanização do sistema judiciário.

CANCELO – Nas salas de audiência dos tribunais, é o gradil que separa o recinto destinado aos juízes daquele onde devem ficar a assistência, as partes e seus representantes. Os advogados estão autorizados a ultrapassá-lo.

CÂNCER – *V. Neoplasia.*

CANDIDATO – Nome que recebiam na antiga Roma (e ainda hoje) os que aspiravam a cargos eletivos da República. A palavra latina é *candidus*, branco, porque se apresentavam ao povo vestidos apenas com uma toga branca e mais nenhuma roupa sobre o corpo, como escreve Plutarco, para não levantar a suspeita de trazer dinheiro sob ela para corromper o povo, comprando-lhe votos (como se vê, *nihil novi sub sole*, como adverte o Eclesiastes, 1, 10). Havia, em Roma, a candidatura *oficial ou legal*, que era aquela em que o pretendente fazia escrever seu nome no rol dos candidatos; se fosse recusado pelo cônsul, ainda assim concorria e podia ser eleito pelo sufrágio popular, que anulava a decisão do cônsul, do senado ou dos tribunos; e a *candidatura benévola*, que consistia, muito tempo antes da eleição, em corromper o povo com banquetes, festas, dinheiro, para granjear-lhe a benevolência.e os votos.

CANDIDATURA – Ato de candidatar-se a cargo eletivo, a um posto, a um emprego.

CANHOTO – Parte de um talão, registro, recibo, onde se reproduz, de maneira abreviada, o que contém a parte de onde é destacado para servir de comprovante, especialmente no comércio.

De cheque: parte do cheque que fica presa ao talão, na qual se fazem anotações referentes ao cheque emitido e ao saldo da conta.

CÂNON – Foro anual pago pelo enfiteuta; artigo de código; o mesmo que *cânone*.

CÂNONES – Princípio geral do qual são deduzidas regras particulares; decisões conciliares que se tornam normas de Dir. Eclesiástico.

CANONISTA – Aquele que trata do Dir. Canônico, que é versado nele ou o comenta.

CAPA – Folha de papel mais resistente que envolve as peças do processo, na qual são indicados (na face anterior da primeira página) a comarca, o juízo, o cartório, a espécie de ação, os nomes das partes, lavrando-se o termo de autuação com a assinatura do serventuário; no anverso da segunda página, vêm os nomes dos advogados das partes e seus endereços.

CAPACIDADE – 1. Poder de receber, conter ou acomodar. 2. Volume, espaço. 3. Medida de conteúdo de líquido, gás ou sólido. 4. Aptidão de determinada substância ou objeto para conduzir, condensar ou armazenar energia. 5. Razão entre a carga e o potencial de um condutor. 6. Competência, aptidão, conhecimento, habilidade, perícia, caráter. 7. Habilidade ou aptidão para compreensão de ideias ou realização de atos. 8. Para o Dir. Civil, é a aptidão que tem uma pessoa, como sujeito ativo ou passivo, por si ou por outrem, de adquirir direitos ou de contrair obrigações. Enquanto a capacidade de fato depende da possibilidade da própria pessoa exercer os atos que lhe digam respeito e surtem efeitos jurídicos, a capacidade de direito é inerente ao ser humano, embora às vezes seu titular esteja impedido de exercer seus direitos em virtude de restrições, físicas, mentais, intelectuais ou sensoriais. Conforme a maior ou menor aptidão de cada indivíduo para exercer os atos da vida civil, o CC/2002 prevê hipóteses de capacidade absoluta e capacidade relativa, bem como de incapacidade absoluta. Mesmo os sujeitos absolutamente ou relativamente capazes podem ser privados do exercício de seus direitos, ante a superveniência de hipótese de incapacidade, mediante procedimento de *interdição*, sendo constituído um curador, para representar a parte. 9. O Estatuto das Pessoas com Deficiência alterou profundamente os dispositivos do CC/2002 sobre capacidade, curatela e interdição, com o objetivo de conferir maior autonomia às pessoas que, outrora absolutamente incapazes, passam destarte a serem apenas relativamente impedidas de exercer atos da vida civil. 10. A capacidade de direito pode ser suprida pela *representação*, nas hipóteses de incapacidade absoluta do agente, ou pode ser complementada pela *assistência*, nos casos de incapacidade apenas relativa. 11. Para o Direito Tributário, é a aptidão patrimonial do contribuinte, para suportar a tributação prevista pela lei, empregada como medida de comparação com outros contribuintes. 12. Para o Dir. Constitucional, é a aptidão legal para o exercício de direitos políticos ou direitos e obrigações que decorrem da cidadania, como o de votar e ser votado, o de ser jurado e o de postular cargos públicos. No Dir. Penal, é a aptidão do sujeito em compreender a ilicitude de sua conduta e a gravidade de determinado ato praticado, designada por *imputabilidade*.

Comercial: condições e requisitos indispensáveis para o exercício legal do comércio.

Postulatória: é a capacidade de requerer em juízo, por si mesmo ou por representante. O vigente Estatuto da Advocacia exige a presença de advogados para apresentação de ação ou abertura de processo em qualquer órgão do Poder Judiciário e nos Juizados Especiais. Porém, o STF, no julgamento da ADI nº 1.127-8, deu interpretação conforme à Constituição ao art. 1º, I, da Lei nº 8.906/1994, no sentido de que continuam em vigor as disposições de lei especial que dispensem a representação por advogado, como nos casos de Juizados de Pequenas Causas, Juizados de Paz e Varas do Trabalho.

Processual: aptidão legal para ingressar e agir judicialmente, como autor, réu, assistente ou oponente, abarcando as hipóteses de personalidade jurídica e outras, expressamente autorizadas por lei.

✱ *V. CC/2002, arts. 1º a 6º, 105 e 1.692.*

✱ *V. CPC/1973, arts. 7º a 13, 265, I, VI e § 1º, e 1.112, I.*

✱ *V. CPC/2015, arts. 70 a 76, 313, I, VIII, § 3º, e 725, I.*

✱ *V. CTN, arts. 126, 134 e 135.*

CAPATAZ – Pessoa que chefia turma de trabalhadores em propriedade rural ou na estiva.

CAPATAZIA – Função ou cargo desempenhado por capataz. Diz-se de taxa de expediente que é cobrada de mercadoria que transita pelo cais de embarque.

CAPAZ – Aquele que tem competência, capacidade, aptidão; que tem condições legais para agir em juízo.

CAPCIOSO – Diz-se do indivíduo ardiloso, que se utiliza de manhas, ardis, para induzir alguém em erro.

CAPELANIA PENITENCIÁRIA – Órgão que se encarregava de prestar assistência religiosa nos presídios; seu chefe era o capelão.

✱ *V. Lei nº 3.274/1957 (Dispõe sobre normas gerais do regime penitenciario em conformidade do que estatui o art. 5º, xv, b, da Constituição Federal e amplia as atribuições da inspetoria geral penitenciária).*

CAPELO – Chapéu cardinalício. Insígnia purpúrea, que tem a forma de murça, usada sobre os ombros por quem recebe o grau de doutor em Faculdade de Direito; também usada pelos catedráticos em atos solenes e cerimônias oficiais, juntamente com a borla.

CAPITA – (Latim) Cabeça; por pessoa. Renda *per capita*: renda média que recebe cada pessoa. Por ela se afere a riqueza de uma nação.

CAPITAÇÃO – Imposto por cabeça, não sobre capitais ou rendas ou produtos. De caráter pessoal, atinge a todos os habitantes para prover despesas públicas. Atualmente não é mais usado, porém o governo se vale de impostos de natureza compulsória, com o mesmo efeito (CPMF).

CAPITAL – Cidade-sede do governo de um país ou de um Estado. Diz-se de um dos fatores da produção. No comércio, é a cota com que cada sócio entra na constituição da sociedade, ou o conjunto de valores materiais com que o comerciante ou industrial inicia e garante as suas operações. É o excesso do ativo sobre o passivo. Nos balanços, apresenta-se como valor não exigível. O mesmo que *capital fixo* ou *imobilizado*. O capital diz-se *social* quando pertence à firma coletiva. Pode ser:

Aberto: Diz-se das sociedades que não impõem limite ao número de cotas ou ações que podem ser vendidas ao público e até facilitam sua venda.

Acumulado: Aquele a que se juntam os lucros auferidos durante o exercício financeiro.

Circulante ou móvel: Valores em circulação, transmitidos de mão em mão. Importância que a empresa emprega na produção e que retorna com a venda dos produtos.

De ações: Aquele compreendido por ações emitidas por sociedade ou companhia; difere de *capital-obrigações*.

Declarado: O mesmo que *capital nominal* (q.v.).

De empréstimos: Aquele aplicado em operações de crédito, a juros e prazos certos; difere de *capital de risco*.

De giro: Numerário em movimento, dinheiro em caixa ou nos bancos, títulos a receber, estoques de mercadorias ou de matérias-primas etc.

De produção: Utilizado em atividades produtivas, em investimentos diretos, para produzir riquezas.

✱ *V. Lei nº 6.404/1976 (Lei das Sociedades por Ações).*

Disponível ou realizável: Aquele de que se pode lançar mão para efetivação de negócios ou cumprimento de compromissos e obrigações; representado por produtos de rápida permuta ou venda.

Efetivo: Aquele empregado de fato, no negócio; conjunto dos bens que formam o patrimônio já realizado de sociedade por ações.

Fictício: Aquele cuja existência se afirma, sem que isso seja verdadeiro.

Fixo: Constituído por máquinas, instrumentos de trabalho, terras, prédios, tudo aquilo que pode ser utilizado sem que diminua no todo ou se altere em sua natureza; *capital imobilizado*.

Improdutivo: Que não produz lucro; que não é utilizado em fatores de produção.

Inalienável: Aquele que não pode ser alienado.

Inexistente: Diz-se quando o ativo e o passivo se igualam.

Inicial: Aquele de que se vale o comerciante para iniciar suas atividades.

Integralizado: Aquele que se realizou integralmente.

Intelectual: Conhecimento acumulado pelo pessoal da organização, passível de aplicação em projetos de pesquisa, desenvolvimento e inovação.

✱ *V. Lei nº 10.973/2004 (Dispõe sobre incentivos à inovação e à pesquisa científica e tecnológica no ambiente produtivo), art. 2º, XIV.*

Invertido: Importância de dinheiro aplicada em um investimento.

Líquido ou positivo: Diferença que se apura entre o ativo e o passivo, sendo o primeiro superior ao segundo.

Misto: Que se origina de recursos de pessoas físicas e de entidades públicas.

Mobiliário: Formado por títulos de crédito; aquele empregado em bens móveis.

Negativo: Quando o passivo supera o ativo.

Nominal: Aquele declarado no contrato social, expresso em dinheiro, porém ainda não realizado. O mesmo que *capital declarado*.

Obrigações: Constituído pelos títulos dos obrigacionistas ou portadores de debêntures de uma sociedade anônima ou em comandita por ações. Oposto a *capital ações*.

Privado: Advindo de pessoas físicas, de particulares; o contrário de *público*.

Realizado: O que se forma após a constituição da sociedade, fruto dos negócios que ela realiza; o que tem existência real.

Social: Dinheiro, mercadorias, móveis, imóveis, títulos de crédito que formam o fundo de uma empresa; é *fixo* e não se confunde com *fundo* ou *ativo social*, por serem oscilantes.

Subscrito: Dividido em ações, subscritas pelos sócios, que se comprometem a pagar seu valor para formação do capital social.

Trabalho: É também um dos fatores da produção; o trabalho, todo o esforço utilizado para produzir mais riquezas, menos o do comanditário, constitui parte do capital de uma sociedade mercantil ou industrial.

Variável: Aquele que aumenta ou diminui de acordo com as necessidades.

CAPITALISMO – Sistema econômico e social que se baseia na influência ou predomínio do capital, em que os meios de produção constituem propriedade privada e pertencem aos capitalistas. Investem capital próprio na produção de bens que, comercializados, promovem o retorno do capital investido com lucro, que é o excedente do investimento. O capitalista utiliza o trabalho de terceiros, que contrata para fabricar seus produtos. *Neo*: Teoria de Keynes sobre a repercussão dos investimentos sobre o crescimento da renda, a ocupação, o equilíbrio dinâmico, o financiamento externo, a mobilização das poupanças, e a intervenção do Estado nas situações que dificultam o crescimento.

CAPITALISTA – Aquele que utiliza capital próprio para a produção de riqueza; o que empresta dinheiro para atividades alheias, usufruindo os juros do empréstimo; o sócio que somente fornece o dinheiro para a constituição de uma sociedade, como os sócios comanditários.

CAPITALIZAÇÃO – Ato ou efeito de capitalizar; converter em capital; acumular riquezas para obter um capital. Compete à União fiscalizar operações de natureza financeira, entre elas a capitalização. O Dec.-lei nº 261/1967 dispôs sobre as sociedades de capitalização e instituiu o Sistema Nacional de Capitalização, que é constituído pelo Conselho Nacional de Seguros Privados, Superintendência de Seguros Privados, e das sociedades autorizadas a operar em capitalização.

CAPITALIZAR – Formar ou aumentar um capital. Adicionar os lucros do capital, para auferir lucros do conjunto.

CAPITANIA – Posto, ofício, dignidade de capitão ou comandante de navio.

Dos portos: órgão do Ministério da Marinha, com jurisdição em certas áreas marítimas, incumbido de assuntos relacionados aos serviços portuários e à navegação, áreas costeiras, pesca e registro de embarcações.

CAPITÃO (DE NAVIO) – O mesmo que *capitão mercante*. Diz-se do preposto técnico e comercial do armador ou dono do navio, que tem o comando da embarcação e da tripulação. É chamado *de longo curso*, quando sua carta lhe permite o comando do navio entre portos do país e do estrangeiro; *de cabotagem*, quando está a serviço de navegação de grande ou pequena cabotagem; e *fluvial*, quando comanda embarcações em rios e lagoas do país ou em países vizinhos.

Do porto: oficial da Marinha a quem compete fazer observar e fiscalizar o cumprimento das leis e regulamentos da Polícia Marítima e da navegação. Cabe-lhe, ainda, zelar pela ordem na zona sob sua jurisdição e nas embarcações mercantes que estejam no ancoradouro.

CAPITIS DIMINUTIO – (Latim) Diminuição, redução da capacidade civil; perda, parcial ou total, de direitos subjetivos; pode, assim, ser *máxima* ou *mínima*.

✱ V. CF, arts. 12, § 4º, 14, § 2º, e 15.

CAPITIS EXECRATIO – (Latim) Maldição, execração capital.

CAPITULAÇÃO – O mesmo que *rendição*. Ato pelo qual, após negociação prévia, se efetiva a submissão de uma praça de guerra, de tropas ou de armamentos; crime de chefe militar que cessa, por sua vontade, ofensiva ou resistência contra o inimigo, permitindo que esse se aposse das tropas e dos meios de defesa ou de ataque. Enquadramento em dispositivo da lei penal. Classificação e definição de delito e de sua pena.

CAPITULADO – Definido pela lei, classificado, qualificado; articulado.

CAPITULAR – Qualificar, definir o delito e indicar a pena correspondente; submeter-se ao inimigo, render-se. Nome de um tipo especial de letra usada para abertura de capítulos.

CAPRICHO – Ato destituído de interesse jurídico, vontade obstinada para satisfação de uma veleidade, que pode melindrar, molestar, prejudicar outra pessoa; abuso.

CAPTAÇÃO – Uso de meios persuasórios, artificiais, capciosos, para obter vantagens de outrem, como doação, legado. Na Roma antiga, havia a figura do caçador de heranças (*captatio hereditatis*), que se insinuava aos ricaços para obter seus propósitos, utilizando-se de todos os artifícios imagináveis. A palavra é usada, hoje, para indicar a busca de recursos, como no caso da poupança, e em outros sentidos comuns, como a captação de águas para abastecimento etc.

CAPTAR – Conquistar, por meios persuasórios ou capciosos, a vontade alheia para obter, em proveito próprio, ou de outrem, uma liberalidade.

CAPTOR – Aquele que captura, que efetua uma prisão, após perseguição do indiciado.

CAPTURA – Ato de aprisionar um foragido da Justiça ou indivíduo que é por ela reclamado; prisão de um acusado que se evadiu da prisão ou de alguém acusado de crime comum que deve ser extraditado. As leis de guerra permitem a captura de navio mercante inimigo e as mercadorias que ele transporta, em águas territoriais ou em alto-mar, ou de navio neutro que viola a neutralidade ao auxiliar uma embarcação de guerra inimiga. Diz-se, também, da escolta policial destinada a prender condenados foragidos ou indivíduos perigosos sujeitos a medidas de segurança.

CAPTURAR – Prender um criminoso que se encontrava foragido. Apresar navio mercante, neutro ou inimigo.

CAPUT – (Latim) Cabeça. A pessoa principal, o chefe. Designa a primeira parte de um artigo de lei, que contém o seu fundamento.

CAPUT UXORIS – (Latim) Por cabeça de sua mulher.

CARACTEROLOGIA – Em Medicina Legal, é o estudo do caráter.

CARÁTER – Qualidades pessoais que identificam ou caracterizam o indivíduo, moral e socialmente, distinguindo-o de outro; especificidade, marca, cunho. O conjunto dos traços psicológicos, o modo de ser, de sentir e de agir de indivíduo ou de grupo; índole, temperamento; as qualidades boas ou más de uma pessoa; feitio moral. Quanto à Ética, é a firmeza e coerência de atitudes, o domínio de si.

No plural, é a forma que se dá à letra manuscrita ou ao tipo de imprensa.

CARCER AD CUSTODIAM – (Latim) Prisão preventiva.

CARCER AD POENAM – (Latim) Cárcere como pena.

CARCERADO – O mesmo que *encarcerado*; indivíduo recolhido ao cárcere.

CARCERAGEM – Ato de encarcerar; despesas com os presos; taxa que, em certos casos, o preso paga ao carcereiro no momento em que é solto.

CARCERÁRIO – Que diz respeito ao cárcere, que pertence ao cárcere. O mesmo que *prisional* (regime).

CÁRCERE – Prisão, cadeia. Local a que se recolhem delinquentes, indiciados ou suspeitos de crime, ou os que ali devem permanecer como medida de segurança.

Privado: crime previsto no CP contra a pessoa, que consiste em privar alguém de sua liberdade, mantendo-o preso de uma forma injusta. Dá-se, no caso, o constrangimento ilegal, já que se impede a vítima de usar a sua liberdade de locomover-se e dos meios de defesa e socorro. O móvel do delito pode ser vingança, ciúme etc.; mas, se o objetivo é vantagem pecuniária, o crime é titulado como de *extorsão mediante sequestro*. Local onde esse crime se consuma.

✱ ***V.*** *CP, art. 148.*

✱ ***V.*** *Lei nº 12.258/2010 (Altera o Decreto-Lei nº 2.848/1940 (Código Penal), e a Lei nº 7.210/1984 (Lei de Execução Penal), para prever a possibilidade de utilização de equipamento de vigilância indireta pelo condenado nos casos em que especifica).*

CARCEREIRO – 1. Pessoa encarregada da guarda de presos, recolhendoos à prisão por decisão judicial, cuidando para que não fujam. 2. A EC nº 104/2019 deu nova nomenclatura: polícia penal. Cabe às polícias penais, a segurança dos estabelecimentos penais.

✱ ***V.*** *CF, art. 144, VI e § 5º-A.*

CARECEDOR DE AÇÃO – Aquele que ajuíza ação não tendo legitimidade para fazê-lo nem legítimo interesse em sua pretensão ou que reivindica o que é juridicamente impossível. Diz-se daquele a quem falta qualquer dos requisitos da ação.

De direito: diz-se daquele que não é titular do direito que pleiteia ou alega ou não prova suficientemente a própria intenção em juízo.

CARÊNCIA – Falta, ausência, necessidade, privação. Prazo necessário para aquisição de direito ou vantagem. Tempo que falta para completar um prazo.

De direito de ação: ausência dos pressupostos processuais, isto é, legitimidade para a causa, interesse de agir e possibilidade jurídica do pedido, significando que o pedido não deve contrariar a ordem jurídica vigente. Com a carência, extingue-se o processo, sem julgamento de mérito. Não se confunde com *improcedência da ação*, que se dá quando a parte atende todos os requisitos processuais, porém sua pretensão não é acolhida na *decisão de mérito*.

✱ ***V.*** *CPC/1973, arts. 3º, 267, VI, e 301, X.*

✱ ***V.*** *CPC/2015, arts. 17, 337 e 485.*

CARGA – Conjunto de objetos, malas, pacotes, que podem ser transportados. Recibo ou anotação que o advogado ou o cartorário, autoridade judiciária, administrativa ou fiscal, lança para indicar com quem estão os autos entregues em confiança. *Protocolo de*: livro que se mantém nos cartórios e secretarias dos tribunais para a anotação da retirada ou encaminhamento de autos, mediante recibo.

CARGO – Emprego, ofício, função pública; incumbência, encargo, responsabilidade.

De carreira: de provimento efetivo, é incorporado a certa categoria de cargos da mesma profissão, segundo padrões de vencimentos.

De confiança: o que é exercido a título precário ou em comissão, não pertencendo a pessoa ao quadro dos funcionários públicos; é cargo de livre provimento do titular da Secretaria ou do Governo, razão pela qual o seu ocupante pode ser demitido *ad nutum*.

De governo: aquele exercido por agente do Poder Executivo.

Efetivo: quando sua situação no respectivo quadro é permanente.

Estável: quando está fixado no respectivo quadro, definitivamente; o instituto da estabilidade é dos mais polêmicos na administração pública atualmente.

Em comissão: exercido por alguém que é designado ou nomeado para ele, por certo tempo; trata-se, no caso, de cargo isolado.

Interino: aquele que se exerce temporariamente, substituindo o titular efetivo, que esteja impedido, ou tenha sido removido ou transferido, não havendo pessoa habilitada em seu lugar.

Irremunerado: quando seu titular não recebe vencimentos por meio dos cofres públicos.

Isolado: o que não se integra em uma classe, correspondendo, em separado, a certa função; é de livre provimento e demissão.

Provisório: exercido, em caráter de substituição, por um tempo determinado.

Público: aquele criado por lei, fixo, de número certo, com denominação e atribuições específicas, remuneradas pelos cofres públicos. O cargo público diz-se:

Remunerado: quando é pago pelos cofres públicos.

Vago: aquele que não teve provimento regular ou tenha sido seu titular afastado em definitivo.

Vitalício: aquele que tem garantia permanente, podendo seu ocupante exercê-lo enquanto viver, sendo dele afastado apenas nos casos previstos na CF e nas leis civis e militares.

CARISMA – Atribuição a uma pessoa de qualidades de liderança, derivadas de sanção divina, mágica, ou apenas de individualidade excepcional. Conjunto de qualidades especiais de liderança de um grupo ou de uma nação.

CARISMÁTICO – Referente ao *carisma*. Dizia-se também do epilético pela crença de que, quando condenado à morte, se sofresse um ataque epilético, é porque teria sido visitado pela graça divina e, por esse motivo, recebia o perdão.

CARNAL – Referente à carne, que é da carne; sexual. Consanguíneo.

CARNIFICINA – Matança, morticínio.

CARRASCO – O mesmo que verdugo, algoz. Funcionário encarregado de executar a pena capital. Homem de instintos cruéis que inflige maus-tratos constantes a membros de sua família. Segundo alguns autores, a palavra deriva do nome de Belchior Nunes Carrasco, que foi algoz em Lisboa antes do século XVIII.

CARREGAÇÃO – Ato de carregar, colocar a carga no navio. O conjunto das mercadorias embarcadas.

CARREGADOR – O mesmo que expedidor. O que carrega a carga.

CARREGAMENTO – Embarque de carga no meio de transporte (navio, caminhão, avião etc.). Conjunto das coisas ou objetos que constituem a carga; totalidade das mercadorias embarcadas, constantes dos *conhecimentos* emitidos.

CARREIRA – Organização de postos ou funções, nas atividades privadas ou públicas, em ordem ascendente, com critérios de promoção e padrões de remuneração. Profissão ou função pública escalonada; agrupamento de profissionais com padrões de vencimentos variáveis.

✱ *V. CLT, art. 461.*

Diplomática: classe especial de funcionários públicos, que são representantes de seus países, em caráter efetivo, servindo-os em suas relações econômicas e políticas com outras nações. O cargo de diplomata é privativo de brasileiros natos.

✱ *V. CF, art. 12, § 3º, V.*

CARRETA – Carro pequeno, de duas rodas. No Brasil, hoje, o mesmo que *jamanta*.

CARRETAGEM – Conduzir carga em carro, caminhão. O preço do *carreto*.

CARRETEIRO – O que dirige, conduz, faz carreto. Transportador rodoviário de carga. Barco que se usa na carga e descarga de navio.

CARRETO – Ato ou efeito de carretar, transportar mercadorias; importância que se paga pelo carreto.

CARRO DE SOM – Para os efeitos da legislação eleitoral, é todo veículo automotor que usa equipamento de som com potência nominal de amplificação de, no máximo, 10.000 (dez mil) *watts*.

✱ *V. Lei nº 9.504/1997 (Estabelece normas para as eleições), art. 38, § 12, I.*

CARRO – 1. Carro de boi; meio de transporte de carga ou pessoas muito utilizado em regiões rurais. 2. Automóvel; veículo de rodas para o transporte de carga ou de pessoas. 3. Segundo o Anexo I do Código de Trânsito Brasileiro, trata-se de veículo automotor destinado ao transporte de passageiros, com capacidade para até oito pessoas, exclusive o condutor. 4. Parte da máquina de escrever onde se fixa o papel. 5. A Lei nº 13.755/2018 determinou que o Poder Executivo estabelecerá requisitos obrigatórios para a comercialização de automóveis produzidos no Brasil e para a importação de automóveis referentes à rotulagem veicular, eficiência energética veicular e desempenho estrutural associado a tecnologias assistivas à direção.

✱ *V. Lei nº 9.503/1997 (Código de Trânsito Brasileiro), Anexo I.*

✱ *V. Lei nº 13.755/2018 (Estabelece requisitos obrigatórios para a comercialização de veículos no Brasil; institui o Programa Rota 2030 – Mobilidade e Logística; dispõe sobre o regime tributário de autopeças não produzidas, entre outros).*

CARTA – Epístola, missiva, comunicação escrita, manuscrita, datilografada, ou impressa, acondicionada em envelope, lacrado ou não, selado, que se envia a uma ou mais pessoas. Documento ou escrito judicial, ou oficial, por meio do qual se pede a execução de certos atos, fazem-se avisos, contratos, notificações, intimações, impõem-se obrigações e deveres e reconhecem-se direitos. Instrumento de tratado ou congresso internacional; estatuto; conjunto de regras ou leis. Peça do jogo de baralho. Mapa geográfico. Cardápio.

CARTA ABERTA – A que se publica na imprensa para conhecimento público de fatos controversos.

CARTA AVALIATÓRIA – Destinada a proceder à avaliação de bens no juízo deprecado.

✱ *V. CPC/1973, arts. 201 a 212.*

✱ *V. CPC/2015, arts. 260 a 268.*

CARTA AVOCATÓRIA – Pela qual o juiz de instância superior ou tribunal avoca feito aforado em juízo inferior, por atribuir-se competência para o conhecer.

CARTA BRANCA – Autorização dada para uma pessoa para que ela possa agir com plenos poderes.

CARTA DE ABONO – Pela qual se garante a solvabilidade de uma pessoa até um certo limite.

CARTA DE ADJUDICAÇÃO – Documento oficial que dá ao exequente a propriedade dos bens penhorados.

CARTA DE ALFORRIA – Pela qual se concedia liberdade aos escravos.

CARTA DE ARREMATAÇÃO – Título de propriedade expedido a favor do arrematante de bens vendidos em leilão ou hasta pública, pagos a dinheiro.

✱ *V. CPC/1973, art. 703.*

✱ *V. CPC/2015, art. 901, § 2º.*

CARTA DE AUTORIZAÇÃO – Decreto do Governo pelo qual permite o funcionamento de empresa ou sociedade que dela precise.

CARTA DE CITAÇÃO – Meio pelo qual alguém é citado por via postal.

CARTA DE CONSCIÊNCIA – Disposições de última vontade transmitidas em segredo ao testamenteiro.

CARTA DE CONSTITUIÇÃO DE USUFRUTO – Ato pelo qual se formaliza a atribuição do usufruto do imóvel penhorado ao credor, antes da realização da praça. O devedor deverá concordar com o pedido.

✱ *V. CPC/1973, arts. 721 e 722.*

✱ *V. CPC/2015, arts. 868 e 869, § 2º.*

CARTA DE CRÉDITO – São "ordens escritas dadas por um banco a outro estabelecimento de crédito, localizado em praça diferente, para que este ponha à disposição de uma ou mais pessoas determinada quantia que deve ser retirada, total ou parcialmente, num prazo especificado". Definição de Fran Martins (*Contratos e Obrigações Comerciais*, pág. 523).

CARTA DE EXECUÇÃO PROVISÓRIA – É a maneira de se efetuar a execução provisória, extraindo-se a carta de sentença do processo pelo escrivão e assinada pelo juiz. Será sua extração dependente do recebimento da apelação apenas no efeito devolutivo, quando "o apelado poderá promover, desde logo, a execução provisória da sentença, extraindo a respectiva carta". Por ser um incidente autônomo em relação ao processo principal, a liquidação e atos executivos podem ser objeto de recurso próprio, v.g. agravo de instrumento, e podem ser prejudicados por decisões no processo principal. A Lei nº 11.232/2005 revogou os arts. 588 a 590 do CPC, deixando de prever a expressão *carta de sentença*. ***V.*** *Carta de sentença.*

✱ *V. CPC/1973, arts. 475-O, § 3º, e 521.*

✱ *V. CPC/2015, arts. 520 a 522 e 1.012.*

✱ *V. CLT, art. 897, §§ 1º e 3º.*

CARTA DE FIANÇA – Documento pelo qual alguém se obriga, solidariamente, pelo pagamento de uma dívida.

CARTA DE GUIA – Extraída dos autos pelo escrivão e assinada pelo juiz, destina-se a encaminhar o réu à prisão, para cumprimento de sentença.

✱ *V. CPP, arts. 676, I a III e parágrafo único, e 677 a 679.*

CARTA DE HOMOLOGAÇÃO DE SENTENÇA ESTRANGEIRA – Deve ser extraída dos autos após ser requerida ao relator do processo. A sentença estrangeira homologada pelo STJ é título executivo judicial.

✱ *V. CPC/1973, arts. 475-N, VI, e 483 a 484.*

✱ *V. CPC/2015, art. 515, II.*

✱ *V. Res. nº 9/2005 do STJ.*

CARTA DE INQUIRIÇÃO – Carta precatória ou rogatória pela qual se tomam depoimentos de testemunhas fora da jurisdição do juiz da causa; se dentro do território nacional será por *precatória*; se em país estrangeiro, por *rogatória*.

CARTA DE NATURALIZAÇÃO – Documento que atesta a concessão de naturalização para estrangeiro.

✱ *V. Lei nº 6.815/1980 (Estatuto do Estrangeiro).*

CARTA DE ORDEM – Aquela em que o juiz requisita de outro, de juízo inferior, na jurisdição do deprecado, a realização de ato ou diligência com prazo prefixado de cumprimento; a que o comerciante envia a seu correspondente, autorizando-o a fazer pagamento a terceiro; em que o armador dá as devidas instruções ao comandante do navio, sobre a viagem a ser realizada; nesse caso, é também chamada *carta de prego*.

CARTA DE PREPOSTO – Carta dada pelo empregador a gerente ou outro preposto que conheça os fatos em reclamação trabalhista.

✱ *V. CLT, art. 843.*

CARTA DE PROVISÃO – Pela qual o governo nomeia cônsul para exercer suas funções em país estrangeiro; diz-se, ainda, *carta-patente*.

CARTA DE RATIFICAÇÃO – Documento que é assinado pelo presidente da República, referendado pelo ministro das Relações Exteriores, para aprovar ou confirmar tratado concluído entre dois países.

CARTA DE REMESSA – Relação que acompanhava títulos enviados a Banco para cobrança ou desconto, também chamada *borderô*.

CARTA DE REMIÇÃO – Título de propriedade que se expede ao executado para liberar bens penhorados, ou um deles, oferecendo ele preço igual ao da avaliação, se não houve licitante, ou do maior lanço dado; pode fazê-lo até que seja assinado o ato de arrematação ou publicada a sentença de adjudicação.

CARTA DE SENTENÇA – Incidente processual paralelo a uma ação principal, pelo qual são extraídas do processo cópias de peças para realização da execução provisória, ou mesmo definitiva, no caso de execução de sentença estrangeira. A carta deve ser formada pelo escrivão e assinada pelo juiz, contendo requisitos que a lei determina, o principal deles sendo a sentença exequenda. Por ser um incidente autônomo em relação ao processo principal, a liquidação e atos executivos podem ser objeto de recurso próprio, *V.g.* agravo de instrumento, e podem ser prejudicados por decisões no processo principal. A Lei nº 11.232/2005 revogou os arts. 588

C

a 590 do CPC, deixando de prever a expressão *carta de sentença.*

✱ *V. CPC/1973, arts. 475-O, § 3º, 484 e 521.*

✱ *V. CPC/2015, arts. 520 a 522, 965 e 1.012, § 2º.*

✱ *V. CLT, art. 897, §§ 1º e 3º.*

CARTA MAGNA – O mesmo que *Constituição Federal* (q.v.).

CARTÃO DE CRÉDITO – Cartão fornecido por empresas especializadas que permitem a seu portador, legalmente identificado, adquirir bens ou utilizar-se de serviços, apenas com sua apresentação, sem pagamento no ato. Esse pagamento será feito em um determinado prazo, após a compra ou a prestação de serviço. O primeiro cartão de crédito foi criado por Frank McNamara, em 1950, nos Estados Unidos: era o Diners Club (usado para refeições em restaurantes, inicialmente), o qual chegou ao Brasil em 1956, trazido pelo empresário Horácio Klabin. Em 1984, a Credicard S.A. adquiriu os direitos de uso da marca.

CARTÃO DE PONTO – Fornecido pelas empresas para que o empregado registre suas entradas e saídas do local de trabalho, diariamente, para controle de faltas e justa aferição do salário a ser pago no final do mês.

CARTA-PATENTE – Documento expedido depois de decorrido o prazo para o recurso ou, se interposto este, após a sua decisão quanto ao registro da propriedade industrial que é regulada pela Lei nº 9.279/1996, vigente desde 15-5-1997, embora alguns itens tenham entrado em vigor na data da sua publicação (15-5-1996). O Instituto Nacional da Propriedade Industrial – INPI é uma autarquia federal à qual compete a execução das normas da propriedade industrial, como o processamento e a análise dos pedidos de patentes e/ou de registro, sendo o órgão oficial para a publicação dos requerimentos das partes e dos atos do INPI a "Revista da Propriedade Industrial". Extinta a patente, pelo término de seu prazo de validade, ou outro motivo elencado na lei, o seu objeto cai em domínio público (arts. 78, parágrafo único, e 230 a 232 da referida lei).

CARTA PRECATÓRIA – Ato processual que consiste em um juiz (*deprecante*) pedir a outro (*deprecado*), de comarca diversa, que efetue diligências pertinentes a caso sob jurisdição do deprecante, já que lhe falece competência para fazê-lo, em razão do lugar. Só é válida de juiz a juiz. São espécies de precatórias, entre outras: *citatória*, para citar uma pessoa; *executória*, para a execução de bens; *inquiritória*, para ouvir testemunhas e depoentes. Para citação em comarca próxima, ou na mesma região metropolitana, dispensa-se a precatória.

✱ *V. CPC/1973, arts. 202 a 209, 230 e 338.*

✱ *V. CPC/2015, arts. 255, 260 a 267 e 377.*

CARTA ROGATÓRIA – Aquela em que o juiz de um Estado solicita a juiz de outro Estado, ou de país a país, o cumprimento de providências judiciais em sua jurisdição. Também se diz *comissão rogatória.* A Lei nº 11.900/2009 (Lei da Videoconferência) acrescentou ao CPP o art. 222-A, que dispõe: "as cartas rogatórias só serão expedidas se demonstrada previamente a sua imprescindibilidade, arcando a parte requerente com os custos de envio".

✱ *V. LINDB (antiga LICC), art. 12. § 2º.*

✱ *V. CPC/1973, arts. 88 a 90, 201 e 202, 210, 231, § 1º, e 238.*

✱ *V. CPC/2015, arts. 21 a 24, 237, I a III, 256, 260, 263 e 274.*

✱ *V. CF, art. 105, I, i.*

CARTA TESTEMUNHÁVEL – Aquela requerida ao escrivão ou secretário do tribunal, nas 48 horas após o despacho que denegar o recurso, devendo o requerente indicar as peças do processo penal a serem trasladadas (CPP, arts. 639 a 646). Rejeitado liminarmente o recurso extraordinário, não cabe carta testemunhal, e, sim, agravo de instrumento; igualmente da decisão denegatória de embargos declaratórios, quando se deve interpor agravo regimental, cabível também da decisão que denega seguimento aos embargos infringentes, e não carta testemunhal.

CARTEIRA – Bolsa de couro ou plástico para a guarda de dinheiro ou de documentos. Escrivaninha escolar com banco. Nome dado a seções de estabelecimentos de crédito. Conjunto de documentos ou valores móveis de que dispõem os comerciantes, os bancos.

De estrangeiro: documento fornecido por autoridades brasileiras a estrangeiros que residam no país.

De identidade: documento fornecido por órgãos de identificação, contendo nome, filiação, data de nascimento e outros dados, para identificação do indivíduo. Tem fé pública e validade em todo o território nacional.

✱ *V. Lei nº 7.116/1983 (Assegura validade nacional às carteiras de identidade).*

✱ *V. Dec.-lei nº 499/1969 (que instituiu a carteira de identidade para estrangeiros).*

De menor: expedida pelo órgão do Ministério do Trabalho para que o menor se empregue em empresa industrial ou comercial.

De saúde: documento exigido para certas atividades em que se faz necessário atestado de sanidade física do seu portador.

Nacional de Habilitação: emitida, nos Estados, pelo Detran – Departamento Estadual de Trânsito, pela qual se comprova a habilitação legal de seu possuidor para dirigir veículos automotores.

CARTEIRA DE TRABALHO – 1. Antes denominada *Carteira Profissional.* Documento oficial que, identificando o empregado, serve de prova de exercício profissional e da vida pregressa do trabalhador na empresa e em outros empregos anteriores. Nenhum empregado pode ser admitido sem a Carteira de Trabalho, na qual o empregador tem prazo de 5 (cinco) dias para fazer as anotações e devolvê-la. 2. A Lei nº 12.037/2009 passou a reconhecer expressamente a CTPS como documento de identidade, inclusive para fins de identificação civil perante órgãos de investigação criminal. 3. Embora a CTPS constitua início de prova material para fins previdenciários, o INSS vem resistindo a computar tempo de serviço anotado no documento sem correspondente recolhimento de contribuições previdenciárias registrado no Cadastro Nacional de Informações Sociais, sob o pretexto de que as anotações em CTPS apenas geram presunção relativa. Neste sentido, a Turma Nacional de Uniformização de Jurisprudência dos Juizados Especiais firmou o entendimento de que, não havendo indícios de que as anotações na CTPS são extemporâneas ou adulteradas, o documento deve ser aceito como prova da existência de vínculos empregatícios. 4. A Lei nº 13.874/2019 alterou substancialmente as disposições da CLT acerca da emissão e anotação de dados em CTPS, delegando ao Ministério da Economia (sucessor por incorporação do extinto Ministério do Trabalho) a competência para normatizar as informações e procedimentos a serem adotados, principalmente no que diz respeito à informatização dos registros. 5. A MP nº 905/2019 vigeu durante o período de 12/11/2019 (data de sua publicação) até 20/04/2020 (data de publicação da MP nº 955 que revogou a MP nº 905) e alterou diversas outras disposições, no que concerne aos procedimentos fiscalizatórios a serem adotados pelos Auditores Fiscais do Trabalho, bem como em relação à cominação de multas. Os atos embasados na referida MP enquanto teve vigência são válidos. 6. A Lei nº 14.438/2022 fixou valores de multa a serem cobrados do empregador quando o prazo e as anotações na CTPS não observarem o requerido na CLT.

✱ *V. CLT, arts. 13, a 56, e 359 a 367.*

✱ *V. Lei nº 12.037/2009 (Dispõe sobre a identificação criminal do civilmente identificado).*

✱ *V. Lei nº 14.438/2022 (Institui o Programa de Simplificação do Microcrédito Digital para Empreendedores (SIM Digital); promove alterações na gestão e nos procedimentos de recolhimento do Fundo de Garantia do Tempo de Serviço (FGTS); altera a Consolidação das Leis do Trabalho (CLT), dentre outras disposições.), art. 13.*

✱ *V. Súm. nº 225 do STF.*

✱ *V. Súm. nº 12 do TST.*

✱ *V. Súmulas nºs 31 e 75 da TNU.*

CARTEIRO – Funcionário dos Correios e Telégrafos que distribui a correspondência de casa em casa. Na citação pelos Correios, o carteiro fará a entrega da carta registrada ao destinatário, exigindo-lhe que assine o recibo.

✱ *V. CPC/1973, arts. 222 e 223, parágrafo único.*

✱ *V. CPC/2015, arts. 247 e 248, § 1º.*

CARTEL – Acordo que fazem, entre si, as empresas produtoras, do mesmo gênero de negócios ou fabricantes de iguais produtos, distribuindo entre elas os mercados, visando dominá-los, controlá-los em seu benefício exclusivo, restringindo ou suprimindo a livre concorrência e determinando os preços. Diz-se da fixação uniforme de preços por indústrias da mesma categoria. Caracteriza a prática do monopólio, açambarcamento, exploração abusiva sem competidor.

✱ *V. Lei nº 12.529/2011 (Lei de Defesa da Concorrência), art. 36, § 3º.*

✱ *V. Lei nº 8.666/1993 (Institui normas gerais sobre licitações e contratos administrativos), art. 90. Revogada pela Lei nº 14.133/2021.*

CARTORÁRIO – 1. Referente a cartório. 2. Servidor público, escrevente de cartório judicial. 3. Aquele que dirige, ou é empregado de cartório extrajudicial.

✱ *V. CPC/1973, art. 141.*

✱ *V. CPC/2015, art. 152.*

✱ *V. Lei nº 8.935/1994 (Dispõe sobre serviços notariais e de registro).*

CARTÓRIO – 1. Repartição incumbida de registro e guarda de documentos, de escrituras públicas. 2. Secretaria de órgão judiciário, em que se praticam atos judiciais relativos aos procedimentos dos feitos cíveis, criminais etc., neste caso chamado por *cartório judicial*. 3. Local em que se praticam atos extrajudiciais como lavratura de escrituras, testamentos, registros imobiliários, neste caso chamado por *cartório extrajudicial*. No Brasil, serviços notariais e de registro são exercidos em caráter privado, por delegação do Poder Público.

✱ *V. CF, art. 236, §§ 1º a 3º.*

✱ *V. Lei nº 6.015/1973 (Lei de Registros Públicos).*

✱ *V. Lei nº 8.935/1994 (Dispõe sobre serviços notariais e de registro).*

CASA – Nome que se dá, em geral, a todas as construções que se destinam a moradia; habitação, residência, lar. Firma comercial. Diz a lei que a casa é asilo inviolável do indivíduo, ninguém podendo nela entrar sem o consentimento do morador. Excetuam-se casos de flagrante delito, desastre, prestação de socorro e, durante o dia, com ordem judicial. Não são consideradas *casas*, a hospedaria, a estalagem ou outra habitação coletiva (nesta, salvo o aposento ocupado), taverna, casa de jogo e outras do mesmo gênero. Considera a lei como *casa* qualquer compartimento habitado, aposento ocupado de habitação coletiva, compartimento não aberto ao público, onde alguém exerce profissão ou atividade. Há quem considere, de modo mais amplo, casa o lugar onde alguém mora, seja a lona do circo, seja a barraca do campista, seja o barraco do favelado, seja o rancho do pescador.

✱ *V. CF, art. 5º, XI.*

✱ *V. CP, art. 150, §§ 4º e 5º.*

✱ *V. CPP, art. 293.*

CASA BANCÁRIA – Estabelecimento que faz as operações de um banco, mas tem capital inferior a ele.

CASA CIVIL – Repartição do Governo Federal que reúne um grupo de servidores civis que prestam serviços diretamente ao Chefe de Estado; oposto a *Casa Militar.*

✱ *V. Decreto nº 10.907/2021 (Aprova a Estrutura Regimental e o Quadro Demonstrativo dos Cargos em Comissão e das Funções de Confiança da Casa Civil da Presidência da República, dentre outras disposições).*

CASA DA MOEDA – Repartição estatal que se incumbe de cunhar moedas e de emitir dinheiro.

CASA DE CÂMBIO – Estabelecimento que faz operações de câmbio, com a permuta de moedas entre países; compra, vende e troca moedas estrangeiras.

CASA DE DETENÇÃO – Estabelecimento penal ao qual são recolhidos indiciados que aguardam conclusão de processo e julgamento.

CASA DE PENHOR – Estabelecimento autorizado pelo Governo para empréstimo de dinheiro a juros, mediante garantia pignoratícia de coisas móveis.

CASA DE TAVOLAGEM – Local onde são realizados jogos de azar.

CASA DE TOLERÂNCIA – Local onde se pratica o lenocínio. O mesmo que *prostíbulo.*

CASADO – Estado civil da pessoa que contrai matrimônio; opõe-se a solteiro, divorciado, viúvo.

CASA-GRANDE – Nome que se dava à casa do senhor de engenho, no Nordeste, reflexo da riqueza auferida com o ciclo do açúcar.

CASAL – Duas pessoas que se uniram pelo matrimônio, pelo concubinato ou por união livre.

✱ *V. CPC/1973, arts. 82, II, 822, III, 888, VI, e 1.121, I.*

✱ *V. CPC/2015, arts. 178 e 731.*

CASA MATRIZ – Estabelecimento principal de uma empresa, a sua sede, onde se centralizam sua administração e contabilidade e da qual se comanda o funcionamento de filiais e de sucursais.

CASAMENTO – 1. Matrimônio. 2. Segundo a redação original do art. 226, § 3º, da Constituição, restringir-se-ia à união entre homem e mulher, lícita e permanente, com ânimo de constituir família, equiparando-se, para todos os efeitos, à união estável. 3. A evolução das relações sociais, seguida posteriormente pela jurisprudência, vem aplicando ostensivamente este termo para abarcar o reconhecimento estatal de entidades familiares homoafetivas, o que foi reforçado pelo julgamento pelo STF da ADPF nº 132, em 2011, em que foi reconhecida expressamente a igualdade de direitos entre casais hétero e homoafetivos. 4. No âmbito restrito do Dir. Civil, é o negócio jurídico bilateral e solene, pelo qual homem e mulher instituem um vínculo jurídico, que abrange o regime pessoal e o regime patrimonial, estabelecendo-se comunhão plena de vida, com base na igualdade de direitos e deveres entre os cônjuges. O casamento é civil e sua celebração é gratuita. Pode ser dissolvido pelo *divórcio* (q.v.). É ato formal; habilitar para o casamento é definir a aptidão jurídica dos nubentes. O art. 67 fala de *impedimento* e *impugnação.* Impedimento é obstáculo legal, denunciado por pessoas com legítimo interesse (CC, art. 1.522). Ele pode ser *absoluto,* tornando o casamento nulo; e *relativo,* fazendo anulável o matrimônio. Denomina-se *impedimento,* também, o obstáculo que não veda nem invalida a união, mas impõe restrições aos contraentes. Lei de Introdução às normas do Direito Brasileiro chama ao *impedimento absoluto* (que invalida definitivamente o ato) de *impedimento dirimente* (LINDB – antiga LICC – art. 7º, § 1º). Também o curador pode suscitar impedimentos. Já a *impugnação ao pedido* é oposição feita pelo Ministério Público com base na falta de documentos. Não cabe recurso da parte ou do Ministério Público, na impugnação, da decisão do juiz. Se contrária aos noivos, devem eles providenciar novo processo de habilitação. No caso de impedimento, cabe recurso de apelação da decisão, no prazo de 15 dias, contados da intimação, correndo esse prazo também nas férias forenses (art. 174 do CPC/1973, correspondente ao art. 215 do CPC/2015). Com o casamento, os cônjuges adquirem direitos e deveres recíprocos, de natureza pessoal e patrimonial, esta segundo o regime de bens que adotaram. O casamento religioso terá os mesmos efeitos do civil, se forem obedecidas as prescrições legais. O casamento nulo, ou inexistente, se constatada a boa-fé dos cônjuges, produzirá efeitos civis em relação a eles próprios e aos seus filhos, até a data da sentença anulatória; já o anulável valerá a partir da extirpação dos vícios que comprometiam a sua eficácia. Pelo atual Código Civil, o casamento deixa de ser apenas a constituição da família e passa a abranger uma comunhão de vida entre os cônjuges. Mantém de fora as relações homossexuais. Têm os mesmos direitos os casamentos religiosos e civis. Toda cerimônia civil e os documentos passam a ser gratuitos, desde que o casal comprove ser pobre. A união do casal precisa ser apenas pública, contínua e duradoura para ser reconhecida. A direção da sociedade conjugal é exercida pelo marido e pela mulher, em colaboração, sempre no interesse do casal e dos filhos. Havendo divergência, qualquer dos cônjuges pode recorrer ao juiz, o qual decidirá levando em conta aqueles interesses. O casamento é:

Civil: celebrado por um juiz de paz, segundo as formalidades fixadas em lei.

In articulo mortis: o mesmo que *nuncupativo* ou *in extremis*.

In extremis: aquele em que as formalidades de costume são dispensadas, em vista do iminente desenlace do contraente; exige-se a presença de 6 testemunhas, que não sejam parentes dos nubentes, as quais deverão prestar declarações no prazo de 5 dias à autoridade judicial mais próxima; o mesmo que *nuncupativo*.

Incestuoso: entre parentes em grau que a lei proíbe quer se casem.

✱ *V. CC, art. 1.521.*

Nuncupativo: por motivo de urgência exige celebração imediata. Em razão do iminente risco de vida de cônjuge é feito oralmente na presença de 6 testemunhas que não tenham qualquer tipo de parentesco com os cônjuges.

Putativo: contraído por pessoas que julgavam estar-se casando legitimamente, sendo nulo ou anulável.

Subsequente: celebrado entre pessoas que viviam como se casadas fossem. É crime contrair casamento induzindo em erro essencial o outro contraente, ocultando-lhe impedimento que não seja casamento anterior; também é crime contrair casamento conhecendo a existência de impedimento que lhe causa nulidade absoluta.

✱ *V. CF, art. 226.*

✱ *V. EC nº 66/2010 (Dispõe sobre a dissolubilidade do casamento civil pelo divórcio, suprimindo o requisito de prévia separação judicial por mais de 1 (um) ano ou de comprovada separação de fato por mais de 2 (dois) anos).*

✱ *V. CC, arts. 1.513 a 1.525.*

✱ *V. LINDB (antiga LICC), arts. 7º, 18 e 19.*

✱ *V. CP, arts. 235 a 239.*

✱ *V. Lei nº 6.015/1973 (Lei de Registros Públicos), arts. 29, II, e 67 a 76.*

✱ *V. Lei nº 6.515/1977 (Lei do Divórcio).*

✱ *V. Dec.-lei nº 3.200/1941 (Dispõe sobre a proteção e a organização da família).*

✱ *V. Súm. Vinc. nº 18 (A dissolução da sociedade ou do vínculo conjugal, no curso do mandato, não afasta a inelegibilidade prevista no § 7º do art. 14 da CF).*

CASA MILITAR – Assessoria dada a um Chefe de Estado, por militares, em assuntos de sua competência.

CASAR – Unir pelo matrimônio; celebrar o casamento. Matrimoniar-se.

CASEIRO – Pessoa contratada para tomar conta da casa alheia, administrá-la na ausência do dono, cuidando da vigilância e conservação. Inquilino ou arrendatário de propriedade campestre.

CASO – Acontecimento, evento, fato controvertido que é objeto de estudo, debate, apreciação ou decisão judicial.

Concreto: aquele submetido a julgamento, objeto de relação jurídica; diz-se também *in concretu*.

Da lei: aquele no qual a lei é aplicada.

Fortuito: imprevisto, inevitável, estranho à vontade, irresistível, como terremoto, morte natural, tempestade, naufrágio; o que não pode ser previsto por meio humano. Alguns tratadistas, com base no art. 393, parágrafo único do CC, são de opinião que o caso fortuito confunde-se com o de *força maior* ou *insólito*, com o que outros não concordam, sob a alegação de que esses podem ser previstos pelo homem.

Julgado: pendência sujeita à decisão do Judiciário sobre a qual já existe *coisa julgada*, daí serem as expressões consideradas sinônimas.

Omisso: hipótese para a qual não há previsão em lei, razão por que deve ser suprida por analogia, costumes ou pelos princípios gerais de Dir.

Sub judice: que ainda está dependendo de julgamento; sobre o qual a Justiça ainda não se pronunciou.

CASSAÇÃO – Anulação, revogação, supressão. Ato de cassar, invalidar, revogar, privar de um direito, uma vantagem, cargo ou poder.

Da palavra: cominação que se impõe ao advogado quando profere expressões injuriosas durante a defesa oral.

De acórdão: trata-se da reforma do acórdão, total ou parcial, para anulá-lo.

De disponibilidade: pena aplicada a funcionário público por prática de atos ilícitos.

De mandato: processo que pode culminar com a perda de mandato eletivo nos casos que a Constituição especifica e naqueles que as pessoas podem ter cassados seus direitos políticos.

De sentença: em sentido lato, consiste na reforma, parcial ou total, da sentença. Em sentido estrito, consiste apenas na hipótese de anulação da decisão de grau inferior, determinando-se o retorno dos autos à origem, para prolação de nova decisão.

CASSAR – Cancelar, tornar sem efeito, tornar nulo, sem validade jurídica; revogar (ordem, mandato, despacho, direito, documento, fiança etc.).

CASTIGO – Penalidade, punição, pena aplicada a quem infringe a lei; corretivo. O castigo não pode ser imoderado em nenhuma circunstância; o pai ou a mãe perdem o poder familiar ao castigar imoderadamente o filho.

✱ *V. CC, art. 1.638.*

CASTRENSE – Diz respeito à classe militar; adjetiva, também, a Justiça Militar, que se diz Justiça Castrense. Eram, antigamente, chamados *bens castrenses* aqueles adquiridos pelo filho (pecúlio) em serviço militar, os quais se excluem tanto do usufruto como da administração dos pais (embora, atualmente, a lei não consigne esta expressão).

✱ *V. CC, art. 1.693, II.*

CASUAL – Fortuito, imprevisto, ocasional, eventual.

CASUALIDADE – Diz-se de um conjunto de circunstâncias que dependem do acaso, por serem fortuitas, imprevistas.

CASUÍSMO – Submissão rotineira à letra da lei, sem espírito criador nem reformador; passiva aceitação de ideias e princípios; apego formalístico à jurisprudência dos tribunais. O casuísmo é próprio dos rábulas, dos que se apegam a postulados ou dogmas que a moderna prática do Direito repele. Foi palavra usada à saciedade nos debates e procedimentos que culminaram com a cassação do mandato do ex-presidente Collor.

CASUÍSTA – Aquele que é adepto ou se sujeita, sem espírito crítico, ao pragmatismo jurídico, à rotina.

CASUÍSTICA – Registro de casos concretos, já apreciados. Exame direto e aceitação de fatos como a realidade jurídica os apresenta, sem análise crítica.

CASUM SENTIT DOMINUS – (Latim) O dono sofre o acaso.

CASUS A NULO PRAESTANTUR – (Latim) O acaso a ninguém aproveita.

CASUS BELLI – (Latim) Caso de guerra. Ato de nação que ofende direitos, interesses ou soberania de outra, podendo resultar declaração de guerra.

CASUS EXCEPTUS FIRMA REGULAM – (Latim) A exceção firma a regra.

CASUS FOEDERIS – (Latim) Caso de aliança.

CATA – Extração de substâncias minerais úteis, por processos rudimentares, sem uso de explosivos, equiparáveis aos da garimpagem.

✱ *V. Cód. de Mineração, art. 70, III.*

CATEGORIA – 1. Classificação de um objeto segundo um critério pré-estabelecido 2. Grau, classe em que uma pessoa se classifica segundo a hierarquia do cargo que ocupa; atividade, função. 3. Para o Dir. do Trabalho, é a entidade despersonalizada composta por pessoas físicas ou jurídicas que exerçam a mesma atividade ou profissões ou atividade ou profissões similares ou conexas. São classificadas em: *Profissional:* aquela que reúne profissionais que exercem as mesmas atividades (metalúrgicos, jornalistas etc.); *Econômica:* aquela que reúne empregadores que exerçam atividades empresariais idênticas, similares ou conexas;

Diferenciada: aquela formada por empregados que exerçam profissões ou funções diferenciadas por força de estatuto profissional especial ou condições de vida singulares. Os sindicatos detêm a prerrogativa de representar os interesses gerais da respectiva categoria, ou interesses individuais dos associados, tanto em sede administrativa quanto judicial, observadas as regras acerca da unicidade de representação. Entidades sindicais também podem atuar como substitutos processuais de integrantes determinados ou determináveis da categoria, para fins de propositura de ações coletivas, mandados de segurança coletivos e até ações diretas de inconstitucionalidade.

✱ *V. CF, arts. 5º, LXX,* b*; 8º, II e III; 103, IX; e 149.*

✱ *V. CLT, art. 511, §§ 1º a 3º.*

✱ *V. CDC, arts. 81, parágrafo único, II; 82, IV e § 1º; 92; 103, II e § 1º; e 107.*

✱ *V. Lei nº 8.073/1990 (Estabelece a Política Nacional de Salários), art. 3º.*

✱ *V. Lei nº 9.868/1999 (Dispõe sobre o processo e julgamento da ação direta de inconstitucionalidade e da ação declaratória de constitucionalidade perante o STF), arts. 2º, IX.*

✱ *V. Lei nº 9.882/1999 (Dispõe sobre o processo e julgamento da arguição de descumprimento de preceito fundamental), art. 2º, I.*

✱ *V. Lei nº 10.192/2001 (Dispõe sobre medidas complementares ao plano real), art. 9º.*

✱ *V. Lei nº 12.019/2009 (Disciplina o mandado de segurança individual e coletivo), arts. 21 e 22.*

✱ *V. Súmulas nºs 196 e 630 do STF.*

✱ *V. Súmulas nºs 117, 369, III, e 374 do TST.*

✱ *V. Orientações Jurisprudenciais nºs 8, 9, 23, 26, 29, 32 e 36 da SDC do TST.*

CATIVEIRO – Prisão; regime de escravidão.

CATIVO – Preso; escravo.

CAUÇÃO – Garantia do adimplemento de uma obrigação ou da responsabilidade que advém do exercício de uma função ou profissão; consiste na apresentação de bens suficientes em juízo, penhor, hipoteca, depósito em dinheiro ou de valores, papéis de crédito etc. Contracautela: sempre que a medida cautelar possa acarretar prejuízo, a garantia contra ele é feita mediante caução. Pode ser prestada independente de formalidades, ou por meio de ordem judicial, de ofício ou a requerimento da parte. Não pode o juiz exigir que a caução seja prestada em dinheiro. Ela pode ser: *real,* se realizada mediante títulos de direito real da garantia, títulos de crédito, de dívida pública, ou depósito em dinheiro; *judicial,* a fiança que é ordenada por ofício de juiz ou que a parte requer para preservar interesses próprios ou evitar dano possível ou iminente. Também se diz *fiança judicial*; *pessoal*, quando a garantia é prestada pessoalmente, portanto sujeita à solvabilidade, ou à honestidade, ou incapacidade do garante; *fidejussória*, compreende a garantia pessoal ou fiança, pela qual uma pessoa se obriga, em nome de outra, a pagar a dívida. A caução diz-se também:

Às custas: garantia de que as custas de um processo serão pagas pelo autor, nacional ou estrangeiro, que residir fora do Brasil ou dele se ausentar durante a demanda, pela caução suficiente de custas e honorários da parte contrária.

De bene utendo: garantia que o devedor dava ao credor da entrega de bens.

De dano eventual: também chamada *de dano infecto* ou *dano iminente*; é a garantia de reparação de danos que possam ocorrer, dada pelo dono do prédio a seus vizinhos, quando praticar atos que ponham em risco sua segurança ou a de suas propriedades.

De opere demoliendo: aquela que um terceiro presta, nas nunciações de obra nova, pelo nunciado, antes do julgamento da ação, a fim de que possa prosseguir a construção embargada, sob garantia de demolição e restituição ao primitivo estado, se vencido na final.

De rato: exigida no CPC de 1939 (art. 110) ao advogado sem a devida procuração que desejasse ingressar na lide, protestando por sua juntada no prazo determinado pela lei e sem oferecer caução. Esse tipo de caução foi abolido no CPC/1973 (mantido este entendimento no CPC/2015, que permite que advogado, porém, intente ação, em nome da parte, para evitar decadência ou prescrição, ou praticar atos reputados urgentes. O advogado, independentemente de caução, tem o prazo de 15 dias, prorrogável por mais 15 dias, para exibir o instrumento de mandato, por despacho do juiz.

✱ *V. CPC/1973, arts. 826 a 838 e 940.*

✱ *V. CPC/2015, art. 83.*

Formal: imutabilidade da sentença no processo em que foi proferida.

Frutuária: aquela que o proprietário pode exigir do usufrutuário; é garantia real ou fidejussória, garantindo a devolução dos bens e a satisfação dos danos que lhes causar.

Hospitalar: A Lei nº 12.653/2012 acresceu o art. 135-A ao Código Penal, criando o tipo penal "Condicionamento de atendimento médico-hospitalar emergencial" para determinar que: "exigir cheque-caução, nota promissória ou qualquer garantia, bem como o preenchimento prévio de formulários administrativos, como condição para o atendimento médico-hospitalar emergencial: Pena – detenção, de 3 (três) meses a 1 (um) ano, e multa. Parágrafo único. A pena é aumentada até o dobro se da negativa de atendimento resulta lesão corporal de natureza grave, e até o triplo se resulta a morte."

Legal ou necessária: exigida em razão de ordem expressa legal.

Muciana: garantia fidejussória que, a pedido dos interessados em um testamento, o beneficiado presta para garantir o fim para o qual o legado foi instituído.

Pignoratícia: garantia mediante penhor.

CAUCIONADO – Aquilo que é dado em caução (título, imóvel etc.).

CAUCIONAMENTO – Ato ou efeito de caucionar. Contrato acessório para se prestar garantia real ou fidejussória para assegurar o cumprimento de uma obrigação.

CAUCIONAR – Garantir por meio de caução; prestar caução. Oferecer alguma coisa para garantir obrigação própria ou alheia.

CAUDILHO – Chefe militar com poderes absolutos sobre seus comandados. Chefe de partido ou facção política, com domínio sobre seus afiliados.

CAUSA – Motivo, razão, demanda, lide. Segundo o jurista José Frederico Marques: "Toda e qualquer questão levada ao Judiciário, seja litigiosa ou não". No Dir. Processual, é o que dá origem à relação jurídica, não havendo obrigação sem objeto, sem causa; no juízo contencioso é o fundamento jurídico, o conteúdo da ação, que adquire forma e dinamismo por meio do processo, constituindo, este e aquele, a ação no sentido estrito. Daí ser o termo empregado também como sinônimo de *lide, ação, pleito judicial, litígio*. No Dir. Penal, causa é a ação ou omissão, sem a qual o resultado não ocorreria; é o motivo determinante do delito. Diz-se *cível* e *criminal*, a primeira envolvendo matéria civil ou comercial, a segunda sujeita à jurisdição criminal.

✱ *V. CP, arts. 13,* caput, *e 19 a 24, § 1º.*

✱ *V. CF, art. 5º, XLV.*

Acessória: razão de um evento que não é o principal motivo que o determinou.

Adquirendi: causa de aquisição.

Agendi: o motivo da propositura da ação judicial; causa de agir.

Causae obligationum: elementos acessórios que alteram uma obrigação, como o termo, a condição etc.

Contrahendi: fim imediato que as partes visam ao contratar; motivos pessoais que ensejam o contrato.

Debendi: a razão da dívida; motivo jurídico da obrigação; nos títulos autônomos não cabe investigação.

De pedir (causa petendi): motivo básico da ação processual; as circunstâncias que autorizam o pedido, fundamentado juridicamente pelo autor.

De valor inestimável: a que apresenta valor moral, não sendo suscetível de ser apreciada pecuniariamente, como as causas de estado, anulação de casamento, interdição. Nesse tipo de ação, os honorários advocatícios serão fixados segundo o juiz, que levará em consideração o grau de zelo profissional, natureza e importância da causa, o trabalho realizado pelo advogado e o tempo que o serviço exigiu.

✱ *V. CPC/1973, art. 20, §§ 3º, a e b, e 4º.*

✱ *V. CPC/2015, arts. 82, 84 e 85.*

Dirimente ou excludente da responsabilidade: a que age sobre o elemento subjetivo do crime, de modo favorável, a determinar a irresponsabilidade criminal do agente, por incapacidade natural ou psíquica.

Excludente da responsabilidade: grave modificação da consciência, em virtude de coação irresistível e do estrito cumprimento do dever ou de ordem de superior hierárquico, não ilegal.

Falsa: a que torna viciado o ato.

Ilícita: contrária ao direito positivo, à lei, à ordem pública, aos bons costumes. Determina a nulidade do ato jurídico.

Incidente: a que aparece no decurso da causa principal, tendo conotação com ela.

Justificativa do crime: a que age sobre o elemento ativo do crime; existe a responsabilidade, porém a pena não é aplicada por existirem os requisitos legais que isentam dela o agente, como a legítima defesa, o estado de necessidade, o estrito cumprimento do dever, o exercício regular de um direito.

Lícita: a que está de acordo com a lei; o mesmo que *causa justa*.

Mortis: (Latim: *por causa da morte*). Em Medicina Legal, a causa que motivou a morte; imposto que se paga sobre a parte líquida de herança ou legado.

Obligationis: o motivo determinante, o principal, da obrigação.

Ocasional: objetivo econômico, interesse social ou privado, pelo qual se justifica, em determinada ocasião, o ato jurídico.

Possessionis: o fundamento, a razão jurídica da posse.

Principal: na qual está em litígio a questão fundamental da controvérsia, pela qual se originou a lide.

Própria: direito privativo, particular, da pessoa que dá motivo à ação litigiosa.

Relativamente independente: evento posterior que, por si só, produz o resultado, porém não ocorreria sem que existisse o primeiro fato.

Secundária: a que se origina da primeira causa.

Simulada: aquela que as partes apresentam como verdadeira, embora a saibam falsa, sem existência real.

Solvendi: a razão do pagamento, da solução de uma dívida ou obrigação; vínculo que se forma entre o credor e o devedor promitente.

Superveniente: qualquer evento que venha a ocorrer durante a ação e tendo com essa relação direta.

Tradicionis: fundamento da transmissão, fim imediato das partes ao transmitir uma coisa.

Turpis: motivo ilícito e imoral, que causa repulsa às pessoas de bem.

CAUSA COGNOSCITUR AB EFFECTU – (Latim) Conhece-se a causa pelo efeito.

CAUSA CRIMINALIS NON PRAEJUDICAT CIVILIS – (Latim) Ação criminal não prejudica a civil.

CAUSALIDADE – Relação de causa e efeito. Modo pelo qual a causa produz efeito.

CAUSA HONORIS – Por motivo de honra. Em nome da honra.

CAUSANTE – Aquele que dá motivo a fato ou relação jurídica. A pessoa que dá causa ao direito de outro, como o *de cujus*.

CAUSAS (CONCURSO DE) – No Dir. Penal, dá-se quando concorrem razões determinantes de aumento ou de redução de pena, a critério do juiz.

Interruptivas da prescrição: as que interrompem a prescrição, produzindo efeitos em todos os autores do crime.

✱ *V. CP, arts. 117 e 118.*

CAUSÍDICO – Advogado; o que defende uma causa.

CAUTELA – Cuidado, precaução. Documento fornecido pela Caixa Econômica ou instituição assemelhada, pelo qual se comprova que uma joia ou outro bem foi penhorado. Esse documento fica de posse do proprietário do bem, até que o resgate. Título provisório dado por sociedades anônimas aos acionistas, no qual se mencionam as ações subscritas pelas quais o título será substituído; o mesmo no caso de debêntures. Instrumento do contrato nos transportes. Formalidade na prática dos atos forenses para garantir-lhes a validade jurídica. Diz-se *cautelas salutares* as expressões pelas quais, no encerramento das petições, se protesta por depoimentos, perícias, e pela produção de provas. Algumas dessas expressões já não se usam.

CAUTELAR – Preventivo, como na *medida cautelar*. O mesmo que *acautelar*.

CAVILAÇÃO – Astúcia, ardil, para induzir alguém em erro; promessa feita de má-fé. Sofisma.

CAVILADOR – O que usa de cavilação, de sofisma. O que age de má-fé.

CEDANT ARMA TOGAE – (Latim) Que as armas cedam à toga (ao Dir. à Justiça).

CEDÊNCIA – O mesmo que cessão, transferência.

CEDENTE – O que cede, transfere direito de que é titular a outrem; o que entrega título a banco para que este efetue a cobrança. Opõe-se a *cessionário*.

✱ *V. CPC/1973, arts. 42, §§ 1º e 2º, e 1.061.*

✱ *V. CPC/2015, art. 109.*

CEDER – Transferir, transmitir a outrem um direito, título ou cargo.

CÉDULA – Papel-moeda emitido pelo governo; dinheiro em nota bancária; bilhete, documento escrito.

De identidade: o mesmo que *carteira de identidade* (q.v.).

De votação: no Tribunal do Júri, cédulas que o juiz faz distribuir aos jurados, umas com a palavra *sim*, outras com a palavra *não*, para que, secretamente, sejam recolhidos os votos.

Eleitoral: impresso com os nomes de candidatos a cargos eletivos para escolha do eleitor, ou na qual esse deve escrever os nomes dos candidatos (ou seus números ou a sigla de seus partidos) de sua preferência.

Hipotecária: o mesmo que *letra hipotecária*.

Pignoratícia: título para circulação de crédito, advindo de penhor civil, mercantil ou rural; garantia real sobre mercadorias depositadas em armazéns gerais; *warrant*.

Rural pignoratícia: expedida a favor do credor, no cartório onde se transcreveu a escritura, que diz respeito aos bens móveis ou semoventes dados em penhor.

Testamentária: instrumento no qual o disponente externa sua última vontade em testamento particular ou cerrado. Diz-se também *carta testamentária*.

CEGO – 1. Destituído de visão. 2. Pessoa incapaz de enxergar. 3. Só lhe é permitido o testamento público, que lhe será lido duas vezes.

✱ *V. CPC/1973, art. 1.867.*

✱ *V. CPC/2015, arts. 253 e 447, § 1º, IV.*

CELA – Compartimento pequeno, cubículo, destinado a um só recluso nas prisões, mas onde são alojados vários.

CELEBRAÇÃO – Ato de celebrar. Diz-se dos atos necessários para a validade de um ato jurídico ou das formalidades para sua efetivação.

CELEBRAR – Comemorar, festejar. Realizar, com a solenidade exigida e as formalidades legais, um ato ou contrato (casamento, convênio, tratado etc.).

CELERADO – Facínora, criminoso; indivíduo perverso capaz de praticar crimes com requintes de perversidade.

CELIBATÁRIO – Solteiro; aquele que não se casou, não tem a intenção de casar-se ou não pode fazê-lo, por não lhe ser permitido (padres).

CELIBATO – Estado da pessoa que permanece solteira, por não desejar ou não lhe ser permitido se casar.

CELULAR – Regime penitenciário no qual cada preso ocupa uma cela; prisão em cela. Que tem células ou é formado por células. Sistema de telefonia, por células, recentemente introduzido no Brasil.

CENSATÁRIO – Aquele que era obrigado ao pagamento do censo ou pensão, no contrato de constituição de renda. O mesmo que *censuário* ou *censionário*.

CENSÍTICO – Imóvel sobre o qual recai o encargo no contrato de constituição de renda; a pensão fixada nesse contrato.

CENSO – Contrato pelo qual se entrega uma coisa a terceiro, o qual se obrigava a pagar renda; atualmente diz-se: *constituição de renda sobre imóvel* ou *censo reservativo*; quando se tratava de empréstimo pecuniário, com pagamento de renda, dizia-se *censo consignativo*. Era denominado, antigamente, de rendimento que servia de base ao exercício de certos direitos. Designava, ainda, pensão paga pelo enfiteuta ao senhorio pela posse de terra ou em razão de um contrato. O mesmo que *recenseamento*: colheita de dados sobre população e outros, sociais, econômicos, educacionais etc.

CENSOR – Agente público, incumbido de exercer controle sobre atividades públicas, de censurar obras literárias ou artísticas ou de impor censura aos meios de comunicação de massa, como jornais, rádio, televisão etc. Esteve em plena atividade durante a Revolução de 1964; atualmente, a censura está praticamente abolida, dando-se ampla liberdade (com responsabilidade) de expressão. Na Roma antiga, era o magistrado que fazia o censo populacional e zelava pelos bons costumes. Com o tempo, tornou-se um devassador da vida das famílias e um informante sobre pessoas e seus bens.

CENSÓRIO – Que diz respeito ao censor ou à *censura*.

CENSURA – Pena disciplinar aplicada a servidores da Justiça, militares, funcionários públicos; admoestação enérgica, reprimenda, advertência. Órgão ao qual incumbe a função de censurar, de controlar publicações e espetáculos em defesa dos bons costumes e da moralidade pública. Sua atividade, exagerada no período ditatorial, está reduzida hoje, estabelecendo a CF a liberdade de expressão na atividade intelectual, artística, científica e de comunicação, "independentemente de censura ou licença". A Constituição veda qualquer censura de natureza ideológica, política e artística.

✱ *V. CF, arts. 5º, IX, e 220, §§ 1º e 2º.*

CENTRAL SINDICAL – É a entidade associativa de direito privado composta por organizações sindicais de trabalhadores, ou seja, é a entidade de representação geral dos trabalhadores, constituída em âmbito nacional. Tem como atribuições e prerrogativas: coordenar a representação dos trabalhadores por meio das organizações sindicais a ela filiadas; e participar de negociações em fóruns, colegiados de órgãos públicos e demais espaços de diálogo social que possuam composição tripartite, nos quais estejam em discussão assuntos de interesse geral dos trabalhadores.

✱ *V. Lei nº 11.648/2008 (Dispõe sobre o reconhecimento formal das centrais sindicais para os fins que especifica, altera a Consolidação das Leis do Trabalho – CLT –, aprovada pelo Dec.-lei nº 5.452, de 1º de maio de 1943).*

CENTRALIZAÇÃO – Reunião de poderes em um só núcleo. Sistema político que promove a concentração da força administrativa e decisória no poder central, cerceando-se a autonomia das demais unidades que compõem o Estado. Forma de autoritarismo comum em países pouco desenvolvidos.

CENTRO COMERCIAL – Ponto da cidade onde se concentra a vida comercial, com grande número de bancos, repartições públicas, hotéis, casas de espetáculos e ruas de intenso comércio.

CERCA – Divisória, que pode ser de madeira ou de arame farpado, entre duas propriedades.

✱ *V. CC, art. 1.297.*

Viva: sebe, cerca de arbustos. Entre dois prédios, é de uso comum dos confinantes.

CERCEAMENTO DE DEFESA – Expressão peculiar ao Dir. Processual Civil e ao Dir. Processual Penal: indica obstáculo que o juiz ou outra autoridade opõem ao litigante para impedir que pratique, ou sejam praticados, atos que protejam seus interesses na lide; procedimentos que obstaculam a sua defesa. Pode dar motivo a que o processo seja anulado. Dá-se por coação no curso do processo, ou por exercício arbitrário ou abuso do poder.

✱ *V. CP, arts. 344 e 350.*

CERCEAR – Vedar, impedir, obstacular, tolher a liberdade de alguém.

CERIMÔNIA – Formalidade solene inerente a certos atos ou para a validade de procedimentos jurídicos, como no casamento, que exige o preenchimento de certas formalidades legais.

CERIMONIAL – Formalidades exteriores que dão solenidade ou imponência a reuniões diplomáticas, políticas etc. Diz-se, também, do setor governamental que cuida das solenidades oficiais, recepções e jantares de gala, ou de cerimônias de posse de ministros ou transmissão de cargos.

CERRADO OU CAPOEIRA – Formação vegetal constituída de dois estratos, o primeiro de vegetação rasteira e o segundo de arbustos e formas arbóreas que raramente ultrapassam 6 metros de altura. Há o domínio de formas arbustivas. As espécies vegetais mais comuns no cerrado são o faveiro, a copaíba, o angico preto, o barbatimão e a lixeira. O cerrado é riquíssimo em espécies animais devido ao seu grande número de nichos ecológicos. Abriga algumas espécies ameaçadas de extinção como o tamanduá-bandeira, o tatu-canastra, o tatu-bola, o veado campeiro, o lobo-guará, a onça pintada, a ema e a perdiz. As áreas de cerrado são alvos constantes de expansão agrícola pela facilidade de mecanização do terreno. Além disso, apresentam características que as tornam muito suscetíveis ao fogo.

CERRADÃO OU CAPOEIRÃO – Formação vegetal constituída de três estratos; o primeiro apresenta espécimes rasteiras ou de pequeno porte; o segundo apresenta arbustos e pequenas formas arbóreas, constituindo o sub-bosque; e o terceiro apresenta formas arbóreas de 5 a 20 metros de altura, com predominância de madeiras duras.

CERTEZA – Convicção, pleno conhecimento do ocorrido, do que deve ser feito ou não, absoluta convicção daquilo que se afirma ou da verdade dos fatos.

✱ *V. CPC/1973, arts. 1.162, II, e 1.167, I.*

✱ *V. CPC/2015, art. 745.*

Da dívida: determinação precisa da exatidão da dívida documental e de sua liquidez. O mesmo que *prova literal da dívida.*

Legal: a que vem das provas diretas produzidas, reconhecidas como aptas para o julgamento.

Moral: livre convencimento baseado na lógica e na razão.

CERTIDÃO – Documento fornecido por oficial público, escrivão ou serventuário ou funcionário competente, no qual reproduz, textualmente e de forma autenticada, escrito original, assento, extraído de livro de registro, notas públicas, peças judiciais etc. A certidão pode ser: *em breve relatório*, quando transcreve, em resumo, pontos do ato escrito; *integral, de inteiro teor ou* verbum ad verbum, quando reproduz, fielmente, todo o texto do ato; *negativa*, quando atesta a não existência de fato ou ato que interessa à parte, ou prova a inexistência de débito ou de ações na Justiça; *parcial*, quando transcreve apenas parte do ato ou documento; *de partilha*, título que substitui o formal de partilha quando o quinhão não excede a importância de cinco vezes o salário mínimo vigente na sede do juízo; nesse caso, será transcrita na certidão a sentença da partilha transitada em julgado.

✱ *V. CPC/1973, art. 1.027, parágrafo único.*

✱ *V. CPC/2015, art. 655, parágrafo único.*

De nascimento: é um documento cujo conteúdo é extraído do assento de nascimento lavrado em um livro depositado aos cuidados de um cartório de Registo Civil. Pode ser emitida de duas formas: em breve relato, que traz os dados principais inscritos no livro de assentamento ou em inteiro teor, que reproduz todo o assento de nascimento em sua integralidade. A certidão inteiro teor também é chamada de certidão *verbo ad verbum*.

✱ *V. Lei nº 11.790/2008 (Altera o art. 46 da Lei nº 6.015, de 31 de dezembro de 1973 – Lei de Registros Públicos, para permitir o registro da declaração de nascimento fora do prazo legal diretamente nas serventias extrajudiciais).*

✱ *V. Lei nº 11.789/2008 (Proíbe a inserção nas certidões de nascimento e de óbito de expressões que indiquem condição de pobreza ou semelhantes e altera as Leis nºs 6.015, de 31 de dezembro de 1973 – Lei de Registros Públicos, e 8.935, de 18 de novembro de 1994).*

Negativa de Débitos Trabalhistas (CNDT): instituída pela Lei nº 12.440/2011, que acresce "Título VII-A – Da Prova de Inexistência de Débitos Trabalhistas" à CLT. Conforme art. 642-A é expedida gratuita e eletronicamente para comprovar a inexistência de débitos inadimplidos perante a Justiça do Trabalho. "§ 1º O interessado não obterá a certidão quando em seu nome constar: I – o inadimplemento de obrigações estabelecidas em sentença condenatória transitada em julgado proferida pela Justiça do Trabalho ou em acordos judiciais trabalhistas, inclusive no concernente aos recolhimentos previdenciários, a honorários, a custas, a emolumentos ou a recolhimentos determinados em lei; ou II – o inadimplemento de obrigações decorrentes de execução de acordos firmados perante o Ministério Público do Trabalho ou Comissão de Conciliação Prévia. § 2º Verificada a existência de débitos garantidos por penhora suficiente ou com exigibilidade suspensa, será expedida Certidão Positiva de Débitos Trabalhistas em nome do interessado com os mesmos efeitos da CNDT. § 3º A CNDT certificará a empresa em relação a todos os seus estabelecimentos, agências e filiais. § 4º O prazo de validade da CNDT é de 180 (cento e oitenta) dias, contado da data de sua emissão".

CERTIFICADO – Documento pelo qual se certifica um fato, um ato, se afirma qualidade ou estado de outrem; título que representa a parte que cabe a cada sócio em sociedade por cotas de responsabilidade limitada.

De depósito de ações: título emitido por instituição financeira que tem autorização governamental para atuar como agente emissor de certificados que representem as ações endossáveis ao portador que receber em depósito, sendo responsável por sua origem e autenticidade. Esse certificado pode ser transferido por endosso, ao qual se aplicam as normas exigidas também para endosso de títulos cambiários. As ações, seus rendimentos, o valor de resgate ou de amortização não são passíveis de penhora; arresto, sequestro, busca, apreensão, qualquer embaraço que obste sua entrega ao portador; porém o certificado pode ser objeto de penhora ou de outra medida cautelar em razão de obrigação de seu titular.

✱ *V. Lei nº 6.404/1976 (Lei das Sociedade por Ações), art. 43, §§ 1º e 2º.*

De pedigree: o que comprova a linhagem genealógica de um animal e sua raça.

De propriedade: pelo qual se prova a propriedade de um bem ou valor.

De reservista: que comprova que o portador cumpriu suas obrigações para com o Serviço Militar.

CERTIFICAR – Fornecer certidão. Atestar.

✱ *V. CPC/1973, art. 385.*

✱ *V. CPC/2015, art. 424.*

CERTISSIMUS EST EX ALTERIUS CONTRACTO NEMO OBLIGARI – (Latim) É certíssimo que ninguém se obriga pelo contrato de outrem.

CESSAÇÃO – Término, fim, paralisação, suspensão.

Da instância: encerramento da lide por acordo ou desistência ou por sentença final, homologada por juiz inferior; dá-se por julgamento de mérito ou sem julgamento de mérito. Atualmente, usa-se a expressão *extinção do processo*.

✱ *V. CPC/1973, arts. 267, VIII, e 269, III.*

✱ *V. CPC/2015, arts. 485 e 487.*

Da relação de trabalho: qualquer forma de término ou dissolução do contrato de trabalho.

Da suspensão da instância: reinício do curso do processo, terminado o prazo ou sua prorrogação concedida pelo juiz ou por ter a parte regularizado sua situação na lide. Diz-se, atualmente, *cessação da suspensão do processo*.

✱ *V. CPC/1973, art. 265, § 5º.*

✱ *V. CPC/2015, art. 313, § 4º.*

CESSANTE CAUSA TOLLITUR EFFECTUS – (Latim) Cessada a causa, elimina-se o efeito.

CESSANTE RATIONE LEGIS CESSAT EJUS DISPOSITIO – (Latim) Cessando a razão da lei, cessa sua disposição.

CESSÃO – Contrato oneroso ou gratuito, *inter vivos*, pelo qual o cedente transfere ao cessionário créditos ou direitos de que é titular. Requisitos da cessão: capacidade de contratar que as partes devem ter e o respectivo contrato. É uma forma de sub-rogação.

Denomina-se *ativa* em oposição a *passiva*, esta sendo a aceitação da dívida transmitida.

✱ *V. CC, arts. 286 a 298.*

PODE dar-se a cessão:

A título gratuito, pura e simples: quando resulta de liberalidade, sem ônus para o cessionário.

A título oneroso: quando o cedente recebe valor equivalente ou o cessionário sujeita-se a encargo.

Obrigatória: se se opera independente da vontade das partes; nesse caso, será *judicial*, se se der por força de sentença; e *legal*, se for exigência de lei.

Voluntária ou convencional: quando há acordo entre as partes (sub-rogação).

CESSIBILIDADE – Qualidade daquilo que pode ser cedido ou transferido.

CESSIONÁRIO – Aquele a quem se transfere direito ou obrigação.

✱ *V. CC, arts. 289, 294 e 2.013.*

CESSIO PRO SOLUTO – (Latim) Cessão pela qual são transferidos ao cessionário direitos de crédito do cedente, o qual fica liberado dos encargos que sobre ele recaíam; diz-se também *cessio in solutum*.

CESSIO PRO SOLVENDO – (Latim) Transferência de crédito, ficando com o cessionário a obrigação de receber a prestação do devedor; se não for satisfeita, resolve-se a cessão.

CESSÍVEL – O mesmo que *cedível*; que pode ser objeto de transferência, de cessão.

CHACINA – Assassínio de várias pessoas ao mesmo tempo, com requintes de crueldade e acentuada violência.

CHAMADA – Chamamento, verificação de presença; comunicação pedindo o comparecimento de alguém a certo lugar ou para fazer alguma coisa. Proclamação dos nomes dos que devem comparecer a uma audiência ou sessão de tribunal ou assembleia, para verificar se se encontram presentes. Observação escrita à margem de um texto;

De capital: aviso de uma empresa de que vai aumentar seu capital, para que compareçam os interessados (primeiro os sócios ou acionistas) para subscrição de ações.

CHAMAMENTO – Convocação, convite; ato de chamar. Comunicado a uma pessoa para que realize ato ou integre uma relação jurídica.

À autoria: ato processual no qual aquele que litiga por coisa ou direito que adquiriu de terceiro o chama para que defenda, na lide, o direito que possuía sobre o bem alienado. Essa denominação foi revogada no atual CPC/1973, que chama a esse ato *denunciação da lide* (arts. 70 a 76, correspondentes aos arts. 125 a 128 do CPC/2015), que não se confunde com *nomeação à autoria*.

À herança: aberta a sucessão, por morte do *de cujus* e devolução da herança, chama-se a pessoa que tem direito a ela.

A juízo: ato (citação) pelo qual alguém é chamado a comparecer a juízo. O processo só é válido com a citação inicial do réu.

Ao processo: meio que se usa para que o devedor ou fiador, que não foram acionados na inicial, venham a responder em juízo pelo débito. A sentença que julgar procedente a ação e condenar os devedores valerá como título executivo, favorecendo o que saldar a dívida, o qual pode exigi-la por inteiro do devedor principal, ou a cota de cada codevedor, ou proporcionalmente.

✱ *V. CPC/1973, arts. 77 a 80 e 213.*

✱ *V. CPC/2015, arts. 130 a 132 e 238.*

✱ *V. CPP, art. 351 e segs.*

Do feito à ordem: ato do juiz para ordenar que sejam saneadas irregularidades existentes no processo, de ofício ou a requerimento das partes.

CHAMINÉ – O dono de prédio ameaçado pela construção de chaminés, fornos, fogões no prédio contíguo, ainda que a parede seja comum, pode embargar a obra e exigir caução contra os prejuízos possíveis.

✱ *V. CC, arts. 1.306 e 1.308, parágrafo único.*

CHANCELA – Aprovação; sinal, selo especial, gravura ou fac-símile da rubrica de uma pessoa, ou autoridade pública, para firmar ou autenticar documentos ou atos oficiais.

CHANCELARIA – Repartição onde as chancelas são apostas a atos ou documentos oficiais; o Ministério das Relações Exteriores; o cargo de chanceler.

CHANCELER – Chefe do corpo diplomático; o ministro das Relações Exteriores de um país.

CHANTAGEM – Definida no CP como extorsão. Ato de extorquir (ou a tentativa de fazê-lo) vantagem econômica de alguém mediante violência ou grave ameaça, por escândalo, difamação ou outra forma de represália, ilícita, em caso de recusa das exigências feitas.

✱ *V. CP, arts. 158 a 160.*

CHANTAGISTA – O autor de chantagem, aquele que a pratica.

CHARLATANISMO – Crime contra a saúde pública, praticado por quem anuncia cura de um mal por meio secreto infalível ou inculca remédio para esse mal. A pena é de detenção de 3 meses a 1 ano e multa.

✱ *V. CP, art. 283.*

CHARLATÃO – Impostor, aquele que burla ou explora a boa-fé dos outros.

CHEFE – Aquele que tem sob suas ordens funcionários em empresa privada, pública ou nos órgãos judiciários; que executa as funções de chefia. O CPC/1973, bem como o CPC/2015 referem-se a chefe de repartição, do Ministério Público, de seções do tribunal etc.

De Estado: diz-se, em geral, do presidente de um país, ou do rei, nas monarquias; o chefe do Poder Executivo, respeitadas as variações de funções e poder, como no Parlamentarismo.

De família: anteriormente ao advento do art. 226, § 5º, da CF de 1988, era o marido, e, na falta deste, a mulher; o cabeça do casal. Na vigente ordem constitucional, ambos os cônjuges são responsáveis.

De gabinete: auxiliar direto do titular de uma Secretaria de Estado, Ministério e dos Tribunais Superiores.

CHEQUE – Título de crédito, de natureza mercantil; espécie de ordem de pagamento à vista de soma especificada de dinheiro contra banco. Difere da Nota Promissória e da Letra de Câmbio porque pode ser emitido ao portador, sem o nome do beneficiário, deixando em branco a linha onde devia estar essa indicação, ou colocando-se o nome do tomador e ainda a cláusula *ao portador*, quando tanto pode ser pago ao nominado como a qualquer outra pessoa. São partes do cheque: o *emitente*, que emite ou saca à ordem, também chamado *sacador*; o *sacado*, banco que recebe a ordem e deve pagá-la; e *tomador*, o beneficiário ou portador do cheque. São *pressupostos* do cheque: ter fundos disponíveis em poder da agência bancária onde o sacador tem sua conta; necessidade de o sacado ter as condições legais de cumprir o serviço do cheque. São *requisitos essenciais*: a palavra cheque; a ordem expressa de pagar determinada importância em dinheiro; o nome de quem deve pagar (sacado); assinatura do emitente. *Requisitos não essenciais*: indicação do lugar onde se fará o pagamento; data e lugar no qual é sacado. Não havendo indicação, considera-se o lugar do pagamento aquele indicado ao lado do nome do sacado; se houver vários nomes indicados, paga-se no primeiro. Não havendo nenhuma indicação, paga-se no lugar em que o sacador está estabelecido. Constitui crime de estelionato (fraude no pagamento por cheque) emitir cheque sem fundos ou frustrar-lhe o pagamento, crime que se configura no ato de apresentação e liquidação do cheque. O Banco Central esclarece que "o cheque é pagável à vista", sendo ilegal a alegação de alguns bancos de que necessitam de 24 horas para pagamento de altas quantias. Se o banco recusar-se a pagar à vista o cheque, o cliente pode recorrer à Justiça, munido de testemunhas. O cliente tem direito a receber um talão de cheques (20 folhas) por mês e um extrato gratuito por semana, se for retirado em terminal eletrônico. O fornecimento do talão é obrigatório, independente de saldo médio. Os serviços prestados pelos bancos e seus valores correspondentes devem constar de tabela afixada em lugar visível nas agências. Se alguma cobrança indevida for feita, o banco é obrigado a ressarcir o valor debitado. *Cheque devolvido*: na primeira vez, o cliente paga taxa; na reincidência, taxa e multa para que o banco retire o nome do cliente da "lista negra" do BC, comprovando-se que o cheque sem fundos foi pago. Se não tomar providências, o nome do cliente fica 5 anos na lista e depois é automaticamente excluído. No caso de cheques pós-datados depositados antes da data prevista, o STJ considera que o cliente não pode ser tido como culpado; também não é responsável pelo pagamento de cheques seus roubados que tenham sido sustados; se o banco fizer o pagamento, deve arcar com o prejuízo. Os bancos não podem cobrar por serviços de transferências, ordens de pagamento ou de crédito feitas entre dependências da mesma instituição financeira e na mesma praça; ou, ainda, entre praças diferentes se executados por malote. O prazo para apresentação a pagamento é de 30 (trinta) dias, quando o cheque é emitido no mesmo local onde há de ser pago, e de 60 (sessenta) dias, se emitido em outra praça. Se não for apresentado no período ou for devolvido por insuficiência de fundos, o cheque pode ser cobrado em juízo, por ação executiva, contra sacado e eventuais avalistas, em até 6 (seis) meses da expiração do prazo de apresentação. O STJ entende, contudo, que mesmo depois de expirado o prazo para execução direta, é possível promover a ação ordinária de cobrança ou mesmo a ação monitória, cujo prazo prescricional é de 5 (cinco) anos, a contar da data em que o cheque poderia ser sacado, e não do término do prazo para apresentação. O cheque pode ser:

À ordem: quando traz essa cláusula e só pode ser transmitido por endosso.

Ao portador: o que não traz o nome do beneficiário e é pago a quem o apresentar ao sacado.

Bancário ou administrativo: é o de uso entre bancos particulares e só se efetiva pela compensação.

Compensado: aquele que foi submetido à Câmara de Compensação.

Cruzado: aquele atravessado por dois traços paralelos, nominativo ou ao portador, que só pode ser pago a banco; quem o recebe deve depositá-lo em sua conta bancária e, após a compensação, recebê-lo com emissão de cheque seu; o cruzamento é *simples*, quando constam apenas as duas linhas paralelas; *qualificado, especial, cheio ou em preto:* quando na entrelinha se menciona o nome de um banco.

De viagem: emitido por bancos ou agências de turismo que têm autorização para operar em câmbio; circula em todo o mundo, sendo aceito como dinheiro.

Marcado ou certificado: cheque visado que, com a expressa anuência do portador, determina dia certo para seu pagamento, o que se torna obrigatório para o sacado, exonerados todos os outros responsáveis.

Misto ou alternativo: quando, além do nome do beneficiário, consta a cláusula "ou ao portador", podendo ser pago a um ou a outro.

Nominativo: quando menciona o nome do tomador.

Pós-datado: muito em voga no Brasil; dado com data posterior à que foi emitido, não impede que seja cobrado antecipadamente. Estabelecimentos comerciais o aceitam como forma de incrementar as vendas. Embora corrente, é errônea a denominação *pré-datado*, uma vez que o cheque é emitido para apresentação futura (pós) e não anterior (pré).

Sem fundos: quando o emitente não conta com fundos suficientes em poder do sacado para sua cobertura.

Visado: quando o emitente ou portador apresenta o cheque ao sacado que, verificando ter o cliente fundos suficientes para a cobertura, apõe-lhe o competente visto, assinado e datado. O visto apenas informa da necessária provisão de fundos naquele momento, não sendo o banco obrigado a pagar o cheque se o emitente mandar sustá-lo ou sacar a quantia depositada que garantia o pagamento. *Visto qualificado:* dá-se quando o sacado lança o valor do cheque a débito do emitente, autorizado por ele, e assume a responsabilidade do pagamento.

✱ *V. Lei nº 7.357/1985 (Lei do Cheque).*

✱ *V. Res. BACEN nº 3.972/2011 (Dispõe sobre cheques, devolução e oposição ao seu pagamento).*

✱ *V. Súmulas nºs 48, 244, 299, 370, 388 e 503 do STJ.*

CHICANA – Emprego de meios ardilosos e até desleais por advogados inescrupulosos para delongar a demanda ou criar embaraços ao ex-adverso, como reter os autos, citar falsamente leis e autores, apresentar contestação capciosa, interpor recursos incabíveis ou meramente protelatórios.

CHICANEAR – Fazer chicana, atuar de modo inescrupuloso nos tribunais.

CHICANISTA – Advogado que abusa de meios protelatórios indevidos; que é dado a chicanas.

CHOQUE EMOTIVO – Trauma psíquico que, se violento e for causa de homicídio, lhe dará o caráter de qualificado.

✱ *V. CP, art. 121, § 2º, II.*

CIDADANIA – Qualidade de cidadão, pessoa que está no gozo de seus direitos e deveres civis e políticos garantidos pela Constituição. É *natural*, quando se refere aos indivíduos nascidos no país; *legal*, se adquiridos por naturalização. Não se confunde com *nacionalidade*, ainda que essa seja pressuposta da *cidadania*. Ela é um dos fundamentos da República Federativa do Brasil. São gratuitos os atos necessários ao exercício da cidadania. À União compete, privativamente, legislar sobre nacionalidade, cidadania e naturalização.

✱ *V. CF, arts. 1º, II, e 22, XIII.*

CIDADÃO – Aquele que desfruta direitos, civis e políticos, assim como das obrigações dos mesmos decorrentes. É cidadão brasileiro tanto o nascido no Brasil como o estrangeiro quando naturalizado. A qualidade de cidadão pode dar-se pelo *jus soli*, quando a pessoa adota a nacionalidade do país onde nasceu; ou pelo *jus sanguinis*, isto é, vínculo pelo sangue, no caso de filho que segue a nacionalidade dos pais. Diz-se também do habitante da cidade.

CIDADE – (Latim: *civitate*). 1. Urbe; complexo demográfico formado por concentração de habitantes, não agrícola, os quais se dedicam a atividades urbanas, de caráter mercantil, industrial, financeira, cultural. 2. A Lei nº 10.257/2001 (Estatuto da Cidade), disciplina normas gerais de organização e ocupação do espaço urbano.

✱ *V. Lei nº 10.257/2001 (Estatuto da Cidade).*

CIDADE-ESTADO – Forma antiga de organização política, comum em cidades gregas, como Atenas e Esparta.

CIDADE ABERTA – Cidade não fortificada, sem a presença de forças armadas, por isso devendo ser preservada de bombardeios durante uma guerra, como ocorreu a Roma na Segunda Guerra Mundial.

CIÊNCIA – Conhecimento, instrução, sabedoria. Conjunto organizado de conhecimentos pertinentes a determinado objeto ou ramo do saber. Processo pelo qual o homem interage com a natureza, visando beneficiar-se dela.

Auxiliares do direito: as que oferecem elementos para equação de problemas jurídicos, para interpretá-los e enquadrá-los, como a História (origens do Dir.), a Economia (contratos, propriedades, bens, sociedades comerciais), a Sociologia (raízes sociais do Dir.), a Psicologia (útil na Criminologia e Dir. Penitenciário), e a Medicina Legal (em matéria de provas).

Da administração: conjunto de regras destinadas a gerir negócios públicos, para o bom funcionamento e desenvolvimento dos serviços vitais do Estado; teoria da Administração.

Das finanças: estuda os fatos econômicos e financeiros do Estado, suas causas e efeitos; política financeira.

Do direito penal: conjunto das normas da legislação sobre o crime e a pena e regras complementares que formam o sistema penal do Estado.

Geral do direito: de natureza especulativa, objetiva o estudo teórico do conjunto de conhecimentos filosóficos do direito positivo, seus elementos, ramos, caracteres universais, técnicas de elaboração das leis, fontes, formação, fenômenos, transformações sofridas por meio dos tempos, causas, efeitos, fins, influências dos povos etc.

Penitenciária: a que estuda o funcionamento das penitenciárias.

CIENTE – Aquele que tomou conhecimento de uma citação, notificação etc. Palavra que a pessoa citada, intimada, notificada, apõe nos autos, carta, petição ou mandado para testificar que tomou conhecimento de ato ou fato processual.

✱ *V. CPC/1973, arts. 14, III, 229 e 239, parágrafo único, III.*

✱ *V. CPC/2015, arts. 5º, 77, II, 254, 275.*

CIENTIFICADO – Aquele a quem se deu ciência de uma coisa ou de uma convocação.

CIFRAÇÃO – O Dec. nº 7.845/2012, que regulamenta procedimentos para credenciamento de segurança e tratamento de informação classificada em qualquer grau de sigilo e dispõe sobre o Núcleo de Segurança e Credenciamento, conceituou cifração. De acordo com o art. 2º, II, considera-se cifração: "(...) ato de cifrar mediante uso de algoritmo simétrico ou assimétrico, com recurso criptográfico, para substituir sinais de linguagem clara por outros ininteligíveis por pessoas não autorizadas a conhecê-la;"

CIPA – *V. Comissão Interna de Prevenção de Acidentes.*

CIPEIRO – Trabalhador que integra a CIPA. Goza de estabilidade a partir do registro de sua candidatura até 1 ano após o final do seu mandato, segundo os termos do art. 10, II, *a*, do Ato das Disposições Constitucionais Transitórias, do art. 165 da CLT. Há farta jurisprudência de que o cipeiro, no período de 1 ano após extinto o seu mandato, faz jus apenas à indenização dos salários correspondentes ao período respectivo.

✱ *V. Súm. nº 339 do TST.*

CIRCA MERITA – (Latim) Sobre o mérito; o mesmo que *de meritis*.

CIRCULAÇÃO – Introdução e distribuição de valores ou mercadorias no comércio. Curso de títulos cambiais, de crédito, de moeda: circulação de ações; monetária, fiduciária.

CIRCULAR – Ato administrativo que se configura em instrução escrita, de caráter geral, dirigida pelos agentes superiores da Administração a seus subordinados imediatos ou a órgãos de função e categoria idênticas, sobre assunto de serviço ou esclarecimento sobre aplicação de lei ou de regulamento. Carta da qual se extraem cópias do mesmo teor, dirigidas a várias pessoas, contendo comunicação de seu interesse ou da empresa. A circular difere do *aviso*, que é privativo de ministros e secretários de Estado, e da *instrução*, que tem um alcance muito maior.

CIRCUNDUTA – Citação julgada nula e que deve repetir-se.

CIRCUNSCRIÇÃO – Nome que se aplica a qualquer divisão territorial para fim especial: administrativa, eleitoral, judicial, policial, militar etc. Extensão territorial em que um juiz tem competência em razão do lugar.

CIRCUNSTÂNCIA – Peculiaridade, particularidade que se liga a um fato, que o altera sem lhe modificar a essência. No Dir. Penal *accidentalia delicti* é o elemento acidental secundário que precede, envolve, acompanha o delito e tem influência em sua qualidade e efeitos, quando se trata de atribuir maior ou menor responsabilidade criminal do agente. As circunstâncias podem ser: *agravantes*, aquelas que aumentam, agravam o grau de responsabilidade do agente, resultando aumento da pena que lhe é cominada; *atenuantes*, as que diminuem o grau de delituosidade da ação e motivam a redução da pena. Estas circunstâncias podem desdobrar-se em:

Descriminantes: as que descriminalizam, eximem de responsabilidade criminal; são também chamadas *excludentes, excusativas, justificativas, dirimentes.*

Especiais: atenuantes que ocorrem quando o agente pretende participar de crime menos grave.

Específicas: as referentes a crime em que existe circunstância de lugar etc.

Genéricas: aplicadas a qualquer delito, menos quando o constituem ou qualificam; opostas às *especiais.*

Gradativas: as que não mudam o caráter do crime, mas concorrem para agravar ou atenuar a responsabilidade do agente e, assim, aumentar ou reduzir a pena.

Incomunicáveis: aquelas de caráter pessoal, salvo quando forem elementares do crime.

Legais: as que dependem da vontade do juiz; opostas às *judiciais*.

Objetivas: relativas ao elemento físico do crime, podem aumentar ou reduzir-lhe a intensidade.

Preponderantes: as que, entre agravantes e atenuantes, predominam em razão dos motivos que determinaram o delito ou por força da personalidade do autor ou da reincidência.

Qualificativas ou elementares: aquelas que, em razão de sua natureza, alteram o delito em seus elementos essenciais, tornando-o mais grave e aumentando a responsabilidade penal do agente (premeditação, emboscada, ardil, uso de venenos, motivo fútil ou torpe etc.). Nessa circunstância, as penas são mais graves, não se restringindo aos limites impostos para o crime simples.

Relevantes: aquelas não previstas expressamente em lei.

Simples: as agravantes que concorrem apenas para o aumento da pena cominada.

Subjetivas ou morais: quando se relacionam diretamente à pessoa do criminoso ou com o elemento moral ou psíquico do crime (abuso de confiança).

✱ *V. CP, arts. 30, 61 a 68 e 155, § 4º, IV.*

CISÃO – Corte, divisão, separação, desmembramento, desanexação.

De sociedade: forma de reorganização de sociedades pela qual a sociedade anônima transfere parcelas de seu patrimônio a outras sociedades, já existentes ou criadas para essa finalidade; extingue-se a sociedade que assim se cinde quando todo seu patrimônio é transferido; ou divide-se seu capital, no caso de cisão parcial. O acionista que foi voto vencido na deliberação que aprovou a cisão tem direito a retirar-se da companhia com o reembolso do valor de suas ações. Requisitos da *cisão*, assim como da *incorporação* e da *fusão* estão presentes na Lei nº 6.404/1976 (Lei das Sociedades por Ações) art. 223.

CITAÇÃO – Ato processual pelo qual é chamada a juízo a pessoa contra a qual é proposta a ação ou que nela tem interesse; chamamento de alguém para figurar como parte em um processo. Faltando a citação ou estando esta com defeito (circunduta), declara-se a nulidade do feito. Pode ser:

Com hora certa ou ad domum: é pessoal e dá-se quando o citando, procurado no mesmo dia em horas diferentes em sua residência, pelo mesmo oficial de Justiça, se esconde para não ser citado. A citação *ad domum* é supletiva da citação pessoal; também se diz *ficta*.

Efetiva: aquela feita pessoalmente ao réu, ao seu representante legal ou procurador legalmente autorizado, mediante mandado assinado pelo juiz.

Na execução: a que se processa no início da execução, sendo esta formalidade indispensável para que tenha validade o ato.

No Tribunal do Júri: V. art. 406 do CPP (com a redação dada pela Lei nº 11.689/2008).

Pelos Correios: quando o citando é comerciante ou industrial, no Brasil, por serem pessoas estabelecidas com endereço certo.

Por carta de ordem: para os que se encontram no território nacional mas fora da jurisdição do juiz, que a solicita por carta ao juiz do lugar.

Por carta precatória: estando o citando fora da jurisdição do juiz que a expede; também se diz *citatória*.

Por carta rogatória: quando a pessoa a ser citada está em outro país.

Por edital: sendo o citando desconhecido, indeterminado, ou se está em lugar incerto ou inacessível; supletiva da citação pessoal; publica-se em órgãos oficiais e jornais de grande circulação (o de maior tiragem do local).

Por meio de requisição: quando se tratar de militar ou de pessoa recolhida à prisão.

✱ *V. CPC/1973, arts. 215, §§ 1º e 2º, 222, 229, 231 a 233 e 654.*

✱ *V. CPC/2015, arts. 242, 247, 254, 256 a 258 e 830.*

CITADO – O que recebeu citação para ir a juízo.

CITANDO – Pessoa a ser citada, contra a qual se expediu mandado de citação.

CITANTE – Pessoa que pede a citação judicial de outra; o autor da lide.

CITATIO ES FUNDAMENTUM TOTIUS JUDICII – (Latim) A citação é o fundamento de todo o direito.

CITRA FIDEM – (Latim) Que não é merecedora de fé.

CITRA PETITA – (Latim) Sentença ou acórdão que fica aquém do pedido, por não o julgar em sua totalidade.

CÍVEL – Que diz respeito ao Dir. Civil; jurisdição na qual se julgam demandas de natureza civil; o oposto de *penal* ou *criminal*.

CIVIL – Concernente aos cidadãos e suas inter-relações; capacidade, estudo e relações jurídicas entre as pessoas, que o Dir. Civil regula e que dizem respeito à família, aos bens, às obrigações e à sucessão.

CIVILISTA – Que se relaciona ao Dir. Civil; especialista em Dir. Civil.

CLÃ – Partido, grei. Aglomeração de famílias que se presumem descendentes de ancestrais comuns. Entre irlandeses e escoceses antigos, tribos formadas por pessoas de descendência comum, ligadas pelos mesmos costumes e crenças.

CLAMOR PÚBLICO – Manifestação coletiva, em altas vozes, de queixa, apelo ou de protesto, da multidão. No Dir. Penal, é o clamor que se levanta daqueles que presenciam um crime, acusam e indicam com precisão o criminoso e o perseguem desde o momento de sua perpetração e durante a fuga, exigindo sua prisão.

CLANDESTINA POSSESSIO – (Latim) Posse adquirida sem conhecimento nem assentimento do proprietário da coisa de que é objeto.

CLANDESTINIDADE – Qualidade de clandestino; vício de que se reveste ato ou fato por falta de publicidade que a lei exige.

CLANDESTINO – Feito às ocultas, sem licitude, sem a publicidade exigida por lei; aquele que se imite na posse de bens imóveis alheios, sem que o dono o saiba; pessoa que embarca furtivamente e se esconde a bordo de navio ou de avião para viajar sem pagar a passagem ou burlar as leis de emigração.

CLASSE – Conjunto de pessoas da mesma condição social ou de igual categoria profissional (classe médica, classe média etc.); cada um dos graus de hierarquia dos agentes da Administração Pública, pela identidade de cargos, atribuições, deveres e responsabilidades quanto suas funções. Define-se como "agrupamento de cargos da mesma profissão ou atividade e de igual padrão de vencimentos".

CLASSES SOCIAIS – Em Sociologia é a divisão de indivíduos em categorias, nas comunidades humanas, diferenciando-se por castas, educação, cultura, poder político, econômico ou financeiro, exercício de determinadas funções ou profissões. Costuma-se dividi-las em três: *alta*, formada por pessoas que desfrutam posição elevada no meio social, onde se destacam pela riqueza, títulos e saber; *baixa*, pessoas de condição humilde, poucos recursos, assalariados, trabalhadores braçais na sua maioria; *média*, os burgueses, que exercem profissões liberais, comerciantes, funcionários públicos em cargos de direção, jornalistas, professores etc. Do ponto de vista econômico, popularizou-se a divisão de classes em *burguesia*, a que detém os meios de produção, e *proletariado*, que trabalha para a produção de riquezas, das quais escassamente participa.

CLASSIFICAÇÃO – Enquadramento, definição, critério para agrupar coisas, ideias, pessoas. Ato ou efeito de classificar. Definição jurídica da infração, para determinar o grau de responsabilidade do agente e fixar a pena.

CLASSIFICAR – Distribuir em classes e/ou grupos, de acordo com sistema ou método de classificação.

CLÁUSULA – Cada um dos dispositivos constantes em um contrato, documento, convênio, tratado, ou qualquer ato escrito, privado ou público, a que as partes estipulantes devem obedecer.

Acessória: aquela pela qual são estabelecidas condições não previstas no contrato, mas que a ele se ligam, completando-o.

Adjeta: aquela que depende de outra.

Ad judicia: consta do instrumento de mandato (procuração) e autoriza o advogado a praticar todos os atos do processo, em qualquer juízo ou instância, sem precisar especificá-los, salvo o caso previsto em lei ou que exija poderes especiais. O advogado, afirmando urgência, pode atuar sem procuração, obrigando-se a apresentá-la em 15 dias, prorrogável esse prazo por igual período; quando à cláusula *ad judicia* se acrescenta *et extra*, significa que o advogado pode também praticar os atos extrajudiciais de representação e defesa perante pessoas jurídicas de direito público ou privado. A Lei nº 8.952/1994 suprimiu do art. 38 do CPC/1973, correspondente ao art. 105 do CPC/2015 o período: "(...) estando a firma reconhecida, dispensando o reconhecimento da assinatura de quem outorga a procuração". O mandato ao advogado pode ser verbal, menos para poderes especiais, como determina o art. 9º, § 3º, da Lei nº 9.099/1995 (Juizados Especiais). Na Justiça do Trabalho, a constituição de procurador com poderes para o foro em geral poderá ser efetivada, mediante simples registro em ata de audiência, a requerimento verbal do advogado interessado, com anuência da parte representada (art. 791, § 3º, da CLT).

Affidavit: nos contratos de transporte marítimo, dispõe que o locador do navio, o carregador ou o destinatário da carga só podem reclamar contra infração obrigacional depois de saldar o preço da mercadoria, o aluguel, o frete.

À ordem: a que indica, quando presente em título de crédito, que este enseja endosso ou transferência. *Não à ordem:* que torna o título inegociável, intransferível ou não cedível; o endosso só terá efeito de uma cessão ordinária de crédito, perdendo o título sua autonomia e abstração.

Cambiária: designação expressa da espécie de título cambiário lançada por extenso como requisito essencial para sua validade.

CIF: utilizada na compra e venda mercantil, pela qual se indica que o preço de venda da mercadoria inclui despesas com seguro e frete, as quais correm por conta do vendedor até o porto de destino e, ali, por conta do comprador. Em transporte terrestre, o vendedor isenta-se da responsabilidade ao entregar as mercadorias ao transportador. CIF é a abreviatura das palavras inglesas *coast, insurance and freight*, isto é, *custo, seguro* e *frete*.

Codicilar: consta do testamento e encargos para a herança, não sendo referente a essa.

Cominatória: que fixa penalidade se o contratante descumprir obrigação que lhe cabe.

Comissória: aquela expressa em contrato que, não observada, implica sua nulidade; o mesmo que *pacto comissório* e *cláusula de caducidade*.

Compromissória: pela qual fica ajustado que as possíveis divergências entre os contratantes serão resolvidas por arbitragem.

Constituti: pela qual aquele que possuía em seu nome a coisa de que fez venda, ou deu em penhor, passa a possuí-la em nome e por conta do comprador ou do credor pignoratício. Tratando-se de imóvel, só se opera após a transcrição do título de aquisição no devido registro. Tem sua origem na tradição *longa manu* do Dir. Romano, o contrário da tradição *brevi manu*. O mesmo que *constituto possessório* ou *cláusula constitutiva*.

De adesão: colocada em tratado internacional, significa que a ele adere um terceiro país, embora não tivesse participado do convênio.

De arrependimento: dá às partes o direito de se arrepender no caso de sinal ou arras; o que as deu e se arrepende, perde-as em proveito do outro; o que as recebeu e se arrepende, devolve-as em dobro.

De estilo: aquela que é usual a ponto de considerar-se tacitamente aceita mesmo se não expressa no contrato.

De frete adquirido: consta do conhecimento de carga e, por ela, o frete é sempre devido, ainda que as cargas se percam por acidente no mar.

De impenhorabilidade: a que proíbe a penhora de um bem por parte do beneficiário.

De inalienabilidade: pela qual o beneficiário não pode alienar os bens que recebe, admitindo-se, porém, a sub-rogação nos casos e formas previstos em lei, recaindo a inalienabilidade sobre outros bens do mesmo valor.

De incomunicabilidade: a que o doador ou o testador impõem, pela qual os bens sobre que recai não se comunicam pelo casamento do favorecido; qualquer que seja o regime de casamento, os bens ficam fora da comunhão.

De indivisão: quando o bem transferido a várias pessoas não pode ser dividido.

De irresponsabilidade: estipulação acessória, pela qual a parte que deveria arcar com a indenização, por inadimplemento eventual da obrigação, antecipadamente se exime, com anuência expressa da outra parte, de responder por danos não intencionais que lhe vier a causar. Diz-se também *cláusula de não indenizar.*

De melhor comprador: cláusula que só se admite para coisas móveis, pela qual o contrato pode ser rescindido pelo vendedor se aparecer outro comprador, em certo prazo, que não exceda de 1 ano, que ofereça melhor preço ou vantagem.

De preempção ou preferência: em contrato de compra e venda, determina que o comprador se obriga a oferecer ao vendedor a coisa que vai vender ou dar em pagamento, para permitir a esse o uso de seu direito de prelação na compra, tanto por tanto.

De recondução automática: nos contratos de locação urbana, estipulação pela qual, não havendo denúncia do locador ou do locatário, antes de terminado o prazo contratual, fica este prorrogado por igual período.

De retrovenda: acessória a contrato de compra e venda, que reserva ao comprador e ao vendedor o direito de obter a restituição recíproca da coisa e do preço, o qual é acrescido das despesas feitas pelo adquirente, dentro de um prazo preestabelecido. Diz-se também *retrato* ou *pacto de retrovenda* ou ainda *cláusula redimendi.*

De retorno: na partilha *inter liberos*, na doação entre vivos ou na dotação, é a que determina que os bens serão devolvidos ao beneficiador se este sobreviver ao beneficiário; também *cláusula de reversão.*

De valor em conta: determina que o valor constante de ato ou contrato é debitado à pessoa nele especificada.

De valor recebido: explicita que a importância referida no contrato, documento ou conta, foi entregue de fato ao credor.

Deduzida: a que não está no contrato, mas se deduz por seus termos.

Depositária: estabelece que a pessoa detentora da coisa objeto do contrato ou que se obriga a um pagamento não pode ser ouvida enquanto não depositar a coisa ou a importância ajustada.

Derrogatória: que anula os efeitos de ajuste anterior.

Estimatória: pela qual alguém fica encarregado da venda de coisa móvel por um valor prefixado, estando obrigado a entregar a importância obtida na venda ou devolver a coisa, decorrido o prazo para vendê-la.

Excetiva: aquela que importa em exceção.

Ex-quay: determina que a mercadoria é posta no cais ou docas, e o comprador arca com as despesas de remoção.

Exorbitante: em contratos administrativos, é toda cláusula implícita, determinada pela lei, ainda que não conste do instrumento negocial.

Extravagante: inserida pelas partes, fora do contexto, para sanar pormenores do negócio contratado, esquecida do formalismo cambial. Às vezes contradizem, condicionam ou põem em dúvida algum requisito cambial.

Ex-warehouse: determina que a mercadoria será entregue à porta do armazém do vendedor.

FAA: pela qual a mercadoria será despachada livre de avarias, desobrigando-se o segurador de indenizá-las.

FAS: da expressão inglesa *free along sideship,* que significa *colocada ao costado do navio.* É cláusula de compra e venda comercial pela qual ficam incorporadas, ao preço da mercadoria, as despesas de transporte até o navio no porto de embarque.

FIO: quando as despesas de embarque e desembarque, em contrato de fretamento, correm por conta unicamente do carregador.

FOB: do inglês *free on board, posto a bordo,* que dá ao vendedor a obrigação de entregar a mercadoria a bordo pelo preço combinado, ficando ao comprador as despesas de frete e seguro e os riscos até o porto de destino. Posta a mercadoria a bordo, cessa a responsabilidade do vendedor.

FOR: da expressão inglesa *free on rail* (*livre sobre os vagões* ou *postos no vagão*)**:** obriga-se o comerciante a entregar as mercadorias embarcadas no vagão, livre de frete e carreto. Também se diz**:** FOT (*free on train*).

FPA: (*free on particular average*), isto é, *livre de avaria particular.* Estipula que as mercadorias serão obrigatoriamente seguradas contra avaria particular até serem colocadas no cais do porto de destino.

Gerais: disposições que atribuem ao juiz campo mais amplo para interpretar e integrar a norma jurídica, em casos como "bem comum" e "função social do contrato".

In bond: determina que as mercadorias sejam postas nos armazéns gerais da Aduana, cabendo ao comprador o pagamento dos despachos.

Írrita: aquela que, por ferir dispositivo legal, não tem validade.

Leonina: a que favorece, com vantagens desproporcionais, um contratante em detrimento de outro, o que não é permitido nem aceitável.

Liberatória: quando se convenciona que uma das partes ficará exonerada de responsabilidade ou encargo, quando ocorrem determinadas circunstâncias.

Livre de avaria: que isenta o segurador, na apólice de seguro marítimo, de responsabilidade por avarias simples ou particulares, que venham a ocorrer na carga.

Livre de avarias recíprocas: estipula que o armador e o carregador não reclamarão, um do outro, indenização por avarias comuns. As cláusulas *livre de avarias* e *livre de todas as avarias* não isentam os segurados nos casos em que ocorrer o abandono.

Livre de escoamento: determina que ao carregador incumbe o risco de vazamento de mercadoria líquida durante o transporte.

Livre de todas as avarias: a que desobriga o segurador de indenizar avarias, simples ou grossas, quaisquer que sejam.

Na concessão de serviço público: a que dá à Administração poder de regulamentar o contrato e fixar instruções que não podem ser recusadas pelo concessionário; formalmente, é um contrato; materialmente, um regulamento de serviço.

Ouro: estipula o valor da obrigação em ouro ou em moeda estrangeira, excluindo ou limitando, em seus efeitos, a moeda nacional. A legislação brasileira autoriza esse tipo de cláusula quando o credor ou o devedor tenham domicílio legal no exterior.

Penal: pela qual o contratante fica sujeito a pena ou multa se não cumprir a obrigação principal; apenas as partes podem estabelecê-la, não podendo ser delegada a terceiros, nem mesmo à autoridade judiciária. A pena pode ser a de pagamento em dinheiro ou outra, como a de abster-se de um ato. É importante considerar a intenção das partes no ato do contrato. A cláusula penal atende a duas finalidades**:** meio de coação sobre o devedor; determina, antecipadamente, o total das perdas e danos. É uma prefixação de indenização por perdas e danos. O mesmo que *multa contratual.* A multa não pode superar o valor da obrigação principal. Nos contratos de mútuo, não será superior a 10%. O juiz pode reduzir o valor da multa se a obrigação foi parcialmente cumprida. A multa contratual pode ser cumulada com honorários advocatícios, pela sucumbência. No CDC, a multa de mora é de 10%, no máximo. A multa é *moratória* quando se atrasa a prestação ou se cumpre deficientemente; e *compensatória*, se há absoluto inadimplemento.

Potestativa: a que deixa ao arbítrio de um dos contratantes cumprir ou não o ajustado.

Rebus sic stantibus: pela qual as partes estipulam que o cumprimento do que foi contratado se subordina à não modificação futura de pressupostos e circunstâncias que deram ensejo ao pactuado. Diz-se também *cláusula de imprevisão.*

Resolutória: pela qual, não executada a obrigação por parte de um dos contratantes, fica rescindido o contrato; nos contratos bilaterais, essa cláusula está sempre subentendida.

RFS: *received for shipment* (*recebido para embarque*). Em conhecimento de embarque marítimo, significa que a mercadoria foi entregue à companhia de navegação que o emitiu, obrigando-se essa a transportá-la, mas sem designar o navio nem o prazo em que a expedirá.

Proibitória: a que proíbe a prática de determinado ato.

Salvo embolso: em contrato de conta corrente, é aquela que condiciona o lançamento do valor de títulos não vencidos ou não resgatados a débito de um correntista ao respectivo pagamento, tornando-se definitivo se esse ocorre ou sendo cumulado em caso contrário.

Sous palan (sob o guindaste): cláusula pela qual a mercadoria é posta no porto de destino e mantida a bordo, cabendo ao vendedor, até esse ponto, a responsabilidade por qualquer avaria. A tradição inicia-se assim que o guindaste começa a elevar as mercadorias dos porões do navio.

✱ *V. CPC/1973, arts. 20 e 38.*

✱ *V. CPC/2015, arts. 82, 84, 85 e 105.*

✱ *V. CC, arts. 122, 2a parte, 409 a 416, 489, 959 a 965, 1.900 e 1.901, II.*

✱ *V. CCom, art. 714.*

✱ *V. Lei nº 8.906/1994 (Estatuto da Advocacia e a OAB).*

✱ *V. Lei Uniforme das Letras, art. 11.*

✱ *V. Dec.-lei nº 238/1967 (Dispõe sobre estímulos fiscais à capitalização de empresas).*

✱ *V. Dec. nº 22.626/1933 (Lei da Usura).*

✱ *V. Súm. nº 616 do STF.*

CLÁUSULAS SALUTARES – Cláusulas que o postulante apresentava, no encerramento das petições, por meio de expressões e abreviaturas forenses, no Dir. antigo, para suprir deficiências possíveis do libelo. Muitas não se usam mais. O mesmo que *cautelas forenses.*

CLAUSURA – Reclusão; vida em recolhimento (nos conventos); prisão em recinto fechado.

CLAUSURAR – O mesmo que *enclausurar.* Recolher-se à clausura; viver retirado do convívio social.

CLEARING – Em Economia Política, é o sistema pelo qual dois países, por acordo comum, permutam produtos até um montante prefixado.

CLEARING HOUSE – Fundada na Inglaterra, em 1775, e logo instituída nos Estados Unidos, corresponde à nossa Câmara de Compensação de Cheques, no qual os débitos entre bancos são compensados ou liquidados sem emprego de numerário.

CLEMÊNCIA – Disposição para perdoar; indulgência, benignidade. Ato de moderar o rigor da justiça e indultar ou comutar uma pena. ***V.*** *Graça.*

CLEPTOLOGNIA – Em Medicina Legal, diz-se da excitação sexual associada ao furto ou ao roubo.

CLEPTOMANIA – A Psiquiatria classifica como forma de obsessão motora o impulso irresistível para o furto de objetos, de pouco valor ou de nenhuma utilidade, que estejam ao alcance do agente, sem que neles tenha um real interesse. Mania de furtar, de fundo psicopatológico. O mesmo que *clopomania.*

CLEPTÔMANO – Aquele que sofre de *cleptomania.*

CLIENTE – Aquele que confia a advogado a defesa de seus interesses em processo judicial; constituinte. Consumidor assíduo de casa comercial, que compra habitualmente seus produtos. O doente, em relação ao médico.

CLIENTELA – Diz-se do conjunto de pessoas que frequentam habitualmente uma casa comercial ou industrial, para fazer suas provisões, dando-lhe preferência pela localização, pelas facilidades ou vantagens que lhes proporciona e confiança que a casa inspira em suas transações. É parte e elemento principal do *fundo de comércio,* não podendo, porém, ser objeto de *cessão,* por estar fora do comércio e não incorporado ao direito do comerciante. A diferença entre *clientela* e *freguesia* é que aquela é mais ou menos constante e fixa, e essa é variável. Não se confunde com *aviamento* (q.v.). Diz-se também das pessoas que são clientes de um profissional, como advogado, médico, dentista etc. Comete crime de concorrência desleal quem emprega meios fraudulentos para desviar, em proveito próprio, clientela de outrem. Pena de 3 meses a 1 ano de detenção e multa. O art. 196 do CP, que tratava de concorrência desleal, foi revogado pela Lei nº 9.279/1996, que regula direitos e obrigações relativos à propriedade industrial.

COABITAÇÃO – Convivência legítima sob o mesmo teto; diz-se da vida em comum de homem e mulher, a efetivação do congresso sexual, no sentido estrito. É uma das obrigações impostas pelo matrimônio e da qual decorrem efeitos jurídicos.

COABITAR – Viver, homem e mulher, como se casados fossem; manter relações, lícitas ou ilícitas, com pessoa do sexo oposto.

COAÇÃO – Pressão psicológica ou constrangimento que se exerce sobre o indivíduo para levá-lo a praticar, omissiva ou comissivamente, ato definido como delito. A coação pode ser *física* (*vis materialis* ou *corporalis*) quando se usa, materialmente, contra a vontade do indivíduo para coagi-lo a praticar ato punível ou tolhendo-lhe a liberdade. Exime o agente de responsabilidade penal, a qual recai apenas sobre o coator se o evento delituoso se concretizar; e *moral* (*vis compulsiva*) quando enseja ameaça grave que inspira ao paciente irresistível temor de dano a sua pessoa, bens, família. Submete-se à vontade do coator para realizar ato de que resulta lesão no seu patrimônio ou a outro bem jurídico. É *legal,* quando autorizado pela lei (pena de advertência a funcionário público); e *ilegal,* quando proibida pela lei (ameaça feita por autoridade policial). Não é coação a ameaça de exercício normal de direito nem o simples temor reverencial.

✱ *V. CP, arts. 18 e 146, § 3º.*

✱ *V. CC, arts. 151 a 155.*

No curso do processo: violência ou grave ameaça para favorecer interesse próprio ou alheio contra autoridade, parte, ou pessoa que funciona ou é convocada a intervir em processo judicial, policial ou administrativo, assim como em juízo arbitral. Tem sua pena agravada quem coage ou induz outro à execução material do crime. Reduz-se a pena, se o crime é cometido sob coação a que podia resistir.

✱ *V. CP, art. 344.*

COACEITANTE – Referente ao avalista do aceitante (Letra de Câmbio).

COACTUS VOLUIT, ATTAMEM VOLUIT – (Latim) Quis por ser coagido, mas quis.

COACUSADO – Aquele a quem se imputa a prática de delito ou infração juntamente com outro ou outros.

✱ *V. CP, art. 29.*

COAGENTE – Aquele que coage, que pratica coação, que obriga; coativo. No Dir. Penal, refere-se ao coautor.

COAGIR – Praticar coação; forçar, constranger, obrigar contra a vontade.

COALIZÃO – Acordo de partidos políticos ou de nações para fins comuns. Em Economia, é a coligação de produtores da mesma categoria, visando vantagens comuns ou lucros arbitrários ou para proteger-se de concorrência desleal. No sentido jurídico, é um crime contra a economia popular, quando ocorre fusão, aliança ou ajuste de capitais, de caráter criminoso, para impedir a concorrência, com o objetivo de lucros arbitrários. Pode ser *ofensiva* (trust), quando objetiva suprimir a concorrência e monopolizar o mercado para auferir lucros excessivos; e *defensiva* (cartel), quando tem a finalidade de combater a concorrência desleal para impedir prejuízos com a baixa artificial de preços.

COARCTAÇÃO – Restrição; espécie de defesa na qual se procura provar que era materialmente impossível ao acusado de delito tê-lo cometido.

COARCTADA – Réplica vigorosa; alegação em defesa.

COATIVIDADE – Qualidade do que exerce coação, que obriga ou compele.

COATIVO – Que tem poder ou capacidade para compelir, coagir, obrigar, física ou moralmente; que impõe obediência.

COATO – O que sofre coação; constrangido.

COATOR – O que coage, o que exerce coação ou constrangimento sobre outra pessoa. O mesmo que *coagente*.

COAUTOR – Aquele que, com outro ou outros, pratica o mesmo crime ou coopera em sua execução, ou lhe presta auxílio ou assistência, sem a qual o delito não se consumaria. Cúmplice. Diz-se também daquele que, com outros, demanda em juízo.

COAUTORIA – Cumplicidade. Participação de duas ou mais pessoas na prática de um mesmo crime. Autoria coletiva; codelinquência. O sistema penal brasileiro havia adotado a teoria monística, segundo a qual todos os que, direta ou indiretamente, cooperam na prática do delito, são coautores. Admite-se a coautoria tanto nos crimes dolosos quanto nos culposos. O mesmo que *concursus delinquentium*. A Nova Parte Geral do CP (Lei nº 7.209/1984) adotou a denominação "Do Concurso de Pessoas", mais abrangente, já que a coautoria não esgota as hipóteses do *concursus delinquentium*. E informa o expositor: "Sem completo retorno à experiência passada, curva-se, contudo, o Projeto aos críticos dessa teoria (unitária ou monística), ao optar, na parte final do art. 29, e em seus dois parágrafos, por regras precisas que distinguem a *autoria* da *participação*. Distinção, aliás, reclamada com eloquência pela doutrina, em face de decisões reconhecidamente injustas".

✱ *V. Exposição de Motivos do CP, item 25.*

✱ *V. CP, art. 29.*

COAVALISTA – Aquele que avaliza título de crédito em favor de terceiro, juntamente com outro, simultânea ou sucessivamente.

COBERTO – Protegido, amparado, garantido. O que tem garantia real ou fidejussória suficiente para suprir falta ou deficiência de ordem financeira. Que foi excedido por outro, maior ou mais vantajoso. Débito pago.

COBERTURA – Garantia para satisfação de débito. Provisão de fundos com a qual se garante operação mercantil ou financeira ou determinado pagamento: *cobertura bancária, cambial* etc.

COBRADOR – Aquele que cobra mensalidades, dívidas, carnês etc. Diz-se do empregado de linhas de ônibus que cobra as passagens.

COBRANÇA – Ato de cobrar, receber somas de dinheiro devidas. Adota-se o processo sumário para a cobrança de honorários dos profissionais liberais, salvo o disposto em legislação especial. São títulos executivos extrajudiciais a letra de câmbio, a nota promissória, a duplicata, o cheque e outros elencados no art. 585 do CPC/1973, correspondente ao art. 784 do CPC/2015. Para cobrança de crédito, a execução sempre se fundará em título líquido, certo e exigível; o valor das perdas e danos será apurado em liquidação, seguindo-se a execução para cobrança de quantia certa. No caso de devedor insolvente, a massa de seus bens ficará sob a custódia de um administrador, que exercerá suas atribuições sob a supervisão do juiz; caberá a esse administrador praticar todos os atos conservatórios de direitos e de ações, bem como promover a cobrança das dívidas ativas. Os credores da herança poderão habilitar-se como nos inventários ou propor ação de cobrança. A cobrança da dívida ativa da União é incubida aos seus procuradores. De acordo com o Código de Defesa do Consumidor, que teve o art. 42-A inserido por força da Lei nº 12.039, de 1º-10-2009, devem constar, nos documentos de cobrança de dívida encaminhados ao consumidor, o nome, o endereço e o número de inscrição no Cadastro de Pessoas Físicas – CPF ou no Cadastro Nacional de Pessoa Jurídica – CNPJ do fornecedor do produto ou serviço.

✱ *V. CPC/1973, arts. 275, 585, I, 586, 633, parágrafo único, 763, 766, III, 1.154 e 1.212.*

✱ *V. CPC/2015, arts. 741, 783, 784, I e 816, parágrafo único.*

✱ *V. Lei nº 9.099/1995 (Lei dos Juizados Especiais Cíveis e Criminais), art. 3º, II.*

COBRIR – Depositar soma de dinheiro para garantir saque ou satisfazer uma obrigação (cobrir um cheque). Dar lanço superior a outro já feito em leilão; repor soma de dinheiro desviada, no caso de desfalque.

COCAÍNA – Psicotrópico extraído da coca (planta), que se apresenta como um pó branco e de sabor amargo; estimulante do sistema nervoso central. Os efeitos destrutivos de seu uso fazem-se sentir em pouco tempo. O combate ao tráfico dessa droga tem sido intenso no mundo. Da pasta da coca surgiu nova droga, o *crack*, com efeitos mais fulminantes e devastadores que a cocaína.

COCREDOR – O que é credor juntamente com outro.

CODELINQUÊNCIA – Delinquência coletiva; participação acessória e simultânea de dois ou mais indivíduos na execução de um mesmo crime.

CODELINQUENTE – O que coopera com outros na consumação de um mesmo delito.

CODEMANDADO – O mesmo que *corréu*.

CODEMANDANTE – O mesmo que *coautor*.

CODEVEDOR – Aquele que responde, solidariamente, com outros pelo pagamento de um débito, de uma obrigação.

CODEX – (Latim) Conjunto de tabuletas recobertas de cera em que se gravaram, na Antiguidade, códigos e leis. Mais tarde usaram-se folhas de pergaminho; em Roma designava uma coletânea de leis (*leges*). Existem os *codex Gregorianus*, de autoria de Gregório, com constituições que abrangem o período de Adriano a Diocleciano; o *Hermogenianus*, pelo jurista Hermógenes, com constituições desde Diocleciano a Constantino e Valentiniano III; *Isidori Peccatoris*, coletânea de cânones surgida no século IX; o *Codex Iuris Canonici*, codificação do Dir. da Igreja Católica, que revogou o antigo *Corpus Iuris Canonici*., de 1917. Foi organizado por ordem do papa João Paulo II e por ele promulgado em 1983. Trata de pessoas, coisas e ações. O *Justinianus*, compilação de leis determinada por Justiniano; o *repetitae praelecionis*, que recompõe o *Justinianus* em 534; o *Theodosianus*, ordenado pelo imperador Teodósio II.

CODICILAR – Em forma de *codicilo*. Relativo a codicilo ou dele constante.

CODICILO – Declaração de última vontade, pela qual a pessoa que a escreve, data e assina, sendo capaz de testar, estabelece disposições para seu enterro, legados de móveis, roupas ou joias de pequeno valor, de seu uso pessoal, e nomeia ou substitui testamenteiros. As despesas funerárias, haja ou não herdeiros legítimos, sairão do monte da herança; as de sufrágio por alma do finado só obrigarão a herança, quando ordenadas em testamento ou codicilo. O codicilo, se fechado, será aberto do mesmo modo que o testamento cerrado.

✱ *V. CC, arts. 1.875, 1.881 a 1.885 e 1.998.*

✱ *V. CPC/1973, art. 1.134, IV.*

✱ *V. CPC/2015, art. 737, § 3º.*

CODIFICAÇÃO – Ato de codificar. Reunião de normas jurídicas relativas a certo ramo do Dir. positivo, de forma metódica e articulada. Sistematização de preceitos de uma doutrina pela reunião de informações esparsas. A primeira Constituição brasileira, de 25-3-1824, do Império, já indicava a necessidade de codificação de leis civis e criminais em seu art. 179, nº 18: "Organizar-se-á, quanto antes, um código civil e criminal, fundado nas sólidas bases da justiça e da equidade". Assim, em 1830, surge o Código Criminal do Império e, em 1832, o Código de Processo Criminal. De 1850 é o Código Comercial, que, *em parte*, ainda vigora; e o Regulamento 737, primeira codificação do processo civil. Em 1916, surge o Código Civil, cuja Lei de Introdução é de 1942, reformulado pela Lei nº 10.406/2002, em vigor desde 10-1-2003, o Código de Processo Civil, reformulado pela Lei nº 5.869/1973; o Código Penal é de 1940, atualizado pelas Leis nºs 7.209 e 7.251/1984; o Código de Processo Penal é de 1941, com introdução de legislação recente.

CODIFICADOR – Aquele que codifica, que realiza o trabalho de codificação.

CODIFICAR – Reduzir a código as normas esparsas. Elaborar, coordenar um conjunto de normas sobre certa matéria de Direito.

CÓDIGO – Corpo único, sistematizado e articulado, de disposições legais que regem cada ramo do Dir.

Afonsino: diz-se das *Ordenações Afonsinas*, o primeiro código de leis que Portugal teve, compiladas no reinado de Afonso V de Portugal, que começou a vigorar em 1446.

Alariciano: o mesmo que *Breviário de Alarico*.

Brasileiro de Alimentos: normas para proteção da saúde individual e coletiva.

✱ *V. Dec.-lei nº 209/1967, revogado pelo Dec.-lei nº 986/1969.*

Brasileiro de Telecomunicações: regula os serviços de telecomunicações no país.

✱ *V. Lei nº 4.117/1962 (Institui o Código Brasileiro de Telecomunicações).*

Bustamante: elaborado pelo jurista cubano Antonio S. de Bustamante y Sirvén, que codificou o Dir. Internacional Privado em 437 artigos, contendo também normas do Dir. Processual e do Dir. Penal. Adotado no Brasil pelo Dec. nº 11.871/1929.

Civil Brasileiro: dividido em Parte Geral, com o Livro I – Das Pessoas; Livro II – Dos Bens, e Parte Especial – com o Livro I – Do Dir. das Obrigações; Livro II – Do Dir. de Empresa; Livro III – Da Propriedade; Livro IV – Do Dir. de Família; Livro V – Do Dir. das Sucessões; e Livro Complementar – Das Disposições Finais e Transitórias. Sistematiza as normas que regem as relações de ordem civil no país. Inteiramente reformulado, o novo Código Civil vigora a partir de 11-1-2003.

Comercial Brasileiro: promulgado em 1850, estabelece direitos e deveres dos comerciantes, regulando suas relações entre si e com terceiros.

Da Propriedade Industrial: regula direitos e obrigações referentes à propriedade industrial, assegurando sua proteção.

De Águas: trata de direitos e deveres em relação às águas públicas e particulares.

De Caça e Pesca: regula os serviços de caça e pesca, fiscalização técnica, organização profissional, no interesse da fauna e flora terrestre ou aquosa e o desenvolvimento de suas indústrias.

De Defesa do Consumidor: Lei nº 8.078/1990, que dispõe sobre a proteção do consumidor, estabelecendo normas para a sua defesa, de ordem pública e de interesse social, nos termos dos arts. 5º, XXXII, 17, V, da CF e suas Disposições Transitórias. ***V.*** *Consumidor.*

✱ ***V.*** *Lei nº 12.291/2010 (Torna obrigatória a manutenção de exemplar do Código de Defesa do Consumidor nos estabelecimentos comerciais e de prestação de serviços).*

De Divisão e Organização Judiciária: determina as funções dos membros do Judiciário, a administração e funcionamento da Justiça e de seus órgãos auxiliares.

De Ética e Disciplina: normas morais que devem ser obrigatoriamente observadas pelos advogados no exercício da profissão e no trato com os clientes.

De indexação: O Dec. nº 7.845/2012, que regulamenta procedimentos para credenciamento de segurança e tratamento de informação classificada em qualquer grau de sigilo e dispõe sobre o Núcleo de Segurança e Credenciamento, conceituou código de indexação. De acordo com o art. 2º, III, considera-se código de indexação: "(...) código alfanumérico que indexa documento com informação classificada em qualquer grau de sigilo;"

De Justiça Militar: trata da organização, competência e funcionamento dos órgãos da justiça aplicável aos militares.

De Minas: define direitos sobre jazidas e minas, fixa regime de seu aproveitamento e regula a intervenção do Estado na mineração e na fiscalização das empresas que usam matéria-prima mineral.

De Processo Civil: regula atos e termos necessários ao exercício das ações cíveis e comerciais.

De Processo Penal: cuida da sistemática dos procedimentos penais, termos e prazos, crimes e contravenções, julgamentos, recursos e imposição das penas.

De Trânsito Brasileiro: regula o trânsito de veículos nas vias terrestres em todo o território nacional.

Eleitoral: regula a Justiça Eleitoral, criação e funcionamento de partidos políticos, dispõe sobre alistamento, eleições, propaganda política, processos e recursos de sua área de atuação.

Florestal: fixa normas sobre exploração e proteção das florestas.

Penal: define delitos e estabelece as penas para cada tipo de infração.

Penal Militar: define os crimes de natureza militar e as penas com que são punidos.

Rural: define as normas para a propriedade rural, direitos e deveres dos agricultores.

De Proteção do Consumidor: dispõe sobre a proteção do consumidor.

✱ ***V.*** *Lei nº 8.078/1990 (Dispõe sobre a proteção do consumidor e dá outras providências).*

Tributário Nacional: conjunto de normas para lançamento e arrecadação de impostos e taxas, fiscalização de sua aplicação e punições. É importante lembrar que o Código Civil francês, encomendado por Napoleão Bonaparte e que leva seu nome, promulgado em 1804, foi a principal fonte para a elaboração de outros códigos civis na Europa. Foi elaborado por 14 eminentes juristas, com a supervisão de Portalis e a colaboração do próprio Imperador. ***V.*** *Codex.*

CODOADOR – Aquele que faz uma doação juntamente com outrem.

CODONATÁRIO – O que, com outrem, recebe uma doação.

COEMITENTE – O que emite título cambial com outro; avalista do emitente.

COEMPÇÃO – Compra em comum, compra recíproca de coisa indivisível.

COENDOSSANTE – Aquele que avaliza o endossador da nota promissória e da letra de câmbio.

COERÇÃO – É o poder imanente da lei e seu elemento essencial. É o poder da norma legal que obriga alguém a fazer ou deixar de fazer uma coisa ou de cumprir um dever; poder que o Estado imprime à lei para torná-la imperiosa a toda pessoa, compelindo a observá-la e respeitá-la. Também a autoridade usa de coerção para fazer-se atender ou respeitar ou para defender-se, no cumprimento de seus deveres legais.

COERCIBILIDADE – A norma jurídica autoriza o exercício de uma pretensão e compreende não só a *coação* (*vis compulsiva*) como a *coerção* (*vis corporalis*).

COERCITIVO – Que diz respeito à *coerção*. Que tem o poder ou o direito legal de reprimir, coagir. Que impõe pena. Diz-se também *coercivo.*

COERDEIRO – Aquele que é chamado, com outros, à mesma sucessão.

✱ *V. CPC/1973, art. 1.023, IV.*

✱ *V. CPC/2015, art. 651, IV.*

✱ *V. CC, arts. 270, 277, 414 e 415.*

COFIADOR – Aquele que abona o mesmo devedor principal, junto e solidariamente com outro.

COFINS – Contribuição para financiamento da seguridade social, que incide sobre o faturamento mensal das empresas.

✱ *V. Lei nº 9.718/1998 (Altera a Legislação Tributária Federal).*

COGESTÃO – Entende-se como a ingerência dos trabalhadores no manejo, controle ou administração da empresa.

COGITATIO – (Latim) Intenção, resolução, sem distinção de grau, do agente do delito quanto a sua prática.

COGITATIONIS POENAM NEMO PATITUR – (Latim) Ninguém pode ser punido por pensar.

COGNAÇÃO – Vínculo de parentesco entre os que descendem do mesmo tronco, paterno ou materno; laço de parentesco matrilinear. Opõe-se à *agnação*.

COGNADO OU COGNATO – Parente por cognação. Oposto a *agnado* ou *agnato*.

COGNIÇÃO – Conjunto de atividades intelectuais do juiz, para conhecer antes de decidir se a causa é fundada ou não, para declarar por sentença a vontade da lei. Antecede, assim, a deliberação, ou pronunciamento ou a sentença final.

✱ *V. CPC/1973, arts. 5º, 325 e 470.*

✱ *V. CPC/2015, art. 503, § 2º.*

Limitada: quando a lide não é examinada em sua totalidade porque sofre limitações.

Plena: aquela em que o exame da lide é total; a pretensão do autor é confrontada com a defesa do réu, numa pesquisa ampla, completa, total.

COGNITA CAUSA – Após o exame dos fatos.

COGNOME – Nome de família, sobrenome, alcunha, apelido.

COIBIR – Proibir, obstar, impedir a continuação de, forçar.

COISA – Tudo o que existe e subsiste por si independente do espírito. Para o Dir., é tudo o que é percebido pelos sentidos e pode apresentar utilidade para o homem, quando então se caracteriza como bem material. Também são coisas, juridicamente, os direitos, ações ou fatos humanos, e outros que, não sendo coisas, são bens protegidos pela lei, como a vida, a honra, a liberdade etc.

Abandonada (res derelicta): coisa móvel ou semovente que o seu possuidor rejeita expressamente, sem a transmitir a outrem. Não se confunde com *coisa achada*. Enseja *apropriação*, como forma originária de aquisição.

Acessória: a que está ligada à principal, não sendo dela parte integrante ou que, ainda que dela separada, aumenta sua utilidade ou atende a seus fins, como as arras, a acessão natural ou civil etc.

Achada: objeto que alguém perdeu e que deve ser restituído ao dono.

Apreciável: aquela cujo valor mercantil pode ser constatado pela comparação com outra da mesma espécie ou natureza; que é suscetível de preço.

Apropriada: a que foi abandonada, da qual alguém toma posse com intenção de apropriar-se como sua.

Apropriável: coisa sem dono de que o primeiro detentor pode apropriar-se, como um animal desgarrado, um enxame de abelha, um tesouro etc.

Certa: a que tem existência real e atual, com os característicos de qualidade, quantidade, quando fungível.

Coletiva ou universal: a que constitui um todo econômico, certo e determinável. Divide-se em *universidade de direito* e *universidade de fato*, a primeira pela unidade abstrata de coisas e direitos (herança, arte, massa falida, patrimônio etc.); a segunda diz respeito a conjunto de coisas corpóreas da mesma espécie (laranjal, biblioteca, rebanho etc.).

Comercial: a que, suscetível de apropriação privada, pode ser alienada como objeto de compra e venda mercantil. O mesmo que *coisa no comércio*.

Composta: a que se completa pela junção de peças distintas, necessárias à obtenção de seus fins, mas que podem ser desintegradas sem esforço e reconstituídas, sem que se inutilize.

Comum: que pertence a duas ou mais pessoas; a que não pode ser apropriada por alguém por pertencer a todos, indistintamente, como o ar, a luz solar, as águas pluviais, os rios públicos e as praias. A *coisa comum*, em certos casos, pode ser fruída pelo particular, se houver para tanto concessão do Poder Público.

Consumível: aquela que se extingue por seu uso (alimento, bebida etc.).

Corpórea: aquela que pode ser percebida pelos sentidos, que ocupa espaço; pode ser *móvel*, *imóvel* e *semovente*.

Determinada: a que, por ser certa, pode distinguir-se de outras da mesma natureza, individuar-se (tipos de automóvel, por exemplo).

Divisa: a que se dividiu, materialmente, em partes certas e reais.

Divisível: pode ser partida em porções distintas, formando cada uma um todo perfeito, sem alterar a sua substância, como terras, cereais, dinheiro etc.

✱ *V. CC, arts. 87 e 88.*

Fora do comércio: não suscetível de apropriação privada, ou que a lei proíbe seja alienada, como o ar, o bem de família, ruas, praças, imóveis dotais, bens impenhoráveis etc.

Formal: imutabilidade da sentença no processo em que foi proferida.

Frutuária: sobre a qual recai direito de usufruto.

Fungível: que pode ser pesada, medida, contada e substituída por outra da mesma espécie, qualidade e quantidade, se as partes assim acordarem. Não se confunde com *coisa consumível.*

✱ *V. CC, arts. 85 e 86.*

Futura: a que não existe no momento, mas que pode vir a ter existência futura.

Ideal ou abstrata: a parte que cada compossuidor tem na *coisa indivisa.*

Incerta: que não pode ser individualizada nem indicada pela espécie, qualidade, quantidade ou valor.

✱ *V. CPC/1973, arts. 629 a 631.*

✱ *V. CPC/2015, arts. 811 a 813.*

✱ *V. CC, arts. 243 a 246.*

Inconsumível: a que não sofre destruição ou gasto imediato da própria substância (coisa móvel), como joia, relógio etc.

Incorporada: aquela representada por entidade econômica que é absorvida por outra, aumentando seu volume ou patrimônio.

Incorpórea ou moral: a que só pode ser notada pela inteligência, não sendo tangível nem ponderável, como o ar, o som, a servidão, o uso, o nome comercial etc.

Indeterminada: a que se designa somente pelo gênero ou espécie.

Indivisa: a que não foi materialmente dividida, partilhada, ou a que se constitui de partes ideais ou incertas.

Indivisível: que não pode ser repartida sem que fique prejudicado o conjunto, alterada sua substância ou uso para o fim a que se destina, devido à sua natureza (um livro, cavalo, copo etc.). Diz-se daquela que, por disposição legal ou convencional, não pode ser partida.

Inestimável: a que não pode ser avaliada em termos econômicos, não sendo por isso objeto de comércio. O mesmo que *não apreciável.*

Infungível: a que não pode ser trocada por outra (quadro, autógrafo de escritor falecido etc.).

Julgada: 1. Decisão judiciária, definitiva, da qual não cabe recurso, sendo irretratável. É *formal*, qualidade da sentença que a torna imutável em razão da preclusão; e *material*, quando se acrescenta a imutabilidade dos *efeitos* da decisão prolatada, indiscutível e insuscetível de recurso ordinário ou extraordinário. 2. Para o Dir. brasileiro, a coisa julgada material é garantia constitucionalmente prevista, de modo que leis posteriores e mesmo decisões judiciais não podem afetar os efeitos de pronunciamentos judiciais de mérito irrecorríveis. Entretanto, a evolução da legislação processual vem alterando a disciplina do instituto, conforme a natureza da ação e os efeitos da decisão em face de terceiros. 3. No Processo Civil e Trabalhista, até 2 anos após o trânsito em julgado, ainda é admissível a propositura de *ação rescisória*, calcada em restritas hipóteses legais. Após este prazo, diz-se formada a *coisa julgada soberana*, insuscetível de rescisão judicial. 4. O CPC/2015 admite o trânsito em julgado de partes da decisão, conforme a cumulação de pedidos e a irrecorribilidade de determinados capítulos da sentença, o que positiva no Dir. brasileiro a figura da *coisa julgada progressiva*, com marcos distintos para ajuizamento de ação rescisória. 5. Embora a autoridade da coisa julgada deva ser respeitada por todos, os efeitos da decisão transitada em julgado alcançam apenas aqueles que participaram da relação jurídica processual, o que permite, em diversas situações, a rediscussão do mérito por quem não participou da controvérsia definitivamente julgada. Por esta razão, a legislação processual estabeleceu regras especiais de alcance da coisa julgada em determinadas demandas, como, por exemplo, no inventário e partilha, que pode ser rediscutido por meio da *petição de herança*, bem como nas ações coletivas e nos mandados de segurança coletivos, cuja decisão transita em julgado para todos em caso de procedência do pedido (coisa julgada *erga omnes*), de modo que, na hipótese de improcedência, poderão ser ajuizadas ações individuais pelos representados (coisa julgada *segundum eventum litis* ou *segundum eventum probationis*, conforme o caso). 6. No Processo Civil, em regra, a decisão judicial que homologa acordo extrajudicial, extinguindo o processo com resolução de mérito, embora transite em julgado, pode ser impugnada por *ação anulatória*, calcada nas hipóteses de nulidade de negócio jurídico, estabelecidas no Código Civil. Tal entendimento também vem sendo acolhido pela doutrina e jurisprudência em relação às decisões proferidas em fase de execução e insuscetíveis de recurso ou impugnação nos mesmos autos, como a adjudicação e arrematação de bens, transcorrido o prazo para embargos. 7. No Processo do Trabalho, entende-se que a homologação da conciliação, judicial ou extrajudicial, transita em julgado no mesmo dia e que somente é impugnável por *ação rescisória*. 8. Por disposição constitucional, as decisões proferidas pelo STF em ações de controle concentrado de constitucionalidade, após seu trânsito em julgado, têm eficácia *erga omnes*, atributo que transcende as partes da demanda, alcançando todos os possíveis destinatários da norma impugnada, impedindo a rediscussão da causa em quaisquer outros processos, seja de modo incidental ou como pretensão principal. A jurisprudência do STF vem estendendo este efeito às decisões em recursos extraordinários com repercussão geral definitivamente julgados, e o CPC/2015, indiretamente, atribui esta eficácia às decisões em sede de recurso extraordinário e especial repetitivos, pois exige que as decisões judiciais de primeiro grau observem tais entendimentos. 9. O trânsito em julgado é condição de eficácia da decisão, a partir do qual se admite o cumprimento definitivo do título executivo judicial. Entretanto, desde 2001, com a edição da MP nº 2.180, cujos efeitos foram preservados pela EC nº 33/2001, a coisa julgada em fase de conhecimento pode sofrer a inexigibilidade de seus efeitos em fase de cumprimento de sentença, caso advenha decisão do STF que declare inconstitucional dispositivo normativo em que se ampare o título executivo, ou cuja interpretação dada pelo órgão prolator seja considerada incompatível com a Constituição Federal. Tal disposição, reproduzida no CPC/1973 pela Lei nº 11.232/2005, que inseriu o art. 475-L, § 1º, correspondente ao art. 525, § 12, do CPC/2015, vem sendo imensamente criticada pela doutrina, pois equivale a um corte rescisório em fase de execução, o que violaria justamente a garantia da coisa julgada. 10. No Processo Penal, a coisa julgada torna-se soberana com a irrecorribilidade da sentença absolutória, inadmitindo a repropositura da ação penal. Por outro lado, sentença condenatória transitada em julgado pode ser rescindida a qualquer tempo, por meio do procedimento de *revisão criminal*. Ademais, a despeito de o título executivo penal conter diversas especificações, decorrentes do método de dosimetria da pena, a fase de execução permite diversos incidentes que flexibilizam o cumprimento da condenação, tais como a detração, a remição, a suspensão condicional e a progressão de regime, tendo em vista o objetivo de ressocialização do condenado, o que também equivale a uma flexibilização da coisa julgada. 11. Intenso debate vem sendo promovido pela doutrina e jurisprudência, no que tange à possibilidade de *relativização da coisa julgada*, quando a superveniência de fatos ou provas novas, após o decurso do prazo para ação rescisória, poderia alterar decisões em questões como reconhecimento de paternidade. Para o fim de mitigar tal controvérsia, o CPC/2015 admite a possibilidade rescisória por prova nova e dilargou o prazo para ajuizamento, neste caso, de 5 anos. 12. No âmbito do julgamento de mandado de segurança, em razão das severas restrições de cognição pelo Juízo, a denegação da medida não impede que o impetrante ajuíze ação ordinária, requerendo ampla dilação probatória, a fim de postular os efeitos patrimoniais decorrentes da alegada ilegalidade que sofreu. 13. A legislação prevê hipóteses em que decisões judiciais não transitam materialmente em julgado, admitindo revisão em razão de alteração fática do estado entre as partes, tais como na ação de alimentos, nos procedimentos de jurisdição voluntária e nos dissídios coletivos de natureza econômica.

✱ *V. CF, art. 5º, XXXVI.*

✱ *V. LINDB, art. 6º, § 3º.*

✱ *V. CPC/1973, arts. 467 a 475.*

✱ *V. CPC/2015, arts. 502 a 508.*

✱ *V. CPP, arts. 63, 65, 95, V, 110, § 2º, 148, e 377.*

✱ *V. CLT, arts. 831, parágrafo único, 836, 868, parágrafo único, e 873.*

✱ *V. CDC, arts. 103 e 104.*

✱ *V. Lei nº 5.478/1968 (Dispõe sobre ação de alimentos), arts. 13 e 15.*

✱ *V. Lei nº 7.347/1985 (Lei da Ação Civil pública), art. 16.*

✱ *V. Lei nº 9.099/1995 (Dispõe sobre os Juizados Especiais Cíveis e Criminais), arts. 59 e 76.*

✱ *V. Lei nº 9.868/1999 (Dispõe sobre o processo e julgamento da ação direta de inconstitucionalidade e da ação declaratória de constitucionalidade), arts. 27 e 28.*

✱ *V. Lei nº 9.882/1999 (Dispõe sobre o processo e julgamento da arguição de descumprimento de preceito fundamental), arts. 10 a 12.*

✱ *V. Lei nº 12.016/2009 (Lei do Mandado de Segurança), arts. 19 e 22.*

✱ *V. Súm. Vinc. nº 35.*

✱ *V. Súmulas nºs 239, 268, 304, 420, 423, 424, 514, 611, 626, 716, 717 e 734 do STF.*

✱ *V. Súmulas nºs 59, 70, 188, 344, 401, 453, 461, 487 e 526 do STJ.*

✱ *V. Súmulas nºs 33, 100, 246, 299, 350, 397, 398 e 401 do TST.*

✱ *V. Orientações Jurisprudenciais nºs 262, 277 e 401 da SBDI-I do TST.*

✱ *V. Orientações Jurisprudenciais nºs 21, 35, 101, 123, 132, 134, 150 e 157 da SBDI-II do TST.*

Litigiosa: a que está sendo objeto de uma lide.

Material: impedimento de discutir-se a lide novamente em outro processo, ou no mesmo, por estar a questão definitivamente julgada.

✱ *V. CPC/1973, art. 467.*

Particular: que é de propriedade e uso de pessoa natural, e dela pode dispor, obedecidas as restrições legais.

Perdida: coisa móvel, que desapareceu ou se extraviou de seu possuidor acidentalmente. Não se confunde com *coisa abandonada* ou *sem dono*.

Ponderável: passível de ser medida e pesada.

Presente: opõe-se a *coisa futura*; que existe de fato, no momento.

Principal: a que não depende de outra, que existe por si, abstrata ou concretamente.

Própria: que pertence a uma pessoa, singular ou coletiva, que tem título legítimo de aquisição. Oposta a *coisa alheia*.

Pública: a que pertence ao patrimônio do Estado ou ao uso comum do povo ou para atender a suas necessidades, utilidade ou interesse.

Sem dono: que não pertence a ninguém, sendo móvel ou semovente, por ter sido abandonada ou por não ser objeto de apropriação privada, como a caça, a pesca, um animal selvagem, um objeto qualquer.

Singular: isolada ou independente de outras, ainda que podendo ser unida a elas. Divide-se em *simples*, se suas partes se juntam, formando um só corpo indivisível, de maneira natural ou artificial; e *composta*, se na sua formação intervém a indústria humana com elementos distintos e separáveis.

Universal: o mesmo que *universalidade*; aquela que é objeto de usufruto.

COITEIRO – O que dá asilo, homizia um criminoso, impedindo a ação da polícia ou da Justiça. Acoitador, favorecedor.

COLABORAÇÃO PREMIADA – 1. É negócio jurídico processual e meio de obtenção de prova, que pressupõe utilidade e interesse públicos. 2. Procedimento penal aplicável na investigação e processo de crimes praticados por organizações criminosas, pelo qual um ou alguns dos investigados ou réus colabore efetiva e voluntariamente com a persecução penal, permitindo a identificação dos demais coautores e partícipes da organização criminosa, a prevenção de infrações penais e a recuperação do produto ou proveito das atividades ilícitas. 3. Embora seja definido como meio de obtenção de prova, adquire efeitos sobre a pena do réu colaborador, podendo o mesmo receber perdão judicial, redução de até 2/3 (dois terços) sobre a pena privativa de liberdade ou substituição da mesma por penas restritivas de direitos. 4. É formalizada por meio de termo de acordo de colaboração, firmado por escrito e com a obrigatória assistência do réu por defensor, negociado com o delegado de polícia ou com o Ministério Público, conforme o caso, e homologado pelo juiz. O colaborador poderá se retratar do acordo, caso em que as provas autoincriminatórias produzidas não poderão ser utilizadas contra o réu. 5. A adesão à colaboração premiada também implica adoção de medidas de proteção previstas na Lei nº 9.807/1999, que instituiu o Programa Federal de Assistência a Vítimas e Testemunhas Ameaçadas. 6. A Lei nº 13.964/2019 alterou a Lei nº 12.850/2013 para esclarecer que não serão decretadas medidas cautelares reais ou pessoais, nem o recebimento de denúncia ou queixa-crime, bem como não será proferida sentença condenatória com fundamento apenas nas declarações do colaborador. *V. Delação premiada.*

✱ *V. Lei nº 9.807/1999 (Estabelece normas para a organização e manutenção de programas de proteção a vítimas e testemunhas ameaçadas).*

✱ *V. Lei nº 12.850/2013 (Define organização criminosa e dispõe sobre a investigação criminal, os meios de obtenção de prova, infrações penais correlatas e o procedimento penal), arts. 3º, I, e 4º a 6º.*

COLAÇÃO – 1. Comparação, confrontação; faculdade ou ação de conferir. 2. Ato de oferecer ou dar em pagamento. 3. Restituição ao espólio de bens que filho ou outro descendente recebeu dos pais ou de outro ascendente a título de doação ou dote, para que se reincorporem à massa da herança e se obtenha a igualdade dos quinhões hereditários a serem partilhados. Dispensa-se a colação de bens doados em remuneração de serviços relevantes prestados ao ascendente. Diz-se este tipo de colação *verdadeira* ou *propriamente dita*, se objetiva submeter à partilha os bens conferidos; e *ficta*, se procura verificar a legitimidade da doação.

✱ *V. CC, arts. 1.992 e 2.001 a 2.012.*

✱ *V. CPC/1973, arts. 991, VI, e 1.014 a 1.016, § 1º.*

✱ *V. CPC/2015, arts. 618, VI, e 639 a 641, § 1º.*

COLACIONAR – Trazer à colação bens ou valores; cotejar, conferir o benefício recebido.

COLATÁRIO – Aquele que tem proveito com a colação, em cujo favor ela se realiza.

COLATERAL – Condição de parentesco que advém do mesmo tronco, porém não se configura em ordem ascendente ou descendente, mas em linha lateral, transversal. Exemplo: parentesco entre primos.

✱ *V. CC, art. 1.592.*

COLATERALIDADE – Qualidade de colateral, parentesco não em linha reta.

COLATÍCIAS – Referente às águas escorredouras.

COLATIVO – Que diz respeito à colação.

COLATOR – Pessoa que confere a doação, ou o dote recebido. Conferente.

COLEGADO – Legado que é transmitido com outro ou outros.

COLEGATÁRIO – Aquele que, com outro ou outros, é legatário do mesmo quinhão hereditário.

COLEGIADO – Órgão de deliberação coletiva.

COLÉGIO – Estabelecimento de ensino de primeiro e segundo graus; grêmio, corporação. Conjunto de pessoas que, coletivamente, exercem a mesma função, em nome do Estado, como o *Colégio* Judiciário; o total de eleitores de uma circunscrição, chamado *colégio* eleitoral; o complexo de membros de uma junta ou corporação, o *colégio* comercial.

COLEGISLATIVO – Nos países com regime bicameral é o conjunto das duas câmaras legislativas que formam o Congresso.

COLENDO – Expressão utilizada em técnica forense, na forma de tratamento das câmaras e turmas de um tribunal; respeitável, venerando. Não se confunde com *egrégio*, reservado aos tribunais superiores e aos juízes que os compõem. Superlativo: colendíssimo.

COLETA – Arrecadação, recebimento, cobrança; cota de imposto pago à Fazenda Pública; arrecadação pecuniária para fins beneficentes ou de outra natureza.

COLETADO – Contribuinte; o inscrito como tributário de um imposto.

COLETAR – Lançar tributos; proceder à coleta dos impostos; fixar a contribuição de impostos.

COLETIVIDADE – Agrupamento de indivíduos que integram uma comunidade, no mesmo território, tendo como vínculos comuns a raça, o idioma, interesses e costumes. A sociedade, o povo. Conjunto de coisas singulares, que formam um todo distinto; *universalidade*.

COLETIVISMO – Oposto a liberalismo político e econômico e ao individualismo, este sistema social foi criado por Marx e Lassalle. Segundo ele, a propriedade privada passa a ser coletiva e o Estado fica sendo o único proprietário do solo, dos capitais, dirige a produção e divide as riquezas. Cada operário, em troca do que produz e que é recolhido a armazéns do Estado, recebe um bilhete que lhe confere o direito de retirar mercadorias de que necessita, no valor a que fez jus. Suprime-se o comércio, a indústria e a moeda, sendo diferente do comunismo.

COLETIVO – Que diz respeito à coletividade; agrupamento de coisas ou pessoas. Diz-se do transporte de massa, do ônibus. Treino em conjunto de time de futebol. Referente a dissídio que é instaurado quando há suspensão do trabalho de toda uma categoria profissional para a fixação, por via judicial, de normas de trabalho, aumento de salário ou recuperação de perdas salariais.

COLHEITA – 1. Safra, recolhimento da produção agrícola. 2. Ação ou efeito de colher. 3. As colheitas pendentes são objeto do penhor agrícola, ainda que estejam em via de formação no ano do contrato, resultem de prévia cultura ou de produção espontânea do solo. 4. Diz-se também da colheita de provas em processo, que compete ao juiz em especial nas audiências. 5. Na ação de nunciação de obra nova pode o nunciante requerer, na petição inicial, apreensão e depósito da colheita.

✱ *V. CC, art. 1.442, II.*

✱ *V. CPC/1973, arts. 446 e 936, parágrafo único.*

✱ *V. CPC/2015, art. 361.*

COLIGAÇÃO – Aliança de pessoas físicas e jurídicas. Usa-se, em política, para indicar a união de partidos para concorrer às eleições.

COLIGAR – Unir, associar, reunir forças políticas em época de eleição.

COLISÃO – Choque, batida, abalroamento. Embate recíproco de dois corpos em movimento, em sentido contrário, como ocorre nos acidentes com veículos automotores, ou nos choques entre navios no mar. Diz-se também do choque entre dispositivos legais, de provas ou presunções de direitos colidentes.

COLITIGANTE – Aquele que está litigando junto com outros; litisconsortes.

COLOCAÇÃO – Função, classificação. Ato de colocar uma coisa no lugar que lhe compete. Aplicação de valores; venda. Usa-se hoje no sentido de apresentar uma ideia, um argumento, o que não é recomendado pelos puristas da língua portuguesa. *Colocação de marcos*: obrigatória na demarcação.

✱ *V. CPC/1973, art. 963.*

✱ *V. CPC/2015, art. 584.*

COLÔNIA – Povoação de colonos, grupo de famílias de lavradores, que cultivam as terras de uma fazenda. O conjunto de emigrantes que se estabelece em determinada área de um país.

Agrícola: estabelecimento onde são alojados os condenados que devem cumprir pena em regime semiaberto. Dedicam-se aos trabalhos do campo, com disciplina, sujeitos a fiscalização e vigilância. Devem ser alojados em compartimento coletivo, com observância da salubridade do ambiente: aeração, insolação e condicionamento térmico adequados à existência humana. É obrigatória a seleção adequada dos presos e deve obedecer-se ao limite de capacidade máxima que corresponda aos objetivos de individualização da pena.

✱ *V. Lei nº 7.210/1984 (Lei de Execução Penal), arts. 91 e 92.*

Correcional: presídio rural; recebe condenados de bom comportamento, que já cumpriram parte da pena, sendo-lhes proporcionada educação moral e instrução primária e profissional, com trabalho disciplinado e fiscalizado. O trabalho do preso é sempre remunerado e ele tem direito à Previdência Social.

COLONO – Agricultor, lavrador; membro de uma colônia, seu habitante.

COLUSÃO – 1. Conluio. 2. Acordo secreto, entre duas ou mais pessoas, que simulam litígio, para enganar a terceiros. 3. Dá-se quando o devedor é insolvente e faz uma venda fictícia de seus imóveis a outra pessoa para lesar os credores, reduzindo aparentemente o seu ativo. 4. Situação em que autor e réu se valem do processo para praticar ato simulado ou conseguir fim vedado por lei.

✱ *V. CPC, arts. 142, 966, III, 967, III b, e 975, § 3º.*

COMANDANTE – Diz-se do capitão de um navio mercante ou do piloto de uma aeronave. O comandante de navios nacionais, em viagem de alto-mar, tem competência para lavrar testamento, ante duas testemunhas idôneas que estarão presentes ao ato e assinarão depois do testador. Esse testamento marítimo caducará se o testador a ele sobreviver, passados 3 meses de seu desembarque em terra, onde possa fazer outro testamento; também não vale o testamento marítimo, ainda que feito em viagem, se o navio estava em um porto onde o testador pudesse desembarcar e fazê-lo na forma ordinária. O comandante não pode ser herdeiro ou legatário no testamento que lavrou.

✱ *V. CC, arts. 1.888 a 1.892.*

COMANDITA – Cota-parte do sócio capitalista, de responsabilidade limitada, que não participa da administração da sociedade. *V. Sociedade em comandita.*

COMANDITADO – Sócio de uma sociedade em comandita simples, ou por ações, cuja responsabilidade é solidária e ilimitada quanto às obrigações sociais.

COMANDITÁRIO – Na sociedade em comandita, simples ou por ações, é o sócio que tem cota-parte do capital, mas não intervém na administração, nem faz parte da empresa; contribui apenas com fundos, estando obrigado até seu limite.

✱ *V. Dec. nº 3.708/1919 (Regula as sociedades por cota de responsabilidade limitada).*

✱ *V. Lei nº 6.404/1976 (Lei das Sociedades por Ações), arts. 280 a 284.*

✱ *V. Lei nº 8.934/1994 (Lei do Registro Público de Empresas Mercantis e Atividades Afins).*

COMARCA – Circunscrição judiciária sob a jurisdição de um ou mais juízes de Direito; território demarcado no âmbito do qual o juiz exerce sua competência em função do lugar. Cada Estado tem seu território dividido em comarcas, que podem abranger mais de um município.

COMBATENTE – Membro das Forças Armadas que participa de hostilidades de guerra. Os *não combatentes* ou *não beligerantes* são os que exercem atividades sem caráter bélico, como médicos, enfermeiros, dentistas, correio, correspondente de guerra etc. Em tempo de guerra, não corre a prescrição contra os que estão servindo na Armada e no Exército Nacionais.

✱ *V. CC, art. 198, III.*

COMBORÇA – Concubina, amásia.

COMBORÇARIA – Concubinato, amasio.

COMEÇO – Início, princípio.

De execução: no Dir. Penal é o ato que demonstra a intenção deliberada, de quem o pratica, de consumar o delito. Se a ação é suspensa, equivale a tentativa.

De prova: indício que precisa ser comprovado por outros fatores para convencer da veracidade.

✱ *V. CC, art. 227, parágrafo único.*

De prova por escrito: qualquer escrito que tenha relação com o fato que se alega ou com o motivo da lide proposta contra pessoa de quem emana o escrito. A prova testemunhal é admissível como subsidiária ou complementar da prova por escrito, qualquer que seja o valor do contrato.

✱ *V. CC, art. 227, parágrafo único.*

COMENTADOR – Aquele que anota, interpreta um texto de lei, tornando-o mais facilmente compreendido, ao alcance de todos. Dava-se o nome de *comentadores* a juristas italianos especialistas em Dir. Romano, o mais famoso dos quais foi Bartolo. Comentarista, hermeneuta.

COMERCIAL – Que diz respeito ao comércio. Nome que se dá a anúncio de televisão e a um prato feito em restaurantes populares.

COMERCIALIDADE – Qualidade do que pode ser comercializado, objeto de compra e venda mercantil.

COMERCIALISTA – Especialista em Dir. Comercial.

COMERCIANTE – Pessoa que pratica habitualmente atos de comércio. O Código Comercial brasileiro, que data do Império (1850), foi inspirado nos ideais da Revolução Francesa e adotou a teoria dos atos de comércio na definição de comerciante, sem estabelecer em rol quais seriam os atos considerados de comércio. A legislação comercial só considerava comerciante aquele devidamente matriculado nos tribunais do comércio do Império (extintos em 9 de outubro de 1875 pelo Dec. nº 2.662), que tiveram suas atribuições transferidas para as Juntas Comerciais (q.v.). A teoria dos atos de comércio foi substituída no novo Código Civil (Lei nº 10.406/2002) e na nova Lei de Recuperação de Empresas e Falências (Lei nº 11.101/2005), pela teoria da empresa, que adotou o conceito de empresário em substituição ao de comerciante e incluiu a atividade de prestação de serviços, que passou a ter o mesmo tratamento legal que o exercício de atividade comercial em sentido estrito. Podem comerciar os maiores de 18 anos e os menores que se estabeleçam civil ou comercialmente, com recursos próprios. A mulher casada, ao ter revogada a sua incapacidade relativa com o advento da Lei nº 4.121/1962 (Estatuto da Mulher Casada), pode exercer qualquer atividade profissional lícita, incluída a mercantil, sem a necessidade de autorização marital. Esta situação da mulher consolida-se ainda mais com a CF Permanecem, porém, algumas restrições ao direito de comerciar; não podem fazê-lo os funcionários públicos (exceto na qualidade de acionista, cotista ou comanditário), os juízes de Dir., os falidos enquanto não legalmente reabilitados e os que cometeram crime falimentar, como efeito da condenação. A jurisprudência não tem reconhecido como comerciante de direito aquele que não pratica com habitualidade os atos de comércio. Embora as partes sejam comerciantes, no caso de hipoteca, a jurisdição é a civil. Prescreve em 1 ano a ação dos que fornecem hospedagem e alimentos no próprio estabelecimento, para receber o preço.

✱ *V. CF, arts. 5º, I e XIII, e 226, § 5º.*

✱ *V. CC, arts. 5º,* caput, *V, e 206, § 1º.*

✱ *V. Lei nº 4.121/1962 (Estatuto da Mulher Casada).*

✱ *V. Lei nº 8.112/1990 (Regime Jurídico Único Públicos Civis da União, Autarquias e Fundações Públicas Federais), art. 117, X, com a redação dada pela Lei nº 11.094/2005.*

✱ *V. LC nº 35/1979 (Lei Orgânica da Magistratura Nacional), art. 36, I.*

COMÉRCIO – Profissão do comerciante, que consiste na compra e venda de mercadorias com intuito de lucro. Conjunto de operações mercantis, pelas quais o comerciante se incumbe da distribuição de produtos da natureza ou da indústria, com fim especulativo. A classe dos comerciantes.

Ambulante: antes, o que era praticado por pessoas que circulavam pelas ruas; hoje, também o fixado com bancas permitidas pela Prefeitura, nas ruas e praças das cidades, como comerciantes informais, de fato.

A retalho: praticado pelos retalhistas, que adquirem mercadorias dos atacadistas para vendê-las a varejo, a retalho, aos consumidores.

Atacadista: o que compra grandes quantidades, nas fontes de produção, para revendê-las aos retalhistas ou varejistas.

Exterior: o realizado entre países, com a venda ou permuta de seus respectivos produtos.

COMÍCIO – Reunião em praça pública de cidadãos, para atos cívicos ou de protesto, ou para divulgação, por candidatos a cargos eletivos, de suas ideias e programas. Entre os antigos romanos, era assembleia pública em que se elegiam os magistrados tribunos da plebe, que a defendiam da opressão dos patrícios ou nobres. A CF garante a reunião pacífica, sem armas, em locais abertos ao público, independentemente de autorização, apenas com prévio aviso à autoridade competente, e desde que não haja outra reunião convocada para o mesmo local.

✱ *V. CF, art. 5º, XVI.*

COMINAÇÃO – Ato de cominar, de aplicar castigo ou pena; prescrição legal.

De confesso: aviso a quem deve prestar depoimento pessoal de que o seu não comparecimento importa em confissão de que os fatos alegados contra si são verdadeiros.

COMINAR – Impor a pena à infração praticada; ameaçar com pena por infração de preceito legal.

COMINATÓRIO – Que comina, que ameaça com aplicação de pena; cominativo.

COMISSÃO – 1. No Dir. Penal é o ato positivo de cometer crime. 2. Para o Dir. Administrativo, é forma de se prover um cargo isolado, temporariamente. 3. Grupo de pessoas nomeadas para estudar, apurar, apresentar soluções para determinados assuntos ou para preparar a realização de um evento. 4. Porcentagem que se paga ao corretor ou vendedor pela realização de um negócio. 5. Diz-se de cada um dos grupos de parlamentares que estudam e dão parecer sobre projetos de lei, sob os aspectos constitucionais econômicos etc., antes de serem submetidos à votação: Comissão de Justiça, Comissão de Finanças etc.

Da Verdade: Criada pela Lei nº 12.528/2011, trata-se de grupo formado para investigar atos praticados durante o período a que se refere o art. 8º do ADCT, a fim de efetivar o direito à memória e promover a reconciliação nacional, esclarecendo fatos e circunstâncias de graves violações de direitos humanos ocorridas durante o período de exceção.

De Empresa: *V. Comissão de representantes dos empregados.*

De Fábrica: *V. Comissão de representantes dos empregados.*

Del Credere: cláusula contratual pela qual o *comissário* assume, perante o *comitente*, responsabilidade pessoal pelo risco da operação mercantil, respondendo pela insolvência ou impontualidade do comprador, na venda que efetuar por conta do comitente. Esta cláusula se caracteriza pela corresponsabilidade, sendo o comissário "o garante solidário do comitente da solvabilidade e pontualidade daqueles com quem tratar por conta deste".

Executiva: órgão que faz com que se cumpram as deliberações da entidade de que é membro.

Mercantil: contrato regulado pelos dispositivos do mandato mercantil, devendo ser o comissário um comerciante estabelecido que vende a terceiros, em seu nome, por conta de outrem (o comitente ou mandante), dele recebendo comissão fixa pelos negócios que efetua. Nesse tipo de contrato, a cláusula *rebus sic stantibus* está implícita. Não se confunde com *corretagem*. A aceitação da comissão pode ser *expressa* ou *tácita*.

Mista: formada por representantes de vários países para julgar litígios suscitados entre eles.

Processante: destinada a apurar falta cometida por funcionário público.

COMISSÃO DE CONCILIAÇÃO PRÉVIA (CCP) – Órgão composto por representantes de empresas e sindicatos profissionais, em composição paritária, com o objetivo de tentar conciliar conflitos individuais do trabalho, segundo dispõe a Lei nº 9.958/2000, a qual acrescentou os arts. 625-A a 625-H da CLT. Seu surgimento objetivava criar um pressuposto processual para propositura de ação trabalhista, de forma que o interessado (reclamante ou reclamada) deveria juntar declaração da CCP que certificasse a prévia tentativa de acordo, a qual porventura não tivesse se realizado no prazo legal de 10 dias, a partir da provocação inicial da parte contrária. Durante este período, a prescrição do direito de ação é suspensa. Sem o cumprimento desta formalidade, qualquer ação trabalhista deveria ser extinta sem resolução de mérito. Contudo, o STF, no julgamento da Medida Cautelar nas ADI nºs 2.139-7 e 2.160-5, deu interpretação conforme à Constituição aos dispositivos inseridos na CLT pela Lei nº 9.958/2000, para afastar a obrigatoriedade de submissão de demandas trabalhistas à prévia tentativa de conciliação perante a CCP. Por outro lado, se acaso for celebrado termo de acordo perante a comissão, o mesmo constitui título executivo extrajudicial, inclusive em relação às contribuições previdenciárias incidentes sobre as parcelas do acordo, o qual, assim, praticamente equivale a uma sentença homologatória. Não serão mais objeto de discussão as questões fixadas no acordo, salvo quanto às parcelas expressamente ressalvadas. Contudo, a jurisprudência majoritária afasta a eficácia de cláusula de quitação geral do contrato de trabalho nos termos de acordo, de modo que o mesmo produz a quitação apenas em relação aos pleitos deduzidos pelo empregado no momento de apresentar sua reclamação perante a CCP.

✱ ***V.*** *CLT, arts. 625-A a 625-H e 876.*

✱ ***V.*** *Lei nº 8.212/1991 (Lei Orgânica da Seguridade Social), art. 43, § 6º.*

COMISSÃO DE REPRESENTANTES DOS EMPREGADOS – A CF, no seu art. 11, estabelece que as empresas com mais de 200 empregados devem promover eleição de um representante destes, que terá o encargo de manter entendimentos com o empregador. A Lei nº 13.467/2017 (Reforma Trabalhista) inseriu o Título IV-A na CLT, disciplinando a composição e atividades desta comissão. Diz-se também *Comissão de Fábrica* ou *Comissão de Empresa*.

✱ ***V.*** *CLT, arts. 510-A a 510-D.*

COMISSÃO INTERNA DE PREVENÇÃO DE ACIDENTES (CIPA) – É composta de representantes da empresa e dos empregados, com a finalidade de prevenir acidentes do trabalho. Seus membros têm a garantia de emprego até 1 ano após a extinção dos respectivos mandatos. A Lei nº 14.457/2022 adotou nova nomenclatura para inserir "assédio" entre as atribuições preventivas da CIPA. ***V.*** *Cipeiro.*

✱ ***V.*** *CLT, art. 164.*

COMISSÁRIO – Agente auxiliar autônomo do comércio, considerado comerciante, que em seu nome e por conta do mandante ou comitente, vende mercadorias que este lhe envia, mediante comissão. Ele não é responsável pela solvência daqueles a quem vende, a menos que sua comissão tenha a cláusula *del credere* (ver *comissão*). O termo designa também o delegado de Polícia ou o encarregado de fiscalizar bailes e diversões públicas para coibir a presença de menores de idade (comissário de menores). Denominação dada, ainda, a pessoa que, temporariamente, desempenha missão do governo ou o representa; o oficial da Marinha que cuida da administração interna do navio; e os funcionários de companhia de aviação comercial, que executam serviços a bordo das aeronaves (comissários de bordo).

COMISSIONADO – Aquele que exerce cargo em comissão em repartição pública. Pessoa incumbida de uma comissão.

COMISSIONAR – Encarregar alguém de uma comissão, ou de exercer um cargo público temporariamente.

COMISSO – Pena imposta ao enfiteuta ou foreiro, que consiste na perda do domínio útil, por ter, durante 3 anos, deixado de pagar as pensões devidas ao senhorio direto, tendo esse de indenizar aquele pelas benfeitorias necessárias que tenha realizado. A pena é imposta por decreto judicial e só com a sentença é que se aplica a pena. Diz-se da infração em si ou do fato de incorrer nessa pena. O enfiteuta pode purgar a mora enquanto não for decretado o comisso por sentença. O CC/2002 aboliu a enfiteuse, válida apenas enquanto perdurarem os atos praticados sob sua égide.

✱ ***V.*** *CF, art. 49 e parágrafos.*

✱ ***V.*** *Súmulas nºs 122 e 169 do STF.*

COMISSÕES PERMANENTES E TEMPORÁRIAS – O Congresso Nacional é composto de duas Casas: Câmara dos Deputados e Senado Federal. Cada uma dessas Casas possui Comissões Parlamentares, Permanentes ou Temporárias, com funções legislativas e fiscalizadoras, na forma definida na Constituição Federal e nos seus Regimentos Internos.

✱ ***V.*** *CF, art. 58.*

✱ ***V.*** *Súm. Vinculante nº 9 do STF, que dispõe que "o disposto no art. 127 da Lei nº 7.210/1984 – Lei de Execução Penal – foi recebido pela ordem constitucional vigente, e não se lhe aplica o limite temporal previsto no* caput *do art. 58".*

COMISTÃO – Mescla, mistura de coisas sólidas ou secas, sem que sua natureza corpórea seja afetada.

Não se confunde com a *adjunção* (q.v.) nem Com a *confusão* (q.v.).

✱ *V. CC, arts. 1.272 a 1.274.*

COMITÊ – Reunião de pessoas para desempenho de uma missão. Utiliza-se o termo, hoje, para indicar a sede da campanha política de candidato a cargo eletivo.

COMITÊ DE CREDORES – Órgão colegiado, formado por representantes das diferentes classes de credores na recuperação judicial, cuja função está delimitada à fiscalização e à representação nas negociações sobre o plano de recuperação ou a venda de ativos da empresa em crise. A Lei nº 11.101/2005 (Lei de Recuperação de Empresas e Falências) prevê a sua instalação opcional apenas nos casos de falência e recuperação judicial. A função que lhe é destinada é bastante pequena em relação à da assembleia de credores, que acumula a exclusividade em assuntos mais gerais, ao passo que o comitê está mais ligado à fiscalização e operacionalização das deliberações de rotina. Logo, o Comitê de Credores não substitui a Assembleia, apenas a complementa. Ele não é obrigatório; sua instalação é facultativa e opcional, dependendo da complexidade do volume de ativos, isto é, o tamanho da atividade econômica em crise; além disso, agrega custos de transação ao processo em andamento. Entretanto, com ele admite-se que o credor detenha maior poder na condução da empresa devedora.

COMITENTE – O que dá encargo ou comissão a outrem que consigna mercadorias ao comissário para que as venda mediante o pagamento de uma comissão.

COMMON LAW – Dir. comum, baseado em usos, costumes e princípios interpretados e consagrados pela jurisprudência dos tribunais, que forma a legislação judiciária aplicada prevalentemente nas cortes inglesas e americanas. Lei não escrita. Com a *Equity* e a *Statute Law* são as três partes do direito anglo-americano.

COMODANTE – Aquele que entrega a outro, a título gratuito, coisa não fungível.

COMODATÁRIO – Aquele que recebe, por empréstimo gratuito, coisa infungível. Equipara-se a ele o comprador que recebeu, sob condição suspensiva, a coisa comprada.

✱ *V. CC, arts. 582 a 585.*

COMODATO – É o empréstimo gratuito de coisas não fungíveis, que se perfaz com a tradição do objeto. Esse contrato, real e unilateral, determina que as coisas sejam devolvidas em espécie após o devido uso e no prazo convencionado. Não se confunde com o *mútuo*, que é sempre oneroso; o mutuário tem o domínio da coisa emprestada, ao passo que no comodato há apenas a transferência da posse; e, no comodato, a devolução é da coisa emprestada, enquanto no mútuo devolve-se coisa equivalente em qualidade e quantidade. Não podem os tutores, curadores e todos os administradores de bens alheios dar em comodato, sem autorização especial, os bens confiados a sua guarda. O comodatário responde pela mora e pagará aluguel da coisa durante o tempo de atraso em restituí-la. A legislação prevê, ainda, outras situações que envolvem o comodatário, assim como a responsabilidade solidária quando houver mais de uma pessoa comodatária. Adota, para causas oriundas de comodato, o procedimento sumário.

✱ *V. CC, arts. 581 a 585.*

✱ *V. CPC/1973, art. 275, § 1º, II.*

✱ *V. CPC/2015, art. 561.*

COMODIDADE – Refere-se à prioridade que a lei recomenda seja dada às partes, em processos de inventário e divisão de prédios, adequando-se o quinhão de cada um aos seus próprios interesses e sua comodidade, respeitando-se a preferência dos terrenos contíguos às suas residências e benfeitorias e evitar o retalhamento dos quinhões em glebas separadas.

✱ *V. CPC/1973, art. 978.*

✱ *V. CPC/2015, art. 595.*

COMORIÊNCIA – Diz-se da morte simultânea de duas ou mais pessoas, presumível sempre que não se possa determinar a ordem em que houve essas mortes, para efeito de sucessão. A comoriência é *de fato*, quando há provas concludentes e irrefutáveis da concomitância das mortes; e *presumida*, quando não há prova de que um morreu antes do outro e, então, presume-se que o perecimento foi simultâneo. A consequência é não se estabelecer sucessão entre comorientes.

✱ *V. CC, art. 8º.*

COMORIENTE – Pessoa que falece ao mesmo tempo que outra, no mesmo sinistro, no mesmo instante.

COMPACTUAR – Fazer pacto com outra pessoa, ser conivente numa infração.

COMPANHEIRO – Pessoa que vive exclusivamente, como se casada fosse, com outra pessoa solteira, viúva ou divorciada, sob o mesmo teto e sob sua dependência econômica, na maioria dos casos. Esse tipo de união tem merecido, nos últimos tempos, melhor consideração dos legisladores, garantindo-se direitos aos companheiros em diversas circunstâncias. A CF reconhece a união estável entre o homem e a mulher como uma entidade familiar e diz que a lei deve facilitar sua conversão em casamento. Os tribunais, por meio de construção jurisprudencial, garantem direitos aos companheiros. Diz o STF: "Comprovada a existência de sociedade de fato entre os concubinos, é cabível sua dissolução judicial, com a partilha do patrimônio adquirido pelo esforço comum". E também:

"A vida em comum sob o mesmo teto, *more uxoris*, não é indispensável à caracterização do concubinato". Em caso de morte do companheiro por acidente de trabalho ou de transporte, tem a concubina o direito de ser indenizada se não havia impedimento para o matrimônio entre eles. O TFR aprovou as seguintes decisões: "É legítima a divisão da pensão previdenciária entre a esposa e a companheira, atendidos os requisitos exigidos". "A companheira, atendidos os requisitos legais, faz jus à pensão do segurado falecido, quer em concorrência com os filhos do casal, quer em sucessão com eles, não constituindo obstáculo a ocorrência do óbito antes da vigência do Dec.-lei nº 66/1966". "A companheira tem direito a concorrer com outros dependentes à pensão militar, sem observância da ordem de preferência". Pelo atual Código Civil, homem e mulher que mantenham união estável, contínua e duradoura, passam a constituir família. Também, passam os companheiros a integrar o rol dos inventariantes conforme o art. 990, I, do CC com a redação dada pela Lei nº 12.195/2010. O STF, em julgamento conjunto da ADPF 132 e da ADI 4277, deu interpretação conforme a CF ao art. 1.723 do CC, para equiparar a união estável à união homoafetiva, para fins de direitos pessoais e patrimoniais. Para fins de Dir. Civil, não se confunde com o *concubino*, o qual mantém relação com pessoa casada, ainda constituindo entrave para o reconhecimento da igualdade de direitos, salvo quando caracterizada a separação de corpos, nas condições que permitem o divórcio.

✱ *V. CF, art. 226, § 3º.*

✱ *V. CC, arts. 981, 1.723 a 1.727.*

✱ *V. Lei nº 6.015/1973 (Lei dos Registros Públicos), art. 57, §§ 2º a 6º.*

✱ *V. Lei nº 8.971/1994 (Regula o direito dos companheiros a alimentos e à sucessão).*

✱ *V. Lei nº 9.278/1996 (Lei da União Estável).*

✱ *V. Súmulas nºs 35, 380 e 382 do STF.*

✱ *V. Súmulas nºs 122, 159 e 253 do TFR.*

COMPANHIA – *V. Sociedade anônima.*

COMPARAÇÃO – Exame comparativo de duas coisas para verificar semelhanças ou relações entre elas. Diz-se das perícias grafoscópicas, na comparação de letras de duas cartas.

COMPARTE – Coproprietário; condômino, compartilhante. O que tem parte ou quinhão com outros em coisa ou negócio. O que participa de um processo com outro. Corréu, coautor. Sócio de parceria marítima, mercantil ou rural.

COMPARTIR – Dividir em partes, quinhões; repartir, compartilhar, tomar parte em.

COMPÁSCUO – Trata-se de uma *comunhão de pastos*, isto é, uma convenção entre proprietários que permite que os animais de todos eles possam pastar em comum nos pastos de suas propriedades. O compáscuo em terreno baldio ou público é regulado por posturas municipais.

COMPATIBILIDADE – Qualidade ou condição de compatível, que pode ter coexistência, ser conciliável, harmonizável.

COMPATRÍCIO – Pessoa que tem a mesma origem, a mesma pátria de outro. O mesmo que *compatriota*.

C

COMPELAÇÃO – Ato de chamar a juízo criminal. Acusação.

COMPENSAÇÃO – Modo especial para a completa extinção de obrigações recíprocas, isto é, exigíveis entre duas pessoas que são, a um só tempo, credora e devedora uma da outra. Neste caso, as obrigações respectivas se compensam, sejam quantias pecuniárias, líquidas e vencidas, sejam coisas fungíveis, conversíveis em dinheiro ou em outra da mesma espécie e qualidade, mediante prestações recíprocas de valores equivalentes ou pela absorção do valor menor pelo maior, pago o saldo resultante pelo devedor. A compensação pode ser:

De custas: quando cada uma das partes é obrigada a pagar as custas a que deu causa numa lide.

De horário: Mediante convenção coletiva, acordo coletivo de trabalho ou acordo individual entre empregador e empregado pode a duração diária do trabalho ser acrescida de horas extras em número não excedente de duas. A remuneração da hora extra será 50%, pelo menos, superior à hora normal. Pode-se dispensar o acréscimo de salário se, por força de acordo ou convenção coletiva, o excesso de horas em 1 dia for compensado pela correspondente diminuição em outro, de maneira que não ultrapasse, no período máximo de 1 ano, a soma das jornadas semanais de trabalho previstas, nem ultrapassado o limite máximo de 10 horas por dia. Rescindido o contrato de trabalho sem compensação da jornada extraordinária o trabalhador tem direito ao pagamento das horas extras não compensadas, sendo o cálculo feito sobre o valor da remuneração na data da rescisão. A Lei nº 13.467/2017 trouxe novas disposições a respeito da compensação de jornada de trabalho, em especial, sobre a possibilidade de compensação no mesmo mês quando estabelecido em acordo individual, tácito ou escrito. Inclusive, esclareceu que, se as horas não forem compensadas como acordado e excederem a duração máxima da jornada semanal, será devido apenas o adicional correspondente a elas. Ademais, horas extras habituais não descaracterizam o acordo de compensação de jornada.

✱ *V. CLT, arts. 59 e 59-B.*

De injúrias: retorsão imediata de injúria a outrem em desagravo das que recebeu, resultando a inculpabilidade dos ofensores recíprocos, um dos casos em que o juiz deixa de aplicar a pena prevista.

✱ *V. CP, art. 140, § 1º, II.*

Judicial ou reconvencional: quando o réu, demandado por quantia certa, prova em reconvenção que o autor lhe deve quantia igual à que lhe exige.

Legal: quando a extinção recíproca da obrigação se opera por força da lei.

Mercantil: realizada por dois comerciantes que são, ao mesmo tempo, devedores e credores entre si e que compensam suas dívidas líquidas e certas.

✱ *V. CC, arts. 368 a 380.*

✱ *V. Sobre outros tipos de compensação, V. CC, art. 1.221.*

Voluntária: se resulta da livre vontade das partes, subdividindo-se em *convencional, se implica em acordo entre os interessados*; e *facultativa*, quando há renúncia de vantagem por uma das partes.

COMPETÊNCIA – Aptidão legal que a pessoa tem, por sua função ou cargo público, de praticar os atos a elas inerentes, assim como decidir sobre os assuntos de sua alçada. É também o alcance da jurisdição de um juiz, o âmbito de sua atuação jurisdicional. Poderá modificar-se a competência em razão do valor e do território pela conexão ou continência. A prevenção fixa a competência, pela exclusão de outro ou outros juízes igualmente competentes. A competência pode ser:

Absoluta ou ratione causae: quando o poder de julgar do juiz abrange toda a matéria objeto da relação jurídica controversa, em razão das pessoas, da continência da lide e da ordem hierárquica da jurisdição.

Cumulativa: quando ocorre o fato de mais de um juiz, da mesma categoria, ter poderes jurisdicionais idênticos numa circunscrição judiciária.

Deslocada: quando vai de um juiz a outro, que é o competente.

Em grau de recurso: relativa à segunda ou superior instância, para a qual é interposto. Opõe-se a *competência originária*.

Em razão da matéria ex ratione materiae: determinada pela matéria a ser conhecida e julgada pelo juiz.

Em razão das pessoas ex ratione personae: admitida tendo em vista a qualidade e a capacidade das partes em litígio.

Especial: se a esfera de ação do magistrado é determinada em função do contrato ou quase-contrato, natureza ou situação da coisa questionada, condição das pessoas, valor do pedido, prevenção ou conexão e prorrogação de jurisdição.

Exclusiva: de autoridade judiciária brasileira, excluída qualquer outra, para conhecer de ações relativas a imóveis situados no Brasil; proceder a inventário e partilha de bens situados no Brasil, mesmo que o autor da herança seja estrangeiro e tenha residido fora do território nacional.

Extraordinária: se decorre de jurisdição atribuída especialmente a certos juízes.

Firmada: quando o juiz toma conhecimento legítimo da causa, em definitivo, por prevenção ou prorrogação de jurisdição.

Funcional: diz respeito à faculdade legal do juiz para conhecer e julgar certa causa.

Geral: quando a jurisdição está restrita ao domicílio do réu ou do lugar onde a obrigação deve ser exigida.

Internacional: é a da autoridade judiciária brasileira para julgar o réu de qualquer nacionalidade quando estiver domiciliado no Brasil; quando a obrigação tiver de ser cumprida no país; e quando a ação se originar de fato ocorrido ou de ato praticado no Brasil.

✱ *V. CPC/1973, arts. 88, I a III, 89 e 90.*

✱ *V. CPC/2015, arts. 21, 23 e 24.*

Limitada: quando o juiz só tem poder para certos atos de movimentação do processo.

Ordinária: inerente a qualquer órgão judiciário, por suas próprias funções.

Originária: privilégio de um tribunal de conhecer, julgar e dirimir feitos, recursos, questões, ou incidentes de ordem jurídica ou judiciária. Diz-se *privativa e de única instância* quando de sua decisão não pode haver recurso para outro, de hierarquia superior.

Por conexão ou continência: aquela que compete a um juiz por ter tomado já conhecimento da causa conexa; trata-se de prorrogação de competência.

Por prevenção: prorrogação de competência se resulta do fato de um juiz conhecer a causa antes de outro também competente.

Privativa: aquela que se atribui apenas a um juiz, dentro da mesma circunscrição judiciária, onde haja outros juízes de igual categoria.

Privilegiada: quando conhece de certas causas ou negócios, de modo especial.

Recursal: é a competência para admitir o recurso do juiz prolator da decisão ou do órgão julgador.

Relativa ou territorial (ex ratione loci): quando cabe somente a um juiz o poder de conhecer certas questões, dentre muitos da mesma categoria ou com idênticas atribuições, em virtude de sua jurisdição em circunscrição onde exerce suas funções; pelo lugar em que se situa a residência ou domicílio das partes ou pela situação dos bens demandados.

Trabalhista: Segundo o art. 114 da CF: "Compete à Justiça do Trabalho processar e julgar: I – as ações oriundas da relação de trabalho, abrangidos os entes de direito público externo e da administração pública direta e indireta da União, dos Estados, do Distrito Federal e dos Municípios; II – as ações que envolvam exercício do direito de greve; III – as ações sobre representação sindical, entre sindicatos, entre sindicatos e trabalhadores, e entre sindicatos e empregadores; IV – os mandados de segurança, *habeas corpus* e *habeas data*, quando o ato questionado envolver matéria sujeita à sua jurisdição; V – os conflitos de competência entre órgãos com jurisdição trabalhista, ressalvado o disposto no art. 102, I, o; VI – as ações de indenização por dano moral ou patrimonial, decorrentes da relação de trabalho; VII – as ações relativas às penalidades administrativas impostas aos empregadores pelos órgãos de fiscalização das relações de trabalho; VIII – a execução, de ofício, das contribuições sociais previstas no art. 195, I, a, e II, e seus acréscimos legais, decorrentes das sentenças que proferir; IX – outras controvérsias decorrentes da relação de trabalho, na forma da lei. § 1º Frustrada a negociação coletiva, as partes poderão eleger árbitros. § 2º Recusando-se qualquer das partes à negociação coletiva ou à arbitragem, é facultado às mesmas, de comum acordo, ajuizar dissídio coletivo de natureza econômica, podendo a Justiça do Trabalho decidir o conflito, respeitadas as disposições mínimas legais de proteção ao trabalho, bem como as convencionadas anteriormente. § 3º Em caso de greve em atividade essencial, com possibilidade de lesão do interesse público, o Ministério Público do Trabalho poderá ajuizar dissídio coletivo, competindo à Justiça do Trabalho decidir o conflito". A Lei nº 13.467/2017 (Reforma Trabalhista) incluiu entre as competências das Varas do Trabalho decidir a respeito da homologação de acordo extrajudicial sobre matéria trabalhista.

✱ *V. CF, art. 114.*

✱ *V. CLT, arts. 652,* f, *e 653.*

✱ *V. Súm. Vinc. nº 23 do STF (A Justiça do Trabalho é competente para processar e julgar ação possessória ajuizada em decorrência do exercício do direito de greve pelos trabalhadores da iniciativa privada).*

Tributária: poder de cobrança que tem a União, os Estados e os Municípios, para prover, com os tributos arrecadados, os meios necessários à manutenção dos serviços urbanos e sociais.

✱ *V. CF, art. 102, I.*

✱ *V. CPC/1973, arts. 91 a 124.*

✱ *V. CPC/2015, arts. 42 a 53.*

Ainda sobre competência, consultar: LINDB (antiga LICC), art. 12, §§ 1º e 2º, Lei nº 6.766/1979, sobre o parcelamento do solo urbano, art. 48; Lei nº 6.015/1973 (Lei dos Registros Públicos), arts. 109, § 5º, 169.

COMPETENTE – Referente a juízo ou tribunal com legitimidade para conhecer e julgar uma causa.

COMPETIÇÃO – Disputa, embate, desafio, luta, rivalidade. Ato ou efeito de competir. Busca de vantagem, vitória, prêmio, entre dois ou mais competidores. Reivindicação de coisa e direito concomitantemente com outro.

COMPETIDOR – Aquele que compete, disputa, reivindica posse ou direito sobre o mesmo objeto que outra pessoa igualmente pretende. Rival, desafiante.

COMPETIR – Disputar, rivalizar. Tem o sentido também de caber, ser da competência, da jurisdição ou das atribuições de alguém. Concorrer à mesma pretensão que outra pessoa.

COMPILAÇÃO – Reunião de textos, citações, transcrições, leis, tratados; conjunto de textos de diversos autores. Coletânea de leis, escoimada daquelas revogadas, para abreviar e facilitar a consulta. Não se confunde com a *consolidação* nem com *código*, porque a compilação nada inova nem cria novas disciplinas.

COMPLEMENTAR – Que complementa, que serve para completar.

Lei: a que complementa normas previstas na CF e só pode ser aprovada se obtiver maioria absoluta (mais de 50% dos votos do Congresso).

COMPLÔ – Trama, intriga; conspiração para prática de crime político ou de golpe de Estado.

COMPOSIÇÃO – Entendimento, acordo, transação ou convenção entre os litigantes para por fim à lide. Decisão da pendência formulada pelo juiz.

COMPOSSE – Posse em comum, simultaneamente exercida por duas ou mais pessoas sobre a mesma coisa indivisa; compossessão.

✱ *V. CC, art. 488.*

COMPOSSUIDOR – O que tem posse de coisa indivisa, em comum com outras pessoas.

COMPRA – Forma de aquisição de coisa, corpórea ou incorpórea, pagando-se o preço ajustado, em dinheiro ou valor equivalente, à vista ou a prazo; aquilo que se compra.

A disponível: aquela em que o vendedor tem para pronta entrega a coisa objeto do contrato.

A esmo: aquela de que são objeto coisas ou mercadorias certas, individuadas, por preço único, como um lote de gado, um caminhão de laranjas etc.; também se diz *compra e venda por partida inteira*, ou *compra e venda em bloco.*

E venda: contrato bilateral, oneroso, consensual, pelo qual o vendedor transfere o domínio de coisa certa, ou se obriga a transferi-lo, e o comprador obriga-se a pagá-la pelo preço estipulado na data avençada, em dinheiro ou valor equivalente, de acordo com as cláusulas prefixadas no contrato. Características do contrato de compra e venda: 1) *bilateralidade*, já que os contratantes se obrigam reciprocamente; 2) *consensualidade:* tendo em vista o acordo de vontade entre as partes; 3) *onerabilidade:* por significar ônus patrimonial para as partes; 4) *comutatividade:* pela equivalência das obrigações entre as partes. Elementos essenciais: *consentimento, coisa, preço* e *forma*. O preço não pode ficar ao arbítrio de uma só pessoa, mas sim ao talante de terceiros e ser estipulado à taxa do mercado ou da Bolsa, em dia e lugar certos. A forma pode ser: instrumento particular ou público e até verbal, mas a validade das declarações não dependerá de forma especial, apenas quando a lei expressamente exigir. Na compra e venda exige-se instrumento público. Se a venda não é a crédito, o vendedor pode reter a coisa até receber o preço, o que ocorre na *venda à vista*; na *compra a prazo* o comprador tem o direito de exigir a coisa adquirida antes de completar seu pagamento; ocorrendo insolvência do comprador antes da entrega, pode o vendedor sobrestá-la até receber caução do adquirente garantindo-lhe pagamento no prazo ajustado. Quanto aos riscos, toma-se a *tradição* como referencial: até que ocorra, os riscos do bem alienado correm por conta do vendedor, e os do preço, do comprador; se a coisa perecer ou se deteriorar nas mãos do devedor antes da tradição, sem que lhe caiba culpa, resolve-se o contrato com a devolução do preço; se ele tiver culpa, responderá pelo equivalente, acrescido de perdas e danos. Despesas de escritura ficam a cargo do comprador, as da tradição incumbem ao vendedor.

E venda a contento: contrato com cláusula que determina a não efetivação do negócio se a coisa vendida não agradar o comprador.

E venda a prazo: dá-se quando alguém transfere a propriedade de coisa certa a outrem, por preço que o comprador pagará em determinado prazo; venda a crédito, diferente de *venda a termo*.

E venda a prestação: a que tem o preço do bem dividido em parcelas mensais.

E venda a retalho ou a varejo: aquela de mercadorias, em pequena quantidade, para consumo imediato.

E venda a termo: operação de compra e venda a prazo de mercadorias entre duas pessoas, sendo uma comerciante ou corretor.

E venda à vista: em que a mercadoria é entregue de imediato e paga no ato da entrega pelo comprador.

E venda com reserva de domínio: aquela na qual se transfere de imediato a posse do bem ao comprador, porém ele só adquire a sua propriedade plena após ter pago ao alienante o preço total.

E venda condicional: a que depende, para subsistir ou para extinção de seus efeitos, de condição suspensiva ou resolutiva, ou de acontecimento futuro e incerto.

E venda de coisa futura: contrato aleatório sobre coisa que venha a existir: apartamento em construção, colheita pendente etc.

E venda em grosso ou por atacado: diz respeito a grandes partidas de mercadorias que são levadas ao comércio e vendidas a retalho.

E venda mercantil: aquela em que uma das partes deve ser comerciante; é venda de coisa móvel com fim especulativo, ficando vedado desde o acordo sobre preços e condições de transferência o arrependimento a qualquer das partes sem o consentimento da outra, mesmo que a coisa não tenha sido entregue, nem pago o preço combinado. Compra e venda de coisas destinadas ao consumo.

E venda perfeita: diz-se quando as partes se ajustam sobre a coisa e o seu preço; porém, no caso de imóveis, ou de direitos reais acima de certo valor, a compra e venda só se concretiza legalmente mediante instrumento público.

E venda por amostra: a que se faz mediante amostragem de parte da mercadoria (café, arroz etc.).

E venda por correspondência: aquela em que a oferta é feita por anúncio ou por escrito e a aceitação por correspondência, mediante certas condições.

E venda por intermediário: aquela que se realiza por interposta pessoa, como um corretor.

E venda pública: a que é feita em lugar público, por hasta ou leilão, ou pregão, precedida por anúncio na imprensa.

E venda pura e simples: aquela que não se subordina a condição ou termo e produz efeitos desde a conclusão do contrato; opõe-se a *compra e venda condicional*.

E venda sob ensaio ou experimentação: aquela em que o comprador pode experimentar, previamente, o objeto que vai adquirir (ex.: par de sapatos).

E venda sob exame: em que se faz exame prévio da coisa a ser comprada (ex.: carro, casa etc.).

✱ *V. CC, arts. 481 a 520.*

✱ *V. Lei nº 4.728/1965, com redação dada pelo Dec.-lei nº 911/1969 (Dispõe sobre alienação fiduciária) (q.v.), art. 66,* caput.

COMPRADOR – Aquele que adquire, compra algo à vista ou a prazo, por algumas das formas de contrato.

COMPRAR – Adquirir a propriedade de coisa ou direito, pagamento à vista ou a prazo, importância em dinheiro ou bens equivalentes.

COMPROMETIMENTO – O Dec. nº 7.845/2012, que regulamenta procedimentos para credenciamento de segurança e tratamento de informação classificada em qualquer grau de sigilo, e dispõe sobre o Núcleo de Segurança e Credenciamento, conceituou comprometimento. De acordo com o art. 2º,

IV, considera-se comprometimento: "(...) perda de segurança resultante do acesso não autorizado;"

COMPROMISSADO – Diz-se daquele que prestou compromisso.

COMPROMISSÁRIO – Aquele a quem se fez promessa ou a cujo favor há obrigação de dar ou de fazer. Em um juízo arbitral é o árbitro obrigado por compromisso; o mesmo que *promissário* ou *comprometente.*

COMPROMISSO – 1. Ato de comprometer-se alguém ou obrigar-se a dar ou fazer alguma coisa. 2. Promessa solene, tomada a termo, que alguém faz de bem servir ou ocupar um cargo ou de afirmar a verdade de um fato de seu conhecimento. 3. Modalidade de contrato que trata de promessa de compra e venda. 4. Ajuste entre duas pessoas, antes ou durante a lide, para a escolha de árbitros para julgá-la; instrumento utilizado para instituir-se o juízo arbitral. O compromisso é judicial ou extrajudicial, podendo as partes louvar-se em árbitros. O judicial pode celebrar-se por termo nos autos, perante o juízo ou o tribunal por onde correr a demanda; o extrajudicial por escritura pública, ou particular, assinada pelas partes e testemunhas. Aplicar-se-á ao compromisso, quando possível, o que se dispõe na lei acerca da *transação.* Mesmo que o compromisso contenha a cláusula "sem recurso" e pena convencional contra a parte insubmissa, essa terá direito de recorrer ao Poder Judiciário, quer no caso de nulidade ou de extinção do compromisso, quer no caso de ter o árbitro excedido seus poderes. A norma que passou a disciplinar a arbitragem é a Lei nº 9.307/1996, que revogou os arts. 1.072 a 1.102 do CPC/1973.

COMPROMISSO DE VENDA E COMPRA – Pacto que firmam as partes – o compromitente-vendedor e o compromitente-comprador –, assumindo um o compromisso de vender e o outro o de comprar a coisa objeto do contrato por preço, prazo e condições nele expressos. No caso de imóvel, o compromissário comprador tem o direito de exigir a escritura definitiva do imóvel assim que tiver cumprido as obrigações do contrato. Este compromisso deve ser registrado e trazer todos os requisitos exigidos por lei.

COMPROMISSÓRIA – Cláusula na qual existe obrigação de fazer; pela qual as partes se obrigam, num contrato, a submeter à decisão de árbitro questão que se suscite entre elas.

COMPROMITENTE – O que assumiu obrigação de fazer; aquele que se obriga à compra ou à venda, no contrato preliminar de compra e venda. O que assume o compromisso de submeter-se à decisão de árbitros.

COMPROPRIEDADE – Propriedade em comum, domínio exercido sobre uma mesma coisa por duas ou mais pessoas; propriedade coletiva, condomínio.

COMPROPRIETÁRIO – Aquele que tem a propriedade, junto com outrem, de coisa indivisa; condômino.

COMPROVAÇÃO – Demonstração cabal da existência de algo, de uma ocorrência, de um fato; prova. Ato pelo qual se tem evidência plena de alguma coisa. Na Administração Pública, é o conjunto de documentos relativos a gastos feitos por determinada verba.

COMPROVANTE – Aquele ou aquilo que prova, que comprova. Recibo, nota, documento com o qual se prova a realização de uma despesa, ou a realização de um ato (comprovante de votação).

COMPROVAR – Evidenciar, demonstrar, conferir. Concorrer para provar, reunir novas provas, corroborar.

COMPULSÃO – Em Psicologia, é a tendência à repetição de atos mórbidos ou não. Ato e efeito de compelir. Ação de juiz superior que compele o de instância inferior a cumprir seu despacho ou determinação.

COMPULSAR – Folhear, manusear laudo, documento, livros, registros, autos, para extrair notas ou pesquisar.

COMPULSÓRIA – Obrigatória. Aposentadoria forçada, quando o servidor, civil ou militar, alcança o limite de idade permitido para o serviço público (setenta anos). A aposentadoria dos magistrados é compulsória, com vencimentos integrais, por invalidez ou aos 70 anos de idade, e facultativa aos 30 anos de serviço, após 5 anos de exercício efetivo na judicatura. O empregado pode ser também compulsoriamente aposentado, a requerimento da empresa, quando completar 70 anos de idade (homem) ou 65 anos de idade (mulher).

COMPUTAR – Incluir, levar em conta, considerar. Fazer o cômputo de; orçar.

COMUNHÃO – Bens e interesses pertencentes a várias pessoas que os utilizam com finalidade comum, lucrativa ou não. Domínio simultâneo e conjunto, de duas ou mais pessoas, sobre uma mesma coisa, na qual têm partes abstratas; direitos e obrigações sobre coisa partilhada em comum, como no condomínio.

Coativa: aquela determinada pelo título constitutivo ou pela natureza do bem.

Convencional: aquela estipulada em pacto antenupcial ou que resulta do regime de comunhão de bens.

Da prova: quando a prova trazida por um dos litigantes aproveita a ambos.

De aquestos: uso comum de bens adquiridos após o casamento.

Legal: diz-se da ensejada pelo regime de comunhão universal, quando não existe ou é nula outra convenção pré-nupcial quanto aos bens do casal.

Parcial ou limitada de bens: regime pelo qual são incomunicáveis os bens e as obrigações que cada cônjuge tem na ocasião do casamento; só se comunicam os que foram adquiridos ou as obrigações contraídas na constância deste, a título oneroso, os adquiridos por fato eventual, os adquiridos por doação, herança ou legado – quando em favor de ambos –, as benfeitorias em bens particulares de cada cônjuge, os frutos dos bens comuns, os frutos civis do trabalho de cada cônjuge ou de ambos. Se não houver convenção expressa, entre os cônjuges, quanto ao regime de bens, ou sendo nula, vigorará o regime de comunhão parcial.

Pró-diviso: quando um prédio é, de certo modo, comum em sua totalidade a diferentes donos, cada um deles, porém tendo nele parte divisa e distinta, que é sua propriedade particular e autônoma; cada condômino, em prédio de apartamento, possui parcela do todo, devendo a convenção conter a discriminação das partes de propriedade exclusiva e as de condomínio, com especificações das diferentes áreas.

Pró-indiviso: na qual o todo, ainda não dividido, pertence em sua totalidade ao conjunto de co-proprietários.

Universal de bens: regime de bens adotado pelos cônjuges pelo qual se comunicam todos os bens atuais e futuros, assim como as dívidas passivas do casal, a partir da data do casamento, em caráter irrevogável, com as exceções previstas na lei: o maior de 60 e a maior de 50 anos, que podem estabelecer livremente o regime se tiverem vivido juntos por 10 anos antes de 28-6-1977 ou se houver filho da união; os que dependerem de autorização judicial para casar, do viúvo ou da viúva que tiver filho do cônjuge falecido enquanto não der partilha aos herdeiros. O CC/2002 admite alteração do regime de bens (art. 1.639 e § 2º); não havendo convenção, ou sendo ela nula ou ineficaz, vigorará entre os cônjuges a comunhão parcial (art. 1.640). É obrigatório o regime de separação de bens no casamento, pelo motivos expostos no art. 1.641, especialmente para pessoa maior de 60 anos. ***V.*** *Bens (do casal).*

✱ ***V.*** *CC, arts. 1.639, parágrafo único, 1.640, 1.641,* caput, *1.660, 1.661 e 1.668.*

✱ ***V.*** *Lei nº 4.591/1964 (Lei do Condomínio em Edificações), art. 9º.*

✱ ***V.*** *Lei nº 6.515/1977 (Lei do Divórcio), art. 45.*

✱ ***V.*** *Súm. nº 377 do STF.*

COMUNICABILIDADE – Qualidade daquilo que pode comunicar-se; que pode vir a ser comum a duas ou mais pessoas.

COMUNICAÇÃO – Ato de comunicar; ciência, notícia, informação que se dá de um evento. Diz-se também da transferência de bens.

De crime: ato de levar à autoridade a notícia de um delito. Trata-se da *notitia criminis,* diferente da *queixa-crime,* que é um ato formal. A comunicação falsa é punida.

✱ ***V.*** *CP, art. 340.*

✱ ***V.*** *CPP, arts. 5º, § 3º, e 41.*

COMUNICADO – Cientificado, informado, noticiado; aviso oficial dirigido à imprensa.

COMUNIDADE – Qualidade ou estado do que é comum. Concordância, identidade. Diz-se do corpo social, da sociedade de pessoas que compõem um bairro, ou qualquer grupo social cujos membros habitam região determinada, irmanados por interesses comuns, uma mesma herança histórica e cultural. Agrupamento caracterizado por forte coesão baseada no consenso espontâneo dos indivíduos.

COMUNISMO – Regime social e político que se opõe ao liberalismo capitalista, à liberal democracia. Não admite a propriedade privada, mas, sim, a proletarização de todas as classes sociais, com preponderância da coletividade sobre o indivíduo. O Estado é o proprietário exclusivo dos meios de produção, dirigido pela classe proletária, com divisão de trabalho e remuneração de acordo com as necessidades de cada trabalhador. O regime comunista entrou em colapso a partir da desagregação da URSS, persistindo apenas em países como a China, Cuba e a Coreia do Norte, com características locais.

COMUNITÁRIO – Relativo à comunidade social ou à comunhão de bens.

COMUTAÇÃO – Troca, redução, permuta.

Da pena: substituição de uma pena por outra mais leve. Trata-se de uma graça concedida ao réu por prerrogativa do Presidente da República, ouvidos os respectivos órgãos legais. É importante distinguir a comutação da pena do indulto e da anistia; nesses casos, a punibilidade é extinta, ao passo que na comutação a pena é somente atenuada, diminuída.

✱ ***V.*** *CF, art. 84, XII.*

✱ ***V.*** *Lei nº 7.210/1984 (Lei de Execução Penal).*

COMUTATIVO – Relativo a *comutação.* Contrato no qual há perfeita equivalência entre as prestações recíprocas a que são obrigadas as partes contratantes.

CONATUS PROXIMUS – (Latim) Atos iniciais de execução do delito; tentativa.

CONATUS REMOTUS – (Latim) Atos preparatórios do crime.

CONCAUSA – Causa que preexiste, concomitante ou superveniente, concorrendo com outra para produzir um resultado. No Dir. Penal, é a coexistência causal, superveniente ou preexistente, na determinação do crime, e que faz com que seu autor seja responsabilizado, a não ser que a causa sobrevinda não dependa de sua vontade. Diz-se também *relação causal.*

CONCEDENTE – Em Direito Financeiro, é o órgão ou a entidade da administração pública federal direta ou indireta responsável pela transferência de recursos financeiros oriundos dos Orçamentos Fiscal e da Seguridade Social da União destinados à execução de ações orçamentárias.

✱ *V. Lei nº 14.791/2023 (Dispõe sobre as diretrizes para a elaboração e a execução da Lei Orçamentária de 2024 e dá outras providências).*

CONCEDER – Outorgar, permitir, dar, deferir.

CONCEITO – Modo de julgar, juízo, apreciação de alguma coisa. Definição, classificação técnica ou jurídica. Também se usa *conceituação.*

Do direito: ideia abstrata e geral, que considera o fim do Dir. ou uma de suas fontes; ideia de conteúdo filosófico.

Jurídico: apreciação ou juízo que se faz do ponto de vista do Dir.; pode ser *analítico*, quando define uma figura jurídica pela análise de seus diversos elementos; e *formal*, quando emite definição clara e textual sem essa análise.

Público: boa ou má reputação que o indivíduo desfruta no meio social em que vive.

CONCEITUALISMO JURÍDICO – O mesmo que *jurisprudência de conceitos.*

CONCENTRAÇÃO – Ocorre numa sociedade anônima quando um acionista reúne em suas mãos, com anuência dos outros, todas as ações, para dirigir os negócios com inteira liberdade. Aplica-se, também, no Dir. Civil, ao fato de o devedor poder satisfazer, entre duas ou mais obrigações alternativas indeterminadas, uma de sua responsabilidade.

✱ *V. CC, art. 252.*

CONCEPÇÃO – Momento em que se consuma a fecundação da mulher, pela união do espermatozoide ao óvulo, preparando a formação e o nascimento do ser humano. A lei põe a salvo os direitos do nascituro desde a concepção. Nas ações em que tais direitos possam ser atingidos, nomeia-se um curador para o nascituro, se o pai falecer estando a mulher grávida e não tendo o poder familiar; se a mulher estiver interdita, o seu curador será o do nascituro.

✱ *V. CC, arts. 2º, 1.778, 1.779 e 1.799, I.*

CONCERTO – Na linguagem forense, é o ato de o serventuário conferir cópia de título e documento e, após o devido cotejo, dá-la por conforme com o original, para efeitos de autenticação. Diz-se, também, do acordo, composição, convenção, entre as partes em litígio; ajuste entre várias pessoas para a prática do ato delituoso.

CONCESSÃO – Permissão, autorização, deferimento. Faculdade do Poder Público de conferir a pessoa física ou jurídica particular a exploração privativa, em seu nome e sua própria conta, de indústria ou serviço de interesse ou de utilidade pública ou da coletividade, durante um certo período de tempo, auferindo proventos e vantagens, mas responsabilizando-se por encargos e obrigações. Ao Poder Público incumbe, diretamente, ou sob regime de concessão ou permissão, sempre por meio de licitação, a prestação de serviços públicos. A lei disporá sobre o regime das empresas concessionárias e permissionárias de serviços públicos, o caráter especial de seu contrato e de sua prorrogação, as condições de caducidade, fiscalização e rescisão da concessão ou da permissão, os direitos dos usuários, a política tarifária e a obrigação de manter o serviço adequado. A lei garante, também, a concessão de uso de terrenos públicos ou particulares, remunerada ou gratuita, por tempo certo ou indeterminado, como direito real resolúvel, para fins específicos de urbanização, industrialização, edificação, cultivo da terra, ou outra utilização de interesse social. Pode ser contratada por instrumento público ou particular, ou por simples termo administrativo, e será inscrita e cancelada em livro especial. O concessionário responde pelos encargos civis, administrativos e tributários que incidirem sobre o imóvel e suas rendas; não pode dar destinação ao imóvel diversa da que está no contrato, ou descumprir cláusula resolutória do ajuste, casos em que perde a concessão e as benfeitorias. A concessão de uso, salvo disposição contratual em contrário, transfere-se por ato *inter vivos* ou por sucessão legítima ou testamentária, como os demais direitos sobre coisas alheias, registrando-se a transferência.

✱ *V. CF, arts. 21, XII, 175 e parágrafo único.*

✱ *V. Lei nº 8.666/1993 (Lei das Licitações e Contratos Administrativos). Revogada pela Lei nº 14.133/2021.*

✱ *V. Lei nº 8.987/1995 (Lei da Concessão e Permissão da Prestação de Serviços Públicos).*

✱ *V. Lei nº 9.074/1995 (Estabelece normas para outorga e prorrogações das concessões e permissões de serviços públicos).*

✱ *V. Lei nº 12.111/2009.*

CONCESSA VENIA – (Latim) Com a devida permissão. Expressão de uso corrente na linguagem forense, com o mesmo sentido de *data venia* ou *permissa venia.*

CONCESSIONÁRIO – Pessoa física ou jurídica que explora concessão dada pelo Poder Público.

CONCESSIVO – Que diz respeito a concessão; o mesmo que *concessório.*

CONCESSOR – O mesmo que *concedente*; o que concede ou faz concessão.

CONCESSUM DICIT QUIDQUID EXPRESSE PROHIBI TUM NON REPERITUR – (Latim) Diz-se permitido tudo aquilo que não está expressamente proibido.

CONCHAVO – Acordo, ajuste, conluio, mancomunação.

CONCIDADANIA – Qualidade de *concidadão*; relação entre concidadãos.

CONCIDADÃO – Compatrício, compatriota. O que possui a mesma cidadania de outro ou outros da mesma cidade ou país.

CONCILIÁBULO – Reunião sigilosa de pessoas, com intenções escusas; conluio.

CONCILIAÇÃO – 1. Ajuste, acordo, entendimento entre partes em litígio, pondo fim à lide. 2. No Dir. Processual do Trabalho ocorre na audiência de julgamento proposta do juiz para dirimir, espontaneamente, interesses colidentes entre empregadores e empregados. É de grande importância o papel do juiz nesse ato processual, pois da conciliação depende a atenuação dos conflitos de classe. Deste modo, a conciliação tem de ser sempre *proposta* e nunca *imposta*. A lei determina que os dissídios individuais ou coletivos sejam sempre sujeitos à prévia tentativa de conciliação. Não havendo acordo, o juízo conciliatório converte-se, obrigatoriamente, em arbitral; as partes, porém, podem celebrar acordo, pondo fim ao processo, mesmo depois de encerrado o juízo conciliatório. Em dois momentos, a conciliação deve ser solenemente proposta: após a apresentação da defesa e antes de ser proferida a sentença. Aceita pelas partes e homologada pelo juiz, não pode ser modificada nem revogada. 3. Nos crimes de calúnia, injúria ou difamação, é o ato do juiz, antes de receber a queixa, de procurar reconciliar as partes, ouvindo-as em separado, sem seus advogados, e depois em conjunto se sentir a possibilidade de harmonizá-las, ocasião em que o querelante pode assinar termo de desistência da ação. 4. Também é função obrigatória do juiz quando o litígio versar sobre direitos patrimoniais privados. 5. O art. 331 do CPC/1973, correspondente ao art. 334, § 1º, do CPC/2015, tem nova redação, pela qual a audiência de conciliação (em que as partes tentam acordo) passa a se chamar audiência preliminar.

✱ *V. CF, art. 114.*

✱ *V. CLT, arts. 667, 764, §§ 1º, 2º e 3º, 847 e 850.*

✱ *V. CPC/1973, arts. 277, 278, 331 e 448.*

✱ *V. CPC/2015, arts. 357 e 359.*

✱ *V. Lei nº 9.099/1995 (Dispõe sobre os Juizados Especiais Cíveis e Criminais), arts. 21 a 26.*

CONCILIADOR – Pessoa escolhida para auxiliar o juiz, togado ou leigo, na conciliação das partes, no Juizado Especial Cível, e ainda no procedimento sumário. Escolhido de preferência entre bacharéis de Direito.

CONCILIAR – Estabelecer a conciliação, o acordo, o ajuste entre partes em litígio. Harmonizar; combinar.

CONCILIATÓRIO – Que tem o efeito de conciliar; em que há conciliação.

CONCLUDÊNCIA – Qualidade de concludente.

CONCLUDENTE – Procedente, convincente; que conclui, que demonstra e prova o alegado.

CONCLUIR – Terminar, finalizar, rematar; deduzir, tirar por consequência.

CONCLUSÃO – Termo pelo qual os autos são submetidos à apreciação final do juiz da causa para que profira sua decisão. Estado do processo que é remetido ao juiz para seu despacho de sentença. A causa está conclusa quando se encerra a discussão das provas entre as partes em litígio, restando apenas a decisão ou a sentença a ser exarada pelo juiz. Por isso, chama-se *conclusão* ou *conclusão ao juiz* o termo pelo qual os autos passam a sua apreciação; fazer os autos conclusos é colocá-los em condições de receber a decisão do magistrado que preside a causa.

✱ *V. CPC/1973, arts. 189 e 190.*

✱ *V. CPC/2015, arts. 226 e 228.*

CONCLUSOS – Refere-se à situação dos autos que, com o *termo de conclusão,* são levados ao juiz para despacho em 2 dias ou sentença em 10 dias. O serventuário deve remeter os autos conclusos no prazo de 24 horas e executar os atos processuais no prazo de 48 horas, contadas: *a)* da data em que houver concluído o ato processual anterior, se lhe foi imposto por lei; *b)* da data em que tiver ciência da ordem, quando determinada pelo juiz.

✱ *V. CPC/1973, arts. 189 e 190.*

✱ *V. CPC/2015, arts. 226 e 228.*

CONCOMITÂNCIA – Existência simultânea de duas ou mais coisas, de dois ou mais atos; qualidade de *concomitante*, simultaneidade.

CONCOMITANTE – Que se manifesta ou se realiza ao mesmo tempo que outro; simultâneo.

CONCORDÂNCIA – Ato ou efeito de concordar. Harmonia, conformidade.

CONCORDAR – Estar de acordo, aceitar, anuir, consentir.

CONCORDATA – O Dec.-lei nº 7.661/1945, revogado pela Lei nº 11.101/2005 (Lei de Recuperação de Empresas e Falências), instituiu a concordata preventiva, por meio da qual o devedor oferecia aos credores quirografários dilação ou remissão dos créditos quirografários, sem necessidade da interferência dos credores. A partir daí afastou-se a concordata de sua origem contratual, passando a consistir-se num simples favor legal concedido ao devedor comerciante de boa-fé. A forma de pagamento era efetuada em 24 meses, sendo 40% no primeiro ano e os restantes 60% até o final do prazo. Poucos devedores tinham condições de depositar os 40% no primeiro ano, criando-se a prática das cessões de créditos, na tentativa de evitar esse depósito no prazo de um ano. Resolvidas assim as dívidas do passivo quirografário, restava a prova da regularidade de suas obrigações tributárias. A Lei nº 11.101/2005, substituiu a concordata preventiva por dois institutos: a recuperação judicial e a recuperação extrajudicial. Os processos de falência ou de concordata ajuizados anteriormente à vigência da Lei nº 11.101/2005, serão concluídos nos termos do Dec.-lei nº 7.661/1945, assim como fica vedada a concessão de concordata suspensiva nos processos de falência em curso, promovendo-se a alienação dos bens da massa falida assim que concluída sua arrecadação, independentemente da formação do quadro geral de credores e da conclusão do inquérito judicial. Havendo pedido de concordata anterior à vigência da Lei nova, este não impedirá o pedido de recuperação judicial pelo devedor que não houver descumprido obrigação assumida na concordata, com exceção do pedido baseado no plano especial de recuperação judicial para microempresas e empresas de pequeno porte (Seção V do Capítulo III da Lei nº 11.101/2005). Ressalvado o disposto no art. 192 da Lei de Recuperação de Empresas e Falências, ficam revogados, além do Dec.-lei nº 7.661/1945 os arts. 503 a 512 do Dec.-lei nº 3.689/1941 – Código de Processo Penal. Aplica-se a Lei nº 5.869/1973, Código de Processo Civil, no que couber, aos procedimentos previstos na Lei de Recuperação de Empresas e Falências.

CONCORRÊNCIA – 1. Competição entre pessoas que pretendem a mesma coisa ou disputam por vantagens. 2. Competição comercial entre produtores ou comerciantes, que disputam mercado para a venda de seus produtos, na lei da oferta e da procura. 3. A livre concorrência é princípio constitucional da ordem econômica, e sua violação, por abuso do poder econômico, dominando o mercado ou eliminando a concorrência por meio de acordos, constitui crime, sujeito a pena de 2 (dois) a 5 (cinco) anos e multa. 4. No Dir. Administrativo, é modalidade de licitação para contratos de grande valor, pela qual a Administração convoca, por edital, publicado com antecedência de 30 dias, os interessados. A concorrência é obrigatória quando se trata de feitura de obras, realização de serviços de vulto ou compras, nos limites impostos pela lei; também é obrigatória na venda de bens imóveis públicos e no contrato de concessão de serviço público. São requisitos da concorrência: universalidade (participação aberta a quaisquer interessados), ampla publicidade, habilitação preliminar e julgamento por comissão de licitação. A concorrência pode ser *pública*, quando a Administração aceita propostas, de maneira ampla, para execução de obras, fornecimento de utilidades e serviços ou venda de bens dominicais; e *administrativa*, quando é de pouca amplitude, dirigida apenas aos fornecedores inscritos, cadastrados, nas repartições públicas. 4. Via de regra, as disposições sobre concorrência da Lei nº 8.666/1993 também se aplicam ao regime diferenciado de contratações, previsto na Lei nº 12.426/2011, com as alterações previstas naquele diploma legal, sobretudo no que diz respeito aos critérios de avaliação das propostas e alteração das fases do certame.

✱ ***V.*** *CF, art. 170, I.*

✱ ***V.*** *Lei nº 8.137/1990 (Define crimes contra a ordem tributária, econômica e contra as relações de consumo), art. 4º, I.*

✱ ***V.*** *Lei nº 8.666/1993 (Institui normas para licitações e contratos da Administração Pública), arts. 17, I, 19, III, 22, I e § 1º, 23, I, c, II, c, §§ 3º e 5º. Revogada pela Lei nº 14.133/2021.*

✱ ***V.*** *Lei nº 12.462/2011 (Institui o Regime Diferenciado de Contratações Públicas – RDC).*

✱ ***V.*** *Lei nº 12.529/2011 (Estrutura o Sistema Brasileiro de Defesa da Concorrência).*

CONCORRÊNCIA DESLEAL: 1. Delito que o CP tipificava em 12 itens e penalizava com detenção de 3 meses a 1 ano, ou multa. O mesmo texto, com levíssimas alterações, foi inserido na Lei de Propriedade Industrial, revogando-se as disposições do art. 196 do CP. 2. O prejudicado tem o direito de haver perdas e danos para ressarcir-se de prejuízos causados por outros atos de concorrência desleal que o artigo da lei não previu. 3. No Dir. do Trabalho, configura a negociação habitual por parte do empregado, por conta própria ou alheia, sem permissão do empregador ou quando constituir ato de concorrência com a empresa para a qual trabalha, ou se prejudicial ao serviço, constitui justa causa para a demissão do empregado.

✱ ***V.*** *CLT, art. 482,* c.

✱ ***V.*** *Lei nº 9.279/1996 (Lei da Propriedade Industrial), art. 195.*

CONCORRENTE – Aquele que concorre a alguma coisa, a sorteio, a concurso, a cargo eletivo. Comerciante que compete com outros, oferecendo vantagens na venda de seus produtos.

CONCUBINA – Mulher que vive em concubinato; amásia; a que vive em companhia de um homem, não sendo casada com ele. ***V.*** *Companheira.*

Em caso de morte do companheiro por acidente de trabalho ou de transporte, tem a concubina o direito de ser indenizada se não havia impedimento para o matrimônio entre eles.

✱ ***V.*** *Súm. nº 35 do STF.*

CONCUBINÁRIO – Aquele que tem ou mantém concubina.

CONCUBINATO – 1. Em sentido lato, é a união estável de homem e mulher, que vivem juntos sem estarem ligados por vínculo matrimonial, sob o mesmo teto ou em tetos diferentes, com aparência de casados (*more uxorius*). 2. Para fins de Dir. Civil, restringe-se à relação em que uma ou ambas as pessoas são casadas, o que ainda constitui entrave para o reconhecimento da igualdade de direitos em relação a cônjuges, salvo se subsiste separação de corpos, nas condições que permitem o divórcio. 3. O concubinato é *extra domus*, quando há frequentação habitual e constante, embora não ostensiva, mesmo sem casa, leito e mesa em comum; e *retenta domus*, quando a mulher pertence a um só homem, sendo por ele sustentada, sob teto comum, como se casados fossem. A jurisprudência, em face de modernos conceitos de convivência social, e com base em princípios de equidade, tem apresentado soluções para diversas situações que dizem respeito ao concubinato. Na dissolução da sociedade de fato, o concubino tem direito à partilha dos bens se provar que contribuiu efetivamente para a formação do patrimônio comum do casal, com seu trabalho profissional ou atividades de comércio ou auxílio à loja ou empresa de seu convivente. Alguns julgados asseguram esse direito apenas pelo fato da permanência no lar, o que é reforçado para as classes mais humildes. Esse entendimento foi reforçado pela CF, que reconhece a união estável entre homem e mulher como "entidade familiar". Também tem sido concedida indenização à concubina pelos serviços domésticos que prestou, em geral, quando não consegue a participação nos bens; é uma compensação pelo uso dos serviços domésticos da companheira, sem a equivalente retribuição pelo companheiro. Essa indenização tem de ser fixada por arbitramento, sendo que a jurisprudência tem fixado, em média, um salário mínimo por mês, como valor da indenização, havendo alguns julgados que fixam "um apartamento e meio", 15% do valor da herança, ou até o limite do valor de um imóvel do companheiro ou do valor da causa. A concubina não pode requerer alimentos, embora se considere válido o ajuste de alimentos entre concubinos, ao separarem-se. Não pode haver ação de dissolução de concubinato, visto que se trata de união que não gera vínculos legais; assim como não se admite cautelar de separação de corpos com base exclusiva no concubinato. O julgamento de questões de concubinato cabe à Vara Cível e não à de Família e Sucessões; não há foro privilegiado para a concubina; a competência é a do próprio domicílio do réu. Seguem alguns entendimentos dos tribunais:

Os concubinos podem fazer adoção de crianças, como marido e mulher.

Os bens da concubina não respondem por dívidas do companheiro.

Imóvel comprado pela concubina com dinheiro fornecido pelo companheiro: a esposa deste só dispõe de ação para anular a entrega do dinheiro, mas não pode reivindicar o imóvel, não havendo sub-rogação na sequela.

O filho natural, menor, ficará sob o poder do pai que o reconheceu; se ambos o reconhecerem, tanto pode ficar com o pai ou com a mãe, a menos que disso advenha prejuízo ao menor.

Os herdeiros capazes podem reconhecer direitos da concubina no inventário, menos os direitos dos incapazes. Pode a concubina obter reserva de bens no inventário de seu companheiro, como medida cautelar, para garantia de eventuais direitos, a serem reconhecidos em ação própria; não se admite, porém, por esse motivo, o sobrestamento do inventário.

Se o locatário morrer, a companheira sub-roga-se no contrato, podendo purgar a mora.

A concubina também pode pleitear indenização por morte do companheiro, motivada por ato ilícito.

O eminente jurista e civilista Álvaro Villaça Azevedo defende o reconhecimento de um "contrato de concubinato", cuja forma seria dada pelo art. 221 do CC e o fundamento jurídico pelo art. 981 do mesmo Código.

✱ ***V.*** *CF, arts. 226, § 3º, e 227, § 6º.*

✱ ***V.*** *CC, arts. 550, 1.642, IV, 1.708, 1.727, 1.801, III, e 1.803.*

✱ ***V.*** *Lei nº 8.971/1994 (Sobre os direitos dos companheiros a alimentos).*

✱ ***V.*** *Lei nº 9.278/1996 (Lei da União Estável).*

✱ ***V.*** *Súmulas nºs 35, 382 e 447 do STF.*

✱ ***V.*** *Súmulas nºs 122, 159 e 253 do TFR.*

CONCUBINO – 1. Pessoa que vive em concubinato; amásio; a que vive em companhia de outra pessoa, não sendo casada com ela. ***V.*** *Companheiro*. 2. Para fins de Dir. Civil, é aplicado apenas no sentido de *amante*, o qual mantém relação com pessoa casada, o que ainda constitui entrave para reconhecimento de igualdade de direitos em relação ao cônjuge, salvo se há separação de corpos, nas mesmas condições em que é permitido o divórcio.

✱ ***V.*** *CC, arts. 550, 1.642, IV, 1.708, 1.727, 1.801, III, e 1.803.*

✱ ***V.*** *Súm. nº 35 do STF.*

CONCURSADO – O que se submeteu a concurso; o que foi aprovado em concurso público.

CONCURSO – Ajuda, auxílio, cooperação. Meio pelo qual se verifica a aptidão ou a capacidade de um candidato a ofício, cargo, que deve ser provido. Segundo determinem as instruções oficiais referentes ao concurso, pode este ser de provas públicas de habilitação, escritas e orais, em uma ou duas fases; de títulos, de provas e títulos. Diz-se, também, do fato ou circunstância de estarem reunidas duas ou mais pessoas para a realização de um ato; ou do concurso *creditório*, que é o mesmo que *concurso de credores*, que ocorre sempre que o valor da dívida supera o dos bens do devedor. O concurso pode ser:

De ações: coexistência de duas ou mais ações com o mesmo fundamento jurídico; não podem ser propostas pelo mesmo autor, porque uma absorve a outra.

De causas: quando há concomitância de várias causas que determinem o resultado colimado pelo agente do delito; *concausa* ou *causa concorrente*.

De circunstâncias: quando coexistem agravantes e atenuantes num mesmo crime.

De credores: No Direito Falimentar é um procedimento na ação de falência que visa possibilitar o cotejo e a hierarquização de créditos.

✱ *V. CPC/1973, art. 711.*

✱ *V. CPC/2015, art. 908.*

De delinquentes: quando mais de um agente colabora na execução de um só crime.

De delitos: dá-se quando o imputado, por ações ou omissões múltiplas, pratica diversos delitos; ou quando o delinquente, por uma única ação ou omissão, com a mesma ou diferente intenção, pratica dois ou mais crimes, simultânea ou sucessivamente; será *ideal* ou *aparente*, se há uma e mesma ação ou omissão dolosa e muitos crimes; e material ou real, se são imputados ao agente crimes de natureza diversa e independentes uns dos outros.

De direitos: quando se reúnem direitos equivalentes de várias pessoas sobre a mesma coisa, que uma não pode reclamar isoladamente.

De preferência: entre vários credores, cada um disputando a primazia do seu pagamento sobre os bens do devedor comum insolvente ou sobre o produto da venda destes; ocorre quando são credores quirografários e credores titulares de privilégio ou de direito real.

De normas: quando um mesmo comportamento é regido por dois ou mais preceitos jurídicos.

De pedidos: quando há um só pedido, mas o autor se socorre de mais de uma causa de pedir.

De provas e títulos: em que há prova escrita e oral e apresentação de títulos do candidato (diplomas, certificados, atestados, livros, artigos etc.).

Formal de crimes: quando o agente, com uma só ação ou omissão, comete dois ou mais crimes, aos quais se aplica a pena mais grave.

Material: quando o agente, mediante mais de uma ação, pratica dois ou mais crimes (idênticos ou não).

✱ *V. CP, art. 69.*

Necessário: circunstância de um crime só ocorrer com o concurso de vários agentes (rixa).

Público: é um processo seletivo que tem por objetivo avaliar candidatos concorrentes a um cargo efetivo de uma entidade governamental.

Real: o mesmo que *material*.

Universal: o mesmo que *concurso de credores*. Dá-se no caso de insolvência do devedor.

✱ *V. CC, arts. 955 a 965.*

✱ *V. CPC/1973, arts. 292, 612, 711 a 714, § 1º, e 784.*

✱ *V. CPC/2015, arts. 327, 797 e 908 a 909.*

✱ *V. Súm. nº 244 do TFR*

CONCURSO DE PROGNÓSTICO – 1. Jogo de azar, realizado com cartões numerados, adquiridos pelos jogadores e que vão sendo por eles preenchidos à medida que os números são retirados de uma sacola ou saco. O mesmo que víspora. 2. Segundo o Regulamento da Previdência Social, é todo e qualquer concurso de sorteio de números ou quaisquer outros símbolos, loterias e apostas de qualquer natureza no âmbito federal, estadual, do Distrito Federal ou municipal, promovidos por órgãos do Poder Público ou por sociedades comerciais ou civis. 3. A Lei nº 13.756/2018 alterou a redação do art. 26 da Lei nº 8.212/1991 para estabelecer que a contribuição social sobre a receita de concursos de prognósticos constitui receita da Seguridade Social e não a renda líquida de tais concursos como na redação anterior. 4. A EC nº 129/2023 concedeu acréscimo de prazo de vigência para os contratos de permissão lotérica.

✱ *V. ADCT, art. 123.*

✱ *V. EC nº 129/2023 (Acrescenta o art. 123 ao Ato das Disposições Constitucionais Transitórias, para assegurar prazo de vigência adicional aos instrumentos de permissão lotérica).*

✱ *V. Lei nº 8.212/1991 (Dispõe sobre a organização da Seguridade Social, institui Plano de Custeio), art. 26.*

✱ *V. Dec. nº 3.048/1999 (Aprova o Regulamento da Previdência Social), art. 212, § 1º.*

CONCURSUS DELICTORUM – Concurso de crimes.

CONCURSUS DELINQUENTIUM – Concurso de criminosos, de delinquentes.

CONCUSSÃO – Crime contra a Administração Pública. Ocorre quando funcionário público exige para si ou para outrem, direta ou indiretamente, no exercício de suas funções ou fora delas, ou antes mesmo de assumi-las, porém abusando da influência delas, vantagem indevida. A pena é de reclusão de 2 a 8 anos e multa. Os jurados serão responsáveis criminalmente, nos mesmos termos em que o são os juízes de ofício, por concussão, corrupção ou prevaricação. A concussão pode ser: *imprópria*, quando o agente se arroga ou simula atribuição que não tem; *própria*, se é legítimo ou verdadeiro o funcionário que a comete; esta se desdobra em *explícita*, quando o agente constrange alguém a lhe pagar, ou a outrem, aquilo que exige de modo ilícito; *implícita*, quando só utiliza artifício para induzir a pessoa a pagar-lhe ou prometer que lhe dará importância em dinheiro que ela não lhe deve. A Lei nº 13.964/2019 alterou a pena deste crime para reclusão, de 2 (dois) a 12 (doze) anos, e multa.

✱ *V. CP, art. 316, §§ 1º e 2º.*

✱ *V. CPP, arts. 260, 278 e 304.*

CONCUSSIONÁRIO – Funcionário público que pratica *concussão.*

CONDENAÇÃO – Sentença de juiz ou tribunal que impõe a pena devida ao autor de contravenção ou delito; decisão definitiva, pela qual o juiz ou o tribunal ordena que o réu satisfaça total ou parcialmente o pedido do autor.

Efeitos genéricos e específicos da Condenação no âmbito penal: Estão dispostos nos arts. 91 e 92 do CP. Art. 91. São efeitos da condenação: I – tornar certa a obrigação de indenizar o dano causado pelo crime; II – a perda em favor da União, ressalvado o direito do lesado ou de terceiro de boa-fé: a) dos instrumentos do crime, desde que consistam em coisas cujo fabrico, alienação, uso, porte ou detenção constitua fato ilícito; b) do produto do crime ou de qualquer bem ou valor que constitua proveito auferido pelo agente com a prática do fato criminoso. Poderá ser decretada a perda de bens ou valores equivalentes ao produto ou proveito do crime quando estes não forem encontrados ou quando se localizarem no exterior. Na hipótese do § 1º, as medidas assecuratórias previstas na legislação processual poderão abranger bens ou valores equivalentes do investigado ou acusado para posterior decretação de perda. Art. 92. São também efeitos da condenação: I – a perda de cargo, função pública ou mandato eletivo: a) quando aplicada pena privativa de liberdade por tempo igual ou superior a um ano, nos crimes praticados com abuso de poder ou violação de dever para com a Administração Pública; b) quando for aplicada pena privativa de liberdade por tempo superior a 4 (quatro) anos nos demais casos. II – a incapacidade para o exercício do pátrio poder [atual poder familiar], tutela ou curatela, nos crimes dolosos, sujeitos à pena de reclusão, cometidos contra filho, tutelado ou curatelado; III – a inabilitação para dirigir veículo, quando utilizado como meio para a prática de crime doloso. Os efeitos de que trata o artigo 92 exposto não são automáticos, devendo ser motivadamente declarados na sentença.

CONDENADO – 1. Sentenciado; que sofreu condenação. 2. Indivíduo sobre o qual recai condenação cível ou criminal. O condenado pode casar por procuração. 3. Em Dir. Civil, diz-se também do réu que, por dilatar o julgamento da lide, será condenado nas custas e perderá, ainda que vencer a causa, o direito a haver do vencido honorários advocatícios.

✱ *V. CPC/1973, arts. 22, 28, 32, 267, § 2º, 405, §§ 3º, I, 641, 644, 735, 822, II, 919.*

✱ *V. CPC/2015, arts. 92, 94, 447, 485 e 553.*

CONDENAR – Impor, o Tribunal do Júri, pena ao réu submetido ao seu julgamento; julgar a ação procedente e obrigar o réu a satisfazer, no todo ou em parte, o pedido do autor; pronunciar o juiz a sentença definitiva pela qual declara o denunciado culpado e aplica-lhe a pena correspondente à infração que praticou.

CONDESCENDÊNCIA – Tolerância, indulgência.

Criminosa: crime praticado contra a Administração Pública. Consiste em deixar um funcionário, por indulgência, de responsabilizar um seu subordinado por infração cometida no cargo; ou, faltando-lhe competência, não comunicar o fato à autoridade competente. A pena é de detenção de 15 dias a um mês, ou multa a ser fixada quanto ao valor pelo juiz.

✱ *V. CP, art. 320.*

CONDIÇÃO – Cláusula que subordina o efeito do ato jurídico a evento futuro e incerto. A condição pode ser:

Captatória: quando estipula benefício a uma das partes contratantes.

Casual: quando depende do acaso ou de terceiro, de acontecimento futuro e não de qualquer das partes.

Contraditória: sem clareza, obscura, com proposições que induzem a interpretações colidentes.

De direito: inerente ao exercício de direito relativo ao ato jurídico em que se funda a obrigação.

De fato: se se realiza por meio de um fato.

Desonesta ou imoral: quando contraria princípios de moral, bons usos e costumes.

Divisível: quando podem ser separadas em partes.

Eventual: aquela decorrente da natureza do direito a que diz respeito.

Falível: a que não pode verificar-se.

Ilícita: contrária à Lei, à ordem pública ou à moral.

Impossível: aquela inadmissível por violar leis naturais ou o direito expresso (fisicamente impossível), ou quando se relacionar a fatos passados (juridicamente impossível).

Imprópria: que não tem a mesma natureza do ato jurídico ao qual se vincula.

Incompreensível: a que não pode ser interpretada, razão por que se torna inexequível.

Indivisível: quando não é suscetível de separação.

Intrínseca: a adstrita à própria natureza do ato.

Lícita: quando permitida pelo direito.

Mista: quando depende, ao mesmo tempo, da vontade de uma das partes e da de terceiro, ou de fato alheio à vontade de ambos.

Momentânea: quando o fato que a ela se subordina tem existência transitória.

Negativa: subordina a eficácia do ato jurídico à não ocorrência de evento futuro.

Pendente: a suspensiva ainda não efetivamente realizada.

Perplexa: a contraditória que impossibilita o ato.

Positiva ou afirmativa: quando subordina o efeito de um ato jurídico à realização de um fato.

Possível: permitida por sua própria natureza (fisicamente possível) ou pela lei (juridicamente possível).

Potestativa: quando condiciona os efeitos de ato jurídico apenas à vontade ou a mero arbítrio de uma das partes estipulantes.

Puramente potestativa: aquela em que o acontecimento depende apenas da vontade de um dos contraentes, expressa formal e inequivocamente, sendo inoperante portanto a convenção que não a contiver.

Resolutiva: a que dá azo à extinção do contrato, assim que ocorra determinado fato. Pode ser *expressa* ou *tácita*, a primeira, operando de pleno direito, a segunda por interpretação judicial.

Simples: aquela em que o acontecimento está sujeito à vontade dos contraentes, ligada a um certo interesse seu ou a ato ou ação do mesmo emanado, subordinado ao contrato ou com íntima relação a este.

Sucessiva: a que se preenche por uma sucessão de fatos.

Supérflua: a que é inoperante.

Suspensiva: que suspende os efeitos do ato jurídico durante o período em que um evento não acontece.

Útil: quando produz o efeito desejado.

Voluntária: não é naturalmente da natureza do ato a que se vincula, depende da vontade dos contraentes.

✱ V. CC, arts. 121 a 127, 130, 474 e 1.900, I a IV.

CONDICIONAL – Que depende de condição.

CONDICIONAMENTO DE ATENDIMENTO MÉDICO-HOSPITALAR EMERGENCIAL – Tipo penal surgido com o advento da Lei nº 12.653/2012, que inseriu o art. 135-A ao CP, tornando crime a exigência de cheque-caução, nota promissória ou qualquer garantia, bem como o preenchimento prévio de formulários administrativos, como condição para atendimento em unidade médico-hospitalar. A pena é de detenção, de 3 (três) meses a 1 (um) ano, e multa. Se da negativa de atendimento resultar lesão grave (art. 129 do CP), a pena pode ser aumentada até o dobro, e se resultar morte (art. 121 do CP), até o triplo.

✱ V. CP, art. 135-A.

CONDICIONAR – Tornar sujeito a uma condição; subordinar a cláusulas.

CONDIÇÕES DA AÇÃO – São os requisitos imprescindíveis à propositura da ação, que indicam sua viabilidade. São eles: legitimidade para a causa, interesse de agir e possibilidade jurídica do pedido.

CONDITIO AD QUAM – (Latim) Exprime a condição resolutiva, a qual uma vez verificada extingue os efeitos do negócio jurídico.

CONDITIO A QUO – (Latim) Designa a condição suspensiva; a partir do evento condicional, forma-se e adquire inteira validade o ato jurídico.

CONDITIO INDEBITI – (Latim) Condição de reclamar o que foi pago indevidamente. Ver *ação de repetição.*

CONDITIO OB TURPEM CAUSAM – (Latim) Dir. de reclamar a restituição de prestação paga de boa-fé para fim imoral ou ilícito.

CONDITIO POTESTATIVA – (Latim) Condição potestativa, aquela que depende no todo ou em parte da vontade de um dos contratantes.

CONDITIO SINE CAUSA – (Latim) Dir. de pedir a restituição de prestação paga sem causa legítima, ainda que referente a objeto lícito.

CONDITIO SINE QUA NON – (Latim) Condição necessária ou indispensável.

CONDOMÍNIO – 1. Copropriedade. Estado de coisa indivisa sobre a qual várias pessoas exercem, simultaneamente, o direito de propriedade sobre um quinhão ideal. 2. Os condomínios edilícios são constituídos mediante a Convenção de Condomínio, a qual será elaborada, por escrito, pelos proprietários, promitentes-compradores, cessionários ou promitentes cessionários dos direitos referentes à aquisição de unidades autônomas, em prédios a serem construídos, em construção ou já edificados. Deverão aprovar, por contrato ou deliberação em assembleia, o Regimento Interno do edifício; farão o registro da Convenção no Registro de Imóveis, assim como a averbação de possíveis alterações. Cada condômino concorrerá para as despesas do condomínio, pagando a sua cota-parte no rateio. No condomínio edilício, as partes suscetíveis de utilização independente, como apartamentos, escritórios, salas, lojas e sobrelojas, com as respectivas frações ideais no solo e nas outras partes comuns, sujeitam-se à propriedade exclusiva, podendo ser alienadas e gravadas livremente por seus proprietários, exceto os abrigos para veículos, que não poderão ser alienados ou alugados a pessoas estranhas ao condomínio, salvo autorização expressa na convenção de condomínio. 3. Os condôminos responderão, proporcionalmente, pelas obrigações previstas nas leis trabalhistas. 4. Para as causas advindas do condomínio, aplica-se o procedimento

C

sumário, e a representação em juízo é competida ao síndico ou administrador nomeado. Os créditos documentalmente comprovados, referentes a taxas e despesas de condomínio, constituem títulos executivos, permitindo ação executiva direta em face do condômino inadimplente. 5. A Lei nº 14.405/2022 estipulou a necessidade de aprovação de 2/3 (dois terços) dos votos dos condôminos de condomínio edilício para a mudança da destinação do edifício ou da unidade imobiliária.

✱ *V. CC, arts. 1.314 a 1.358 e 1.791, parágrafo único.*

✱ *V. CPC/1973, arts. 12, IX; 275, II, b; 585, V.*

✱ *V. CPC/2015, arts. 75, XI, e 784, VIII.*

✱ *V. Lei nº 2.757/1956 (Dispõe sobre a situação dos porteiros, zeladores, faxineiros e serventes de prédios e apartamentos residenciais), arts. 2º e 3º.*

✱ *V. Lei nº 4.591/1964 (Lei do Condomínio em Edificações).*

✱ *V. Lei nº 13.312/2016 (Altera a Lei nº 11.445, de 5 de janeiro de 2007, que estabelece diretrizes nacionais para o saneamento básico, para tornar obrigatória a medição individualizada do consumo hídrico nas novas edificações condominiais).*

✱ *V. Lei nº 14.405/2022 (Altera a Lei nº 10.406, de 10 de janeiro de 2002 (Código Civil), para tornar exigível, em condomínios edilícios, a aprovação de 2/3 (dois terços) dos votos dos condôminos para a mudança da destinação do edifício ou da unidade imobiliária.).*

CONDÔMINO – Aquele que, com outros, é dono da mesma propriedade, móvel ou imóvel, em comum. Comparte, comproprietário. Especialistas entendem que alterações feitas em o novo Código Civil nas relações condominiais poderão criar polêmica. Entre estas mudanças, está a redução da multa por atraso no pagamento da taxa de 20% para 2% o que, segundo estudiosos, privilegia o mau pagador. A Lei nº 12.607/2012 alterou o § 1º do art. 1.331 do CC para estabelecer que as partes suscetíveis de utilização independente, tais como apartamentos, escritórios, salas, lojas e sobrelojas, com as respectivas frações ideais no solo e nas outras partes comuns, sujeitam-se a propriedade exclusiva, podendo ser alienadas e gravadas livremente por seus proprietários, exceto os abrigos para veículos, que não poderão ser alienados ou alugados a pessoas estranhas ao condomínio, salvo autorização expressa na convenção de condomínio. Moradores antissociais também foram enquadrados pelo CC/2002: quem perturbar a paz poderá ser multado em até dez vezes o valor do condomínio e, mesmo, ser obrigado a mudar-se do imóvel. Outras alterações: até o décimo dia do mês, os condomínios podem cobrar juros de 1% ao mês por atraso; a partir do dia 11, passam a valer os juros definidos na convenção de cada condomínio. Caso não haja essa previsão, poderá ser cobrado 1% ao mês. O condômino que, reiteradamente, deixar de cumprir seus deveres perante o condomínio poderá ser multado em até cinco vezes o valor da taxa condominial, desde que tal medida tenha sido aprovada por 3/4 dos condôminos restantes. O síndico conserva o direito de ser eleito pela maioria dos condôminos presentes à assembleia. Sua destituição, que se dava com a concordância de 2/3 dos condôminos, atualmente ocorrerá com o aval da maioria absoluta (50+1).

CONDUÇÃO – 1. Meio de transporte. 2. Direção. Despesas que as partes pagam para diligência do juiz ou de auxiliar da Justiça. Ato pelo qual o oficial de Justiça, cumprindo mandado, ou agente policial, conduz à presença do juiz o acusado, perito ou testemunha que desatende a intimação sem motivo justificado. O mesmo com as testemunhas arroladas pelas partes nos processos cíveis. 3. O tempo que o empregado despende, em condução fornecida pelo empregador, até o local do trabalho de difícil acesso ou não servido por transporte regular público, e, para seu retorno, é computável na jornada de trabalho.

Debaixo de vara: nome que se dá ao ato de o oficial de Justiça levar à presença do juiz, cumprindo mandado desse, a testemunha ou a parte recalcitrante, que responde pelo aumento de despesa a que der motivo pelo seu não comparecimento.

✱ *V. CPC/1973, art. 412, § 3º (acrescido pela Lei nº 8.710/1993).*

✱ *V. CPC/2015, art. 455.*

✱ *V. CPP, art. 18.*

CONDUTA – Modo de proceder de cada indivíduo, seu comportamento no meio em que vive, em harmonia ou não com a moral, os usos e costumes, os princípios éticos.

Inconveniente: contravenção contra a paz pública, quando alguém tem comportamento inconveniente ou desrespeitoso em solenidade, ato oficial, espetáculo público, assembleia. Pena*:* prisão simples de 15 dias a 6 meses ou multa.

✱ *V. LCP, art. 40.*

CONDUTOR – O que transporta, mediante frete, comissão ou aluguel, mercadorias de um ponto a outro assumindo responsabilidade por sua guarda e entrega e mesmo pelos danos que sofram. Diz-se também *transportador*, hoje mais utilizado. É ainda a pessoa que leva o delinquente preso em flagrante delito e as testemunhas que o presenciaram. *Condutores* são marcos que indicam, nas demarcações de terras, o seguimento do rumo.

CONEXÃO – Nexo, relação, coerência, ligação, vínculo. Analogia entre coisas diferentes. Em Dir., dependência que os fatos guardam entre si.

De ações: Relação existente entre duas ou mais ações no tocante ao objeto ou a causa de pedir.

✱ *V. CPC/1973, art. 103.*

✱ *V. CPC/2015, art. 55.*

De causas: dá-se quando correm em separado ações conexas perante juízes que têm a mesma competência territorial; considera-se prevento o que despachou em primeiro lugar; devem ser fundidas numa só e num mesmo juízo, uma delas absorvendo a outra, evitando-se julgamentos contraditórios.

✱ *V. CPC/1973, arts. 46, III, 90, 102, 103, 105, 106, 253, 292 e 301, VII.*

✱ *V. CPC/2015, arts. 24, 54, 55, 57, 58, 113, 286, 327 e 337, VIII.*

✱ *V. Lei nº 6.024/1974 (Lei da Intervenção e a Liquidação Extrajudicial de Instituições Financeiras), art. 45, § 12.*

De crimes: ocorre quando duas ou mais infrações estão entrelaçadas por um nexo comum que recomenda a junção dos processos. A competência será determinada pela conexão: *a)* se ocorrerem duas ou mais infrações praticadas, ao mesmo tempo, por várias pessoas reunidas, ou por várias pessoas em concurso, ainda que diverso o tempo e o lugar, ou por várias pessoas umas com as outras; *b)* se, no mesmo caso, houverem sido umas praticadas para facilitar ou ocultar as outras, ou para conseguir impunidade ou vantagem em relação a qualquer delas; *c)* quando a prova de uma infração ou de qualquer de suas circunstâncias elementares influir na prova de outra infração.

✱ *V. CPP, art. 76.*

CONFEDERAÇÃO – União política de dois ou mais Estados, soberanos, formando uma só potência, com um governo central que os representa, cada um deles com total autonomia. Essa forma de Estado praticamente deixou de existir.

CONFERÊNCIA – Ato pelo qual o herdeiro traz à colação os bens que recebeu por adiantamento da legítima; *colação*. Comparação que se faz da cópia com o original, para verificar se ela está conforme com este. Ato do juiz incumbido de lavrar o acórdão, na primeira sessão seguinte à do julgamento, de verificar se ele está redigido de acordo com o que decidiu o tribunal. Diz-se, também, de reunião de plenipotenciários ou delegados especiais de vários países, para estudar e resolver assuntos de interesse interno ou externo, conflitos internacionais, ou para estabelecer regras de Dir. Internacional Público.

✱ *V. CPC/1973, arts. 385 e 1.016, §§ 1º e 2º.*

✱ *V. CPC/2015, arts. 424 e 641.*

CONFERENTE – Aquele que tem por profissão conferir coisas ou contas, como o conferente aduaneiro.

CONFERIR – Comparar a exatidão de duas coisas, se são exatamente iguais; confrontar. Conferir coisas que estão agrupadas, mercadorias a serem despachadas, para constatar se não falta nenhuma. Restituir o dote, trazer à colação bem recebido como adiantamento da legítima. Verificar a exatidão de cópia com o original de onde foi extraída. Examinar contas. Conceder título, benefício, mandato.

CONFESSAR – Afirmar, declarar, revelar alguém o que fez, o que pensa, o que sabe a respeito de fato sob investigação. Declarar (o acusado) sua responsabilidade em crime que lhe é atribuído.

CONFESSIO EST PROBATIO OMNIBUS MELIOR – (Latim) A confissão é a melhor das provas.

CONFESSO – Indivíduo que confessou sua participação no fato delituoso que lhe é imputado; *réu confesso*. Pena de confissão presumida quando ocorre a ausência de parte chamada a juízo para depoimento pessoal, chamada *pena de confesso*, que não se aplica à pessoa que deixou de comparecer por motivo relevante e justificado.

CONFIANÇA – Crédito, fé. Crédito que alguém inspira por sua probidade, fidelidade, capacidade de trabalho, disposição de servir. Estado de ânimo de pessoa que tem segurança no que faz ou em outra pessoa. A confiança das partes é requisito essencial para alguém ser árbitro.

✱ *V. Lei nº 9.307/1996 (Lei da Arbitragem), art. 13,* caput.

CONFIDÊNCIA – Notícia reservada; comunicação secreta, coisa que se diz em segredo.

CONFIDENCIAL – Aquilo que se diz, ou se escreve sob reserva, sob sigilo, em confiança e em segredo.

CONFIGURAÇÃO – Caracterização ou definição legal de um ato, fato ou contrato, sua atribuição de figura jurídica.

CONFIM – Confinante, vizinho.

CONFINAMENTO – Ato de confinar, prender; exilar.

CONFINANTE – Proprietário de prédio que se limita com outro; vizinho próximo. Os confinantes estão obrigados a concorrer, mutuamente, para o pagamento de despesas de obras divisórias entre os prédios e da ação demarcatória.

✱ *V. CPC/1973, arts. 946, I e II, 947, 948, 950, 973, 974 e 980, § 2º, I.*

✱ *V. CPC/2015, arts. 569, 570, 572, 574, 593, 594 e 597.*

CONFINAR – Confrontar, limitar, ter divisa comum. Exilar, encarcerar. Desterrar para lugar distante, para os confins do país.

CONFIRMAÇÃO – Corroboração, reiteração, reconhecimento. Ato de reafirmar a verdade ou a exatidão de um ato ou fato conhecido. Ratificação, aprovação ou revalidação quando o particular ou a autoridade competente aprova ou ratifica ato para lhe dar validade; ato de juiz inferior que sustenta, ou não reforma, despacho ou sentença sua; ato do juiz superior, ou do tribunal, que mantém a decisão de juiz de instância inferior.

CONFIRMAR – Assegurar, afirmar, garantir, conferir certeza ao que antes não a tinha. Sustentar decisão judicial; ratificar depoimento.

CONFISCAÇÃO – *V. Confisco.*

CONFISCAR – Apreender instrumentos e produtos de crime. Atribuir ao Fisco coisa dolosamente desviada ou adquirida pelo infrator.

CONFISCO – Apreensão de bens de alguém por violação da lei. Apreensão de bens particulares, pelo Estado, a título punitivo. A CF trata do assunto, admitindo o confisco de bens apenas em alguns casos, como "em decorrência do tráfico ilícito de entorpecentes e drogas afins" determina que todo e qualquer bem de valor econômico seja, neste caso, "confiscado e reverterá em benefício de instituições e pessoal especializados no tratamento e recuperação de viciados e no aparelhamento de custeio de atividade de fiscalização, controle, prevenção e repressão do crime do tráfico dessas substâncias". Esclarece, ainda, a CF que a obrigação de reparar o dano e a decretação ao perdimento de bens pode ser, nos termos da lei, estendida aos sucessores e contra eles executadas, até o limite do valor do patrimônio adquirido; e que a lei adotará, na individualização da pena, entre outras medidas a perda de bens. Também o CP fixa, entre os efeitos da condenação, a perda, em favor da União, ressalvado o direito do lesado ou de terceiro de boa-fé, dos instrumentos do crime, desde que consistam em coisas cujo fabrico, alienação, uso, porte ou detenção constituam fato ilícito; e do produto do crime ou de qualquer bem ou valor que constitua proveito auferido pelo agente com a prática do fato criminoso.

✱ ***V.** CF, arts. 5º, XLV, XLVI, e 243.*

✱ ***V.** CP, art. 91, II,* a *e* b.

Cambial: feito pelo governo, na exportação de produto nacional, na época de alta de preços para compensar os exportadores nos períodos de preços baixos. Ver também legislação sobre confisco de bens, de pessoa natural ou jurídica por enriquecimento ilícito.

CONFISSÃO – Reconhecimento, aquiescência. Ato de uma pessoa reconhecer, espontânea, tácita e expressamente, verdadeiro o fato a si imputado e que a compromete. É meio de prova judicial ou extrajudicial, relevante e valiosa, quando livre e idônea. É a rainha das provas; *de dívida*: ato de reconhecimento da dívida, feito pelo devedor em favor de outrem, por instrumento público ou particular. A confissão pode ser:

Cindida ou divisível: aquela que, sendo complexa, se divide, a menos que sejam inverossímeis ou sem provas as alegações do confitente.

Complexa: aquela acompanhada de alegações que, se verdadeiras, atenuam ou mudam as consequências da confissão.

Confidencial ou condicional: a que se faz com a condição de que o favorecido por ela tome certa atitude.

Espontânea: a que se faz, voluntariamente, perante a autoridade de prática de crime pelo próprio agente; é circunstância atenuante da pena.

Expressa: quando feita por escrito ou de viva-voz.

Extrajudicial: a que se faz fora do juízo competente, oral ou por escrito público ou particular, assinado pelo confitente, sem as formalidades legais exigidas.

Ficta: a que não foi feita de modo expresso, mas revelou-se pelo procedimento do confitente. É a confissão presumida, prevista em lei, por exemplo, quando a parte não comparece a juízo para prestar depoimento, aceitando tacitamente os fatos incriminadores a si imputados, ou quando o réu, não impugnando os fatos narrados na petição inicial, faz com que se presumam verdadeiros, a menos que não se admita, a respeito deles, confissão.

Indivisível: a que não pode ser reconhecida como válida só parcialmente.

Judicial: a que se produz perante o juiz, livremente, reduzida a termo nos autos do processo.

Pessoal: feita pelo confitente em pessoa; difere daquela feita por procuração.

Qualificada: a que versa sobre fatos diversos, porém interdependentes, que não podem ser separados sem que alterem as consequências jurídicas; é indivisível.

Simples e pura: quando o confitente não amplia nem restringe a verdade do fato que se alega contra ele e que reconhece; é indivisível.

Tácita: o mesmo que *ficta* ou *implícita*.

CONFITENTE – Aquele que declara ou confessa sua própria culpabilidade. O que faz confissão em juízo.

CONFLAGRAÇÃO – Guerra em escala mundial, entre países de vários continentes.

CONFLITADO – Juízo contra o qual se opõe o conflito de jurisdição.

CONFLITO – Controvérsia, desentendimento, lide, demanda, divergência.

Competência: É a faculdade que a lei concede a funcionário, juiz ou tribunal, para decidir determinadas questões. Competência judicial é uma parcela da jurisdição, indicadora da área geográfica em que o juiz irá atuar, da matéria e das pessoas que examinará. É a competência que dá ao juiz o poder de julgar. Atribuída em lei (ou seja, a lei fixa quais as causas que determinado juiz, em determinada vara, poderá julgar), a competência determina os limites dentro dos quais pode legalmente julgar. Quando o juiz não tem tal poder, é considerado incompetente, e os atos assim praticados podem ser declarados nulos. Quando um juiz assume a titularidade de uma vara criminal, por exemplo, não poderá julgar uma ação de divórcio, que é de competência das varas de família.

✱ *V. Súm. nº 349 do STJ.*

Coletivo do trabalho: ver *dissídio coletivo do trabalho.*

De atribuições: ocorre entre autoridades administrativas, ou entre estas e as judiciárias, cada uma delas, simultaneamente, considerando-se competente para julgar certo caso. Resolve-se o conflito por recurso ao órgão hierárquico superior.

De competência ou de jurisdição: quando dois ou mais juízes se declaram competentes; quando dois ou mais juízes se declaram incompetentes; quando entre dois ou mais juízes surge controvérsia sobre reunião ou separação de processos.

✱ *V. CPC/1973, arts. 105 e 115 a 124.*

✱ *V. CPC/2015, arts. 57, 66 e 951 a 959.*

De direito: quando confluem ou se opõem direitos de duas ou mais pessoas, que não podem ter o gozo exclusivo ou o pleno exercício do direito de que se dizem titulares; diz-se também *colisão de direitos.*

De interesses: quando colidem as vontades de indivíduos que pretendem a mesma vantagem ou litigam, em juízo, por direitos opostos; demanda, litígio, lide.

De leis: quando há mais de uma lei em concorrência, disciplinando de modo diverso a mesma matéria, cujo cumprimento ou aplicação simultânea se torna impossível, porque são incompatíveis. Esse conflito pode ser: *das leis no espaço,* quando não há conciliação entre duas normas de países diferentes, que regulam as relações jurídicas recíprocas, no que diz respeito aos interesses de seus nacionais. É *simples,* quando ocorre entre duas normas materiais de países diferentes; e *duplo,* quando ocorre entre duas leis de direito interespacial. Como se vê, o âmbito de validade espacial da norma é que enseja o conflito de leis no espaço, matéria disciplinada pelo Dir. Internacional Privado. A lei vale para o território de um país, porém a palavra território tem conotação jurídica, incluindo áreas ideais e não apenas físicas: o espaço aéreo até 600 quilômetros de altitude; o mar territorial, que tem, no Brasil, largura de 200 milhas a contar da baixa-mar, navios e aviões de guerra em qualquer parte do mundo, navios em alto-mar, embaixadas, colônias etc. Da interferência de estrangeiros em relações jurídicas no território nacional e do fato de brasileiros terem bens ou negócios no exterior, surge o fenômeno da *extraterritorialidade da lei,* isto é, a aplicação de lei de um Estado no âmbito da jurisdição de outro. Isto ocorre, por exemplo, com os crimes que, embora cometidos no estrangeiro, estão sujeitos às leis brasileiras, e aqueles que, por tratado ou convenção, o Brasil se obrigou a reprimir. O direito internacional moderno adota o princípio de territorialidade moderada, excluindo do princípio da lei territorial o Estado e a capacidade da pessoa, o direito de Família e Sucessões, que ficam regidos por lei pessoal. A Lei de Introdução às normas do Direito Brasileiro adota a lei do lugar em que a pessoa está domiciliada: "A lei do País em que for domiciliada a pessoa determina as regras sobre o começo e o fim da personalidade, o nome, a capacidade e os direitos de família". A lei brasileira é aplicada, sem prejuízo de convenções, tratados e regras de Dir. Internacional, ao crime cometido no território nacional; *das leis no tempo:* quando colidem a lei nova e a antiga, que regia diferentemente a mesma matéria. É a *teoria da não retroatividade das leis.* Quanto aos atos de comércio de estrangeiros no Brasil são regulados e decididos pelo CCom.

✱ *V. LINDB (antiga LICC), art. 7º.*

✱ *V. CP, arts. 5º e 7º.*

✱ *V. Lei nº 6.815/1980 (Estatuto do Estrangeiro) – sobre extradição.*

✱ *V. Lei nº 7.565/1986 (Código Brasileiro de Aeronáutica) – sobre soberania territorial.*

✱ *V. Lei nº 8.617/1993 (Dispõe sobre o mar territorial, a zona contígua, a zona econômica exclusiva e a plataforma continental brasileiros.*

CONFORME – Igual, idêntico, com a mesma forma, como, segundo, de acordo, consoante.

CONFORMIDADE – Em consonância com, em concordância.

CONFRARIA – Irmandade; associação de leigos para fins beneficentes; liga de pessoas da mesma classe ou profissão ou credo religioso.

CONFRONTAÇÃO – Acareação do réu com testemunha, com o corréu ou com a vítima do delito. Ato de confrontar; colocar cópia ou peça judicial em confronto com o original para conferi-la com este. No plural, indica os limites de um imóvel com outro; lados pelos quais ele confina com o imóvel contíguo.

CONFRONTANTE – Aquele ou aquilo que se contrapõe a outrem ou a outra coisa. Imóvel, urbano ou rústico, que faz confrontação, que confina com outro; o dono desse imóvel. O mesmo que *confrontador* ou *confinante.*

CONFRONTAR – Fazer acareação entre testemunhas, depoentes, indiciados. Estabelecer o confronto. Comparar, conferir.

CONFRONTO – Disputa, comparação, conferência.

CONFUSÃO – Modo de *acessão* (q.v.), pela íntima união de substâncias líquidas ou liquefeitas. Modo de extinção de obrigações pela reunião das qualidades do credor e do devedor na mesma pessoa, o que se chama *confusão subjetiva*; a *confusão objetiva* é a fusão de coisas corpóreas que são de diversos donos, suscetíveis ou não de separação. Maneira de extinção de aforamento, quando o senhorio direto se torna herdeiro do enfiteuta ou vice-versa. Modo de extinguir o penhor ao se juntarem as qualidades de credor e devedor na mesma pessoa. Reunião numa só pessoa do domínio útil e do domínio direto. Perece o objeto de direito quando se confunde com outro, de modo que não se possa distinguir.

✱ *V. CC, arts. 1.272 a 1.274, 383, 381 e 384.*

CONFUTAÇÃO – Ato e efeito de *confutar*, o mesmo que *refutação*.

CONFUTAR – Refutar, contrariar, contestar. Impugnar razões contrárias, com fundamento, demonstrando que não procedem.

CONGELADO – Aplica-se ao crédito que não pode ser transferido durante um certo tempo para o exterior, por proibição do governo.

CONGELAMENTO – Ato de congelar, de reter a saída de capitais.

De preços: ato do governo mantendo congelados, por determinado tempo, os preços das mercadorias vigentes na ocasião em que se efetiva a medida, formalizada por lei. Estabilização forçada dos preços no montante em que se achavam até a promulgação da medida.

CONGELAR – Impedir a saída de capitais; obstar o aumento de preços.

CONGREGAÇÃO – Confraria; comunidade ou associação de religiosos. Corpo de professores de uma universidade.

CONGRESSISTA – Membro de um congresso; os parlamentares que compõem o Congresso Nacional.

CONGRESSO – Poder Legislativo de um país; reunião da Câmara dos Deputados e do Senado, nos países de regime bicameral. Reunião de estudiosos ou especialistas em determinada área do saber para debater assuntos de seu interesse. Assembleia solene de delegados de vários países para discutir, negociar e resolver questões de interesse internacional ou para dirimir dissídios.

✱ *V. CF, arts. 44, 48 e 50.*

CONGRUO TEMPORE ET CONGRUO LOCO – (Latim) Em tempo e lugar certos.

CONHECER – Acolher o juiz uma causa por considerar-se competente para julgá-la. Diz-se quando o juízo superior toma conhecimento de recurso que lhe foi interposto, para lhe dar ou negar provimento.

CONHECIMENTO – Cognição. Ciência que se tem de uma questão, uma matéria, de ato ou fato. Diz-se do acolhimento ou não de um recurso por tribunal de superior instância. Nota de despacho ou recebimento de mercadoria. *Tomar conhecimento*: acolher a causa ou o recurso para pronunciar-se sobre o seu mérito, após informar-se de seu conteúdo; *não tomar conhecimento*: negar o juiz acolhimento ao recurso; recusar-se a receber a causa. Nota ou bilhete de passagem em que as empresas de transporte mencionam os volumes e número de ordem que recebem do passageiro, para lhos devolver no desembarque, mediante apresentação da cópia do recibo.

De embarque: instrumento de locação do serviço de transporte; documento nominativo e transmissível por endosso que as companhias de navegação expedem em relação às mercadorias que recebem do carregador, com a obrigação de transportá-las e entregá-las, no porto de destino, a seu consignatário.

✱ *V. CCom, art. 575.*

De frete: o mesmo que *conhecimento de transporte* e *conhecimento de embarque*. Quando *nominativo*, deve trazer a cláusula *à ordem*.

Aéreo: instrumento para contrato de transporte por via aérea que o expedidor entrega ao transportador junto com a carga.

Prévio de impedimento: crime contra a família. Configura-se quando alguém contrai casamento conhecendo a existência de impedimento que lhe cause a nulidade absoluta. Pena: detenção de 3 meses a 1 ano.

✱ *V. CP, art. 237.*

CONIVÊNCIA – Cumplicidade, conluio, tolerância em relação a ato criminoso. Caracteriza-se quando alguém se abstém, propositada ou dissimuladamente, de prevenir, obstar ou denunciar o ato delituoso, do qual teve prévio conhecimento, ou cria obstáculo a que outro o leve ao conhecimento da autoridade.

CONIVENTE – Aquele que acoberta, ou impede que se conheça ou que se comunique, ato criminoso de terceiro, irregularidade, ou o tolera.

CONJETURA – Juízo, opinião, decisão que se funda em probabilidades, circunstâncias ou aparências que cercam o fato e levam à presunção.

CÔNJUGE – Diz-se de cada parte do casal, isto é, da pessoa em relação à outra com quem está casada; os esposos, em relação um ao outro. O cônjuge participa em igualdade com os descendentes do falecido na vocação hereditária, cabendo-lhe "quinhão igual aos dos que sucederem por cabeça, não podendo sua quota ser inferior à quarta parte da herança, se for ascendente dos herdeiros com que concorrer".

✱ *V. CC, art. 1.832.*

✱ *V. Súm. Vinc. nº 13 (A nomeação de cônjuge, companheiro ou parente em linha reta, colateral ou por afinidade, até o terceiro grau, inclusive, da autoridade nomeante ou de servidor da mesma pessoa jurídica investido em cargo de direção, chefia ou assessoramento, para o exercício de cargo em comissão ou de confiança ou, ainda, de função gratificada na Administração Pública direta e indireta em qualquer dos poderes da União, dos Estados, do Distrito Federal e dos Municípios, compreendido o ajuste mediante designações recíprocas, viola a Constituição Federal).*

Supérstite: é o que sobrevive ao outro. Se o regime de bens não era o da comunhão universal, ele terá direito, enquanto durar a viuvez, ao usufruto da 4a parte dos bens do falecido, se houver filhos, desse ou do casal; e à metade, se não houver filhos, embora sobrevivam ascendentes do *de cujus*; se o regime era de comunhão universal, enquanto permanecer viúvo, terá direito real, sem prejuízo da participação que lhe couber na herança, de habitação relativamente ao imóvel destinado à residência da família, desde que seja o único bem daquela natureza a inventariar. Está ele proibido de casar com o autor de homicídio ou tentativa de homicídio contra o consorte, assim como o adúltero está impedido de casar com o corréu. Quanto à legitimidade para requerer o inventário, o art. 990 do CPC/1973, correspondente ao art. 617 do CPC/2015 revogou os arts. 1579 do CC/1916, 406, I, 592, IV, 749, 787, 789, I, 822, III, 888, II e VI, ao indicar que o juiz nomeará inventariante o cônjuge sobrevivente casado sob o regime de comunhão desde que estivesse convivendo com o outro ao tempo da morte deste. Para excluir da sucessão o cônjuge basta que o testador disponha do seu patrimônio sem o contemplar. O cônjuge é de direito curador do outro, quando interdito; não precisará apresentar balanços anuais nem fazer inventário, se o regime for o de comunhão, ou se os bens do incapaz se acharem descritos em instrumento público, qualquer que seja o regime de casamento. A CF garante a homens e mulheres igualdade em direitos e obrigações; e os direitos e deveres da sociedade conjugal são exercidos igualmente pelo homem e pela mulher. Deixar, sem justa causa, de prover à subsistência do cônjuge é crime apenado com 1 a 4 anos de detenção e multa.

✱ *V. CP, arts. 133, § 3º, II, 181, I, 182, I, 227, § 1º, 235 e 244.*

✱ *V. Lei nº 12.195/2010 (Altera o art. 990 da Lei nº 5.869/1973 (Código de Processo Civil), para assegurar ao companheiro sobrevivente o mesmo tratamento legal conferido ao cônjuge supérstite, quanto à nomeação do inventariante).*

CONJUGICIDA – Aquele ou aquela que mata seu cônjuge.

CONJUGICÍDIO – Homicídio de um cônjuge por outro.

CONJUNÇÃO – União, ligação.

Carnal: cópula; relação sexual completa, coito, congresso sexual.

✱ *V. CP, art. 215.*

CONJUNTIVO – Aquilo que liga partes opostas, para que constituam um corpo certo; o que contribui para fixar relação entre duas pessoas ou coisas.

CONJURAÇÃO – O mesmo que *conjura*. Trama, conspiração de caráter político; reunião de pessoas que, secretamente, conspiram contra o governo ou instituições do país. Associação criminosa.

CONJURADO – Aquele que toma parte em conjura.

CONLUIO – Conspiração, trama, combinação secreta entre pessoas para iludir a outrem, em proveito próprio.

CONSANGUÍNEO – Que é do mesmo sangue.

CONSANGUINIDADE – Parentesco derivado de sangue comum.

CONSCIÊNCIA – Faculdade de estabelecer julgamentos morais dos próprios atos. Conhecimento imediato da própria atividade psíquica. Conhecimento profundo em relação a si mesmo, suas ações, a qualidade boa ou má dos atos que a pessoa pratica.

Coletiva: conjunto de representações, sentimentos, ou tendências não explicáveis pela psicologia do indivíduo mas pelo fato do agrupamento de indivíduos em sociedade. O conjunto de juízos e opiniões de um povo.

Moral: faculdade de estabelecer distinção entre o bem e o mal, disso resultando o sentimento do dever ou da interdição da prática de certos atos, aprovação ou sentimento de culpa por tê-los praticado.

CONSCRIÇÃO – Alistamento militar obrigatório.

CONSCRITO – Diz-se do jovem alistado ou recrutado para prestar serviço militar obrigatório.

CONSELHO – Parecer, opinião técnica abalizada, que orienta ou esclarece alguém sobre determinado assunto. Corpo coletivo de pessoas que devem pronunciar-se ou deliberar sobre questão que é de sua competência. Órgão judicante.

Administrativo de Defesa Econômica: órgão com jurisdição nacional que tem por finalidade reprimir os abusos do poder econômico.

Curador do FGTS: Composto por representação de trabalhadores, empregadores, órgãos e entidades governamentais. Este Conselho fixa normas e diretrizes que regem o FGTS.

✱ *V. Lei nº 8.036/1990 (Dispõe sobre o Fundo de Garantia por Tempo de Serviço).*

Da comunidade: órgão criado para atuar em cada Comarca, com as seguintes incumbências: visitar mensalmente os estabelecimentos penais da Comarca; entrevistar presos; apresentar relatórios mensais ao juiz das Execuções e ao Conselho

Penitenciário; obter recursos materiais e humanos para melhor assistência ao preso. Deve compor-se de um representante de associação comercial ou industrial, um advogado indicado pela OAB, um assistente social. Na falta dessa representação, o juiz das Execuções escolherá os seus integrantes.

Da República: órgão superior de consulta do Presidente da República, para pronunciar-se sobre intervenção federal, estado de defesa e estado de sítio; questões relevantes para a estabilidade das instituições democráticas. Dele participam: o Vice-Presidente da República, os Presidentes da Câmara e do Senado, os líderes da maioria e da minoria na Câmara e no Senado, o ministro da Justiça e seis cidadãos brasileiros natos, com mais de 35 anos de idade, dois nomeados pelo Presidente da República, dois eleitos pelo Senado, dois pela Câmara, todos com mandato de 3 anos, vedada a recondução.

De Comunicação Social: a CF prevê a sua criação, pelo Congresso Nacional, para atender ao que está disposto no seu Capítulo V – Da Comunicação Social.

De contribuintes: órgão colegiado, paritário, constituído metade de funcionários da Fazenda e a outra metade de representantes dos contribuintes, para julgar, em segunda instância administrativa, recursos sobre questões relativas a tributos federais.

De Defesa dos Direitos da Pessoa Humana: criado pela Lei nº 4.319/1964, atualmente transformado em *Conselho Nacional dos Direitos Humanos*, por projeto enviado ao Congresso em agosto de 1994 pelo Governo Federal. Ampliou os seus poderes de investigação e permite-lhe realizar diligências e requisitar policiais. Passará a agir como uma espécie de Ministério Público, além de ter liberdade para abrir processos. Poderá requisitar informações e documentos, determinar a convocação de vítimas e pessoas responsáveis por condutas contrárias aos direitos humanos. Sanções que poderá aplicar: advertência, censura pública, recomendação de afastamento de cargo do responsável por condutas contrárias aos direitos humanos.

✱ ***V.*** *CF, arts. 5º, XLIII e LI, 89, 90, 91, 105, parágrafo único, 220, 224, 243 e parágrafo único.*

✱ ***V.*** *LC nº 35/1979 (Lei Orgânica da Magistratura Nacional).*

✱ ***V.*** *Lei nº 4.319/1964 (Criou o Conselho de Defesa dos Direitos da Pessoa Humana).*

✱ ***V.*** *Lei nº 5.764/1971 (Lei das Cooperativas), arts. 95 a 102.*

✱ ***V.*** *Lei nº 6.815/1980 (Estatuto do Estrangeiro), regulamentada pelo Dec. nº 86.715/1981, arts. 142 a 145.*

✱ ***V.*** *Lei nº 7.210/1984 (Lei de Execução Penal), arts. 62, 69 e 80.*

✱ ***V.*** *Lei nº 8.069/1990 (Estatuto da Criança e do Adolescente – ECA), arts. 86 a 97, 131 a 140 e 147.*

✱ ***V.*** *Lei nº 9.610/1998 (Revogou a Lei nº 5.988/1973, exceto seu art. 17, §§ 1º e 2º).*

De Defesa Nacional: órgão de consulta do Presidente da República para assuntos relacionados à soberania nacional e à defesa do Estado democrático. Dele participam, como membros natos: o Vice-Presidente da República, os presidentes da Câmara e do Senado, os Ministros Militares, os da Justiça, das Relações Exteriores e do Planejamento. Compete-lhe opinar sobre decretação de estado de defesa, de sítio, e da intervenção federal; propor critérios e condições de utilização de áreas de segurança e seu excessivo uso, especialmente na faixa de fronteira e nas relacionadas com preservação e exploração dos recursos naturais; estudar, propor e acompanhar o desenvolvimento de iniciativas necessárias a garantir a independência nacional e a defesa do Estado democrático.

De guerra: tribunal composto por oficiais generais do Exército em campanha para julgar, em primeira instância, crimes de natureza militar cometidos por militares ou assemelhados; o mesmo que *Corte Marcial.*

De Justiça Federal: dispõe a CF que esse Conselho funcionará junto ao STJ, cabendo-lhe exercer a supervisão administrativa e orçamentária da Justiça Federal de primeiro e segundo graus.

De sentença: grupo de sete jurados escolhidos entre os 21 sorteados, que devem julgar os réus submetidos à deliberação do júri.

Dos Direitos da Criança e do Adolescente (Condeca): o Estatuto da Criança e do Adolescente previu a criação de Conselhos Municipais, Estaduais e Nacional dos Direitos da Criança e do Adolescente, órgãos deliberativos e controladores das ações em todos os níveis, assegurada a participação popular paritária por meio de organizações representativas, segundo leis federal, estadual e municipal. A função de seus membros é considerada de interesse público relevante e não será remunerada. Essas entidades são responsáveis pela manutenção das próprias unidades e pelo planejamento e execução de programas de proteção e socioeducativos para crianças e adolescentes. As entidades não governamentais somente poderão funcionar depois de registradas no Conselho Municipal dos Direitos da Criança e do Adolescente, o qual comunicará o registro ao Conselho Tutelar e à autoridade judiciária da respectiva localidade.

Fiscal: órgão composto de três ou mais sócios, com mandato de 1 ano, eleitos pela Assembleia-Geral, que dão parecer sobre negócios da empresa.

Monetário Nacional: vinculado ao Ministério da Fazenda, tem as atribuições de fixar e fazer executar normas relativas às Bolsas de Valores, normas gerais para instituições financeiras nacionais e disciplinar o crédito por meio das entidades do sistema financeiro.

Nacional Antidrogas (CONAD): vinculado à Secretaria de Segurança Institucional da Presidência da República, estuda medidas efetivas de combate ao tráfico ilícito de drogas e do uso de substâncias entorpecentes que determinem dependência física ou psíquica.

Nacional de Cooperativismo: incumbe-se o CNC da orientação geral da política de cooperativismo, sob a presidência do Ministro da Agricultura e composto de 8 membros. Suas atribuições não se estendem às cooperativas de habitação, às de crédito e às seções de crédito das cooperativas agrícolas mistas, no que forem regidas por legislação própria.

Nacional de Dir. Autoral: órgão de fiscalização, controle e assistência no que se refere a direitos do autor e direitos que lhe são conexos. Entre suas atribuições, está a de gerir o Fundo de Dir. Autoral, que terá doações de pessoas físicas ou jurídicas nacionais e estrangeiras, o produto das multas impostas pelo Conselho Nacional de Dir. Autoral, as quantias que, distribuídas pelo Escritório Central de Arrecadação e Distribuição às associadas não forem reclamadas por seus associados no prazo de 5 anos, e recursos oriundos de outras fontes.

Nacional de Imigração: órgão de deliberação coletiva, vinculado ao Ministério do Trabalho, com sede em Brasília. É integrado por representantes do Ministério do Trabalho, que o presidirá, da Justiça, das Relações Exteriores, da Agricultura, da Saúde, da Indústria e Comércio e do Conselho Nacional do Desenvolvimento Científico e Tecnológico, nomeados pelo presidente da República. A lei fixa as suas atribuições, entre elas a de formular objetivos para a elaboração da política imigratória.

Nacional de Justiça: Criado pela EC nº 45/2004, tem por competência o controle da atuação administrativa e financeira do Poder Judiciário e do cumprimento dos deveres funcionais dos juízes.

O Conselho Nacional de Justiça compõe-se de 15 membros com mandato de 2 anos, admitida uma recondução, sendo: I – o Presidente do Supremo Tribunal Federal; II – um Ministro do Superior Tribunal de Justiça, indicado pelo respectivo tribunal; III – um Ministro do Tribunal Superior do Trabalho, indicado pelo respectivo tribunal; IV – um desembargador de Tribunal de Justiça, indicado pelo Supremo Tribunal Federal; V – um juiz estadual, indicado pelo Supremo Tribunal Federal; VI – um juiz de Tribunal Regional Federal, indicado pelo Superior Tribunal de Justiça; VII – um juiz federal, indicado pelo Superior Tribunal de Justiça; VIII – um juiz de Tribunal Regional do Trabalho, indicado pelo Tribunal Superior do Trabalho; IX – um juiz do trabalho, indicado pelo Tribunal Superior do Trabalho; X – um membro do Ministério Público da União, indicado pelo Procurador-Geral da República; XI um membro do Ministério Público estadual, escolhido pelo Procurador-Geral da República dentre os nomes indicados pelo órgão competente de cada instituição estadual; XII – dois advogados, indicados pelo Conselho Federal da Ordem dos Advogados do Brasil; XIII – dois cidadãos, de notável saber jurídico e reputação ilibada, indicados um pela Câmara dos Deputados e outro pelo Senado Federal.

Nacional de Petróleo: regula importação, exportação, transporte, distribuição e comércio de petróleo bruto e seus derivados.

Nacional de Política Criminal e Penitenciária: tem sede em Brasília e subordina-se ao Ministério da Justiça; integrado por 13 membros, designados por ato desse Ministério dentre professores da área penal, penitenciária e ciências correlatas, e representantes da comunidade e dos ministérios da área social, com mandatos de 2 anos, renovado um terço cada ano. A lei delimita suas atribuições.

Penitenciário: órgão consultivo e fiscalizador da execução da pena, integrado por membros nomeados pelo governador do Estado, Distrito Federal e dos Territórios (quando os havia), dentre professores e profissionais da área penal e ciências correlatas e por representantes da comunidade; mandato de 4 anos. Incumbe-lhe: emitir parecer sobre livramento condicional, indulto e comutação de pena; inspecionar os estabelecimentos e serviços penais; apresentar, no primeiro trimestre de cada ano, ao Conselho Nacional de Política Criminal e Penitenciária, relatório dos trabalhos realizados no exercício anterior; supervisionar os patronatos, bem como a assistência aos egressos.

Tutelar: órgão permanente e autônomo, não jurisdicional, encarregado pela sociedade de zelar pelo cumprimento dos direitos da criança e do adolescente, definidos na Lei nº 8.069/1990. Em cada Município e em cada Região Administrativa do Distrito Federal haverá, no mínimo, 1 (um) Conselho Tutelar como órgão integrante da administração pública local, composto de 5 (cinco) membros, escolhidos pela população local para mandato de 4 (quatro) anos, permitida 1 (uma) recondução, mediante novo processo de escolha. É serviço relevante e assegura ao conselheiro prisão especial em caso de crime comum, até o julgamento definitivo. A lei especifica as atribuições do Conselho Tutelar.

CONSELHO NACIONAL DA PREVIDÊNCIA SOCIAL – Tem como principal função a de estabelecer diretrizes gerais sobre matéria previdenciária.

✱ *V. Lei nº 8.213/1991 (Lei dos Planos de Benefícios da Previdência Social), arts. 3º e 4º.*

CONSELHO NACIONAL DE POLÍTICA FAZENDÁRIA – CONFAZ – Tem a missão de elaborar políticas e harmonizar procedimentos e normas inerentes ao exercício da competência tributária dos Estados e do Distrito Federal, bem como colaborar com o Conselho Monetário Nacional – CMN na fixação da política de Dívida Pública Interna e Externa dos Estados e do Distrito Federal, e na orientação às instituições financeiras públicas estaduais. É constituído pelos representantes de cada Estado e Distrito Federal e um representante do Governo Federal, sendo representante do Governo Federal o Ministro de Estado da Fazenda, e dos Estados e Distrito Federal os seus Secretários de Fazenda, Finanças ou Tributação.

CONSELHO NACIONAL DO MEIO AMBIENTE – CONAMA – Órgão consultivo e deliberativo do Sistema Nacional do Meio Ambiente – SISNAMA, instituído pela Lei nº 6.938/1981, que dispõe sobre a Política Nacional do Meio Ambiente.

CONSELHO NACIONAL DOS DIREITOS DA MULHER – Pela Lei nº 7.353/1985, tem por objetivo promover em âmbito nacional políticas destinadas a eliminar a discriminação da mulher, garantindo-lhe condições de liberdade e igualdade de direitos, assim como participação nas atividades políticas, econômicas e culturais do país. Regulamentada pelo Dec. nº 91.696/1985.

CONSELHO SUPERIOR DA JUSTIÇA DO TRABALHO – Criado pela EC nº 45/2004, no art. 111-A, § 2º, II, da CF estabelece o Conselho Superior da Justiça do Trabalho como coordenador da Justiça do Trabalho, assumindo atribuições administrativas antes entregues ao Tribunal Superior do Trabalho.

CONSENHOR – Aquele que é dono ou senhor, juntamente com outro ou outros; coproprietário, condômino, comparte.

CONSENSIAL – Relativo a consenso ou que está na dependência deste.

CONSENSO – Ajuste, acordo de vontades, consentimento, anuência. Conformidade, acordo ou concordância de ideias, de opiniões.

Das gentes: prova da existência de Deus pela uniformidade e concordância das crenças de todos os povos.

CONSENSUAL – Que só depende do consentimento de alguém ou das partes contratantes. Em que se manifesta o acordo de vontades. O mesmo que *consensial*.

CONSENSUS MARITI – (Latim) O consentimento dado pelo marido, a outorga marital.

CONSENSUS MUTUUS FACIT LEGEM – (Latim) O mútuo consentimento é que faz a lei.

CONSENSUS OMNIUM – (Latim) O consentimento de todos, unânime.

CONSENSUS TOLLIT ERROREM – (Latim) O consentimento sana o erro.

CONSENSUS UXORIS – (Latim) O consentimento da esposa; outorga uxória.

CONSENTIMENTO – 1. Ato de consentir. 2. Acordo, por manifestação livre da vontade, com outras pessoas, para que se forme ato jurídico. Assentimento prévio, aquiescência, consenso, autorização. Pode ser *expresso* se é verbal ou por escrito e ainda por meio de sinais inequívocos; e *tácito*, se resulta de ato que revela a intenção do agente de consentir. 3. O CC especifica as diversas formas de consentimento: do adotado para adoção; do credor para venda de coisa sem reserva do preço; da coisa empenhada; do filho maior para ser reconhecido; do locador para cessão, sublocação ou empréstimo; do marido para atos da mulher e vice-versa; do senhorio para divisão do bem enfitêutico; dos condôminos para alteração da coisa comum; dos demais descendentes para venda de ascendente a descendente; do pai para casamento do filho menor de 18 anos; assim como as consequências da falta de consentimento e os prazos de prescrição para as ações próprias. Também no CPC há normas sobre consentimento.

✱ *V. CC, arts. 1.517 a 1.519, 1.525, II, 1.537, 1.550, 1.558, 1.560, 1.647 a 1.650; 496, 820, 1.314, parágrafo único, 1.399, 1.611, 1.614, 1.621 e, 1.643.*

✱ *V. CPC/1973, arts. 264, 27, § 4º, 404, II, e 568, III.*

✱ *V. CPC/2015, arts. 91, 446 e 779.*

CONSERVA – Navio que acompanha outro em viagem para o socorrer, se estiver em risco.

CONSERVAÇÃO – Manutenção.

De direitos: manifestação que alguém faz, em petição ao juiz, para prevenir responsabilidades, prover a conservação e ressalva de seus direitos e requerer se intime a quem se dirige seu protesto.

✱ *V. CPC/1973, arts. 867 a 872.*

✱ *V. CPC/2015, arts. 726, 728 e 729.*

CONSIDERANDO – Vocábulo com que se inicia cada um dos argumentos ou das considerações com que se fundamentam os requerimentos, arrazoados ou sentenças. Os "considerandos", como elemento estrutural da lei, antecedem os articulados, na exposição de motivos e na justificativa.

CONSIGNAÇÃO – 1. Ação ou efeito de consignar. 2. Valor ou mercadoria consignada. ***V.*** *Contrato estimatório.*

Em folha: O mesmo que *desconto em folha*, expressão hoje mais utilizada. Ato de descontar-se, mensalmente, do pagamento do empregado ou funcionário público, certa importância de seus vencimentos ou proventos, relativa à pensão ou outra contribuição a que esteja judicialmente obrigado ou para amortização de empréstimo feito sob esta garantia. V. desconto em folha de pagamento.

✱ *V. CPC/1973, arts. 21, § 5º, e 734.*

✱ *V. CPC/2015, arts. 86, 529 e 912.*

✱ *V. Lei nº 8.112/1990 (Dispõe sobre o regime jurídico dos servidores públicos civis da União, das autarquias e das fundações públicas federais), art. 45.*

✱ *V. Lei nº 10.820/2003 (Dispõe sobre autorização para desconto em prestações em folha de pagamento).*

✱ *V. Dec. nº 4.840/2003 (Regulamenta a autorização para desconto em prestações em folha de pagamento).*

✱ *V. Dec. nº 6.386/2008 (Regulamenta o art. 45 da Lei nº 8.112/1990).*

Em pagamento: pagamento que se faz mediante depósito em juízo. Dá-se quando o credor, sem justa causa, recusa receber o pagamento ou dar quitação dele; se ele não for nem mandar receber no lugar, tempo e condições devidas; se o credor for desconhecido, estiver declarado ausente (se houver declaração de ausência, o curador receberá pelo credor); se residir em lugar incerto ou de acesso perigoso ou difícil; se ocorrer dúvida sobre quem deva receber o objeto do pagamento; se sobre esse pender litígio; se houver concurso de preferência aberto contra o credor ou se este for incapaz de receber o pagamento. Se houver falência ou insolvência, pode-se fazer a consignação no juízo da falência ou da insolvência, sem caráter contencioso.

✱ *V. CC, arts. 160, 321, 334 a 345, 634 e 635.*

✱ *V. CPC/1973, arts. 890 a 900.*

✱ *V. CPC/2015, arts. 539 a 549.*

✱ *V. Lei nº 8.245/1991 (Lei das Locações de Imóveis Urbanos), arts. 58 e 67.*

CONSIGNAÇÃO COMPULSÓRIA – É o desconto incidente sobre a remuneração, subsídio ou provento efetuado por força de lei ou mandado judicial. São consignações compulsórias: contribuição para o Plano de Seguridade Social do Servidor Público; contribuição para a Previdência Social; obrigações decorrentes de decisão judicial ou administrativa; imposto sobre renda e proventos de qualquer natureza; reposição e indenização ao erário; custeio parcial de benefício e auxílios concedidos pela administração pública federal direta e indireta, cuja folha de pagamento seja processada pelo SIAPE; contribuição em favor de sindicato ou associação de caráter sindical ao qual o servidor seja filiado ou associado, na forma do art. 8º, inciso IV, da Constituição, e do art. 240, alínea "c", da Lei nº 8.112, de 1990; contribuição para entidade fechada de previdência complementar a que se refere o art. 40, § 15, da Constituição, durante o período pelo qual perdurar a adesão do servidor ao respectivo regime; contribuição efetuada por empregados da administração pública federal indireta, cuja folha de pagamento seja processada pelo SIAPE, para entidade fechada de previdência complementar; taxa de ocupação de imóvel funcional em favor de órgãos da administração pública federal direta, autárquica e fundacional; taxa relativa a aluguel de imóvel residencial de que seja a União proprietária ou possuidora, nos termos do Dec.-lei nº 9.760, de 5 de setembro de 1946 etc.

CONSIGNAÇÃO FACULTATIVA – É o desconto incidente sobre a remuneração, subsídio ou provento, mediante autorização prévia e formal do interessado. São consignações facultativas: contribuição para serviço de saúde prestado diretamente por órgão público federal, ou para plano de saúde prestado mediante celebração de convênio ou contrato com a União, por operadora ou entidade aberta ou fechada; coparticipação para plano de saúde de entidade aberta ou fechada ou de autogestão patrocinada; mensalidade relativa a seguro de vida originária de empresa de seguro; pensão alimentícia voluntária, consignada em favor de dependente indicado no assentamento funcional do servidor; contribuição em favor de associação constituída exclusivamente por servidores públicos cuja folha de pagamento seja processada pelo SIAPE, que tenha por objeto social a representação ou prestação de serviços aos seus associados; mensalidade em favor de cooperativa, instituída pela Lei nº 5.764, de 16 de dezembro de 1971, constituída exclusivamente por servidores públicos federais com a finalidade de prestar serviços a seus cooperados; contribuição ou mensalidade para plano de previdência complementar, excetuados os casos previstos nos incisos VIII e IX do art. 3º; prestação referente a empréstimo concedido por cooperativas instituídas pela Lei nº 5.764, de 1971, constituída exclusivamente por servidores públicos federais com a finalidade de prestar serviços a seus cooperados; prestação referente a empréstimo ou financiamento concedidos por entidades bancárias ou caixas econômicas; e prestação referente a empréstimo ou financiamento concedido por entidade aberta ou fechada de previdência privada.

CONSIGNADO – É o servidor público integrante da administração pública federal direta ou indireta, ativo, aposentado, ou beneficiário de pensão, cuja folha de pagamento seja processada pelo SIAPE, e que por contrato tenha estabelecido com o consignatário relação jurídica que autorize o desconto da consignação. A Lei nº 14.431/2022 estabeleceu como margem de crédito consignado para trabalhadores regidos pela CLT, servidores públicos federais, segurados do Regime Geral de Previdência Social, beneficiários do benefício de prestação continuada e de programas federais de transferência de renda 45 (quarenta e cinco) por cento, sendo 35% destinados a empréstimo consignado, 5% para cartão de crédito consignado e 5% para cartão consignado de benefício, somando o total de 45%. Posteriormente, a mesma margem foi autorizada, pela Lei nº 14.509/2022, para militares, empregados públicos federais da administração direta, autárquica e fundacional e servidores públicos federais inativos.

✱ *V. Lei nº 14.431/2022 (Altera as Leis nºs 10.820, de 17 de dezembro de 2003, 8.213, de 24 de julho de 1991, e 8.112, de 11 de dezembro de 1990, para ampliar a margem de crédito consignado aos empregados regidos pela Consolidação das Leis do Trabalho, aprovada pelo Decreto-Lei nº 5.452, de 1º de maio de 1943, aos segurados do regime próprio de previdência social dos servidores públicos federais, aos servidores públicos federais e aos segurados do Regime Geral de Previdência Social e para autorizar a realização de empréstimos e financiamentos mediante crédito consignado para beneficiários do benefício de prestação continuada e de programas federais de transferência de renda, a Lei nº 13.846, de 18 de junho de 2019, para dispor sobre a restituição de valores aos cofres públicos, e a Lei nº 14.284, de 29 de dezembro de 2021, para alterar procedimentos relativos à concessão do Auxílio Inclusão Produtiva Urbana).*

✱ *V. Lei nº 14.509/2022 (Dispõe sobre o percentual máximo aplicado para a contratação de operações de crédito com desconto automático em folha de pagamento; altera a Lei nº 14.431, de 3 de agosto de 2022; revoga dispositivos da Lei nº 8.112, de 11 de dezembro de 1990; e dá outras providências).*

CONSIGNADOR – Aquele que consigna, que faz consignação; o mesmo que *consignante*.

CONSIGNANTE – É o órgão ou entidade da administração pública federal direta ou indireta, que procede, por intermédio do SIAPE, descontos relativos às consignações compulsória e facultativa na ficha financeira do servidor público ativo, do aposentado ou do beneficiário de pensão, em favor do consignatário.

CONSIGNAR – 1. Assinalar por escrito, afirmar, declarar, estabelecer. 2. Fazer depósito judicial de soma ou coisa devida a outro, que não a quer ou não a pode receber. 3. Descontar uma certa importância em folha de pagamento de funcionário público ou empregado, para suprir decisão judicial ou débito assim garantido. 4. Enviar mercadorias em *consignação*.

CONSIGNATÁRIO – Credor, a favor do qual se consignam rendimentos ou se depositam valores em pagamento. O que recebe mercadorias para vendê-las com ulterior pagamento das mesmas, descontada sua comissão. É a pessoa física ou jurídica de direito público ou privado destinatária dos créditos resultantes das consignações compulsória ou facultativa, em decorrência de relação jurídica estabelecida por contrato com o consignado.

CONSILIUM FRAUDIS – (Latim) Intenção fraudulenta. Acordo, conluio entre duas ou mais pessoas visando prejudicar a um terceiro em proveito próprio.

CONSÓCIO – Associado. Diz-se de cada um dos sócios de uma sociedade em relação aos outros.

CONSOLIDAÇÃO – União, fortalecimento, garantia. Reunião, em um só corpo, de partes formais do Dir., pela reelaboração do material que já existe, com nova redação. A *consolidação* difere do *código*, porque ela não inova, apenas uniformiza. A definição legal, prevista tanto no art. 13, § 1º, da LC nº 95/1998 quanto no art. 45 do Dec. nº 9.191/2017, de consolidação é a "reunião das leis pertinentes a determinada matéria em um único diploma legal, com a revogação formal das leis incorporadas à consolidação e sem modificação do alcance nem interrupção da força normativa dos dispositivos consolidados". Diz-se também da fusão de várias empresas industriais em uma só.

✱ *V. LC nº 95/1998 (Dispõe sobre a elaboração, a redação, a alteração e a consolidação das leis, conforme determina o parágrafo único do art. 59 da Constituição Federal, e estabelece normas para a consolidação dos atos normativos que menciona), art. 13, § 1º.*

✱ *V. Dec. nº 9.191/2017 (Estabelece as normas e as diretrizes para elaboração, redação, alteração, consolidação e encaminhamento de propostas de atos normativos ao Presidente da República pelos Ministros de Estado), art. 45, parágrafo único.*

Da enfiteuse: quando o senhorio direto recuperar o domínio útil do imóvel, no caso de comisso.

Da servidão: reunião de dois imóveis no domínio da mesma pessoa, resultando a extinção da servidão.

De dívida: transformação da dívida flutuante em dívida fundada, consolidada.

De usufruto: modo de extinguir este direito real, pela aquisição da propriedade da coisa pelo usufrutuário.

✱ *V. CC, art. 1.410.*

Do fideicomisso: fato de passar ao fiduciário a propriedade dos bens, no fideicomisso que caduca, se o fideicomissário morrer antes dele ou antes de se realizar a condição resolutiva do direito do primeiro.

✱ *V. CC, art. 1.958.*

CONSORCIAR – Unir, associar, conciliar, harmonizar, combinar.

CONSÓRCIO – Matrimônio, casamento. Associação de empresas que preservam sua personalidade. Forma de cooperativa, ou de cooperação econômica entre pessoas, que formam grupos, com pagamentos mensais e por sorteio, para aquisição de veículos e de outros bens.

✱ *V. Lei nº 11.795/2008 (Dispõe sobre o Sistema de Consórcio).*

✱ *V. Súm. Vinc. nº 2 (É inconstitucional a lei ou ato normativo estadual ou distrital que disponha sobre sistemas de consórcios e sorteios, inclusive bingos e loterias).*

CONSÓRCIO PÚBLICO – A Lei nº 11.107/2005 dispõe sobre normas gerais para a União, os Estados, o Distrito Federal e os Municípios contratarem consórcios públicos para a realização de objetivos de interesse comum. Constitui associação ou pessoa jurídica de direito privado. O consórcio público poderá: firmar convênios, contratos, acordos de qualquer natureza, receber auxílios, contribuições e subvenções sociais ou econômicas de outras entidades ou órgãos do Governo; promover desapropriações e instituir servidões nos termos da declaração de necessidade e utilidade pública, ou interesse social, realizada pelo Poder Público, e ser contratado pela administração direta ou indireta dos entes da Federação consorciados, dispensada a licitação. Essa lei alterou em seu art. 16 a redação do inc. IV do art. 41 da Lei nº 10.406/2002 – Código Civil; no art. 17 alterou a redação dos arts. 23, 24, 26 e 112 da Lei nº 8.666/1993, revogada pela Lei nº 14.133/2021; acresceu os incs. XIV e XV ao art. 10 da Lei nº 8.429/1992.

CONSORTE – Cônjuge, esposo ou esposa. O marido em relação à mulher e vice-versa. Partícipe, sócio com outro nos mesmos bens ou no consórcio.

✱ *V. CPC/1973, arts. 946, II, e 980, § 1º, II.*

✱ *V. CPC/2015, arts. 569, II, e 597, § 3º, II.*

CONSPIRAÇÃO – Trama secreta de pessoas que preparam atentado contra as instituições, o chefe do Governo, para assumirem o poder. O conluio pode ser civil ou militar, ou envolvendo a ambos. O mesmo que *conjura, conjuração, conspirata*.

CONSPIRADOR – Aquele que conspira, que trama conjura contra o Governo.

CONSTÂNCIA – Duração, vigência, persistência. Período de vigência de um contrato ou em que alguma organização funciona, vigora.

CONSTANTE – Persistente; que consta, que está escrito, indicado, mencionado.

CONSTATAR – Averiguar a verdade, certificar-se de um fato, de um estado ou das condições de uma coisa.

CONSTITUCIONAL – Que diz respeito à Constituição; que está de acordo com o que a Lei Magna determina; que tem respaldo nela.

CONSTITUCIONALIDADE – Estado daquilo que é constitucional.

CONSTITUCIONALISMO – Sistema político que se embasa no regime constitucional. O oposto de autocracia.

CONSTITUCIONALISTA – Aquele que se especializou em Dir. Constitucional; o partidário do *constitucionalismo*.

CONSTITUIÇÃO – Lei Magna, lei fundamental de um país; código político que traz os princípios e as normas que definem e organizam os poderes do Estado soberano. Conjunto sistemático de dispositivos jurídicos que determinam a forma de governo, institui os poderes públicos, regulando as suas funções, assegurando seus direitos e deveres essenciais, a liberdade individual dos cidadãos e estabelecendo relações de natureza política entre governantes e governados. Pode-se dizer que as primeiras constituições foram as compilações de leis de Licurgo (Esparta) e de Solon e Dracon (Atenas). A Inglaterra teve uma Constituição escrita, a única de sua História, com o "Instrument of Government" no governo de Oliver Cromwell. Na Inglaterra atual, o texto constitucional está esparso por muitos volumes de leis e acórdãos, não sistematizados em códigos; daí dizer-se que ela está escrita (ao contrário que se pensa, usualmente), apenas não está codificada. No Brasil, a primeira Constituição foi a do Império, outorgada em 25 de março de 1824 e que vigoraria até 24 de fevereiro de 1891, quando foi substituída pela primeira Constituição republicana. Seguiu-se a de 1934, pela Constituinte convocada por Getúlio Vargas; em 1937, Getúlio fecha o Congresso e outorga nova Constituição, de caráter ditatorial; veio a quinta Constituição, a de 18 de setembro de 1946, pela Assembleia Constituinte eleita após a deposição de Getúlio e amplamente liberal; o Congresso, tornado constituinte, elaborou e promulgou, a 24 de janeiro de 1967, a sexta Constituição, a da Revolução, que foi bastante alterada pela EC nº 1, em vigor a partir de 1969, em coexistência, então, com o Ato Institucional nº 5, o mais execrado do período ditatorial. O Congresso Constituinte, instalado em fevereiro de 1987, elaborou e promulgou a atual Constituição brasileira, em 5 de outubro de 1988, a qual deve sofrer revisão e regulamentação de muitos de seus itens, por emendas que podem ser propostas pelo Presidente da República, por um terço, no mínimo, dos membros da Câmara dos Deputados e do Senado, por mais da metade das Assembleias Legislativas dos Estados, pela maioria relativa de seus deputados. Não serão aceitas emendas que tendam a abolir a forma federativa do Estado, o voto direto, secreto, universal e periódico, a separação dos Poderes, os direitos e garantias individuais. As Constituições, quanto à possibilidade de reforma, podem ser: *flexíveis*, quando podem ser modificadas sem exigir procedimento legislativo mais complexo, mais trabalhoso; uma lei ordinária pode alterá-las; *semirrígidas*, as que podem ser mudadas por um procedimento comum, em certos artigos, mas, para outros, um procedimento mais elaborado, dificultoso; e *rígidas*, que só podem sofrer alterações por meio de rito legislativo próprio, que impeça, obstacule o mais possível os abusos das reformas, como a atual Constituição brasileira. As Constituições são: *outorgadas*, aquelas impostas ao país pelo agente do poder constituinte originário e, depois, submetida a referendo do povo; assim as de 1824, 1891, 1937, 1967 e 1969 no Brasil; e *editadas* ou *votadas*, quando discutidas e aprovadas por Assembleia Constituinte formada por representantes eleitos pelo povo.

✱ *V. CF, arts. 59, I, e 60, §§ 1º e 2º.*

CONSTITUÍDO – Nomeado por mandato; estabelecido, instituído.

CONSTITUINTE – Aquele que constitui um procurador, advogado; donatário, legatário. Membro de Assembleia Constituinte, que elabora ou altera a Lei Magna de um país.

CONSTITUIR – Nomear advogado ou procurador; instituir, estabelecer; organizar, formar.

CONSTITUTÁRIO – Aquele para quem se transfere a posse pelo *constituto possessório*.

CONSTITUTO POSSESSÓRIO – Ato pelo qual o vendedor transmite a posse da coisa que vendeu, continuando, porém, a detê-la em nome do comprador, por uma convenção que as partes estabelecem. Dá-se, então, uma tradição fictícia. O alienante possuía a coisa *em nome próprio* e, após aliená-la, a possui *em nome alheio*. O mesmo que cláusula *constituti*, a qual deve constar do título aquisitório; com sua transcrição é que se opera, de fato, a tradição legal. Opõe-se à tradição *brevi manu* (CC, arts. 1.267, parágrafo único, 1.431, parágrafo único). *Constituto possessório*. O penhor só pode constituir-se com a posse da coisa móvel, salvo no caso de penhor agrícola ou pecuário, em que os objetos continuam em poder do devedor, por efeito da cláusula *constituti*. O domínio das coisas não se transfere pelo contrato antes da tradição. Mas essa se subentende quando o transmitente continua a possuir pelo *constituto possessório* (CC, arts. 1.267, parágrafo único, 1.431, parágrafo único, 237, parágrafo único).

CONSTRANGIMENTO – Coação. Ato de compelir alguém, forçando-o, privando-o de sua liberdade de ação, para obrigá-lo a fazer ou deixar de fazer alguma coisa que contrarie a sua vontade. Pode ser *físico*, quando é empregado por força material irresistível contra o paciente; e *moral ou psíquico*, se a violência se constitui de grave ameaça seguida de perigo atual para a vítima, familiar seu ou para os seus bens. A pena é de 3 meses a 1 ano de detenção, e multa. As penas aplicam-se cumulativamente e em dobro quando se reúnem, para a prática do crime, mais de três pessoas ou há o uso de arma. Além dessas penas, aplicam-se as correspondentes à violência. Excluem-se dessa cominação a intervenção médica e cirúrgica, sem o consentimento do paciente ou de seu representante legal, se justificada por iminente perigo de vida, e a coação exercida para impedir suicídio.

✱ *V. CP, art. 146 e parágrafos.*

CONSTRUÇÃO – *V. Edificação.*

CONSUETUDINÁRIO – De acordo com o costume; costumeiro, usual.

CONSUETUDO ABROGATORIA – (Latim) Costume que se opõe a uma lei.

CONSUETUDO PAREM VIM HABET CUM LEGE – (Latim) O costume tem a mesma força da lei.

CÔNSUL – Agente oficial de um país, que exerce suas funções administrativas e comerciais em outro país. No estrangeiro, dá proteção aos nacionais do país que representa, tanto os residentes como aqueles em trânsito, zela pelos interesses comerciais, da indústria, despacha navios, legaliza faturas aduaneiras, recebe declarações, protestos e documentos, concede passaportes e vistos, expede certidões, tendo ainda atribuições notariais e de oficial de registro civil. Podem, também, celebrar casamentos, lavrar e aprovar testamentos, proferir sentenças arbitrais. São *de carreira*, quando funcionários efetivos dos quadros diplomáticos; e *honorários*, aqueles que não são funcionários e têm atribuições limitadas.

CONSULADO – Cargo e dignidade de cônsul. A casa onde desempenha suas funções e atribuições.

CONSULENTE – O que consulta o advogado, o que pede parecer a um profissional ou técnico. O que consulta livros, em bibliotecas públicas. O mesmo que *consultante*.

CONSULTA – Pergunta, pesquisa, indagação, exame médico. Ato de pedir o parecer de um advogado; de examinar autos, de ouvir os interessados num pleito judicial. Faz-se a consulta popular, por meio do plebiscito.

CONSULTAR – Examinar, indagar, pedir conselho ou parecer.

CONSULTOR – Profissional de grande experiência que orienta empresas sobre temas de sua especialidade: *consultor* jurídico, financeiro etc.

CONSULTORIA – Local onde o consultor exerce suas funções. O cargo ou as funções de consultor.

CONSUMAÇÃO – Ato de consumir, ou de consumar-se, executar, completar alguma coisa. Diz-se da prática de um delito.

CONSUMIDOR – 1. Toda pessoa física ou jurídica que adquire ou utiliza produto ou serviço como destinatário final. Também se equipara a ele a coletividade de pessoas, ainda que intermináveis, que haja intervindo nas relações de consumo, segundo define o Código do Consumidor. 2. Entre seus direitos básicos estão a proteção contra a publicidade enganosa e abusiva e a efetiva prevenção e reparação de danos patrimoniais e morais, individuais, coletivos ou difusos. Produto é qualquer bem, móvel ou imóvel, material ou imaterial; e serviço é qualquer atividade fornecida no mercado de consumo, mediante remuneração, incluídas as de natureza bancária, financeira, de crédito e securitária, salvo as decorrentes das relações de caráter trabalhista. 3. Profissionais liberais terão sua responsabilidade pessoal apurada mediante a verificação de culpa. 4. O consumidor tem direito de acesso às informações existentes em cadastro, fichas, registros e dados pessoais e de consumo arquivados sobre ele, bem como sobre suas respectivas fontes; e sempre que encontrar inexatidão em seus dados e cadastros poderá exigir a imediata correção. 5. O prazo para o consumidor reclamar de produto ou serviço é de 30 dias para os não duráveis (alimentos) e de 90 dias para produto ou serviço durável (eletrodomésticos). 6. É crime o comerciante expor cheque sem fundos; o Código proíbe constranger o consumidor com a cobrança (Lei nº 8.078/1990 – Código de Defesa do

Consumidor). 7. O Decreto nº 2.181/1997 dispôs sobre a organização do Sistema Nacional de Defesa do Consumidor. 8. O Decreto nº 10.887/2021 alterou o decreto anterior para aumentar a proteção ao consumidor e a eficiência na aplicação de sanções.

✱ *V. Dec. nº 2.181/1997 (Dispõe sobre a organização do Sistema Nacional de Defesa do Consumidor – SNDC, estabelece as normas gerais de aplicação das sanções administrativas previstas na Lei nº 8.078, de 11 de setembro de 1990, revoga o Decreto Nº 861, de 9 julho de 1993, e dá outras providências).*

✱ *V. Dec. nº 10.887/2021 (Altera o Decreto nº 2.181, de 20 de março de 1997, que dispõe sobre a organização do Sistema Nacional de Defesa do Consumidor).*

✱ *V. Súm. Vinc. nº 27 (Compete à justiça estadual julgar causas entre consumidor e concessionária de serviço público de telefonia, quando a ANATEL não seja litisconsorte passiva necessária, assistente, nem opoente).*

CONSUMITUR ALTERA ACTIO PER ALTERAM – (Latim) Uma ação consuma-se por outra.

CONSUMMATUM EST – (Latim) Tudo está consumado.

CONSUNÇÃO – Regra pela qual a infração de menor importância é absorvida pela mais grave.

CONTA – Verificação, em números, de uma operação mercantil. Nota de receita ou despesa.

Corrente: movimento de numerário entre duas pessoas ou empresas e também aquela mantida pelo correntista em bancos; pode ser *conjunta*, quando em nome de duas ou mais pessoas, que podem movimentá-la.

De custas: aquela feita pelo contador judicial para apurar despesas com o processo.

De retorno: a que acompanha o título cambial protestado e extraída em nome do ressacado.

Negativa ou passiva: quando apresenta débito. Prescreve em 6 meses a cobrança de contas por fornecimento de víveres, por parte de hospedeiros, estalajadeiros ou fornecedores, para consumo no próprio estabelecimento, assim como do preço da hospedagem ou dos alimentos fornecidos, a contar do último pagamento.

✱ *V. CC, arts. 206, § 5º, e 1.468.*

Positiva ou ativa: a que tem saldo credor.

CONTÁBIL – Relativo à *contabilidade*; que pode ou deve ser contabilizável.

CONTABILIDADE – Ciência exata que estuda e disciplina atos e fatos econômicos de uma administração e determina as funções das contas no registro de suas operações. Opõe-se a *escrituração mercantil*, que é a arte de aplicar a ciência contábil, prática e teoricamente. Pode ser *privada* e *pública*, esta subdividindo-se em *nacional*, *estadual* e *municipal*, aquela em *civil* e *comercial*. Técnicos em Contabilidade criticam com veemência os graves erros, segundo eles, contidos no CC, quanto aos termos contábeis e às definições de atividades desses profissionais, nos arts. 1.177 ao 1.193.

CONTABILISTA – Profissional que exerce a contabilidade; contador.

CONTABILIZAR – Fazer a escrituração de operação contábil.

CONTADOR – Serventuário da Justiça que levanta os valores das custas e de outras despesas feitas em juízo ou nos autos dos processos, efetuando os cálculos e as operações aritméticas necessárias, assim como a liquidação por *cálculo de contadores*. Diz-se, também, do técnico que organiza, coordena e executa a contabilidade de uma empresa.

CONTENÇÃO – Ato de contender; contenda, luta, litígio. Também ato de conter-se.

CONTENCIOSO – Em que há ou pode haver contestação e discussão em juízo. Jurisdição destinada a julgar questões duvidosas, incertas, litigiosas, em oposição a *jurisdição graciosa*. O *contencioso administrativo*, com foro privilegiado, deixou de existir, sendo as suas questões dirimidas na justiça comum. Mas, para as de caráter fiscal, existem juízos especiais, como os dos feitos da Fazenda Pública.

CONTENDA – Pleito, demanda, lide, controvérsia, disputa; questão discutida em juízo, ação.

CONTENDOR – Litigante, o que contende com outro na Justiça.

CONTEMPT OF COURT – (Inglês) Desrespeito à Corte. Expressão empregada em países da tradição jurídica do "common law" para designar atos das partes ou de terceiros que desrespeitem a autoridade judiciária, sujeitando os responsáveis a sanções civis e penais. ***V.*** *ato atentatório à dignidade da Justiça.*

CONTESTAÇÃO – 1. É a *litis contestatio*, a resposta do réu, contestando, impugnando a pretensão do autor formulada na petição inicial. Define-se como "o meio de defesa, com razões fundamentadas, de que se socorre o réu para negar ou refutar a pretensão do autor e ilidir a ação". É a contrapetição do réu, a sua defesa. 2. Não se confunde com as outras duas espécies de resposta do réu, que são a *reconvenção*, que é o contra-ataque do réu contra o autor, no mesmo juízo e no mesmo processo, e a *exceção*, que é a defesa do réu circunscrita à arguição de impedimento, suspeição ou incompetência relativa. 3. Nas causas de procedimento sumário, pode-se formular a contestação por escrito ou oralmente, não se admitindo a reconvenção. 4. São *requisitos formais* da contestação: *a)* petição escrita em que se indica o juiz a quem é endereçada; qualificação das partes e exposição dos fatos e do direito do réu; *b)* especificação das provas; *c)* instrumento de mandato. São requisitos substanciais: *a)* resposta do réu contestando os fatos narrados na inicial; *b)* exposição das razões de fato e de direito com que impugna o réu o pedido do autor; *c)* pedido de condenação do autor no mérito e no pagamento das custas e honorários, ou pedido de extinção do processo sem o julgamento do mérito, ou, então, a improcedência da ação. 5. A contestação diz-se: *afirmativa*, quando o réu reconhece a verdade do que se afirma contra ele, porém nega a obrigação que se lhe impõe; *especial*, quando o réu retorna a alguns dos pontos contidos na inicial; *geral* ou *negativa*, quando o réu refuta os fundamentos da ação em toda a sua plenitude, e opõe meio de prova com que pretende demonstrar a verdade do que alega; *direta*, em que reconhece que os fatos ocorreram, mas lhes opõe outros que lhes retiram o efeito pretendido ou não reconhece neles os efeitos que o autor pretende; *indireta*, quando o réu reconhece os fatos mas lhes opõe outros que modificam ou extinguem o pedido inicial; *presumida* ou *tácita*, se o réu não comparece, não oferece contestação ou incide em contumácia, resultando a presunção de que se opõe às pretensões do autor; *real*, quando o réu refuta, em juízo, o pedido do autor. 6. Diz-se também da impugnação do depoimento de testemunha. 7. No âmbito do Dir. do Trabalho, a Lei nº 13.467/2017 (Reforma Trabalhista) estabeleceu que a parte poderá apresentar defesa escrita pelo sistema de processo judicial eletrônico até a audiência.

✱ *V. CLT, art. 847, parágrafo único.*

✱ *V. CPC/1973, arts. 278, 300, 302, 304 e 315.*

✱ *V. CPC/2015, arts. 336, 341 e 343.*

CONTESTADO – Que sofreu contestação; contraditado.

CONTESTANTE – O que contesta, que apresenta contestação em juízo.

CONTESTAR – Contradizer, contrapor razões próprias à inicial, contrariando o pedido do autor; refutar, contraditar o réu as alegações do autor. Impugnar depoimento de testemunha.

CONTESTE – Que depõe ou afirma de modo uniforme com outro; que confirma, com outros, o mesmo fato.

✱ *V. CPC/1973, art. 1.133.*

✱ *V. CPC/2015, art. 737, § 2º.*

CONTEÚDO – O que está encerrado ou contido em alguma coisa.

CONTINÊNCIA – Não se confunde com o *descaminho*. É crime contra o Estado, atualmente tipificado no art. 334-A do CP, inserido pela Lei nº 13.008/2014. Consiste em importar ou exportar mercadoria ilegalmente, sendo sujeito ativo do delito pessoa penalmente responsável. Se for funcionário público que o facilite, com infração do dever funcional, a pena é de 3 (três) a 8 (oito) anos de reclusão, e multa. Da mesma forma, importar ou exportar mercadoria proibida ou elidir, no todo ou em parte, o pagamento de direito ou imposto devido pela entrada, pela saída ou pelo consumo de mercadoria, é crime punido com reclusão de 2 (dois) a 5 (cinco) anos. Na mesma pena incorre: quem pratica navegação de cabotagem, fora dos casos permitidos em lei; quem pratica ato assimilado, em lei especial, a contrabando ou descaminho; quem vende, expõe à venda, mantém em depósito ou utiliza em proveito próprio ou alheio mercadoria de procedência estrangeira, que introduziu clandestinamente no País ou importou fraudulentamente ou que sabe ser produto de introdução clandestina no território nacional ou de importação fraudulenta por parte de outrem; quem adquire, recebe ou oculta mercadoria de origem estrangeira, sem documentação legal ou com documentos que sabe serem falsos. Para os efeitos da pena equipara-se às atividades comerciais qualquer forma de comércio irregular ou clandestino de artigos estrangeiros, até o exercido em residências. Aplica-se pena em dobro se o crime de contrabando ou descaminho é praticado em transporte aéreo. A competência para processamento é do Juízo Federal do lugar da apreensão dos bens. O recolhimento de tributo antes do início da ação fiscal não extingue a punibilidade. É considerado contrabando a saída de mercadorias da Zona Franca de Manaus sem autorização legal expedida pela autoridade competente.

✱ *V. CP, arts. 318 e 334-A.*

✱ *V. Lei nº 6.910/1981 (Estabelece quais os dispositivos legais referentes à sonegação fiscal e aos incentivos fiscais que não se aplicam ao contrabando e descaminho).*

✱ *V. Dec.-lei nº 288/1967 (Regula a Zona Franca de Manaus).*

✱ *V. Súm. nº 151 do STJ.*

CONTINGÊNCIA – Qualidade do que é contingente. Risco, incerteza quanto a acontecimento que pode ou não ocorrer; acaso, dúvida, eventualidade.

CONTINGENTE – O que pode suceder, existir, ou não. Eventual, sujeito a.

CONTÍNUO – Que não sofre interrupção. Funcionário subalterno de repartição pública.

CONTRA-ARGUMENTO – Argumento que se opõe a outro.

CONTRA-ARRAZOADO – Arrazoado com argumentos e conclusões contrárias aos que foram apresentados pela parte adversária. Razões do réu, opostas às do autor.

CONTRA-ARRAZOAR – Apresentar razões ou alegações que contrariem aquelas oferecidas em um arrazoado.

CONTRA-AVISO – Aviso, notificação, que se dá contrariamente a outro que antes se expedira.

CONTRABANDEAR – Praticar contrabando; trazer ilegalmente para o país mercadorias de outro país; importar ou exportar mercadoria proibida.

CONTRABANDISTA – Aquele que se dedica à prática do contrabando.

CONTRABANDO – Não se confunde com o *descaminho*. É crime contra o Estado. Consiste em importar ou exportar mercadoria ilegalmente, sendo sujeito ativo do delito pessoa penalmente responsável. Se for funcionário público que o facilite, com infração do dever funcional, a pena é de 2 a 5 anos de reclusão, e multa. Da mesma forma, importar ou exportar mercadoria proibida ou elidir, no todo ou em parte, o pagamento de direito ou imposto devido pela entrada, pela saída ou pelo consumo de mercadoria, é crime punido com reclusão de 1 a 4 anos. Na mesma pena incorre: quem pratica navegação de cabotagem, fora dos casos permitidos em lei; quem pratica ato assimilado, em lei especial, a contrabando ou descaminho; quem vende, expõe à venda, mantém em depósito ou utiliza em proveito próprio ou alheio mercadoria de procedência estrangeira, que introduziu clandestinamente no país ou importou fraudulentamente ou que sabe ser produto de introdução clandestina no território nacional ou de importação fraudulenta por parte de outrem; quem adquire, recebe ou oculta mercadoria de origem estrangeira, sem documentação legal ou com documentos que sabe serem falsos. Para os efeitos da pena equipara-se às atividades comerciais qualquer forma de comércio irregular ou clandestino de artigos estrangeiros, até o exercido em residências. Aplica-se pena em dobro se o crime de contrabando ou descaminho é praticado em transporte aéreo. A competência para apreciar e julgar é de juiz federal. O recolhimento de tributo antes do início da ação fiscal não extingue a punibilidade. É considerado contrabando a saída de mercadorias da Zona Franca de Manaus sem autorização legal expedida pela autoridade competente.

✱ *V. CP, arts. 318 e 334, §§ 1º a 3º.*

✱ *V. Lei nº 6.910/1981 (Estabelece quais os dispositivos legais referentes à sonegação fiscal e aos incentivos fiscais que não se aplicam ao contrabando e descaminho).*

✱ *V. Dec.-lei nº 288/1967 (Regula a Zona Franca de Manaus).*

✱ *V. Súm. nº 151 do STJ.*

CONTRACONTESTAÇÃO – Refutação fundamentada que o advogado do autor opõe à contestação do defensor do réu. Réplica do autor da ação.

CONTRACTUS EX CONVENTIONE PARTIUM LEGEM ACCIPIUNT – (Latim) Contratos são leis por convenção das partes.

CONTRADEMANDA – O mesmo que *reconvenção* (q.v.).

CONTRADIÇÃO – Impugnação, contestação. Ato de contraditar. Discordância nas respostas dos jurados a um dos quesitos que, por esse motivo, o juiz o submete outra vez à votação. Conflito de leis ou de disposições. Desconformidade entre o que se afirma e o que antes se afirmou, ou entre atos praticados por uma mesma pessoa.

✱ *V. CPC/1973, arts. 302, III, e 535, I.*

✱ *V. CPC/2015, arts. 341, III, e 1.022.*

CONTRADITA – Refutação. Alegação, por escrito e fundamentada, que o advogado de uma das partes em litígio apresenta contra a outra. Impugnação que é feita à qualidade da testemunha ou ao depoimento por ela prestado.

De testemunha: ato de impugnação de testemunha, feita pelo procurador da parte contra a qual a mesma foi arrolada, por incapacidade, impedimento ou suspeição. Argui-se a ***contradita*** antes da tomada do depoimento; negando a testemunha os fatos a si imputados, a parte poderá prová-los com documentos ou com até três testemunhas, apresentadas no ato e inquiridas em apartado. Se os fatos forem provados ou confessados, o juiz ou dispensa a testemunha ou toma-lhe o depoimento. Acolhida a contradita e dispensada a testemunha, o advogado da parte que a arrolou poderá pedir seja consignado o seu protesto na ata da audiência; pode-se protestar também pelo indeferimento da contradita. No processo penal, as partes podem contraditar a testemunha ou arguir circunstâncias ou defeitos que a tornem suspeita de parcialidade ou indigna de fé. O juiz fará consignar a contradita ou arguição e a resposta da testemunha, mas só a excluirá ou não lhe deferirá compromisso nos casos previstos em lei.

✱ *V. CPC/1973, arts. 405, § 4º, e 414, § 1º.*

✱ *V. CPC/2015, arts. 447 e 457, § 1º.*

CONTRADITADO – Contestado, impugnado; a que se opôs *contradita.*

CONTRADITAR – Oferecer contradita, opor-se, contestar, refutar as alegações.

CONTRADITÓRIO – Garantia constitucional do direito de defesa. Princípio pelo qual as partes têm o direito de serem ouvidas e apresentar as suas razões antes que o juiz decida o pleito. Diz a Lei Maior que "aos litigantes, em processo judicial ou administrativo, e aos acusados em geral são assegurados o contraditório e a ampla defesa, com os meios e recursos a ela inerentes".

✱ *V. CF, art. 5º, LV.*

CONTRADIZER – Contestar, refutar. Dizer o contrário que outro afirma ou opor-se ao que fora dito.

CONTRAENTE – O contratante, o nubente. Aquele que assume obrigações em contrato, que se compromete a fazer ou deixar de fazer. Pessoa que está noiva, com compromisso de casar-se e para esse fim se habilita.

CONTRAESCRITURA OU CONTRADOCUMENTO – Ato escrito, sigiloso, que altera ou revoga ato ostensivo. Diz-se também *ressalva.*

CONTRAESTADIA – O mesmo que *sobrestadia* (q.v.). Prazo maior de permanência de um navio no porto, além do que tinha sido estipulado.

CONTRAFAÇÃO – Qualquer reprodução, não autorizada expressamente pelo autor, de obra alheia, literária, científica, ou artística. Imitação fraudulenta, violação dolosa do direito do autor, falsificação de marca de fábrica, de comércio, privilégio de invenção e descoberta. A contrafação é a mais usual forma de violação

C

dos direitos autorais; não se confunde com o *plágio*, que pode ser total ou parcial, porque na contrafação reproduz-se a obra até com o nome do autor apenas por objetivos econômicos, ao passo que o plagiador tenciona passar-se pelo autor da obra, pretendendo, mais que o proveito financeiro, o reconhecimento público. Exemplos de contrafações mais frequentes na atualidade: cópias xerográficas de livros, lesando os direitos do autor e do editor; e a *pirataria de vídeo*, algumas fitas piratas sem a etiqueta do Concine, outras trazendo-a para melhor iludir o comprador.

✱ *V. CF, art. 5º, XXVII e XXVIII, a e b, e XXIX.*

✱ *V. CP, arts. 184, 185 e 187.*

✱ *V. Lei nº 9.610/1998 (Lei dos Direitos Autorais).*

CONTRAFÉ – Cópia autenticada, de inteiro teor, do mandado de citação ou de petição, notificação, intimação, extraída pelo oficial de justiça e por ele entregue à parte, para que tome ciência.

✱ *V. CPC/1973, arts. 226, I e II, 228, § 2º, 239, parágrafo único, II, e 1.065.*

✱ *V. CPC/2015, arts. 251, I e II, 253, 275 e 714.*

CONTRA JUS – (Latim) Contra o direito.

CONTRA LEGEM – (Latim) Contrário ao direito.

CONTRAMESTRE – O que se incumbe do recebimento e entrega da carga no navio; o quarto posto na hierarquia, depois do capitão, piloto e imediato.

CONTRAMINUTA – Razões escritas aduzidas pelo agravado em processo ou petição do agravo requerido pela parte contrária.

CONTRAPRESTAÇÃO – Prestação a que se obriga uma das partes, nos contratos bilaterais, que corresponde à prestação da outra parte.

✱ *V. CPC/1973, arts. 582 e 615, IV.*

✱ *V. CPC/2015, arts. 787, 798 e 799.*

CONTRAPROTESTO – Impugnação que faz em juízo aquele que sofreu protesto judicial feito por outrem; o requerido pode contraprotestar em processo distinto.

✱ *V. CPC/1973, art. 871.*

✱ *V. CPC/2015, art. 728.*

CONTRAPROVA – Prova que é contraposta a outra, oferecida pela parte contrária em juízo.

CONTRARIAR – Contestar, refutar, contraditar, opor-se.

CONTRARIEDADE – No Dir. Penal, tem o sentido de *contestação* (q.v.).

CONTRARIO SENSU – (Latim) Ao contrário, em sentido oposto.

CONTRARIUS CONSENSUS – (Latim) Acordo que as partes fazem para dissolver o contrato que haviam firmado por mútuo consentimento.

CONTRARRAZOADO – Razões oferecidas pelo apelado na segunda instância para opor-se às razões do apelante. O mesmo que *contra-arrazoado* (q.v.).

CONTRARRAZÕES – Alegações, por escrito, que uma das partes apresenta para contestar, refutar, contradizer as razões do *ex-adverso*.

CONTRARRECURSO – *V. Recurso adesivo.*

CONTRASSENSO – Ato ou dito contrário ao bom-senso; falso raciocínio; disparate.

CONTRASSINAL – Assinatura ou sinal de autenticação que uma autoridade coloca em documento no qual já constava assinatura ou marca de outra autoridade de igual ou maior hierarquia.

CONTRATAÇÃO – Ato de contratar, de cumprir um contrato.

CONTRATADO – Aquilo que é objeto de contrato; servidor extranumerário que, em virtude de contrato com o Estado, desempenha função especializada, desde que não haja pessoa disponível nos quadros funcionais com as mesmas habilitações.

CONTRATANTE – Parte em um contrato; aquele que contrata. O mesmo que *contratador*.

CONTRATAR – Fazer, estabelecer, firmar contrato com outrem; ajustar, pactuar.

CONTRATISTA – Aquele que se obriga a executar trabalhos agrários por empreitada ou tarefa.

CONTRATO – Acordo de vontades, ajuste, convênio, entre duas ou mais pessoas, sobre objeto lícito e possível, pelo qual se adquirem, se criam, se modificam, se conservam ou se extinguem direitos. O pressuposto básico do contrato é o concurso de vontades. O CC/2002 permite a renegociação de contratos quando a prestação de uma das partes se torna excessivamente onerosa. São criadas as figuras da *lesão* e do *estado de perigo* (q.v.), quando, por necessidade ou inexperiência, se assume obrigação excessivamente onerosa ou de valor desproporcional. Também dispõe que "a liberdade de contratar será exercida em razão e nos limites da função social do contrato" (art. 421). Obriga ainda os contratantes a respeitar os princípios da probidade e da boa-fé (objetiva) na condução e na execução do contrato. Se as obrigações nele expressas são recíprocas, o contrato é *bilateral*; quando dizem respeito a uma das partes, apenas, é *unilateral*. As partes precisam ser capazes, estarem legalmente aptas a contratar. Diz-se também do documento que faz prova do acordo firmado. Contratos com letrinhas miúdas que tornam difícil a leitura não têm valor perante o juiz, mesmo que assinado pelo contratante. É proibido pelo Código do Consumidor. O contrato tem elementos: *essenciais*, aqueles sem os quais não terá validade, como a capacidade do contratante, a coisa contratada, o preço e o consentimento; *naturais*, os que estão implícitos no ato, como a evicção; e *acidentais*, as cláusulas acessórias expressamente mencionadas, como a forma de pagamento, os juros, o prazo, a multa etc. O contrato pode ser:

Acessório: o que auxilia o cumprimento do principal, ao qual serve de garantia, como nos casos de endosso, fiança, hipoteca, penhor. Também se diz *contrato de pacto adjeto.*

Administrativo: aquele que o particular assina com a Administração Pública para execução de serviço público. O que contrata com o Estado pode valer-se das vias administrativas e judiciais para receber prestações não quitadas; mas se foi ele quem não cumpriu o contrato, o Estado pode, unilateralmente, rescindi-lo.

✱ *V. Lei nº 8.666/1993 (Lei das Licitações e Contratos Administrativos). Revogada pela Lei nº 14.133/2021.*

A favor de terceiro: o que é celebrado entre promitente e promissário para conferir a um terceiro o direito do crédito próprio.

Agrícola: feito para garantir a locação de serviço agrícola entre o dono do imóvel e o locatário, que se obriga a plantar, colher, ou executar trabalhos agrícolas mediante pagamento de salário ajustado com o proprietário.

Aleatório: aquele em que o lucro ou vantagem depende de futuro incerto, de evento que não se pode prever, de sorte ou do azar, como seguro, aposta, rifa, especulações na área financeira, empréstimo a risco etc.

Antenupcial: o mesmo que *pacto antenupcial* (q.v.).

A termo: em que uma das partes se obriga a entregar à outra, em prazo fixado, alguma coisa, contra pagamento do preço no ato da entrega.

Atípico: o que não tem a forma nem a denominação dadas pela lei; podem as partes redigi-lo à vontade, porém sem ferir os princípios legais. O mesmo que *contrato inominado.*

A título gratuito ou benéfico: no qual apenas uma das partes se beneficia, sem ser obrigada a nenhuma contraprestação, como nos casos da doação sem encargo, comodato, mútuo, constituição de dote etc.

A título oneroso: em que as obrigações dos contratantes são recíprocas, daí ser um contrato bilateral, como na compra e venda. Ele pode ser: *aleatório*, quando a contraprestação depende de evento futuro e incerto; e *comutativo*, quando a contraprestação de uma das partes equivale exatamente à da outra.

Cancelatório: o mesmo que *distrato* (q.v.).

Causal: aquele que indica o motivo do vínculo obrigacional.

Censual: diz-se do acordo para a constituição de renda, mediante ato entre vivos, ou de última vontade, e título oneroso ou gratuito, por tempo determinado, em benefício próprio ou alheio.

Civil: aquele feito entre pessoas que não são comerciantes, a propósito de objeto civil.

Coletivo: aquele em que as deliberações votadas e aprovadas em assembleias sindicais obrigam a totalidade dos trabalhadores da categoria representada.

Coletivo de trabalho: convenção estabelecida entre representantes sindicais, do empregador e dos empregados, para regular as condições de trabalho, de salários; não havendo acordo, a deliberação passa à Justiça do Trabalho.

Comercial: de natureza mercantil, firmado entre comerciantes.

Complexo: o que traz em si dois ou mais contratos simples.

Consensual: em que basta o consentimento das partes.

Cotalício: em que o cliente se obriga a pagar os honorários do advogado, na forma como convencionarem.

De adesão: contrato em que prevalece a vontade de uma das partes, devendo ser aceito sem restrições pela outra. Ex.*:* contrato das concessionárias dos serviços públicos, que a coletividade aceita sem discuti-lo, assim como a apólice de seguro, as contas de tarifas de água e luz etc. A lei diz que "contrato de adesão é aquele cujas cláusulas tenham sido aprovadas pela autoridade competente ou estabelecidas unilateralmente pelo fornecedor de produtos ou serviços, sem que o consumidor possa discutir ou modificar substancialmente seu conteúdo" (Lei nº 8.078/1990, art. 54). As cláusulas que impliquem limitação de direito do consumidor deverão ser redigidas com destaque, permitindo imediata e fácil compreensão. A lei também dá garantias ao consumidor contra abusos em tais contratos, assegurando que as suas cláusulas lhe sejam interpretadas de maneira mais favorável. Neste contrato serão nulas as cláusulas de renúncia antecipada do aderente a direito resultante da natureza do negócio (CC, art. 424). Também é nula a cláusula que estabeleça foro de eleição, podendo o Juiz declará-la de ofício.

✱ *V. CPC/1973, art. 112, com parágrafo único incluído pela Lei nº 11.280/2006.*

✱ *V. CPC/2015, art. 64.*

De agência e distribuição: Aquele em que a pessoa assume, em caráter não eventual e sem vínculo de dependência, a obrigação de promover, à conta de outra, mediante retribuição, a realização de certos negócios, em zona determinada. Caracteriza-se a distribuição quando o agente tem à sua disposição a coisa a ser negociada.

✱ *V. CC, arts. 710 a 721.*

De ajuste: o que o armador, por meio do capitão do navio, faz com os tripulantes para locação de serviço a bordo; o mesmo que *contrato de engajamento.*

De aluguel ou de locação de imóvel: o que entre si fazem locador e locatário, dentro dos postulados da lei.

De aposta: aleatório, entre duas ou mais pessoas, pelo qual se convenciona o pagamento de soma de dinheiro ou mercadorias a quem acertar.

De câmbio: pelo qual uma pessoa entrega a outra uma importância em dinheiro para ser paga em praça diferente e dentro de certo prazo; ou em que duas pessoas fazem acordo para compra e venda de moeda estrangeira.

De capitalização: entre empresa capitalizadora e uma pessoa, consistindo no pagamento, por essa, de prestações pecuniárias por um certo período e, findo o prazo fixado, a empresa lhe devolve, com juros, o total das prestações capitalizadas. O prestamista concorre, por meio de seu título de capitalização, a sorteios periódicos.

De caução: *V. caução.*

De comissão: Em que o comissário adquire ou vende bens, em seu próprio nome, à conta do comitente, respondendo por qualquer prejuízo que vier a ocasionar a este.

✱ *V. CC, arts. 693 a 709.*

De compra e venda: *V. compra e venda.*

De compromisso: Transplantado do Direito das Obrigações admite *cláusula compromissória* e é cuidado por juízo arbitral (Lei da Arbitragem nº 9.307/1996).

✱ *V. CC, arts. 851 a 853.*

De constituição de renda: o mesmo que *contrato censual.* Pode ser *a título oneroso*, quando o *instituidor* entrega o capital, em dinheiro ou bens de raiz, ao *censuário*, que se obriga a pagar-lhe uma prestação pecuniária periódica durante o prazo do contrato; e *a título gratuito*, quando a renda é fixada por liberalidade em favor do beneficiado, tendo caráter de doação.

De corretagem: *V. Corretagem.*

De edição: Segundo a Lei nº 9.610/1998 (Lei dos Direitos Autorais), em seu art. 53, mediante contrato de edição, o editor, obrigando-se a reproduzir e a divulgar a obra literária, artística ou científica, fica autorizado, em caráter de exclusividade, a publicá-la e a explorá-la pelo prazo e nas condições pactuadas com o autor.

De empreitada: *V. empreitada.*

De financiamento: feito entre bancos de crédito móvel e grandes empresas ou a particulares, para financiar empreendimentos comerciais.

De forma livre: o mesmo que *consensual.*

De seguro: pelo qual o segurador se obriga, mediante o prêmio pago pelo segurado, a indenizar a esse dos riscos futuros previstos no contrato. *V. seguro.*

De seguro mútuo: pelo qual várias pessoas se associam, contribuem com cotas para as despesas e a cobertura dos prejuízos que ocorrerem. Difere do seguro comum das companhias especializadas. Adquire personalidade jurídica com o registro de seus estatutos.

De sociedade: Aquele celebrado por pessoas que, reciprocamente, se obrigam a contribuir com bens e serviços em favor do exercício de atividade econômica, partilhando entre si os resultados.

✱ *V. CC, art. 981 e seu parágrafo único.*

De trabalho: negócio jurídico, tácito ou expresso, entre duas partes, por tempo determinado ou indeterminado; contrato entre empregador e empregado, que se obrigam por serviços determinados e pagamento pontual de salário.

Para fins de contratação, o empregador não exigirá do candidato a emprego comprovação de experiência prévia por tempo superior a 6 (seis) meses no mesmo tipo de atividade.

De trabalhador rural: A Lei nº 5.889/1973 estabelece as relações de trabalho no âmbito rural. Segundo tal norma, empregado rural é toda pessoa física que, em propriedade rural ou prédio rústico, presta serviços de natureza não eventual a empregador rural, sob a dependência deste e mediante salário (art. 2º). Já o art. 3º, considera empregador rural, para os efeitos desta Lei, a pessoa física ou jurídica, proprietário ou não, que explore atividade agroeconômica, em caráter permanente ou temporário, diretamente ou por meio de prepostos e com o auxílio de empregados.

✱ *V. Lei nº 11.718/2008 (Cria o contrato de trabalhador rural por pequeno prazo e estabelece normas transitórias sobre a aposentadoria do trabalhador rural).*

De transação: Transplantado do Direito das Obrigações (CC, arts. 840 a 850), impõe condições a ambos os contratantes; pela transação não se transmitem, mas apenas se declaram direitos. Ocorre quando as partes fazem concessões recíprocas para evitar ou terminar um litígio. Só admissível em direitos patrimoniais privados (CC, art. 841).

De transporte: Compromisso que se assume, mediante retribuição, de transportar pessoas ou coisas (CC, arts. 730 a 756).

Dotal: o mesmo que *pacto antenupcial.* Nele os nubentes e o dotador estabelecem normas de uso, gozo e destinação dos bens a eles submetidos durante a vigência do casamento.

Entre ausentes: o mesmo que *por correspondência.* Verifica-se o vínculo obrigacional entre partes que estão em locais diferentes, podendo ser efetivado por via epistolar, telegráfica, fonográfica, radiofônica ou fax. Torna-se perfeito desde que a aceitação é efetivada, a menos que, antes dela ou com ela, chegue a retratação do aceitante, se o proponente se houver comprometido a esperar a resposta, se ela não chegar no prazo entre eles acertado; o contrário de *entre presentes*.

Feneratício: aquele em que há empréstimo de dinheiro a juros.

Fiduciário: pacto ou convenção que envolve confiança mútua.

Individual de trabalho: *V. Contrato de trabalho.*

Inominado: o que não está formalmente disciplinado no direito positivo, não é vedado em lei e disciplina-se pela analogia com os *nominados* e pelos princípios gerais de direito. O oposto de *nominado* ou *típico*.

Instantâneo: aquele que tem as prestações de ambas as partes resolvidas de uma só vez, na data fixada.

Judicial: o que as partes em litígio assinam perante o juiz da causa que o julga por sentença.

Leonino: aquele em que uma das partes é abusivamente favorecida em detrimento da outra.

Mercantil: o que diz respeito a coisas do comércio, a compra e venda de mercadorias.

Misto: em que se harmonizam elementos de vários contratos típicos que a lei define.

Não solene: o que não tem forma obrigatória ou especial fixada por lei; consensual ou de forma livre; opõe-se a *contrato formal*.

Pecuário: o que alguém faz com proprietário rural para a criação, em suas terras, de gado doméstico, mediante paga preestabelecida em dinheiro ou porcentagem nos lucros.

Plurilateral: em que entram mais de duas pessoas.

Por hasta pública: o que se faz para venda de bens em auditórios judiciais.

Por leilão: celebrado entre a pessoa de quem o leiloeiro é mandatário e aquele que teve o lance aceito.

Preliminar: o que se faz previamente, com cláusulas e condições que ficam inalteráveis no contrato principal ou definitivo. Pré-contrato; preparatório.

Preliminar de compra e venda: o mesmo que *promessa* ou *compromisso de compra e venda* (q.v.).

Principal: o que engloba e dá cumprimento ao que foi estatuído no preliminar.

Promissório: o mesmo que *preliminar, pré-contrato, promessa de contrato*.

Público: o que se relaciona com o direito público; o mesmo que *solene*. Oposto a *contrato privado*.

Real: aquele que se refere a móvel ou imóvel, que se aperfeiçoa com o acordo de vontades e a entrega da coisa que lhe serve de objeto; pode ser *unilateral, bilateral, preliminar* e *definitivo* ou *principal*.

Revocatório ou solutório: o mesmo que *distrato* (q.v.).

Sigiloso: O Dec. nº 7.845/2012, que regulamenta procedimentos para credenciamento de segurança e tratamento de informação classificada em qualquer grau de sigilo, e dispõe sobre o Núcleo de Segurança e Credenciamento, conceituou contrato sigiloso. De acordo com o art. 2º, V, considera-se contrato sigiloso: "(...) ajuste, convênio ou termo de cooperação cujo objeto ou execução implique tratamento de informação classificada;"

Sinalagmático: o mesmo que *bilateral*; em que as partes assumem obrigações recíprocas.

Singular: o mesmo que *unilateral*.

Social: o que regula a constituição de uma sociedade, deveres e direitos dos sócios, cujas disposições devem ser registradas no órgão competente. Dá à sociedade personalidade jurídica e existência autônoma.

Solene: aquele para cuja existência jurídica ou validade a lei exige forma especial; é contrato *formal* que se opõe a *consensual*.

Sucessivo: o que se segue a outro, que termina, com cláusulas e condições idênticas, e entre as mesmas pessoas.

Típico: todo aquele definido na lei, com forma própria especial, como locação, mútuo, compra e venda à prestação etc.

Tipo: É também denominado contrato em massa, por formulários ou em série. É parecido com o contrato de adesão apenas nas formalidades extrínsecas, porém com ele não se confunde, pois não há, necessariamente, desigualdade entre as parte e estas têm a possibilidade de discussão do conteúdo contratual.

CONTRATO DE REPASSE – instrumento administrativo, de interesse recíproco, por meio do qual a transferência dos recursos financeiros se processa por intermédio de instituição ou agente financeiro público federal, que atua como mandatário da União.

✱ *V. Dec. nº 8.180/2013.*

CONTRATO DE TRABALHO – 1. A lei define como contrato individual de trabalho o acordo tácito ou expresso correspondente à relação de emprego. Diante da imprecisão técnica desta definição legal, a doutrina debate há décadas se a relação de emprego teria natureza contratual, uma vez que a manifestação de vontade das partes é menos importante do que a forma como elas se comportam durante a execução das prestações. 2. Pode ser *expresso*, admitindo-se a forma *escrita* ou *verbal*; e *escrito*, quando se formaliza em documento comprobatório. Serão sempre escritos os contratos: de atleta profissional, de artistas, de aprendizagem; *tácito*, aquele deduzido do comportamento das partes, quando não houver prova de contrato expresso. Nos contratos por *prazo determinado* aconselha-se a forma escrita, não obrigatória, mas que previne dúvidas futuras; é uma *exceção* que o interessado tem de provar. Entretanto, o contrato por *prazo indeterminado* é o mais comum; é considerado período de experiência o primeiro ano de duração deste tipo de contrato e nenhuma indenização será devida antes que se complete. O contrato por *prazo determinado* não pode ser estipulado por mais de 2 anos; se for prorrogado mais de uma vez, tácita ou expressamente, passa a vigorar como indeterminado. É nulo de pleno direito contrato que fixar remuneração inferior ao salário mínimo nacional. 3. A Lei nº 13.467/2017 (Reforma Trabalhista) introduziu a figura do *contrato de trabalho intermitente*, figura jurídica a meio-caminho entre o contrato de trabalho típico e a relação de trabalho eventual, pois não exige a habitualidade, mas, por outro lado, garante alguns direitos ao empregado, tais como férias e décimo terceiro salário proporcionais ao número de dias trabalhados no ano. 4. Igualmente, a referida lei prevê a livre estipulação de cláusulas do contrato de trabalho entre empregador e o empregado que possui diploma de nível superior e que perceba salário mensal igual ou superior a duas vezes o limite máximo dos benefícios do Regime Geral de Previdência Social como requisitos para assegurar a autonomia do trabalhador ao negociar. 5. A situação de calamidade pública gerada pela pandemia de Coronavírus (COVID-19) fez o Poder Público instituir o Programa Emergencial de Manutenção do Emprego e da Renda que autoriza, dentre outras medidas, a suspensão temporária do contrato de trabalho. O referido programa foi prorrogado pela Medida Provisória nº 1.045/2021 com o nome de Novo Programa Emergencial de Manutenção do Emprego e da Renda que instituiu o Benefício Emergencial de Manutenção do Emprego e da Renda, a ser pago em caso de redução proporcional de jornada de trabalho e de salário e suspensão temporária do contrato de trabalho. A Medida Provisória nº 1.045/2021 vigeu de 28 de abril de 2021, data de sua publicação no *Diário Oficial da União – DOU*, até 17 de fevereiro de 2022, data de publicação no *DOU* de sua rejeição. Durante o período de vigência da referida MP, os atos nela embasados seguem válidos.

✸ ***V.*** *CLT, arts. 2º, 3º, 442 a 456.*

✸ ***V.*** *Lei nº 14.020/2020 (Institui o Programa Emergencial de Manutenção do Emprego e da Renda; dispõe sobre medidas complementares para enfrentamento do estado de calamidade pública reconhecido pelo Decreto Legislativo nº 6, de 20 de março de 2020).*

✸ ***V.*** *Decreto nº 10.422/2020 (Prorroga os prazos para celebrar os acordos de redução proporcional de jornada e de salário e de suspensão temporária do contrato de trabalho e para efetuar o pagamento dos benefícios emergenciais de que trata a Lei nº 14.020, de 6 de julho de 2020).*

✸ ***V.*** *Decreto nº 10.470/2020 (Prorroga os prazos para celebrar acordos de redução proporcional de jornada de trabalho e de salário e de suspensão temporária de contrato de trabalho e para efetuar o pagamento dos benefícios emergenciais de que trata a Lei nº 14.020, de 6 de julho de 2020).*

✸ ***V.*** *Decreto nº 10.517/2020 (Prorroga os prazos para celebrar acordos de redução proporcional de jornada de trabalho e de salário e de suspensão temporária de contrato de trabalho e para efetuar o pagamento dos benefícios emergenciais de que trata a Lei nº 14.020, de 6 de julho de 2020).*

✸ ***V.*** *MP nº 1.045/2021 (Institui o Novo Programa Emergencial de Manutenção do Emprego e da Renda e dispõe sobre medidas complementares para o enfrentamento das consequências da emergência de saúde pública de importância internacional decorrente do coronavírus (covid-19) no âmbito das relações de trabalho).*

✸ ***V.*** *Súms. nº 188 e 212 do TST.*

CONTRATO ESTIMATÓRIO – É uma espécie de contrato de comissão. consistente na entrega de mercadorias ao *consignatário*, que deve vendê-las, pagando-as após um prazo determinado, retirada a sua comissão, a menos que prefira, no prazo fixado, devolver-lhe a coisa consignada. ***V.*** *Consignação.*

✸ ***V.*** *CC, arts. 534 a 537.*

CONTRATUAL – Que tem a forma de contrato; relativo a contrato.

CONTRAVENÇÃO – Transgressão a preceito legal, de mínima gravidade, por isso punida com pena mais branda, inferior àquela aplicada aos crimes.

Fiscal: a que viola normas fiscais.

Penal: violação de preceito de natureza penal não previsto na lei como crime. Apenado com pena de prisão simples ou de multa, ou com ambas. Não se pune a tentativa de contravenção.

✸ ***V.*** *LCP, art. 4º.*

CONTRAVENTOR – Transgressor; o que pratica uma contravenção. O mesmo que *contraveniente*.

CONTRAVIR – Infringir dispositivo legal ou regulamentar. Praticar contravenção; transgredir.

CONTRETAÇÃO – O mesmo que *furto* (q.v.).

CONTRIBUIÇÃO – 1. Originário do latim *contributio*, de *contribuere*, que significa acrescer, somar. 2. Parcela correspondente a cada um dos obrigados a um encargo ou despesa comum. 3. Parte, quinhão, cota. 4. Auxílio de natureza social, moral, científica, intelectual ou literária para uma finalidade. 5. No âmbito do Direito Tributário, é tributo e corresponde à parcela a ser paga pelo cidadão destinada a compor o patrimônio necessário para subsidiar despesas públicas. 6. O Dir. Civil conceitua como a cota equivalente a cada coobrigado pelo cumprimento de obrigação comum de dar, fazer ou pagar.

✸ ***V.*** *CC, arts. 994; 997, V; 1.006 e 1.337.*

✸ ***V.*** *CTN, arts. 3º e 5º.*

✱ *V. CLT, art. 454.*

✱ *V. Lei nº 11.648/2008 (Lei das Centrais Sindicais).*

De melhoria: instituída para fazer face ao custo de obras públicas de que decorra valorização imobiliária; tem como limite total a despesa realizada e como limite individual o acréscimo de valor que da obra resultar para cada imóvel beneficiado. Cobrada pela União, pelos Estados, pelo Distrito Federal e pelos Municípios, no âmbito de suas respectivas atribuições.

Parafiscal: é aquela que é atribuída por lei a entidade estranha ao Estado, a qual pode arrecadá-la e aplicá-la para fins sociais próprios, como as destinadas à Previdência Social, ao FGTS e aos Sindicatos.

✱ *V. CF, art. 149.*

Para o Financiamento da Seguridade Social – COFINS: O termo Seguridade Social é definido como um conjunto integrado de ações de iniciativa dos Poderes Públicos e também com participação da sociedade, cuja destinação é a princípio, assegurar os direitos relativos à saúde, à assistência social e à previdência ao cidadão. A Seguridade Social tem a equidade na forma de participação no custeio e com diversidade da base de financiamento. Esse financiamento possui contribuições sociais provenientes da União, dos Estados, do Distrito Federal e dos Municípios.

✱ *V. Lei Complementar nº 70/1991 (Lei da Cofins).*

Para o PIS/PASEP: é uma contribuição social de natureza tributária, devida pelas pessoas jurídicas, com objetivo de financiar o pagamento do seguro-desemprego e do abono para os trabalhadores que ganham até dois salários-mínimos.

✱ *V. Lei Complementar nº 7/1970 (Lei do PIS) e Lei Complementar nº 8/1970 (Institui o Programa de Formação do Patrimônio do Servidor Público).*

Previdenciária do empregado: É calculada mediante a aplicação da correspondente alíquota, entre 8 e 11%, sobre o seu salário de contribuição mensal, de forma não cumulativa, conforme estabelecido em lei. A Lei nº 13.467/2017 (Reforma Trabalhista) esclareceu que as contribuições sociais previstas na alínea a do inciso I e no inciso II do *caput* do art. 195 da Constituição Federal, e seus acréscimos legais, serão executadas de ofício pela Justiça do Trabalho quando relativas ao objeto da condenação constante das sentenças e dos acordos homologados.

✱ *V. CLT, arts. 876.*

✱ *V. Lei nº 8.212/1991 (Lei Orgânica da Seguridade Social), arts. 20 e 21.*

✱ *V. Súm. nº 368 do TST.*

Previdenciária do empregador doméstico: Deverá ser depositado valor correspondente à alíquota de 12% do salário de contribuição do empregado. A Lei nº 13.467/2017 (Reforma Trabalhista) esclareceu que as contribuições sociais previstas na alínea a do inciso I (do empregador, da empresa e entidades equiparadas) e no inciso II (do trabalhador) do caput do art. 195 da Constituição Federal, e seus acréscimos legais, serão executadas de ofício pela Justiça do Trabalho quando relativas ao objeto da condenação constante das sentenças e dos acordos homologados.

✱ *V. CLT, art. 876.*

✱ *V. Lei nº 8.212/1991 (Lei Orgânica da Seguridade Social), arts. 15 e 24.*

Previdenciária da empresa: Deverá corresponder a 20% sobre o total de remunerações mensais pagas a empregados ou trabalhadores avulsos. A Lei nº 13.467/2017 (Reforma Trabalhista) esclareceu que as contribuições sociais previstas na alínea a do inciso I (do empregador, da empresa e entidades equiparadas) e no inciso II (do trabalhador) do caput do art. 195 da Constituição Federal, e seus acréscimos legais, serão executadas de ofício pela Justiça do Trabalho quando relativas ao objeto da condenação constante das sentenças e dos acordos homologados.

✱ *V. CLT, art. 876.*

✱ *V. Lei nº 8.212/1991 (Lei Orgânica da Seguridade Social), arts. 15 e 22.*

Previdenciária da União: Deverá ser correspondente aos valores a serem inseridos na lei orçamentária anual.

✱ *V. Lei nº 8.212/1991 (Lei Orgânica da Seguridade Social), arts. 16 a 22.*

Profissional: Devida pelo profissional liberal à entidade a que está filiado.

Provisória sobre Movimentação ou Transmissão de Valores e de Créditos e Direitos de Natureza Financeira – CPMF: Tributo criado pela EC nº 12/1996 deveria ser cobrado por até dois anos. Instituído pela Lei nº 9.311/1996, sua cobrança vinha sendo prorrogada pela edição de sucessivas emendas constitucionais (Emendas Constitucionais nºs 21/1999, 37/2002 e 42/2003). O produto de sua arrecadação era destinado integralmente ao Fundo Nacional de Saúde, para financiamento das ações e serviços de saúde. Atualmente encontra-se extinta.

✱ *V. CF, ADCT, arts. 74, 75, 84, 85 e 90.*

Sindical: Contribuição compulsória, devida pelos empregados ao sindicato representativo da respectiva categoria profissional, para manutenção da estrutura sindical. A Lei nº 13.467/2017 (Reforma Trabalhista) retirou a compulsoriedade da retenção da contribuição sindical pelos empregadores sobre os salários dos empregados não filiados. Ademais, confere nova redação a dispositivos que detalham os métodos de recolhimento das contribuições devidas pelos filiados ao sindicato, bem como àqueles que, embora não sejam associados, autorizem previamente.

✱ *V. CLT, arts. 545, 578 a 579, 582 a 583, 587, 602.*

✱ *V. Lei nº 11.648/2008 (Lei das Centrais Sindicais).*

Sobre bens e serviços (CBS): É uma contribuição para a seguridade social que incide sobre bens e serviços. É instituída por lei complementar, mas sua alíquota pode ser fixada em lei ordinária. Há previsão de devolução da referida contribuição nos casos previstos em lei.

✱ *V. EC nº 132/2023 (Altera o Sistema Tributário Nacional).*

CONTRIBUINTE – Aquele que paga ou faz uma contribuição, o que contribui. Pessoa física ou jurídica a quem o Estado impõe tributo. É *autônomo* aquele que exerce, com habitualidade, atividade profissional remunerada sem vínculo empregatício; *empregador* é o sócio de empresa de qualquer natureza; *facultativo*, aquele a quem a lei concede contribuir ou não para a Previdência.

CONTROLE – Exame, verificação, fiscalização. O Judiciário exerce o controle do ato administrativo, apenas quanto à sua legalidade, e sobre as leis, para deixar de aplicá-las quando as considera inconstitucionais. Qualquer interessado, pela nova CF, pode suscitar a questão da inconstitucionalidade, em qualquer processo, qualquer que seja o juízo. Em casos especiais, a *ação direta de inconstitucionalidade* (q.v.) pode ser iniciada por representação do procurador-geral da República.

✱ *V. CF, arts. 52, X, 97, 102, I, a, e III, 103 e 129, IV.*

CONTROVÉRSIA – Demanda. Desacordo de opiniões dentro do processo. Debate sobre questão ou opinião divergentes, ou assunto sujeito a contestação. Polêmica.

CONTROVERSO – Sujeito a controvérsia. Em que há contestação; posto em dúvida.

CONTROVERTER – Pôr em controvérsia, discutir, contestar, polemizar.

CONTROVERTIDO – Discutível, impugnável; que é objeto de polêmica.

CONTUMÁCIA – Não comparecimento, a juízo, de autor da ação ou do réu, para atender a citação do juiz. Diz-se que a contumácia é *do autor* quando ele deixa de comparecer a ato judicial a que tem obrigação de estar presente; *do réu*, quando é citado e não comparece para defender-se ou oferecer a contestação dentro do prazo; *in non comparendo*, quando autor ou réu não comparecem no lugar, dia e hora indicados no mandado, para o fim desejado; *in faciendo*, quando faz o que lhe está proibido ou aquilo que não deve fazer; *in non faciendo*, se se recusa a fazer o que deve ou se lhe ordena, mesmo comparecendo; *in non respondendo*, quando se recusa a responder às perguntas que o juiz lhe faz ou não quer depor, quando então é tido por confesso. A expressão vem sendo substituída por abandono da causa pela parte autora, revelia da parte ré e revelia do terceiro que foi chamado a juízo.

CONTUMAZ – Aquele que usa de contumácia ou dela é acusado. Que não comparece ou se nega a comparecer quando chamado a juízo.

CONTUMÉLIA – Afronta, injúria.

CONTUNDENTE – Que contunde; que causa contusão. Diz-se do objeto que fere, que causa pisaduras por pancadas.

CONÚBIO – Casamento, matrimônio, núpcias, consórcio.

CONVALIDAÇÃO – Ato de convalidar. Correção de vício de ato jurídico, a fim de que produza efeito, sanada a ausência de requisito essencial que nova lei, posterior à sua feitura, havia abolido.

CONVALIDAR – Tornar o ato jurídico válido e produzindo efeito; restabelecer a eficácia jurídica de que gozava antes do ato ou contrato.

CONVENÇÃO – Tratado, ajuste, acordo, contrato. Assembleia de partido político para decidir sobre autor.

✱ *V. CPC/1973, arts. 181 e parágs., 265, II, 453, I, e 792.*

✱ *V. CPC/2015, arts. 313, 362 e 922.*

Das partes: admissível uma só vez, que permite adiamento de audiência. Também por convenção das partes se reduz ou se prorroga o prazo dilatório, se suspende o processo e também a execução durante o prazo pedido pelo autor.

✱ *V. CPC/1973, arts. 181, 265, II, 453, I, e 792.*

✱ *V. CPC/2015, arts. 313, 362 e 922.*

CONVENÇÃO COLETIVA DE TRABALHO – Consenso ou acordo escrito que celebram categorias de empregadores e de empregados, por seus delegados, que resulta de prévia negociação. A lei a define como "acordo de caráter normativo, pelo qual dois ou mais sindicatos representativos de categorias econômicas e profissionais estipulam condições de trabalho aplicáveis, no âmbito das respectivas representações, às relações individuais de trabalho". A convenção, como norma jurídica atípica, tem plena eficácia sobre as partes que a assinam. Os sindicatos têm, privativamente, legitimação para negociar; o que fica estabelecido na Convenção alcança todos os integrantes da categoria, profissional e econômica, tanto os que são como os que não são sócios do sindicato, mas não atinge trabalhadores de outras categorias. Determina a lei que a convenção seja celebrada por escrito, sem emendas nem rasuras, em tantas vias quantos forem os sindicatos convenentes ou as empresas acordantes, além de uma destinada a registro. Distinguem-se *negociação* e *convenção*; a primeira é a discussão das divergências entre as partes, da qual só participam os sócios, não tendo os não sócios direito a voto; quando atingem o *consenso* e esse se formaliza em documento escrito, tem-se a *convenção*, que é o acordo formal entre as partes. Faz-se distinção também entre *acordo* e *convenção*, o primeiro fazendo-se em nível de *empresas*, com a participação dos interessados, sejam ou não sindicalizados; a segunda, de *categoria*. A convenção também difere do *pacto social*, pois naquela as partes que vão negociar são previamente indicadas na lei, e neste isto não ocorre, sendo obrigatória a presença do Estado. A Lei nº 13.467/2017 (Reforma Trabalhista) fixou limites para os direitos objeto de convenção coletiva de trabalho ao incluir os arts. 611-A (autorizados) e 611-B (proibidos), limitação esta anteriormente realizada pela jurisprudência ao analisar o caso concreto.

✱ *V. CF, art. 7º, XXVI.*

✱ *V. CLT, arts. 611 a 625.*

CONVENÇÃO CONDOMINIAL – Diz-se daquela que é celebrada como se fosse um contrato inominado, entre os integrantes de um condomínio, com força legal entre esses e em suas relações jurídicas com terceiros. Submete-se à lei a Convenção condominial, pois são nulas as deliberações que os condôminos adotarem em conflito com as normas legais. Os dispositivos desse tipo de convenção obrigam os ocupantes das unidades condominiais, ainda que não sejam condôminos, e geram efeitos nos contratos do condomínio com estranhos.

✱ *V. Lei nº 4.591/1964 (Lei do Condomínio em Edificações), art. 9º.*

CONVENÇÃO DAS NAÇÕES UNIDAS SOBRE O DIREITO DO MAR – (Convenção de Montego Bay) Convenção assinada em 10 de dezembro de 1982 para a manutenção da paz, a justiça e o progresso para todos os povos do mundo, que reafirmou que o leito do mar, os fundos marinhos, e o seu subsolo além dos limites da jurisdição nacional, bem como seus recursos, são patrimônios comuns da humanidade.

✱ *V. Dec. nº 6.440/2008 (Promulga o Acordo Relativo à Implementação da Parte XI da Convenção das Nações Unidas sobre o Direito do Mar, de 10 de dezembro de 1982, concluído em Nova York, em 29 de julho de 1994).*

CONVENCER – Provar; persuadir com a apresentação de provas, de argumentos sólidos, de razões irretorquíveis, alguém a reconhecer a verdade de um fato ou proposição.

CONVENCIDO – Diz-se do réu que se reconhece culpado ou que não é detentor do direito que alega.

CONVENCIONAL – Referente a convenção; aquilo que resulta de um acordo ou convenção. O que participa de uma convenção, congresso.

CONVENCIONAR – Fazer uma convenção, pactuar.

CONVENENTE – 1. Estipulante, contratante. O que participa de convenção. 2. Em Direito Financeiro, é o órgão ou a entidade da administração pública direta ou indireta, de qualquer esfera de Governo, e a organização da sociedade civil, com os quais a administração pública federal pactue a execução de ações orçamentárias com transferência de recursos financeiros.

✱ *V. Lei nº 14.791/2023 (Dispõe sobre as diretrizes para a elaboração e a execução da Lei Orçamentária de 2024 e dá outras providências).*

CONVÊNIO – Ajuste, tratado, convenção, acordo. Contrato administrativo entre pessoas jurídicas de direito privado para prestação de serviço de interesse recíproco. Pacto, menos solene que o tratado, entre nações soberanas, com interesses comuns, comerciais, financeiros, militares.

CONVERSÃO – Troca, substituição, transformação. Mudança de um ato processual ou judicial em outro, como o do arresto em penhora. Operação de câmbio, na equivalência da moeda nacional com outra estrangeira (do real em dólar e vice-versa). Substituição de pena por outra, de pecuniária por punitiva. Diz-se da mudança de uma obrigação em outra, de ações ao portador em nominativas.

Do julgamento em diligência: diz-se quando o juiz ou o tribunal, antes de se pronunciar sobre o caso em julgamento ou sobre o recurso que aguarda sua decisão, manda que o processo desça ao cartório ou ao juízo *a quo*, para a produção de provas, ou para que sejam supridas omissões ou formalidades, ou realizado ato indispensável ao esclarecimento da lide. Se o agravo for improcedente, o relator também pode indeferi-lo por despacho ou convertê-lo em diligência se estava insuficientemente instruído.

✱ *V. CPC/1973, art. 560, parágrafo único.*

✱ *V. CPC/2015, art. 938.*

CONVICÇÃO – Convencimento, certeza, fundada em provas, da verdade que se alega. Efeito de convencimento que uma prova irrefutável produz no espírito de quem julga. Aceitação da verdade dos fatos diante de razões concludentes. A CF garante a liberdade de crença religiosa e de convicção política e filosófica, sem restrição.

✱ *V. CF, art. 5º, VIII.*

CONVICÇÃO SECUNDUM CONSCIENTIAM – (Latim) Convicção que o juiz forma conforme a sua consciência, sem necessidade de prova dos autos, o que atualmente não se admite.

CONVÍCIO – Injúria verbal ou escrita. Afronta.

CONVINCENTE – Que convence, que tem força para impor uma convicção.

CONVIR – Pactuar, concordar, fazer acordo ou ajuste. Ser conveniente.

CONVITE – Modalidade do instituto da licitação, assim como a concorrência, a tomada de preços, o concurso e o leilão.

CONVOCAÇÃO – Chamamento, avocamento, chamada. Ato de convocar muitas pessoas para reunião em local e dia previamente determinados, para um fim específico.

CONVOCATÓRIA – Que serve para chamar, convocar. Diz-se de carta-circular, ordem, edital, publicação pela qual se convocam pessoas para reunião, assembleia de sócios, ou para outro fim especificado, em local e dia prefixados.

CONVOLAÇÃO – Ato de convolar, passar a pessoa de um estado civil a outro, como *convolar núpcias*. Transformar ato ou medida judicial em outra: o arresto em penhora de bens.

COOBRIGADO – Aquele que assume uma obrigação juntamente com outro, ou solidário a outro.

COOPERAÇÃO – Ato de cooperar. Colaboração simultânea de várias pessoas para a obtenção de um fim comum.

COOPERADO – 1. Membro de uma *cooperativa* (q.v.), que, nesta condição, ostenta uma dupla qualidade: age e participa dos negócios da sociedade, com todas as prerrogativas de sócio, se beneficiando diretamente do proveito da atividade econômica; e se compromete a contribuir, com bens ou seu trabalho, para a consecução dos objetivos sociais. 2. Embora a Lei nº 5.764/1971 e o parágrafo único do art. 442 da CLT estabeleçam que não se configura relação de emprego entre os cooperados e a sociedade cooperativa, a jurisprudência trabalhista mitiga este entendimento quando, à luz do caso concreto, estejam subvertidos os princípios do cooperativismo, demonstrando que, na verdade, a cooperativa está sendo utilizada para mascarar relações de emprego, violando disposições legais de proteção ao trabalho. 3. O cooperado é segurado contribuinte individual da Previdência Social, salvo se, por assumir função de direção da sociedade cooperativa, passa a firmar relação d emprego com a mesma, o que o enquadra como segurado empregado.

✱ *V. Lei nº 5.764/1971 (Lei das Cooperativas), arts. 29 a 37, 79, 90 e 91.*

✱ *V. Lei nº 12.690/2012 (Dispõe sobre a organização e o funcionamento das cooperativas de trabalho), art. 7º.*

✱ *V. CLT, arts. 9º e 442, parágrafo único.*

✱ *V. Lei nº 8.212/1991 (Dispõe sobre a organização da Seguridade Social e institui fontes de custeio), arts. 12, V, f, § 9º, VI, e § 10, V; 15, I e parágrafo único; 22, IV, e § 1º; 22-A, § 4º; 30, III e IV, §§ 4º, 5º, 7º e 9º.*

✱ *V. Lei nº 8.213/1991 (Dispõe sobre planos de benefícios da Previdência Social), arts. 11, V, f, § 8º, VI, e § 9º, V; 14, I e parágrafo único; e 106, VII.*

✱ *V. Lei nº 10.666/2003 (Dispõe sobre a concessão de aposentadoria especial ao cooperado de cooperativa de trabalho), arts. 1º e 4º a 6º.*

COOPERAR – Emprestar cooperação a alguém; trabalhar conjuntamente com outro ou outros para uma finalidade comum.

COOPERATIVA – A lei define as cooperativas como "sociedades de pessoas, com forma e natureza jurídica próprias, de natureza civil, não sujeitas a falência, constituídas para prestar serviços aos associados, distinguindo-se das demais sociedades pelas seguintes características: I) adesão voluntária, com número ilimitado de associados, salvo impossibilidade técnica de prestação de serviços; II) variabilidade do capital social representado por cotas-partes; III) limitação do número de cotas-partes do capital para cada associado, facultado, porém, o estabelecimento de critérios de proporcionalidade, se assim for mais adequado para o cumprimento dos objetivos sociais; IV) inacessibilidade das cotas-partes do capital a terceiros, estranhos à sociedade; V) singularidade de voto, podendo as cooperativas centrais, federações e confederações de cooperativas, com exceção das que exercem atividade de crédito, optar pelo critério da proporcionalidade; VI) *quorum* para o funcionamento e deliberação da Assembleia-Geral baseado no número de associados e não no capital; VII) retorno das sobras líquidas do exercício, proporcionalmente às operações realizadas pelo associado, salvo deliberação em contrário da assembleia-geral; VIII) indivisibilidade dos Fundos de Reserva e de Assistência Técnica Educacional e Social; IX) neutralidade política e indiscriminação religiosa, racial e social); X) prestação de assistência aos associados e, quando previsto nos estatutos, aos empregados da cooperativa; XI) área de admissão de associados limitada às possibilidades de reunião, controle, operações e prestação de serviços". Com a edição da Lei nº 12.690/2012, passou a ser expressamente admitida a constituição de cooperativas cujo objeto social seja a cessão de mão de obra a terceiros, desde que haja proveito comum aos associados, não ocorra pura intermediação de trabalho subordinado (*merchandage*), bem como sejam respeitadas as disposições legais sobre autogestão e adesão livre dos cooperados.

✱ *V. CF, arts. 5º, XVIII; 146, III, c; 174, §§ 2º a 4º; e 187, VI.*

✱ *V. Lei nº 5.764/1971 (Lei das Cooperativas).*

✱ *V. Lei nº 12.690/2012 (Dispõe sobre a organização e o funcionamento das cooperativas de trabalho).*

✱ *V. CLT, arts. 34; 390-E; 442, parágrafo único, 514, parágrafo único, a; 592, I, e, II, e, III, e, IV, e.*

COOPERATIVISMO – Sistema social e econômico que se opõe à intermediação comercial, pregando a criação de cooperativas, com a união de pessoas sem fins especulativos, mas procurando satisfazer suas necessidades e interesses econômicos com vantagens imediatas e diretas para os cooperados. A Política Nacional de Cooperativismo, definida em lei, é "a atividade decorrente das iniciativas ligadas ao sistema cooperativo, originárias de setor público ou privado, isoladas ou coordenadas entre si, desde que reconhecido seu interesse público", e com apoio do Poder Público quanto à assistência técnica e incentivos financeiros e creditórios especiais.

✱ *V. CF, art. 5º, XVIII; 146, III, c; 174, §§ 2º a 4º; e 187, VI.*

✱ *V. Lei nº 5.764/1971 (Lei das Cooperativas), arts. 1º e 2º.*

COOPTAÇÃO – Dispensa de formalidades usuais ou exigências previstas em regulamentos e estatutos na admissão de alguém numa sociedade por escolha de seus próprios membros.

COPARTICIPAÇÃO – Ato de coparticipar. Participação simultânea de dois ou mais agentes em assunto de interesse comum ou visando a produzir um só efeito almejado. O mesmo que *coautoria*.

COPERMUTANTE – Nos contratos comutativos, cada permutante em relação a outro.

CÓPIA – Traslado, certidão, reprodução. Novo exemplar extraído do ato escrito original, com as públicas-formas e as certidões.

Autenticada: a que é conferida com o original e cuja exatidão é certificada pelo escrivão.

COPOSSUIDOR – O que possui a mesma coisa indivisa com outro; compossuidor.

COPYRIGHT – Palavra da língua inglesa que significa "direito de cópia". Dir. exclusivo para o autor ou seu concessionário imprimir, publicar, vender obra literária ou artística, durante a sua vida, com extensão de direitos por um lapso de tempo a seus sucessores.

COR HOMINIS IMMUTAT FACIEM EJUS – (Latim) O coração do homem lhe muda a face.

COROLÁRIO – O que se deduz de uma proposição já demonstrada, de regra estabelecida, de princípio firmado; consequência.

CORPO – A constituição, a estrutura física do homem e dos animais. A parte material, animal, do homem em oposição a espírito, alma. O cadáver humano. Conjunto de pessoas pertencentes a uma classe, profissão, congregação.

Certo: coisa material, designada, distinta, que não se confunde com outra da mesma espécie e natureza.

Consular: conjunto de cônsules que um país mantém no Exterior.

De delito (corpus criminis): elementos materiais que resultam da prática de um delito, recolhidos como provas ou indícios. Dizia-se, antigamente, do corpo da pessoa vitimada por homicídio, que devia ser apresentado ao juiz. Posteriormente, passou a significar a pessoa ou coisa objetos de ato delituoso e, atualmente, engloba o exame minucioso não só da pessoa ou coisa, mas dos elementos utilizados na consumação do delito, como as armas, objetos e indícios vários. Pode ser: *direto*, quando o delito deixa vestígios duradouros, como arrombamento, incêndio, ferimentos, morte; são chamados delitos de *facto permanenti*; e *indireto*, quando não deixa vestígios materiais e o exame pericial é substituído por depoimento de testemunhas no sumário de culpa: soco, bofetada etc. São delitos de *facto transeunti*.

✱ *V. CPP, art. 158 e segs.*

De jurados: atualmente diz-se *Conselho de Sentença* (q.v.).

✱ *V. CPP, arts. 442 a 496.*

Diplomático: conjunto dos agentes diplomáticos de um país acreditados no Exterior junto ao Governo de outros países.

CORPORAÇÃO – Órgão coletivo, com fins sociais, econômicos, políticos ou jurídicos, com personalidade distinta de seus membros, que objetivam atingir a certos fins, com igualdade de direitos e deveres e obedientes a regras estatutárias comuns. Os membros de corporação pertencem a uma mesma profissão, classe, ofício ou credo.

De mão morta: fundação ou instituição de caráter permanente, com personalidade jurídica e objetivo religioso, pio ou beneficente. Irmandade, confraria, casa de misericórdia etc. Os *bens de mão morta* são aqueles que, nessas corporações, não podem mudar de mãos, constituindo uma riqueza morta.

CORPORAL – Que possui corpo; relativo ao corpo físico, material, daí a expressão *castigo* ou *pena corporal*.

CORPORATIVISMO – Doutrina que defende a instituição econômico-social de agrupamentos ou corporações de profissionais do mesmo ofício para trabalho coletivo em benefício comum de seus componentes; congraçamento das classes produtoras, industriais, sob a forma de associações ou *lobbies* para defender interesses econômicos próprios, por meio da aprovação de leis e de pressão sobre o Legislativo e o Executivo.

CORPUS – (Latim) Corpo, elemento material que, com o *animus* (elemento moral), configuram a posse, na *doutrina subjetiva de Savigny*. Para a *escola objetiva*, de Von Ihering, o *corpus* se configura pela exterioridade da relação possessória, pela prática de atos que evidenciem o direito pretendido; pode existir, independente da apreensão material. O *animus* consiste na simples vontade de agir em relação à coisa ou ao direito, sem intenção de dono ou de adquirir.

CORPUS ALIENAM – (Latim) Corpo estranho.

CORPUS DELICTI – (Latim) Corpo de delito.

CORPUS IURIS CIVILIS – (Latim) Código de Direito Civil. Trabalhos legislativos no reinado do imperador Justiniano, em Roma.

CORRÉ – A mulher que é ré juntamente com outro(a).

CORREAL – Vinculado à *correalidade* (q.v.). Obrigação na qual se verifica solidariedade perfeita entre os sujeitos ativos ou passivos.

CORREALIDADE – Vínculo jurídico entre a totalidade dos credores e dos devedores de uma mesma obrigação. Pode ser: *ativa*, se se trata de credores, quando a prestação é devida na sua totalidade a cada um deles, separadamente; e *passiva*, se relativa a devedores, cada um respondendo pela totalidade da prestação. Diz-se, também, do vínculo de responsabilidade, da relação de criminalidade entre agentes de uma mesma infração penal e de acusados incluídos em um só processo.

CORREÇÃO – Ato de corrigir. Castigo moderado, no exercício do poder familiar. Emenda. Punição, pena imposta, advertência, censura.

Da lei: a LINDB (antiga LICC) dispõe sobre a correção da lei, depois de publicada, por uma nova publicação de seu texto, o que altera o prazo de sua vigência, e estabelece que as correções a texto de lei já em vigor consideram-se lei nova.

✱ *V. LINDB (antiga LICC), art. 1º, §§ 3º e 4º.*

CORREÇÃO MONETÁRIA – Faz-se pelo valor nominal da moeda afetado pela inflação. Deve incidir também sobre qualquer débito que resulte de decisão judicial, segundo a Lei nº 6.899/1981. O mesmo que indexação.

CORRECIONAL – Correspondente ou relativo a correção.

CORRECIONALIDADE – Qualidade da infração sujeita a jurisdição correcional.

CORREGEDOR – Magistrado incumbido da *correição* (q.v.). Tem jurisdição extraordinária permanente sobre juízes e serventuários da justiça, para fiscalizar os seus atos, instruí-los, orientá-los, punir suas faltas ou seus abusos.

CORREGEDORIA – Cargo ou jurisdição do corregedor. Lugar onde exerce as suas funções.

CORREIÇÃO – Atividade do corregedor, inspecionando cartórios dos ofícios públicos sob sua jurisdição, para corrigir erros, irregularidades, omissões, abusos, negligências ou faltas das autoridades inferiores e de seus auxiliares. Não cabe mandado de segurança contra ato judicial passível de recurso ou correição. É *geral*, quando o corregedor procede a diligências em toda a sua jurisdição; e *parcial*, quando toma providência de ordem disciplinar para impedir andamento tumultuário dos feitos ou para corrigir erro. Não tem natureza de recurso, apenas de providência administrativa. O Código de Processo Civil não a menciona, porém está prevista em leis de organização judiciária. Na Justiça do Trabalho, a corregedoria é exercida pelo Ministro Corregedor do Tribunal Superior do Trabalho, com jurisdição sobre os Tribunais Regionais do Trabalho; no âmbito das Varas do Trabalho, pelo juiz corregedor do Tribunal Regional do Trabalho.

✱ *V. CLT, art. 709, I e II.*

✱ *V. Súm. nº 267 do STF.*

Geral: feita em decorrência de suas obrigações funcionais pelo corregedor habitualmente sem motivo especial.

Parcial ou extraordinário: feita pelo corregedor em razão de ter conhecido em fato particular que implica em erro ou abuso de autoridade judiciária.

CORRELATIVA – Obrigação que depende, para tornar-se exigível, do cumprimento de outra.

CORRESPECTIVO – Contraprestação. Ato jurídico no qual ocorre retribuição de benefícios recebidos. Prestação de uma parte que equivale à de outra, nos contratos bilaterais.

CORRESPONDÊNCIA – Conjunto de cartas e outras comunicações escritas que alguém expede ou recebe; troca de comunicações por escrito entre pessoas distanciadas umas das outras.

Epistolar: É aquela feita por *cartas missivas*, que constituem uma espécie de instrumento particular. Elas não podem ser publicadas sem o consentimento do autor ou de quem detenha os seus direitos autorais, mas podem ser juntadas como documentos em autos oficiais; as cartas missivas são consideradas, por lei, obras intelectuais e entram nos contratos por correspondência e epistolar. É inviolável o sigilo da correspondência.

✱ *V. CF, art. 5º, XII.*

✱ *V. Lei nº 9.610/1998 (Lei dos Direitos Autorais), que revogou a Lei nº 5.988/1973, exceto seu art. 17, §§ 1º e 2º.*

CORRESPONSABILIDADE – Responsabilidade conjunta de duas ou mais pessoas.

CORRETAGEM – 1. Serviço de intermediação entre pessoas ou empresas, pelo qual uma pessoa, não ligada a outra em virtude de mandato, contrato de prestação de serviços ou por qualquer relação de dependência, obriga-se a obter para a segunda um ou mais negócios, conforme as instruções recebidas. É um contrato *sui generis*, em que o corretor serve de intermediário entre pessoas interessadas na conclusão de negócio de natureza mercantil ou financeira. 2. Algumas modalidades de corretagem são fortemente regulamentadas e fiscalizadas, como, por exemplo, a corretagem de seguros e de operações com valores mobiliários. 3. Também se refere à própria comissão por esse serviço.

✱ *V. CC, arts. 722 a 729.*

✱ *V. Lei nº 4.594/1964 (Regula a profissão de corretor de seguros).*

✱ *V. Dec.-lei nº 73/1966 (Dispõe sobre o Sistema Nacional de Seguros Privados), arts. 122 a 128.*

✱ *V. Lei nº 6.385/1976 (Dispõe sobre o mercado de valores mobiliários e cria a Comissão de Valores Mobiliários), arts. 15, VI; 16, III e parágrafo único; 18, I, e; e 19, § 3º, II.*

✱ *V. Lei nº 6.530/1978 (Regula a profissão de corretor de imóveis).*

✱ *V. LC nº 109/2001 (Dispõe sobre o Regime de Previdência Complementar), art. 30.*

✱ *V. Resolução CMN nº 1.655/1989 (Regulamenta a constituição, a organização e o funcionamento das sociedades corretoras de valores mobiliários).*

CORRETIVO – Correção, punição, repreensão; que corrige. O meio empregado para infligir o castigo.

CORRETOR – Agente auxiliar autônomo do comércio, mediador de negócios, agente intermediário de mediação mercantil que, mediante comissão previamente ajustada, aproxima entre si as partes interessadas na compra ou venda de coisas de natureza comercial ou civil. Assim o corretor de imóveis, o corretor de seguros, que têm sua profissão regulamentada por lei (Lei nº 6.530/1978, que regulamenta a profissão de corretor de imóveis; Dec.-lei nº 73/1966, sobre o Sistema Nacional de Seguros Privados, e Dec. nº 60.459/1967, que regulamenta esta lei). O CC atual, em seu art. 723, diz que: "O corretor é obrigado a executar a mediação com diligência e prudência, e a prestar ao cliente, espontaneamente, todas as informações sobre o andamento do negócio. Parágrafo único. Sob pena de responder por perdas e danos, o corretor prestará ao cliente todos os esclarecimentos acerca da segurança ou do risco do negócio, das alterações de valores e de outros fatores que possam influir nos resultados da incumbência".

✱ *V. CC, arts. 722 a 729.*

✱ *V. Lei nº 4.594/1964 (Regula a profissão de corretor de seguros).*

✱ *V. Lei nº 6.530/1978 (Regula a profissão de corretor de imóveis).*

CORRÉU – Aquele que é réu, com outro, no mesmo processo. Ele não pode intervir no mesmo processo como assistente no Ministério Público. A imunidade parlamentar não se estende ao corréu sem essa prerrogativa.

✱ *V. CPP, arts. 270 e 277.*

✱ *V. Súm. nº 245 do STF*

CORRIDA – Afluência inesperada e em número excessivo de clientes a um banco, para levantar seus depósitos temerosos da insolvabilidade do estabelecimento.

CORROMPER – Subornar, peitar; perverter, depravar, induzir à prática de atos obscenos, imorais, condenáveis, ou a falcatruas.

CORRUPÇÃO – Ato de corromper. Perversão de costumes. Crime que consiste em solicitar, aceitar, oferecer vantagem pecuniária indevida, ou outra qualquer, para que funcionário público, empregado, magistrado, perito, testemunha, tradutor, intérprete façam afirmação falsa ou qualquer falta dolosa de exação no cumprimento do dever funcional. É *ativa* por parte de quem oferece ou promove vantagem indevida para que se pratique o crime, omitindo ou retardando ato de ofício, e *passiva*, crime contra a Administração Pública, por parte de funcionário, ainda que fora da função ou antes de assumi-la, mas em razão dela, que solicita ou aceita vantagem ou promessa de vantagem para praticar ato ilícito.

De menores: crime contra a dignidade sexual. Consiste em induzir alguém menor de 14 anos a satisfazer a lascívia de outrem, conforme nova redação dada pela Lei nº 12.015/2009. É *física*, quando resulta na violação da pureza somática da vítima; *moral*, quando ocorre depravação de costumes do paciente, com ofensa ao pudor ou decoro, ainda que ele permaneça corporalmente ileso; e *real*, quando é física e moral ao mesmo tempo. A pena é de reclusão de 2 a 5 anos. Na *corrupção passiva*, pena de 1 a 8 anos de reclusão, aumentada de um terço se o funcionário retarda ou deixa de praticar ato de ofício ou o pratica com infração do dever funcional; na *corrupção ativa*, a pena é de reclusão de 1 a 8 anos e multa. Na corrupção tipificada no art. 343 do CP, a pena é de reclusão de 1 a 3 anos e multa, que se aplicará em dobro se o crime é praticado para obter prova destinada a produzir efeito em processo penal. Diante do atual avanço tecnológico, houve necessidade de tipificar os crimes cometidos por meios eletrônicos, razão pela qual a Lei nº 12.015/2009 entendeu por bem inserir o art. 244-B ao Código Penal com o intuito de incriminar quem corrompe ou facilita a corrupção de menor de 18 anos, com ele praticando infração penal ou induzindo-o a praticá-la, sob pena de reclusão, de 1 a 4 anos, incorrendo na mesma pena quem pratica as mesmas condutas utilizando-se de quaisquer meios eletrônicos, inclusive salas de bate-papo da internet. A Lei nº 12.650/2012 acresceu o inciso V ao art. 111 do Código Penal, estabelecendo que começa a correr a prescrição, antes de transitar em julgado a sentença final, nos crimes contra a dignidade sexual de crianças e adolescentes, da data em que a vítima completar 18 anos, salvo se a esse tempo já houver sido proposta a ação penal.

De preposto: delito de concorrência desleal, quando alguém dá ou promete dinheiro ou outra vantagem a empregado de concorrente, para obter, com sua ajuda, vantagem indevida. A ação penal é de natureza pública, mediante representação.

✱ *V. CP, arts. 218, 317, 333 e 343, parágrafo único.*

CORRUPTO – O que é subornado, peitado, corrompido. O que pratica a corrupção. Pervertido, devasso, prevaricador, venal.

CORRUPTOR – O que corrompe, induz a atos ilícitos ou imorais.

CORTE – Denominação dada a Tribunais de Justiça, civis e militares (corte marcial) e a organismos judiciais internacionais, como a Corte Internacional de Justiça da ONU, que só atua em litígios em que as partes sejam Estados.

COSSACADOR – Avalista do sacador de Letra de Câmbio.

COSSEGURADORA – Companhia que participa do *cosseguro*.

COSSEGURO – Seguro que se distribui por várias companhias seguradoras, quando seu valor é muito alto, cada uma se responsabilizando pela parte que lhe cabe no risco, podendo a apólice ser uma só para todos os seguradores.

COSTUME – Procedimento social reiterado, espontâneo, com a convicção de que é necessário e correto. Reiteração habitual e constante de certos atos, por longo período de tempo, pelo que adquirem força de lei se não contrariarem a razão, os bons costumes, a ordem e os interesses públicos. A jurisprudência nele se baseia para suprir deficiências da lei escrita. É elemento subsidiário de prova nos casos omissos. Essa lei não expressa que o tempo consagra é uma das fontes mediatas do Dir. positivo. O costume não se confunde com normas sociais ou de cortesia, que não têm coercitividade. Nos Estados Unidos e, principalmente, na Inglaterra, o costume é muito valorizado. No Brasil ele está mais presente no Dir. Comercial. O costume não pode impor-se à lei, nem sobrepor-se à jurisprudência, que é obra exclusiva dos tribunais, sendo um de seus requisitos a harmonia com o direito escrito. Ele pode mostrar-se *segundo a lei* (*secundum lege*), na omissão dessa, mas tem de ser provado pela parte que o alega. Pode ser *contra legem*, se colide com a norma legal, como que a derrogando, por desusá-la; e *praeter legem*, quando subsidiário de lei, para interpretar o Dir. escrito, conforme as necessidades sociais. No Dir. do Trabalho, "na falta de disposições contratuais ou legais, as autoridades administrativas e a Justiça do Trabalho poderão decidir também de acordo com os usos e costumes".

✱ *V. LINDB (antiga LICC), art. 4º.*

✱ *V. CPC/1973, art. 337.*

✱ *V. CPC/2015, art. 376.*

✱ *V. CC, art. 569, II.*

✱ *V. CLT, art. 8º.*

COSTUMEIRO – Estabelecido pelo costume; regras fundadas nos usos e costumes. Aquele que escreve sobre Dir. consuetudinário ou nele é especialista.

COTA – 1. Nota escrita à margem de um texto. 2. Nota de referência. 3. Conjunto de letras e números usado para classificar livros ou publicações. 4. Indicação do nível de um ponto em relação a um plano de comparação. 5. Terceira coordenada cartesiana de um ponto do espaço. 6. Parte oposta ao gume de um instrumento cortante. 7. Espécie de malha de ferro que cobria o corpo dos cavaleiros na Idade Média. 8. Sinal convencional de medida, relativo a altura. 9. Empregado como sinônimo de *quota*. 10. Na prática forense, é qualquer anotação, de próprio punho, que o advogado ou promotor faz nos autos de que tem vista para informar ou esclarecer o juiz e a parte contrária sobre algo que interesse à lide. É defeso à parte fazer cotas marginais ou interlineares. *V. Quota.*

Disponível: é a fração dos bens de que alguém pode dispor livremente (até a metade do bem), ainda que tendo herdeiros necessários, aos quais caberá a outra metade, que constitui a *legítima*. O mesmo que *quinhão hereditário*.

Parte: quantia em dinheiro ou equivalente em bens com que cada sócio contribui para a formação do capital social. *Cota* ainda tem outros significados, como espécie de malha de ferro que cobria o corpo dos cavaleiros na Idade Média; sinal convencional de medida, relativo a altura; lado oposto ao gume da faca etc. Daí por que, embora se considere arcaica a forma *quota*, esta é válida e perfeita em certos sentidos, ainda que em crescente desuso.

✱ *V. CPC/1973, art. 161.*

✱ *V. CPC/2015, art. 202.*

✱ *V. Dec. nº 3.708/1919 (Regula a constituição de sociedades por cota de responsabilidade limitada).*

COTAÇÃO – Tabela ou índice das Bolsas para as ações; valor que se atribui a determinado bem. Ações de empresas, negociadas na Bolsa de Valores, têm sua cotação diária para efeito de compra e venda.

COTAR – Fixar o valor de mercadoria ou de ações. Indicar o valor de.

COTISTA – Sócio que tem cota-parte em sociedade comercial.

COTIZAÇÃO – Ato de cotizar. Contribuição para a formação de capital social ou para cobrir despesa comum.

COTIZAR – Repartir entre muitos a soma destinada a um encargo.

COUTENTE – O mesmo que *cousuário* (q.v.).

COUTO – Local onde se homiziam criminosos.

COVIL – Abrigo de malfeitores.

CPF – Número que recebe o contribuinte, na Receita Federal, no Cadastro de Pessoas Físicas.

CRAQUE – Palavra derivada do inglês *crack*, estouro, racha. Baixa repentina, inesperada e vertiginosa das ações na Bolsa de Valores, ocasionando a ruína financeira das empresas, com graves consequências sociais, como a ocorrida na Bolsa de Nova York em 1929.

CREDENCIAL – Documento ou carta com que se credencia alguém a tratar de negócios, participar de eventos, desenvolver certas atividades. Autorização, licença.

CREDENCIAL DE SEGURANÇA – O Dec. nº 7.845/2012, que regulamenta procedimentos para credenciamento de segurança e tratamento de informação classificada em qualquer grau de sigilo, e dispõe sobre o Núcleo de Segurança e Credenciamento, conceituou credencial de segurança. De acordo com o art. 2º, VI, considera-se credencial de segurança: "(...) certificado que autoriza pessoa para o tratamento de informação classificada;"

CREDENCIAMENTO DE SEGURANÇA – O Dec. nº 7.845/2012, que regulamenta procedimentos para credenciamento de segurança e tratamento de informação classificada em qualquer grau de sigilo, e dispõe sobre o Núcleo de Segurança e Credenciamento, conceituou credenciamento de segurança. De acordo com o art. 2º, VII, considera-se credenciamento de segurança: "(...) processo utilizado para habilitar órgão ou entidade pública ou privada, e para credenciar pessoa para o tratamento de informação classificada;"

CREDIÁRIO – Sistema de venda a crédito, a prestações, em pagamentos mensais sucessivos. O Governo edita medidas para limitar o crédito e o consumo.

CREDITAR – Dar crédito, abrir crédito para alguém, vender a crédito, fiar.

CRÉDITO – Confiança, segurança, boa reputação. Facilidade para obter empréstimo ou abrir contas em casas comerciais. O que o negociante tem a haver. Dir. de receber o que se emprestou; quantia que corresponde a esse direito. Autorização para despesas dada por autoridades que votam ou regulamentam os orçamentos. Faculdade de usar capital alheio com a obrigação de o resgatar sob as condições avençadas. Confiança na solvabilidade financeira de uma pessoa, física ou jurídica; possibilidade que ela tem de contrair empréstimo ou de adquirir bens pelo crediário, pagando a prazo.

Aberto: possibilidade de sacar fundos de um banco até um certo limite por um determinado prazo.

A descoberto: baseia-se na confiança que o creditado inspira mais do que nos bens que dá em garantia; o mesmo que *em branco* ou *pessoal*.

Adicional: aquele votado depois de elaborado o Orçamento das receitas e despesas públicas, para cobertura destas, quando mal calculadas. Pode ser: *suplementar*, se supre insuficiência de verbas; *especial*, se atende a despesas não previstas, mas urgentes; *extraordinário*, para atender a despesas imprevistas, urgentes e inadiáveis, como as de calamidade pública.

Agrícola: empréstimos destinados à produção agrícola.

Ativo: é o que advém de crédito ou empréstimo de que o beneficiado pode dispor de imediato.

A vencer: que não é exigível por não estar vencido.

Capital: resulta do empréstimo de dinheiro que as sociedades em comandita por ações lançam, por obrigações ao portador ou debêntures, não podendo ir além do capital constante dos Estatutos da empresa; o mesmo que *crédito de corporação*.

Coberto: o que está vinculado a uma garantia real prestada pelo devedor ou por terceiro, não correndo o empréstimo nenhum risco.

De carbono: A Lei nº 12.651/2012 (Novo Código Florestal), em seu art. 3º, XXVII, conceituou crédito de carbono: "XXVII – crédito de carbono: título de direito sobre bem intangível e incorpóreo transacionável."

De circulação: resulta a favor de quem desconta título de crédito referente a venda de mercadoria.

De produção: feito para a aquisição de máquinas para as indústrias.

Documentário: forma de pagamento entre praças diferentes do país, destas e outras estrangeiras, nas vendas à vista ou a prazo. Abre-se crédito em um banco a favor do vendedor da mercadoria; este recebe a importância mediante a apresentação e entrega dos conhecimentos que comprovam a expedição da mesma ao comprador que a encomendou. É chamada de *carta de crédito comercial*, a que se envia ao beneficiário, informando-o da operação.

Exigível: Que pode ser reclamado imediatamente pelo seu titular.

Fiscal: dívida para com o Poder Público.

Imobiliário: o que se baseia e se garante na propriedade imóvel, pela hipoteca, anticrese etc.

Impróprio: não se destina à circulação nem é admitido como meio de pagamento no comércio, como o bilhete de Loteria premiado, apólice de seguro etc.

Líquido: aquele cuja soma já está determinada e não sujeita a impugnação.

Mercantil: o que lastreia as operações comerciais, sendo seus instrumentos a Letra de Câmbio, a Duplicata, a Nota Promissória.

Móvel: é o fundamentado em depósito pignoratício de mercadorias ou valores mobiliários.

Ordinário: que não goza de privilégio; aquele aberto em orçamento aprovado pelo Congresso Nacional.

Preferencial: o que desfruta o privilégio de ser pago antes dos quirografários em concurso de credores na falência; é o *crédito privilegiado*, que se divide em: com *privilégio real*, quando contemplado com os bens excedentes, depois de satisfeitos os créditos reais e os de privilégio especial; e com *privilégio* *especial*, quando a prelação para pagamento abrange somente os bens que a lei enumera.

Privado: aquele que o indivíduo obtém oferecendo como garantia a sua capacidade econômica, sua solvabilidade.

Público: o montante dos fundos com que o Estado garante seus papéis de crédito.

Quirografário: Diz-se do crédito desprovido de preferência ou garantia e que se consubstancia somente em documento assinado pelo devedor.

Real: baseado na garantia sobre bens móveis ou imóveis ou sobre direito real. Pode ser: *móvel* ou *imobiliário*.

Rural: O crédito rural procura estimular os investimentos rurais, garantir o valor de custeio da produção e comercialização e consequentemente favorecer o setor rural, o qual é responsável pela produção de alimentos. Além disto, ele permite o desenvolvimento de tecnologias que irão promover a melhoria da produtividade e o aumento da produção de alimentos. Pode ser solicitado por produtores rurais ou empresas agropecuárias de pesquisa, de produção de mudas e sementes, de inseminação artificial para bovinos, de serviços mecanizados e outras empresas com finalidade comercial. Com a exigência do consumidor por alimentos produzidos de forma mais saudável e com garantia de qualidade, recentemente as instituições financeiras de crédito rural iniciaram sua operações para a atividade específica de agricultura orgânica.

Tributário: é o vínculo jurídico que obriga o contribuinte ou responsável (sujeito passivo) ao Estado (sujeito ativo) ao pagamento do tributo ou da penalidade pecuniária. Aquele que se origina de obrigação tributária principal, com a mesma natureza dela.

✱ *V. CTN, arts. 113 e 139.*

✱ *V. CC, arts. 373, 957 e 961.*

✱ *V. Súm. Vinc. nº 8 (São inconstitucionais o parágrafo único do art. 5º do Dec.-lei nº 1.569/1977 e os arts. 45 e 46 da Lei nº 8.212/1991, que tratam de prescrição e decadência de crédito tributário).*

✱ *V. Súm. Vinc. nº 28 (É inconstitucional a exigência de depósito prévio como requisito de admissibilidade de ação judicial na qual se pretenda discutir a exigibilidade de crédito tributário).*

Trabalhista: Direito que decorre da existência de contrato de trabalho e subsiste em caso de dissolução da empresa, recuperação judicial e falência. A nova Lei de Recuperação de Empresas e Falências trata o crédito trabalhista como preferencial até o limite de 150 salários mínimos e o valor que exceder terá o tratamento de crédito quirografário.

CREDOR – Sujeito ativo da obrigação; o titular de um crédito, com direito a exigir a prestação; portador de título de crédito; pessoa a cujo favor a dívida foi constituída.

Anticrético: o que retém em seu poder a coisa que o devedor lhe deu por contrato de anticrese, que garante o seu crédito.

Compensado: aquele que é credor e devedor do falido, ao mesmo tempo, e entra em compensação com a massa.

Concorrente: É aquele credor que concorre com outro na mesma execução. É hipótese de intervenção, mas diversa da intervenção de terceiros no processo, onde o interveniente ou ajuda ou exclui a parte.

Da renda: o *censuísta* que recebe as prestações periódicas no contrato de constituição de renda.

Hipotecário: cujo crédito está garantido por hipoteca de um bem do devedor.

Ordinário: é o credor quirografário, cujo crédito não tem privilégio.

Pignoratício: que tem título de penhor instituído em seu favor.

Preferencial: o portador de título legal de preferência, *especial* ou *geral*; esta alcança todos os bens do devedor não sujeitos a crédito real ou privilégio especial; e aquela incide sobre os bens certos.

Privilegiado: o que, no concurso de credores, tem vantagem que a lei lhe confere, de ser pago com preferência a quaisquer outros, que não estejam em igualdade de condições ou sejam quirografários.

Putativo: pessoa que possui título com aparência de legítimo que lhe dá direito e ação sobre a dívida nele expressa, da qual presume ser o legítimo credor, mas não o é.

Quirografário ou simples: aquele que não tem título que lhe dê preferência; possui os mesmos direitos que os credores comuns, sendo pago em rateio do saldo que houver, depois de ressarcidos os privilegiados. Está nesta categoria o titular de letra de câmbio, duplicata, nota promissória, cheque, debênture etc.

Retardatário: o que não se habilita a tempo em concurso de credores e entra com ação direta para receber a cota proporcional de seu crédito antes do rateio final.

Retencionista: o que tem preferência e, por isso, tem direito de pedir a separação de bens do devedor para reaver o seu crédito com a venda dos mesmos.

Social: o que o é da sociedade, não dos sócios da mesma.

Sub-rogado: o que se tornou titular do crédito por cessão, transferência etc.

✱ *V. CC, arts. 286, 308, 309, 327, 346, II, 387, 934 a 941, 951, 959 a 965, 1.422, 1.423, 1.459 e 2.000.*

✱ *V. Lei nº 11.101/2005 (Lei de Recuperação de Empresas e Falências).*

CRIANÇA DESAPARECIDA – 1. Toda pessoa desaparecida menor de 18 (dezoito) anos. 2. O conceito de criança desaparecida é conjunto com o conceito de adolescente desaparecido. 3. É considerado desaparecido todo ser humano cujo paradeiro é desconhecido, não importando a causa de seu desaparecimento, até que sua recuperação e identificação tenham sido confirmadas por vias físicas ou científicas.

✱ *V. Lei nº 13.812/2019 (Institui a Política Nacional de Busca de Pessoas Desaparecidas, cria o Cadastro Nacional de Pessoas Desaparecidas e altera a Lei nº 8.069, de 13 de julho de 1990 (Estatuto da Criança e do Adolescente)).*

CRIME – 1. Definido no sentido amplo, é a conduta humana, por ação ou omissão, dolosa ou culposa, que infringe norma legal, confundindo-se com a própria ideia de *ato ilícito*. 2. Em sentido estrito, é a infração a que a lei comina pena, de reclusão ou de detenção, isolada ou cumulativamente com penas de multa ou de restrição de direitos em oposição à figura da contravenção, à qual a lei comina pena de prisão simples. Não temos no Brasil a pena de morte, salvo em caso de crime militar, em tempo de guerra. 3. A doutrina desenvolveu a teoria do crime, estabelecendo os elementos constituintes do instituto, os quais podem ser extraídos a partir da interpretação *a contrario sensu* do art. 386 do CPP, o qual estabelece as hipóteses que implicam a sentença penal absolutória. São os seguintes: *materialidade* (existência do fato), *autoria* (prova de que o réu concorreu para os atos que produziram ou deveriam produzir o resultado lesivo a um bem jurídico); *tipicidade*, que é a subsunção do fato a uma norma penal abstrata; por fim, a *antijuridicidade*, que tão somente implica a inexistência de uma circunstância que exclua a ilicitude ou que isente o réu da sanção, como, por exemplo, as hipóteses de legítima defesa ou de estrito cumprimento do dever legal. Parte da doutrina também considera elementos presentes no Código Penal, embora nem sempre a ausência destes implique, por si só, a absolvição do réu. São eles: a causalidade, de modo que o réu apenas responderia pelos atos que produziram o resultado ilícito, tese que encontra dificuldades práticas diante da existência de crimes de perigo abstrato; a imputabilidade, pela qual o agente deve ter consciência da existência da lei e de seu dever de agir para não incidir no tipo penal, o que se dirige especialmente às pessoas com discernimento reduzido, mas que não exclui a existência do crime, mas tão somente a natureza condenatória da sentença que declara o réu inimputável; por fim, a culpabilidade, que diz respeito à reprobabilidade da conduta do réu em relação às circunstânsias em que agiu, o que fundamenta, por exemplo, a adoção da teoria da insignificância para absolver o acusado. O crime pode ser simples, qualificado ou privilegiado, conforme a existência de circunstâncias agravantes ou atenuantes, previstas de modo genérico na Parte Geral do Código Penal ou na descrição dos tipos penais em espécie.

✱ *V. CP, arts. 14, II, e parágrafo único, 15, 138, 140, 197, I e II, e 328 a 337.*

✱ *V. CPP, arts. 386 e 387.*

✱ *V. LCP, art. 4º.*

✱ *V. Dec.-lei nº 3.914/1941 (Lei de Introdução ao Código Penal), art. 1º.*

✱ *V. Súmulas nºs 146, 147 e 497 do STF.*

Acessório: aquele cometido para facilitar a execução de outro, como no latrocínio. Os crimes acessórios, como a denominação indica, sempre pressupõem a existência de uma infração penal anterior como o furto, roubo, peculato etc., de modo que não se caracterizando a infração principal, inexistirá o acessório.

A distância: quando o agente o prepara em um lugar e envia para outro o instrumento mediante o qual se consumará, como um engenho camuflado destinado a explodir quando a pessoa que o recebe o abrir.

A prazo: é aquele em que a qualificadora depende de um determinado lapso de tempo. Na lesão corporal grave é necessário que o agente fique impossibilitado de exercer suas atividades por um período de 30 dias.

Antissocial: todo evento ilícito que ofenda a ordem social e política, como sabotagem, atos de anarquismo e de terrorismo.

Autônomo: em que o crime urdido se consumou em todas as suas fases (decisória, preparatória, executória) sem depender de qualquer fator estranho.

Bilateral: aquele que requer, para consumar-se, o concurso de dois agentes, como o de corrupção e o de bigamia etc.

Bipróprio: é aquele que exige uma especial qualidade, tanto do sujeito ativo como do sujeito passivo do delito. Ex.: infanticídio, em que o sujeito ativo deve ser a mãe em estado puerperal e o sujeito passivo o próprio filho durante ou logo após o parto.

Casual: quando o agente está realizando um ato lícito no momento em que o comete, não se lhe podendo imputar negligência, imperícia, imprudência, dolo ou culpa. Exemplo: alguém que se atira sob as rodas de um automóvel, sem que o motorista tenha qualquer culpa pelo seu ato.

Coletivo: praticado por muitos agentes com um objetivo comum; o mesmo que *crime de concurso* ou *de convergência*.

Comissivo: são os praticados mediante ação. O agente pratica uma conduta positiva. O que é cometido com fim deliberado, com intenção direta, com liberdade de agir, ainda que prevendo o dano, como ao se arrancar os trilhos para descarrilar um trem; opõe-se ao *crime omissivo*; o mesmo que *crime doloso*.

Complexo: são os que encerram dois ou mais tipos em uma única descrição legal. Dá-se quando uma infração penal envolve outra, alheia à intenção do agente, ou quando uma só infração envolve mais de um fato delituoso; quando há fatos distintos que são infrações penais autônomas (latrocínio, roubo etc.). Tem como modalidades o *crime continuado*, o *composto* e o *coletivo*.

Composto: quando se reúnem duas infrações diferentes num só delito.

Comum: qualquer infração não classificada como delito *especial*.

Conexo: no qual aparecem duas infrações distintas com uma só intenção dolosa. Ocorre quando é praticado: ao mesmo tempo por várias pessoas reunidas; em razão de pacto prévio, ainda que cometido em tempos e lugares diferentes; como meio de execução de outro, ou como expediente de buscar a impunidade; tem interdependência com outra infração ou nexo tal que não pode ser apreciado isoladamente.

Consumado: em que se atingiu o fim colimado. Estará caracterizado quando nele se reunirem todos os elementos de sua definição legal. O crime está consumado quando o fato concreto se subsume no tipo penal abstrato descrito na lei penal.

Continuado: prática de dois delitos da mesma espécie, sucessivos e conexos, materialmente diferentes, considerando-se os posteriores continuação do primeiro, em vista do tempo, do lugar e da maneira de executá-los; diz-se também *crime fracionário*.

Contínuo: quando o ato que o constitui não se interrompe por algum tempo, como no caso de sequestro, manutenção de casa de prostituição etc. Diz-se *crime permanente* em oposição a *crime instantâneo*.

Contra a administração pública: quando o funcionário público comete peculato, excussão, prevaricação ou corrupção passiva etc.; quando o particular pratica corrupção ativa, contrabando, fraude em concorrência etc.

Contra a dignidade sexual: o que atenta contra o decoro, a moral e a honestidade.

Contra a economia popular: em proveito próprio ou de outrem, resultando lesão ou diminuição de direitos ou de patrimônio de outrem.

Contra a família: o que atinge a família, o casamento, o poder familiar, a filiação, a curatela, a tutela etc.

Contra a fé pública: falsificação de moeda, papel-moeda, selo, cautela de penhor etc.

Contra a liberdade de trabalho: constranger alguém, com violência ou grave ameaça, a exercer ou não o seu ofício, arte, profissão ou indústria, a trabalhar ou não em certos dias, a abrir ou fechar seu estabelecimento de trabalho ou a participar de greve.

Contra a saúde pública: em que se infringem normas do poder competente e causa epidemia; deixa de notificar, sendo médico, a existência de doentes portadores de enfermidades contagiosas; polui o ar ou envenena a água potável ou de uso comum público (rios, lagos) ou particular.

Contra as finanças públicas: é aquele lesivo ao patrimônio público, tal como contratar crédito sem autorização legislativa, inscrição de despesas não empenhadas em restos a pagar, assunção de obrigação e aumento de despesa com pessoal no último ano do mandato ou legislatura, ordenação de despesa não autorizada, prestação de garantia graciosa, não cancelamento de restos a pagar e oferta pública ou colocação de títulos no mercado.

✱ *V. CP, arts. 359-A a 359-H.*

Contra o patrimônio: aquele que atinge bem real ou pessoal.

Contra o poder familiar, tutela ou curatela: induzir menor de 18 anos ou interdito a fugir de onde está por ordem de quem por ele é responsável ou em razão de lei ou de ordem do juiz.

Culposo: é aquele em que o sujeito dá causa ao resultado por imprudência, negligência ou imperícia. Nos crimes culposos não há a preocupação com o fim da conduta, o que importa é o modo e a forma imprópria com que atua o agente.

Da multidão: conflito ocasional ou instantâneo, envolvendo dois grupos de pessoas que entram em luta violenta, com mortes e lesões corporais.

De abuso de autoridade: *V.* Abuso de autoridade.

De bagatela (princípio da insignificância): é aquele que viola o preceito legal, porém não afeta significativamente o bem jurídico tutelado. A doutrina, de um modo geral, distingue um crime comum de um de bagatela utilizando-se dos seguintes critérios: escassa reprovação social, ofensa irrelevante ao bem jurídico tutelado e desnecessidade de aplicação da pena.

De calúnia: quando se imputa a alguém, falsamente, fato definido como crime.

De circulação: é aquele praticado por intermédio do automóvel, na condução de veículo automotor.

De colarinho-branco: são aqueles cometidos por pessoas de elevadas respeitabilidade e posição socioeconômica. Trata-se de um tipo penal de difícil enquadramento em uma qualificação jurídica precisa. Em geral, é cometido sem violência ou grave ameaça e em situações comerciais, com considerável ganho financeiro. Os autores se utilizam de métodos sofisticados e de transações complexas, o que dificulta muito sua percepção e apuração. Foi definido pela Lei nº 7.492/1986, e pela Lei nº 9.613/1998. Duas características são marcantes nos chamados "crimes do colarinho-branco": a destacada posição social do sujeito e a estreita relação da atividade criminosa com sua profissão.

De dano: são os que só se consumam com a efetiva lesão do bem jurídico. Ex. homicídio, aborto, infanticídio, lesão corporal, furto, roubo, dano etc.

De desobediência: infração cometida pela testemunha que não comparece a juízo quando intimada e não justifica a ausência.

De fato permanente: o que deixa lesão ou dano material visível.

De fato transeunte: aquele que não deixa vestígios, como a injúria verbal.

De ímpeto: em que o desígnio delituoso é repentino, motivado por cólera, paixão ou terror, sem tempo para raciocínio; o mesmo que *crime de resolução instantânea*.

De imprensa: abusos praticados no exercício da liberdade de manifestação do pensamento nos meios de comunicação (Lei de Imprensa, art. 43).

De injúria: quando se ofende a dignidade ou o decoro de alguém.

De injúria racial: é o ato de insultar alguém, ofendendo-lhe a dignidade ou o decoro, em razão de raça, cor, etnia ou procedência nacional. A pena prevista para este crime é reclusão, de 2 (dois) a 5 (cinco) anos, e multa.

✱ ***V.*** *Lei nº 14.532/2023 (Altera a Lei nº 7.716, de 5 de janeiro de 1989 (Lei do Crime Racial), e o Decreto-Lei nº 2.848, de 7 de dezembro de 1940 (Código Penal), para tipificar como crime de racismo a injúria racial, prever pena de suspensão de direito em caso de racismo praticado no contexto de atividade esportiva ou artística e prever pena para o racismo religioso e recreativo e para o praticado por funcionário público.), art. 1º.*

De mão própria: quando o agente não admite a coautoria, por exemplo, o infanticídio; nesse, se houver o auxílio de terceiro, o agente responderá por homicídio.

De opinião: são os que se manifestam pelo abuso da liberdade de expressão do pensamento, seja pela palavra, imprensa ou qualquer meio de transmissão. Ex.: injúria, calúnia, difamação, apologia ao crime etc.

De organizações criminosas: crime resultante de ações de quadrilha ou bando ou organizações criminosas, de que tratava a Lei nº 9.034/1995, revogada pela lei nº 12.850/2013 que definia as ações praticadas por essas organizações e os meios operacionais de investigação e prova. A Lei nº 12.694/2012 dispõe sobre o processo e o julgamento colegiado em primeiro grau de jurisdição de crimes praticados por organizações criminosas. Em processos ou procedimentos que tenham por objeto crimes praticados por organizações criminosas, o juiz poderá decidir pela formação de colegiado para a prática de qualquer ato processual, especialmente: I – decretação de prisão ou de medidas assecuratórias; II – concessão de liberdade provisória ou revogação de prisão; III – sentença; IV – progressão ou regressão de regime de cumprimento de pena; V – concessão de liberdade condicional; VI – transferência de preso para estabelecimento prisional de segurança máxima; e VII – inclusão do preso no regime disciplinar diferenciado. O juiz poderá instaurar o colegiado, indicando os motivos e as circunstâncias que acarretam risco à sua integridade física em decisão fundamentada, da qual será dado conhecimento ao órgão correicional. O colegiado será formado pelo juiz do processo e por dois outros juízes escolhidos por sorteio eletrônico dentre aqueles de competência criminal em exercício no primeiro grau de jurisdição.

De responsabilidade: crime funcional; violação do dever inerente ao cargo ou função pública.

De trânsito: que resulta de acidente por imprudência, imperícia ou negligência e, ainda, violação das regras de trânsito.

De usura pecuniária: cobrar juros, comissão ou desconto sobre quantia mutuada, além da taxa legal, é crime contra a Economia Popular.

De usura real: abusar da premente necessidade, inexperiência ou leviandade da outra parte, para estipular ou obter lucro que exceda determinada fração do valor corrente ou justo da prestação.

Doloso: em que há intenção, vontade livre e deliberada, da parte do agente, em o praticar; o mesmo que *crime comissivo* ou intencional. É aquele em que o sujeito quis o resultado (dolo direto) ou assumiu o risco de produzi-lo (dolo eventual).

Especial: o que somente pode ser praticado por certas pessoas e contra certas pessoas, como o uxoricídio; opõe-se a *crime comum*.

Esperado (ou de flagrante esperado): é aquele em que o indivíduo sabe que vai ser vítima de um crime e avisa a polícia, que prende o agente no momento da prática do delito. O autor, neste caso, responde pelo crime. Não foi induzido a cometê-lo. Apenas tomou as precauções necessárias para que o delito não se consumasse.

Exaurido: dá-se quando o agente inflige, com o mesmo propósito doloso, novo dano desnecessário à vítima, já morta pelas lesões sofridas anteriormente.

Falencial: infração de natureza pública, especificada como delito na Lei de Recuperação de Empresas e Falências.

Falho: que não se consuma por imperícia do agente, uso de meios inadequados ou por circunstância fortuita que o impede, alheia à sua vontade. O mesmo que *crime frustrado, imperfeito*.

Formal: quando a intenção do agente é presumida de seu próprio ato, que se considera consumado independentemente do resultado, como a falsificação de moeda, ainda que o objeto do delito não venha a circular.

Funcionais: são os que só podem ser praticados por pessoas que exercem funções públicas. Ex.: arts. 150, § 2º, 300, 301, 312, 319 do CP.

Habitual: É o que exige do agente um comportamento reiterado, necessário à sua configuração. É a reiteração da mesma conduta reprovável de forma a constituir um estilo de vida, um hábito de vida, uma profissão, como o curandeirismo, o charlatanismo, o rufianismo, a casa de prostituição, o exercício ilegal da medicina etc. Crime habitual, na verdade, é a reiteração de atos penalmente indiferentes por si, que constituem, no todo, um delito apenas, traduzindo geralmente um modo ou estilo de vida.

Hediondos: De acordo com a Lei nº 8.072/1990, com a redação dada pela Lei nº 12.015/2009, são considerados hediondos os seguintes crimes, todos tipificados no Código Penal, consumados ou tentados: homicídio (art. 121), quando praticado em atividade típica de grupo de extermínio, ainda que cometido por um só agente, e homicídio qualificado (art. 121, § 2º, I, II, III, IV e V); latrocínio (art. 157, § 3º, *in fine*); extorsão qualificada pela morte (art. 158, § 2º); extorsão mediante sequestro e na forma qualificada (art. 159, *caput*, e §§ 1º, 2º e 3º); estupro (art. 213, *caput* e §§ 1º e 2º); estupro de vulnerável (art. 217-A, *caput* e §§ 1º, 2º, 3º e 4º); epidemia com resultado morte (art. 267, § 1º), falsificação, corrupção, adulteração ou alteração de produto destinado a fins terapêuticos ou medicinais (art. 273, *caput* e §§ 1º, 1º-A e 1º-B). Considera-se também hediondo o crime de genocídio previsto na Lei nº 2.889/1956, tentado ou consumado. Os crimes hediondos, a prática da tortura, o tráfico ilícito de entorpecentes e drogas afins e o terrorismo são insuscetíveis de anistia, graça, indulto e fiança. A pena por crime previsto neste artigo será cumprida inicialmente em regime fechado. A progressão de regime dar-se-á após o cumprimento de 2/5 (dois quintos) da pena, se o apenado for primário, e de 3/5 (três quintos), se reincidente. Em caso de sentença condenatória, o juiz decidirá fundamentadamente se o réu poderá apelar em liberdade. A prisão temporária, sobre a qual dispõe a Lei nº 7.960/1989, terá o prazo de 30 dias, prorrogável por igual período em caso de extrema e comprovada necessidade. A Lei nº 12.654/2012 acresceu o art. 9º-A à Lei nº 7.210/1984, estabelecendo que os condenados por crimes previstos no art. 1º da Lei nº 8.072/1990 serão submetidos, obrigatoriamente, à identificação do perfil genético, mediante extração de DNA – ácido desoxirribonucleico –, por técnica adequada e indolor. A identificação do perfil genético será armazenada em banco de dados sigiloso, conforme regulamento a ser expedido pelo Poder Executivo. A autoridade policial, federal ou estadual poderá requerer ao juiz competente, no caso de inquérito instaurado, o acesso ao banco de dados de identificação de perfil genético.

✱ *V. Súm. Vinc. nº 26.*

✱ *V. Súm. nº 471 do STJ.*

Impossível: o que não se consumou por ausência de objeto ou por ineficácia absoluta ou impropriedade do meio empregado.

Infamante: o que ofende aos bons costumes, e, por isso, avilta o agente.

Instantâneo: em que a atividade criminosa finda assim que o efeito se produz, como no homicídio, no furto etc.

Involuntário: em que não há intenção do agente em cometê-lo.

Legítimo ou legal: homicídio cometido em legítima defesa ou no estrito cumprimento do dever.

Meio: quando o agente o comete para consumar outro, que é o seu intento, como o latrocínio (meio) para conseguir o roubo (fim).

Multitudinário: é o praticado por uma multidão em tumulto, espontaneamente organizada, no sentido de um comportamento comum contra pessoas ou coisas. O indivíduo na prática deste delito pode muitas vezes ser induzido pelo ódio, vingança, maldade etc. É o que ocorre em linchamentos, incêndios, depredações e, já há algum tempo, nas cercanias dos estádios de futebol, o esporte preferido do povo brasileiro, notadamente com as chamadas quadrilhas uniformizadas.

Necessário: o cometido em legítima defesa do agente ou de outrem.

Passional: quando o agente é impelido por emoção violenta, irreprimível, como a paixão não correspondida, o ciúme, o ultraje da honra etc.

Patrimonial: quando o agente mata o dono da coisa que deseja roubar.

Perfeito: aquele executado com tal habilidade que não deixa vestígios que levem à identificação do autor.

Plurissubsistente: cuja execução se desdobra em fases e atos sucessivos, com um mesmo objetivo: furto diário de objetos.

Políticos: são os que atingem a segurança interna ou externa do Estado. Podem ser próprios ou impróprios. Os primeiros ofendem a organização política do Estado, já os segundos ofendem um interesse político do cidadão. Fala-se ainda em crimes políticos puros, de exclusiva natureza política; crimes políticos relativos, que compreendem os delitos políticos mistos ou complexos. São os que ofendem simultaneamente a ordem político-social e um interesse privado e crimes comuns conexos a delitos políticos.

Por omissão: quando a violação da norma resulta de inação voluntária de quem deveria impedi-la, se pudesse fazê-lo sem risco pessoal; é *próprio*, quando a omissão, em si, é o crime; *impróprio*, quando a omissão é a causa do fato que vem a ser o delito.

Premeditado (refletido): é aquele planejado, calculado, alvo de reflexão e traduz ponderação. O sujeito planeja com antecedência a sua prática, isto é, executa-o de forma premeditada.

Preterdoloso: aquele cujo efeito vai além da intenção, da previsão do agente; o mesmo que *preterintencional principal:* o que precede a outro sem o qual não existiria.

Previdenciário: o que atenta contra a Previdência Social, sendo relevantes a apropriação indébita previdenciária (CP, art. 168-A); a falsificação de documento público (CP, art. 297, § 3º) e a sonegação de contribuição previdenciária (CP, art. 337-A).

Privado: o que lesiona o direito ou os interesses do indivíduo em particular e só pode ser punido por queixa do ofendido ou de seu representante legal, como calúnia, injúria, difamação e, com exceções, os crimes de dano e sexual.

Privilegiado: é o que a lei acrescenta ao tipo básico, circunstância que o torna menos grave, diminuindo, em consequência, sua sanção. Ex.: o homicídio cometido logo após a injusta provocação da vítima, ou cometido por relevante valor moral. A eutanásia pode ser citada como exemplo de crime privilegiado, uma vez que o autor do delito age para abreviar o sofrimento da vítima portadora de doença incurável e desenganada pela medicina. No furto o privilégio é verificado no pequeno valor da coisa subtraída.

Profissional: é o cometido com o fim exclusivo de lucro. Como qualquer delito praticado por aquele que exerce uma profissão, utilizando-se dela para a atividade ilícita. Ex.: o rufianismo, favorecimento da prostituição, mediação para servir a lascívia de outrem etc.

Progressivo: quando o agente pratica, com uma mesma intenção, um crime e, em seguida, outro mais grave, do qual o primeiro é elemento constituinte.

Próprio: que é peculiar do agente, por sua função, cargo ou ofício, como o peculato, a concussão etc.

Pseudopassional: quando o indivíduo, por ciúme, vingança ou rancor, premedita o crime e simula violenta emoção para justificar defesa da honra.

Putativo: ato não definido como delito, quando alguém supõe, falsamente, que incorreu em sanção penal.

Qualificado: o que se reveste de forma mais grave, por intervirem nele circunstâncias que o qualificam.

Reiterado: prática sucessiva de infrações diferentes, da mesma natureza, mas sem causalidade, sem que o infrator tenha sido punido.

Sexual: crime de pervertido moral ou de anormal, para satisfazer impulsos eróticos ou tendências libidinosas mórbidas, como no estupro, necrofilia, atentado ao pudor, incesto, infanticídio etc.

Simples: aquele que não tem circunstância que o qualifique.

Tentado: aquele em que a execução se iniciou, mas foi sustada pela interveniência de circunstância que o agente não podia prever. Não há tentativa no crime culposo; ela também não se configura nos crimes omissivos próprios e nos preterdolosos. Não é punível a tentativa de contravenção.

Torpe: é o repugnante, em que o agente revela ausência de piedade com a sua vítima. Funciona como circunstância agravante (art. 61, II, a, 2a figura, do CP) e também como qualificadora (art. 121, § 2º, V, do CP).

Tributário: atentado à Fazenda Pública, como no descaminho, na falsificação, fraude, sonegação etc.

Unilateral: em que basta, para consumá-lo, a ação ou a omissão de um só agente, como no furto.

Unissubsistente: aquele em que, em um só ato, a execução coincide com a consumação, não podendo haver tentativa.

Vago (crime sem vítima): é o que tem por sujeito passivo entidade sem personalidade jurídica, como a família, o público ou a sociedade. Ex.: ato obsceno, porte ilegal de arma de fogo, dirigir sem habilitação, crueldade contra animais, violação de sepultura etc. A doutrina também considera crimes vagos aqueles em que o agente causa um mal a si próprio, não havendo ofensa a bem jurídico alheio, como na autolesão e na tentativa de suicídio.

Virtual: aquele cometido pela utilização de processamento automático de dados ou sua transmissão.

Voluntário: é o crime doloso, em que há a intenção de praticá-lo.

CRIME DE ADULTERAÇÃO DE SINAL IDENTIFICADOR DE VEÍCULO – Adulterar, remarcar ou suprimir número de chassi, monobloco, motor, placa de identificação, ou qualquer sinal identificador de veículo automotor, elétrico, híbrido, de reboque, de semirreboque ou de suas combinações, bem como de seus componentes ou equipamentos, sem autorização do órgão competente, consoante redação dada pela Lei nº 14.562/2023.

✱ *V. CP, art. 311.*

✱ *V. Lei nº 14.562/2023 (Altera o art. 311 do Decreto-Lei nº 2.848, de 7 de dezembro de 1940 (Código Penal), para criminalizar a conduta de quem adultera sinal identificador de veículo não categorizado como automotor).*

CRIMEN PRIVILEGIATUM – (Latim) Crime privilegiado.

CRIMES DE TORTURA – A Lei nº 9.455/1997 define os crimes de tortura e fixa penas de 2 a 16 anos de reclusão e multas para quem constranger outra pessoa, causando-lhe sofrimento físico ou mental, com o objetivo de obter declarações ou confissão. O crime de tortura é inafiançável; é delito autônomo e por ele respondem os mandantes, os executores e os que, podendo evitá-lo, se omitem.

CRIMES DE TRÂNSITO – Os crimes de trânsito previstos na Lei nº 9.099/1995 (Lei dos Juizados Especiais) são consideradas infrações penais de menor potencial ofensivo e, consequentemente, da competência ordinária dos juizados. Crimes previstos no Código de Trânsito Brasileiro: praticar lesão corporal culposa na direção de veículo (art. 303); deixar de prestar, em caso de acidente, imediato socorro à vítima (art. 304); afastar-se do local do acidente (art. 305); dirigir embriagado (art. 306); violar a suspensão do direito de dirigir (art. 307); deixar, o condenado, de entregar o documento de habilitação (art. 307, parágrafo único); participar de competição não autorizada (art. 308); dirigir sem habilitação (art. 309); permitir, confiar ou entregar a direção do veículo a pessoa inidônea (art. 310); trafegar com velocidade incompatível (art. 311); inovar artificiosamente, em caso de acidente, o estado de lugar, de coisa ou pessoa (art. 312).

✱ *V. Lei nº 9.503/1997 (Código de Trânsito Brasileiro).*

CRIMES HEDIONDOS – Crimes cometidos com requintes de perversidade, para os quais não há fiança nem graça ou anistia, indulto. A pena deve ser cumprida inicialmente em regime fechado, bem como os processos relacionados à apuração de prática de crime hediondo terão prioridade de tramitação em todas as instâncias (art. 394-A do CPP). A CF a eles se refere; a Lei nº 8.072/1990 relaciona-os. Pela importância, esclareça-se que, com o advento da Lei nº 12.015/2009, passou-se a tipificar o estupro e o estupro de vulnerável como crimes hediondos, conforme o art. 1º, V e VI, da referida lei. A Lei nº 12.654/2012 acresceu o art. 9º-A à Lei nº 7.210/1984, estabelecendo que os condenados por crimes previstos no art. 1º da Lei nº 8.072/1990 serão submetidos, obrigatoriamente, à identificação do perfil genético, mediante extração de DNA – ácido desoxirribonucleico –, por técnica adequada e indolor. A identificação do perfil genético será armazenada em banco de dados sigiloso, conforme regulamento a ser expedido pelo Poder Executivo. A autoridade policial, federal ou estadual poderá requerer ao juiz competente, no caso de inquérito instaurado, o acesso ao banco de dados de identificação de perfil genético.

✱ *V. CF, art. 5º, XLIII.*

✱ *V. Lei nº 8.072/1990 (Lei dos Crimes Hediondos, art. 1º).*

✱ *V. Súm. nº 471 do STJ.*

✱ *V. Lei nº 13.285/2016 (Acrescenta o art. 394-A ao Dec.-lei nº 3.689, de 3 de outubro de 1941 – Código de Processo Penal).*

CRIMINAÇÃO – Ato de criminar ou de incriminar, de imputar delito a alguém. O mesmo que *incriminação.*

CRIMINADO – Indivíduo acusado de crime.

CRIMINAL – Que se refere a crime, que trata de crime.

CRIMINALIDADE – Qualidade ou condição de criminoso. Circunstância que dá ao ato ilícito o caráter de infração penal; grau do crime. O número de crimes praticados.

CRIMINALISTA – Especialista em Dir. Criminal; advogado que se dedica apenas às causas criminais.

CRIMINALÍSTICA – Ramo da Ciência penal que estuda, investiga, descobre, comprova a existência de criminosos, usando em seus trabalhos subsídios de Antropologia, Psicologia, Medicina Legal, Psiquiatria, Dactiloscopia, detector de mentiras etc. É utilizada pela Polícia Técnica. Entre suas atribuições estão o levantamento do local do crime, colheita de provas e perícias. Também denominada *jurisprudência criminal* ou *Polícia Científica.*

CRIMINOBIOLOGIA – Ramo da ciência penal que estuda o criminoso sob o ponto de vista fisiopsicológico e indica os meios a serem usados para a sua cura ou recuperação em estabelecimento adequado.

CRIMINOGÊNESE – Parte da ciência penal dedicada à etiologia e causa do delito.

CRIMINOLOGIA – Estuda o crime como fenômeno social, suas causas e os meios de evitá-lo; classifica as figuras delituosas, trata do criminoso em particular, investiga causas, fatores individuais, influências determinantes de sua ação perniciosa, e indica medidas para reprimir-lhe as tendências criminógenas. Funda-se nos princípios dominantes da Biologia, Endocrinologia, Psicologia e Sociologia criminais, assim como na Medicina Legal e na Psiquiatria.

CRIMINOLOGISTA – Jurista especializado em Criminologia; aquele que escreve sobre Dir. Penal. Advogado criminal.

CRIMINÓLOGO – O mesmo que *criminologista.*

CRIMINOSO – Sujeito ativo do delito. Aquele que comete crime, por ação ou omissão. Relacionado a crime. A lei confere hipoteca ao ofendido ou a seus herdeiros, sobre os imóveis do delinquente, para satisfação do dano causado pelo delito e pagamento das custas. Quando não bastarem os bens do criminoso para solução integral das obrigações, a satisfação do ofendido e seus herdeiros preferirá às penas pecuniárias e custas judiciais.

De guerra: indivíduo que infringe as leis da guerra, estabelecidas em convenções internacionais, que protegem o inimigo vencido.

Mercenário: é o matador de aluguel; assassino profissional, que pratica homicídios mediante pagamento.

Primário: aquele que nunca foi sentenciado por crime, no País ou no estrangeiro, nem tem qualquer punição por contravenção.

CRONOTANATOGNOSE – Parte da Medicina Legal que trata da investigação e determinação da data ou do momento da morte, levando em conta o esfriamento, o enrijecimento, a putrefação do cadáver e outros elementos. É muito útil, nos casos de *comoriência* (q.v.).

CRUELDADE CONTRA ANIMAIS – Crime ambiental que consiste em tratar o animal com crueldade ou submetê-lo a trabalho excessivo. É punível com reclusão de 1 a 3 anos e multa. Incorre na mesma pena quem impede procriação da fauna, sem licença, quem põe à venda espécimes sem autorização e os que modificam, danificam ou destroem ninho, abrigo ou criadouro animal. Aumenta-se da metade a pena contra espécie rara ou ameaçada de extinção, em período proibido à caça, à noite, com abuso de licença, em unidade de conservação e com emprego de meios capazes de provocar destruição em massa.

✱ *V. Lei nº 9.605/1998 (Lei dos Crimes Ambientais), art. 29.*

CRUELDADE MENTAL – É uma modalidade de injúria grave cometida por um dos cônjuges contra o outro; consiste em ofensa moral humilhante, por meio de atos públicos ou ostensivos de desprezo pela vítima, que é espezinhada e ridicularizada.

CUIQUE SUUM – (Latim) A cada um o que é seu.

CULPA – Violação de dever jurídico de modo a causar dano a outrem. Omissão de diligência de alguém, que deixa de cumprir um dever ou um ato de ofício, sem ânimo de lesar, mas que viola os direitos de outra pessoa. Artifício reprovável, usado pelo agente, ainda que lícito, para aumentar vantagem própria. Conduta negligente ou imprudente, sem intenção de prejudicar, mas que resulta em dano a terceiro. Falta voluntária a obrigação ou princípio ético. Responsabilidade por ação ou omissão prejudicial, reprovável ou criminosa. Violação ou inobservância de regra de conduta que acarreta lesão do direito alheio. A verificação da culpa e a avaliação da responsabilidade são reguladas pelo CC, que também impõe a obrigação de reparar o dano do agente que, por ação ou omissão, negligência ou imprudência, violar direito ou causar prejuízo a outrem. A culpa divide-se em *contratual*, que é a omissiva ou comissiva do cumprimento de uma obrigação que resulta de contrato ou convenção. Decorre dela a responsabilidade civil do agente. Ela pode ser:

In abstrato ou objetiva: se a falta podia ser evitada com diligência, sem esforço.

In concreto ou subjetiva: da pessoa por ela responsável, por desatenção ou omissão involuntária da diligência que habitualmente emprega.

In contrahendo: quando advém do próprio fato de contratar, se o objeto de estipulação é impossível ou ilícito.

In faciendo ou in omitendo ou negativa: motivada por falta omissiva ou abstenção da prática de ato que poderia evitar o dano a outrem. E a culpa é *extracontratual* ou *aquiliana*, quando o agente, por negligência, imprudência, imperícia ou falta de exação no cumprimento de seus deveres e atribuições funcionais, fere direito de outrem, sem a intenção de fazê-lo. Nesse caso, a culpa viola preceito genérico que a todos se impõe, por isso se diz *extracontratual* ou *aquiliana*, nome esse derivado da *Lex Aquilia* que impôs o ressarcimento do dano. Se o dever violado estiver baseado em contrato anterior ao evento culposo, então se tem a *culpa contratual*. Na *culpa aquiliana*, o ônus da prova compete a quem alega ter sido injustamente ofendido. A *culpa aquiliana* divide-se em: *in custodiendo*, quando se caracteriza por falta de atenção, cautela ou cuidado quanto a pessoa, coisa ou animal sob proteção do agente; *in eligendo*, quando ocorre por falta de cautela na escolha de preposto ou pessoa a quem se confia a execução de serviço; *in vigilando*, quando se dá por falta de cuidado, diligência, vigilância, atenção, fiscalização ou atos necessários de segurança de agente, no cumprimento de seu dever. No Dir. Penal, a culpa é falta voluntária de diligência, não intencional, para evitar o fato delituoso de consequências previsíveis, e que podiam ser prevenidas. Equipara-se ao *erro grosseiro*. Diz-se, neste caso, que ela é:

Comum: quando se divide a responsabilidade igualmente entre as pessoas às quais é atribuída.

Consciente: quando o agente, podendo prever os efeitos de seu objetivo, tenta imprudentemente atingi-lo, disto resultando prejuízo a outrem. Não se confunde com *dolo eventual*, porque nesse o agente aceita o resultado sem se importar com sua realização. O mesmo que *culpa com previdência*.

Por imperícia: falta de habilitações, aptidões, no exercício da profissão.

Por imprudência ou imprevidência: quando o agente não previu nem quis o fato, resultante de sua falta de cautela, ou o efeito danoso de sua ação ou omissão, que podia, contudo, prever; o mesmo que *culpa sem previdência*.

Por negligência ou sem previdência: quando o agente previu as consequências de sua ação, não tinha intenção de praticar o mal, mas não teve a precaução de evitá-lo.

Recíproca: O art. 484 da CLT determina: "Havendo culpa recíproca no ato que determinou a rescisão do contrato de trabalho, o Tribunal reduzirá a indenização à que seria devida em caso de culpa exclusiva do empregador, por metade". Os Tribunais admitem essa prática somente em casos muito especiais: exigem que ambas as faltas sejam suficientemente graves, equivalentes e contemporâneas. A Súm. nº 14 do TST dispõe: "Reconhecida a culpa recíproca na rescisão do contrato de trabalho (art. 484 da CLT), o empregado tem direito a 50% (cinquenta por cento) do valor do aviso prévio, do décimo terceiro salário e das férias proporcionais". Permite-se o levantamento dos depósitos do FGTS.

✱ *V. Lei nº 8.036/1990 (Dispõe sobre o Fundo de Garantia por Tempo de Serviço).*

CULPABILIDADE – Estado ou qualidade de quem é culpado ou culpável. Elemento subjetivo da infração.

Responsabilidade do agente de infração culposa. Correlação entre o acusado de infração e o ato que lhe é imputado, definido como culpa.

CULPADO – Aquele a quem se imputa culpa por ato infracional. Acusado, réu.

CULPA EST NON PRAEVIDERE QUOD FACILE POTEST EVENIRE – (Latim) É culpa não prever o que facilmente pode acontecer.

CULPA IN COMMITENDO – (Latim) Culpa por imprudência.

CULPA IN ELIGENDO – (Latim) Culpa pela escolha de seus prepostos.

CULPA IN OMMITENDO – (Latim) Culpa de omissão que resultou em dano.

CULPA UBI NON EST, NEC POENA ESDSE DEBET – (Latim) Onde não existe culpa, não deve haver pena.

CULPOSO – Que incorreu em culpa, em que há culpa.

CUM ERRANTIS NULLA VOLUTAS SIT – (Latim) Quem erra não tem vontade.

CUM GRANO SALIS – (Latim) Com um grão de sal. Não se deve tomar a sério o enunciado, visto ter sido temperado com um grão de sal.

CÚMPLICE – Aquele que presta ajuda a criminoso, sem participar do delito, ocultando o produto do crime, favorecendo a fuga do criminoso ou ocultando-o da Justiça.

CUMPLICIDADE – Ato de auxiliar um delinquente, com envolvimento posterior à ação delituosa. O estatuto penal vigente substitui o conceito de cumplicidade por *coautoria*, dando tratamento autônomo aos atos do cúmplice, como a receptação e o favorecimento real e pessoal. É característica da cumplicidade a participação acessória, secundária, direta ou indireta, em ato delituoso único, concebido e consumado por outrem. O atual CP (arts. 29 a 31) adota a denominação de "concurso de pessoas" e diz que "quem, de qualquer modo, concorre para o crime incide nas penas a este cominadas, na medida de sua culpabilidade" – com o que distingue a *autoria* da *participação*, e apena o cúmplice na proporção de sua culpabilidade, tanto que lhe diminui de um sexto a um terço a pena "se a participação for de menor importância". A cumplicidade pode ser:

Coletiva: quando muitos indivíduos, acessoriamente, ajudam na prática delituosa.

Correspectiva: a que se imputa coletivamente a todos os que participam de crime da multidão, quando é impossível apurar a responsabilidade de cada agente.

Material: quando há coparticipação objetiva na consumação do crime.

Moral ou intelectual: quando há instigação que atue sobre o agente, levando-o a preparar e executar o delito.

CUMPRA-SE – Fórmula constante em despacho, nos documentos judiciais pelo qual o juiz determina que seja executada uma decisão sua.

CUMPRIMENTO DE SENTENÇA – 1. Procedimento criado pela Lei nº 11.232/2005, que cindiu a execução de títulos extrajudiciais e judiciais, passando o cumprimento destes últimos a integrar fase do Processo de Conhecimento. Fase processual em que se busca tornar efetivo o comando da sentença, processada de acordo com a natureza da obrigação consubstanciada no título executivo judicial, podendo ou não ser precedida de liquidação do valor. O CPC/2015 adotou este modelo, estendendo às hipóteses de execução de títulos judiciais proferidos contra a Fazenda Pública, em ações de alimentos e para obrigações de dar coisa e de fazer ou não fazer, hipóteses não previstas na legislação anterior. 2. Embora no Processo do Trabalho ainda se empregue a expressão "execução", o procedimento da CLT sempre foi integrado à fase de conhecimento, o que a doutrina chama por *processo sincrético*.

✱ *V. CPC/1973, arts. 475-I a 475-R.*

✱ *V. CPC/2015, arts. 509, 513, 515, 516, 520 a 525 e 533.*

✱ *V. Súmulas nºs 517, 519 e 551 do STJ.*

CUM REUS MORAM FACIT ET FIDEJUSSOR TENETUR – (Latim) Quando o réu incorre em mora, o fiador é responsável.

CUMULAÇÃO – Acúmulo. É permitida a juntada de ações e pedidos em situações que a lei especifica.

Absoluta e imutável: cumulação instituída pela lei no interesse público, razão por que não pode ser alterada arbitrariamente pela vontade das partes.

De pedidos: forma de acumulação de pedidos, entre os quais mais de um é formulado, porém apenas um deles pode ser atendido. As partes são as mesmas em várias ações ou são diversos os pedidos. Se os pedidos forem incompatíveis, a petição inicial será inepta. A tutela de um pedido exclui e impossibilita a dos demais; também se diz *cumulação objetiva*.

De penas: o mesmo que *acumulação de penas*.

Relativa: a que se faz para comodidade e por interesse das partes e que, por ser um benefício ou um direito, podem a ela renunciar.

Simples: aquela em que o acolhimento de um pedido não depende de que outro seja acolhido ou rejeitado.

Subjetiva: as partes são diferentes, o que enseja ao autor demandar mais de um réu ou o mesmo réu ser acionado por vários autores.

Sucessiva: é modalidade da *objetiva*. Nela, o acolhimento de um pedido depende de o outro também ser acolhido.

Superveniente: aquela que só se caracteriza no decorrer do processo, como na reconvenção, pela qual ficam sujeitos à cognição do juiz dois pedidos, o do autor (reconvindo) e o do réu (reconvinte).

CUMULATIVO – Aquilo que compete, ao mesmo tempo, a duas pessoas. Poder de jurisdição que o juiz tem para conhecer de causa que outros juízes, da mesma circunscrição judiciária, também têm. Prescrição legal sobre hipótese já prevenida em outro dispositivo legal de idêntica natureza.

CUPOM – Tíquete anexo a cautela, ou certificado destacável, por ocasião de recebimento de bonificação ou dividendo, ou para se exercer o direito de subscrição.

CURADOR – Representante do Ministério Público ou pessoa que o juiz nomeia para o exercício da curatela, nos casos de administração de bens ou interesses de pessoa judicialmente declarada incapaz, do nascituro e da gestante nos casos previstos em lei etc. Ao representante do Ministério Público cabe a defesa de incapazes, hipossuficientes e de algumas instituições que a lei enumera.

Ad hoc: aquele nomeado para o ato ou caso que está ocorrendo.

À herança: auxiliar da justiça que, na falta de curador oficial, o juiz nomeia para defender, no inventário, os interesses de menores ou de pessoas a eles equiparadas. Nos feitos contenciosos, corresponde a *curador à lide*.

À lide: nos mesmos casos do anterior, quando os interesses do incapaz colidirem com o de seu representante, mas também defendendo interesses do preso ou citado por edital ou com hora certa, quando revéis, se não existir curador judicial que os assista. Diz-se também *in litem* e *ad litem*.

Ao nascituro e ao ventre: concedido ao filho, no ventre da mulher, que ainda não nasceu, caso o pai venha a falecer deixando grávida a mulher e sem o poder familiar. Se a mulher estiver interdita, seu curador será o do nascituro.

Ao vínculo: nas ações de nulidade de casamento, aquele nomeado pelo juiz para defender-lhe a validade.

De ausentes: nomeado pelo juiz, a requerimento do Ministério Público ou de qualquer interessado, para administrar os bens do ausente, podendo, nesta função, acionar e ser acionado. O cônjuge do ausente, desde que não separado judicialmente, será o seu legítimo curador, ou então o parente do desaparecido que a ordem de vocação legal indicar. Diz-se também de órgão do Ministério Público que exerce tais funções nas grandes comarcas e cuja intervenção é obrigatória nos processos em que ausentes forem interessados.

De família: órgão do Ministério Público que funciona junto às Varas de Família em todos os termos das causas que a essa competem, para defender a instituição da família e os interesses a ela inerentes.

De herança jacente: cabe-lhe a guarda, conservação e administração da herança jacente até que seja entregue ao sucessor legalmente habilitado ou que se declare a vacância.

De massas falidas: até o advento da Lei nº 11.101/2005 (Lei de Recuperação de Empresas e Falências), o representante do Ministério Público, nomeado para acompanhar e fiscalizar o processo de falência, podendo requerer e promover o que entendesse útil aos interesses da Justiça e dos credores, era considerado curador da massa falida. Atualmente sua atuação foi reduzida a de fiscal da lei, com a criação do administrador e do gestor judicial.

De menores: cabe ao Ministério Público promover e acompanhar todas as ações relativas à defesa dos interesses do menor e do adolescente, incluídos os definidos pela CF.

De resíduos: órgão do Ministério Público que funciona nos processos de sub-rogação ou extinção de usufruto ou fideicomisso e inventários com testamento.

Especial: nomeado pelo juiz, em processo penal em que o ofendido for menor de 18 anos, doente mental e não tenha representante legal ou, tendo-o, os interesses deste colidem com os do incapaz no exercício do direito de queixa.

Legal de órfãos: membro do Ministério Público que cuida das pessoas, direitos e interesses de órfãos e de interditos, nos processos em que são partes.

✱ *V. CF, art. 220, § 3º, II.*

✱ *V. CC, arts. 2º, 1.741 e 1.779.*

✱ *V. CPC/1973, arts. 8º, 9º, 13 e 877.*

✱ *V. CPC/2015, arts. 71, 72 e 76.*

CURADORIA – Cargo, função, ofício de curador; curatela.

CURANDEIRISMO – Crime contra a saúde pública, que se caracteriza pelo exercício ilegal da Medicina, quando o curandeiro prescreve ou aplica habitualmente em outrem substâncias, fazendo diagnósticos, ou emprega gestos e palavras com que desempenha sua prática ilícita.

✱ *V. CP, art. 284.*

CURANDEIRO – Indivíduo que pratica a Medicina sem estar legalmente habilitado para isso. A pena é de detenção, de 6 meses a 2 anos, e, se o crime é praticado mediante remuneração, aplica-se também multa. Se do crime advir lesão corporal de natureza grave, aumenta-se de metade a pena privativa de liberdade; se resulta morte, aplica-se em dobro. No caso de culpa, em lesão corporal, aumenta-se metade da pena; com morte, aplica-se a mesma pena do homicídio culposo, mais um terço.

✱ *V. CP, arts. 284 e 285.*

CURATELA – Encargo público que a lei atribui a uma pessoa, como curador, para cuidar de outra ou de outras, administrando-lhes os bens e defendendo os seus interesses quando forem civilmente incapazes ou estiverem impedidas de o fazer por sua conta. O mesmo que *curadoria* (q.v.).

✱ *V. CC, arts. 22 a 25 e 1.767 a 1.783.*

CURATELADO – Indivíduo sujeito a curatela; interdito.

CURRA – Modalidade do crime de estupro. Ato pelo qual vários indivíduos obrigam, com uso de violência, uma pessoa a manter com eles relações sexuais.

CURRICULUM VITAE – (Latim) Currículo com os dados pessoais e relação de empregos e títulos.

CUSTAS – Despesas, encargos, gastos acarretados com promoção ou realização de atos forenses, processuais ou de registros públicos, que se somam e devem ser ressarcidos pela parte vencida no processo. Consistem, ainda, na remuneração dos serviços prestados pelos serventuários de justiça, os emolumentos etc. São pagas sempre que se move ação na Justiça. Da receita arrecadada 60% ficam com o Executivo Estadual, 40% vão para o Judiciário. A Lei nº 13.467/2017 alterou a redação do art. 789, *caput*, da CLT para fixar limite máximo às custas relativas ao processo de conhecimento, qual seja de quatro vezes o limite máximo dos benefícios do Regime Geral de Previdência Social. As custas são:

De retardamento: que provêm de desídia das partes, de artigos de falsidade e outros assemelhados, de agravo, daquelas em que o autor for condenado caso o réu seja absolvido.

Ex causa: pagas pelo requerente nos processos de jurisdição voluntária, isto é, meramente graciosa.

Ex lege: pagas segundo regimento de custas.

Exorbitantes: aquelas indevidamente cobradas pelos serventuários da justiça, além das taxadas no regimento.

Pro rata: aquelas pagas proporcionalmente por ambas as partes, naquelas causas em que não houver litígio.

CUSTÓDIA – Retenção do delinquente como garantia do cumprimento da pena; lugar a que é recolhido, sem caráter de prisão. Guarda ou detenção de coisa alheia, para ser entregue posteriormente ao dono. Guarda de títulos e valores de que se incumbem bancos e companhias de seguros, mediante pagamento de uma taxa, para protegê-los contra roubos, incêndios etc.

CUSTOS LEGIS – (Latim) Fiscal da lei.

CYBERBULLYING – (Inglês) 1. Assédio, em ambiente virtual, que consiste em perseguição, humilhação, intimidação e difamação sistemática e repetitiva, envolvendo a publicação, em redes sociais, *e-mail*, mensagens de aplicativos e afins, de imagens, informações e/ou xingamentos de cunho íntimo ou vexatório. 2. É o *bullying* (p. 138) realizado por meio da internet, em rede de computadores, rede social, aplicativos, jogos on-line ou por qualquer outro meio digital ou transmitido em tempo real com alcance indeterminado. 3. A Lei nº 14.811/2024 transformou o *cyberbullying* em crime com previsão de pena de reclusão, de 2 (dois) a 4 (quatro) anos, e multa, se a conduta não constituir crime mais grave.

✱ *V. CP, art. 146-A.*

✱ *V. Lei nº 14.811/2024 (Institui medidas de proteção à criança e ao adolescente contra a violência nos estabelecimentos educacionais ou similares, prevê a Política Nacional de Prevenção e Combate ao Abuso e Exploração Sexual da Criança e do Adolescente e altera o Decreto-Lei nº 2.848, de 7 de dezembro de 1940 (Código Penal), e as Leis nºs 8.072, de 25 de julho de 1990 (Lei dos Crimes Hediondos), e 8.069, de 13 de julho de 1990 (Estatuto da Criança e do Adolescente).*

D

D. – Distribuída.

DAÇÃO – Ato de dar ou transferir algo (desusado neste sentido).

Em pagamento: modo de extinção de uma obrigação que consiste em o credor consentir em receber do devedor coisa diversa da convencionada, em substituição àquela que é objeto da prestação. Os documentos de dação em pagamento têm de ser registrados no Registro de Títulos e Documentos para surtirem efeito em relação a terceiros.

✱ ***V.*** *Lei nº 6.015/1973 (Lei de Registros Públicos), arts. 129, 9º, 167, I, e 31.*

DACTILOSCOPIA OU DATILOSCOPIA – Parte da Criminalística que trata da identificação das pessoas pelas impressões digitais. Estas são recolhidas dos desenhos papilares nas extremidades dos dedos das mãos, com tinta especial em papel branco. Método usado pela Polícia Judiciária para descoberta de delinquentes, identificação de cadáveres e em atos da vida civil, como na formação de fichas antropométricas, autenticação de atos públicos e jurídicos, em documentos, escrituras.

DADO DE COMPUTADOR – Qualquer representação de fatos, informações ou conceitos numa forma adequada para o processamento num sistema de computador que inclua um programa capaz de fazer o sistema realizar uma tarefa.

✱ ***V.*** *Dec. nº 11.491/2023 (Promulga a Convenção sobre o Crime Cibernético, firmada pela República Federativa do Brasil, em Budapeste, em 23 de novembro de 2001).*

✱ ***V.*** *Convenção sobre o Crime Cibernético, art. 1º, alínea "b".*

DADO PESSOAL – 1. É uma informação a respeito de pessoa viva, identificada ou identificável. 2. Segundo a Lei nº 13.709/2018, é a "informação relacionada a pessoa natural identificada ou identificável". 3. A referida lei define também dado pessoal sensível como "dado pessoal sobre origem racial ou étnica, convicção religiosa, opinião política, filiação a sindicato ou a organização de caráter religioso, filosófico ou político, dado referente à saúde ou à vida sexual, dado genético ou biométrico, quando vinculado a uma pessoa natural". 4. A EC nº 115/2022 inseriu a proteção de dados pessoas nos direitos e garantias fundamentais previstos no art. 5º da CF, no inciso LXXIX.

✱ ***V.*** *Lei nº 13.709/2018 (Lei Geral de Proteção de Dados Pessoais – LGPD).*

✱ ***V.*** *EC nº 115/2022 (Altera a Constituição Federal para incluir a proteção de dados pessoais entre os direitos e garantias fundamentais e para fixar a competência privativa da União para legislar sobre proteção e tratamento de dados pessoais).*

DADOS DE TRÁFEGO – Quaisquer dados de computador referentes a uma comunicação por meio de um sistema informatizado, gerados por um computador que seja parte na cadeia de comunicação, e que indicam sua origem, destino, caminho, hora, data, extensão, duração ou tipo de serviço subordinado.

✱ *V. Dec. nº 11.491/2023 (Promulga a Convenção sobre o Crime Cibernético, firmada pela República Federativa do Brasil, em Budapeste, em 23 de novembro de 2001).*

✱ *V. Convenção sobre o Crime Cibernético, art. 1º, alínea "d".*

DADOR – O oposto de *tomador*. O que concede alguma coisa ou oferece garantia, aval.

DA MIHI FACTUM, DABO TIBI JUS – (Latim) Exponha o fato e direi o direito. Exposto o fato, o magistrado aplicará o direito, ainda que não alegado o dispositivo legal.

DAMNARI AD LABOREM – (Latim) Considerado incapaz para o trabalho.

DAMNATIO – (Latim) Condenação.

DAMNUM EMERGENS EST LUCRUM CESSANS – (Latim) O dano emergente é lucro cessante.

DAMNUM FACERE DISCITUR FACIT QUOD SIBI NON EST PERMISSUM – (Latim) Diz-se que causa dano quem faz o que não lhe é permitido que faça.

DAMNUM INIURIA DATUM – (Latim) Dano causado pela injúria.

DAMNUM QUOD QUIS SUA CULPA SENTIT SIBI DEBIT NON ALLIIS IMPUTARE – (Latim) O dano que alguém padece por culpa própria deve imputar a si, não a outros.

DANIFICAR – Causar dano a pessoa ou coisa.

DANO – Do latim *damnum*. Prejuízo, perda. Ofensa ou prejuízo ao patrimônio material, econômico ou moral de alguém. Quando atinge um bem economicamente apurável, é um dano *real*; quando ofende bens, como a honra, é dano *moral*. No Dir. Penal é qualquer mal apreciável produzido pelo delito. O dano é:

Simples: quando se reveste tão somente dos elementos que o definem.

Qualificado: quando cometido nas seguintes circunstâncias: com violência ou grave ameaça; com o uso de meio que agrave o delito; contra o patrimônio da União, do Estado ou do Município, de empresa concessionária de serviços públicos ou sociedade de economia mista; por motivo egoístico ou com prejuízo considerável para a vítima.

Iminente ou atual: é aquele que está prestes a verificar-se por acontecimento previsível; o mesmo que *dano temido*.

Efetivo: quando há perda real de bens da vítima.

Potencial: quando pode ocorrer; possibilidade de evento prejudicial, nocivo.

Material ou patrimonial: quando afeta fisicamente a pessoa, seus bens corpóreos ou interesses econômicos.

Fortuito: prejuízo patrimonial por descumprir obrigação ou por fato eventual.

Real: mal que resulta de delito com destruição ou inutilização parcial ou total da coisa ou da pessoa sobre a qual recai.

O dano pode ainda ser:

Causado por animais: quando são introduzidos em propriedade alheia sem o consentimento do dono daquela; o proprietário do animal é civilmente responsável.

Emergente ou positivo: do latim *damnum emergens*. É o efeito, direto e imediato, de ato ilícito, prejuízo que alguém sofre por deterioração, diminuição atual do patrimônio ou pelo que razoavelmente deixou de ganhar. Enseja reparação de perdas e danos. Determina o *lucro cessante* (q.v.).

Estético: o que resulta de deformidade física permanente da vítima, especialmente em caso de cirurgia plástica.

Infecto: opõe-se a *dano de fato*. É o risco presumido que corre um prédio contíguo a outro que ameaça ruir.

Irreparável: prejuízo sofrido pela parte, que não pode ser reparado, corrigido, emendado no curso do mesmo processo ou ação, ou só o é em parte, pela sentença final ou na apelação que se lhe oponha. Mal que não tem remédio: homicídio, defloramento da irmã pelo irmão, a destruição de uma peça rara e única etc.

Moral: lesão do patrimônio imaterial da pessoa, como a honra, o crédito, a liberdade, a dignidade pessoal. Cabe indenização em delitos como injúria e calúnia e em outros que causem agravo moral intenso. Pelo CC/2002, qualquer dano moral passa a ser suscetível de indenização. A Lei nº 13.467/2017 (Reforma Trabalhista) incluiu na CLT o Título II-A sobre dano extrapatrimonial, em especial elencou os bens juridicamente tutelados inerentes à pessoa física e à pessoa jurídica.

✱ ***V.*** *CLT, arts. 223-A a 223-G.*

Negativo: que advém da privação de vantagens ou impedimento de lucros esperados. O mesmo que *lucro cessante*.

Nuclear: perda de vida humana ou lesão corporal e prejuízo material que resultem de radioatividade de produtos ou rejeitos radiativos.

Processual: aquele provocado por litigante de má-fé, o qual responde por perdas e danos.

Remoto: o que se deixa de lucrar por inadimplemento da obrigação ou de outrem.

Ressarcível: o que pode ser compensado com indenização em dinheiro ou de outra forma.

✱ ***V.*** *CC, arts. 186, 402 a 407, 927.*

✱ ***V.*** *CP, art. 163, parágrafo único.*

✱ ***V.*** *CPC/1973, arts. 16 a 18.*

✱ ***V.*** *CPC/2015, arts. 79 a 81.*

✱ *V. Dec. nº 74.600/1974 (Promulga o convênio sobre a entrada de navios nucleares em águas do Brasil.*

✱ *V. Lei nº 6.453/1977, que dispõe sobre a responsabilidade civil por danos nucleares e responsabilidade criminal por atos relacionados a atividades nucleares).*

DAR – Conferir, atribuir, fazer doação. Obrigação positiva de transferir direito, entregar ou restituir coisa certa ou incerta ou de cumprir uma prestação.

Fé: testificar, afirmar a autenticidade do conteúdo de um documento, a verdade do que ocorreu, como faz o serventuário da Justiça. O termo é usado pelos tabeliães nas certidões.

DARE IN SOLUTUM EST VENDERE – (Latim) Dar em pagamento é vender.

DARE NEMO POTEST QUOD NON HABET – (Latim) Ninguém, pode dar o que não tem.

DATA – Prazo. Indicação da época (dia, mês, ano) em que se realiza ou se verifica um ato ou fato. Porção certa de terra cultivável. Denominação do termo pelo qual o escrivão certifica a entrega dos autos em cartório.

Autêntica ou certa: aquela cuja exatidão é atestada nos atos e notas do oficial público ou consta de registro público.

Da lei: a de sua promulgação.

DATA VENIA – (Latim) Com a devida permissão; dada a sua licença. Expressão que o advogado usa, por deferência, ao contrapor-se à opinião de um juiz ou de seu ex-adverso, que ele respeita, mas do qual discorda. O mesmo que *permissa venia* ou *concessa venia*.

DATILOGRAMA – Impressão recolhida de um dedo. A impressão dos 10 dedos constitui a ficha datiloscópica.

DATIO IN ADOPTIONEM – (Latim) Dação em adoção.

DATIO IN SOLUTUM VICEM OBTNET SOLUTIONES – (Latim) A dação em pagamento faz as vezes de pagamento.

DATIVO – Nomeado de ofício, pelo próprio juiz e não por determinação legal: defensor *dativo*, tutor *dativo* etc.

✱ *V. CPC/1973, arts. 12, § 1º, 302, parágrafo único, 991, I, e 1.127.*

✱ *V. CPC/2015, arts. 75, § 1º, 341, 618, I, e 735.*

DE ACORDO – Expressão que indica ter a pessoa aceito as cláusulas inseridas no documento que assina.

DE AUDITU – (Latim) De oitiva, de ouvido, por ouvir dizer. Refere-se à testemunha auricular ou de ouvida alheia.

DEBAIXO DE VARA – Forma de condução a juízo de pessoa que não compareceu espontaneamente quando deveria tê-lo feito ou não atendeu à notificação judicial, sendo então constrangida a comparecer, mediante uso de força, se preciso, podendo até ser recolhida à prisão à disposição da autoridade judiciária.

DEBATE – Discussão, disputa, contenda, troca de argumentos, oral ou escrita, entre os patronos das partes em litígio. No Legislativo, é a discussão para aprovação de projetos de lei ou sobre atos da Administração Pública.

Dos debates no Tribunal do Júri: *V.* arts. 476 a 481 do CPP (com redação dada pela Lei nº 11.689/2008).

Oral: pronunciamento dos advogados, do autor e do réu, após encerrada a fase de instrução, enfocando questões de fato e de direito dos autos e apresentando suas razões finais, antes do julgamento da lide. O juiz pode dar a palavra, também, ao órgão do Ministério Público. O prazo de cada um é de 20 minutos, prorrogável por mais 10, a critério do juiz. Se a causa apresentar questões complexas, o debate oral pode ser substituído por memoriais, designando o juiz dia e hora de seu oferecimento.

✱ *V. CPC/1973, art. 454, § 3º.*

✱ *V. CPC/2015, art. 364, § 2º.*

DEBÊNTURE – Título de obrigação mercantil, negociável, ao portador, proveniente de empréstimo de dinheiro contraído, a longo prazo e com vencimento certo, dentro ou fora do País, por sociedade anônima ou em comandita por ações, ou outra legalmente autorizada. Cada debênture constitui parcela de igual valor ao fracionamento do empréstimo; tem amortizações anuais, vence juros fixos previamente pactuados mais o reembolso de seu valor total. Os obrigacionistas ou credores, isto é, os titulares das debêntures, não se enquadram como sócios, são apenas credores da sociedade. O total em dinheiro da emissão de debêntures não pode superar o capital fixado nos estatutos ou no contrato, com exceção de companhia concessionária de um dos serviços públicos enumerados na lei que rege o instituto.

Conversível em ação: emitida por sociedades anônimas que assegura aos seus titulares o direito de convertê-la em ações do capital da sociedade emissora.

Endossável: aquela que pode ser transferida por endosso.

✱ *V. Lei nº 4.728/1965 (Disciplina o mercado de capitais), arts. 40 e 44.*

DEBENTURISTA – Aquele que possui debêntures, o que as toma. O mesmo que *obrigacionista* ou *obrigatário*.

DEBITAR – Lançar uma quantia a débito de alguém. Opõe-se a *creditar*.

DÉBITO – Dívida; importância em dinheiro que alguém deve a outrem. Parte da conta, em oposição a *crédito*; dívida ativa ou passiva.

Conjugal: situação em que incorre o cônjuge quando não cumpre o dever da prática do ato sexual com seu consorte. Está implícito nos deveres recíprocos dos cônjuges, segundo a lei civil.

✱ *V. CC, arts. 1.566, II, 1.568 e 1.569.*

Fiscal: dívida do contribuinte para com a Fazenda Pública, relativa a imposto não pago.

DECADÊNCIA – 1. Estado de quem ou daquilo que decai. 2. Aproximação do fim, decaimento, declínio. 3. Enfraquecimento, abatimento, empobrecimento. 4. Dano, estrago, lesão. 5. Época em que algo decaiu ou enfraqueceu. 6. Perecimento, perda ou extinção de um direito subjetivo em razão do decurso de tempo, por não ter seu titular exercido durante o prazo que a lei estipula. Também se diz *caducidade*. 7. Em sentido mais restrito, implica a perda de pretensão constitutiva, amparada na lei ou em cláusula contratual, pela inação de seu titular por certo período de tempo. Neste particular, difere da prescrição, pois, enquanto nesta última apenas se extingue a eficácia da pretensão, que é o direito de ação, na decadência perece o próprio direito, o qual não pode mais ser exercido, em juízo ou não. A doutrina emprega usualmente a expressão *direito potestativo* para expressar o tipo de pretensão que poderia caducar pelo transcurso legal do prazo, contudo, tal definição é equivocada, pois também há decadência de direitos que somente podem ser exigidos em juízo, como nos casos de ação rescisória ou de mandado de segurança. Ademais, o conceito de direito potestativo é historicamente ligado ao Direito das Obrigações, sobretudo no que diz respeito a faculdades estipuladas em contrato, e a decadência também pode operar-se em face do Poder Público, inclusive no exercício de atos de império. 8. No Dir. Processual, a petição inicial será indeferida se o juiz verificar a decadência, inclusive no bojo de processo cautelar preparatório. Diferentemente da prescrição, que até 2006 precisava ser alegada pelo interessado, a decadência legal sempre pôde ser declarada de ofício pelo juiz. O prazo, desde que iniciado, não pode ser suspenso nem interrompido, segue até o final; já o da prescrição admite suspensão ou interrupção. Outra diferença básica é que a decadência é oponível contra todos (*erga omnes*), e a prescrição não o é com relação aos menores de 16 anos ou portadores de doenças mentais. 9. No Dir. Processual Penal, é modo de extinção da punibilidade nos delitos de ação privada, promovidos mediante queixa ou representação da parte, se não foi proposta ou exercitada no prazo legal. 10. No Dir. Tributário, é o perecimento do direito da Administração em efetuar o lançamento tributário, nas hipóteses em que cabia o ato à própria autoridade fazendária, ou quando o tributo é sujeito a lançamento por homologação e não houve a retificação dos dados autolançados pelo contribuinte. 11. Embora a jurisprudência, a princípio, não entendesse aplicável o CTN para regular a prescrição de contribuições sociais, como as devidas à Previdência Social e ao FGTS, tal posição foi revista mais recentemente, ante a conceituação mais moderna de *tributo*, que passaria a abranger todas as formas de exação que se subsumam à definição do art. 3º do CTN. A partir de então, a constituição do crédito previdenciário, embora estivesse originalmente sujeita ao prazo de decadência de 10 anos, nos termos do art. 45 da Lei nº 8.212/1991, passou também a ser de 5 anos, após o STF julgar inconstitucional referido dispositivo legal, aplicando ao caso o art. 173 do CTN. 12. No Processo do Trabalho, embora o art. 7º, XXIX, da Constituição trate como prescricional o prazo de 2 anos, após o término da relação de emprego, trata-se, na verdade, de prazo decadencial, pois fulmina todas as pretensões do ex-trabalhador, independentemente da data em que surgiu a obrigação. Outra hipótese de decadência em matéria trabalhista diz respeito ao direito de dispensar empregado garantido por estabilidade provisória de emprego, quando incorrer em ato que caracterize justa causa para rescisão do contrato de trabalho, o qual deve ser exercido em 30 dias, a contar da suspensão do empregado. 13. O ajuizamento de ação rescisória de sentença está sujeito a prazo decadencial, pois a pretensão do autor, neste caso, é a desconstituição da decisão coberta pela coisa julgada material. Em regra, o prazo é de 2 anos, a contar do trânsito em julgado da decisão rescindenda. Com o CPC/2015, tal prazo será contado separadamente para cada decisão ou pedido julgado definitivamente, em razão da possibilidade de julgamento parcial de mérito. Na hipótese de pedido de rescisão do julgado pela descoberta de prova nova (art. 966, VII), o prazo passa a ser de 5 anos, a contar da última decisão proferida no processo. 14. No Processo perante a Justiça Eleitoral, as ações detêm natureza prevalentemente constitutiva, de modo que os prazos para propositura das demandas são decadenciais. Exemplos de decadência em matéria eleitoral são os prazos para impugnação de mandato eletivo (15 dias, contados da diplomação do candidato impugnado) e para ação rescisória de decisão que declarar a inelegibilidade (120 dias, contados do trânsito em julgado). 15. Entende-se que o prazo de 120 dias para impetração de mandado de segurança é decadencial, pois o *writ* tem o objetivo de desconstituir ato inquinado de ilegalidade. A jurisprudência do STF entende que não ofende a Constituição a delimitação de prazo máximo para mandado de segurança, pois não impede que o interessado possa impugnar a mesma ilegalidade por ação ordinária. A denegação da segurança não impede a repropositura da medida dentro do prazo decadencial, desde que não tenha ainda havido apreciação de mérito da questão. 16. O CDC prevê prazos decadenciais para que o consumidor possa reclamar por vícios em produtos e serviços, diretamente em face do fornecedor ou em juízo, prazos estes que variam em função da natureza do produto e/ou do tipo de vício. 17. Em matéria de benefícios previdenciários, a Lei nº 8.213/1991 fixou o prazo de 10 anos, tanto para o direito dos segurados poderem impugnar decisões acerca de revisão de benefícios como para o direito da Administração anular atos favoráveis aos beneficiários. O STF entendeu que tal prazo não se aplica à própria concessão de benefícios, que pode ser requerida a qualquer tempo, após satisfeitas as condições previstas pela lei, e a jurisprudência também excepcionou outras hipóteses, como a revogação de benefícios e a revisão com base em fundamento não apreciado pela Administração. 18. A LRE previu o direito ao administrador judicial, ao Comitê, a qualquer credor ou ao representante do Ministério Público de pedir a exclusão, outra classificação ou a retificação de qualquer crédito, nos casos de descoberta de falsidade, dolo, simulação, fraude, erro essencial ou, ainda, documentos ignorados na época do julgamento do crédito ou da inclusão no quadro geral de credores. Tal ação, de natureza inequivocamente constitutiva, pois visa alterar o quadro geral de credores da massa, foi denominada pela doutrina de *rescisória falimentar*, e sujeita-se a prazo decadencial, qual seja, até o encerramento da recuperação judicial ou da falência. 19. A Lei que regula o exercício do direito de resposta (Lei nº 13.188/2015) estabeleceu o prazo decadencial de 60 dias para provocação pelo interessado, a contar da data de cada divulgação, publicação ou transmissão de mensagens ofensivas ou informações inverídicas, a ser exercido em face de cada veículo de comunicação individualmente.

✱ *V. CF, art. 14, § 10.*

✱ *V. CC/2002, arts. 48, parágrafo único, 119, parágrafo único, 178, 207 a 211, 445,* caput, *446, 501, 504, 505, 618, parágrafo único, 745, 754, 1.194 e 1.728, II.*

✱ *V. CTN, arts. 156, V, e 173.*

✱ *V. CP, arts. 103 e 107, IV.*

✱ *V. CPC/1973, arts. 220, 269, III, 295, IV, 495 e 810.*

✱ *V. CPC/2015, arts. 240, § 4º, 310, 330, 332, 487 e 975.*

✱ *V. CPP, art. 38.*

✱ *V. CDC, art. 26.*

✱ *V. CE, art. 22, I, j.*

✱ *V. LRE, arts. 19 e 184, parágrafo único.*

✱ *V. Lei nº 6.404/1976 (Lei das Sociedades por Ações), arts. 137, § 4º, 171, § 4º, 174, § 1º, e 232.*

✱ *V. Lei nº 8.213/1991 (Lei dos Planos de Benefícios da Previdência Social), arts. 103 e 104.*

✱ *V. Lei nº 9.784/1999 (Lei do Processo Administrativo), art. 54.*

✱ *V. Lei nº 12.016/2009 (Lei do Mandado de Segurança), arts. 6º, § 6º, e 23.*

✱ *V. Lei nº 13.188/2015 (Dispõe sobre o direito de resposta), art. 3º.*

✱ *V. Súm. Vinc. nº 8.*

✱ *V. Súmulas nºs 264, 360, 403 e 632 do STF.*

✱ *V. Súmulas nºs 106, 401 e 477 do STJ.*

✱ *V. Súm. nº 153 do TFR.*

✱ *V. Súm. nº 81 da TNU.*

✱ *V. Súmulas nºs 62 e 100 do TST.*

✱ *V. Orientações Jurisprudenciais nºs 12, 18, 80 e 127 da SBDI-II do TST.*

DECAIR – Incorrer em *decadência*, perder prazo. Ser vencido em demanda.

DECÊNDIO – Período de 10 dias.

DECEPTÓGRAFO – O mesmo que *detector de mentiras* ou *polígrafo* (q.v.).

DECESSO – O mesmo que *óbito*.

DECIDIR – Proferir decisão; resolver, solucionar; dar a decisão em um litígio.

De plano: dar o juiz sua decisão, de imediato, sobre ação ou pedido sem processá-lo.

Extra petita: decidir de modo diverso do que se pede na inicial.

Ultra petita: julgar além do pedido, dando mais que foi solicitado pelo autor.

DECIFRAÇÃO – O Dec. nº 7.845/2012, que regulamenta procedimentos para credenciamento de segurança e tratamento de informação classificada em qualquer grau de sigilo e dispõe sobre o Núcleo de Segurança e Credenciamento, conceituou decifração. De acordo com o art. 2º, VIII, considera-se decifração: "(...) ato de decifrar mediante uso de algoritmo simétrico ou assimétrico, com recurso criptográfico, para reverter processo de cifração original;"

DÉCIMA – Antigo nome do imposto predial. Abrangia a décima parte de uma renda tributável, recaindo sobre heranças, legados, renda de propriedade arrendada.

DÉCIMO-TERCEIRO SALÁRIO – Pago a título de gratificação natalina, compulsoriamente, pelas empresas e também pelo Poder Público aos servidores, em duas parcelas, a primeira entre os meses de fevereiro a novembro, de cada ano, e a segunda até o dia 20 de dezembro, ou 1/12 por mês de serviço do ano correspondente. A fração igual ou superior a 15 dias de trabalho será considerada mês integral. A primeira parte pode ser paga por ocasião das férias ou até 30 de novembro; a segunda, até 20 de dezembro, com o desconto devido à Previdência. Súmulas do TST mandam computar no 13º salário as horas extras.

✱ *V. Lei nº 4.090/1962 (Lei do Décimo Terceiro).*

✱ *V. Lei nº 4.749/1965 (Dispõe sobre o pagamento da gratificação de Natal).*

✱ *V. Dec. nº 57.155/1965 (Regulamenta a Lei nº 4.090/1962). (Revogado pelo Decreto nº 10.854/2021)*

DECISÃO – 1. Vontade determinada, deliberação final, conclusiva, após madura reflexão e convicção formada e objetivo definido. 2. Resultado de deliberação de uma ou mais pessoas. 3. Solução dada por agente administrativo a problema que é submetido ao seu exame. 4. Pronunciamento judicial, relativo a uma lide ou recurso, como o despacho, a sentença, o acórdão. 5. Julgamento de árbitros sobre questão sob sua jurisdição. 6. A parte final da sentença, o julgado. A decisão pode ser:

Concessiva: se atendeu ao solicitado na inicial.

Definitiva: a que conclui pela absolvição ou condenação do réu sem pôr fim ao feito.

De saneamento: decisão interlocutória. Nela, o juiz estabelece os pontos controvertidos, decide questões processuais pendentes e determina as provas que devem ser produzidas, designando audiência de instrução e julgamento quando for necessário.

✱ *V. CPC/1973, art. 331, § 2º.*

✱ *V. CPC/2015, art. 357.*

Final (in terminis): a que põe fim a uma relação processual, abrangendo tanto as sentenças definitivas como as interlocutórias mistas, que encerram a lide.

Interlocutória: quando o juiz decide questão incidente ou emergente suscitada no decurso da lide. É *simples*, se soluciona somente a questão emergente, sem apreciação do mérito; *mista* se, ao resolver a questão incidente (a que se apresenta antes da contestação) pronuncia-se sobre o mérito da causa, prejudicando e colocando fim à ação e ao juízo.

Monocrática: aquela proferida por juíz singular.

Negatória: quando contraria o que foi pedido.

DECISIO LITIS – (Latim) Decisão da causa.

DECISÓRIO – Que decide, que tem poder para resolver. Parte da sentença que traz a decisão do juiz. Sentença singular ou coletiva; qualquer decisão final ou definitiva.

DECISORIUM LITIS – (Latim) Ato decisório da lide.

DECLARAÇÃO – 1. Ato manifesto da vontade, oral ou escrito, pelo qual se dá a conhecer algo, um fato, um ato, um estado. 2. Ato de anunciar, de manifestar, de expor uma decisão de interesse geral. Comunicação que se faz, por exigência legal, a repartição pública ou órgão da Administração, como da declaração de renda, de bens etc. Ato escrito que esclarece uma decisão obscura ou revela fatos pouco conhecidos. Ato diplomático pelo qual duas ou mais potências complementam um acordo, um tratado, reconhecendo negócios, direitos ou regras fixadas no interesse comum de seus povos.

De ausência: ato do juiz reconhecendo e declarando ausente uma pessoa.

De crédito: a que o credor comercial ou civil apresenta em cartório, no prazo indicado, com seu título, a importância exata do crédito, origem e classificação que lhe é devida por direito.

De direitos: documento de natureza jurídico-política, que declara e impõe o respeito aos direitos e liberdades fundamentais do ser humano, restringindo o poder discricionário dos governantes. Devem ser lembrados, entre outros mais antigos, a *Petition of Rights* (1626), a de Guilherme II (1689), que concedia ao Parlamento inglês o direito de se reunir, de votar impostos, de fiscalizar a execução das leis, e dava aos cidadãos o direito de representação, de serem julgados pelo juiz e não por tribunais de exceção; a Declaração dos Direitos do Homem e do Cidadão, da Revolução Francesa (1789), e a de 1948, sancionada pela ONU.

De falência: ato do juiz, a pedido do próprio comerciante insolvente ou de seu credor, que declara o estado de direito com a decretação de falência.

De guerra: rompimento de relações diplomáticas, com a retirada dos representantes do País, e início das hostilidades.

De inconstitucionalidade: ato pelo qual se declara inconstitucional uma norma jurídica; pode ser solicitada por representação popular.

De sentença: publicação da decisão final em processo.

De vontade: meio pelo qual alguém manifesta sua intenção para que produza efeitos jurídicos. Pode ser: *expressa, positiva* ou *direta*, quando verbal, por escrito ou por sinais inequívocos; *tácita* ou *indireta*, se resulta de ato ou omissão do agente, sem palavras, que revela, indiretamente, mas de maneira indubitável, sua intenção ou decisão.

Judicial de falsidade: cessa a fé de documento, público e particular, mediante pronunciamento de órgão jurisdicional transitado em julgado.

Unilateral de vontade: a que se torna irretratável, independendo de outra declaração, de concordância de terceiro etc.

✱ *V. CC, arts. 107, 112 e 138.*

✱ *V. CPC/1973, arts. 210, 387, 427 a 435.*

✱ *V. CPC/2015, arts. 427, 472 a 478.*

✱ *V. LINDB (antiga LICC).*

DECLARAÇÕES FINAIS – Feitas pelo inventariante e lavradas por termo após aceitação do laudo de avaliação dos bens ou da decisão de impugnação suscitada a seu respeito, com a observância das demais formalidades previstas em lei.

DECLARAÇÕES PRELIMINARES – Feitas pelo inventariante no prazo de 20 dias, a contar da assinatura do compromisso.

DECLARANTE – Aquele que faz declaração, o que faz afirmações perante o juiz ou o delegado. Pessoa que relata perante oficial de Registro Civil a ocorrência de nascimento ou de óbito.

DECLARATÓRIO – Ato do juiz que reconhece e proclama a existência ou não de um direito, de um fato ou de uma relação jurídica, sem forma atributiva ou compulsiva. Documento que confere direito ou vantagem.

DECLINAR – Não aceitar, recusar. Afastar para juízo diferente o conhecimento da causa. Apresentar exceção declinatória de foro ou competência. Ação do réu excipiente que impugna a competência do juiz que o fez citar, sob alegação de que não é perante ele que deve comparecer, porque cabe ao de outra jurisdição conhecer a causa.

DECLINATÓRIA – *V. Exceção.*

DECOCTUS PERDIT ADMINISTRATIONEM SUORUM SONORUM – (Latim) O falido perde a administração de seus bens.

DECOCTUS SEMPER CULPOSUS PRAESUMITUR, DONEC CONTRARIUM PROBETUR – (Latim) Sempre se presume culpado o falido, até prova em contrário.

DE CONTADO – Forma de pagamento do preço de um produto, coisa ou serviço, à vista ou em moeda corrente, no ato.

DECRETAÇÃO – Ato de decretar; expedição de decreto.

De deserção: pela qual se declara deserto um ato processual.

DECRETALISTA – Especialista em *decretais* (conjunto de decisões dos papas sobre assuntos jurídicos, morais ou religiosos, função hoje atribuída à Cúria Romana). Doutor em Dir. Canônico.

DECRETO – No sentido amplo, ato escrito que emana do chefe de Estado ou de órgão do Poder Público Executivo. Lei que emana do Poder Legislativo. Mandado expedido por autoridade judiciária competente. No sentido estrito, sentença proferida por um juiz ou tribunal.

Executivo: decisão escrita, de natureza legislativa, emanada do Chefe do Poder Executivo, como o decreto que eleva os índices do salário mínimo. É de atribuição privativa do Presidente da República expedir decretos e regulamentos para o fiel cumprimento das leis; decretar o estado de defesa e o estado de sítio, a intervenção federal e a mobilização nacional em caso de guerra.

Judiciário: sentença proferida por autoridade judiciária, a ser cumprida obrigatoriamente.

Legislativo: uma das fontes formais do Dir., é resolução de exclusiva competência do Congresso, de natureza administrativa. O projeto de lei aprovado no Legislativo é um *decreto legislativo* que só se transforma em lei pela sanção do Presidente da República; quando se trata de matéria da competência exclusiva do Congresso, salvo proposta de emenda à CF, será promulgada pelo presidente do Senado.

✱ *V. CF, art. 59, VI.*

DECRETO-LEI – Ato legislativo de competência do chefe do Poder Executivo, previsto nas Constituições de 1937 e 1967, cuja incidência, genérica, destinava-se à edição de normas urgentes sobre matérias de *segurança nacional*. Caso não fosse aprovado ou rejeitado pelo Congresso Nacional em determinado período, era convalidado como Lei em sentido formal. Com a promulgação da Constituição Federal de 1988, os decretos-leis foram recepcionados como leis ordinárias, dando lugar à figura da medida provisória, com a diferença de que esta última, se não for convertida em Lei pelo Congresso Nacional, não é convalidada, perdendo sua eficácia.

✱ *V. ADCT, art. 25.*

✱ *V. Constituição de 1937, arts. 12 e 13.*

✱ *V. Constituição de 1967 (alterada pela EC nº 1/1969), art. 55.*

DE CUJUS – (Latim) Parte da locução latina *de cujus successione agitur* (de cuja sucessão se trata), designando a pessoa do falecido cuja sucessão está aberta, ou da qual se trata, ou o autor da herança.

DECURSO – Escoamento do tempo, do prazo; passagem.

DE DIEM AD DIEM – (Latim) Prazo contado dia a dia, pelo calendário, de zero hora a zero hora do dia seguinte.

DE DIREITO – Relativo à lei, em virtude de lei, por força de lei, conforme a lei e o direito. Legitimamente. Opõe-se a *de fato*.

DE DIREITO ESTRITO – Nos casos que a lei prevê, nela expressos.

DEDUÇÃO – Redução, abatimento; exposição, razões. Raciocínio que, partindo do geral para o particular, retira de uma proposição tudo o que ela contém, chegando-se da ilação à demonstração. Apreensão do que a lei expressa em sua realidade abstrata, em oposição a *indução*. Abatimento concedido pela Receita Federal no Imposto de Renda.

DE FATO – Que tem existência real, objetiva. Diz-se em relação a provas materiais.

DEFEITO – Falha; vício patente ou oculto que diminui o valor da coisa ou pode tirar-lhe a utilidade.

Jurídico: falha que incide sobre o ato quando lhe falta algum requisito essencial para a sua validade. *V. vício redibitório.*

✱ *V. CC, arts. 138 a 165, 171 a 189 e 172.*

✱ *V. Lei nº 8.078/1990 (Dispõe sobre a proteção do consumidor – CDC), art. 51, § 2º.*

DEFENSOR – Aquele que tem mandato de outro para defender seus direitos ou interesses legais. Advogado de defesa. Delegado do Estado, membro do Ministério Público que patrociona na Justiça o interesse da coletividade; promotor público.

No Tribunal do Júri: V. art. 408 do CPP (com redação dada pela Lei nº 11.689/2008).

Dativo: advogado nomeado pelo juiz para a parte que não tenha quem a defenda. O vigente Estatuto da OAB diz que constitui infração disciplinar recusar-se a prestar, sem justo motivo, assistência jurídica, quando nomeado em virtude de impossibilidade da Defensoria Pública.

✱ *V. CPP, arts. 261, 263 e 362.*

✱ *V. Lei nº 8.906/1994 (Estatuto da Advocacia e a OAB), art. 34, XII.*

✱ *V. Súm. Vinc. nº 14 (É direito do defensor, no interesse do representado, ter acesso amplo aos elementos de prova que, já documentados em procedimento investigatório realizado por órgão com competência de polícia judiciária, digam respeito ao exercício do direito de defesa).*

DEFENSORIA PÚBLICA – Prevista na CF, é a instituição de caráter público que proporciona assistência jurídica gratuita a pessoas carentes. Seus integrantes são os *defensores públicos*, providos mediante concurso de provas e títulos, organizados em carreiras, com a garantia da inamovibilidade, mas proibindo-se-lhes o exercício da advocacia fora das atribuições constitucionais. A EC nº 80/2014 incluiu o art. 98 ao ADCT, estabelecendo que o número de defensores públicos deve ser proporcional à população de cada unidade jurisdicional e à efetiva demanda de serviço.

✱ *V. CF, arts. 5º, LXXIV, e 134.*

✱ *V. ADCT, art. 98.*

✱ *V. LC nº 80/1994 (Lei Orgânica da Defensoria Pública).*

DEFENSORIA PÚBLICA DO DISTRITO FEDERAL – A EC nº 69/2012 alterou os arts. 21, 22 e 48 da Constituição Federal, para transferir da União para o Distrito Federal as atribuições de organizar e manter a Defensoria Pública do Distrito Federal.

✱ *V. EC nº 69/2012.*

DEFERIDO – Despachado favoravelmente; atribuído, concedido, conferido.

DEFERIMENTO – Ato de deferir; despacho favorável. Cessão, concessão do que se requer.

DEFERIR – Atender ao que foi requerido; despachar favoravelmente. Atribuir.

DEFESA – 1. Repulsa pronta a uma agressão física ou moral. 2. Ato pelo qual o acusado contra-argumenta, refutando a acusação que lhe é feita. Meios idôneos, de alegações fundamentadas e provas, pelos quais o réu procura provar a improcedência das pretensões do autor. Patrocínio de direitos próprios ou alheios perante a justiça.

Civil: medidas que o Governo adota para proteção da população civil em caso de guerra ou de calamidade pública.

De posse: da pessoa molestada em sua posse, que nela se mantém por sua própria força, não indo além do necessário para fazer cessar a turbação.

✱ *V. CC, arts. 1.210, §§ 1º e 2º, a 1.222.*

De terceiro: repulsa incontinenti à agressão injusta contra outra pessoa; é excludente da responsabilidade do agente; *legítima defesa*.

Fiscal: a que o contribuinte interpõe contra autuação fiscal que considera descabida.

Preventiva da posse: ato do possuidor que, na iminência de ser turbado em sua posse, invoca a ação da justiça, para que o juiz lhe dê garantias contra a ameaça, sob cominação de pena em caso de transgressão.

Prévia: alegações escritas que o advogado apresenta, durante a instrução criminal, no prazo de 3 dias a partir do interrogatório do acusado, para provar que não é ele responsável pelo fato de que está sendo incriminado. Encerra-se com ela a fase ordenatória do processo, seguindo-se de imediato a fase probatória.

✱ *V. CPP, arts. 395, 401, 514 e 552.*

Própria: uma das modalidades da legítima defesa, quando não objetiva a terceiros, com exclusão da responsabilidade do agente.

Técnica: O princípio da ampla defesa está expressamente previsto no art. 5º, LV, da CF. A ampla defesa é constituída a partir dos seguintes fundamentos: ter conhecimento claro da imputação; poder apresentar alegações contra a acusação; poder acompanhar a prova produzida e fazer contraprova; ter defesa técnica por advogado, cuja função é essencial à Administração da Justiça (art. 133 da CF/1988); e poder recorrer da decisão desfavorável. No entanto, no processo administrativo, o STF entendeu não ser necessária a defesa por meio de advogado.

✱ *V. Súm. Vinc. do STF nº 5: (A* falta de defesa técnica por advogado no processo administrativo disciplinar não ofende a Constituição*).*

DEFESO – 1. O que não é permitido por lei; proibido, vedado. 2. A paralisação temporária da pesca para a preservação da espécie, tendo como motivação a reprodução e/ou o recrutamento, bem como paralisações causadas por fenômenos naturais ou acidentes.

✱ *V. Lei nº 11.959/2009 (Dispõe sobre a Política Nacional de Desenvolvimento Sustentável da Aquicultura e da Pesca, regula as atividades pesqueiras), art. 2º, XIX.*

DEFICIÊNCIA – 1. Imperfeição, falta, lacuna, escassez, insuficiência. 2. Deformação física ou insuficiência de função física, mental, intelectual ou sensorial. 3. A Lei nº 14.126/2021 classificou a visão monocular como deficiência sensorial do tipo visual. *V. Pessoa com deficiência.*

✱ *V. Lei nº 14.126/2021 (Classifica a visão monocular como deficiência sensorial, do tipo visual), art. 1º.*

DEFICIENTE – 1. Em que há deficiência. 2. Escasso, insuficiente. 3. Em matemática, diz-se do número cujas partes alíquotas somadas alcançam resultado inferior a este mesmo número. 4. Que ou quem apresenta uma má-formação física ou insuficiência de função física, mental, intelectual ou sensorial. *V. Pessoa com deficiência.*

Físico: A Constituição Federal garante um salário mínimo mensal ao portador de deficiência que comprove não poder prover a própria manutenção ou tê-la provida pela família. Esse dispositivo é disciplinado pela Lei nº 7.853/1989, regulamentada pelo Dec. nº 3.298/1999.

Visual: Lei nº 11.125/2005, que dispõe sobre o direito do portador de deficiência visual de ingressar e permanecer em ambientes de uso coletivo acompanhado de seu cão-guia. *V. Cego.*

DÉFICIT – Saldo negativo, passivo descoberto. Aquilo que falta na receita para que ela seja igual à despesa.

Orçamentário: excesso de despesa em relação à receita. Opõe-se a ***superávit***.

DEFINIÇÃO – Explicação do real sentido de um termo, de um ato ou fato, de uma coisa ou substância. Ato de definir; significação. Exposição, descrição, enunciação; decisão, resolução.

Por abstração: inclusão de objeto (símbolo ou função) em uma classe, pela determinação das condições sob as quais o objeto por definir-se é igual a qualquer elemento da referida classe.

Por postulado: em que um conjunto de noções é determinado pelos axiomas ou postulados que enunciam suas relações fundamentais.

DEFINITIVO – Permanente, decisivo, que permanece para sempre.

DEFLAÇÃO – Redução do volume de meios circulantes em relação às necessidades de trocas de riquezas, o que provoca a valorização do dinheiro e, com isso, a queda do preço de bens econômicos. Opõe-se a *inflação*.

DEFLORAMENTO – Ruptura do hímem em decorrência de conjunção carnal com mulher virgem. Era o elemento material do crime de sedução, consubstanciado no art. 217 do Código Penal, revogado pela Lei nº 11.106/2005. Nem sempre ocorre o rompimento do hímen, quando esse é complacente. Não mais se anula casamento em caso de "defloramento da mulher ignorado pelo marido". (Este conceito foi abolido pelo CC atual.)

DEFORMIDADE SEXUAL – (Medicina Legal) – Defeito ou imperfeição física do órgão sexual que pode causar a anulação do casamento por consistir em erro essencial quanto à pessoa do outro.

✱ *V. CC, arts. 1.556 e 1.557, III.*

DEFRAUDAÇÃO – Ato de *defraudar*, espoliação por fraude. Infração da lei com fraude ou má-fé. Manobra para elidir-se ao pagamento de imposto.

De penhor: crime que se caracteriza pela alienação, pelo devedor, de objeto empenhado, ou outro modo de anular a garantia pignoratícia.

✱ *V. CP, art. 171, § 2º, III.*

DEFUNÇÃO – Óbito, falecimento, morte.

DEFUNTO – Pessoa que faleceu ou de cujo falecimento se trata.

DEGOLAMENTO – Feridas incisas na parte posterior do pescoço; o ferimento pode ser profundo ou superficial. Ocorre em caso de homicídio e suicídio, sendo difícil por acidente. A morte sobrevém por hemorragia.

DEGRADAÇÃO – Rebaixamento moral, aviltamento, degeneração. Pena infamante aplicada a militar, que consiste em degradá-lo, destituí-lo de maneira ignominiosa, de grau, cargo, e de todos os privilégios próprios de sua condição e de seu posto, por prática de ato indigno. Após a cerimônia de degradação, perante a tropa, ele é entregue à autoridade competente para ser julgado.

Civil: dá-se quando se retira ou se restringe a capacidade civil de uma pessoa, por motivo previsto em lei.

DEGREDADO – Exilado, proscrito. Aquele que sofre pena de degredo, exílio. A pena de degredo não existe na Legislação Brasileira, que adotou a de exílio.

DEGUSTAÇÃO – Elemento do contrato de compra e venda *a contento*. Ato de apreciar, pelo paladar, o sabor de alguma coisa para aferir seu estado ou qualidade.

DEIXA – Legado; o que se deixa a alguém em testamento.

DE JURE – (Latim) De direito, em oposição a *de fato*.

DE JURE CONSTITUENDO – (Latim) Pelo direito de constituir.

DE JURE CONSTITUTO – (Latim) Pelo direito vigente.

DELAÇÃO – Denúncia de um fato ilícito, reprovável, criminoso. Feita por particular, em geral anônima, envolvendo um crime impune ou preparativos para sua execução, com a nomeação dos implicados.

De herança: período em cujo decurso a herança devolvida é oferecida ao sucessor do *de cujus* e fica à espera de sua aceitação ou renúncia.

DELAÇÃO PREMIADA – *V. Colaboração premiada.*

DELATAR – Denunciar crime ou criminosos ou autor de infração ignorada.

DELATOR – O que delata, denuncia; alcaguete.

DEL CREDERE – (Latim) Cláusula contratual pela qual o intermediário de um negócio responde pela solvabilidade do comprador. *V. Cláusula.*

DELEGAÇÃO – Ação de delegar. Transferência ou transmissão de poderes. Comissão para alguém agir em nome e por conta de outrem. Conjunto de representantes de cada país em conferência internacional ou de esportistas em competição no exterior. Investidura em cargo ou função, uma pessoa representando a outra, agindo em seu nome e por sua conta. Forma de novação subjetiva, que se configura pela *delegação passiva*. Nesse caso, diz-se *imperfeita* quando o delegatário aceita a obrigação do delegado, mas não libera o delegante; e *perfeita,* quando o legatário exonera da dívida o delegante, este o delegado, que assume a obrigação de pagá-la ao credor, como substituto do devedor anterior, ou quando ocorre a transmissão de um devedor a outro.

Legislativa: autorização do Poder Legislativo ao Executivo para elaborar certos atos com força de lei.

DELEGACIA – Repartição pública que exerce funções delegadas. Local onde o delegado exerce suas funções.

Fiscal: departamento do Ministério da Fazenda ou de órgão afim, em funções delegadas por ele para melhor execução dos serviços.

Policial: órgão da Secretaria da Segurança Pública, onde o delegado trabalha na investigação de crimes e recebimento de queixas e denúncias a apurar.

DELEGADO – Pessoa que recebeu uma incumbência, uma comissão, ou a quem foi confiada a função de chefiar uma delegacia fiscal ou policial. Emissário ou representante de pessoa natural ou jurídica em assembleia, convenção; representante de partido político com direito a voto nas convenções partidárias. Legado, enviado. Aquele a quem se delegaram poderes, funções.

Sindical: Aquele que representa o sindicato no âmbito da empresa, tornando-se o porta-voz dos trabalhadores em suas reivindicações para minorar as dificuldades no trabalho. Diferentemente do dirigente sindical não se beneficia da estabilidade provisória àquele garantida.

DELEGANTE – O que delega, que estabelece uma delegação, que confere a outrem o poder de agir em seu nome. Diz-se de quem designa um terceiro (o delegado) do qual é credor, para pagar a outrem (o delegatário) quantia que a esse deve. Mandante.

DE LEGE FERENDA – (Latim) Pela lei ainda a ser promulgada; direito *in fieri.*

DE LEGE LATA – (Latim) Pela lei existente em sentido amplo.

DELIBAÇÃO – Precaução que se toma quanto à homologação de sentença estrangeira, que só é feita e concedido o *exequatur* após se comprovar que ela não fere legítimo interesse do Estado, em cujo território deve produzir seus efeitos e que está conforme os princípios da Justiça internacional.

DELIBERAÇÃO – 1. Declaração de vontade, após exame acurado e discussão, sobre matéria ou caso que é objeto de uma decisão. 2. Pronunciamento que faz um corpo Executivo, Legislativo, Judiciário ou Conselho, sobre assunto levado a sua consideração, estudo e julgamento. 3. No Dir. Penal, trata-se da segunda fase da vontade dolosa do agente, após a *concepção* do delito e à qual se seguem a *decisão* e a *execução.*

Da partilha: despacho do juiz sobre o plano ou forma da partilha, a constituição dos quinhões etc.

✱ *V. CPC/1973, art. 1.022.*

✱ *V. CPC/2015, art. 647.*

✱ *V. CC, arts. 635 a 641.*

DELIBERAR – Decidir, resolver, após exame, debate, análise, da causa levada a juízo. Decidir o juiz sobre o plano de partilha, no inventário ou na divisão. Resolver-se o agente a executar ato delituoso.

DELICTA CARNIS – (Latim) Os delitos da carne.

DELICTA FACTI PERMANENTI – (Latim) Crimes que deixam dano visível, como o roubo, o homicídio etc.

DELICTA FACTI TRANSEUNTI – (Latim) Crimes que não deixam vestígios, como o desacato, a injúria etc.

DELICTAS OMISSIONIS – (Latim) Crimes de omissão.

DELICTUM NON PRAESUMITUR IN DUBIO – (Latim) Não se presume o delito na dúvida.

DELIMITAÇÃO – Ato de delimitar. Fixação de limites, de fronteiras. Restrição daquilo que se concede ou se outorga.

Da sentença: o que foi objeto da decisão segundo o que foi pedido na inicial.

De poderes: fixação de limites nas atribuições de uma pessoa ou de um órgão.

DELINQUÊNCIA – Ato de cometer crime, de delinquir. Estado ou qualidade de delinquente. Criminalidade. Violação de norma legal.

DELINQUENTE – Pessoa que comete delito; o criminoso. Sujeito ativo do delito.

Habitual: o que faz do crime uma forma de vida; que o pratica com habitualidade.

Primário: o que comete crime pela primeira vez; a primariedade é elemento positivo em favor do réu.

Reincidente: o que praticou muitos crimes; a reincidência é agravante da pena.

✱ *V. CP, art. 61, I.*

DELITIVO – Em que existe delito. O mesmo que *delituoso*.

DELITO – Fato ilícito, crime. Qualquer infração imputável que a lei penal define. O mesmo que *ilícito penal*.

Aberrante: aquele cometido por erro de agente que pretende um resultado e atinge outro não desejado. Diz-se *crime pré-intencional*. Ver *aberratio ictus* e *erro sobre a pessoa*.

Civil: violação de direito de outrem, dolosa ou culposa; ato civil culposo; ato ilícito propriamente dito.

Comissivo: ação que afronta o direito, oposto a *omissivo*.

Contravencional: que consiste na prática de uma contravenção.

Correcional: aquele que corresponde por pena de natureza correcional.

Culposo: aquele no qual o agente age com culpa.

De resolução instantânea: o mesmo que *crime de impacto* (q.v.).

Fim: infração consumada após aquela que lhe servia de meio e absorvida por ela.

Fiscal: violação de um preceito fiscal.

Funcional: praticado por funcionário público ou por quem exerça cargo ou função pública, ainda que transitoriamente: peculato, concussão, corrupção passiva, advocacia administrativa etc.

Meio: é o que se consuma antes para poder atingir outro que se tem em mira, o principal.

O delito também é:

Patológico: aquele praticado em estado de insanidade mental ou ameaça de grave risco iminente que lhe perturba momentaneamente a razão.

Por omissão: o que resulta da não prática de um ato.

Tipo: caracteriza-se por apresentar, em seus elementos externos, o tipo de uma infração penal e, nos internos, as peculiaridades da culpa ou do dolo.

✱ *V. CP, arts. 312 a 327.*

✱ *V. Lei nº 13.869/2019 (Dispõe sobre os crimes de abuso de autoridade).*

DELIVERY ORDER – No Dir. Comercial Marítimo é *ordem de entrega*. Autorização dada pelo possuidor de conhecimento de mercadorias embarcadas à ordem, após a partida do navio, ao capitão ou ao agente ou consignatário do armador, para que sejam entregues a um ou mais destinatários que ele designa.

DELONGA – Demora, adiamento, dilação.

DEMAGOGIA – Sistema político de governo com predominância de facções populares, especialmente as que, com falsas promessas ou projetos irrealizáveis, iludem as massas, excitando paixões. Segundo Aristóteles, era uma forma corrompida de governo. Atuação de demagogos.

DEMAGOGO – Aquele que procura conquistar o apoio do povo, fingindo defender os seus interesses, para chegar a postos de comando político. Na Grécia antiga, cada um dos chefes do partido democrático durante a guerra do Peloponeso. Partidário da demagogia.

DEMANDA – Questão, lide, contenda, controvérsia, processo, litígio, pleito judicial. A demanda começa com o ingresso em juízo, mas não se caracteriza o litígio entre as partes a menos que haja contestação, a partir da qual autor e réu passam a ser litigantes.

DEMANDADO – Aquele contra o qual se promove a ação; o réu, o acionado.

DEMANDANTE – Aquele que intenta a ação, o acionante, o autor.

DEMARCAÇÃO – Ato de demarcar, de fixar limites. Operação para estabelecer linhas, assinaladas por marcos, que delimitam imóveis urbanos ou rústicos.

De quinhões: nas ações *de divisão* e *demarcação* é o ato pelo qual o agrimensor fixa as linhas que delimitam as glebas, fazendo menção dos marcos que foram cravados para essa operação.

DEMARCATÓRIA – O mesmo que *ação de demarcação* (q.v.).

DEMÊNCIA – Forma não congênita de loucura; insanidade; consiste na perda mais ou menos total das faculdades sensitiva e volitiva, tornando-se o paciente psiquicamente inadaptável à convivência social e irresponsável, no sentido jurídico, incapaz de gerir por si a sua pessoa e os seus bens.

Precoce: doença mental que se inicia na adolescência.

Senil: diminuição gradual das faculdades mentais, decorrente do enfraquecimento dos tecidos nervosos e degradação orgânica.

DEMENTE – 1. Pessoa que sofre das faculdades mentais; insano, louco, doido. 2. O demente não pode receber citação.

✱ *V. CPC/1973, art. 218.*

✱ *V. CPC/2015, art. 245.*

DE MERITIS – (Latim) Pelo mérito ou merecimento. Resolvidas as questões prévias da causa, examina-se o mérito, ou o seu fundamento.

DE MINIMIS NON CURAT PRAETOR – (Latim) O magistrado não deve preocupar-se com as questões insignificantes.

DEMISSÃO – 1. No Dir. do Trabalho é aplicada coloquialmente no sentido de rescisão do contrato de trabalho, tanto pelo empregador quanto pelo empregado, embora, em sentido técnico, refira-se apenas ao término do vínculo a pedido do trabalhador. Não pode ser demitido empregado sindicalizado a partir do registro da candidatura a cargo de direção ou representação sindical e, se eleito, até 1 ano após o final do mandato, ainda que suplente, a menos que pratique falta grave nos termos da lei. Outras hipóteses de vedação à demissão, ainda que por tempo determinado, são os casos de: gestante, da confirmação da gravidez até 5 (cinco) meses após o parto; membro da Comissão interna de Prevenção de Acidentes (CIPA), desde o registro da candidatura até 1 (um) ano após o término do mandato; membro de Comissão de Conciliação Prévia (CCP), representantes dos empregados, até um ano após o final do mandato; membros do Conselho Curador do FGTS e do Conselho Nacional de Previdência Social, representantes dos trabalhadores, da nomeação até um ano após o término do mandato de representação; segurado que sofreu acidente de trabalho, até doze meses após a cessação do benefício de auxílio-doença. A dispensa injustificada de empregados nestas hipóteses permite a reintegração, inclusive em tutela antecipada, o que a jurisprudência tem indenizado pelos salários do período de estabilidade. A jurisprudência trabalhista majoritária também entende que a propositura de ação após o término do período em que seria vedada a demissão não configura abuso de direito, desde que observado o prazo prescricional da ação. Entende presumidamente discriminatória a dispensa de empregados portadores de doenças graves, como AIDS e neoplasias malignas, de modo que também é cabível, em princípio, a reintegração dos mesmos. No caso de demissão a pedido do empregado, o mesmo tem direito a receber: saldo de salário, férias integrais e/ou proporcionais + 1/3 e 13º salário proporcional. Não faz jus, entretanto, à multa de 40% sobre o saldo de FGTS, nem pode levantar os depósitos em conta vinculada, tampouco pleitear recebimento de seguro-desemprego. A jurisprudência trabalhista entende que os incentivos financeiros pagos para adesão a programas de demissão voluntária tem natureza indenizatória, não repercutindo em outras verbas rescisórias e não sofrendo tributação. Ainda sobre plano de demissão voluntária, a adesão não implica quitação geral do contrato de trabalho, mas apenas das parcelas e valores constantes do negócio jurídico, não podendo ser compensados com outros valores porventura reconhecidos em juízo. A Lei nº 13.467/2017 (Reforma Trabalhista) fixou entendimento diverso no sentido de Plano de Demissão Voluntária quitar plena e irrevogavelmente os direitos, salvo disposição expressa em contrário estipulada entre empregado e empregador. **V.** *Dispensa.* 2. Pena administrativa que se aplica a servidor público, retirando-o do cargo que ocupa, ao incidir em falta grave ou infração prevista em lei. A demissão será aplicada a funcionário *vitalício* por sentença judiciária; *estável*, por sentença ou processo administrativo em que lhe seja garantida ampla defesa; *ad nutum*, se o funcionário não tem estabilidade e for exonerável a qualquer tempo; *por abandono do cargo*, quando se ausenta por causa não justificada, por mais de 30 dias, sem que esteja em gozo de licença ou de férias, ou não retorna ao exercício do cargo no término dessas ou daquela. Em qualquer caso, é imprescindível que a demissão de servidor público seja precedida de processo administrativo, garantindo o contraditório e ampla defesa.

✱ **V.** *CF, arts. 7º, I, e 8º, VIII.*

✱ **V.** *ADCT, art. 10.*

✱ **V.** *CLT, arts. 477 a 486, 494, 496, 543, § 3º, e 625-B, § 1º.*

✱ **V.** *Lei nº 8.036/1990 (Dispõe sobre o Fundo de Garantia por Tempo de Serviço), art. 3º, § 9º.*

✱ **V.** *Lei nº 8.213/1991 (Dispõe sobre planos de benefícios da Previdência Social), arts. 3º, § 7º, e 118.*

✱ **V.** *Lei nº 8.112/1990 (Regime Jurídico Único dos Servidores Públicos Civis da União, Autarquias e Fundações Públicas Federais), arts. 33, II, 127, III, 132, 133, § 6º, 136 e 137.*

✱ **V.** *Súm. nº 20 do STF.*

✱ **V.** *Súm. nº 215 do STJ.*

✱ **V.** *Súmulas nºs 244, 261, 379 e 443 do TST.*

✱ **V.** *Orientações Jurisprudenciais nºs 207, 356 e 399 da SBDI-I do TST.*

DEMISSIONÁRIO – Aquele que pede demissão ou já se demitiu, porém continua em seu posto de trabalho, aguardando sua exoneração ou a posse do que o substituirá. O mesmo que *demitente*.

DEMITIDO – Aquele a quem se concedeu a demissão ou que a sofreu.

DEMITIR – Dispensar do emprego, destituir, exonerar de cargo ou função. Deixar, renunciar, como na demissão de herança.

DEMOCRACIA – Do grego *demos* (povo) e *kratos* (poder). Regime político que teve seu nascimento na Grécia antiga, que a praticava em sua forma *direta* ou *clássica*, em que os membros da comunidade deliberavam diretamente e não tinham, para isso, representantes. Platão e Aristóteles foram os filósofos que cuidaram do estudo das formas de governo, entre elas a democracia. Criou-se, depois, a democracia representativa, cujo grande inspirador foi o abade Siéyès, com a participação do povo, sendo atribuída a quem ele desejar que o represente.

Vigora, hoje, a democracia *semidireta*, que mantém o sistema representativo, mas admite a intervenção *direta* do povo em algumas deliberações dos governantes, como o plebiscito, o referendo, a iniciativa popular, o *recall*, esse último dando possibilidade ao povo de destituir um servidor público que afronte a dignidade do cargo e a confiança do povo. No Brasil, a iniciativa popular tem respaldo na CF (arts. 1º, parágrafo único, 61, *caput*, e § 2º). Esse último declara que "a iniciativa popular pode ser exercida pela apresentação à Câmara dos Deputados de projeto de lei subscrito por, no mínimo, um por cento do eleitorado nacional e distribuído pelo menos por cinco Estados, com não menos de três décimos por cento dos eleitores de cada um deles". Na Democracia são três os poderes: Executivo, Legislativo e Judiciário, que são autônomos e harmônicos entre si. Ela funda-se na autodeterminação e soberania do povo que, por maioria e sufrágio universal, escolhe livremente seus representantes. Garante-se a igualdade perante a lei e a liberdade de ação, de opinião, de crenças, de contratar, adquirir e alienar bens. A Democracia, como se vê, não se cristalizou e pode ainda evoluir para um regime de autênticas e idênticas oportunidades para todos.

DEMOLIÇÃO – Ato de demolir. Desmanchar uma edificação, derrubar um prédio.

DEMORA – Atraso, delonga.

DE MORE UXORIO – (Latim) Conforme o costume do matrimônio.

DENEGAÇÃO – Recusa, indeferimento.

De Justiça: a do juiz denegando petição não inepta, sem justificativa. Decisão judicial com violação do direito expresso.

DENEGAR – Não conceder, negar, indeferir, não conhecer o pedido ou sua pretensão.

DENÚNCIA – Ato de imputar a alguém a prática de uma infração penal. Forma como o promotor de Justiça formaliza a acusação perante o juízo competente, dando início à ação. De maneira circunstanciada, ele narra por escrito o fato criminoso que fundamenta a ação penal pública, informando dia, hora e local onde ocorreu, circunstância de que se revestiu, a qualificação do acusado, esclarecimentos que o identifiquem, classificação da infração e, se necessário, o rol de testemunhas, pedindo, afinal, a condenação do acusado na pena que é atribuída ao crime. No processo penal, a demanda assume três fases: a *denúncia*, quando se trata de ação pública; a *queixa*, quando é ação privada; e *petição*, no processo de aplicação de medida de segurança por fato não criminoso. O inquérito policial acompanhará a denúncia ou queixa, se lhes servir de base. A ação pública será promovida por denúncia do Ministério Público, dependendo de requisição do Ministério da Justiça, ou de representação do ofendido ou de quem tiver qualidade para representá-lo, se a lei o exigir. O órgão do Ministério Público poderá dispensar o inquérito se forem oferecidos, com a representação, elementos que o habilitem a promover a ação penal. Nesse caso, a denúncia será oferecida no prazo de 15 dias. Se o réu estiver preso, o prazo será de 5 dias, a partir da data de recebimento do inquérito policial pelo Ministério Público; e de 15 dias, se o réu estiver solto ou afiançado, caso em que, se o inquérito for devolvido à autoridade policial, o prazo será contado da data em que o Ministério Público o receber de volta. Diz-se também de ato verbal ou escrito pelo qual se informa à autoridade competente fato punível que deve ser averiguado. Notificação de uma parte contratante à outra de que estarão suspensos, a partir de certa data, os efeitos do contrato que vêm cumprindo (CPP, arts. 24 a 62, 384, 505, 508, 513, 564, III, e 569). Diante do crescimento da violência e dos meios precários de combatê-la, criou-se o Disque-Denúncia, e por meio do qual, por telefone e mantendo o anonimato, qualquer pessoa pode denunciar criminosos à Polícia, o que se tem mostrado muito útil, especialmente em casos de sequestro.

✱ *V. art. 406 do CPP (com redação dada pela Lei nº 11.689/2008).*

DENUNCIAÇÃO – Notificação que um país faz a outro de que não deseja prorrogar tratado que ambos assinaram, pelo que, findo o seu termo, não mais observará as cláusulas nele estipuladas.

Caluniosa: configura-se quando o agente pede que se faça investigação policial ou se instaure ação contra outrem, imputando-lhe falsamente crime de que o sabe inocente; a pena é de reclusão de 2 a 8 anos e multa, aumentada da sexta parte se o agente se serve de anonimato ou de nome suposto; e reduzida de metade se a imputação é de prática de contravenção.

✱ *V. CP, art. 339.*

Da lide: dizia-se, anteriormente, *chamamento à autoria* ou *nomeação à autoria*. O terceiro (denunciado) é chamado a intervir como litisconsorte, na ação, da parte que o chamou, que pode ser o autor ou o réu, para que estes se garantam no direito de evicção ou de regresso ou indenização. Ela é obrigatória nas ações reivindicatórias, ou de domínio, ao alienante, quando terceiro reivindica a coisa cujo domínio foi transferido à parte, para que essa possa exercer o direito que da evicção lhe resulta; ao proprietário ou ao possuidor indireto, quando o réu exerce a posse direta da coisa demandada, como nos casos de usufrutuário, locatário, credor pignoratício etc.; ao que estiver obrigado, pela lei ou por contrato, a indenizar, em ação regressiva, o prejuízo do que perder a demanda. Quando o denunciado é o autor, fará a denunciação na própria petição inicial, que o denunciado aditará; se é o réu, hipótese mais comum, fará a denunciação na própria contestação que oferecer. A sentença que julgar procedente a ação valerá como título executivo.

✱ *V. CPC/1973, arts. 70 a 76.*

✱ *V. CPC/2015, arts. 125 a 128.*

DENÚNCIA CHEIA – É denúncia obrigatoriamente motivada da locação do imóvel. O imóvel, que teve sua locação prorrogada automaticamente, findo o prazo estabelecido, só pode ser retomado se for pedido para uso próprio, para uso residencial de ascendente ou descendente que não disponha, assim como seu cônjuge ou companheiro, de imóvel residencial próprio, e outras hipóteses que a lei determina. Atualmente tal exigência foi dispensada.

✱ *V. Lei nº 8.245/1991 (Lei das Locações), arts. 46 e 47.*

✱ *V. Lei nº 12.112/2009.*

DENUNCIADO – Aquele contra quem se fez a *denúncia*. Aquele que é chamado à lide.

DENUNCIAR – Oferecer denúncia de ato infracional ou daquele que o praticou. Avisar quanto ao término e não prosseguimento de um contrato. Notificar, citar, dar a conhecer. Chamar à lide.

DENÚNCIA VAZIA – É a imotivada, que não exige justificativas para a retomada do imóvel locado, nas locações com prazo de locação indeterminado. O proprietário pode fazer uso da denúncia vazia e o inquilino dispõe de 6 meses para desocupar o imóvel, podendo ser despejado se se recusar. Se o locatário permanecer no imóvel por mais 30 dias após a resolução do prazo contratual, sem oposição do locador, presume-se prorrogada a locação por prazo indeterminado. Apesar disso, o locador poderá renunciar ao contrato a qualquer tempo, concedido o prazo de 30 dias para desocupação.

DE OFÍCIO – Da expressão latina *ex officio*, significando: por iniciativa própria ou em função do cargo ou por dever de ofício. Autorização para que o órgão competente possa agir por determinação legal, não precisando de autorização. Indica o dever funcional do juiz de determinar que se realize ato processual sem precisar que as partes o requeiram.

DE OITIVA – Por informações, por ouvir dizer, sem conhecimento próprio. Diz-se de testemunha auricular.

DEPENDÊNCIA – 1. Estado de quem depende de outro; de pessoas ou coisas ligadas entre si. 2. Sujeição ao poder ou autoridade de outrem, subordinado. 3. No Dir. Processual diz-se do processo acessório que se subordina ao principal, por correlação ou por conveniência da Justiça.

Às drogas: estado de necessidade de drogar-se, podendo ser *física* ou *orgânica*, *psicológica* ou *psíquica*.

Econômica: aquele que depende, para viver, do fruto do trabalho de um segurado, tendo por isso direito a receber pensão por morte deste.

DEPENDENTE – 1. Que depende de outra coisa ou pessoa. 2. Que mantém relação de conexão ou acessoriedade com algo principal. 3. Sob o poder ou autoridade de outrem, subordinado, sujeito. 4. Sem bens próprios ou com poucos haveres. 5. Para o Dir. Previdenciário, são os beneficiários de pensão por morte ou auxílio-reclusão, quando enquadrados nas hipóteses legais, na seguinte ordem hierárquica: o cônjuge, a companheira, o companheiro e o filho não emancipado, de qualquer condição, menor de 21 (vinte e um) anos ou inválido ou que tenha deficiência intelectual ou mental ou deficiência grave; os pais; o irmão não emancipado, de qualquer condição, menor de 21 (vinte e um) anos ou inválido ou que tenha deficiência intelectual ou mental ou deficiência grave. 6. Ante a antinomia entre a Lei nº 8.213/1991 e o ECA, acerca do enquadramento do menor sob guarda para fins de enquadramento como dependente para fins previdenciários, a jurisprudência permaneceu cindida por mais de duas décadas, apenas vindo o STJ a se pronunciar em sede de recurso repetitivo em 2018, afirmando a especialidade do ECA em relação à lei previdenciária. Contudo, a Emenda Constitucional nº 103/2019 parece ter restringido o alcance dos direitos da guarda de menores, pois declarou que apenas equiparam-se a filho o enteado e o menor tutelado. 7. Para efeito da apuração da base de cálculo do Imposto de Renda de Pessoa Física, são dependentes o cônjuge/companheiro; a filha, o filho, a enteada ou o enteado, até vinte e um anos, ou de qualquer idade quando incapacitado física ou mentalmente para o trabalho; o menor pobre, até vinte e um anos, que o contribuinte crie e eduque e do qual detenha a guarda judicial; o irmão, o neto ou o bisneto, sem arrimo dos pais, até vinte e um anos, desde que o contribuinte detenha a guarda judicial, ou de qualquer idade quando incapacitado física ou mentalmente para o trabalho; os pais, os avós ou os bisavós, desde que não aufiram rendimentos, tributáveis ou não, superiores ao limite de isenção mensal; e o absolutamente incapaz, do qual o contribuinte seja tutor ou curador. O contribuionte poderá deduzir da base de cálculo do IRPF valores pré-determinados pela legislação, bem como gastos comprovadosa título, por exemplo, de pensão alimentícia, despesas.médicas e com educação.

✱ *V. EC nº 103/2019 (Altera o sistema de previdência social e estabelece regras de transição e disposições transitórias), art. 23 §§ 4º a 7º.*

✱ *V. ECA, art. 33, § 3º.*

✱ *V. Lei nº 8.213/1991 (Dispõe sobre os Planos de Benefícios da Previdência Social), art.16.*

✱ *V. Lei nº 8.112/1990 (Regime Jurídico Único Público Civis da União, Autarquias e Fundações Públicas Federais), art. 227.*

✱ *V. Lei nº 9.250/1995 (Altera a legislação do imposto de renda das pessoas físicas), art. 35.*

✱ *V. Dec. nº 3.048/1999 (Regulamento da Previdência Social), arts. 16 e 17.*

✱ *Súm. nº 4 da TNU.*

DE PLANO – De imediato, sem formalidade, estudo ou exame prévio. Sem maior exame. Diz-se que o juiz decidiu ou despachou de plano, quando ele o faz sem estar sentado em sua cadeira, sobre o estrado, estando em pé, no chão, no plano. É linguagem figurada. Em regra, o juiz medita, examina com calma e profundidade. Mas, no chão, de plano, é como se estivesse com pressa, sem poder deter-se a examinar o que se lhe pediu, então, desembaraça-se do que lhe foi apresentado, ali mesmo, onde está, apressadamente.

DE PLENO DIREITO – Em virtude de direito expresso, cujo efeito jurídico se produz só por efeito da lei.

DEPOENTE – Aquele que presta depoimento, o que depõe perante as autoridades.

DEPOIMENTO – Declaração que alguém presta, perante a autoridade, sobre fatos de seu conhecimento, ou em juízo, sendo reduzida a termo e assinada, quando se exige essa formalidade.

Ad perpetuam memoria (de futura memória): tomado para prevenir a possibilidade de que não possa ser feito quando seria necessário, no futuro, por ter o depoente viajado para lugar desconhecido ou vindo a falecer.

Pessoal: declarações que a parte no processo (autor ou réu) presta na audiência de instrução e julgamento, a requerimento da parte contrária, que assim busca conseguir uma prova direta de seu oponente. A parte será tida por confessa se não comparecer ou, fazendo-o, recusar-se a depor. O juiz pode requerer, de ofício, em qualquer estado do processo, que as partes compareçam para que ele as interrogue sobre os fatos da causa; não pode a parte servir-se de escritos adrede preparados, mas o juiz lhe permitirá a consulta a notas breves, desde que objetivem completar esclarecimentos. A parte não é obrigada a depor de fatos criminosos ou torpes que lhe forem imputados ou daqueles sobre os quais, por estado ou profissão, deva guardar sigilo; essa disposição não é aplicável às ações de filiação e de anulação de casamento.

✱ *V. CPC/1973, arts. 342 a 347.*

✱ *V. CPC/2015, arts. 385 a 388.*

✱ *V. EC nº 66/2010 (Dispõe sobre a dissolubilidade do casamento civil pelo divórcio, suprimindo o requisito de prévia separação judicial por mais de 1 (um) ano ou de comprovada separação de fato por mais de 2 (dois) anos).*

DEPOR – Prestar declarações como testemunha ou parte em processo. Desapossar alguém de um cargo ou do poder (chefes de Estado). Renunciar a cargo ou função.

DEPORTAÇÃO – Banimento, expulsão do País, saída compulsória de estrangeiro que esteja irregularmente no País. Enquanto não se efetivar a deportação, o estrangeiro poderá ser recolhido à prisão por ordem do Ministro da Justiça pelo prazo de 60 dias, que poderá ser prorrogado por idêntico período, findo o qual ele será colocado em liberdade vigiada, em local designado pelo Ministro da Justiça, e terá de observar normas de comportamento que lhe forem determinadas. O descumprimento de qualquer uma dessas normas poderá implicar a prisão administrativa do estrangeiro por 90 dias. O estrangeiro será deportado para seu país de origem ou para outro que consinta recebê-lo. Não sendo exequível a deportação ou se existirem indícios sérios de periculosidade ou indesejabilidade do estrangeiro, far-se-á a sua *expulsão* (q.v.).

✱ *V. Lei nº 6.815/1980 (Estatuto do Estrangeiro), arts. 57 a 64.*

DEPORTAR – Impor a pena de deportação a estrangeiro em situação ilegal no País.

DEPOSIÇÃO – Ato de prestar um depoimento. Renúncia, abdicação de cargo. Forçar alguém a deixar um cargo (chefe de Estado).

DEPOSITANTE – Aquele que faz depósito de dinheiro, títulos ou valores, em bancos, ou de coisas em depósito (armazém).

DEPOSITAR – Colocar em um depósito; fazer depósito de dinheiro, títulos ou valores em um banco.

DEPOSITÁRIO – O que recebe pessoa, coisa, ou quantia em dinheiro para guardar em segurança, com a obrigação de restituir a quem de direito. São equiparados ao depositário, para os efeitos legais, o leiloeiro, o trapicheiro, o gerente, superintendente ou administrador de armazém de depósito e de armazéns gerais, condutor e comissário de transportes. O depositário é:

Infiel: aquele que não restitui o depósito, voluntário ou necessário, quando exigido. É considerada ilícita a prisão civil do depositário infiel.

✱ *V. Súm. Vinc. nº 25 (É ilícita a prisão civil de depositário infiel, qualquer que seja a modalidade do depósito).*

Judicial: quando o juiz o nomeia para a guarda de coisas que são motivo de litígio ou devam estar sob a garantia da Justiça.

Particular: aquele que recebe em depósito voluntário, após a penhora ou exibição judicial, bens móveis ou imóveis cuja condução é arriscada ou dispendiosa.

Público: é o serventuário de Justiça que tem sob sua guarda e conservação coisas que são recolhidas a depósito público, em razão de penhora, arrecadação etc.

✱ *V. CF, art. 5º, LXVII.*

✱ *V. CPC/1973, arts. 558, parágrafo único, e 666, parágrafo único.*

✱ *V. CPC/2015, art. 840.*

✱ *V. CP, art. 168, § 1º, I.*

✱ *V. Lei nº 492/1937 (Regula o penhor rural e a cédula pignoratícia).*

✱ *V. Lei nº 8.866/1994 (Lei do Depositário Infiel).*

DEPÓSITO – Soma de dinheiro colocada em conta bancária. Local onde se depositam ou se estocam mercadorias. Medida preventiva ou de segurança que consiste em entregar a coisa ou pessoa apreendidas à guarda de terceiro. Contrato real pelo qual uma pessoa recebe coisa móvel, certa e determinada, de seu dono, para guardá-la, conservá-la e restituí-la no prazo fixado ou quando reclamada pelo depositante. Esse tipo de depósito é gratuito, porém pode ser remunerado se as partes assim o dispuserem. O depósito é:

Abandonado: aquele que está por mais de 20 anos em bancos sem ter sido reclamado nem movimentado.

Bloqueado: provisão de dinheiro em conta bancária bloqueada.

De menores: diz-se do ato de entregar menor desgarrado de seus pais ou responsáveis ou abandonado a pessoa ou estabelecimento idôneos.

Em pagamento: pagamento por consignação judicial.

Judicial: quando feito por ordem do juiz, como ato preparatório da ação, no arresto, sequestro, na busca e apreensão etc.

Necessário: aquele que decorre de obrigação legal ou necessidade ocasional imprevista. Subdivide-se em: *legal*, se determinado por lei; *miserável*, se decorre por emergência, evento fortuito ou por imperiosa necessidade, como no caso de uma calamidade.

Preparatório de ação: medida preliminar à propositura de ação executiva, nas ações de retro-venda, redibitória e de remissão de penhor, por mandado do juiz e que não admite contestação nem impugnação.

Público: estabelecimento onde são guardados bens objetos de demanda, penhorados ou arrestados, de órfãos, de herança jacente etc., cuja remoção para o depósito depende de ordem do juiz.

Voluntário ou convencional: efetuado por livre vontade das partes interessadas; é modalidade de depósito extrajudicial e divide-se em: *civil*, se a natureza da coisa que lhe serve de objeto for civil; *extrajudicial*, se realizado fora do juízo; *irregular* ou *impróprio*, quando o depositário pode utilizar-se de coisas em depósito, obrigando-se a restituí-las na mesma espécie, qualidade e quantidade; confunde-se então com o *mútuo*; *mercantil*, feito por comerciante ou por conta desse, é o depósito voluntário ou oneroso de coisa comerciável; *particular*, aquele de coisa objeto de penhora, feito a terceiro por acordo entre as partes em litígio; *regular*, aquele de coisa infungível ou da qual o depositário não pode dispor.

DEPÓSITO RECURSAL – Quantia que deve ser recolhida pela parte sucumbente em reclamatória trabalhista, para admissão de recursos na Justiça do Trabalho. Até a entrada em vigor da Lei nº 13.467/2017 (Reforma Trabalhista), o depósito era feito em conta vinculada de FGTS, em nome do trabalhador. A partir da alteração legislativa, passou a ser feito em conta judicial. A Lei nº 13.467/2017 também passou a conceder benefícios a entidades sem fins lucrativos, empregadores domésticos, microempresas, empresas de pequeno porte, entidades filantrópicas e empresas em recuperação judicial. Por fim, passou a ser admitido o oferecimento de fiança bancária ou seguro garantia como alternativa ao depósito em espécie.

✱ *V. CLT, art. 899, §§ 1º a 11.*

DEPRAVAÇÃO – Corrupção, dissolução dos costumes, desregramento moral, perversão.

DEPRAVADO – Indivíduo sem moral, dissoluto; corrupto, pervertido, de costumes desregrados, imoral.

DEPRECAÇÃO – Ato de deprecar, de pedir a uma autoridade que pratique ato indispensável ao andamento da lide que está sob a jurisdição de outra autoridade. Ato de expedir a *deprecada*.

DEPRECADO – O juiz ou o juízo para o qual se remete *precatória*.

DEPRECANTE – Juiz ou juízo que expede a outro carta precatória ou rogatória.

DEPRECAR – Fazer pedido, um juiz a outro, por meio de deprecada; enviar carta precatória ou rogatória pedindo diligência a outro juiz ou juízo. Rogar, suplicar.

DEPRECATA – Nome genérico dado às cartas tanto precatórias quanto rogatórias.

DEPRECIAÇÃO – Ato ou efeito de depreciar. Redução do valor econômico ou do preço de coisa ou mercadoria. Diferença entre o valor nominal de aquisição de um produto e seu valor atual aferido por meio de avaliação.

DEPREDAÇÃO – Ato ou efeito de depredar. Saque, espoliação. Ato de invadir e causar dano a propriedade alheia.

DE QUEM DE DIREITO – Expressão utilizada nas lides forenses, que significa: por parte de pessoa com poder para tomar conhecimento do fato, que se lhe encaminha, para agir e decidir. Muito utilizada nas reclamações encaminhadas à Administração Pública.

DERRAME – Diz-se de vazamento e perda de mercadoria durante seu transporte, verificando-se posteriormente a redução do peso em relação àquele que consta do conhecimento.

DERRELIÇÃO – Um dos modos de perda da propriedade pelo abandono voluntário da coisa, por seu detentor ou proprietário, com a intenção de desfazer-se dela, de não mais possuí-la.

DERRELITO – Aquilo que é abandonado, voluntariamente, por seu possuidor; desamparado, sem dono.

DERROGAÇÃO – Ato de derrogar. Revogação parcial de uma lei, por ato do poder competente. Pode ser *expressa*, quando menciona, claramente, a parte que está sendo anulada ou substituída; e *tácita*, quando colide o novo dispositivo com o que antes vigorava. Determina a LINDB (antiga LICC) que "a lei terá vigor até que outra a modifique ou revogue". E ainda: "A lei nova, que estabeleça disposições gerais ou especiais a par das já existentes, não revoga nem modifica a lei anterior".

✱ *V. LINDB (antiga LICC), art. 2º, § 2º.*

DERROGAR – Abolir, modificar ou anular parcialmente uma lei.

DERROGATÓRIO – Aquilo que implica *derrogação* (q.v.).

DESABAMENTO – Queda de muro ou de casa, por efeito de deterioração, má construção ou por efeito de forças da natureza.

Causar: é crime previsto no CP, que consiste em provocar desabamento ou desmoronamento que exponha a perigo a vida, a integridade física ou o patrimônio de outrem. A pena é de 1 a 4 anos de reclusão, e multa. Se o crime é culposo, a pena será de detenção, de 6 meses a 1 ano.

✱ *V. CP, art. 256.*

DESABONAR – Depreciar, desacreditar, desmoralizar; fazer com que alguém sofra danos em sua reputação.

DESACATO – Desobediência intencional a superior hierárquico ou a pessoa que está investida de autoridade em função do seu cargo, quando em seu exercício, por meio de palavras, gestos, ameaça, vias de fato, violência, escritos, desenhos afrontosos, falta de consideração ou de obediência hierárquica. São requisitos dessa ação dolosa: que o paciente seja funcionário do Governo; que o fato resulte do exercício de uma função pública; que haja dolo específico do agente. A pena é de detenção de 6 meses a 2 anos e multa.

✱ *V. CP, art. 331.*

DESACOLHER – Não acolher, negar o recebimento, negar o provimento, a acolhida.

DESAFETAÇÃO – (Direito Administrativo) – Necessária para a venda de bem de uso comum do povo ou de uso especial, poderá constar da mesma norma que autorize a alienação, observadas previamente sua avaliação e concorrência, formalidades administrativas indispensáveis para a venda de bem público imóvel.

DESAFORADO – Impertinente, insolente, atrevido. No Cível, é aquilo que está liberado do pagamento do foro. No Dir. Processual, é a transferência de processo de um foro ou juízo para outro.

DESAFORAMENTO – Transferência de uma causa, ou afastamento de competência, de um juízo para outro.

De julgamento: verifica-se quando existe interesse de ordem pública ou dúvida sobre a imparcialidade de júri ou sobre a segurança pessoal do réu, e o Tribunal de Apelação, a requerimento de qualquer das partes interessadas ou por representação do juiz, e ouvido o procurador-geral, poderá desaforar o julgamento para outra comarca ou termo próximo, em que não subsistam aqueles motivos, após informação do juiz, se a medida não tiver sido solicitada, de ofício, por ele próprio. Não será concedido o desaforamento se não ficar provada a parcialidade do júri. Também poderá o Tribunal de Apelação, a requerimento do réu ou do Ministério Público, determinar o desaforamento, se o julgamento não se realizar no período de 1 ano, contado do recebimento do libelo, desde que para a demora não haja concorrido o réu ou a defesa.

✱ *V. CPP, art. 424 e parágrafo único.*

No Tribunal do Júri: V. arts. 427 e 428 do CPP (com redação dada pela Lei nº 11.689/2008).

DESAFORAR – Transferir de um juízo para outro o julgamento de uma causa; deslocar, do foro do delito para outro próximo, a competência para o júri julgar o réu.

DESAFRONTA – Desagravo, desforra.

DESAGRAVO – Reparação de uma ofensa ou dano; provimento a um recurso ou agravo. Vingança de um agravo ou ofensa. Desafronta, desforra.

DESAJUSTE – Rompimento de um ajuste, descumprimento de um contrato. Ato de desajustar.

DESANEXAÇÃO – Ato de desanexar. Separação de coisas que estavam juntas, anexadas. Desmembramento de território, administrativo ou judicial.

DESAPARECIDO – Aquele que desapareceu de seu domicílio habitual e não mais foi encontrado; aquele cuja morte se presume, embora não se lhe descubra o cadáver. Não se confunde com o *ausente*.

D

DESAPOSENTAÇÃO – 1. Ato de desaposentar. 2. Retirada da aposentadoria concedida. 3. Alteração da aposentadoria de quem já se encontrava aposentado para incluir no valor desta o correspondente às novas contribuições à Previdência Social decorrentes do trabalho que continuou realizando depois de concedido o benefício. O Supremo Tribunal Federal, no julgamento dos Recursos Extraordinários (RE) nº 381367, de relatoria do ministro Marco Aurélio, RE nº 661256, com repercussão geral, e RE nº 827833, ambos de relatoria do ministro Luís Roberto Barroso, entendeu que a aposentadoria já concedida não pode ser recalculada por desaposentação sem previsão em lei.

DESAPOSSAMENTO – Tirar de alguém a posse de uma coisa. Despojamento, renúncia à posse.

DESAPOSSAR – Esbulhar, espoliar. Tirar a posse de uma coisa a alguém.

DESAPROPRIAÇÃO – Ato de império, facultado à União, aos Estados, ao Distrito Federal e aos Municípios, ou a cessionários de serviços públicos quando expressamente autorizados por ato ou contrato, que consiste em retirar de alguém a propriedade de um bem imóvel, pagando-lhe uma indenização. O mesmo que *expropriação*. Compete privativamente à União legislar sobre desapropriação. Diz a CF que a lei estabelecerá o procedimento para desapropriação por necessidade ou por utilidade pública, ou ainda por interesse social, mediante justa e prévia indenização, em dinheiro, ressalvados os casos que ela prevê. Não podem ser desapropriadas, para fins de reforma agrária, a pequena e média propriedades rurais, desde que seu proprietário não possua outra; e também a propriedade produtiva. As operações de transferência de imóveis desapropriados para fins de reforma agrária estão isentas de impostos federais, estaduais e municipais. As benfeitorias úteis e necessárias serão indenizadas em dinheiro. O Poder Público Municipal pode, mediante lei específica para área incluída no Plano Diretor, exigir do proprietário de solo urbano não edificado, subutilizado ou não utilizado, que promova seu adequado aproveitamento sob pena de desapropriação com pagamento mediante títulos da dívida pública com prazo de resgate de até 10 anos em parcelas anuais. A desapropriação é uma das formas de perda da propriedade imóvel, por necessidade ou utilidade pública. Nos contratos de penhor, anticrese e hipoteca, a dívida considerar-se-á vencida se se desapropriar a coisa dada em garantia, depositando-se a parte do preço que for necessária para o pagamento integral do credor. Conservam seus respectivos direitos os credores, hipotecários ou privilegiados sobre o valor da indenização, se a coisa obrigada à hipoteca ou privilégio for desapropriada ou submetida a servidão legal. Fica também sub-rogada no ônus do usufruto, em lugar do prédio, a indenização paga, se for desapropriado. O credor anticrético não terá preferência sobre a indenização de desapropriação de prédio sobre o qual reivindica direitos. A cláusula de inalienabilidade temporária ou vitalícia imposta aos bens pelos testadores ou doadores só poderá ser invalidada nos casos de expropriação. O Dec.-lei nº 3.365/1941, que dispõe sobre desapropriação por utilidade pública declara que "ficam sub-rogados nos preços quaisquer ônus ou direitos que recaiam sobre o bem expropriado". Relaciona, também, todas as hipóteses de utilidade pública, no caso. Se o prédio objeto de desapropriação estiver sujeito a constituição de renda, aplicar-se-á em constituir outra o preço do imóvel obrigado; o mesmo destino terá, em caso análogo, a indenização do seguro. Extingue-se a servidão sobre prédio desapropriado. O imóvel expropriado será oferecido ao ex-proprietário pelo preço pelo qual o foi, caso não tenha o destino para o qual foi desapropriado. Os bens expropriados, incorporados à Fazenda Pública, não podem ser objeto de reivindicação, mesmo fundada em nulidade do processo de desapropriação. Qualquer ação, julgada procedente, resolver-se-á por perdas e danos. Permite-se a ocupação temporária, que será indenizada, afinal, por ação própria, de terrenos não edificados, vizinhos às obras públicas e necessários a sua realização. O expropriante prestará caução, quando exigida (CF, arts. 5º, XXIV, 22, II, 184; CC, arts. 959, II, 960, 1.275, 1.276, 1.387, parágrafo único, 1.409, 1.425, V, e 1.911, parágrafo único), por utilidade pública; Lei nº 4.132/1962, que define os casos de desapropriação por interesse social; Dec.-lei nº 4.152/1942; Lei nº 2.786/1956, que alteram o Dec.-lei nº 3.365/1941, sobre desapropriação por utilidade pública. Ver Súmulas nºs: 23, 111, 164, 345, 416, 475, 476, 561, 618 do STF; e 39, 42, 62, 69, 70, 75, 109 e 110 do TFR; Lei nº 8.257/1991, que dispõe sobre a expropriação de glebas nas quais se localizem culturas ilegais de plantas psicotrópicas). O CC/2002 ampliou o sistema de desapropriação. O proprietário pode perder o imóvel se a área for extensa e estiver na posse ininterrupta e de boa-fé, por mais de 5 anos, de número considerável de pessoas que realizaram nele obras e serviços de interesse social.

DESAPROPRIADO – Sujeito passivo da desapropriação; o que foi objeto de processo desapropriatório.

DESAPROPRIANTE – Sujeito ativo da desapropriação.

DESAQUINHOAR – Privar do quinhão da cota-parte.

DESARRESTAR – Levantar o *arresto* (q.v.).

DESATIVAÇÃO TEMPORÁRIA DO CONSIGNATÁRIO – É a inabilitação do consignatário pelo período de até doze meses, vedada inclusão de novas consignações no SIAPE e alterações das já efetuadas.

DESAUTORADO – Destituído de sua autoridade, de seu cargo. Diz-se daquele a quem se negou autoridade ou não lhe foi esta reconhecida e respeitada. O mesmo que *exautorado*.

DESAUTORAR – Degradar, punir uma pessoa, tirando-lhe o cargo, a dignidade, o posto, ou a autoridade de que se achava investido. Rebelar-se contra o superior hierárquico, desacatando-o ou faltando com o respeito à autoridade de seu cargo.

DESCAMINHO – Crime contra o Erário, praticado por particular, que consiste em ato fraudulento destinado a evitar, no todo ou em parte, o pagamento na Alfândega de direitos ou impostos devidos pela entrada, saída ou consumo de mercadorias, com pena de reclusão, de 1 (um) a 4 (quatro) anos. O § 1º do art. 334 do CP, com a redação dada pela Lei nº 13.008/2014, equipara outras condutas ao tipo penal, como a aquisição, venda, exposição, utilização em proveito próprio ou alheio etc., de mercadoria de procedência estrangeira introduzida clandestinamente no País ou que o agente sabe ser produto de importação fraudulenta por parte de outrem. Se for funcionário público que facilite a prática do delito por outrem, a pena é de 3 (três) a 8 (oito) anos. A competência para processamento é do Juízo Federal do lugar da apreensão dos bens. Os especialistas apontam diferenças entre *descaminho* e *contrabando* (q.v.). Este se configura pela importação ou exportação fraudulenta de mercadorias, cuja entrada, saída e comercialização no País são totalmente proibidas; no *descaminho* a mercadoria poderia entrar ou sair do País, sem qualquer proibição, desde que fosse efetuado o pagamento do tributo devido. Por outro lado, o contrabando afeta a higiene, a moral, a segurança e a economia pública; o descaminho, apenas os cofres do Estado. A pena de perdimento de veículo utilizado em contrabando ou descaminho somente se justifica se demonstrada, em procedimento regular, a responsabilidade de seu proprietário na prática do ilícito.

✱ *V. CP, arts. 318 e 334.*

✱ *V. Súm. nº 138 do TFR.*

✱ *V. Súm. nº 151 do STJ.*

DESCARGA – Registro da devolução de autos que estavam com vistas a advogado no protocolo de carga do cartório ou secretaria. O mesmo que *baixa na carga*. Retirada da carga de um navio ou de outro veículo de transporte. Quitação de dívida; liberação de encargo ou obrigação.

DESCENDENTE – O que se origina, provém, procede, descende de alguém. A lei não permite o casamento de ascendente com descendente, seja o parentesco legítimo ou ilegítimo, seja natural ou rival. O descendente até o 3º grau de alguma das partes, por consanguinidade ou afinidade, não pode ser admitido como testemunha. Não corre prescrição entre o descendente e o ascendente durante o poder familiar. A lei confere hipoteca aos descendentes sobre imóveis do ascendente que lhe administra os bens. O descendente é o primeiro na ordem de vocação hereditária. O direito de representação dá-se na linha reta descendente, mas nunca na ascendente. A legitimação dos filhos falecidos aproveita aos seus descendentes. Os descendentes estão proibidos de advogar contra ascendentes; comprar imóvel ao ascendente. É nula a troca de valores desiguais entre ascendentes e descendentes sem o consentimento expresso dos outros descendentes. Caduca o legado, em todas as suas disposições, sobrevindo descendente sucessível ao testador que o não tinha, ou não o conhecia quando testou, se esse descendente sobreviver ao testador.

✱ *V. CC, arts. 142, IV, 143, 197, III, 228, 229, 496, 533, II, 1.489, II, 1.497, 1.521, I, 1.548, I e II, 1.696, 1.697, 1.829, 1.835, 1.836, 1.838, 1.857, 1.962, 1.972 e 2.000.*

DESCER – Baixar; passar o processo do juízo para o cartório, de instância superior para inferior.

DESCLASSIFICAÇÃO DO CRIME – Ato do juiz ou de tribunal competente que, ao decretar a pronúncia do acusado, altera a classificação do delito que consta na queixa ou na denúncia, atribuindo-lhe maior ou menor gravidade, com a consequência de reduzir ou aumentar a pena. Também o Conselho de Sentença modifica a pena a ser aplicada pelo Tribunal do Júri. Se o juiz da pronúncia desclassificar a infração para outra atribuída à competência de juiz singular, deve observar o que dispõe o art. 410 do CPP, isto é, remeter o processo ao juiz que seja competente para julgar. Reabre-se ao acusado prazo para defesa e indicação de testemunhas. Não se admitirá que sejam arroladas testemunhas já anteriormente ouvidas. Se a desclassificação for feita pelo próprio Tribunal do Júri, a seu presidente caberá proferir a sentença.

✱ *V. CPP, arts. 74, § 3º, 410 e 492, § 2º.*

DESCONFORMIDADE – Discordância, divergência, falta de conformidade.

DESCONSIDERAÇÃO DA PERSONALIDADE JURÍDICA – 1. Teoria advinda da jurisprudência inglesa, tendo grande aceitação nos Estados Unidos, e difundindo-se para outros países. É o enfoque dado à figura do sócio para a ineficácia de um ato praticado em nome da sociedade, ignorando-se-lhe a existência como pessoa jurídica. Para o Dir. brasileiro, é admitida, como regra, na hipótese de abuso de personalidade jurídica, caracterizado pelo desvio de finalidade ou confusão patrimonial. 2. A teoria da desconsideração foi também adotada pela Lei

D

nº 9.605/1998, referente ao meio ambiente, pela Lei nº 12.529/2011, no que diz respeito à defesa da livre concorrência, e pela Lei nº 12.846/2013, que diz respeito à repressão a atos contra a Administração Pública. Em todas essas hipóteses, a desconsideração pode ser promovida em sede administrativa pelos Órgãos competentes para a apuração de irregularidades. 3. Com o CPC/2015, passou a ser previsto procedimento autônomo para declaração de responsabilidade de sócios e/ou diretores por atos da pessoa jurídica, cuja decisão tem carga preponderantemente declaratória, pois reconhece alguma das hipóteses para redirecionamento da pretensão originalmente deduzida em face da pessoa jurídica. Entretanto, grande parte da doutrina sustenta sua inaplicabilidade ao Processo do Trabalho, alegando que prejudica a celeridade da fase de execução. 4. Com a nova disciplina da fraude à execução no CPC/2015, a declaração de desconsideração da personalidade jurídica somente implica a ineficácia de alienações de bens dos sócios realizadas após a citação do alienante em incidente próprio. 5. O redirecionamento de atos de expropriação em face do sócio/administrador sem prévia instauração do incidente permite a oposição de embargos de terceiro, para levantamento de eventual constrição sobre bens próprios do embargante. 6. A Lei nº 13.467/2017 (Reforma Trabalhista) incluiu, no Capítulo III, da CLT, a Seção IV, a respeito do incidente de desconsideração da personalidade jurídica, com referência expressa ao disciplinado no CPC. Ademais, esclareceu quais são os recursos adequados nesta hipótese. 7. A Lei nº 13.874/2019 alterou substancialmente a redação do art. 50 do Código Civil, definindo restritivamente quais situações configuram desvio de finalidade ou confusão patrimonial, com o expresso propósito de compelir o Poder Judiciário a prestigiar a autonomia patrimonial entre pessoas jurídicas e seus sócios/administradores,sob o argumento de que a segregação de bens estimularia empreendimentos, geração de empregos, renda e inovação em benefício de todos.

✱ *V. CC, arts. 49-A, 50 e 980-A, § 7º.*

✱ *V. CDC, art. 28.*

✱ *V. CPC/2015, arts. 133 a 137; 674, § 2º, III; 790, VIII; 792, § 3º.*

✱ *V. CLT, art. 855-A.*

✱ *V. Lei nº 9.605/1998 (Dispõe sobre as sanções penais e administrativas derivadas de condutas e atividades lesivas ao meio ambiente), art. 4º.*

✱ *V. Lei nº 12.529/2011 (Estrutura o Sistema Brasileiro de Defesa da Concorrência e dispõe sobre a prevenção e repressão às infrações contra a ordem econômica), art. 34.*

✱ *V. Lei nº 12.846/2013 (Dispõe sobre a responsabilização administrativa e civil de pessoas jurídicas pela prática de atos contra a administração pública), art. 14.*

DESCONTADOR – Endossatário do título descontado; aquele que desconta título de crédito e adianta seu valor em dinheiro.

DESCONTÁRIO – Portador de título de câmbio que tem legitimidade e o desconta, endossando-o ao descontador.

DESCONTO – Dedução de uma quantia no pagamento, no salário, para previdência, contribuição ou mensalidade sindical, seguros etc. Prêmio ao devedor que salda obrigação antes do prazo. Abatimento no preço de produto adquirido e pago à vista. Redução de juros relativos à antecipação de prazo no pagamento de um título.

Na fonte: recolhimento antecipado de parcelas devidas, por exemplo, o imposto de renda sobre salário.

Por dentro: no qual se leva em conta o valor real do título e os juros que lhe são devidos; também se diz *racional*.

Por fora: em que apenas se considera o valor lançado no título e não aquele acrescido de juros e outras vantagens.

Previdenciários e fiscais: A responsabilidade pelo recolhimento das contribuições social e fiscal, resultante de condenação judicial referente a verbas remuneratórias, é do empregador e incide sobre o total da condenação. Contudo, a culpa do empregador pelo inadimplemento das verbas remuneratórias não exime a responsabilidade do empregado pelos pagamentos do imposto de renda devido e da contribuição previdenciária que recaia sobre sua quota-parte.

✱ *V. Orientação Jurisprudencial nº 362 da BDI – Transitória do TST.*

DESCONTO EM FOLHA DE PAGAMENTO – *V. consignação em folha de pagamento.*

DESCREDENCIAMENTO DO CONSIGNATÁRIO – É a inabilitação do consignatário, com rescisão do convênio firmado com o Ministério do Planejamento, Orçamento e Gestão, bem como a desativação de sua rubrica e perda da condição de cadastrada no SIAPE, ficando vedada qualquer operação de consignação no SIAPE pelo período de sessenta meses.

DESCRIÇÃO DE BENS – Rol necessário no processo de inventário dos bens do *de cujus* quando de seu falecimento.

DESCRIMINANTE – Circunstância que exime da responsabilidade criminal. O mesmo que *dirimente, escusativa, excludente, justificativa.* São descriminantes a legítima defesa, o estado de necessidade, o estrito cumprimento do dever legal e o exercício regular de direito.

DESCRIMINAR – Isentar de culpa; absolver do crime de que alguém foi acusado. Excluir a criminalidade ou a antijuridicidade de um fato. Inocentar.

DESCUIDISTA – Dá-se essa denominação ao ladrão que furta sem violência física ou material, valendo-se do *descuido* de quem é furtado para levar objetos que podem ser facilmente carregados. Por exemplo, aquele que leva objetos de carro estacionado com o vidro das portas abaixado; o que se apossa de coisas deixadas num banco de praça pública enquanto o dono se distrai conversando com um amigo etc.

DESCUMPRIMENTO – Inadimplemento; falta de cumprimento de cláusulas de um contrato ou obrigação.

DESEMBARAÇAR – Liberar mercadoria ou bagagem na alfândega, preenchendo as formalidades regulamentares, pagando impostos, fretes ou taxa. Desimpedir ou licenciar a saída de navio do porto.

DESEMBARGADO – Que não sofre embargo, do qual se levantou o embargo; aquele que está livre de ônus ou de apreensão judicial.

DESEMBARGADOR – Título que recebe o juiz de segunda instância; membro do Tribunal de Justiça de cada Estado.

DESEMBARGAR – Promover o desembargo; levantar o embargo; desembaraçar coisa judicialmente apreendida.

DESEMPATADOR – Aquele que decide uma questão na qual havia empate, dando seu voto a favor ou contra o objeto de votação. Diz-se do terceiro perito, nomeado pelo juiz, que decide entre laudos divergentes dos outros dois peritos.

DESEMPATAR – Resolver pendências pelo voto, a favor de uma das partes, quando a decisão sobre ela está empatada.

DESEMPENHAR – Resgatar, desobrigar coisa penhorada; cumprir a função a que se está obrigado por exigência do cargo.

DESEMPENHO – Ato de desempenhar. Qualidade do trabalho, bom ou mau, executado. Exercício de função profissional. Execução, cumprimento.

DESEMPREGO – 1. Ação de desempregar. 2. Falta de emprego. 3. Situação do trabalhador que está sem ocupação de que possa prover seu sustento ou o de sua família. .4. Para fins estatísticos, considera-se desemprego a ausência de ocupação, formal ou informal, de quem está procurando trabalho. Quando o desempregado desiste de encontrar ocupação, passa a ser denominado *desalentado*. 5. A CF prevê o proteção dos trabalhadores em relação ao desemprego involuntário em diversos dispositivos,; contudo, não foi regulamentada até hoje a garantia prevista no art. 7º, I, sob a alegação de que a própria CF já teria protegido o trabalhador ao estabelecer a multa rescisória incidente sobre o saldo de FGTS. Apenas em hipóteses restritas a legislação prevê garantias provisórias de emprego, tais como no caso da gestante, do empregado acidentado e de dirigentes sindicais. 6. As estatísticas oficiais sobre desemprego são cada vez menos fidedignas, pois amparadas no Cadastro Permanete de Admissões e dispensas de Empregados (CAGED), alimentado apenas pelas empresas que declaram seus trabalhadores formais, através do preenchimento das Relações Anuais de Informações Sociais (RAIS), desconsiderando diversas formas atípicas de trabalho realizadas no contexto atual de precarização das relações econômicas.

✱ *V. CF, arts.7º, I, II e XXVII, 170, VIII, 201, III, e 239.*

✱ *V. ADCT, art.10.*

✱ *V. Lei nº 4.923/1965 (Institui o Cadastro Permanente das Admissões e Dispensas de Empregados).*

DESENTRANHAMENTO – Ato ou fato de desentranhar, retirar dos autos, com autorização do juiz, peça ou documento a requerimento da parte a quem pertence, ou da parte adversa, quando esta o permite.

DESERÇÃO – 1. Para o Dir. Processual é a sanção consistente no perecimento do recurso por não ter sido preparado, remetido e apresentado no prazo legal, sem que haja justificativa ou prova de justo impedimento. Situação de processo em que a parte não pagou as despesas às quais estava obrigada; não efetuado o depósito para que o apelo tenha curso, este é julgado deserto, não prossegue. Se o réu condenado fugir depois de haver apelado, será declarada deserta a apelação. A menos que a parte comprove sua pobreza, nas ações intentadas mediante queixa, nenhum ato ou diligência se realizará sem que seja depositada em cartório a importância das custas. A falta do pagamento das custas, nos prazos fixados em lei ou marcados pelo juiz, importará renúncia à diligência requerida ou deserção do recurso interposto. 2. Para o Dir. Penal Militar é o delito de abandono ou ausência do militar, sem legítima licença ou causa justificada, do corpo a que pertence ou da função que desempenha.

✱ *V. CPC/1973, arts. 511 e 519.*

✱ *V. CPC/2015, art. 1.007.*

✱ *V. CPPM, arts. 451 a 457.*

✱ *V. Dec.-lei nº 4.124/1942 (Dispõe sobre os crimes de deserção e engajamento de brasileiro sem a devida autorização em equipagem de navio estrangeiro).*

DESERDAÇÃO – Ato de privar o testador da herança, com motivo justo, ascendente ou descendente, nas situações previstas em lei. O filho havido fora do casamento e reconhecido pode ser privado da herança nos casos previstos nos arts. 1.814 e 1.962 do CC, que configuram atos ou tentativas contra a vida, contra a honra e contra a livre vontade da pessoa

D

de cuja sucessão se tratar; e ainda, ofensas físicas, injúria grave, relações ilícitas com a madrasta e o padrasto, desamparo do ascendente em alienação mental ou grave enfermidade. Desonestidade de filhos que vivam na casa paterna. O mesmo que *exerdação*. Outras causas, além destas, autorizam a deserdação dos ascendentes pelos descendentes, como relações ilícitas com a mulher do filho ou neto ou com o marido da filha ou neta; desamparo do filho ou neto em alienação mental ou grave enfermidade; ofensas físicas e injúria grave (CC, arts. 1.814, 1.962 e 1.963). O CC/2002 aboliu a deserdação por "desonestidade da filha que vive na casa paterna".

DESERDAR – Ato pelo qual o testador exclui de sua herança o herdeiro necessário, com base nos casos e formas que a lei civil define. Em qualquer dos casos de indignidade, a exclusão do herdeiro ou legatário será declarada por sentença, em ação ordinária, movida por quem tenha interesse na sucessão. O herdeiro assim excluído poderá ser admitido na herança se a pessoa ofendida, cujo herdeiro ele for, assim o resolveu por ato autêntico ou testamento. O excluído da sucessão é obrigado a restituir os frutos e rendimentos que dos bens da herança houver percebido. São pessoais os efeitos da exclusão. Os descendentes do herdeiro excluído sucedem, como se ele morto fosse. O excluído não terá direito a usufruto e administração dos bens que a seus filhos couberem na herança, ou à sucessão eventual desses bens. São válidas as alienações de bens hereditários e os atos de administração legalmente praticados pelo herdeiro excluído antes da sentença de exclusão; mas aos coerdeiros subsiste, quando prejudicados, o direito a demandar-lhe perdas e danos. O herdeiro excluído terá o direito a reclamar indenização por quaisquer despesas feitas com a conservação dos bens hereditários, e cobrar os créditos que lhe assistam contra a herança. Prescreve em 4 anos a ação do interessado em pleitear a exclusão do herdeiro ou provar a causa da sua deserdação, e bem assim a ação do deserdado para a impugnar, contado o prazo da abertura da sucessão. O mesmo que *exerdar*.

✱ *V. CC, arts. 178, 1.814 e 1.962.*

DESERTAR – Abandonar o recurso, quando por descumprimento do prazo legal para seu preparo ele perde o efeito. Fugir do serviço militar, ausentar-se sem licença de seu posto ou do quartel.

DESERTO – Denomina-se assim o recurso que decaiu por não ter sido preparado e apresentado no prazo que a lei estabelece, na primeira ou na superior instância. *V. Deserção.*

DESFALQUE – Desvio culposo de dinheiro alheio, do qual alguém se apropria de modo irregular, com abuso das funções ou do cargo que exerce.

DESFIGURAÇÃO – Alteração da figura jurídica de um delito, ou de ato processual. Descaracterização de ato ou contrato.

DESFORÇO – A lei autoriza o possuidor turbado ou esbulhado a manter-se na posse em caso de turbação, ou restituir-se no de esbulho e segurado de violência iminente, de imediato, por sua própria força, porém o desforço não deve ser superior ao indispensável para a repulsa ao esbulho ou turbação.

✱ *V. CC, art. 1.210.*

DESGRAVAR – Livrar do gravame, desonerar, desobrigar.

DESÍDIA – Elemento de culpa que consiste em executar tarefa a que se está obrigado, por contrato de trabalho, com negligência, desatenção, descuido, desleixo e imprudência. Pode ser: *dolosa* ou *intencional*, quando o empregado causa, por sua vontade, prejuízo ao empregador; *culposa* ou *não deliberada* ou *propriamente dita*, quando há negligência ou imprudência na execução dos deveres funcionais. A desídia é justa causa para dispensa do empregado.

✱ *V. CLT, art. 482, e.*

DESIGNAÇÃO – Ato de designar; escolha de funcionário para ocupar cargo vago na Administração Pública. Indicação de uma pessoa, ou coisa, entre muitas outras. Ato de arrolar testemunhas ou de fixar data e hora para a prática de atos forenses.

De poderes: ato pelo qual se delimitam os poderes do mandatário.

DESINDICIAR – É a declaração da não imputabilidade de um ato delituoso ao indiciado.

DESIPOTECAR – Liberar de hipoteca um imóvel.

DESISTÊNCIA – 1. Ato de desistir. 2. Abandono de uma pretensão. Renúncia voluntária a um direito ou a um interesse. 3. Quitação de dívida, sem ônus para o devedor. 4. Abandono do recurso já interposto.

Da herança: ato do herdeiro que, depois de aceitar a herança, transmite a outro o direito que possui sobre ela. O mesmo que *renúncia da herança*.

Voluntária: quando o agente, de livre e espontânea vontade, deixa de consumar o delito, por omissão; ele cessa, de moto próprio, a atividade que constituía o começo da execução; difere do *arrependimento eficaz*, visto que nesse não há somente uma cessação da atividade que levaria ao delito, mas sim uma ação contrária que impede a concretização do resultado pretendido. Tanto na *desistência voluntária* como no *arrependimento eficaz*, o agente responde apenas pelos atos já praticados, desde que se prove que foi espontânea sua modificação do procedimento inicial.

DESISTÊNCIA DA AÇÃO – 1. Ato pelo qual o autor renuncia à ação, por meio de termo nos autos, antes ou depois da contestação, neste último caso com a anuência do réu e sem recompensa para este. Depende de homologação por sentença, a qual implica a extinção do processo sem julgamento do mérito, arcando a parte que desistiu com os honorários e demais despesas. Em caso de reconvenção, a desistência pelo autor não obsta o prosseguimento do processo em relação aos pedidos contrapostos pelo réu. Também é possível em processo de execução, no todo ou em parte, mas se forem opostos embargos pelo executado, este último terá que concordar, salvo se o fundamento dos embargos for questão exclusivamente processual. 2. É cabível também em Processo Penal, nos crimes de ação penal privada e nos crimes de ação penal privada substitutiva de ação penal pública. Jamais o Ministério Público poderá desistir de ação penal já proposta. 3. Na seara trabalhista, a Lei nº 13.467/2017 (Reforma Trabalhista) proibiu o reclamante de desistir da ação sem o consentimento do réu, depois de oferecida a contestação (impressa ou eletronicamente). *V. Abandono de instância.*

✱ *V. CPC/1973, arts. 26, 158, parágrafo único, 267, VIII e § 4º, 298, parágrafo único, 317 e 569.*

✱ *V. CPC/2015, arts. 90, 200, 335, 343, 485 e 775.*

✱ *V. CPP, arts. 26, 42 e 522.*

✱ *V. CLT, art. 841, § 3º.*

DESISTIR – Renunciar, fazer cessar, não prosseguir.

DESLEGITIMAR – Excluir a legitimidade de alguma coisa.

DESLIGAMENTO – Ato de desligar. Liberar alguém de um vínculo, de uma obrigação. Procedimento pelo qual se desobriga uma pessoa de funções que exercia, por transferência, remoção, dispensa ou exoneração.

DESMEMBRAMENTO – 1. Divisão em partes distintas de coisas que possam ter existência própria, ainda que isoladas. 2. Divisão ou separação em lotes, de um terreno. Também o usufruto constitui um desmembramento de propriedade, caracterizado pelo deslocamento de um direito elementar para constituir um direito real em favor de terceiros, como é, ainda, a enfiteuse, a servidão. 3. O juiz pode ordenar, de ofício, ou a requerimento das partes, a desanexação de ações ou feitos cumulados, antes de encerrar a fase instrutória.

✱ *V. CPC/1973, art. 105.*

✱ *V. CPC/2015, art. 57.*

DESNATURALIZAÇÃO – Dá-se quando o naturalizado, por ato voluntário, readquire a qualidade de cidadão originária de sua pátria, ou quando, por decreto do Governo que concedeu sua naturalização, essa lhe é cassada.

DESOBEDECER – Desatender, não seguir a orientação de alguém, não obedecer. Não executar a determinação, não se submeter à ordem de superior hierárquico; recalcitrar; transgredir. Infringir regulamentos.

DESOBEDIÊNCIA – Recusa do empregado de atender ordem de serviço. Ação ou omissão voluntária, dolosa, daquele que se nega a cumprir determinações de autoridade competente ou que faz o que ela proíbe. A lei penal estabelece que "desobedecer ordem legal de funcionário público" é crime apenado com detenção de 15 dias a 6 meses e multa. A testemunha que deixar de comparecer, sem motivo justificado, além de poder ser conduzida à força por policiais ou pelo oficial de Justiça, ainda poderá sofrer pena de multa e processo penal por crime de desobediência, sendo condenada ao pagamento das custas da diligência. Se o morador negar-se a abrir a porta nos casos de busca e apreensão por ordem judicial, desobedecendo-a, ela será arrombada e forçada a entrada. Uma das atribuições do presidente do Tribunal do Júri é "regular a polícia das sessões e mandar prender os desobedientes". Recebido o *habeas corpus*, o juiz mandará que o paciente lhe seja apresentado em dia e hora designados; em caso de desobediência, mandará prender e processar o detentor. Os assistentes de audiências e sessões que desobedecerem à ordem do juiz para não se manifestarem serão evacuados da sala e, se resistirem, presos e processados. Não se caracteriza a desobediência se a ordem a ser obedecida era ilegal.

✱ *V. CP, art. 330.*

✱ *V. CPP, arts. 219, 245, § 2º, 497, I, 656, parágrafo único, e 795, parágrafo único.*

DESOBRIGADO – Diz-se daquele que está livre de uma obrigação.

DESONERAÇÃO – Liberar-se alguém de um ônus, gravame, encargo. O mesmo que *desobrigação.*

DESONESTAR – Desonrar, seduzir, violar, ferir a honestidade de alguém. Corromper.

DESONESTIDADE – Ausência de decência, de honra, de pudor, de honestidade e dignidade; imprudência.

DESOPÇÃO – Renúncia do direito de *opção.*

DESPACHADO – A que foi dado seguimento, que obteve despacho.

DESPACHANTE – 1. Agente comercial que atua junto às repartições públicas ou empresas particulares para o desembaraço de negócios e envio de cargas, pagamento de despesas. 2. Diz-se também de pessoa que se encarrega de requerer, encaminhar e preparar documentos nas repartições públicas, como os que se dedicam ao licenciamento de veículos. 3. A Lei nº 14.282/2021 regulamentou a profissão de despachante documentalista, que é o profissional legalmente habilitado para praticar, como pessoa física ou mediante constituição de pessoa jurídica, as atividades previstas na referida lei.

✱ *V. Lei nº 14.282/2021 (Regulamenta o exercício da profissão de despachante documentalista).*

Aduaneiro: agente auxiliar autônomo do comércio, autorizado pelo Governo, com função afiançada de desembaraçar mercadorias nacionais e estrangeiras, promover despachos de exportação, importação, reexportação, trânsito e reembarque, recebendo comissão fixada por lei. Também se diz *despachante alfandegário*.

DESPACHAR – Expedir, enviar mercadorias, com pagamento de frete e de impostos. Decidir questões, resolver o expediente, deliberando sobre os assuntos em pauta.

DESPACHO – 1. Ato de nomeação, de provimento para cargo público. 2. Reunião do presidente com os seus ministros, para resolver assuntos afetos a seu Ministério. 3. Decisão de autoridade judiciária ou administrativa em requerimento ou processo submetido a sua apreciação. Sentença interlocutória. No plural são os atos praticados pelo juiz no processo, para dar-lhe andamento. O despacho judicial pode ser:

Decisório ou resolutório: aquele que põe fim a um incidente do processo.

De correção: prolatado pelo juiz, de ofício ou a requerimento da parte, para corrigir inexatidões materiais originadas por lapso ou erros de escrita ou de cálculo da sentença.

De deliberação de partilha: em que o juiz resolve os pedidos das partes e designa os bens que constituirão o quinhão de cada herdeiro ou legatário. Diz a lei processual que despachos são todos os atos dos juízes, no processo, de ofício ou a requerimento da parte, a cujo respeito a lei não estabelece outra forma. Os despachos devem ser redigidos, datados e assinados pelo juiz; se verbais, o taquígrafo ou o datilógrafo os registrará, submetendo-os aos juízes para revisão e assinatura. Se o juiz exceder os prazos para despacho, qualquer das partes ou o órgão do Ministério Público poderá representar ao Presidente do Tribunal de Justiça contra ele e o relator pode designar outro juiz para decidir a causa; essa disposição aplica-se aos tribunais superiores, na forma de seu Regimento Interno. Na audiência de instrução e julgamento, o escrivão lavrará, sob ditado do juiz, termo que conterá em resumo o que ocorreu na audiência e, por extenso, os despachos e a sentença, se proferida no ato. Não cabe recurso dos despachos de mero expediente. O relator pode indeferir por despacho o *agravo* manifestamente improcedente e convertê-lo, também por despacho, em diligência se estiver insuficientemente instruído. Cabe recurso do despacho de indeferimento ao órgão competente para julgar o agravo.

Definitivo: o que soluciona a lide.

Interlocutório: dado durante a lide, com possibilidade ou não de decidi-la. Desdobra-se em: *simples*, quando resolve questão incidente sem decisão do mérito da causa; *misto*, aquele que, resolvendo o incidente, julga o mérito da causa e encerra a ação.

Irrecorrível: aquele que não admite recurso para juízo superior.

Liminar: decisão do juiz sobre ser ou não citado o réu.

Ordenatório ou de expediente: quando diz respeito a ordem, encaminhamento e fiscalização da lide; devem ser proferidos no prazo de 2 dias.

Saneador: diz-se, atualmente, *decisão de saneamento*. É proferido, no prazo da lei, após a contestação e a reconvenção, quando o juiz se pronuncia a respeito de irregularidades, nulidades, ilegitimidade das partes e sua representação, assim como decide questões prejudiciais que ocorrerem; o saneamento pode ser feito em mais de um despacho. No Dir. Processual Penal, nos crimes de competência do júri, pode ser feito antes do julgamento da pronúncia; nos processos de competência de juiz singular, encerrados os prazos, ele pode, dentro de 5 dias, ordenar diligências saneadoras do processo; o mesmo ocorre no processo sumário.

✱ *V. CPC/1973, arts. 132 , 162, § 3º, 164, 165, 189, I, 198, 199, 457, 504, 557 , 672, § 2º, e 1.022.*

✱ *V. CPC/2015, arts. 203, 205, 226, 235, 367, 647, 856, 932, 1.001 e 1.021.*

✱ *V. Súm. nº 235 do TFR.*

DESPEDIDA – Forma de rescisão do contrato de trabalho; dispensa que o empregador faz de empregado, por não precisar mais de seus serviços; demissão. O art. 482 da CLT elenca os motivos que autorizam o empregador a rescindir, com justa causa, o contrato de trabalho; da mesma forma, o art. 483 dá as razões justas para o empregado pedir a rescisão do seu contrato com a devida indenização. Ver também *demissão*. A despedida pode ser *justa*, quando se baseia nas hipóteses previstas em lei; *injusta*, se o empregado não dá motivos, nem há prazo estipulado para prestação de serviços e, por isso, tem direito a uma indenização; *direta*, se o empregador demite sem justificativa; *indireta*, se o empregador torna insuportável a relação de emprego e força, por pressões, o empregado a pedir a rescisão de seu contrato, pleiteando indenização.

✱ *V. CLT, arts. 482, 483 e segs.*

DESPEJADO – Aquele que sofreu *despejo* (q.v.).

DESPEJO – Direito que a lei concede ao proprietário de imóvel locado de pedi-lo de volta, com o seu despejo por motivos fundamentados na legislação específica. A ação de despejo é de rito ordinário. Será concedida liminar para desocupação em 15 dias, mesmo que a parte contrária não tenha sido ouvida e após feito o depósito da caução equivalente a 3 meses de aluguel, nas seguintes ações, que tenham por fundamento exclusivo: o descumprimento do mútuo acordo celebrado por escrito e assinado pelas partes e por duas testemunhas; a decorrência de extinção do contrato de trabalho, se a ocupação do imóvel estiver relacionada ao emprego do locatário, havendo prova escrita da rescisão do contrato de trabalho ou sendo ela demonstrada em audiência prévia; término do prazo de locação para temporada, tendo sido proposta ação de despejo em até 30 dias após o fim do contrato; morte do locatário que não deixou sucessor legítimo na locação, permanecendo no imóvel pessoas não autorizadas por lei; a permanência do sublocatário no imóvel finda a locação celebrada com o locatário. Na ação de despejo é obrigatória a prova de propriedade, quando se trata de reparações urgentes determinadas pelo Poder Público, que não possam ser executadas com a permanência do locatário no imóvel ou se, podendo ficar, ele se recusar a consenti-las; se o imóvel for pedido para demolição e edificação licenciada ou para a realização de obras aprovadas pelo Poder Público que aumentem a área construída, no mínimo, 20% ou, se for destinado o imóvel à exploração de hotel ou pensão, em 50%; se o proprietário, promissário comprador ou promissário cessionário, em caráter irrevogável e imitido na posse, pedir o imóvel para demolição, edificação licenciada ou reforma que resulte em aumento mínimo de 50% da área útil. Se o locatário concordar com a desocupação do imóvel, o juiz lhe dará 6 meses para desocupá-lo, contando o prazo a partir da citação; se ele o cumprir, ficará isento do pagamento de custas e honorários advocatícios (20% sobre o valor dado à causa); se não o fizer, será expedido mandado de despejo. Julgada procedente a ação o juiz fixará prazo de 30 dias para a desocupação ao locatário, ou de 15 dias se entre a citação e a sentença de primeira instância tiverem decorrido mais de 4 meses; ou se o despejo houver sido decretado em decorrência de infração legal ou contratual ou por falta de pagamento do aluguel e demais encargos; ou se, ocorrendo prorrogação do contrato, este foi denunciado pelo locador. A lei estabelece prazos variáveis de 6 meses a 1 ano, nos casos de escolas, hospitais, repartições públicas, unidades sanitárias oficiais, asilos e estabelecimentos de saúde e fixa a caução devida, que poderá ser real ou fidejussória; o seu valor reverterá em benefício do réu, se houver a reforma da sentença ou decisão que concedeu liminarmente o despejo, como indenização mínima das perdas e danos, podendo ele reclamar, em ação própria, a diferença pelo que a exceder.

✱ *V. Lei nº 8.245/1991, (Lei de Locação) arts. 11, I, 46, §§ 1º e 2º, 59 a 66.*

✱ *V. Súm. nº 268 do STJ: "O* fiador que não integrou a relação processual na ação de despejo não responde pela execução do julgado*".*

✱ *V. Lei nº 12.112/2009.*

DESPERSONALIZAÇÃO (DA PESSOA JURÍDICA) – Também se diz: *desconsideração* ou *desestimação da pessoa jurídica*. Oriunda do Dir. Anglo-Saxão, essa teoria se afirma pela necessidade de se rever o conceito de que "a pessoa jurídica tem existência distinta da de seus membros", pela frequente ocorrência de abusos de desvio de finalidade de uma associação, com a prática de fins inconfessáveis, que prejudicam a terceiros e fraudam a lei.

✱ *V. Lei nº 8.078/1990 (Código de Defesa do Consumidor – CDC), art. 28.*

DESPESA – Soma de gastos efetuados; quantia reservada a ser coberta por receita equivalente; parte da conta em que se registram gastos na administração de um patrimônio.

Judicial: gasto que ocorre no decurso do processo, como custas, selos, impostos, taxas, emolumentos, salários, comissões, condução, honorários de peritos, agrimensores, advogados, oficiais de Justiça, peritos etc.

✱ *V. CC, arts. 964, 965, II, IV e V, e 2.001.*

✱ *V. Lei nº 4.591/1964 (Lei do Condomínio em Edificações), art. 12.*

Pública: consignação de parte da receita para atender às necessidades coletivas e obrigações administrativas; a *despesa global* é autorizada pelo Legislativo, após aprovação do Orçamento; a *despesa particular*, após aprovação dos órgãos que fazem o controle dos gastos e passa por três estágios para ser legitimada: empenho, liquidação e pagamento. Pode ser: *ordinária*: aquela prevista no orçamento e que é periódica; *extraordinária:* a que se faz eventualmente, sem previsão orçamentária, por suplementação ou transferência de recursos; *especial*: a que é votada posteriormente à aprovação do Orçamento para atender a despesas obrigatórias do Estado. A EC nº 94/2016 estabeleceu que serão pagos com preferência os débitos de natureza alimentícia cujos titulares, originários ou por sucessão hereditária, tenham 60 (sessenta) anos de idade, ou sejam portadores de doença grave, ou pessoas com deficiência (estes segundo definição legal), até o valor equivalente ao triplo fixado em lei para os requerimentos de pequeno valor, sendo o restante pago na ordem cronológica de apresentação do precatório.

DESPISTAR – Fazer perder a pista, destruir os rastros, indícios, vestígios da passagem de alguém. Iludir a vigilância.

DESPOJAMENTO – Desapossamento, espoliação, esbulho; saque. Ato de desapossar. O mesmo que *despossessão*.

DESPOJAR – Desapossar, espoliar; saquear. Privar da posse com uso de violência.

DESPOTISMO – Forma de Governo cuja autoridade arbitrária não atende a leis ou princípios políticos, sendo mantida pela força. Absolutismo, tirania.

DESPRENDIMENTO DA POSSE – Ver *constituto possessório*.

DESPREZAR – Rejeitar, não acolher. Recusar (o juiz ou o tribunal) a admitir recurso ou questão que lhe foi suscitada.

DESPRONÚNCIA – Reforma de sentença de pronúncia do indiciado, prolatada por juiz inferior, decidida com provimento de recurso em segunda instância. Não se confunde com *impronúncia* (q.v.).

DESPROVER – Negar provimento a recurso, recusar o provimento de.

DESQUALIFICAÇÃO – O mesmo que desclassificação, no processo penal.

DESTACADO – Que não está ligado à coisa ou ao direito real sobre ela, como no caso do *usufruto*.

DESTEMPO – Que está fora do prazo legal, fora de tempo (no caso de recurso), intempestivo.

DESTITUIÇÃO – Supressão; remoção, afastamento. Perda de um cargo ou função, como pena disciplinar. Ato do juiz, de ofício ou a pedido da parte, que afasta pessoa que revela desídia, negligência, improbidade, descumprimento do dever, do exercício de um cargo ou encargo: destituição de *curador, tutor, inventariante* etc.

DESTITUIR – Afastar de cargo ou função, privar, demitir como medida punitiva, correcional ou administrativa.

DESTRUIÇÃO – Extinção, perecimento, aniquilamento.

De cadáver: destruir, subtrair ou ocultar cadáver ou parte dele é crime previsto em lei; a pena é de reclusão de 1 a 3 anos e multa.

✱ *V. CP, art. 211.*

De correspondência: apossar-se de correspondência alheia, ainda que não lacrada ou fechada e destruí-la ou sonegá-la no todo ou em parte, ou devassar indevidamente o conteúdo de correspondência fechada, dirigida a outrem: crime punido com pena de detenção de 1 a 6 meses ou multa. A Lei nº 6.538/1978 impõe pena de até 6 meses de detenção ou pagamento não excedente a 20 dias-multa, aumentada da metade se há dano para outrem. Violar segredo profissional indispensável à manutenção do sigilo da correspondência é crime apenado com 3 meses a 1 ano de detenção ou pagamento não excedente a 50 dias-multa; constitui abuso de autoridade qualquer atentado ao sigilo da correspondência.

✱ *V. CC, arts. 1.408 (destruição de imóvel sujeito a usufruto) e 1.410, V (extinção de usufruto pela destruição da coisa, não sendo fungível).*

✱ *V. CPC/1973, arts. 912 e 963.*

✱ *V. CPC/2015, art. 584.*

✱ *V. CP, arts. 151 e 211.*

✱ *V. Lei nº 6.538/1978 (Lei dos serviços postais), arts. 40, §§ 1º e 2º, e 41, I a IV.*

DESVIAÇÃO – Mudança voluntária da rota usual do navio ou da ordem das escalas, que dá motivo à isenção de responsabilidade do segurador pelas avarias que venham a ocorrer se essa alteração não estava prevista na apólice de seguro.

DESVINCULAÇÃO – Ato de desvincular; dissolver, desfazer laços ou relações jurídicas que uniam pessoas ou bens. Desobrigação de coisa sujeita a encargo ou ônus, para torná-la alienável.

DESVIO – Ato de desviar, subtrair de maneira fraudulenta. Deixar o caminho da honra, do dever.

De clientela: crime de concorrência desleal previsto na lei penal.

De valores: crime contra a administração, que consiste em funcionário desviar, em proveito próprio ou de outrem, valores que recebera para recolher aos cofres públicos.

✱ *V. CP, arts. 217, 218 e 316, § 2º.*

DETECTOR DE MENTIRAS – Aparelho de precisão, usado pela Polícia Técnica de muitos países, que, ligado ao acusado de delito para testes, revela seu estado emocional pelo registro de variações na respiração, pressão arterial, pulsação e condutibilidade da pele. Pelas respostas dadas pelo acusado às perguntas que lhe são feitas e pelas reações registradas no aparelho, pode-se concluir por sua culpabilidade ou não. Também chamado *polígrafo* e *deceptógrafo*.

DETENÇÃO – Ato de deter; prisão para averiguações. Pena privativa de liberdade, mais grave que a de prisão simples e menos severa que a de reclusão. Impõe-se ao condenado o encarceramento temporário com trabalho obrigatório, pelo qual recebe remuneração. Elemento do cárcere privado que consiste em tirar a liberdade do paciente que é recolhido a local não destinado a prisão pública. No Dir. Civil, é a retenção da coisa que pertence a outrem, sem o ânimo de a possuir como própria; posse precária. No capítulo das penas pecuniárias, a lei determina que a multa seja convertida em dívida ativa da Fazenda Pública, no caso de crime ou contravenção, nas hipóteses previstas de não pagamento pelo condenado.

✱ *V. CC, art. 577.*

✱ *V. Lei nº 8.245/1991 (Lei de Locação).*

DETENTO – Aquele que foi indiciado e recolhido à Casa de Detenção; condenado à pena de detenção; o que a cumpre. O mesmo que *detencionário*.

DETENTOR – O que detém coisa alheia, sem ânimo de possuí-la, conservando-a em nome de outrem, em relação de dependência; ou o que tem a coisa a título precário, devendo devolvê-la quando reclamada. O que detém o indiciado para averiguações.

DETERMINAÇÃO – Decisão, ordem superior, resolução. Preceito imperativo; indicação exata da coisa; prescrição.

DETETIVE – Palavra de origem inglesa que designa o investigador de polícia ou o profissional particular especializado em investigações sigilosas.

DETIDO – Indivíduo recolhido à prisão por ordem de autoridade policial, por tempo limitado, para averiguações.

DETRAÇÃO – Difamação, maledicência, depreciação. Ato de detrair. No Dir. Penal, é o mandamento legal que determina que seja computado, na pena privativa de liberdade e na medida de segurança, o tempo de prisão provisória, no Brasil ou no estrangeiro, o de prisão administrativa e o de internação em hospitais de custódia e tratamento psiquiátrico ou, à falta, em outro estabelecimento adequado.

✱ *V. CP, art. 42.*

DETRATOR – Aquele que detrai, rebaixa, deprecia intencionalmente o mérito, a moral e a dignidade de outrem; difamador.

DETRIMENTO – Dano, prejuízo, lesão, restrição, diminuição, violação.

DEUTEROGAMIA – Estado de *deuterógamo*.

DEUTERÓGAMO – Indivíduo que contrai matrimônio pela segunda vez.

DEVASSA – Investigação rigorosa, sindicância, pesquisa para apurar fato delituoso. Diz-se também de rigorosa auditoria fiscal em livros comerciais.

DEVEDOR – Sujeito passivo da obrigação; o oposto de *credor*. Aquele que contrai dívida.

De renda: proprietário do imóvel objeto de renda em favor de terceiro; o *rendeiro*.

Principal: o responsável, entre vários credores, pelo cumprimento de uma obrigação.

Remisso: aquele que deve importância líquida e certa, inscrita em livros e nos órgãos competentes (impostos, multas etc.).

Solidário: o que se obriga, com outro ou outros, a cumprir um encargo (*obrigação solidária*).

Solvente: aquele que possui suficientes bens ou pecúnia para saldar todos os seus compromissos; o oposto de *insolvente*.

✱ *V. CC, arts. 275, 285, 304, 319, 324, 334, 338 a 379, 394, 399, 401 e 876.*

DEVER – Imperativo moral, jurídico ou de consciência. Aquilo que a lei ou a convenção, positiva ou negativamente, exige da pessoa. Determinação da vontade, imposta pelo Dir., pela lei, pela razão.

De denúncia: é o dever jurídico de revelar segredo de que se tome conhecimento, em virtude da profissão, quando é de interesse da justiça, do bem-estar da sociedade e da segurança pública.

Matrimonial: a lei civil fixa os deveres que os cônjuges têm entre si e para com os filhos. São deveres dos cônjuges: fidelidade recíproca; vida em comum no domicílio conjugal; sustento, guarda e educação dos filhos. Os direitos e deveres são exercidos igualmente pelo homem e pela mulher, segundo determina a CF. A lei dispõe, ainda, sobre a obrigatoriedade dos filhos maiores ajudar e amparar os pais na velhice, na carência ou enfermidade. Diz, ainda, que é recíproco o direito à prestação de alimentos entre pais e filhos, extensivo a todos os ascendentes, recaindo a obrigação nos mais próximos em graus uns em falta de outros.

✱ *V. CF, arts. 226, § 5º, e 229.*

✱ *V. CC, arts. 1.566 a 1.568.*

DE VERBO AD VERBUM – (Latim) De palavra a palavra.

DEVIDO PROCESSO LEGAL – É um dos princípios que informam a jurisdição, conforme art. 5º, LIV e LV, da CF, respectivamente: "Ninguém será privado de liberdade ou de seus bens sem o devido processo legal" e "Aos litigantes e aos acusados em geral são assegurados o contraditório e a ampla defesa, com os meios e recursos a ela inerentes".

DE VISU – (Latim) De vista.

DEVOLUÇÃO – 1. Restituição, reposição de coisa ao estado anterior; entrega. 2. Transferência de coisa ou de direito. 3. Transmissão de herança segundo a ordem de sucessão, da vocação hereditária. 4. Diz-se do juiz de um país que devolve a juiz de outro o conhecimento de questão que é objeto de conflito internacional de leis. O mesmo que *reenvio*.

Do prazo: quando o juiz concede prazo à parte para realizar ato, desde que prove que não o realizou por justa causa.

✱ *V. CPC/1973, art. 183, § 2º.*

✱ *V. CPC/2015, art. 223.*

DEVOLUTA – Terra sobre a qual, não sendo própria nem aplicada ao uso público, não se incorporou ao domínio privado.

DEVOLUTIVO – Efeito do recurso que enseja ao tribunal que o aprecia o exame da matéria decidida pelo juízo recorrido; a ação não sofre interrupção em seu andamento. O recurso, em efeito meramente devolutivo, não obsta a que o recorrido providencie de imediato a execução da decisão que o favoreceu. O mesmo que "efeito devolutivo" (q.v.).

✱ *V. CPC/1973, arts. 520, 521 e 587.*

✱ *V. CPC/2015, art. 1.012.*

DIA – Período de 24 horas.

Ad quem: termo final de um prazo, a partir do qual se extinguem os efeitos do ato jurídico.

A quo: termo a partir do qual começam os efeitos de um ato jurídico ou se inicia a contagem de um prazo e que não é computado neste.

Certo: aquele fixado, pré-determinado com mês e ano correspondente.

Civil: o período de zero hora de um dia a zero hora do dia seguinte; o mesmo que *dia de calendário*.

Comercial: o que regula a prática ostensiva dos atos de comércio; o mês comercial é de 30 dias.

Contínuo: o que se conta de hora em hora, ininterruptamente.

Dia a dia: período contínuo, ininterrupto, contando-se os dias sucessivamente.

Legal ou judicial: aquele que abrange o período das 6 às 18 horas, no qual são realizados os atos processuais. Podem prolongar-se após as 18 horas, quando iniciados antes, se o adiamento significar prejuízo para a diligência ou grave dano. Em casos especiais e com a autorização do juiz, a penhora e a citação podem ser realizadas em domingos, feriados, ou fora do expediente do dia útil.

Marítimo: contam-se os dias marítimos do meio-dia de um ao meio-dia do outro.

DIÁRIA – 1. Salário de um dia de trabalho. 2. Tarefa de operário em um dia. 3. Auxílio em pecúnia que o funcionário recebe para custeio de viagem de interesse da empresa. 4. Até a entrada em vigor da Lei nº 13.467/2017 (Reforma Trabalhista), as diárias para viagens integravam a remuneração dos empregados, salvo se não ultrapassassem 50% do salário-base. Com a nova lei, esta verba foi expressamente excluída do conceito de remuneração, inclusive para fins de incidência de encargos trabalhistas e previdenciários, o que parece inconstitucional por colisão com o art. 201, § 11, da CF/1988. 5. Para o Dir. Administrativo, esta verba é expressamente declarada como de natureza indenizatória, dependendo, para sua concessão e pagamento, de comprovação das despesas pelo servidor público.

✱ ***V.*** *CLT, art. 457, §§ 1º e 2º.*

✱ ***V.*** *Lei nº 8.112/1990 (Regime Jurídico Único dos Servidores Públicos Civis da União, Autarquias e Fundações Públicas Federais), arts. 58 e 59.*

✱ ***V.*** *Lei nº 8.212/1991 (Dispõe sobre a organização da Seguridade Social e institui fontes de custeio), art. 28, §9º,* h.

✱ ***V.*** *Decreto nº 5.992/2006 (Dispõe sobre a concessão de diárias no âmbito da administração federal direta, autárquica e fundacional).*

DIÁRIO – 1. Que acontece ou que se realiza todos os dias, cotidiano. 2. Que se passa entre o nascer e o pôr do sol, diurno. 3. Caderno ou livro em que se registram os acontecimentos de cada dia, normalmente de caráter privado e íntimo de uma pessoa. 4. Jornal ou periódico publicado todos os dias. 5. Livro de escrituração mercantil, fundamental para a contabilidade do comerciante, em que ele registra os fatos econômicos de sua atividade.

De entrada: livro obrigatório do leiloeiro.

De navegação: livro de bordo do navio em que o comandante anota os fatos mais relevantes ocorridos durante a viagem.

De saída: no qual os agentes de leilões registram, dia a dia, as vendas, com o nome das pessoas por ordem e por conta de quem os faz, o preço e condições de pagamento etc.

DIÁRIO OFICIAL – Publicação mantida e administrada por um ente público para divulgação de atos oficiais, de natureza normativa, administrativa etc. No Brasil, a publicação de atos normativos no Diário Oficial importa presunção absoluta de conhecimento das normas, não podendo o administrado alegar que desconhece o texto. Com a edição do Dec. nº 9.215/2017, o *Diário Oficial da União*, de responsabilidade da Imprensa Nacional, passa apenas a ser publicado virtualmente na *internet*, sendo mantida uma unidade impressa por dia para arquivo.

✱ ***V.*** *Dec. nº 9.215/2017 (Dispõe sobre a publicação do Diário Oficial da União).*

DIARISTA – 1. Para fins de Dir. do Trabalho, em sentido lato, refere-se ao empregado que é remunerado por dia de trabalho. 2. Em sentido estrito, é utilizado para diferenciar o trabalhador que, laborando no âmbito residencial, não exerce atividade em caráter contínuo, própria da relação de trabalho doméstico, regida pela LC nº 150, de 1º-6-2015. A referida lei considera diarista aquele que trabalha por até 2 (dois) dias por semana para um mesmo empregador doméstico. ***V.*** *Doméstico*. 3. No Dir. Administrativo, designa o servidor com função transitória, extranumerário, que percebe salário de acordo com a natureza do trabalho que faz. Trabalhador sem remuneração fixa, que ganha pelo trabalho do dia.

DIAS DE DATA – Prazo que se conta dia a dia desde a emissão da letra cambial. É cláusula semelhante a *dias de vista*, só que o prazo é contado da data em que o título é apresentado.

DICTUM UNIUS, DICTUM NULLIUS – (Latim) Palavra de um, palavra de nenhum.

DIEESE – (DEPARTAMENTO INTERSINDICAL DE ESTATÍSTICAS E ESTUDOS SOCIOECONÔMICOS) – Segundo o art. 3º dos seus estatutos, é um órgão unitário do Movimento Sindical Brasileiro. Tem a finalidade de produzir e difundir conhecimento e informação sobre o trabalho de forma geral e ampla, por meio de análise científica, a serviço da classe trabalhadora, sem prejuízo da diferença de posições e enfoques sindicais.

DIES AD QUEM COMPUTATUR IN TERMINO – (Latim) Conta-se no prazo o dia em que este termina.

DIES A QUO NON COMPUTATUR IN TERMINO – (Latim) O dia do início não se computa no prazo.

DIES CEDIT – (Latim) Dia inicial.

DIES CERTUS ET LOCUS SPECIFICUS SUNT DE SUBSTANTIA LITERARUM CAMBII – (Latim) O dia *Dies incertus in testamento conditionem facit.* Dia incerto faz condição em testamento. Certo e o lugar específico são da substância da letra de câmbio.

DIES PECUNIAE – (Latim) Dia de pagamento.

DIES TERMINI COMPUTATUR IN TERMINO – (Latim) O dia do vencimento se conta no termo.

DIES VENIT – (Latim) Dia de vencimento.

DIFAMAÇÃO – Crime de ação privada. Consiste em imputar a outrem um fato contra sua honra; divulgar entre terceiros, intencionalmente, fatos que ofendem a honra de uma pessoa, trazendo-lhe descrédito. É uma modalidade de calúnia; é *equívoca* quando não indica a pessoa visada; assim aquela que se julgar atingida pode pedir explicações em juízo. A pena é de detenção de 3 meses a 1 ano e multa. A imputação não precisa ser falsa; mesmo verdadeira, configura-se o delito. Só se admite a exceção da verdade se o ofendido é funcionário público e a ofensa diz respeito às suas funções. A jurisprudência admite que não há difamação se ela é fruto de incontinência verbal e provocada por explosão emocional no decurso de acirrada discussão.

✱ *V. CP, art. 139, parágrafo único.*

DIFAMATÓRIO – O que é dito, escrito ou feito, com a intenção de difamar.

DIFERIMENTO – Ato de diferir, adiar; adiamento.

DIGAMIA – O mesmo que *bigamia* (q.v.).

DIGESTO – Uma das quatro partes que constituem o *Corpus Juris Civilis*, de Justiniano, sendo as outras as Institutas, o Código e as Novelas. É uma compilação de regras do Dir. Civil e das decisões dos jurisconsultos romanos sobre questões que lhes eram apresentadas. Foi composta em 3 anos e terminada em 533 da Era Cristã, por uma comissão de 11 advogados e 16 juristas, nomeados por Justiniano.

DIGITADOR – De acordo com a Súm. nº 346 do TST e por aplicação analógica do art. 72 da CLT: "Os digitadores equiparam-se aos trabalhadores nos serviços de mecanografia (datilografia, escrituração ou cálculo), razão pela qual têm direito a intervalos de descanso de dez (10) minutos a cada noventa (90) de trabalho consecutivo".

DIGNUS EST OPERARIUS MERCE SUA – (Latim) O operário é digno de seu salário.

DIGO – Palavra com a qual o notário ou serventuário da Justiça indica que houve erro no texto e que, a partir dela, segue-se o texto correto.

DILAÇÃO – Delonga, adiamento. Prazo durante o qual podem ser produzidas provas ou praticados atos processuais em juízo. O mesmo que *termo dilatório.*

DILATÓRIO – Ato que prorroga ou aumenta prazo judicial ou contratual. Meio que se usa para adiar ou retardar uma decisão.

DILIGÊNCIA – Cuidado, prudência, interesse em realizar serviço com rapidez e correção. Em termos forenses é o ato de o juiz ou o serventuário da justiça sair para praticar, fora dos auditórios ou dos cartórios, atos de seu ofício, como vistoria, audiência, arrecadação, penhora etc. Diz-se do trabalho policial de investigação, apreensão, prisão de suspeito, fora de seu distrito ou delegacia.

DILOGIA – Ambiguidade, duplo sentido.

DIPSOMANIA – Necessidade incoercível de ingestão de bebidas alcoólicas; impulso incontrolável para o uso de drogas embriagantes.

DIPSÔMANO – Alcoólatra inveterado; vítima de *dipsomania.*

DIREÇÃO – Governo, chefia, controle. Ato de dirigir; rumo, caminho.

Perigosa de veículo: dirigir de maneira imprudente veículo de qualquer natureza (automóvel, barco, caminhão, ônibus, moto, carroça, bicicleta etc.) pondo em risco a vida de pessoas é contravenção penal punida com prisão simples de 15 dias a 3 meses ou multa arbitrada pelo juiz (Lei das Contravenções Penais, art. 33). O art. 309 do Código de Trânsito Brasileiro (Lei nº 9.503/1997) estipula caber detenção de 6 meses a 1 ano ou multa a quem dirigir veículo automotor em via pública sem a devida habilitação, ou, ainda, se cassado o direito de dirigir, gerando perigo de dano.

DIREITO – Ciência que sistematiza as normas necessárias para o equilíbrio das relações entre o Estado e os cidadãos e destes entre si, impostas coercitivamente pelo Poder Público. Universalidade das normas legais que disciplinam e protegem os interesses ou regulam as relações jurídicas. A palavra vem do latim popular *directu*, substituindo a expressão do latim clássico *jus*, que indicava as normas formuladas pelos homens destinadas ao ordenamento da sociedade. Em contraposição ao *jus*, havia o *fas*, que eram princípios jurídicos cuja aplicação cabia aos pontífices, ministros religiosos. O direito objetivo (*jus norma agendi*) recebeu a seguinte definição de Miguel Reale: "Vinculação bilateral imperativo-atributiva da conduta humana para a realização ordenada dos valores de convivência". Já o direito subjetivo (*jus facultas agendi*) pode ser definido como "a autorização da norma jurídica para o exercício de uma pretensão". No tocante às relações entre Estado e Dir., há duas teorias: a *monística*, pela qual ambos constituem uma entidade; e a *dualística*, que estabelece que Estado e Dir. são duas realidades distintas, que não se relacionam entre si. Hans Kelsen, em seu livro *Teoria Pura do Direito*, conclui que Estado e Dir. se confundem, que o Estado é a própria ordem jurídica imposta, sendo, portanto, a personalização da ordem jurídica. Objetivamente, Dir. é a realização da lei, a lei escrita, a norma de agir, de exteriorizar-se pela ação. Subjetivamente, é o interesse protegido pela ordem jurídica, o poder concedido a cada um de agir, de fazer ou deixar de fazer.

A alimentos: aquele que os parentes têm de exigir, uns dos outros, a prestação alimentícia, com base no *jus sanguinis*, no interesse social e na ordem pública; também o direito do cônjuge de pedir ao outro pensão alimentícia, para si e para os filhos menores, nos casos que a lei prevê.

Absoluto ou imperativo: é a norma jurídica *erga omnes*, isto é, oponível contra todos, como os direitos reais. Opõe-se a *direito relativo*.

Abstrato: o direito estatuído, estático; oposto a *direito concreto*.

Adjetivo: leis que efetivam o exercício regular das relações do *direito substantivo* e sua aplicação. Diz-se das normas que se limitam a exteriorizar o *direito substantivo*. Prefere-se, atualmente, dizer *direito formal, não substancial* ou *direito processual*.

Administrativo: fixa normas para a organização e a atividade da Administração Pública, tutela dos interesses privados e suas relações entre ela e os particulares. É formado por códigos, leis, regulamentos, avisos, ordens, portarias.

Adquirido: aquele que, por lei, está definitivamente incorporado ao patrimônio de seu titular, como vantagem líquida, lícita e concreta, que não é passível de contestação nem pode ser subtraída por mera vontade de outrem. Não se subordina a lei nova, porque não é passível de retroatividade; não se confunde com *expectativa de direito*, que é mera possibilidade de efetivação de um direito subordinado a evento futuro; o mesmo que *direito certo*.

Aéreo: normas de caráter internacional que regulam relações jurídicas para uso do espaço aéreo, aeronaves, aeronautas, aeródromos, circulação aérea, transporte de passageiros e cargas, seguros, hipotecas, guerra aérea etc. Inclui o telégrafo, a radiotelegrafia, a radiotelefonia, a televisão. Não se confunde com *direito aeronáutico*.

Aeronáutico: normas que disciplinam o transporte aéreo e a correspondência postal por esse meio.

Agrário: regula a exploração agropecuária, a propriedade rural, instrução e assistência técnica e financeira à classe agrícola. O mesmo que *direito rural*.

À intimidade ou privacidade: de recente aplicação, protege a vida privada, limitando o direito à informação quando afronta a privacidade da pessoa.

Alodial: livre de obrigação ou de condição onerosa.

Alternativo: doutrina pela qual o juiz tem ampla liberdade para decidir litígios, podendo até resolvê-los *contra legem*, se o interesse social o exigir. Esta teoria sobre aplicação do direito foi encampada por uma parte da magistratura do Rio Grande do Sul.

Ambiental: desmembrado do *direito administrativo*, ocupa-se das normas de preservação do meio ambiente, especialmente do controle da poluição; da preservação dos recursos naturais (rios, florestas etc.); restauração dos elementos naturais destruídos. Cuida da Política Nacional do Meio Ambiente.

Atual: o que está incorporado ao patrimônio de seu titular; opõe-se a *direito futuro*.

Autopessoal: inerente ao indivíduo; direito à vida, à locomoção livre, ao livre pensamento etc.

Autoral: direito que tem o autor de explorar economicamente, com exclusividade, sua obra, de aliená-la, autorizar sua tradução ou adaptação, por toda a sua vida. Transmite-se aos herdeiros e sucessores pelo prazo de 60 anos, a contar da data de seu falecimento.

Cambiário: ramo do *direito comercial* que engloba normas reguladoras de direitos, deveres e obrigações, nas relações entre partícipes de operações de natureza cambial.

Canônico: oriundo das decretais e cânones dos papas, é o direito positivo da Igreja Católica, consolidado no *Corpus Juris Canonici*.

Civil: rege a vida de relações entre pessoas, estabelece normas referentes ao seu estado e capacidade, aos interesses patrimoniais e de família e aos direitos e obrigações de caráter civil entre particulares. É o *direito privado*, condensado e sistematizado, que se divide em *direito de família, das coisas, das obrigações* e *das sucessões*; ramo do *direito privado comum*.

Comercial: abrange normas que regulam os atos do comércio e as relações entre pessoas que têm por profissão a especulação comercial. Divide-se em *terrestre, marítimo* e *aéreo*, podendo também ser: *externo*, com mercados de outras nações; *fluvial*, feito por mercados ribeirinhos; *internacional*, exercido entre comerciantes de vários países; *interno*, entre praças do mesmo país; *lacustre*, por meio de lagos e lagoas.

Comum: aplicado a pessoas, coisas e relações jurídicas em geral; o mesmo que *direito ordinário*.

Concreto: é o aplicado, a norma jurídica posta em movimento.

Condicionado: aquele que está sujeito à prevalência do interesse público ou da coletividade.

Condicional: aquele em que o efeito do ato jurídico está na dependência de acontecimento futuro; aquele que exprime apenas a vontade das partes.

Constitucional: trata da organização política e social do Estado, forma ou sistema de Governo, seus poderes, funções e atribuições, direitos e deveres fundamentais dos cidadãos.

Consuetudinário: aquele que se fundamenta no costume; é o *jus non scriptum*. Regras não escritas que atendem à boa razão, retiradas dos usos e costumes tradicionais do povo, praticadas geralmente no comércio, sem ofensa à lei e à ordem pública. É uma das fontes do *direito positivo*. O mesmo que *direito costumeiro*. Oposto a *direito escrito* ou *legal*.

Consumado: o mesmo que *direito adquirido*.

Contravencional: normas que punem, mais brandamente, atos ilícitos capitulados como contravenção.

Convencional: direito individual que se subordina a cláusula expressa, pela qual o efeito de um ato depende de acontecimento futuro e incerto.

Corporativo: regula a organização sindical.

Cosmonáutico: regula a utilização do espaço extra-atmosférico e dos corpos celestes.

Criminal: ramo do *direito público interno*, estuda o crime, disciplina e sistematiza os meios aptos a sua prevenção, repressão e punição; penal.

Das coisas: normas que regulam relações entre pessoas e bens; compreende os *direitos reais* e os *creditórios*; o mesmo que *direito patrimonial*.

Das gentes: o mesmo que *Direito Internacional Público*.

Das obrigações: vínculos entre pessoas pelo dever jurídico de dar, fazer ou não fazer alguma coisa.

Das sucessões: normas que regulam a transmissão do patrimônio do *de cujus* às pessoas às quais deva ser atribuído.

De ação: direito subjetivo público de pleitear a satisfação de um interesse reconhecido por lei. A todo direito corresponde uma ação que o assegura; faculdade de toda pessoa capaz, com interesse de agir, de ingressar em juízo.

De acessão: pelo qual pertence ao dono da coisa principal tudo o que dela advenha ou lhe seja incorporado.

De acrescer: aquele que tem o coerdeiro, ou legatário, de receber a cota de outro, nomeado ao mesmo tempo, que não pode ou não quis aceitá-la.

De antena: captação ou difusão da comunicação mediante o uso de ondas.

De apropriação: faculdade pertinente a qualquer pessoa para adquirir, apossar-se de coisa abandonada, sem dono, ou de ocupá-la para torná-la sua.

De arena: conexo ao *direito de autor* e peculiar a entidades esportivas e a seus atletas.

De arrependimento: V. *Arrependimento*.

De asilo: prerrogativa dos Estados de conceder proteção em seu território ou em suas embaixadas a estrangeiros acusados em seu país de crimes políticos.

De associação: facultado a todos os que queiram se organizar em sociedade, de qualquer natureza, agremiações, desde que não firam a lei e os bons costumes.

De cidadania: *direitos civis e políticos* do cidadão, de participar da vida econômica, social e política do País, votando e sendo votado.

De crédito: poder de exigir do devedor a prestação de dar, fazer ou abster-se de fazer.

De defesa: faculdade inerente à pessoa de repelir, pelos meios admitidos em lei, lesão ou turbação a um bem jurídico seu ou de outrem; também o direito que tem a pessoa de não ser julgada e condenada sem antes apresentar sua defesa.

✱ ***V.*** *CF, art. 5º, LV.*

✱ ***V.*** *CPC/1973, arts. 3º e 4º.*

De demandar: o mesmo que *direito de ação*.

De exceção: normas que se aplicam de modo especial e diverso do *direito comum*.

De família: regula as relações oriundas da constituição da família, laços de parentesco, casamento, poder familiar etc. Foi modernizado pelo CC, aproveitando-se regras do Estatuto da Criança e do Adolescente e alterando-se o capítulo sobre filiação, que fez desaparecer as discriminações entre filhos: legítimos, legitimados, ilegítimos (naturais, adulterinos e incestuosos) e os adotivos, atendo-se ao § 6º do art. 227 da CF, que proíbe designações discriminatórias relativas à filiação. Deve-se considerar antes de tudo o "interesse do menor". O CC/2002 incorporou à legislação sobre o divórcio (Lei nº 6.515/1977), atendendo à posição da CF de completa igualdade entre os cônjuges.

✱ ***V.*** *CF, art. 226, § 5º.*

✱ ***V.*** *EC nº 66/2010 (Dispõe sobre a dissolubilidade do casamento civil pelo divórcio, suprimindo o requisito de prévia separação judicial por mais de 1 (um) ano ou de comprovada separação de fato por mais de 2 (dois) anos).*

De greve: assegurado aos trabalhadores, aos quais compete decidir sobre a oportunidade de exercê-lo e os interesses que devam defender; a lei determina a forma como esse direito deve ser exercido; ao militar são proibidas a sindicalização e a greve. O Dec.-lei nº 1.632/1978 dispunha sobre a proibição de greve nos serviços públicos e em atividades essenciais de interesse da Segurança Nacional. Esse Decreto, assim como a Lei nº 4.330/1964, foi revogado pela Lei nº 7.783/1989, que dispõe sobre o exercício do *direito de greve*, estendendo-se hoje esse direito também aos funcionários públicos.

✱ *V. CF, art. 9º.*

De guerra: normas convencionais, tratados, usos e costumes internacionais, que são observados durante uma guerra.

De imagem: conceito jurídico recentemente introduzido que garante a participação econômica na exploração comercial de obras de que sejam autores ou tenham participado; refere-se, especialmente, a artistas e esportistas, cujas imagens são aproveitadas em transmissões de peças e novelas ou de jogos. Diz-se também "direito de arena", no caso dos atletas.

✱ *V. CF, art. 5º, XXVII e XXVIII.*

✱ *V. Lei nº 9.609/1998 (Direito de Propriedade Intelectual de Programa de Computador).*

✱ *V. Lei nº 9.610/1998 (Lei de Direitos Autorais).*

✱ *V. Lei nº 9.279/1996 (Lei de Propriedade Industrial).*

De império: faculdade do Poder Público de agir livremente no exercício de suas funções ou de sua soberania.

De informação: proclamado pela Declaração Universal dos Dir.s do Homem em 1948.

De marca: conferido a comerciante ou industrial, para explorar com exclusividade marca de indústria ou comércio.

De opção: assegura a escolha entre duas ou mais coisas.

De personalidade: o CC especifica o direito a nome, imagem e honra, prevendo indenizações por danos morais.

De pesca: autorização do Estado para exploração da pesca em suas águas territoriais.

De petição: assegurado a todos, independentemente do pagamento de taxas aos Poderes Públicos, em defesa de direitos ou contra ilegalidade ou abuso de poder.

De posse: diz-se da proteção inerente à posse.

De possuir: é o direito de exercer e desfrutar a posse como um dos elementos do domínio ou da propriedade.

De prelação ou preferência: aquele que assiste a alguém de ser preferido em concorrência e com exclusão de outras pessoas que pretendam a mesma coisa; o mesmo que *direito de preempção*.

De propriedade: faculdade de ter como sua a coisa e dela poder usar e dispor livremente (CF, arts. 5º, XII a XXVI, e 170, II; CC, art. 524). O sentido do exercício do direito de propriedade está contido nos arts. 1.228, 1.239 e 1.240 do CC. Reafirma-se a função social da propriedade, já acolhida na CF/1988. *V. Derrelição.*

De reação: inerente a qualquer pessoa de resistir à lesão de um direito ou a uma ordem ilegal ou imoral, sem se exceder nos meios utilizados.

De recesso: faculdade do acionista que não aceita decisão tomada por sociedade anônima, de retirar-se dela pela venda das ações que ele possui.

De regresso: o possuidor da letra de câmbio tem o direito de reclamar do sacador, endossantes ou avalistas o pagamento da obrigação e o ressarcimento do dano que seu não pagamento lhe ocasionara.

De remissão: benefício legal que consiste em liberar os bens penhorados, parcial ou totalmente, pagando-se a dívida que é a razão da execução.

De representação: o de representar à autoridade superior ou ao Ministério Público contra abusos praticados por autoridades, com a consequente responsabilização civil e penal.

De retenção: faculdade que tem o credor de manter em seu poder a coisa que detinha de boa-fé pertencente a devedor seu, ou a recusar-se a devolvê-la até que este lhe satisfaça a respectiva obrigação. É *legal, necessário* ou *expresso* quando estabelecido por lei, independentemente de qualquer fato; *tácito*, se deduzido de uma regra jurídica vigente, por analogia; e *convencional* ou *voluntário*, se advém da vontade declarada das partes.

De retirada: aquele conferido a cada sócio de empresa de fazer, regularmente, uma retirada em pecúnia a título de pagamento por seus serviços; também se diz *direito de recesso*.

De reunião: assegurado a todas as pessoas de se reunir, publicamente ou não, para deliberar sobre assunto de seu interesse, sem perturbação da ordem pública.

De sangue: resultante do parentesco patrilinear.

De sequela: prerrogativa que tem o titular de direito real de perseguir o bem que lhe pertença onde estiver, cabendo ação contra o que o detenha ou possua, mesmo quando o bem passe do devedor para terceiros; pode, também, executar bens que lhe servem de garantia para, com o produto da venda, ressarcir-se de seu crédito.

De servidão: direito que tem o dono de prédio rústico ou urbano, encravado em outro, sem saída para via pública, de reclamar do vizinho que lhe dê passagem.

De superfície: o de plantar ou de construir em terra de outrem, com consentimento expresso do proprietário.

De tapagem: o que tem o proprietário de cercar, murar, valar ou, por qualquer outro meio, separar seu prédio do confinante.

De visita: o que tem um dos cônjuges de visitar, em dias determinados, os filhos que ficaram sob a guarda do outro cônjuge. O Código Civil, em seu art. 1.589, cujo parágrafo único foi acrescido pela Lei nº 12.398/2011, estendeu o direito de visita a qualquer dos avós, a critério do juiz, observados os interesses da criança ou do adolescente. Ainda, com o mesmo entendimento, a referida lei alterou também o art. 888 do CPC, dispondo que o direito de visita é extensivo a cada um dos avós, a critério do juiz, observados os interesses da criança ou do adolescente.

De vizinhança: o que regula as relações de ordem jurídico-patrimonial entre vizinhos, com limitação do conteúdo do seu *direito de propriedade.*

Deferido: direito futuro, cuja aquisição se sujeita apenas ao mero arbítrio da pessoa que lhe serve de sujeito.

Devoluto: o que se devolve a seu possuidor anterior.

De voto: o que tem todo cidadão legalmente alistado de votar e ser votado.

Dinâmico: aquele em que se transforma o *direito estático* por meio da ação judicial.

Diplomático: o que estatui as regras pelas quais se regem as relações políticas, negócios e interesses dos Estados, uns para com os outros e sua representação por agentes diplomáticos.

Do homem: proclamados e assegurados pela Revolução Francesa, garantem o direito à vida, à segurança pessoal, à propriedade, à igualdade perante a lei e a Justiça, à proteção legal, à liberdade de ir e vir, de consciência, de pensar, de crença, de agir por meios lícitos, de opinar, de reunir-se pacificamente, de ter seus *direitos civis e políticos*, e outros.

Do trabalho: o que estuda e soluciona problemas relacionados ao trabalho. Conjunto de normas sobre as relações entre empregadores e empregados.

Econômico: normas que protegem as relações jurídicas resultantes da produção, circulação, distribuição e consumo das riquezas.

Eleitoral: normas reguladoras do alistamento eleitoral, dos Cartórios Eleitorais, da exclusão e reinclusão de eleitores, registro de candidatos a cargos eletivos e de toda a organização necessária para a realização de eleições, nulidades, apuração, proclamação e diplomação dos eleitos.

Escrito ou in abstracto: é o direito legislado, o texto de lei promulgado. Difere do *direito consuetudinário*, que não é escrito.

Especial: direito de exceção, aplicado só nos casos previstos, em certa esfera de relações ou com respeito a coisas ou pessoas, pelas qualidades ou funções públicas que exercem.

Específico: o *direito aduaneiro*, cobrado conforme a natureza ou espécie de mercadoria importada; opõe-se a *ad valorem*.

Estadual: normas, regulamentos e atos com força de lei que o Estado dispõe por decretos legislativos e do executivo, que têm vigência e obrigatoriedade no âmbito estadual, desde que não colidam com leis federais.

Estrito: norma que só pode ser aplicada nos casos expressamente previstos em lei que os enumera, não podendo, pois, ser alterada por vontade das partes.

D

Eventual: direito em expectativa, que depende de um evento futuro, como a herança; ou *direito subjetivo* que se sujeita a condição suspensiva e só pode se consumar quando essa ocorra, permitindo-se, porém, ao seu titular exercer atos destinados a conservá-lo, defendê-lo ou reivindicá-lo.

Expresso: é o direito escrito, texto formal de lei, em oposição ao *direito consuetudinário.*

Falencial: o que regula a falência, a insolvabilidade das pessoas físicas e jurídicas; normas que regulam a situação pessoal e patrimonial do falido, com limitações de direitos e imposição de deveres especiais.

Financeiro: normas que regem a função financeira do Estado e fixam o controle da riqueza e dos dinheiros públicos. Tem por fim o estudo das finanças públicas, a sistematização de normas e fórmulas que disciplinam as relações dos negócios do Estado e de outras entidades de *direito público.* O mesmo que *direito fazendário.*

Fiscal: regula as relações jurídicas entre o Estado e os contribuintes, as formas de incidência, arrecadação, funcionamento e fiscalização; o mesmo que *direito tributário.*

Florestal: normas que regulam o uso e proteção das florestas, como as que impedem sua devastação.

Futuro: aquele cuja aquisição não se fez ou que depende para se consumar do implemento de uma condição ou de acontecimento previsível. *Direito condicional* ou *eventual*; o mesmo que *direito em expectativa*; opõe-se a *direito atual* ou *presente.* Diz-se *deferido*, se sua aquisição só depende do arbítrio ou simples consenso do sujeito que o pretende; *não deferido*, se se sujeita a fatos ou condições incertos ou falíveis.

Geral: o oposto de *direito particular.* Normas que emanam do Governo e vigoram no território nacional.

Hereditário: o mesmo que *direito das sucessões.*

Hipotecário: normas referentes às hipotecas.

Ideal: direito subjetivo sobre coisa não determinada ou abstrata.

Imaterial: o mesmo que *incorpóreo.*

Imobiliário: o que rege a propriedade sobre bens imóveis; *direito predial.*

Inacessível: aquele que seu titular não pode ceder ou transferir por ser personalíssimo.

Indisponível: aquele que não pode ser renunciado.

Individual: inerente à pessoa natural, reconhecido e garantido pela CF; é *direito civil* de caráter subjetivo, que diz respeito à vida, igualdade perante a lei, liberdade de ir e vir, de exprimir o pensamento, de culto, de religião, de segurança pessoal, inviolabilidade da propriedade, do domicílio, da honra etc. O mesmo que *direito congênito* e *direito inato.*

Industrial: normas que visam organizar, proteger e aperfeiçoar a produção e estabelecer as relações jurídicas entre patrões e empregados da indústria; é ramo do *direito comercial.*

Interespacial: o que cuida do conflito das leis no espaço entre nações.

Internacional Privado: normas que regulam as relações entre os países, para a solução dos conflitos e leis, proteção de pessoas, direitos e interesses particulares dos seus nacionais.

Internacional Público: normas baseadas nos usos e costumes jurídicos internacionais e nas convenções entre países, que regulam suas relações e fixam direitos e deveres das potências entre si; o mesmo que *direito das gentes* e *direito externo.*

Intertemporal: é o princípio da retroatividade das leis, que busca resolver o conflito das leis no tempo, conciliando a aplicação da lei nova com os dispositivos da lei anterior. O mesmo que *direito transitório.*

Judiciário: normas e formas que regulam as funções do Poder Judiciário; o mesmo que *direito formal* ou *processual.*

Jurisprudencial: decisões uniformes de juízes e tribunais que têm força de lei.

Legal: aquele feito de normas jurídicas obrigatórias; o *direito escrito.*

Legislado: cujas normas vêm do Poder Legislativo.

Líquido: de existência garantida, incontestável, que pode ser reconhecido de plano.

Líquido e certo: aquele que se patenteia, se define com toda clareza, incorporado ao patrimônio de modo definitivo, sem contestação admissível.

✱ ***V.*** *CF, art. 5º, LXIX.*

✱ ***V.*** *Lei nº 12.016/2009 (Lei do Mandado de Segurança).*

Litigioso: o que é contestado em juízo.

Local: o que vige ou se aplica apenas no território do Estado ou do Município.

Marítimo: normas para navegação e o comércio marítimo, fluvial, lacustre, dos navios e também direitos e obrigações das pessoas envolvidas nessa atividade.

Material: o mesmo que *objetivo, positivo, normativo, probatório*; opõe-se a *direito incorpóreo* e *ideal.*

Militar: o que define direitos e regula deveres específicos dos militares.

Mobiliário: da propriedade da coisa móvel, direito real sobre coisa móvel ou semovente.

Moral: funda-se no bom senso, na virtude, na razão pura, ao qual corresponde o *dever moral.* É direito convencional, não coativo.

Municipal: ordenações, regulamentos, atos e deliberações do Poder Legislativo do Município para atender aos fins e à necessidade da Administração, vigorando apenas no seu território; o mesmo que *posturas municipais.*

Não deferido: ver *direito futuro.*

Não escrito: ver *direito consuetudinário.*

Não patrimonial: o que não pode ser avaliado, por ser insusceptível de incorporar-se ao patrimônio material.

Natural: supõe a existência de certos princípios com uma ideia superior de Justiça, aos quais os homens não se podem contrapor. Este conceito é discutível.

Natural ou racional: o mesmo que *direito individual.*

No tempo: V. *conflito de leis.*

Objetivo: aquele escrito, comum, regula as relações humanas, exercício de direitos, o cumprimento de deveres; *direito normativo material*, positivo.

Parlamentar: o que rege direitos, deveres, atribuições, prerrogativas dos parlamentares durante o exercício de seus mandatos.

Patrimonial: o mesmo que *direito das coisas.*

Penal: parte do *direito público* com as penas cominadas para fatos que atentem contra a ordem, infrações e as sanções punitivas que lhes correspondem; *direito criminal.*

Penal Militar: normas que definem delitos militares, estabelecendo penas públicas ou disciplinares para as infrações; direito castrense.

Penitenciário: regula o comportamento do preso em penitenciária.

Personalíssimo: aquele que é inalienável e totalmente individual, inerente à pessoa e que não é passível de transferência.

Pessoal: poder jurídico da pessoa para cumprir e obrigar a outrem que cumpra uma prestação ou obrigação; direito adstrito à personalidade e qualidade do indivíduo que só pode ser exercido por ele; o mesmo que *direito das obrigações*; opõe-se a *direito real.*

Político: o mesmo que *direito de cidadania.*

Positivo: o mesmo que *direito normativo,* objetivo, escrito.

Potestativo: aquele peculiar a qualquer pessoa capaz de praticar ato que não está vedado por lei; de fazer ou deixar de fazer algo; de exigir que outrem faça aquilo a que se obrigou. Faculdade de exercitar ação judicial. Direitos e deveres que são dados a alguém para reger a pessoa e os bens de outrem e suprir-lhe a incapacidade, transitória ou permanentemente, como na curatela, na tutela etc.

Predial: o mesmo que *imobiliário.*

Presente: o que está já incorporado, que seu titular usufrui plenamente. Opõe-se a *direito futuro.*

Privado: ramo do *direito positivo,* reúne normas que regem as relações entre indivíduos do mesmo país e destes com o Poder Público, para garantir as atividades e os interesses de cada um. Opõe-se a *direito público.*

Processual: regras e formas solenes fixadas por lei para o exercício e movimentação da ação. Divide-se em *civil* e *penal.*

Público: um dos ramos do *direito positivo,* regula e organiza o poder e a ordem política, o funcionamento, as relações e interesses do Estado entre seus agentes e a coletividade. Opõe-se a *direito privado.*

Racional: princípios não escritos, baseados na razão e na ética.

Real: direito absoluto, ramo do *direito patrimonial,* oponível a todos, que se transmite entre vivos, pela *tradição* quando relativo a móveis, e pela *transcrição,* quando diz respeito a imóveis, do título de propriedade no registro público. Pode ser: *direito real sobre a coisa própria,* quando a propriedade se subordina ao domínio absoluto de seu titular, sendo exercível *erga omnes*; *direito real sobre a coisa alheia*: quando formado de uma ou mais partes desmembradas da propriedade, ou a grava de encargos, como na enfiteuse (esta válida enquanto durarem atos praticados sob sua égide, já que foi abolida pelo CC atual), no usufruto, na servidão etc.; e *direito real de garantia,* quando sua finalidade é assegurar que se cumpra uma obrigação, como a hipoteca, o penhor, a anticrese; o mesmo que *ônus real.* O direito real de renda constituída sobre imóvel foi abolido. Passou a ser apenas *obrigacional,* não real.

✱ *V. CC, arts. 803 a 813.*

Real de superfície: Trata-se de direito real sobre coisa alheia por meio de escritura pública registrada no Cartório de Registro de Imóveis, cujo proprietário concede o direito ao *superficiário* de construir ou plantar em seu terreno pelo prazo ajustado (CC, arts. 1.369 a 1.377). É válido contra todos (*erga omnes*), mesmo contra o proprietário, pelo período do contrato. Também integra o Estatuto da Cidade (Lei nº 10.257/2001, arts. 21 a 24). Pode-se concluir que, abolida a *enfiteuse,* veio em seu lugar o direito real de superfície. Segundo Pedro Romeiro Hermeto, "deve-se ter presente que o proprietário poderá alienar o imóvel, e o superficiário ceder e transferir o seu direito de superfície, respeitando o direito de preferência de cada um. Nessa hipótese, em caso de alienação ou cessão, vale observar que a superfície, como direito real, vincula o imóvel gravado, acompanhando-o sempre. Com a ocorrência do termo final, o proprietário passará a ter a propriedade plena sobre o imóvel, construção ou plantação, independentemente de indenização". Na opinião do Professor Miguel Reale, "esse direito vem propiciar ao proprietário a possibilidade de fazer acordos com grandes empresas para que a sua propriedade seja usada; ele cede o uso da superfície para que seja construído, por exemplo, um conjunto que, passados anos, reverterá ao seu patrimônio. A mesma coisa acontecerá no relacionamento do proprietário com o Poder Público para realizações de equipamentos urbanos reclamados pela coletividade. De maneira que é um instrumento do Direito Romano que, modernizado e atualizado, é trazido para nosso tempo como um instrumento de ação, ao mesmo tempo benéfica para o proprietário e para a coletividade".

Regressivo: princípio jurídico pelo qual o direito de alguém retroage à data do ato em que foi parte, ou sobre a pessoa que antes esteve vinculada a ele e não contra obrigações posteriores; o mesmo que *ação regressiva* (q.v.).

Reversivo: O mesmo que direito regressivo na linguagem legal. É o direito ao reembolso total ou parcial do pagamento feito por culpa de terceiro. Resulta da responsabilidade civil e tem por fundamento a culpa de terceiro.

Relativo: aquele que seu titular pode opor para exigir obrigação de dar (entrega de certa coisa), obrigação de fazer (cumprimento de um fato ou de uma prestação) e obrigação de não fazer (omissão ou abstenção). Compreendem-se os *direitos de família* e o *das obrigações ou creditórios.*

Romano: leis que vigoraram no Império Romano, desde sua origem à derrocada, antes e depois de Justiniano. No sentido estrito, é o conjunto de compilações de leis mandadas reunir por Justiniano, nas Institutas, Digesto ou Pandectas, Código e Novelas. Sua base foram os costumes, os plebiscitos, os *senatus-consultus,* os editos, as respostas dos prudentes e as constituições do Império. Mas o princípio fundamental, que inspirou o *direito privado* no mundo civilizado, foram as "Leis das Doze Tábuas". O *direito romano,* que vigorou por dez séculos, é ainda hoje importante fonte do estudo do *direito,* subsistindo muitos de seus princípios.

Sindical: normas que regulam a organização e o funcionamento das entidades classistas, regulando direitos e deveres de seus membros.

Singular: aquele usado apenas em casos não previstos em lei, que se aplica a determinado grupo de pessoas, coisas ou relações de direito; constituído por lei especial ou de exceção, para favorecer pessoas a quem e por quem exclusivamente aproveita e pode ser invocado.

Social: direito positivo autônomo destinado a prover as necessidades, ao bem-estar e às relações jurídicas do organismo social, assim como regular o funcionamento de instituições coletivas.

Subjetivo: inerente à pessoa a *facultas agendi*, que lhe é assegurada pela ordem jurídica, pela qual pode querer e realizar, agir e reagir no limite de seu direito ou interesse, que não colida com o de outrem. É uma prerrogativa do cidadão, conferida e disciplinada pelo *direito objetivo*, para que ele defenda interesse reconhecido pela lei. Sem a autorização expressa do *direito objetivo*, carece o indivíduo de tutela à sua pretensão, que não pode ser exteriorizada nem discutida em juízo, no *direito subjetivo*. Ele é: *absoluto:* quando o direito atribuído à pessoa é oponível *erga omnes*; *relativo:* se atribuído somente a certas pessoas; *principal:* se tem existência própria, não depende de outro; *acessório:* se está subordinado a um direito principal; *transmissível:* se pode ser livremente transferido a outrem; *intransmissível:* se não pode ser alienado; *divisível:* se é suscetível de partilha perfeita; *indivisível:* se não pode ser fracionado.

Substantivo: opõe-se a *direito adjetivo*; define as relações das pessoas em sociedade com normas reguladoras de sua ação, como o *direito civil, o comercial, o penal* etc.

Supletório ou subsidiário: aquele que se forma de normas jurídicas destinadas a suprir lacunas ou impropriedades de lei positiva ou corpo de leis.

Transitório: o que se origina de lei que pode ser extinta ou modificada por outra lei; o mesmo que *direito intertemporal*.

Tributário: normas coercitivas que regulam as relações jurídicas entre contribuintes e Estado e o sistema tributário; disciplina o lançamento, arrecadação, fiscalização e aplicação dos impostos, taxas e contribuições.

DIREITO DE AÇÃO – No Dir. Romano, segundo a definição clássica de Celso, "ação é o direito de alguém pleitear em juízo o que lhe é devido" (*Actio nihil aliud est quam jus persequendi in judicio quod sibi debetur*). O italiano Giuseppe Chiovenda diz que ação é direito autônomo, que não se dirige contra o Estado, mas contra o adversário; é o direito de mover o aparato judicial do Estado contra quem lesa um direito subjetivo. José Frederico Marques diz que a *ação não é um direito à tutela jurisdicional*, e sim o *direito de pedir essa tutela*, já que o Poder Judiciário não a prestará apenas porque o interessado o requer, pois o pedido não será atendido se não preencher a forma prescrita, não existir interesse e a legitimidade, quando houver ausência de pressupostos de constituição e de desenvolvimento válido e regular do processo, quando não concorrer qualquer das condições da ação, como a possibilidade jurídica, a legitimidade das partes e o interesse processual.

✱ *V. CF, art. 5º, XXXV.*

✱ *V. CPC/1973, arts. 2º, 36, 37, 267, IV, e 282.*

✱ *V. CPC/2015, arts. 103, 104, 485, IV, e 319,* caput, *I a VI.*

✱ *V. Lei nº 8.906/1994 (Estatuto da Advocacia e a OAB), arts. 5º a 15.*

DIREITO DE DEFESA – 1. Faculdade inerente à pessoa de repelir, pelos meios admitidos em lei, lesão ou turbação a um bem jurídico seu ou de outrem. 2. Direito que tem a pessoa de não ser julgada e condenada sem antes apresentar sua defesa. 3. A lei processual brasileira busca preservar o aspecto formal do direito de defesa, muitas vezes confundindo-o com o mero contraditório, o que se buscou corrigir com a edição do novo Código de Processo Civil, de aplicação supletiva e subsidiária aos processos trabalhistas, penais, eleitorais e administrativos. 4. No Dir. Processual Penal, o exercício do direito de defesa é analisado como verdadeiro pressuposto de validade do processo, cuja inobservância enseja expressamente a nulidade de atos processuais. Entre outras manifestações do direito de defesa em seara penal, encontra-se a obrigatoriedade de defesa técnica e a oitiva do acusado apenas ao término da fase de instrução.

✱ *V. CF, art. 5º, LV.*

✱ *V. CPC/1973, arts. 3º e 4º.*

✱ *V. CPC/2015, arts. 17, 19 e 20.*

✱ *V. CPP, arts. 261 e 400.*

DIREITO DE EMPRESA – Com a revogação de toda a primeira parte do Código Comercial de 1850, a Lei nº 10.406/2002 disciplina a figura jurídica do empresário, no que se convencionou chamar *Direito de Empresa*, também calcado em jurisprudências e leis esparsas, assim como a Lei de Registro de Empresa (1994), que já consagrava a *Teoria de Empresa*, do Código Civil Italiano de 1942. Toda a matéria encontra-se nos arts. 966 a 985 do CC. Recebida com algumas restrições – como a do impedimento de marido e mulher, casados com comunhão de bens, não poderem ser sócios –, a nova lei traz também inovações bem aceitas. Entre elas, a assunção de dívidas, na prática existente há 70 anos, porém só agora constando em lei. "Equivale à antiga confissão de dívida, feita com duas testemunhas e atrelada a uma promissória, que pode, atualmente, ser substituída por cheque pré-datado", segundo o jurista Dabus Maluf.

Outros dois pontos chamam a atenção dos advogados: as figuras da *excessiva onerosidade* e a do *enriquecimento ilícito*. Na primeira, o acordo entre as partes pode ser revisto em face de um desequilíbrio, exemplifica-se com o caso de construtora que vende apartamento na planta a preços fixos e, com a ocorrência de elevação nos custos da obra, corre o risco de falir. Nesta circunstância, o preço combinado pode ser alterado. O enriquecimento sem causa ocorre quando, para efeito de indenização, um terreno desapropriado tem seu preço supervalorizado, muito acima do preço de mercado.

Duas outras novidades bem recebidas: responsabilidade do sócio pelas dívidas contraídas em nome da sociedade quando se valer de abuso de poder, violação da lei ou confusão patrimonial, e a responsabilidade do sócio pelo risco da atividade. No regime anterior, primeiro apurava-se a culpa para imputar a responsabilidade, ensejando processos intermináveis. Atualmente, a empresa responde objetivamente pelo risco intrínseco à atividade pela qual foi remunerada. Se causar dano, tem de indenizar. Veja *Desconsideração da Pessoa Jurídica*.

✱ *V. CC, art. 50.*

DIREITO DE PERSONALIDADE – De Aristóteles a Tomás de Aquino e seus seguidores admitia-se serem inatos os direitos da personalidade; para os juristas que os sucederam, até os nossos dias, trata-se de *categorias históricas* que surgem no espaço social em desenvolvimento constante. Assim, cada direito da personalidade vincula-se a um *valor fundamental* que se revela por meio de um processo histórico, a começar pelo nosso próprio corpo, condição essencial do que somos, pensamos, sentimos, agimos. Estabelece o CC que é válida a disposição gratuita do corpo, para depois de sua morte, com objetivo científico ou altruísta, não podendo ninguém ser constrangido a submeter-se, com risco de vida, a tratamento médico ou a intervenção cirúrgica.

Outro desses direitos é a proteção ao nome, compreendido nele o prenome e o sobrenome, proibido seu uso por outrem, em propaganda comercial ou em representações que o exponham ao desprezo público, mesmo não havendo intenção de difamar. Complementando-se esses imperativos éticos, protege-se contra terceiros a divulgação de escritos de uma pessoa, a transmissão de sua palavra e ainda a publicação e exposição de sua imagem. Estes são os chamados direitos personalíssimos, aos quais se acrescenta a inviolabilidade da vida privada. Estes direitos estão na CF, nos arts. 1º, 5º e 6º. São ainda considerados direitos da personalidade aqueles inerentes a ela, como essenciais à sua constituição: por exemplo, o direito de ser livre, de ter livre iniciativa, na conformidade da lei. Cada civilização estabelece esses direitos, que vão, ao longo do tempo, sendo ampliados e enriquecidos de novos valores fundamentais, pelo progresso das ciências naturais e humanas. Exemplo: em nosso tempo, o homem incorporou aos direitos da personalidade o valor ecológico, presente na CF, art. 225, que estabelece que "todos têm direito ao meio ambiente ecologicamente equilibrado, bem de uso comum do povo e essencial à sadia qualidade de vida, impondo-se ao Poder Público e à coletividade o dever de defendê-lo e preservá-lo para a presente e futuras gerações" (Lições do professor emérito Miguel Reale).

DIREITO DE RESPOSTA – 1. Garantia constitucionalmente assegurada a todos que, vítimas da divulgação de fatos imprecisos ou inverídicos a respeito de suas pessoas, possam reclamar a oportunidade de reagir e se defender publicamente. 2. O exercício do direito de resposta estava disciplinado nos arts. 29 a 36 da Lei nº 5.250/1967, que foi declarada não recepcionada pela Constituição de 1988 no julgamento da ADPF nº 130 pelo STF, em 2009. Desde então, houve controvérsia doutrinária e jurisprudencial sobre a eficácia deste direito no ordenamento jurídico brasileiro, que somente se pacificou com a edição da Lei nº 13.188/2015, que disciplina não apenas as formas pelas quais responder como também o respectivo procedimento judicial, cuja característica principal é a impossibilidade de cumulação com pedidos de indenização por danos morais e materiais, os quais deverão ser objeto de ação própria. 3. No Dir. Eleitoral, o direito de resposta é exercido nos restritos limites da campanha eleitoral, a fim de possibilitar a defesa de acusações e ofensas por candidatos, partidos ou coligações, permitindo a cumulação com pedido de condenação em multa.

✱ *V. CF, art. 5º, V.*

✱ *V. CE, art. 243, § 3º.*

✱ *V. Lei nº 9.504/1997 (Lei das Eleições), arts. 57-D, 58 e 58-A.*

✱ *V. Lei nº 13.188/2015 (Dispõe sobre o direito de resposta ou retificação do ofendido em matéria divulgada, publicada ou transmitida por veículo de comunicação social).*

DIREITO DE SUPERFÍCIE – Trata-se de direito real sobre coisa alheia que se caracteriza pela concessão e uso de terreno, válida contra todos (*erga omnes*) e mesmo contra o proprietário, pelo período do contrato (art. 1.375 do CC). Também integra o Estatuto da Cidade (Lei nº 10.257/2001, arts. 21 a 24). Ele permite que a pessoa conceda a outra o direito de construir no seu terreno.

DIREITO DE VISITA – 1. Direito que tem um dos cônjuges de visitar, em dias determinados, os filhos que ficaram sob a guarda do outro cônjuge. 2. O Código Civil, em seu art. 1.589, cujo parágrafo único foi acrescido pela Lei nº 12.398/2011, estendeu o direito de visita a qualquer dos avós, a critério do juiz, observados os interesses da criança ou do adolescente. Ainda, com o mesmo entendimento, a referida lei alterou também o art. 888 do CPC/1973, sem correspondente no CPC/2015, dispondo que o direito de visita é extensivo a cada um dos avós, a critério do juiz, observados os interesses da criança ou do adolescente. 3. O Estatuto da Criança e do Adolescente também disciplina o direito de visita, a partir da premissa de que é direito do próprio filho conviver com seus pais, independentemente da situação em que estes se encontrem, salvo se houver fundado receio de prejuízo aos seus interesses.

✱ *V. CC/2002, art. 1.589.*

✱ *V. CPC/1973, art. 888, VII.*

✱ *V. CPC/2015, arts. 693 e 731, III.*

✱ *V. ECA, arts. 19, § 4º, 33, § 4º, 42, § 4º, e 127, VII e § 2º.*

DIRETOR – 1. Que dirige, comanda, administra. 2. Termo usualmente aplicado para pessoas que exercem cargos de comando, na estrutura organizacional de uma empresa, associação ou órgão público. 3. Para o Dir. Civil e Comercial, necessita de instrumento que confira a extensão e limite de seus poderes, como procuração ou estatuto social, de modo que, se exceder os limites de seu mandato, poderá responder pessoalmente pelos atos que provoquem danos à organização ou a terceiros. 4. A jurisprudência também foi admitindo a aplicação da teoria da desconsideração da personalidade jurídica, para alcançar o patrimônio de diretores, quando estes abusam da personalidade jurídica ou confundam seu patrimônio pessoal com o da organização dirigida, para prejudicar os direitos de credores. 5. Para o Dir. do Trabalho, equiparam-se a gerentes, para efeito de estarem dispensados de controle de ponto, não sendo remunerados por serviços extraordinários, a depender da natureza de suas funções e da percepção de uma gratificação pelo exercício de maiores atribuições. O empregado eleito para ocupar de diretor tem o respectivo contrato de trabalho suspenso, não se computando o tempo de serviço deste período, salvo se permanecer a subordinação jurídica inerente à relação de emprego. 6. Para o Dir. Tributário, os diretores que, atuando fora dos limites conferidos pela lei ou pelo instrumento de mandato, sujeitarem a organização dirigida a obrigações tributárias, tornam-se solidariamente responsáveis pelos tributos devidos. 7. Para o Dir. Processual Civil e do Trabalho, o diretor tem legitimidade para receber citação válida, representar a organização em juízo, nomear prepostos e ser nomeado depositário de bens em penhora e arresto. 8. Para o Dir. Previdenciário, é equiparado ao empregado, na qualidade de segurado obrigatório da Previdência Social, podendo, contudo, figurar como contribuinte individual, sempre sendo devida a contribuição previdenciária, tanto pela cota-parte do empregador, quanto pelo diretor. 9. Para o Dir. Penal, no que concerne a crimes contra as relações de consumo e contra o meio ambiente, pode ser considerado coautor ou partícipe, quando promova, permita, por qualquer modo, aprove atos típicos em proveito da organização dirigida, ou ainda, sabendo da conduta criminosa de outrem, deixar de impedir sua prática, quando podia agir para evitá-la.

✱ *V. CC, arts. 46, 50, 115 a 120, 1.091, 1.092, 1.172 a 1.176.*

✱ *V. CDC, arts. 28 e 75.*

✱ *V. CPC/1973, arts. 12, VI, 215 e 678.*

✱ *V. CPC/2015, arts. 75, 242 e 863.*

✱ *V. CLT, art. 62, II e parágrafo único.*

✱ *V. CTN, arts. 135 e 137, III,* c.

✱ *V. Lei nº 6.404/1976 (Lei das Sociedades por Ações), arts. 138 a 139, 143 a 159 e 281 a 283.*

✱ *V. Lei nº 8.212/1991 (Dispõe sobre a organização da Seguridade Social e institui fontes de custeio), arts. 12, I,* a, *V,* f, *e 22, I e III.*

✱ *V. Lei nº 9.605/1998 (Lei dos Crimes Ambientais), art. 2º.*

✱ *V. Súm. nº 269 do TST.*

DIRIGENTE SINDICAL – Encarregado de administrar sindicato, razão pela qual só pode ser demitido mediante inquérito no qual se apure falta grave.

✱ *V. Súm. nº 197 do STF.*

✱ *V. Súm. nº 369 do TST.*

DIRIMENTE – Causa que exclui a responsabilidade do agente da infração penal, embora se verifique a criminalidade do fato; causa que exime da responsabilidade criminal; o mesmo que *escusativa, excludente, justificativa, descriminante*. No Dir. de Família, são dirimentes os impedimentos que tornam nulo o casamento com infração de proibição legal.

✱ *V. CP, arts. 26 e 27.*

DISCERNIMENTO – Faculdade de distinguir, medir e avaliar a extensão e os efeitos previsíveis do ato que se pratica, não importa que seja bom ou mau, lícito e ilícito. A ausência dessa aptidão importa em dirimente da responsabilidade criminal.

DISCRICIONÁRIO – Ato da Administração Pública de escolher maneira e condições que mais convenham ao interesse público, com liberdade de ação que a lei lhe confere. Difere da *arbitrariedade*, que contraria ou excede o legal. O ato discricionário não está previsto em lei e depende da própria administração.

DISCRIME – Ação de discriminar. Linha divisória entre dois imóveis; nas ações discriminatórias de terras públicas, o processo é regulado pela Lei nº 6.383/1976, sobre o processo discriminatório de terras devolutas da União. ***V.*** *Discriminação.*

DISCRIMINAÇÃO – Ato de discriminar, segregar, dividir. Divisão de algo em vários itens.

* *V. Lei nº 6.383/1976 (Dispõe sobre o processo discriminatório de terras devolutas da União), que revogou a Lei nº 3.081/1956 e outras disposições sobre o assunto.*

Racial: Toda distinção, exclusão, restrição ou preferência baseada em raça, cor, descendência ou origem nacional ou étnica que tenha por objeto anular ou restringir o reconhecimento, gozo ou exercício, em igualdade de condições, de direitos humanos e liberdades fundamentais nos campos político, econômico, social, cultural ou em qualquer outro campo da vida pública ou privada. A prática do racismo é crime inafiançável e imprescritível, sujeitando o agente à pena de prisão, nos termos da lei. A Lei nº 1.390/1951 (Lei Afonso Arinos), posteriormente alterada pela Lei nº 7.437/1985, foi o primeiro diploma legal que estabeleceu contravenções e penalidades para práticas discriminatórias. Outros diplomas legais se seguiram, não apenas no sentido de reprimir condutas racistas (Lei nº 7.716/1989 – Lei do Crime Racial; Lei nº 14.532/2023 – Lei do Crime de injúria racial), como também para promover igualdade de oportunidades e tutelar interesses sociais, econômicos e culturais de populações historicamente discriminadas por preconceito de raça ou de cor. *V. Ações afirmativas.*

* *V. CF, arts. 3º, IV, 5º, XLII, e 7º, XXX.*
* *V. Lei nº 12.228/2010 (Institui o Estatuto da Igualdade Racial), arts. 1º, I.*
* *V. Lei nº 7.347/1985 (Lei da Ação Civil Pública), arts. 1º, VII, 4º, 5º, V, 13, § 2º.*
* *V. Lei nº 7.716, de 5 de janeiro de 1989 (Lei do Crime Racial).*
* *V. Lei nº 9.099/1995 (Proíbe a exigência de atestados de gravidez e esterilização, e outras práticas discriminatórias para efeitos admissionais ou de permanência no trabalho), arts. 3º e 4º.*
* *V. Lei nº 14.532/2023 (Altera a Lei nº 7.716, de 5 de janeiro de 1989 (Lei do Crime Racial), e o Decreto-Lei nº 2.848, de 7 de dezembro de 1940 (Código Penal), para tipificar como crime de racismo a injúria racial, prever pena de suspensão de direito em caso de racismo praticado no contexto de atividade esportiva ou artística e prever pena para o racismo religioso e recreativo e para o praticado por funcionário público).*
* *V. Convenção nº 111 da OIT (Convenção concernente à discriminação em matéria de emprego e profissão), ratificada pelo Dec. Leg. nº 104/1964, e promulgada pelo Dec. nº 62.150/1968.*

DISFARCE – Artifício utilizado com fim ilícito, para encobrir a identidade e dificultar o reconhecimento na prática de crime.

DISPARO DE ARMA DE FOGO – Crime previsto no art. 15 da Lei nº 10.826/2003 (Estatuto do Desarmamento), que consiste em: disparar arma de fogo ou acionar munição em lugar habitado ou em suas adjacências, em via pública ou em direção a ela, desde que essa conduta não tenha como finalidade a prática de outro crime, apenado com reclusão de 2 a 4 anos e multa.

DISPENSA – 1. Permissão para faltar à observância de uma regra comum por motivo justo alegado. 2. Isenção de encargo ou formalidade, por acordo particular, disposição de lei, ou permissão de autoridade competente, como na dispensa de tutela ou de prazo. 3. Nos editais de casamento, a autoridade competente pode dispensar sua publicação, se houver urgência, desde que comprovada a entrega dos documentos exigidos. 4. Rescisão de contrato de trabalho. A Lei nº 13.467/2017 (Reforma Trabalhista) equiparou as dispensas imotivadas individuais, plúrimas ou coletivas e dispensou a necessidade de autorização prévia de entidade sindical ou de celebração de convenção coletiva ou acordo coletivo de trabalho a realização delas. *V. Demissão.*

* *V. CPC/1973, art. 182, parágrafo único.*
* *V. CPC/2015, art. 222.*
* *V. CLT, art. 477-A.*
* *V. Lei nº 6.015/1973 (Lei de Registros Públicos), art. 69.*

DISPONENTE – Aquele que dispõe, por atos entre vivos ou de última vontade, de bens em favor de outrem; testador, alienante.

DISPONIBILIDADE – Fundos disponíveis de comerciante ou banqueiro; qualidade do funcionário estável, quando da extinção do cargo que ocupava ou quando da declaração da desnecessidade de seu cargo, até seu adequado aproveitamento em outro cargo, situação durante a qual receberá remuneração proporcional ao tempo de serviço. Faculdade de dispor de bens que não estão sujeitos a encargos.

* *V. CF, arts. 41, § 3º, 93, VIII, 95, parágrafo único, e 128, § 5º, II,* d.
* *V. Lei nº 8.112/1990 (Regime Jurídico Único dos Servidores Públicos Civis da União, Autarquias e Fundações Públicas Federais).*

DISPOR – Ter livre uso, gozo, aplicação ou alienação daquilo que se possui. Ter a posse, domínio. Impor, ordenar, prescrever, determinar. Estabelecer, fixar, preceituar. Pôr em ordem (os negócios); ter à disposição (dinheiro); utilizar-se (de crédito).

DISPOSIÇÃO – O que a lei prescreve. Transmissão de bens a qualquer título. Determinação do testador ao instituir um legado. Cláusula; ato de alienação.

Absoluta: é o preceito de ordem pública que não pode ser modificado pela vontade do interessado.

Captatória: cláusula pela qual se estipula benefício a alguém, porém com a condição de reciprocidade; o mesmo que *pacto sucessório.*

Causa mortis: a testamentária, de última vontade.

Cominatória: a que prevê prazo para realização de um ato, findo o qual a obrigação se extinguirá.

Condicional: aquela cujo efeito ou eficácia depende de ocorrer um evento alheio à vontade dos interessados.

Conjunta: aquela inserida em testamento, que dispõe que herdeiros ou legatários devem ser convocados ao mesmo tempo para receber suas partes na herança.

De coisa alheia como própria: crime de vender, permutar ou dar em pagamento, locação ou garantia, coisa alheia como se fosse própria.

✱ *V. CP, art. 171, § 2º, I.*

Em contrário: as que se opõem uma à outra.

Geral: aplicada, generalizadamente, a todos os membros de uma coletividade.

Modal: na qual o testador condiciona o benefício que concede que o beneficiado cumpra uma obrigação, que proceda de certa maneira etc.

Onerosa: aquela que cria ônus, estabelecendo reciprocidade de obrigações para as partes, em um negócio.

Testamentária: a contida em testamento.

Transitória ou final: cláusulas que devem vigorar por algum tempo, ou preceitos legais de duração temporária, para regular relações jurídicas modificáveis ou de efeito preestabelecido. Sua vigência condiciona-se à causa que a gerou; cessada esta, cessa seu efeito. Por serem provisórias, tais disposições devem ter numeração à parte, diferente dos artigos de lei.

DISPOSITIVO – Preceito, determinação, prescrição legal, artigo de lei; aquilo que contém uma determinação.

DISPOSITIVO DE SEGURANÇA – Nos termos do Anexo I do Código de Trânsito Brasileiro, é qualquer elemento que tenha a função específica de proporcionar maior segurança ao usuário da via, alertando-o sobre situações de perigo que possam colocar em risco sua integridade física e dos demais usuários da via, ou danificar seriamente o veículo.

✱ *V. Lei nº 9.503/1997 (Código de Trânsito Brasileiro), Anexo I.*

DISPOSITIVO MÓVEL – Equipamento portátil dotado de capacidade computacional ou dispositivo removível de memória para armazenamento. *V. Dispositivos móveis.*

✱ *V. Dec. nº 7.845/2012 (Regulamenta procedimentos para credenciamento de segurança e tratamento de informação classificada em qualquer grau de sigilo, e dispõe sobre o Núcleo de Segurança), art. 2º, IX.*

DISPOSITIVOS MÓVEIS – *V. Dispositivo móvel.*

DISPUTA – Discussão, debate, verbal ou por escrito, entre pessoas que sustentam opiniões divergentes sobre um assunto ou uma demanda.

DISSENSÃO – Ato de dissentir; dissídio, divergência. O mesmo que *dissentimento.*

DISSENSO – Arrependimento manifestado por um dos contratantes antes de vencido o contrato. Falta de acordo ou divergência de opiniões entre pessoas interessadas na solução de um caso.

DISSIDÊNCIA – Discordância, dissensão. Diz-se de membros de partido político que dele se desligam por discordar de atos ou opiniões dos dirigentes.

DISSIDENTE – Que discorda das opiniões, que se contrapõe a outro, que diverge. O que faz parte da dissidência de um partido. Diz-se das partes nos litígios trabalhistas.

DISSÍDIO – Discórdia, controvérsia, lide, litígio, suscitado por diversidade de interesses; desavença.

Coletivo: controvérsia que um ou mais sindicatos, de empregados e empregadores, levam à Justiça do Trabalho para a fixação de normas para os contratos individuais de trabalho ou para se estabelecer novas regras para os salários e garantia de emprego.

Individual: quando se apresenta ao juízo trabalhista um só reclamado e um só reclamante.

Individual plúrimo: quando vários empregados, numa ação única, fazem reclamação do mesmo patrão ou reclamado. Sendo várias as reclamações e idênticas as matérias, podem ser acumuladas num só processo, se forem empregados da mesma empresa. Na opinião do ilustre jurista prof. Amador Paes de Almeida, emérito laboralista, os reclamantes podem ser qualificados em relação anexa à petição, na qual constem a data de admissão e o salário de cada um. "Havendo pretensão material diversa (horas extras para um, salário-família para outro), discriminar, inicialmente, na própria petição, as reivindicações comuns e logo abaixo as pretensões isoladas", diz aquele mestre.

Jurisprudencial: quando há divergência de jurisprudência aplicável de modo diferente e até oposto. É indispensável configurar-se a discrepância entre questões de direito.

DISSIMULAÇÃO – Aparência enganosa que se dá a coisa para ocultar ato ilícito. Modo astucioso de desfigurar o ato jurídico, fazendo-o revestir-se da aparência de outro, como fazer uma doação aparecer como compra e venda. No Dir. Penal, é a ocultação do intuito criminoso do agente, que toma a vítima de surpresa, sem condições nem meios para reagir.

DISSIPAÇÃO – Prodigalidade, esbanjamento; desbaratamento dos próprios bens; gastos desregrados; ato de pródigo.

DISSOLUÇÃO – Ruptura, desmembramento, separação. Desfazimento ou ruptura de vínculo contratual ou convencional, como na sociedade, na parceria ou no casamento. Extinção de órgão coletivo, com dispersão dos seus membros. Depravação, corrupção moral.

Amigável: a espontânea, que ocorre após entendimento entre as partes.

Contenciosa: a que decorre da existência de conflitos de interesse e é submetida ao Judiciário.

Da sociedade: quando cessam suas atividades sem perda da personalidade jurídica, subsistindo para ultimar negócios pendentes e entrar no período de liquidação.

✱ *V. Súm. Vinc. nº 18.*

De casamento: pelo divórcio ou pelo falecimento de um dos cônjuges.

De comunhão: quando deixa de haver comunhão de bens pela extinção da sociedade conjugal.

De pleno direito: a que ocorre por força de lei ou cláusula contratual feita em consonância com a lei.

Do Congresso: por um golpe de força, o Legislativo deixa de existir, temporariamente, sendo suas funções exercidas, cumulativamente, pelo Executivo, que legisla mediante decretos.

Do contrato: por motivo legal ou convencionado; o mesmo que *distrato*. Ocorre por mútuo consenso das partes; por revogação; por causa legal; por resolução; por nulidade; por rescisão; por morte de um dos contratantes; por vencimento do prazo.

DISSUADIR – Desaconselhar, fazer mudar de opinião, despersuadir.

DISSUASIVO – Próprio para dissuadir, desaconselhar. O mesmo que *dissuasório*.

DISTANCIAMENTO FÍSICO – *V. Distanciamento social.*

DISTANCIAMENTO SOCIAL – 1. Conjunto de medidas destinadas a diminuir a circulação de pessoas em locais públicos ou privados para a contenção de doenças contagiosas transmitidas por contato físico, direto ou indireto, bem como transmissão aérea. 2. O distanciamento social pode ser horizontal ou vertical. Será horizontal se envolver medidas mais restritivas destinadas a toda a comunidade, com circulação permitida para serviços considerados essenciais e não essenciais, nos termos determinados pelo Poder Público. Por sua vez, o distanciamento vertical é aquele cujas medidas de isolamento são direcionadas apenas para as pessoas que estão nos grupos de risco da doença a ser contida. 3. O distanciamento social horizontal pode ser realizado de modo flexível ou rígido, conforme a necessidade de contenção da doença. Quando flexível, permite a abertura de estabelecimentos, de modo gradual, à medida que os casos da doença diminuem. Já o modo rígido do distanciamento envolve uma regra única para toda a sociedade, sendo a mais rigorosa o *lockdown*, consistente no bloqueio total de pessoas circulando por ato do Poder Público.

✱ *V. Lei nº 13.979/2020 (Dispõe sobre as medidas para enfrentamento da emergência de saúde pública de importância internacional decorrente do coronavírus responsável pelo surto de 2019).*

DISTINGUISHING – 1. Expressão do Dir. norte-americano, trazida ao Dir. brasileiro pela doutrina processualista. Técnica pela qual a parte, ou mesmo o juiz, efetua a distinção entre as peculiaridades de um determinado caso concreto e os fundamentos que determinaram a formação de um precedente judicial aparentemente aplicável à mesma situação. 2. Com a positivação, no Dir. brasileiro, de métodos de resolução de demandas em massa, tal técnica tem sido cada vez mais evocada para afastar a aplicação de decisões de Tribunais Superiores. Tal previsão passou a figurar no CPC/2015 e, antes, na CLT, com as inovações introduzidas pela Lei nº 13.015/2014. 3. Com a inclusão dos §§ 5º e 6º ao art. 966 do CPC/2015 pela Lei nº 13.256/2016, a ausência de distinção entre os fatos da causa e os precedentes judiciais vinculantes permite o manejo de ação rescisória.

✱ *V. CPC/2015, arts. 489, § 1º, VI; 966, §§ 5º e 6º; 1.037, §§ 9º a 13.*

✱ *V. CLT, art. 896-C, § 16.*

DISTRATO – O distrato é a dissolução do contrato e deve ser feito da mesma forma que este, e pelo novo contrato se resile outro em vigor; dá-se também pela resolução do contrato por mútuo consenso, por acordo entre membros de uma sociedade. Também se diz *contrato liberatório, cancelatório, solutório*. O distrato, voluntário ou judicial, deve ser inserto no Registro de Comércio, publicado em jornais do domicílio social, ou, na falta deste, por anúncios fixados em lugares públicos, sob pena de subsistir a responsabilidade de todos os sócios a respeito de obrigações que algum deles venha a contrair com terceiro em nome da sociedade.

✱ *V. CC, art. 472.*

DISTRIBUIÇÃO – Remessa ou entrega de coisas a vários destinatários; separação, divisão.

De processos: tarefa administrativa do distribuidor do foro que reparte os processos ou serviços, designando o juiz ou o serventuário, de modo obrigatório e rotativo, a quem eles caibam, nas comarcas com mais de um juízo. Faz-se esta distribuição após o competente registro; quando há apenas um juízo, faz-se somente o registro. A distribuição se fará em primeira ou segunda instâncias e pode ser fiscalizada pela parte ou por seu advogado. No caso de as partes poderem eleger o foro, indica-se a comarca e não o juízo, caso haja mais de um com igual competência. Não se confunde a entrega da inicial ao distribuidor com o recebimento judicial dessa petição, constituindo a primeira ato apenas administrativo, e a segunda, um despacho.

Por dependência: aquela que é feita, obrigatoriamente, ao escrivão, ao qual, antes, fora distribuído um processo, de qualquer natureza, que tenha relação de dependência (conexão ou continência) com o novo processo. Se o meeiro supérstite falecer antes da partilha dos bens do pré-morto, e os herdeiros forem os mesmos, haverá um só inventariante para os dois inventários, e o segundo será distribuído, por dependência, processando-se em apenso ao primeiro. Visa obter economia processual e que não se profiram decisões contraditórias. Mas só é viável se o juízo da primeira demanda for competente para julgar também a segunda. A lei prevê os casos de *oposição por dependência*, quando alguém entre na lide contra autor e réu, por pretender a mesma coisa que eles, quando credores do espólio requerem o pagamento das dívidas vencíveis e exigíveis, nos embargos de terceiros.

✱ *V. CPC/1973, arts. 57, 251 a 257, 263, 548, 1.017, § 1º, e 1.043, § 2º.*

✱ *V. CPC/2015, arts. 284 a 290, 312, 642, 672, 683 e 930.*

✱ *V. Lei nº 11.101/2005 (Lei de Recuperação de Empresas e Falências), art. 6º, §§ 6º e 8º.*

✱ *V. Dec.-lei nº 858/1969 (Dispõe sobre a cobrança de débitos fiscais em casos de falência), art. 3º.*

✱ *V. LOJF, art. 16.*

✱ *V. RISTF, arts. 62 a 103.*

✱ *V. RCJF, arts. 8º e 10, I.*

DISTRITO – Cada uma das partes em que se subdivide um município, administrativa ou judicialmente. O *distrito judiciário* é uma das partes em que se divide um termo judiciário, não sede de comarca, sob a jurisdição de um juiz de paz. Diz-se também do território sob jurisdição de autoridade policial ou fiscal.

Consular: circunscrição territorial sob jurisdição de um cônsul.

Da culpa: o lugar do delito, perante cuja Justiça o acusado deve ser julgado.

DISTRITO FEDERAL – A Emenda Constitucional nº 69/2012 alterou os arts. 21, 22 e 48 da Constituição Federal, para transferir da União para o Distrito Federal as atribuições de organizar e manter a Defensoria Pública do Distrito Federal. Contudo, compete privativamente à União legislar sobre organização judiciária, do Ministério Público do Distrito Federal e dos Territórios. A EC nº 69/2012 também alterou o art. 48, IX, da Constituição Federal: "Art. 48. (...) IX – organização administrativa, judiciária, do Ministério Público e da Defensoria Pública da União e dos Territórios e organização judiciária e do Ministério Público do Distrito Federal;"

✱ *V. CF, arts. 32, § 1º, 46, §§ 1º e 2º, 52, VI e IX, 145, 147, 149, parágrafo único, e 155.*

✱ *V. Lei nº 11.697/2008 (Dispõe sobre a organização judiciária do Distrito Federal e dos Territórios e revoga as Leis nºs 6.750/1979, 8.185/1991, 8.407/1992, e 10.801/2003, exceto na parte em que instituíram e regularam o funcionamento dos serviços notariais e de registro no Distrito Federal).*

DITADOR – Chefe de Governo absoluto, autoritário; caudilho, tirano. Em Roma, durante a República, era o Magistrado Supremo nomeado pelos Cônsules e investido pelo Senado de poder absoluto, durante o tempo em que se julgassem em perigo as instituições.

DITADURA – Forma de governo discricionário, quando o indivíduo, com o apoio de um grupo que empolga parte da opinião pública, se investe de amplos poderes, legislativo e até judiciários, amparado nas Forças Armadas, e domina o país com excesso de autoridade. É *governo de fato* em oposição a *governo legal* ou *constitucional*. Podem ser lembradas, a propósito, a *ditadura colegiada*, da Revolução Francesa; a *ditadura do proletariado* da Revolução Russa, pela qual, segundo Marx, o proletariado deveria exercer poder ditatorial sobre a classe que o explorava, a burguesia, até que o Estado desse lugar à sociedade comunista; a *ditadura constitucional*, que estaria visível na lei marcial, no estado de sítio, na intervenção etc., ou quando o Executivo governa por decreto durante um grande período; e a *ditadura ideológica*, em que o ditador quer legitimar seu poder por uma ideologia político-social.

DIVERGÊNCIA – Discordância, desacordo de opiniões, desigualdade, diversidade.

✱ *V. CPC/1973, arts. 406, I, 477, 478, 530 (com redação dada pela Lei nº 10.352/2001), 541, parágrafo único, e 964.*

✱ *V. CPC/2015, arts. 448, 585 e 1.029.*

DÍVIDA – Débito, encargo, obrigação a cumprir ou a pagar.

Afiançada: aquela para a qual há um fiador, além do devedor principal.

Ajuizada: cobrada em juízo.

Alimentar: obrigação legal de prestar alimentos, o mesmo que *pensão alimentícia*.

Amortizável: a soma de empréstimos a ser paga pelo devedor em parcelas.

Ativa: diz-se do crédito de uma pessoa sobre outra, de obrigação a receber, ou quantia que cabe à Fazenda Pública cobrar.

✱ *V. Lei nº 6.830/1980 (Dispõe sobre a cobrança judicial da Dívida Ativa da Fazenda Pública).*

Certa: sobre cuja exatidão e existência não há dúvida.

Coberta: que tem seu pagamento assegurado por garantia real, fidejussória ou caucionária ou por coisa de valor superior ao da obrigação.

De aposta (ou de jogo): aquela que não obriga a pagamento; porém a quantia que se pagou não pode ser recobrada, a menos que tenha sido ganha por dolo ou se o perdedor é menor ou interdito.

Do casal: a que recai sobre bens de ambos os cônjuges.

Exigível: aquela que, por ser certa, líquida e vencida, pode ter seu pagamento exigido pelo credor.

Externa: a contraída por um país, por meio de empréstimos, com bancos internacionais ou organizações de outros países.

Fiscal: a que tem como sujeito ativo ou passivo da obrigação a Fazenda Pública (Federal, Estadual ou Municipal). Pode ser: *ativa fiscal propriamente dita*, se resulta do não pagamento de tributos pelo particular; *ativa impropriamente fiscal*, que advém de contrato entre Estado e particular, do qual o Estado se faz credor; *passiva fiscal*, se é a Fazenda Pública a devedora.

Flutuante: a que o Estado contrai, a curto prazo, para suprir necessidades do erário.

Fundada: o mesmo que *consolidada*.

Garantida: o mesmo que *coberta*.

Hereditária: a que se transmite com a herança.

Hipotecária: a que tem seu pagamento garantido por hipoteca.

Ilíquida: contra a qual pode ser oposta contestação quanto à quantidade, qualidade e certeza e que necessita de avaliação para que se torne exigível.

Incomunicável: aquela que não é comum aos cônjuges, em pacto antenupcial, por provir de ato ilícito ou ser anterior ao casamento, ficando assim sob a exclusiva responsabilidade daquele que a trouxe.

Legal, lícita ou legítima: a que se contrai, legitimamente, sem ofensa ao direito positivo.

Líquida e certa: aquela cuja existência real, constante de título escrito com valores expressos e justificados que não admitem dúvida sobre sua exatidão, a torna incontestável.

Litigiosa: a que é objeto de controvérsia.

Mercantil: resultante de atos lícitos de comércio.

Ordinária: provém de contratos do Estado com particulares (serviços públicos, fornecimentos etc.).

Passiva: é a dívida no sentido comum; obrigação a pagar.

Perpétua: é a dívida pública consolidada.

Pessoal: a particular, que só pode ser exigida por ação pessoal.

Pignoratícia: a que é garantida por penhor.

Portável: a que o devedor se obriga a pagar na residência ou domicílio do credor; vem do francês *portable*; opõe-se a *dívida reclamável* ou *quérable*.

Positiva: a que resulta da obrigação de dar ou de fazer.

Preferencial: a que consta de título com preferência ou privilégio especial, geral ou de direito real. O mesmo que *privilegiada*.

Pública, inscrita ou interna: obrigações do Estado que resultam de empréstimos ou obrigações por ele contraídos. Divide-se em: *interna*, representada por empréstimos ou obrigações contraídas no próprio país; *externa*, a que o Estado contrai fora do país; e também *consolidada* ou *fundada, flutuante, amortizável, perpétua*, e *inscrita* (q.v.).

Quérable: aquela que deve ser paga na residência ou domicílio do devedor, tendo o credor de ir buscá-la sob pena de não poder alegar nada quanto a seu inadimplemento; ela é sempre *quérable*, se não houver convenção quanto a lugar do pagamento. O mesmo que *dívida quesível, reclamável* ou *procurável*, em oposição a *dívida portável*.

Quirografária: a que consta de título ou escrito assinado pelo devedor, mas que não goza de privilégio no concurso de credores.

Real: a que tem como garantia bens de raiz.

Simulada: a que encobre ato fraudulento com aparência de legal.

Solidária: aquela em que há vários coobrigados, podendo o credor exigir de qualquer deles a satisfação integral da prestação vencida.

Vinculada: aquela que ainda não chegou a seu termo.

Vitalícia: a que o Estado está obrigado durante a vida dos beneficiários (aposentadoria, pensões, benefícios etc.).

✱ *V. CC, arts. 327, 814 a 817.*

O CC/2002, no art. 1.686, inclui preceito que estabelece: "As dívidas de um dos cônjuges, quando superiores a sua meação, não obrigam ao outro, ou a seus herdeiros". O CC/2002 insere capítulo sobre assunção de dívida, arts. 299 a 303.

DIVIDENDO – Aquilo que sofre processo divisório. Parte dos lucros apurados que é distribuída, periodicamente, aos acionistas ou sócios de uma empresa, proporcionalmente ao valor de suas ações ou cotas de capital. Cotas-parte de cada credor ou interessado na liquidação ou rateio da massa falida. Diz-se:

Cumulativo: o dividendo que não foi pago num exercício e acumula-se ao do exercício seguinte.

Fictício: o que resulta de indébita majoração do inventário, sendo artificial o resultado.

Fixo: atribuído, prioritariamente, às ações preferenciais.

Real: demonstração, em balanço, do verdadeiro resultado dos negócios da empresa ou sociedade.

DIVINIS JURIS SUNT VELUTI RES SACRAE ET RELIGIOSAE – (Latim) São de direito divino as coisas sagradas e religiosas.

DIVISA – Delimitação de uma propriedade, marco divisório, linha de separação; fronteira entre dois países ou Estados. No plural, é moeda ou recursos de um país no mercado estrangeiro.

DIVISÃO – Ato ou efeito de dividir, repartir, partilhar. Pode ser *real*, se é de coisas corpóreas; *ideal* ou *intelectual*, se de coisas incorpóreas.

Administrativa: parte do território de um Estado, a que se concede certa autonomia.

Do processo: o CPC/1973 dividia-se em cinco partes: *processo de conhecimento* (arts. 1º a 565), *processo de execução* (arts. 566 a 795), *do processo cautelar* (arts. 796 a 889), *dos procedimentos especiais* (arts. 890 a 1.210), *das disposições finais e transitórias* (arts. 1.211 a 1.220). Já o CPC/2015 divide-se em parte geral (das normas processuais civis – arts. 1º a 15; da função jurisdicional – arts. 16 a 69; dos sujeitos do processo – arts. 70 a 187; dos atos processuais – arts. 188 a 293; da tutela provisória – arts. 294 a 311; da formação, da suspensão e da extinção do processo – arts. 312 a 317) e parte especial (do processo de conhecimento e do cumprimento de sentença – arts. 318 a 770; do processo de execução – arts. 771 a 925; dos processos nos tribunais e dos meios de impugnação das decisões judiciais – arts. 926 a 1.044; disposições finais e transitórias – arts. 1.045 a 1.072).

Do trabalho: por fases executadas, cada uma por um grupo distinto de operários para maior produtividade e perfeição; o princípio aplica-se a empresas quando cada uma executa parte do trabalho.

Dos poderes: separação dos poderes de uma nação, atendendo ao princípio democrático de que devem ser autônomos e harmônicos entre si, como preconiza a CF: Executivo, Legislativo e Judiciário. Essa divisão remonta a Charles de Sécondat, Barão de Montesquieu, em seu livro *O Espírito das Leis*.

DIVISIBILIDADE – Qualidade daquilo que pode ser dividido ou partilhado. Diz-se: *física* ou *de fato*, se relativa a coisa corpórea, que se reparte em cotas certas num todo independente, que é possuído *pro diviso*, capaz de servir ao uso e aos fins a que se destina; *legal, de direito, intelectual* ou *ficta*, que diz respeito a coisa possuída em comum, quando os consortes não têm partes certas e distintas, apenas ideais.

DIVISÍVEL – Aquilo que pode ser, objetiva ou abstratamente, separado em porções distintas ou em partes indeterminadas.

DIVISO – Que foi objeto de divisão; dividido.

DIVISOR – Aquele ou aquilo que divide.

De águas: acidente geográfico que separa as águas, dividindo-se em partes que seguem destinos diferentes.

DIVISÓRIO – Aquilo que divide, que se relaciona a divisão, o que faz a delimitação entre dois pré-dios; *tapume, cerca, muro divisório*.

DIVÓRCIO – Dissolução completa da sociedade conjugal, desfazimento absoluto do vínculo jurídico do matrimônio, ficando os cônjuges, após sua homologação e registro, aptos a contrair novas núpcias. O casamento civil pode ser dissolvido pelo divórcio. O divórcio pode ser: consensual ou contencioso. No contencioso, o procedimento é o ordinário; no consensual, a petição terá de ser assinada por ambos os cônjuges, ou a seu rogo, se não souberem escrever; as assinaturas, se não forem lançadas na presença do juiz, deverão ser reconhecidas por tabelião. O tema relacionado ao divórcio consensual foi parcialmente alterado pela Lei nº 11.965/2009, que passou a dispor sobre a participação do defensor público na lavratura da escritura pública de inventário e de partilha e divórcio consensual. Além disso, o art. 1.124-A do CPC/1973, correspondente ao art. 733 do CPC/2015, dispõe que somente lavrará a escritura se os contratantes estiverem assistidos por advogado comum ou advogados de cada um deles ou por defensor público, cuja qualificação e assinatura constarão do ato notarial. Veja que, com o advento desta alteração, passa a entrar a figura do defensor público no rol. Outra alteração refere-se ao fato de que a escritura e demais atos notariais serão gratuitos àqueles que se declararem pobres sob as penas da lei (CPC/1973, art. 1.124-A, § 2º, correspondente ao art. 733 do CPC/2015). Em caso de incapacidade dos cônjuges, o pedido pode ser feito por curador, ascendente ou irmão. A sentença será averbada no Registro Civil e, havendo bens imóveis, na circunscrição onde se achem registrados. Os consectários, como guarda dos filhos ou dispensa de prestar alimentos, passaram a ser, obrigatoriamente, objeto de pedido expresso cumulativo, para não ficar sem regulamentação ou correr o risco de postergá-la. Outra questão diz respeito à conciliação prévia, antes do despacho da inicial, estabelecida pela Lei nº 968/1949, no desquite litigioso e causas de alimentos. Essa disposição foi revogada, ficando a conciliação para o início da audiência. No divórcio consensual há necessidade de partilha de bens; no contencioso, fica a partilha postergada para a fase de execução em razão do rito ordinário. Outra observação necessária é que esse dispositivo da Lei do Divórcio (art. 5º, § 3º) faz com que o regime de comunhão universal não mais transfira propriedade incondicionada; a propriedade adquirida por força da comunhão de bens é resolúvel. A Constituição Federal e a Lei nº 7.841/1989 revogaram o disposto no art. 38 da Lei do Divórcio, de que o pedido de divórcio só poderia ser formulado uma vez; pode, pois, a mesma pessoa pedir mais de um divórcio. Na medida cautelar da separação de corpos, o juiz decide quem deve deixar o lar. O novo casamento do cônjuge devedor de pensão não altera a sua obrigação; mas o novo casamento do cônjuge credor da pensão extingue a obrigação do cônjuge devedor. Se os cônjuges divorciados quiserem refazer a união conjugal só podem fazê-lo mediante novo casamento. O divórcio realizado no estrangeiro, se um ou ambos os cônjuges forem brasileiros, só será reconhecido no Brasil depois de 3 anos da data da sentença. Não se homologa sentença de divórcio obtida por procuração em país de que os cônjuges não eram nacionais nem a sentença proferida no estrangeiro sem prova do trânsito em julgado. Se o divórcio for pedido por um dos cônjuges, os filhos menores ficam com aquele que tiver melhores condições de cuidar deles. A não ser que o juiz constate que a guarda exercida por qualquer dos cônjuges traga prejuízos de ordem moral para eles; nesse caso, o juiz deferirá sua guarda à pessoa notoriamente idônea da família de qualquer dos cônjuges. Podem os filhos ficar com o cônjuge com quem estavam durante a ruptura da vida em comum. As disposições quanto à guarda, proteção e prestação de alimentos aos filhos menores se estendem aos filhos maiores inválidos. A partilha dos bens será homologada pela sentença do divórcio. Em 14-7-2010, foi publicada no *Diário Oficial da União* a EC nº 66/2010 que dispõe sobre a dissolubilidade do casamento civil pelo divórcio, suprimindo o requisito de prévia separação judicial por mais de um ano ou de comprovada separação de fato por mais de dois anos. A Lei nº 13.894/2019 fixou como competente o foro do domicílio da vítima de violência doméstica e familiar para a ação de divórcio.

✱ *V. CF, arts. 5º, XXII e XXXVI, e 226, §§ 5º e 6º.*

✱ *V. CC, arts. 1.571 a 1.582.*

✱ *V. CPC/1973, arts. 447, 888, 1.120, 1.124 e 1.124-A.*

✱ *V. CPC/2015, arts. 731 e 733.*

✱ *V. Lei nº 6.515/1977 (Lei do Divórcio).*

✱ *V. Lei nº 8.408/1992 (Introduziu alterações na Lei do Divórcio); CPC/1973, arts. 447, 888, 1.120, 1.124 e 1.124-A).*

✱ *V. Lei nº 13.894/2019 (Altera a Lei nº 11.340, de 7 de agosto de 2006 (Lei Maria da Penha), para prever a competência dos Juizados de Violência Doméstica e Familiar contra a Mulher para a ação de divórcio, separação, anulação de casamento ou dissolução de união estável nos casos de violência e para tornar obrigatória a informação às vítimas acerca da possibilidade de os serviços de assistência judiciária ajuizarem as ações mencionadas; e altera a Lei nº 13.105, de 16 de março de 2015 (Código de Processo Civil), para prever a competência do foro do domicílio da vítima de violência doméstica e familiar para a ação de divórcio, separação judicial, anulação de casamento e reconhecimento da união estável a ser dissolvida, para determinar a intervenção obrigatória do Ministério Público nas ações de família em que figure como parte vítima de violência doméstica e familiar, e para estabelecer a prioridade de tramitação dos procedimentos judiciais em que figure como parte vítima de violência doméstica e familiar).*

DIVULGAÇÃO DE SEGREDO – Crime previsto em lei que consiste em alguém divulgar, sem justa causa, conteúdo de documento particular ou de correspondência confidencial, de que é destinatário ou detentor, e cuja divulgação produza dano a outrem. Pena de detenção de 1 a 6 meses ou multa. Somente se procede por representação.

DIZER – Afirmar, depor, estabelecer, falar, alegar, expor razões.

De direito: quando se alegam razões baseadas na lei aplicável ao caso em tela.

De fato: quando são aduzidos argumentos calcados na prova produzida ou que constem dos autos.

DOAÇÃO – Transferência que faz o *doador*, a título gratuito ou condicionado, de bens ou vantagens de seu patrimônio ao *donatário*. É ato de liberalidade, exteriorizado em contrato unilateral, mas deve o donatário dar o seu aceite, de modo expresso ou tácito. A doação pode ser:

Antenupcial ou esponsalícia: a que se fazem os nubentes, reciprocamente, ou de um ao outro, não podendo esta exceder da metade do patrimônio do doador; podem ser também feitas por terceiros no contrato antenupcial ou em escritura pública anterior ao casamento.

Causa mortis: o CC deixou de admiti-la, mas há resquícios dela no art. 314, que afirma que "as doações estipuladas nos contratos antenupciais, para depois da morte do doador, aproveitarão aos filhos do donatário, ainda que este faleça antes daquele. Mas, se o doador sobreviver a todos os filhos do donatário, caducará a doação".

Condicional: a que surte efeito apenas em certo termo por depender de evento futuro e incerto.

Inoficiosa: trata-se de doação nula que diz respeito ao excedente da legítima, ou à parte que ultrapassa a porção disponível do doador (a metade de seus bens), se tiver herdeiros necessários; o que renunciou à herança, ou foi dela excluído, deve, não obstante, conferir as doações recebidas, para o fim de repor a parte inoficiosa.

Inter vivos: aquela realizada em vida do doador, de caráter irrevogável.

Onerosa ou modal: aquela que fica sujeita a condições, cláusula, termo ou gravada de encargos a serem cumpridos pelo donatário; também se diz *gravada, imprópria, relativa*.

Partilha: trata-se de adiantamento da legítima, que pode ser feito pelo pai e pela mãe, conjuntamente. O ascendente, que pode dispor de seus bens, faz partilha de sua meação aos herdeiros necessários, por ato entre vivos e sem ônus, desde que a legítima deles não fique prejudicada, e o doador reserve para si meios para sua subsistência ou o usufruto dos bens doados.

Plena: a que não impõe encargos nem condições.

Por gratidão: aquela com a qual o doador reconhece um benefício ou um favor que recebeu do donatário.

Própria: a que é feita por mera liberalidade, sem restrições.

Pura ou simples: a doação gratuita por mera liberalidade.

Remuneratória: a que se faz em pagamento de serviço ou benefício prestado ao doador pelo beneficiário; não constitui liberalidade, portanto não é passível de revogação nem obriga à colação.

Reversível: a que estipula que os bens voltem à posse do doador, se ele sobreviver ao donatário. Diz-se, também, *de reversão*. A doação do cônjuge adúltero ao seu cúmplice pode ser anulada pelo outro cônjuge ou por seus herdeiros necessários até 2 anos depois de dissolvida a sociedade conjugal. A doação feita a nascituro terá validade se for aceita pelos pais. A doação sob a forma de subvenção periódica se extingue com a morte do doador, salvo se esse dispuser de modo diferente. Pode ser a doação revogada por ingratidão do donatário e a onerosa pela não execução do encargo. Só podem ser revogadas por ingratidão se o donatário atentou contra a vida do doador; se cometeu ofensa física contra ele; se o injuriou ou o caluniou gravemente; se, podendo ministrar-lhes, recusou alimentos ao doador, de que este necessitava. Não se revogam por ingratidão as doações puramente remuneratórias, as oneradas com encargo, aquelas em cumprimento de obrigação natural, as feitas para determinado casamento.

✱ *V. CC, arts. 538 a 560, 1.645 a 1.648, 2.005 a 2.012.*

DOCA – Conjunto de armazéns, no cais em porto marítimo, onde são mantidas em depósito mercadorias importadas e as que serão exportadas.

DOCIMASIA PULMONAR HIDROSTÁTICA – Medida pericial, na área da Medicina Legal, de grande utilidade em Dir., para se estabelecer o momento da morte, para saber se a criança nasceu viva ou morta, demonstração que acarreta consequências jurídicas, especialmente no caso de herança. Falecendo o homem e deixando grávida sua mulher, se a criança nasce morta, o patrimônio do *de cujus* é transmitido aos herdeiros deste, que podem ser os seus genitores; se a criança nasce viva e morre momentos depois, o patrimônio do pai passará aos herdeiros da criança, isto é, à mãe. A prova é feita assim: colocam-se na água os pulmões da criança; se ela chegou a respirar eles flutuam; se não respirou (nasceu morta), eles não flutuam, afundam. A prova tem o nome de Galeno, médico grego cujo renome chegou à Idade Média. Entre os antigos gregos, era o inquérito que se fazia acerca das aptidões morais dos candidatos a uma função pública.

DOCUMENTO – Título, peça escrita ou gráfica, fotos, desenhos, cópias fotostáticas, mapas, gravações em discos etc., que tenham ou representem valor jurídico para instruir, esclarecer o processo e provar o que a parte que se vale deles alega. Diz-se:

Apócrifo: o que não traz assinatura ou quando ela não está autenticada.

Autenticado: aquele em que o tabelião reconhece a firma do signatário ou confronta com o original.

Autêntico: feito por oficial público, revestido das formalidades legais pertinentes e registrado.

Eletrônico de transporte – DT-e: exclusivamente digital, de geração e emissão prévias obrigatórias à execução da operação de transporte de carga no território nacional.

✱ *V. Lei nº 14.206/2021 (Institui o Documento Eletrônico de Transporte (DT-e), dentre outras disposições).*

Formal: aquele que reclama forma preestabelecida na lei, sem o qual não terá valor probante.

Genuíno: aquele apresentado por seu próprio autor.

Instrumental: documento escrito que cria direitos e obrigações.

Original: traz o ato escrito pela primeira vez ou cópia autêntica dele ou contrato lavrado nas notas do tabelião.

Particular: se é feito e assinado pelas partes, ou só assinado por elas, sem participação de oficial público, como recibos, cartas, bilhetes, memorandos, telegramas, livros, folhetos etc.; diz-se, também, *escritos de natureza privada*.

Público: lavrado por tabelião ou serventuário, ou emanado de autoridade pública, como escrituras, tratados, avisos ministeriais, circulares etc.; não se pode recusar fé a documentos públicos.

Solene: o mesmo que *formal*.

Verídico: quando seu conteúdo exprime certeza ou realidade. Diz a lei civil que "os atos jurídicos a que se não impõe forma especial, poderão provar-se mediante confissão, atos processados em juízo e documentos públicos ou particulares", entre outros. A petição deve ser instruída com os documentos considerados indispensáveis à propositura da ação; mas o autor deve, também, acrescentar-lhe aqueles que considera essenciais para provar as suas alegações. Apenas em dois momentos o CPC permite a juntada aos autos de documentos novos: quando se destinam a fazer prova de fatos ocorridos depois dos articulados e quando se destinarem à contraposição aos que tenham sido produzidos pela parte adversa.

✱ *V. CPC/1973, arts. 160, 283, 297, 364 a 399, 429, 433, 485, VII, 524, 525 e 844, II.*

✱ *V. CPC/2015, arts. 201, 320, 335, 405 a 441, 473, 477, 966, 1.016 e 1.017.*

DOCUMENTOSCOPIA – Método de perícia criminalística para examinar a falsidade de documentos manuscritos, comparando-se as letras e as impressões digitais. Diz-se ainda *grafoscopia, grafotecnia, perícia gráfica, perícia paleográfica.*

DOENÇA – A configuração de perturbação da saúde gera o auxílio-doença, prestação previdenciária devida a partir do 16º dia do afastamento da atividade, devendo o empregador pagar os salários dos primeiros 15 dias (Lei nº 8.213/1991, art. 60).

DOENÇAS DO TRABALHO – Segundo a lei elas resultam de condições especiais ou excepcionais em que o trabalho se realize, o que significa que não é inerente ao trabalho o agente causador da doença: aquelas condições é que favorecem o desenvolvimento da doença contraída no próprio trabalho. Essas doenças são chamadas *mesopatias.*

✱ *V. Lei nº 8.213/1991 (Dispõe sobre os Planos de Benefícios da Previdência Social), art. 20, II.*

Profissionais: Próprias de determinados ramos de atividade segundo a lei. Provocadas, em geral, por agentes químicos, físicos ou biológicos que são peculiares a certas funções. Exemplos: intoxicações provocadas por arsênico, chumbo, fósforo etc. Têm atuação lenta no organismo, distinguindo-se por isso dos acidentes típicos. É obrigatória a comunicação das doenças profissionais e daquelas causadas por condições especiais de trabalho, comprovadas ou objeto de suspeita, conforme instruções do Ministério do Trabalho. São chamadas *idiopatias.*

✱ *V. Lei nº 8.213/1991 (Dispõe sobre os Planos de Benefícios da Previdência Social), art. 20.*

✱ *V. CLT, art. 169.*

DOESTO – Ofensa moral grave; afronta, injúria, insulto, vitupério.

DOGMA – Princípio tido como certo e irrefutável; doutrina apresentada como certa e indubitável, em religião, direito, filosofia.

DOGMÁTICA – Conjunto ou sistema de dogmas. Ex., *dogmática jurídica*: conjunto de princípios jurídicos.

DO LENOCÍNIO E DO TRÁFICO DE PESSOA PARA FIM DE PROSTITUIÇÃO OU OUTRA FORMA DE EXPLORAÇÃO SEXUAL – Título do Capítulo V, alterado pela Lei nº 12.015/2009. *V. Lenocínio.*

DOLO – Má-fé. Ânimo consciente de agir de maneira ilícita. É a intenção de fraudar, de prejudicar (*intentio nocendi*). Ânimo de violar o direito alheio, o que o diferencia da *culpa*. Diz-se de qualquer ardil usado pelo indivíduo em proveito próprio ou de terceiro, para induzir alguém a praticar ato jurídico que lhe é prejudicial. O dolo é tido como a forma mais grave de culpabilidade, porque o agente dirige sua vontade à consumação do ato delituoso (dolo direto) ou assume o risco de produzi-lo (dolo eventual). Diz-se:

Acidental: quando sua intervenção no ato jurídico é ocasional, não decisiva; só obriga à satisfação de perdas e danos.

Alternativo: quando o agente quer um entre dois resultados.

Compensado: quando dois contratantes agem, ao mesmo tempo, com má-fé.

Condicionado: em que o agente não quis o resultado ilícito, mas sabia que poderia ocorrer e agiu assumindo esse risco; o mesmo que *eventual.*

De aproveitamento: ocorre ao aproveitar-se, uma das partes, da situação de grave necessidade, inexperiência ou leviandade da outra para auferir lucros exagerados; leva o ato jurídico à rescisão, por vício insanável.

De dano: em que o agente deseja causar dano real e não simples perigo.

De ímpeto ou irrefletido: sem premeditação. Pode aparecer como atenuante se motivado por ato da vítima; e privilegiar o crime de homicídio ou de lesões corporais.

De perigo: em que a vontade consciente do agente visa uma situação de perigo.

De propósito ou de premeditação: o que é preparado com intenção e frieza de ânimo, premeditadamente. A premeditação não é agravante genérica obrigatória. O mesmo que *dolo refletido.*

Determinado: quando o agente age consciente, com intenção e de modo objetivo, para consumar o ato lesivo, cujo efeito prejudicial à outra parte ele antevê com clareza; também se diz *direto, intencional* ou *incondicionado.*

Específico: configura-se apenas quando o agente tem um fim previsto de modo específico na lei; a falta de dolo específico é que faz distinção entre dois delitos, como na extorsão e no constrangimento ilegal.

Genérico: em que a vontade do agente se dirige para o resultado, apenas, como no caso do estupro.

Indeterminado: em que não há propósito direto de consumar o ato delituoso.

Indireto: quando o agente quer um resultado e ocasiona outro, imprevisto; o mesmo que *eventual* ou *condicionado.*

Intencional: o mesmo que *dolo direto.*

Negativo ou por omissão: ocorre pelo silêncio intencional de uma das partes sobre fato ou qualidade que a outra desconhecia e, por isso, concordou em contratar, prejudicando-se.

Positivo ou comissivo: o que foi praticado por vontade e ação de alguém.

Principal: o que deu causa imediata ou motivo determinante do ato jurídico e que vicia o consentimento; o mesmo que *essencial* ou *determinante.*

Subsequente: dá-se quando a conduta do agente se apresenta, inicialmente, de boa-fé, passando depois a haver má-fé. O *dolo comercial*, que antes se dizia também *tolerado*, assim como o *dolus bonus*, que consistia em exagerar as qualidades de um produto ou coisa, dissimulando seus defeitos, estão hoje condenados pela Lei nº 8.078/1990, o Código do Consumidor, que no art. 37 diz: "É proibida toda publicidade enganosa ou abusiva". É enganosa por omissão quando deixa de informar sobre dados essenciais do produto ou serviço. A pena é de detenção de 3 meses a 1 ano e multa.

✱ *V. CC, arts. 145 a 150.*

✱ *V. CP, art. 18, I.*

✱ *V. Lei nº 8.078/1990 (CDC), arts. 37 e 67.*

DOLUS A FRAUDE DIFFERT VELUT AUSPECIE – (Latim) O dolo difere da fraude como o gênero, da espécie.

DOLUS APERTUS – (Latim) Dolo aberto, que se pode ver na conduta do agente.

DOLUS BONUS – (Latim) Dolo involuntário do agente, intenção boa e resultado mau.

DOLUS IN REIPSA, QUIA RES IN SE DOLUM HABET – (Latim) Dolo na coisa mesma porque a coisa tem em si o dolo.

DOLUS MALUS – (Latim) Quando a vontade do agente quis o mau resultado.

DOLUS NON PRAESUMITUR NISI PROBETUR – (Latim) Não se admite o dolo, a menos que se prove.

DOMÉSTICO – 1. Do latim *domus* (casa). Referente à casa ou à família; caseiro, domiciliar, privado. 2. Referente ao interior de um país, em oposição a *estrangeiro*. 3. Animal que é criado em casa ou vive nela, em oposição a *silvestre*. 4. Para fins de Dir. do Trabalho, é o trabalhador que presta serviços de natureza contínua e de finalidade não lucrativa à pessoa ou à família, no âmbito residencial destas. Este conceito exclui a figura do *diarista*, que labora em caráter eventual, tendo a jurisprudência estabelecido, via de regra, a frequência de até três dias por semana para configurar ou não a relação de trabalho doméstico. A partir da promulgação da EC nº 72/2013, que alterou o parágrafo único do art. 7º da CF, o trabalhador doméstico passou a ter garantidos os seguintes direitos: salário mínimo, inclusive para quem recebe remuneração variável; irredutibilidade salarial; 13º salário; jornada de trabalho de 8 (oito) horas diárias e 44 (quarenta e quatro) horas semanais, com adicional por serviço extraordinário de, no mínimo, 50% (cinquenta por cento) sobre a hora normal; repouso semanal remunerado (aos domingos, de preferência); férias anuais acrescidas de um terço sobre o salário normal; licença maternidade de, no mínimo, 120 (cento e vinte) dias; licença paternidade de, no mínimo, 5 (cinco) dias; aviso prévio proporcional ao tempo de serviço, sendo de, no mínimo 30 (trinta) dias; proteção da saúde e segurança nas condições de trabalho; aposentadoria; reconhecimento das convenções e acordos coletivos; proibição de diferença de salários e discriminação quanto à trabalhadores portadores de deficiência e proibição do trabalho noturno, perigoso ou insalubre a menores de 18 (dezoito) anos. Ainda segundo a EC nº 72/2013, há a garantia de outros direitos, os quais dependem, para a sua efetivação, de regulamentação por lei, quais sejam: proteção contra dispensa sem justa causa; seguro desemprego; fundo de garantia por tempo de serviço; adicional por trabalho noturno; salário-família; auxílio-creche e seguro contra acidentes de trabalho. Para regulamentar estes direitos, foi editada a LC nº 150/2015, que instituiu a sistemática de recolhimento simplificado de tributos incidentes sobre a remuneração dos trabalhadores domésticos, conhecida por "Simples Doméstico". Outra importante conquista garantida aos domésticos foi a inclusão no rol de trabalhadores assistidos pelos benefícios previdenciários voltados à cobertura de acidentes de trabalho. 5. A situação de calamidade pública gerada pela pandemia de Coronavírus (COVID-19) fez o Poder Público instituir o Programa Emergencial de Manutenção do Emprego e da Renda, aplicável ao empregado doméstico, que autoriza, dentre outras medidas, a suspensão temporária do contrato de trabalho. O referido programa foi prorrogado pela Medida Provisória nº 1.045/2021 com o nome de Novo Programa Emergencial de Manutenção do Emprego e da Renda que instituiu o Benefício Emergencial de Manutenção do Emprego e da Renda, a ser pago em caso de redução proporcional de jornada de trabalho e de salário e suspensão temporária do contrato de trabalho. A referida MP também permite a antecipação das férias aos empregados domésticos que ainda não tenham direito aos 30 (trinta) dias de férias legais. O programa citado é aplicável, também, à empregada doméstica gestante. A Medida Provisória nº 1.045/2021 vigeu de 28 de abril de 2021, data de sua publicação no *Diário Oficial da União – DOU*, até 17 de fevereiro de 2022, data de publicação no *DOU* de sua rejeição e durante o seu período de vigência, os atos nela embasados seguem válidos.

✱ ***V.*** *CF, art. 7º, parágrafo único.*

✱ ***V.*** *ADCT, art. 10, I e II,* b.

✱ ***V.*** *EC nº 72/2013 (Estabelece a igualdade de direitos entre os trabalhadores domésticos e os demais).*

✱ ***V.*** *LC nº 150/2015 (Dispõe sobre o contrato de trabalho doméstico).*

✱ ***V.*** *Lei nº 5.859/1972 (Dispõe sobre o trabalho doméstico).*

✱ ***V.*** *CLT, art. 7º,* a.

✱ ***V.*** *Lei nº 7.195/1984 (Dispõe sobre a responsabilidade civil das agências de empregados domésticos).*

✱ ***V.*** *Lei nº 7.418/1985 (Institui o valetransporte).*

✱ ***V.*** *Lei nº 8.009/1990 (Dispões sobre a impenhorabilidade do bem de família), art. 3º, I.*

✱ ***V.*** *Lei nº 8.036/1990 (Dispõe sobre o Fundo de Garantia por Tempo de Serviço), art. 15, § 3º.*

✱ ***V.*** *Lei nº 8.212/1991 (Dispõe sobre a organização da Seguridade Social e institui fontes de custeio), arts. 11, parágrafo único,* b*; 12, II; 15, II; 20; 24; 28, II; 30, V e § 6º.*

✱ ***V.*** *Lei nº 8.213/1991 (Dispõe sobre planos de benefícios da Previdência Social), arts. 11, II; 14, II; 27, II; 36; 43,* b*; 49, I; 71B, § 2º, II;*

✱ ***V.*** *Dec. nº 71.885/1973 (Regulamenta o trabalho doméstico).*

✱ ***V.*** *Dec. nº 95.247/1987 (Regulamenta o valetransporte), art. 1º, II. (Revogado pelo Decreto nº 10.854/2021)*

✱ *V. Dec. nº 3.048/1999 (Regulamento da Previdência Social), arts. 9º, II; 12, II; 18, II; 28, II; 31, § 22, I; 36, § 3º; 44, II; 52, I; 70B; 72; 81 a 92; 104; 143, § 4º; 195, parágrafo único, II; 198; 211; 214, II, §§ 1º e 3º, II; 216, VIII, §§ 1ºA, 5º, 16 e 16; 233; 239, § 11; 243, § 2º; 244, § 1º; 276, § 8º; e 336.*

✱ *V. Dec. nº 3.361/2000 (Regulamenta o acesso ao Fundo de Garantia pelos empregados domésticos).*

✱ *V. Instrução Normativa MTE/SIT nº 110/2014 (Dispõe sobre os procedimentos de fiscalização do cumprimento das normas relativas à proteção do trabalho doméstico).*

✱ *V. MP nº 1.045/2021 (Institui o Novo Programa Emergencial de Manutenção do Emprego e da Renda e dispõe sobre medidas complementares para o enfrentamento das consequências da emergência de saúde pública de importância internacional decorrente do coronavírus (Covid-19) no âmbito das relações de trabalho).*

DOMICILIADO – Residente com ânimo definitivo em certo lugar.

DOMICILIATÁRIO – Pessoa em cujo domicílio a letra de câmbio deve ser paga, por indicação que o sacador fez no título, ou o aceitante ou emitente que residam em outro lugar.

DOMICÍLIO – Lugar da atividade habitual permanente da pessoa ou onde tem a sede de seus negócios. O domicílio do que leva vida errante é aquele onde for encontrado. A fixação do domicílio é importante, porque o local fixa a competência do juiz. Diz-se:

Civil ou real: onde a pessoa vive com sua família e mantém relações de caráter civil; também se diz *geral* ou *ordinário*.

Comercial: onde o comerciante tem a sede de seu comércio, onde o exerce.

Conjugal: sede da sociedade conjugal.

De origem: aquele que a pessoa adquire ao nascer, o filho tem o do pai, enquanto estiver sob o poder familiar; também se diz *originário*.

Eleitoral: é o da localidade onde o cidadão se alistou como eleitor e exercita seu direito de votar.

Eletivo ou o do fato: aquele que as partes elegem para o exercício de determinados direitos ou para cumprimento de certas obrigações; diz-se ainda *eleito, voluntário* ou *de contrato*.

Especial: quando a ele se subordinam algumas relações jurídicas.

Fiscal: local do principal estabelecimento comercial ou industrial, onde se centralizam os negócios e a parte contábil.

Legal: se prescrito por lei a certas pessoas, em vista de sua residência permanente, funções, condição ou situação jurídica, como o dos incapazes, do militar de guarnição, do sentenciado, da mulher casada (do marido) etc.

Político: aquele, fixado por lei, em que o cidadão deve cumprir seus deveres e direitos políticos, como o de votar ou ser votado, ser eleito etc.

Tributário: para as pessoas naturais, o de sua residência habitual ou o centro costumeiro de sua atividade, se aquela for incerta ou desconhecida; para as pessoas jurídicas de direito privado ou as firmas individuais, o lugar de sua sede, ou, em relação aos atos ou fatos que derem origem à obrigação, o de cada estabelecimento; para as pessoas jurídicas de direito público, qualquer de suas repartições no território da entidade tributante. Quando essas regras não puderem ser aplicadas, considerar-se-á domicílio tributário do contribuinte ou responsável o lugar da situação dos bens ou da ocorrência dos atos ou fatos que originaram a obrigação. O domicílio eleito pode ser recusado pela autoridade quando dificultar ou impossibilitar a arrecadação ou fiscalização do tributo. A pessoa pode residir num lugar e trabalhar em outro, daí a distinção que se faz entre domicílio e residência.

✱ *V. CTN, art. 127, I, II e III, §§ 1º e 2º.*

DOMÍNIO – Território que pertence a um país, fora de seus limites. Complexo de direitos, do gênero propriedade, sobre bens materiais corpóreos, oponíveis *erga omnes*. Trata-se de direito real, que sujeita um bem corpóreo ao poder e vontade de alguém, pelos meios legais de aquisição da propriedade. O domínio materializa-se pela transcrição do título no Registro de Imóveis, quando se trata de propriedade imobiliária; e pela tradição, no caso de coisas móveis. O domínio é:

Aéreo: a jurisdição do Estado sobre o espaço superposto a seu território e suas águas adjacentes.

Direto: o do proprietário sobre a substância e disponibilidade da coisa, despida de suas utilidades. Também se diz *civil* ou *ambiente* e opõe-se a *domínio útil*.

Eminente: o que tem o Estado sobre o território nacional, pelo qual pode administrá-lo, defendê-lo, policiá-lo, legislar sobre o uso de terras e outros atos próprios de sua soberania.

Exclusivo ou absoluto: o que se opõe a quantos queiram violar-lhe a propriedade.

Limitado: diz-se do domínio que é resolúvel ou sujeito a ônus real, quando o proprietário não detém todos os direitos inerentes à coisa.

Pleno ou ilimitado: quando o proprietário tem todos os direitos da propriedade, podendo dispor dela livremente, sem depender de outrem.

Resolúvel: o que está constituído com cláusula que possibilita ou prevê sua extinção, como na retrovenda, no fideicomisso etc.

Útil: consiste no exercício do direito de usufruir a coisa a título gratuito ou pelo pagamento de renda mensal ou anual; é o direito que tem o foreiro ou o locatário. Opõe-se a domínio direto. *O domínio do Estado*, ou *domínio nacional*, que são os bens e direitos da Nação, administrados no interesse coletivo, subdivide-se em: *público*, aqueles que não podem ser propriedade particular ou estão fora do comércio, por isso são inalienáveis, como rios, mares, estradas, território do País, salvo título de concessão por tempo limitado dado pelo Poder Público; e *privado,* que é o conjunto dos bens móveis e imóveis não públicos, sobre os quais o Estado exerce direito de proprietário, podendo arrendá-los e aliená-los na forma da lei. São os bens *patrimoniais* ou *dominicais* do Estado ou de pessoa jurídica de direito público: via férrea, navio, fazenda, prédio etc. Também se diz *domínio fiscal*, quando o Estado dispõe dos bens como se fosse um particular.

DOMINIUM EST JUS UTENDI FRUENDO ET ABUTENDI RE SUA QUATENUS JURIS RATIO PATITUR – (Latim) O domínio é o direito de usar, fruir e dispor do que é seu, quanto o permite a razão do direito.

DOMINUS LITIS – (Latim) Dono da lide, o autor.

DONATIO EST ALIUD GENUS ACQUISITIONIS – (Latim) A doação é outro gênero de aquisição.

DONATIO OMNIUM BONORUM, RESERVATO SIBI USUFRUCTO, VALIDA EST – (Latim) É valida a doação de todos os bens, reservando para si o usufruto.

DONATIO SUB MODO – (Latim) Doação sob condição.

DONATIVO – Dádiva feita de modo voluntário; aquilo que é dado por liberalidade.

DONO – Proprietário, senhor de um domínio. O que tem direito pleno e exclusivo sobre uma coisa, amparado por justo título. A partir da Constituição Federal de 1988, o direito de propriedade não é mais absoluto e ilimitado, encontrando limites no seu exercício regular e na sua função social.

✱ *V. CF, arts. 5º,* caput, *XXII e XXIII; 170, II e III; 182, § 2º; e 186.*

✱ *V. CC, arts. 185 a 188 e 1.228 a 1.232.*

Da obra: *V. Empreitada.*

De negócios: *V. Gestão de negócios.*

DORMIENTIBUS NON SUCCURRIT JUS – (Latim) O direito não ajuda aos que dormem ou negligenciam em seu uso ou defesa.

DOR MORAL – No Dir. Penal, ato delituoso praticado sob forte emoção por ofensa grave e injusta; reveste-se de circunstância atenuante.

DOTAÇÃO – Quantia que é consignada na despesa orçamentária para cobrir créditos adicionais que forem abertos durante o exercício financeiro, para serviços públicos ou obrigações urgentes. Renda vitalícia à subsistência de pessoa ou instituição. Ato de instituir um dote; a renda dotada.

DOTADOR – O que institui um dote em favor de alguém; o mesmo que *dotante.*

DOTAR – Constituir um dote, dar dote a alguém; consignar verba em orçamento.

DOTE – Bens que a nubente ou um ascendente seu entregava ao marido, antes do casamento, para que os administrasse, provendo encargos do casamento com seus rendimentos, com a cláusula de não poder onerá-los, aliená-los ou de os restituir se dissolvida a sociedade conjugal. Esses bens deviam ser descritos e estimados na escritura antenupcial, sujeitos ao regime dotal. O novo Código Civil aboliu tal regime de bens, já em desuso. Diz-se:

Estimado: se constituído por dinheiro ou bens de valor pré-fixado.

Inestimado: se não se fez referência a seu exato valor monetário.

Inoficioso: o que ultrapassa a metade disponível do dotador.

Receptício: constituído pelo dotador com a condição expressa de que lhe seja devolvido se dissolvido o matrimônio. Os dotes ou doações nupciais feitas às filhas e as doações aos filhos ao se casar ou estabelecer economia separada podem ser feitos pelo pai com o consentimento da mãe. A mulher pode promover as ações que competirem contra o marido em razão do dote ou de outros bens seus sujeitos à administração dele. São excluídos do regime de comunhão universal o dote prometido ou constituído a filhos de outro leito e, da mesma forma, aquele dado expressamente por um só dos cônjuges ao filho em comum. A lei confere hipoteca à mulher casada sobre os imóveis do marido para garantia do dote e de outros bens particulares dela, sujeitos à administração marital. No caso de ferimento ou ofensa à saúde, se o ofendido, aleijado ou deformado, for mulher solteira ou viúva, ainda capaz de se casar, o ofensor deverá indenizá-la com um dote, segundo suas posses, as circunstâncias do ofendido e a gravidade do defeito.

✱ *V. CC, arts. 1.489, II, 1.491, 1.642, VI, 1.647 e 1.668, IV e V.*

DOUTRINA – Conjunto de ideias, juízos críticos e conceitos teóricos ou calcados nos usos e costumes ou no momento social que os autores expõem nos estudos e ensino do Dir. e na interpretação da lei.

De Drago: tese que Luis Maria Drago, Chanceler da Argentina, apresentou em 1907, na Conferência de Haia, em que repudia o emprego da força por um Estado credor contra Estados Sul-Americanos, em função de débitos por empréstimos externos. Referia-se, especificamente, à Alemanha, à Inglaterra e à Itália, que ameaçaram a Venezuela, em 1902, por essa razão.

De Monroe: criada pelo presidente americano James Monroe, em mensagem enviada ao Congresso dos Estados Unidos em 2 de dezembro de 1823, na qual proclamava o princípio da não intervenção. Declarava que os países americanos, livres e soberanos, não poderiam ser objeto de futura colonização por nenhuma potência europeia; que não se admitia intervenção europeia em negócios internos de qualquer país americano; que os Estados Unidos não deveriam intervir nos negócios próprios dos países europeus. Resume-se na frase: "A América para os americanos".

DPVAT – V. Seguro Obrigatório de danos pessoais.

DRACONIANO – Diz-se de dispositivo de lei ou sentença excessivamente severos. O nome vem de Dracon, legislador de Atenas no século VII a.C., que editou leis cruéis e desumanas.

DRAWBACK – 1. Sistema pelo qual as matérias-primas pagam um imposto de importação, na Alfândega, ao entrarem no país, sendo esse imposto devolvido quando exportados os produtos industriais nos quais elas foram utilizadas. 2. O mesmo que *reembolso de direito aduaneiro*. 3. O sistema de *drawback*, segundo a Lei nº 8.402/1992, é um incentivo à exportação. 4. A Lei nº 14.060/2020 prorrogou os prazos de suspensão de pagamentos de tributos, com termo em 2020, previstos em ato de concessão do regime de *drawback* que foram prorrogados por 1 (um) ano pela autoridade fiscal. 5. A Lei nº 14.366/2022 prorrogou prazos de isenção, de redução a zero de alíquotas ou de suspensão de tributos em regimes especiais de *drawback*.

- ✱ ***V.*** *Lei nº 8.402/1992 (Restabelece os incentivos fiscais que menciona e dá outras providências), arts. 1º, § 3º e 3º,* caput.
- ✱ ***V.*** *Lei nº 14.060/2020 (Prorroga os prazos de suspensão de pagamentos de tributos previstos nos atos concessórios do regime especial de* drawback *que tenham sido prorrogados por 1 (um) ano pela autoridade fiscal e que tenham termo em 2020; e altera a Lei nº 11.945, de 4 de junho de 2009).*
- ✱ ***V.*** *Lei nº 14.366/2022 (Dispõe sobre a prorrogação excepcional de prazos de isenção, de redução a zero de alíquotas ou de suspensão de tributos em regimes especiais de* drawback*, dentre outras disposições).*
- ✱ ***V.*** *Portaria SECEX nº 23, de 14 de julho de 2011, (Dispõe sobre o tratamento administrativo das importações e exportações e sobre o regime especial de* drawback*).*
- ✱ ***V.*** *Portaria SECEX nº 44, de 24 de Julho de 2020, (Dispõe sobre o regime aduaneiro especial de* drawback *e altera a Portaria SECEX nº 23, de 14 de julho de 2011, que dispõe sobre operações de comércio exterior).*
- ✱ ***V.*** *Medida Provisória nº 1.079/2021 (Dispõe sobre a prorrogação excepcional de prazos de isenção, de redução a zero de alíquotas ou de suspensão de tributos em regimes especiais de* drawback*).*

DROGA – 1. Substância ou matéria-prima que tenha a finalidade medicamentosa ou sanitária. 2. Nome dado, anteriormente, a qualquer medicamento e, hoje, mais frequentemente ligado a substâncias cujo consumo produz efeitos psicotrópicos (depressivos, estimulantes e alucinógenos), capazes de alterar a personalidade e provocar dependência física e psíquica. Seu uso e tráfico sem autorização da Agência Nacional de Vigilância Sanitária (ANVISA) são proibidos por lei, e as terras e demais instrumentos e utensílios utilizados na plantação ou produção dessas substâncias serão confiscados pelo Governo Federal.

- ✱ ***V.*** *CF, art. 243.*
- ✱ ***V.*** *Convenção sobre entorpecentes, concluída em 30-3-1961, e promulgada no Brasil pelo Dec. nº 54.216/1964.*
- ✱ ***V.*** *Convenção contra o tráfico ilícito de entorpecentes e substâncias psicotrópicas, concluída em 20-12-1988, ratificada pelo Brasil pelo Dec. Leg. nº 162/1991 e promulgada pelo Dec. nº 154/1991.*
- ✱ ***V.*** *Lei nº 5.991/1973 (Dispõe sobre o controle sanitário do comércio de medicamentos), art. 4º, I.*
- ✱ ***V.*** *Lei nº 8.257/1991 (Dispõe sobre a expropriação de glebas nas quais se localizem culturas ilegais de plantas psicotrópicas).*
- ✱ ***V.*** *Lei nº 11.343/2006 (Institui o Sistema Nacional de Políticas Públicas sobre Drogas e estabelece medidas para prevenção e repressão ao uso, produção e tráfico ilícito de drogas).*
- ✱ ***V.*** *Dec. nº 5.912/2006 (Regulamenta a Lei nº 11.343/2006, que trata das políticas públicas sobre drogas e da instituição do Sistema Nacional de Políticas Públicas sobre Drogas – SISNAD).*
- ✱ ***V.*** *Portaria ANVISA nº 344/1998 (Aprova o regulamento técnico sobre substâncias e medicamentos sujeitos a controle especial).*

DROGARIA – Estabelecimento de dispensação e comércio de drogas, medicamentos, insumos farmacêuticos e correlatos em suas embalagens originais.

- ✱ ***V.*** *Lei nº 5.991/1973 (Dispõe sobre o controle sanitário do comércio de medicamentos), art. 4º, XI.*
- ✱ ***V.*** *Lei nº 13.021/2014 (Dispõe sobre o exercício e a fiscalização das atividades farmacêuticas), art. 3º, parágrafo único, I.*

DUALIDADE – Caráter do que tem duas naturezas, dois princípios.

Da Justiça: a dicotomia da Justiça no Brasil: a Federal e a dos Estados (local).

DUALISMO – Diz-se da duplicidade de órgãos do Poder Legislativo – Câmara dos Deputados e Senado Federal – nos países de regime bicameral, como o Brasil.

DUMPING – Sistema econômico que consiste em vender produtos fabricados no País, no mercado interno, por preços superiores aos que são oferecidos nos mercados externos, até abaixo do custo, para incentivar artificialmente as exportações e favorecer aos trustes e cartéis a colocar o excedente da produção. Pressão de comerciante ou grupo deles para expulsar concorrente, oferecendo mercadorias a preços irrisórios, sem lucro; Dec. nº 1.602/1995, que regulamenta normas que disciplinam os procedimentos administrativos relativos à aplicação de medidas *antidumping*.

DUPLA IMPOSIÇÃO DE IMPOSTO – Dá-se quando o mesmo agente tributário lança dois impostos superpostos ou sobre um só objeto. O mesmo que *incidência tributária*. Não se confunde com *bitributação*.

DUPLA NACIONALIDADE – Situação jurídica da pessoa que adquiriu nacionalidade nova sem ter perdido a de origem, por conflito nas leis dos dois países, um deles adotando o princípio do *jus sanguinis*, e o outro o do *jus soli*.

DUPLICATA – 1. Segunda via, fiel e autêntica, de uma peça ou de letra de câmbio destruída ou extraviada; traslado. 2. Título de crédito, com causa definida (compra e venda mercantil, prestação de serviços etc.), pelo qual o declarante (sacado) se obriga a pagar dentro do prazo estipulado a importância discriminada no documento que originou o título.

De prestação de serviços: emitida por profissionais autônomos ou empresas para cobrança de seus serviços.

Escritural: a Lei nº 13.775/2018 positivou a emissão de duplicata por meio eletrônico, regulamentando prática adotada há anos por empresas e aceita por Instituições Financeiras, embora fosse rechaçada pela jurisprudência, que exigia, em regra, a existência da duplicata física como pressuposto para propositura de execuções extrajudiciais lastreadas nesses títulos. Entretanto, a referida lei exigiu a criação de uma Central Nacional de Registro de Títulos e Documentos ou, enquanto não criada esta entidade, por oficial de Títulos e Documentos do domicílio do emissor da duplicata.

Fiscal: título usado nas vendas feitas pelos que pagam o IPI, com prazo superior a 30 dias; é emitida pelo vendedor, com valor equivalente, obrigatoriamente, ao do imposto e vencimento prefixado em lei.

Mercantil: título formal de crédito, assinado pelo comprador no contrato de compra e venda; nele está expressa a quantia que corresponde à fatura de mercadorias por ele adquiridas a prazo. Aplicam-se-lhe as disposições legais do instituto cambiário. Pode ser protestada por falta de pagamento no vencimento.

Rural: emitida pelo produtor agrícola para venda direta ao adquirente e por ele aceita, para pagamento no prazo avençado. É título de crédito negociável, igual, em sua função, à duplicata mercantil.

Simulada: aquela que não corresponde a uma venda efetiva, legítima, de mercadorias. Sua expedição é crime, tanto para quem expede como para quem a aceita, por não corresponder a uma venda real de bens ou a uma verdadeira prestação de serviço. A pena é de detenção de 1 a 5 anos e multa equivalente a 20% sobre o valor da duplicata; nas mesmas penas incorre quem falsificar ou adulterar a escrituração do Livro de Registro de Duplicatas.

✱ ***V.*** *CP, art. 172.*

✱ ***V.*** *Lei nº 5.474/1968 (Dispõe sobre as duplicatas)*

✱ ***V.*** *Lei nº 13.775/2018 (Dispõe sobre a emissão de duplicata sob a forma escritural).*

DUPLO BINÁRIO – No Dir. Penal é o sistema que recomenda que se apliquem, cumulativa e sucessivamente, a pena e a medida de segurança. A Lei nº 7.209/1984, que determinou nova redação para a Parte Geral do CP (arts. 1º a 120), instituiu o sistema *vicariante* ou *unitário*: podem-se aplicar a pena ou a medida de segurança para os *semi-imputáveis* e somente a pena para os *imputáveis*. Aplica-se aos *inimputáveis* a medida de segurança com caráter preventivo e assistencial (CP, art. 96 e segs.).

DUPLO GRAU DE JURISDIÇÃO – 1. Em sentido lato, é princípio de organização judiciária, adotado no Dir. brasileiro, que fixa a existência de duas instâncias, a inferior e a superior. A primeira é a do juízo em que se inicia a lide, desde a citação inicial até a sentença, por juiz de primeira instância e decisão de primeira instância, isto é, o juízo *a quo*; a segunda é a do tribunal que toma conhecimento da causa em grau de recurso (juízo *ad quem*). A rigor, tal expressão se aplica apenas à *jurisdição ordinária* (juízes singulares e Tribunais locais), a quem compete conhecer de fatos e provas, decidindo os casos concretos. 2. Em sentido estrito, é empregado como sinônimo de *reexame necessário*.

DURA LEX SED LEX – (Latim) A lei é dura, mas é lei. Deve ser aplicada mesmo que pareça imoral ou injusta. Preceito a ser aplicado em termos.

DÚVIDA – Hesitação, indecisão. Quando ocorre dúvida sobre quem deva, legitimamente, receber o objeto do pagamento, tem lugar a consignação em pagamento. A Lei dos Registros Públicos aponta outras hipóteses de dúvida nos arts. 115, 151, 156, 207 e 293.

DUZENTAS MILHAS – Extensão da faixa marítima que se estende a partir das doze milhas que compreendem o mar territorial, denominada *zona econômica exclusiva brasileira*, sobre a qual o Brasil tem soberania para exploração e aproveitamento econômico dos recursos naturais, bem como a conservação e gestão desses recursos. ***V.*** *Águas territoriais.*

✱ ***V.*** *Lei nº 8.617/1993 (Dispõe sobre o mar territorial, a zona contígua, a zona econômica exclusiva e a plataforma continental brasileiros), art. 6º.*

E

EADEM CAUSA PETENDI – (Latim) A mesma causa de pedir.

EADEM PERSONAE – (Latim) Identidade das partes no processo.

ÉBRIO – Embriagado, bêbado. A ebriedade traz consequências jurídicas. *V. Embriaguez.*

ECOLOGIA – Ramo das ciências humanas que estuda a estrutura e o desenvolvimento das comunidades em suas relações com o meio ambiente e a influência dos novos processos tecnológicos e dos sistemas de organização social, comércio, indústria, alterações do meio físico, poluição ambiental, dos rios e dos mares, nas condições de vida do homem. Nos últimos anos, a proteção ao meio ambiente tem sido invocada cada vez com mais frequência, com marcante influência nas relações jurídicas. Pode-se até cogitar na superveniência de um Dir. Ecológico. A Lei nº 9.605/1998 estabelece sanções penais e administrativas derivada de condutas e atividades lesivas ao meio ambiente.

Termo proposto por Ernst Haeckel para um novo ramo da biologia. É o estudo do lugar onde se vive, com ênfase sobre a totalidade, ou padrão de relações entre os organismos e o seu ambiente. Deriva do grego *oikos* (casa) e *logos* (estudo), ou seja, o estudo do meio ambiente onde vivemos e a sua relação e interação com todos os seres vivos nele existentes.

E COMPANHIA – Cláusula habitualmente abreviada como *& Cia.* que, nas sociedades comerciais, oculta o nome dos sócios; se a ela se acrescenta *Ltda.* (Limitada), entende-se uma sociedade por cotas de responsabilidade limitada.

ECONOMIA – Ciência que trata dos fenômenos pertinentes à produção, distribuição, acumulação e consumo de bens materiais. Moderação nos gastos, poupança. Controle contra desperdício em qualquer atividade ou em uma empresa. Arte de bem administrar uma casa, estabelecimento particular ou público.

De escala: ganho que se obtém em um produto ou nos seus custos por aumento de produção, ou dos serviços da indústria ou loja.

Dirigida: diz-se da intervenção estatal na economia, que organiza e controla as atividades econômicas; opõe-se a *economia livre.*

Mista: aquela na qual alguns meios de produção são de propriedade privada e outros são da pública.

Política: ciência que fixa princípios e leis da produção, distribuição e consumo das riquezas do País, preconizando medidas para evitar escassez de produtos.

Popular: relativa à poupança do povo, de seu poder de compra, que deve ser protegido por leis especiais. *V. Crime contra a economia popular.*

Quantitativa: parte da economia que se ocupa da coleta e análise de dados estatísticos.

Social: a que cuida da formação e distribuição das riquezas na organização da sociedade humana, defendendo direitos e interesses das pessoas, proteção e assistência à indústria e aos trabalhadores.

✱ *V. Lei nº 8.137/1990 (Lei dos Crimes contra a Ordem Tributária, Econômica e contra as Relações de Consumo).*

✱ *V. Lei nº 8.176/1991 (Lei dos Crimes contra a Ordem Econômica).*

✱ *V. Lei nº 8.177/1991 (Estabelece regras para a desindexação da economia).*

EDIÇÃO – Contrato que entre si fazem editor e autor de obra científica, literária ou artística, constante de sua publicação e exploração comercial, atendidas as cláusulas nele estabelecidas de comum acordo. Diz-se também da publicação de periódicos, jornais e revistas, editados, impressos e vendidos ao público.

✱ *V. Lei nº 9.610/1998 (Estabelece todos os procedimentos jurídicos para o contrato de edição entre autor e editor), arts. 57 a 72.*

EDIFICAÇÃO – O proprietário de um terreno pode levantar nele as construções que deseja, desde que respeitados o direito dos vizinhos e os regulamentos administrativos estaduais e municipais, assim como leis específicas sobre zonas de proteção de mananciais, de aeroportos, armazenamento de produtos como petróleo e derivados etc. Nos contratos de empreitada, o empreiteiro responderá, durante 5 anos, pela solidez e segurança do trabalho. Tem privilégio especial sobre as construções o credor de materiais, dinheiro ou serviços para sua edificação, reconstrução ou melhoramento. O dono do edifício ou construção responde pelos danos que resultarem de sua ruína, se esta provier de falta de reparos, de manifesta necessidade. O proprietário tem o direito de exigir do dono do prédio vizinho a demolição, ou reparação necessária, quando esse ameaçar ruína, assim como prestar caução pelo dano iminente. O proprietário pode exercer seu direito de *ação de nunciação de obra nova* (q.v.) nos casos que a lei prevê. A lei dispõe também sobre plantação ou construção em terreno alheio. Qualquer obra construída poderá vir a ser demolida se houver violação do direito de vizinhança. A hipoteca abrange tanto acessões e melhoramentos como construções de imóvel. Não se poderá sem licença do vizinho fazer novas construções em prédio rústico, ou acréscimos às existentes, a menos de metro e meio do limite comum. A definição legal de bem imóvel é "tudo quanto o homem incorporar permanentemente ao solo, como a semente lançada a terra, os edifícios e construções de modo que se não possam retirar sem destruição, modificação, fratura ou dano". No tocante ao privilégio especial quanto às construções, havendo dois ou mais credores haverá rateio entre eles, proporcional ao valor dos respectivos créditos, se o produto não for suficiente para pagar a todos.

✱ *V. CC, arts. 79, 618, 937, 964, I a VIII, 1.257, 1.299 a 1.313.*

✱ *V. CPC/1973, art. 934 e segs.*

✱ *V. CPC/2015, art. 862.*

✱ *V. Lei nº 4.380/1964 (Prevê a correção monetária dos contratos imobiliários de interesse social), arts. 5º a 7º.*

✱ *V. Lei nº 4.864/1965 (Cria medidas de estímulo à indústria da construção civil), art. 1º.*

✱ *V. Lei nº 4.591/1964 (Lei do Condomínio em Edificações), arts. 48 a 62.*

✱ *V. Lei nº 4.068/1962 (Declara comerciais as empresas de construção).*

✱ *V. Súmulas nºs 120 e 414 do STF.*

EDIFICANTE – Aquele que constrói edifício; o réu, na ação de nunciação de obra nova. O mesmo que *nunciado*.

EDIL – Na antiga Roma, magistrado incumbido de inspecionar edifícios públicos, teatros, templos, estradas, construções particulares, zelar pela higiene da cidade e aferir pesos e medidas. Atualmente, designa o membro de Câmara Municipal ou Edilidade; vereador.

EDITAL – Ato escrito publicado em jornais de grande circulação e afixado em lugar público, na sede do juízo ou no vestíbulo do edifício do Fórum, com aviso ou comunicação emanados de autoridade competente. O mesmo que *édito*.

De casamento: no qual o oficial do Registro Civil comunica o casamento para o qual se habilitam duas pessoas, a fim de possibilitar que terceiros oponham impedimentos, se os houver; o edital ficará afixado por 15 dias em lugar ostensivo do cartório e será publicado na imprensa, só não o sendo se o juiz dispensar a publicação. A lei prevê sanção pecuniária e penal ao oficial do registro que publicar o edital de casamento não sendo solicitado por *ambos* os contratantes, que der a certidão da habilitação *antes* de apresentados os documentos exigidos ou se estiver pendente algum impedimento. As despesas de publicação do edital serão pagas pelo interessado. Se os nubentes residirem em diferentes distritos do Registro Civil, em um e outro se publicará e se registrará o edital.

De citação: aquele pelo qual é citada pessoa desconhecida ou incerta, ou quando se ignora o local onde está localizado ou é esse inacessível, além de outras hipóteses previstas em lei.

De praça: publicação, comunicado, aviso, pelo qual se dá ciência aos interessados por ordem do juiz, do dia, hora e local onde serão leiloados bens que devem ser alienados por determinação legal.

No Registro de Torrens: feita a inscrição de imóvel rural no registro de Torrens, se o juiz entender que os documentos apresentados justificam a propriedade do requerente, mandará expedir edital que será afixado no lugar de costume e publicado uma vez no órgão oficial do Estado e três vezes na imprensa local, se houver, marcando prazo entre 2 e 4 meses para que se ofereça oposição.

✱ *V. CC, arts. 1.527 a 1.533.*

✱ *V. Lei nº 6.015/1973 (Lei de Registros Públicos), arts. 43, 44, 67 a 69 e 282.*

EDUCAÇÃO – 1. Desenvolvimento intelectual, físico e moral de uma pessoa. 2. É direito de todos os cidadãos, dever da família e do Estado. Como direito conta com um conjunto de normas destinado à formação de indivíduos aptos a exercer a cidadania e o trabalho qualificado. 3. A EC nº 119/2022 impossibilitou a responsabilização dos Estados, Distrito Federal, Municípios e seus respectivos agentes públicos pelo não cumprimento da aplicação do percentual mínimo anual, previsto no art. 212 da CF, na manutenção e desenvolvimento do ensino, nos exercícios financeiros de 2020 e 2021, em razão do estado de calamidade pública provocado pela pandemia da Covid-19. 4. A Lei nº 14.533/2023 instituiu a Política Nacional de Educação Digital (PNED) com o objetivo de fomentar a inclusão digital, a educação digital escolar, a capacitação e a especialização digital, bem como a pesquisa e o desenvolvimento em tecnologias da informação e comunicação.

✱ *V. CF, arts. 205 a 214.*

✱ *V. EC nº 119/2022 (Altera o Ato das Disposições Constitucionais Transitórias para determinar a impossibilidade de responsabilização dos Estados, do Distrito Federal, dos Municípios e dos agentes públicos desses entes federados pelo descumprimento, nos exercícios financeiros de 2020 e 2021, do disposto no* caput *do art. 212 da Constituição Federal; e dá outras providências).*

✱ *V. Lei nº 9.394/1996 (Estabelece as diretrizes e bases da educação nacional).*

✱ *V. Lei nº 13.005/2014 (Aprova o Plano Nacional de Educação – PNE e dá outras providências).*

✱ *V. Lei nº 14.533/2023 (Institui a Política Nacional de Educação Digital, dentre outras providências).*

EDUCAÇÃO ESPECIAL – É a modalidade de educação escolar oferecida preferencialmente na rede regular de ensino para educandos com deficiência, transtornos globais do desenvolvimento e altas habilidades ou superdotação.

EFFECTUS DURAT DURANTE CAUSA – (Latim) O efeito dura enquanto dura a causa.

EFEITO – 1. Consequência, resultado, eficácia, destino, fim. 2. Título de valor negociável, exarado à ordem e transmissível por via de endosso, consignando a obrigação de pagar determinando valor em data fixa. 3. Consequência que produz uma causa ou decisão judicial. Nessa acepção, pode ser:

Declarativo: que é consequência de ato declaratório, o que esclarece algo.

Devolutivo: diz respeito a recurso de apelação, que tem o efeito de devolver ao mesmo órgão, para nova apreciação, a matéria por ele já julgada. O juiz ou o tribunal de instância superior toma conhecimento nos autos originais, sem que se suspenda o feito, podendo a execução ser promovida provisoriamente nos autos suplementares. A apelação será recebida só no efeito devolutivo quando interposta de sentença que homologar divisão ou demarcação; condenar a prestação de alimentos (no que derroga o art. 14 da Lei nº 5.478/1968 – Ação de Alimentos); julgar a liquidação de sentença; decidir o processo cautelar; julgar improcedentes os embargos opostos à execução. Também da sentença proferida em ação discriminatória, a apelação terá efeito devolutivo, facultada a execução provisória.

Diferido da lei: o que permite a aplicação da lei velha a fatos futuros, mesmo após sua revogação.

Geral: o de uma lei, decreto, sentença ou direito oponível *erga omnes* (contra todos).

Imediato da lei: princípio geral aplicável a todas as leis; possibilidade de sua aplicação a fatos ainda por se consumar. Esta doutrina está incorporada na LINDB (antiga LICC), quando determina que a lei nova se aplica de imediato a situação jurídica ainda não constituída. Estando a situação jurídica consolidada ao entrar em vigência a lei nova, essa respeitará aquela. A lei em vigor terá efeito imediato e geral, respeitados o ato jurídico perfeito, o direito adquirido e a coisa julgada.

Repristinatório da lei: o que envolve restauração de dispositivo legal já revogado, se expressamente declarado pelo legislador.

Retroativo: possibilidade de aplicação de lei nova a situações jurídicas consolidadas.

Suspensivo: efeito que tem certos recursos de suspender a execução da sentença até que a decisão do órgão *ad quem* transite em julgado ou o referido órgão se manifeste, expressamente, a respeito desse efeito. O efeito suspensivo dos recursos, no Direito Processual, existe quando a lei ou o juiz do processo, este mediante requerimento da parte, assim determinam. A lei penal fala ainda dos efeitos da condenação, os genéricos e os específicos.

✱ *V. CPC/1973, arts. 520 e 538.*

✱ *V. CPC/2015, arts. 919, 1.012 e 1.026.*

✱ *V. CPP, arts. 584, 596 e 597.*

EFETIVO – Funcionário público que tem o exercício permanente de cargo ou função e goza de estabilidade. Diz-se também do ativo líquido do comerciante.

EFICÁCIA – Condição de eficaz, capaz, que surte efeito.

Da desistência de ação: depende de sentença homologatória para que surta efeito.

Da medida cautelar: as medidas cautelares conservam sua eficácia pelo prazo de 30 dias, a contar da data de sua efetivação, quando concedida em procedimento preparatório, assim como na pendência do processo principal, mas podem ser revogadas ou modificadas a qualquer tempo; e durante o pe-

E

ríodo de suspensão do processo, a menos que haja decisão judicial em contrário. A eficácia da cautelar cessa se a parte não intentar a ação no prazo de 30 dias; se não for executado nesse prazo; se o juiz declarar extinto o processo principal, com ou sem julgamento do mérito. Cessada a eficácia da medida, a parte não pode repetir o pedido, a não ser com novo fundamento. Essas causas de cessação da eficácia da cautelar se aplicam também a todas as ações de inventário e partilha.

✱ ***V.*** *CPC/1973, arts. 800, I, II e III, parágrafo único, 808, parágrafo único, e 1.039, I e II.*

✱ ***V.*** *CPC/2015, arts. 299, 309 e 668.*

Da sentença: se efetivará quando, recorrida, for mantida ou se decorrer o prazo sem que nenhum recurso tenha sido interposto, constituindo coisa julgada.

EGRÉGIO – Qualificativo respeitoso de tratamento que se dispensa aos tribunais superiores de Justiça e aos juízes que os integram. Para alguns autores, não se confunde com *venerando* (venerável ou digno de veneração). Talvez o último qualificativo permaneça no inconsciente do homem porque o Dir., nos primórdios da vida Romana, era o *fas*, conjunto de normas de origem divina, religiosa, que regeriam as relações entre os homens e as divindades. Daí o religioso respeito do adjetivo *venerando*, apesar da secularização da Justiça a partir de 254 a.C. O art. 2º do Regimento Interno do Tribunal de Justiça de São Paulo determina: "Ao tribunal compete o tratamento de Egrégio".

EGRESSO – Aquele que deixou o convívio de uma comunidade. Na execução penal, egresso é o indivíduo que cumpriu pena e deixa a penitenciária, mantendo-se nessa condição pelo prazo de 1 ano desde sua saída. Diz-se também do que foi posto em liberdade condicional durante o período dessa prova, devendo satisfazer certas condições; a fiscalização do cumprimento dessas condições, regulada por normas supletivas nos Estados, Territórios e Distrito Federal, será atribuída a serviço social penitenciário, patronato, Conselho da Comunidade ou instituição beneficiada com a prestação de serviços, os quais são inspecionados pelo Conselho Penitenciário, pelo Ministério Público ou por ambos. O egresso será auxiliado na obtenção de emprego.

✱ ***V.*** *Lei nº 7.210/1984 (Lei de Execução Penal).*

✱ ***V.*** *CPP, arts. 710 a 733.*

ELECTA UNA VIA NON DATUR REGRESSUS AD ALTERAM – (Latim) Escolhida uma via, não se dá recurso a outra.

ELEGIBILIDADE – Capacidade jurídica para apresentar-se candidato a cargo público pelo sufrágio popular; possibilidade de eleger-se.

ELEIÇÃO – 1. Ato de se eleger, por sufrágio (voto) ou aclamação, uma pessoa ou um grupo de pessoas para o exercício de um cargo político ou administrativo, público ou privado. 2. Segundo a Lei nº 9.504/1997, as eleições ocorrerão no primeiro domingo de outubro do ano de eleição. 3. A EC nº 107/2020 adiou a realização das eleições municipais de outubro de 2020 para novembro, em virtude da situação de pandemia no país. 4. Na eleição *de cabecel*, faz-se a escolha do enfiteuta que representará os demais perante o senhorio, no prazo de 6 meses, quando o prédio vier a pertencer a várias pessoas, sob pena de devolver-se ao senhorio o direito de escolha.

A eleição, no sentido político, diz-se:

De dois terços: a que se faz por duas terças partes dos votos apurados em um total de votantes.

Direta: quando o eleitor vota, em escrutínio secreto, nos candidatos de sua preferência, com ampla liberdade.

Indireta: a que se faz por meio de colégios eleitorais, como mandatários dos eleitores; há eleição indireta também no regime parlamentar.

Por aclamação: quando os votos são expressos verbalmente.

Por maioria absoluta: quando compreende a metade mais um ou muitos mais dos votos.

Por maioria proporcional: quando, apesar de maioria relativa, há necessidade de obter-se o cociente fixado por lei.

Por sufrágio restrito: quando o direito a voto é limitado a certas pessoas por instrução, habilitações ou fortuna.

Por sufrágio universal: quando todos os cidadãos têm direito de voto e o exercem.

Relativa: quando o candidato se elege pelo número de votos superior ao dos alcançados por seus concorrentes.

Simples: quando compreende apenas mais da metade dos votos apurados dos membros de um corpo eleitoral em eleição que não exige a totalidade dos votantes.

✱ ***V.*** *EC nº 107/2020 (Adia, em razão da pandemia da Covid-19, as eleições municipais de outubro de 2020 e os prazos eleitorais respectivos).*

✱ ***V.*** *Lei nº 9.504/1997(Estabelece normas para as eleições).*

ELEMENTA ESSENTIALIA COMMUNIA DELICTI – (Latim) Os elementos essenciais comuns do delito.

ELEMENTO – O princípio que constitui um ato ou fato.

Acidental: cláusula acessória, não deduzível da natureza do ajuste em que se insere, mas que pode ser adotada pelos interessados.

Objetivo do direito: o princípio material do crime; ação ou omissão previstas na lei penal.

Subjetivo do crime: o mesmo que *culpabilidade*, *dolo* etc.

ELETROCUSSÃO – Morte por choque elétrico; execução na cadeira elétrica. Forma de execução da pena capital, presente ainda em alguns Estados americanos.

ELIDIR – Suprimir, excluir, eliminar, expungir.

ELISÃO – Eliminação, supressão.

EMANCIPAÇÃO – Trata-se da aquisição de plena capacidade civil pela antecipação da maioridade legal. Pelo Novo Código Civil, a maioridade passa a ser aos 18 anos, e não mais aos 21. Significa que não será mais necessária a autorização do pai ou responsável para casamento, abertura de empresa e compras a crédito. Mas a maioridade penal permanece aos 18 anos, idade em que a pessoa já poderá ser processada para pagamento de indenização no caso de acidente de trânsito, por exemplo. Os casos de emancipação passam para os 16 anos e poderá ser concedida tanto pelo pai quanto pela mãe, por escritura pública e por sentença judicial se o menor estiver sob tutela. Pode ser obtida, voluntária ou legalmente, sendo irrevogável e habilitando o beneficiado à prática de todos os atos da vida civil. É concedida tanto ao filho legítimo como ao ilegítimo, por escritura pública. É a chamada *emancipação expressa* ou *voluntária*. Deve ser obrigatoriamente inscrita no Registro Público, sendo averbada à margem do termo de nascimento, para dar publicidade ao ato. Enquanto a escritura não for levada a registro, é válida, mas não produz efeitos, não tem eficácia. Ocorre, ainda, em virtude de lei, pelo casamento, exercício de emprego público efetivo, colação de grau científico em curso de ensino superior, e estabelecimento civil ou comercial com economia própria, inscrição como eleitor, divórcio ou viuvez da mulher, antes dos 18 anos. Essa é chamada emancipação *tácita* ou *legal*. A emancipação não afeta a inimputabilidade, sendo o menor penalmente irresponsável ainda que casado ou comerciante. Para efeito do serviço militar cessará a incapacidade civil do menor na data em que completar 17 anos.

✱ *V. CF, arts. 226 e 228.*

✱ *V. CC, art. 9º, II.*

✱ *V. CP, arts. 26 e 28.*

✱ *V. Lei nº 6.015/1973 (Lei de Registros Públicos), art. 89 e segs.*

✱ *V. Lei nº 4.375/1964 (Lei do Serviço Militar), art. 73.*

EMBARGADO – Parte contra a qual foi oposto embargo.

EMBARGO – Empecilho, impedimento, obstáculo, dificuldade. Meio judicial à disposição do proprietário ou possuidor da coisa para impedir que se faça ou se prossiga a obra nova que outrem levanta, causando ou podendo causar prejuízo ao seu patrimônio. Nesse caso, trata-se de *ação de nunciação de obra nova* (q.v.). Menos habitual, é um tipo de represália que se configura pela detenção ou sequestro temporário de navio mercante estrangeiro e de sua carga, quando navega em águas nacionais. No Dir. Internacional Público, é ato da autoridade competente que proíbe a saída de um navio de porto ou ancoradouro do país, atendendo a medida judicial ou administrativa. É o chamado *embargo civil*. Além desses, os embargos podem ser:

À adjudicação: os opostos ao deferimento de adjudicação ou à sentença que torne válida a adjudicação.

À arrecadação: impugnação de terceiros prejudicados na apreensão judicial de bens de ausentes ou de herança jacente.

À arrematação: que visa o não deferimento da arrematação, que não seja considerada válida.

À carta precatória: meio legítimo usado pela parte ou por terceiro prejudicado, para impedir seu cumprimento.

À execução: nos casos de execução contra a Fazenda Nacional, é a Procuradoria-Geral da Fazenda Nacional autorizada a não opor embargos, quando o valor pleiteado pelo exequente for inferior àquele fixado em ato do Ministro da Fazenda.

✱ *V. CPC/1973, art. 745, IV (com nova redação dada pela Lei nº 11.382/2006).*

✱ *V. CPC/2015, art. 917.*

À sentença: suspende a decisão judicial não recorrível, proferida na primeira instância, em causa de reduzido valor.

Ao acórdão: interpostos à decisão de tribunal que a prolatou; são embargos de nulidade e de infringência.

De declaração: pedido que se faz ao juiz ou tribunal para que esclareçam dubiedades, contradição, obscuridades e omissões contidas na sentença, referindo-se o pedido apenas a sua forma. Dirige-se a petição ao relator, no prazo de 5 dias da data da publicação do acórdão, não estando os embargos sujeitos a preparo. Suspendem o prazo para interposição de outros recursos. Segundo alguns juristas, não tem natureza de recurso, sendo apenas um incidente processual. No processo penal, os embargos devem ser interpostos no prazo de 2 dias, contados da publicação do acórdão. Quando forem apenas protelatórios, o tribunal o dirá e condenará o embargante a pagar multa.

De divergência: no STF é embargável a decisão da turma que, em recurso extraordinário ou agravo de instrumento, discordar do julgamento de outra turma ou do Plenário. Também é embargável, em 15 dias, a decisão da turma que, em recurso especial, discordar do julgamento de outra turma, da seção ou do órgão especial.

De retenção: pelo qual o devedor, na execução, impede a posse do credor, até ser indenizado por benfeitorias.

De terceiro: cabe em processo de execução, em que um terceiro, estranho a lide, proprietário e possuidor de bem móvel ou imóvel, sofre turbação ou esbulho em sua posse ou direito, por efeito de

E

penhora, depósito, arresto, sequestro, arrecadação, partilha ou outro ato de apreensão judicial e intervém para proteger seus direitos sobre os bens objetos da ação. No processo de execução trabalhista, o prazo para opor embargos é de 5 dias da arrematação, adjudicação ou remição, porém antes da carta respectiva. Após ser citado, tem o embargado 10 dias para contestar; não o fazendo, o juiz julgará os embargos em 5 dias; se a divergência for parcial, restringem-se os embargos à matéria objeto do desacordo.

Do devedor: pode opor-se à execução por meio de embargos. A Lei nº 11.382/2006, publicada no *DOU* de 7-12-2006, que entrou em vigor 45 dias após a sua publicação, alterou profundamente as regras da execução de título extrajudicial. Pelas novas regras, o executado tem o prazo de 15 dias contados da data da citação, para oposição de embargos, independentemente de garantido o juízo por penhora, depósito ou caução; os embargos à execução serão distribuídos por dependência, autuados em apartado e instruídos com cópias das peças processuais relevantes. O exequente terá igual prazo para impugná-los (15 dias). Diferentemente do que ocorre no processo de conhecimento, o prazo, em caso de vários executados, começa a fluir a partir da juntada do mandado de citação de cada um (exceto se marido e mulher). Anteriormente, os embargos só poderiam ser opostos após a garantia do juízo por penhora ou depósito e no prazo de 10 dias da lavratura do respectivo termo.

Infringente: cabível contra acórdão proferido em apelação ou ação rescisória, se o julgamento não foi unânime, que tenha havido voto vencido cabível também nas execuções fiscais. O prazo para interpô-lo é de 15 dias.

Infringentes de julgado ou de alçada: somente cabível na execução fiscal de determinado valor. São julgados pelo próprio juiz da causa, sendo o único recurso possível na espécie, ficando excluídos a apelação e o agravo de instrumento. No penal, não sendo unânime a decisão de 2a instância, desfavorável ao réu, cabem embargos infringentes.

Para o TST: cabível ao Pleno do TST, diante de decisão da Turma desse tribunal, em revista. O procedimento está regulamentado no art. 138 e segs. do Regimento Interno do TST.

✱ *V. CPC/1973, arts. 535 a 538, 736 a 746, 803, 934 a 940, 1.046, 1.048 a 1.054.*

✱ *V. CPC/2015, arts. 307, 674, 675 a 680, 914 e segs. e 1.022 a 1.026.*

✱ *V. CPP, arts. 619 e 620.*

✱ *V. Lei nº 6.830/1980 (Dispõe sobre a cobrança judicial da dívida da Fazenda Pública).*

✱ *V. Lei nº 8.038/1990 (Estabelece normas procedimentais para os processos que especifica, perante o STF e o STJ), art. 29.*

✱ *V. Lei nº 11.101/2005 (Lei de Recuperação de Empresas e Falências), arts. 1º, 18, §§ 1º a 4º, 142 e 143.*

✱ *V. RISTF, arts. 330 a 336.*

EMBOSCADA – Cilada, espera premeditada para surpreender e matar alguém com surpresa e traição; tocaia. É agravante da pena. No homicídio qualificado, se ele é cometido de emboscada, a pena é de reclusão de 12 a 30 anos.

✱ *V. CP, arts. 61, II, c, e 121, § 2º, IV.*

EMBRIAGUEZ – Intoxicação, aguda ou crônica, provocada pela ingestão imoderada de bebida alcoólica, que perturba a razão do indivíduo e altera seu equilíbrio emocional, podendo levá-lo a praticar atos ilícitos. Pode ser *voluntária* ou *culposa*, se a pessoa sabe que, sob o efeito do álcool, pode praticar atos puníveis; não exclui a responsabilidade penal; *involuntária, plena* e *acidental*, se a embriaguez é fortuita, se foi levado acidentalmente a ela, não a querendo; isenta o agente de pena se estiver totalmente privado, no ato da infração, de discernimento ou livre-arbítrio; e *completa* ou *patológica*, a que impede que a vítima decida livremente, locomova-se. A embriaguez preordenada é agravante da pena, mas a involuntária pode ter a pena reduzida de um a dois terços.

✱ *V. CP, arts. 28, II, §§ 1º e 2º, 61, II, l, e 121, 2º, IV.*

EMENDA – Correção, retificação, reforma. Faz-se no ato jurídico por provocação da parte ou de ofício pelo juiz.

À Constituição: modificação de artigo ou acréscimo que é feito, pelo Congresso, no texto da CF Podem fazê-la, como órgãos investidos do Poder Constituinte, deputados federais e senadores, o Presidente da República, deputados estaduais. São proibidas as emendas que tendam a abolir a forma federativa do Estado, o voto secreto, direto, universal e periódico, a separação dos Poderes, os direitos e garantias individuais. A emenda constitucional só é aprovada tendo 60% dos votos em cada uma das Casas do Congresso, em dois turnos de votação

✱ *V. CF, arts. 59, I, e 60, I a III, §§ 1º a 4º.*

Da mora: novo nome que se dá à purgação da mora nos aluguéis, pela Lei nº 8.245/1991. Não é admitida se o locatário já tiver se valido desse direito por duas vezes nos 12 meses imediatamente anteriores à propositura da ação de despejo.

✱ *V. Lei nº 8.245/1991 (Dispõe sobre a locação de imóveis urbanos), art. 62, III e IV, e parágrafo único.*

✱ *V. Lei nº 12.112/2009.*

Substitutiva: alteração em projeto ou artigo de lei em discussão no Legislativo; o mesmo que *substitutivo*.

EMENDATIO LIBELLI – (Latim) É uma mera emenda na acusação, consistente na alteração da sua classificação legal, ou seja, uma simples corrigenda da peça acusatória. Salienta-se que não há qualquer limitação para a aplicação da *emendatio libelli* em segunda instância, somente se o Tribunal der nova definição jurídica que implique em prejuízo ao réu, na hipótese de recurso exclusivo da defesa, visto que afrontaria o princípio da *reformatio in pejus*.

✱ *V. CPP, art. 383.*

✱ *V. Lei nº 11.719/2008 (Altera dispositivos do Dec.-lei nº 3.689/1941 – Código de Processo Penal –, relativos à suspensão do processo,* emendatio libelli, mutatio libelli *e aos procedimentos).*

EMENTA – Apontamento, resumo, súmula de texto de lei ou decisão judiciária que traz a conclusão do julgamento, do enunciado.

EMERGÊNCIA – 1. Palavra originária do latim *emergere*, que significa elevar à superfície, trazer à luz, aparecer. 2. Acontecimento fortuito que não era esperado ou previsto. 3. Incerteza fruto de eventos inesperados e perigosos. ***V.*** *Situação de emergência.*

EMIGRANTE – É o brasileiro que se estabelece temporária ou definitivamente no exterior.

✱ *V. Lei nº 13.445/2017 (Lei de Migração), art. 1º, § 1º, III.*

EMISSÃO – Ato de pôr em circulação títulos de valor ou moeda. Expedição de título cambiário ou de crédito. A emissão de cheque sem fundo ou frustrar seu pagamento é punida com as mesmas penas de estelionato, isto é, reclusão de um a 5 anos e multa. Também a emissão, sem permissão legal, de nota, bilhete, ficha, vale ou título com promessa de pagamento em dinheiro ao portador ou faltando o nome de pessoa a quem deve ser pago, é crime contra a fé pública, apenado com detenção de 1 a 6 meses ou multa; quem os recebe ou utiliza como dinheiro incorre na pena de detenção de 15 dias a 3 meses ou multa.

✱ *V. CP, arts. 171, § 2º, VI, e 292, parágrafo único.*

✱ *V. Lei nº 7.357/1985 (Lei do Cheque), art. 65.*

✱ *V. Súmulas nºs 246, 501 e 554 do STF.*

EMITENTE – O que emite título, letra de câmbio, promissória, duplicata, cheque.

EMOÇÃO – Estado de ânimo, de breve duração, que perturba o equilíbrio psíquico; por isso a lei penal não a exclui, juntamente com a paixão, da imputabilidade criminal, mas a aceita como atenuante genérica e causa de diminuição de penas.

✱ *V. CP, arts. 28, I, 65, III,* c, *121, § 1º, e 129, § 4º.*

EMOLUMENTO – Rendimento eventual de cargo público, além do vencimento fixo; taxa que se paga por serviços prestados pelos serventuários da Justiça (traslados), peritos, árbitros, avaliadores etc.

EMPENHO – Ato de empenhar. Dedução prévia de dotação orçamentária da quantia que se reserva para pagamento autorizado de conta já verificada. Ato pelo qual a autoridade competente, após o processo regular de liquidação de conta, determina que a importância seja imputada ao crédito respectivo fixado no orçamento de despesa, criando-lhe a obrigação de pagá-la, reconhecendo o débito. Os empenhos são:

Executivo: o que se origina de obrigações assumidas pelo Governo, o qual se subdivide em: *contratual*, se resulta de contratos que sofrerão exame e registro no Tribunal de Contas; e *administrativo*, o que não consta de contratos e vem da autoridade competente.

Judiciário: determinado por órgão da Justiça.

EMPRAZADO – Citado com prazo determinado para comparecer em juízo. Diz-se, ainda, do que é dado em aforamento.

EMPRAZAMENTO – Citação para, em certo prazo, comparecer perante o juiz ou outra autoridade. Era um tipo de contrato pelo qual se tratava da enfiteuse e do aforamento.

EMPREGADO – Aquele que ocupa, habitualmente, um emprego ou presta serviços não eventuais a empregador, pessoa física ou jurídica, particular ou pública, sob sua dependência e mediante salários.

Doméstico: o que presta serviço no âmbito familiar ou residencial, sem fins lucrativos, com salário regular. ***V.*** *Doméstico.*

Rural: pessoa física que presta serviços de natureza não eventual a empregador rural, mediante salário. Tem os mesmos direitos sociais que o empregado urbano. O prazo para reivindicar seus direitos é de 2 anos após a extinção do contrato de trabalho.

✱ *V. CF, art. 7º, parágrafo único.*

✱ *V. CLT, art. 3º.*

✱ *V. Lei nº 5.889/1973 (Estatui normas regulamentadoras do trabalho rural), arts. 2º e 20.*

✱ *V. Dec. nº 73.626/1974 (Regulamenta a Lei nº 5.889/1973), arts. 3º e 27. (Revogado pelo Decreto nº 10.854/2021)*

EMPREGADOR – Pessoa, física ou jurídica, empresa individual ou coletiva, para quem e sob cuja dependência e responsabilidade outra pessoa trabalha.

Rural: pessoa física ou jurídica, proprietária ou não, que explora atividades rurais, diretamente ou por meio de representantes, com auxílio de empregados.

EMPREGO – Posto, função, atividade regular, permanente, mediante salário. Uso.

De processo proibido ou substância não permitida: crime previsto na lei penal, que consiste em empregar substância não permitida no fabrico de produto destinado a consumo. A pena é de detenção de 1 a 3 anos e multa.

✱ *V. CP, art. 274.*

EMPREITADA – 1. Contrato bilateral, comutativo e oneroso, pelo qual uma das partes se encarrega de fazer certa obra, e a outra de dar-lhe a remuneração contratada ou proporcional ao serviço executado. Pode o empreiteiro contribuir, ou não, com os materiais necessários. É modalidade de locação de serviços. 2. Apesar de sua natureza civil, o litígio entre as partes, no caso de empreitada unicamente de lavor, é regido pela lei trabalhista, apesar de, no respectivo contrato, a relação ser de *trabalho* e não de *emprego*. Entretanto, os direitos subjetivos são regulados pela lei civil. Se não trabalhar sozinho, mas manter a seu serviço vários empregados, ele terá de responder pelas ações que lhe moverem, não mais como empreiteiro, mas sim como empregador. O empreiteiro responde solidariamente com o subempreiteiro pelas obrigações trabalhistas contraídas por este último, em razão das obras subcontratadas. A jurisprudência trabalhista afasta a responsabilidade trabalhista do contratante, quando a obra destina-se apenas a fins residenciais, sem objetivo de lucro. O empreiteiro, por sua vez, tem direito de ação contra o dono da obra, para cobrar o preço da empreitada não paga ou as indenizações previstas no Código Civil. 3. Para fins de Dir. Administrativo, é modalidade de execução indireta de obras ou serviços em benefício da Administração Pública, que pode se dar por quatro modalidades diferentes: *por preço global*, quando se contrata a execução da obra ou serviço por preço certo e total; *por preço unitário*, quando se contrata a execução da obra ou serviço por preço certo de unidades determinadas; por *tarefa*, quando se ajusta mão de obra para pequenos trabalhos por preço certo, com ou sem o fornecimento de materiais; e por empreitada integral (também conhecida por *turn key*), quando se contrata um empreendimento em sua integralidade, compreendendo todas as etapas das obras, serviços e instalações necessárias, sob inteira responsabilidade da contratada, até sua entrega ao contratante em condições de entrada em operação. A Lei nº 12.462/2011, que criou o Regime Diferenciado de Contratações Públicas (RDC), voltado às obras destinadas à Copa do Mundo de 2014 e aos Jogos Olímpicos de 2016, criou a modalidade de empreitada por *contratação integrada*, pela qual o licitante também oferece o projeto básico e executivo da obra a ser realizada, que será avaliado não apenas em função dos critérios de melhor preço ou técnica, mas também em razão de inovação tecnológica, possibilidade de execução com diferentes tecnologias ou tecnologias de domínio restrito no mercado. 4. A Lei nº 4.591/1964 regula a empreitada para construção de condomínios em edificações, estabelecendo as responsabilidades de construtoras e incorporadoras em face dos adquirentes de imóveis. 5. Para fins de Dir. Previdenciário, o dono da obra, o construtor e os empreiteiros são solidariamente responsáveis pelas contribuições previdenciárias correspondentes, salvo se o adquirente realizou a operação com empresa de comercialização de imóveis ou se a obra destina-se a construção residencial unifamiliar, destinada ao uso próprio, sem mão de obra assalariada.

✱ *V. CC, arts. 610 a 626.*

✱ *V. CLT, arts. 455 e 652,* a, *III.*

✱ *V. Lei nº 2.959/1956 (Dispõe sobre contratos por obra ou serviço certo).*

✱ *V. Lei nº 8.666/1993 (Institui normas para licitações e contratos administrativos), arts. 6º, VIII,* a, *b, c e d; 10, II; 21, § 2º, I,* b; *e 47. Revogada pela Lei nº 14.133/2021.*

✱ *V. Lei nº 12.462/2011 (Institui o Regime Diferenciado de Contratações Públicas – RDC), arts. 2º, I a III; 8º, I a V; 9º a 11. Revogados pela Lei nº 14.133/2021.*

✱ *V. Lei nº 4.591/1964 (Lei do Condomínio em Edificações), arts. 48 a 57.*

✱ *V. Lei nº 8.212/1991 (Dispõe sobre a organização da Seguridade Social e institui fontes de custeio), arts. 30, VI a VIII, e 31, § 4º, III.*

✱ *V. Orientação Jurisprudencial nº 191 da SBDI – I do TST.*

EMPREITEIRO – O que contrata serviço por empreitada; o que a executa.

EMPRESA – 1. Entidade individual ou coletiva que conjuga capital e trabalho para exploração de atividade industrial ou comercial, com fim lucrativo. 2. Diferencia-se do conceito de empresário, que é o aspecto subjetivo da entidade, representado pela própria personalidade jurídica e pelos sócios e administradores, os quais exercem a atividade negocial. 3. Para o Dir. Comercial, as empresas assumem formas jurídicas típicas e exaustivas, classificadas segundo a composição de seus órgãos, podendo assumir as formas de: empresário individual; empresa individual de responsabilidade limitada; sociedade não personificada (sociedade em comum e sociedade em conta de participação); sociedade personificada (sociedade simples, sociedade em nome coletivo, sociedade em comandita simples, sociedade anônima, sociedade em comandita por ações e sociedade cooperativa). 4. O novo Código Civil resgata a distinção entre empresa nacional e empresa estrangeira. E mais: o administrador responderá pelos prejuízos que a empresa causar à sociedade. 5. Para o Dir. Tributário, as empresas são contribuintes sujeitos a regimes próprios de tributação, classificadas conforme o montante de seu faturamento bruto anual, independentemente de sua natureza jurídica, podendo ser: microempreendedor individual, até R$ 36.000,00 (trinta e seis mil reais); microempresa, até R$ 81.000,00 (oitenta e um mil reais); microempresa, até R$ 360.000,00 (trezentos e sessenta mil reais); empresa de pequeno porte, de R$ 360.000,00 (trezentos e sessenta mil reais) até R$ 4.800.000,00 (quatro milhões e oitocentos mil reais); empresa de médio porte, de R$ 4.800.000,00 (quatro milhões e oitocentos mil reais) até R$ 300.000.000,00 (trezentos milhões de reais); empresa de grande porte, acima de R$ 300.000.000,00 (trezentos milhões de reais). 6. Para o Dir. do Trabalho, confunde-se com o próprio estabelecimento comercial ao qual se vinculam os empregados, de modo que, mesmo com o trespasse do ponto comercial, os contratos de trabalho são mantidos, hipótese que caracteriza a sucessão trabalhista. 7. Apenas as empresas podem requerer recuperação judicial e falência, salvo as exceções expressas na Lei nº 11.101/2005, sujeitas a regimes especiais de liquidação em caso de insolvência. 8. Para fins de Dir. Previdenciário, é a firma individual ou sociedade que assume o risco da atividade econômica ou rural, com fins lucrativos ou não, bem como os órgãos e as entidades da administração pública direta, indireta e fundacional.

✱ *V. CF, arts. 37, XIX e XX, 170,* caput, *IV e parágrafo único, e 173.*

✱ *V. CC, arts. 966 a 1.195.*

✱ *V. CLT, arts. 2º, 10 e 448.*

✱ *V. LC nº 123/2006 (Estatuto da Micro e Pequena Empresa), art. 3º,* caput, *I e II, e 18-A,* caput *e §§ 1º e 2º.*

✱ *V. Lei nº 8.212/1991 (Dispõe sobre a organização da Seguridade Social e institui fontes de custeio), art. 15, I.*

✱ *V. Lei nº 11.101/2005 (Lei de Recuperação de Empresas e Falências), arts. 1º e 2º.*

✱ *V. Lei nº 11.638/2007, art. 3º, parágrafo único.*

Cidadã: Programa governamental voltado a entidades da Administração Pública e a pessoas jurídicas optantes da tributação pelo lucro real, com o objetivo de prorrogar a licença-maternidade, prevista no art. 7º, XVIII (cento e vinte dias), por mais 60 (sessenta dias), garantida também a prorrogação da licença às empregadas que adotarem ou obtiverem guarda judicial para fins de adoção de criança. ***V.*** *Programa Empresa Cidadã.*

✱ *V. Lei nº 11.770/2008 (Cria o Programa Empresa Cidadã, destinado à prorrogação da licença-maternidade, no tocante a empregadas de pessoas jurídicas).*

✱ *V. Dec. nº 7.052/2009 (Regulamenta a Lei nº 11.770/2008). (Revogado pelo Decreto nº 10.854/2021)*

Júnior: Entidade organizada conforme a Lei nº 13.267/2016, sob a forma de associação civil gerida por estudantes matriculados em cursos de graduação de instituições de ensino superior, com o propósito de realizar projetos e serviços que contribuam para o desenvolvimento acadêmico e profissional dos associados, capacitando-os para o mercado de trabalho.

✱ *V. Lei nº 13.267/2016 (Disciplina a criação e a organização das associações denominadas empresas juniores, com funcionamento perante instituições de ensino superior).*

Individual de responsabilidade limitada: Entidade criada pela Lei nº 12.441/2011, que acresceu o Título I-A ao CC. A empresa individual de responsabilidade limitada será constituída por uma única pessoa natural, titular da totalidade do capital social, devidamente integralizado, que não será inferior a 100 vezes o maior salário mínimo vigente no País. O nome empresarial deverá ser formado pela inclusão da expressão "EIRELI" após a firma ou a denominação social da empresa individual de responsabilidade limitada. A pessoa natural que constituir empresa individual de responsabilidade limitada somente poderá figurar em uma única empresa dessa modalidade. A empresa individual de responsabilidade limitada também poderá resultar da concentração das quotas de outra modalidade societária em um único sócio, independentemente das razões que motivaram tal concentração. Poderá ser atribuída à empresa individual de responsabilidade limitada constituída para a prestação de serviços de qualquer natureza a remuneração decorrente da cessão de direitos patrimoniais de autor ou de imagem, nome, marca ou voz de que seja detentor o titular da pessoa jurídica, vinculados à atividade profissional. A LC nº 154/2016 trouxe a possibilidade de o microempreendedor individual utilizar sua residência como sede do estabelecimento. Aplicam-se à empresa individual de responsabilidade limitada, no que couber, as regras previstas para as sociedades limitadas. Não se confunde com a figura do *microempreendedor individual*, prevista na LC nº 123/2006 (Estatuto da Micro e Pequena Empresa), a qual refere-se à classificação do contribuinte para fins fiscais.

✱ *V. CC, arts. 44, VI, e 980-A.*

✱ *V. LC nº 123/2006 (Estatuto da Micro e Pequena Empresa), art. 18-A, § 25.*

Privada: Empresa cujo capital social é titularizado por pessoa natural ou jurídica, sendo então singular ou individual, se explorada por pessoa física; e coletiva, se organizada e dirigida por uma sociedade.

Pública: Entidade dotada de personalidade jurídica de direito privado, com patrimônio próprio e capital exclusivamente titularizado por entes da Administração Pública, criada por lei específica, para a exploração de atividade econômica que o Estado seja levado a exercer por força de contingência ou de conveniência administrativa, podendo revestir-se de qualquer das formas admitidas em direito. São de dois tipos: *unipessoal*, com patrimônio próprio e capital da União, e de vários sócios governamentais minoritários, tendo a União a maioria do capital votante.

✱ *V. Dec.-lei nº 200/1967 (Dispõe sobre a organização da Administração Federal, estabelece diretrizes para a reforma administrativa e dá outras providências), art. 5º, II.*

Rural: 1. Também chamada de *indústria rural*, destina-se ao primeiro tratamento dos produtos agrícolas, sem transformar-lhes a natureza. Esse tipo de empresa ainda é raro no Brasil e se confunde com o proprietário rural. 2. Para fins de Dir. Agrário, é o empreendimento de pessoa física ou jurídica, pública ou privada, que explore econômica e racionalmente imóvel rural, dentro da condição de rendimento econômico da região em que se situe e que explore área mínima agricultável do imóvel, segundo padrões fixados, pública e previamente, pelo Poder Executivo, equiparando-se, para os efeitos da Lei nº 4.504/1964 (Estatuto da Terra), as áreas cultivadas, as pastagens, as matas naturais e artificiais e as benfeitorias. 3. Para fins de Dir. do Trabalho, é a empresa que explora atividade agroeconômica, em caráter permanente ou temporário, diretamente ou por meio de prepostos e com auxílio de empregados. Também pode ser caracterizada como empresa rural a indústria em estabelecimento agrário, não incluída nos quadros de atividade econômica compreendidos na Consolidação das Leis do Trabalho. 4. Para fins de Dir. Previdenciário, equipara-se às empresas urbanas, para fins de obrigações tributárias.

✱ *V. Lei nº 4.504/1964 (Estatuto da Terra), art. 4º, VI.*

✱ *V. Lei nº 5.889/1972 (Estatui normas reguladoras do trabalho rural), arts. 3º e 4º.*

✱ *V. Lei nº 8.212/1991 (Dispõe sobre a organização da Seguridade Social e institui fontes de custeio), art. 15, I.*

Solidária com a vida: A pessoa jurídica que adota política interna permanente destinada a informar, conscientizar e estimular seus funcionários à doação voluntária e regular de sangue e ao cadastramento para a doação de medula óssea.

✱ *V. Lei nº 13.289/2016 (Dispõe sobre o Selo Empresa Solidária com a Vida e dá outras providências).*

EMPRESA ESTATAL – Gênero do qual fazem parte as empresas públicas e as sociedades de economia mista. A criação dessas empresas, de suas subsidiárias, assim como a participação dessas em empresas privadas, depende de autorização legislativa. Ela tanto pode ser criada pelo Estado como resultar da transformação de autarquia ou de empresa privada. Só por relevante interesse coletivo ou imperativos de Segurança Nacional será permitida a exploração direta de atividade econômica pelo Estado. O processo de liquidação de empresas estatais federais controladas diretamente pela União requer a inclusão da empresa no Programa Nacional de Desestatização – PND para a sua dissolução.

✱ *V. CF, art. 173,* caput *e §§ 1º a 3º.*

✱ *V. Dec. nº 9.589/2018 (Dispõe sobre os procedimentos e os critérios aplicáveis ao processo de liquidação de empresas estatais federais controladas diretamente pela União).*

EMPRESA PÚBLICA – 1. Em sentido lato, é toda empresa sob controle público, equivalendo, assim, ao sentido de empresa estatal. 2. Para o Dir. brasileiro, assume feição mais restrita, abrangendo apenas entidades dotadas de personalidade jurídica de direito privado, com patrimônio próprio e capital exclusivamente titularizado pela União, pelos Estados, pelo Distrito Federal ou pelos Municípios, criada por lei específica, para a exploração de atividade econômica que o Poder Público seja levado a exercer por força de contingência ou de conveniência administrativa, podendo revestir-se de qualquer das formas admitidas em direito. 3. A Lei nº 13.303/2016 passou a admitir expressamente que uma empresa pública possa admitir a participação no capital por mais de uma pessoa jurídica de direito público, bem como de entidades da administração indireta da União, dos Estados, do Distrito Federal e dos Municípios, desde que o controle seja exercido por um ente da Federação. 4. Embora sejam pessoas jurídicas de Dir. Privado, as empresas públicas se submetem parcialmente a normas de Dir. Público, como o controle por Tribunais de Contas, a contratação de pessoal previamente selecionado em concurso público e a necessidade de procedimento licitatório para contratação de bens e serviços. 5. A despeito de seu capital ser titularizado por entes públicos, as empresas públicas se submetem à mesma tributação das empresas privadas, embora a jurisprudência venha caminhando no sentido de estender privilégios e imunidades quando a atividade desenvolvida também abranger serviços públicos de responsabilidade do ente controlador, caso da Empresa Brasileira de Correios e Telégrafos. 6. Para o Dir. do Trabalho, equiparam-se a empregadores privados, sendo seus empregados regidos pela Consolidação das Leis do Trabalho. Entretanto, a jurisprudência trabalhista entende que aos empregados de empresas públicas é garantido o direito de conhecer a motivação de qualquer ato de dispensa, o que mitiga o poder potestativo de direção. 7. A competência da Justiça Comum Federal também se estende às demandas que envolvam empresas públicas federais, ressalvada a competência trabalhista, das Varas de Falências e de Acidentes de Trabalho.

✱ *V. CF, arts. 22, XXVII; 37, XVII e XIX e § 9º; 109, I e IV; e 173, §§ 1º a 3º.*

✱ *V. CPC/2015, art. 45.*

✱ *V. Dec.-lei nº 200/1967 (Dispõe sobre a organização da Administração Federal, estabelece diretrizes para a reforma administrativa e dá outras providências), art. 5º, II.*

✱ *V. Lei nº 13.303/2016 (Dispõe sobre o estatuto jurídico da empresa pública, da sociedade de economia mista e de suas subsidiárias, no âmbito da União, dos Estados, do Distrito Federal e dos Municípios), art. 3º.*

EMPRESA SEMIESTATAL – Conceito desenvolvido pela doutrina para denominar empresas cuja participação no capital por pessoa jurídica de Dir. Público é minoritária, ainda que esta exerça alguma forma de controle e gestão. Diferencia-se, portanto, das empresas públicas, cujo capital é integralmente titularizado por entes da Administração Pública, e das sociedades de economia mista, cuja maioria do capital com direito a voto pertence a pessoas jurídicas de Dir. Público. O Tribunal de Contas da União entende que, a despeito de não se submeterem integralmente a normas de Dir. público, ainda assim são passiveis de controle e fiscalização, limitados à participação estatal em seu capital.

EMPRESÁRIO – O conceito de empresário é calcado nos elementos: *profissionalismo, atividade econômica organizada* e *produção ou circulação de bens e serviços*. Portanto: empresário é a pessoa que organiza uma atividade econômica a fim de fazer produzir ou circular bens ou serviços; pessoa natural quando é denominado empresário individual ou a própria pessoa jurídica que explora atividade empresarial. Nunca se poderá dizer, porém, que é o sócio investidor ou empreendedor da sociedade empresária pelo fato de haver, nesta, "o aquinhoamento de direitos e imputações de obrigações legais próprios de quem faz parte de uma pessoa jurídica empresária" (*Revista do Advogado* nº 71, p. 10, Antonio José de Mattos Neto). Antes do início de sua atividade é obrigatória a inscrição do empresário no Registro Público de Empresas Mercantis da respectiva sede.

✱ *V. CC, arts. 966 a 980.*

✱ *V. Lei nº 8.934/1994 (Dispõe sobre o Registro Público de Empresas Mercantis), art. 32.*

EMPRÉSTIMO – Contrato oneroso ou gratuito pelo qual se faz a cessão de coisa certa, fungível ou infungível, a qual deve ser devolvida no mesmo estado ou outra de igual espécie, qualidade, quantidade ou valor, em prazo determinado. Pode ser:

A descoberto: se é fundado no crédito pessoal do devedor, sem abono ou garantia.

Coberto: quando a obrigação tem corresponsabilidade de outrem ou está garantida por caução de títulos ou valores idôneos, ou direito real.

Particular: realizado por pessoa física, de direito privado, ou nas relações civis ou comerciais, como o *comodato* (uso) e o *mútuo* (consumo), que são suas duas espécies.

Público: aquele contraído pelo Estado para atender a necessidades comuns ou compromissos já assumidos. Ele pode ser: *externo*, se contraído com país ou organizações financeiras do exterior; *interno*, o que o Estado capta em seu território. Diz-se também da operação de crédito que envolve capitais nacionais ou estrangeiros, oficiais ou privados, vinculada a condições e cláusulas para sua aplicação, pagamento de juros, prazo de vigência, reembolso etc. Diz-se:

Previsto no art. 148 da CF, no Título VI *Da Tributação e do Orçamento*, Capítulo I *Do Sistema Tributário Nacional*, o empréstimo compulsório deverá ser instituído mediante lei complementar, pela União. Deverá ser instituído para atender a despesas extraordinárias, decorrentes de calamidade pública, de guerra externa ou sua iminência ou ainda no caso de investimento público de caráter urgente e de relevante interesse nacional, devendo, para este fim, ser observado o disposto no art. 150, III, *b*, da Carta Magna que veda à União, aos Estados, ao Distrito Federal e aos Municípios cobrar tributos no mesmo exercício financeiro em que haja sido publicada a lei que os instituiu ou aumentou. A aplicação dos recursos provenientes de empréstimo compulsório será vinculada à despesa que fundamentou sua instituição.

EM PÚBLICO E RASO – Expressão forense; significa que o termo foi firmado pelo tabelião com duas assinaturas, a pública ou sinal público em forma de monograma, sigla ou rubrica, e a particular ou comum, por extenso.

EMPTIO CONSENSU PERAGITUR – (Latim) Completa-se a compra pelo consentimento.

EM TELA – Sob exame, que está em discussão ou apreciação na Justiça.

EM TEMPO – Em aditamento a. Locução forense que se usa quando se quer introduzir texto omitido em outro já encerrado.

EM TERMOS – Forma de despacho pela qual o juiz, na petição, antes de decidir sobre o pedido, manda que o escrivão do feito aponte circunstância que impeça o deferimento. Significa também que o processo está devidamente informado, em condições de prosseguir.

ENCABEÇAMENTO – Designação, pelos foreiros do mesmo prédio emprazado, de cabecel que os represente perante o senhorio, até para responder por ação relativa à enfiteuse; função de *cabecel* (q.v.).

ENCABEÇAR – Assumir o coerdeiro ou enfiteuta a posse de coisa comum, administrando-a e repartindo com os demais os frutos produzidos. Diz-se do foreiro que assume o cargo de *cabecel*.

ENCAMINHAR – Dirigir segundo os trâmites legais; dar ordenamento a. Orientar.

ENCAMPAÇÃO – Extinção de arrendamento, voltando ao proprietário a coisa arrendada, com as benfeitorias feitas pelo arrendatário. Tomar o Poder Público, por um de seus órgãos, posse de uma empresa depois de acordo em que se acerta a indenização a ser paga.

ENCARCERAR – Recolher alguém a cárcere ou prisão.

ENCARGO – Obrigação, ônus, imposto, tributo, foro, pensão; responsabilidade, compromisso; ônus real que recai sobre imóvel; dever imposto pela lei; cargo, ocupação, incumbência. Obrigação acessória imposta ao beneficiário de ato de liberalidade, a qual lhe restringe a vantagem.

Da herança: despesas custeadas pela herança, como as funerárias, as dívidas do falecido, a vintena do testamenteiro, despesas com inventário etc.

Público: dever jurídico que tem o cidadão de prestar certos serviços ao Estado, como a função do jurado, o serviço militar, o de mesário nas eleições, tutor, curador, advogado dativo etc.

✱ *V. CC, arts. 136, 553, 555 a 564, II, 1.937, 1.938, 1.943, 1.949 e I.957.*

ENCARREGADO DE NEGÓCIOS – Agente diplomático que exerce cargo no exterior; pode ser *efetivo* ou *interino*. Na diplomacia brasileira, é sempre interino.

ENCLAUSURAR – Colocar em clausura, separar do convívio social; prender.

ENCRAVAMENTO – Estado do prédio urbano ou rústico que se encontra sem passagem transitável ou suficiente em relação a outro vizinho, para pô-lo em comunicação segura com a via pública, fonte ou porto.

ENDEREÇO (DO ADVOGADO) – Dispõe o CPC que compete ao advogado declarar na petição inicial, ou na contestação, o endereço em que receberá a intimação e comunicar ao escrivão qualquer alteração de endereço. Se não o fizer, o juiz, antes de citar o réu, mandará que se supra a omissão em 48 horas, sob pena de indeferir a petição. Se não fizer a comunicação do novo endereço, consideram-se válidas as intimações remetidas para o endereço dos autos. Esta disposição não vale para as comarcas onde os advogados são intimados por publicação na imprensa.

✱ *V. CPC/1973, art. 39, I e II e parágrafo único.*

✱ *V. CPC/2015, art. 106.*

ENDIVIDAMENTO – 1. Ato ou efeito de endividar, fazer dívidas, se tornar devedor. 2. Crescimento da quantidade ou do valor de dívidas de uma pessoa, governo ou empresa.

✱ *V. Lei nº 14.181/2021 (Altera a Lei nº 8.078, de 11 de setembro de 1990 (Código de Defesa do Consumidor), e a Lei nº 10.741, de 1º de outubro de 2003 (Estatuto do Idoso), para aperfeiçoar a disciplina do crédito ao consumidor e dispor sobre a prevenção e o tratamento do superendividamento).*

ENDOGAMIA – Regime de castas pelo qual é proibido o casamento fora do clã ou de grupo social. Adotado entre famílias reais e nobres e em certos grupos sociais e religiosos.

ENDOSSANTE – Aquele que endossa título de crédito. O mesmo que *endossador*.

ENDOSSAR – Pôr endosso; transferir direito e ação sobre título ou documento.

ENDOSSATÁRIO – Aquele a favor de quem o título é endossado.

ENDOSSO – Ato de transferir a propriedade de um título ao apor o endossante sua assinatura no verso do documento, ficando, porém, como um coobrigado solidário no pagamento da obrigação. Constitui declaração cambial, unilateral e forma particular de alienação de letra de câmbio ou título à ordem e, dessa maneira, meio de circulação deles. O endosso podia, antes, ser *em branco*, ao portador, o que se concretizava apenas pela assinatura de próprio punho do endossante ou mandatário seu, sem indicar o nome do *endossatário*; dizia-se, também, *incompleto, não qualificado* ou *subentendido*; agora só pode ser *em preto*: indica-se o nome do beneficiário, a quem o título é transferido. A Lei nº 8.021/1990, proibiu a emissão de títulos ao portador ou nominativos endossáveis. A transmissão dos títulos de crédito deverá ser sempre por *endosso em preto*. Há outros tipos de endosso:

Cessão: o que se efetua depois do vencimento do título.

Garantia ou caução: o que contém a cláusula "em penhor da dívida", oferecido em caução ao endossatário que, sub-rogado em todos os direitos do endossante, pode exercê-los e até cobrar do emitente a quantia garantida, restituindo a diferença ao endossador, mas não pode transferir o título.

Para cobrança: é o endosso-mandato que dá poderes ao endossatário apenas para receber o valor do título, sempre agindo em nome do endossador, judicial ou extrajudicialmente.

Pignoratício: que resulta de cláusula de penhor ou garantia em conhecimento de transporte ou carga. O endossatário é o credor pignoratício do endossador.

Procuração: o que é feito por procuração, mencionando-se essa cláusula, concedendo-se ao endossatário-procurador todos os poderes, até o de transferência, depois de vencido e não pago o título, menos o direito de propriedade e outros que, expressamente, forem reservados.

Tardio ou póstumo: é aquele posterior ao protesto por falta de pagamento ou feito após expirar o prazo fixado para se fazer o protesto; produz apenas os efeitos de cessão ordinária de crédito e permite a ampla discussão da causa do título sem perder o direito à ação executiva.

✱ ***V.** Lei nº 8.021/1990 (Dispõe sobre a proibição da emissão de títulos ao portador ou nominativos endossáveis), art. 2º, II.*

ENFITEUSE – No Código Civil de 1916, era contrato bilateral e oneroso, por ato entre vivos ou disposição de última vontade. Direito real de fruição ou gozo de coisa alheia imóvel. O proprietário conferia a outrem o domínio perpétuo de terras não cultivadas ou terrenos destinados à edificação, mediante o pagamento de uma pensão ou foro, anual, certo e invariável. O senhorio direto continuava proprietário, porém o domínio útil era conferido a outrem (enfiteuta); podia o enfiteuta vender o domínio útil, respeitando o direito do dono e pagando-lhe laudêmio de 2,5% sobre o valor atual da propriedade plena. Também tinha o direito de adquirir a terra após 10 anos, pagando laudêmio de 2,5% mais o valor de dez pensões anuais. Os bens enfitêuticos eram transmissíveis por herança. A enfiteuse extinguia-se: pela renúncia, pela deterioração do prédio, pela falta de pagamento por 3 anos das pensões anuais, ou por morte do enfiteuta sem deixar herdeiros, salvo o direito dos credores. Esses podiam se opor se o enfiteuta quisesse abandonar gratuitamente ao senhorio o prédio aforado, até que fossem pagos. Extinta, a propriedade plena passava ao proprietário. A CF dispõe sobre a enfiteuse em imóveis urbanos (CF, art. 49, §§ 1º a 4º, das Disposições Transitórias; o § 2º foi regulamentado pela Lei nº 9.636/1998). O novo CC/2002 proíbe (art. 2.038) a constituição de enfiteuses e subenfiteuses. As existentes ficam subordinadas, até sua extinção, às disposições do Código Civil anterior – Lei nº 3.071, de 1º de janeiro de 1916, e leis posteriores. A enfiteuse foi abolida e substituída pelo *direito de superfície* (q.v.).

ENGAJAMENTO – Contrato de locação de serviço na Marinha Mercante.

ENGANO – Equívoco, erro, conceito errado. Ardil utilizado para iludir a boa-fé de alguém e induzi-lo a erro. É elemento subjetivo do estelionato e de outros delitos.

ENGENHEIRO – Prescreve em 2 anos a ação por seus honorários, contado o prazo do término de seu trabalho.

ENRIQUECIMENTO – Ato ou efeito de enriquecer; aumento de valor, de qualidade; acréscimo de patrimônio.

Ilícito: enriquecimento sem causa lícita, aumento do patrimônio de alguém em detrimento do de outrem ou da Fazenda Pública. O mesmo que *locupletamento à custa alheia*. Dá motivo à ação de *rem inverso* (q.v.). O CC atual incluiu capítulo sobre o *enriquecimento sem causa*, nos arts. 884 a 886.

ENSINO RELIGIOSO – A partir do 2º semestre de 2004, os alunos da rede estadual dos 92 municípios fluminenses passaram a ter aulas de ensino religioso separados por credo. O art. 33 da Lei de Diretrizes e Bases diz que toda escola pública brasileira de ensino fundamental deve oferecer aulas de religião, mas a frequência é facultativa ao aluno. Nos termos da referida Lei, o ensino religioso "é parte integrante da formação básica do cidadão e constitui disciplina dos horários normais das escolas públicas de ensino fundamental, assegurado o respeito à diversidade cultural e religiosa do Brasil, vedadas quaisquer formas de proselitismo".

ENTERRO – Goza de privilégio sobre os bens do devedor o crédito por despesa do seu funeral, feito sem pompa; as despesas funerárias, haja ou não herdeiros legítimos, sairão do monte da herança, mas as de sufrágio por alma do finado só obrigarão a herança se ordenadas em testamento ou codicilo. No caso de homicídio, a indenização consiste no pagamento das despesas com o tratamento da vítima, seu funeral e o luto da família. Toda pessoa capaz de testar poderá fazer disposições especiais sobre seu enterro, em escrito particular, datado e assinado. As despesas de enterro, feitas por terceiros, podem ser cobradas da pessoa que teria a obrigação de alimentar a que veio a falecer, mesmo que essa não tenha deixado bens. Não exprimem aceitação da herança os atos oficiosos, como o funeral do finado.

✱ *V. CC, arts. 872, 948, I, 965, I, 1.847 e 1.998.*

ENTIDADE – Na terminologia jurídica é associação ou sociedade de pessoas ou de bens; pessoa jurídica de direito público ou privado.

ENTORPECENTES – Drogas, farmacêuticas ou não, que causam dependência física ou psíquica. Diz a lei que "é dever de toda pessoa física ou jurídica colaborar na prevenção e repressão do tráfico ilícito e uso indevido de substâncias entorpecentes ou que determinem dependência física ou psíquica", e comina pena às que não o fizerem. Também proíbe o plantio, cultura, colheita e exploração, no território nacional, de plantas das quais podem ser extraídas tais substâncias. São crimes inafiançáveis e insuscetíveis de graça ou anistia o tráfico ilícito de entorpecentes e drogas afins. Será extraditado o brasileiro naturalizado que, comprovadamente, se envolveu em tráfico ilícito de entorpecentes e drogas afins. As glebas de terras onde forem localizadas culturas ilegais de plantas psicotrópicas serão expropriadas e destinadas ao assentamento de colonos, para o cultivo de produtos alimentícios e medicamentosos, sem indenização ao proprietário e sem prejuízo de outras sanções previstas em lei. Será confiscado todo e qualquer bem de valor econômico apreendido em decorrência do tráfico ilícito de entorpecentes e drogas afins, revertendo em benefício de instituições e pessoal especializado no tratamento e recuperação de viciados e no aparelhamento e custeio de fiscalização, controle, prevenção e repressão do crime de tráfico dessas substâncias. Todos os materiais utilizados para a prática dos crimes definidos na Lei nº 11.343/2006, após regularmente apreendidos, ficarão sob custódia da autoridade de polícia judiciária, excetuadas as armas, que serão recolhidas na forma da legislação específica".

✱ *V. Lei nº 11.343/2006 (Revogou as Leis nºs 6.368/1976 e 10.409/2002).*

✱ *V. EC nº 65/2010 (Deu nova redação ao art. 227, § 3º, VII, da CF, para que haja programas de prevenção e atendimento especializado à criança, ao adolescente e ao jovem dependente de entorpecentes e drogas afins).*

ENTRÂNCIA – Grau hierárquico, escalonamento das jurisdições nas quais o juiz exerce a magistratura. Categoria de circunscrições jurisdicionais, segundo a Organização Judiciária de cada Estado, sendo o juiz promovido de entrância para entrância, alternadamente, por antiguidade e merecimento, segundo normas constitucionais.

✱ *V. CF, art. 93.*

ENTREGA ARBITRÁRIA DE INCAPAZ – É crime previsto na lei penal o ato de confiar a outrem, sem ordem do pai, do tutor ou do curador, menor de 18 anos ou interdito, ou deixar, sem justa causa, de entregá-lo

E

a quem legitimamente o reclame. A pena é de detenção de 1 mês a 1 ano ou multa.

✱ *V. CP, art. 248.*

ENTREGADOR – 1. Pessoa que entrega algo. 2. Segundo a Lei nº 14.297/2022, é o trabalhador que presta serviço de retirada e entrega de produtos e serviços contratados por meio da plataforma eletrônica de aplicativo de entrega.

✱ *V. Lei nº 14.297/2022 (Dispõe sobre medidas de proteção asseguradas ao entregador que presta serviço por intermédio de empresa de aplicativo de entrega durante a vigência da emergência em saúde pública decorrente do coronavírus responsável pela Covid-19).*

ENTRELINHA – É o espaço entre duas linhas, em documento escrito, no qual não são permitidas cotas, mas somente emendas, quando ressalvadas.

ENTREPOSTO – Armazém ou trapiche onde são depositadas mercadorias à espera de serem exportadas, reexportadas ou vendidas, sobre as quais se emite *conhecimento* ou *warrant*. O entreposto pode ser *particular* ou *público*.

ENTRE VIVOS (*INTER VIVOS*) – Diz-se do ato jurídico que se processa entre pessoas, enquanto estiverem vivas.

ENUNCIADO – Nome que se dava à súmula de jurisprudência do TST, que até a Lei nº 7.033/1982 era chamada *pré-julgado*. O pré-julgado, em razão de suposta inconstitucionalidade, deixou de existir, criando-se em seu lugar, o enunciado, pela Resolução Administrativa nº 44/1985 do TST. O enunciado tem o objetivo de uniformizar a Jurisprudência. A Lei nº 7.033/1982 aboliu o art. 902 da CLT. Mediante a Resolução nº 129/2005, o TST passou a utilizar expressão "Súmulas" para denominar os verbetes de sua jurisprudência uniformizada.

ENVENENAMENTO – Distúrbio agudo ou crônico causado por ingestão ou absorção de substância venenosa, que pode provocar a morte. A lei penal pune o envenenamento de água potável, de uso comum ou particular, ou de substância alimentícia ou medicinal destinada a consumo, com reclusão de 5 a 15 anos. Sujeita-se à mesma pena quem tem um depósito ou entrega a consumo a água ou a substância envenenada. Se o crime é culposo, a pena é de detenção de 6 meses a 2 anos.

✱ *V. CP, art. 270, §§ 1º e 2º.*

ENXOVIA – Antiga prisão, no nível do chão ou subterrânea, insalubre e escura, onde eram encerrados condenados por crimes violentos, tidos como perigosos, ou os escravos. Ergástulo, calabouço.

EPIDEMIA – Doença que se propaga rapidamente, atingindo grande número de pessoas. É crime hediondo previsto na lei penal causar epidemia pela propagação de germes patogênicos. Pena de reclusão de 10 a 15 anos; se resultar morte, aplica-se em dobro. No caso de culpa, a pena é de detenção, de 1 a 2 anos; se resultar morte de 2 a 4 anos.

✱ *V. CP, art. 267.*

EPÍGRAFE – Resumo, informação que permite individualizar a matéria de que trata o título. Integra o preâmbulo da lei e serve para esclarecer sua natureza e sua data. Sentença ou divisa que se põe no frontispício de livro, capítulo, princípio de discurso, conto, poesia etc.

EQUIDADE – 1. Conceito advindo da Filosofia e da doutrina do Direito natural, geralmente associado a um conjunto de princípios de Justiça, fundados na razão humana e na ética, que induzem o julgador a um critério de moderação ao proferir decisão, para suprir as lacunas na lei ou modificar o rigor das normas, tornando-as mais humanas e amoldadas às circunstâncias fáticas. 2. Interpretação mais branda das normas jurídicas. 3. Igualdade, retidão, equanimidade. 4. Aplicação circunstanciada da norma no caso concreto, sem o excessivo apelo à letra da lei. 5. O CPC informa que o juiz só decidirá por equidade nos casos previstos em lei. 6. Hipóteses em que há expressa autorização da aplicação da equidade são encontradas na CLT, de forma subsidiária, e na lei que regula os procedimentos perante os Juizados Especiais, neste último caso, como fonte direta do Direito. 7. O CTN admite o emprego da equidade pelas autoridades administrativas, de forma supletiva, e desde que não ocorra, por força de sua aplicação, a dispensa de tributo devido. 8. Nas decisões proferidas em procedimento arbitral, um dos requisitos exigidos para a sentença é trazer os fundamentos da decisão, mencionando-se se foi dada por equidade.

✱ *V. CPC/1973, arts. 20, IV, 127 e 1.109.*

✱ *V. CPC/2015, arts. 82, 84, 85, 140 e 723.*

✱ *V. CLT, arts. 8º e 852-I, § 1º.*

✱ *V. CTN, arts. 108, IV e § 2º, e 172, IV.*

✱ *V. Lei nº 9.099/1995 (Dispõe sobre os Juizados Especiais Cíveis e Criminais), art. 6º.*

✱ *V. Lei nº 9.307/1996 (Dispõe sobre arbitragem), arts. 2º, 11 e 26, II.*

EQUIMOSE – Ferimentos contusos. É uma hemorragia decorrente da infiltração do sangue nas malhas do tecido da pele. Desaparece, em regra, após 20 (vinte) dias, demorando de 7 (sete) a 12 (doze) dias para atingir a cor esverdeada.

EQUIPAGEM – Total de pessoas que prestam serviço permanente e exclusivo a bordo de um navio, por contrato de *engajamento* (q.v.). O CCom inclui na equipagem o capitão, oficiais, marinheiros, piloto, médico, enfermeiro, radiotelegrafista, carpinteiros, taifeiros, criados de quarto, camareiras, cozinheiros, garçons etc. No avião, compreende o comandante, o piloto, o navegador, o mecânico, o radiotelegrafista, os comissários de bordo.

EQUIPAMENTO – 1. Apetrecho necessário a uma atividade. 2. Entre os bens impenhoráveis estão os equipamentos necessários ou úteis ao exercício da profissão do executado. 3. A empresa é obrigada a fornecer, gratuitamente, aos empregados equipamento de proteção individual (EPI), sempre que necessário. O EPI só pode ser comercializado com certificado de aprovação emitido, por meio de sistema eletrônico simplificado, pela Secretaria de Trabalho do Ministério do Trabalho e Previdência.

✱ *V. CPC/1973, art. 649, V.*

✱ *V. CPC/2015, art. 833, V.*

✱ *V. CLT, arts. 166 e 167.*

✱ *V. Dec. nº 10.854/2021 (Regulamenta disposições relativas à legislação trabalhista e institui o Programa Permanente de Consolidação, Simplificação e Desburocratização de Normas Trabalhistas Infralegais e o Prêmio Nacional Trabalhista, e altera o Decreto nº 9.580, de 22 de novembro de 2018.), art. 30.*

EQUIPARAÇÃO – Ato de equiparar, colocar em igualdade, dar um tratamento igual. Na questão do salário, a lei é clara: a todo trabalho de igual valor corresponderá salário igual, sem distinção de sexo. Prevê, também, os casos em que o estrangeiro pode perceber salário superior ao do brasileiro. Reforça, ainda, a equiparação ao determinar que, sendo idêntica a função, o salário deve ser igual sem distinção de sexo, nacionalidade ou idade. Não se aplica esse último dispositivo aos empregados de empresas concessionárias de serviços públicos encampadas em relação aos empregados da entidade encampadora. Também não prevalece quando o empregador tem pessoal organizado em quadro de carreira, devendo as promoções obedecer a critérios de antiguidade e merecimento, alternadamente, dentro de cada categoria profissional. A Lei nº 13.467/2017 (Reforma Trabalhista) fixou como critério para a equiparação salarial o trabalho desenvolvido no mesmo estabelecimento empresarial, restringindo o antigo critério que era apenas mesma localidade, alterou a diferença de tempo de serviço para o mesmo empregador como não superior a quatro anos e a diferença de tempo na função não superior a dois anos, bem como incluiu novos regramentos.

✱ *V. CF, arts. 5º, I, e 7º, XXX a XXXIV.*

✱ *V. CLT, arts. 5º e 461.*

✱ *V. Dec.-lei nº 855/1969.*

EQUIPOTÊNCIA – Analogia, equiparação. Qualidade do elemento de substituir a outro na formação do ato jurídico, sem afetar sua validade e seus efeitos, por causa de sua analogia e equivalência.

EQUITY LAW – Conjunto de normas especiais, morais e jurisprudenciais das legislações inglesa e americana, que funcionam como direito natural para corrigir ou modificar, de modo benigno, qualquer rigor da *common law*. Esta, a *statute law* e a *equity law* constituem o Dir. Privado anglo-americano.

ERA UT SUPRA – (Latim) Data como acima.

ERÁRIO – Tesouro público, Fazenda Pública.

ERGA OMNES – (Latim) Significa: para todos, contra todos. Refere-se a lei, direito ou decisão que é oponível a todos, que tem efeito contra todos ou a todos obriga.

ERGÁSTULO – *V. Enxovia.*

EROSÃO – É o fenômeno de degradação e decomposição das rochas, ou das modificações sofridas pelo solo, devido a variações de temperatura e principalmente à ação da água e do vento. A erosão também pode ser induzida pela ação humana, que acelera esse processo por meio de culturas não adaptadas às características das terras; queimadas; desmatamento; mineração; compactação do solo pelo mau uso de máquinas; plantio feito de forma incorreta; ocupação irregular e não planejada de morros; e pisoteio excessivo do gado em pastagens.

ERRANTIBUS, NON DECIPIENTIBUS, JURA SUBVENIUNT – (Latim) Os direitos favorecem aos que erram, não aos que se enganam.

ERRATA – Erros, corrigenda.

ERRO – 1. Engano, impressão falsa, imperfeita; conhecimento inexato, incompleto, sobre a verdade de um fato. Falsa percepção da realidade. 2. Para o Dir. Civil, é vício de consentimento, podendo levar à anulação do negócio jurídico, se substancial, ou à sua retificação, se incidental. 3. Erros materiais da inicial (como o da atribuição do valor da causa) podem ser corrigidos a qualquer tempo. Pode ser:

Acidental: é aquele que vicia a vontade, mas não a exclui; relativo às qualidades secundárias da coisa, peculiaridades, ou concernente a uma pessoa a que se referir a declaração de vontade; é erro sanável, quando se puder identificar a coisa ou a pessoa cogitada.

Comum: o que decorre de juízo inexato sobre fato que todos sabem verdadeiro.

Da vontade: aquele que advém da faculdade livre, do intencional querer do agente.

De direito: engano ou falso conhecimento da existência ou da interpretação de norma jurídica e sua aplicação, resultando a prática de ato ou a celebração de contrato que, não fora o erro, não se dariam. Esse erro não pode ser alegado, nem é escusável, a menos que não afete diretamente o objeto da obrigação.

De fato: se o agente não tem um conhecimento exato sobre pessoa ou coisa, ou se engana a respeito da realidade de uma situação, estado ou negócio, supondo o falso, verdadeiro.

De inteligência: quando não há perfeito entendimento ou má compreensão.

De proibição: o erro de proibição ou erro sobre a ilicitude do fato é aquele que incide sobre a ilicitude de uma conduta. Ocorre quando o agente supõe, por erro, que seu comportamento é lícito. Ele acredita que o que está fazendo é permitido, mas na verdade é proibido. Daí o apelido doutrinário de erro de proibição. Ex.: o agente que mata uma pessoa gravemente enferma, a seu pedido, para livrá-la de mal incurável, supondo que a eutanásia é permitida, incide no erro de proibição. Supõe permitida uma conduta proibida.

De tipo: é aquele que incide sobre os elementos objetivos que compõem um tipo legal de crime. O sujeito não se dá conta que está realizando uma conduta típica. Sua previsibilidade está viciada, impedindo que o dolo atinja corretamente todos os elementos essenciais do tipo, mas não impede a configuração do crime culposo. Erra sobre o alguém ao matar um amigo num hotel fazenda pensando ser uma onça. Erra na coisa alheia ao subtrair uma mala no aeroporto pensando ser sua. Erra no ofender a integridade corporal ou a saúde de outrem ao ministrar insulina a uma criança pensando ser uma injeção antigripal. Erra ao contrair casamento com pessoa casada acreditando ser o agente pessoa solteira. Erra ao servir a menor de 18 anos bebida alcoólica pensando ser maior etc.

Do consentimento: o que incide sobre o conteúdo da vontade, ou não a exprime.

Escusável: desculpável; aquele cujas circunstâncias fazem presumir a boa-fé do agente, justificando a prática do ato, que não se torna suspeito ou nulo; invencível.

Grosseiro: equivale à culpa; nada o justifica, apenas a má-fé ou a culpa do agente.

Impróprio: o que incide sobre a vontade da pessoa e torna inválido seu consentimento.

Inescusado: indesculpável, para o qual não há nenhuma escusa.

Irrelevante ou insignificante: aquele que não tem efeito sobre a validade do ato jurídico.

Judiciário: cometido por órgãos do Poder Judiciário, como a condenação de pessoa inocente.

Na intenção: que abrange as variantes: *erro de direito*, que não se confunde com a ignorância da lei, que é o desconhecimento da norma legal, ao passo que o erro de direito é o engano quanto à existência ou interpretação da lei. O imputado está seguro do fato, mas não sabe que sua ação ou omissão é punível, por desconhecer a norma legal que o proíbe ou ordena que faça. Não exime da pena, mas pode ser atenuada ou substituída por outra menos grave se justificada a errônea compreensão da lei; *erro de fato ou sobre o fato*, que se verifica quando o agente: *a*) confunde as condições do fato objeto de sua ação ou omissão; *b*) acredita em perigo, ameaça ou mal que não existem e pratica ação ou omissão criminosas, supondo praticar reação lícita; não se confunde com a força maior. Ele é *essencial* se recai na substância do delito ou em seus elementos componentes; *acidental*, se é pertinente a elementos secundários, que nada significam quanto à concepção e prática da infração.

Na execução (aberratio ictus): dá-se quando a ação ou omissão, pressupondo intenção criminosa, não recai sobre o objeto desejado ou recai de modo não adequado, além ou aquém da intenção. Pode ocorrer: *sobre a pessoa* (*in objectu*), quando há engano quanto ao objeto ou identidade da pessoa; o imputado confunde um outro com a vítima que escolhera e sobre aquele pratica o delito. Não dirime nem exclui a intenção delituosa; *sobre o resultado*, quando se produz, por ação ou omissão, delito mais grave que o desejado (preterintencional) ou quando ocorre resultado diverso do que se pretendeu ou se previu; *sobre o alvo* (*aberratio ictus*), quando há desvio de direção ou imperícia na manobra dos meios de execução e o imputado atinge uma pessoa diversa da que escolhera como vítima. Diz-se também *aberratio rei*.

Obstativo: o que impede a execução de um contrato ou a prática de ato jurídico; diz-se *radical*.

Sobre a pessoa: quando diz respeito às qualidades essenciais da pessoa é motivo, no Dir. Civil, de anulação do ato jurídico; torna anulável, por exemplo, o casamento.

Substancial ou essencial: o que recai apenas sobre a natureza do ato jurídico, a coisa que lhe é objeto principal, suas qualidades essenciais, ou sobre as qualidades essenciais ou físicas da pessoa com que se firma contrato. O erro substancial ocorre: sobre a *operação jurídica*, quando o ato contratual é diverso daquele objeto do ajuste; *sobre a pessoa* (*aberratio personae*), quando se tenciona a prática de um ato e faz-se outro diferente; *sobre o próprio negócio*, quando se tenciona ao nome ou identidade da pessoa ou coisa; *sobre o sexo*, relativo ao sexo da pessoa em questão.

Vencível: o que podia ser evitado pela pessoa que o percebeu; é erro inescusável. No Dir. Penal, dá-se o erro. *V.* alterações de prazo quanto à prescrição: arts. 206 do CC/2002 e 178 no antigo.

✱ ***V.*** *CC, arts. 171, II, 206, 443, 445, 849, 850, 869, 1.557 a 1.562 e 1.903.*

✱ ***V.*** *CPC/1973, arts. 85 a 88, 284 e 295, V, 352, 463, 485, IX, §§ 1º e 2º, 810 e 1.029,* caput, *e parágrafo único, II.*

✱ ***V.*** *CPC/2015, arts. 21, 42, 43, 181, 310, 321, 330, 332, 393, 494, 657, 966.*

✱ ***V.*** *CP, arts. 20,* caput, *§§ 2º e 3º, 21, 73 e 74.*

ERROR CALCULI NON FACIT JUS – (Latim) O erro de cálculo não faz direito.

ERROR EXCLUDIT CONSENSUM – (Latim) O erro exclui o consentimento.

ERROR FACTI NEC MARIBUS QUIDEM IN DAMNES VEL COMPENDIIS OBEST: JURIS AUTEM ERROR, NEC FEMINIS IN COMPENDIIS PRODEST – (Latim) O erro de fato não prejudica os homens nos danos ou proveitos; porém o erro de direito não aproveita nem às mulheres nas coisas vantajosas.

ERROR IN JUDICANDO – (Latim) Erro no julgar.

ERROR IURIS – (Latim) Erro de direito.

ERROR IURIS CUIQUE NOCET – (Latim) O erro de direito prejudica a cada um.

ERROR IURIS SEMPER NOCET – (Latim) O erro de direito prejudica sempre.

ESBOÇO – Esquema, projeto, trabalho provisório que antecede o definitivo.

De partilha: auto em que o partidor procede à divisão dos bens inventariados, pagamento dos quinhões dos herdeiros, meação do cônjuge supérstite e das dívidas, custas e impostos da herança e demais atos.

ESBULHADO – Aquele que foi privado da posse, espoliado.

ESBULHADOR – O que esbulha, aquele que pratica o esbulho.

ESBULHO – Ato irregular, injusto, pelo qual se priva alguém da posse de alguma coisa, contra sua vontade; espoliação. O possuidor tem direito de ser mantido na posse, no caso de turbação, e restituído ou reintegrado, no de esbulho. O mesmo que *força*, nova e velha.

Judicial: quando o juiz desapossa alguém de certos bens atribuídos a outrem, sem amparo de norma legal.

Possessório: retirada de bem (terreno ou prédio) da posse do legítimo possuidor, com violência à pessoa, grave ameaça ou por concurso de mais de duas pessoas, o que tipifica o crime de usurpação. O esbulhado pode ser restituído na posse, desde que o faça logo e seus atos de defesa ou de desforço não ultrapassem o indispensável à restituição; no esbulho possessório, é cabível a *ação de reintegração de posse* (q.v.). As ações de manutenção e a de esbulho serão sumárias se intentadas em 1 ano e dia da turbação ou esbulho; e ordinárias, passando esse prazo, mas não perdendo o caráter possessório. O esbulhado será reintegrado desde que o requeira, sem ser ouvido o autor do esbulho antes da reintegração. A lei civil prevê, ainda, compensação e indenização. A lei penal apena o esbulho possessório com detenção de 1 a 6 meses e multa. A Lei nº 5.741/1971 diz que é crime de ação pública, punido com detenção de 6 meses a 2 anos e multa de 5 a 20 salários mínimos, invadir alguém, ou ocupar, com o fim de esbulho possessório, terreno ou unidade residencial, construída ou em construção, objeto de financiamento oficial. Se o agente usa violência, acresce-se a pena relativa a esta; isenta-se de pena o agente que, espontaneamente, desocupa o imóvel antes de qualquer medida coativa.

✱ *V. CC, arts. 952, 1.210 a 1.224.*

✱ *V. CPC/1973, arts. 920 a 933.*

✱ *V. CPC/2015, arts. 554 a 568.*

✱ *V. CP, art. 161, § 1º, II.*

✱ *V. Lei nº 5.741/1971 (Classifica o esbulho como crime de ação pública), art. 9º, §§ 1º e 2º.*

✱ *V. Súm. nº 562 do STF.*

ESCABINATO – Órgão judiciário integrado por magistrados de carreira e por juízes leigos, como ocorria nas antigas Juntas de Conciliação e Julgamento da Justiça do Trabalho, hoje denominadas Varas e Juízos do Trabalho. Elas se constituíam de um juiz, que era seu presidente, e vogais do empregador e do empregado, aprovados e empossados segundo dispunha a lei. O termo *escabinato* pode provir, s.m.j., de *escabino*, que, nos Países Baixos, é magistrado adjunto ao burgomestre; na França, antes da Revolução de 1789, era magistrado municipal. Durante o domínio holandês no Brasil, chamava-se *escabino* o membro de câmaras municipais criadas pelos holandeses. A persistência de certas palavras e de seu sentido original ao longo dos séculos é fato digno de atenção.

✱ *V. CLT, arts. 647,* b, *e 660 a 667.*

ESCALADA – É modalidade de furto qualificado o praticado com a escalada (de uma janela) por meio de escada ou por outro modo. Pena de reclusão de 2 a 8 anos e multa.

✱ *V. CP, art. 155, § 4º, II.*

ESCAMBO – Troca, câmbio, permuta. É *mercantil* quando se troca coisa comercial por outra de valor equivalente, sem nenhuma paga ou reposição pecuniária.

ESCAMOTEAR – Furtar com sutileza, subtrair com artifício.

ESCOLA – Corrente de pensamento comum a algumas pessoas que defendem os mesmos princípios. No Dir. Penal, são conhecidas as escolas:

Clássica: a que admite o livre-arbítrio, ao qual se liga a responsabilidade penal e a imputabilidade moral; o delinquente é senhor da própria vontade. Foi delineada por Carmignani e consolidada por Carrara e Beccaria.

Positiva: contrária ao livre-arbítrio, negando, pois, a responsabilidade criminal do infrator, não admitindo sanções penais por considerar o criminoso vítima de doença social; representada por Lombroso e Garófalo, seguida, entre outros, por Ingenieros.

Sociológica: escola eclética, não admite o determinismo da positiva e vê no delinquente um desajustado social que deve ser submetido ao processo pacífico de reforma, que é o penitenciário. Há também a Escola Realista Americana, que considera o Dir. aquilo que os tribunais decidem; e a de Viena, fundada por Kelsen, que elaborou a teoria do dir. com fundamento em elementos estritamente jurídicos.

ESCÓLIO – Comentário, esclarecimento, explicação, interpretação de um texto de lei ou pontos de doutrina.

ESCORREDURAS OU ESCORREDOURAS – Águas que são absorvidas em um terreno e afloram em outro inferior, de onde escorrem.

ESCREVENTE – Auxiliar de tabelião, copista.

Juramentado: serventuário da Justiça, servidor público de ofício ou cartório, que legalmente substitui o titular em seus impedimentos.

ESCRITURA – Documento, instrumento escrito que registra e comprova a celebração de um contrato; de um ato jurídico. A escritura pode ser:

Autêntica ou original: a que se extrai do Livro de Notas do tabelião, com valor de instrumento original.

Mercantil: registro metódico e cronológico de atos e fatos de administração patrimonial de comércio.

Particular: sem que nela intervenham órgãos públicos.

Pública: aquela feita por tabelião, como a venda de um imóvel, lançada no Livro de Notas, da qual os interessados recebem uma cópia. Para renúncia de herança, na doação, na transação, para instituição de bem de família, para reconhecimento de filho ilegítimo e outros casos.

✱ *V. CC, arts. 215 e 1.714.*

ESCRITURAÇÃO – 1. Ato de escriturar. 2. Conjunto de livros e demais documentos com os quais se faz a escrita comercial de uma entidade contábil. 3. Organização dos livros de uma casa comercial, com os documentos que orientam a escrita.

✱ *V. CC, arts. 1.179 a 1.195.*

✱ *V. Lei nº 6.404/1976 (Lei das Sociedades por Ações), arts. 27, 101, 176 e 177.*

✱ *V. Dec.-lei nº 305/1967 (Dispõe sobre a legalização dos livros de escrituração das operações mercantis).*

✱ *V. Dec.-lei nº 486/1969 (Dispõe sobre a escrituração e livros mercantis).*

✱ *V. Dec. nº 64.567/1969 (Regulamenta o Dec.-lei nº 486/1969).*

ESCRIVÃO – 1. Oficial público que subscreve termo e atos dos processos judiciais em seu cartório, que chefia os serviços auxiliares dos órgãos judiciários, da polícia etc. 2. Funcionário que relata por escrito atos que se realizam perante a autoridade pública. 3. Os escrivães estão proibidos de adquirir bens litigiosos, bens deixados por testamento lavrado em suas notas ou por ele aprovado, bem como de receber mandato judicial.

✱ *V. CC, arts. 497, 1.521 a 1.523, XVI, 1.640, 1.643, 1.801 e 1.802.*

✱ *V. CPC/1973, arts. 29, 30, 35, 139 a 142, 144, 160, 166 a 171, 190, 193, 194, 219, § 6º, 229, 237, 239, 585, V, 690, § 1º, III, e 1.066, § 4º.*

✱ *V. CPC/2015, arts. 93, 96, 149 a 152, 155, 201, 206 a 211, 228, 233, 240, 254, 270, 273, 275, 715, 784, VIII, 892 e 895.*

ESCROQUE – Corresponde a estelionatário, que é a figura de nosso Dir. Penal. Indivíduo que se utiliza de astúcia ou fraude para se apropriar de dinheiro ou bens de outrem.

ESCRUTÍNIO – Votação por meio de cédulas, em assembleia deliberativa ou em uma eleição, as quais são colocadas em urnas; o recolhimento, verificação dos votos e apuração, com proclamação dos candidatos vitoriosos. O escrutínio é *público*, quando os votos são declarados; *secreto*, quando os votantes não declaram seu nome nem o da pessoa na qual votaram.

ESCULÁPIO – Médico ou pessoa com conhecimentos médicos, *V.g.* perito em matéria médica.

ESCUSA – Desculpa, justificativa, razão que se alega para obter dispensa de função ou ônus que a lei impõe; dispensa legal de múnus público.

Absolutória: isenção de pena concedida pela lei em certos casos.

De consciência: fundada em crença religiosa ou convicção político-filosófica para dispensa de obrigação legal que a todos se impõe; é proibida pela Constituição e punida com perda ou suspensão dos direitos políticos.

✱ *V. CF, arts. 5º, VIII, e 15.*

✱ *V. CP, arts. 181 e 348.*

ESCUSATIVA – *V. Dirimente.*

ESCUTA TELEFÔNICA – Lei nº 9.296/1996. Regulamenta o inciso XII, parte final do art. 5º da Constituição Federal. Aplica-se à interceptação do fluxo de comunicações em sistemas de informática e telemática. A interceptação de comunicação telefônica, de qualquer natureza, para provocar investigação criminal e em instrução processual penal deverá observar o disposto na lei e dependerá de ordem do juiz competente da ação principal, sob segredo de justiça. Não se admite a interceptação nos seguintes casos: não haver indícios razoáveis de autoria ou participação em infração penal; quando a prova pode ser obtida por outros meios disponíveis; quando o fato investigado constituir infração penal punida, no máximo, com pena de detenção. Em qualquer dessas hipóteses, deve ser descrita com clareza a situação objeto da investigação, incluindo a indicação e qualificação dos investigados, salvo impossibilidade manifesta, devidamente justificada. Pode requerê-la: o juiz, de ofício ou a requerimento da autoridade policial e o representante do Ministério Público.

ESGANADURA – Forma de estrangulamento, usual em crimes de natureza sexual, como estupro etc. Constrição violenta em torno do pescoço da vítima, com as mãos, podendo resultar em morte por asfixia ou síncope.

ESPAÇO – Intervalo; superfície; extensão entre corpos. ***Aéreo:*** o circunscrito e sobrejacente à área do terreno, que pertence também a seu proprietário, com as limitações da lei; espaço que se superpõe ao território da nação e suas águas adjacentes, ligado à soberania e indispensável a seus interesses militares e a sua segurança; o mesmo que *espaço atmosférico.*

ESPECIALIZAÇÃO – 1. Ato de especializar-se. 2. Dedicação especial a determinada profissão. 3. Individuação, no registro próprio, do imóvel ou direito sujeito a hipoteca legal ou judicial. Significa inscrever a hipoteca no registro, quando os bens hipotecados se tornam especificados, individuados publicamente, em relação a outros não onerados. 4. O tutor ou curador pode impedir em 10 dias, antes de entrar em exercício, a especialização em hipoteca legal de imóveis necessários para acautelar os bens confiados a sua administração.

✱ *V. CC, art. 1.492 e segs.*

✱ *V. CPC/1973, arts. 1.188, parágrafo único, 1.189 e 1.205 a 1.210.*

✱ *V. CPC/2015, arts. 465, § 2º, II, e 759.*

ESPÉCIE – Caso jurídico particular que se contesta ou que fundamenta a causa; matéria de que se trata, o que se reveste da peculiaridade; coisa infungível da natureza da que constitui objeto do contrato: pagamento em *espécie*. Moeda de curso legal.

ESPECIFICAÇÃO – Descrição pormenorizada que individualiza a coisa e lhe dá valor; modo derivado de aquisição da propriedade de espécie nova, pela transformação de matéria-prima ou de coisa móvel, que não possa tornar à forma primitiva.

ESPECIOSO – Aquele ou aquilo que, por aparentar verdade ou verossimilhança, induz a erro.

ESPECULAÇÃO – Exploração de negócio que envolve mais risco que os negócios comuns. Aquisição de título em Bolsas de Valores ou de outros bens para revendê-los com lucro. A especulação pode ser *lícita*, quando visa lucros em operações que seguem a praxe dos negócios, com preços normais do comércio; *ilícita*, se o especulador se vale de expedientes desonestos para auferir lucros em dissonância com os preços do mercado, com a fictícia carestia das mercadorias; e *fraudulenta*, quando são usados meios artificiosos para iludir e causar prejuízos aos consumidores.

ESPOLIAÇÃO – Ato de retirar por violência ou fraude a posse da coisa de alguém.

ESPOLIAR – Extorquir; desapossar, privar alguém, com violência ou fraude, de maneira ilegal e abusiva, da posse de uma coisa.

ESPÓLIO – O total dos bens que o falecido deixa; herança. O espólio é representado em juízo, ativa e passivamente, pelo inventariante, cuja citação é dispensada se ele é herdeiro necessário; não havendo inventário aberto devem ser citados todos os herdeiros. O espólio responde pelas dívidas do falecido; mas, feita a partilha, cada herdeiro responde por elas na proporção da parte que lhe coube na herança. O devedor e seu espólio podem, a qualquer tempo, requerer a declaração de insolvência, em petição ao juiz da comarca, contendo as informações requeridas pela lei. A lei discrimina, também, as funções próprias do inventariante. No curso do processo, ocorrendo a morte de qualquer das partes, dar-se-á a substituição pelo seu espólio ou pelos seus sucessores, a menos que se trate de ação intransmissível, personalíssima. Pode-se promover a execução, ou nela prosseguir, sendo sujeitos passivos o espólio, os herdeiros ou os sucessores do devedor. Pode ser declarada a falência do espólio do devedor comerciante. Pode a falência ser requerida pelo cônjuge sobrevivente, pelos herdeiros do devedor ou pelo inventariante, nos casos que a lei especifica. Quando o inventariante for dativo, os herdeiros e sucessores do falecido serão autores ou réus nas ações em que o espólio for parte. ***V.*** *Herança.*

✱ *V. CPC/1973, arts. 12, V, § 1º, 43, 96, 567, I, 568, II, 597, 759, 760 e 991, I.*

✱ *V. CPC/2015, arts. 48, 75, 110, 778, 779, 796 e 618.*

ESPORTE – Prática metódica de atividades físicas que, geralmente, consistem em jogos individuais ou coletivos. A partir da Constituição Federal de 1988, tornou-se política pública a ser estimulada por todos os entes federados, especialmente mediante incentivos à organização de entidades e associações privadas.

✱ *V. CF, art. 217.*

✱ *V. Lei nº 9.615/1998 (Institui normas gerais sobre desporto – Lei Pelé).*

✱ *V. Dec. nº 7.984/2013 (Regulamenta a Lei nº 9.615/1998)*

✱ *V. Dec. nº 6.653/2008 (Promulga a Convenção Internacional contra o doping nos esportes, celebrada em Paris, em 19 de outubro de 2005).*

ESPÚRIO – Ilegal, ilegítimo, falso, irregular. Diz-se do filho ilegítimo.

ESQUIZOFRÊNICO – Caracteriza-se pela desagregação do pensamento e a concentração dos impulsos e gestos de um tipo delituoso ou suicida. São considerados inimputáveis pela total incapacidade de entender o caráter criminoso de seus respectivos atos.

ESSÊNCIA – Aquilo que é fundamental, substancial. Diz-se do que é indispensável a um ato ou contrato para que tenha existência legal.

ESTABELECIMENTO – Universalidade de fato de bens corpóreos e incorpóreos, de natureza e fins economicamente apreciáveis, habitualmente explorados pelo comerciante, com finalidade de lucro. Casa de comércio, loja, armazém. Cada unidade de uma empresa, que tem muitas filiais, sendo a principal aquela que centraliza a administração, a sua sede social. Não se confunde com *fundo de comércio*, que denomina os bens que sobram em casa de comércio em liquidação, nem com *firma*, que é inalienável por ser o próprio nome do comerciante. O estabelecimento comercial é uma universalidade *de fato*, por ser um complexo de bens com finalidade fixada pela vontade de uma pessoa natural ou jurídica, ao passo que universalidade *de direito* é complexo de bens cuja finalidade é determinada por lei. Já o estabelecimento *público* é o conjunto de instalações e pessoas, que formam um órgão da Administração Pública, criado e regulado por lei, com finalidade pública, como hospital, escola, biblioteca etc.

ESTABELECIMENTO PENAL – É todo estabelecimento utilizado pela Justiça com a finalidade de alojar presos, quer provisórios, quer condenados, ou ainda aqueles que estejam submetidos a medida de segurança. Há vários tipos de estabelecimentos penais:

Cadeias Públicas: estabelecimentos penais destinados ao recolhimento de pessoas presas em caráter provisório, sempre de segurança máxima.

Casas do Albergado: estabelecimentos penais destinados a abrigar pessoas presas que cumprem pena privativa de liberdade em regime aberto, ou pena de limitação de fins de semana.

Centros de Observação Criminológica: estabelecimentos penais de regime fechado e de segurança máxima onde devem ser realizados os exames gerais e criminológicos, cujos resultados serão encaminhados às Comissões Técnicas de Classificação, as quais indicarão o tipo de estabelecimento e o tratamento adequado para cada pessoa presa.

Colônias Agrícolas, Industriais ou Similares: estabelecimentos penais destinados a abrigar pessoas presas que cumprem pena em regime semiaberto.

Estabelecimentos para Idosos: são estabelecimentos penais próprios, ou seções ou módulos autônomos, incorporados ou anexos a estabelecimentos para adultos, destinados a abrigar pessoas presas que tenham no mínimo 60 anos de idade ao ingressarem ou os que completem essa idade durante o tempo de privação de liberdade.

Hospitais de Custódia e Tratamento Psiquiátrico: estabelecimentos penais destinados a abrigar pessoas submetidas a medida de segurança.

Penitenciárias: estabelecimentos penais destinados ao recolhimento de pessoas presas com condenação a pena privativa de liberdade em regime fechado.

Penitenciárias de Segurança Máxima Especial: estabelecimentos penais destinados a abrigar pessoas presas com condenação em regime fechado, dotados exclusivamente de celas individuais.

Penitenciárias de Segurança Média ou Máxima: estabelecimentos penais destinados a abrigar pessoas presas com condenação em regime fechado, dotados de celas individuais e coletivas.

✱ ***V.*** *Lei nº 7.210/1984 (Lei das Execuções Penais).*

✱ ***V.*** *Lei nº 11.671/2008 (Dispõe sobre a transferência e inclusão de presos em estabelecimentos penais federais de segurança máxima).*

ESTABILIDADE – Efetividade, garantia. A CLT garantia a estabilidade no emprego ao empregado que completasse 10 anos de serviço na mesma empresa, o qual só podia ser despedido se cometesse falta grave ou por circunstância de força maior devidamente comprovadas. Em 1966 foi criado o Fundo de Garantia por Tempo de Serviço, que manteve a estabilidade, mas assegurou ao empregado a opção de inscrever-se no FGTS. A Constituição de 1967 manteve a estabilidade, mas a de 1988, em vigor, aboliu-a, permitindo-a apenas aos servidores públicos civis da União, dos Estados, do Distrito Federal e dos Municípios, que estivessem em exercício na data da promulgação da Constituição há pelo menos 5 anos continuados e não tivessem sido admitidos na forma do art. 37 da Constituição. Não se aplica esse dispositivo aos ocupantes de cargos, funções e empregos de confiança ou em comissão nem aos de livre exoneração. Os juízes togados de investidura limitada no tempo, em exercício na data da promulgação da Constituição, adquiriram estabilidade, passando a compor quadro em extinção. A CF criou a *indenização compensatória*, no caso de rescisão do contrato de trabalho por parte da empresa, sem justa causa. Todos os empregados passam a integrar o FGTS, sem opção. Mas os que adquiriram a estabilidade antes de 1988 têm respeitado o direito adquirido, contando-se seu período de estabilidade até aquela data para todos os efeitos, regendo-se pelos dispositivos constantes dos arts. 477, 478 e 497 da CLT Esse tempo de serviço estável pode ser transacionado entre empregador e empregado, respeitado o limite máximo de 60% da indenização prevista (Lei nº 8.036/1990, que dispõe sobre o FGTS). No serviço público, são estáveis após 3 anos de efetivo exercício os servidores nomeados para cargo de provimento efetivo em virtude de concurso público. Só poderá perder o cargo em virtude de sentença judicial transitada em julgado ou por processo administrativo em que lhe seja assegurada ampla defesa e mediante procedimento de avaliação periódica de desempenho, na forma da lei complementar, assegurada ampla defesa.

✱ *V. Orientações Jurisprudenciais da SDI-I Transitória do TST nºs 364 e 365:*

364. Estabilidade. Art. 19 do ADCT. Servidor Público de fundação regido pela CLT. Fundação instituída por lei e que recebe dotação ou subvenção do Poder Público para realizar atividades de interesse do Estado, ainda que tenha personalidade jurídica de direito privado, ostenta natureza de fundação pública. Assim, seus servidores regidos pela CLT são beneficiários da estabilidade excepcional prevista no art. 19 do ADCT.

365. Estabilidade provisória. Membro de conselho fiscal de sindicato. Inexistência. Membro de conselho fiscal de sindicato não tem direito à estabilidade prevista nos arts. 543, § 3º, da CLT e 8º, VIII, da CF/1988, porquanto não representa ou atua na defesa de direitos da categoria respectiva, tendo sua competência limitada à fiscalização da gestão financeira do sindicato.

✱ *V. CLT, art. 522, § 2º.*

ESTAÇÕES ECOLÓGICAS – São áreas representativas de ecossistemas brasileiros, destinadas à realização de pesquisas básicas e aplicadas de ecologia, à proteção do ambiente natural e ao desenvolvimento da educação conservacionista. Nessas áreas não há exploração do turismo.

ESTADO – 1. Situação, posição, condição física ou moral. 2. No Brasil, é cada unidade territorial que forma a União. Um dos Estados da Federação ou da República Federativa do Brasil. 3. Condição jurídica da pessoa, para os efeitos jurídicos nas relações de família e na vida social, fixando direitos e deveres resultantes, que pode ser:

Civil: é o enquadramento da pessoa física no Direito, como solteira, casada, viúva, divorciada, viva, morta, maior, menor, pai, filho etc.

Composto ou coletivo: quando se forma do agrupamento de dois ou mais Estados, vinculados por um governo único, ou não, como na Confederação (Comunidade Britânica).

De ausência: o da pessoa que está fora de seu domicílio, com paradeiro ignorado, por período que a lei estabelece.

De cidadania: resulta do fato de ser cidadão e gozar de direitos garantidos por lei.

De família: condição jurídica dos cônjuges e descendentes, o grupo doméstico e as relações que nele se estabelecem, de deveres e direitos recíprocos.

Federal ou federativo: conjunto de unidades territoriais (os Estados) com certa autonomia, governo e constituições próprios, além de autonomia financeira, sobre os quais prevalecem, entretanto, a CF e as leis da União, obedecendo-se ao Poder Central, como no Brasil.

Membro: aquele admitido na ONU.

Natural: diz respeito ao modo de ser de pessoa física, sua capacidade psíquica, qualidades e deficiências inerentes a ela: branco, preto, homem, mulher, virgem, cego, surdo, deficiente mental etc.

Político: quando está no gozo de seus direitos políticos ou exerce cargo político. No sentido de *nação, país*, o Estado tem as formas de:

Totalitário: em que só existe um partido, que se confunde com o próprio Estado, personificado na pessoa do Chefe do Governo, que concentra todos os poderes.

Unitário: aquele em que o poder se centraliza, não tendo autonomia as suas províncias; diz-se também *simples* ou *nacional*.

✱ *V. CF, arts. 1º,* caput*, 2º, 18, § 3º, 21, I, 25, 26, 34, I, 35, 46, 84, VII, VIII, XIX, XX, XXII, e 155.*

✱ *V. CPC/1973, arts. 12, 475, I e II e §§ 1º a 3º (*caput *e incisos I e II, com redação dada pela Lei nº 10.352/2001, assim como os §§ 1º a 3º foram acrescentados pela mesma lei), 488, parágrafo único, 699 e 816, I.*

✱ *V. CPC/2015, arts. 75, 496 e 968.*

ESTADO DE CALAMIDADE PÚBLICA – 1. Situação de calamidade, com grandes perdas materiais e até de vidas humanas, que afeta uma comunidade, privando-a, total ou parcialmente, de serviços essenciais como água, luz, alimentos, transportes, estradas etc. Secas, inundações, vendavais são tipos de calamidades que podem ser declaradas públicas, cabendo à União planejar e promover a defesa permanente contra elas, sobretudo secas e inundações; pode também, por lei complementar, instituir empréstimo compulsório para atender às despesas extraordinárias decorrentes de calamidade pública. 2. Segundo o Decreto nº 7.257/2010, o estado de calamidade pública é "situação anormal, provocada por desastres, causando danos e prejuízos que impliquem o comprometimento substancial da capacidade de resposta do poder público do ente atingido". 3. No Dir. Penal, se o agente cometer o crime por ocasião de calamidade pública, a pena é agravada. 4. O estado de calamidade pública é reconhecido pelo Poder Executivo federal mediante requerimento do Poder Executivo do Estado, do Distrito Federal ou do Município afetado pela catástrofe. 5. A situação de pandemia por COVID-19 fez o Poder Executivo federal reconhecer o estado de calamidade pública através do Decreto Legislativo nº 6, de 20 de março de 2020. Em razão desse fato, o Poder Público editou diversos atos destinados à contenção da doença durante o estado de calamidade pública como, por exemplo, a EC nº 106/2020 destinada a instituir regime extraordinário fiscal, financeiro e de contratação para enfrentar a calamidade pública nacional. 6. A EC

E

nº 109/2021 fixou como de competência exclusiva do Congresso Nacional a decretação do estado de calamidade pública de âmbito nacional.

✱ *V. CF, arts. 21, XVIII, 49, XVIII, 148, 167-B, 167-C, 167-D, 167-E, 167-F e 167-G.*

✱ *V. EC nº 106/2020 (Institui regime extraordinário fiscal, financeiro e de contratações para enfrentamento de calamidade pública nacional decorrente de pandemia).*

✱ *V. EC nº 109/2021 (Institui regras transitórias sobre redução de benefícios tributários; desvincula parcialmente o superávit financeiro de fundos públicos; e suspende condicionalidades para realização de despesas com concessão de auxílio emergencial residual para enfrentar as consequências sociais e econômicas da pandemia da Covid-19, dentre outras alterações.).*

✱ *V. CP, art. 61, II, j.*

✱ *V. Lei nº 14.017/2020 (Dispõe sobre ações emergenciais destinadas ao setor cultural a serem adotadas durante o estado de calamidade pública reconhecido pelo Decreto Legislativo nº 6, de 20 de março de 2020).*

✱ *V. Decreto Legislativo nº 6/2020 (Reconhece, para os fins do art. 65 da Lei Complementar nº 101, de 4 de maio de 2000, a ocorrência do estado de calamidade pública, nos termos da solicitação do Presidente da República encaminhada por meio da Mensagem nº 93, de 18 de março de 2020).*

✱ *V. Decreto nº 7.257/2010 (Regulamenta a Medida Provisória nº 494 de 2 de julho de 2010, para dispor sobre o Sistema Nacional de Defesa Civil – SINDEC, sobre o reconhecimento de situação de emergência e estado de calamidade pública, sobre as transferências de recursos para ações de socorro, assistência às vítimas, restabelecimento de serviços essenciais e reconstrução nas áreas atingidas por desastre, e dá outras providências), art. 2º, IV.*

✱ *V. Decreto nº 10.350/2020 (Dispõe sobre a criação da Conta destinada ao setor elétrico para enfrentamento do estado de calamidade pública reconhecido pelo Decreto Legislativo nº 6, de 20 de março de 2020 e regulamenta a Medida Provisória nº 950, de 8 de abril de 2020, e dá outras providências).*

✱ *V. Decreto nº 10.360/2020 (Dispõe sobre a forma de identificação das autorizações de despesas relacionadas ao enfrentamento de calamidade pública nacional decorrente de pandemia e de seus efeitos sociais e econômicos).*

ESTADO DE DEFESA – Decretado pelo Presidente da República, após ouvir o Conselho da República e o Conselho de Defesa Nacional, para preservar ou prontamente restabelecer, em locais restritos e determinados, a ordem política ou a paz social ameaçadas por grave e iminente instabilidade institucional ou atingidas por calamidades de grandes proporções da natureza. O decreto determinará a duração do estado de defesa, as áreas a serem abrangidas e as medidas coercitivas que passam a vigorar, incluídas as que restringem direitos. Exemplo dessa medida foi a decisão do Presidente Itamar Franco (em 1994) de combater, com o apoio do Exército, as quadrilhas de traficantes de drogas dos morros do Rio de Janeiro.

✱ *V. CF, art. 136, §§ 1º a 3º.*

ESTADO DE EMERGÊNCIA – *V. Situação de emergência.*

ESTADO DE GUERRA – Resulta da beligerância expressa entre duas ou mais nações ou do fato de serem tomadas medidas de caráter bélico, com mobilização de forças armadas. Positiva-se com declaração de guerra e início de hostilidades.

ESTADO DE NECESSIDADE – Circunstância em que a pessoa pratica violação da norma legal, para evitar mal maior iminente, salvaguardar de perigo inevitável, irremovível e não provocado intencionalmente, direitos ou bens próprios ou de outrem; emprega, para isso, os meios menos prejudiciais aos interesses alheios. Pode referir-se à vida, à integridade física do agente ou de terceiro, à propriedade ou outro bem jurídico na iminência de ser lesado. Não se trata de *legítima defesa*, por não ser reação a uma agressão ou contra-ataque. Não pode alegar estado de necessidade quem tinha o dever legal de enfrentar o perigo.

✱ *V. CP, art. 24, § 1º.*

ESTADO DE PERIGO – Outra novidade do CC; permite que se questione, entre outros quesitos, se um hospital pode cobrar valores altos por internação no caso de uma pessoa que iria morrer se não fosse socorrida com rapidez. É causa anulatória do negócio jurídico, quando alguém, premido pela necessidade de salvar-se ou a uma pessoa de sua família, assume obrigação excessivamente onerosa.

✱ *V. CC, art. 156.*

ESTADO DE SÍTIO – Pode o Presidente da República, ouvidos o Conselho da República e o Conselho de Defesa Nacional, solicitar ao Congresso Nacional autorização para decretar o estado de sítio nos casos de grave comoção de repercussão nacional ou ocorrência de fatos que comprovem a ineficácia de medida tomada durante o estado de defesa; declaração de estado de guerra ou resposta a agressão armada estrangeira. O Congresso deve decidir por maioria absoluta. O decreto indicará a duração da medida, as normas para a sua execução e as garantias constitucionais que ficarão suspensas. Não pode ser decretado por mais de 30 dias no caso de comoção grave de repercussão nacional ou pela ineficácia de medida do estado de defesa, nem prorrogado, de cada vez, por prazo superior. No caso de guerra, pode ser decretado por todo o tempo que perdurar a guerra ou a agressão armada estrangeira. O Congresso permanecerá em funcionamento até o término das medidas coercitivas.

✱ *V. CF, arts. 137 a 141 e parágrafo único.*

ESTADO PUERPERAL – *V. Infanticídio.* Há divergência na comunicabilidade das circunstâncias pessoais no crime de infanticídio: matar, sob a influência do estado puerperal, o próprio filho, durante o parto ou logo após (art. 123 do CP). Uma corrente entende que as circunstâncias de qualidade de mães e do estado puerperal comunicam-se ao coautor ou partícipe, por serem elementares do crime, respondendo todos, portanto, por infanticídio. Outro ensinamento entende que a comunicação da circunstância pessoal privilegiadora só ocorre em relação ao partícipe e não ao coautor. Porque o coautor realiza o núcleo do tipo do art. 121 – *matar alguém* –, devendo, portanto, responder por homicídio (p. 92 da 22a ed. *Resumo de Direito Penal).*

ESTAGIÁRIO – 1. Aquele que faz estágio, nos termos da Lei nº 11.788/2008. A parte concedente pode pagar uma bolsa ao estagiário, a qual não é considerada como remuneração, para efeito de incidência de imposto de renda e contribuição previdenciária. Por outro lado, o estagiário pode contribuir para a Previdência Social, na qualidade de segurado facultativo. 2. O estagiário de advocacia, regularmente inscrito, pode ingressar em juízo e exercer todas as atividades privativas de advocacia, em conjunto com advogado e sob responsabilidade deste. O estagiário podia ser dispensado do Exame de Ordem se comprovasse, até 4-7-1996, o exercício e o resultado do estágio profissional ou a conclusão, com aproveitamento, do estágio de "Prática Forense e Organização Judiciária", realizado na respectiva Faculdade. A partir daquela data, deve se submeter aos exames pela OAB. A OAB estabelece requisitos para a inscrição do estagiário.

✱ *V. Lei nº 11.788/2008 (Dispõe sobre o estágio de estudantes).*

✱ *V. Lei nº 8.906/1994 (Estatuto da Advocacia e da OAB), arts. 3º, § 2º, 9º e 84.*

✱ *V. Lei nº 9.394/1996 (Lei de Diretrizes e Bases da Educação Nacional), arts. 61, parágrafo único, II, e 82.*

✱ *V. Lei nº 8.212/1991 (Dispõe sobre a organização da Seguridade Social e institui fontes de custeio), arts. 14; 21; 28, IV e § 8º, i; 30, II.*

✱ *V. Lei nº 8.213/1991 (Dispõe sobre planos de benefícios da Previdência Social), arts. 13; 15, VI; 27, II; 43, § 1º, b; 55, III; e 71-B, § 2º, III; .*

✱ *V. Orientação Jurisprudencial nº 366 da SBDI-I do TST.*

ESTÁGIO – 1. Ato educativo escolar supervisionado, desenvolvido no ambiente de trabalho, que visa à preparação para o trabalho produtivo de educandos que estejam frequentando o ensino regular em instituições de educação superior, de educação profissional, de ensino médio, da educação especial e dos anos finais do ensino fundamental, na modalidade profissional da educação de jovens e adultos. Envolve necessariamente três partes: a parte concedente, pessoa jurídica de direito privado, órgão da Administração Pública direta, autárquica e fundacional, bem como profissional liberal de nível superior, que receberá o estagiário em suas instalações, para desenvolvimento de atividades afetas à preparação profissional deste último; a instituição de ensino, que elabora o programa pedagógico do curso e celebra termo de compromisso com a parte concedente; e o estagiário, aluno da instituição interveniente, que exercerá atividades correlatas a seu curso em prol da parte concedente. Poderá ser obrigatório ou não, conforme o projeto pedagógico do curso no qual o estagiário encontra-se matriculado. A violação das condições de atividade previstas na lei ou no termo de compromisso desnatura a relação jurídica, implicando o reconhecimento de vínculo direto com a parte concedente, exceto no caso desta ser ente da Administração Pública. 2. Não se confunde com o contrato de aprendizagem, o qual é voltado à formação técnico-profissional metódica em programa específico de aprendizagem, normalmente gerido pelas entidades paraestatais do sistema "S" (SENAI, SENAC, SESI etc.). Também não se confunde com a residência médica, pois esta última apenas se aplica a médicos já formados, que realizam treinamento em serviço para certificação de especialização, equivalendo a um curso de pós-graduação. 3. O estágio profissional de advocacia tem duração de 2 anos, é realizado nos últimos anos do curso jurídico e pode ser mantido pelas Faculdades, pelos Conselhos da OAB, por setores, órgãos jurídicos e escritórios de advocacia credenciados pela OAB, sendo obrigatório o estudo do Estatuto da Advocacia e do Código de Ética e Disciplina.

✱ *V. Lei nº 11.788/2008 (Dispõe sobre o estágio de estudantes).*

✱ *V. Lei nº 8.906/1994 (Estatuto da Advocacia e da OAB), arts. 3º, § 2º, 9º e 84.*

✱ *V. Lei nº 9.394/1996 (Lei de Diretrizes e Bases da Educação Nacional), arts. 61, parágrafo único, II, e 82.*

✱ *V. Lei nº 8.212/1991 (Dispõe sobre a organização da Seguridade Social e institui fontes de custeio), arts. 14; 21; 28, IV e § 8º, i; 30, II.*

✱ *V. Lei nº 8.213/1991 (Dispõe sobre planos de benefícios da Previdência Social), arts. 13; 15, VI; 27, II; 43, § 1º, b; 55, III; e 71-B, § 2º, III; .*

✱ *V. Orientação Jurisprudencial nº 366 da SBDI-I do TST.*

ESTATÍSTICA – Ciência que objetiva, por meio do levantamento de dados precisos, o estudo de diversos assuntos, políticos, sociais, econômicos, conhecendo e registrando, por documentos, gráficos, quadros e tabelas, a situação atual de diferentes setores da vida do País, da população, da produção, do comércio etc.

Judiciária: a cargo do Instituto de Identificação ou repartições do mesmo gênero, feita com base no boletim individual do réu constante do processo.

ESTATIZAÇÃO – Apropriação, pelo Estado, de atividade própria do setor privado. Ato de estatizar. Opõe-se a *privatização*.

ESTATUTÁRIO – 1. Referente a estatuto. 2. Servidor da Administração Pública direta e indireta, submetido à relação jurídico-administrativa de trabalho regida por lei especial, distinta da relação regida pela Consolidação das Leis do Trabalho. A Constituição Federal estabelece disposições mínimas sobre os servidores públicos, que devem ser observadas por todos os entes da Federação.

✱ *V. CF, arts. 37, I a XVII, 38 a 42.*

✱ *V. Lei nº 8.112/1990 (Dispõe sobre o regime jurídico dos servidores públicos civis da União, das autarquias e fundações públicas federais).*

✱ *V. Lei nº 6.880/1980 (Estatuto dos Militares).*

✱ *V. Súmulas nºs 137, 170, 218 e 346 do STJ.*

ESTATUTO – 1. Conjunto de dispositivos que regulam, como lei orgânica interna, o funcionamento de uma sociedade, companhia, associação, corporação ou fundação. Sociedade estrangeira não pode ter filiais, agências ou estabelecimentos no Brasil antes de serem os atos constitutivos aprovados pelo Governo brasileiro, ficando sujeita à lei brasileira. A lei civil dispõe também sobre os estatutos das fundações, que devem ser aprovados por autoridade competente e, denegando-o esta, pelo juiz, com os recursos da lei. 2. Os estatutos das autarquias, fundações públicas e empresas públicas são editados por ato do Poder Executivo ao qual se subordinam. 3. Em sentido lato, representa o conjunto de normas que regem determinado grupo social ou corporação profissional, normalmente fixadas por lei. 4. Para fins de Dir. Administrativo, é a lei orgânica que rege a relação jurídico-administrativa de trabalho entre uma determinada pessoa jurídica de Dir. Público e seus servidores, desde que estes não sejam submetidos ao regime da Consolidação das Leis do Trabalho (CLT).

Da Advocacia e da OAB: A Lei nº 8.906/1994, que revogou a Lei nº 4.215/1963, a Lei nº 5.390/1968, o Dec.-lei nº 505/1969, a Lei nº 5.681/1971, a Lei nº 5.842/1972, a Lei nº 5.960/1973, a Lei nº 6.743/1979, a Lei nº 6.884/1980 e a Lei nº 6.994/1982, e mantém os efeitos da Lei nº 7.346/1985. O Estatuto da Advocacia, acusado de corporativista, ainda está suscitando polêmica e alguns de seus dispositivos já foram objeto de apreciação pelo STF, que os suspendeu. A Lei nº 13.245/2016 e a Lei nº 13.247/2016 alteraram o Estatuto da OAB, sendo aquela para ampliar e delinear a liberdade do advogado em sua atuação profissional e esta para estabelecer diretrizes para a constituição de sociedades de advogados. Já a Lei nº 13.363/2016 alterou o referido Estatuto para fixar direitos e garantias à advogada gestante, à lactante, à adotante ou que a der à luz, bem como para o advogado que se tornar pai.

Da Cidade: Lei nº 10.257/2001, que estabelece normas de ordem pública e interesse social que regulam o uso da propriedade urbana em prol do bem coletivo, da segurança e do bem-estar dos cidadãos, bem como do equilíbrio ambiental. Regulamenta os arts. 182 e 183 da CF.

Da Criança e do Adolescente: Lei nº 8.069/1990, que dispõe sobre as medidas de proteção à criança e ao adolescente e seu acesso à Justiça. A Lei nº 13.306/2016 fixou em cinco anos a idade máxima para o atendimento na educação infantil (creche ou pré-escola).

✱ *V. Lei nº 13.306/2016 (Altera a Lei nº 8.069, de 13 de julho de 1990 – Estatuto da Criança e do Adolescente, a fim de fixar em cinco anos a idade máxima para o atendimento na educação infantil).*

Da Juventude: *V.* Lei nº 12.852/2013, que regulamenta o art. 227, § 8º, I e II, da CF, destinado a regular os direitos dos jovens.

Da Mulher Casada: Lei nº 4.121/1962, que alterou diversos dispositivos do CC/1916, e o art. 469 do CPC/1939, sobre a situação jurídica da mulher casada.

Da Terra: Lei nº 4.504/1964, regulamentada pelo Dec. nº 59.566/1966.

Do Desarmamento: A Lei nº 10.826/2003, regulamentada pelo Dec. nº 5.123/2004, impõe normas para a compra e o registro de armas e penas para o seu porte ilegal. Eis um resumo do que diz a lei: 1. só pode comprar armas quem tenha mais de 25 anos e comprove a necessidade de tê-la; não deve ter antecedentes criminais, nem estar respondendo a inquérito ou processo; comprovação de residência e trabalho fixos e aptidão técnica e psicológica para o uso da arma; 2. o proprietário deve manter a arma em casa ou em um segundo endereço, se este for de sua propriedade e responsabilidade. O registro deve ser cadastrado na Polícia Federal ou Comando do Exército. O porte está proibido em todo o País; 3. exceções à proibição do porte: militares, policiais, guardas-civis, agentes de inteligência e segurança da Presidência da República, agentes prisionais, vigias particulares, praticantes de tiro, auditores e técnicos da Receita, moradores de áreas rurais cuja subsistência dependa do porte de arma e aquele que provar que corre risco de vida; 4. quem já tinha arma ou munição pode mantê-las. Registros obtidos em 2003 precisam ser renovados em três anos (dezembro de 2006); 5. terminou em 23-10-2005 o prazo de anistia para entrega ou regularização de arma ilegal, passando os portadores a responder os termos da lei; 6. portar arma não registrada é crime inafiançável, com pena de 2 a 4 anos de prisão e multa. Sendo de uso restrito a arma, pena de 3 a 6 anos e multa. Porte de arma de uso permitido com numeração raspada, pena de 3 a 6 anos de prisão e multa; 7. Somente órgãos de Segurança Pública, colecionadores, atiradores e caçadores podem importar arma com prévia autorização do Exército. As restrições continuam as mesmas, apesar do resultado do referendo. Quem tem posse de arma não a perde, mas a compra de munição deverá ser regulamentada. No Congresso, existem 11 propostas de consultas populares (referendo) que incluem projetos sobre união civil de pessoas do mesmo sexo, redução de maioridade penal, adoção do aborto até a 12ª semana de gestação e sobre a pena de morte. Alterações foram introduzidas no texto original pelas Leis n°s 10.867/2004, 10.884/2004, 11.118/2005, 11.191/2005, e foi revogada a Lei nº 9.437/1997.

Do Idoso: Foi instituído pela Lei nº 10.741/2003, estando em vigor desde 1º-1-2004. Destina-se a regular os direitos assegurados às pessoas com idade igual ou superior a 65 anos. Eis alguns pontos da nova lei: os idosos terão desconto de 50% nas atividades culturais, de lazer e esportivas; gratuidade nos transportes coletivos; preferência no atendimento feito pelo Sistema Único de Saúde (SUS), e remédios gratuitos, especialmente os de uso contínuo; se tiver 65 anos e não puder prover a sua subsistência, terá direito a um salário mínimo. Esse benefício antes era concedido apenas aos 67 anos. A lei prevê pena de 6 meses a 12 anos de prisão por maus-tratos a idosos. Todo cidadão tem o dever de comunicar às autoridades qualquer forma de violação ao Estatuto do Idoso. O art. 71 assegura prioridade na tramitação de processos e procedimentos e na execução dos atos e das diligências judiciais em que figure como parte ou interveniente pessoa com idade igual ou superior a 60 anos, em qualquer instância. Ainda com relação à prioridade de tramitação processual às pessoas com idade igual ou superior a 60 anos e deficientes, informa-se que essa foi parcialmente alterada pela Lei nº 12.008/2009, de modo que o art. 1.211-A passou a dispor que os procedimentos judiciais em que figure como parte ou interessado pessoa com idade igual ou superior a 60 anos, ou portadora de doença grave, terão prioridade de tramitação em todas as instâncias. Os capítulos I e II do Título VI (Dos Crimes) apontam os crimes praticados contra o idoso (que são de ação penal pública incondicionada) e as penas a eles aplicáveis. Não se aplicam os arts. 181 e 182 do CP.

Pessoal: Lei que acompanha a pessoa natural, para reger as relações extraterritoriais de ordem privada. São admitidos três sistemas no conflito das leis internacionais: o *domiciliar*, pelo qual a lei do país onde o estrangeiro está domiciliado rege tudo o que diz respeito a sua vida civil, nome, direitos de família, relações entre os cônjuges, regime de bens no matrimônio, sucessão etc.; o *da lei nacional*, ou do país de origem da pessoa, que rege seus direitos; e o *da territorialidade*, praticamente relegado nos dias de hoje, que sujeita indistintamente às leis do país todas as pessoas que nele estejam, sejam nacionais, sejam estrangeiras. O Brasil adota o regime *domiciliar*, sendo regulado pela lei brasileira o estatuto pessoal dos estrangeiros nele domiciliados.

ESTELIONATÁRIO – Aquele que pratica o *estelionato* (q.v.).

ESTELIONATO – Armadilha, manobra ardilosa para prejudicar alguém; fraude, engano, burla. Crime contra o patrimônio que se configura quando alguém, usando meio fraudulento, induz ou mantém em erro uma pessoa, tirando vantagem ilícita para si ou para outrem, com lesão ao patrimônio alheio. Se o terceiro beneficiado com o delito toma parte na preparação de plano para enganar a vítima, torna-se coautor. Não será punível se não tem conhecimento da ação criminosa que o favorece. O dolo genérico é a vontade consciente de cometer o delito; o dolo específico é o desejo de obter vantagem ilícita. Se o criminoso é primário e de pequeno valor a coisa furtada, pode o juiz substituir a pena de reclusão pela de detenção, reduzi-la de um a dois terços ou somente aplicar a pena de multa. A pena é de reclusão de 1 a 5 anos e multa. A Lei nº 13.228/2015 estabeleceu como causa de aumento de pena o estelionato cometido contra idoso, ao acrescentar ao art. 171 do CP o § 4º. A Lei nº 13.964/2019 alterou a redação do art. 171 e o estelionato passou a ser crime de ação penal pública condicionada à representação, ou seja, a vítima precisa comparecer à delegacia (ou ao Ministério Público em certos casos) para representar contra quem praticou o crime. A necessidade de representação requer que a vítima seja identificada. Ademais, a representação pode ser revogada por ato voluntário o que resulta em rejeitar a denúncia, se o processo estava na primeira fase, ou em absolvição do réu, caso a denúncia já tenha sido recebida. Condicionar o estelionato à representação tem o objetivo de estimular o suposto estelionatário a devolver para a vítima o produto do crime e a vítima retirar a representação como uma espécie de autocomposição do conflito.

✱ *V. CP, art. 171.*

ESTIMAÇÃO – Ato judicial de fixar o valor extrínseco ou comercial de bens móveis ou imóveis para certos efeitos contratuais ou legais. Valor que se dá a uma causa na qual não for fixado. Avaliação do valor de bens no momento da doação. No pacto antenupcial, no regime dotal, avaliação monetária dos bens que o marido recebe como dote, para atender às despesas da vida em comum, e que servirão de base de sua responsabilidade quando os tiver de restituir, no momento de se dissolver o casamento. Denomina-se: *taxationes causa*, quando é apenas fixação do valor dos bens, sendo a mulher credora do domínio, com direito de os exigir, em espécie, quando extinta a sociedade conjugal; e *venditionis causa*, quando fixa o preço para dar valor aos bens dotais fungíveis, móveis e imóveis que o marido recebe, com caráter de venda, sendo ele obrigado a pagar à dotadora logo que se dissolve o vínculo conjugal. O marido pode alienar os bens imóveis, com a outorga da mulher; ela se torna credora do preço e para garantia do pagamento tem hipoteca legal sobre os imóveis do marido.

ESTIPÊNDIO – O mesmo que *remuneração* e *vencimento*. Retribuição, paga.

ESTIPULAÇÃO – Ajuste, cláusula contratual, convenção estabelecida em contrato por meio totalmente graciosa.

✱ *V. CC, arts. 436 a 438.*

Em favor de terceiro: convenção que fazem os contratantes instituindo uma vantagem ou benefício, ou direito próprio e independente, em favor de um terceiro, o beneficiário, que não é parte na obrigação. Não cria para este nenhum ônus e ele pode exigir esse benefício, mas ficará sujeito às condições e normas contratuais se anuir ao contrato e o estipulante não o inovar. Pode o estipulante substituir o terceiro (beneficiário) independentemente de sua anuência e do outro contratante, fazendo-o por ato entre vivos ou por disposição de última vontade. A lei não exige que a vantagem seja totalmente graciosa.

✱ *V. CC, arts. 436 a 438.*

ESTIVA – Nome que se dá ao trabalho realizado pelos portuários. Segundo a Lei nº 8.630/1993, em seu art. 26, esse trabalho, em todas as suas fases, será realizado por portuários com vínculo empregatício a prazo indeterminado e por trabalhadores avulsos. O seu parágrafo único dispõe que a contratação de trabalhadores com vínculo indeterminado se fará com exclusividade entre os trabalhadores avulsos registrados.

EST MODUS IN REBUS – (Latim) Em tudo deve haver um meio-termo; um limite em todas as coisas.

ESTRANGEIRO – Pessoa ou coisa que não é natural do país em que se encontra; aquele que veio de outro país. O casamento de estrangeiro pode celebrar-se perante autoridades diplomáticas ou consulares do país de ambos os nubentes. O estrangeiro casado que se naturalizar brasileiro pode, com expressa anuência do seu cônjuge, requerer ao juiz se apostile ao decreto de naturalização a adoção do regime de comunhão parcial de bens, respeitados direitos de terceiros e dada esta adoção no competente registro. A lei pune o estrangeiro que, para entrar ou permanecer no Brasil, use nome falso (detenção de 1 a 3 anos e multa). E também quem atribui falsa qualidade a estrangeiro, para promover-lhe a entrada no País (reclusão de um a 4 anos e multa). Reingressar no Brasil o estrangeiro expulso: reclusão de 1 a 4 anos e nova expulsão após cumprir a pena. A lei não distingue entre estrangeiros e nacionais quanto à aquisição e ao gozo dos direitos civis. A aquisição de imóvel rural por pessoa física estrangeira não poderá exceder a cinquenta módulos de exploração indefinida, em área contínua ou descontínua. No tocante a direitos autorais diz a lei que os estrangeiros domiciliados no exterior gozarão da proteção dos acordos, convenções e tratados ratificados pelo Brasil.

✱ *V. LINDB (antiga LICC), art. 7º, §§ 2º e 5º.*

✱ *V. CC, art. 3º.*

✱ *V. EC nº 11/1996 (Dispõe sobre a admissão de professores, técnicos e cientistas estrangeiros pelas universidades brasileiras).*

✱ *V. Lei nº 6.815/1980 (Define a situação jurídica do estrangeiro no Brasil e cria o Conselho Nacional de Imigração – Estatuto do Estrangeiro), arts. 57 a 67, 76 a 94 e 125 a 128.*

✱ *V. Lei nº 9.610/1998 (Altera, atualiza e consolida a legislação sobre direitos autorais).*

ESTRANGULAMENTO – Constrição do pescoço, por laço, morrendo a vítima em virtude de asfixia ou síncope. Uma das formas de morte usada no homicídio. É diferente do *enforcamento*, pois neste o peso do corpo é um dos elementos. Outra forma de estrangulamento é a *esganadura*, comum nos crimes sexuais, em que o agente constringe o pescoço e a laringe da vítima com as mãos.

ESTREMA – Marco divisório de terras, limite entre imóveis rurais.

ESTRITO – Estreito, restrito, rigoroso. Diz-se do sentido preciso, rigoroso ou técnico em que deve ser tomado um termo jurídico ou uma regra de direito, que não admite uma interpretação ampliada.

Cumprimento do dever legal: causa excludente da antijuridicidade/ilicitude, uma descriminante. Não há crime quando o fato é praticado no estrito cumprimento do dever legal. Neste caso, o juiz absolverá logo o réu.

✱ *V. CP, art. 23.*

✱ *V. CPP, arts. 386, V, e 411.*

ESTUPRO – Crime contra a dignidade sexual, que consiste em constranger alguém, mediante violência ou grave ameaça, a ter conjunção carnal ou a praticar ou permitir que com ele se pratique outro ato libidinoso, de acordo com nova redação dada pela Lei nº 12.015/2009. Antes da referida alteração, o crime era previsto apenas contra a mulher, virgem ou não, maior ou menor, solteira, casada ou viúva. A partir de então o art. 213 do CP tipifica como sujeito passivo do estupro qualquer pessoa, sendo homem ou mulher, e reúne no mesmo tipo penal condutas que outrora constituíam crime de atentado violento ao pudor (art. 214 do CP). A pena é de reclusão de 6 (seis) a 10 (dez) anos. Se da conduta resultar lesão corporal de natureza grave ou se a vítima é menor de 18 ou maior de 14 anos, a pena é de reclusão, de 8 (oito) a 12 (doze) anos, e se da conduta resulta morte, a pena é de reclusão de 12 (doze) a 30 (trinta) anos. A Lei nº 8.072/1990 define o estupro como crime hediondo, sendo inafiançável e insuscetível de graça ou anistia. Se do estupro resulta gravidez, o aborto é permitido com o consentimento da gestante ou, se incapaz, de seu representante legal, sem que a vítima ou o médico sejam punidos. A Lei nº 12.650/2012 acresceu o inc. V ao art. 111 do CP, estabelecendo que começa a correr a prescrição, antes de transitar em julgado a sentença final, nos crimes contra a dignidade sexual de crianças e adolescentes, da data em que a vítima completar 18 anos, salvo se a esse tempo já houver sido proposta a ação penal. Até 2005, o casamento da vítima com o agente implicava a extinção da punibilidade, o que deixou de subsistir com a revogação do inc. VII do art. 107 do CP pela Lei nº 11.106/2005. Até 2009, havia a chamada presunção absoluta de violência, se a vítima tinha menos de 14 (quatorze) anos ou portadora de deficiência mental. Com a revogação do art. 224 do CP, a presunção deixou de ser absoluta, contudo, a conjunção carnal ou ato libidinoso com pessoa considerada vulnerável passou a configurar, mesmo sem violência, tipo penal autônomo (art. 217-A do CP). Conforme art. 226 do CP, as penas são aumentadas em 1/4 (um quarto), se houver o concurso de dois ou mais agentes, e de metade, se o agente for ascendente, padrasto, madrasta, tio, irmão, cônjuge, companheiro, tutor, curador, preceptor, empregador da vítima ou que tenha, por qualquer outro título, autoridade sobre ela. Com a atual redação do art. 226 do CP, bem como pela revogação do inc. VII do art. 107, ambos pela Lei nº 11.106/2005, ficou explícito que o estupro pode ser praticado pelo próprio cônjuge, superando uma jurisprudência minoritária, mas ainda persistente, no sentido de que seria impossível a prática do crime pelo marido, ante o dever da esposa manter relações sexuais (*débito conjugal*). Até 2009, a ação penal era privada, passando então a ser pública condicionada à representação, salvo se a vítima for menor de 18 anos ou pessoa vulnerável, caso em que era incondicionada. A partir da entrada em vigor da Lei nº 13.718/2018, a ação penal passou a ser sempre pública incondicionada. A mesma lei também passou a prever hipóteses de aumento de pena para o *estupro coletivo*, quando praticado mediante concurso de dois ou mais agentes, e de *estupro corretivo*, quando praticado com o intuito de controlar o comportamento social ou sexual da vítima. Havendo vestígios da violência, deve-se proceder o exame de corpo de delito, contudo a jurisprudência vem suprindo a ausência pela prova testemunhal e até mesmo pelo depoimento pessoal da vítima, ante a natureza dos próprios fatos, que expõem ao constrangimento, inibindo a própria denúncia da violência sofrida.

✱ *V. CF, art. 5º, XLIII.*

✱ *V. CP, arts. 128, II, 213, 225 e 226.*

✱ *V. Lei nº 8.072/1990 (Dispõe sobre os crimes hediondos), art. 1º, V.*

ESTUPRO DE VULNERÁVEL – Tipo penal incluído no ordenamento jurídico por meio da Lei nº 12.015/2009, que inseriu o art. 217-A no CP. Trata-se do ato de ter conjunção carnal ou praticar outro ato libidinoso com menor de 14 (quatorze) anos, ainda que sem violência ou grave ameaça, com pena de reclusão, de 8 (oito) a 15 (quinze) anos. Incorre na mesma pena quem pratica as ações descritas no *caput* com alguém que, por enfermidade ou deficiência mental, não tem o necessário discernimento para a prática do ato, ou que, por qualquer outra causa, não pode oferecer resistência. Se da conduta resulta lesão corporal de natureza grave, a pena será de reclusão de 10 (dez) a 20 (vinte) anos e, se da conduta resulta morte, haverá reclusão de 12 (doze) a 30 (trinta) anos. A Lei nº 8.072/1990 define o estupro como crime hediondo, sendo inafiançável e insuscetível de graça ou anistia. A Lei nº 12.650/2012 acresceu o inc. V ao art. 111 do CP, estabelecendo que começa a correr a prescrição, antes de transitar em julgado a sentença final, nos crimes contra a dignidade sexual de crianças e adolescentes, da data em que a vítima completar 18 anos, salvo se a esse tempo já houver sido proposta a ação penal. Embora o art. 224 do CP tenha sido revogado, não se perquire acerca da existência ou não de violência contra a vítima, pois a simples conjunção carnal ou ato libidinoso é, *per se*, ato típico. Entretanto, em virtude de certo dissídio jurisprudencial acerca de circunstâncias que poderiam afastar a tipicidade da conduta, pela Lei nº 13.718/2018 foi inserido o § 5º ao art. 217-A do CP, para salientar que as penas previstas naquele dispositivo legal aplicam-se independentemente do consentimento da vítima ou do fato de ela ter mantido relações sexuais anteriormente ao crime. Ainda há, contudo, controvérsia judicial acerca da tipicidade quando o agente mantém relacionamento amoroso com a vítima iniciado antes de ter completado 18 anos ("exceção de Romeu"). Até 2005, o casamento da vítima com o agente implicava a extinção da punibilidade, o que deixou de subsistir com a revogação do inc. VII do art. 107 do CP pela Lei nº 11.106/2005. A ação penal é sempre incondicionada. Se do fato resultar gravidez, a vítima poderá proceder o aborto, mediante consentimento de seu representante legal e desde que praticado por médico, sendo hipótese excludente de punibilidade da conduta.

✱ *V. CF, art. 5º, XLIII.*

✱ *V. CP, arts. 111, V, 128, II, e 217-A.*

✱ *V. Lei nº 8.072/1990 (Dispõe sobre os crimes hediondos), art. 1º, VI.*

ÉTICA – Normas e princípios que dizem respeito ao comportamento do indivíduo no grupo social a que pertence.

Profissional: reunião de normas de procedimento comportamental no exercício de uma profissão, como as que estão expressas no Código de Ética e Disciplina dos Advogados. O zelo na profissão, as obrigações e deveres, as infrações e as sanções previstas para elas estão presentes no o novo Estatuto da Advocacia, assim como a competência do Conselho Seccional e Tribunal de Ética e Disciplina para julgá-los.

✱ *V. Lei nº 8.906/1994 (Estatuto da Advocacia e a OAB), arts. 31 a 42, 70 a 74.*

✱ *V. CPC/1973, arts. 14 e 15.*

✱ *V. CPC/2015, arts. 5º, 77 e 78.*

ETILÔMETRO – Aparelho destinado à medição do teor alcóolico no ar alveolar. É conhecido popularmente por *bafômetro*, empregado em ações policiais de rotina em vias públicas urbanas e estradas, para averiguação de condutores sob efeito de bebidas alcóolicas. O art. 277 do CTB estabelece que o condutor de veículo envolvido em acidente de trânsito ou que for alvo de fiscalização poderá ser submetido a teste, exame clínico ou outro procedimento que, por meios técnicos ou científicos permita certificar influência de álcool ou outra substância psicoativa. Se o condutor se recusar a se submeter ao exame, poderão ser aplicadas as penalidades previstas no art. 165 do CTB, o que equivale a presumir que ele (o condutor) está alcoolizado, pois ninguém está obrigado a produzir prova contra si mesmo (princípio do *nemo tenetur se detegere*). Para fins de aplicação das sanções previstas no Código de Trânsito Brasileiro, considera-se a concentração igual ou superior a 6 (seis) decigramas de álcool por litro de sangue ou de 3 (três) miligramas de álcool por litro de ar alveolar. ***V.*** *Bafômetro.*

✱ *V. CTB, arts. 165, 277, 306 e Anexo I.*

ETIOLOGIA CRIMINAL – Estudo das causas e dos fatores do delito, como parte da Criminologia.

EUREMA – Cautela, prevenção, formalidade, ou cuidado usado na forma intrínseca do ato jurídico, para garantir-lhe eficácia ou validade.

EUTANÁSIA – Palavra originária do grego: *eu* = a boa e *thanatus* = morte, o que dá o sentido de "morte piedosa, boa". Consiste em minorar os sofrimentos de uma pessoa doente, de prognóstico fatal ou em estado de coma irreversível, sem possibilidade de sobrevivência, apressando-lhe a morte ou proporcionando-lhe os meios para o conseguir. O mesmo que *homicídio* piedoso ou por compaixão, morte benéfica etc. A Comissão de Reforma do Código Penal manteve, no projeto, a proibição legal dessa prática, mas enquadrando-a como eutanásia e não mais como homicídio, com pena menor. O legislador aborda o ângulo da *ortotanásia* (morte por interrupção do tratamento, por ser inútil ante o quadro clínico irreversível), e da *distanásia* (prolongamento do momento da morte, por métodos reanimatórios). Defende o legislador do novo CP que a ortotanásia (morte digna) seja permitida. O médico que praticar eutanásia, atualmente, comete homicídio, cabendo ao juiz enquadrar sua conduta como homicídio privilegiado, com pena mais branda, ou o qualificado, com pena mais severa. Verifica-se se o crime foi cometido pela forma *comissiva* (conduta passiva) ou pela *omissiva* (não conduta), não agindo quando e como devia fazê-lo, contudo a pena é a mesma. O Código de Ética Médica (art. 66) veda o uso pelo médico, em qualquer caso, de meios para abreviar a vida do paciente, mesmo havendo pedido deste ou de seu responsável. Verifica-se, ainda, se houve auxílio ou instigação ao suicídio, variando as penas de 2 a 6 anos de prisão, sendo duplicadas quando existir motivo egoísta. O médico sempre responde por homicídio. Historicamente, os Códigos Penais brasileiros, desde 1830, consideram crime de terceiros a eutanásia, com pena de reclusão (art. 196 desse texto legal). O art. 299 do CP de 1890 punia também a indução além do auxílio ao suicídio. O art. 122 do CP de 1940 (ainda em vigor), aponta três formas: auxílio, induzimento e instigação. A lei penal brasileira não acolhe o "homicídio piedoso", considerando a vida indisponível, como também determina o art. 5º da CF. O Anteprojeto da Parte Especial do CP de 1984 (ainda em estudo), afirma textualmente, na redação final do art. 121, § 3º: "Não constitui crime deixar de manter a vida de alguém por meio artificial se previamente atestada por dois médicos a morte como iminente e inevitável, e desde que haja consentimento do doente ou, na sua impossibilidade, de ascendente ou descendente, cônjuge ou irmão". A nova lei penal, assim, deverá isentar de pena a eutanásia passiva ou por omissão. A eutanásia é permitida nos Estados Unidos apenas no Estado de Oregon, porém a Suprema Corte pretende rever a lei estadual. Na Europa, a Holanda foi o primeiro país a legalizá-la (2002), estando atualmente em estudos torná-la legal nos casos de crianças com malformações irreversíveis. Na Bélgica (desde 2002), o paciente deve ser terminal ou sofrer mal intolerável e irrecuperável. Não se aplica a menores ou pacientes como os excepcionais. Na França a eutanásia é tecnicamente ilegal, mas aprovou-se em 2004 lei que permite o direito de morrer a pessoas com doenças incuráveis, se houver pedido expresso para isso. Na Itália a eutanásia é proibida, o tema é tabu. Em 2005, a Grã-Bretanha permitiu a eutanásia em casos extremos.

EVASÃO – Fuga da prisão, por meio de arrombamento, túnel, ou iludindo a vigilância dos carcereiros ou com sua conivência, ou pela violência; neste último caso, constitui crime, apenado com detenção de 3 meses a 1 ano, além da pena correspondente à violência. Diz-se, também, da fuga ao pagamento de impostos por contribuintes obrigatórios; é a chamada *evasão fiscal*.

✱ *V. CP, art. 352.*

EVASIVA – Resposta ambígua, artificiosa, subterfúgio para fugir à responsabilidade ou induzir em erro.

EVENTO – Ocorrência, fato, que pode ser previsível (como o sentido atual de espetáculo esportivo, artístico, cultural etc.) ou imprevisível, como um evento criminoso.

EVENTO FUTURO E INCERTO – Aquele que pode alterar, independente da ação ou vontade das partes, as condições para o adimplemento de um contrato.

EVENTUS DAMNI – (Latim) Refere-se a um prejuízo eventual, real. É elemento objetivo de alguns atos fraudulentos, junto com o *consilium fraudis* e a *participatio fraudis*. Prejuízo causado ao credor pela insolvabilidade do devedor ao efetuar-se o negócio, ou deste resultante por causa de fraude. Permite a *ação pauliana* (q.v.).

EVERSÃO – O mesmo que *esbulho* (q.v.).

EVERSOR – Esbulhador, o que pratica o esbulho.

EVICÇÃO – Ação de recuperar coisa que outrem adquiriu de modo ilegítimo, ainda que de boa-fé. Perda total ou parcial de coisa adquirida por compra e venda, que sofre o seu adquirente, por sentença judicial que a reconhece como propriedade de terceiro, por direito anterior ao contrato. A evicção de direito é garantia que tem o comprador de ser reembolsado pelo alienante não possuidor da coisa do preço pago por ela, integral, frutos que restituir, das despesas do contrato e outras advindas da evicção e das custas judiciais. O adquirente não pode demandar pela evicção se foi despojado da coisa não por via judicial, mas por caso fortuito, força maior, roubo ou furto; ou se sabia que a coisa era alheia ou litigiosa. Se a evicção for parcial, mas considerável, o evicto pode optar entre a rescisão do contrato ou a restituição da parte do preço que corresponda ao desfalque sofrido. A prescrição não corre estando pendente ação de evicção. As benfeitorias compensam-se com os danos e só obrigam ao ressarcimento se ao tempo da evicção ainda existirem. Se o credor for evicto da coisa recebida em pagamento, restabelecer-se-á a obrigação primitiva, ficando sem efeito a quitação dada. Se houver a evicção da coisa renunciada por um dos transigentes, ou por ele transferida à outra parte, não revive a obrigação extinta pela transação; mas ao evicto cabe o direito de reclamar perdas e danos. O doador não é sujeito à evicção, a menos que tenha constituído dote de má-fé ou essa responsabilidade tiver sido estipulada. Numa sociedade, se o sócio entrar com objeto que venha a ser evicto, responderá aos consórcios como o vendedor ao comprador. Na parceria pecuária o parceiro proprietário substituirá por outros, no caso de evicção, os animais evictos. O fiador estará desobrigado se o credor, em pagamento da dívida, aceitar amigavelmente do devedor objeto diverso do que este era obrigado a lhe dar, ainda que depois venha a perdê-lo por evicção. O legado caducará se a coisa perecer ou for evicta, vivo ou morto o testador, sem culpa do herdeiro. Os coerdeiros são reciprocamente obrigados a indenizar-se, no caso de evicção, dos bens aquinhoados, cessando esta obrigação mútua se houver convenção em contrário e se a evicção se der por culpa do evicto, ou por fato posterior à partilha. O evicto será indenizado pelos coerdeiros na proporção de suas cotas hereditárias. Se algum estiver insolvente, os demais responderão, na mesma proporção, pela parte desse, menos a cota que corresponderia ao indenizado.

✱ *V. CC, arts. 199, II, 448 a 457, 552, 838, III, 1.221, 1.939, II, e 2.024 a 2.026.*

EX ABRUPTO – (Latim) Inesperadamente, repentinamente.

EXAÇÃO – Exatidão, pontualidade, no cumprimento de dever ou obrigação. Cobrança periódica e sistematizada de tributos públicos.

E

EX ADVERSO – (Latim) O adversário, o opositor, o contrário. Diz-se do advogado que defende a parte oposta da causa.

EX AEQUO – (Latim) Igualdade de mérito, identidade de título.

EXAME (DA ORDEM) – A inscrição na OAB como advogado exige, entre outros requisitos, a aprovação em Exame de Ordem que é regulamentado em provimento do Conselho Federal da OAB. Consiste em provas de habilitação profissional realizadas perante comissão de três advogados inscritos na OAB há mais de 5 anos. O estagiário, inscrito no respectivo quadro, era dispensado do Exame de Ordem se comprovasse, em até 2 anos da promulgação da Lei nº 8.906/1994 (Estatuto da Advocacia e a OAB), o exercício e o resultado do estágio profissional ou a conclusão, com aproveitamento, do estágio de "Prática Forense e Organização Judiciária", realizado na respectiva Faculdade, na forma da legislação em vigor. A partir daquela data, todos os bacharéis devem se submeter aos exames pela OAB.

EXAME DE SANIDADE – Feito por médicos, na vítima, para retificar o corpo de delito ou suprir-lhe a deficiência, ou para determinar o grau das lesões que influem na classificação do crime. Exame psiquiátrico por ordem judicial, de ofício ou a requerimento de interessado, feito em pessoa suspeita de distúrbios mentais.

EXAME MÉDICO – A CLT em seu art. 168 exige exame médico pago pelo empregador na admissão, na demissão e periodicamente. A Lei nº 8.213/1991, art. 161, diz ser indispensável o exame médico dos segurados em gozo de auxílio-doença e aposentadoria por invalidez. Esta obrigação estende-se ao pensionista inválido sob pena de suspensão do benefício.

EXAME PERICIAL – Feito por técnico ou pessoa especializada no assunto, por ordem de autoridade competente, para dar parecer sobre fato ou coisa submetidos à sua apreciação. Pode assumir as formas de *arbitramento, avaliação, vistoria, perícia.*

EXARAR – Lavrar, declarar, consignar por escrito, despachar, decidir.

EXATOR – Funcionário ou fiscal que procede à *exação* (q.v.).

EX AUCTORITATE LEGIS – (Latim) Por força de lei.

EX AUDITU ALIENO – (Latim) Por ouvir alguém dizer.

EX CATHEDRA – (Latim) falar como catedrático, com a autoridade da cátedra.

EXCEÇÃO – 1. Ato ou efeito de excetuar; desvio da regra geral. 2. Aquilo que se exclui da regra. 3. Privilégio, prerrogativa. 4. Defesa indireta que faz o réu (em relação à contestação, que é direta), na qual, sem negar o fato alegado pelo autor, afirma direito seu com o propósito de elidir ou paralisar a ação. A *incompetência relativa* se argui por meio de exceção; a *absoluta* deve ser declarada de ofício e pode ser alegada em qualquer tempo e grau de jurisdição, não dependendo de exceção. Mas, não sendo deduzida no prazo da contestação, ou na primeira oportunidade de falar nos autos, a parte responde integralmente pelas custas. Prorroga-se a competência se o réu não opuser *exceção declinatória* do foro e do juiz no caso e nos prazos legais. Declarada a incompetência absoluta, somente os atos decisórios serão nulos, remetendo-se os autos ao juiz competente. O conflito de competência está sujeito ao pagamento prévio de custas. Se o tribunal é incompetente para conhecer do recurso, não pode anular a sentença e remetê-lo ao tribunal que julga competente; este é que, ao reconhecer sua competência, apreciará o recurso da sentença, anulando-a, conforme o caso. Apresentada a exceção suspende-se o curso do prazo prescrito em lei, suspende-se o processo quando for oposta exceção de incompetência do juízo, da câmara ou do tribunal, bem como de suspeição ou impedimento do juiz; neste caso, a exceção, em primeiro grau de jurisdição, será processada na forma do disposto nos arts. 304 e 314 do CPC/1973, correspondentes ao art. 146 do CPC/2015; e, no Tribunal, na forma como o estabelecer o seu regimento interno.

Da verdade: prerrogativa que dá a quem denuncia a prática de ato delituoso a oportunidade de provar sua delação, descaracterizando, se comprovada a verdade, o crime de calúnia. É dirimente da responsabilidade civil. Também chamada *exceptio veritatis.*

De coisa julgada: apresentada para que o autor seja carecedor de direito e ação, por ter havido já sentença transitada em julgado e sem recurso pendente. Não suspende a causa; é exceção do tipo *peremptória* ou *perpétua,* processada em separado, determinando a extinção do direito do autor e a absolvição do réu sem julgamento de mérito.

De ilegitimidade: em que se alega não serem o autor e o réu partes legítimas no feito.

De impedimento: quando se apontam as causas que proíbem o juiz de exercer suas funções no processo contencioso e voluntário, quais sejam as elencadas no art. 134 do CPC/1973, correspondente ao art. 144 do CPC/2015; a sentença transitada em julgado pode ser rescindida.

De inadimplemento: baseia-se esta defesa na alegação de que o outro contratante não cumpriu a sua parte no contrato; nos contratos bilaterais, nenhum dos contratantes, antes de cumprida sua obrigação, pode exigir que o outro cumpra a sua.

De incompetência de juízo ou declinatória do foro: quando o réu recusa, por considerar indevida, a jurisdição ou a competência do juiz e indica outro para o qual declina, sob pena de não se admitir a exceção; é *exceção dilatória* ou *temporária*, processada nos mesmos autos, com suspensão da lide, visando adiar ou protrair a decisão definitiva, sem extinguir o direito de ação.

De litispendência: quando se opõe o réu contra o autor, sustentando que existem duas ações com identidade de pedido, coisa e pessoa, no mesmo juízo e pedindo que uma seja excluída; é um tipo de ação *peremptória* ou *perpétua*.

De suspeição: também do tipo *dilatória* ou *temporária*, é aquela que autor ou réu opõe contra o juiz, o órgão do Ministério Público, serventuário de justiça, intérprete, perito, árbitro, por julgá-los impedidos de conhecer a causa ou nela atuar, por ocorrer um dos motivos prejudiciais previstos em lei. Somente se suspende a causa se a suspeição recair sobre a pessoa do juiz. A suspeição necessita de provocação da parte. Não se rescinde a sentença transitada em julgado.

Dilatória: Diz-se da defesa que não visa terminar a demanda e sim deslocar seu julgamento para outro juízo, a fim de impedir que dado juiz julgue o feito e protelar a solução da demanda. O fato se verifica nos casos das exceções de suspeição e incompetência. A defesa, assim, busca impedir temporariamente a pretensão do autor. Opõe-se à exceção peremptória.

Pessoal: baseada em privilégio que o réu desfruta.

Prejudicial: a que levanta questão a ser resolvida e que pode prejudicar, conforme a solução que se adotar, a apreciação daquilo que o autor reivindica.

Real: calcada em direito sobre a coisa objeto do litígio.

A *incompetência relativa* se argui por meio de exceção; a absoluta deve ser declarada de ofício e pode ser alegada, em qualquer tempo e grau de jurisdição, não dependendo de exceção. Mas, não sendo deduzida no prazo da contestação, ou na primeira oportunidade de falar nos autos, a parte responde integralmente pelas custas. Prorroga-se a competência se o réu não opuser exceção declinatória do foro e do juiz no caso e nos prazos legais. Declarada a *incompetência absoluta*, somente os atos decisórios serão nulos, remetendo-se os autos ao juiz competente. O conflito de competência está sujeito ao pagamento prévio de custas. Se o tribunal é incompetente para conhecer do recurso, não pode anular a sentença e remetê-lo ao tribunal que julga competente; este é que, ao reconhecer sua competência, apreciará o recurso da sentença, anulando-a, conforme o caso. Apresentada a exceção suspende-se o curso do prazo prescrito em lei, suspende-se o processo quando for oposta exceção de incompetência do juízo, da câmara ou do tribunal, bem como de suspeição ou impedimento do juiz; neste caso, a exceção, em primeiro grau de jurisdição, será processada na forma do disposto nos arts. 304 e 314 do CPC; e, no tribunal, na forma como o estabelecer o seu regimento interno. O prazo para o réu oferecer exceção é de 15 dias, em petição escrita dirigida ao juiz da causa. Se forem citados vários réus, o prazo ser-lhes-á comum, a menos que tenham vários procuradores, quando os prazos serão contados em dobro. A exceção será processada em apenso aos autos principais. Se o autor desistir da ação contra réu ainda não citado, o prazo para a resposta corre da intimação do despacho que deferir a desistência. Será oferecida, juntamente com os embargos, em execução fundada em sentença, a exceção de incompetência do juízo, bem como a de suspeição ou de impedimento do juiz, se o devedor as alegar. No Dir. Civil, o devedor demandado pode opor ao credor as exceções que lhe forem pessoais e as comuns a todos, não lhe aproveitando, porém, as pessoais a outro codevedor. O devedor pode opor, tanto ao cessionário como ao cedente, as exceções que lhe competirem no momento em que tiver conhecimento da cessão; mas não pode repor ao cessionário de boa-fé a simulação do cedente. O segurador, em caso de sinistro, pode opor ao sucessor ou representante do segurado todos os meios de defesa (exceção) que lhe couberem. O fiador pode opor ao credor as exceções que lhe forem pessoais e as extintivas da obrigação que sejam da competência do devedor principal, se não provierem simplesmente da incapacidade pessoal, resguardado o que dispõe o art. 1.259 do CC No procedimento sumário, as exceções podem ser apresentadas na audiência, ou em qualquer dia anterior. A Lei nº 13.467/2017 (Reforma Trabalhista) estabeleceu procedimento próprio para a apresentação de exceção de incompetência territorial na CLT.

✱ *V. CC, arts. 281, 294, 475, 558 – o mútuo feito à pessoa menor, 767 e 837.*

✱ *V. CLT, art. 800.*

EXCEPTIO FIRMAT REGULAM (IN CASIBUS NON EXCEPTIS) – (Latim) A exceção confirma a regra (nos casos não excluídos).

EXCEPTIO NON ADIMPLETI CONTRACTUS – (Latim) Exceção de contrato não cumprido.

EXCEPTIO ORDINIS – (Latim) Exceção de ordem.

EXCEPTIO PRAESCRIPTIONIS ADMITTITUR ADVERSUS EXECUTIONEM QUIA POST TRIGINTA ANNOS SENTENTIA EXECUTIONI NON MANDATUR – (Latim) A exceção de prescrição é admitida contra a execução, porque após trinta anos não se manda a sentença à execução.

EXCEPTIO VERITATIS – (Latim) Exceção da verdade.

EXCESSO – O que excede ou vai além do permitido, do legal, do normal. Sobra, sobejo, redundância. Violência, desmando.

Culposo: em que se evidencia culpa por parte de quem foi além dos limites permitidos (legítima defesa).

Da exação: crime contra a Administração Pública. Consiste em o funcionário exigir imposto, taxa ou emolumentos que sabe indevidos ou, quando devidos, ele usa para sua cobrança meio vexatório ou gravoso não permitido em lei.

De arrematação: venda em hasta pública, no processo de execução, de bens em número ou valor maior do que os necessários para o pagamento da dívida.

De defesa: uso imoderado de meios de defesa própria ou de terceiro.

De execução: quando se faz execução acima dos limites fixados pela sentença; quando se faz por coisa diferente da que versa a sentença, ou de outro modo que o nela determinado; ou deixa de ser praticado pelo exequente ato de que dependa o início da execução; pedido excessivo, além do valor da dívida, não se confunde com o excesso de penhora de bens, que se caracteriza pela apreensão judicial de bens acima do valor pedido.

De pedido: quando o autor pede mais do que tem direito.

De penhora: quando esta recai sobre bens de valor muito superior ao da execução, em face de avaliação feita.

De poder: ultrapassar alguém, em razão de sua autoridade, os limites normais do exercício de suas funções, em detrimento do direito alheio.

De prazo: perda, sem justificativa, do prazo legal, por parte dos órgãos enunciados em lei. Se o juiz verificar que o serventuário excedeu os prazos legais mandará instaurar procedimento administrativo. Também as partes ou o órgão do Ministério Público, poderão representar ao Presidente do Tribunal de Justiça contra o juiz que excede prazos. Se houver razão que o justifique, o juiz pode exceder, por igual período, os prazos fixados pela lei processual.

✱ *V. CPC/1973, arts. 187, 189, 193 a 199, 280 e 456.*

✱ *V. CPC/2015, arts. 226, 227, 233 a 235 e 366.*

EXCETIVA – Cláusula, condição ou dispositivo de lei que encerra exceção.

EXCIPIENTE – Aquele que exercita o direito de arguir a exceção em juízo.

EXCLUDENTE – O mesmo que escusativa, justificativa, dirimente. São causas justificadoras e excluem a ilicitude.

EXCLUSÃO – Não inclusão, afastamento, eliminação. São excluídos tanto do usufruto quanto da administração dos pais os bens que ao filho couberem na herança quando os pais forem excluídos da sucessão; não terá o excluído direito à sucessão eventual desses bens. Os efeitos da exclusão são pessoais; os descendentes do herdeiro excluído sucedem, como se ele morto fosse. A lei processual aponta os que são excluídos da sucessão, herdeiros ou legatários, e os motivos. O legado caducará se o legatário for excluído da sucessão. O que renunciou à herança ou dela foi excluído, deve conferir as doações recebidas para o fim de repor a parte inoficiosa. Se um dos herdeiros for excluído, ou se a condição pela qual foi instituído não ocorrer, acrescerá ao seu quinhão, salvo direito do substituto, à parte dos coerdeiros conjuntos. O terceiro será excluído do processo se não cumprir providência que lhe coube, em despacho do juiz, para sanar, em prazo razoável, defeito do processo.

Da comunhão: diz-se da exclusão de bens da comunhão entre duas ou mais pessoas quanto aos seus bens.

Da criminalidade: o mesmo que *descriminante*; circunstância que isenta alguém da prática do crime.

Da posse: circunstância que impede a posse.

Da tutela: circunstância impeditiva do exercício da tutela.

✱ *V. CC, arts. 1.693, IV, 1.814 a 1.818 e 1.939, IV.*

De herdeiro: quando o herdeiro ou legatário é excluído da herança.

De sócio: afastamento do sócio de uma associação, clube, sociedade.

EXCLUSÃO DA CONSIGNAÇÃO – É o cancelamento definitivo de uma consignação individual efetuada na ficha financeira de um consignado.

EX CONSENSU – (Latim) Pelo consenso.

EXCULPAR – Isentar de culpa.

EXCUSSÃO – Execução. Modo especial de se promover a execução de bens dados em garantia pignoratícia ou hipotecária. Execução dos bens do devedor principal e depois dos bens do fiador, se aqueles não bastarem para garantir a dívida.

✱ *V. CC, arts. 1.430 e 1.501.*

EXCUTIR – Executar bens do devedor dados em garantia de dívida.

EX DIE – (Latim) Termo inicial (prazo).

EXECUÇÃO – 1. Ato ou efeito de executar. 2. Por em prática uma ação. 3. Capacidade ou habilidade para fazer algo. 4. Reprodução ou interpretação de uma música ou peça musical. 5. No Processo Civil, até 2005, era empregada para nomear tanto o procedimento de ações executivas, quanto o procedimento de cumprimento de sentença e de outros títulos judiciais. Com a edição da Lei nº 11.232/2005, que alterou o CPC/1973, houve uma cisão no conceito, passando o procedimento de cumprimento de sentença a ser disciplinado no bojo do Livro sobre Processo de Conhecimento, opção legislativa mantida pelo CPC/2015. 6. No Processo do Trabalho, ainda é empregada para ambos os tipos de títulos executivos. Até a entrada em vigor da Lei nº 13.467/2017 (Reforma Trabalhista), a execução de título judicial poderia ser iniciada pelas partes ou mesmo de ofício pelo Juiz do Trabalho. A partir da alteração legislativa, a iniciativa *ex officio* somente é admitida quando o credor não estiver representado por advogado nos autos. Permanece, entretanto, a iniciativa de ofício para execução de contribuições à Previdência Social, incidentes sobre verbas de natureza remuneratória objeto de condenação em sentença trabalhista. A mesma lei também passou a prever que, em caso de cominação de multa às testemunhas que mentirem ou omitirem fatos em juízo, a execução poderá ser promovida nos mesmos autos do processo em que depuseram. Por fim, a Reforma Trabalhista passa expressamente a prever a prescrição intercorrente em fase de execução, com prazo de dois anos, a contar do término do prazo para que o credor cumpra determinação judicial no curso da execução. 7. Diversas leis preveem procedimentos especiais de execução, conforme a natureza do título executivo ou as partes envolvidas, tais como o processo de falência e a execução fiscal.

De título extrajudicial: *V. Ação executiva.*

De título judicial: *V. Cumprimento de sentença.*

Indireta: aquela em que o Estado-Juiz pode promover a execução com a colaboração do executado, forçando a que ele próprio cumpra a prestação devida. Em vez de o juiz tomar as providências que deveriam ser tomadas pelo executado, há imposição, por meio de coerção psicológica, a que o próprio executado cumpra a prestação. São medidas de coação tendentes a exercer pressão sobre a vontade do devedor, para induzi-lo a cumprir a obrigação.

Imprópria: atividade desenvolvida por órgãos públicos não pertencentes ao Poder Judiciário. É o cumprimento da obrigação através de uma ação executiva latu sensu. São os casos onde no Processo de Conhecimento já há um comando que satisfaz o Direito Material, sem a necessidade da execução propriamente dita. Ex.: anulação de casamento, divórcio etc.

✱ *V. CPC/1973, arts. 475-I a 475-R e 566 a 795.*

✱ *V. CPC/2015, arts. 513 a 538 e 771 a 925.*

✱ *V. CLT, arts. 11-A e 876 a 892.*

✱ *V. Lei nº 11.101/2005 (Lei de Recuperação de Empresas e Falências).*

✱ *V. Súmula Vinculante nº 53.*

EXECUÇÃO PENAL – Procedimento de cumprimento de sentença penal condenatória, tendo por título executivo a guia de recolhimento. Até 2016, prevalecia o entendimento de que a execução somente poderia ser iniciada após o trânsito em julgado da sentença penal. Contudo, o STF alterou seu entendimento, a partir do julgamento do HC nº 126.292, admitindo a execução provisória da pena, na pendência de recursos aos Tribunais Superiores.

✱ *V. CF, art. 5º, XLVIII e LVII.*

✱ *V. CP, arts. 32 a 52.*

✱ *V. CPP, arts. 668 a 779.*

✱ *V. Lei nº 7.210/1984 (Institui a Lei de Execução Penal).*

✱ *V. Súmulas Vinculantes nºs 9, 26 e 56.*

✱ *V. Súm. nº 716 do STF.*

✱ *V. Súmulas nºs 40, 192, 341, 471, 491, 493, 520, 526, 533 a 535 e 562 do STJ.*

EXECUTÓRIA – Precatória por meio da qual se promove uma execução.

EXEGESE – Interpretação de texto jurídico segundo regras de hermenêutica.

EXEQUATUR – (Latim) Cumpra-se. Aplica-se à ordem de cumprimento de cartas rogatórias oriundas de países estrangeiros, cuja competência é do STJ, assim como a homologação de sentenças estrangeiras. Na área penal, as cartas rogatórias estrangeiras não dependem de homologação se vierem por via diplomática e serão atendidas desde que o crime, segundo a lei brasileira, não exclua a extradição.

✱ *V. CF, art. 105, I, i.*

✱ *V. LINDB (antiga LICC), art. 12, § 2º.*

✱ *V. CPP, arts. 784, §§ 1º a 3º, e 786.*

EXEQUENDA – Diz-se da sentença que está em fase de cumprimento ou sendo executada.

EXERCÍCIO – 1. Atividade, desempenho. 2. Prática de atividade corporal. 3. Conforme a Lei nº 8.112/1990, efetivo desempenho das atribuições do cargo público ou da função de confiança, pelo servidor.

✱ *V. Lei nº 8.112/1990 (Regime Jurídico Único dos Servidores Públicos Civis da União, Autarquias e Fundações Públicas Federais), art. 15.*

Arbitrário das próprias razões: crime que consiste em fazer justiça pelas próprias mãos, para satisfazer pretensão, embora legítima, salvo se a lei o permite. Delito de ação privada, a menos que tenha havido violência contra pessoa. Se não há emprego de violência só se procede mediante queixa. A pena é de detenção, de 15 dias a 1 mês ou multa, além da pena correspondente à violência. Tirar, suprimir, destruir ou danificar coisa própria que está com terceiro, por ordem judicial ou convenção, também caracteriza o uso arbitrário das próprias razões e é punido com detenção de 6 meses a 2 anos e multa.

✱ *V. CP, art. 345.*

Funcional ilegalmente antecipado ou prolongado: é punível o funcionário que entre no exercício de função pública antes de satisfeitas as exigências legais ou continue a exerce-la sem autorização depois de saber oficialmente que foi exonerado, removido, substituído, ou suspenso. A pena é de detenção de 15 dias a um mês ou multa.

✱ *V. CP, arts. 23, I a III e parágrafo único, 324 e 345.*

Regular de direito: é causa excludente de antijuridicidade/ilicitude, se o agente pratica o fato em estado de necessidade, em legítima defesa, em estrito cumprimento do dever legal ou no exercício regular de direito. Em qualquer destas hipóteses, o agente responderá pelo excesso doloso ou culposo.

EX FACTO JUS ORITUR – (Latim) Do fato origina-se o direito.

EXIBIÇÃO – Medida probatória, que permite a qualquer interessado ou parte contrária, no curso da lide, apresentar para exame pericial, à vista do juiz, coisa móvel ou documento em seu poder: livros comerciais, escritos etc., nos casos permitidos em lei. A medida pode ter caráter preventivo.

✱ *V. CPC/1973, arts. 355, 357 e 798.*

✱ *V. CPC/2015, arts. 297, 396 e 398.*

EXÍLIO LOCAL – Medida penal de segurança, pela qual o agente está proibido de permanecer no lugar em que praticou o crime.

✱ *V. CPP, art. 771, §§ 1º e 2º.*

EX JURE ALIENO – (Latim) Por direito de terceiro.

EX LEGE – (Latim) Por lei.

EX MORE – (Latim) Conforme o costume.

EX NIHILO, NIHIL – (Latim) Do nada, nada.

EX NUNC – De agora em diante, daqui para frente, para o futuro.

EXONERAÇÃO – Desligamento, dispensa, liberação, demissão, afastamento. Diz-se do afastamento de funcionário público de suas funções, em caráter punitivo. Ocorre também a pedido do próprio funcionário ou por iniciativa de seu superior imediato.

EXORDIAL – Referente ou relacionado a exórdio. Que se encontra ou se apresenta no início de; prólogo. Empregada como sinônimo de petição inicial, denúncia ou queixa-crime.

EXPECTATIVA DE DIREITO – Situação jurídica de pessoa que espera adquirir um direito subjetivo, porém esse para se perfazer exige que se realize ato ou fato futuro e previsível, cuja ocorrência é imprescindível para que se concretize esse direito. Não se confunde, porém, com o *direito eventual*, que se perfaz sem a previsibilidade, podendo originar-se de caso fortuito, do acaso.

✱ *V. CC, art. 1.234.*

Expilação: Subtração total ou parcial de bens de herança antes de ser declarado o herdeiro; espoliar, esbulhar, roubar, pilhar.

EXPLORAÇÃO – Ato de explorar; pesquisa, investigação. Obtenção de lucros exagerados ou ilícitos.

De menores: usar ilicitamente o trabalho de menores sem o pagamento correto de salários.

De mulheres: *V. Lenocínio.*

EXPOSIÇÃO – Mostra de produtos, feira.

De motivos: fundamentação de lei, decreto, projeto; peça interpretativa que antecede o articulado dos códigos, a qual não tem força de lei, por não pertencer a ela, mas sempre é levada em consideração.

De recém-nascido: abandono de criança recém-nascida ou de pouco tempo de vida em lugar público ou deserto; é crime apenado com detenção de 6 meses a 2 anos; se resulta em lesão corporal de natureza grave, a pena é de detenção de 1 a 3 anos; se resulta em morte, detenção de 2 a 6 anos. A Lei nº 6.015/1973 trata do registro do exposto nos arts. 60 e 61.

EX POSITIS – (Latim) Pelo exposto, ou isto posto.

EXPRESSO – Aquilo que é claro, que é exposto em termos explícitos, que não deixa margem para dúvidas; concludente.

EXPRESSÕES INJURIOSAS – As partes e os seus advogados estão proibidos de empregar expressões injuriosas nos escritos apresentados no processo, cabendo ao juiz mandar riscá-las, de ofício ou a pedido do ofendido. Se forem proferidas em defesa oral, o juiz advertirá o advogado que não as use, sob pena de lhe ser cassada a palavra. O Estatuto da Advocacia e da OAB dispõe que "o advogado tem imunidade profissional, não constituindo injúria, difamação ou desacato puníveis qualquer manifestação de sua parte, no exercício de sua atividade, em juízo ou fora dele, sem prejuízo das sanções disciplinares perante a OAB, pelos excessos que cometer". Este foi um dos pontos polêmicos do Estatuto, que desagradou a Magistratura.

✱ *V. CPC/1973, art. 15.*

✱ *V. CPC/2015, art. 78.*

✱ *V. Lei nº 8.906/1994 (Estatuto da Advocacia e a OAB), art. 7º, XX, § 2º.*

EXPROMISSÃO – *V. Novação.*

EXPROPRIAÇÃO – Ato de privar o proprietário; o mesmo que *desapropriação.*

EXPULSÃO – Decreto pelo qual o Governo, após processo regular, expulsa do País o estrangeiro cuja atividade social ou política seja considerada prejudicial à ordem, à tranquilidade, à segurança, e ao interesse do Estado.

✱ *V. CF, art. 22, XV.*

✱ *V. Lei nº 6.815/1980 (Define a situação jurídica do estrangeiro no Brasil).*

EX RATIONE MATERIAE – (Latim) Em razão da matéria.

EX RIGORE JURIS – (Latim) Conforme o rigor da lei.

EXTINÇÃO – Cessação de relação jurídica.

Da execução: quando o devedor satisfaz a obrigação; quando o devedor obtém por transação, ou por qualquer outro meio, a remissão total da dívida; ou quando o credor renuncia ao crédito. Só produz efeito quando declarada por sentença.

Da punibilidade: renúncia ao direito de punir, assegurado ao Estado e a particulares, quanto a crimes de ação pública e de ação privada. Dá-se pela morte do indiciado, anistia, graça, indulto, renúncia ou perdão do ofendido, retratação do autor de calúnia, difamação e falso testemunho, a reparação do dano, no peculato culposo etc.

Das obrigações: consideram-se extintas as obrigações do devedor após o prazo de 5 anos, contados da data do encerramento do processo de insolvência.

Do processo: ato do juiz declarando extinto o processo, com ou sem solução de mérito, nos casos que a lei prevê.

✱ *V. CPC/1973, arts. 267 a 269, 329, 459, 2a parte, 777 a 782, 794, 795 e 811, IV.*

✱ *V. CPC/2015, arts. 302, 354, 485 a 488, 490, 924 e 925.*

EXTORSÃO – Ato de obter vantagem indevida de outrem mediante coação, chantagem ou outros meios violentos ou que caracterizem grave ameaça. É delito contra o patrimônio, sendo ínsitos, quanto ao sujeito ativo, o meio coativo e a vantagem ilícita; e, quanto ao sujeito passivo, a ação ou omissão, no estado de coação. Pena de reclusão de 4 a 10 anos, e multa; aumenta-se de um terço à metade se cometida por duas ou mais pessoas, com arma. Se resulta em lesão de natureza grave: reclusão de 5 a 15 anos, e multa; se resulta em morte: reclusão de 15 a 30 anos e multa.

Indireta: exigir ou receber, como garantia de dívida, abusando da situação de alguém, documento que pode dar causa a procedimento criminal contra a vítima ou contra terceiro é crime apenado com reclusão de 1 a 3 anos e multa.

Mediante sequestro: crime contra o patrimônio, mediante lesão contra a liberdade individual. Pode haver dois sujeitos passivos: um, o sequestrado, outro aquele a quem o agente se dirige para obter vantagem, como o preço pelo resgate. A extorsão mediante sequestro é considerada crime hediondo, com agravamento das penas previstas. Responde também por extorsão quem pratica assalto e após sequestra a vítima para posterior resgate. Reclusão de 6 a 15 anos, e multa; se o sequestro dura mais de 24 horas, se o sequestrado é menor de 18 anos, se o crime é cometido por bando ou quadrilha, reclusão de 8 a 20 anos, e multa; se resulta lesão corporal grave, reclusão de 12 a 24 anos, e multa; se resulta morte, reclusão de 20 a 30 anos, e multa.

✱ *V. CP, arts. 159 e 160.*

✱ *V. CF, arts. 5º, XLIII, e 6º.*

EXTORSIONÁRIO – Indivíduo que pratica extorsão. Diz-se também *extorsor.*

EXTRADIÇÃO – Ato de extraditar; pedido que faz um país para que um criminoso homiziado em outro seja-lhe entregue, a fim de ser julgado por crime nele cometido. Em muitos países a extradição não depende de tratado, outros consideram necessária a convenção. Políticos acusados de crimes ideológicos ou por divergências com as autoridades governamentais de seu país estão excluídos da extradição, por um princípio aceito quase universalmente. No Brasil estão excluí-dos, além desse, também o delito de opinião e o praticado por nacional. A extradição diz-se: *interestadual*, quando se verifica em Estados de um mesmo país; *internacional*, quando um país pede a outro que extradite indivíduo que cometeu crime naquele e neste se homiziou. A Constituição garante que nenhum brasileiro será extraditado, salvo o naturalizado, em caso de crime comum, praticado antes da naturalização, ou de comprovado envolvimento em tráfico ilícito de entorpecentes e drogas afins, na forma da lei; não se concederá extradição de estrangeiro por crime político. Compete à União, privativamente, legislar sobre extradição e expulsão de estrangeiro. Cabe ao STF processar e julgar, originariamente, a extradição solicitada por Estado estrangeiro.

✱ *V. CF, arts. 5º, LI e LII, 22, XV, e 102, I,* g.

✱ *V. Lei nº 6.815/1980, (Estatuto do Estrangeiro), arts. 76 a 94.*

EXTRADOTAL – Diz-se do bem que, no regime dotal, não se inclui no dote; parafernal.

EXTRAJUDICIAL – Ato praticado fora do juízo, voluntariamente, sem formalidade processual ou judicial, mas com capacidade de produzir efeitos jurídicos.

EXTRANUMERÁRIO – Pessoa admitida legalmente no serviço público, porém em caráter precário, para desempenhar função específica em repartição pública.

EXTRA PETITA – (Latim) Que não integra o pedido, além, fora do pedido.

EXTRATERRITORIALIDADE – Princípio pelo qual o território de um país se estende a outro para regular relações de ordem jurídica internacional. Gozam de tal prerrogativa os agentes diplomáticos, os cônsules, os edifícios que ocupam em outros países. Assim também os chefes de Estado estrangeiros, os navios de guerra e aeronaves militares (partes flutuantes do território da nação) quando no exterior, porque representam sua soberania, não se sujeitando às leis e autoridades locais mas devendo observar os regulamentos de navegação, sanitários, aduaneiros etc. Navios e aviões particulares em alto mar ou na atmosfera livre sujeitam-se apenas às leis e jurisdição de seu país; mas em áreas alienígenas, submetem-se às leis, à Polícia e à Alfândega do país onde estiverem, salvo quanto à disciplina de bordo, os fatos ocorridos com a tripulação e os passageiros, e atos civis ali lavrados.

EX TUNC – (Latim) Referente à qualidade do ato, contrato ou condição que tem efeito retroativo, ou a respeito de situação jurídica anteriormente criada. O oposto de *ex nunc.*

EX VI LEGIS – (Latim) Por força da lei.

EXUMAÇÃO – Ato de desenterrar um cadáver, tirá-lo de sua sepultura, para que seja submetido a perícia médico-legal, para se apurarem denúncias sobre as verdadeiras causas da morte.

F

FACILITAÇÃO – Ajuda. Ato de facilitar, tornar mais fácil a realização de uma tarefa.

De contrabando ou descaminho: facilitar, com infração do dever funcional, a prática de contrabando ou descaminho. Para caracterizar o delito, não precisa o agente ser funcionário público, mas sim que ocorra violação do dever funcional; não ocorrendo esta, mas concorrendo o funcionário para o crime, patenteia-se a coautoria. *V. Contrabando* e *descaminho.*

✱ *V. CP, arts. 318 e 334.*

FAC SIMILE – (Latim) Cópia fiel, reprodução exata.

FACTORING **(FATURIZAÇÃO)** – Apresenta modalidades de acordo com o convencionado entre o banco e o cliente. Pode referir-se apenas à cobrança organizada de títulos, mediante comissão, incluído ou não o seguro. Mais típico da faturização é a antecipação de valores das faturas ou duplicatas pertencentes ao cliente, cobrando então o banco esses créditos por sua conta e risco em caráter geral e não ocasional, como se dá no desconto.

FACTUM ADVERSAM ONUS SUBIT PROBATIONE – (Latim) Quem afirma um fato suporta o ônus da prova.

FACTUM PRINCIPIS – (Latim) Denunciação da lide por paralisação do trabalho provocada por ato de autoridade pública, municipal, estadual ou federal, que será responsabilizada pelo pagamento de indenização ao empregado. A pessoa de direito público apontada como responsável pela paralisação tem prazo de 30 dias para suas alegações, figurando no processo como chamada à autoria. Se a parte interessada, firmada em documento hábil, invocar defesa com base no artigo da lei e indicar o juiz competente, será ouvida a parte contrária para falar sobre essa alegação no prazo de 3 dias. Verificada a autoridade responsável, o juiz dar-se-á por incompetente, removendo os autos ao Juiz Privativo da Fazenda, perante o qual correrá o feito nos termos previstos no processo comum.

✱ *V. CLT, art. 486.*

FACULTAS AGENDI – (Latim) A faculdade de agir, de exercer direito protegido por lei.

FACULTAS EXIGENDI – (Latim) O direito de exigir.

FACULTAS FACIENDI – (Latim) A faculdade de fazer o que a lei permite.

FAIXA DE DOMÍNIO – É a superfície lindeira às vias rurais, incluindo suas vias arteriais, locais e coletoras, delimitada por lei específica e sob responsabilidade do órgão ou entidade de trânsito competente com circunscrição sobre a via.

FAIXA DE PASSAGEM DE INUNDAÇÃO – A Lei nº 12.651/2012 (Novo Código Florestal), em seu art. 3º, XXII, conceituou faixa de passagem de inundação: "XXII – faixa de passagem de inundação: área de várzea ou planície de inundação adjacente a cursos d'água que permite o escoamento da enchente;"

FAIXA DE SERVIDÃO – Extensão de terra, à margem dos rios navegáveis, numa profundidade, em metros, que a lei estabelece a contar do ponto médio das enchentes costumeiras, destinada a servidão pública.

FAIXA FRONTEIRIÇA – Porção do território nacional, ao longo das fronteiras, reservada como área de segurança.

FALÁCIA – Fraude, logro, trapaça; enganar alguém com razões falsas e com má intenção.

FALACIOSO – Trapaceiro, fraudulento, velhaco; em que há falácia, ardil para enganar.

FALAR – Pronunciar-se, a parte ou seu procurador ou representante legal, sobre assunto de seu interesse na lide.

FALAZ – Ardiloso, enganador, fraudulento, mentiroso.

FALCATRUA – Fraude, trapaça; ardil para iludir alguém.

FALÊNCIA – 1. Ato ou efeito de falir. 2. Carência, falta, insuficiência. 3. Insolvência, quebra, falimento, bancarrota, ruína, fracasso. 4. No Dir. brasileiro, é a insolvência qualificada do empresário ou sociedade empresária, reconhecida judicialmente, que instaura processo de execução coletiva das obrigações. Instituto regido pelo Dec.-lei nº 7.661/1945 durante 60 anos no Brasil, de há muito encontrava-se defasado em relação à situação econômica do País. Os debates sobre sua reforma intensificaram-se a partir de 1991, com o primeiro anteprojeto apresentado. Enviado em 1993 pelo Governo ao Congresso Nacional, criou-se o impasse entre a elaboração de nova lei ou apenas a alteração da Lei de 1945. Por força desse e outros embates, tramitou no Congresso Nacional por mais de uma década. Verificou-se, porém, a necessidade da mudança do próprio conceito e no tema, passando a denominar-se "Lei da Recuperação de Empresas e Falências", instituída sob o número 11.101, de 9 de fevereiro de 2005, entrando em vigor em 9 de junho de 2005. Gerou a nova lei modificações que aniquilaram o procedimento liquidatário do antigo instituto, surgindo meios de recuperação das empresas em situação de insolubilidade. A nova legislação substituiu a concordata pela recuperação extrajudicial ou judicial. Oferecendo regras claras para a quitação de dívidas das empresas em dificuldades, poderão as instituições financeiras reduzir os juros dos empréstimos ao setor produtivo. Outro resultado será a agilidade e racionalidade para evitar a dilapidação do patrimônio empresarial. Houve a mudança da prioridade do recebimento dos créditos na falência (Bancos após os trabalhistas – estes agora com limites) dívidas bancárias garantidas por bens móveis e imóveis, dívidas tributárias e outros débitos. A atualização do processo falimentar está na celeridade do processo com a limitação da intervenção do representante do Ministério Público que, na antiga Lei de 1945, intervinha *pari passu* no processo como também em todas as ações propostas pela massa falida ou contra ela. A LRE restringiu essa participação somente às hipóteses apontadas nos arts. 8º, 9º, 22, § 4º, 30, 104, VI, 132, 142, 143, 154 e 187. A investigação do crime falimentar se faz na Delegacia de Polícia, ficando extinto o inquérito judicial previsto na lei revogada. O procedimento administrativo de verificação do crédito é conduzido pelo administrador judicial em lugar do juiz que, ao final, apenas homologa o quadro de credores. Admite-se o cabimento de revocatória apenas na hipótese de ineficácia subjetiva (art. 130). São as seguintes as alterações no pedido de falência: valor mínimo do crédito; prazo maior para contestar ou depositar (art. 98); fim da verificação de conta: medida cautelar destinada a suprir a ausência de título executivo para o pedido de falência. Os elaboradores da atual lei estão confiantes em que, com a paulatina aplicação das inovações introduzidas pela LRE, tais como a reclassificação do crédito com garantia real, otimização dos recursos da massa falida, profissionalização da administração da falência e a modernização do processo falimentar, poderão os bancos recuperar o dinheiro emprestado e receber seus créditos com significativos resultados positivos, resultando menor a taxa de risco advinda da falência do devedor. A LRE, diferentemente do Dec.-lei nº 7.661/1945, não se aplica só ao comerciante, mas também ao empresário e à sociedade empresarial, definidos nos arts. 966 e 982 do CC. Estão, porém, ainda que de natureza empresarial, excluídos de sua aplicação instituições financeiras, cooperativas de crédito, consórcios, instituições de previdência privadas, operadoras de plano de saúde, seguradoras, empresas de capitalização, e ainda as empresas públicas e as sociedades de economia mista. Os arts. 1.093 a 1.096 do CC preconizam que as sociedades cooperativas são sociedades simples, motivo pelo qual não podem beneficiar-se da recuperação judicial ou extrajudicial, nem ficam sujeitas ao processo falimentar da LRE. As principais mudanças trazidas pela LRE: *realização do ativo* logo após a arrecadação dos bens do falido (art.139); *priorização da venda da empresa do falido*, no rol das diversas possibilidades de realização do ativo (art. 140, I); *explicitação da inexistência de sucessão na hipótese de venda judicial da empresa do falido ou de suas unidades produtivas autônomas* (art. 141, II); *profissionalização da administração da falência, extinguindo a figura do síndico*, que geralmente era o maior credor ou três entre eles, surgindo o administrador judicial – pessoa física ou jurídica – com a experiência necessária à prestação dos serviços e que serão levados a bom termo, vez que remunerados e pagos unicamente após o crédito superpreferencial (art. 151) e antes dos demais créditos extraconcursais. Vigorava esta prática anteriormente à nova lei para a garantia do empenho do administrador judicial. O Tribunal de Justiça de São Paulo instalou a 1ª e a 2ª Varas de Falência e Recuperações Judiciais, criando também a Câmara Especial de Falências e Recuperações Judiciais, as quais receberão os resumos e ações a elas atinentes, excluindo feitos de natureza penal, os quais continuarão com a Seção Criminal. Da decisão que decreta a falência cabe agravo, e da sentença que julga a improcedência cabe apelação (art. 100

F

da Lei Nova). O Código de Processo Civil é aplicado, subsidiariamente, no que couber, nos procedimentos previstos na Lei nº 11.101/2005, salvo no que diz respeito aos procedimentos criminais, regidos supletivamente pelo CPP. A Lei nº 13.467/2017 esclareceu que em caso de sucessão empresarial, as obrigações trabalhistas são de responsabilidade do sucessor, incluindo as contraídas quando os empregados trabalhavam para a sucedida, bem como esta tem responsabilidade solidária com a sucessora em caso de fraude na transferência.

✱ *V. CC/2002, arts. 333, I, 707, 828, III, 994, 1.011, § 1º, 1.030, parágrafo único, 1.044, 1.103, VII, 1.115, parágrafo único, 1.122, § 3º, 1.191, 1.425, II, 1.483 e 1.718.*

✱ *V. CPC/1973, arts. 12, III, e 988, VII.*

✱ *V. CPC/2015, arts. 45, I, 69, § 2º, V, 75, V, 616, IX, 877, § 4º, e 902, parágrafo único.*

✱ *V. CLT, arts. 448-A, 449, 652, parágrafo único, e 768.*

✱ *V. CTN, arts. 133, 134, V, 184, 186, parágrafo único, 187, 188 e 191.*

✱ *V. LC nº 109/2001 (Dispõe sobre o Regime de Previdência Complementar), arts. 47 e 57.*

✱ *V. Lei nº 5.764/1971 (Institui o regime jurídico das sociedades cooperativas), art. 4º.*

✱ *V. Lei nº 6.024/1974 (Dispõe sobre a intervenção e liquidação extrajudicial de Instituições Financeiras), arts. 1º, 2º, III, 7º, c, 12, d, 15, I, a, 19, d, 21, b, 34 a 38, 41, 44 a 47.*

✱ *V. Lei nº 6.404/1976 (Lei das Sociedades por Ações), arts. 45, §§ 7º e 8º; 68, § 3º, c e d, 122, IX e parágrafo único, 147, § 1º; 206, II, c, 210, VII, 222, parágrafo único, 232, § 3º, e 278, § 2º.*

✱ *V. Lei nº 8.987/1995 (Dispõe sobre o regime de concessão e permissão de serviços públicos), art. 35, VI.*

✱ *V. Lei nº 9.656/1998 (Dispõe sobre os planos e seguros privados de assistência à saúde), art. 23.*

✱ *V. LRE.*

✱ *V. Dec.-lei nº 73/1966 (Dispõe sobre o Sistema Nacional de Seguros Privados), art. 26.*

✱ *V. Súmulas nºs 417, 495 e 592 do STF.*

✱ *V. Súmulas nºs 25, 29, 36, 219, 248, 307 e 361 do STJ.*

✱ *V. Súmulas nºs 86 e 388 do TST.*

FALIMENTAR – Que diz respeito à *falência* (q.v.).

FALLITUS, ERGO FRAUDATUR – (Latim) Falido, logo defraudador.

FALSA – Incorreta, que não é verdadeira, enganosa, ilusória, mentirosa.

Causa: a que não exprime a verdade do que se pactuou; causa fictícia.

Identidade: crime de atribuir-se, ou a terceiro, falsa identidade para obter vantagem para si ou para outrem, ou para causar prejuízo a alguém. A pena é de detenção de 3 meses a 1 ano ou multa, se o fato não constitui elemento de crime mais grave. Igualmente, usar como próprio passaporte, título de eleitor, carteira de reservista ou qualquer documento de identidade alheia ou ceder a outrem, para que dele se utilize, documento dessa natureza próprio de terceiro, é crime apenado com detenção de 4 meses a 2 anos e multa, se o fato não constituir elemento de crime mais grave.

✱ *V. CP, arts. 307 e 308.*

Indicação: crime que consiste em inculcar em invólucro ou recipiente de produto alimentício ou medicinal, a existência de substância que não está em seu conteúdo ou que nele existe em quantidade menor do que a mencionada. Pena de detenção de 1 a 5 anos e multa.

✱ *V. CP, art. 275.*

Perícia ou falso testemunho: crime de quem faz afirmação falsa, nega ou cala a verdade, como testemunha, perito, tradutor ou intérprete em processo judicial, policial ou administrativo, ou em juízo arbitral; é apenado com reclusão de 1 a 3 anos e multa. Se o crime é cometido para obter-se prova destinada a produzir efeito em processo penal, a reclusão é de 2 a 6 anos e multa, aumentando-se de um terço se o crime é praticado mediante suborno. O fato deixa de ser punível se houver retratação na declaração da verdade pelo agente, antes da sentença. Da mesma forma, dar, oferecer, ou prometer dinheiro ou qualquer outra vantagem a testemunha, perito, tradutor ou intérprete, para fazer afirmação falsa, negar ou calar a verdade em depoimento, perícia, tradução ou interpretação, ainda que a oferta ou promessa não seja aceita, é crime apenado com reclusão de 1 a 3 anos e multa. Aplica-se a pena em dobro se o crime é cometido para se obter prova destinada a produzir efeito em processo penal.

✱ *V. CP, art. 342.*

FALSA CAUSA NON EST CAUSA – (Latim) A falsa causa não é causa.

FALSA DEMONSTRATIO NON NOCET – (Latim) A falsa demonstração não prejudica.

FALSÁRIO – Agente ou sujeito ativo do crime de falsidade. O que pratica falsificação; falsificador.

FALSIDADE – Delito contra a fé pública que se caracteriza pela alteração intencional ou dolosa da verdade sobre fato juridicamente relevante para prejudicar alguém. A falsidade pode ser:

Ideológica ou intelectual: omissão, em documento público ou particular, de declaração que nele deveria constar, ou inserir ou fazer inserir neles declaração falsa ou diferente da que se deveria escrever, para prejudicar direito, criar obrigação ou alterar a verdade.

✱ *V. CP, art. 299.*

Material: fabricação ou criação de coisa, título ou documento, alteração ou falsificação aparente deles, na data, contexto ou assinatura, forma, natureza ou substância.

Pessoal: alteração da verdade sobre qualidades e modo de ser de pessoas constantes de documentos.

Principal: a que se positiva ou se patenteia independentemente de pesquisa ou investigação.

FALSIDADE DE DOCUMENTO – Incidente processual que ocorre quando, encerrada a instrução da causa, uma das partes argui de falso documento oferecido pela outra, o que se decide em processo especial, procedendo suspensão do feito.

Particular: falsificar, no todo ou em parte, documento particular ou alterar documento particular verdadeiro: pena de reclusão de 1 a 5 anos e multa.

✱ *V. CP, art. 298.*

Público: falsificar ou alterar documento público, parcial ou totalmente, ou alterá-lo: reclusão de 2 a 6 anos e multa. O Código Penal prevê, ainda, penas para a falsificação de moeda, de papéis públicos, do selo ou sinal público, de firma ou letra, de certidão, de atestado médico, de sinal empregado no contraste de metal precioso ou na fiscalização alfandegária, da lei sobre o estrangeiro e em prejuízo da nacionalização de sociedade. E também sobre petrechos para a prática da falsificação.

✱ *V. CP, arts. 289 a 311.*

✱ *V. CPC/1973, art. 391.*

✱ *V. CPC/2015, art. 431.*

FALSIFICAÇÃO – Contrafação, alteração real de coisa, incorporando-lhe elementos estranhos ou subtraindo-lhe ou omitindo outros próprios de sua natureza, para enganar terceiros, como falsificação de bebidas, de moedas etc.

FALSO – O que é contrário à verdade, não correto, não verdadeiro, irreal.

Alarma: contravenção praticada por quem provoca alarma ao anunciar desastre ou perigo inexistente ou pratica ato capaz de produzir pânico ou tumulto.

✱ *V. LCP, art. 41.*

Reconhecimento de firma: crime contra a fé pública, quando alguém reconhece, no exercício de função pública, como verdadeira uma firma falsa.

✱ *V. CP, art. 300.*

Testemunho: crime de negar, ocultar ou alterar, intencionalmente, em prejuízo de terceiro, a verdade sobre circunstâncias do fato sobre o qual depõe, perante autoridade judiciária, em processo policial ou administrativo, ou em juízo arbitral.

✱ *V. CP, arts. 300 e 342.*

✱ *V. LCP, art. 41.*

FALSUM LARGISSIME SUMPTUM, EST IS QUOD NON EST VERUM – (Latim) Tomado no sentido amplíssimo, falso é tudo aquilo que não é verdadeiro.

FALTA – No Dir. Civil, é a ação ou omissão de que resulta lesão ao direito de outrem, por inadimplemento de convenção contratual ou intenção do agente. O faltoso é obrigado a reparar o dano causado. No Dir. Criminal é a ação ou omissão com propósito deliberado de prejudicar: imprudência, imperícia ou negligência, com imposição de pena ao seu autor. No Dir. Administrativo, é infração de funcionário público, no exercício do cargo, por não observar disciplina, leis ou regulamentos, ou não usar de exação no cumprimento de seus deveres. No Dir. do Trabalho, é ato do empregado que importa em transgressão de suas obrigações. A falta é:

A serviço: quando a testemunha sujeita ao regime trabalhista presta depoimento em juízo, o que é considerado serviço público, não sofre perda de salário nem desconto no tempo de serviço.

✱ *V. CPC/1973, art. 419, parágrafo único.*

✱ *V. CPC/2015, arts. 462 e 463.*

Civil: se o autor é responsabilizado civilmente.

Comum: pela qual se responsabilizam os sujeitos ativo e passivo, por simultaneidade na infração.

Contratual: pela não execução de obrigação convencionada.

De jurisdição: quando um país não tem jurisdição para julgar crimes praticados em outro. ***V.*** *Incompetência.*

Delituosa: quando se positiva a intenção ilícita do agente.

Grave: a do empregado estável que a lei prevê como justa causa para extinção do contrato de trabalho.

Grave do Empregado: Segundo o art. 491 da CLT: "O empregado que, durante o prazo do aviso-prévio, cometer qualquer das faltas consideradas pela lei como justas causas para a rescisão, perde o direito ao restante do respectivo prazo".

Grave do Empregador: O art. 490 da CLT diz que comete falta grave: "O empregador que, durante o prazo de aviso-prévio dado ao empregado, pratica ato que justifique a rescisão imediata do contrato, sujeita-se ao pagamento da remuneração correspondente ao prazo do referido aviso, sem prejuízo da indenização que for devida".

In abstracto ou objetiva: a que poderia evitar-se se tivesse o autor agido com lealdade e diligência intencionadas.

In concreto ou subjetiva: a que poderia evitar-se se o agente procedesse com a diligência que emprega na execução de seus próprios negócios.

Inescusável: a falta grave, a que não tem justificativa.

Intencional: a praticada com dolo ou malícia; o mesmo que *delituosa.*

Justificada: é a falta escusável, aquela para a qual houve motivo.

Lata: que pode ser prevista e evitada por qualquer pessoa.

Leve: de importância secundária, que só poderia ser evitada se o autor possuísse inteligência mais esclarecida ou diligência especial.

Levíssima: a que só evitaria quem tivesse inteligência muito acima da comum ou tomasse precaução especialíssima.

FALTA DE HABILITAÇÃO – Dirigir veículo em via pública, ou embarcação a motor em águas públicas, sem habilitação legal, é contravenção penal apenada com multa a ser arbitrada pelo juiz. Se o aprendiz não cumpre dispositivos da legislação de trânsito incorre na mesma pena, não lhe dando a licença de aprendizagem o direito de dirigir sozinho. A legislação municipal disciplina a direção de veículos tracionados por animais, ou pelo próprio condutor, como bicicletas (LCP, art. 32). Porém, o art. 309 do Código de Trânsito Brasileiro (Lei nº 9.503/1997), que parte expressiva da doutrina e jurisprudência consideram como derrogado o art. 32 da LCP, dispõe ser crime punível com detenção de 6 meses a 1 ano ou multa, dirigir veículo automotor, em via pública, sem a devida permissão para dirigir ou habilitação, ou, ainda, se cassado o direito de dirigir, gerando perigo de dano.

FAMÍLIA – Sociedade matrimonial formada pelo marido, mulher e filhos, ou o conjunto de pessoas ligadas por consanguinidade ou mero parentesco. *Família legítima* é a que se constitui pelo casamento. O CC/2002 acaba com qualquer discriminação entre cônjuges e estabelece a igualdade entre os filhos. A família passa a ser formada pelo casamento civil ou religioso, pela união estável ou comunidade formada por qualquer dos pais com seus descendentes. As mães solteiras formam família com os seus filhos. Acaba a expressão "família legítima"; usa-se apenas a expressão "família" ou "entidade familiar", que são aquelas formadas pelo casamento civil ou religioso com efeitos civis; pela união estável e pela comunidade formada por qualquer dos pais e seus descendentes (incluindo mãe solteira). Proíbe-se o Estado de intervir na família, salvo para sua proteção e para propiciar recursos educacionais e científicos, exemplo o planejamento familiar, que serão de livre decisão do casal. O casamento civil equipara-se ao religioso, atendidas as exigências da lei. A EC nº 65/2010 alterou a redação do art. 227 para estabelecer que: "É dever da família, da sociedade e do Estado assegurar à criança, ao adolescente e ao jovem, com absoluta prioridade, o direito à vida, à saúde, à alimentação, à educação, ao lazer, à profissionalização, à cultura, à dignidade, ao respeito, à liberdade e à convivência familiar e comunitária, além de colocá-los a salvo de toda forma de negligência, discriminação, exploração, violência, crueldade e opressão".

Substitutiva: consiste em substituir por determinação judicial o poder familiar por outra família.

FÂMULO DA POSSE – Aquele que está em relação de dependência com o dono da coisa, conservando-lhe a posse em nome dele, como simples detentor, como o motorista empregado do dono do veículo, o administrador da fazenda etc.

FARMACÊUTICO – 1. Relativo à farmácia. 2. Profissional de farmácia, com formação técnica para manipulação e fórmulas magistrais e farmacopeicas, podendo atuar em estabelecimentos comerciais ou industriais, assumindo a responsabilidade técnica pelas operações com produtos biológicos, imunobiológicos, soros, vacinas, alérgenos, opoterápicos, para uso humano e veterinário. Exige registro profissional no Conselho Regional de Farmácia, sob pena de incorrer em crime de exercício irregular da profissão, com pena de detenção de 6 (seis) meses a 2 (dois) anos e multa.

✱ *V. Lei nº 13.021/2014 (Dispõe sobre o exercício e a fiscalização das atividades farmacêuticas).*

✱ *V. Lei nº 3.820/1960 (Cria o Conselho Federal e os Conselhos Regionais de Farmácia).*

✱ *V. Dec. nº 85.878/1981 (Regulamenta a profissão de farmacêutico)*

✱ *V. CP, arts. 268, parágrafo único, 273, e 282.*

FARMÁCIA – Unidade de prestação de serviços destinada a prestar assistência farmacêutica, assistência à saúde e orientação sanitária individual e coletiva, na qual se processe a manipulação e/ou dispensação de medicamentos magistrais, oficinais, farmacopeicos ou industrializados, cosméticos, insumos farmacêuticos, produtos farmacêuticos e correlatos. São classificadas em drogarias ou farmácias com manipulação, conforme apenas dispensem ou comerciem drogas em suas embalagens originais ou manipulem fórmulas magistrais e oficinais. Requerem, para seu funcionamento, a responsabilidade de farmacêutico habilitado, na forma da lei.

✱ *V. Lei nº 5.991/1973 (Dispõe sobre o controle sanitário do comércio de medicamentos), arts. 4º, X, e 15.*

✱ *V. Lei nº 13.021/2014 (Dispõe sobre o exercício e a fiscalização das atividades farmacêuticas).*

FASE – Período, parte. Diz-se do período adequado para atos no curso do processo, como a *probatória*, a *decisória*, a *executória*.

FATAL – Diz-se do prazo cujo fim inibe a possibilidade, em definitivo, para a prática de ato no processo.

FATO – 1. Evento, acontecimento; o que resulta de uma ação. Acontecimento natural, coisa consumada, que depende ou não da vontade humana. 2. Em Dir. Processual, refere-se a questões que demandam prova, como atos dos sujeitos ou negócios jurídicos, opondo-se, destarte, às questões de Direito, que envolvem interpretação de normas jurídicas.

Acessório: o que ocupa posição hierárquica inferior à de outro, o principal.

Administrativo: o que se realiza para cumprir decisão administrativa e também qualquer realização que implique modificação do patrimônio.

Aquisitivo: o que gera direitos.

Comissivo: ação positiva de fazer, executar.

Complexo: o que se compõe de vários atos que o precedem.

Consumado: em que a vontade do agente foi totalmente satisfeita, tornando-se perfeito e acabado.

De execução imediata: em que há concomitância entre a ocorrência do evento e seu resultado.

De efeito futuro: no qual há um hiato entre a eventualidade do acontecimento e sua consequência.

De efeito pretérito: cujos efeitos retroagem a período anterior à sua realização.

De terceiro: ação ou omissão de terceiro que não é parte na relação contratual e que pode ser alegado por um dos contratantes para eximir-se de obrigações.

Extintivo: aquele que extingue direitos e obrigações.

Gerador: é ato ou fato que dá origem ao tributo, sendo *principal* e de *obrigação acessória.*

Ilícito: aquele que o direito positivo não autoriza.

Imputável: o que gera responsabilidade ao agente.

Irrelevante: do qual não resulta demonstração ou prova da verdade que se busca.

Jurídico: acontecimento voluntário ou não, que pode ter consequências jurídicas ou de conservar, modificar ou extinguir relação de direito. Ele é: *principal*, com existência própria; *acessório*, se se subordina a outro, principal; *voluntário*, se ocorre pela ação livre e consciente do homem, sendo então o mesmo que ato jurídico; *involuntário* ou *acidental*, o que não depende da vontade humana e até a contraria, por verificar-se por causas exteriores, mas que produz efeitos jurídicos.

Necessário: o que deveria ocorrer, não havendo meios de evitá-lo.

Omissivo: resulta da inação voluntária, da violação do dever jurídico de fazer o que se não fez.

Positivo: cujo efeito é incontestável.

Principal: é o elemento fundamental da ação.

Simples: consiste em um único acontecimento, como atropelamento.

Social: o que reúne indivíduos para um fim comum, para instituição social, como família, greves etc.

✱ *V. CTN, arts. 114 e 115.*

✱ *V. CC, art. 104.*

✱ *V. CPC/1973, arts. 264, parágrafo único, 303, I, 333, I, II, 334, I, e 463.*

✱ *V. CPC/2015, arts. 342, 373, 374 e 494.*

FATO DO PRÍNCIPE – Ato da Administração Pública que onera o cumprimento de contrato com ela celebrado pelo particular, pela mudança das condições de execução do contrato. É medida unilateral, que despreza a liberdade do particular no contrato garantida pelo Dir. Civil, mas não no Dir. Administrativo, em que os contratos se amoldam às necessidades coletivas peculiares a cada momento. A doutrina coloca o *fato do príncipe* entre os casos fortuitos e de força maior, ao lado das forças naturais, das greves e do estado de guerra.

FATO NOTÓRIO – É aquele de conhecimento geral, que nenhuma pessoa de razoável saber e bem informada pode desconhecer. É aquele que, por relevante, não precisa ser provado, quando é parte da cultura de uma esfera social ou de um país, no tempo em que ocorre a decisão.

✱ *V. CPC, art. 374, I.*

FATURA – Documento (nota de venda) que diz respeito à venda de mercadorias, que nele se relacionam, remetidas ou entregues ao comprador. É papel de crédito se contém recibo de venda à vista. Sua emissão é obrigatória em toda compra.

F

FAVORECIMENTO DA PROSTITUIÇÃO OU OUTRA FORMA DE EXPLORAÇÃO SEXUAL DE CRIANÇA OU ADOLESCENTE OU DE VULNERÁVEL – Tipo penal incluído pela Lei nº 12.015/2009, que inseriu o art. 218-B no CP, caracterizado pelo ato de submeter, induzir ou atrair à prostituição ou outra forma de exploração sexual alguém menor de 18 anos ou que, por enfermidade ou deficiência mental, não tem o necessário discernimento para a prática do ato, facilitá-la, impedir ou dificultar que a abandone, reclusão, de 4 a 10 anos. Se o crime é praticado com o fim de obter vantagem econômica, aplica-se também multa. Incorre nas mesmas penas quem pratica conjunção carnal ou outro ato libidinoso com alguém menor de 18 e maior de 14 anos, na condição de criança, adolescente ou vulnerável, bem como o proprietário, o gerente ou o responsável pelo local em que se verifiquem as práticas referidas no *caput* do art. 218-B. Na hipótese do inc. II do § 2º, constitui efeito obrigatório da condenação a cassação da licença de localização e de funcionamento do estabelecimento. A Lei nº 13.718/2018 inseriu o art. 218-C no CP, também tipificando nesta figura as condutas de oferecer, trocar, disponibilizar, transmitir, vender ou expor à venda, distribuir, publicar ou divulgar, por qualquer meio – inclusive por meio de comunicação de massa ou sistema de informática ou telemática –, fotografia, vídeo ou outro registro audiovisual que contenha cena de estupro ou de estupro de vulnerável ou que faça apologia ou induza a sua prática, ou, sem o consentimento da vítima, cena de sexo, nudez ou pornografia. A pena-base é de

1 (um) a 5 (cinco) anos, se o fato não constitui crime mais grave.

✱ *V. CP, arts. 218-B e 218-C.*

FAVORECIMENTO PESSOAL – Delito que se consuma quando alguém presta auxílio ao agente do crime, ocultando-o ou evitando a ação da Justiça contra ele. Pode ser: *pessoal*, quando visa apenas subtrair o delinquente à ação da autoridade, sem intenção de ordem econômica; e *real*, quando há a intenção de interesse monetário ou outra vantagem material, fora dos casos de coautoria ou de receptação. Ele só é punível quando há dolo. Se quem presta auxílio é ascendente, descendente, cônjuge ou irmão do criminoso, fica isento de pena. No favorecimento pessoal a pena é de detenção de 1 a 6 meses e multa; se ao crime não é cominada pena de reclusão, a pena é de detenção de 15 dias a 3 meses e multa. No favorecimento real, a pena é de detenção de 1 a 6 meses e multa.

✱ *V. CP, arts. 348 e 349.*

FAVORECIMENTO REAL – Delito que se consuma quando alguém presta auxílio ao agente do crime, a fim de tornar seguro o proveito do ato ilícito, quando há a intenção de interesse monetário ou outra vantagem material, fora dos casos de coautoria ou de receptação. Ele só é punível quando há dolo, e a pena é de detenção de 1 (um) a 6 (seis) meses e multa. A Lei nº 12.012/2009 criou uma figura equiparada, na hipótese de facilitação de ingresso de aparelho telefônico de comunicação móvel, de rádio ou similar, sem autorização legal, em estabelecimento prisional, com pena de detenção, de 3 (três) meses a 1 (um) ano.

✱ *V. CP, arts. 349 e 349-A.*

FAZENDA – 1. Grande extensão de terras para atividades agropecuárias. 2. Bens, haveres. 3. Pano ou tecido.

FAZENDA PÚBLICA – 1. Finanças públicas, Erário, Tesouro, Fisco. 2. Para fins de Dir. Processual, normalmente é empregada como sinônimo de Administração Pública direta, composta pelas pessoas de Direito Público interno, pelas autarquias e fundações públicas, dotadas de uma série de privilégios processuais. 3. Para fins de Direito Tributário, compreendem apenas os entes federativos, no exercício de suas competências legislativas e fiscalizatórias em matéria tributária.

✱ *V. CPC/1973, arts. 188, 197, 240, 585, VI, 699, 730 e 731, 988, IX, 1.031, § 2º, 1.108, 1.155, parágrafo único, e 1.169.*

✱ *V. CPC/2015, arts. 180, 234, 230, 616, 659, 722, 742, 784 e 910.*

✱ *V. CTN, art. 209.*

FAZER – Obrigação positiva, cuja prestação consiste em realizar coisa material, na época e condições avençadas.

FÉ – Crença, convicção, intenção.

De citação: certidão nos autos em que o oficial de Justiça ou o escrivão atestam que foi feita a citação da parte na forma da lei e do mandado.

De ofício: credibilidade que merecem a afirmação, atestação ou certificação de quem a faz em razão de seu ofício ou função pública.

Pública: credibilidade, presunção legal de autenticidade, verdade ou legitimidade de ato que emana de autoridade ou de funcionário devidamente autorizado, no exercício de suas funções.

FECI, SED JURE FECI – (Latim) Fiz, mas fiz com direito.

FECUNDAÇÃO ARTIFICIAL HOMÓLOGA – Aquela que se realiza com gametas dos membros do casal, isto é, marido e mulher, ou de par em situação jurídica assemelhada à de marido e mulher.

✱ *V. CC, art. 1.597, III.*

FEDERAÇÃO – União de unidades federadas, autônomas, mas que formam um corpo único, com um poder central a que se submetem nas relações recíprocas. O gênero inclui as espécies: união pessoal, união real, confederação de Estados e Estado Federal. Na confederação, os Estados mantêm-se soberanos, podendo usar o direito de secessão (separação), o que não ocorre no Estado Federal, onde os Estados-membros têm autonomia, mas sob a égide de uma Constituição que preserva a indissolubilidade do vínculo entre eles, como no Brasil, que é República Federativa. Diz-se também do agrupamento de órgãos associativos ou de sindicatos da mesma natureza ou classe.

✱ *V. CF, art. 1º*, caput.

FEITIO – Feitura de um trabalho; o custo da mão de obra, o preço de execução do trabalho.

FEITO – Causa, demanda, dissídio, lide, litígio, processo. Conjunto dos atos da causa e do juízo que movimentam a ação.

FEITOR – O mesmo que capataz, administrador de bens alheios; o que chefia e fiscaliza turma de trabalhadores braçais.

FEMINICÍDIO – Homicídio qualificado pela condição de sexo feminino da vítima. Não é o mero homicídio praticado contra mulher, mas, sim, aquele praticado com a intenção especial em agredir a vítima pelo só fato de ser mulher. Presumese tal circunstância quando o crime envolve violência doméstica ou familiar, menosprezo ou discriminação à condição de mulher da vítima. A pena é a mesma cominada para as demais hipóteses de homicídio qualificado, ou seja, de 12 a 30 anos. A pena será aumentada de 1/3 até a metade se o crime for praticado: contra gestante ou nos 3 meses posteriores ao parto pela vítima; contra menor de 14 anos, maior de 60 anos ou mulher com deficiência; ou na presença de ascendente ou descendente da vítima. É também hipótese de crime hediondo. O Decreto nº 10.906/2021 instituiu o Plano Nacional de Enfrentamento ao Feminicídio destinado a combater e prevenir as mortes violentas de mulheres por razões da condição do sexo feminino e garantir os direitos e a assistência às mulheres em situação de violência e aos seus familiares. A Lei nº 14.717/2023 estabeleceu pensão especial aos filhos e dependentes menores de 18 (dezoito) anos de idade, órfãos em razão do crime de feminicídio, cuja renda familiar mensal per capita seja igual ou inferior a 1/4 (um quarto) do salário mínimo.

✱ *V. CP, arts. 121, § 2º, VI, e §§ 2ºA e 7º, incluídos pela Lei nº 13.104/2015.*

✱ *V. Lei nº 8.072/1990 (Lei dos Crimes Hediondos), art. 1º, I.*

✱ *V. Lei nº 14.717/2023 (Institui pensão especial aos filhos e dependentes crianças ou adolescentes, órfãos em razão do crime de feminicídio tipificado no inciso VI do § 2º do art. 121 do Decreto-Lei nº 2.848, de 7 de dezembro de 1940 (Código Penal), cuja renda familiar mensal per capita seja igual ou inferior a 1/4 (um quarto) do salário mínimo).*

✱ *V. Decreto nº 10.906/2021 (Institui o Plano Nacional de Enfrentamento ao Feminicídio).*

FENERATÍCIO – Em que são contados os juros.

FÉRIA – Produto arrecadado ou resultante de vendas a dinheiro, ou à vista, que se apura no comércio ao fim do dia. Ganho diário de trabalhadores autônomos.

FÉRIAS – Período anual de descanso, de 30 dias, integral ou parcelado, que a lei compulsoriamente concede aos trabalhadores, públicos ou privados, e durante o qual recebe sua remuneração habitual. Constitui direito indisponível e irrenunciável, além de um dever, pois a lei proíbe o trabalho no seu transcorrer. O trabalhador passa a ter direito a férias após completar 12 meses de serviço efetivo à empresa, que é o período aquisitivo, devendo o empregador conceder-lhas no decorrer dos 12 meses seguintes, que é o período concessivo. Tem direito a 30 dias corridos, os quais são computados como tempo de serviço para quaisquer efeitos. As férias devem ser tiradas de uma só vez; em casos excepcionais podem ser divididas em dois períodos, mas um deles não pode ser inferior a 10 dias corridos. Os menores de 18 anos e os maiores de 50 anos devem ter suas férias de uma só vez. Faltas injustificadas, descontadas em salário, são também descontadas, proporcionalmente, do período de férias. O empregador escolhe a época em que o trabalhador gozará as férias, mas o estudante menor tem o direito de conciliá-las com as escolares. Se o empregador se recusar a conceder férias ao trabalhador, terminado o prazo de concessão, pode entrar com reclamação trabalhista exigindo que as suas férias sejam estabelecidas por decisão judicial. Antes de sair de férias, o empregado recebe: salário integral do período em que ficará de férias; o adicional a mais de um terço de sua remuneração. O trabalhador pode fazer a *venda de férias*, isto é, deixar de gozar a terça parte do período a que tem direito, trocando-o por dinheiro. É o *abono pecuniário*. Mas deve gozar os 20 dias restantes. Caso deseje esse abono, o trabalhador deve pedi-lo à empresa, por escrito, pelo menos 15 dias antes de terminar o período aquisitivo. O adicional de um terço deve ser calculado também sobre o *abono pecuniário*. O pagamento das férias deve ser feito, no máximo, 2 dias antes do início do período de gozo. O cálculo, feito sobre a maior remuneração, inclui comissões e gratificações. Paga férias em dobro o empregador que não as autorizar no prazo legal; o empregado goza as férias e recebe seus direitos em dobro. Se o empregador concede férias após o prazo legal, mas não as paga em dobro, o trabalhador pode reivindicar a diferença na Justiça do trabalho. O trabalhador perde o direito às férias: quando é demitido por justa causa, mas isto não afeta seu direito às férias vencidas; pede demissão antes de completar 12 meses de serviço; deixa o emprego e não volta a trabalhar na mesma empresa nos 60 dias seguintes; tira licença por mais de 30 dias, sem deixar de receber o salário; deixa de trabalhar por mais de 30 dias devido a paralisação total ou parcial dos serviços da empresa, sem deixar de receber salário; fica afastado da firma por mais de 6 meses, ainda que descontínuos, recebendo da Previdência Social auxílio-doença ou pagamento de prestações decorrentes de acidentes do trabalho. Se o trabalhador for demitido, não por justa causa, antes de completar 12 meses de serviço, terá direito a férias proporcionais (1/12 de salário por mês trabalhado ou fração superior a 15 dias corridos). Completados os 12 meses, se pedir demissão ou for demitido, sem ser por justa causa, tem direito ao pagamento integral das férias vencidas e da terça parte adicional do salário; pagamento das férias e terça parte proporcionais ao período que ultrapassar os 12 meses do período aquisitivo. Se pedir demissão antes de 1 ano de serviço, perde as férias.

✱ *V. CF, art. 7º, XVII.*

✱ *V. CLT, art. 129 e segs.*

FÉRIAS COLETIVAS – A empresa pode dar férias coletivas a todos os seus empregados ou aos de determinados setores. O empregador precisa comunicar sua decisão ao Ministério do Trabalho e ao Sindicato da classe no prazo de 15 dias antes do início dessas férias. Podem elas ser dadas em dois períodos anuais, nenhum deles, porém, inferior a 10 dias. Os contratados há menos de 12 meses gozarão as férias proporcionais aos meses de serviço, iniciando-se a partir daí novo período aquisitivo. A retirada do *abono pecuniário* deve ser objeto de *acordo coletivo* (q.v.), independentemente de requerimento individual.

FÉRIAS FORENSES – Período em que se suspendem as atividades do foro, com as exceções que a lei permite para certos processos ou casos.

✱ *V. CPC/1973, arts. 174 e 175.*

✱ *V. CPC/2015, arts. 214, 215 e 216.*

FERIMENTO PERFUROCONTUSO – É aquele produzido por projétil de arma de fogo e constatado em qualquer órgão ou tecido em que ele penetrar.

FERIMENTO PERFUROINCISO – É aquele produzido por instrumentos perfurocortantes como a faca, o estilete etc.

FERROVIA – 1. Estrada de ferro, via férrea, local por onde trafegam os trens. 2. Segundo a Lei nº 14.273/2021, é o sistema formado pela infraestrutura ferroviária, com a operação do transporte ferroviário atribuída a uma operadora ferroviária. 3. A CLT conceitua o serviço ferroviário como sendo aquele de transporte em estradas de ferro abertas ao tráfego público, compreendendo a administração, construção, conservação e remoção das vias férreas e seus edifícios, obras de arte, material rodante, instalações complementares e acessórias, bem como o serviço de tráfego, de telegrafia, telefonia e funcionamento de todas as instalações ferroviárias.

✱ *V. CLT, arts. 236 a 247.*

✱ *V. Lei nº 14.273/2021 (Estabelece a Lei das Ferrovias), art. 3º, IV.*

FETICHISMO – Desvio de conduta sexual consistente na obtenção do prazer pela posse de certos objetos da pessoa amada ou desejada.

FETICIDA – Pessoa que provoca o aborto, com a morte do feto.

FETICÍDIO – Assassinato do feto nascente, por aborto provocado. É crime apenado com detenção de 1 a 3 anos. *V. Aborto.* Se for sem o consentimento da gestante, por terceiro, pena de reclusão de 3 a 10 anos.

✱ *V. CP, arts. 124 e 125.*

FETO – Produto da concepção, antes de deixar o ventre materno. No gênero humano é o ser com vida. A lei põe a salvo desde a concepção os direitos do nascituro. O reconhecimento do ilegítimo pode preceder o nascimento do filho ou suceder-lhe ao falecimento, se deixar descendentes. São absolutamente incapazes de adquirir por testamento os indivíduos não concebidos até a morte do testador, salvo se a disposição deste referir-se a prole eventual de pessoas por ele designadas e existentes ao abrir-se a sucessão.

Anencefálico: O STF, por maioria de votos, em 2012 julgou procedente a ADPF nº 54, interpretando que a interrupção da gravidez de feto anencéfalo não é conduta criminosa. Portanto, este tipo de aborto não está tipificado nos arts. 124, 126, 128, I e II, do Código Penal.

✱ *V. CC, arts. 2º, 5º e 1.799.*

✱ *V. Lei nº 8.069/1990 (Estatuto da Criança e do Adolescente), art. 26.*

FIADOR – Pessoa idônea que presta fiança, garante o cumprimento de obrigação por outrem, se este não a cumprir.

Abonador: aquele que abona a solvência do fiador principal.

Bastante: o que tem bens suficientes para garantir a fiança.

Comercial: o que é fiador de dívida contraída por comerciante.

In solidum: fiador juntamente com outro, sem divisão de responsabilidades, podendo a dívida ser exigida de qualquer, integralmente.

Judicial: o que presta fiança em juízo, nos autos.

Legal: o que se torna fiador por exigência da lei.

Principal pagador: aquele de quem se pode exigir o pagamento antes de pedi-lo ao devedor.

FIANÇA – Garantia, espécie do gênero caução, dada por uma pessoa que se obriga a pagar dívida contraída por outra e não saldada no vencimento. Trata-se de contrato acessório formal (só vale por escrito), ou *fiança convencional*. Nenhum dos cônjuges pode prestar fiança ou aval sem a autorização do outro, sob pena de ineficácia total da garantia (Súm. nº 332 do STJ). Enquanto antes o simples envio de notificação, sem a ciência do locador, não isentasse o fiador de responsabilidade, fazendo-se necessária a ação judicial própria, pelo CC/2002 é suficiente o garante notificar o credor, porém continuando a responder pela dívida sob fiança durante 60 dias, a partir da ciência do credor; findo esse prazo o fiador ficará exonerado da garantia. A fiança, que deve ser *expressa*, pode ser:

Civil: quando garante obrigação de natureza civil, todos os acessórios da dívida principal, incluindo despesas judiciais se o devedor for acionado ou executado.

Criminal: garantia por caução real, que o acusado, ou alguém por ele, presta perante a autoridade policial ou judiciária, para defender-se em liberdade, nos casos e nas formas que a lei dispõe. É preciso que o ilícito seja afiançável. A fiança diz-se *quebrada*, se o réu, depois de prestada, deixa de comparecer a juízo depois de intimado para os atos do inquérito. O CPP, com a nova redação da Lei nº 12.403/2011, estabeleceu que "Art. 323. Não será concedida fiança: I – nos crimes de racismo; II – nos crimes de tortura, tráfico ilícito de entorpecentes e drogas afins, terrorismo e nos definidos como crimes hediondos; III – nos crimes cometidos por grupos armados, civis ou militares, contra a ordem constitucional e o Estado Democrático. Art. 234. Não será, igualmente, concedida fiança: I – aos que, no mesmo processo, tiverem quebrado fiança anteriormente concedida ou infringido, sem motivo justo, qualquer das obrigações a que se referem os arts. 327 e 328 deste Código; II – em caso de prisão civil ou militar; IV – quando presentes os motivos que autorizam a decretação da prisão preventiva (art. 312). Art. 325. O valor da fiança será fixado pela autoridade que a conceder nos seguintes limites: I – de 1 (um) a 100 (cem) salários-mínimos, quando se tratar de infração cuja pena privativa de liberdade, no grau máximo, não for superior a 4 (quatro) anos; II – de 10 (dez) a 200 (duzentos) salários-mínimos, quando o máximo da pena privativa de liberdade cominada for superior a 4 (quatro) anos. § 1º Se assim recomendar a situação econômica do preso, a fiança poderá ser: I – dispensada, na forma do art. 350 deste Código; II – reduzida até o máximo de 2/3 (dois terços); ou III – aumentada em até 1.000 (mil) vezes".

Idônea: em que se exige, além da capacidade de obrigar-se, que o fiador tenha bens livres e desembaraçados suficientes para cobrir a garantia oferecida.

Judicial: determinada pelo juiz, de ofício ou a pedido da parte, para garantia do cumprimento de obrigação dentro do processo.

Legal: exigida nos casos que a lei menciona.

Limitada: aquela que cobre, apenas, uma parte da dívida. Os cônjuges não podem, sem o consentimento um do outro, prestar fiança, qualquer que seja o regime de bens. O fiador fica exonerado da obrigação se houver novação feita sem o seu consenso com o devedor principal. Quem fez pagamento indevido de conta verdadeira, tendo sido o título inutilizado, dispõe de ação regressiva contra o verdadeiro devedor e seu fiador. A sub-rogação transfere ao novo credor todos os direitos, ações, privilégios e garantias do primitivo, em relação à dívida, contra o devedor principal e os fiadores.

Mercantil: se o afiançado é comerciante e mercantil a natureza da obrigação principal, embora o fiador não seja comerciante. Nenhum dos cônjuges poderá prestar fiança ou aval sem autorização do outro.

✱ V. CC, arts. 818 a 839, 1.642, IV, a 1.652.

FIAT IUSTITIA ET PEREAT MUNDUS – (Latim) Faça-se justiça ainda que pereça o mundo.

FICTA POSSESSIO – (Latim) Posse fictícia.

FICTO – Aquilo que se admite como verdadeiro, por presunção legal ou circunstancial, como na *confissão ficta*, a que se presume do réu que não comparece para prestar depoimento.

FIDEICOMISSO – Instituto jurídico; uma das formas de substituição autorizada pelo direito sucessório; nela o fideicomitente transmite ao herdeiro ou legatário temporário, o *fiduciário* ou *gravado*, certos bens, mas lhe impondo a obrigação de, por sua morte, ou após um certo tempo, ou sob a condição estabelecida, transmiti-los ao segundo beneficiário, seu substituto, o *fideicomissário*. Pode ser *particular*, se abrange porção da herança, um legado; e *universal*, se corresponde à totalidade de um quinhão da massa hereditária, correspondendo à instituição de herdeiro. Não se confunde com usufruto e só pode ser instituído em testamento. O gravame do fideicomisso não pode ser imposto às legítimas dos herdeiros necessários. O fiduciário tem a propriedade da herança ou legado, mas restrita e resolúvel. É obrigado a proceder ao inventário dos bens gravados e, se o fideicomissário o exigir, a prestar caução de restituí-los. São nulos fideicomissos além do segundo grau. O fideicomisso caduca se o fideicomissário morrer antes do fiduciário, ou antes de realizar-se a condição resolutória do direito desse. Neste caso, a propriedade consolida-se no fiduciário, se não houver disposição contrária do testador.

✱ V. CC, arts. 1.951 a 1.960.

FIDEJUSSÃO – Caucionamento; garantia, fiança.

FIDEJUSSOR – Fiador, garante. O que garante o pagamento de uma obrigação.

FIDEJUSSÓRIA – Caução na qual a garantia é pessoal ou por fiança.

FIDES SCRIPTURAE EST INDIVIBILIS – (Latim) A fé da escritura é indivisível.

FIDUCIÁRIA – *V. Alienação fiduciária.*

FIDUCIÁRIO – Legatário ou herdeiro instituído em primeiro grau, que fica com a propriedade restrita e resolúvel do bem recebido em fideicomisso, para transmiti-lo ao fideicomissário, após certo tempo ou em certa condição. O mesmo que *gravado* ou *substituído*. Diz-se, ainda, do valor convencional ou fictício, baseado apenas no crédito ou na confiança pública, atribuído ao emissor da cédula que o apresenta: título *fiduciário*, moeda *fiduciária*, daí dizer-se, para a circulação do papel-moeda, *circulação fiduciária*.

FILHO – 1. Descendente, masculino ou feminino, de primeiro grau de uma pessoa. 2. São deveres de ambos os cônjuges o sustento, a guarda e a educação dos filhos. O adotado passa a ter o mesmo estado do filho oriundo da consanguinidade ou propriamente dito. A atual legislação garante aos filhos naturais ou adotivos, havidos ou não na constância do matrimônio, igualdade de direitos. O filho havido fora do casamento pode ser reconhecido pelos pais, conjunta ou separadamente, no próprio termo do nascimento ou por escritura pública ou por testamento. A Constituição aboliu qualquer distinção entre as várias categorias de filhos, proibindo designações discriminatórias relativas à filiação. Todos os filhos podem ser reconhecidos a qualquer tempo, sejam naturais, sejam adulterinos, sejam incestuosos, mesmo na constância do casamento. A guarda poderá ficar com o pai ou com a mãe, pelo Novo Código Civil, sendo escolhido aquele que reunir melhores condições para isso. Não há mais presunção de que os filhos de pais separados devam ficar com a mãe. Perderá a posse dos filhos o pai ou a mãe

F

que abusar física e/ou moralmente de seus dependentes. O Código Civil de 1916 fixava normas para o reconhecimento dos filhos ilegítimos: o *natural*, o *adulterino*, o *incestuoso*, sendo que este não podia sequer ser reconhecido. O art. 358 do CC/1916, que impunha esta proibição, foi revogado pela Lei nº 7.841/1989 e a Constituição Federal acabou com essas distinções todas, determinando que os filhos havidos ou não da relação do casamento, ou por adoção, terão os mesmos direitos e qualificações, proibidas quaisquer designações discriminatórias relativas à filiação, e que todos os filhos podem ser reconhecidos a qualquer tempo, sejam naturais, adulterinos ou incestuosos, mesmo na constância da sociedade conjugal. Se os pais não os reconhecerem espontaneamente, os filhos ilegítimos podem, a qualquer tempo e sem restrições, mover a *ação de investigação de paternidade*. ***V.*** *Sucessão.*

✱ ***V.*** *CF, art. 227, § 6º.*

✱ ***V.*** *CC, arts. 1.609, 1.610, 1.613 e 1.614.*

✱ ***V.*** *Lei nº 6.515/1977 (Lei do Divórcio).*

✱ ***V.*** *Lei nº 8.069/1990 (Estatuto da Criança e do Adolescente), arts. 7º a 69.*

✱ ***V.*** *Lei nº 8.560/1992 (Dispõe sobre investigação de paternidade de filhos havidos fora do casamento).*

FILIAÇÃO – Relação de parentesco entre pais e filhos.

FILICIDA – Aquele que mata o próprio filho.

FILIUS, ERGO HERES – (Latim) Filho, logo herdeiro.

FILOSOFIA DO DIREITO – Parte da ciência jurídica dedicada ao estudo e à crítica do Dir., quanto a seus princípios, fim social, causas, efeitos e transformações. O mesmo que *jusfilosofia*.

FIM SOCIAL – Finalidade de um ato jurídico, direcionada ao interesse social. Ex.: fim social da propriedade – pelo qual o direito à propriedade é limitado pelo interesse social.

FINANCIAMENTO ESTUDANTIL (FIES) – 1. É um programa governamental destinado a financiar cursos superiores não gratuitos avaliados positivamente pelo Ministério da Educação do Brasil. 2. A situação de calamidade pública gerada pela pandemia de Coronavírus (COVID-19) suspendeu, temporariamente, as obrigações financeiras dos estudantes beneficiários do FIES.

✱ ***V.*** *Lei nº 10.260/2001 (Dispõe sobre o Fundo de Financiamento ao Estudante do Ensino Superior).*

✱ ***V.*** *Lei nº 14.024/2020 (Altera a Lei nº 10.260, de 12 de julho de 2001, para suspender temporariamente as obrigações financeiras dos estudantes beneficiários do Fundo de Financiamento Estudantil (FIES) durante o período de vigência do estado de calamidade pública reconhecido pelo Decreto Legislativo nº 6, de 20 de março de 2020).*

FINIM REGUNDORUM ACTIO IN PERSONAM EST – (Latim) A ação de demarcação é pessoal.

FINIS CORONAT OPUS – (Latim) O fim coroa a obra.

FINIS MERCATORUM EST LUCRUM – (Latim) A finalidade dos mercadores é o lucro.

FIRMA – Nome da pessoa; assinatura completa ou abreviada. No sentido técnico, é um nome comercial, pessoa jurídica, que não se confunde com *sociedade* nem *casa de comércio* ou *empresa*. Pode ser *individual* ou *singular*, quando o comerciante usa seu próprio nome. Goza de personalidade jurídica depois de registrada, quando adquire direitos e obrigações próprios e autônomos, diferentes daqueles da pessoa na vida civil; *social* ou *coletiva*, quando designa sociedade, companhia mercantil ou industrial, que adquire personalidade ao se registrar e em seu contrato; *antecessora*, a que já existia e foi substituída por outra; *sucessora*, a que adquire todo o patrimônio da firma antecessora. ***V.*** *Razão comercial.*

FISCO – Órgão da Administração Pública que tem a incumbência de arrecadar tributos lançados pelo Estado e de fiscalizar a sua aplicação. Erário, Fazenda Pública. O Fisco é sempre chamado, na sucessão, quando não há cônjuge nem parente sucessível do defunto. Daí a expressão latina *fiscus post omnes* (o fisco depois de todos) por ocupar o último lugar na vocação hereditária.

FLAGRÂNCIA – Estado do que é flagrante.

FLAGRANTE – É a certeza visual do crime. Evidente, manifesto, que se constata no momento mesmo em que se verifica. Diz-se daquilo de que se tem certeza, que é evidente sem esforço.

FLAGRANTE DELITO – É o delito que está sendo cometido ou que se acabou de cometer, a prova evidente, plena, do crime, a certeza de sua existência e da autoria, surpreendendo-se o criminoso no ato de praticá-lo. Chama-se *flagrante propriamente dito* quando há a certeza visual do crime; a *quase-flagrância* é o encontro de indícios, vestígios, imediatamente após o delito, de modo a se ter certeza do crime e a presunção de quem o cometeu, o que não impede que haja, segundo a atual interpretação do CPP, flagrante. Exige-se, porém, que o presumido autor seja perseguido sem solução de continuidade; e a *flagrância presumida* ocorre quando estiver o agente, logo depois de consumado o delito, com instrumentos, armas, objetos ou papéis que indiquem ser ele quem o praticou. Pela Constituição, ninguém pode ser preso senão em flagrante delito, ou por ordem escrita e fundamentada de autoridade competente, salvo nos casos de transgressão militar ou crime propriamente militar, definidos em lei. Não há crime quando a preparação do flagrante pela polícia torna impossível sua consumação. Vale esclarecer que, com a edição da Lei nº 12.403/2011, a prisão em flagrante continua em vigor. Ocorre que, de uma leitura conjunta dos arts. 306 e 310 do CPP chega-se à conclusão de que a prisão em flagrante será muito breve, tendo em vista que o prazo para que se comunique a prisão ao juiz é curto (24 horas). Assim, a prisão em flagrante será convertida em uma das hipóteses do art. 310 do CPP ou da Lei nº 7.960/1989 (Prisão temporária).

✱ *V. CF, art. 5º, XI e LXI a LXV.*

✱ *V. CPP, art. 302, I a IV.*

✱ *V. Súm. nº 145 do STF.*

FLEXIBILIZAÇÃO – Processo de adaptação das normas trabalhistas às mudanças da realidade. Caracteriza-se como adaptação por não gerar mudanças *in vitro*, e sim aquelas que a realidade cambiante exige: retrações ou expansões econômicas, mudanças sociais ou políticas, processo tecnológico.

FLORA – Em botânica, flora é o conjunto de plantas características de uma região. É possível elaborar uma flora de gêneros, famílias ou, mais normalmente, espécies botânicas de um determinado local ou região. A palavra flora é também utilizada para designar as espécies vegetais de determinado território ou região (por exemplo: Flora Brasiliensis e Flora Europaea).

Flora Exótica: É o conjunto de vegetais não nativos de uma região, que foi importado ou adaptado ao novo local.

✱ *V. Lei nº 11.428/2006 (Dispõe sobre a utilização e proteção da vegetação nativa do Bioma Mata Atlântica).*

Flora Silvestre: É o conjunto de vegetais naturais de uma região ou país. Vegetais nativos do lugar.

FLORESTA – É a entidade biológica formada por um conjunto complexo de formas vegetais interdependentes, que se dispõe em camadas, e cujo elemento dominante é a árvore.

FLORESTA PÚBLICA – Floresta, natural ou plantada, localizada nos diversos biomas brasileiros, em bens sob o domínio da União, dos Estados, dos Municípios, do Distrito Federal ou das entidades da administração indireta.

✱ *V. Lei nº 11.284/2006 (Dispõe sobre a gestão de florestas públicas para a produção sustentável), art. 3º, I.*

FLUID RECOVERY – Expressão surgida no Dir. Norte-americano, aplicada no âmbito das *class actions*. Ocorre quando uma lesão a direitos ou interesses metaindividuais não é reparada especificamente em favor de vítimas determinadas, revertendo em obrigação de fazer ou de pagar em favor de entidades ou coletividades ligadas, direta ou indiretamente, ao evento danoso. No âmbito do Processo Coletivo brasileiro, há a previsão de reversão de condenações em pecúnia a um fundo, gerido por um Conselho Federal ou por Conselhos Estaduais, sendo seus recursos destinados à reconstituição dos bens lesados. Contudo, não se destinará o produto de eventual condenação por danos metaindividuais antes da apuração de indenizações pelos danos individuais decorrentes da mesma causa, até decisão em segundo grau de jurisdição.

✱ *V. CDC, arts. 99 e 100.*

✱ *V. Lei nº 7.347/1985 (Lei da Ação Civil Pública), art. 13.*

✱ *V. Dec. nº 1.306/1994 (Regulamenta o Fundo de Defesa de Direitos Difusos).*

FOLHA – Papel em que se escreve; o verso e o reverso (páginas) que constituem uma folha dos autos. Jornal.

Corrida: documento no qual a autoridade policial certifica o que consta dos seus registros sobre a pessoa que o requer.

De antecedentes: requisitada por autoridade judiciária ou policial para provar-se, no processo, a primariedade ou não do indiciado.

De descarga: documento no qual as autoridades alfandegárias relacionam mercadorias a serem descarregadas.

De pagamento: usada pelas empresas para registrar o pagamento dos funcionários, atualmente feito por *holleriths* e direto nas contas bancárias dos funcionários, na maioria das empresas.

De partilha: peça em que estão discriminados e com as necessárias especificações os bens a serem partilhados.

FONOGRAMA – Considera-se Fonograma a fixação de som em suporte material, sendo o videofonograma a fixação de imagem e som. O artista e o produtor fonográfico têm direito à percepção de proventos pecuniários pela utilização de seus fonogramas, desde que os usuários obtenham benefício direto ou indireto da execução pública.

✱ *V. Lei nº 9.610/1998, art. 4º, VII e VIII.*

Para fins da legislação sobre direitos autorais, é a fixação de sons em suporte material, sendo o videofonograma a fixação de imagem e som. É considerada uma obra intelectual, sendo tutelada contra utilização e comercialização sem autorização de seu autor, intérprete ou executor, ou produtor. O artista e o produtor fonográfico têm direito à percepção de proventos pecuniários pela utilização de seus fonogramas, desde que os usuários obtenham benefício direto ou indireto da execução pública. A violação de direitos autorais incidentes sobre fonogramas, seja de titularidade do autor, artista intérprete ou executante, produtor ou quem os represente, constitui crime com pena de reclusão, de 2 (dois) a 4 (quatro) anos e multa. Incide na mesma pena quem, com o intuito de lucro direto ou indireto, distribui, vende, expõe à venda, aluga, introduz no País, adquire, oculta ou tem em depósito original ou cópia de fonograma, com violação de direito autoral sem autorização do titular do direito.

✱ *V. Lei nº 9.610/1998, art. 5º, VIII e IX.*

✱ *V. CP, art. 184, §§ 1º e 2º.*

✱ *V. Dec. nº 4.533/2002 (Regulamenta a Lei nº 9.610/1998, no que se refere a fonogramas).*

FONOGRAMA MUSICAL – Fonograma que registra qualquer representação sonora classificável como música. Com a publicação da EC nº 75, de 15-10-2013, a produção no Brasil de fonogramas e videogramas musicais contendo obras musicais ou literomusicais de autores brasileiros e/ou obras em geral interpretadas por artistas brasileiros bem como os suportes materiais ou arquivos digitais que os contenham, adquiriram imunidade tributária em relação a impostos, salvo na etapa de replicação industrial de mídias ópticas de leitura a *laser*.

✱ *V. CF, art. 150, VI, e.*

FONTE – 1. Princípio, fundamento, aquilo que dá origem a uma coisa. 2. Causa de uma relação de direito. 3. Tudo sobre que incidem impostos.

Do Direito: elementos essenciais, diretos, que embasam as instituições jurídicas de um país ou seu direito positivo.

Formal: aquela pela qual se apresentam as normas jurídicas de comportamento.

Imediata: no sentido estrito a lei escrita e os costumes, que representa o acervo de legislações e usos cristalizados na cultura do país.

Material: a que nasce do poder de legislar; as forças sociais que criam o direito: fatos sociais, políticos, econômicos.

Mediata: o direito romano, o canônico, os costumes, os princípios gerais de direito, as regras de equidade, a jurisprudência dos tribunais, a doutrina dos juristas, a opinião comum. Quando a lei é omissa, o juiz decide de acordo com a analogia, os costumes e os princípios gerais de direito. Não pode o juiz alegar lacuna ou obscuridade da lei; não havendo normas legais, decide como ficou anteriormente dito. No Dir. Comercial, a associação mercantil regula-se pelas leis particulares do comércio, a convenção das partes sempre que lhes não for contrária, e os usos comerciais; não se pode recorrer ao direito civil para decidir dúvida senão na falta de lei ou uso comercial.

✱ *V. LINDB (antiga LICC), art. 4º.*

✱ *V. CPC/1973, art. 126.*

✱ *V. CPC/2015, art. 140.*

✱ *V. CLT, art. 8º.*

FORÇA – Violência utilizada contra alguém, para forçá-lo a fazer ou deixar de fazer algo; constrangimento moral ou físico; poder legal para agir; obrigação imperiosa. Caráter coercitivo de um ato do poder competente.

Da herança: os recursos, o montante da herança.

Da lei: o caráter obrigatório da lei, mesmo não escrita, como os usos e costumes.

Executiva ou executória: a possibilidade de ser executado, como nas ações condenatórias.

Irresistível: violência física ou psíquica contra uma pessoa, forçando seu consentimento ou não a um ato jurídico.

Maior: fato imprevisível, resultante de ato alheio, que vai além das forças do indivíduo para superá-lo, ao qual a pessoa não tem meios de se contrapor, como guerra, greve, revolução, desapropriação, embargo para suspensão de obra etc.

Nova: esbulho ou espoliação que ocorre há menos de ano e dia.

Própria: esforço de quem foi esbulhado para recuperar o que lhe pertencia.

Velha: esbulho ou turbação que conta mais de ano e dia.

FOREIRO – Relativo a foro. Diz-se daquele que tem o domínio útil do imóvel, por contrato de aforamento e paga foro ao senhorio direto; aforante; enfiteuta, senhorio útil. O que paga ou está obrigado a foro.

FORENSE – Que pertence ao foro judicial ou nele é usado. Relativo a juízes e tribunais.

FORFETÁRIO – Neologismo oriundo do fr. *forfaitaire*. Diz-se do que não possui valor pré-estabelecido, sujeito às oscilações de outros valores, fatores e/ou circunstâncias. No âmbito do Direito do Trabalho, o caráter forfetário da remuneração paga ao trabalhador decorre da circunstância de que a mesma deve ser paga independentemente da sorte do empreendimento empresarial, pois o empregador assume os riscos de seu negócio, não podendo transferi-los aos seus subordinados.

FORMA – Formalidade, exterioridade, aparência. Solenidades ou requisitos exteriores que têm de ser observados quando se celebram atos jurídicos, para que estes tenham validade. A expressão latina *forma data esse rei*, que significa: *a forma é da substância do ato*, indica que o ato jurídico só tem validade se observada a forma prevista no direito positivo para sua realização. A forma pode ser: *solene* ou *essencial*, quando exigida como condição especial, em obediência a mandamento legal; *não solene* ou *consensual*, quando não é essencial, servindo apenas de prova da realização do ato jurídico (*ad probationem tantum*), manifestando, extrinsecamente, a vontade das partes, as quais podem determinar sua forma, desde que o ato não exija que seja solene.

FORMAÇÃO – 1. Ação ou efeito de formar ou formar-se. 2. Modo pelo qual uma coisa se forma. 3. Processo de constituição intelectual e moral de um indivíduo, educação, instrução. 4. Constituição do solo e outras estruturas geológicas. 5. Organização ou destacamento de tropas e outras forças militares, como navios e aviões.

Da culpa: o mesmo que *instrução criminal*. ***V.*** *Instrução.*

Da instância: forma-se com a citação válida da pessoa contra a qual se propõe a ação.

Do juízo: conjunto das pessoas que, necessária ou acidentalmente, participam de uma lide, como juiz, autor, réu, advogados, oficiais da Justiça, porteiros dos auditórios, órgãos do Ministério Público, serventuários etc.

Do processo: é o início da ação, com a petição válida despachada ou distribuída pelo juiz e a citação correta do réu.

✱ *V. CPC/1973, arts. 262 e 263.*

✱ *V. CPC/2015, arts. 2º e 312.*

FORMAL – Terminante, expresso, positivo; que obedece a requisitos substanciais, a feitio exterior próprio.

De partilha: título que se extrai dos autos do inventário, atestando o término da partilha de bens e discriminando e especificando os que couberam a cada herdeiro, investido na qualidade de senhor do quinhão.

FORMALIDADE – Providência que se exige para que um ato jurídico tenha validade. Ver *forma*. Pode ser:

Acessória ou secundária: a que acompanha a formalidade essencial, como no caso da transcrição da escritura de compra e venda no registro de imóveis.

De estilo: aquela observada nos usos do foro.

Legal: a que a lei expressamente exige.

Regulamentar: a imposta por certo regulamento.

Relativa ou suprível: a que pode ser sanada em tempo útil, sem afetar a validade do ato.

FORMALISMO – Fixação de valor exagerado para a forma dos atos na vida civil e na forense. Apego excessivo à forma e às formalidades.

FORMALIZAR – Revestir de forma especial, dar forma solene a.

FORMULÁRIO – Conjunto de fórmulas, de modelos de atos judiciários, forenses ou administrativos.

FÓRMULA SACRAMENTAL – Essencial, obrigatória, aquela que, não observada, produz consequências como a nulidade, a anulabilidade, a imposição de multas etc.

FORO – Pensão certa e invariável paga pelo enfiteuta, uma vez por ano, ao senhorio direto. Domínio útil de um terreno; privilégio, direito ou uso garantido por lei ou pelo tempo decorrido. *Foro remido*: resgate, pelo aforador, do domínio útil, 20 anos depois de constituído, pelo pagamento de 20 pensões mensais de uma só vez.

Diz-se, ainda, do juízo, circunscrição, extensão territorial em que um tribunal tem competência; o prédio onde se instalam órgãos judiciários, onde se processam as lides. Conjunto dos órgãos jurisdicionais da comarca, compreendendo um ou mais juízos e seus auxiliares diretos e instalações e aparelhos necessários ao funcionamento da Justiça. Diz-se:

Civil: aquele que trata de causas de natureza cível.

Competente: o que tem competência para a causa; nele pode haver juízes competentes e incompetentes.

Comum ou ordinário: juízo onde são tratadas as causas em geral.

Criminal: onde se processam causas de natureza penal.

Da reconvenção: aquele onde se instala o processo reconvencional.

Da situação da coisa: o que é competente para ações relativas a imóveis, segundo sua localização; é o foro competente nas ações reais.

Da sucessão: o do domicílio do *de cujus*, competente para o inventário e partilha de seus bens.

De administração: onde se regem negócios alheios, como curatela, tutela, gestão de negócios, testamentos etc.

De prevenção: o que foi firmado, do qual não se pode retirar a causa porque outro juiz, competente, dela tomou conhecimento.

De prorrogação de jurisdição: aquele até onde vai a competência de juiz de outra jurisdição, por determinação legal ou consenso das partes.

Do contrato ou de eleição: aquele que as partes escolhem, livremente, para dirimir litígios decorrentes do pacto firmado por elas, razão por que deve obrigatoriamente constar do contrato e referir-se a ele. Submetem-se a ele os herdeiros e sucessores dos contratantes, nas ações que forem suscitadas pelo negócio que envolve o foro escolhido. O juízo escolhido, mesmo que não fosse o competente, passa a sê-lo por força do contrato, o que significa uma prorrogação de competência. O foro contratual não cabe nos contratos de trabalho, nem nos contratos de adesão, podendo a nulidade da cláusula que o estabelece ser declarada de ofício pelo juízo.

✱ *V. CPC/1973, art. 112, parágrafo único.*

✱ *V. CPC/2015, arts. 63 e 64.*

Do delito: o do local onde a infração foi cometida.

Do domicílio: o da competência comum ou aquele do réu, no momento da ação.

Do quase-contrato: o do lugar onde o administrador de negócios de outrem deve responder por sua administração, ainda que ausente ou for outro o foro de seu domicílio.

Especial ou privativo: onde são processados e julgados certos funcionários públicos, magistrados e militares que praticam delitos funcionais.

Militar: onde se processam membros das Forças Armadas e os assemelhados e civis sujeitos à jurisdição militar, por infrações definidas nas leis militares.

Por conexão: aquele onde corre a causa, que lhe seria estranha, por haver conexão de causas, importando o julgamento de uma no da outra.

Privilegiado: aquele onde unicamente se ajuízam demandas contra pessoas que ocupam altos postos, como o Presidente da República, julgado pelo STF nas infrações penais comuns e pelo Senado nos crimes de responsabilidade.

FORTUITO – Não intencional, aleatório, eventual, imprevisível, inevitável.

FORUM REI SITAE – (Latim) O foro da situação da coisa.

FRAÇÃO IDEAL – Parte indeterminada, que condôminos ou sócios têm em coisa indivisa, como a fração do terreno onde se construiu edifício, cujos apartamentos pertencem a várias pessoas.

FRANQUIA – Nas apólices de seguro marítimo é a cláusula restritiva das obrigações dos segurados; permissão para navio entrar no porto sem o pagamento de direitos alfandegários. Direito de remessa gratuita de correspondência e encomendas, dado pelos Correios; mas também se diz do pagamento do porte de carta e outras remessas postais; selo. Imunidade, privilégio.

FRANQUIA COMERCIAL (*FRANCHISING*) – Cessão de marca para uso exclusivo num delimitado âmbito geográfico. É um tipo recente de contrato mercantil atípico, pelo qual o franqueado se responsabiliza pelo total financiamento de sua atividade, pagando ao franqueador percentual do volume de vendas. Pela *cláusula de exclusividade*, o franqueado tem o monopólio da atividade na região geográfica que lhe é destinada. Não se confunde o *franchising* com outros contratos que lhe são análogos, como o *mandato*, a *comissão*, a *representação comercial* e a *concessão mercantil*. Neste último, o concessionário é apenas intermediário entre o concedente e os consumidores; na franquia, o franqueado tanto é o produtor dos bens como o prestador de serviços (Lei nº 8.955/1994, sobre o contrato de franquia empresarial). Regulado pela Lei nº 8.955/1994; o contrato deve ser averbado no Instituto Nacional da Propriedade Industrial.

FRANQUIA POSTAL – É um contrato celebrado entre a Empresa Brasileira de Correios e Telégrafos (ECT) e uma pessoa jurídica de direito privado, tendo por objeto a exploração, por parte desta, dos serviços postais em determinada área por prazo determinado.

✱ V. Lei nº 11.668/2008 (Dispõe sobre o exercício da atividade de franquia postal).

✱ V. Dec. nº 6.639/2008 (Regulamenta a Lei nº 11.668, de 2 de maio de 2008, que dispõe sobre o exercício da atividade de franquia postal).

FRATRICÍDIO – Assassinato do próprio irmão.

FRAUDADOR – O que pratica fraude; fraudulento.

FRAUDAR – Praticar ato civil lícito visando resultado ilícito; falsificar, causar prejuízo a terceiro, agir com má-fé; fraude penal.

FRAUDE – Má-fé, artifício malicioso, usado para prejudicar, dolosamente, o direito ou os interesses de terceiro. A lei dispõe que todo ato jurídico fraudulento é passível de nulidade.

À execução: *V. Fraude de execução.*

Civil: ato lícito que leva a resultado ilícito.

Contra credores: visa a impedir que os credores possam ter seu crédito satisfeito.

De concorrência: impedir, perturbar ou fraudar concorrência pública.

De origem: dar a uma mercadoria origem não verdadeira.

Fiscal: a que produz sonegação de impostos.

No comércio: delito no exercício de atividade comercial, que consiste em enganar o consumidor.

Penal: ato doloso de má-fé que traz prejuízo a outrem; falsificação, sonegação.

Processual: violação de normas do direito processual, para induzir em erro o juiz ou o perito.

✱ V. CC, arts. 158 a 165, 171, II, e 956.

✱ V. CP, arts. 175, 179 e 335.

FRAUDE DE EXECUÇÃO – 1. Também chamada *fraude à execução*, é um instituto original do Dir. brasileiro, surgido com o Regulamento nº 737/1850 e mantido pela legislação processual subsequente. Prática de atos que visam prejudicar os direitos de credores que tenham promovido ações judiciais em face do devedor ou estejam na iminência de fazê-lo. Portanto, ao contrário do que o nome sugere, não é essencial que os atos ocorram na iminência de execução ou no curso dessa, para que se caracterize a fraude. São exemplos de atos que implicam o reconhecimento de fraude à execução: alienação de bens, quando sobre eles existir ação real ou reipersecutória; quando pendia, ao tempo da alienação, demanda contra o alienante, capaz de modificar-lhe o patrimônio, reduzindo-o à insolvência; quando transcrita a alienação depois de decretada a falência; alienação ou oneração de bens ou rendas por sujeito passivo em débito com a Fazenda Pública, por crédito regularmente inscrito em dívida ativa; aquisição de imóvel mais valioso por sujeito insolvente, a fim de beneficiar-se da impenhorabilidade prevista para os bens de família; nos demais casos expressos em lei. 2. Trata-se de instituto híbrido, com natureza de ação declaratória incidental ao curso de outra demanda, mas também de medida judicial em garantia da ordem pública e do respeito à autoridade das decisões judiciais. Pode ser promovida em fase de cumprimento da sentença, em execução de título extrajudicial, ou mesmo durante a fase de conhecimento, por meio de medida cautelar de arresto ou sequestro, neste último caso, se o bem alienado é o próprio objeto do litígio. Também caracteriza ato atentatório à dignidade da Justiça, sujeitando o credor/executado a multa, em montante não superior a 20% (vinte por cento) do valor atualizado do débito em execução. 3. Não se confunde com a *fraude contra credores*, a qual não depende de ajuizamento prévio de demanda pelo credor prejudicado, só podendo ser reconhecida mediante ação própria (denominada *ação pauliana*). 4. Bastante debatida e controvertida na doutrina e na jurisprudência, pois mitiga as garantias constitucionais da propriedade e da segurança jurídica, em prol do respeito à boa-fé nas relações privadas e à atividade jurisdicional do Estado. Por isto, desde a década de 1990, alterações legislativas e construções jurisprudenciais vêm restringindo o âmbito de cabimento das declarações de fraude de execução, a princípio, declarando a mera ineficácia dos atos de disposição patrimonial em relação ao exequente da ação que se buscou frustrar, e, mais recentemente, exigindo a averbação de penhora ou outro tipo de gravame sobre o registro do bem, quando sujeito a inscrição em Registro Público. 5. Ainda muito se debate acerca dos direitos do terceiro que adquiriu bens do devedor insolvente, o qual deve impugnar a declaração judicial de fraude por meio de embargos de terceiro. A jurisprudência vem protegendo o adquirente, nestas hipóteses, caso demonstrada a boa fé no negócio jurídico praticado. Para parte da jurisprudência e da doutrina, o ônus de provar a boa fé é do próprio terceiro embargante, apresentando as certidões negativas de distribuição de feitos e de regularidade fiscal do alienante, ao tempo da transferência da propriedade ou outro direito real sobre o bem, exigência prevista na Lei nº 7.433/1985. Por outro lado, a tendência do STJ é de presumir a boa-fé do terceiro adquirente, invertendo o ônus da prova contra o credor/exequente da ação principal, que então terá que demonstrar a má fé na alienação. 6. A Medida Provisória nº 656, de 7-10-2014, que até o fechamento desta edição ainda não havia sido convertida em lei, estabelece, em seus arts. 10 a 14, que prevalecerá a eficácia dos atos jurídicos que tenham por fim constituir, transferir ou modificar direitos reais sobre imóveis, nas hipóteses em que não tenha sido averbado, nas respectivas matrículas, o registro de ações reais ou pessoais reipersecutórias, constrições judiciais decorrentes de execução de sentença, ou outros tipos de decisão judicial, que possam reduzir o alienante à insolvência. Referidas disposições aparentam estar acoimadas de inconstitucionalidade, uma vez que é vedada a edição de Medidas Provisórias sobre Dir. Civil e Processual, desde a promulgação da EC nº 32/2001, que inseriu o § 1º ao art. 62 da CF. 7. Delito contra a Administração da Justiça, embora seja processado por ação penal privada, que consiste em artifício lesivo que o devedor aplica contra o credor, onerando bens ou simulando dívidas. O sujeito ativo não pode ser o comerciante, pois, nesse, caso o crime seria falimentar. A fraude à execução só se configura se houver ação cível; se a lei processual civil não considerar o ato fraude à execução, não se aplica a lei penal.

✱ *V. CPC/1973, arts. 592, V, 593, 600, I, 615-A, § 3º, 659, §§ 4º e 5º, 671; 672, § 3º, e 813, II,* b.

✱ *V. CPC/2015, arts. 774, 790, 792, 799, 828, 831, 836, 837, 844, 845, 855 e 856.*

✱ *V. CC/2002, art. 166, VI.*

✱ *V. CTN, art. 185.*

✱ *V. CP, art. 179.*

✱ *V. Lei nº 6.015/1973 (Lei dos Registros Públicos), arts. 215, 216 e 240.*

✱ *V. Lei nº 7.433/1985 (Dispõe sobre os requisitos para a lavratura de escrituras públicas).*

✱ *V. Lei nº 8.009/1990 (Dispõe sobre a impenhorabilidade dos bens de família), art. 4º.*

✱ *V. Lei nº 11.101/2005 (Lei de Recuperação de Empresas e Falências), art. 129.*

✱ *V. Lei nº 13.097/2015 (Dispõe, entre outros assuntos, sobre a eficácia de negócios jurídicos que tenham por fim constituir, transferir ou modificar direitos reais sobre imóveis), arts. 54 a 62.*

✱ *V. Dec. nº 93.240/1986 (Regulamenta a Lei nº 7.433/1986, que dispõe sobre os requisitos para a lavratura de escrituras públicas).*

✱ *V. Súm. nº 375 do STJ.*

FRAUDE EM CERTAME DE INTERESSE PÚBLICO – Tipo penal surgido com o advento da Lei nº 12.550/2011, que inseriu o art. 311-A no CP, tornando crime contra a Administração Pública a utilização ou divulgação indevida, com o fim de beneficiar a si ou a outrem, ou de comprometer a credibilidade do certame, de conteúdo sigiloso, referente a concurso público, avaliação ou exame público, processo seletivo para ingresso no ensino superior ou outros exames ou processos seletivos previstos em lei. A pena é de reclusão, de 1 (um) a 4 (quatro) anos, e multa, sendo que incorre nas mesmas penas quem permite ou facilita, por qualquer meio, o acesso de pessoas não autorizadas a informações sigilosas sobre certames públicos. Se da conduta resultar dano à Administração Pública, a pena passa a ser de 2 (dois) a 6 (seis) anos e multa, e se o fato for praticado por funcionário público, aumenta-se a pena em 1/3 (um terço). É possível substituir a pena privativa de liberdade pela interdição temporária do direito do condenado participar de certame público, desde que atendidas as condições previstas no art. 44 do CP.

✱ *V. CP, arts. 47, V, e 311-A.*

FRAUS OMNIA CORROMPIT – (Latim) A fraude a tudo corrompe, ou produz nulidade.

FREGUESIA – Conjunto de pessoas que fazem, habitual ou ocasionalmente, compras em estabelecimento comercial. Difere de *aviamento* (q.v.).

FRESTA – Abertura na parede externa de prédio a menos de metro e meio do prédio vizinho, para dar luz e ar ao interior do compartimento, com tamanho determinado por lei. O mesmo que *seteira.*

FRETADOR – O que dá em locação ou fretamento embarcação ou outro veículo.

FRETAMENTO – O mesmo que *afretamento* (q.v.). O fretamento pode ser *total,* quando o navio é totalmente ocupado pela carga; *parcial,* quando o é em parte; *transporte,* quando o fretador o loca para transporte de carga, tendo o navio à sua disposição; *locação,* quando o navio fica por conta do afretador, que dirige o transporte; *à prancha,* se o navio é franqueado para receber quaisquer cargas, sem que sua quantidade determine a viagem; *à colheita,* quando o armador ou o dono do navio trata previamente com os carregadores as condições para recebimento da carga, convenção que fica sem efeito se não se obtiver certo mínimo de frete em um determinado período.

FRETE – Locação de navio ou de qualquer outro veículo.

FRONTEIRA – Linha divisória entre países, Estados, municípios. A fronteira tem como finalidades a delimitação da base física do Estado, a intercomunicação com povos fronteiriços e a proteção contra atos hostis externos. Lei específica considera área indispensável à segurança nacional a faixa interna de 150 quilômetros de largura, paralela à linha divisória terrestre do território nacional, chamada *faixa de fronteira,* o que também é determinado pela Constituição.

✱ *V. CF, art. 20, § 2º.*

✱ *V. Lei nº 6.634/1979 (Dispõe sobre a faixa de fronteira), art. 1º.*

FRUIÇÃO – Inerente ao direito de propriedade da coisa, com o poder de perceber, com exclusividade, os frutos naturais, industriais ou civis que ela produza. Ato e efeito de possuir, usar e gozar de coisa certa.

FRUTOS – Rendimentos de bens; produtos dos reinos vegetal e animal; atividades, vantagens e proveitos que, periódica e sucessivamente, nascem e renascem da coisa, sem modificar nem reduzir sua própria substância. Os *naturais* são os espontâneos, sem esforço humano: frutas, madeiras, árvores, crias de animais etc. Os *industriais* são os obtidos pelo trabalho humano; os *civis* são os que provêm da coisa, empregada em proveito de terceiros, como juros, aluguéis, honorários, salários etc. Opõe-se a frutos *naturais.* Podem ser, ainda: *consumidos,* os que se consomem; *estantes,* os que estão armazenados ou acondicionados, prontos para venda e consumo; *pendentes,* os não colhidos; *percebidos ou colhidos: percipiendos,* os deixados pendentes por negligência, culpa ou dolo; e *separados,* os que se tornaram, pela colheita, independentes da coisa que os produziu.

FUGA – Evasão. Ação de fugir. Crime de facilitação de evasão de indivíduo preso ou detido por medida de segurança. A fuga sem violência não constitui crime.

FULMINAÇÃO – É a morte produzida por um raio ou a atuação da eletricidade natural sobre o homem.

FUMUS BONI JURIS – (Latim) Presunção de legalidade, possibilidade da existência de um direito.

FUNÇÃO – Atividade do agente público na gestão ou administração da coisa pública. Cargo público. Atos praticados no exercício da função, ofício ou cargo. Relação de direito público entre o funcionário e a Administração. Exercício de cargo, encargo ou múnus público, remunerado ou não, por eleição ou nomeação.

FUNCIONALISMO – A classe dos funcionários públicos.

Nepotismo: É a nomeação, contratação ou designação de familiar de Ministro de Estado, familiar da máxima autoridade administrativa correspondente ou, ainda, familiar de ocupante de cargo em comissão ou função de confiança de direção, chefia ou assessoramento, para: cargo em comissão ou função de confiança, atendimento a necessidade temporária de excepcional interesse público, salvo quando a contratação tiver sido procedida de regular processo seletivo; e estágio, salvo se a contratação for precedida de processo seletivo que assegure o princípio da isonomia entre os concorrentes (art. 3º, I, II e III, do Dec. nº 7.203/2010).

✱ *V. Dec. nº 7.203/2010 (Dispõe sobre a vedação do nepotismo no âmbito da administração pública federal).*

FUNCIONÁRIO PÚBLICO – Pessoa que exerce, legalmente, cargo administrativo de âmbito federal, estadual ou municipal, de caráter público. Às pessoas que exercem emprego ou função públicos costuma-se dar a denominação mais ampla de "servidor público", expressão de sentido lato, que alcança toda e qualquer pessoa que trabalhe legalmente para a União, os Estados, o Distrito Federal, os Municípios e suas autarquias e fundações. Para efeitos penais, equipara-se a funcionário público quem exerce a cargo, emprego ou função em entidade paraestatal, e quem trabalha para empresa prestadora de serviço contratada ou conveniada para a execução de atividade típica da Administração Pública. O cargo, o emprego e a função pública pertencem ao Estado e não ao servidor que os ocupa, tendo o Estado direito discriminatório de criá-los, alterá-los ou suprimi-los, mediante lei. A vitaliciedade não impede a extinção do cargo, ficando o funcionário em disponibilidade com vencimentos proporcionais ao tempo de serviço. Para demissão de funcionário concursado é necessário processo administrativo disciplinar com garantia de ampla defesa. O estágio probatório não protege o funcionário contra a extinção do cargo. Servidor vitalício sujeita-se à aposentadoria compulsória em razão da idade. O funcionário é *de fato,* se irregularmente investido em cargo público; *de direito,* se concursado e legalmente investido em suas funções; *ativo e inativo,* se em exercício ou aposentado; *isolado*, o que não ocupa cargo de carreira (funcionário publico no sentido estrito); *de carreira*, os que estão em cargos da mesma profissão, enumerados segundo padrões de vencimentos; *por nomeação*, o nomeado por livre escolha do Poder Público, após concurso de títulos ou de provas; *estável*, o que goza de estabilidade obtida após três anos de efetivo exercício de cargo de provimento efetivo obtido em virtude de concurso público; *temporário*, o que serve a título precário; *demissível ad nutum*, o que não tem estabilidade, pode ser demitido sem justificativa; *efetivo*, se detém cargo integrante da Parte Permanente do Quadro da Repartição, obtido após prévio concurso público de provas ou de provas e títulos; *comissionado*, o que ocupa cargo isolado, integrante da Parte Especial do Quadro, de provimento em comissão, ou seja, sem prévio concurso público; *contratado*, o admitido no regime da legislação trabalhista, e não no regime estatutário ou autárquico; *amovível*, o que pode ser removido ou transferido de cargo ou carreira; *inamovível*, o que não pode ser removido ou transferido senão a pedido ou por motivo de interesse público, no caso de juiz, reconhecido por dois terços dos votos dos membros efetivos do tribunal superior competente; *vitalício*, o que desfruta de garantia pela qual não pode ser afastado, destituído ou demitido enquanto viver, senão por sentença judiciária, aposentadoria, jubilação ou reforma, nos casos que a lei prevê. Cessa a menoridade quando o menor é nomeado funcionário público. Não pode o funcionário comprar bem que esteja sob sua administração direta. União, Estados, Distrito Federal e Municípios são civilmente responsáveis por atos de seus representantes que causem danos a terceiros. O domicílio do funcionário público é onde ele exerce suas funções, a menos que sejam temporárias, periódicas ou de simples emissão, quando prevalece o domicílio anterior.

✱ **V.** *CF, arts. 37 a 41.*

✱ **V.** *Súmulas nºs 11, devidamente adaptada à nova redação dada pelo § 3º do art. 41 da CF, pela EC nº 19/1998, 20, 22 e 36 do RISTF.*

✱ **V.** *CP, art. 327.*

✱ **V.** *CC, arts. 5º, parágrafo único, I a V, 43, 76, 497 e 498.*

Nepotismo: É a nomeação, contratação ou designação de familiar de Ministro de Estado, familiar da máxima autoridade administrativa correspondente ou, ainda, familiar de ocupante de cargo em comissão ou função de confiança de direção, chefia ou assessoramento, para: cargo em comissão ou função de confiança, atendimento a necessidade temporária de excepcional interesse público, salvo quando a contratação tiver sido procedida de regular processo seletivo; e estágio, salvo se a contratação for precedida de processo seletivo que assegure o princípio da isonomia entre os concorrentes (art. 3º, I, II e III, do Dec. nº 7.203/2010).

✱ **V.** *Dec. nº 7.203/2010 (Dispõe sobre a vedação do nepotismo no âmbito da administração pública federal).*

FUNDAÇÃO – Instituição autônoma, criada por liberalidade privada ou pelo Estado, com personalidade jurídica, patrimônio próprio, destinada à realização de certos fins. Tem caráter patrimonial, não se confundindo com sociedade, e é pessoa jurídica de direito privado, obedecendo à lei do Estado em que se constitui. O Ministério Público do Estado onde ela estiver é que cuidará de seus interesses; a lei prevê, ainda, casos de alteração dos estatutos e o fim dado ao seu patrimônio, se impossível mantê-la ou vencido o prazo de sua existência.

✱ **V.** *LINDB (antiga LICC), art. 11.*

✱ **V.** *CC, arts. 44, I, 62 a 69.*

FUNDAMENTAÇÃO – 1. Ato ou efeito de fundamentar. 2. Sustentáculo, base, alicerce, apoio. 3. Motivo, razão, sustentação racional de uma ideia ou decisão. 4. A CF prevê a fundamentação como limite à discricionariedade dos membros da magistratura e como garantia processual aos jurisdicionados. Tal garantia perpassa todos os pronunciamentos do juiz e dos tribunais, aplicando-se tanto na condução do procedimento, diante de manifestações das partes, bem como na apreciação das provas, e, por fim, na prolação de sentenças e acórdãos. 5. O CPC/2015 disciplina minuciosamente a fundamentação das sentenças, exigindo mais rigor e precisão por parte dos magistrados, considerando-se não fundamentada, e, portanto, nula, a decisão que não observar os parâmetros legais. 6. A fundamentação também é direito dos cidadãos em face das autoridades administrativas, quando estas tomarem decisões que restrinjam direitos dos administrados, sobretudo no curso de processos administrativos.

✱ **V.** *CF, art. 93, X.*

✱ **V.** *CPC/1973, arts. 131, 165, 273, § 4º, e 458, II.*

✱ **V.** *CPC/2015, arts. 10, 11, 371, 489, II e § 1º, e 927.*

✱ **V.** *CPP, arts. 155, 381, III, 386, 387, 397, 413 e 415.*

✱ **V.** *CLT, art. 832.*

✱ **V.** *Lei nº 9.784/1999 (Lei do Processo Administrativo), arts. 31, § 2º, 38, § 2º, e 50.*

FUNDAMENTO – Base, princípio, razão, argumento.

Jurídico do pedido: suporte legal que embasa a petição, a causa de pedir que decorre de fatos ou conjunto de fatos a que o autor atribui o efeito jurídico da sua pretensão. Exposição correta e sem lacunas da causa de pedir com embasamento legal, não sendo fundamental a menção dos dispositivos de lei que se aplicam ao caso. O juiz aplicará a lei, ainda que não invocada, já que lhe cabe conhecer a lei e o direito.

Legal do pedido: arguição dos dispositivos de lei que embasam matéria inerente ao pedido feito na inicial, cuja menção não é obrigatória e, ainda que

F

erroneamente invocadas, não prejudicarão o pedido, mesmo que amparado juridicamente.

Remoto do pedido: o fato do qual se originou o direito invocado.

FUNDIÁRIO – Pertinente a questões sobre imóveis ou à garantia que se estriba no valor deles.

FUNDING – Consolidação de dívida flutuante. Emprego de capital em fundos públicos.

FUNDO – A essência, o substancial, o básico. Conjunto de bens de uma pessoa usado no giro de seus negócios; capital. Provisão de dinheiro para prover a um certo pagamento. Elemento essencial do ato jurídico, que revela a vontade das partes. Opõe-se a *forma.*

De amortização: valor que se destina à amortização de dívida e juros ou à cobertura de danos.

De capital: valores em dinheiro ou outros bens usados com fins econômicos.

De comércio: direitos e bens, corpóreos e incorpóreos ou universalidade de coisas e direitos, ativos e passivos, que forma o patrimônio do comerciante, incluindo a sua freguesia ou clientela, nome comercial, patentes, registro da marca de indústria e de comércio. O mesmo que *estabelecimento comercial.*

De negócio: mercadorias, móveis e utensílios de estabelecimento comercial em fase de liquidação. Não se confunde com *fundo de comércio.*

De reserva: provisão de lucros líquidos lançados no ativo do comerciante para cobrir desvalorizações, riscos e despesas ou perdas imprevistas. É *legal,* quando é formado por deduções anuais de 5% dos lucros líquidos de sociedades anônimas, destinado a garantir a integridade do capital social.

De resgate: parcela de lucros anuais que se reserva para amortização de dívida, obrigação ou aquisição das próprias ações pela sociedade emissora.

Mútuo: resulta da cooperação em dinheiro de membros de uma sociedade, para beneficiar as famílias, quando do falecimento de um deles; o mesmo que *pecúlio.*

Social: patrimônio comum de sociedade comercial, isto é, o conjunto de bens, dívidas ativas e passivas, direitos reais etc., que ela adquire durante sua existência. Também chamado *ativo social,* que não se confunde com *capital social,* o qual é fixo.

FUNDO DE GARANTIA DO TEMPO DE SERVIÇO (FGTS) – Contribuição efetuada pelos empregadores em nome de cada um de seus empregados, com o objetivo de formar um pecúlio, o qual poderá ser resgatado nas condições previstas em lei. A Constituição Federal de 1988 garantiu o FGTS como direito do trabalhador, o qual é formado através de depósitos mensais compulsórios, que o empregador faz para cada empregado, no percentual de 8% sobre sua remuneração mensal, sendo que, em caso de contrato de aprendizagem, essa alíquota é reduzida para 2%. Não se trata de desconto do salário, mas de uma conta vinculada, a qual o trabalhador só pode movimentar em certas e definidas situações. Os recursos, provenientes desses depósitos, são aplicados pela Caixa Econômica Federal em programas de saneamento, habitação e infraestrutura urbana. O FGTS é garantido também a trabalhadores rurais, domésticos e avulsos, bem como a diretores não empregados, os quais podem equipararse aos demais trabalhadores sujeitos ao regime trabalhista. A partir da Constituição Federal de 1988, não é mais possível optar pela adesão ao Fundo, tornandose obrigatório até mesmo para aqueles que, embora não houvessem optado por este regime antes da Constituição, bem como para aqueles que alcançaram a estabilidade permanente aos 10 (dez) anos de trabalho, conservando, porém, a estabilidade em relação ao direito anteriormente adquirido. Trabalhadores autônomos, eventuais, bem como servidores públicos estatutários, civis e militares, não estão assistidos por este direito. As contribuições são devidas mesmo durante as interrupções legalmente previstas no contrato de trabalho: serviço militar, licença por acidente do trabalho, licença para tratamento de saúde (15 dias), licenca-gestante e licença-paternidade. A partir de 1990, a CEF passou a ser a única instituição financeira responsável pelo controle das contas vinculadas. O Conselho Curador do FGTS tem representantes do Governo, dos trabalhadores e dos empregadores, para fiscalizar as contas e a aplicação dos recursos do Fundo. Nos termos da redação dada pela Lei nº 14.261/2021, a Presidência do referido Conselho será exercida pelo Ministro de Estado do Trabalho e Previdência ou representante por ele indicado. O Decreto nº 10.905/2021 detalhou a composição do Conselho Curador do FGTS. O órgão gestor é o Ministério da Ação Social, o operador, a CEF, e o fiscal, o Ministério do Trabalho e Emprego. A atualização monetária das contas vinculadas é feita pelo mesmo índice aplicado para as cadernetas de poupança, contudo a taxa de juros mensal é equivalente à metade daquele índice. O FGTS pode ser sacado pelo trabalhador nas hipóteses de: dispensa sem justa causa; despedida indireta (por culpa do empregador); rescisão por culpa recíproca e por força maior, dentre outras hipóteses, previstas na Lei nº 8.036/1990 e em outras leis específicas. Nas hipóteses de rescisão contratual por iniciativa do empregador, este pagará, a título de indenização, o equivalente a 40% do total de depósitos que são devidos por todo o contrato, na conta vinculada do trabalhador dispensado, acrescido de juros e atualização monetária que couber. Esta *multa, prevista no art. 10 do ADCT,* vigorará enquanto não for aprovada a lei complementar que regulamente a garantia de relação de emprego contra despedida arbitrária, ou sem justa causa, prevista no art. 7º, I, da CF. Se a despedida foi *por culpa recíproca* ou *força maior*, reconhecida pela Justiça do Trabalho, o percentual indenizatório é de 20%. Em razão de falhas na atualização monetária dos depósitos em período de transição entre planos econômicos, houve enorme quantidade de ações discutindo o valor correto do saldo de contas vinculadas, em função das quais foi criada uma contribuição adicional ao Fundo, no importe de 10% (dez por cento) sobre o saldo de cada conta vinculada, recolhido junto com a multa de 40%. Os recursos obtidos com esta contribuição foram revertidos ao pagamento das diferenças sobre os depósitos existentes ao tempo dos planos Bresser, Verão e Collor, os quais foram realizados mediante adesão expressa dos trabalhadores beneficiados. O STF entendeu que a adesão espontânea do trabalhador ao pagamento na forma regida pela LC nº 110/2001, sem vício de consentimento, implica a renúncia a diferenças postuladas em juízo. Podese também sacar o FGTS *por extinção total ou parcial da empresa*, com fechamento de filiais, agências ou atividades que levem à demissão do trabalhador, bem como pelo *falecimento do empregador individual*, que justifique a demissão do empregado. Nestes últimos casos, só poderão ser sacados os depósitos feitos no período de contrato de trabalho que se encerrou, acrescidos de juros e atualização, deduzidos os saques porventura realizados anteriormente. O trabalhador pode sacar, ainda, para a aquisição de *casa própria*, através do SFH – Sistema Financeiro da Habitação, nas seguintes condições: compra a vista ou a prazo (total ou parcial); quitação ou redução do saldo devedor; pagamento de parte das prestações. Outras hipóteses de levantamento são as seguintes: *final do contrato de trabalho por tempo determinado; suspensão do trabalho avulso* por período igual ou superior a 90 dias; *aposentadoria pela Previdência Social, mesmo se o trabalhador continuar empregado; falecimento do titular da conta*, caso em que o saldo é pago aos dependentes habilitados na forma da lei, perante a Previdência Social; *empregado portador de AIDS e neoplasia maligna; quando a conta vinculada permanecer por 3 (três) anos ininterruptos sem receber depósitos*, em razão de rescisão do contrato por iniciativa do empregado ou por dispensa por justa causa; quando o empregado permanecer por mais *de 3 (três) anos ininterruptos afastado do regime do FGTS. Nas duas últimas hipóteses acima*, o saque, deverá ser feito a partir do mês de aniversário do trabalhador. O trabalhador poderá, em tais casos, sacar o total dos depósitos feitos em seu nome, por diversas empresas, em períodos sucessivos de trabalho, com juros e atualização, descontados os saques realizados. O depósito da contribuição para o FGTS deve ser feito até o dia 7 do mês seguinte ao mês em que é devido o salário, sendo que o crédito da correção monetária e dos juros é efetuado no dia 10 de cada mês, com base no saldo existente no dia 10 do mês anterior, ou no primeiro dia útil subsequente, no caso de feriado, deduzidos os saques eventualmente já realizados pelo empregado. O empregador é obrigado a informar, todos os meses, o valor recolhido em nome do trabalhador ao FGTS, no recibo de pagamento. A CEF obrigase a remeter, a cada 2 (dois) meses, extrato com todas as informações sobre a conta vinculada, podendo trazer, no verso, as regras para uso dos recursos. O trabalhador, seus dependentes e sucessores ou o seu sindicato, podem acionar diretamente a empresa, na Justiça do Trabalho, se ela não efetuar o depósito das importâncias devidas. Uma vez que os valores devidos pelos empregadores ao FGTS têm natureza jurídica de tributo, embora não se lhes apliquem as disposições do CTN, os mesmos podem ser inscritos em dívida ativa pela Procuradoria da Fazenda Nacional, e por ela cobrados em execução fiscal. Contudo, não podem ser inscritos em dívida ativa débitos inferiores a R$ 1.000,00 (mil reais), bem como não podem ser propostas ações executivas cujo débito consolidado seja inferior a R$ 20.000,00 (vinte mil reais). O prazo para o trabalhador pleitear depósitos não efetuados pelos empregadores perante a Justiça do Trabalho é de 30 (trinta) anos, segundo o art. 23, § 5º, da Lei nº 8.036/1990 e o art. 55 do Dec. nº 99.684/1990. Entretanto, em 13-11-2014, no julgamento do Recurso Extraordinário com Agravo (ARE) 709212, com repercussão geral reconhecida, o STF declarou a inconstitucionalidade das normas que previam a prescrição trintenária, modulando os efeitos da decisão, no sentido de que os casos cujo termo inicial da prescrição ocorra após a data daquele julgamento, observarão o prazo de cinco anos, e os casos em que o prazo prescricional já estava em curso, observarão o que ocorrer primeiro, ou seja, 30 (trinta) anos, contados do termo inicial, ou 5 (cinco) anos, a partir daquela decisão.

✱ *V. CF, art. 7º, caput e III.*

✱ *V. ADCT, art. 10, I.*

✱ *V. Lei nº 8.036/1990 (Lei do Fundo de Garantia por Tempo de Serviço).*

✱ *V. Lei nº 8.884/1994.*

✱ *V. Lei nº 13.043/2014 – arts. 45 a 49.*

✱ *V. Lei nº 14.261/2021 (Cria o Ministério do Trabalho e Previdência e dá outras providências).*

✱ *V. LC nº 110/2001.*

✱ *V. CTN, art. 217, IV.*

✱ *V. Dec. nº 99.684/1990, que consolida as normas regulamentares do FGTS.*

✱ *V. Dec. nº 10.905/2021 (Dispõe sobre o Conselho Nacional do Trabalho, a Comissão Tripartite Paritária Permanente, o Conselho Deliberativo do Fundo de Amparo ao Trabalhador e o Conselho Curador do Fundo de Garantia do Tempo de Serviço), art. 24.*

F

✱ *V. Súm. Vinc. nº 1.*

✱ *V. Súm. nº 593 do STF.*

✱ *V. Súmulas nºs 98, 125, 206, 305, 362 e 363 do TST.*

✱ *V. Orientações Jurisprudenciais nºs 42, 195, 232, 302, 341, 344, 361, 362 e 370 da SBDII do TST.*

✱ *V. Súmulas nºs 82, 154, 161, 210, 249, 252, 353, 398, 445, 459, 462, 466 e 514 do STJ.*

FUNDO DE INVESTIMENTO – *1. Comunhão de recursos, constituído sob a forma de condomínio de natureza especial, destinado à aplicação em ativos financeiros, bens e direitos de qualquer natureza. Embora a Lei nº 13.874/2019 tenha incluído a figura do fundo de investimento no Código Civil de 2002, observa-se claramente que não se trata de figura jurídica afeta ao Dir. Civil, mas sim ao Dir. Econômico, uma vez que existe fortíssima regulação estatal sobre o funcionamento destes entes dfespersonalizados, especialmente por parte da Comissão de Valores Mobiliários. Os fundos são instituídos por agentes do mercado de capitais, que atuam como gestores de recursos de terceiros, não necessariamente estando vinculados as instituições financeiras. Tais agentes elaboram o regulamento e o prospecto do fundo de investimento, que, aprovado pela CVM, admite a captação de recursos. Os investidores, subscrevendo cotas dos fundos, respondem até o limite do capital investido. 2. Para o Dir. Tributário, os fundos de investimento são estímulos fiscais que se concedem para a capitalização das empresas ou sociedades e para compra de ações, tornando mais fácil a captação de poupança popular.*

✱ *V. CC, arts. 1.368-C a 1.368-F.*

✱ *V. Lei nº 6.385/1976 (Dispõe sobre o mercado de valores mobiliários e cria a Comissão de Valores Mobiliários), arts. 2º, V, e 9º, I, c.*

✱ *V. Lei nº 9.779/1999 (Altera a legislação do Imposto sobre a Renda, relativamente à tributação dos Fundos de Investimento Imobiliário e dos rendimentos auferidos em aplicação ou operação financeira de renda fixa ou variável), arts. 1º e 3º.*

✱ *V. Lei nº 11.033/2004 (Altera a tributação do mercado financeiro e de capitais),art. 1º, § 2º, e 3º, III.*

✱ *V. Lei nº 12.431/2011 (Dispõe sobre a incidência do imposto sobre a renda nas operações que especifica), art. 1º, II, §§ 1º-A, 1º-D, 4º, II, e 5º, II; 3º, § 1º; e 4º.*

FUNDO DE MANUTENÇÃO E DESENVOLVIMENTO DA EDUCAÇÃO BÁSICA E DE VALORIZAÇÃO DOS PROFISSIONAIS DA EDUCAÇÃO (FUNDEB) – 1. Fundo público, de natureza contábil, de criação obrigatória por parte de cada ente federado, para controle das receitas vinculadas constitucionalmente à educação básica. 2. Criado pela Emenda Constitucional nº 53/2006, que alterou a redação do art. 60 do ADCT, prevendo a vigência desse método de controle contábil por 14 (catorze) anos, sendo prorrogado o prazo indefinidamente pela Emenda nº 108/2020, a qual também inseriu o art. 212-A no texto permanente da CF/1988, estabelecendo critérios para aferição da eficiência na aplicação dos recursos públicos na melhoria da qualidade da educação básica. 3. A Lei nº 11.494/2007 regulamenta a instituição e a composição do FUNDEB no âmbito tanto da União quanto dos Estados, do Distrito Federal e dos municípios, o que foi objeto de diversas ações diretas de inconstitucionalidade, questionando essa norma em virtude de alegadas violações ao pacto federativo, tais como os critérios de distribuição das verbas afetadas ao Fundo e o controle dos entes federados pelo Tribunal de Contas da União. 4. A Lei nº 14.276/2021 detalhou os requisitos a serem observados no âmbito do FUNDEB.

✱ *V. CF, arts. 212 e 212-A.*

✱ *V. ADCT, arts. 60 e 60-A.*

✱ *V. EC nº 53/2006 (Dá nova redação aos arts. 7º, 23, 30, 206, 208, 211 e 212 da Constituição Federal e ao art. 60 do Ato das Disposições Constitucionais Transitórias).*

✱ *V. EC nº 108/2020 (Disciplina a disponibilização de dados contábeis pelos entes federados, para tratar do planejamento na ordem social e para dispor sobre o Fundo de Manutenção e Desenvolvimento da Educação Básica e de Valorização dos Profissionais da Educação – FUNDEB).*

✱ *V. Lei nº 11.494/2007 (Regulamenta o Fundo de Manutenção e Desenvolvimento da Educação Básica e de Valorização dos Profissionais da Educação – FUNDEB).*

✱ *V. Lei nº 14.276/2021 (Altera a Lei nº 14.113, de 25 de dezembro de 2020, que regulamenta o Fundo de Manutenção e Desenvolvimento da Educação Básica e de Valorização dos Profissionais da Educação (Fundeb)).*

✱ *V. Dec. nº 6.253/2007 (Dispõe sobre o Fundo de Manutenção e Desenvolvimento da Educação Básica e de Valorização dos Profissionais da Educação – FUNDEB).*

FUNDO ELEITORAL – *1. Também conhecido comoFundo Especial de Financiamento de Campanha, é constituído por dotações orçamentárias da União, conforme critérios definidos na Lei nº 9.504/1997, que em geral favorecem os partidos com maior votação proporcional para a Câmara dos Deputados. A Lei nº 13.831/2019 inseriu diversos dispositivos à Lei das Eleições, permitindo a utilização de recursos do Fundo Eleitoral para custeio de atividades dos partidos políticos não diretamente relacionadas à companha eleitoral, tais como serviços de advocacia e contabilidade.*

✱ *V. Lei nº 9.504/1997(Estabelece normas para as eleições), arts. 16-C e 16-D.*

✱ *V. Lei nº 9.096/1995 (Lei dos Partidos Políticos).*

FUNDO MONETÁRIO INTERNACIONAL – Organização criada em 1945, com participação internacional, integrada por países-membros, destinada a promover a cooperação no âmbito mundial sobre problemas monetários que afetem a balança de pagamentos.

FUNDO PARTIDÁRIO – 1. Também conhecido como Fundo Especial de Assistência Financeira aos Partidos Políticos, é um fundo administrado pelo Tribunal Superior Eleitoral (TSE) que se destina à manutenção dos partidos políticos. Apenas os partidos regularmente registrados no TSE podem receber recursos do referido fundo. A Lei nº 13.831/2019 inseriu diversos dispositivos à Lei dos Partidos Políticos, com o objetivo de proteger os partidos de eventual responsabilização por atos de seus órgãos regionais, sobretudo a fim de resguardar o direito a continuar recebendo verbas do fundo partidário. 2. Desde a edição da Lei nº 11.694/2008, que incluiu o inciso XI ao art. 649 do CPC/1973, os recursos do fundo partidário são declarados como absolutamente impenhoráveis, não respondendo por qualquer dívida reconhecida judicialmente em face dos órgãos partidários. 3. A EC nº 117/2022 estabeleceu percentual mínimo de aplicação de recursos do fundo partidário à participação política feminina. 4. O STF, por unanimidade, julgou improcedente a ADI nº 4.532, declarando a constitucionalidade da expressão "no prazo de 15 (quinze) dias da diplomação", constante no art. 30-A da Lei nº 9.504/1997, referente ao prazo para ajuizamento de representação destinada a apurar irregularidades nos gastos e na arrecadação de recursos para campanhas eleitorais.

✱ *V. CPC, art. 833, XI.*

✱ *V. Lei nº 9.096/1995 (Lei dos Partidos Políticos), arts. 7º, § 2º; 15, VIII; 28, § 3º; 29, § 7º; 33, I; 36; 37, §§ 3º e 15; 37-A; 38 a 44-A.*

✱ *V. Lei nº 9.504/1997 (Estabelece normas para as eleições), arts. 11, § 8º, IV; 25.*

✱ *V. EC nº 117/2022 (Altera o art. 17 da Constituição Federal para impor aos partidos políticos a aplicação de recursos do fundo partidário na promoção e difusão da participação política das mulheres, bem como a aplicação de recursos desse fundo e do Fundo Especial de Financiamento de Campanha e a divisão do tempo de propaganda gratuita no rádio e na televisão no percentual mínimo de 30% (trinta por cento) para candidaturas femininas).*

FUNGIBILIDADE – Qualidade da coisa que pode ser substituída por outra da mesma espécie, com características idênticas.

Dos recursos: possibilidade de colocar, à escolha, entre dois recursos cabíveis, ou de receber-se um pela instância superior, quando o outro seria cabível.

FURIOSUM NULLUM NEGOTIUM CONTRAHERE POTEST; PUPILLUS OMNIA, TUTORE AUCTORE, AGERE POTEST – (Latim) O louco não pode contrair nenhum negócio; o pupilo pode fazer tudo com a autorização do tutor.

FURTAR – Subtrair, sem violência, de modo ilícito, coisa móvel alheia em proveito próprio.

FURTO – Delito material, crime contra o patrimônio, que consiste em subtrair coisa móvel para si ou para outrem sem expressa autorização de seu dono. Diz-se:

Atenuado: quando de pequena monta e agente primário; será causa, também, de atenuação da pena se o autor restituir a coisa ou reparar o dano antes da ação penal.

Composto: é o agravado com violência à pessoa.

De coisa comum: se o condômino, coerdeiro ou sócio subtrai, para si ou para outrem a coisa comum; não se pune coisa comum fungível, cujo valor é menor do que a quota a que tem direito o agente.

✱ *V. CP, art. 156.*

De energia: equipara-se a coisa móvel a energia elétrica ou qualquer outra que tenha valor econômico.

✱ *V. CP, art. 155, § 3º.*

De uso: subtração de coisa alheia com o fim de prover uma necessidade. Há pelo agente a intenção de devolução de coisa.

Famélico: subtração de alimentos para saciar a fome.

Noturno: se realizado à noite, a pena anterior aumenta de um terço.

✱ *V. CP, art. 155, § 1º.*

Privilegiado: se o autor é primário e de pequeno valor a coisa furtada, o juiz pode determinar detenção e não reclusão, diminuindo a pena de um a dois terços ou aplicar somente a de multa.

✱ *V. CP, arts. 155 e 156.*

Qualificado: se o crime é cometido com destruição ou rompimento de obstáculo à subtração da coisa, com abuso de confiança, ou mediante fraude, escalada ou destreza; com emprego de chave falsa; mediante concurso de duas ou mais pessoas; pena de reclusão de 2 a 8 anos e multa. A Lei nº 13.330/2016 incluiu no rol do art. 155, § 6º, que estabelece como qualificadora o furto de semovente domesticável de produção.

✱ *V. CP, art. 155, §§ 4º a 6º.*

Simples: sem nenhuma circunstância qualificativa, reclusão de 1 a 4 anos e multa.

✱ *V. CP, art. 155,* caput.

FUSÃO – Conversão de duas ou mais sociedades mercantis que se extinguem em nova sociedade coletiva, sucessora de seus direitos e obrigações. Não precisam ter a mesma finalidade as sociedades que se fundem nem que estejam em liquidação. Não se confunde com *incorporação* (q.v.). Integração de unidades federativas para constituir um novo Estado.

✱ *V. Lei nº 6.404/1974 (Lei das Sociedades por Ações), art. 233 e segs.*

G

GABINETE – Órgão do Governo, no regime democrático de monarquia constitucional, regido pelo sistema parlamentarista sob a presidência do primeiro-ministro, cabendo-lhe a gestão dos negócios públicos. É responsável perante o Parlamento, de cuja confiança depende para manter-se. A moção de desconfiança basta para que o Gabinete peça sua demissão ao Chefe de Estado.

GANHO – Aquilo que, licitamente, aumenta o patrimônio da pessoa, fruto de seu trabalho ou por fato aleatório. Lucro, proveito, interesse.

De causa: quando uma das partes obtém sentença favorável na lide.

GAP – Significa um hiato nas cotações das ações em Bolsas de Valores. Ocorre, por exemplo, no caso de alta, quando a mínima de um dia é maior que a máxima da véspera.

GARANTE – Abonador, fiador, fidejussor, sacador, avalista.

GARANTIA – 1. Ação ou efeito de garantir. 2. Instrumento ou valor que é entregue a alguém para assegurar o cumprimento de uma obrigação, abonação, caução, fiança, segurança. 3. Documento que acompanha um produto ou serviço adquirido, estabelecendo a responsabilidade do produtor ou do fornecedor, geralmente por determinado lapso de tempo. 4. Termo empregado impropriamente como o próprio prazo pelo qual o produtor ou fornecedor de um produto se responsabiliza por defeitos ou insatisfações do cliente. 5. Meio de assegurar o direito de alguém contra lesão que resulte do não cumprimento de obrigação. Obrigação acessória que garante o implemento do principal. 6. Proteção da lei à pessoa turbada ou ameaçada de violência. 7. No Processo Civil, é todo tipo de asseguramento para a prática de atos que possam se tornar irreversíveis. Até 2006, era requisito de admissibilidade para a oposição de embargos, tanto em execução por título judicial como extrajudicial. A Lei nº 11.382 revogou esta exigência, contudo, se o executado não assegurar o débito exequendo, os embargos não serão recebidos com efeito suspensivo, podendo prosseguir os atos de penhora e expropriação de bens, ainda que ao final a medida seja julgada procedente. 8. No Processo do Trabalho, a garantia do débito ainda é requisito de admissibilidade para oposição de embargos. Entretanto, caso o devedor não garanta espontaneamente o juízo e venha a ter bens penhorados, neste momento poderá oferecer impugnação ao título exequendo. A Lei nº 13.467/2017 (Reforma Trabalhista) dispensou esta exigência em relação a entidades filantrópicas e/ou aqueles que compõem ou compuseram estas instituições.

Bancária: fiança, abono, oferecidos por banco ou pessoa física ou jurídica numa transação.

Constitucional: proteção especial que a Constituição dá aos cidadãos por ela tutelados.

De direito, legal ou natural: aquela prevista na lei.

De fato ou convencional: quando provém de acordo das partes.

Direta: quando o fiador é o principal obrigado.

Da instância: depósito que se exige para um recurso ser processado.

Do direito: recursos que a sociedade e o Dir. Positivo fornecem para que um direito seja respeitado.

Do emprego: aquela que garante a estabilidade no emprego.

Formal: relativa à matéria de direito real, pela qual o alienante resguarda o adquirente contra a perda da propriedade, em razão de sentença judicial em ação movida por terceiro e com base em título anterior à transação.

Hospitalar: A Lei nº 12.653/2012 acresceu o art. 135-A ao Código Penal, criando o tipo penal "Condicionamento de atendimento médico-hospitalar emergencial" para determinar que: "exigir cheque-caução, nota promissória ou qualquer garantia, bem como o preenchimento prévio de formulários administrativos, como condição para o atendimento médico-hospitalar emergencial: Pena – detenção, de 3 (três) meses a 1 (um) ano, e multa. Parágrafo único. A pena é aumentada até o dobro se da negativa de atendimento resulta lesão corporal de natureza grave, e até o triplo se resulta a morte."

Indireta: se o garante é obrigado subsidiário.

Legal: a que decorre da lei; diz-se, ainda, *natural*.

Parcial: aquela que recai apenas numa parte do contrato e não sobre a sua totalidade.

Pessoal ou fidejussória: consiste apenas na segurança que, individualmente, alguém presta, de responder pelo cumprimento de obrigação se faltar o devedor principal.

Principal: a que ultrapassa a outras, em valor ou idoneidade, que recaem sobre a mesma obrigação.

Real: aquela pela qual recai ônus sobre a coisa, para garantia de que seja cumprida a obrigação, como na hipoteca, anticrese, penhor etc.

Solidária: quando diversas pessoas se obrigam solidariamente pelo cumprimento de obrigação.

Subsidiária: na qual o obrigado responde pelo cumprimento da obrigação se outra garantia (principal) for insuficiente.

GARANTIAS CONSTITUCIONAIS – Conjunto de direitos que a CF garante a todos os cidadãos. Tutela dos direitos fundamentais, assim como mecanismos jurídicos que garantem a harmonia entre os Poderes do Estado e as suas funções. Os direitos e garantias expressos no texto constitucional não excluem outros que decorrem do regime e dos princípios pela Constituição adotados ou dos tratados internacionais. Esses direitos têm sua garantia nos ritos processuais específicos. O *habeas corpus* é garantia constitucional do direito de ir e vir. São garantias constitucionais de direitos o *habeas corpus*, o *mandado de injunção*, o *mandado de segurança*, o *mandado de segurança coletivo*, e o *habeas data*.

✱ *V. CF, art. 5º, LXVIII, LXIX, LXX, LXXI e LXXII.*

GARNACHA – Veste talar preta, usada por magistrados judiciais; beca, toga.

GARROTE – Instrumento ainda usado em alguns países, para a execução penal por estrangulamento. É um colar de ferro que, acionado pelo verdugo, esmaga as vértebras cervicais do condenado.

GATT – Sigla de *General Agreement on Tariffs and Trade*, entidade criada para incentivar o comércio entre as nações com diminuição de direitos aduaneiros, a ação de cláusula de nação mais favorecida e para combater o protecionimo.

GATUNAGEM – Ação de gatuno; ladroagem. Vida de gatuno.

GATUNO – Aquele que vive de praticar furtos; larápio.

GAZUA – Chave falsa. Peça de arame forte, curva em uma das extremidades que ladrões, e mesmo serralheiros, usam para abrir qualquer fechadura.

GEMINADOS – Imóveis contíguos, de paredes-e-meia.

GENEALOGIA – Sistematização de ascendentes e descendentes de uma pessoa. Estudo da origem e ramificações de família. Linhagem, estirpe.

GENERA PER SPECIEM DEROGANTUR – (Latim) Os gêneros se derrogam pela espécie.

GENERALITAS PARIT OBSCURITATEM – (Latim) A generalidade gera a obscuridade.

GENETRIZ – A fonte geradora; o mesmo que *mãe*.

GENITOR – Ascendente masculino em primeiro grau; o tronco comum de uma família, o pai. Deve-se preferir genitor como sinônimo de *pai*; a palavra *progenitor* se refere a avô. Feminino: *genitora*, a mãe. No Direito atual, tanto o pai como a mãe têm os mesmos direitos na condução da família.

GENOCIDA – Autor de genocídio.

GENOCÍDIO – Prática de atos delituosos para destruir, no todo ou em parte, um grupo nacional étnico, racial ou religioso, como tal: matar membros do grupo; causar lesão grave à integridade física ou mental de membros do grupo; submeter intencionalmente o grupo a condições de existência capazes de ocasionar-lhe a destruição física total ou parcial; adotar medidas destinadas a impedir nascimentos no seio do grupo; efetuar a transferência forçada de crianças do grupo para outro grupo. Serão considerados crimes políticos para efeito de extradição. O genocídio está incluído entre os crimes hediondos, inafiançáveis, não dando direito a anistia, graça, indulto e fiança. Devendo a pena ser integralmente cumprida em regime fechado.

✱ *V. CF, art. 5º, XLIII.*

✱ *V. Lei nº 8.072/1990 (Lei dos Crimes Hediondos), art. 1º.*

✱ *V. Lei nº 2.889/1956 (Lei do Crime de Genocídio), arts. 1º a 3º.*

GERÊNCIA – Funções de gerente; mandato de administração de negócios.

GERENTE – Encarregado, gestor, com poderes e instruções do patrão, em nome de quem e por quem age, na administração de negócios de um estabelecimento comercial ou fabril. Institor, preposto. Se o réu for citado e estiver ausente, pode-se fazer a citação na pessoa do gerente, se o tiver. O gerente tem descontada em folha a prestação alimentícia de que for devedor.

GERONTOFILIA – Perversão, anomalia sexual; preferência anormal por pessoas muito idosas para o concúbito. Crono-inversão sexual.

GESTAÇÃO – Período de nove meses para a gestação e desenvolvimento do embrião na mulher a partir da concepção, e com término no nascimento.

✱ *V. CLT, arts. 391 a 400.*

GESTANTE – 1. Palavra oriunda do latim *gestante(m)*, que significa trazer, carregar, levar. 2. Mulher no período de gravidez; mulher que está em gestação; mulher em estado interessante. É assegurado à mulher gestante o afastamento de quaisquer atividades, operações ou locais insalubres, durante o período de gravidez e amamentação, devendo trabalhar em local salubre. 3. O entendimento de que a mulher gestante deve trabalhar em local salubre passou por mudanças. A Lei nº 13.467/2017 (Reforma Trabalhista) restringiu a proibição às atividades consideradas insalubres em grau máximo e passou a exigir atestado médico para as de grau médio ou mínimo, bem como para o período de lactação em qualquer grau de insalubridade, todavia o pagamento do adicional de insalubridade segue assegurado durante o afastamento.

✱ *V. CLT, arts. 391 a 401.*

✱ *V. Lei Complementar nº 79/1994 (Cria o Fundo Penitenciário Nacional – FUNPEN), art. 3º, XV.*

✱ *V. Lei nº 13.257/2016 (Dispõe sobre as políticas públicas para a primeira infância).*

✱ *V. Lei nº 13.363/2016 (Altera a Lei nº 8.906, de 4 de julho de 1994, e a Lei nº 13.105, de 16 de março de 2015 – Código de Processo Civil, para estipular direitos e garantias para a advogada gestante, lactante, adotante ou que der à luz e para o advogado que se tornar pai).*

GESTÃO – 1. Administração de patrimônio ou de bens de pessoa natural ou jurídica. 2. Período administrativo.

De negócios: atividade oficiosa de alguém que, voluntariamente, administra negócios de outro, sem que esse o tenha autorizado, fazendo-o segundo o interesse e a vontade presumível de seu dono, responsabilizando-se a esse e às pessoas com as quais tratar. Não se confunde com o mandato, a representação legal, por lhe faltar a outorga de poderes e, ainda, porque o dono do bem não pode recusar a interferência do gestor, se a gestão redunda em proveito seu ou previna perigo iminente. Exemplos típicos de gestão de negócios são os casos de ausência, impedimentos ou impossibilidade de a pessoa gerir os seus bens. Observa-se o procedimento sumário nas causas de qualquer valor oriundas da gestão de negócios.

✱ *V. CC, arts. 861 a 863.*

✱ *V. CPC/1973, art. 275, II,* g.

✱ *V. CPC/2015, art. 53, IV,* b.

GESTOR DE SEGURANÇA E CREDENCIAMENTO – O Dec. nº 7.845/2012, que regulamenta procedimentos para credenciamento de segurança e tratamento de informação classificada em qualquer grau de sigilo e dispõe sobre o Núcleo de Segurança e Credenciamento, conceituou gestor de segurança e credenciamento. De acordo com o art. 2º, X, considera-se gestor de segurança e credenciamento: "(...) responsável pela segurança da informação classificada em qualquer grau de sigilo no órgão de registro e posto de controle;"

GLEBA – Historicamente, no período medieval, era terreno feudal a que os servos estavam adstritos, sendo à época chamados de "servos da gleba". Extensão de terreno cultivável.

GLOBALIZAÇÃO – Em termos econômicos e políticos consiste na integração entre mercados produtores e consumidores, assim como blocos econômicos, em nível mundial.

GLOSA – Impugnação, desaprovação, rejeição ou cancelamento de parte ou do total de uma conta, verba ou orçamento. Comentário a um texto de lei.

GLOSADOR – O que interpreta, comenta a lei. Eram chamados glosadores os gramáticos e juristas italianos que, a partir do século XVI, fizeram anotações no *Corpus Iuris Civilis*, possibilitando a aplicação do Dir. Romano no mundo medieval.

GLOSSÁRIO – Diz-se, normalmente, do vocabulário que figura como apêndice de uma obra ou capítulo de um livro, para elucidar os termos nele citados.

GOLPE DE ESTADO – Subversão da ordem, em operação de força que suspende, de modo violento, as garantias constitucionais. Os golpistas apossam-se com violência dos poderes públicos. Impõem a censura a atos e palavras e governam despoticamente.

GORJETA – 1. Palavra oriunda do italiano *gorja* (garganta), é a importância ou vantagem oferecida como gratificação por um serviço prestado. Espórtula, gratificação, sobrepaga, xixica. 2. Segundo os usos e costumes, é o valor cobrado nos restaurantes pela prestação de serviços, como gratificação para o pessoal da casa, no valor de 10% do total da despesa. Essa taxa não é obrigatória, podendo o freguês negar-se a pagá-la, a menos que haja uma lei local que a determine, como ocorre em algumas cidades turísticas. 3. Para o Dir. doTrabalho, as gorjetas integram, com o salário, a remuneração do empregado. Contudo, o TST fixou o entendimento de que as gorjetas não constituem base de cálculo para aviso prévio, adicional noturno, horas extras e repouso semanal remunerado. 4. A Lei nº 13.419/2017 estabeleceu que não se consideram gorj*etas apenas os valores pagos por liberalidade pelos clientes aos empregados, como também aqueles cobrados pela empresa, a qualquer título, com o fim de distribuição a seus colaboradores.*

✱ *V. CLT, art. 457.*

✱ *V. Súmula nº 354 do TST.*

GOVERNO – Complexo de órgãos administrativos do Executivo que administram um país. Ação político-administrativa do Estado para atingir seus fins. Sistema político pelo qual o Estado é organizado e dirigido. No sistema representativo o governo é *absoluto* ou *totalitário*, quando um ditador exerce ilegítima e discricionariamente o poder, podendo criar, reformar e abolir leis.

Constitucional: subordina-se inteiramente à Constituição do país.

De fato: o que tomou a direção do país por revolução ou golpe de Estado; não tem caráter legal. O mesmo que *provisório*. Governos estrangeiros, ou organizações suas, não podem adquirir no Brasil bens imóveis ou suscetíveis de desapropriação; mas podem adquirir a propriedade dos prédios necessários à sede dos representantes diplomáticos ou dos agentes consulares.

De gabinete: V. *Gabinete.*

Digital: aquele em que a prestação digital dos serviços públicos deverá ocorrer por meio de tecnologias de amplo acesso pela população, inclusive pela de baixa renda ou residente em áreas rurais e isoladas, sem prejuízo do direito do cidadão a atendimento presencial.

✱ *V. Lei nº 14.129/2021 (Dispõe sobre princípios, regras e instrumentos para o Governo Digital e para o aumento da eficiência pública e altera a Lei nº 7.116, de 29 de agosto de 1983, a Lei nº 12.527, de 18 de novembro de 2011 (Lei de Acesso à Informação), a Lei nº 12.682, de 9 de julho de 2012, e a Lei nº 13.460, de 26 de junho de 2017), art. 14.*

Federativo: sistema a que obedece uma Federação ou Estado Federal.

Representativo: no qual o povo é representado por seus delegados, escolhidos por sufrágio universal, e se subdivide em: *presidencial*, se há completa independência de poderes e os ministros são nomeados e exonerados *ad nutum*; *parlamentar* em que o chefe do Poder Executivo escolhe os ministros para formar seu gabinete, que, sob a direção do primeiro-ministro, dirige os negócios públicos, supervisionado pelo Parlamento, perante o qual é politicamente responsável; pode cair por voto de desconfiança do Parlamento.

✱ *V. Lei nº 4.331/1964 (Dispõe sobre a aquisição de imóveis para agentes diplomáticos, no Distrito Federal).*

GRAÇA – Modo de extinção da punibilidade; consiste em ato de clemência do Presidente da República em benefício de um ou mais condenados por crime de direito comum ou político. É concedida a pedido do condenado, de qualquer pessoa do povo, do Conselho Penitenciário ou do Ministério Público, ressalvado ao presidente da República concedê-la espontaneamente. Pode ser *parcial*, se apenas reduz a pena; e *total*, se a extingue. Não se confunde com o *indulto*, porque ela é solicitada e ele não; só se aplica aos que estão cumprindo pena. O indulto atinge os não condenados; é favor individual, a pessoa é mencionada no decreto; o indulto é coletivo.

✱ *V. CP, art. 107, II.*

GRADAÇÃO DA PENA – Fixação pelo juiz, nos limites legais, da quantidade da pena aplicável ao agente, levando em conta seus antecedentes e personalidade, intensidade do dolo ou grau de culpa, motivos, circunstâncias e consequências do crime.

✱ *V. CP, art. 59, II.*

GRAMMATICA FALSA NON VITIAT INSTRUMENTUM – (Latim) Erros gramaticais não viciam o instrumento.

GRATIA ARGUMENTANDI – (Latim) Para argumentar.

GRATIFICAÇÃO – 1. Retribuição ao funcionário pela prestação de serviços ou exercício de certos encargos que excedem as atribuições comuns de seu cargo ou carreira, sujeita ao atendimento de certa condição, como o exercício de função de confiança ou o decurso de determinado tempo de serviço na empresa. Não se confunde com o adicional, que é uma contraprestação correspondente a um trabalho em condições gravosas. A diferença entre gratificação e adicional está no fato de que este último pode deixar de ser pago, no caso da empresa eliminar efetivamente a exposição à situação gravosa, sem que isto implique redução salarial. As gratificações, por sua vez, integram-se ao salário, exceto no caso de exercício de cargo de confiança, quando, se houver destituição do empregado, voltando ao seu cargo de origem, deixará de ser devido o pagamento. Entretanto, o TST firmou o entendimento de que a gratificação de função percebida ininterruptamente por mais de dez anos incorpora-se ao

G

salário, ainda que o empregado seja destituído da função de confiança. A Lei nº 13.467/2017 (Reforma Trabalhista) trouxe determinação diversa do referido entendimento do TST ao afirmar que não é assegurado ao empregado a manutenção do pagamento da gratificação de função recebida, caso este deixe de exercer função de confiança, independentemente do tempo em que exerceu esta função. 2. Para o Dir. do Trabalho, Previdenciário e o Direito Tributário, é equiparada ao salário, para fins de repercussão em outras verbas remuneratórias, incidência de tributos e contribuições previdenciárias, bem como para cálculo do salário de contribuição. 3. Para o Dir. Civil, é a obrigação resultante da promessa de recompensa feita em anúncio público para com o que executar certo serviço ou satisfizer condição constante do anúncio. 4. Para o Dir. Administrativo, é toda parcela pecuniária distinta do vencimento básico do servidor público, não podendo ser somada ao salário para acréscimos posteriores. É vedado o pagamento de gratificação a titular de mandato eletivo, membro de Poder, Ministro de Estado e secretário estadual ou municipal, os quais devem receber *subsídio*, pago em parcela única.

✱ ***V.*** *CF, arts. 37, XIV, e § 4º.*

✱ ***V.*** *CLT, arts. 457, § 1º, 468, §§ 1º e 2º.*

✱ ***V.*** *Lei nº 7.713/1988 (Altera a legislação do imposto de renda), art. 3º.*

✱ ***V.*** *Lei nº 8.212/1991 (Dispõe sobre a organização da Seguridade Social e institui fontes de custeio), art. 28, I.*

✱ ***V.*** *CC, arts. 854 a 860.*

✱ ***V.*** *Lei nº 8.112/1990 (Regime Jurídico Único dos Servidores Públicos Civis da União, Autarquias e Fundações Públicas Federais), arts. 49, II, e 62 a 66.*

✱ ***V.*** *Súm. Vinc. nºs 15 e 20.*

✱ ***V.*** *Súmulas nºs 26, 29, 32, 207 e 459 do STF.*

✱ ***V.*** *Súmulas nºs 67, 102, 109, 115, 152, 202, 203, 225, 226, 240, 253, 372 e 373 do TST.*

De férias: acréscimo a ser feito nas férias anuais remuneradas, correspondendo a um terço do valor respectivo, conforme determina a CF em seu art. 7º, XVII.

Natalina: *V. Décimo terceiro salário.*

GRATUIDADE DA JUSTIÇA – Benefício que se concede a certas pessoas de não pagarem as despesas processuais, em determinadas condições.

✱ ***V.*** *Lei nº 1.060/1950 (Lei de Assistência Judiciária).*

GRAU – Formatura, habilitação, título conferido ao término de curso universitário. Estado ou condição de causa: *grau* de recurso, *grau* de apelação etc. Quantidade da pena criminal: *grau* máximo, *grau* mínimo, *grau* médio. Espaço entre um parente e outro, na família: primeiro, segundo, terceiro *graus*.

De jurisdição: lugar de órgão judicante na hierarquia judiciária; instância; juízo de primeiro *grau*, de segundo *grau* etc. Divide-se em *inferior*, que decide em primeira instância; e *superior*, que examina causa já decidida, em grau de recurso.

GRAU DE PARENTESCO – Relação existente entre pessoas de uma família, entre parentes. Em linha reta, conta-se de geração a geração; na colateral, conta-se subindo ao ascendente comum e voltando-se até a pessoa da qual se apura o grau.

GRAVAÇÃO – Encargo, ônus; incidência de tributo. A lei protege o direito autoral na gravação de programas, discos etc.

GRAVADO – Toda coisa que possui ônus ou encargos por força de lei, de disposição contratual ou testamentária; vinculado.

GRAVAME – Tributo, ônus. Encargo que recai sobre uma coisa, como penhor, hipoteca, anticrese, inalienabilidade. Direito real sobre coisa alheia.

GRAVIDEZ – Prenhez. Estado da mulher gestante, da concepção até o parto. No Dir. Penal, constitui contravenção anunciar processo, substância ou objeto destinado a provocar aborto. A pena é de multa. Entre os direitos dos trabalhadores urbanos e rurais estão a licença à gestante sem prejuízo do emprego e do salário, com a duração de 120 dias; a proibição da dispensa arbitrária ou sem justa causa da empregada gestante desde a confirmação da gravidez até 5 meses após o parto; a lei preverá indenização compensatória, dentre outros direitos. Também o pai tem direito à *licença paternidade* de 5 dias. Diz a lei civil que por defeito de idade (menor) não se anulará casamento de que resultou gravidez. Os direitos do nascituro estão garantidos pela lei desde a concepção.

✱ ***V.*** *CF, arts. 7º, XVIII e XIX; 10, II,* b *e § 1º, das Disposições Transitórias da CF.*

✱ ***V.*** *CC, arts. 2º e 1.551.*

✱ ***V.*** *CP, arts. 123 e 128.*

✱ ***V.*** *LCP, art. 20.*

✱ ***V.*** *CLT, arts. 391, 392 e 394, sobre proibição do trabalho.*

GREVE – 1. Situação de fato em que alguém, isolada ou coletivamente, se recusa a fazer algo, em protesto diante de uma situação, v.g., greve de fome, greve de estudantes etc. 2. No Dir. brasileiro, restringe-se a uma modalidade de conflito trabalhista que se caracteriza pelo abandono, parcial ou total, após assembleia sindical da categoria que a decide, do emprego, para forçar a discussão e o atendimento de suas reivindicações relativas às condições de trabalho. Esse conceito rejeita a possibilidade de greve política, visando opor-se a atos patronais ou políticos que considerem lesivos à categoria ou ao País. A Constituição assegura, a princípio, o direito de greve, competindo aos trabalhadores decidirem sobre a oportunidade de exercê-lo e os interesses a serem defendidos por ele. Contudo, a Lei nº 7.789/1989 restringiu muito o alcance dessa garantia, definindo muitos serviços como essenciais, de modo que não podem ser totalmente paralisados, como transporte público, hospitais etc., e dispõe sobre o atendimento das necessidades inadiáveis da comunidade, apenando os que cometem abusos. Os direitos de greve serão exercidos nos termos e limites definidos em lei. Para fins de dispensa por justa causa, a simples adesão à greve não configura falta grave, nos termos do art. 482 da CLT, devendo se revestir de outras circunstâncias, como emprego de violência contra pessoas ou coisas. Caso contrário, apenas cabe ao empregador descontar o salário dos dias de paralisação. São proibidas, ao militar, a sindicalização e a greve. A Lei de Greve dispõe que os meios adotados por empregados e empregadores não poderão, em hipótese alguma, violar ou constranger os direitos e as garantias fundamentais de outrem; e que é abuso do direito de greve a inobservância das normas contidas na lei, bem como a manutenção da paralisação após a celebração de acordo, convenção ou decisão da Justiça do Trabalho. Em tese, é permitida a greve de servidores públicos, contudo a falta de lei regulamentando o exercício desse direito gera grande controvérsia, havendo o STF decidido, em sede de mandado de injunção, que até edição de lei específica aplica-se, no que couber, a Lei de Greve da iniciativa privada também aos servidores públicos regidos por lei própria (estatutários). Quanto à categoria profissional dos policiais e bombeiros militares, leis ordinárias já concederam anistia àqueles punidos por participar de movimentos reivindicatórios em diversos Estados. A competência para dirimir conflitos coletivos, inclusive para declarar eventual abusividade e defender a posse de estabelecimentos industriais e comerciais, é da Justiça do Trabalho, exceto quando estiverem envolvidos servidores públicos estatutários. O TST fixou também o entendimento de que é vedado, em dissídio de greve, estabelecer quaisquer vantagens ou garantias a quem participou de greve afinal declarada abusiva. Também se firmou o entendimento jurisprudencial de que é abusiva a greve quando as partes não tentam esgotar os meios de solucionar pacificamente o conflito que lhe constitui o objeto. O Código Penal previa penas para paralisações coletivas de trabalho, com participação de, no mínimo, três empregados, e para interrupções de serviços de interesse coletivo, cujos dispositivos não foram recepcionados pela Constituição Federal.

✱ *V. CF, arts. 9º, §§ 1º e 2º, 37, VII, e 42, § 5º.*

✱ *V. CP, arts. 200 a 202.*

✱ *V. Lei nº 7.783/1989 (Lei de Greve).*

✱ *V. Lei nº 13.293/2016 (Altera a Lei nº 12.505, de 11 de outubro de 2011, que "concede anistia aos policiais e bombeiros militares dos Estados de Alagoas, de Goiás, do Maranhão, de Minas Gerais, da Paraíba, do Piauí, do Rio de Janeiro, de Rondônia, de Sergipe, da Bahia, do Ceará, de Mato Grosso, de Pernambuco, do Rio Grande do Norte, de Roraima, de Santa Catarina, do Tocantins e do Distrito Federal punidos por participar de movimentos reivindicatórios", para acrescentar os Estados do Amazonas, do Pará, do Acre, do Mato Grosso do Sul e do Paraná).*

✱ *V. Dec. nº 1.480/1995 (Dispõe sobre os procedimentos a serem adotados em caso de paralisações dos serviços públicos federais, enquanto não for regulado do disposto no art. 37, II, da CF).*

✱ *V. Súm. Vinc. nº 23 do STF.*

✱ *V. Súm. nº 316 do STF.*

✱ *V. Súm. nº 189 do TST.*

✱ *V. Orientações Jurisprudenciais nºs 10, 11 e 38 da SDC do TST.*

GRILEIRO – Pessoa que, ilicitamente, ocupa terras de outrem; diz-se daquele que, mediante documentos falsos, legaliza escrituras de propriedade.

GRUPO DE EXTERMÍNIO – *V. Milícia.*

GRUPO ECONÔMICO – 1. Define-se como conjunto de empresas ou sociedades juridicamente autônomas entre si, mas sujeitas à unidade de direção, por relações de capital, subordinação ou coordenação estrutural, combinando recursos ou esforços para a realização dos respectivos objetos, ou para participar de atividades ou empreendimentos comuns. 2. Para o Dir. do Trabalho, é o grupo industrial, comercial ou de qualquer outra atividade econômica, composto por um ou mais empregadores, ainda que cada um deles tenha personalidade jurídica própria, respondendo todos solidariamente pelos créditos devidos aos empregados de um ou alguns, independentemente da existência de culpa. A doutrina vem expandindo o conceito para conglomerados em que as relações entre as empresas não se dão apenas por subordinação, mas também por coordenação, e mesmo sem a existência de uma sociedade controladora, desde que haja vínculo de fato, através de sócios ou administradores comuns, mesmo que não estejam constituídos em contrato ou estatuto social. Para a jurisprudência majoritária, tal solidariedade dispensa inclusive a participação de todas as empresas do grupo em fase de conhecimento, podendo ser incluídas diretamente em fase de execução. Contudo, em se tratando de pleito de reconhecimento de vínculo de emprego, a jurisprudência majoritária não aceita que a demanda seja proposta contra qualquer uma das sociedades, mas em face da real empregadora direta, podendo as demais serem incluídas como litisconsortes passivas. Se uma das sociedades, que não a empregadora, for adquirida por empresa fora do mesmo grupo, a sucessora não responderá pelo passivo de ex-coligadas, salvo no caso de má-fé ou fraude na sucessão. A Lei nº 13.467/2017 (Reforma Trabalhista) acrescentou ao conceito de grupo econômico a situação em que cada empresa guarda a sua autonomia, assim esta característica não afasta a configuração de grupo econômico. Por outro lado, a referida lei foi expressa ao esclarecer que a mera identidade de sócios entre as empresas não caracteriza grupo econômico, pois para tal deve existir o interesse integrado, a efetiva comunhão de interesses e a atuação conjunta das empresas integrantes do grupo. Esta determinação afeta diretamente o posicionamento da doutrina até então, que considerava suficiente para a caracterização como grupo econômico o vínculo de fato (existência de sócios ou administradores comuns, mesmo não constituídos em contrato ou estatuto social). 3. No âmbito do Dir. do Consumidor, configura-se entre sociedades ligadas entre si por uma controladora comum, respondendo subsidiariamente por danos produzidos em face de produtos e serviços de qualquer das demais. As sociedades consorciadas, que componham cadeia de produção ou de fornecimento são, por sua vez, solidariamente responsáveis entre si. E as sociedades meramente coligadas, sem controle comum ou participação na cadeia de consumo, respondem apenas por culpa. 4. Para fins de Dir. Previdenciário, as empresas de mesmo grupo econômico são solidariamente responsáveis entre si pelas contribuições previdenciárias devidas por uma ou algumas empresas. 5. No âmbito do Dir. Eleitoral, não se configura grupo entre órgãos municipais, estaduais e nacionais de partidos ou coligações, respondendo cada qual por suas respectivas obrigações civis e trabalhistas.

✱ ***V.*** *CLT, art. 2º, §§ 2º e 3º.*

✱ ***V.*** *CC. arts. 1.097 a 1.101.*

✱ ***V.*** *CDC, art. 28, §§ 2º a 5º.*

✱ ***V.*** *Lei nº 6.404/1976 (Lei das Sociedades por Ações), arts. 265 a 277.*

✱ ***V.*** *Lei nº 8.212/1991 (Lei Orgânica da Seguridade Social) art. 30, IX.*

✱ ***V.*** *Lei nº 9.096/1995 (Lei dos Partidos Políticos), art. 15-A.*

✱ ***V.*** *Súm. nº 129 do TST.*

✱ ***V.*** *Orientação Jurisprudencial nº 411 da SBDI–I do TST.*

GUARDA – Ato ou efeito de guardar; amparo, vigilância. Pessoa encarregada da função de guardar ou proteger. A pessoa que tem animal sob a sua guarda ressarcirá o dano que ele causar, a menos que prove que houve imprudência do ofendido, que o animal foi provocado por outro, que houve caso fortuito ou de força maior, e que exercia cuidadosa vigilância sobre o animal. Os pais compete a guarda dos filhos. A Lei nº 8.069/1990 estabelece dispositivos para a guarda de menores, que poderá ser revogada a qualquer tempo.

✱ ***V.*** *CC, arts. 1.586 a 1.590.*

✱ ***V.*** *Lei nº 6.515/1977 (Lei do Divórcio), arts. 9º e 16.*

✱ ***V.*** *Lei nº 8.069/1990 (Estatuto da Criança e do Adolescente), arts. 33 a 35.*

✱ ***V.*** *EC nº 66/2010 (Dispõe sobre a dissolubilidade do casamento civil pelo divórcio, suprimindo o requisito de prévia separação judicial por mais de 1 (um) ano ou de comprovada separação de fato por mais de 2 (dois) anos).*

GUARDA COMPARTILHADA – Por guarda compartilhada, também identificada por guarda conjunta (*joint custody*, no direito anglo-saxão), entende-se um sistema em que os filhos de pais separados permanecem sob a autoridade equivalente de ambos os genitores, que vêm a tomar em conjunto decisões importantes quanto ao seu bem-estar, educação e criação. É tal espécie de guarda um dos meios de exercício da autoridade parental, quando fragmentada a família, buscando-se assemelhar as relações pai/filho e mãe/filho – que naturalmente tendem a modificar-se nesta situação – às relações mantidas antes da dissolução da convivência, o tanto quanto possível. Assim, tem o instituto da guarda compartilhada por escopo tutelar, não somente o direito do filho à convivência assídua com o pai, assegurando-lhe o desenvolvimento físico, mental, moral, espiritual e social completo, além da referência masculina/paternal. Visa também o direito do pai de desfrutar da convivência assídua com o filho, perpetuando não apenas seu patrimônio genético, mas também seu patrimônio cultural, axiológico, e familiar, pela repartição, não só do tempo, mas das atitudes, das atenções e dos cuidados, como meio de permanência dos laços afetivos e familiares.

✱ ***V.*** *CC, arts. 1.583 e 1.584 (com redação dada pela Lei nº 11.698/2008).*

GUARDA UNILATERAL – *V.* Guarda compartilhada.

GUERRA – Conflito armado envolvendo dois ou mais países como última via para solução de dissídio entre eles; ou luta entre facções armadas dentro de um país, como é o caso da *guerra civil*. A guerra pode ser *defensiva*, quando uma potência repele pelas armas o ataque inimigo às suas fronteiras; *ofensiva*, a que parte de um país em armas que invade outro; e de *conquista*, provocada por Estado expansionista, que quer aumentar os seus domínios, tomando território inimigo pelas armas. A Constituição brasileira proíbe este tipo de guerra. Diz-se *guerra de agressão* a prática de atos que violam as leis de guerra, como chacina de inimigos fora do campo de luta, nos campos de concentração, atrocidades contra prisioneiros indefesos, atentados contra populações pacíficas. Trata-se de crime internacional punível; cria a figura do criminoso de guerra.

GUERRILHA - Tática de guerra de que se valem pequenos grupos armados, que conhecem bem a região onde atuam e atacam, na retaguarda das tropas inimigas, os reforços e provisões. Indivíduos armados, independentes, que atacam tropas inimigas e a população, praticando atos de terrorismo.

GUIA - Documento que atesta o recolhimento de dinheiro aos cofres públicos.

De recolhimento de custas e de emolumentos: formulário para recolher as custas; é comprado em papelaria. Paga-se o valor devido em agências bancárias ou caixas econômicas estaduais, *antes* da distribuição do processo. No momento da distribuição a petição inicial já deverá incluir o instrumento de mandato e a guia de recolhimento de custas. Há outros tipos de guias: de *importação, de exportação, de transferência, probatória.*

GUILHOTINA - Instrumento adotado para a execução da pena capital por decapitação. Consiste em uma lâmina triangular muito afiada, que desce pelas ranhuras internas de dois postes verticais, decapitando o condenado. Desconhece-se sua origem, julgando alguns que esse instrumento já existia na Itália, na Inglaterra, na Alemanha, na Escócia, e mesmo na França, com outros nomes. O certo é que reapareceu na França, durante a Revolução Francesa, com o nome de guilhotina, derivado do nome do médico e advogado Joseph Ignace Guillotin, deputado francês que fez aprovar projeto abolindo as diversas formas de execução e instituindo apenas a de decapitação. Há quem diga que o instrumento foi aperfeiçoado segundo desenhos de um cirurgião, o dr. Louis e construído por um mecânico e fabricante de violinos, um tal Schmitt. Ao contrário do que se afirma, o dr. Guillotin não foi vítima de sua guilhotina, já que morreu de pneumonia, em 1814.

H

HABEAS CORPUS – (Latim) Tenha o corpo. Garantia jurídica que protege o direito constitucional do cidadão de ir, vir ou permanecer; o direito de locomoção contra a coação ilegal de autoridade. Tanto a *coação (vis compulsiva)*, que é a pressão psicológica, como a *coerção (vis materialis)*, a violência física, ensejam a invocação do *habeas corpus*. Pode ser *preventivo*, quando o paciente está na iminência de sofrer a coação; e *liberativo*, quando já a sofreu. Tem ele origem no Dir. Romano, pelo *interdictum de libero homine exhibendo*, isto é, reclamava-se a exibição junto ao tribunal de homem livre detido ilegalmente. Firma-se na Magna Carta inglesa em 1215, no seu parágrafo 39, e no *Habeas Corpus Act* de 1679 que estabelecia: quem quer que estivesse detido deveria comparecer à Justiça para ser ouvido junto com o seu detentor. No Brasil, ele seria consagrado na Constituição Republicana em 1891 (art. 72, § 22). O *habeas corpus* pode sofrer restrições em caso de sítio.

✱ ***V.*** *CF, arts. 5º, LXVIII e LXXVII, 102, I,* d *e* i, *esta última com a redação dada pela EC nº 22/1999, e II,* a*; 105, I,* c, *com a redação dada pela EC nº 22/1999, e II,* a*; 108, I,* d*; 142, § 2º.*

✱ ***V.*** *CPP, arts. 647 a 667.*

✱ ***V.*** *Dec.-lei nº 552/1969 (Dispõe sobre a concessão de vista ao Ministério Público dos processos de* habeas corpus*).*

HABEAS DATA – Ação mandamental que tutela a prestação de informações constantes em Bancos de Dados de entidades públicas ou privadas, bem como sua retificação. O *habeas data* é concedido para assegurar o conhecimento de informações relativas à pessoa do impetrante, armazenadas em registros ou bancos de dados de entidades governamentais ou de caráter público; para a retificação de dados, quando não se prefira fazê-lo por processo sigiloso, judicial ou administrativo. A medida tem sua motivação no avassalador domínio da informática sobre a vida das pessoas, com a colheita e armazenagem de dados de caráter político, financeiro, comercial, de proteção ao crédito, social, e até de polícia, sem que o interessado sequer tenha conhecimento ou possa impedir essa indevida intromissão na sua privacidade. Como esses dados podem não ser verdadeiros nem corretos, trata-se de um direito personalíssimo, isto é, o exercício dessa garantia cabe ao próprio interessado. Também sobre pessoas falecidas tem influência o *habeas data*, podendo as informações que interessem ao direito sucessório ser requeridas pelos herdeiros ou cônjuge supérstite. O mesmo ocorre quanto a estrangeiro e às pessoas jurídicas. Há quem aponte duas espécies: o *preventivo*, que previne e evita demandas e despesas inúteis; e o *corretivo*, para retificação de informações incorretas ou maliciosas. Sobre o *habeas data*, recordam-se leis antecedentes: a da Constituição Portuguesa (arts. 33 e 35) e da Lei Paulista nº 5.446/1986.

✱ ***V.*** *CF, art. 5º, XXXIII, XXXIV,* b, *e LXXII,* a *e* b.

✱ ***V.*** *Lei nº 9.507/1997 (Lei do* Habeas Data*).*

✱ ***V.*** *Lei nº 12.527/2011: Regula o acesso a informações.*

HABEMUS CONFITENTEM REUM! – (Latim) Temos réu confesso!

HABERTUR PRO VERITATE – (Latim) Tem-se por verdade.

HABILITAÇÃO – 1. Habilidade, capacidade, aptidão. 2. Modo de provar e tornar reconhecida em Juízo a sua capacidade ou qualidade legal para obtenção de um direito. 3. Conjunto de formalidades, providências exigidas para a realização de ato jurídico.

De casamento: Formalidades, em processo especial, que os nubentes devem preencher pessoalmente perante o oficial do Registro Civil competente, com a audiência do Ministério Público. Caso haja impugnação do oficial, do Ministério Público ou de terceiro, a habilitação será submetida ao juiz (art. 1.526, *caput* e parágrafo único, do CC).

De crédito: Na falência a habilitação é obrigatória para todos os credores, com exceção dos credores com direito à restituição, os remanescentes já habilitados na recuperação judicial em caso de convolação e os credores fiscais. Pode o próprio credor pleitear a inclusão de seu crédito – sendo desnecessária a contratação de advogado –, desde que o faça perante o administrador judicial, no prazo estipulado no § 1º do art. 7º. Para a impugnação do crédito, porém, será necessária a atuação de advogado, em face da contestação aventada no art. 11, ato que exige, em regra, capacidade postulatória. A Lei nº 11.101/2005 – Lei de Recuperação de Empresas e Falências, atribuiu maior força aos credores que na extinta *concordata*, instituto do revogado Dec.-lei nº 7.661/1945, não podiam manifestar sua concordância. Com os dois mecanismos estabelecidos pela Nova Lei – *assembleia-geral* e o *comitê* de *credores* –, no primeiro, considerado o foro principal da recuperação de empresas, deliberando sobre questões pertinentes ao plano de recuperação aprovando-o, rejeitando-o ou modificando-o. A rejeição do plano implica na falência do devedor. Incumbe ainda aos credores aceitar ou não o pedido de desistência da recuperação judicial formulado pelo devedor. No segundo, denominado comitê de credores, toca a responsabilidade do dia-a-dia, acompanhando *pari passu o* desenvolvimento da recuperação judicial, fiscalizando a atuação do administrador judicial e do devedor e ainda, a execução do plano.

De herdeiros: prova da qualidade de herdeiro. Aberta a sucessão, o domínio e a posse da herança transmitem-se aos herdeiros legítimos e testamentários. Nos casos de herança jacente, o juiz da comarca do falecido procederá à arrecadação de todos os bens, que ficam sob guarda, administração e conservação de um curador até que sejam entregues ao sucessor legalmente habilitado, ou até a declaração de vacância. São chamados a habilitar-se, por edital publicado três vezes, com intervalo de 30 dias cada um, os sucessores do falecido no prazo de seis meses contados da primeira publicação. Se houver sucessor ou testamenteiro em lugar certo, será citado, sem prejuízo do edital. Se o *de cujus* for estrangeiro, faz-se a comunicação do fato à autoridade consular. Converte-se a arrecadação em inventário desde que reconhecida a qualidade do testamenteiro ou provada a identidade do cônjuge.

Incidente: procedimento para ingresso no processo de sucessores de quaisquer das partes, podendo ou não haver conflito entre os interessados a suceder o autor ou réu. O atual CPC não usa a palavra "incidente", referindo-se apenas a habilitação.

Profissional: conjunto de exigências a serem atendidas para que o profissional possa exercer sua profissão.

✱ *V. CPC/1973, arts. 802, 803, 1.055 a 1.062, 1.152 e 1.153.*

✱ *V. CPC/2015, arts. 306, 307, 687 a 692 e 741.*

HABITAÇÃO – Moradia, residência, lugar onde se mora. Pode ser um dos componentes do salário, quando nele se inclui o direito à moradia.

Coletiva: prédio onde residem muitas famílias, que recebe o nome de *cortiço* ou *casa de cômodos*. Tem locação regida pela lei e a soma dos aluguéis não pode superar o dobro do valor da locação. Ao cônjuge sobrevivente, sob regime de comunhão universal de bens, enquanto viver e permanecer viúvo, será assegurado o direito real de habitação no imóvel da família, desde que seja o único bem dessa natureza a inventariar.

✱ *V. CC, arts. 1.414 a 1.416; Lei nº 8.245/1991 (Lei das Locações), arts. 2º e 21.*

HABITE-SE – Certificado que autoridades municipais concedem ao proprietário de imóvel, depois de vistoriado e constatado que foi edificado de acordo com os requisitos legais, podendo ser ocupado para o fim a que se destina.

✱ *V. Lei nº 4.591/1964 (Lei do Condomínio em Edificações), art. 44.*

HABITUALIDADE – O que se faz com frequência; repetição de atos comuns. É figura de tipo de contravenção, como a *vadiagem*. A superveniente aquisição de renda, que assegure ao condenado meios de subsistência suficiente extingue a pena. Para a vadiagem, a pena é de prisão simples de 15 dias a 3 meses.

✱ *V. LCP, art. 59.*

HASTA – Venda judicial de bens pelo maior lance.

Pública: forma de leilão, realizado por funcionário da Justiça ou por outra pessoa indicada pelo juiz, de bens de executado ou que devam ser alienados para os herdeiros receberem o que lhes é devido. São duas as modalidades: a praça e o leilão judicial. Diz-se também do local onde se faz o leilão.

HAVERES – Totalidade dos bens do patrimônio econômico de alguém.

HEDGE – É espécie de venda a termo responsável pela majoração do valor dos efeitos da desvalorização da moeda. Também se considera a *hedge* cambial como venda a termo, à medida que o vendedor oferece uma determinada quantia de sua moeda, equivalente às suas obrigações em moeda diversa, em troca de receber, no futuro, a mesma quantidade da primeira moeda equivalente à da segunda, que poderia adquirir à época do contrato com a quantia que possuía.

HELIPONTO – Aeródromo destinado exclusivamente a helicópteros.

✱ *V. Cód. Bras. Aer. art. 31, II.*

HELIPORTO – Heliponto público dotado de instalações e facilidades para apoio de operações de helicópteros e embarque e desembarque de pessoas e coisas.

✱ *V. Cód. Bras Aer., art. 31, III.*

HERANÇA – Patrimônio passivo e ativo ou a totalidade dos bens deixados pelo *de cujus*, assim como direitos e obrigações, que se transmitem aos seus sucessores legítimos. Não se divide até o momento da partilha. Aberta a sucessão, o domínio e a posse da herança passam aos herdeiros legítimos e testamentários. Marido e mulher, pelo CC/2002, passam a ser herdeiros, em igualdade com os filhos. A aceitação da herança pode ser *expressa* ou *tácita*. Se o herdeiro falecer antes de declarar que aceita a herança, passa esse direito aos herdeiros, a menos que haja condição suspensiva ainda não verificada. Se, com a renúncia, o herdeiro prejudica a credores, estes, com ordem judicial, poderão aceitá-la em nome do renunciante e, pagas as dívidas deste, o remanescente será devolvido aos outros herdeiros. Não responde o herdeiro por encargos superiores ao valor da herança, mas fica sob sua incumbência provar o excesso, a menos que exista inventário que a dispense, provando o valor dos bens herdados. O renunciante pode retratar-se da renúncia, se esta provir de violência, erro ou dolo, ouvidos os interessados. A aceitação pode retratar-se, se não prejudicar credores. A renúncia da herança só pode ser feita por escritura pública ou termo judicial. A herança da pessoa viva não pode ser objeto de contrato. Considera-se a sucessão aberta como bem imóvel, para os efeitos legais. Diz-se a herança:

Jacente: quando o falecido não deixa testamento, nem cônjuge e herdeiros conhecidos, ficando a herança sob a guarda de um curador.

Legítima ou intestada: cujo domínio e posse se transmitem aos herdeiros não por testamento, mas conforme a vocação legal e em obediência aos graus de parentesco.

Testamentária: a que se transmite por ato de última vontade, em testamento válido ou em codicilo. Não pode exceder da metade dos bens do testador, se ele tiver descendentes ou ascendentes com capacidade para suceder.

Vacante ou vaga: quando, feitas todas as diligências legais, o ausente não se manifestar ou não aparecerem herdeiros e nenhum interessado promover a sucessão definitiva, os bens arrecadados passam ao domínio do Município ou do Distrito Federal, conforme sua localização, ou à União, se localizados em território federal. A ação de petição da herança não é imprescritível. A sucessão por morte ou por ausência obedece à lei do país em que era domiciliado o defunto ou o desaparecido, qualquer que seja a natureza ou a situação dos bens. A vocação para suceder em bens de estrangeiro situados no Brasil será regulada pela lei brasileira, em benefício do cônjuge brasileiro e dos filhos do casal, sempre que não lhes seja favorável a lei do domicílio, a qual regula a capacidade do herdeiro ou legatário para suceder.

✱ *V. CC, arts. 39, parágrafo único, 80, II, 91, 1.659, 1.660, 1.747, 1.774, 1.784 a 1.790, 1.955 a 1.957, 2.007 e 2.008.*

✱ *V. CPC/1973, arts. 96, 1.442 a 1.155, 1.165, parágrafo único, e 12, IV.*

✱ *V. CPC/2015, arts. 48, 75, 738 a 743.*

✱ *V. LINDB (antiga LICC), art. 10, §§ 1º e 2º.*

✱ *V. Súm. nº 149 do STF.*

HERDEIRO – Pessoa chamada à sucessão legítima ou testamentária de outra; sucessor da totalidade ou de parte dos bens do *de cujus*, com direitos e encargos. O herdeiro pode ser:

Aparente: o que tem a posse ostensiva da herança, mas deve passá-la depois a um terceiro.

Beneficiário: o que aceita a herança desde que o ativo não supere o passivo, isto é, a benefício do inventário; o herdeiro recebe dentro das forças da herança.

Direto: o que está imediatamente ligado ao testador.

Excluído: o que estava na relação dos herdeiros, mas foi excluído por razão que o direito positivo permite, incluída a prática de atos considerados indignos; os descendentes do excluído podem herdar por representação. Dá-se o mesmo, por analogia, com os ascendentes de deserdado.

Fideicomissário: o que é favorecido por fideicomisso e recebe do herdeiro *fiduciário*.

Fiduciário: aquele que recebe bens em legado com a obrigação de, por sua morte ou a certo tempo, e sob determinadas condições, serem transmitidos ao fideicomissário.

Instituído: o que não é natural e, sim, nomeado.

Legítimo ou colateral: todo aquele a quem a lei assim o qualifica, até o 6º grau de parentesco com o falecido.

Necessário: o que não pode ser privado da herança, o que faz jus à herança por força de lei, como herdeiro em linha reta, descendente ou ascendente sucessível, na ordem da respectiva vocação; o mesmo que *forçado ou legitimário.*

Póstumo: o que nasce após a morte do pai, se herdeiro necessário, ou do testador, se legatário, e se já estiver concebido ao tempo da abertura da sucessão.

Pré-morto: aquele que faleceu antes do autor da herança e transmitiu seus direitos hereditários aos seus sucessores.

Presuntivo: aquele que, pelo grau de parentesco mais próximo, se presume que herdará.

Reservatório: o mesmo que *necessário.*

Singular, particular ou porcionário: legatário de apenas um direito ou porção de coisas especificadas e consideradas isoladamente.

Substituto: pessoa indicada pelo testador como herdeiro se outro nomeado não puder ou não quiser receber a herança. A substituição pode ser *vulgar,* em que só se chama o substituto na ausência do substituído; e *fideicomissária,* em que são chamados tanto o substituído como o substituto, até o 2º grau.

Testamentário: aquele instituído a título singular, por cláusula testamentária.

Universal: o que sucede em todos os bens do *de cujus,* direitos e obrigações. Herdeiros legítimos concorrem à herança na seguinte ordem*:* descendentes, em concorrência com o cônjuge sobrevivente, ascendentes e colaterais até o 4º grau; municípios, Distrito Federal e União, de acordo com a Lei nº 8.049/1990, que alterou os arts. 1.594, 1.603 e 1.619 do CC. Se há testamento, atende-se ao que ele dispõe, não mais prevalecendo esta ordem, salvo quanto aos descendentes e ascendentes. Todos os filhos herdam em igualdade de condições, sejam legítimos, ilegítimos ou adotivos. Não pode ser afastada e sim clausulada a legítima dos herdeiros necessários, impondo-se a incomunicabilidade, a inalienabilidade, a impenhorabilidade, a conversão em outros bens, ou a entrega à administração exclusiva de mulher herdeira. Quanto aos tios e sobrinhos do *de cujus* (colaterais de 3º grau) têm preferência os sobrinhos com exclusão dos tios. Basta para excluir o cônjuge ou os parentes colaterais que o testador não os contemple ao dispor de seu patrimônio. No direito autoral, são herdeiros legítimos os herdeiros até o 2º grau, na linha reta ou na colateral, o cônjuge e os legatários. A exclusão por indignidade e a deserdação, embora semelhantes, diferem em dois aspectos*:* a indignidade atinge a qualquer herdeiro e ao legatário; a deserdação apenas a herdeiros necessários; a exclusão por indignidade é proposta por qualquer pessoa interessada, em ação ordinária; a deserdação dá-se no testamento, pelo próprio testador.

✱ *V. CF, art. 227, § 6º.*

✱ *V. CC, arts. 1.784 a 1.787, 1.843, 1.851, 1.856, 1.848, 1.850 e 1.947.*

✱ *V. Lei nº 8.069/1990 (Estatuto da Criança e do Adolescente – ECA), art. 41.*

✱ *V. Lei nº 9.610/1998 (Lei dos Direitos Autorais).*

HEREDITARIEDADE – Relação entre gerações sucessivas. Transmissão hereditária dos caracteres físicos ou psíquicos dos ascendentes aos descendentes. Qualidade de herdeiro; sucessão.

HEREDITÁRIO – Transmitido por herança.

HEREDITAS VIVENTIS NON DATUR – (Latim) Não há herança de pessoa viva.

HERMENEUTA – Aquele que é versado em Hermenêutica. Intérprete da lei; jurista.

HERMENÊUTICA JURÍDICA – Ciência da interpretação de textos da lei; tem por objetivo o estudo e a sistematização dos processos a serem aplicados para fixar o sentido e o alcance das normas jurídicas, seu conhecimento adequado, adaptando-as aos fatos sociais.

HETERONIMATO – Publicar livro ou um escrito usando o nome verdadeiro de outra pessoa.

HETERONOMIA DA NORMA JURÍDICA – Qualidade de a norma jurídica ser imposta, coercitivamente, ao indivíduo, independentemente de sua vontade. Opõe-se à autonomia da norma moral, que não contraria a vontade individual, somente sendo válido o ato moral se livre e espontâneo, porque a heteronomia da norma jurídica submete ao seu império, pela coerção, se preciso, a vontade do destinatário, exigindo total obediência.

HIALINO – Que tem a transparência ou aspecto de vidro. Emprego metaforicamente para expressar clareza ou fácil compreensão de uma ideia, mensagem ou texto.

HIC ET NUNC – (Latim) Incontinenti, aqui e agora, imediatamente.

HIERARQUIA – Graduação da jurisdição. Grau de autoridade que corresponde às diferentes categorias de funcionários públicos. Atualmente, hierarquia tem o sentido de relação de subordinação entre os vários órgãos do Poder Executivo, fixando-se o poder disciplinador de cada um. Mas o termo, que se originou na Grécia, com o poder da classe sacerdotal e continua na Igreja Católica, também teve importância no regime fascista italiano, sendo largamente usado, chamando-se os expoentes do fascismo de *hierarcas*. Administrativamente, é a relação entre funcionários subordinados e os superiores, por dever de obediência e mando, segundo os graus e funções de uns e de outros.

Das provas: não existe, em princípio, hierarquia entre os elementos probatórios, podendo o juiz formar a sua convicção por meio da livre apreciação das provas. Mas se o fato a ser apurado depender de conhecimentos técnicos, a perícia será, certamente, mais valiosa do que o testemunho de um leigo. Não se admite, também em tese, prova testemunhal para o fato já comprovado documentalmente; e não cabe prova exclusivamente testemunhal em contratos acima de dez salários mínimos.

HIPOSSUFICIENTE – Pessoa de escassos recursos econômicos, de pobreza constatada, que deve ser auxiliada pelo Estado, incluindo-se assistência jurídica.

✱ *V. CF, art. 203, V.*

HIPOTECA – Direito real que o devedor constitui, sobre bem imóvel seu, a favor de credor, como garantia exclusiva do pagamento de dívida, empréstimo ou do cumprimento de uma obrigação. O imóvel permanece na posse do proprietário. Trata-se de contrato acessório que se forma ao lado da obrigação principal. A hipoteca incide somente sobre bens imóveis, considerando-se como tais também os navios e os aviões.

Convencional ou voluntária: a que ocorre por estipulação das partes para garantir o cumprimento da obrigação.

Judicial ou judiciária: decorrente de sentença, que o vencedor da demanda inscreve no Registro de Imóveis, para poder opô-la a terceiros e sujeitar à execução, com direito de sequela, os bens do devedor.

Legal: conferida, obrigatoriamente, a favor das pessoas que a lei enumera, devendo ser inscrita e especializada.

Marítima ou naval: a que o devedor constitui a favor do credor sobre navio seu do qual conserva a posse, para garantir o ressarcimento de obrigação.

✱ *V. CC, arts. 1.473 a 1.505.*

✱ *V. Lei nº 6.015/1973 (Lei dos Registros Públicos), arts. 167 e 176.*

HOLDING – Empresa que controla outras por ter a maioria das ações destas. Próprio do Dir. americano, já em uso no Brasil. Sociedade controladora.

HOMESTEAD – *V. Bem de família.*

HOMICIDA – Aquele que pratica *homicídio* (q.v.). Assassino.

HOMICÍDIO – Ato voluntário ou involuntário através do qual uma pessoa põe termo à vida de outra. Assassinato de pessoa. Trata-se de crime que admite várias espécies:

Culposo ou involuntário: se o agente não teve a intenção de o cometer, mas foi resultado de imprevidência de sua parte ou de falta definida em lei. A pena é de detenção de 1 a 3 anos, aumentada de um terço se o crime resulta de regra técnica da profissão, arte ou ofício, que o agente não observou, ou se deixou de prestar imediato socorro à vítima, não procurou diminuir as consequências de seu ato ou fugiu para evitar prisão em flagrante. O juiz, porém, pode deixar de aplicar a pena se as consequências da infração atingirem o próprio agente de forma tão grave que a sanção penal se torne desnecessária.

Doloso ou voluntário: em que o agente tem deliberado propósito de praticar o crime, cujos efeitos prevê claramente; será *qualificado*, quando concorrem circunstâncias genéricas que o agravam, passível por isso de pena mais severa, de reclusão de 12 a 30 anos; *simples* o que não tem circunstância que o agrave e é apenado com reclusão de 6 a 20 anos; pode o juiz reduzir esta pena de um sexto a um terço se o agente comete o crime impelido por motivo de relevante valor social ou moral, sob o domínio de violenta emoção, logo em seguida à injusta provocação da vítima. A Lei nº 13.142/2015 estabeleceu como qualificadora o homicídio praticado contra agente de segurança pública, o seu cônjuge ou companheiro ou parente consanguíneo até 3° grau. A Constituição diz que certos crimes, classificados de *hediondos*, terão as suas penas agravadas e são insuscetíveis de graça ou anistia, além de inafiançáveis. A Lei nº 8.930/1994 deu nova redação ao art. 1º da Lei nº 8.072/1990: o homicídio simples, mas ligado aos grupos de extermínio, e também o qualificado, são considerados crimes hediondos, porém não apenados como tal; o de envenenamento de água potável ou de substância alimentícia ou medicinal, qualificado pela morte, foi excluído dos crimes hediondos, mas continua com pena agravada.

O homicídio assume diferentes designações conforme os agentes ativos e passivos do delito:

Avunculicídio: morte do tio ou tia pelo sobrinho ou sobrinha.

Feticídio: morte do feto por aborto criminoso.

Fratricídio: morte de irmão por outro.

Infanticídio: morte de recém-nascido pela mãe, durante ou logo após o parto.

Matricídio: morte da mãe pelo próprio filho.

Patricídio: morte do pai pelo filho.

Regicídio: morte do rei por um súdito.

Sororicídio: morte de irmã por um irmão ou irmã.

Suicídio: autoeliminação.

Uxoricídio: morte de um dos cônjuges pelo outro. A morte praticada por compaixão, a *eutanásia*, é considerada homicídio comum pela legislação brasileira. A indenização, no caso de homicídio, está prevista no CC e consiste no pagamento das despesas com o tratamento da vítima, seu funeral e o luto da família; na prestação de alimentos às pessoas a quem o defunto os devia.

✱ *V. CF, art. 5º,* caput, *e XLIII.*

✱ *V. CC, art. 948.*

✱ *V. CP, art. 121.*

HOMIZIAR – Dar guarida, conscientemente, ao delinquente, furtá-lo à ação da polícia ou da justiça, acoitá-lo.

HOMOAFETIVIDADE – *V. Homossexualidade.*

HOMIZIO – Tinha, antigamente, o mesmo significado de *homicídio*. Atualmente, é o ato ou efeito de homiziar, dar esconderijo a foragido da polícia ou da Justiça; lugar onde o delinquente se oculta. Ocultação de criminoso. A pessoa que ajuda o criminoso após a prática do crime, torna-se seu *cúmplice*, ainda que não *coautor*. O homizio tem, na lei penal, o título de *favorecimento pessoal* e a pena para quem o pratica é de detenção de um a 6 meses, e multa. Se o crime praticado não recebe pena de reclusão, a pena de quem homizia o criminoso é de detenção de 15 dias a 3 meses e multa. Se for ascendente, descendente, cônjuge ou irmão do criminoso, fica isento de pena.

✱ *V. CP, art. 348.*

HOMO FORENSIS – (Latim) O advogado.

HOMO HOMINI LUPUS – (Latim) O homem é um lobo para o homem.

HOMOLOGAÇÃO – Confirmação, ratificação, aprovação. Decisão de juiz que aprova ou confirma convenção particular ou ato processual para lhe dar firmeza e validade e a força obrigatória pelos efeitos legais que produz, como na homologação da partilha, de acordo coletivo de trabalho etc. Sentença judicial que permite ou autoriza a execução de outra.

De sentença estrangeira: aprovação, em um país, de sentença proferida em outro, para que se execute. Compete ao STJ processar e julgar, originariamente, a homologação das sentenças estrangeiras e a concessão do *exequatur* às cartas rogatórias, que podem ser conferidas pelo regimento interno a seu presidente.

De penhor legal: a lei civil estabelece os casos em que os credores pignoratícios podem tomar em garantia um ou mais objetos do devedor até o valor da dívida, assim como sua homologação. E o CPC/1973, bem como o CPC/2015, regulamentam a homologação do penhor legal, que se caracteriza como um procedimento cautelar específico. A Lei nº 6.533/1978 (regulamentação das profissões de artistas e de técnico em espetáculo de diversões) dispõe que "os profissionais de que trata esta lei têm penhor legal sobre o equipamento e todo o material de propriedade do empregador, utilizado na realização de programas, espetáculos ou produções pelo valor das obrigações não cumpridas pelo empregador".

✱ *V. CF, art. 105, I,* i.

✱ *V. CC, arts. 1.467 a 1.471.*

✱ *V. CPC/1973, arts. 874 a 876.*

✱ *V. CPC/2015, arts. 703 a 706.*

HOMOSSEXUAL – 1. Pessoa sexualmente atraída por indivíduos do mesmo sexo 2. Praticante de relações sexuais com pessoas do mesmo sexo. 3. Relativo a homossexualidade ou homossexualismo.

HOMOSSEXUALIDADE – 1. Orientação sexual caracterizada pela atração por pessoas do mesmo sexo. 2. Práticas sexuais com pessoas do mesmo sexo. 3. Definições mais recentes tentam distinguir os termos *homossexualidade*, que seria a orientação sexual, do termo *homossexualismo*, que seria a prática de atos homossexuais. Há também referência na literatura ao termo *homossexualismo* em sentido pejorativo, ou como desvio patológico de conduta, definição abolida pela Organização Mundial da Saúde, que excluiu qualquer menção a este respeito no Catálogo Internacional de Doenças (CID). 4. Também se observam definições no sentido de distinguir o termo *homoafetividade*, que seria uma relação homossexual com traços afetivos permanentes e/ou conhecimento público, o que se equipara ao conceito de união estável. 5. Na literatura também se verifica, por vezes, o emprego do termo *pederastia* como sinônimo de homossexualismo masculino, mas que, a rigor, deve ser utilizado apenas para relações envolvendo um homem jovem e outro mais velho. 6. Em alguns países já existem leis que reconhecem a união entre homossexuais, prevendo-se mesmo o direito à herança. 7. O STF, por unanimidade de votos, julgou procedentes a ADPF nº 132 e a ADIN nº 4.277, com eficácia *erga omnes* e efeito vinculante, para dar ao art. 1.723 do CC/2002 interpretação conforme à CF, para dele excluir qualquer significado que impeça o reconhecimento da união contínua, pública e duradoura entre pessoas do mesmo sexo como entidade familiar.

HOMOSSEXUALISMO – *V. Homossexualidade.*

HONORÁRIOS – Pagamento que recebem os profissionais liberais por seu trabalho. Os honorários advocatícios, estipulados em contrato escrito, fixados por juiz ou por arbitramento judicial, seu recebimento e prazo de prescrição para ação de cobrança, estão especificados no Capítulo VI do Estatuto da Advocacia e da OAB. A jurisprudência não é uniforme quanto seu recebimento na impugnação ao valor da causa. No caso de iliquidez, devem ser cobrados em procedimento sumário, menos nas ações relativas ao estado e à capacidade das pessoas.

✱ *V. CC, art. 206, § 1º, III, § 5º, II.*

✱ *V. CPC/1973, art. 275, II, f e parágrafo único.*

✱ *V. CPC/2015, arts. 82 a 97 e 827.*

✱ *V. Lei nº 8.906/1994 (Estatuto da Advocacia e a OAB).*

De sucumbência: Honorários que o sucumbente (quem perde) é obrigado a pagar. A Lei nº 13.467/2017 (Reforma Trabalhista) fixou a responsabilidade pelo pagamento dos honorários periciais da parte sucumbente na pretensão objeto da perícia, ainda que (antes era "salvo se") beneficiária da justiça gratuita, com a ressalva da situação em que o beneficiário da justiça gratuita não recebe em juízo créditos capazes de suportar esta despesa, mesmo em processo diverso, pois neste caso a União responderá pelo encargo. Ademais, os honorários periciais observarão o limite máximo estabelecido pelo Conselho Superior da Justiça do Trabalho, poderão ser parcelados, se o juiz autorizar, mas não poderá o juízo exigir adiantamento de valores para realizar perícias. A referida lei incluiu também orientações sobre honorários advocatícios de sucumbência na CLT que serão fixados entre o mínimo de 5% (cinco por cento) e o máximo de 15% (quinze por cento) sobre o valor que resultar da liquidação da sentença, do proveito econômico obtido ou, não sendo possível mensurá-lo, sobre o valor atualizado da causa. Igualmente quanto aos honorários advocatícios, os beneficiários da justiça gratuita arcarão com o pagamento que ficará sob condição suspensiva de exigibilidade e somente poderá ser executado se, nos dois anos subsequentes ao trânsito em julgado da decisão, o credor demonstrar que deixou de existir a situação de insuficiência de recursos que justificou a concessão de gratuidade. Depois do referido prazo de 2 anos a obrigação de pagar do beneficiário da justiça gratuita se extingue. A Lei nº 13.660/2018 determinou que os honorários de intérprete judicial correm por conta da parte sucumbente, salvo se beneficiária de justiça gratuita. A Lei nº 14.365/2022 inseriu no art. 85 do CPC os parágrafos 6º-A, para proibir a fixação equitativa de honorários sucumbenciais nos casos em que o valor da condenação, do proveito econômico obtido ou o valor atualizado da causa for líquido ou liquidável, e 8º-A para, nos casos de fixação equitativa, o julgador atentar para a recomendação do Conselho Seccional da Ordem dos Advogados do Brasil ou o limite mínimo de 10% (dez por cento), aplicando-se o que for maior.

✱ *V. CLT, arts. 790-B, 791-A.*

✱ *V. CPC, art. 85, §§ 6º-A e 8º-A.*

✱ *V. Lei nº 8.906/1994 (Estatuto da Advocacia e a OAB), art. 23.*

HONORIS CAUSA – (Latim) Por motivo honorífico, para render homenagem; título honorífico dado a pessoa ilustre, nacional ou estrangeira.

HONRA – Dignidade, correção de costumes, probidade, qualidade íntima de pessoa que cultiva a virtude, os deveres morais. É bem jurídico que a lei tutela, punindo os crimes contra a honra, como a calúnia, a difamação, a injúria.

✱ *V. CP, arts. 138 a 140.*

HORISTA – Empregado que trabalha por hora, ou que percebe o salário-hora.

HOSPITAL – 1. Proveniente de *hospitalis*, que, em latim, significa "casa de hóspedes". 2. Estabelecimento onde doentes são recebidos e tratados. 3. A Lei de Locações estabelece as condições em que o contrato de locação de imóvel utilizado por hospital poderá ser rescindido, bem como prazo específico no caso de decretação de despejo. 4. A Agência Nacional de Vigilância Sanitária (ANVISA), por meio de sua Diretoria Colegiada, editou resolução em que estabelece o Regulamento Técnico a ser observado na construção e reforma de hospitais. 5. O estado de calamidade pública, reconhecido, oficialmente, pelo Decreto Legislativo nº 6, de 20.03.2020, gerado pela pandemia de Coronavírus (COVID-19) fez o Poder Público determinar a necessidade de auxílio financeiro por parte da União aos hospitais filantrópicos e às santas casas.

✱ *V. Lei nº 8.245/1991 (Dispõe sobre as locações dos imóveis urbanos e os procedimentos a elas pertinentes), arts. 53 e 63, § 3º.*

✱ *V. Lei nº 13.995/2020 (Dispõe sobre a prestação de auxílio financeiro pela União às santas casas e hospitais filantrópicos, sem fins lucrativos, que participam de forma complementar do Sistema Único de Saúde (SUS), no exercício de 2020, com o objetivo de permitir-lhes atuar de forma coordenada no combate à pandemia da Covid-19).*

✱ *V. Resolução-RDC nº 50, de 21 de fevereiro de 2020, da ANVISA (Dispõe sobre o Regulamento Técnico para planejamento, programação, elaboração e avaliação de projetos físicos de estabelecimentos assistenciais de saúde).*

HOTELEIRO – Tem penhor legal sobre as bagagens de seus hóspedes. Equipara-se ao depósito necessário o das bagagens dos viajantes nos hotéis, pelas quais os hoteleiros responderão como depositários, bem como pelos furtos e roubos que seus empregados fizerem. Os donos de hotéis são responsáveis pela reparação civil por ato de seus hóspedes.

✱ *V. CC, arts. 1.467, 649, parágrafo único, 650, 932, IV, e 934.*

I

IBIDEM – (Latim) Referência ao que já foi mencionado, do mesmo lugar, do mesmo autor já citado.

IDADE – Lapso de vida do homem, do nascimento até certa data, tempo de existência de uma pessoa. A lei tem na idade um requisito básico para muitos atos jurídicos e para o exercício de funções públicas. Cada uma das fases em que se divide a existência do homem: *infância, adolescência* ou *juventude, idade adulta* (viril e madura) e *velhice* ou *senectude.* A Organização Mundial de Saúde adotou a classificação do Instituto de Gerontologia de Kiev: *idade mediana* (45 aos 59 anos), *idade madura* (60 aos 74 anos), *velhice* (75 aos 90 anos) e *longevidade* (dos 90 em diante). A idade é: *legal,* aquela que a lei estabelece para o exercício de certos direitos, civis ou políticos, a prática de atos jurídicos, o cumprimento de deveres ou encargos; *limite,* aquela após a qual a pessoa não pode continuar exercendo cargo ou função pública, o que se verifica no Brasil aos 70 anos, quando ocorre a aposentadoria compulsória; *núbil* ou *nupcial,* em que o homem e a mulher atingem a puberdade, estando fisiológica e legalmente aptos para o casamento: para ambos, aos 16 anos; *pupilar,* em que o menor fica sujeito à tutoria.

✱ ***V.** CC, arts. 3º e 5º.*

IDEAL – Indeterminado, sem existência concreta. Diz-se também de cada parte da coisa comum indivisa, como a parte ideal do condomínio, a fração ideal do terreno, do imóvel etc.

IDENTIDADE – 1. Qualidade de idêntico. 2. Conjunto de caracteres próprios e exclusivos de uma pessoa, que a distingue das demais. 3. A identidade *civil* é a que resulta de qualidades e atividades que individualizam alguém como ser social distinto, juridicamente, dito *pessoa;* e *física,* a que se baseia em caracteres somáticos do indivíduo como entidade humana e o diferem de outro. Prova-se, na vida civil, pela Carteira de Identidade ou por atos do Registro Civil; na esfera internacional, prova-se pelo passaporte. 4. É crime atribuir-se ou a terceiro falsa identidade para obter vantagem em proveito próprio ou alheio ou para causar dano a outrem; a pena é a de detenção de 3 meses a 1 ano ou multa, se o fato não é elemento de crime mais grave. Também é crime usar como próprio, passaporte, título de eleitor, carteira de reservista, ou documento de identidade alheia ou ceder a outrem, para que dele se utilize, documento dessa natureza, próprio ou de terceiro, apenado com detenção de 4 meses a 2 anos e multa, se o fato não for elemento de crime mais grave.

✱ ***V.** CP, arts. 307 e 308.*

De causas: circunstância de duas demandas serem idênticas, quando o objeto e os fundamentos do pedido são os mesmos.

De função: trata-se de requisito essencial para equiparação entre empregados que prestam serviços iguais com a mesma produtividade e a mesma perfeição técnica.

Física do juiz: princípio processual que determina seja mantido o mesmo juiz, da propositura da ação até o julgamento; o juiz que colher a prova deve julgar a causa. Esse princípio do CPC de 1939 foi atenuado no CPC/1973, em face do que dispõe o art. 132, sem correspondente no CPC/2015. Não se aplica o princípio quando há o julgamento antecipado da lide e também às cartas precatórias e aos recursos. Não se aplica a processos em que não há litígio entre as partes nem ao processo falimentar, ao mandado de segurança, às justificações de posse. Mas é nula a sentença de juiz substituto quando o titular, vinculado ao feito, estiver de férias. Na Justiça do Trabalho esse princípio poderia atentar, segundo os juristas, contra os princípios fundamentais do processo trabalhista: *informalidade, celeridade, oralidade, concentração.* Daí determinar o TST que o princípio da identidade física do juiz não se aplica às Varas do Trabalho, anteriormente denominadas Juntas de Conciliação e Julgamento.

✱ *V. CPC/1973, art. 132, sem correspondente no CPC/2015.*

✱ *V. CLT, arts. 644, 647, 654, 663 e 670.*

✱ *V. Súmulas nºs 217 e 262 do TFR.*

✱ *V. Súm. nº 136 do TST.*

IDENTIFICAÇÃO – 1. Ato e efeito de identificar; reconhecimento. 2. Qualificação da pessoa e determinação de suas características peculiares, medidas antropométricas, fotografia para que possa ser conhecida. 3. O Decreto nº 10.900/2021 estabeleceu o Serviço de Identificação do Cidadão que é o conjunto de procedimentos de gestão e verificação da identidade das pessoas naturais perante a administração pública federal direta, autárquica e fundacional, por meio da Plataforma gov.br.

Criminal: A Lei nº 12.654/2012 acresceu à Lei nº 12.037/2009 o parágrafo único, do art. 5º, para determinar que, na hipótese de a identificação criminal ser essencial às investigações policiais, esta identificação criminal poderá incluir a coleta de material biológico para a obtenção do perfil genético. Os dados relacionados à coleta do perfil genético deverão ser armazenados em banco de dados de perfis genéticos, gerenciado por unidade oficial de perícia criminal.

Datiloscópica: forma de identificação judiciária pelas formas dos desenhos papilares na polpa dos dedos, na palma das mãos e na planta dos pés, que se adquirem no sexto mês de vida intrauterina e se mantêm inalteráveis durante toda a vida e mesmo após a morte, só desaparecendo pela putrefação do cadáver. Esses desenhos, indestrutíveis (a não ser pela hanseníase e eczema profissional) são rigorosamente individuais, não se repetindo em duas pessoas. A CF estabelece que "o civilmente identificado não será submetido à identificação criminal, salvo nas hipóteses previstas em lei, quando não apresenta o documento que o identifique ou este está rasurado de forma a legitimar suspeita". Já o art. 6º, VIII do CPP ordena que a autoridade policial proceda à identificação do indiciado pelo processo datiloscópico e junte aos autos sua folha de antecedentes; se ele se recusar a ser identificado, incorrerá no crime de desobediência. Também a Súm. nº 568 do STF, que diz que "a identificação criminal do indiciado pelo processo datiloscópico não constitui constrangimento ilegal, ainda que já identificado civilmente", teria sido revogada pela Lei Maior. O impasse refletese na própria jurisprudência que adota duas posições antagônicas: a de que o civilmente identificado não pode mais estar sujeito à identificação criminal (RHC 66.880, STF, 1ª Turma, *DJU* 16-12-1988); e a de que a Súm. nº 568 do STF continua em vigor, podendo ser o identificado civilmente submetido à identificação criminal (HC 174.032, TACrimSP, 2ª Câmara).

✱ *V. CP, art. 330.*

✱ *V. Decreto nº 10.900/2021 (Dispõe sobre o Serviço de Identificação do Cidadão e a governança da identificação das pessoas naturais no âmbito da administração pública federal direta, autárquica e fundacional, dentre outras disposições), art. 2º.*

IDEOFRENIA – Perversão de ideias.

IDOSO – 1. Pessoa de idade avançada. 2. Segundo a Lei nº 10.741/2003 (Estatuto do Idoso), é idoso o indivíduo com idade igual ou superior a 60 (sessenta) anos. 3. Entretanto, o próprio Estatuto do Idoso formula duas regras especiais, fixando idades diferenciadas. A primeira consta do art. 34, definindo como idosa, para o fim de acesso ao benefício assistencial de prestação continuada, a pessoa com mais de 65 (sessenta) e cinco anos, o que provoca uma discriminação das pessoas mais necessitadas em relação à regra geral. A segunda regra especial consta do art. 3º, § 2º, inserido pela Lei nº 13.466/2017, que assegura uma prioridade aos maiores de 80 (oitenta) anos em relação aos demais idosos, para atendimento de suas necessidades. 4. A Constituição garante prioridade aos idosos na formulação de políticas públicas assistenciais, na proteção familiar, no acesso ao transporte urbano e na ordem de recebimento de créditos judiciais em face da Fazenda Pública, decorrente da expedição de precatórios e requisições de pequeno valor. 5. Em decorrência do estado de calamidade pública provocado pela epidemia por Coronavírus (COVID-19), foi aprovada a Lei nº 14.018/2020, prevendo o rateio de dotação orçamentária federal para entidades beneficentes assistenciais de cuidado a idosos, recurso voltado sobretudo para ações de prevenção e controle de infecção dos assistidos, compra de insumos, equipamentos e medicamentos, bem como para adequação dos espaços para isolamento de casos suspeitos e leves.

✱ *V. CF, arts. 100, § 2º, 203, I, e 230.*

✱ *V. Lei nº 10.741/2003 (Dispõe sobre o Estatuto do Idoso e dá outras providências).*

✱ *V. Lei nº 14.018/2020 (Dispõe sobre a prestação de auxílio financeiro pela União às Instituições de Longa Permanência para Idosos (ILPIs), no exercício de 2020, em razão do enfrentamento da emergência de saúde pública de importância internacional decorrente do coronavírus (Covid-19)).*

IGNORÂNCIA – Desconhecimento; falta de saber, ausência de conhecimentos. Não se confunde com o erro, o conhecimento falso, equivocado.

Da lei: não se pode alegar o desconhecimento da lei para escusar-se de cumpri-la. Mas no caso de ignorância ou de errada compreensão da lei, quando escusáveis, a pena pode deixar de ser aplicada (erro de direito).

✱ *V. LINDB (antiga LICC), art. 3º.*

✱ *V. LCP, art. 8º.*

IGNORANTIA DIFFERT AB ERRORE – (Latim) A ignorância difere do erro.

IGNORANTIA FACTI ET IURIS – (Latim) Ignorância do fato e do direito.

IGNORANTIA IURIS ALLEGARI NON POTEST; QUIA NUNQUAM PRAESUMITUR; NEQUE EXCUSAT – (Latim) Não se pode alegar a ignorância da lei, porque nunca é presumida, nem escusa.

IGNORANTIA IURIS NEMNEM EXCUSAT – (Latim) A ignorância da lei não excusa ninguém.

IGUALDADE – Semelhança total, identidade, perfeita equivalência. Princípio da identidade de condições para todos, com os mesmos direitos e deveres. Proporcionalidade e comodidade que devem existir na partilha de heranças ou coisa comum.

✱ *V. CC, art. 2.017.*

Racial: Objetivo do Estatuto da Igualdade Racial, buscando garantir à população negra a efetivação da igualdade de oportunidades, a defesa dos direitos étnicos individuais, coletivos e difusos e o combate à discriminação e às demais formas de intolerância étnica. Outros diplomas legais vêm estabelecendo medidas de tutela metaindividual da população de etnia negra e parda, como a Lei nº 12.990/2014, que estabelece reserva de vagas em concursos públicos na Administração Pública federal, e a Lei nº 12.711/2012, que estabelece cotas em Instituições Federais de Ensino Superior. ***V.*** *Ação afirmativa.*

✱ *V. CF, arts. 3, IV, 5º, XLII, 7º, XXX, e 215, § 1º.*

✱ *V. Lei nº 7.347/1985 (Lei da Ação Civil Pública), arts. 1º, VII, 4º, 5º, V, 13, § 2º.*

✱ *V. Lei nº 7.716/1989 (Define os crimes resultantes de preconceito de raça ou de cor).*

✱ *V. Lei nº 9.099/1995 (Proíbe a exigência de atestados de gravidez e esterilização, e outras práticas discriminatórias para efeitos admissionais ou de permanência no trabalho), arts. 3º e 4º.*

✱ *V. Lei nº 12.228/2010 (Institui o Estatuto da Igualdade Racial).*

✱ *V. Lei nº 12.711/2012 (Dispõe sobre o ingresso nas universidades federais e instituições federais de ensino técnico de nível médio), arts. 5º a 7º.*

✱ *V. Lei nº 12.990/2014 (Reserva vagas oferecidas em concursos públicos para cargos efetivos e empregos públicos no âmbito da Administração Pública federal, das autarquias, das fundações públicas, das empresas públicas e sociedades de economia mista controladas pela União).*

✱ *V. Convenção nº 111 da OIT (Convenção concernente à discriminação em matéria de emprego e profissão), ratificada pelo Dec. Leg. nº 104/1964, e promulgada pelo Dec. nº 62.150/1968.*

ILAÇÃO – Redução, conclusão, inferência; o que se concluiu do estudo de um caso.

ILAQUEAR – Iludir, enganar, induzir a erro para tirar proveito pessoal.

ILEGAL – Em oposição à lei, contrário à lei, proibido, vedado por lei; a que falta legalidade; ilícito.

ILEGALIDADE – Ato de infringir a lei; qualidade do que é ilegal.

ILEGÍTIMA – Diz-se da pessoa que não tem capacidade legal ou condições jurídicas para ingressar em juízo.

ILEGITIMIDADE – Característica do que é ilegítimo; a que faltam qualidades ou condições ou requisitos legais para sua validade, admissão ou reconhecimento.

Ad causam: ilegitimidade do autor para pleitear em juízo por carecer de direito de ação contra o réu ou não haver identidade entre a pessoa que se apresenta como tendo esse direito e aquela que poderia assumi-lo verdadeiramente, ou daquele contra quem a lei permite a ação.

Ad processum: falta de capacidade para estar em juízo, por si próprio ou por outrem, por não ter as condições legais exigidas para isso.

De parte: falta de capacidade, idoneidade legal ou interesse econômico ou moral da pessoa para propor ou contestar ação em juízo. É matéria de defesa que se aduz na contestação.

De procurador: incapacidade legal do mandatário que não dispõe de poderes regulares e bastantes para representar em juízo.

ILEGÍTIMO – Ilícito, improcedente, injusto, irregular, em desacordo com o Dir. Positivo; a que falta legitimidade, requisito, condições, qualidades para ser reconhecido por lei.

ILHA – O Código de Águas diz que ilhas e ilhotas que se formarem no álveo de uma corrente pertencem ao domínio público no caso de águas públicas e ao domínio particular no caso de águas comuns ou particulares.

✱ *V. Cód. de Águas, arts. 23 a 25.*

ILÍCITO – O que é proibido por lei, o que contraria o Dir. e a Justiça, os bons costumes, a moral social ou a ordem pública e suscetível de pena. Pode dar-se por omissão ou ação.

Administrativo: ato ilegal praticado contra a Administração Pública.

Civil: atentado ao interesse de alguém, ao seu patrimônio, com obrigação de reparação de dano.

Penal: sinônimo de crime; atentado contra pessoa e o equilíbrio social, com aplicação de penas de detenção, reclusão, medida de segurança e multa.

Tributário: ação ou omissão para evitar, retardar ou reduzir o pagamento de tributo.

ILICITUDE – Qualidade do que é ilícito, proibido por lei.

ILÍQUIDO – Indeterminado, incerto, que não tem seu valor fixado; cuja espécie ou quantidade não são certas.

IMBECIL – Pessoa que sofre de retardo mental, de desenvolvimento estacionário, de inteligência pouco desenvolvida. É considerado civilmente incapaz e penalmente inimputável, podendo o juiz determinar sua internação.

IMIGRAÇÃO – Mudança de pessoas de um país para outro (Lei nº 6.815/1980, que define a situação jurídica do estrangeiro no Brasil e cria o Conselho Nacional de Imigração – Estatuto do Estrangeiro).

IMIGRANTE – Aquele que imigra, que sai de seu país para residir em outro. A Lei nº 13.445/2017 considera imigrante a "pessoa nacional de outro país ou apátrida que trabalha ou reside e se estabelece temporária ou definitivamente no Brasil".

✱ *V. Lei nº 13.445/2017 (Lei de Migração), art. 1º, § 1º, II.*

IMISSÃO DE POSSE – Ato judicial que dá a posse de alguma coisa a uma pessoa, a que ela faz jus e da qual estava privada. ***V.*** *Ação de imissão de posse.*

✱ *V. Dec.-lei nº 1.075/1970 (Regula a imissão de posse,* initio litis, *em imóveis residenciais urbanos).*

IMITAÇÃO – Elemento físico essencial de contrafação, que consiste na reprodução dissimulada de caracteres que individualizam uma coisa ou obra, violando o direito do autor e induzindo as pessoas em erro.

IMORAL – Contrário à moral ou aos bons costumes.

IMÓVEL – O que é fixo ou está fixado em um lugar, sem que se possa removê-lo sem que se fragmente ou perca sua forma e substância; bem de raiz. A compra ou locação de imóvel para o serviço público dispensa licitação, desde que as necessidades de instalação ou localização condicionem a sua escolha pela Administração. Em caso contrário a compra ou a locação devem ser precedidas do procedimento licitatório cabível como dispõe o inciso IV do art. 23 do Estatuto. Perde-se o imóvel, rural ou urbano, quando está abandonado e tem débito por 3 anos com o Fisco (***V.*** *Derrelisão*). Eles passam para o Município, sem que este precise indenizar o proprietário. Pode também ser confiscado pelo Estado sem direito algum a indenização.

✱ *V. Súm. nº 486 do STJ.*

✱ *V. CC, art. 1.276.*

Os imóveis se distinguem em:

Por acessão física artificial: aqueles que o homem incorpora ao solo, como sementes, edifícios, construções etc.

Por acessão intelectual: aquilo que o proprietário mantiver no imóvel, para *aformoseamento,* exploração industrial ou comodidade.

Por imposição legal: quando a lei procura garantir o patrimônio alheio, como o penhor agrícola e as ações que o asseguram, o direito à sucessão aberta etc.

Por natureza: o solo, com seus acessórios e adjacências naturais, árvores, frutos pendentes, subsolo, espaço aéreo, etc. O navio é, para efeito de garantia real, considerado imóvel. O art. 49 das Disposições Transitórias da CF trata da enfiteuse nos imóveis urbanos.

IMÓVEL RURAL – Prédio rústico destinado à exploração agrícola, pecuária ou agroindustrial, de área contínua. É impenhorável até um módulo, se for o único de que o devedor disponha, ressalvada a hipoteca para fins de financiamento agropecuário. Quando a residência familiar for imóvel rural, a impenhorabilidade se restringirá à sede de moradia, com os respectivos bens móveis, e à área limitada como pequena propriedade rural, conforme o que dispõe a Constituição. A aquisição de imóvel rural por estrangeiro é regida pela Lei nº 5.709/1971 que lhe impõe diversas restrições, sendo nula de pleno direito se feita em desacordo com a lei. O tabelião que lavrar a escritura e o escrivão que a transcrever responderão civilmente pelos danos que causarem aos contratantes, sem prejuízo da responsabilidade criminal. O alienante é obrigado a restituir ao adquirente o preço do imóvel.

✱ *V. Lei nº 4.504/1964 (Estatuto da Terra), art. 4º.*

✱ *V. CPC/1973, art. 649, X.*

✱ *V. CPC/2015, art. 833, X.*

✱ *V. Lei nº 5.709/1971 (Regula a aquisição de imóvel rural por estrangeiro residente no país), art. 15.*

✱ *V. Lei nº 8.009/1990 (Dispõe sobre a impenhorabilidade dos bens de família), arts. 3º, V, e 4º, § 2º.*

✱ *V. CF, arts. 5º, XXVI, 184, §§ 1º a 5º, e 189.*

IMPACTO AMBIENTAL – É qualquer alteração das propriedades físicas, químicas e biológicas do meio ambiente, causada por qualquer forma de matéria ou energia resultante das atividades humanas que, direta ou indiretamente, afetam a saúde, a segurança e o bem-estar da população; as atividades sociais e econômicas; a biota; as condições estéticas e sanitárias do meio ambiente; a qualidade dos recursos ambientais.

IMPEACHMENT – Impedimento. Processo de natureza político-criminal, de competência do Poder Legislativo, destinado a apurar crimes de responsabilidade do Presidente da República (ou detentor de mandato executivo) e outras autoridades administrativas, impondo aos culpados a pena de destituição do cargo, em razão de malversação dos dinheiros públicos, gestão ruinosa dos negócios do governo ou infração grave a deveres funcionais.

IMPEDIMENTI CAUSA CESSANTE, CESSAT IMPEDIMENTUM – (Latim) Cessada a causa, cessa o impedimento.

IMPEDIMENTO – Obstáculo legal que impede alguém de praticar ato ou o exercício de seu cargo ou função. Oposição legal a casamento por ausência de requisitos essenciais.

IMPEDIMENTO DIRIMENTE – Aquele que não se pode sanar e torna nulo ou anulável o casamento contraído com a existência de tal circunstância impeditiva. Quando o casamento se torna nulo diz-se que há *dirimência absoluta;* quando se torna anulável, há *dirimência relativa.* No primeiro caso atende-se ao interesse público; no segundo, ao interesse privado.

✱ *V. CC, art. 1.521.*

IMPEDIMENTO DO JUIZ – 1. Condição do Juiz que, prevista em lei, gera uma presunção absoluta de parcialidade, não pode atuar em um determinado processo. 2. O processo em que atue juiz impedido é nulo, e o vício pode ser declarado em qualquer tempo, enquanto pendente o feito de julgamento. 3. A sentença proferida por juiz impedido é rescindível, diferentemente do que ocorre em casos de suspeição do juiz.

✱ *V. CPC/1973, arts. 134 e 485, II.*

✱ *V. CPC/2015, arts. 144 e 966, II.*

✱ *V. CPP, art. 470.*

IMPEDIMENTO DO PRESIDENTE DA REPÚBLICA – Sendo admitida a acusação contra o Presidente da República, por dois terços da Câmara dos Deputados, será ele submetido a julgamento no STF, nas infrações penais comuns ou no Senado Federal nos crimes de responsabilidade. Será suspenso de suas funções recebida a denúncia ou queixa-crime no STF ou instaurado o processo no Senado. Decorridos 180 dias sem que o julgamento esteja concluído, cessará o afastamento do Presidente, sem prejuízo do regular prosseguimento do processo. Enquanto não houver sentença condenatória nas infrações comuns, o Presidente da República não estará sujeito à prisão.

✱ *V.* Impeachment.

✱ *V. CF, arts. 52, I, 79, 80, 85 e 86, §§ 1º a 3º.*

IMPEDIMENTO IMPEDIENTE – Dá-se quando se opõe obstáculo à celebração das núpcias, sem as invalidar se celebradas, mas acarretando pena para os cônjuges, para o juiz ou para o oficial do Registro. É impedimento apenas proibitivo.

✱ *V. CC, arts. 1.521 e 1.523, parágrafo único, II.*

IMPEDIMENTO MATRIMONIAL – Ausência de alguma das condições que a lei exige ou existência de circunstância que torne impossível a celebração do casamento. Ocultar impedimento, que não seja casamento anterior, é crime apenado com detenção de 6 meses a 2 anos. Depende de queixa do contraente enganado e só pode ser intentada após transitar em julgado a sentença que, por motivo de erro ou impedimento, anular o casamento. Contrair casamento sabendo de impedimento que lhe cause a nulidade absoluta é crime; a pena é de detenção de 3 meses a 1 ano.

✱ *V. CC, arts. 1.521 a 1.523.*

✱ *V. LINDB (antiga LICC), art. 7º, § 1º.*

✱ *V. CP, arts. 236, 238 e 239.*

IMPENHORABILIDADE – 1. Que não pode ser penhorado. 2. Garantia especial a bens patrimoniais que não podem ser objeto de penhora por credores, em virtude de disposição legal, testamentária ou por convenção: vencimentos dos magistrados, professores, funcionários públicos, soldo, salário, o bem de família, pensões e montepios, ferramentas e utensílios necessários ao exercício de profissão, bem inalienável, produto de espetáculo, pensão alimentícia etc. A impenhorabilidade dos bens públicos decorre de preceito constitucional que dispõe sobre a forma pela qual serão executadas as sentenças judiciárias, contra a Fazenda Pública, sem permitir a penhora de seus bens; mas admite o sequestro da quantia necessária à satisfação do débito desde que ocorram certas condições processuais.

✱ *V. CPC/1973, arts. 730 e 731.*

✱ *V. CPC/2015, art. 910.*

✱ *V. CF, art. 100.*

✱ *V. Lei nº 8.009/1990 (Lei da Impenhorabilidade do Bem de Família).*

IMPERATIVIDADE DO DIREITO – Diz-se do fato de a norma jurídica impor-se até coercitivamente, se preciso.

Do ato administrativo: atributo que tem o ato administrativo de impor a coercibilidade para seu cumprimento ou execução. Não está presente em todos os atos, como os enunciativos e os negociais que o dispensam, uma vez que os efeitos jurídicos dependem somente do interesse do particular, na sua utilização. A imperatividade decorre da só existência do ato administrativo, não depende da sua declaração de validade ou invalidade; todo ato dotado de imperatividade deve ser cumprido enquanto não for revogado ou anulado, visto que as manifestações de vontade do Poder Público trazem em si a presunção de legitimidade.

IMPERATIVO CATEGÓRICO – Corresponde ao princípio da moral, pelo qual devemos agir de modo que o princípio de nossa ação esteja em correspondência com uma norma universal de comportamento.

IMPERÍCIA – 1. Falta de habilidade, de conhecimento ou de técnica adequada para a realização de uma atividade. 2. No caso de empreitada, o empreiteiro é obrigado a pagar os materiais que recebeu se os inutilizar por imperícia. 3. Médicos, cirurgiões, farmacêuticos, parteiras e dentistas são obrigados a satisfazer o dano sempre que da *imprudência, negligência,* ou *imperícia* em atos profissionais, resultar morte, inabilitação de servir ou ferimento. 5. O farmacêutico responde solidariamente pelos erros e enganos de seu preposto. 6. Nas relações de consumo, os fornecedores de serviço respondem, independentemente de culpa, pela imperícia na execução por seus prepostos. Contudo, no caso dos profissionais liberais, a responsabilidade depende de prova de culpa. 7. É um dos elementos do crime culposo, podendo ser elemento constitutivo de crimes próprios, ou seja, que só podem ser cometidos por determinadas pessoas.

✱ *V. CC, arts. 617 e 951.*

✱ *V. CDC, arts. 14 e 20.*

✱ *V. CP, art. 18, II.*

✱ *V. Lei nº 13.021/2014 (Dispõe sobre o exercício e a fiscalização das atividades farmacêuticas), art. 10.*

IMPERTINENTE – Que não se pode admitir por não ser adequado ou não se ater ao caso em julgamento, ao qual é estranho: *embargos impertinentes.*

ÍMPETO – É o dolo irrefletido, o arrebatamento, sem anterior deliberação, na prática de ato delituoso.

IMPETRANTE – O que pede ou impetra medida jurídica, como *habeas corpus* ou o mandado de segurança.

IMPETRAR – Requerer em juízo a decretação de medidas legais; postular, pedir, requerer.

IMPLICAÇÃO – Participação, envolvimento em ato delituoso.

IMPLICAR – Comprometer alguém em fato que constitui delito.

IMPLÍCITO – Subentendido, que não está expresso, mas se compreende contido no ato.

IMPORTUNAÇÃO SEXUAL – Até a entrada em vigor da Lei nº 13.718/2018, era contravenção penal prevista no art. 61 da LCP, passando desde então a constituir crime, consistente na prática contra alguém e sem a sua anuência de ato libidinoso com o objetivo de satisfazer a própria lascívia ou a de terceiro. A pena é de reclusão de 1 (um) a 5 (cinco) anos, se o ato não constitui crime mais grave. A ação penal é pública incondicionada.

✱ *V. CP, art. 215-A.*

✱ *V. LCP, art. 61.*

IMPOSSIBILIDADE JURÍDICA – Impossibilidade que corresponde à incompatibilidade com o Direito.

IMPOSSIBILEM ALLEGANS NON AUDITUR – (Latim) Não se ouve quem alega o impossível.

IMPOSSIBILIS CONDICTIO HABETUR QUI NATURA IMPEDIMENTU EST, QUO INUS EXISTAT – (Latim) A condição é tida como impossível se a natureza for impedimento para que exista.

IMPOSSIBILIS CONDICTIO IN INSTITUITIONIBUS ET LEGATIS NEC IN FIDEICOMMISSIS ET LIBERALITATIBUS PER NON SCRIPTAM HABETUR – (Latim) Tem-se por não escrita a condição impossível nas instituições, nos legados e nos fideicomissos e liberalidades.

IMPOSTO – Tributo, contribuição, prestação pecuniária, direta ou indireta, que se paga ao Estado por várias de suas atividades, para ocorrer às despesas de administração, sem a obrigação de contraprestação de serviço. É a principal fonte de receita pública. É tributo cuja obrigação tem por fato gerador uma situação independente de qualquer atividade estatal específica, relativa ao contribuinte. A Constituição fixa as limitações do poder de tributar e a competência da União, dos Estados, do Distrito Federal e dos Municípios para instituir impostos. O imposto pode ser:

Causa mortis: imposto de transmissão de quaisquer bens ou direitos, cujo fato gerador é a morte do titular da herança.

De consumo: o que é aplicado nos produtos, antes de entrar em circulação, e recai no preço pago pelo consumidor.

De importação e exportação: cobrado sobre entrada e saída de mercadorias no país.

De indústria e profissão: exigido de pessoa natural ou jurídica para que possa exercer o comércio, a indústria, profissão ou ofício.

De licença: renovável anualmente pelo Município de quem explora atividade comercial; é chamado Tarifa de Licença de Funcionamento (TLF).

De selo: o que é pago por verba.

Direto: quando atinge especificamente o patrimônio, o capital, os produtos.

Extraordinário: o que é lançado por uma necessidade eventual e que com ela desaparece.

Imposto sobre Bens e Serviços (IBS): imposto autorizado pela Constituição Federal, através da EC nº 132/2023, destinado a unificar o ICMS e o ISS por meio de lei complementar para instituí-lo. A competência é compartilhada entre Municípios, Estados e Distrito Federal.

✱ *V. CF, art. 156-A.*

✱ *V. EC nº 132/2023 (Altera o Sistema Tributário Nacional).*

Indireto: não incide sobre o nome do contribuinte, mas sobre seus atos econômicos ou o produto em circulação que ele consome.

Ordinário: o que está inserido no sistema financeiro do país e em seu orçamento anual.

Pessoal: o que recai sobre o indivíduo, como o imposto de renda.

Progressivo: o que aumenta gradativamente, de acordo com o aumento do número, rendimento ou valor da coisa sobre a qual incide.

Proporcional: calculado por taxa uniforme conforme a capacidade tributária da pessoa ou o montante das vantagens que aufere.

Real: o que incide sobre coisas ou direitos reais, como o imposto territorial.

Sindical: ***V.*** *Contribuição.*

Sobre a propriedade de veículos automotores (IPVA): compete aos Estados e ao Distrito Federal e consiste em tributo patrimonial sobre veículos automotores terrestres, aquáticos e aéreos, proporcional à data de fabricação do bem e ao seu valor de mercado cobrado anualmente. Poderá ter alíquotas diferentes conforme o tipo, valor, utilização e impacto ambiental do bem. Há imunidades trazidas pela EC nº 132/2023, quais sejam, aeronaves agrícolas e de operador certificado para prestar serviços aéreos a terceiros, embarcações de pessoa jurídica que detenha outorga para prestar serviços de transporte aquaviário ou de pessoa física ou jurídica que pratique pesca industrial, artesanal, científica ou de subsistência, plataformas suscetíveis de se locomoverem na água por meios próprios, inclusive aquelas cuja finalidade principal seja a exploração de atividades econômicas em águas territoriais e na zona econômica exclusiva e embarcações que tenham essa mesma finalidade principal, bem como tratores e máquinas agrícolas.

✱ ***V.*** *CF, art. 155, § 6º.*

✱ ***V.*** *EC nº 132/2023 (Altera o Sistema Tributário Nacional).*

Sobre a propriedade predial e territorial urbana (IPTU): compete aos Municípios, tendo como fato gerador a propriedade, o condomínio útil ou a posse de bem imóvel em zona urbana. Pode ser progressivo. A EC nº 116/2022 estabeleceu imunidade a templos de qualquer culto mesmo quando locatários do bem imóvel onde estão localizados. A EC nº 132/2023 fixou que o Poder Executivo pode atualizar a base de cálculo do IPTU, sem necessidade de lei, mas os critérios para tal atualização deverão constar de lei municipal.

✱ ***V.*** *CF, art. 156, § 1º, III.*

✱ ***V.*** *EC nº 132/2023 (Altera o Sistema Tributário Nacional).*

✱ ***V.*** *EC nº 116/2022 (Acrescenta § 1º-A ao art. 156 da Constituição Federal para prever a não incidência sobre templos de qualquer culto do Imposto sobre a Propriedade Predial e Territorial Urbana (IPTU), ainda que as entidades abrangidas pela imunidade tributária sejam apenas locatárias do bem imóvel).*

Sobre a renda e proventos de qualquer natureza (IR): compete à União e tem como fato gerador a aquisição da disponibilidade econômica ou jurídica de renda, isto é, o produto do capital, do trabalho ou da combinação de ambos, e de proventos de qualquer natureza.

(...) de acordo com o art. 56-A da Lei nº 9.430/1996 acrescido pela Lei nº 12.873/2013, "a entidade privada de abrangência nacional e sem fins lucrativos, constituída pelo conjunto das cooperativas de crédito e dos bancos cooperativos, na forma da legislação e regulamentação próprias, destinada a administrar mecanismo de proteção a titulares de créditos contra essas instituições e a contribuir para a manutenção da estabilidade e a prevenção de insolvência e de outros riscos dessas instituições, é isenta do imposto de renda, inclusive do incidente sobre ganhos líquidos mensais e do retido na fonte sobre os rendimentos de aplicação financeira de renda fixa e de renda variável, bem como da contribuição social sobre o lucro líquido. § 1º Para efeito de gozo da isenção, a referida entidade deverá ter seu estatuto e seu regulamento aprovados pelo Conselho Monetário Nacional. § 2º Ficam autorizadas as transferências, para a entidade mencionada no *caput*, de recursos oriundos de recolhimentos realizados pelas cooperativas de crédito e bancos cooperativos, de forma direta ou indireta, ao Fundo Garantidor de Crédito de que trata o art. 4º da Lei nº 9.710, de 19 de novembro de 1998. § 3º As transferências dos recursos de que trata o § 2º não serão tributadas, nos termos deste artigo. § 4º Em caso de dissolução, por qualquer motivo, da entidade de que trata o *caput*, os recursos eventualmente devolvidos às associadas estarão sujeitos à tributação na instituição recebedora, na forma da legislação vigente. § 5º O disposto neste artigo entra em vigor no dia seguinte ao da aprovação pelo Conselho Monetário Nacional do estatuto e do regulamento da entidade de que trata o *caput*". O Dec. nº 9.580/2018 aprovou o Regulamento do Imposto sobre a Renda e Proventos de Qualquer Natureza a ser observado quando da cobrança, fiscalização, arrecadação e administração do referido imposto.

✱ ***V.*** *Dec. nº 9.580/2018 (Regulamenta a tributação, a fiscalização, a arrecadação e a administração do Imposto sobre a Renda e Proventos de Qualquer Natureza).*

✱ ***V.*** *Súm. nº 498 do STJ.*

Sobre grandes fortunas: previsto na Constituição, de competência da União, depende de regulamentação, por lei complementar.

Sobre operações de crédito, câmbio e seguro ou relativos a títulos ou valores mobiliários (IOF): compete à União e vem discriminado no Código Tributário Nacional.

✱ *V. Dec. nº 6.306/2007 (Regulamenta o Imposto sobre Operações de Crédito, Câmbio e Seguro, ou relativas a Títulos ou Valores Mobiliários – IOF).*

Sobre operações relativas à circulação de mercadorias e sobre prestações de serviços de transporte interestadual e intermunicipal e de comunicação (ICMS): compete aos Estados e ao Distrito Federal; é uma ampliação do antigo Imposto sobre Circulação de Mercadorias (ICM), com a absorção dos impostos sobre transportes interestaduais e intermunicipais e o de comunicações. A EC nº 132/2023 trouxe o Imposto sobre Bens e Serviços (IBS) que unificará o ICMS e o ISS.

✱ *V. CF, art. 156-A.*

✱ *V. Súm. Vinc. nº 32.*

✱ *V. Súm. nº 350 do STJ.*

✱ *V. EC nº 132/2023 (Altera o Sistema Tributário Nacional).*

Sobre produtos industrializados (IPI): 1. Compete à União e incide sobre a produção de mercadorias industrializadas. Originalmente denominado *imposto de consumo*, passando à atual denominação com o Código Tributário Nacional em 1966. Tem como fato gerador: seu desembaraço na alfândega, quando importadas; sua saída dos estabelecimentos; sua arrematação, quando apreendidas ou abandonadas e levadas a leilão. Embora a doutrina sustente a *extrafiscalidade* desse imposto, destinado originalmente ao controle pela União das atividades econômicas industriais, tornou-se importante fonte de receita, sendo o segundo imposto com maior arrecadação federal. 2. O Código Tributário Nacional equipara o importador ao industrial, o que leva a uma dupla incidência, na entrada de produtos em estabelecimentos de importação e, depois, na saída da mercadoria, ainda que sem algum beneficiamento. Essa situação levou à elevada judicialização da matéria, sob a alegação de bitributação, vindo o Superior Tribunal de Justiça a concluir, no julgamento dos Embargos de Divergência em Recurso Especial nº 1.403.532, em 14.10.2015, pela legalidade desse procedimento, visto que o IPI apenas incide, na segunda operação, sobre o valor agregado da mercadoria. 3. A CF/1988 prevê que o IPI será não cumulativo, podendo os contribuintes se creditarem dos montantes cobrados em operações realizadas em etapas anteriores da cadeia produtiva. Entretanto, diversos contribuintes evocavam o direito a se creditarem de valores fictícios (créditos presumidos), decorrentes da aplicação de alíquotas do imposto sobre insumos isentos, sujeitos à alíquota zero ou não tributáveis, induzindo a judicialização da questão, com o STF reiteradamente decidindo a favor do Fisco, editando, afinal, a Súm. Vinc. nº 58 em 2020. 4. A Lei nº 8.989/1995 prevê a isenção de IPI na aquisição de veículos adaptados para pessoas com deficiência física. No entanto, a regulamentação desse direito por normas infralegais estabelece a necessidade de comprovação da deficiência por laudo oficial, que ateste a atualidade e permanência das limitações físicas do condutor. Ademais, entendimentos internos da Receita Federal restringem a benesse à aquisição de veículos por pessoas que efetivamente dirijam o automóvel, rejeitando a isenção quando conduzido por terceiro. Tais restrições levam as controvérsias ao Judiciário, que, em geral, vem firmando entendimentos favoráveis aos contribuintes. A Lei nº 14.183/2021 alterou a Lei nº 8.989/1995 para modificar a concessão da isenção relativa ao Imposto sobre Produtos Industrializados incidente na aquisição de automóveis por pessoa com deficiência. Até 31 de dezembro de 2021, a aquisição com isenção somente se aplica a veículo novo cujo preço de venda ao consumidor, incluídos os tributos incidentes, não seja superior a R$ 140.000,00 (cento e quarenta mil reais). Posteriormente, a Lei nº 14.287/2021 prorrogou a referida isenção até 31 de dezembro de 2026, estendeu o benefício para as pessoas com deficiência auditiva, bem como elevou o limite do preço de venda ao consumidor para R$ 200.000,00 (duzentos mil reais).

✱ *V. CF, art. 153, IV e § 3º.*

✱ *V. CTN, arts. 46 a 51.*

✱ *V. Lei nº 4.502/1964 (Dispõe sobre o Imposto de Consumo).*

✱ *V. Lei nº 7.798/1989 (Altera a legislação do Imposto sobre Produtos Industrializados – IPI).*

✱ *V. Lei nº 8.989/1995 (Dispõe sobre a isenção do Imposto sobre Produtos Industrializados – IPI, na aquisição de automóveis para utilização no transporte autônomo de passageiros, bem como por pessoas portadoras de deficiência física).*

✱ *V. Lei nº 14.183/2021 (Altera a Lei nº 8.989, de 24 de fevereiro de 1995, para modificar a concessão da isenção relativa ao Imposto sobre Produtos Industrializados incidente na aquisição de automóveis por pessoa com deficiência, dentre outras disposições), art. 2º.*

✱ *V. Lei nº 14.287/2021 (Altera a Lei nº 8.989, de 24 de fevereiro de 1995, para prorrogar a isenção do Imposto sobre Produtos Industrializados (IPI) na aquisição de automóveis de passageiros e para estender o benefício para as pessoas com deficiência auditiva), art. 3º.*

✱ *V. Dec. nº 7.212/2010 (Regulamenta a cobrança, fiscalização, arrecadação e administração do Imposto sobre a Produtos Industrializados – ITR).*

✱ *V. Súm. Vinc. nº 58.*

✱ *V. Súmulas nºs 411 e 495 do STJ.*

Sobre propriedade territorial rural (ITR): 1. É um imposto federal, de competência exclusiva da União (art.153, VI, da CF). Seu fato gerador é o domínio útil ou a posse do imóvel, localizado fora do perímetro urbano do município. Os contribuintes podem ser o proprietário do imóvel (tanto pessoa física quanto pessoa jurídica), o titular do seu domínio útil ou o seu possuidor a qualquer título. A alíquota varia de acordo com a área da propriedade e seu grau de utilização. A base de cálculo é o valor da terra sem qualquer tipo de benfeitoria ou beneficiamento (inclusive plantações). Sua função é extrafiscal. Funciona como instrumento auxiliar de disciplinamento do poder público sobre a propriedade rural. 2. A CF/1988 autoriza a celebração de convênios entre a União e municípios para cobrança do imposto. Entretanto, caso o contribuinte esteja inadimplente, a cobrança judicial do executivo fiscal cabe sempre à Fazenda Nacional. 3. Na medida em que o imposto incide sobre o valor da terra nua tributável, e esta base de cálculo é afetada pelo grau de utilização da propriedade rural, o STJ formou jurisprudência que afasta a exigibilidade do tributo em casos de invasão de terras por posseiros ou movimentos agrários, uma vez que o produtor fica impossibilitado de intervir na sua propriedade.

✱ **V.** *CF, art. 153, VI e § 4º.*

✱ **V.** *CTN, arts. 29 a 31.*

✱ **V.** *Dec.-Lei nº 57/1966 (Dispõe sobre o lançamento e cobrança do Imposto sobre a Propriedade Territorial Rural).*

✱ **V.** *Lei nº 9.393/1996 (Dispõe sobre o Imposto sobre a Propriedade Territorial Rural – ITR).*

✱ **V.** *Dec. nº 4.382/2002 (Regulamenta a tributação, fiscalização, arrecadação e administração do Imposto sobre a Propriedade Territorial Rural – ITR).*

✱ **V.** *Súm. nº 139 do STJ.*

Sobre serviços de qualquer natureza (ISS): compete aos Municípios e seu fato gerador é a prestação de serviço por empresa ou profissional autônomo, com ou sem estabelecimento fixo, tendo por base de cálculo o preço do serviço. A EC nº 132/2023 trouxe o Imposto sobre Bens e Serviços (IBS) que unificará o ISS e o ICMS.

✱ **V.** *CF, art. 156-A.*

✱ **V.** *Súm. Vinc. nº 31.*

✱ **V.** *EC nº 132/2023 (Altera o Sistema Tributário Nacional).*

Sobre transmissão causa mortis e doação: compete aos Estados e ao Distrito Federal e seu fato gerador é a transmissão *causa mortis* de imóveis e a doação de quaisquer bens ou direitos.

Sobre transmissão* inter vivos *de imóveis: compete aos Municípios (antes da atual Constituição era dos Estados) que ficam com o produto da sua arrecadação. O imposto é devido na aquisição por usucapião.

✱ **V.** *CF, arts. 153, I e III a VII, 155 e 156, I e II.*

✱ **V.** *CTN, arts. 16, 23, 28, 29 a 34, 35 a 42, 43 a 51 e 63.*

✱ **V.** *Dec.-lei nº 406/1968 (Dispõe sobre normas gerais de direito financeiro aplicáveis ao ICMS e ao ISS).*

✱ **V.** *Súm. Vinc. nº 29 (É constitucional a adoção, no cálculo do valor de taxa, de um ou mais elementos da base de cálculo própria de determinado imposto, desde que não haja integral identidade entre uma base e outra).*

IMPOSTO SOBRE BENS E SERVIÇOS PREJUDICIAIS (IBSP) – Imposto autorizado pela Constituição Federal a ser criado pela União por lei complementar cujo fato gerador é a produção, extração, comercialização ou importação de bens e serviços prejudiciais à saúde ou ao meio ambiente, nos termos de lei complementar. A alíquota desse imposto pode ser criada ou alterada por lei ordinária, nos termos da EC nº 132/2023. Há imunidades previstas na Constituição Federal para o referido imposto, quais sejam, não incide sobre exportações, telecomunicações e energia elétrica.

✱ **V.** *CF, art. 153, VIII.*

✱ **V.** *EC nº 132/2023 (Altera o Sistema Tributário Nacional).*

IMPOTÊNCIA – Incapacidade para a prática do ato sexual ou inaptidão para fecundar ou conceber. Diz-se: *coeundi*, quanto à impossibilidade do homem ou da mulher de consumar o ato sexual; *generandi*, incapacidade de fecundação ou esterilidade do homem; *concipiendi*, inaptidão de conceber ou esterilidade da mulher; *erigendi*, impossibilidade de ereção do órgão viril. A impotência dos tipos *generandi* ou *concipiendi* não ensejam a possibilidade de anulação do casamento, porque não impedem o consórcio sexual, consumando-se um dos fins precípuos do matrimônio. Não ocorre o mesmo na *coeundi*, que dá ensejo à ação anulatória. A anulação se dá, ainda, quando a cópula impõe sacrifícios, sofrimentos, ou repulsa a uma das partes. A alegação de impotência contra a legitimidade de filho só é aceita se a mesma for absoluta.

✱ **V.** *CC, arts. 1.556 e 1.557.*

IMPRESCRITIBILIDADE – Caráter do direito ou da ação que não está sujeito a prescrição. A imprescritibilidade dos bens públicos é consequência lógica de sua inalienabilidade originária, daí não ser possível a invocação de usucapião sobre eles.

✱ **V.** *Súm. nº 340 do STF.*

IMPRESSÕES DIGITAIS – **V.** *Identificação datiloscópica.*

IMPREVISÃO – Imprevidência, falta de previsão, de cautela. Aceita-se a *Teoria de Imprevisão*, segundo a qual fatos não previstos quando da elaboração dos contratos ensejam a revisão das cláusulas quando da execução, evitando-se, assim, prejuízo injusto e enriquecimento sem causa. Por isso se entende que todo contrato traz implícita a cláusula *rebus sic stantibus* pela qual um fato superveniente e não previsto permite o reexame do que fora contratado.

IMPROBIDADE – Desonestidade; falta de retidão, de honradez, na conduta da pessoa. O ato de improbidade constitui justa causa para rescisão do contrato de trabalho pelo empregador.

✱ **V.** *CLT, art. 482,* a.

Administrativa: condutas lesivas ao patrimônio público, tipificadas na Lei nº 8.429/1992, que dispõe sobre as sanções aplicáveis aos agentes públicos nos casos de enriquecimento ilícito no exercício do mandato, cargo, emprego ou função na administração pública direta, indireta e fundacional. As condutas tipificadas na referida lei foram alteradas pela Lei nº 14.230/2021 que, também, acrescentou novas condutas.

✱ ***V.*** *Lei nº 8.429/1992 (Dispõe sobre as sanções aplicáveis em virtude da prática de atos de improbidade administrativa, de que trata o § 4º do art. 37 da Constituição Federal; e dá outras providências), arts. 9º a 11.*

✱ ***V.*** *Lei nº 14.230/2021 (Altera a Lei nº 8.429, de 2 de junho de 1992, que dispõe sobre improbidade administrativa), art. 2º.*

IMPROBUS LITIGATOR – Litigante de má fé.

IMPROCEDÊNCIA – Rejeição, recusa. A que falta fundamento jurídico ou apoio na prova dos autos (pedido, queixa, reclamação, denúncia, recurso).

Da ação: carência do direito de ação.

IMPROCEDENTE – Que não procede, que não merece acolhida em juízo, não se ampara na lei ou na prova dos autos.

IMPRONÚNCIA – Decisão do juiz que declara improcedente a denúncia ou a queixa nos crimes de competência do júri, quando não fica convencido da existência do crime ou considere insuficientes os indícios de autoria e determina a soltura do indiciado. Não faz coisa julgada e a questão pode ser reaberta se surgirem novas provas. Não se confunde com *despronúncia*.

✱ ***V.*** *arts. 413 a 421 do CPP (com redação dada pela Lei nº 11.689/2008).*

Contra sentença de impronúncia ou de absolvição sumária caberá recurso de apelação: V. art. 416 do CPP.

IMPRUDÊNCIA – Um dos elementos da culpa; consiste na falta involuntária de atenção e de observância de medidas de precaução e de segurança, de consequências previsíveis, que eram necessárias para evitar mal ou perigo ou a prática de infração. Aplica-se pena criminal e o agente é obrigado a reparar o dano. É um dos elementos do crime culposo.

IMPUBERDADE – Estado da pessoa que, física e fisiologicamente, não está apta para casar; sua incapacidade civil é absoluta.

IMPÚBERE – Que não atingiu a puberdade e tem, portanto, capacidade relativa; os menores de 16 anos, na lei civil, são considerados impúberes.

IMPUDICÍCIA – O mesmo que *impudência*, falta de vergonha ou de pudor.

IMPUGNAÇÃO – Oposição, contestação, repulsa. Conjunto de razões com que se impugna ou contraria pedido, ação, decisão ou recurso judicial. Réplica à defesa, deduzida pelo réu. Refutação à pretensão de outrem, ou a direito alegado ou deduzido.

Do edital: no Direito Administrativo, o edital discriminatório, ou omisso em pontos essenciais, pode ser impugnado pelos interessados em participar da licitação; para tanto, devem adquirir a pasta respectiva e fazer o protesto antes da entrega da documentação e da proposta. Deve ser feita em petição autônoma dirigida ao subscritor do edital e não inserida no envelope da documentação ou da proposta; admite-se o protesto, porém, na ata do recebimento desses envelopes, reportando-se à impugnação já apresentada. Não se admite impugnação pelo licitante que aceitou o edital sem objeção e, após julgamento que lhe é desfavorável, argui a sua invalidade.

✱ ***V.*** *Lei nº 8.666/1993 (Estatuto Licitatório), art. 41,* caput *e §§ 1º e 2º. Revogada pela Lei nº 14.133/2021.*

IMPUGNAR – Contrariar ação ou pedido, com razões fundamentadas. Opor-se, não aceitar, não concordar.

IMPUNE – Que não foi punido, que escapou à punição.

IMPUNIDADE – Falta, omissão de castigo ou de penalidade. Pode ser: *de fato*, quando não se pode provar a culpa do acusado, ou por achar-se foragido; *de direito*, quando o réu obtém indulto ou perdão, ou está prescrita a ação penal a que estaria sujeito.

IMPUNÍVEL – Que não pode ou não deve ser punido.

IMPUTABILIDADE – Qualidade do que é imputável, passível de imputação. Conjunto de circunstâncias especiais ou de condições necessárias que demonstram a existência de nexo causal entre o delito e seu presumível autor. Responsabilidade penal. A lei não define a imputabilidade, apenas enumera os estados que a excluem. Dezoito anos é o limite, a idade mínima; pessoas jurídicas não sofrem imputação, apenas seus dirigentes por seus atos. A imputabilidade pode ser *restrita*, se o agente, por doença ou retardo mental, tinha seu entendimento, sobre a natureza do ato que praticou, diminuído. Não excluem a imputabilidade penal a emoção ou a paixão nem a embriaguez, voluntária ou culposa, pelo álcool ou substância de efeitos análogos. Mas é isento de pena o agente que, por embriaguez completa, proveniente de caso fortuito ou força maior, era, ao tempo da ação ou da omissão, inteiramente incapaz de entender o caráter ilícito do fato ou de determinar-se de acordo com esse entendimento.

✱ ***V.*** *CF, art. 228.*

✱ ***V.*** *CP, arts. 26 a 28.*

IMPUTAÇÃO – Atribuição de responsabilidade, inculpação contra pessoa à qual se atribui a causa de ato ilícito e punível. Dedução de importância devida por alguém de pagamento que lhe fará o credor.

Do pagamento: ato da pessoa que, obrigada ao mesmo credor por vários débitos, de igual natureza, líquidos, certos e vencidos, determina qual deles quer pagar. Diz-se *convencional,* quando ocorre por vontade do devedor e do credor; *legal,* se se faz conforme as regras previstas em lei, na falta de declaração ou acordo das partes.

✱ *V. CC, arts. 352 a 355 e 357.*

IMPUTAR – Deduzir, da soma maior a pagar, certa quantia. Determinar a dívida que deve ser satisfeita pelo pagamento oferecido, quando este não bastar para cobrir a todos os débitos. Atribuir ato punível a alguém ou a responsabilidade penal de um fato.

IMUNIDADE – Direitos exclusivos, privilégios, vantagens especiais conferidas a certas pessoas em razão de cargo, função ou posição oficial que ocupam.

Diplomática: garante a inviolabilidade da pessoa dos agentes diplomáticos e consulares estrangeiros, em virtude do princípio da extraterritorialidade.

Fiscal: proibição de impor tributo sobre coisa, negócio, fato ou posição que a Constituição prevê só pode ser modificada por alteração da norma que a criou, ao contrário da *isenção fiscal,* que é removida por lei ordinária.

Judicial: privilégio dos advogados que não sofrem punição em razão de conceitos que emitem no curso do processo, desde que mantidos certos limites.

Parlamentar: prerrogativa do Poder Legislativo que permite aos parlamentares, individualmente, a garantia do livre exercício de suas funções. A imunidade concedida a deputado estadual é restrita à justiça do Estado. A imunidade não se estende ao corréu sem essa prerrogativa.

Tributária: isenção de tributos, em casos previstos em lei.

✱ *V. CF, art. 53, §§ 1º a 7º.*

✱ *V. Súmulas nºs 3 e 245 do STF.*

INABILITAÇÃO – Falta de capacidade, física ou legal, para a prática de ato jurídico ou para o exercício de um direito ou de um cargo. No Dir. Administrativo, *inabilitação* é a rejeição do proponente que não apresenta os requisitos exigidos no edital, o que ocorre na fase de habilitação dos licitantes. Não se confunde com *desclassificação,* que é a rejeição da proposta de licitante já qualificado. O licitante inabilitado não pode participar das fases subsequentes da licitação, já que a inabilitação o exclui do certame.

✱ *V. Lei nº 8.666/1993 (Estatuto Licitatório), art. 41, § 4º. Revogada pela Lei nº 14.133/2021.*

INABILITAÇÃO PERMANENTE DO CONSIGNATÁRIO – É o impedimento permanente de cadastramento do consignatário e da celebração de novo convênio com o Ministério do Planejamento, Orçamento e Gestão para operações de consignação.

IN ABSENTIA – (Latim) Na ausência; julgamento do réu, sem sua presença, por revel.

IN ABSTRACTO – (Latim) Em tese, em si mesmo, de modo geral.

INADIMPLEMENTO – Descumprimento, retardamento, não satisfação de obrigação, total ou parcialmente.

INADIMPLÊNCIA – Atraso no pagamento de prestação vencida ou de cumprimento de cláusula contratual. O mesmo que *inadimplemento.* A Administração pode proceder à rescisão administrativa, por ato próprio e unilateral, devido à inadimplência do contratado ou por interesse do serviço público. A inadimplência pode ser *culposa,* se resulta de negligência, imprudência, imprevidência ou imperícia do contratado, quando a rescisão, além de pretender a continuidade do serviço público, constitui uma sanção, pois obriga o contratado à reparação do dano, além de outras sanções; e *sem culpa,* quando nenhuma indenização será devida pelo contratado, nem é lícito à Administração reter as garantias ou os pagamentos a que tem direito pelas obras, serviços ou fornecimentos já realizados, desde que o contratado não paralise a execução do contrato, pois, se o fizer, coloca-se na posição de *inadimplente culposo,* sujeitando-se a todas as suas consequências. As escolas estão proibidas de reter documentos para transferência de alunos inadimplentes, ou de impor-lhes qualquer constrangimento ou impedimento de frequentar aulas ou ser impedido de fazer provas durante o período letivo. São procedimentos vetados pela Lei nº 9.870/1999, alterada por medida provisória em vigor e também pelo Código de Defesa do Consumidor (art. 421) por tratar-se de "medida abusiva". A escola pode cobrar a dívida judicialmente, mas está impedida de incluir o nome do devedor nas listas de proteção ao crédito e de não fornecer documento de conclusão de curso.

INADIMPLENTE – O que não paga prestação em dia, o que não cumpre obrigação contratual em tempo hábil.

✱ *V. Lei nº 12.414/2011 (Lei do Cadastro Positivo).*

INAFIANÇÁVEL – Que não admite fiança; que não pode ser objeto de fiança.

✱ *V. CCP, arts. 323 e 324.*

INALIENABILIDADE – Qualidade ou condição daquilo que não pode ser alienado. Qualidade jurídica da coisa que não pode ser legitimamente transferida do patrimônio de uma pessoa para a de outra nem sujeita a ônus real, em razão de sua própria natureza, ou em virtude de lei, de cláusula, condição expressa ou disposição testamentária. Implica incomunicabilidade, mas esta pode ser estabelecida sem aquela. É crime previsto no CP vender ou permutar coisa própria inalienável, silenciando sobre o gravame. A cláusula de inalienabilidade inclui a incomunicabilidade dos bens. Os bens públicos são inalienáveis, a não ser na forma e casos que a lei prevê. O bem de família não pode ser alienado sem o consentimento dos interessados e seus representantes legais. Cláusula de inalienabilidade não impede a prescrição aquisitiva.

✱ *V. CC, arts. 100, 1.717 e 1.911.*

✱ *V. Súm. nº 49 do STF.*

✱ *V. Lei nº 9.610/1998 (Lei dos Direitos Autorais).*

INALIENÁVEL – Que não pode ser alienado; diz-se de coisa cuja propriedade não pode ser, juridicamente, transferida nem sofrer ônus em virtude de dispositivo legal, testamentário ou de cláusula expressa.

INAMOVIBILIDADE – Garantia que têm os magistrados de se manterem na comarca a que servem e de onde só serão removidos a pedido, por promoção aceita ou pelo voto de dois terços dos juízes efetivos do tribunal superior competente, se assim o exigir o interesse público. Prerrogativa de certos funcionários públicos de serem transferidos apenas a seu pedido ou consentimento.

✱ *V. CF, arts. 93, VIII, e 95, II.*

INAPELÁVEL – Que não é passível de apelação, por impedimento de lei ou por ter decorrido o prazo de recurso.

INARRESTABILIDADE – Qualidade da coisa que não pode sofrer *arresto* (q.v.).

IN ARTICULO MORTIS – (Latim) Na hora extrema, na iminência da morte. Casamento ou testamento feito nesta situação. O mesmo que *in extremis*. ***V.*** *casamento nuncupativo.*

INATIVIDADE – Situação típica do funcionário público aposentado ou afastado do serviço ativo por lei ou determinação governamental. Os militares passam à inatividade ao se transferirem para a Reserva, por reforma, baixa do serviço, exclusão, expulsão ou demissão.

INAUDITA ALTERA PARS – (Latim) Providência judicial requerida por uma das partes e que deve ser tomada sem que a outra dela tome conhecimento para não turbá-la para não frustrar a medida a que visa.

IN BONAI FIDEI AUTEM JUDITIIS LIBERA POTESTAS PERMITTI VIDETUR JUDITIA A BONO ET AEQUO AESTIMANDI QUANTUM ACTORI RESTITUI DEBEAT – (Latim) Nos juízos de boa fé, julga-se permitido ao juiz o livre poder de avaliar, pelo bom e pela equidade, quanto deva ser restituído ao autor.

INCAPACIDADE – 1. Ausência de capacidade, de competência, de aptidão legal de alguém para desfrutar de direitos, exercer funções ou praticar atos de negócios jurídicos. 2. Os incapacitados são legalmente representados, caso estejam absolutamente impossibilitados de praticar atos por si mesmos, ou assistidos, nas hipóteses de capacidade relativa. A incapacidade jurídica é o reconhecimento de que não existem em uma pessoa os requisitos que, segundo a lei, são indispensáveis para o exercício de direitos. Determina-se a incapacidade pela idade, estado, saúde física ou mental das pessoas; o interesse da lei é evitar danos aos sujeitos envolvidos. 3. O Estatuto das Pessoas com Deficiência alterou diversos dispositivos do CC/2002, referentes à incapacidade, interdição e curatela, visando conferir maior autonomia aos indivíduos com restrições físicas, mentais, intelectuais ou sensoriais. 4. Diz-se também da situação do trabalhador que, por doença, acidente ou ferimentos graves, se torne temporária ou permanentemente inapto para o trabalho. ***V.*** *Incapaz.*

A incapacidade jurídica pode ser:

Civil: aquela expressamente consignada pela lei ou por sentença judicial, quando inerente a fatos relativos ao estado ou condição da pessoa na sociedade. Ela se subdivide em *absoluta* ou *total*, quando é proibido ao indivíduo praticar atos da vida civil. Assim o ato do *absolutamente incapaz* sofre pena de nulidade. Ele deve ser representado por outra pessoa, pai, tutor ou curador, conforme o caso; e *relativa* ou *parcial*, quando a pessoa não está apta a possuir e adquirir direitos, mas pode praticar atos jurídicos da vida civil, permitidos em lei, assim como todos os demais, com *assistência* de representante legal: pai, mãe, tutor ou curador. Logo, os *absolutamente incapazes* são *representados;* os *relativamente incapazes* são *assistidos*. Prescreve em 4 anos a ação para anular contrato celebrado por pessoa relativamente incapaz, contado o prazo do dia em que cessar a incapacidade. A sociedade dissolve-se também pela incapacidade de um dos sócios. A incapacidade de uma das partes não pode ser invocada pela outra em proveito próprio, salvo nas condições previstas em lei. As obrigações nulas são suscetíveis de fiança quando a nulidade resultar de incapacidade pessoal do devedor, menos no mútuo feito a menor sem autorização daquele sob cuja guarda estiver. O credor pode exigir a substituição de fiador que se tornar incapaz. Cessa o mandato pela mudança de estado que incapacite o mandante para conferir poderes ou o mandatário para os receber e exercer.

Natural ou de fato: a que resulta de estado ou condição somática ou psíquica.

✱ *V. CC, arts. 3º, 4º, 105, II, 641, 682, 824, 837, 1.860 e 1.861.*

INCAPAZ – 1. Aquele a quem a lei atribui incapacidade para os atos jurídicos da vida civil ou comercial. 2. Na Lei civil, distinguem-se os *absolutamente incapazes* (menores de 16 anos, loucos de todo gênero, surdos-mudos que não puderem exprimir sua vontade, os ausentes, declarados tais por ato do juiz) e os *relativamente incapazes* (os maiores de 16 e menores de 18 anos, os pródigos, os silvícolas), estes últimos ficando sob regime tutelar, que cessará à medida que se adaptem à civilização do País. O

Estatuto das Pessoas com Deficiência, com vigência a partir de 03.01.2016, altera este rol, prevendo que apenas os menores de 16 anos serão considerados absolutamente incapazes, visando conferir maior autonomia aos indivíduos com restrições físicas, mentais, intelectuais ou sensoriais. Não se inclui, na proteção dada aos incapazes, o benefício da restituição. Os incapazes têm por domicílio o dos seus representantes. Obrigações contraídas por menores (entre 16 e 18 anos) são anuláveis, quando resultem de atos que pratiquem sem autorização de seus representantes, sem assistência do curador que neles devesse intervir. Não pode, para eximir-se de obrigação, invocar sua idade, se dolosamente a ocultou ou se espontaneamente se declarou maior. Equipara-se o menor ao maior quanto às obrigações resultantes de atos ilícitos em que for culpado. Ninguém pode reclamar o que, por obrigação anulada, pagou a incapaz, se não provar que reverteu em proveito dele a importância paga. Não corre prescrição entre descendentes e ascendentes durante o poder familiar, e entre tutelados e curatelados e seus tutores ou curadores durante a tutela ou a curatela. Se o credor for incapaz, far-se-á a consignação em pagamento. O prazo para o retrato, na retrovenda, prevalece mesmo contra o incapaz. Não corre prazo de usucapião contra imóvel de incapaz, enquanto durar a incapacidade. 3. Trabalhador com restrições para o exercício de suas atividades, em razão de doença ou acidente. A lei previdenciária garante benefícios ao trabalhador, como o *auxílio-doença* ao que fica incapacitado para o trabalho por mais de 15 dias, dispensando a carência de 12 contribuições mensais quando a incapacidade resulte de doenças como tuberculose, lepra, cegueira, loucura, câncer, paralisia, doenças graves do coração, AIDS, entre outras. Têm direito os empregados urbanos e rurais, os temporários, os avulsos, os segurados especiais, os presidiários que exerçam trabalho remunerado. Não têm direito: domésticos, empresários urbanos ou rurais, autônomos, eclesiásticos e facultativos. Não tem direito o segurado que estiver já incapaz para o trabalho ao começar a pagar a Previdência Social. Será aposentado por invalidez o segurado que, em gozo ou não do auxílio-doença, for considerado total e definitivamente incapaz, por exame médico pericial. Também terá aposentadoria por invalidez acidentária o segurado que, por acidente de trabalho, ficar incapaz total e permanentemente para atividade que lhe garanta a subsistência. O segurado ou seus dependentes têm direito a pecúlio acidentário em caso de invalidez ou morte decorrente de acidente de trabalho.

✱ ***V.*** *CC, arts. 3º, 4º, 76, 197, II, 198, I, 335, III, 544, 814, 1.767 a 1.778.*

INCÊNDIO – Ação do fogo com destruição total ou parcial da coisa. Praticar crime em ocasião de incêndio é circunstância que agrava a pena, quando não constitui ou qualifica o delito. Causar incêndio expondo a perigo a vida, a integridade física ou o patrimônio de outrem, é crime apenado com reclusão de 3 a 6 anos e multa. Se o incêndio é culposo, a pena é de detenção de 6 meses a 2 anos. As penas aumentam de um terço se o incêndio é em casa habitada ou destinada a habitação, ou edifício público ou de uso público ou destinado a obra de assistência social ou de cultura; em embarcação, aeronave, trem ou veículo de transporte coletivo, em estação ferroviária ou em aeródromo, em estaleiro, fábrica ou oficina, em depósito de explosivos, combustível ou inflamáveis, em poço petrolífero ou em galeria de mineração, em lavoura, pastagem, mata ou floresta.

✱ ***V.*** *CP, arts. 61, II, j, e 250, §§ 1º e 2º.*

INCESSÍVEL – Que não pode ser cedido, não pode ser objeto de cessão ou transferível.

INCESTO – União sexual entre homem e mulher parentes entre si em grau que a lei não permite que se casem. É nulo o casamento incestuoso.

✱ ***V.*** *CC, arts. 1.521 e 1.522.*

INCIDÊNCIA TRIBUTÁRIA – Com a ocorrência do fato gerador, incide sobre ele o tributo previsto em lei.

INCIDENTAL – Que ocorre no curso de uma coisa. ***V.*** *Ação incidental.*

INCIDENTE DE FALSIDADE – A falsidade de um documento poderá ser arguida na contestação ou em 10 dias contados da intimação da sua juntada aos autos. O incidente de falsidade suspende o processo e será resolvido por sentença, que declarará a falsidade ou a autenticidade do documento.

✱ ***V.*** *CPC/1973, arts. 390 a 395.*

✱ ***V.*** *CPC/2015, arts. 430 a 433.*

I

INCISO – Elemento estrutural da divisão de artigo ou parágrafo para facilitar ou ampliar o entendimento do texto. Também se diz *item.*

INCITAÇÃO – Ato de estimular, incitar, provocar, instigar.

Ao crime: delito autônomo contra a paz pública, quando tem por objetivo impelir alguém, publicamente, à prática de um crime. Não se confunde com a participação criminosa nem se limita a simples proposta. A pena é de detenção de 3 a 6 meses e multa. O mesmo que *incitamento.*

✱ ***V.*** *CP, art. 286.*

INCOATIVA – Que começa, inicial, inceptiva. Empregada como sinônimo para petição inicial.

INCOLUMIDADE – Ilesibilidade. Condição de estar ileso, isento de perigo, dano ou ofensa, tanto a pessoa natural quanto a coisa pública ou privada, por lhe estar garantida a tutela jurídica penal. São crimes contra a incolumidade pública: o incêndio provocado, o atentado contra os meios de comunicação e transporte, as infrações contra a saúde pública etc. O Dec.-lei nº 3.688/1941 arrola as contravenções referentes à incolumidade pública, em seus arts. 28 a 41.

✱ *V. CP, arts. 250 a 285.*

INCOMPATIBILIDADE – No Dir. Administrativo é a impossibilidade legal de uma mesma pessoa exercer, ao mesmo tempo, duas ou mais funções ou cargos públicos que não se harmonizam ou não têm correlação entre si. É *absoluta*, quando é impossível ser a pessoa designada para nova função, já exercendo outra; *relativa*, se não pode acumular duas funções, mas sendo-lhe lícito optar por uma delas.

✱ *V. CPP, art. 470, que trata da arguição de impedimento, de suspeição ou de incompatibilidade contra o juiz presidente do Tribunal do Júri, órgão do Ministério Público, jurado ou qualquer funcionário.*

INCOMPETÊNCIA – Ausência de competência para a apreciação e julgamento de um feito, não tendo o juiz ou o tribunal atribuição ou capacidade legal para julgar relação de direito controvertida. Alega-se por *exceção* (q.v.). Pode ser: *absoluta*, quando não se pode modificar por acordo tácito ou expresso das partes; e *relativa*, se pode ser modificada por consenso entre elas. A incompetência diz-se:

Ratione loci: quando a competência para julgar é de juiz de outra jurisdição.

Ratione materiae: quando, por força de lei e da natureza da matéria, deve ela ser apreciada por outro juiz superior ou de competência especial.

Ratione personae: se não pode o juiz apreciar e julgar a lide devido à qualidade ou capacidade das partes litigantes, por exemplo, se contra ele uma delas apresenta exceção de suspeição.

✱ *V. CPC/1973, arts. 112 a 124, 219, 301, II e § 4º, 327, 485, II, 741, VII, 742 e 756, I.*

✱ *V. CPC/2015, art. 59, 64 a 66, 240, 337, 351, 352, 535, 802, 951 a 959 e 966.*

✱ *V. CLT, arts. 799 e 800.*

INCOMUNICABILIDADE – A incomunicabilidade do indiciado dependerá de despacho nos autos e só será permitida por interesse da sociedade ou conveniência de investigação. O advogado tem direito de comunicar-se com seus clientes, ainda que tidos como incomunicáveis. Qualidade daquilo que não pode ser transferido, comunicado. Diz-se dos bens, direitos ou obrigações que não são comuns a duas ou mais pessoas; se os bens de cada cônjuge ou dos que, em virtude de cláusula expressa, testamentária ou por dispositivo legal ou contratual, são excluídos da comunhão universal. A incomunicabilidade importa inalienabilidade. No regime de separação os bens são incomunicáveis.

✱ *V. CC, arts. 1.668 e 1.848.*

✱ *V. CPP, art. 21.*

✱ *V. Lei nº 8.906/1994 (Estatuto da Advocacia e a OAB), art. 7º, III.*

INCOMUTABILIDADE – Que não pode mudar, que é insubstituível, não pode ser alterado ou diminuído, como a pena que é incomutável.

INCONCILIÁVEL – Em que não há conciliação.

INCONCUSSO – Firme, inabalável, irrefutável, incorruptível.

INCONFESSO – Acusado que se nega a reconhecer ou declarar em juízo a sua culpa em ato ilícito.

INCONSTITUCIONAL – Que é contrário à Constituição.

INCONSTITUCIONALIDADE – Qualidade de todo ato que contraria a CF. Compete privativamente ao Senado Federal suspender, no todo ou em parte, a execução de lei declarada inconstitucional por decisão definitiva do STF; mediante resolução somente pelo voto da maioria absoluta de seus membros ou dos membros do respectivo órgão especial poderão os tribunais declarar a inconstitucionalidade de lei ou ato normativo do Poder Público. Ao STF compete, precipuamente, a guarda da CF, cabendo-lhe processar e julgar, originariamente, a ação direta de inconstitucionalidade de lei ou ato normativo federal ou estadual. Leis e atos normativos estaduais e municipais que ofendam a Constituição estadual deverão ser julgados pelo Tribunal de Justiça. Leis e atos inconstitucionais podem deixar de ser cumpridos pelas autoridades responsáveis por sua execução; mas não por agentes subalternos ou por particulares; as autoridades, em tais casos, devem solicitar imediatamente a *ação direta de inconstitucionalidade* (q.v.) ao Procurador competente. Essa conduta administrativa já é reconhecida e validada pelos Tribunais.

✱ *V. CF, arts. 52, X, 97, 102, I,* a, *e III, 103, § 2º, 125, § 2º, e 129.*

Por omissão: quando o legislador se omite em dar a execução a norma constitucional.

INCONTINÊNCIA – Imoderação, abuso, excesso, falta de continência.

De conduta: constitui justa causa para rescisão de contrato de trabalho pelo empregador.

✱ *V. CLT, art. 482,* b.

IN CONTINENTI – De imediato.

IN CONTRARIUM SENSUM – (Latim) Em sentido contrário.

INCORPORAÇÃO – Operação que consiste em uma ou mais empresas serem absorvidas por outra, não se configurando uma compra e venda, mas a agregação do patrimônio das incorporadas ao da incorporadora, que lhes sucede em todos os seus direitos e obrigações.

Imobiliária: é a constituição, por pessoa física ou jurídica, esta por meio de sociedade por cotas ou por ações, de organização destinada à construção de edifícios para venda em unidades residenciais ou comerciais, na construção ou depois de concluídos.

Militar: inscrição de conscritos em um dos corpos das Forças Armadas.

✱ *V. Lei nº 4.591/1964 (Lei do Condomínio em Edificações), arts. 28 a 66.*

✱ *V. Lei nº 6.404/1976 (Lei das Sociedades por Ações), art. 227.*

INCORPORADOR – Pessoa física ou jurídica, comerciante ou não, que se compromete, mesmo não efetuando a construção, a vender frações ideais de terreno vinculadas a unidades autônomas de edifícios a serem construídos ou em construção pelo regime condominial; também aquele que coordena a incorporação, efetivando essas transações e responsabilizando-se pela entrega das obras concluídas, dentro de certo prazo, preços e condições.

✱ *V. Lei nº 4.591/1964 (Lei do Condomínio em Edificações), arts. 29 e 32 a 47.*

INCORPÓREO – Que não tem corpo. *V. Bens incorpóreos.*

INCREPAR – Censurar, acusar, repreender com severidade.

INCRIMINAÇÃO – Ato de incriminar, de culpar alguém por ato ilícito penal.

INCRIMINADO – A que se atribui a qualidade de crime, o acusado de crime.

INCULPABILIDADE – Ausência de culpabilidade; estado do acusado isento de imputação criminal, por não ter sido apurada sua responsabilidade.

INCULPAR – Acusar de culpa; imputar a alguém, fundamentadamente, ou não, uma infração penal.

INCURSO – Aquele que incorreu em infração penal; que se tornou passível de sanção punitiva.

INDÉBITO – Indevido, o que foi pago indevidamente. *V. Ação de repetição de indébito.*

INDEFERIDO – Que teve despacho denegatório; que não foi deferido.

INDEFERIMENTO – Ato de indeferir, de negar pedido ou provimento.

INDENIZAÇÃO – Retribuição, reparação, compensação. A indenização mede-se pela extensão do dano. Obrigação de reparar o dano causado ao patrimônio de alguém; ressarcimento. O CC relaciona os casos de indenização resultante de atos ilícitos. No Dir. Penal, um dos efeitos da condenação é a obrigação de indenizar o dano causado pelo crime. É circunstância atenuante da pena ter o agente, logo após o crime, por espontânea vontade e com eficiência, reparado o dano. No peculato culposo, se o dano for reparado antes da sentença irrecorrível, extingue-se a punibilidade; se posterior, reduz de metade a pena imposta. Também se reduz a pena de um a dois terços nos crimes sem violência ou grave ameaça à pessoa em que foi reparado o dano ou restituída coisa até o recebimento da denúncia ou da queixa, por ato voluntário do agente. No Dir. Administrativo, o tombamento, em princípio, não obriga a indenização, salvo se as condições impostas para a conservação do bem acarretem despesas extraordinárias para o proprietário, ou resultam na interdição do uso do mesmo bem, ou prejudicam sua normal utilização. Já a indenização de bem desapropriado deve ser *justa, prévia* e *em dinheiro*, isto é, ela deve cobrir não só o valor real e atual dos bens expropriados, à data do pagamento, mas também os danos emergentes e os lucros cessantes do proprietário; o expropriante deve pagar ou depositar o preço antes de entrar na posse do imóvel, e deve pagar o expropriado em moeda corrente. Somente para imóveis rurais sujeitos a reforma agrária e para os urbanos que desatendam o Plano Diretor se admite a exceção de pagamento *a posteriori* e em títulos, respectivamente, da dívida agrária e da dívida pública. Por acordo, pode-se estabelecer qualquer modo de pagamento. A reparação de dano causado pela Administração a terceiros se obtém amigavelmente ou por *ação de indenização*, que deve ser ajuizada apenas contra a entidade pública responsável, não se admitindo a inclusão do servidor na lide. Indenizada a vítima, a entidade pública tem o direito de acionar o servidor culpado, em *ação regressiva*. É ação de rito ordinário, sujeita às normas procedimentais do CPC. A *indenização do dano* deve abranger o dano emergente, os lucros cessantes, os honorários advocatícios, correção e juros de mora se houver atraso no pagamento; a *indenização por lesão pessoal e morte da vítima* abrangerá o tratamento, o sepultamento e a prestação alimentícia às pessoas a quem o *de cujus* a devia, considerando-se a duração provável de sua vida (CC, arts. 948 a 965; CP, arts. 9º, 16, 65, III, 603 a 78, § 2º, 91, I, 312, § 3º; CPC/1973, arts. 70, III, correspondente ao art. 125 do CPC/2015; CF, 5º, XXIV, 37, § 6º, 100, 182, § 4º, III, 184; Dec.-lei nº 3.365/1941, sobre desapropriação por utilidade pública, arts. 11 a 42). O CC inclui sem especificação legal a *teoria do risco*, e admite a responsabilidade do incapaz pelo pagamento de prejuízos quando os responsáveis não puderem fazê-lo ou não tenham meios suficientes, porém, a indenização não deve privar do necessário o incapaz ou as pessoas que dele dependem (CC, arts. 927 e 928). Também acolhe a obrigação de indenizar pelo risco de atividade perigosa (CC, art. 927, parágrafo único).

INDEXAÇÃO – Adoção de índice móvel para fixação de pagamento de salário.

INDICIADO – Aquele que, durante o inquérito policial, é objeto de investigação por *indícios* da prática de infração penal. Não há, ainda, o princípio do contraditório, que só se fixa com o processo propriamente dito. O indiciado não intervém no inquérito, mas pode requerer diligência, que será ou não realizada, a critério das autoridades; mesmo não realizada, fica nos autos a prova de que foi pedida, o que pode ser relevante para o indiciado. *V. Incomunicabilidade.*

✱ *V. CPP, arts. 20 e 21.*

INDICIAMENTO – 1. É a formalização de que a pessoa está sendo criminalmente investigada pela delegacia de polícia, para que esse sujeito seja registrado em banco de dados de controle da polícia, permitindo o acesso, por outras delegacias, dessa informação. 2. A Lei nº 13.964/2019 inseriu o art. 14-A ao CPP, determinando a citação formal do investigado, comunicando-o do indiciamento, quando se tratar de servidor ligado ao Sistema Nacional de Segurança Pública, no exercício de suas atribuições, ou militar em ações de garantia da lei e da ordem, ocasião em que poderá constituir defensor para acompanhamento do procedimento investigatório. Ainda não há jurisprudência formada acerca de qual a consequência jurídica no caso da ausência desse ato formal de indiciamento, embora pareça que deva implicar a nulidade das provas colhidas a partir do momento em que o servidor deveria ter sido informado. 3. O indiciado também pode sujeitar-se, no curso do inquérito, a medidas cautelares, pessoais ou reais, caso em que a autoridade policial deverá requerer a autorização da providência ao juiz criminal, que, a partir de então, ficará prevento para a denúncia e eventual processamento da ação penal.

✱ *V. CPP, arts. 5º, 6º, 10, 14, 14-A, 15, 21, 23, 125, 134, 137, 282 a 300, 317, 319 e 320.*

INDICIAR – Declarar, em processo criminal, que há indícios suficientes contra o acusado para inculpá-lo.

INDÍCIO – Elementos tangíveis, apreciáveis, circunstâncias conhecidas e provadas que têm relação com o fato investigado e que autorizam, por dedução e indução, concluir pela existência de comprovada culpabilidade do indiciado. Constitui princípio de prova ou meio de prova indireta. Não se confunde com *presunção*. Os indícios versam sobre o *fato*, sobre o *agente* ou o *modo* do fato. Os indícios para a pronúncia devem ser suficientes tanto da existência do crime quanto de que seja o réu o seu autor, por decisão do STF. Os indícios podem ser:

Concordantes: se, vindos da mesma fonte ou de fonte diferente, formarem um concurso de circunstâncias coerentes com o fato que se investiga.

Graves: dos quais se infere, naturalmente, a verdade procurada, pela íntima correlação entre o fato que se conhece e o desconhecido.

Manifesto: se têm estreita relação com o fato alegado ou sob investigação.

Próximo: se ligado diretamente ao delito, sem indicar meios para sua descoberta.

Remoto: quando se apresenta de modo vago, impreciso.

Veemente: quando compreende circunstância que coloca um indivíduo em relação direta com o delito.

INDIGITADO – Indivíduo sobre o qual há indícios de ter praticado delito, ou a que se lhe imputa.

INDIGNIDADE – Qualidade de indigno; atitude que afronta os padrões morais. São excluídos da sucessão os herdeiros ou legatários que praticaram atos de indignidade contra o testador ou o doador.

✱ *V. CC, arts. 1.814 a 1.818, 1.961 a 1.963.*

INDISCIPLINA – Desobediência, insubordinação, falta de disciplina. Desatendimento a ordem superior. No Dir. do Trabalho significa desobedecer ordem de caráter geral e constitui justa causa para a dispensa do empregado.

✱ *V. CLT, art. 482,* h.

INDISPONIBILIDADE – Qualidade inerente a coisa que não pode ser alienada, transferida ou legada a outra pessoa, da qual não se pode dispor, como o bem de família. O mesmo que *inalienabilidade*.

INDIVIDUAÇÃO – Ato pelo qual se particulariza e se precisa uma pessoa ou coisa, distinguindo-se de outra da mesma espécie ou qualidade. Individuar pessoa física e dar seu nome, prenome, local de residência ou de domicílio, a profissão que exerce, local de nascimento, estado civil; e de uma firma, os dados referentes a nome, localização, tipo de empresa e de atividade que realiza.

INDIVIDUALIZAÇÃO – O mesmo que *individuação* (q.v.).

Da pena: aplicação variada da pena segundo o caso concreto, a critério do juiz, que leva em conta a intensidade do dolo, antecedentes do agente, consequências do crime, a modalidade de cada caso em particular.

INDIVISÃO – Estado ou situação dos condôminos de imóvel ainda não dividido; situação de comunhão da coisa indivisa.

INDIVISÁRIO – Pessoa que é proprietária, com outros, de coisa indivisa. Condômino.

INDIVISIBILIDADE – Caráter de coisa, corpórea ou incorpórea, que não pode dividir-se sem que se altere a sua substância ou ocorra fratura do todo. É *legal*, quando a lei impede que se fracione a coisa ou o direito que nela recai.

IN DUBIO, CONTRA FISCUM – (Latim) Na dúvida, contra o Fisco.

IN DUBIO ID QUOD MINIMUM EST – (Latim) Havendo dúvida sobre a interpretação de cláusula contratual, a solução deve ser aquela que for mais favorável ao devedor, ao obrigado.

IN DUBIO, PRO OPERATIO – (Latim) Em caso de dúvida, deve-se beneficiar o empregado.

IN DUBIO PRO REO – (Latim) Na dúvida, decida-se a favor do réu.

INDUÇÃO – Induzimento, instigação. Raciocínio pelo qual se infere uma coisa de outra, partindo do particular para o geral, dos efeitos para a causa.

INDULTADO – Aquele beneficiado por indulto. O mesmo que *indultário*.

INDULTO – A concessão do indulto, que é um modo de extinção da punibilidade, é de competência exclusiva do Presidente da República. Beneficia pessoas não especificadas pelo nome, mas que preenchem certas condições. Não cessam, porém, todos os efeitos da condenação, o que distingue o indulto da anistia. O indulto é *coletivo*, mas pode haver indulto *individual*, provocado por petição do condenado, por iniciativa do Ministério Público, do Conselho Penitenciário ou de autoridade administrativa. Processada no Ministério da Justiça, com documentos e relatório do Conselho Penitenciário e mais o seu parecer sobre o mérito do pedido, a petição vai a despacho do Presidente da República, que concederá ou não o indulto. Concedido este, e anexada nos autos cópia do decreto, o juiz declarará extinta a pena ou ajustará a execução aos termos do decreto, se o indulto for parcial, quando se denomina *comutação*. O procedimento é idêntico no indulto coletivo.

✱ ***V.*** *CF, art. 84, XII.*

✱ ***V.*** *CP, art. 107, II.*

✱ ***V.*** *Lei nº 7.210/1984 (Lei de Execução Penal), arts. 188 a 193.*

INDUTIVO – Referente à indução; que induz.

INDUTOR – O mesmo que *induzidor*, aquele que induz, que instiga, que leva alguém à prática de ato delituoso ou de má conduta.

INDUZIMENTO – Ato de induzir, incitar, persuadir à prática de infração penal ou ato de destruição da própria vida. Se direto, importa em autoria intelectual do delito. Terá sua pena agravada o agente que coage ou induz outrem à prática de crime.

A erro essencial: contrair casamento induzindo a erro essencial o outro contraente é crime apenado com detenção de 6 meses a 2 anos.

✱ ***V.*** *CP, art. 236.*

À especulação: crime que consiste em induzir alguém, abusando de sua inexperiência ou inferioridade mental, à prática de jogo ou aposta ou à especulação com títulos ou mercadorias em seu próprio proveito, sabendo de antemão que a operação é ruinosa; a pena é de reclusão de 1 a 3 anos e multa.

À fuga, entrega arbitrária ou sonegação de incapazes: induzir menor de 18 anos, ou interdito, a fugir do lugar em que está por determinação de quem sobre ele exerce autoridade, em virtude de lei ou de ordem judicial; confiar a outrem sem ordem do pai, tutor ou do curador algum menor de 18 anos ou interdito, ou deixar, sem justa causa, de entregá-lo a quem legitimamente o reclame, é crime apenado com detenção de 1 mês a 1 ano e multa.

Ao suicídio: a lei penal, incapaz de reprimir o suicídio, pune seu induzimento, instigação ou auxílio, por ser a vida um bem indisponível. Assim, induzir, instigar alguém a se suicidar ou prestar-lhe auxílio para que o faça é crime punido com reclusão de 2 a 6 anos, se o suicídio se consuma; ou reclusão de 1 a 3 anos se da tentativa de suicídio resulta lesão corporal de natureza grave. A pena é duplicada se o crime é praticado por motivo egoístico; se a vítima é menor ou tem diminuída, por qualquer causa, a sua capacidade de resistência. O julgamento desses crimes é da competência do Tribunal do Júri. A Lei nº 14.811/2024 incluiu dentre os crimes hediondos (Lei nº 8.072/1990) o induzimento, instigação ou auxílio a suicídio ou a automutilação realizados por meio da rede de computadores, de rede social ou transmitidos em tempo real.

✱ ***V.*** *CP, arts. 62, II, 122, 174, 236 e 248.*

✱ ***V.*** *CPP, art. 74, § 1º.*

✱ ***V.*** *Lei nº 8.072/1990 (Dispõe sobre os crimes hediondos, nos termos do art. 5º, inciso XLIII, da Constituição Federal, e determina outras providências).*

✱ ***V.*** *Lei nº 14.811/2024 (Institui medidas de proteção à criança e ao adolescente contra a violência nos estabelecimentos educacionais ou similares, prevê a Política Nacional de Prevenção e Combate ao Abuso e Exploração Sexual da Criança e do Adolescente e altera o Decreto-Lei nº 2.848, de 7 de dezembro de 1940 (Código Penal), e as Leis nºs 8.072, de 25 de julho de 1990 (Lei dos Crimes Hediondos), e 8.069, de 13 de julho de 1990 (Estatuto da Criança e do Adolescente).*

INÉPCIA – Falta total de aptidão.

Da petição inicial: a que é considerada não apta a produzir efeitos jurídicos, por vícios que a tornam confusa, contraditória, inconcludente, absurda, incoerente; ou por lhe faltarem os requisitos exigidos pela lei, não se apoiar em direito expresso ou por não se aplicar à espécie o fundamento invocado.

A inépcia enseja a preclusão, isto é, proíbe-se de levar avante a ação, que se extingue sem solução de mérito. Cabe recurso ao despacho do juiz que declare a inépcia; aceitando a inicial, o juiz não poderá indeferi-la depois na instrução do processo, porém pode determinar sua complementação.

✱ *V. CPC/1973, arts. 284 e 295, I e parágrafo único.*

✱ *V. CPC/2015, arts. 321, 330 e 332.*

INÉRCIA – Ausência de conduta, falta de ação, indolência.

INERME – Desarmado, que não porta arma.

INEXECUÇÃO – Descumprimento, falta de cumprimento ou de execução, parcial ou total, voluntário ou não, de contrato, obrigação, encargo. O mesmo que *inadimplemento* (q.v.).

INEXEQUÍVEL – O que não é exequível, que não pode ser executado.

INEXIGÍVEL – Que não é lícito exigir, de que não se pode pedir o pagamento imediato.

INFÂMIA – Imputação falsa à honra, à reputação ou à dignidade de alguém. Equipara-se à *difamação* (q.v.).

INFANTICIDA – Aquela que mata o seu próprio filho, muitas vezes logo após o parto e sob o efeito do estado puerperal.

INFANTICÍDIO – Crime que consiste em a própria mãe matar o filho recém-nascido, durante o parto ou logo após esse, sob influência do estado puerperal. Fora da influência desse estado, o crime é de homicídio. A pena para o infanticídio é de detenção de 2 a 6 anos, e a competência para o julgamento é do Tribunal do Júri.

✱ *V. CP, art. 123.*

INFERIR – Reduzir por raciocínio, induzir.

INFIDELIDADE – Falta de fidelidade, traição, deslealdade. Inexatidão no cumprimento do dever.

INFORMAÇÃO – Esclarecimento conciso que o funcionário público presta a superior hierárquico sobre assunto a ser instruído, assim como faz o serventuário da justiça em relação ao juiz, para orientar ou fundamentar os despachos ou providência no curso do processo. Ato do juiz para esclarecer o tribunal sobre ponto obscuro ou incidente do feito, expendendo a sua opinião. Esclarecimento em processo nas repartições públicas.

INFORMANTE – Aquele que presta informação. Aquele que, por ser relativamente incapaz, ou por parentesco ou inimizade, é admitido sem se compromissar a prestar depoimento com valor apenas de informação sobre o fato investigado.

INFORMATIZAÇÃO DO PROCESSO JUDICIAL – Utilização de meio eletrônico na tramitação de processos judiciais, comunicação de atos e transmissão de peças processuais, admitida nos termos da Lei nº 11.419/2006.

INFORTUNÍSTICA – Parte da Medicina forense que cuida do estado da incidência de acidentes do trabalho, de moléstias profissionais, causas e efeitos e meios adotados para preveni-las ou remediá-las.

INFRAÇÃO – Violação da norma penal. Delito, contravenção. Transgressão, falta de cumprimento.

Disciplinar: Constitui infração disciplinar toda a ação ou omissão do funcionário que possa comprometer a dignidade e o decoro da função pública, ferir a disciplina e a hierarquia, prejudicar a eficiência dos serviços públicos ou causar prejuízo de qualquer natureza à Administração.

✱ *V. Súm. Vinc. nº 9 do STF.*

Penal: O mesmo que *delito* ou *ilícito penal*. Cometida por ação ou omissão do sujeito ativo (conduta humana), de *forma típica*, isto é, prevista em lei, tipificada; *antijurídica*, quer dizer, ilícita; e *culpável*, se configurado o elemento subjetivo previsto e a responsabilidade (imputabilidade).

Trânsito: inobservância a qualquer preceito da legislação de trânsito, às normas emanadas do Código de Trânsito, do Conselho Nacional de Trânsito e a regulamentação estabelecida pelo órgão ou entidade executiva do trânsito. A Lei nº 13.281/2016 alterou o Código de Trânsito Brasileiro – Lei nº 9.503/1997, definindo, como infração de trânsito, estacionar o veículo nas vagas reservadas às pessoas com deficiência ou idosos, sem credencial que comprove tal condição, bem como fixou o valor das multas em reais, que antes eram estabelecidas em UFIR, dentre outras alterações.

✱ *V. CTB, anexo I.*

INFRAÇÃO DISCIPLINAR – Constitui infração disciplinar toda a ação ou omissão do funcionário que possa comprometer a dignidade e o decoro da função pública, ferir a disciplina e a hierarquia, prejudicar a eficiência dos serviços públicos ou causar prejuízo de qualquer natureza à Administração.

✱ *V. Súm. Vinc. nº 9 do STF.*

INFRATOR – Aquele que transgride norma jurídica, que comete infração prevista em lei.

INFRINGENTE – O que infringe a lei, que a transgride, que viola preceitos legais. Ato de refutar uma sentença, opondo-lhe embargos para a sua reforma ou revogação.

INFRINGIR – Não observar, violar, não cumprir, desrespeitar, desobedecer, transgredir.

INGRATIDÃO – Falta de gratidão, não reconhecimento por benefício recebido, esquecendo-o, desprezando-o, ou retribuindo-o com malefício. É causa para a revogação da doação, da adoção e também de deserdação. A revogação da doação deve ser pleiteada em 1 ano, a contar do conhecimento do fato que a autorizar. Os herdeiros do doador podem continuar na ação, prosseguindo-a contra os herdeiros do donatário se este falecer depois de contestada a lide. A revogação por ingratidão não prejudica direitos adquiridos por terceiros, nem obriga o donatário a restituir os frutos que percebeu antes de contestada a lide; mas sujeita-o a pagar os posteriores, ou a indenizá-los pelo meio-termo do seu valor. Não se revogam por ingratidão: as doações puramente remuneratórias; as oneradas com encargo, as que se fizerem em cumprimento de obrigação natural; as feitas para determinado casamento.

✱ *V. CC, arts. 555 a 564.*

INICIAL – *V. Petição inicial.*

INICIATIVA – Direito de que dispõem certos poderes de darem início a alguma coisa.

Da lei: dispõe a CF sobre a prerrogativa dos órgãos competentes para a inauguração do processo legislativo: a Presidência da República pode propor leis complementares e ordinárias, medidas provisórias, leis delegadas; os membros do Congresso, proposta à CF, leis complementares, ordinárias; as Assembleias Legislativas estaduais, propostas de emendas à CF; o povo pode ter, também, a iniciativa de lei, pela chamada iniciativa popular, que consiste na apresentação à Câmara dos Deputados de projeto de lei subscrito, no mínimo, por um por cento do eleitorado nacional, distribuído pelo menos por cinco Estados, com não menos de três décimos por cento dos eleitores de cada um deles. A iniciativa da lei pode ser *exclusiva, concorrente* e *supletiva.*

✱ *V. CF, arts. 22, 24, 60, I a III, 61, §§ 1º e 2º, 62 e 68.*

INICIATIVA POPULAR – Segundo a CF, art. 14, III, é iniciativa legislativa que pertence ao povo.

INIDÔNEO – Que não tem idoneidade. Incapaz, impróprio, inadequado.

INIDONEIDADE – Uma das sanções administrativas é a *declaração de inidoneidade,* aplicável diretamente pela Administração, por procedimento interno em que se faculte defesa ao infrator. O que caracteriza a *inidoneidade* é o dolo ou a reiteração de falhas do profissional ou da empresa.

INIMPUTABILIDADE – Falta de *imputabilidade* (q.v.). Estado de pessoa a quem não se pode atribuir, por razão particular ou legal, responsabilidade criminal por alguma infração.

IN INITIO LITIS – (Latim) No começo da lide.

INIQUIDADE – Sem equidade, indignidade; contrário à retidão; parcialidade.

IN ITINERE – (Latim) A caminho, próximo a consumar-se.

IN JUDICIO – (Latim) Diante do juiz.

INJÚRIA – Crime contra a honra, de ação privada. Deve-se atentar para a Lei nº 12.033/2009, que tornou pública condicionada a ação penal em razão de injúria consistente na utilização de elementos referentes à raça, cor, etnia, religião, origem ou a condição de pessoa idosa ou portadora de deficiência. O termo injúria consiste em irrogar a alguém, por escrito ou verbalmente, qualidades, vícios ou defeitos vexatórios, ou ofender o decoro e a dignidade de alguém. É qualquer ofensa à honra, à dignidade, à reputação ou boa fama de pessoa, acompanhada ou não de gestos ou de agressão física. Não admite a exceção de verdade, ao contrário da calúnia e da difamação. As sevícias de um cônjuge a outro se equiparam a injúrias graves. A injúria grave é causa de deserdação e revogação de doação. A Lei nº 14.532/2023 deu nova redação ao § 3º do art. 140 do CP para determinar que, se a injúria envolver elementos referentes a religião ou à condição de pessoa idosa ou com deficiência, a pena será de reclusão, de 1 (um) a 3 (três) anos, e multa. A injúria é:

Compensada: quando o ofendido revida injúria com outra equivalente.

Equívoca: se há dúvida sobre a pessoa atingida, por não ter sido a injúria enunciada com clareza, caso em que aquele que se considerar ofendido pode pedir-lhe explicações em juízo. O juiz pode deixar de aplicar a pena se o ofendido provocou, de maneira reprovável, a injúria; se houver retorsão imediata, isto é, o revide com outra injúria. A pena é de detenção, de um a 6 meses, e multa; se houver violência ou vias de fato tidas como aviltantes, a pena será de detenção de 3 meses a 1 ano e multa, além da pena que corresponda à violência.

Real: quando ocorre violência ou vias de fato, que se consideram aviltantes para a vítima.

Verbal: se manifesta por palavras e gesticulações ultrajantes.

✱ *V. CP, art. 140.*

✱ *V. CC, arts. 557, III, 953, 1.962, II, e 1.963, II.*

✱ *V. Lei nº 14.532/2023 (Altera a Lei nº 7.716, de 5 de janeiro de 1989 (Lei do Crime Racial), e o Decreto-Lei nº 2.848, de 7 de dezembro de 1940 (Código Penal), para tipificar como crime de racismo a injúria racial, prever pena de suspensão de direito em caso de racismo praticado no contexto de atividade esportiva ou artística e prever pena para o racismo religioso e recreativo e para o praticado por funcionário público).*

INJURIDICIDADE – Qualidade de ato que não tem fundamento jurídico, que não está de acordo com o Direito.

INJUSTO – Que contraria os postulados da justiça, que recusa a alguém o que lhe é devido.

IN JUS VOCATIO – (Latim) O chamamento em juízo.

I

IN LIMINE – (Latim) 1. Preliminarmente, sem nenhum estudo ou apreciação prévia. 2. No início, antes de tudo o mais. 3. Antes de começar o processo. 4. A incidência do novo art. 285-A do CPC/1973, correspondente ao art. 332 do CPC/2015, que permite ao juiz proferir *in limine* sentença de improcedência, exige cotejo analítico ainda que sucinto, demonstrativo da identidade dos casos.

IN MEMORIAM – (Latim) Em lembrança de; em memória; recordação de.

INOFICIOSO – Não oficioso, sem motivo conhecido, sem eficácia. Dispositivo inserido em testamento que deserda, sem motivo legal, o legítimo herdeiro, da parte do legado que vai além da metade disponível do testante na ocasião do benefício. São atos nulos, por prejudiciais. Descumprimento do dever ou diligência que era de se esperar.

INOMINATIVO – Título ou documento de crédito que não menciona o beneficiário.

INOVAÇÃO – 1. Alteração feita no estado e na essência da lide. *Atentado* (q.v.). 2. Fato de intervir, o juiz de primeira instância, na lide após devolvido à superior instância o conhecimento da causa, em razão de apelação interposta, visto sua competência estar suspensa. 3. Em conformidade com o estabelecido pela Lei nº 13.243/2016, que alterou a Lei nº 10.973/2004, é a introdução de novidade ou aperfeiçoamento no ambiente produtivo e social que resulte em novos produtos, serviços ou processos ou que compreenda a agregação de novas funcionalidades ou características a produto, serviço ou processo já existente que possa resultar em melhorias e em efetivo ganho de qualidade ou desempenho.

✱ ***V.*** *Lei nº 10.973/2004 (Dispõe sobre incentivos à inovação e à pesquisa científica e tecnológica no ambiente produtivo), art. 2º, IV.*

INOVAR – Modificar, intempestivamente, o conteúdo ou o objeto do pedido ou da defesa da causa.

IN PRAETERITUM NON VIVITUR – (Latim) Não se vive no passado. Significa que a obrigação de prestar alimentos, provisionais ou definitivos, não pode abranger o tempo pretérito, sendo devidos apenas a partir da data em que forem fixados por sentença judicial.

IN PROBATIONIS TOTA VIS JUDITII EST – (Latim) Toda a força do juiz está nas provas.

INQUÉRITO – Investigação, sindicância.

Administrativo: apuração da responsabilidade de funcionário ou da procedência e verdade de fatos atentatórios às normas da Administração Pública; processo administrativo.

Judicial: Não há mais inquérito judicial na falência. O administrador judicial tem a incumbência de fornecer relatórios, até apontando a responsabilidade civil e penal dos envolvidos, porém o inquérito, quando necessário, deverá realizar-se perante a autoridade policial, e não mais a judiciária.

Para apuração de falta grave de empregado: no Processo Trabalhista, é dissídio especial para esclarecer imputação de falta grave que o empregador faz a empregado estável. O autor é chamado *requerente*, e o réu, *requerido*. Permite-se, ao contrário do que ocorre nos dissídios individuais, a ouvida de até 6 testemunhas para cada parte.

Policial: conjunto de diligências da Polícia Judiciária, colhendo indícios e informações para apurar a prática de ilícito penal e sua autoria; o procedimento é sigiloso e inquisitório, não havendo o contraditório. Objetiva elucidar o caso ou levar informes precisos e provados sobre a infração ao Ministério Público. Se a infração se apresenta como crime de ação pública, a denúncia pode ser oferecida pelo Ministério Público, com início da ação penal; se for crime de ação penal privada, o ofendido ou seu representante legal pode apresentar queixa-crime, iniciando a ação penal. O promotor, analisando o inquérito, pode requerer seu arquivamento; pedir a devolução dos autos à Polícia para novas diligências necessárias para o oferecimento da denúncia; requerer a extinção da punibilidade; oferecer a denúncia. Qualquer pessoa do povo, que toma conhecimento de infração penal, pode denunciá-la, verbalmente ou por escrito, à autoridade policial, a qual, verificada a procedência das informações, instaurará inquérito. A *notitia criminis* é de caráter informal e não se confunde com a queixa-crime. A autoridade policial inicia de imediato o inquérito quando o crime for de *ação pública incondicionada*, com ou sem a anuência da vítima ou de seu representante legal; se for de *ação pública condicionada*, o inquérito dependerá de representação da vítima ou de seu representante; se for de *ação privada*, o inquérito será instaurado se a vítima ou seu representante o requerer. Não se poderá opor suspeição às autoridades policiais nos atos do inquérito, mas elas deverão declarar-se suspeitas quando ocorrer motivo legal. Em qualquer fase da investigação policial ou do processo penal, caberá a prisão preventiva decretada pelo juiz, de ofício, se no curso da ação penal, ou a requerimento do Ministério Público, do querelante ou do assistente, ou por representação da autoridade policial. O acusado pode ser submetido a exame médico-legal se houver dúvida sobre sua sanidade mental, ainda na fase do inquérito. O despacho de arquivamento de inquérito não impedirá a propositura de ação civil. Se a autoridade policial souber de fato que, não sendo infração penal, possa determinar que se aplique medida de segurança, deve apurá-lo por inquérito.

✱ ***V.*** *CLT, art. 821.*

✱ ***V.*** *CPP, arts. 4º a 23, 67, 107, 149, § 1º, 311 e 549.*

✱ ***V.*** *Súm. Vinc. nº 14.*

INQUILINATO – Condição de locação de prédio a inquilino; direito dado ao inquilino, mediante contrato, de ocupar prédio urbano, por um prazo e aluguel convencionados.

INQUILINO – Aquele que mora em imóvel que lhe foi cedido por contrato de locação. O mesmo que *locatário* (q.v.). Nas locações para fins residenciais, morrendo o locatário, ficam com os seus direitos o cônjuge sobrevivente, o companheiro, os herdeiros necessários e as pessoas que dependiam, economicamente, do falecido, desde que residam no imóvel. Nas locações não residenciais, os direitos ficam com o espólio e, se for o caso, o seu sucessor no negócio. Se o casal de locatários se separar ou divorciar-se, a locação passa, automaticamente, para aquele que ficar no imóvel, o qual comunicará ao locador a sua condição de único responsável. O locador pode exigir nova fiança ou uma das garantias legais (Lei nº 8.245/1991, Lei das Locações).

* *V. Lei nº 12.112/2009.*

IN REM VERSO – (Latim) Em proveito de outrem, de terceiro.

INSALUBRIDADE – 1. Qualidade de insalubre, nocivo à saúde. 2. Condição ambiental de trabalho, caracterizada pela exposição do trabalhador a agentes agressores, de ordem física, química ou biológica. O trabalho nestas condições dá direito a um adicional, calculado à base de 10, 20 ou 40% sobre o salário mínimo, conforme a caracterização da insalubridade em grau mínimo, médio ou máximo, respectivamente, nos termos dos quadros aprovados pelo Ministério do Trabalho. Por sua vez, este adicional repercute nas demais verbas de natureza salarial, como horas extras e adicional noturno. Caso o empregador consiga adotar medidas coletivas ou individuais que neutralizem a exposição dos trabalhadores ao agente agressor, é possível suprimir o pagamento do adicional, sem que isto viole a irredutibilidade salarial. É proibido qualquer trabalho insalubre a menores de 18 (dezoito) anos de idade. 3. O trabalho em condições insalubres também enseja o direito do trabalhador à aposentadoria especial, com menor tempo de contribuição do que o previsto para os demais trabalhadores. ***V.*** *Adicional.*

* ***V.*** *CF, arts. 7º, XXIII e XXXIII, e 201, § 1º.*
* ***V.*** *CLT, arts. 189 a 192 e 194 a 197.*
* ***V.*** *Norma Regulamentadora 15, aprovada pela Portaria MTE nº 3.214/1978 (Estabelece atividades e operações insalubres).*
* ***V.*** *Lei nº 8.213/1991 (Dispõe sobre planos de benefícios da Previdência Social), arts. 57 e 58.*
* ***V.*** *Súm. Vinc. nº 4.*
* ***V.*** *Súmulas nºs 194 e 460 do STF.*
* ***V.*** *Súmulas nºs 47, 80, 139, 248, 361, 293 e 448 do TST.*
* ***V.*** *Orientações Jurisprudenciais nºs 47, 103, 121, 165, 171, 172, 173, 278 e 345 da SBDI-I do TST.*

INSANIDADE MENTAL – Loucura, demência, falta de integridade mental. No Direito Penal é causa de inimputabilidade do agente.

INSCÍCIA – Ignorância, falta de saber, imperícia, inabilidade.

INSCRIÇÃO – Registro oficial de nome, qualidade, direito; averbação, no respectivo Registro, de direitos ou atos jurídicos ou judiciais, para que tenham publicidade legal e produzam efeitos, como na inscrição ou especialização de hipoteca, de penhor, de dívida.

INSEMINAÇÃO HETERÓLOGA – Inseminação artificial feita com doação de gameta por pessoa estranha ao casal.

* ***V.*** *CC, art. 1.597, V.*

INSÍDIA – Traição, perfídia, cilada, ardil.

IN SITU – (Latim) No mesmo local, no lugar. Diz-se de vistoria, diligência, perícia. O mesmo que *in loco.*

IN SOLUTUM – (Latim) Doação feita pelo devedor para pagar o seu débito.

INSOLVABILIDADE – Qualidade do comerciante que não paga, no vencimento, obrigação líquida e certa. A impontualidade acarreta o pedido de falência.

INSOLVÊNCIA – 1. No Dir. Civil, é a situação a que chega o devedor que não pode saldar suas dívidas ou cumprir suas obrigações, por excederem o montante de seus haveres e bens, não dispondo mais de bens livres e desembaraçados para nomear à penhora, ou quando forem arrestados. 2. Declarada a insolvência, perde o devedor o direito de administrar os seus bens e deles dispor, até a liquidação total da massa, bem como os negócios praticados anteriormente à declaração judicial de insolvência estão sujeitos à anulação, por fraude contra credores. 3. Estão aptos a requerer a declaração de insolvência: qualquer credor quirografário; o devedor, o inventariante do espólio do devedor. 4. A insolvência do comerciante rege-se pela Lei de Recuperação de Empresas e Falências (Lei nº 11.101/2005). 5. A insolvência do devedor não comerciante enseja o concurso universal de credores.

* ***V.*** *CC/2002, arts. 158, 159, 495, 697, 707, 839, 955 a 965, 1.425, II, 1.477 e 1.483.*
* ***V.*** *CPC/1973, arts. 748 a 786 e 813, I a III.*
* ***V.*** *CPC/2015, art. 790, IV.*

INSPEÇÃO – 1. Exame acurado, observação atenta de coisa ou pessoa, ou de algum serviço; vistoria. 2. Função de inspetor.

Judicial: observação direta que faz o juiz da lide sobre fatos, pessoas e coisas, para formar a sua convicção. É um meio de prova, quando em vez de se apresentarem ao juiz, deve este fazer a inspeção sobre pessoas que não podem locomover-se ou sobre coisa intransportável. Compete à União organizar, manter e executar a inspeção do trabalho.

✱ *V. CF, art. 21, XXIV.*

✱ *V. CPC/1973, arts. 440 a 443.*

✱ *V. CPC/2015, arts. 481 a 484.*

IN SPECIE – (Latim) Na espécie, no caso em tela. A coisa na sua espécie, em particular.

INSTÂNCIA – 1. Processo, o andamento de uma lide. 2. O CPC/1973, bem com o CPC/2015, aboliu o uso desta palavra, utilizando em seu lugar o vocábulo *processo*. Na Exposição de Motivos do CPC/1973, depois de citar definições antigas e recentes, conclui o seu autor "bastam estas considerações para se ver que a palavra *instância* é uma fonte de dúvidas e equívocos. O projeto a substitui por *processo* e, assim, no Capítulo V, do Livro I e Capítulo VI do Livro II, fala de *formação, suspensão e extinção do processo*, empregando este vocábulo porque ele traduz, com todo o rigor científico, o fenômeno jurídico que o Código define". O CPC/2015 fala de *formação, suspensão e extinção do processo na Parte Geral, Livro VI*. Diz-se, atualmente, primeiro e segundo graus de jurisdição. No primeiro grau de jurisdição (juízo de primeira instância) os recursos cabíveis são: apelação, agravo de instrumento, embargos de declaração e embargos de alçada, e a correição parcial, ainda que não esteja expresso no cômputo dos recursos. No segundo grau de jurisdição (juízo de segunda instância), há duas classes: recursos contra acórdãos e recursos contra decisões diferentes de acórdãos. Na primeira estão: embargos infringentes, embargos de declaração, recurso ordinário, recurso especial, recurso extraordinário e embargos de divergência. Na segunda: agravo de instrumento (contra despacho do presidente do tribunal recorrido que denega o seguimento do recurso extraordinário), o agravo regimental (de decisão de relator que causar prejuízo à parte), os recursos inominados (sem nome) e os recursos estaduais locais (próprios de regimentos internos de cada tribunal).

✱ *V. CF, arts. 102, III, e 105, II e III.*

✱ *V. CPC/1973, arts. 463, 500, II e III, parágrafo único, 508, 513, 518 a 523, 528, 530, 532, 536, 541 e 546.*

✱ *V. CPC/2015, arts. 494, 997, 1.003, 1.007, 1.009, 1.010, 1.012, 1.015, 1.020, 1.023, 1.029 e 1.043.*

✱ *V. Lei nº 6.830/1980 (Dispõe sobre a cobrança judicial da dívida ativa da Fazenda Pública).*

✱ *V. Lei nº 8.038/1990 (Dispõe sobre normas procedimentais para os processos perante o STF e o STJ), arts. 27, § 4º, 28, 30, 33 e 39.*

Única: diz-se do juízo exclusivo de julgamento de uma causa. Não pode interpor recurso de sua decisão para outra instância.

INSTÂNCIA PRÉVIA – Administrativa ou privada, é aquela que se deve esgotar antes de ser levada a ação a juízo, segundo a CF, art. 217, § 2º.

INSTAURAÇÃO – Ato de instaurar, instituir, estabelecer, constituir.

De processo: fato de iniciá-lo pela citação válida de pessoa contra quem a ação é proposta.

INSTIGAÇÃO – Ato de induzir, de instigar alguém, às ocultas, para a prática de ato condenável.

INSTIGAÇÃO A SUICÍDIO – V. Suicídio

INSTITUIÇÃO – Organização, estabelecimento. Entidade de direito público. Conjunto de normas estáveis com que se organiza e disciplina uma entidade social, de caráter religioso, político, econômico etc. São instituições sociais a família, o casamento, o júri, os órgãos recreativos, culturais, pios e beneficentes. Ato de instituir, de nomear. A própria coisa instituída.

Constitucional: poderes do Estado, criados e disciplinados pela CF.

Financeira: pessoa jurídica pública ou privada que intermedeia ou aplica recursos próprios ou de terceiros; está sujeita à intervenção e liquidação extrajudicial.

Política: órgãos do Poder Público, de natureza política, como o Senado, a Câmara dos Deputados etc.

INSTITUÍDO – Diz-se do legatário, do donatário. Aquele que é beneficiado com doação ou legado. A primeira pessoa indicada no fideicomisso.

INSTITUTO – Corporação de Direito Privado ou Público, com objetivo científico, econômico, administrativo etc.

Jurídico: normas que regulam ou disciplinam certa criação legal, como a falência, a servidão, o usufruto, a tutela etc.

INSTITUTO DA LESÃO – Aplica-se, por exemplo, quando a pessoa adquire, por quantia irrisória, um bem de outra pessoa, tirando proveito de sua inabilidade em lidar com dinheiro. É uma das novidades introduzidas pelo CC/2002. É causa de anulação de negócio jurídico, no caso de alguém que, por urgente necessidade ou inexperiência, assume obrigação manifestamente desproporcional.

✱ *V. CC, art. 157.*

INSTRUÇÃO – Atos necessários, peças, diligências, formalidades, alegações e provas que ajudam a esclarecer a relação litigiosa e dão ao juiz da causa elementos que o ajudam a julgá-la. Acrescentam-se, às vezes, documentos e laudos de peritos. No Processo Penal, recebe o nome de *formação* ou *sumário de culpa*, que começa com o recebimento da queixa ou denúncia, continua com o interrogatório e os atos subsequentes até a prolação da sentença. É também ato normativo, de âmbito e efeito interno, emitido por superior hierárquico a seus subordinados, disciplinando o funcionamento de determinado serviço público ou para esclarecer normas de serviço ou de legislação. *Instrução sumária* é aquela do processo sumário, em seu rito próprio. Como ordens escritas e gerais, no âmbito administrativo, obviamente a *instrução* não pode sobrepor-se ou contrariar a lei, o decreto, o regulamento, o regimento ou o estatuto do serviço, porque são atos de mero ordenamento administrativo interno. Também por isso, não alcançam os particulares nem lhes impõem conhecimento e observância, vigorando, somente, como ordens hierárquicas de superior a subalterno.

Preliminar no Tribunal do Júri: *V.* arts. 406 a 412, do CPP (com redação dada pela Lei nº 11.689/2008).

INSTRUIR – Preparar, ordenar, fundamentar, esclarecer o processo ou a causa, com produção de provas, documentos, laudos periciais, alegações das partes, preenchimento de formalidades, correções de lacunas etc., para que fique pronto para o julgamento.

INSTRUMENTO – Utensílio, ferramenta, documento. Ato escrito, com as formalidades próprias, pelo qual se corporifica um ato jurídico ou algum ato judicial. Título probatório de um desses atos; tudo o que serve para instruir um processo. O instrumento diz-se: *original,* aquele lavrado por oficial público em seu livro de notas, assinado por ele, pelas partes e testemunhas, ou o primeiro traslado ou escritura autêntica, tirados do original; *particular* ou *escrito particular,* documento escrito e assinado, ou apenas assinado por particular, sem a intervenção do tabelião; como recibo, vale etc.; *público autêntico,* ou *solene,* aquele lavrado por tabelião ou oficial público competente, que se reveste das formalidades intrínsecas e extrínsecas que lhe devem ser inerentes: escrituras públicas, traslados, certidões de registros públicos, públicas-formas, instrumentos de protestos judiciais etc.

INSUBMISSÃO – Indisciplina, desobediência. Crime do indivíduo que, convocado para o serviço militar, deixa de se apresentar no local que lhe for designado, no prazo marcado, ou se ausenta antes da incorporação, para furtar-se à prestação do serviço.

INSUBORDINAÇÃO – Recusar-se o empregado a obedecer ao empregador ou a preposto seu, deixando de cumprir ordens ou instruções que lhe foram dadas. Delito do militar que recusa obediência a ordem superior sobre assunto de serviço ou regulamento ou instrução.

INSUBSISTENTE – Que não se baseia em lei ou provas admissíveis; não provado.

INSULTO – Injúria violenta e brusca; agressão à honra ou à dignidade.

INTEGRALIZAÇÃO – Ato de integralizar, tornar integral.

De ações: quando o acionista completa o pagamento das prestações relativas às ações que subscreveu.

De capital: quando cada sócio satisfaz todas as cotas a que se obrigou para a formação do capital social.

INTEMPESTIVIDADE – Fora do tempo, fora do prazo; qualidade do que é intempestivo.

INTEMPESTIVO – Fora do prazo legal ou convencional preestabelecido; fora de tempo; inoportuno.

INTENÇÃO – Vontade ou propósito deliberado. Dolo, desígnio, desejo secreto de praticar o ato delituoso. O mesmo que *intento.*

INTENTAR – Propor ação em juízo. Tentar, tencionar, projetar.

INTENTIO LEGIS – (Latim) A finalidade da lei.

INTERDIÇÃO – Ato judicial declaratório da incapacidade efetiva de pessoa maior de praticar atos da vida civil, reger-se a si e aos seus bens. Medida de segurança que proíbe o funcionamento de um estabelecimento industrial ou comercial, de sociedade ou associação que infrinja dispositivo legal. Pode ser: *judiciária,* se ocorre por processo especial em que o interditando é examinado por peritos nomeados, como no caso de alienação mental, toxicomania, prodigalidade, etc.; *de direitos,* pena acessória, decretando a incapacidade temporária ou permanente para o exercício de direitos, ou proibição de os adquirir, como na curatela, tutela, poder familiar, investidura em função pública etc.

Da execução do contrato: no Direito Administrativo é o ato escrito pelo qual a Administração determina a paralisação da obra, do serviço ou do fornecimento, feitos em desconformidade com o contratado. É a aplicação do princípio da autotutela da autoexecutoriedade que rege a atividade administrativa; por isso, ao contratado que não se conforme com a decisão só resta usar dos recursos hierárquicos ou das vias judiciais para a defesa de direitos. Interdição, no caso, não se confunde com *intervenção* (q.v.).

Administrativa de atividade: ato pelo qual a Administração proíbe a alguém a prática de atos sujeitos ao seu controle, ou que incidam sobre seus bens; não se confunde com a interdição judicial de pessoas ou de direitos. Ela se baseia no Poder de Polícia Administrativa, ou no poder disciplinar da Administração sobre seus servidores. Sendo ato punitivo, deve ser precedida de processo regular e do respectivo auto, que possibilite ao interessado ampla defesa.

INTERDITO – Instituto jurídico pelo qual se concedem diversas formas de proteção e defesa da posse contra sua turbação ou esbulho.

De manutenção: o que faz causar a turbação da posse e restabelece o possuidor na situação anterior. O mesmo que *ação de manutenção de posse* ou *ação de força turbativa.*

Proibitório: pelo qual o possuidor, sob ameaça de turbação ou esbulho da sua posse, requer ao juiz a necessária segurança contra a violência iminente, com cominação de pena pecuniária ao transgressor. Não se confunde com *preceito cominatório*. O mesmo que *ação de força nova iminente, ação proibitória, mandado proibitório*.

Recuperatório: usado pelo dono ou possuidor da coisa para reavê-la, como o promitente vendedor na compra e venda com reserva de domínio, para reaver coisa indevidamente transferida a terceiro. O mesmo que *ação de reintegração de posse, interdito de reintegração, ação de força espoliativa, ação de esbulho*.

INTERESSADO – Aquele que participa dos lucros de um estabelecimento ou empresa onde é empregado. Parte no processo ou pessoa que tenha interesse na causa, como o fiador, o credor, o confrontante, o arrematante, o Fisco, o Ministério Público etc.

INTERESSE – Vantagem, proveito, juro ou produto do capital aplicado; parte do empregado nos lucros da firma. Elemento intrínseco do direito subjetivo. Motivo jurídico, necessidade ou conveniência atual, legítima, de obter vantagem exercendo ação judicial para assegurar ou restabelecer direito. Pode ser:

De agir: conveniência de propor ou contestar ação, para resguardar, defender ou reivindicar direito ou vantagem ameaçado ou violado; não pode o autor, sem isso, obter o bem jurídico almejado.

Geral ou público: sobrepõe-se ao interesse privado, sendo exigido para necessidades comuns ou coletivas.

Legítimo: subordinado ao próprio direito ou necessidade pecuniária, patrimonial ou econômica da pessoa natural ou moral.

Moral: relativo a bem incorpóreo, próprio de qualquer pessoa, como a honra, a reputação, a liberdade etc.

Particular ou individual: afeto à conveniência de pessoa singular.

Protegido: aquele a que corresponde obrigação ou prestação.

Social: Interesse manifestado pelo Poder Público na desapropriação de um bem visando à justa distribuição da propriedade ou à adequação de seu uso ao bem-estar social.

✱ ***V.*** *Lei nº 4.132/1962 (Define os casos de desapropriação por interesse social e dispõe sobre sua aplicação).*

INTERESSE SOCIAL – No Dir. Ambiental, interesse social são as atividades imprescindíveis à proteção da integridade da vegetação nativa, tais como prevenção, combate e controle do fogo, controle da erosão, erradicação de invasoras e proteção de plantios com espécies nativas; a exploração agroflorestal sustentável praticada na pequena propriedade ou posse rural familiar ou por povos e comunidades tradicionais, desde que não descaracterize a cobertura vegetal existente e não prejudique a função ambiental da área; a implantação de infraestrutura pública destinada a esportes, lazer e atividades educacionais e culturais ao ar livre em áreas urbanas e rurais consolidadas; a regularização fundiária de assentamentos humanos ocupados predominantemente por população de baixa renda em áreas urbanas consolidadas; implantação de instalações necessárias à captação e condução de água e de efluentes tratados para projetos cujos recursos hídricos são partes integrantes e essenciais da atividade; as atividades de pesquisa e extração de areia, argila, saibro e cascalho, outorgadas pela autoridade competente; outras atividades similares devidamente caracterizadas e motivadas em procedimento administrativo próprio, quando inexistir alternativa técnica e locacional à atividade proposta, definidas em ato do Chefe do Poder Executivo federal.

INTERESSES COLETIVOS OU DIFUSOS – São os interesses de grupos, de uma coletividade, que não têm um titular individualizado, mas decorrem de um vínculo que une a todo um grupo. São chamados *difusos, coletivos, supra* ou *meta individuais* e dizem respeito a anseios ou necessidades de uma coletividade quanto à qualidade de vida, o direito à saúde, à informação correta, à preservação do meio ambiente, e outros.

INTERINO – Aquele que, no serviço público, exerce por algum tempo as funções de um cargo, suprindo a ausência ou impedimento do titular. Temporário, transitório.

INTERLOCUTÓRIA – Decisão pela qual o juiz, no curso do processo, resolve questão incidente.

INTERLOCUTÓRIO – Que ocorre no curso de um processo, não lhe pondo fim. Intermediário, preparatório.

INTERMEDIAÇÃO – Ato de intermediário, de intervir em negócio para aproximar os interessados em sua realização. Mediação, corretagem.

INTERNACIONALISTA – Especialista em Direito Internacional.

INTERNET – (Inglês) 1. Neologismo empregado para referir-se ao sistema global de redes de computadores interligadas, que utilizam o conjunto de protocolos padrão TCP/IP, administrados por entidades (empresas públicas, privadas, instituições acadêmicas e governos), que mantêm blocos de endereços IP em redes interligadas ou autônomas. 2. Para os fins da Lei nº 12.965/2014 (Marco Civil da *Internet*), que regula o uso da *internet* no Brasil, é definida como o sistema constituído do conjunto de protocolos lógicos, estruturado em escala mundial para uso público e irrestrito, com a finalidade de possibilitar a comunicação de dados entre terminais por meio de diferentes redes. 3. Antes da Lei no 12.965/2014, outros diplomas legais já reconheciam a *internet*, como a Lei nº 9.504/1997 (Lei das Eleições), que admite a doação de recursos a partidos e candidatos através da rede, bem como obriga a divulgação de dados referentes a financiamentos de campanha, além de disciplinar os limites à propaganda política e eleitoral por meio do sistema mundial de computadores. Outro diploma legal que menciona a *internet* é a Lei nº 12.527/2011, que regulamenta o direito dos cidadãos a informações de interesse público, exigindo que órgãos e entidades públicas realizem a divulgação de informações, bem como permitam o acompanhamento de solicitações de acesso a dados pela rede mundial de computadores. 4. A Lei nº 11.419/2006, que regula o processo judicial eletrônico, estabelece que os Tribunais poderão criar sítio na rede mundial de computadores, para publicação de seus atos judiciais e administrativos, bem como para realizar atos processuais e receber petições e documentos, mediante prévia certificação pelos interessados. 5. Com a edição da Lei nº 12.551/2012, que inseriu o parágrafo único ao art. 6º da CLT, o controle do trabalho por meios telemáticos, incluindo a *internet*, foi expressamente equiparado à subordinação direta, para fins de comprovação de vínculo de emprego e jornada de trabalho, acompanhando a evolução doutrinária e jurisprudencial que debatia o conceito de *teletrabalho*. 6. A Lei nº 12.737/2012 inseriu os §§ 1º e 2º ao art. 266 do CP, equiparando ao crime de interrupção ou perturbação de serviço telegráfico ou telefônico o impedimento ou perturbação de serviço telemático, com pena de detenção de 1 (um) a 3 (três) anos e multa. A mesma lei inseriu o art. 154-A ao CP, para tipificar a invasão de dispositivos informáticos alheios, conectados ou não à internet, mediante violação indevida de mecanismo de segurança e com o objetivo de obter, adulterar ou destruir dados ou informações, ou ainda, instalar vulnerabilidades no dispositivo, para obter vantagem ilícita. A pena para este crime é de detenção, de 3 (três) meses a 1 (um) ano e multa, aumentada de 1/6 (um sexto) a 1/3 (um terço) se da invasão resulta prejuízo econômico. Pelo princípio da territorialidade (art. 6º do CP), o crime é considerado praticado no país ainda que a invasão ocorra a partir do exterior, se produziu ou deveria produzir o resultado no território nacional. 7. A Lei nº 14.180/2021 instituiu a Política de Inovação Educação Conectada destinada à universalização do acesso à internet em alta velocidade e fomento do uso pedagógico de tecnologias digitais na educação básica.

✱ *V. CLT, art. 6º, parágrafo único.*

✱ *V. CP, arts. 154-A, 154-B e 266, §§ 1º e 2º.*

✱ *V. Lei nº 9.504/1997 (Estabelece normas para as eleições), arts. 23, § 4º, III, e § 6º; 26, XV; 28, § 4º; 33, § 2º; 36-A; 41, § 2º; 43; 57-A a 57-I; 58, IV, e 58-A.*

✱ *V. Lei nº 11.419/2006 (Dispõe sobre a informatização do processo judicial), arts. 1º, II, 4º, 8º, 10, § 3º, e 14.*

✱ *V. Lei nº 12.527/2011 (Regula o acesso à informação previsto no art. 5o, inciso XXXIII da CF), arts. 8º, §§ 2º e 4º, 10, § 2º, e 30.*

✱ *V. Lei nº 12.965/2014 (Estabelece princípios, garantias, direitos e deveres para o uso da Internet no Brasil), art. 5º, I.*

✱ *V. Lei nº 14.180/2021 (2.965/2014 (Institui a Política de Inovação Educação Conectada)*

INTERPELAÇÃO – 1. Ato de interpelar, de pedir esclarecimentos. 2. Convocação de Ministros e outras autoridades pelo Congresso Nacional, para depor. 3. Provocação entre os governos de dois países, sobre acontecimentos que os envolve. 4. Ato de uma pessoa exigir de outra o cumprimento de obrigação contratual, de dar ou fazer algo, sob pena de mora. A interpelação pode ser:

Extrajudicial: promovida por qualquer outra forma, escrita ou oral, para chamar o contratante que descumpre obrigação, no tempo e lugar devidos.

✱ *V. CPC/1973, arts. 867 a 873.*

✱ *V. CPC/2015, arts. 726 a 729.*

Judicial: petição dirigida ao juiz por aquele que deseja prevenir responsabilidade, prover a conservação e ressalva de seus direitos ou manifestar qualquer intenção de modo formal, requerendo que do mesmo se intime a quem de direito. A interpelação, como o protesto e a notificação, visa tornar pública uma manifestação de vontade, não tendo rito processual específico nem caráter coercitivo. Não enseja, também, prevenção do juízo por conexão com qualquer ação principal entre interpelante e interpelado.

INTERPOR – Apresentar recurso à primeira instância para ser encaminhado à segunda.

INTERPOSIÇÃO DE PESSOA – Simulação que se dá quando um terceiro interfere na conclusão de ato jurídico para ocultar o verdadeiro interessado. Pode ser *real*, se o interposto tem existência positiva; e *fictícia*, se incide sobre pessoas que aparentemente intervém, sem serem partes.

INTERPRETAÇÃO – 1. Ato, efeito ou modo de interpretar. 2. Explicação, esclarecimento, eliminação de dúvidas. 3. Tradução, versão. 4. Modo como artistas ececutam uma composição, seja dramática, musical, pictórica etc.

De lei: a lei escrita é estática, somente se vitaliza quando interpretada e aplicada, isto é, quando assume sua dinâmica. A lei brasileira dava sua interpretação até ao silêncio da parte, que era interpretado em prejuízo da própria defesa do réu. Quem cala, consente. Interpretar a lei é fixar o seu sentido real, verdadeiro; é apreender o conteúdo da norma, a sua essência, para bem compreender o seu sentido e determinar a sua incidência. A hermenêutica é a ciência da interpretação da lei. O hermeneuta busca apreender o pensamento do legislador, expresso no texto legal, e explicar seu real significado e alcance, sua aplicação técnico-jurídica. Logo, a interpretação da lei é a aplicação dos princípios teóricos da hermenêutica. Entre as técnicas de interpretação das leis estão, quanto ao método: *gramatical,* que diz respeito à forma do texto e significado das palavras; *lógica,* que, pelo raciocínio, tenta encontrar o pensamento que a lei encerra e tornar clara sua finalidade; busca a razão, a intenção e a ocasião da lei *histórica,* investigação de elementos históricos remotos, o ânimo dos legisladores, os motivos que os levaram a produzir a lei, etc.; *sistemática,* aquela em que se confronta o dispositivo legal com as outras normas que tratam do mesmo assunto. Quanto à origem: *autêntica* ou *legal,* a que é feita pelo próprio legislador, em lei nova, pela autoridade que expediu o ato e define-o no próprio texto legal; *doutrinária,* interpretação livre, que emana dos jurisconsultos e comentaristas; *judicial* ou *forense,* aquela que, com base na doutrina, provém de juízes e está contida nos julgados e na jurisprudência. Quanto aos resultados: *declarativa,* aquela que dá o conteúdo exato da norma jurídica, do qual o intérprete não pode se afastar, mas apenas declarar o pensamento nela expresso pelo legislador; *restritiva* ou *escrita,* a que subordina os termos da lei ao que ela realmente exprime; limita o alcance das palavras contidas na norma em seu real sentido; *extensiva, ampliativa* ou *lata,* quando se requer a ampliação do alcance das palavras da lei, quando o texto diz menos do que pretendia o legislador, não expressando sua vontade na extensão que desejara. Abrange casos que, mesmo cabíveis em sua mensagem, fogem do enquadramento na expressão verbal; *analógica* ou *por paridade,* quando se tratam dos casos semelhantes e se aplica a um deles, não previsto na lei, a identidade de motivo, a razão de julgar ou a pena que se aplica ao outro. Também se diz *progressiva* ou *evolutiva.* Aplica-se quando a lei determina que seus dispositivos sejam complementados pela analogia. A Lei nº 13.655/2018 enxertou disposições na Lei de Introdução às Normas do Direito brasileiro (Dec.-Lei nº 4.657/1942), subvertendo de forma tremendamente infeliz os cânones da interpretação jurídica, pretendendo compelir os julgadores a não mais extraírem o conteúdo da letra da lei, e sim incutirem a interpretação que tenha o menor ônus para a Administração Pública, sob a bandeira do consequencialismo, o que leva, no mais das vezes, à arbitrariedade, pois o julgador não mais estaria jungido à vontade da lei, mas sim à vontade dos gestores públicos que violam os direitos subjetivos dos administrados e depois alegam que o restabelecimento da legalidade impõe pesados gravames aos cofres públicos, caso da teoria da *reserva do possível.*

✱ ***V.*** *LINDB (antiga LICC), arts. 5º e 20 a 23.*

✱ ***V.*** *CPP, arts. 3º, 186 e 235.*

✱ ***V.*** *CP, arts. 26, 28, 130, 141, III, e 150, § 1º.*

✱ ***V.*** *CPC/1973, arts. 127 e 293.*

✱ ***V.*** *CPC/2015, arts. 140 e 322.*

✱ ***V.*** *CTN, arts. 3º e 111.*

De negócio jurídico: No Dir. Privado,a técnica de interpretação da lei aplica-se aos negócios jurídicos. Contudo, a Lei nº 13.874/2019 inseriu diversos dispositivos no Código Civil, pretendendo impor parâmetros próprios de interpretação aos juízes, dando especial ênfase ao comportamento das partes na execução das prestações e à teleologia dos declarantes nas manifestações de vontade. Embora tal pretensão do legislador objetive prestigiar o cumprimento dos contratos tal como pactuados entre as partes (*pacta sunt servanda*), os dispositivos reabrem a discussão doutrinária acerca da teoria do negócio jurídico adotada pelo Código Civil de 2002, se pautada no consentimento (elementos subjetivos da manifestação de vontade) ou na declaração (elementos objetivos e formais), tendendo para o primeiro caso. Antes da inovação trazida pela Lei nº 13.874/2019, a doutrina e a jurisprudência já adotavam alguns princípios semelhantes às regras ora positivadas, como esteio em normas estrangeiras, bem como no art.131 do Código Comercial de 1850, revogado em 2002. Por exemplo, em caso de dúvida, imputa-se ao credor a culpa de não se ter expressado com clareza e interpreta-se a cláusula em favor de quem se obrigou, contra o estipulante.

✱ ***V.*** *CC, arts. 112, 114, 421 e 421-A.*

INTÉRPRETE – 1. Pessoa que o juiz nomeia para apreender e interpretar o pensamento de alguém expresso em língua estrangeira ou por sinais. 2. Hermeneuta, exegeta.

Comercial: oficial público, nomeado por concurso, que traduz, serve de intérprete e perito e pratica outros atos que a lei enumera. A Lei nº 14.195/2021 revogou o Decreto nº 13.609/1943 e trouxe novas disposições sobre a profissão de tradutor e intérprete público como as atividades privativas e a possibilidade do profissional se registrar para um ou mais idiomas estrangeiros ou, ainda, em Língua Brasileira de Sinais (Libras).

✱ ***V.*** *Lei nº 14.195/2021 (Dispõe sobre sobre a profissão de tradutor e intérprete público, dentre outras disposições), arts. 22 a 34.*

INTERROGATÓRIO – Ato de interrogar, inquirir. Conjunto de perguntas articuladas, feitas verbalmente pelo juiz ao acusado e por este respondidas, para se obterem novos elementos de prova, sua identidade, e peculiaridades do fato ilícito a ele imputado. Admitem-se como interrogatório também os atos de inquirição do indiciado no inquérito, seja judicial, como no processo falimentar, seja administrativo ou policial. O preso tem direito à identificação dos responsáveis por sua prisão ou por seu interrogatório policial. A Lei nº 11.900/2009 admitiu, excepcionalmente, a possibilidade de interrogatório do réu preso por videoconferência ou outro recurso tecnológico de transmissão de sons e imagens em tempo real, desde que a medida seja necessária para atender a uma das seguintes finalidades: I – prevenir risco à segurança pública, quando exista fundada suspeita de que o preso integre organização criminosa ou de que, por outra razão, possa fugir durante o deslocamento; II – viabilizar a participação do réu no referido ato processual, quando haja relevante dificuldade para seu comparecimento em juízo, por enfermidade ou outra circunstância pessoal; III – impedir a influência do réu no ânimo de testemunha ou da vítima, desde que não seja possível colher o depoimento destas por videoconferência, nos termos do art. 217 do CPP; IV – responder à gravíssima questão de ordem pública. As partes serão intimadas, com 10 dias de antecedência, da decisão que determinar a realização de interrogatório por videoconferência. Ainda, em qualquer modalidade de interrogatório, o juiz garantirá ao réu o direito de entrevista prévia e reservada com o seu defensor; porém, se realizado por videoconferência, fica também garantido o acesso a canais telefônicos reservados para comunicação entre o defensor que esteja no presídio e o advogado presente na sala de audiência do Fórum, e entre este e o preso. A sala reservada, no estabelecimento prisional, para a realização da videoconferência será fiscalizada pelos corregedores e pelo juiz de cada causa, como também pelo Ministério Público e pela Ordem dos Advogados do Brasil. Este procedimento também se aplica à realização de outros atos processuais que dependam da participação de pessoa que esteja presa, como acareação, reconhecimento de pessoas e coisas, e inquirição de testemunha ou tomada de declarações do ofendido.

✱ *V. CF, art. 5º, LXIV.*

✱ *V. CPP, art. 6º, VI.*

INTERRUPÇÃO – Ato de fazer cessar, suspender ou impedir a continuação de uma coisa, provisoriamente.

Da prescrição: Circunstância que elimina o prazo de prescrição decorrido, iniciando-se novo prazo. O protesto interrompe a prescrição do título cambial.

Do contrato de trabalho: Quando o empregado deixa de prestar serviço, mas continuam em vigor as cláusulas contratuais, referentes a pagamento de salário e cômputo de tempo de serviço, como nas férias.

✱ *V. CLT, art. 473.*

✱ *V. Lei nº 13.257/2016 (Dispõe sobre as políticas públicas para a primeira infância), art. 37.*

INTERRUPÇÃO OU PERTURBAÇÃO DE SERVIÇO TELEGRÁFICO, TELEFÔNICO, INFORMÁTICO, TELEMÁTICO OU DE INFORMAÇÃO DE UTILIDADE PÚBLICA – Tipo penal previsto no art. 266 do CP, segundo o qual constitui crime a interrupção ou perturbação de serviços de telecomunicações, bem como impedir ou dificultar-lhes o restabelecimento. A pena é de detenção, de 1 (um) a 3 (três) anos e multa. Com o advento da Lei nº 12.737/2012, que inseriu os §§ 1º e 2º ao art. 266 do CP, também incorre na mesma pena quem interrompe serviço telemático ou de informação de utilidade pública, impede ou dificulta-lhe o restabelecimento. Em qualquer caso, aumenta-se a pena em dobro se o crime é cometido por ocasião de calamidade pública.

✱ *V. CP, art. 266.*

INTERSTÍCIO – Intervalo de tempo que deve decorrer antes que um ato surta efeitos.

INTERVENÇÃO – Intromissão, ingerência; ato de intervir, de tomar a direção de alguma coisa. Interferência abusiva de um Estado na política ou nos negócios de outro Estado livre, violando sua soberania. Instituto que permite, nos sistemas federativos, que o Governo Central intervenha no governo de um Estado federado, para manter a ordem política ou a unidade nacional ou para coibir abusos administrativos. O Presidente da República é quem decreta e executa a intervenção. Durante a vigência de intervenção federal, a Constituição não pode ser emendada. O Dec. nº 9.288/2018 decretou intervenção federal no Estado do Rio de Janeiro para pôr termo ao grave comprometimento da ordem pública. No Direito Cambial é o ato de uma pessoa, estranha ou vinculada a cambial ainda não protestada, apresentar-se espontaneamente para nela apor seu aceite ou para pagá-la em nome de quem o deveria fazer, ficando sub-rogado nos seus direitos. Diz-se *intervenção por honra*, quando o interveniente não está ligado à cambial.

✱ *V. CF, arts. 34 a 36; 60, § 1º.*

✱ *V. Lei nº 12.562/2011 (Regulamenta o inciso III do art. 36 da Constituição Federal, para dispor sobre o processo e julgamento da representação interventiva perante o Supremo Tribunal Federal).*

✱ *V. Dec. nº 9.288/2018 (Decreta intervenção federal no Estado do Rio de Janeiro).*

I

Adesiva: é a conduta processual do terceiro que ingressa no processo alheio para aderir a uma das partes, e não apenas para assisti-la. A importância da figura está no aderir. O interveniente adesivo não é assistente simples da parte. Sua atuação não é também subordinada, mas paralela, sem ser autônoma.

De terceiro: ato de pessoa estranha ao processo, que nele intervém para assisti-lo, para defender interesse próprio ou de uma das partes. Dá-se a *assistência* em todos os tipos de procedimentos e em todos os graus de jurisdição, mas o assistente recebe o processo no Estado em que se acha. A intervenção de terceiro ocorre na assistência, na oposição, na nomeação à autoria.

Na execução do contrato: medida extrema que se justifica quando o contratado se mostra incapaz de cumprir fielmente o que foi pactuado, ou existe iminência ou efetiva paralisação dos trabalhos, com prejuízo para o serviço público. Sendo medida autoexecutável pela Administração, exige *justa causa,* sem o que será ilegítima. A intervenção é determinada por ordem escrita da autoridade competente e a Administração assume a direção da execução até a normalização ou posterior rescisão do contrato.

Na propriedade: todo ato do Poder Público que, compulsoriamente, restringe ou retira direitos dominiais privados ou sujeita o uso de bens particulares a uma destinação de interesse público. São normas privativas da União as de intervenção na propriedade; os atos executivos ou regulamentares do uso da propriedade podem ser do Estado-Membro ou do Município, nos limites de sua competência territorial e institucional. Os meios de intervenção na propriedade são*:* desapropriação, servidão administrativa, requisição, ocupação temporária, limitação administrativa e tombamento.

✱ *V. CPC/1973, arts. 50, 56 e segs., 62 e segs.*

✱ *V. CPC/2015, arts. 119 a 132, 682 a 686.*

✱ *V. CF, arts. 34 a 36.*

✱ *V. Lei Delegada nº 4/1962 (Dispõe sobre a intervenção no domínio econômico para assegurar a livre distribuição de produtos necessários ao consumo do povo, alterada pelo Dec.-lei nº 422/1969).*

INTERVENTOR – Aquele que é designado pelo governo para assumir a administração de um Estado sob intervenção.

INTESTADO – Que não fez testamento, que faleceu sem deixar testamento. O mesmo que *ab intestato.*

INTIMAÇÃO – 1. Ciência que se dá a alguém, pela autoridade, para que faça ou deixe de fazer algo, ou de despacho, sentença, ou qualquer ato praticado durante o processo. 2. Pode ser feita pelo oficial de justiça, pessoalmente, ou pelo escrivão do feito e por carta registrada, ou publicação na imprensa oficial. 3. A Lei nº 11.280/2006 acrescentou o parágrafo único ao art. 154 do CPC/1973, correspondente ao art. 188 do CPC/2015. para permitir aos tribunais, no âmbito da respectiva jurisdição, disciplinarem a comunicação oficial dos atos processuais por meios eletrônicos.

PRESUMEM-SE válidas as intimações dirigidas ao endereço das partes informado no processo, a quem cabe a obrigação de mantê-lo atualizado.

Da sentença: o escrivão dará conhecimento da sentença ao órgão do Ministério Público três dias após a publicação. O querelante será intimado da sentença, ou o assistente, pessoalmente ou na pessoa do seu advogado. A intimação da sentença será feita, pessoalmente ou por edital, nos termos dos arts. 390 a 392 do CPP.

Da sentença de pronúncia: V. art. 420 do CPP.

Por edital nos procedimentos do Tribunal do Júri: V. art. 420, parágrafo único, do CPP.

INTIMIDAÇÃO – Ato de intimidar, de infundir temor a alguém, para viciar a sua vontade, com finalidade dolosa.

INTIMIDAÇÃO SISTEMÁTICA – V. *Bullying*

INTIMIDAÇÃO SISTEMÁTICA VIRTUAL – V. *Cyberbullying*

INTIMIDADE – Vida íntima, particular. A CF resguarda a intimidade, considerando-a inviolável e assegurando o direito a indenização pelo dano material ou moral decorrente de sua violação.

✱ *V. CF, art. 5º, X.*

INTRA LEGEM – (Latim) Interpretação analógica determinada na própria lei.

INTRANSMISSÍVEL – Diz-se da coisa gravada com cláusula de inalienabilidade ou legalmente indisponível.

INTRÍNSECO – O que está subtendido em um conceito; dentro da coisa ou pessoa. Aquilo que é da substância do ser. Inerente.

INTRODUÇÃO À CIÊNCIA DO DIREITO – Preparação preliminar ao estudo dos vários ramos do Direito, pelo conhecimento especulativo dos diversos aspectos pelos quais se manifesta.

INTRODUÇÃO OU ABANDONO DE ANIMAIS EM PROPRIEDADE ALHEIA – É crime previsto na lei penal introduzir ou deixar animais em propriedade alheia sem o consentimento de quem de direito, desde que do fato resulte prejuízo. Havendo dano ou estragos materiais, é crime; não ocorrendo prejuízo não há crime, apenas ressarcimento civil se o abandono for fruto de negligência.

✱ *V. CP, art. 164.*

INTRUJÃO – Receptador de coisas furtadas ou roubadas.

INTRUSÃO – Posse ilegal de coisa, dignidade ou cargo. Ocupação clandestina ou violenta de prédio rústico ou urbano, cujo dono está ausente.

INTUITU PERSONAE – (Latim) Em consideração à pessoa. Motivo que determina a vontade ou o consentimento de certa pessoa para com outra, a quem quer favorecer ou com quem contrata, pelo apreço que ela lhe merece.

INÚBIL – Que não tem idade para casar-se; impúbere.

INUMAÇÃO – Sepultamento. Ato de dar à sepultura cadáver humano, após o preenchimento de formalidades legais e regulamentares.

INUPTO – Solteiro, celibatário.

IN UTROQUE JURE – (Latim) Num e noutro direito.

INVALIDAÇÃO – Ato de invalidar; inutilização, nulidade.

INVALIDADE – É nulo o negócio jurídico quando celebrado por pessoa absolutamente incapaz, for ilícito ou indeterminado o seu objeto, e por outras razões elencadas no CC, art. 166, I a VII.

Absoluta: quando não pode ser sanada; o mesmo que ato nulo.

✱ *V. CC, art. 166.*

Relativa: Aquela que pode ser sanada; anulabilidade, o mesmo que ato anulável.

✱ *V. CC, arts. 138 e 171.*

INVALIDAR – Tornar nulo, sem qualquer efeito jurídico.

INVÁLIDO – Indivíduo que, por doença, velhice, mutilação, paralisia, é considerado incapaz para o trabalho.

INVASÃO – Penetração ilegítima e com violência em propriedade alheia. Transposição de fronteiras e incursão em território de nação em guerra, por forças armadas inimigas.

INVASÃO DE DISPOSITIVO INFORMÁTICO – Tipo penal surgido com o advento da Lei nº 12.737/2012, a qual incluiu ao Código Penal os arts. 154-A e 154-B, tornando crime a invasão de dispositivo informático alheio, conectado ou não à rede de computadores, mediante violação indevida de mecanismo de segurança e com o fim de obter, adulterar ou destruir dados ou informações sem autorização expressa ou tácita do titular do dispositivo ou instalar vulnerabilidades para obter vantagem ilícita. A pena é de detenção, de 3 (três) meses a 1 (um) ano, e multa. Incorre na mesma pena quem produz, oferece, distribui, vende ou difunde dispositivo ou programa de computador com o intuito de permitir a prática das condutas definidas no *caput do art. 154-A do CP*. O § 2º do mesmo artigo prevê o aumento de pena de um sexto a um terço se da invasão resulta prejuízo econômico. Se da invasão resultar a obtenção de conteúdo de comunicações eletrônicas privadas, segredos comerciais ou industriais, informações sigilosas, assim definidas em lei, ou o controle remoto não autorizado do dispositivo invadido, a pena passa a ser de reclusão, de 6 (seis) meses a 2 (dois) anos, e multa, se a conduta não constituir crime mais grave. Nesta mesma hipótese, aumenta-se a pena de um a dois terços se houver divulgação, comercialização ou transmissão a terceiro, a qualquer título, dos dados ou informações obtidos. E, por fim, aumenta-se a pena de um terço à metade se o crime for praticado contra: Presidente da República, governadores e prefeitos; Presidente do Supremo Tribunal Federal; Presidente da Câmara dos Deputados, do Senado Federal, de Assembleia Legislativa de Estado, da Câmara Legislativa do Distrito Federal ou de Câmara Municipal ou dirigente máximo da administração direta e indireta federal, estadual, municipal ou do Distrito Federal. A ação penal é pública condicionada a representação, salvo se o crime é cometido contra a administração pública direta ou indireta de qualquer dos Poderes da União, Estados, Distrito Federal ou Municípios ou contra empresas concessionárias de serviços públicos.

✱ *V. CP, arts. 154-A e 154-B.*

INVECTIVA – Afronta violenta, expressão injuriosa; doesto.

INVENÇÃO – 1. Ato de inventar, criar algo novo. 2. Diz-se da própria coisa inventada. 3. Direito de propriedade sobre a criação humana, reconhecido pelos Estados por meio de patentes. 4. Mentira, enganação. 5. Desenvolvimento retórico de argumentos, para convencer e persuadir. 6. Descoberta de coisa perdida. 7. No Direito Civil, é o achado de coisa móvel perdida, de dono desconhecido ou que não pode justificar a sua posse, mas não perde o seu direito. O que a achou (o inventor) é obrigado a devolvê-la ao dono ou legítimo possuidor. Sendo desconhecido, procurará descobri-lo; não o conseguindo, entregará a coisa achada à autoridade competente local. Restituída a coisa terá o inventor direito a uma recompensa e a indenização pelas despesas que teve com ela.

✱ *V. CC/2002, arts. 1.233 a 1.237.*

✱ *V. CPC/1973, art. 1.170.*

✱ *V. CPC/2015, art. 746.*

✱ *V. Lei nº 9.279/1996 (Lei de Propriedade Industrial), arts. 2º, I, 6º a 8º e 11 a 15.*

INVENTARIANTE – Aquele que assume compromisso legal, nos respectivos autos, para guarda e administração do espólio até concluir-se a partilha dos bens. No regime de comunhão de bens o cargo é exercido pelo cônjuge sobrevivente ou, na falta deste, por um dos herdeiros ou testamenteiro.

✱ *V. CC, arts. 1.797, 2.020, 2.021, 1.992 e 1.996.*

Dativo: pessoa que o juiz nomeia como inventariante quando não haja interessado em condições de exercer essa função.

✱ *V. CPC/1973, arts. 990 a 998.*

✱ *V. CPC/2015, arts. 617 a 625.*

INVENTÁRIO – Processo especial em que se relacionam e descrevem os herdeiros e bens do morto, mencionando-se encargos, avaliação e liquidação da herança. Não se confunde com a partilha, que é sua segunda fase. Especificação, classificação e avaliação dos bens, ativos e passivos, de uma empresa, para fundamentar o balanço patrimonial a ser elaborado. Na área cível, ocorrido o óbito, o processo de inventário deve ter início no prazo de 60 dias, com a obrigatória participação de um advogado. O inventário é sempre judicial, mesmo sendo as partes capazes. Não havendo o caráter contencioso, o juiz decide as questões de direito e de fato, e as que dependerem de provas serão discutidas, provadas e decididas por ações próprias. Sendo os herdeiros maiores e capazes, ou o valor dos bens diminuto, adota-se o *arrolamento de bens*, mais simples e menos oneroso. Não podem casar o viúvo ou a viúva que tiver filho do cônjuge falecido, enquanto não fizer o inventário dos bens do casal e der partilha aos herdeiros. Se não o fizer, perderá o usufruto dos bens dos mesmos filhos. Se o casamento for realizado com infração a este dispositivo (e a outros do art. 1.521 do CC), é obrigatório o regime de separação de bens, não podendo o cônjuge infrator fazer doações ao outro (CC, arts. 1.796, 2.002 a 2.012). O tema relacionado ao inventário de bens foi parcialmente alterado pela Lei nº 11.965/2009, que passou a dispor sobre a participação do defensor público na lavratura da escritura pública de inventário e de partilha e de divórcio consensual. Além disso, o § 1º do art. 982 do CPC/1973, correspondente ao art. 610 do CPC/2015, dispõe que a partir de agora o tabelião somente lavrará a escritura pública se todas as partes interessadas estiverem assistidas por advogado comum ou advogados de cada uma delas ou por defensor público, cuja qualificação e assinatura constarão do ato notarial. Veja que, com o advento desta alteração, passa a entrar a figura do defensor público no rol.

✱ *V. CPC/2015, art. 617.*

INVENTOR – Aquele que encontra coisa alheia perdida. *V. Invenção.* Pessoa que cria algo novo.

IN VERBIS – (Latim) Nas palavras.

INVERSOR – O mesmo que *investidor.* O que investe capital de risco numa empresa.

INVESTIDOR-ANJO – É o investidor que não é considerado sócio nem tem qualquer direito a gerência ou a voto na administração da empresa, não responde por qualquer obrigação da empresa e é remunerado por seus aportes.

✱ *V. Lei Complementar nº 182/2021 (Institui o marco legal das* startups *e do empreendedorismo inovador, dentre outras disposições), art. 2º, I.*

INVESTIDURA – Ato solene de posse de alguém em cargo público. Conferir a alguém ou atribuir-se poder ou autoridade.

INVESTIGAÇÃO – Ato de investigar. Atos de pesquisa, indagação, sindicância, diligência (judicial, policial, administrativa) para apurar a verdade de ato ou fato ou descobrir coisa ou pessoa oculta ou desconhecida. Na área criminal é o *inquérito policial* (q.v.). Ações próprias para investigação *de maternidade* ou *de paternidade* (q.v.).

INVESTIGADOR – Agente de polícia, que se encarrega de investigações.

INVIOLABILIDADE – Qualidade do que é inviolável, que não pode ser dado a público, e deve ser preservado. A CF garante a inviolabilidade da intimidade da vida privada, da honra e da imagem das pessoas, garantindo o direito a indenização pelo dano material ou moral decorrente de sua violação. Brasileiros e estrangeiros têm garantidos os direitos à inviolabilidade da vida, liberdade, igualdade, segurança e propriedade, nos termos que a CF indica. Gozam de inviolabilidade agentes diplomáticos e consulares no país onde exercem suas funções. Prerrogativa de deputados e senadores no exercício e vigência dos mandatos, salvo se presos em flagrante delito de crime inafiançável. Princípio constitucional que assegura o sigilo da correspondência e a proteção da família cuja casa não pode ser invadida, a não ser nos casos e formas previstas em lei.

✱ *V. CF, art. 5º, X.*

IPSIS VERBIS – (Latim) Com as mesmas palavras, literalmente.

IPSO FACTO – (Latim) Por isso mesmo, pelo próprio fato.

IRMÃO – Filho do mesmo pai ou da mesma mãe ou de pai e mãe de outra pessoa tomada como referência. São *bilaterais* ou *germanos,* se nascidos do mesmo pai e da mesma mãe; e *unilaterais* ou *meio-irmãos* quando o parentesco é só por parte do pai (quando se dizem *consanguíneos* ou *paternos*) ou por parte de mãe (quando são *maternos* ou *uterinos*). Não podem os irmãos ser testemunhas em testamento. Concorrendo à herança do falecido irmãos bilaterais com irmãos unilaterais, cada um destes herdará metade do que cada um daqueles herdar. Na falta de irmãos, herdarão os filhos destes.

✱ *V. CC, arts. 1.841 a 1.844.*

IRRECORRÍVEL – De que não se pode recorrer, a que não cabe recurso.

IRREMISSÍVEL – Que não pode ser objeto de remissão.

IRRESPONSABILIDADE – Qualidade de pessoa que goza de inimputabilidade criminal ou de responsabilidade civil por não ter capacidade jurídica ou mental.

IRRESPONSÁVEL – Aquele que, sendo incapaz, civil ou mentalmente, não responde pelos atos que pratica; o que é criminalmente inimputável; o que não é passível de punição, por privilégio legal.

IRRETRATABILIDADE – Caráter de alguns atos que não podem sofrer modificações, retratos nem ser desfeitos ou revogados só pela vontade das partes.

IRRETRATÁVEL – Que não se pode revogar, anular, reformar ou desfazer, por ato posterior. O mesmo que *irrevogável*.

IRRETROATIVIDADE (DA LEI) – Que não retroage, que não atinge o que aconteceu antes. Princípio pelo qual a lei nova não pode retroagir seus efeitos a fatos passados, ou a atos jurídicos que se constituíram e completaram antes de sua vigência. A CF garante que "a lei não prejudicará o direito adquirido, o ato jurídico perfeito e a coisa julgada"; assim também a LINDB (antiga LICC) A lei pode, entretanto, retroagir, mas para beneficiar e nunca para prejudicar, porém a retroatividade deve ser sempre expressa, proibida a mera presunção. No Dir. Penal, admite-se a retroatividade da lei mais benigna para o acusado.

✱ *V. CF, art. 5º, XXXVI e XL.*

✱ *V. LINDB (antiga LICC), art. 6º; CP, art. 2º, parágrafo único.*

ÍRRITO – Que não produziu efeito legal, sem eficácia jurídica; inválido, nulo.

IRROGAR – Assacar, imputar, fazer recair (a culpa) sobre outrem.

ISENÇÃO – Exclusão, imunidade, dispensa. Fato de eximir, isentar alguém de serviço, ônus, obrigação, encargo.

Fiscal: Dispensa do pagamento de tributo. Difere da imunidade, que só se extingue por alteração constitucional, ao passo que a isenção pode extinguir-se por lei ordinária; e também da *não incidência*, que implica não haver fato gerador. A isenção, mesmo prevista em contrato, decorre sempre de lei que especifique as condições e os requisitos exigidos para sua concessão, os tributos a que se aplica e, sendo o caso, o prazo de sua duração. A isenção pode restringir-se a determinada região do território da cidade tributante, em função de condições a ele peculiares. Não é extensiva às taxas e às contribuições de melhoria, aos tributos instituídos posteriormente à sua concessão, salvo disposição em contrário. Pode ser revogada ou modificada por lei, se concedida por prazo certo e em função de certas condições. A Lei nº 13.353/2016 trouxe isenções tributárias específicas à Academia Brasileira de Letras, à Associação Brasileira de Imprensa e ao Instituto Histórico e Geográfico Brasileiro.

✱ *V. CTN, arts. 176 a 179.*

✱ *V. Lei Complementar nº 70/1991 (Institui contribuição para financiamento da Seguridade Social, eleva a alíquota da contribuição social sobre o lucro das instituições financeiras), art. 6º, IV.*

✱ *V. Lei nº 9.532/1997 (Altera a legislação tributária federal), art. 15, § 5º.*

✱ *V. Súmulas nºs 543, 544 e 549 do STF.*

ISONOMIA – Igualdade de todos perante a lei, princípio que expressa não a igualdade intelectual ou moral, mas a de tratamento perante a lei, sem distinção de grau, classe ou poder econômico. Nos termos da CF, homens e mulheres são iguais em direitos e obrigações, não haverá juízo ou tribunal de exceção, a prática de racismo é crime inafiançável, é proibida a diferença de salários (isonomia salarial), de exercício de funções e de critérios de admissão por motivo de sexo, idade, cor, ou estado civil; proibida a discriminação salarial e critérios de admissão do trabalhador portador de deficiência; e garantida a igualdade de direitos entre o trabalhador com vínculo empregatício e o avulso. A CLT proíbe distinções quanto à espécie de emprego e à condição do trabalhador, ou entre trabalho intelectual, técnico e manual, e diz que a todo trabalho de igual valor corresponderá salário igual sem distinção de sexo.

✱ *V. CF, arts. 5º,* caput, *I, VIII, XXXVII e XLII, e 7º, XXX, XXXI, e XXXIV.*

✱ *V. CLT, arts. 3º e 5º.*

ITER CRIMINIS – (Latim) Complexo de atos, preparatórios e executórios, que levam à consumação do crime. É o caminho, o percurso do crime, o roteiro seguido pelo criminoso. Divide-se em duas fases: a *interna*, que é a cogitação, a preparação do delito; a *externa*, que inclui atos preparatórios, executórios e a consumação do crime. Não se pune a cogitação, nem a intenção manifesta, a menos que constitua crime (ameaça); os atos preparatórios também não são puníveis, só os de execução que se enquadrem nos tipos previstos nos dispositivos penais.

✱ *V. CP, arts. 31, 147, 253 e 291.*

J

J. – Junte-se.

J. CLS. – Forma que os juízes usam para solicitar os autos trazidos para sua conclusão.

JACENTE – Herança que permanece em estado de abandono por não serem conhecidos os herdeiros ou terem estes renunciado. Ela fica sob a guarda e administração de um curador, até que apareçam herdeiros ou seja declarada sua vacância, passando então ao Estado.

JAZIDA – Qualquer massa de substância mineral ou fóssil no interior do solo ou na sua superfície, que tenha valor para a indústria. É bem imóvel distinto que não integra o solo. Compete privativamente à União legislar sobre jazidas. As jazidas, em lavra ou não, e demais recursos minerais e os potenciais de energia hidráulica, são propriedades distintas da do solo, para efeito de exploração ou aproveitamento, e pertencem à União, garantida ao concessionário a propriedade do produto da lavra. São monopólios da União a pesquisa e a lavra das jazidas de petróleo e de gás natural e outros hidrocarbonetos fluidos. As cooperativas garimpeiras terão prioridade na autorização ou concessão para pesquisa e lavra dos recursos e jazidas de minerais garimpáveis.

✱ *V. CF, arts. 22, XII, 174, § 4º, 176, §§ 1º a 4º, e 177, I.*

JOIA – Taxa especial que se paga para admissão em sociedade recreativa.

JOINT VENTURE – Locução inglesa, muito em uso no Brasil, que indica sociedade ou contrato em conta de participação.

JOGO – Juridicamente é contrato aleatório entre duas ou mais pessoas, em que os jogadores podem ganhar ou perder, dependendo exclusivamente da sorte ou do azar. Os jogos de azar constituem contravenção penal.

✱ *V. LCP, arts. 50 a 58.*

✱ *V. Lei nº 7.291/1984 (Dispõe sobre as atividades de equicultura no País), art. 9º, § 2º.*

✱ *V. também, sobre* jogo e aposta*: CC, arts. 815 a 817; Dec.-lei nº 9.215/1946 (que proíbe a prática ou a exploração de jogos de azar em todo o território nacional).*

JORNADA DE TRABALHO – 1. Intervalo de tempo em que o trabalhador desempenha o serviço para o qual foi contratado ou fica à disposição do empregador para desempenhá-lo. 2. A jornada normal é de 8 horas por dia e 44 horas por semana; pode haver compensação de horário e redução da jornada por acordo ou convenção coletiva de trabalho, como os bancários que trabalham 40 horas semanais. A jornada diária pode ser aumentada, no máximo, em 2 horas por acordo escrito entre empregado e empregador ou convenção coletiva. Para trabalho realizado em turnos de revezamento é obrigatória a jornada de 6 horas. Entre duas jornadas é obrigatório intervalo mínimo de 11 horas consecutivas; nas jornadas normais, deve haver um intervalo de uma hora para alimentação, não podendo ultrapassar de 2 horas. Com o advento da Lei nº 13.467/2017 (Reforma Trabalhista) a supressão ou concessão parcial do intervalo intrajornada, destinado a alimentação e repouso, para empregados rurais e urbanos, ensejará o pagamento, de natureza indenizatória, apenas do período suprimido, com acréscimo de 50% sobre o valor da hora normal, antes todo o período era pago. Para fazer jus ao repouso semanal remunerado, o empregado deve ter cumprido integralmente a jornada de trabalho da semana anterior, salvo faltas justificadas. O dia de repouso semanal trabalhado e não compensado em outro dia da semana deve ser pago em dobro. 3. A Lei nº 13.467/2017 (Reforma Trabalhista) excluiu expressamente da jornada de trabalho, por não se tratar de tempo à disposição do empregador, o período que exceder a jornada normal, mesmo que ultrapasse o limite de cinco minutos (do § 1º do art. 58 da CLT), quando o empregado buscar proteção pessoal, em caso de insegurança nas vias públicas ou más condições climáticas, bem como ingressar ou permanecer nas dependências da empresa para exercer atividades particulares, bem como trouxe um rol destas. 4. O estado de calamidade pública, decretado pelo Decreto Legislativo nº 6, de 20 de março de 2020, gerado pela pandemia de Coronavírus (COVID-19) fez o Poder Público instituir o Programa Emergencial de Manutenção do Emprego e da Renda que autoriza, dentre outras medidas, a redução proporcional de jornada de trabalho e de salário. 5. O Decreto nº 10.854/2021 estabeleceu que o registro eletrônico de controle de jornada será realizado por meio de sistemas e de equipamentos que atendam aos requisitos técnicos, na forma estabelecida em ato do Ministro de Estado do Trabalho e Previdência, de modo a coibir fraudes, a permitir o desenvolvimento de soluções inovadoras e a garantir a concorrência entre os ofertantes desses sistemas. 6. A Lei nº 14.442/2022 excluiu do controle de jornada os empregados em regime de teletrabalho que prestam serviço por produção ou tarefa.

✱ *V. CF, art. 7º, XIII e XIV.*

✱ *V. CLT, arts. 4º, 58 a 65 e 71.*

✱ *V. Lei nº 14.020/2020 (Institui o Programa Emergencial de Manutenção do Emprego e da Renda; dispõe sobre medidas complementares para enfrentamento do estado de calamidade pública reconhecido pelo Decreto Legislativo nº 6, de 20 de março de 2020, dentre outras providências).*

✱ *V. Lei nº 13.894/2019 (Altera a Lei nº 11.340, de 7 de agosto de 2006 (Lei Maria da Penha), para prever a competência dos Juizados de Violência Doméstica e Familiar contra a Mulher para a ação de divórcio, separação, anulação de casamento ou dissolução de união estável nos casos de violência e para tornar obrigatória a informação às vítimas acerca da possibilidade de os serviços de assistência judiciária ajuizarem as ações mencionadas; e altera a Lei nº 13.105, de 16 de março de 2015 (Código de Processo Civil), para prever a competência do foro do domicílio da vítima de violência doméstica e familiar para a ação de divórcio, separação judicial, anulação de casamento e reconhecimento da união estável a ser dissolvida, para determinar a intervenção obrigatória do Ministério Público nas ações de família em que figure como parte vítima de violência doméstica e familiar, e para estabelecer a prioridade de tramitação dos procedimentos judiciais em que figure como parte vítima de violência doméstica e familiar).*

✱ *V. Decreto nº 10.422/2020 (Prorroga os prazos para celebrar os acordos de redução proporcional de jornada e de salário e de suspensão temporária do contrato de trabalho e para efetuar o pagamento dos benefícios emergenciais de que trata a Lei nº 14.020, de 6 de julho de 2020).*

✱ *V. Decreto nº 10.470/2020 (Prorroga os prazos para celebrar acordos de redução proporcional de jornada de trabalho e de salário e de suspensão temporária de contrato de trabalho e para efetuar o pagamento dos benefícios emergenciais de que trata a Lei nº 14.020, de 6 de julho de 2020).*

✱ *V. Decreto nº 10.517/2020 (Prorroga os prazos para celebrar acordos de redução proporcional de jornada de trabalho e de salário e de suspensão temporária de contrato de trabalho e para efetuar o pagamento dos benefícios emergenciais de que trata a Lei nº 14.020, de 6 de julho de 2020).*

✱ *V. Dec. nº 10.854/2021 (Regulamenta disposições relativas à legislação trabalhista e institui o Programa Permanente de Consolidação, Simplificação e Desburocratização de Normas Trabalhistas Infralegais e o Prêmio Nacional Trabalhista, e altera o Decreto nº 9.580, de 22 de novembro de 2018.), arts. 31 e 32.*

Doze por trinta e seis (12x36): é a jornada de trabalho composta por 12 horas de trabalho seguidas de 36 horas ininterruptas de descanso. A Lei nº 13.467/2017 (Reforma Trabalhista) afirmou que esta jornada poderia ser pactuada entre empregado e empregador por meio de acordo individual escrito, convenção coletiva ou acordo coletivo de trabalho.

✱ *V. CLT, arts. 59-A e 60, parágrafo único.*

✱ *V. Súm. nº 444 do TST.*

In itinere: é o período de tempo gasto pelo empregado até o local de trabalho e para o seu retorno. A Lei nº 13.467/2017 (Reforma Trabalhista) estipulou que tal período não será computado na jornada por não configurar tempo à disposição do empregador, ainda que o empregador forneça o transporte.

✱ *V. CLT, art. 58, § 2º.*

JORNADA DE TRABALHO EM TEMPO PARCIAL – É o trabalho cuja duração não exceda a 30 horas semanais, sem a possibilidade de horas suplementares semanais, ou, ainda, aquele cuja duração não exceda a 26 horas semanais, com a possibilidade de acréscimo de até seis horas suplementares semanais. A Lei nº 13.467/2017 (Reforma Trabalhista) ampliou o conceito de trabalho em regime de tempo parcial, bem como detalhou a execução dele.

✱ *V. CLT, art. 58-A.*

JUBILAÇÃO – Aposentadoria do professor de ensino básico e médio, depois de certa idade ou certo tempo de serviço. De acordo com o art. 40, § 5º, da CF, os requisitos de idade e de tempo de contribuição são reduzidos em 5 anos para o professor que comprove exclusivamente tempo de efetivo exercício das funções de magistério na educação infantil e no ensino fundamental e médio.

JUDEX NON DEBET LEGE ESSE CLEMENTIOR – (Latim) O juiz não deve ser mais clemente do que a lei.

JUDEX ULTRA PETITA CONDEMNARE NON POTEST – (Latim) O juiz não pode condenar além do pedido.

JUDICAÇÃO – Atividade judicial, do juízo, durante um processo, envolvendo o juiz e seus órgãos auxiliares.

JUDICANTE – Que julga, que exerce as funções de juiz.

JUDICATURA – Estado, cargo, dignidade de juiz. O poder de julgar; o exercício da função de juiz. Duração desse exercício.

JUDICIAL – Pertencente ao juízo ou nele realizado; atos ou coisas ligados à jurisdição, referentes à administração da Justiça ou conforme a ordem judiciária.

JUDICIÁRIO – Referente à justiça e aos juízes. O Poder Judiciário é, com o Legislativo e o Executivo, um dos Poderes da União, ao qual é assegurada autonomia financeira e administrativa.

JUGAL – Relativo a casamento; nupcial, conjugal, matrimonial.

JUIZ – 1. Magistrado que tem por função administrar a Justiça; o que exerce atividade jurisdicional como membro do Poder Judiciário. 2. O juiz dirige o processo, devendo garantir igualdade de tratamento às partes, zelar pela rápida solução do litígio e prevenir ou reprimir atos contrários à dignidade da justiça. Goza das garantias de vitaliciedade, inamovibilidade e a da irredutibilidade de vencimentos. A Lei Complementar nº 35/1979 constitui a Lei Orgânica da Magistratura Nacional. Os juízes farão correição e fiscalização nos livros de registro, conforme as normas da Organização Judiciária. Diz-se:

Classista: magistrado leigo, de investidura temporária, que exercia suas funções na Justiça do Trabalho. Não era bacharel em Direito. Havia os que representavam os empregados e os que representavam os empregadores; eram recrutados nas diversas categorias profissionais, por meio de seus respectivos sindicatos. Nas Juntas de Conciliação e Julgamento, chamavam-se *vogais*; nos Tribunais Regionais do Trabalho, *juízes*; no Tribunal Superior do Trabalho, *ministros*. Os sindicatos forneciam listas tríplices das quais são escolhidos os vogais e nomeados pelo Presidente dos Tribunais Regionais. O Presidente da República nomeava os juízes classistas dos Tribunais Regionais, escolhidos também de listas tríplices enviadas pelos órgãos de classe. Os Ministros do TST eram escolhidos pelo mesmo critério e também nomeados pelo Presidente da República. Com o advento da EC nº 24/1999, foi abolida a figura do Juiz Classista na Justiça do Trabalho e as Juntas de Conciliação e Julgamento passaram à denominação de Varas do Trabalho, dirigidas por um só magistrado togado.

Competente: aquele que pode, legalmente, conhecer e julgar o processo, por critérios fixados em lei.

De carreira: aquele que pertence ao quadro efetivo.

De fato: o mesmo que jurado. Não togado.

De garantias: é o juiz que acompanha o processo penal da instauração do inquérito até o recebimento da denúncia. É responsável pelo controle da legalidade da investigação criminal e pela salvaguarda dos direitos individuais cuja franquia tenha sido reservada à autorização prévia do Poder Judiciário.

✱ *V. CPP, arts. 3º-B a 3º-F.*

De instrução: aquele que dirige a instrução do processo, mas não o julga.

De instrução de julgamento: é o juiz que assume o processo penal a partir do recebimento da denúncia com o objetivo de evitar que o julgamento seja influenciado pelo entendimento do juiz inicial (juiz de garantia).

✱ *V. CPP, art. 3º-C.*

De menores: aquele competente para processar e julgar, nos termos das leis referentes a menores, o abandono destes, infrações e atos antissociais, guarda, tratamento, adoção etc. Com o advento do ECA, a denominação de tais magistrados passou a Juiz de Infância e Juventude.

De paz: encarregado de realizar casamentos; não pertence à magistratura togada.

Deprecado: juiz a quem é dirigida a carta precatória.

Deprecante: juiz que envia a carta precatória.

De primeiro grau de jurisdição: juiz de Direito ordinário que primeiro conhece e julga a lide e de cuja decisão se pode recorrer para instância superior.

De segundo grau de jurisdição: o de categoria mais elevada, para o qual se recorre pedindo reforma de decisão do juiz inferior.

Do quinto: juiz recrutado segundo a forma do quinto constitucional.

✱ *V. CF, art. 94.*

Eleitoral: designado pelo Presidente do TRE para exercer função no Dir. Eleitoral.

Especial: o designado para missão extraordinária.

Incompetente: aquele que não pode julgar um processo em sua jurisdição, por lhe faltarem as condições previstas em lei.

Inferior ou a quo: é o juiz de cuja decisão se recorre.

Leigo: juiz sem especial formação jurídica. No Juizado Especial o auxiliar do juízo, encarregado de conduzir a fase de conciliação.

✱ *V. Lei nº 9.099/1995, art. 7º.*

Militar: oficial das Forças Armadas que integra órgão do Judiciário Militar.

✱ *V. CF, arts. 122 a 124.*

Regional: o juiz togado que substitui o vitalício em suas férias ou impedimentos.

Singular: o que exerce uma jurisdição, isolado; que não pertence a juízo coletivo ou tribunal.

Superior ou ad quem: juiz para o qual se recorre, em grau superior de jurisdição.

Togado: graduado em Direito e aprovado em concurso de provas e títulos para o ingresso na Magistratura, ou levado a essa nos termos da CF, que dispõe sobre o *quinto constitucional* e o *terço constitucional*, isto é, membros do Ministério Público com mais de 10 anos de carreira, e advogados de notório saber jurídico e de reputação ilibada, com mais de 10 anos de efetiva atividade profissional indicados em lista sêxtupla pelos órgãos de representação das respectivas classes. Os juízes são federais e estaduais.

✱ *V. CF, arts. 94, 95 e 104, parágrafo único, II.*

✱ *V. CC/2002, art. 1.521.*

✱ *V. CPC/1973, arts. 125 a 138 e 162 a 165.*

✱ *V. CPC/2015, arts. 139 a 148, 203 a 205, 370 e 371.*

✱ *V. Lei nº 6.015/1973 (Lei de Registros Públicos), art. 48.*

JUIZADO – Magistratura, ofício, jurisdição, cargo de juiz. Tempo durante o qual ele exerce o cargo. Sede do juízo.

JUIZADOS ESPECIAIS CÍVEIS E CRIMINAIS – São órgãos da justiça ordinária, podendo ser criados nos Estados e Distrito Federal, para o processo e julgamento, por opção do autor, de causas de reduzido valor econômico não excedentes do valor de 40 vezes o salário mínimo vigente no país; as enumeradas no art. 275, II, do CPC/1973, sem correspondência no CPC/2015; as de despejo para uso próprio e as ações possessórias e infrações penais de menor potencial ofensivo, assim consideradas as contravenções penais e crimes cujas penas não ultrapassem dois anos. Os processos orientam-se pelos critérios da oralidade, simplicidade, informalidade, economia processual e celeridade, buscando, sempre que possível, a conciliação das partes. O juiz dirige o processo com ampla liberdade e adota em cada caso a decisão que reputar mais justa e equânime, isto é, emprega a equidade, técnica de aplicação da lei, adequando-a a cada tipo de processo. Os conciliadores são auxiliares da justiça e os árbitros escolhidos dentre advogados indicados pela OAB. Não podem ser partes o incapaz, o preso, as pessoas jurídicas de direito público, as empresas públicas da União, a massa falida e o insolvente civil. Os atos processuais serão públicos e poderão realizar-se em horário noturno. O processo inicia-se com o pedido, oral ou escrito, à Secretaria do Juizado; o secretário será necessariamente bacharel em Direito; a sessão de conciliação realizar-se-á em 15 dias após o registro do pedido. Não se admite a reconvenção. A execução da sentença será processada no próprio juizado; cabe recurso ao próprio juizado e também embargos de declaração. O acesso aos Juizados independe, em primeiro grau de jurisdição, do pagamento de custas, taxas ou despesas. Por decisão do STF, em relação ao novo Estatuto do Advogado, não será obrigatório constituir advogado nos Juizados e Varas do Trabalho. A CF também não mantém os conciliadores nem os árbitros, que foram substituídos por juízes togados ou togados e leigos. Em vários Estados, dentre os quais São Paulo, Espírito Santo, Rondônia e Amapá, a Justiça, valendo-se de ônibus e até de barcos, desloca-se e estaciona em bairros periféricos para atender a população.

✱ *V. CF, arts. 24, X, e 98, I.*

✱ *V. Lei nº 9.099/1995 (Dispõe sobre os juizados cíveis e criminais).*

✱ *V. Lei nº 11.719/2008 (Altera dispositivos do Dec.-lei nº 3.689, de 3 de outubro de 1941 – Código de Processo Penal –, relativos à suspensão do processo,* emendatio libelli, mutatio libelli *e aos procedimentos).*

JUIZADOS ESPECIAIS FEDERAIS – Órgãos da Justiça Federal, criados pela Lei nº 10.259/2001, competentes para, no âmbito criminal, processar e julgar os feitos de competência da Justiça Federal relativos às infrações de menor potencial ofensivo, que são aquelas para as quais a lei comine pena máxima não superior a 2 anos ou multa. Já no campo cível, processar, conciliar e julgar causas de competência da Justiça Federal até o valor de 60 salários mínimos, bem como executar suas sentenças.

JUIZADOS ESPECIAIS DA FAZENDA PÚBLICA – Os Juizados Especiais da Fazenda Pública, órgãos da justiça comum e integrantes do Sistema dos Juizados Especiais, serão criados pela União, no Distrito Federal e nos Territórios, e pelos Estados, para conciliação, processo, julgamento e execução, nas causas de sua competência (art. 1º da Lei nº 12.153/2009). É de competência dos Juizados Especiais da Fazenda Pública processar, conciliar e julgar causas cíveis de interesse dos Estados, do Distrito Federal, dos Territórios e dos Municípios, até o valor de 60 salários-mínimos (art. 2º da Lei nº 12.153/2009).

JUÍZO – Opinião, conceito. O foro; o tribunal constituído; o juiz, as partes e seus advogados, provisionados, solicitadores, estagiários e outros auxiliares da justiça. Lugar onde o juiz exerce suas funções. Há juízos de *primeira instância*, onde se propõe o processo; *de segunda instância*, para o qual se recorre da decisão de juízo inferior; o primeiro é chamado de inferior instância ou *a quo* e o segundo de superior instância ou *ad quem*. Diz-se também:

Coletivo ou colegiado: a função judicante é exercida conjuntamente por 3 ou mais membros.

Contencioso: fundado na contestação, para proteger ou restabelecer relações jurídicas.

De última instância: aquele onde o feito se conclui por decisão que não admite recurso.

De única instância: aquele, exclusivo, onde o feito tem origem e fim, porque nenhum recurso lhe é oponível.

Voluntário ou gracioso: quando apenas declara ou homologa o direito incontroverso existente entre as partes ou garante sua intangibilidade. O juízo é ainda:

Administrativo: onde se julgam processos não contenciosos.

Arbitral: instituído voluntariamente, pelas partes, para decisão de pendência comum.

Cível: onde se julgam causas de natureza cível. Súm. nº 203 do STF: "Não cabe recurso especial contra decisão proferida por órgão de segundo grau dos Juizados Especiais".

Criminal: que trata de causas criminais. Súm. nº 203 do STJ: "Não cabe recurso especial contra decisão proferida por órgão de segundo grau dos Juizados Especiais".

De falência: qualquer juízo em que se requer e se decrete a falência e se debatam questões e ações atinentes à massa.

De fato: o Conselho de Sentença do Júri, composto de leigos em Direito, que deliberam somente sobre o delito em julgamento.

De menores: que cuida da proteção dos direitos dos menores de 18 anos e onde se processam e julgam seus delitos. Atualmente denominados Juízos da Infância e Juventude.

De órfãos e sucessões: privativo, de caráter administrativo e contencioso, que conhece, processa e julga sobre testamentos, legados pios, arrecadação de resíduos e heranças jacentes etc.

De retratabilidade: é a possibilidade de o juiz reconsiderar sua decisão. A possibilidade tem previsão legal.

De paz: onde se conciliam as partes desavindas e se praticam atos judiciários e outros previstos pelas leis de Organização Judiciária.

Declaratório: que tenha a função de reconhecer a atribuir direitos incertos e controvertidos.

Eleitoral: privativo do serviço eleitoral, que trata de questões relativas à execução e infrações do Código Eleitoral.

Especial: perante o qual se apresentam pessoas que têm, por suas funções públicas, foro privilegiado ou próprio. Súm. nº 203 do STJ: "Não cabe recurso especial contra decisão proferida por órgão de segundo grau dos Juizados Especiais".

Executório: onde se promove execução de sentença.

Monocrático: exercido por juiz singular ou pelo membro do Tribunal quando decide isoladamente.

Ordinário: onde se debatem causas que não merecem jurisdição especial.

Singular: onde a jurisdição é exercida apenas por um juiz.

JULGADO – Que recebeu julgamento. Decisão sobre a qual não houve recurso; causa com sentença final; sentença, acórdão.

JULGAMENTO – Pronunciamento do juízo competente que declara procedente ou não o pedido e condena nas custas a parte perdedora. Pode ser:

Absolutório: se isenta o réu de obrigação ou culpa.

Antecipado da lide: inovação do CPC de 1973, mantida no CPC/2015. Permite ao juiz conhecer do pedido e proferir sentença antes de completados os trâmites da instrução, quando a questão for de direito ou não houver necessidade da produção de provas ou quando ocorrer revelia.

Condenatório: quando impõe ao réu que satisfaça o pedido do autor, no todo ou em parte, ou sofra a penalidade pelo delito cometido.

Conforme o estado do processo: fase processual em que o juiz pode tomar um destes três caminhos: extinguir o processo com ou sem o julgamento de mérito; julgar antecipadamente a lide; declarar saneado o processo, mandando que prossiga.

Definitivo: se conclui pela absolvição ou condenação do réu, no todo ou em parte do pedido, solucionando a questão principal, sem pôr fim à demanda.

Final: o que põe termo ao feito em última instância e faz coisa julgada, apreciando ou não o mérito da causa. Este pode ser: *citra petita*, quando não resolve litígio ou o faz contrariamente ao direito expresso, sem o solucionar; *extra petita*, se a decisão está em desacordo com o pedido ou a natureza da causa, infringindo a norma legal; *ordine non servato:* quando não se observaram as disposições da lei; *ordine servato*, quando são atendidos todos os preceitos legais; *ultra petita*, quando atinge fato que não foi objeto do pedido, violando direito estatuído.

Interlocutório: se apenas resolve incidente de causa.

Virtual: técnica de julgamento em que o processo é inserido em uma plataforma eletrônica que permite a participação das partes e dos julgadores sem a necessidade de comparecimento físico deles em local específico. O Superior Tribunal de Justiça alterou o próprio Regimento Interno através da Emenda Regimental nº 27, de 13 de dezembro de 2016, para disciplinar o julgamento virtual em seu âmbito.

✱ *V. CPC/1973, arts. 328, 476 a 495, 547 a 565.*

✱ *V. CPC/2015, arts. 55, § 3º, 332, 353, 354, 355, 358 a 368.*

✱ *V. CPP, arts. 425, 442 a 496, 538, 602 a 618 e 795.*

JULGAMENTO DE RECURSOS REPETITIVOS – Procedimento de admissão e julgamento, por um Tribunal Superior, de recursos que versem sobre idêntica matéria de direito, afetando todos os apelos à decisão proferida em um ou mais recursos representativos da questão controvertida, ao quais tornam-se o paradigma do entendimento jurisprudencial dominante. 2. No processamento de recursos extraordinários, o julgamento depende do prévio reconhecimento da repercussão geral da matéria constitucional ventilada, sendo que, se o STF negar a sua existência, considerar-se-ão inadmitidos todos os demais recursos extraordinários interpostos sobre idêntica fundamentação jurídica. Reconhecida a repercussão geral, o julgamento de mérito dos recursos selecionados afeta a apreciação de admissibilidade dos demais apelos pelos Tribunais inferiores, os quais poderão considera-los prejudicados ou retratar-se, caso o julgamento "a quo" tenha sido contrário ao entendimento do STF. Na hipótese dos recursos extraordinários já terem sido admitidos e remetidos ao STF, este poderá, conforme o caso, cassar ou reformar liminarmente as decisões em dissonância com a decisão do recurso paradigma. Embora não exista previsão legal, o STF aplica analogicamente a modulação de efeitos da decisão, prevista no art. 27 da Lei nº 9.868/1999, mediante quórum de 2/3 (dois terços) de seus membros, processando e julgando os demais recursos afetados conforme o marco temporal fixado. 3. No processamento de recursos especiais pelo STJ, cabe ao Presidente do Tribunal de origem suscitar a afetação, encaminhando um ou mais recursos representativos da controvérsia, e o julgamento de mérito pelo STJ será realizado por uma Seção ou pelo Órgão Especial, acaso a questão diga respeito à matéria de competência de mais de uma Seção. Julgado o mérito da questão controvertida, os demais recursos especiais afetados poderão ser julgados monocraticamente pelos relatores, ou, se ainda não admitidos na origem, terão seguimento denegado ou serão novamente examinados, à luz da decisão do STJ. 4. No processamento de recursos de revista pelo TST, a afetação pode ser suscitada por qualquer das Turmas ou Seções Especializadas, que submeterá a controvérsia à Seção Especializada em Dissídios Individuais ou ao Tribunal Pleno, conforme o caso. Procede-se, então, ao julgamento na mesma forma disciplinada para os recursos especiais, com a possibilidade do órgão competente do TST, conforme o caso, modular os efeitos da decisão, na hipótese de revisão de jurisprudência até então prevalente naquele Tribunal, admitindo e processando os recursos sob idêntica questão conforme a fixação do marco temporal. *V. Recursos repetitivos.*

✱ *V. CPC/1973, arts. 543-A a 543-C.*

✱ *V. CPC/2015, arts. 1.035 a 1.041.*

✱ *V. CLT, arts. 896-B e 896-C.*

✱ *V. RISTF, arts. 322 a 329.*

✱ *V. Res. nº 8/2008 do STJ.*

✱ *V. Ato SEGJUD.GP nº 549/2014 do TST.*

JUNÇÃO – União de coisas para formarem uma só, como na juntada de processos, de períodos de posse.

JUNTA COMERCIAL – Órgão administrativo ao qual compete, em cada Estado, o registro público do comércio e outras funções correlatas. O registro mercantil continuará a ser regido pelos dispositivos da legislação comercial segundo a Lei dos Registros Públicos. Tem sede em Brasília e nas capitais dos Estados e subordina-se, administrativamente, aos respectivos governos e aos órgãos e autoridades do governo.

✱ *V. Lei nº 8.934/1994 (Lei do Registro Público de Empresas Mercantis).*

JUNTADA – É o ato do serventuário que junta peça ao processo, servindo aquela data para o início da contagem de prazo para a prática de diversos atos processuais.

JUNTA DE CONCILIAÇÃO E JULGAMENTO – Órgão de primeira instância da justiça do Trabalho cujo objetivo era conciliar as partes ou, não o conseguindo, decidir o litígio por sentença. Compunha-se de um juiz togado efetivo e de dois vogais, um classista e um representante dos empregadores, e um suplente para cada vogal (CLT, arts. 647 a 667). Com o advento da EC nº 24/1999, desapareceu a figura do Juiz Classista na Justiça do Trabalho, passando de Juntas de Conciliação e Julgamento à denominação de Varas do Trabalho, presididas por um só juiz togado.

JURA – (Latim) Plural de *jus*; significa o Direito em geral. Daí a expressão: *jura novit curia*, que quer dizer: os juízes conhecem o Direito, a lei. Assim, mesmo que a parte não explicite o fundamento legal do seu pedido, o magistrado pode e deve aplicar os dispositivos correspondentes ao caso.

JURADO – Cidadão que compõe, com outros, o Conselho de Sentença no Tribunal do Júri para julgamento de crimes dolosos contra a vida. Os jurados são responsáveis, criminalmente, tanto quanto os juízes de Direito, por concussão, corrupção ou prevaricação. O exercício efetivo da função de jurado constituirá serviço público relevante e estabelecerá presunção de idoneidade moral. O serviço do júri é obrigatório. O alistamento compreenderá os cidadãos maiores de 18 anos de notória idoneidade. A recusa ao serviço do júri fundada em convicção religiosa, filosófica ou política importará no dever de prestar serviço alternativo, sob pena de suspensão dos direitos políticos, enquanto não prestar o serviço imposto. O Tribunal do Júri é composto por 1 (um) juiz togado, seu presidente e por 25 (vinte e cinco) jurados que serão sorteados dentre os alistados, 7 (sete) dos quais constituirão o Conselho de Sentença em cada sessão de julgamento. Nos termos do art. 437 do CPP, estão isentos do serviço do júri: "I – o Presidente da República e os Ministros de Estado; II – os Governadores e seus respectivos Secretários; III – os membros do Congresso Nacional, das Assembleias Legislativas e das Câmaras Distrital e Municipais; IV – os Prefeitos Municipais; V – os Magistrados e membros do Ministério Público e da Defensoria Pública; VI – os servidores do Poder Judiciário, do Ministério Público e da Defensoria Pública; VII – as autoridades e os servidores da polícia e da segurança pública; VIII – os militares em serviço ativo; IX – os cidadãos maiores de 70 (setenta) anos que requeiram sua dispensa; X – aqueles que o requererem, demonstrando justo impedimento".

✱ *V. CF, arts. 5º, VIII, e 15, IV.*

✱ *V. CP, arts. 316, 317, §§ 1º e 2º, e 319.*

✱ *V. CPP, arts. 106, 295, 433 a 438, 441, 445, 459, 464, 482, 564, III, j, e 581, XIV.*

JÚRI – Tribunal popular de justiça, encarregado de afirmar ou negar a existência de delito imputado a alguém. O Tribunal do Júri é composto por 1 (um) juiz togado, seu presidente e por 25 (vinte e cinco) jurados que serão sorteados dentre os alistados, 7 (sete) dos quais constituirão o Conselho de Sentença em cada sessão de julgamento. Compete ao Tribunal do Júri o julgamento dos crimes previstos nos arts. 121, §§ 1º e 2º, 122, parágrafo único, 123, 124, 125, 126 e 127 do CP, consumados ou tentados.

✱ *V. CF, art. 5º, XXXVIII.*

✱ *V. CPP, arts. 74, § 1º, e 406 a 497.*

✱ *V. Súm. nº 603 do STF.*

✱ *V. Lei nº 11.689/2008 (Altera dispositivos do Dec.-lei nº 3.689/1941 – Código de Processo Penal –, relativos ao Tribunal do Júri).*

JURIDICIDADE – Qualidade do que é jurídico, legitimidade, licitude, legalidade. Em conformidade com o Direito e as leis.

JURÍDICO – (Subverbete.)

JURISCONSULTO – Pessoa versada na ciência do Direito, conhecedora das leis e de sua interpretação, que dá pareceres sobre questões controversas de natureza jurídica que lhe são submetidas.

JURISDIÇÃO – (do latim *juris* = direito; *dicere* = dizer) significa o poder de dizer o direito que a Constituição dá aos órgãos; função do Estado, exercida por meio do juiz dentro de um processo para solução de um litígio. Pode ser definida em função da área geográfica, por exemplo: Tribunais Estaduais, com poder só no Estado de atuação ou da matéria (p. ex., Juízes e Tribunais do Trabalho, com poder de dizer o direito só em assunto de Direito do Trabalho).

JURIS ET DE JURE – (Latim) De Direito e por Direito.

JURISPERITO – *V. Jurisconsulto.*

JURISPRUDÊNCIA – Ciência no Direito. Segundo Ulpiano ("Digesto"), era o conhecimento das coisas divinas e humanas e ciência do justo e do injusto, já que em seu tempo se interpenetravam e se irmanavam os direitos divinos e humanos. Etimologicamente, é a "resposta dos prudentes". Modernamente, é uma fonte secundária do Direito; o modo pelo qual os tribunais interpretam e aplicam as leis, caso a caso; repetindo-se casos idênticos é natural que as sentenças e acórdãos consolidem uma orientação uniforme, que se chama *jurisprudência*, a qual passa a ser utilizada tanto pelos advogados como pelos magistrados. A praxe ordena, assim como a tradição, que os juízes singulares acatem a jurisprudência firmada nos tribunais. Importa conhecer a jurisprudência para saber como os tribunais interpretam, à luz do Direito, mas consoante as peculiaridades de cada caso e das circunstâncias em que se dá, a lei positiva, que se rejuvenesce com esta atividade jurisprudencial. Diz-se: *mansa e pacífica* ou *uniforme*, quando não se altera em julgados semelhantes; *vacilante*, quando varia, não é estável, oscila; *assente*, aquela firme, assentada.

JURISPRUDENTE – Aquele que é versado em jurisprudência.

JURISTA – Pessoa especialista em Direito; diz-se, especialmente, de autores de obras jurídicas.

JURIS TANTUM – (Latim) Presunção relativa ou condicionada, que se admite até prova em contrário; que resulta do próprio direito ou só a ele pertence. Oposto a *juris et de jure*.

JUROS – Quantia em moeda corrente que se calcula percentualmente sobre o valor do capital e em proporção ao decurso do tempo.

✱ *V. CC, arts. 389, 404 e 890.*

✱ *V. Súm. Vinc. nº 7.*

✱ *V. Súm. Vinc. nº 17.*

Capitalizados: juros que se calculam sobre o capital já acrescido de juros referentes a determinado período; juros compostos.

Compensatórios: juros devidos como compensação ou remuneração do capital no sentido negocial; extranegocialmente é devido como parcela que completa o valor da reparação.

Compostos: **V.** *Capitalizados.*

Convencionais: juros fixados negocialmente.

De mora: juros que têm por causa o atraso no pagamento da dívida principal; juros moratórios.

✱ *V. CC, arts. 395, 405 e 552.*

Legais: são os que prevalecem quando não há pena convencional.

✱ *V. CC, art. 406.*

Reais: que compreendem todas as parcelas remuneratórias do capital.

✱ *V. CF, art. 192, § 3º.*

Remuneratórios: **V.** *Compensatórios.*

JUS – **V.** *Direito.*

Abutendi: direito de dispor da coisa, um dos três elementos do direito de propriedade.

Accusationis: direito de acusar.

Actionis: direito de agir.

Ad rem: direito sobre coisa certa.

Ambulandi: direito de locomoção.

Condendum: direito a ser constituído, futuro; projeto de lei.

Conditum: o que está constituído.

Connubi: direito de casar.

Corrigendi: direito de corrigir.

Disponendi: o direito de dispor da coisa.

Eundi: direito de ir e vir.

Fruendi: o de utilizar os frutos produzidos por um bem.

Havendi: o direito de possuir.

Hereditatis: o direito de herança.

In re: direito de propriedade sobre a coisa.

In re aliena: direito real sobre coisa alheia.

Manendi et ambulandi: direito de permanecer em um lugar ou de se locomover, garantido pelo *habeas corpus*.

Persequendi: direito de exigir a posse de um bem que, indevidamente, está em poder de outrem.

Pignoris: direito real de penhor.

Poenitendi: direito de *arrependimento* (q.v.).

Possidendi: direito do possuidor que é também o proprietário da coisa.

Postulandi: direito de agir, de postular em nome das partes, que é prerrogativa do advogado.

Puniendi: direito de punir, privativo do Estado.

Querelandi: direito de litigar em juízo.

Reivindicandi: direito de reivindicar, de pedir.

Retentionis: direito de reter coisa que a outrem pertence.

Retorsionis: direito de retorsão, usando os argumentos do outro, como no caso de injúria, quando o ofendido provoca a retorsão.

Sanguinis: princípio determinador da nacionalidade, que reconhece como nacional o que nasceu de pais nacionais, tem o sangue dos pais; adotado em parte pela CF (art. 12, I, *b* e *c*).

Soli: princípio em que, para se determinar a nacionalidade, se leva em conta o local onde o indivíduo nasceu, independente da nacionalidade dos pais. A CF adota, em parte, este critério.

✱ *V. CF, art. 12, I, a.*

Stillicidii: resulta da servidão urbana; é o direito que tem alguém de fazer escoar pelo telhado ou terreno do vizinho, por canos ou calhas, as águas pluviais que caem sobre o seu telhado.

JUSTA CAUSA – Em Direito do Trabalho, diz-se do motivo, previsto em lei, para extinção do vínculo empregatício. A Lei nº 13.467/2017 (Reforma Trabalhista) acrescentou às alíneas do art. 482 a letra m que traz a hipótese de justa causa pela perda da habilitação ou dos requisitos estabelecidos em lei para o exercício da profissão, em decorrência de conduta dolosa do empregado. Tal situação envolve profissionais que precisam de habilitação prévia para o trabalho que realizam como é o caso dos advogados, médicos, contadores.

✱ *V. CLT, art. 482.*

JUSTAS NÚPCIAS – Casamento legítimo, reconhecido por lei.

JUS EST NORMA AGENDI – (Latim) O direito é a norma de agir.

JUS SUUM UNICUIQUE TRIBUERE – (Latim) Dar a cada um aquilo a que tem direito.

JUSTIÇA – Conformidade com o direito, o preceito legal. Equilíbrio perfeito que estabelecem a moral e a razão entre o direito e o dever. Poder de julgar, de aplicar os dispositivos legais. A definição consagrada é de Ulpiano: "Justiça é a vontade constante e perpétua de dar a cada um o que é seu". Sinônimo também de Poder Judiciário e de Juízo. **V.** *Juízo e jurisdição.*

Cumulativa: que diz respeito à reciprocidade das prestações.

De mão própria: ato ou comportamento de pessoa que busca por si mesmo, intervindo na esfera jurídica alheia e sem depender de mediação institucional, a satisfação do próprio direito. Aplicação da lei pelo próprio interessado, quando não atendido por aquele que deveria impor a regra jurídica e não o fez. **V.** *Exercício arbitrário das próprias razões.*

Desportiva: organização privada que tem autoridade para aplicar a legislação esportiva em procedimento contencioso.

✱ ***V.*** *CF, art. 217, §§ 1º e 2º.*

Distributiva: aquela que se pratica pela distribuição dos bens existentes.

JUSTIÇA DE PAZ – Prevista na CF; remunerada, composta de cidadãos eleitos pelo voto direto, secreto e universal, com mandato de 4 anos e competência para celebrar casamentos, verificar o processo de habilitação e exercer atribuições conciliatórias, sem caráter jurisdicional, além de outras previstas na lei.

✱ ***V.*** *CF, art. 98, II.*

JUSTIÇA MILITAR – 1. É um dos órgãos do Poder Judiciário da União, com previsão constitucional e Lei de Organização Judiciária, voltada a apuração dos chamados *crimes militares*, definidos no CPM. 2. É composta pelo Superior Tribunal Militar, pela Corregedoria da Justiça Militar, pelos Conselhos de Justiça Militar e pelos juízes federais da Justiça Militar. 3. A Lei nº 13.774/2018 reformou a redação da Lei nº 8.457/1992, renomeando os juízes auditores, que passaram a ser denominados juízes federais da Justiça Militar, além de reorganizar os serviços auxiliares. 4. É possível aos Estados a criação da Justiça militar estadual, mediante proposta dos respectivos Tribunais de Justiça, contanto que o efetivo militar seja superior a 20 mil integrantes. 5. A prática de crime doloso contra vida, praticado contra civil, ainda que tipifique crime militar, é processada perante o Tribunal do Júri, ante a soberania garantida pela CF.

✱ ***V.*** *CF, arts. 122 a 124 e 125, § 3º.*

✱ ***V.*** *Lei nº 8.457/1992 (Organiza a Justiça Militar da União e regula o funcionamento de seus serviços auxiliares).*

✱ ***V.*** *CPM, arts. 9º, 10, 27, 62, 68 e 340 a 354.*

✱ ***V.*** *CPPM, arts. 82 a 84.*

✱ ***V.*** *Lei nº 7.170/1983 (Define crimes contra a segurança nacional, a ordem política e social), art. 30.*

✱ ***V.*** *Súmulas nºs 9, 297, 298, 385 e 694 do STF.*

✱ ***V.*** *Súmulas nºs 6, 47, 53, 75, 78, 90, 172 e 192 do STJ.*

✱ ***V.*** *Súmulas nºs 20, 30, 55 e 233 do TFR.*

JUSTIÇA SOCIAL – É o princípio da Justiça *distributiva*, pela qual a comunidade deve distribuir, de maneira equitativa, entre os seus membros, bens, recompensas, cargos e funções, previstas a fixação de impostos e a assistência social, com aplicação de recursos em obras de atendimento aos carentes.

JUSTIFICAÇÃO – Fundamentação da legitimidade e da admissibilidade de propositura ou de emenda a dispositivo legal em discussão no Legislativo, ou das razões do voto em tribunal ou assembleia. Meio de prova testemunhal de existência ou não de fato fundado e alegado ou de uma relação jurídica; prova documental autêntica produzida em juízo. É procedimento cautelar específico a oitiva de testemunhas, devendo citar-se os interessados, salvo nos casos previstos em lei. A lei positiva não admite, no processo de justificação, nem defesa nem recurso, mas há julgado que admite apelar da sentença que indefere, *in limine*, a petição inicial de justificação. Esta será julgada por sentença; os autos serão entregues ao requerente 48 horas após a decisão, independente de traslado; os quais não serão entregues se se tratar de justificação em matéria de registro civil.

✱ ***V.*** *CPC/1973, arts. 861 a 866.*

✱ ***V.*** *CPC/2015, arts. 381, § 5º, 382, §§ 2º e 4º.*

✱ ***V.*** *Lei nº 6.015/1973 (Lei de Registros Públicos).*

JUSTO TÍTULO – Diz-se do documento formalmente perfeito, hábil em tese para transferir o domínio, devidamente transcrito.

K

KIBUTZ – Nome dado em Israel à fazenda coletiva em regime de copropriedade e cooperação mútua voluntária. Todas as atividades são feitas comunitariamente. Dá aos seus habitantes alimentação, alojamento, educação alimentar, em consonância com as necessidades individuais. A administração é responsável pela educação.

KULAKS – Nome dado aos camponeses russos, na época czarista, que possuíam grandes áreas cultiváveis. Eram conhecidos por explorarem seus assalariados e por empréstimos aos camponeses pobres, em condições usurárias. Desta atividade surgiu a denominação pejorativa "kulak", a qual significa "punho".

L

LACUNA – Falha, falta, omissão.

Da lei: os fatos não previstos na lei devem ser resolvidos obedecida a regra estabelecida na LINDB (antiga LICC), isto é, o juiz decidirá o caso de acordo com a analogia, os costumes, e os princípios gerais de Direito. O juiz não pode eximir-se de sentenciar alegando lacuna ou obscuridade da lei, e só decidirá por equidade nos casos que a lei prevê. No Direito Penal, porém, não se admite o preenchimento de lacunas para condenar alguém. Apenas os fatos previstos podem ensejar a condenação, de acordo com o princípio da legalidade ou da anterioridade da lei penal, consagrado no CP: "Não há crime sem lei anterior que o defina, não há pena sem a prévia cominação legal".

✱ ***V.*** *LINDB (antiga LICC), arts. 4º e 5º.*

✱ ***V.*** *CPC/1973, arts. 126 e 127.*

✱ ***V.*** *CPC/2015, art. 140.*

✱ ***V.*** *CP, art. 1º.*

LADRÃO – Autor de crime de roubo ou de furto. O STF diz que "há crime de latrocínio quando o homicídio se consuma, ainda que não realize o agente a subtração de bens da vítima".

✱ ***V.*** *Súm. nº 610 do STF.*

LAGO – Porção de água cercada de terra. Nos casos de aluvião, os donos de terrenos que confinem com águas dormentes, como de lagos e tanques, não adquirem o solo descoberto pela retração das águas nem perdem o que elas invadirem. Os lagos são bens da União.

✱ ***V.*** *CF, art. 20, III.*

LANÇADOR – Funcionário fiscal, incumbido do lançamento de impostos.

LANÇAMENTO – Procedimento pelo qual se torna certa e determinada a obrigação tributária.

✱ ***V.*** *CTN, art. 142.*

✱ ***V.*** *Súm. Vinc. nº 24.*

De ofício: aquele efetuado e revisto pela autoridade administrativa nos casos previstos no art. 149 do CTN.

Por homologação: aquele que se efetua depois de pago o tributo.

✱ ***V.*** *CTN, art. 150.*

LAR – A casa onde mora a família, permanentemente. Conjunto de pessoas da mesma família, que moram juntas sob o mesmo teto e têm economia comum.

Substituto: o que antes se chamava *lar substituto*, no Estatuto da Criança e do Adolescente é *família substituta,* porém com idêntico sentido, a colocação do menor em um lar mediante guarda, tutela ou adoção.

✱ ***V.*** *Lei nº 8.069/1990 (Estatuto da Criança e do Adolescente – ECA), arts. 28 a 32.*

LARÁPIO – Ladrão, gatuno, indivíduo venal, desonesto.

LATA CULPA EST NIMIA NEGLIGENTIA, ID EST, NON INTELLIGERE UOD OMNES INTELLIGUNT – (Latim) Culpa látea é nímia negligência, quer dizer não entender aquilo que os outros entendem.

LATA SENTENTIA, JUDEX DESINIT ESSE JUDICEM – (Latim) Proferida a sentença o juiz deixa de ser juiz.

LATIFUNDIÁRIO – Dono de propriedade rural de grande extensão e, em geral, improdutiva.

LATIFÚNDIO – Propriedade rural muito vasta, pertencente a um proprietário só, que não a torna produtiva, ou a aproveita minimamente. São insuscetíveis de desapropriação para fins de reforma agrária: a pequena e média propriedade rural, assim definida em lei, desde que seu proprietário não possua outra; e a propriedade produtiva. Mas a União desapropriará por interesse social, para fins de reforma agrária, o imóvel rural que não esteja cumprindo sua função social.

✱ *V. CF, arts. 184, §§ 1º a 5º, e 185.*

LATO SENSU – (Latim) Em sentido amplo.

LATROCÍNIO – O CP não descreve o crime de latrocínio, mas deixa-o implícito no roubo com violência, lesão grave ou morte da vítima. Esta definição foi expressa pelo STF: "Há crime de latrocínio quando o homicídio se consuma, ainda que não realize o agente a subtração de bens da vítima". É crime contra o patrimônio, por seu objetivo: a eliminação da pessoa é o *crime-meio* para atingir-se o *crime-fim*, que é o roubo. Aumenta-se a pena de um terço até a metade quando a violência ou a ameaça é feita com emprego de arma, se há o concurso de duas ou mais pessoas, se a vítima está em serviço de transporte de valores e o agente conhece essa circunstância. As penas são as do roubo: reclusão de 4 a 10 anos, e multa, aplicável também a quem, subtraída a coisa, usa de violência contra pessoa ou grave ameaça para assegurar a impunidade do crime ou a detenção da coisa, para si ou para terceiro. Se da violência resulta lesão corporal grave, pena de reclusão de 5 a 15 anos e multa; se resulta morte, reclusão de 15 a 30 anos e multa. O latrocínio é definido como crime hediondo, inafiançável e insuscetível de graça, anistia e indulto, sendo a pena cumprida integralmente em regime fechado.

✱ *V. CP, art. 157, § 3º.*

✱ *V. Lei nº 8.072/1990 (Lei dos Crimes Hediondos), arts. 1º, 6º e 9º.*

✱ *V. Súm. nº 610 do STF.*

LAUDÊMIO – Remuneração, taxa, prêmio em compensação que o foreiro ou enfiteuta alienante paga ao senhorio direto pela sua renúncia ao direito de opção na transferência do domínio útil ou de consolidar, na sua pessoa, a propriedade plena.

✱ *V. CC, art. 2.038.*

LAUDO – Relatório ou parecer, por escrito, com as conclusões dos peritos ou arbitradores, sobre matéria técnica ou exames sobre os quais foram chamados a opinar. Pode ser:

Arbitral: decisão dos árbitros, no juízo arbitral, ou avaliação por eles feita em outros casos de arbitramento.

Pericial: se traz a opinião e os esclarecimentos conclusivos dos peritos. Também se diz *consultivo* ou *informativo*.

✱ *V. Súm. nº 68 da TNU – JEF.*

LAVAGEM – Ato de ocultar ou dissimular a natureza, origem, localização, disposição, movimentação ou propriedade de bens, direitos ou valores provenientes, direta ou indiretamente, de infração penal. A Lei de Lavagem de Dinheiro está atualizada pela Lei nº 12.683/2012.

✱ *V. Lei nº 9.613/1998 (Lei dos Crimes de Lavagem de dinheiro), art. 1º.*

LAVRA – Operações que objetivam o aproveitamento industrial da jazida.

✱ *V. Dec. nº 62.934/1968 (Aprova o Regulamento do Código de Mineração), art. 45.*

✱ *V. Lei nº 9.478/1997 (Dispõe sobre a política energética nacional, as atividades relativas ao monopólio do petróleo, institui o Conselho Nacional de Política Energética e a Agência Nacional do Petróleo), art. 6º, XVI.*

Garimpeira: Aproveitamento de jazida que tenha condições de ser lavrada, não dependendo de trabalhos prévios de pesquisa.

✱ *V. Lei nº 7.805/1989 (Altera o Dec.-lei nº 227, de 28 de fevereiro de 1967, cria o regime de permissão de lavra garimpeira, extingue o regime de matrícula), art. 1º, parágrafo único.*

LEADING CASE – Diz-se da decisão proferida em determinado caso que passa a constituir paradigma jurisprudencial.

LEASING – Processo de financiamento de investimentos, um tipo de contrato de arrendamento com características próprias. É um contrato mediante o qual uma pessoa jurídica que necessite utilizar determinado bem ou equipamento, por um determinado tempo, o faz por intermédio de uma sociedade de financiamento que adquire o bem e lhe aluga. Findo o prazo do contrato, pode optar entre a devolução do bem, a renovação da locação ou a aquisição pelo preço residual, fixado inicialmente. É um contrato complexo, onde estão inseridos um contrato de locação, um contrato de financiamento com eventual contrato de compra e venda. Também chamado de *arrendamento mercantil*. O assunto é tratado pela Lei nº 6.099/1974, que estabelece o tratamento tributário para operações de arrendamento mercantil.

✱ *V. Lei nº 11.882/2008 (Dispõe sobre as operações de redesconto pelo Banco Central do Brasil, autoriza a emissão da Letra de Arrendamento Mercantil – LAM, altera a Lei nº 6.099/1974).*

LEGADO – Disposição de última vontade pela qual o testador deixa a uma pessoa, a título gratuito, um valor fixado ou uma ou mais coisas de sua herança. Não incide sobre uma cota-parte dos bens do *de cujus*, mas apenas sobre bens determinados, especificados, individualizados. O mesmo que *doação causa mortis*. O legatário não é herdeiro, mas sucessor por título singular. O legado pode ser:

Alternativo: em que o testador dá opção de escolha entre várias coisas.

A termo: quando se estabelece prazo para sua realização, antes do vencimento do qual não se verifica.

A título universal: quando abrange a totalidade ou parte dos bens livres não determinados, que cabem ao herdeiro.

Com encargo ou modal: quando o testador impõe obrigações ou encargos ao legatário, para serem cumpridos depois da entrega da coisa.

Condicional: se o legado está subordinado a uma condição para efetuar-se.

De alimentos: se o testador dispõe que seu herdeiro fique obrigado a prestar alimentos ao legatário, abrangendo despesas com moradia, vestuário, médicos, educação etc.

De coisa alheia: em que o testador dispõe sobre coisa que não lhe pertence, o que resulta em nulidade, a menos que, feito o testamento, a coisa venha a tornar-se dele.

De coisa certa: quando a coisa legada é individualizada, não havendo escolha.

De crédito: quando lega crédito de que era titular, válido somente até a importância que se apurar ao tempo da morte do testador.

De quitação: pelo qual o legatário fica liberado do pagamento de dívida para com o testador.

De usufruto: em que o testador institui o legatário como usufrutuário de um bem por algum tempo ou por toda a vida, se não faz a fixação do período.

✱ *V. CC, arts. 1.912 a 1.946.*

Pio: feito em favor de instituições de beneficência.

Puro e simples: quando o legatário tem direito a seu legado desde a abertura da sucessão.

Subcausa: em que o legado é feito por uma causa, como a retribuição de um favor recebido ou de assistência prestada ao testador.

LEGAL – Que tem apoio na lei, que está de acordo com a lei; que dela emana ou por ela é definido.

LEGALIDADE – O que está conforme a ordem jurídica. No Direito Penal, princípio que impede a punição de crimes que a lei não define com antecedência.

LEGALIZAÇÃO – Ato e efeito de *legalizar*.

LEGALIZAR – Tornar legal; revestir o ato jurídico de todas as formalidades e requisitos que a lei exige, para que produza efeitos. Legitimar, autenticar, dar caráter legal.

LEGAR – Fazer legado; deixar uma parte ou todos os seus bens para uma pessoa, em testamento.

LEGATÁRIO – Aquele que se beneficia de um *legado* (q.v.).

LEGE LATA FACTUM EST UB AB EIS PROVOCATIO ESSET – (Latim) Por lei ficou estabelecido poder apelar dela.

LEGICIDA – O que viola, fere a lei.

LEGIFERAR – O mesmo que legislar.

LEGISLAÇÃO – Ato ou efeito de legislar, de fazer as leis. Conjunto de leis sobre uma matéria ou de um país. Diz-se:

Comparada: a que põe em confronto as leis de um país e de outro.

Especial: a que rege determinado ramo do Dir. Positivo ou que tem um fim pré-estabelecido.

Geral: o conjunto de leis de um país.

Vigente: aquela que está em vigor no momento.

LEGISLADOR – Aquele que elabora leis; membro do Legislativo.

LEGISLATIVO – Um dos três Poderes em que se funda a soberania do Estado no regime democrático, encarregado de elaborar leis. No Brasil, o Poder Legislativo é exercido pelo Congresso Nacional (Câmara dos Deputados e Senado Federal), com atribuições fixadas pela CF.

✱ *V. CF, arts. 44 a 75.*

LEGISLATURA – Parte da atividade de casa de leis que vai, em geral, da posse de novos membros eleitos até o final do respectivo mandato.

LEGISPERITO – Perito em leis; jurisconsulto.

LEGISTA – Diz-se do médico especializado em Medicina Legal.

LEGIS VIRTUS HAEC EST: IMPERARE, VETARE, PUNIRE, PERMITTERE – (Latim) A virtude da lei é: imperar, vedar, punir, permitir.

LEGÍTIMA – Porção do patrimônio hereditário que a lei manda reservar aos herdeiros necessários, descendentes ou ascendentes e o cônjuge do testador, que não pode privá-los dessa cota, seja por legado, seja por doação. Compreende a metade de seus haveres, a qual fica indisponível. *Adiantamento da legítima* é a doação de bens que os pais fazem aos filhos e que estes devem depois trazer à colação.

✱ *V. CC, arts. 544, 1.846 a 1.850, 1.961 a 1.965.*

LEGÍTIMA DEFESA – Diz-se quando a pessoa, utilizando moderadamente os meios necessários e suficientes, repele injusta agressão, atual ou iminente, na defesa de bem jurídico próprio ou alheio, tutelado pelo Direito. Exclui a antijuridicidade, mas o excesso doloso ou culposo no uso dos meios de legítima defesa é punido criminalmente. Admite-se, na esfera cível, a legítima defesa como exclusão da ilicitude do ato como na defesa da turbação de posse, o "desforço pessoal". A Lei nº 13.964/2019 ampliou o conceito para abranger como legítima defesa a situação do "agente de segurança pública que repele agressão ou risco de agressão a vítima mantida refém durante a prática de crimes". Pode ser:

De terceiro: quando uma segunda pessoa intervém para repelir agressão a outra pessoa.

Própria, individual ou subjetiva: quando a pessoa que reage é a mesma que precisou defender-se. Neste caso, diz-se: *putativa* ou *ficta*, quando o agente, por erro justificado, sem dolo nem culpa, apenas por mera presunção, repele o que julga ser a agressão atual e injusta, ameaça iminente a sua vida ou a direito seu ou de outrem; *recíproca*, quando, numa luta corporal de que resultem lesões recíprocas, se ignora de quem partiu a ofensa.

✱ *V. CP, art. 25.*

✱ *V. CC, art. 1.210.*

LEGITIMAÇÃO – 1. Ato de tornar legítimo; legalização. 2. Os filhos legitimados são em tudo equiparados aos legítimos. A Constituição Federal aboliu qualquer distinção: todos os filhos podem ser reconhecidos a qualquer tempo, sejam naturais, sejam adulterinos, sejam incestuosos, até na constância da sociedade conjugal. Diz a Carta Magna que "os filhos, havidos ou não da relação do casamento, ou por adoção, terão os mesmos direitos e qualificações, proibidas quaisquer designações discriminatórias relativas à filiação". A Lei nº 8.560/1992 diz que "o reconhecimento dos filhos havidos fora do casamento é irrevogável e será feito: no registro de nascimento; por escritura pública ou escrito particular, a ser arquivado em cartório; por testamento, ainda que incidentalmente manifestado; por manifestação expressa e direta perante o juiz, ainda que o reconhecimento não haja sido o objeto único e principal do ato que o contém". Atualmente, verifica-se que a Lei nº 12.004/2009, altera a Lei nº 8.560/1992, passa a vigorar acrescida do art. 2º-A que dispõe que, na ação de investigação de paternidade, todos os meios legais, bem como os moralmente legítimos, serão hábeis para provar a verdade dos fatos. A recusa do réu em se submeter ao exame de código genético (DNA) gerará a presunção da paternidade, a ser apreciada em conjunto com o contexto probatório. É vedado reconhecer e legitimar filho na ata do casamento. O filho maior não pode ser reconhecido sem o seu consentimento. O casamento nulo produz os mesmos efeitos que um válido, em relação aos filhos e ao contraente de boa-fé; esta disposição vale para filhos naturais, adulterinos ou incestuosos. O filho pode mover ação para provar filiação legítima ou legitimada. A legitimação tem de ser averbada no Registro Civil. A legitimação dos filhos falecidos aproveita aos seus descendentes. Para efeitos da sucessão, aos filhos legítimos se equivalem ou se equiparam os legitimados, os naturais reconhecidos e os adotivos. O casamento legitima os filhos comuns, antes dele nascidos ou concebidos.

Ad causam: Legitimação material, para a causa. Qualificação para atuar como parte a qual decorre de interesse na causa.

Adotiva: modalidade de adoção que se permite a casais sem filhos, casados há mais de 5 anos e que tenham comprovada idoneidade moral e capacidade financeira.

Ad processum: Legitimação processual para o processo. Qualificação de pessoa que, como parte, tem os requisitos legais para estar no processo.

Extraordinária: autorização excepcional que a lei confere a alguém para que pleiteie em nome próprio direito alheio. O mesmo que *substituição processual* (q.v.).

✱ *V. CF, art. 277, § 6º.*

✱ *V. CC, art. 1.561.*

✱ *V. CPC/1973, art. 6º.*

✱ *V. CPC/2015, art. 18.*

✱ *V. Lei nº 6.515/1977 (Lei do Divórcio), art. 14, parágrafo único.*

✱ *V. Lei nº 8.560/1992 (Lei de Investigação de Paternidade), arts. 1º a 6º.*

LEGITIMÁRIO – Herdeiro necessário, a quem cabe a *legítima.*

LEGITIMATIO AD CAUSAM – Legitimidade para atuar na causa, tanto como autor quanto como réu.

LEGITIMIDADE – Retidão, conformidade com a lei; qualidade do que é legítimo.

Para a causa (ad causam): é uma das condições da ação. É o legítimo interesse de agir de pessoa civilmente capaz, tanto a do autor, que se diz *ativa,* quanto a do réu, que é *passiva.* A falta de legitimidade leva à extinção do processo. Deve ser alegada em contestação e decidida fora de audiência. Se não for aduzida na contestação, o réu será condenado nas custas a partir do saneamento do processo e perderá, ainda que vencedor, o direito a haver do vencido honorários advocatícios.

✱ *V. CPC/1973, art. 3º, 22.*

✱ *V. CPC/2015, art.17.*

LEGITIMIDADE PARA O PROCESSO – Reúne a condição de legítimo interesse e a capacidade para agir em juízo, por si ou representado por outrem, com outorga de mandato a advogado habilitado.

LEGÍTIMO – Que tem as qualidades que a lei exige ou está baseado no direito expresso; o que se faz em conformidade com a lei.

Interesse: é a razão preponderante que determina a presença do autor ou do réu em juízo, para propor ou para contestar uma ação. A falta de legítimo interesse, ou interesse jurídico, acarreta o indeferimento da inicial ou a extinção do processo. Deve ser alegada em contestação e pode ser decidida fora de audiência. Se não for alegada na contestação, o réu pagará as custas de retardamento e perderá o direito a haver honorários de advogado do autor. O interesse do autor deve existir no momento em que a sentença é proferida. Se desaparecer antes, a ação deve ser rejeitada.

LEGULEIO – Advogado de parco saber jurídico, muito apegado à letra de lei, que utiliza de chicana para embaraçar a causa quando lhe é contrária. Rábula.

LEI – A palavra vem do latim *lex,* que tem sua origem no verbo *legere, ler,* porque o magistrado romano lia o texto escrito da lei ao povo, nos comícios, para sua aprovação. É, portanto, norma jurídica escrita, permanente, emanada do Poder Público competente com caráter de *generalidade,* porque se aplica a todos, e de *obrigatoriedade,* porque a todos obriga. Diz-se escrita, porque é apresentada em projeto, debatida, emendada, sancionada, promulgada e publicada e só após a sua publicação no órgão oficial é que se torna obrigatória. O órgão competente é o Legislativo, mas há normas que emanam do Executivo, como os decretos e decretos-leis. A generalidade da lei é, também, relativa, já que algumas não abrangem a todas as pessoas do país, como uma lei estadual que tem eficácia apenas no âmbito do Estado; ou a Lei do Divórcio que atinge as pessoas divorciadas. Quanto à obrigatoriedade, nem sempre a lei é imperativa, pode ser também facultativa, como as que oferecem a opção de fazer ou não fazer. A lei em vigor tem efeito imediato geral, respeitados o ato jurídico perfeito, o direito adquirido e a coisa julgada. Vigorará até que outra a modifique ou revogue. A CF prevê o processo legislativo, conjunto de regras que determina como deve ser apresentado o projeto de lei, sua discussão, votação, até se transformar em lei. Compreende a elaboração de: emendas à CF, leis complementares, leis ordinárias, leis delegadas, medidas provisórias, decretos legislativos, resoluções. A iniciativa das leis complementares e ordinárias cabe ao Legislativo, ao Presidente da República, ao STF, aos Tribunais Superiores, ao Procurador-Geral da República e aos cidadãos, na forma que a CF explicita.

✱ *V. LINDB (antiga LICC), arts. 1º, 3º e 4º.*

✱ *V. CF, arts. 23, I, 59 a 69, 97 e 102, I, a.*

LEI ANTIDROGAS – Lei nº 11.343/2006 (Dispõe sobre prevenção e repressão ao tráfico ilícito e uso indevido de drogas).

✱ *V. Dec. nº 5.912/2006 (Regulamenta a Lei nº 11.343/2006, que trata das políticas públicas sobre drogas e da instituição do Sistema Nacional de Políticas Públicas sobre Drogas – SISNAD).*

LEI ÂNUA – Diz-se da lei temporária com vigência de apenas 1 ano, ou daquela cuja matéria é objeto de nova lei a cada ano. A lei orçamentária é exemplo de lei ânua.

LEI AUTOAPLICÁVEL *(SELF-EXECUTING)* – Aquela que produz efeitos sem necessidade de lei complementar. Pode ser aplicada diretamente pelo juiz e pertence à classe das normas completas ou de eficácia plena.

LEI COGENTE – Aquela que manifesta uma ação ou omissão; no primeiro caso chama-se *preceptiva;* no segundo, *proibitiva,* se proíbe a prática de um ato. São também normas cogentes as *taxativas,* que não proíbem nem impõem uma ação, mas restringem o campo de ação do destinatário, como aquelas que limitam a intervenção da União nos Estados.

LEI COMPLEMENTAR À CONSTITUIÇÃO – Destinada a complementar a Carta Magna, precisa ser aprovada por maioria absoluta.

LEI CONSTITUCIONAL – Aquelas que modificam parcialmente a Constituição como as Emendas.

✱ *V. CF, art. 60, § 2º.*

LEI DE CONFLITO – Aquela que tem por objeto decidir quanto à aplicação da lei nova ou da lei anterior, ou em que medida se aplicará uma delas.

LEI DE INCENTIVO À CULTURA – Cria o Programa Estadual de Incentivo à Cultura e institui o Conselho de Desenvolvimento Cultural, que se responsabiliza pela análise dos projetos. Os recursos que ela destina não podem superar 80% do custo total dos projetos.

LEI DE INTRODUÇÃO – Disposições que antecedem o articulado de lei extensa, em geral publicada como Código, para preparar e facilitar seu entendimento e execução. Forma um conjunto independente, tendo seus artigos numeração própria e que pode ser alterada sem que o Código seja atingido. A antiga Lei de Introdução do Código Civil, por possuir caráter abrangente (porque suas regras se aplicam a todas as leis, a menos que haja outro preceito expresso), sofreu alteração pela Lei nº 12.376/2010, em sua ementa, passando a ter a seguinte denominação: *Lei de Introdução às normas do Direito Brasileiro (LINDB).* A LINDB engloba normas aplicáveis não só no campo civil, mas ao Direito privado e ao Direito público, e também inova em vários campos da aplicação do Direito, como o princípio da lei domiciliar como reguladora da capacidade civil, direitos de família, relações entre cônjuges e sucessão legítima ou testamentária.

LEI DE REGISTROS PÚBLICOS – Os serviços concernentes aos Registros Públicos, estabelecidos pela legislação civil para autenticidade, segurança e eficácia dos atos jurídicos, são os seguintes: o registro civil de pessoas naturais; o registro civil de pessoas jurídicas; o registro de títulos e documentos e o registro de imóveis.

✱ *V. Lei nº 6.015/1973 (Lei dos Registros Públicos).*

LEI DELEGADA – As leis delegadas são de iniciativa do Presidente da República, que para tanto deverá solicitar a delegação ao Congresso Nacional. Não podem ser objeto de delegação os atos da competência exclusiva do Congresso Nacional, os de competência privativa da Câmara dos Deputados ou do Senado Federal, a matéria reservada à Lei complementar, nem a legislação sobre: organização do Poder Judiciário e do Ministério Público, a carreira e a garantia de seus membros; nacionalidade, cidadania, direitos individuais, políticos e eleitorais; planos plurianuais, diretrizes orçamentárias e orçamentos. A delegação ao Presidente da República terá a forma de resolução do Congresso Nacional, que especificará seu conteúdo e os termos do seu exercício. Se a resolução determinar a apreciação do projeto pelo Congresso Nacional, este a fará em votação única, vedada qualquer emenda. A lei delegada é mais própria do regime parlamentarista; ao tempo em que ele vigorou no Brasil (2-9-1961, EC nº 4) a delegação era permitida e, até a Revolução de 1964, foram editadas onze dessas leis. A lei delegada equipara-se à lei ordinária, pela qual pode ser alterada ou revogada (CF, art. 68, §§ 1º a 3º). No regime presidencialista em que vivemos seu papel foi bastante prestigiado, sendo substituída eficientemente pela Medida Provisória.

LEI DE ORDEM PÚBLICA – Aquela que revoga as convenções entre particulares, sem que contra ela se possa opor a autonomia da vontade individual; não valem, também, os direitos adquiridos. É norma obrigatória, que as partes não podem modificar em seus atos.

LEI DISPOSITIVA – As que não ordenam nem proíbem, com antecedência, ações ou omissões, limitando-se a facultar ou reconhecer a existência de direitos, que serão exercidos conforme a vontade de seu titular.

LEI DO AUDIOVISUAL – Permite desconto fiscal para quem comprar quotas de filmes em produção; o limite de desconto para pessoas jurídicas é de 3%; para físicas, de 5% sobre o IR. O limite de investimento por projeto é de R$ 3 milhões. Os projetos, para serem enquadrados na lei, precisam passar pela Comissão para o Desenvolvimento do Audiovisual, em Brasília.

✱ *V. Lei nº 8.685/1993 (Lei do Audiovisual).*

LEI DO PAVILHÃO – 1. Lei do Estado cuja bandeira é ostentada por uma embarcação. 2. Princípio do Dir. Internacional Privado, constituído pelos usos e costumes, e posteriormente positivado em Convenções e Tratados Internacionais, segundo o qual as embarcações também integram o território do Estado, de modo que, em caso de conflito acerca da legislação aplicável em questões civis, trabalhistas ou penais, aplica-se a do Estado cuja bandeira (pavilhão) o navio ostente ou onde a embarcação esteja inscrita ou matriculada. 3. Para fins de aplicação da lei penal brasileira, o Código Penal prevê que as embarcações públicas serão consideradas território nacional onde quer que se encontrem, bem como as embarcações privadas, se estas se encontrarem no mar territorial brasileiro, em alto-mar ou mesmo em território estrangeiro, neste último caso, se pela lei local não forem julgados. Também será aplicada a lei penal brasileira em caso de crime praticado em embarcação estrangeira de propriedade privada, achando-se esta no mar territorial brasileiro ou ancorada em porto no País. Em qualquer caso, a competência para processamento é da Justiça Federal. 4. A jurisprudência trabalhista vem mitigando a aplicação deste princípio quando trabalhadores brasileiros são pré-contratados no Brasil para serviços em navios estrangeiros, ou quando a bandeira do navio refere-se a país sem qualquer ligação com o armador (administrador do navio) ou com os países pelos quais a embarcação normalmente trafega.

✱ *V. Convenção das Nações Unidas sobre o Direito no Mar, em vigor no Brasil a partir de 16-11-1994, arts. 91 a 98.*

✱ *V. Convenção Americana de Direito Internacional Privado ("Código Bustamante"), ratificada pelo Dec. Leg. nº 5.647/1929, e promulgada pelo Dec. nº 18.871/1929, arts. 274 a 284.*

✱ *V. Convenção nº 178 da OIT (Convenção relativa à inspeção das condições de vida e de trabalho dos trabalhadores marítimos), ratificada pelo Dec. Leg. nº 267/2007, e promulgada pelo Dec. nº 6.766/2009, art. 1º.*

✱ *V. CF, art. 109, IX.*

✱ *V. CP, arts. 5º, §§ 1º e 2º, e 7º, II, c e § 2º.*

✱ *V. CPP, art. 89.*

✱ *V. Lei nº 5.010/1966 (Organiza a Justiça Federal), art. 10, VI.*

LEI EXCEPCIONAL OU TEMPORÁRIA – Aquela que visa solucionar situações anormais do Estado, mesmo derrogando direitos e garantias do cidadão, como no *estado de sítio* (q.v.). Mesmo decorrido o período de sua duração ou cessadas as circunstâncias que a determinaram, ela se aplica ao fato praticado durante a sua vigência.

LEI EXTRAVAGANTE – Aquela que não faz parte de um código; isolada.

LEILÃO – Na arrematação, todos os bens penhorados devem ser alienados em leilão público, sendo o leiloeiro livremente escolhido pelo credor. Efetuado o leilão, lavrar-se-á o auto, expedindo-se a carta de arrematação.

✱ *V. CPC/1973, arts. 686, VI, 704 a 707, 763, 766, IV, 773 e 1.017, § 3º.*

✱ *V. CPC/2015, arts. 642, § 3º, 880 a 884, 886, 887 e 895.*

LEI MARCIAL – Vigora, a título excepcional, em período de guerra externa ou interna, para punir rápida e severamente os infratores militares ou civis, estes sujeitos à jurisdição militar.

LEI MARIA DA PENHA – Assim denominada em homenagem a Maria da Penha Maia, que ficou paraplégica por receber um tiro disparado pelo marido, preso quase 20 anos após o crime. Tem por objeto a proteção da mulher contra a *violência doméstica e familiar* (q.v.), a qual define (ampliando o sentido que lhe dá o art. 129 do CP) em suas várias formas de manifestação – física, psicológica, sexual, patrimonial e moral. Cria mecanismos legais, administrativos e processuais para a proteção da mulher vítima de violência, que incluem: o compromisso, pelo governo, do desenvolvimento de *políticas para garantia dos direitos humanos das mulheres no âmbito das relações domésticas e familiares*, com a formalização de convênios, capacitação e especialização dos órgãos de atendimento às vítimas, promoção de programas educacionais e a inserção nos currículos escolares de disciplinas voltadas à valorização da dignidade humana etc.; a assistência à mulher em situação de violência com atendimento realizado de forma articulada entre as autoridades e agentes públicos, seu encaminhamento a programas assistenciais, a remoção prioritária da servidora pública em situação de violência doméstica e familiar, e estabilidade por 6 meses da trabalhadora do setor privado afastada do local de trabalho por medida judicial. Resgata o inquérito policial, antes substituído pelo termo circunstanciado, na Lei nº 9.099/1995, autoriza a criação dos Juizados de Violência Doméstica e Familiar contra a Mulher. Os atos processuais poderão ser realizados em horário noturno, conforme dispuser a lei de organização judiciária local. A competência jurisdicional será fixada conforme opção da vítima, podendo ser o local de seu domicílio, de sua residência, do lugar do fato do crime ou do domicílio do agressor. A renúncia nas ações penais públicas condicionadas à representação poderá ocorrer, desde que a vítima a formalize perante a autoridade judiciária em audiência própria e desde que ocorra antes do recebimento da denúncia, ouvido o Ministério Público. Proíbe a aplicação de penas pecuniárias, como o pagamento de cestas básicas, além de vedar a aplicação isolada de multa em substituição às penas cominadas.

✱ *V. Lei nº 11.340/2006 (Lei que coíbe a violência doméstica e familiar contra a mulher).*

LEI MENDONÇA – Permite ao contribuinte do IPTU e do ISS, em São Paulo, abatimento de até 70% desses impostos para patrocínio cultural. Não pode o desconto ir além de 20% do valor do imposto; pode-se, porém, lançar a diferença entre patrocínios e descontos do imposto, a seu favor, para outros pagamentos dos impostos num prazo de até 24 meses, podendo nesse período resgatar o total de desconto a que tem direito.

✱ *V. Lei Municipal nº 10.923/1990 (Dispõe sobre incentivo fiscal para a realização de projetos culturais, no âmbito do Município de São Paulo).*

LEI ORÇAMENTÁRIA – É de iniciativa do Poder Executivo e compreenderá o orçamento fiscal referente aos poderes da União, o orçamento de investimento das empresas da União e o orçamento da Seguridade Social. A CF prevê seus critérios e encaminhamento. A EC nº126/2022 excluiu dos limites previstos no art. 107 da CF as seguintes despesas, observadas as suas peculiaridades quanto ao custeio: com projetos socioambientais e relativos às mudanças climáticas; das instituições federais de ensino e das Instituições Científicas, Tecnológicas e de Inovação (ICTs), bem como aquelas destinadas à execução direta de obras e serviços de engenharia.

✱ *V. CF, art. 165.*

✱ *V. EC nº 126/2022 (Altera a Constituição Federal, para dispor sobre as emendas individuais ao projeto de lei orçamentária, e o Ato das Disposições Constitucionais Transitórias para excluir despesas dos limites previstos no art. 107; define regras para a transição da Presidência da República aplicáveis à Lei Orçamentária de 2023; e dá outras providências).*

LEI ORDINÁRIA – Lei aprovada pelo Congresso Nacional por maioria simples, isto é, mais de 50% dos congressistas presentes à sessão de votação.

LEI PELÉ – Aquela que instituiu normas gerais sobre esportes.

✱ *V. Lei nº 9.615/1998 (Lei Pelé).*

LEI PENAL EM BRANCO OU ABERTA – Norma que exige complementação, por outras normas, de nível igual ou não. Em *sentido estrito* ela é complementada por outra de nível diverso, em que a lei é suprida por portaria ou regulamento, como no caso de transgressão de tabela oficial de preços. Em *sentido amplo*, é complementada por outra de nível idêntico, como ocorre na violação de direitos autorais, em que a lei penal é suprida pela lei civil de direitos autorais.

LEI RETROATIVA – Aquela que incide sobre fato ocorrido antes de sua vigência.

LEI ROUANET – Lei de incentivo cultural que permite às empresas patrocinadoras um abatimento de até 4% no Imposto de Renda, se já se dispuser de 20% do valor da proposta. O projeto precisa ser aprovado pelo Ministério da Cultura, depois de apresentado à Coordenação-Geral do Mecenato e aprovado pela Comissão Nacional de Incentivo à Cultura.

✱ *V. Lei Federal nº 8.313/1991 (Restabelece princípios da Lei nº 7.505/1986, institui o Programa Nacional de Apoio à Cultura – Pronac).*

LEI SECA – É uma denominação popular da proibição oficial do período em que o fabrico, varejo, transporte, importação ou exportação de bebidas alcoólicas se torna proibido ou ilegal. A definição se tornou famosa após a proibição ter sido adotada nos Estados Unidos em 16 de janeiro de 1919, quando foi ratificada a 18a Emenda à Constituição do país, entrando em vigor um ano depois, em 16 de janeiro de 1920. Seu cumprimento foi amplamente burlado pelo contrabando e fabrico clandestino. A Lei Seca foi abolida em 5 de dezembro de 1933, tendo assim durado 13 anos, 11 meses e 24 dias. Em vez de surtir os efeitos previstos, acabou por se tornar um desastre. Com a fabricação clandestina, sem nenhuma fiscalização a qualidade da bebida caiu e, em vários casos acabou por prejudicar as pessoas, que ingeriam misturas tóxicas como óleo de cozinha com água de colônia, de fluido de isqueiro a sucos e xaropes rusticamente fermentados. Com a ilegalidade aumentou a proliferação de *gangsters* e a corrupção policial. No Brasil surgiram leis ora limitando o horário de funcionamento de bares e restaurantes, ora proibindo a venda de bebida alcoólica neste ou naquele lugar. São alternativas discutíveis para a diminuição da violência urbana.

LEITO REGULAR – A Lei nº 12.651/2012 (Novo Código Florestal), em seu art. 3º, XIX, conceituou leito regular: "XIX – leito regular: a calha por onde correm regularmente as águas do curso d'água durante o ano;"

LENOCÍNIO – Crime contra a dignidade sexual que consiste em explorar, estimular ou favorecer, habitualmente, o comércio carnal ou induzir ou constranger alguém à sua prática, haja ou não mediação direta ou intuito de lucro (proxenetismo). O lenocínio engloba, pois, a *mediação para servir a lascívia de outrem,* apenado com reclusão de 1 a 3 anos. Se a vítima é maior de 14 e menor de 18 anos, ou se o agente é seu ascendente, descendente, cônjuge ou companheiro, irmão, tutor ou curador ou pessoa a quem esteja confiada para fins de educação, de tratamento ou de guarda, a pena é reclusão de 2 a 5 anos, conforme redação dada pela Lei nº 11.106/2005. Além disso, se o crime é cometido com emprego de violência, grave ameaça ou fraude, reclusão de 2 a 8 anos, além da pena correspondente à violência. No caso do crime ser cometido com o fim de lucro, aplica-se também multa. Incluem-se, igualmente, no lenocínio o favorecimento da prostituição ou outra forma de exploração sexual, *a casa de prostituição, o rufianismo,* com penas que variam de 1 a 8 anos de reclusão e, em alguns casos, de multa. A Lei nº 12.650/2012 acresceu o inciso V ao art. 111 do Código Penal, estabelecendo que começa a correr a prescrição, antes de transitar em julgado a sentença final, nos crimes contra a dignidade sexual de crianças e adolescentes, da data em que a vítima completar 18 anos, salvo se a esse tempo já houver sido proposta a ação penal.

✱ *V. CP, arts. 227 a 231-A.*

LESÃO – Ofensa ou dano sofrido por pessoa, coisa ou direito; perda, prejuízo, detrimento. No Direito Obrigacional, diz-se do prejuízo patrimonial que alguém vem a sofrer na realização de um contrato a título oneroso, por falta de equivalência entre as prestações de ambas as partes, a realizada e a recebida. Violação do direito alheio, com perda pecuniária.

Corporal: ofensa à integridade física ou à saúde de alguém, tanto corporal como mental, apenada com detenção de 3 meses a 1 ano. Ela é *grave,* se resulta incapacidade para as ocupações habituais por mais de 30 dias; perigo de vida; debilidade permanente de membros, sentido ou função; aceleração de parto, sendo a pena de reclusão de 1 a 5 anos. Se resulta incapacidade permanente para o trabalho, enfermidade incurável, perda ou inutilização de membro, sentido ou função; deformidade permanente; aborto, a pena de reclusão é de 2 a 8 anos. Se resulta morte e as circunstâncias evidenciam que o agente não quis o resultado nem assumiu o risco de produzi-lo, a pena é de reclusão de 4 a 12 anos. A pena pode ser reduzida de um sexto a um terço, se o agente comete o crime impelido por motivo de relevante valor social ou moral ou sob o domínio de violenta emoção, logo após injusta provocação da vítima. Não sendo graves as lesões, a pena de detenção pode ser substituída pela de multa, nas hipóteses anteriores ou se as lesões são recíprocas. Se a lesão é culposa, pena de detenção de 2 meses a 1 ano, aumentada de um terço se ocorre qualquer das hipóteses do art. 121, §§ 4º e 5º (CPP, art. 168, § 2º). A lesão corporal, se configurar violência doméstica – aquela praticada contra ascendente, descendente, irmão, cônjuge ou companheiro, ou com quem conviva ou tenha convivido, ou prevalecendo-se o agente das relações domésticas, de coabitação ou de hospitalidade, a pena é de 3 meses a 3 anos de detenção, aumentada de um terço se a lesão for de natureza grave ou resultar em morte, ou se praticada contra portador de deficiência. Nos casos em que a lesão corporal é contra agente de segurança pública, seu cônjuge ou companheiro ou parente consanguíneo até 3° grau, a pena é aumentada de um a dois terços.

✱ *V. CP, art. 129.*

Culposa: V. Lei nº 9.503/1997 (que instituiu o Código de Trânsito Brasileiro) e Lei nº 11.705/2008 (que altera a Lei nº 9.503/1997, que institui o Código de Trânsito Brasileiro, e a Lei nº 9.294, de 15 de julho de 1996, que dispõe sobre as restrições ao uso e à propaganda de produtos fumígeros, bebidas alcoólicas, medicamentos, terapias e defensivos agrícolas, nos termos do § 4º do art. 220 da Constituição Federal, para inibir o consumo de bebida alcoólica por condutor de veículo automotor).

LESBIANISMO – Termo derivado do nome grego *Lesbos*, que designa uma ilha grega onde se instalou a poetisa Safo com mulheres de sua predileção para práticas homossexuais. Daí também chamar-se safismo. Diz-se do amor entre duas mulheres (lésbico). Atualmente não é tido como perversão sexual, tanto que vem sendo aceito pela sociedade e até existem leis que preveem a união matrimonial entre elas, com partilha de direitos e deveres.

O STF, por unanimidade de votos, julgou procedentes a ADPF nº 132 (como ação direta de inconstitucionalidade) e a ADIN nº 4.277, com eficácia erga omnes e efeito vinculante, para dar ao art. 1.723 do CC interpretação conforme à CF para dele excluir qualquer significado que impeça o reconhecimento da união contínua, pública e duradoura entre pessoas do mesmo sexo como entidade familiar (*DOU* de 13-5-2011).

LETOMANIA – Monomania de suicídio.

LETRA – 1. Símbolo componente de alfabeto. 2. Caractere tipográfico 3. Atividade literária. 4. Palavras e versos que acompanham uma melodia. 5. Sentido estrito de qualquer texto. 6. Modo, individual e específico, de escrever de determinada pessoa, identificável mediante traços distintivos das letras e símbolos produzidos por sua própria escrita. 6. Na prova pericial, quando o exame tiver por objeto a autenticidade da letra e firma, o perito requisitará, para efeito de comparação, documentos em repartições públicas; na falta destes, poderá requerer ao juiz que a pessoa, a que se atribuir a autoria do documento, lance em folha de papel, por cópia, ou sob ditado, dizeres diferentes, para fins de comparação.

✱ *V. CPC/1973, art. 434, parágrafo único.*

✱ *V. CPC/2015, art.478, § 3º.*

LETRA DE CÂMBIO – É uma ordem de pagamento, título formal e autônomo de obrigação mercantil, pelo qual o *sacador*, que a emite, determina que uma certa quantia seja paga por uma pessoa, o *sacado*, a uma outra, o *tomador*. Se o sacado não pagar, o tomador pode cobrar a letra de câmbio do próprio sacador, que se torna codevedor do título. Outras situações jurídicas podem ser criadas, como a letra de câmbio ser sacada em benefício do próprio sacador (a mesma pessoa sendo sacador e tomador) ou ainda sobre o próprio sacador (a mesma pessoa sendo sacador e sacado). São requisitos da letra de câmbio: a expressão "letra de câmbio" inscrita no próprio texto do título, não sendo suficiente constar na redação do título; o mandado puro e simples, sem nenhuma condição, de pagar quantia certa; o nome do sacado e sua identificação por algum documento legal; o lugar do pagamento, ou indicação de um lugar ao lado do nome do sacado, o qual será tomado como lugar do pagamento e como domicílio do sacado; o nome do tomador, o que significa que não se admite letra de câmbio sacada ao portador; local e data do saque, que pode ser substituído (o local) por menção de um lugar ao lado do nome do sacador; assinatura do sacador. Deve constar, ainda, a época do vencimento, mas a lei dispõe que, se ela faltar, a letra será à vista. Se o sacador não souber assinar, poderá praticar o ato cambial por procurador nomeado por instrumento público e com poderes especiais. Não se admite a utilização de chancelas mecânicas. Os requisitos não precisam da LC no momento do saque, mas devem estar cumpridos antes da cobrança ou do protesto do título. O sacado não tem nenhuma obrigação cambial e só estará vinculado ao pagamento do título se concordar em atender à ordem, apondo-lhe o seu *aceite* (q.v.), que é ato de sua livre vontade. Se ele é devedor do sacador ou do tomador, está sujeito a ação própria de cobrança, mas nada o obriga a aceitar a letra de câmbio; recusá-lo é comportamento lícito. Contudo, para resguardar os interesses do tomador, a lei permite que o tomador ou credor cobre o título de imediato do sacador, sendo, portanto, antecipado o vencimento originariamente fixado, devido à recusa do aceite. Para evitar este contratempo, o sacador pode valer-se da cláusula "não aceitável" (salvo em algumas hipóteses previstas em lei), pela qual o título não pode ser apresentado ao sacado para aceite, só o fazendo no vencimento e para pagamento. O sacado pode, também, fixar uma data futura para apresentação do título para aceite. Sacado com a cláusula "à ordem", expressa ou tácita, o título pode ser negociado por meio de *endosso* (q.v.) que é a transferência do crédito. O pagamento de uma letra de câmbio pode também ser garantido por *aval* (q.v.), ficando o avalista tão responsável quanto o avalizado.

✱ *V. CPC/1973, arts. 585 e 586.*

✱ *V. CPC/2015, arts. 783, 784 e 856.*

✱ *V. CC, arts. 1.647, III, e 1.642, I.*

✱ *V. Dec.-lei nº 1.700/1979 (Extingue o registro das letras de câmbio e notas promissórias).*

✱ *V. Dec. nº 2.044/1908 (Define a letra de câmbio e a nota promissória).*

✱ *V. Dec nº 57.663/1966 (Lei Uniforme), arts. 1º, 1, 2, 3, 5, 6, 7, 8, 2º, 3º, 9º, 11 a 53.*

✱ *V. Súm. nº 387 do STF.*

LETRA DO TESOURO NACIONAL (LTN) – Título utilizado para operações do Banco Central no mercado aberto e para a cobertura do *déficit* orçamentário.

✱ *V. Lei nº 10.179/2001(Dispõe sobre os títulos da dívida pública de responsabilidade do Tesouro Nacional, consolidando a legislação em vigor sobre a matéria).*

LETRA DOCUMENTÁRIA – Tipo de letra de câmbio que se usa no comércio internacional contra a transmissibilidade junto ao conhecimento de embarque, garantida pela mercadoria embarcada.

LETRA FINANCEIRA – É um título cambiário ao portador, emitido por sociedade de crédito, financiamento e investimento, a ser colocada no mercado de capitais com o aceite ou coobrigação de instituição financeira que seja autorizada pelo Banco Central.

LETRA FINANCEIRA DO TESOURO (LFT) – De responsabilidade do Governo Federal, é título escritural cujo objetivo é obtenção de recursos para cobrir déficit correspondente a operações de crédito por antecipação orçamentária.

✱ *V. Lei nº 10.179/2001(Dispõe sobre os títulos da dívida pública de responsabilidade do Tesouro Nacional, consolidando a legislação em vigor sobre a matéria).*

LETRA HIPOTECÁRIA – Título emitido pelo credor hipotecário, representativo do seu crédito.

LETRA IMOBILIÁRIA – Título de crédito que tem lastro em operação imobiliária.

LEVANTAMENTO – Suspensão ou cessação de efeito de ato jurídico, processual, administrativo ou contratual, como o levantamento de multa, da fiança, da hipoteca. Medição, cálculo ou demarcação de imóvel; citação com hora certa.

LEX CLARA NON INDIGET INTERPRETATIONE – (Latim) A lei clara não necessita de interpretação.

LEX DOMICILII – (Latim) Lei do domicílio.

LEX DUODECIM TABULARUM FURIOSUM ITEMQUE PRODIGUM CUI BONIS INTERDICTUM EST IN RATIONE JUBET AGNATORUM – (Latim) A Lei das XII Tábuas ordena que o furioso, e igualmente o pródigo, a quem foram interditados os bens, estejam sob a guarda de parentes.

LEX FORI – (Latim) Lei do foro.

LEX LOCI ACTUS – (Latim) Lei do lugar do ato.

LEX LOCI CONTRACTUS – (Latim) Lei do lugar do contrato.

LEX LOCI DELICTI – (Latim) Lei do lugar do delito.

LEX NON COGITAT AD IMPOSSIBILIA – (Latim) A lei não cogita as coisas impossíveis.

LEX POSTERIOR DEROGAT PRIORI – A lei posterior derroga a anterior.

LEX PRIMARIA DEROGAT LEGI SUBSIDIARIAE – (Latim) A lei principal anula a lei subsidiária.

LEX REI SITAE – (Latim) Lei da situação da coisa.

LEX, RES SURDA INEXORABILIS – (Latim) A lei, coisa surda, inexorável.

LEX SPECIALIS DEROGAT LEGI GENERALI – (Latim) A lei especial anula a lei geral.

LIBELO – No Processo Penal, é a peça apresentada pelo órgão do Ministério Público após a pronúncia, onde expõe, articuladamente, o fato criminoso e suas circunstâncias, indica as medidas de segurança que ao caso se aplicam e pede, conclusivamente, a condenação do réu. O *libelo acusatório* é a fórmula essencial do processo do júri. Havendo mais de um réu, haverá um libelo para cada um. O promotor poderá, com o libelo, apresentar o rol de testemunhas a depor, até o máximo de 5, juntar documentos e requerer diligências.

✱ *V. CPP, arts. 417 a 422 e 564, III,* f.

LIBERAÇÃO – Quitação ou extinção da dívida ou obrigação. Libertação de condenado por ter cumprido a pena ou por obter livramento condicional.

LIBERALIDADE – Ato ou disposição espontânea, por generosidade ou simples benemerência. É característica própria de atos jurídicos a título gratuito, como a doação, o comodato, a adoção.

LIBERALISMO – Doutrina política que sustenta as liberdades individuais perante o Estado.

LIBERAR – Tornar livre, desobrigar, desembaraçar, desonerar.

LIBERDADE – Faculdade natural que permite à pessoa fazer o que quer, nos limites da lei, da moral e dos bons costumes, respeitados os direitos de cada um. A CF garante que ninguém será privado de sua liberdade ou de seus bens sem o competente processo legal; e também a liberdade para o exercício de qualquer trabalho, ofício ou profissão, para a locomoção no território nacional em tempo de paz, a liberdade de reunião pacífica, de associação para fins lícitos, vedada a de caráter paramilitar, a de criação e, na forma da lei, de cooperativas, a livre expressão do pensamento, a liberdade de crença religiosa, convicção filosófica ou política, a liberdade de consciência, de imprensa, de ensino, de testar. O CP pune atentados contra a liberdade de associação e a liberdade do trabalho, a primeira com detenção de um mês a um ano e multa, além da pena pela violência; a segunda, com detenção de 3 meses a 1 ano, multa e pena contra a violência.

Assistida: será adotada sempre que se afigurar a medida mais adequada para o fim de acompanhar, auxiliar e orientar o adolescente. A autoridade designará pessoa competente e capacitada para acompanhar o caso, a qual poderá ser recomendada por entidade ou programa de atendimento. Será esta liberdade fixada pelo prazo mínimo de 6 meses, podendo ser prorrogada, revogada ou substituída por outra medida, ouvidos o orientador, o Ministério Público e o defensor.

Da criança e do adolescente: a lei garante, além das liberdades constitucionais, à criança e ao adoles-

L

cente, a de brincar, praticar esportes e divertir-se; participação na vida familiar e comunitária, sem discriminação; participar da vida política na forma da lei; buscar refúgio, auxílio e orientação.

De associação: liberdade de criar e integrar associação de fins lícitos.

✱ ***V.*** *CF, art. 5º, XVII, XVIII e XX.*

De expressão: liberdade que tem o indivíduo de exteriorizar os próprios sentimentos e pensamentos.

✱ ***V.*** *CF, art. 5º, IV e IX.*

De ir e vir: liberdade de se deslocar no território nacional, sair dele e voltar a ele.

✱ ***V.*** *CF, art. 5º, XV e XLVI.*

De religião: aquela que permite ao cidadão professar e divulgar religião, conservar-se nela ou praticar outra.

✱ ***V.*** *CF, art. 5º, VI.*

Provisória: Ausentes os requisitos que autorizam a decretação da prisão preventiva, o juiz deverá conceder liberdade provisória, impondo, se for o caso, as medidas cautelares previstas no art. 319 do CP e observados os critérios constantes do art. 282 do CPP.

Vigiada: medida de segurança, no Dir. Penal, a que o juiz submete o condenado a quem concedeu livramento condicional, visando a gradual readaptação dele à vida social, sob a vigilância de autoridade competente, e desde que ele atenda a certas normas de comportamento; concede-se liberdade vigiada ao extraditando que esteja preso por prazo superior a 90 dias.

✱ ***V.*** *CF, art. 5º, IV, VI, VIII, IX, XIII a XVIII, XXX, LIV e LXVI.*

✱ ***V.*** *CPP, arts. 321 a 350, 767 a 778.*

✱ ***V.*** *Lei nº 8.069/1990 (Estatuto da Criança e do Adolescente – ECA), arts. 16, IV a VII, e 118, §§ 1º e 2º.*

✱ ***V.*** *CP, arts. 197 e 199.*

LIBERTAS QUAE SERA TAMEM – (Latim) Liberdade ainda que tardia. Lema dos inconfidentes mineiros presente na bandeira do Estado de Minas Gerais.

LIBIDINAGEM – Sensualidade, lascívia. Forçar a prática de atos libidinosos com alguém, sob constrangimento, violência ou grave ameaça, diversos da conjunção carnal, apenado com reclusão de 6 a 10 anos.

✱ ***V.*** *CP, art. 213.*

LIBOR – Sobretaxa de juros sobre empréstimos ou financiamentos internacionais de grande monta.

LICENÇA – Autorização, mediante alvará, para o exercício de indústria ou profissão, pagando-se o respectivo imposto. Permissão dada por superior hierárquico para que o subordinado se afaste do exercício de suas funções, temporariamente, com ou sem remuneração.

Paternidade: período de descanso concedido ao empregado por ocasião do nascimento de seu filho. É inovação trazida pela CF, mas deve ser regulamentado em lei ordinária. A CF estabelece, provisoriamente, o período de 5 dias e a lei ordinária disciplinará a matéria, fixando requisitos para a concessão da licença, a responsabilidade pelo seu custeio, que poderá ser da Previdência Social ou do próprio empregador.

✱ ***V.*** *CF, arts. 7º, XVIII e XIX, e 10, § 1º, das Disposições Transitórias.*

✱ ***V.*** *Lei nº 8.112/1990 (Regime Jurídico Único dos Servidores Públicos Civis da União, Autarquias e Fundações Públicas Federais), arts. 207 a 210.*

LICENÇA-MATERNIDADE – 1. Direito constitucionalmente garantido, originalmente, apenas às trabalhadoras gestantes, pelo período de 120 (cento e vinte) dias, cujo termo inicial pode se dar entre 28 (vinte e oito) dias antes da data do parto e a ocorrência deste. O Supremo Tribunal Federal (STF), no julgamento de mérito da Ação Direta de Inconstitucionalidade (ADI) 6327, tornou definitiva a liminar para fixar como marco inicial da licença-maternidade e do salário-maternidade a alta hospitalar da mãe ou do recém-nascido – o que ocorrer por último – nos casos mais graves, em que houver a necessidade de internação que exceda duas semanas. Não se confunde com o *salário-maternidade*, que é benefício previdenciário e pode ser concedido para outros tipos de trabalhadoras, como seguradas especiais e contribuintes individuais. A CF/1988 ampliou o prazo anterior, então fixado na CLT, que era de 90 (noventa) dias. O custeio dessa licença cabe à Previdência Social, por meio do benefício de *salário-maternidade*, embora seja pago pelo empregador, o qual se credita do valor devido a título de contribuições previdenciárias. Por essa razão, a licença-maternidade é hipótese de interrupção do contrato de trabalho, pois a empregada não comparece ao trabalho, mas continua recebendo salário. 2. No caso de servidores públicos, o afastamento do trabalho não é coberto pelo regime próprio de previdência social, mas, sim, a expensas do órgão ao qual o beneficiário está vinculado, o que passou a ser expressamente previsto pela Emenda nº 103/2019. 3. Com a edição da Lei nº 10.421/2002, a adoção ou a obtenção de guarda judicial também passaram a ser fatos geradores da licença, embora a Lei fizesse diferenciação do prazo de concessão conforme a idade da criança adotada ou sob guarda. Com a edição da Lei nº 12.873/2013, foi concedido o direito nas mesmas condições da regra geral, bem como foi expressamente autorizada a concessão a adotante ou guardião do sexo masculino. 4. A Lei nº 12.873/2013 passou a admitir a concessão da licença-maternidade ao cônjuge ou ao companheiro, quando do óbito da segurada ou do segurado que fazia jus ao benefício originariamente, salvo no caso do falecimento da criança ou de seu abandono. 5. Em caso de aborto não criminoso, a trabalhadora tem direito a uma licença de 15 (quinze) dias, mas que não equivale à licença-maternidade, e sim a um afastamento para tratamento de saúde. 6. Para trabalhadoras vinculadas a empresas tributadas pela sistemática do lucro real, bem como para servidoras públicas, a Lei nº 11.770/2008, que criou o Programa Empresa Cidadã, permite a prorrogação da licença-maternidade por mais 60 (sessenta) dias. No caso do empregador privado, o custo com os salários será deduzido da base de cálculo do imposto de renda de pessoa jurídica. Portanto, não se trata de um benefício previdenciário, mas de uma subvenção tributária. 7. Pelo Ato das Disposições Constitucionais Transitórias, foi concedida à gestante uma garantia provisória de emprego, que perdura da confirmação da gravidez até cinco meses após a data do parto. O Tribunal Superior do Trabalho passou a interpretar que essa garantia também se aplica à trabalhadora contratada por prazo determinado, uma vez que o ADCT não faz distinção. 8. Numerosas controvérsias decorrem de casos em que a trabalhadora é desligada e descobre que se encontrava grávida desde antes da data da dispensa. A jurisprudência acabou por admitir o pedido de reintegração no emprego, mas diversas lides foram propostas após o decurso do prazo de estabilidade provisória. Parte da jurisprudência entendia que a trabalhadora não estava de boa-fé, de modo que a empresa não poderia ser condenada a pagar uma indenização substitutiva dos salários pelo período. A questão somente foi pacificada após o julgamento pelo STF do Recurso Extraordinário nº 629.053, pelo qual foi reconhecida a repercussão geral da controvérsia, afastando qualquer exigência que não a anterioridade da gestação em relação à dispensa. 9. A CF/1988 estendeu às trabalhadoras domésticas o direito à licença-maternidade, mas a garantia provisória de emprego apenas foi estendida pela Lei nº 11.324/2006, que inseriu o art. 4º-A à Lei nº 5.859/1972. Com a edição da LC nº 105/2015, foi pacificado o entendimento de que a licença deve ser concedida nas mesmas condições das trabalhadoras regidas pela CLT.

* *V. CF, art. 7º, XVIII e par. único.*
* *V. ADCT, art. 10, II,* b.
* *V. LC nº 150/2015 (Dispõe sobre o contrato de trabalho doméstico), art. 25.*
* *V. CLT, arts. 391-A a 395.*
* *V. Lei nº 11.770/2008 (Cria o Programa Empresa Cidadã).*
* *V. Dec. nº 7.052/2009 (Regulamenta o Programa Empresa Cidadã). (Revogado pelo Decreto nº 10.854/2021)*
* *V. Súm. nº 244 do TST.*
* *V. Orientação Jurisprudencial nº 44 da SBDI-I do TST.*
* *V. Orientação Jurisprudencial nº 30 da SDC do TST.*

LICITAÇÃO – 1. Complexo procedimento administrativo por meio do qual a Administração Pública escolhe, dentre várias possíveis, a proposta apresentada que seja mais vantajosa ao seu interesse, que é o interesse público, para execução de obras e serviços, compra de materiais e de gêneros. 2. A licitação é dispensada quando a aquisição não ultrapassa determinado valor. 3. A licitação deve atender aos princípios fixados em lei própria ou na CF: o da legalidade, que é a obediência, com rigor, ao roteiro fixado por lei para a execução do ato; o da igualdade ou isonomia, pelo qual todos desfrutam do mesmo direito de concorrer, sendo a igualdade, neste caso, de expectativa, vencendo o que mais vantagem oferecer; o de publicidade, requisito absolutamente essencial à regularidade de qualquer licitação; toda licitação é pública, mas deve ser totalmente transparente aos olhos de qualquer cidadão, diretamente interessado ou não; se diretamente, pelo livre acesso ao processo, na sessão de abertura dos envelopes; ou por certidão do ato ou contrato havido para os não envolvidos diretamente. Será violado este princípio por qualquer ato, omissivo ou comissivo, que tente ocultar, dificultar o acesso, dissimular exigências, mascarar, disfarçar requisitos de procedimentos licitatórios; e também quando se fixar prazo muito exíguo, para os interessados consultarem o edital completo da licitação, o "caderno de encargos", com seus anexos, ou se lhes for fisicamente dificultado o acesso àquele documento imprescindível. A carta-convite dispensa publicidade; tem-se, ainda, a proibição da publicidade se o negócio comprometera segurança nacional; o de probidade administrativa ou moralidade: atos que lesem a Fazenda, o Fisco, os cofres da entidade, em proveito pessoal do agente ou não, são viciados por improbidade administrativa, que é crime previsto no CP. Esta conduta anula o ato. A inclusão desse princípio tem o sentido de mera recomendação, lembrete de cunho moral, já que a lei penal, a civil e a administrativa já punem o infrator; o de julgamento objetivo: pelo qual o julgamento das licitações, na fase de habilitação e, principalmente, no das propostas, deve estar rigorosamente vinculado a procedimentos expressos, previstos na lei e no edital, não se admitindo qualquer personalismo de membro da Comissão; o da vinculação ao instrumento convocatório: significa que a licitação é procedimento vinculado de modo estrito aos termos do instrumento que a convoca; só as regras previamente estabelecidas podem ser aplicadas pela Administração e só elas orientam a todos os licitantes ou interessados; o da impessoalidade ou finalidade: pelo qual a licitação não pode ter cunho personalístico, dirigida a alguém para beneficiá-lo ou prejudicá-lo, mas visar somente a finalidade de obter a melhor proposta para a Administração; o da indisponibilidade dos interesses públicos: referese à impossibilidade de a Administração Pública favorecer, às custas do Erário, a um ou a todos os licitantes, oferecendolhes privilégios e regalias desmedidas, como excesso de documentação ou informações escritas e gratuitas, a pedido, ou outras vantagens, como ter o contrato efeito financeiro retroativo. 4. São as seguintes as modalidades de licitação, de valor decrescente: concorrência, tomada de preços, convite, concurso e leilão. Serviços técnicos profissionais especializados, desde que perfeitamente enquadrados na lei, podem ser contratados diretamente, assim como os contratados com profissionais ou empresas de notória especialização. 5. No Direito Civil, licitação é a proposta de arrematação que o licitante faz no leilão ou na hasta pública. Pode ela ser judicial ou voluntaria, na primeira sendo os bens alienados apenas em hasta pública ou leilão, na segunda por decisão dos interessados, sem impedimento legal. 6. Em virtude da escolha do Brasil para sediar a Copa do Mundo de Futebol em 2014 e os Jogos Olímpicos em 2016, foi criado um regime diferenciado de contratações públicas, regido pela Lei nº 12.462/2011, trazendo importantes inovações, como, por exemplo, a possibilidade dos concorrentes apresentarem eles mesmos os projetos básicos de obras. Há uma tendência a que este regime venha no futuro a substituir integralmente o regime geral. 7. Até 30.06.2016, o regime geral de licitações, previsto na Lei nº 8.666/1993, revogada pela Lei nº 14.133/2021, era também aplicável às empresas públicas e sociedades de economia mista com capital controlado pela Administração Pública. A partir de 01.07.2016, a estas entidades empresariais passou a ser aplicado o novo regime, previsto na Lei nº 13.303/2016, com diversas flexibilizações de regras em comparação com a norma geral, buscando uma maior eficiência na contratação de bens e serviços por estes entes, tendo em vista a busca de igualdade de condições competitivas em relação a seus concorrentes privados. 8. A situação de pandemia por Coronavírus – COVID-19 autorizou, temporariamente, pagamentos antecipados nas licitações e nos contratos celebrados pela Administração Pública. 9. A Lei nº 14.133/2021 passou a ser a Nova Lei de Licitação ao determinar expressamente a revogação da Lei nº 8.666, de 21 de junho de 1993, da Lei nº 10.520, de 17 de julho de 2002, e dos arts. 1º a 47-A da Lei nº 12.462, de 4 de agosto de 2011, após decorridos 2 (dois) anos da publicação oficial dela. Diante desse prazo de dois anos para a revogação, optamos por manter, também, as orientações da lei anterior. Dentre as mudanças trazidas pela nova lei estão: licitação eletrônica, como regra, para a modalidade de concorrência e pregão; cinco modalidades de licitação (concorrência, pregão, leilão, concurso e o novo diálogo competitivo), pois foram extintas as modalidades carta convite e tomada de preço; etapas da licitação na seguinte ordem preparatória, divulgação do edital, propostas e lances, quando for o caso, julgamento, habilitação, recursos, homologação. A ordem das etapas da licitação, segundo a Lei nº 14.133/2021, determina que primeiro ocorra a fase de propostas e julgamento para a posterior análise dos documentos de habilitação da empresa vencedora, com a ressalva de que a habilitação poderá anteceder as fases de propostas e julgamento se devidamente motivado ocasião em que serão analisados os documentos de habilitação de todos os licitantes não apenas do vencedor. Ademais, a definição da modalidade de licitação não ocorre mais em razão do valor, mas da complexidade do objeto do contrato. 10. O Decreto nº 10.929/2022 autorizou o Ministério da Economia a realizar consultas públicas sem submissão ao procedimento previsto para tal no Decreto nº 9.191/2017 quando a matéria for regulamentar dispositivo da Nova Lei de Licitação.

✱ ***V.*** *CF, arts. 22, XXVII, e 37, XXI e §§ 1º e 2º.*

✱ ***V.*** *CC, art. 1.481, § 2º.*

✱ ***V.*** *Lei nº 8.666/1993 (Regulamenta o art. 37, XXI, da CF, institui normas para licitações e contratos da Administração Pública e dá outras providências). Revogada pela Lei nº 14.133/2021.*

✱ ***V.*** *Lei nº 10.520/2002 (Institui, no âmbito da União, Estados, Distrito Federal e Municípios, nos termos do art. 37, inciso XXI, da Constituição Federal, modalidade de licitação denominada pregão, para aquisição de bens e serviços comuns, e dá outras providências). Revogada pela Lei nº 14.133/2021.*

✱ ***V.*** *Lei nº 12.462/2011 (Institui o Regime Diferenciado de Contratações Públicas – RDC).*

✱ ***V.*** *Lei nº 13.303/2016 (Dispõe sobre o estatuto jurídico da empresa pública, da sociedade de economia mista e de suas subsidiárias, no âmbito da União, dos Estados, do Distrito Federal e dos Municípios), arts. 28 a 84.*

✱ ***V.*** *Lei nº 14.065/2020 (Autoriza pagamentos antecipados nas licitações e nos contratos realizados no âmbito da administração pública; adequa os limites de dispensa de licitação; amplia o uso do Regime Diferenciado de Contratações Públicas (RDC) durante o estado de calamidade pública reconhecido pelo Decreto Legislativo nº 6, de 20 de março de 2020).*

✱ ***V.*** *Lei nº 14.133/2021 (Lei de Licitações e Contratos Administrativos).*

✱ ***V.*** *Dec. nº 10.929/2022 (Estabelece procedimento especial para consultas públicas de decretos destinados a regulamentar dispositivo da Lei nº 14.133, de 1º de abril de 2021 - Lei de Licitações e Contratos Administrativos).*

✱ ***V.*** *Súm. nº 473 do STF.*

✱ ***V.*** *Súms. nº 39, 177, 222, 247, 248, 250, 253, 254, 258, 261, 270, 272, 274, 281, 287 e 289 do TCU.*

Pregão: A Lei nº 10.520/2002, revogada pela Lei nº 14.133/2021, instituiu, no âmbito da União, Estados, Distrito Federal e Municípios, nos termos do art. 37,

XXI, da CF, modalidade de licitação denominada pregão, para aquisição de bens e serviços comuns. Ainda, o Dec. nº 3.555/2000 (art. 3º, § 2º) considerou bens e serviços comuns aqueles cujos padrões de desempenho e qualidade possam ser objetivamente definidos no edital, por meio de especificações usuais praticadas no mercado.

Serviços de Publicidade: É o conjunto de atividades realizadas integradamente que tenham por objetivo o estudo, o planejamento, a conceituação, a concepção, a criação, a execução interna, a intermediação e a supervisão da execução externa e a distribuição de publicidade aos veículos e demais meios de divulgação, com o objetivo de promover a venda de bens ou serviços de qualquer natureza, difundir ideias ou informar o público em geral (art. 2º da Lei nº 12.232/2010).

✱ *V. Lei nº 12.232/2010 (Dispõe sobre as normas gerais para a licitação e contratação pela administração pública de serviços de publicidade prestados por intermédio de agências de propaganda).*

LIDE – Demanda, litígio, pleito judicial, questão que se decide na justiça; conflito de interesse suscitado em juízo. Meio pelo qual se exercita o direito de ação. A lide diz-se *pendente*, da citação inicial à sentença final; e *temerária*, sem justa causa ou interesse jurídico, com abuso do direito de litigar apenas para prejudicar a outrem.

LIGA – Agrupamento de entidades autônomas. Associação de entidades que têm por fim a prática do esporte.

✱ *V. Lei nº 9.615/1998 (Lei de Desporto – Lei Pelé), art. 20.*

LIMINAR – Ordem judicial que determina providência a ser tomada antes da discussão da causa, para resguardar direitos alegados.

✱ *V. CPC/1973, arts. 804, 925 a 929, 933, 937 e 1.071.*

✱ *V. CPC/2015, arts. 300, 559 a 563 e 568.*

LIMITAÇÃO DE FIM DE SEMANA – Trata-se de interdição temporária de direito, que consiste na obrigatoriedade de ficar por tempo determinado (cinco horas diárias), aos sábados e domingos, em casa de albergado ou outro estabelecimento prisional adequado. Durante essa permanência, podem ser ministrados cursos e palestras ao condenado ou atividade educativa.

✱ *V. CP, art. 48 e parágrafo único.*

LINCHAMENTO – Forma punitiva de justiça pelas próprias mãos, privada e violenta, posta em prática por multidão que, sem processo legal, executa sumariamente indivíduo surpreendido na prática de um crime.

LIQUIDAÇÃO – 1. Ato ou efeito de liquidar. 2. Operação pela qual uma sociedade mercantil, em fase de dissolução, dispõe do seu patrimônio com o ajuste final de suas contas, concluindo as operações que iniciara, fazendo a cobrança de débitos e saldando seus débitos, e, por fim, distribuindo aos seus sócios o ativo líquido ou os prejuízos que se verificarem, segundo a lei ou contrato social. 3. Diz-se também da fase do inventário em que o contador do juízo relaciona os bens avaliados, deduz do seu total as dívidas, as custas e despesas judiciais, apura o líquido partível, estabelece o valor de cada cota-parte hereditária e faz o cálculo do imposto de transmissão *causa mortis*.

De sentença: etapa complementar da fase de conhecimento, pela qual se promove o acertamento do valor ou da coisa objeto da condenação. No caso de liquidação de quantia, efetua-se por *cálculos*, por *arbitramento* ou pelo *procedimento comum* (antiga liquidação por artigos). No caso de obrigação de dar coisa incerta, a liquidação se dá por meio da concentração da obrigação. No Processo do Trabalho, a liquidação já é considerada fase da execução, de modo que os cálculos só podem ser impugnados pelo devedor mediante embargos. Não obstante, a Lei nº 13.467/2017 (Reforma Trabalhista) estabeleceu que o juiz, antes de homologar os cálculos, deverá abrir às partes prazo comum de oito dias para impugnação fundamentada, sob pena de preclusão. Tal previsão gera uma antinomia entre o art. 879, § 2º, e o art. 884, § 3º, da CLT, pois ambos dispositivos preveem oportunidades específicas para que as partes se insurjam em face dos cálculos.

✱ *V. CPC/1973, arts. 475-A a 475-H.*

✱ *V. CPC/2015, arts. 509 a 512.*

✱ *V. CLT, arts. 879, caput e §§ 1º a 3º, e 884, §§ 3º e 4º.*

De sociedade: processo anterior à dissolução da sociedade, em que se apuram os seus haveres, o recebimento dos seus créditos e o pagamento dos seus credores, período em que ela subsistirá para os fins da liquidação até que esta se conclua. Ressalva-se o que dispõe o ato constitutivo e o instrumento de dissolução.

✱ *V. CC, arts. 51 e 1.102.*

Extrajudicial: a que se faz fora do juízo, com liquidante designado pelo Governo, e promovida devido a ocorrências que comprometam a situação econômica de instituição financeira com reflexos perniciosos na economia nacional.

Judicial: é a contenciosa, que se executa na Justiça.

Por arbitramento: aquela que exige exame pericial para que se apure o valor da condenação. Faz-se o arbitramento quando determinado pela sentença ou convencionado pelas partes; ou quando o exigir a natureza do objeto da liquidação.

✱ *V. CPC/1973, arts. 475-C e 475-D.*

✱ *V. CPC/2015, arts. 509, I, e 510.*

Por artigos: faz-se quando é necessário alegar e provar fato novo para determinar o valor da condenação. Não existe mais a liquidação por cálculo do contador, a qual foi incorporada ao processo de execução.

✱ *V. CPC/1973, arts. 475-E e 475-F.*

✱ *V. CPC/2015, art. 509, II.*

LITIGANTE – Aquele que litiga, que é parte, ativa ou passiva, de um processo no juízo contencioso; demandante.

De má-fé: quando o litigante age de propósito contra o Direito ou as finalidades do processo. A Lei nº 13.467/2017 incluiu no Capítulo II da CLT a Seção IV-A, que trata da responsabilidade por dano processual, e nesta prevê expressamente a responsabilização do litigante de má-fé por perdas e danos, elenca quem será considerado como tal, bem como estabelece procedimentos para aplicação de multas nestas situações.

✱ *V. CPC/1973, art. 17.*

✱ *V. CPC/2015, art. 80.*

✱ *V. CLT, arts. 793-A a 793-D.*

✱ *V. Lei nº 7.347/1985 (Lei da Ação Civil Pública).*

LITÍGIO – O processo em julgamento no juízo contencioso. Ação, causa, lide, pleito, feito. O litígio só se instaura quando a parte contesta o pedido do autor. A demanda se inicia com o pedido, o litígio com a contestação.

Internacional: conflito entre dois países, que se resolve por mediação, arbitragem, negociação diplomática.

✱ *V. CPC/1973, arts. 5º, 282, 297 e 300 a 306.*

✱ *V. CPC/2015, arts. 146, 319 e 335 a 342.*

LITIGIOSO – Que é objeto de controvérsia. Bem do qual não se pode dispor, por estar em pendência judicial. A citação válida torna litigiosa a coisa.

LITISCONEXÃO – O mesmo que *conexão de causas.*

LITISCONSÓRCIO – 1. União de sujeitos em um mesmo polo da lide. 2. Conjunto de vários interessados em um mesmo processo, como autores ou réus, defendendo interesses comuns. 3. Pluralidade de partes em uma lide. 4. O litisconsórcio apoia-se na necessidade de evitar julgamentos contraditórios e na economia processual. Não se confunde com cumulação de ações, pois se refere a pessoas. Pode ser: *ativo,* quando os litisconsortes forem autores; *passivo,* quando forem réus; *facultativo,* quando, para formar-se, depender do mútuo consentimento das pessoas que formarão uma parte; e *necessário,* quando se impuser aos interessados em virtude de lei ou pela natureza da relação jurídica. 5. A Lei nº 13.467/2017 (Reforma Trabalhista) determinou que os sindicatos subscritores de convenção coletiva ou de acordo coletivo deverão participar como litisconsortes necessários em ação individual ou coletiva que busque a anulação de cláusulas desses instrumentos.

✱ *V. CPC/1973, arts. 46 a 49, 74, 75, 320, I, 472, 592 e 981.*

✱ *V. CPC/2015, arts. 113 a 118, 127, 128, 345, I, 506, 598 e 790.*

✱ *V. CLT, art. 611-A, § 5º.*

LITISCONSORTE – Aquele que demanda, no mesmo feito, com outras pessoas com as quais tem interesse comum, como autor ou como réu. Considera-se litisconsorte da parte principal o assistente sempre que a sentença houver de influir na relação jurídica entre ele e o adversário do assistido. Quando tiverem os litisconsortes diferentes procuradores, ser-lhes-ão contados em dobro os prazos para contestar, para recorrer e, de um modo geral, para falar nos autos. A confissão judicial faz prova contra o confitente, não prejudicando, todavia, os litisconsortes. O recurso interposto por um litisconsorte a todos aproveita, salvo se distintos ou opostos os seus interesses. O recorrendo poderá, a qualquer tempo, sem a anuência do recorrido ou dos litisconsortes, desistir do recurso. Segundo o STF, essa desistência deverá ser homologada, prevalecendo sobre o CPC, que não exige expressamente essa homologação.

✱ *V. CPC/1973, arts. 54, 191, 350, 421, § 2º, 454, § 1º, 501 e 509.*

✱ *V. CPC/2015, arts. 124, 229, 364, § 1º, 391, 465, 998 e 1.005.*

LITIS DECISIO – (Latim) Decisão da lide.

LITISPENDÊNCIA – 1. Lide que ainda não foi decidida, pendente da decisão pelo juiz. 2. Coexistência de duas ações, ainda não decididas definitivamente, que tenham identidade de partes, causa de pedir e pedidos. A citação válida induz litispendência da ação com todas as demais idênticas que sejam posteriormente ajuizadas. Sendo distribuídas as ações idênticas perante juízos distintos, torna-se prevento aquele que despachar em primeiro lugar, sendo que o outro, ao tomar conhecimento da situação, deverá determinar a redistribuição dos autos ao prevento, para que este delibere sobre a questão, e se for o caso, extinga o processo litispendente. 3. Ação intentada perante tribunal estrangeiro não induz litispendência, nem obsta a que a autoridade judiciária brasileira conheça da mesma causa e das que lhe são conexas. 4. Questão controvertida na doutrina e jurisprudência diz respeito à existência ou não de litispendência entre ações individuais e ações coletivas, quando estas últimas envolverem, no respectivo polo da demanda, substituto ou representante processual de determinados sujeitos. A tendência majoritária vem sendo verificada no sentido negativo, pela interpretação analógica de disposições legais referentes aos efeitos da coisa julgada em ações coletivas.

✱ *V. CPC/1973, arts. 90, 219, 267, V, § 3º, 301, V, §§ 1º a 3º, e 327.*

✱ *V. CPC/2015, arts. 24, 59, 240, 337, VI, §§ 1º a 3º, 351, 352, 485, V, § 3º, e 802, parágrafo único.*

LITISPENDENTE – 1. Pendente de apreciação judicial. 2. Ação idêntica a outra, ainda não decidida, pela coexistência de mesmas partes, causa de pedir e pedidos.

LIVRAMENTO – Ato de pôr em liberdade um preso ou condenado; faculdade de o indivíduo defender-se em liberdade.

Condicional: concessão que a justiça faz ao condenado que já cumpriu parte da pena, antecipando a sua liberdade, condicionada esta a determinadas exigências durante o restante da pena que cumpriria se estivesse preso. O condenado deve ter cumprido mais de metade da pena igual ou superior a 2 anos, se é primário; e mais de três quartos se é reincidente. Deve ser verificada ausência ou cessação de periculosidade e provados bom comportamento durante a vida carcerária e aptidão para sustentar-se com trabalho honesto. O livramento será revogado se o liberado vier a ser condenado a pena privativa de liberdade, em sentença irrecorrível, por crime cometido durante a vigência do benefício, ou por crime anterior, já que o art. 84 do CP diz que "as penas que correspondem a infrações diversas devem somar-se para efeito do livramento". Ocorrerá a revogação facultativa do livramento se o liberado deixar de cumprir qualquer das obrigações constantes da sentença ou foi irrecorrivelmente condenado a pena que não seja privativa de liberdade. Revogado, não será concedido novamente e não se desconta na pena o tempo em que esteve solto, salvo se a revogação resulta de condenação por crime anterior ao benefício. Podem pedir o livramento condicional o próprio sentenciado, seu cônjuge ou parente em linha reta, ou por proposta do diretor do presídio ou por iniciativa do Conselho Penitenciário. Haverá, para isso, parecer do Conselho Penitenciário e também do Ministério Público.

✱ *V. CP, arts. 83 a 90 e 113.*

✱ *V. CPP, arts. 710 a 733.*

✱ *V. Lei nº 7.210/1984 (Lei de Execução Penal), arts. 70, I, e 131.*

LIVRE CONVENCIMENTO – Sistema adotado nas leis processuais brasileiras, no qual o juiz decide pela sua convicção pessoal com respeito à apreciação das provas nos autos. Não constitui mero arbítrio, visto que o juiz deve ater-se às provas e demonstrar as razões do seu convencimento, fundamentando a decisão; e também sofre restrições em determinados casos, em que a lei considera certa forma como da substância do ato. O mesmo que *livre convicção, certeza moral.*

LIVRO – 1. Palavra originária do latim *liber, libri.* 2. Coleção de lâminas ou folhas de papel, pergaminho ou outro material, com impressões ou em branco, ligadas ou atadas entre si, por costura ou outro método, geralmente protegida por duas capas. 3. Partes em que se divide uma obra literária ou técnica. 4. Empregado também para aparelhos eletrônicos de leitura digital. 5. Parte mais ampla da divisão de tomos de uma lei complexa, tal como um código ou regulamento. 6. Para os fins da Lei nº 10.753/2003, que instituiu a Política Nacional do Livro, é a publicação de textos escritos em fichas ou folhas, não periódica, grampeada, colada ou costurada, em volume cartonado, encadernado ou em brochura, em capas avulsas, em qualquer formato e acabamento. O mesmo diploma legal equipara diversas outras figuras a livro, tais como fascículos, roteiros de leitura, álbuns, atlas e livros para leitura em meio digital. 7. Desde a CF/1946, os livros e o papel para sua impressão usufruem de imunidade tributária. Ao longo das décadas, a jurisprudência, interpretando teleologicamente a norma constitucional, foi estendendo tal benesse a outros tipos de publicação, tais como jornais, revistas etc., o que foi incorporado à CF/1988. Em 2020, o STF editou a Súm. Vinc. nº 57, pacificando o entendimento de que livros eletrônicos (*e-books*) e leitores de livros eletrônicos (*e-readers*) também merecem a imunidade tributária.

✱ *V. CF, art. 150, VI,* d.

✱ *V. CTN, art. 9º, IV,* d, *e § 1º.*

✱ *V. Lei nº 10.753/2003 (Institui a Política Nacional do Livro).*

✱ *V. Lei nº 10.865/2004 (Dispõe sobre a Contribuição para os Programas de Integração Social e de Formação do Patrimônio do Servidor Público e a Contribuição para o Financiamento da Seguridade Social incidentes sobre a importação de bens e serviços), arts. 8º, § 12, XII, e 28, VI.*

✱ *V. Súm. Vinc. nº 57.*

LIVRO DE INSPEÇÃO DO TRABALHO ELETRÔNICO – eLIT – Livro obrigatório disponibilizado em meio eletrônico pelo Ministério do Trabalho e Previdência, a todas as empresas que tenham ou não empregados, sem ônus. É onde o agente da inspeção registra sua visita ao "estabelecimento, declarando a data e a hora do início e término da mesma, bem como o resultado da inspeção, nêle consignando, se fôr o caso, tôdas as irregularidades verificadas e as exigências feitas, com os respectivos prazos para seu atendimento, e, ainda, de modo legível, os elementos de sua identificação funcional".

✱ *V. CLT, art. 628, §§ 1º e 2º.*

✱ *V. Dec. nº 10.854/2021 (Regulamenta disposições relativas à legislação trabalhista e institui o Programa Permanente de Consolidação, Simplificação e Desburo-*

cratização de Normas Trabalhistas Infralegais e o Prêmio Nacional Trabalhista, e altera o Decreto nº 9.580, de 22 de novembro de 2018.), arts. 11 a 15.

LIVROS DO COMÉRCIO – Denominação dos livros usados na escrituração mercantil. Existem os *obrigatórios*, os *facultativos*, *os principais* e os *auxiliares*, os *comuns*, referentes ao comércio em geral, e os *especiais*, adotados por certos tipos de empresas. Entre os comuns, são obrigatórios: o *Diário, o Registro de Duplicatas* (se houver vendas em prazo superior a 30 dias), o *registro de compras*, que pode ser substituído pelo Registro de Entrada de Mercadorias, e o *Registro do Inventário*. Os livros podem ser substituídos por registros em folhas soltas, por sistemas mecanizados ou por processos eletrônicos de computação de dados. Livros facultativos ou auxiliares: Caixa, Razão, Contas-Correntes, Borrador etc. O Dec.-lei nº 486/1969, regulamentado pelo Dec. nº 64.567/1969, dispensa o pequeno comerciante da obrigação de manter e escriturar os livros adequados, bastando conservar documentos e papéis de seu comércio (Dec.-lei nº 486/1969, sobre a escrituração e livros mercantis; Dec.-lei nº 1.780/1980, que concede isenção de imposto de renda a empresas de pequeno porte; Lei Complementar nº 48/1984, que estabelece normas integrantes do Estatuto da Microempresa relativas à isenção de ICMS e de ISS; Lei Complementar nº 123/2006, que estabelece tratamento diferenciado e simplificado, nos campos administrativo, fiscal, previdenciário, trabalhista, creditício e de desenvolvimento empresarial para as microempresas e empresas de pequeno porte; e dispõe sobre o regime tributário das microempresas e das empresas de pequeno porte).

LOAS – Sigla para Lei Orgânica da Assistência Social, atualmente regida pela Lei nº 8.742/1993. Usada vulgarmente como sinônimo de benefício de prestação continuada (BPC). ***V.*** *Benefício de prestação continuada (BPC).*

LOBBY – Palavra inglesa que designa grupo de pressão para obtenção de aprovação de medidas legislativas ou de procedimentos de seu interesse. Grupo de pessoas cujo objetivo é influenciar processo público de tomada de decisões (*lobbying*).

LOCAÇÃO – Contrato bilateral pelo qual uma das partes (locador) assume a obrigação de, mediante remuneração entre elas convencionada e por tempo determinado ou não, conceder à outra (locatário) o uso e gozo de coisa infungível, ou prestar-lhe um serviço ou executar-lhe um trabalho. A Lei nº 8.245/1991 trata de locações de imóveis urbanos e dos procedimentos a eles relacionados. O CC ainda é usado quando se trata de vagas autônomas de garagem, espaços para estacionamento de veículos, espaços para publicidade, imóveis de propriedade da União, dos Estados, dos Municípios e de suas autarquias, ou fundações públicas, e também nas locações em apart-hotéis, hotéis-residência ou equiparados, e arrendamento mercantil em qualquer modalidade. Medida provisória alterou algumas das regras da locação, com a entrada da nova moeda, o real.

Comercial: a que trata do aluguel de estabelecimento mercantil, não residencial. Contrato por qualquer prazo, podendo prorrogar-se por tempo indeterminado, se ao seu término as partes silenciarem por 30 dias. Cabe denúncia imotivada (denúncia vazia). A qualquer tempo, com prazo de 30 dias para desocupação. Mas o locatário pode obter judicialmente a renovação do aluguel, se houver contrato escrito por mais de 5 anos ininterruptos (Lei de Locação, art. 49 – Ação Renovatória de Aluguel). Esta lei revogou a Lei de Luvas nº 24.150/1934, incorporando em seu texto, porém, a matéria da lei revogada.

De coisa (locatio rerum): quando uma das partes cede a outra o uso e gozo de coisa móvel ou imóvel, com pagamento de aluguel ou renda convencionada.

De obra (locatio operis): quando o estipulante se empenha em obter produto certo, o resultado pretendido pela outra parte, como na corretagem, empreitada etc.

De serviços (locatio operarum): contrato oneroso, em que uma pessoa se obriga a prestar a outra serviço próprio de sua profissão ou ofício mediante remuneração; advogados, médicos, engenheiros, são típicos prestadores de serviços.

Para temporada: imóveis alugados por período certo para lazer, tratamento de saúde, realização de cursos e feitura de obras. A duração máxima do contrato é de 90 dias, e o proprietário pode receber o aluguel antecipadamente e de uma só vez. Se o locatário ficar no imóvel por mais de 30 dias, após encerrado o prazo, e o locador nada obstar, o contrato passa a ser considerado como prorrogado por tempo indeterminado e o proprietário não pode mais receber antecipadamente o aluguel. O imóvel poderá ser retomado*:* por mútuo acordo; por prática de infração legal ou contratual; por falta de pagamento de aluguel e encargos; para realização de reparos urgentes determinados pelo Poder Público, que não possam ser executados com o locatário na casa; no caso dos mesmos reparos se o locatário puder consentir em sua realização e não o fizer; se houver extinção de contrato de trabalho, estando a locação do imóvel relacionada ao seu emprego; pelo pedido do imóvel para uso próprio; pedido para uso residencial de ascendente ou descendente; se pedido o imóvel para demolição e edificação licenciada ou realização de obras pelo Poder Público; se a vigência ininterrupta da locação ultrapassar a 5 anos.

✱ ***V.*** *CC, arts. 565 a 578.*

✱ ***V.*** *Lei nº 8.245/1991 (Lei das Locações).*

✱ ***V.*** *Lei nº 12.112/2009.*

LOCAÇÃO MERCANTIL – ARRENDAMENTO MERCANTIL (*LEASING*) – Locação de bens móveis duráveis ou imóveis, cujo locatário, ao término da locação, poderá prorrogar o aluguel, devolver o bem ou comprá-lo pelo seu valor residual. Na ocorrência do descumprimento do contrato caberá a reintegração de posse.

✱ *V. Lei nº 11.649/2008 (Dispõe sobre procedimento na operação de arrendamento mercantil de veículo automotivo* – leasing*).*

LOCADOR – Dono de imóvel, que o aluga. O que se obriga a prestar serviço a outrem.

✱ *V. CC, arts. 566, 568 e 577.*

LOCATÁRIO – Aquele que aluga coisa móvel ou imóvel ou aceita serviço de locador.

LOCKDOWN – *V. Distanciamento social.*

LOCK-OUT – Termo inglês aportuguesado para locaute. Paralisação ou suspensão de atividades pelos empregadores, que fecham, simultaneamente e por certo período, seus estabelecimentos, em oposição aos empregados que declaram ou ameaçam greve, ou descumprindo decisão proferida em dissídio coletivo, sob pena de multa, de responsabilidade dos administradores das pessoas jurídicas. O Código Penal prevê um tipo criminal constituído em constranger alguém, mediante violência ou grave ameaça, a fechar o estabelecimento de trabalho, ou participar de paralisação de atividade econômica, com pena de detenção de 1 (um) mês a 1 (um) ano, e multa, sem prejuízo da pena correspondente à violência.

✱ *V. Lei nº 7.783/1989, art. 17.*

✱ *V. CLT, art. 722.*

✱ *V. CP, art. 197, II.*

LOCUPLETAMENTO – O mesmo que *enriquecimento ilícito*, injustificado, à custa alheia ou de situação da qual não devia tirar proveito pessoal.

LOCUS REGIIT ACTUM – (Latim) A lei do lugar é que rege o ato.

LÓGICA – Do grego *logos*, razão. Ciência do raciocínio ou arte de pensar para aplicação correta das leis do pensamento na busca e demonstração da verdade.

Forense ou judiciária: tem por objeto a análise dedutiva dos elementos constitutivos das normas legais, buscando alcançar o seu espírito e a verdadeira significação técnica. O mesmo que *hermenêutica jurídica*.

LOTAÇÃO – Diz-se da capacidade de um recinto; ato de preencher a capacidade (Lei nº 8.269/1993, art. 6º, § 3º, II). Número de servidores com exercício em repartição, serviço ou órgão. Quantidade máxima de pessoas autorizadas a entrar em um recinto ou embarcar.

✱ *V. Lei nº 9.537/1997 (Dispõe sobre a segurança do tráfego aquaviário em águas sob jurisdição nacional).*

LOTE – Parte de um todo; objeto ou grupo de objetos levados a leilão de uma só vez; área reduzida de terreno, parte de um loteamento. Refere-se também a conjunto de mercadorias da mesma qualidade, diferente de outras depositadas no mesmo armazém.

LOTEAMENTO – Desmembramento de terras, rurais ou urbanas, em lotes menores, de metragem definida, para venda em prestações sucessivas e periódicas. Os Estados, o Distrito Federal e os Municípios poderão estabelecer normas complementares para o parcelamento do solo para adequar o previsto na lei às peculiaridades regionais e locais.

✱ *V. Lei nº 6.766/1979 (Dispõe sobre o parcelamento do solo urbano).*

✱ *V. Dec.-lei nº 58/1937 (Dispõe sobre o loteamento e a venda de terrenos a prestação).*

✱ *V. Dec.-lei nº 271/1967 (Dispõe sobre loteamento urbano).*

✱ *V. Dec.-lei nº 745/1969 (Dispõe sobre os contratos de loteamento e venda de terrenos a prestação).*

LOTERIA – *V. Concurso de prognóstico.*

LOUCOS DE TODO O GÊNERO – Antiga expressão contida no Código Civil de 1916. Atualmente o Código Civil de 2002 assim prevê: "Art. 3º São absolutamente incapazes de exercer pessoalmente os atos da vida civil: (...) II – os que, por enfermidade ou deficiência mental, não tiverem o necessário discernimento para a prática desses atos".

LSD – Substância resultante da união do ácido lisérgido e da dietilamida, obtida em 1938 pelo cientista alemão Albert Hoffman. Seus efeitos consistem em perturbações motoras, psicossensoriais, psíquicas, produzindo estado de pânico, esquizofrenia, perda da sensibilidade e da noção de tempo; as pupilas ficam dilatadas, há rubor facial, náuseas e vômitos. O viciado, em estado de delírio, pode cometer homicídio ou suicídio.

LUCRO CESSANTE – Ganho que alguém deixou de obter sobre coisa a que tinha direito por culpa ou inexecução de obrigação por outrem. Privação de lucro previsto; efeito danoso, imediato e indireto, de ato ilícito. *V. Dano emergente.*

✱ *V. CC, arts. 402 a 404.*

LUSTRO – Período de 5 anos.

LUVAS – Pagamento de importância que acresce ao aluguel, a título de compensação pelo valor do ponto, na locação comercial. Constitui contravenção penal exigir, por motivo de locação ou sublocação, quantia ou valor além do aluguel e encargos permitidos. Pena de prisão simples de 5 dias a 6 meses ou multa de 3 a 12 meses do valor do último aluguel atualizado, revertida em favor do locatário. São nulas de pleno direito cláusulas contratuais que estipulem pagamento de luvas.

L

M

MÃE GENÉTICA – Ao contrário da mãe gestacional, é aquela que transmite seu patrimônio genético à criança.

MÃE GESTACIONAL – Também chamada mãe substituta (barriga de aluguel) e mãe incubadora. É a mulher que cede seu útero para gestação de filho concebido por gametas de terceiros, masculinos e femininos.

MÃE SOCIAL – É a mulher que dá assistência ao menor abandonado, exercendo esse encargo em um sistema de casas-lares.

✱ *V. Lei nº 7.644/1987 (Dispõe sobre a Regulamentação da Atividade de Mãe Social), art. 2º.*

MÁ-FÉ – Vontade consciente, ânimo, predisposição ou estado de quem, voluntariamente, pratica ato, em proveito próprio, para induzir alguém em erro, ou para causar-lhe prejuízo. Consciência da própria fraude, malícia. A má-fé precisa sempre ser provada. Responde por perdas e danos aquele que pleitear de má-fé, como autor, réu ou interveniente.

✱ *V. CPC/1973, arts. 16, 17 e 18.*

✱ *V. CPC/2015, arts. 79, 80 e 81.*

✱ *V. CC, arts. 161, 163, 1.530, 1.564, 1.201 a 1.203, 1.216, 1.218, 1.220, 1.254 a 1.259 e 363.*

MAGISTRADO – No sentido estrito, é o juiz que tem poderes para julgar (excetuados os juízes de fato, como os jurados e outros). Membro do Poder Judiciário; juiz togado.

MAGISTRATURA – Classe dos magistrados, que formam a ordem judiciária. Carreira ou função de magistrado; a própria duração do seu cargo.

✱ *V. Lei Complementar nº 35/1979 (Lei Orgânica da Magistratura Nacional).*

MAIOR – Indivíduo que atinge a maioridade civil, que se dá aos 18 anos ou nas hipóteses do § 1º do art. 9º do Código Civil, momento em que poderá dispor de sua pessoa e bens. A pessoa maior de 60 só pode se casar no regime de separação de bens. ***V.*** *Maioridade.*

✱ *V. CC, art. 1.641, II.*

✱ *V. CP, arts. 65, I, 77, § 2º, com a redação dada pela Lei nº 9.714/1998, e 115.*

MAIORIA – Critério para votação em assembleias, aprovando-se a matéria em votação pelo maior número de votos ou de manifestações favoráveis. A maioria é:

Absoluta: a que compreende a metade e mais um da totalidade dos votos.

De dois terços: a que se consegue por duas terças partes dos sufrágios apurados em um determinado número de votantes.

Qualificada: quando se exige um número mínimo de votos para certos procedimentos, como os dois terços de um tribunal para que uma lei seja declarada inconstitucional.

Relativa: corresponde ao maior número de votos, em comparação com as demais somas de votos, consideradas em separado, sem ser preciso que se atinja um certo percentual.

Simples: quando compreende apenas mais da metade dos votos dos membros inscritos num corpo eleitoral, não se cogitando da totalidade dos sufragantes.

MAIORIDADE – *V.* também *emancipação.* Estado de quem atingiu a idade de 18 anos, que o capacita plenamente, por lei, para todos os atos da vida civil, colocando-se a maioridade civil ao lado da penal. São absolutamente incapazes os menores de 16 anos e relativamente incapazes os menores entre 16 e 18 anos, período este em que os pais, ou qualquer deles, pode emancipar seu filho. A maioridade também pode ser alcançada por *emancipação* (q.v.), concedida por sentença do juiz da Infância e da Juventude, pelo casamento do menor; por nomeação seguida de exercício de emprego público efetivo; colação de grau de nível superior; estabelecimento civil ou comercial do menor com economia própria. A emancipação dada pelos pais deve constar de escritura pública ou particular que, para surtir efeito, precisa ser registrada no Registro Civil. A emancipação é irrevogável e definitiva; o falido, se emancipado pelo exercício do comércio, não retorna à incapacidade civil nem o que se casa e fica viúvo ou se divorcia nem na hipótese de casamento putativo anulado, se estava de boa-fé. Para efeito de serviço militar cessará a incapacidade civil do menor na data em que completar 17 anos. A maioridade, na ordem jurídica do Brasil, é sempre *civil,* mas a CF a estende a atos da vida política, ao dar facultativamente o direito de voto aos maiores de 16 anos e menores de 18 anos, não podendo ser eleitores, contudo, os conscritos. Essa maioridade *relativa* reforça-se com a permissão de eleger-se vereador aos 18 anos. No Dir. Penal, o maior de 70 anos, na data da sentença, tem sua pena atenuada; também tem reduzidos de metade os prazos de prescrição; e a execução da pena privativa de liberdade, não superior a 4 anos, poderá ser suspensa por 4 a 6 anos se o condenado for maior de 70 anos, ficando sujeito a observação e a condições impostas pelo juiz (CF, art. 14 e parágrafos; CC, arts. 5º, 1.635, III, 1.758, 1.763; CPM, art. 73; Dec. nº 57.654/1966, que regulamenta esta lei, art. 239). A redução da maioridade produziu, segundo penalistas, reflexos na legislação penal, porque muda algumas normas penais, como o fato de ter menos de 21 anos ser uma atenuante; e a redução dos prazos de prescrição pela metade (arts. 65 e 115 do CP, respectivamente). São igualmente afetados os arts. 15, 34, 50, 52, 194, 262, 449 e 564 do CPP (curador nas fases policial e processual ao menor de 21 anos, e duplo direito de apresentação e desistência de queixa-crime para o menor de 21 anos e seu responsável. As mudanças trazidas pela redução da maioridade são: o dependente do segurado morto ou detido só receberá a pensão por morte ou o auxílio-reclusão até os 18 anos; o jovem pode abrir e movimentar conta bancária sem assistência de pai ou tutor. Também pode assumir em seu nome contrato de locação, tanto residencial como comercial. Se tiver bens em seu nome, poderá firmar fiança para terceiros. E mais: ao completar 18 anos, o jovem pode assinar seguro de automóvel, de vida, residencial e de qualquer bem no próprio nome.

MAL – Doença, moléstia, dano, prejuízo, ofensa. *Mal necessário* é o causado na *legítima defesa* (q.v.).

MALA FIDES SUPERVENIENS NON IMPEDIT USO CAPIONEM – (Latim) A má-fé superveniente não impede o usucapião.

MALE ENIM NOSTRO IURE UTI NON DEBEMUS – (Latim) Não devemos, na verdade, usar mal do nosso direito.

MALÍCIA – É elemento subjetivo da fraude, o ardil usado para prejudicar, causar dano a alguém.

MALVERSAÇÃO – Falta grave de funcionário encarregado da gerência de bens; má gerência, administração nociva de negócios, públicos ou privados; dilapidação de um patrimônio.

MANCEBIA – O mesmo que *concubinato* (q.v.).

MANCOMUNAÇÃO – Ato de duas pessoas se unirem para a prática de ato ilícito, como no "conto do vigário" em que dois indivíduos se aliam para iludir a vítima.

MANDADO – Ato escrito de autoridade pública competente, judicial ou administrativa, determinando a prática de ato ou diligência. O mandado é:

De busca e apreensão: quando o juiz determina que seja apreendida certa coisa ou uma pessoa.

De citação: ordem do juiz para que seja citada a parte demandada em juízo; o prazo para contestação inicia-se da data da juntada do mandado de citação devidamente cumprido.

De despejo: *V. Despejo.*

Executivo: aquele em cujo cumprimento se torna efetiva a penhora de bem, em ação executiva ou de executivo fiscal.

Executório: expedido pelo juiz de execução como base para a instauração desta, no qual se transcreve a sentença exequenda.

Possessório: em que se assegura a posse a alguém de uma coisa; pode ser de manutenção, de reintegração, de imissão de posse.

Proibitório: contra quem ameaça de turbação ou esbulho a posse de outrem, ordenando que cesse o constrangimento.

✱ *V. CC, arts. 653, 656 e 657.*

✱ *V. CPC/1973, arts. 36; 351, 362, 412, 625, 660, 661, 709, 842, 928, 929 e 933.*

✱ *V. CPC/2015, arts. 103, 392, 403, 455, 562, 563, 568, 806, § 2º, 846, § 1º, 905 e 906.*

MANDADO DE INJUNÇÃO – Procedimento para obter ordem judicial que assegure a qualquer cidadão o exercício de um direito fundamental, que a CF prevê regulamentado pela Lei nº 13.300/2016, segundo a

M

qual conceder-se-á mandado de injunção sempre que a falta total ou parcial de norma regulamentadora torne inviável o exercício dos direitos e das liberdades constitucionais e das prerrogativas inerentes à nacionalidade, à soberania e à cidadania. A Constituição Federal de 1988 traz essa novidade para o Dir. Público brasileiro; o § 1º de seu art. 5º diz que as normas que definem direitos e garantias fundamentais têm "aplicação imediata". Se a Constituição Federal fixar, de modo expresso, prazo para a elaboração do regulamento de um dispositivo, não será cabível, nesse caso, o mandado de injunção. Concedido este, o órgão a que a ordem se destina deverá suprir a falta da norma reguladora e conceder o direito que se reclama, sob pena de crime de desobediência. O rito processual é o estabelecido pela Lei nº 13.300/2016. A princípio, o STF entendia incabível a edição de norma em sentido abstrato, até que sobreviesse lei ou ato normativo por parte da autoridade competente. Contudo, recentemente veio a reformular seu entendimento, aplicando analogicamente diplomas legais já existentes à situação jurídica não regulamentada, até que o órgão responsável supra sua omissão.

✱ *V. CF, art. 5º, LXXI; 102, I,* q, *II,* a; *105, I,* h; *121, § 4º, V.*

✱ *V. Lei nº 8.038/1990 (Institui normas de procedimento para processos perante o STF e o STJ), art. 24, parágrafo único.*

✱ *V. Lei nº 13.300/2016 (Disciplina o processo e o julgamento dos mandados de injunção individual e coletivo), art. 2º.*

MANDADO DE SEGURANÇA – 1. Remédio ou garantia constitucional de que dispõe a pessoa física ou jurídica, órgão com capacidade processual ou universalidade que a lei reconhece, para proteção de direito individual líquido e certo, não amparado por *habeas corpus* ou *habeas data*, que tenha sido lesado ou esteja na iminência de o ser, por autoridade de qualquer categoria ou função, responsável pela ilegalidade ou abuso de poder. 2. Criação do direito brasileiro, o mandado de segurança toma forma na Constituição Federal de 1934 e permanece nas que a seguiram, até a atual. 3. Trata-se de ação, no sentido material, cuja finalidade é a de resguardar direitos do impetrante, em face de ilegalidade ou abuso de poder (ato coator), praticado por autoridade pública ou agente de pessoa jurídica no exercício de atribuições do Poder Público. 4. Pode ser impetrado individualmente ou de forma coletiva por meio de entidades de classe ou associações. O direito líquido e certo deverá ser comprovado por meio dos documentos juntados na inicial, sob pena da denegação da ordem pleiteada. 5. Embora tenha surgido como ação não criminal, é aplicado pacificamente no Processo Penal, como medida de impugnação a atos judiciais que, embora ilegais, não impliquem violação ou ameaça à liberdade de locomoção do impetrante.

✱ *V. CF, arts. 5º, LXIX e LXX; 102, I,* d, *II,* a; *105, I,* b, *II,* b; *108, I,* c; *109, VIII; 114, IV; 121, §§ 3º e 4º, V.*

✱ *V. CLT, arts. 678, I,* b, *3.*

✱ *V. CE, arts. 29, I,* e, *II,* b; *35, III; 276, II,* b; *281.*

✱ *V. CTN, art. 151, IV.*

✱ *V. Lei nº 1.533/1951 (antiga Lei do Mandado de Segurança – Revogada).*

✱ *V. Lei nº 6.830/1980 (Dispõe sobre a cobrança judicial da Dívida Ativa da Fazenda Pública), art. 38.*

✱ *V. Lei nº 7.701/1988 (Dispõe sobre a especialização de Turmas nos Tribunais do Trabalho), arts. 2º, I,* d, *II,* b; *3º, I,* b.

✱ *V. Lei nº 8.036/1990 (Dispõe sobre o Fundo de Garantia por Tempo de Serviço), art. 29-B.*

✱ *V. Lei nº 8.038/1990 (Institui normas de procedimento para processos perante o STF e o STJ), arts. 24, 25, 33 a 35.*

✱ *V. Lei nº 9.504/1997 (Estabelece normas para as eleições), art. 94.*

✱ *V. Lei nº 10.259/2001 (Dispõe sobre a instituição dos Juizados Especiais Cíveis e Criminais no âmbito da Justiça Federal), art. 3º, § 1º, I.*

✱ *V. Lei nº 12.016/2009 (Disciplina o Mandado de Segurança Individual e Coletivo).*

✱ *V. Lei nº 12.153/2009 (Dispõe sobre os Juizados Especiais da Fazenda Pública, no âmbito dos Estados, do Distrito Federal, dos Territórios e dos Municípios), art. 2º, § 1º, I.*

✱ *V. Súmulas nºs 101, 248, 266 a 272, 294, 299, 304, 319, 330, 405, 429, 430, 433, 474, 510, 512, 597, 622 a 627, 629 a 632 e 701 do STF.*

✱ *V. Súmulas nºs 41, 105, 169, 177, 202, 213, 333, 376 e 460 do STJ.*

✱ *V. Súmulas nºs 33, 201, 303, III, 365, 397, 414 a 418 e 425 do TST.*

✱ *V. Orientações Jurisprudenciais nºs 4 e 10 do Tribunal Pleno do TST.*

✱ *V. Orientações Jurisprudenciais nºs 53, 54, 56, 57, 59, 63 a 67, 69, 88, 91 a 93, 98 a 100, 113, 127, 137, 140, 142, 144, 148, 151 a 153 e 155 da SBDI-II do TST.*

MANDADO DE SEGURANÇA COLETIVO – A CF estendeu o mandado de segurança individual às pessoas jurídicas, protegendo direitos de seus membros e associados, criando este novo mandado de segurança coletivo que tutela direitos coletivos, corrigindo falha apontada pelos constitucionalistas na Carta de 1967.

✱ *V. CF, art. 5º, LXX.*

✱ *V. Lei nº 12.016/2009 (Disciplina o Mandado de Segurança Individual e Coletivo), arts. 21 e 22.*

MANDATO – Contrato pelo qual o *mandante* outorga a outro (*mandatário*) poderes, que este aceita expressa ou tacitamente, verbalmente ou por escrito, para praticar atos ou atuar em seu nome. Pode ser gratuito ou oneroso. A *procuração* (q.v.) é a forma exterior do mandato, seu instrumento.

Extrajudicial ou "ad negotia": destina-se à prática de atos de natureza cível ou comercial, fora da esfera forense; não exige forma solene, somente o acordo de vontades.

Judicial: atribuído a pessoa habilitada legalmente a atuar no foro, por isso exige forma solene e instrumento comprobatório, que é a procuração. Não pode exercer o mandato profissional quem sofreu sanção disciplinar de suspensão ou exclusão. Para os atos que exigem instrumento público ou particular não se admite mandato verbal. No Dir. Público, exprime a delegação de poderes feita pelo povo aos seus representantes no Poder Executivo e no Legislativo, que também pode ser revogada pelo povo, por meio do *impeachment*. No Dir. Penal, é a ordem dada pelo autor intelectual a outra pessoa para que pratique delito, com ou sem ameaças, promessa de recompensa ou outro meio de influir sobre a vontade do mandatário.

Perda: segundo a EC nº 76/2013, que alterou o art. 55, § 2º, e 66, § 4º, da CF, "§ 2º Nos casos dos incisos I, II e VI, a perda do mandato será decidida pela Câmara dos Deputados ou pelo Senado Federal, por maioria absoluta, mediante provocação da respectiva Mesa ou de partido político representado no Congresso Nacional, assegurada ampla defesa. (...) § 4º O veto será apreciado em sessão conjunta, dentro de trinta dias a contar de seu recebimento, só podendo ser rejeitado pelo voto da maioria absoluta dos Deputados e Senadores".

✱ *V. CC, arts. 1.288, 1.290 e 1.291.*

✱ *V. CPC/1973, art. 36.*

✱ *V. CPC/2015, art. 103.*

✱ *V. CP, arts. 47, I, e 92, I.*

✱ *V. Lei nº 8.906/1994 (Estatuto da Advocacia e a OAB), art. 42.*

MANDATO EM CAUSA PRÓPRIA – Quando o mandato é conferido em causa própria, não terá eficácia a sua revogação nem a morte de qualquer das partes o extinguirá, e o mandatário ficará dispensado de prestar contas, podendo transferir para si os bens móveis ou imóveis objeto do mandato, atendidas as formalidades legais.

✱ *V. CC, art. 685.*

MANDATUM AD JUDICIA – (Latim) *V. Procuração.*

MANDATUM AD NEGOTIA – (Latim) *V. Procuração.*

MANDATUM EXPIRATI MORTE MANDANTIS – (Latim) O mandado expira com a morte do mandante.

MANDATUM NON PRAESUMITUR – (Latim) O mandado não se presume.

MANEJO SUSTENTÁVEL – consiste na administração da vegetação natural para a obtenção de benefícios econômicos, sociais e ambientais, respeitando-se os mecanismos de sustentação do ecossistema objeto do manejo e considerando-se, cumulativa ou alternativamente, a utilização de múltiplas espécies madeireiras ou não, de múltiplos produtos e subprodutos da flora, bem como a utilização de outros bens e serviços;

✱ *V. Lei nº 12.651/2012 – Novo Código Florestal.*

MANGUE – Formação vegetal típica de litoral, sob ação direta das marés sobre solos limosos de regiões estuarinas. Constitui-se de único estrato de porte arbóreo e diversidade muito restrita. Neste ambiente salobro desenvolvem-se espécies adaptadas a essas condições, ora dominado por gramíneas, o que lhe confere uma fisionomia herbácea; ora dominado por espécies arbóreas. O mangue abriga grande variedade de espécies da fauna brasileira, como tapicurus, guarás, crustáceos, sapos, insetos, garças, entre outros. O mangue, devido ao acúmulo de material orgânico, característica importante desse ambiente, garante alimento e proteção para a reprodução de inúmeras espécies marinhas e terrestres.

MANGUEZAL – Ecossistema litorâneo que ocorre em terrenos baixos, sujeitos à ação das marés, formado por vasas lodosas recentes ou arenosas, às quais se associa, predominantemente, a vegetação natural conhecida como mangue, com influência fluviomarinha, típica de solos limosos de regiões estuarinas e com dispersão descontínua ao longo da costa brasileira, entre os Estados do Amapá e de Santa Catarina;

MANICÔMIO JUDICIÁRIO – Estabelecimento psiquiátrico mantido pelo Estado, no qual são recolhidos os delinquentes absolvidos por serem totalmente inimputáveis, por doença mental ou desenvolvimento mental retardado, assim como os sentenciados quando acometidos de loucura.

✱ *V. CP, arts. 41, 96 e 97.*

MANIFESTAÇÃO DA VONTADE – O mesmo que *declaração de vontade*, expressa ou tácita.

MANIFESTO DE CARGA – Documento que registra e acompanha mercadoria procedente do exterior, com fins aduaneiros.

✱ *V. Dec.-lei nº 37/1966 (Dispõe sobre o imposto de importação, reorganiza os serviços aduaneiros e dá outras providências), art. 39.*

MANU MILITARI – (Latim) Com poder militar, à força.

MANUTENÇÃO – Ato ou efeito de manter.

De posse: medida judicial que protege a pessoa que se vê turbada em sua posse sem tê-la perdido. *V. Ação de manutenção de posse.* O possuidor tem direito a ser mantido na posse, em caso de turbação, e restituído, no de esbulho.

✱ *V. CPC/1973, arts. 920 a 931.*

✱ *V. CPC/2015, arts. 554 a 566.*

MARCA – Sinal legalmente registrado que distingue produtos industriais e artigos de comércio, colocado nos mesmos para que o público os identifique e distinga, não os confundindo com outros semelhantes. Pode ser: *de produto ou serviço*, usada para distinguir produto ou serviço de outro idêntico, semelhante ou afim, de origem diversa, *de certificação*, usada para atestar a conformidade de um produto ou serviço com determinadas normas ou especificações técnicas, notadamente quanto à qualidade, natureza, material utilizado e metodologia empregada, ou *coletiva*, usada para identificar produtos ou serviços provindos de membros de uma determinada entidade. O uso de marca alheia, do ponto de vista fiscal, é *contrafação*. Violação do direito de marca de indústria ou de comércio é crime, assim como usar marcas, brasões e distintivos públicos, incorrendo na mesma pena que usa de marca reproduzida ou imitada, ou vende ou expõe à venda produto ou artigo com ela assimilado. Usar em produto ou artigo marca que indique procedência que não é verdadeira, ou vender ou expor à venda produto ou artigo com essa marca, também constitui crime. A Lei nº 9.279/1996, que regula direitos e obrigações relativos à propriedade industrial, prevê ainda a *marca de alto renome* e a *marca notoriamente conhecida*, assegurando-lhes proteção especial.

✱ *V. CF, art. 5º, XXIX.*

✱ *V. Lei nº 9.279/1996 (Lei da Propriedade Industrial).*

MARCAÇÃO – Ato de marcar dia certo para o pagamento de um cheque, assinado pelo sacado com o consentimento expresso de seu portador.

MARCAÇÃO (SEGURANÇA DA INFORMAÇÃO) – O Dec. nº 7.845/2012, que regulamenta procedimentos para credenciamento de segurança e tratamento de informação classificada em qualquer grau de sigilo e dispõe sobre o Núcleo de Segurança e Credenciamento, conceituou marcação. De acordo com o art. 2º, XI, considera-se marcação: "(...) aposição de marca que indica o grau de sigilo da informação classificada;"

MARCO – Peça de madeira, cimento armado ou pedra com que se faz a assinalação das linhas divisórias nas demarcações de terras. Baliza, piquete, estaca. Dividem-se em: *condutores*, os que indicam o rumo nos trabalhos geodésicos; *primordiais, principais* ou *peões*, os que determinam o ponto de partida das operações nas áreas a demarcar; e *terminais*, os que indicam os pontos onde finda a demarcação.

✱ *V. CPC/1973, arts. 960 a 963.*

✱ *V. CPC/2015, arts. 583 e 584.*

MARGINAL – Indivíduo que vive à margem da lei; desajustado, vadio; delinquente.

MARIDO – Denominação dada ao homem em relação à mulher com quem está casado. Membro da sociedade conjugal, que exerce, com a mulher, no interesse comum do casal e dos filhos. A lei civil e a Constituição Federal prescrevem os direitos e os deveres do marido. A autorização do marido e a outorga da mulher podem ser supridas judicialmente, quando um cônjuge o recuse ao outro sem justo motivo, ou lhe seja impossível dá-la. A falta, não provida pelo juiz, da autorização ou da outorga, quando necessária, invalida o processo. Recaindo a penhora sobre bens reservados da mulher, o marido será intimado.

✱ *V. CF, art. 226.*

✱ *V. CC, arts. 1.567 a 1.569, 1.643 e 1.650.*

✱ *V. CPC/1973, arts. 11 e 669, § 2º.*

✱ *V. CPC/2015, arts. 73, § 1º, III, 74.*

MARITICIDA – Mulher que mata o marido.

MARITICÍDIO – Crime da mulher que assassina o marido. O mesmo que *uxoricídio*.

MARKETING – Técnica profissional para lançamento e promoção de bens ou serviços.

MAR TERRITORIAL – *V. Águas territoriais.*

MASSA – Conjunto, totalidade; universalidade jurídica de pessoas, direitos ou bens.

Ativa: quando reúne bens patrimoniais de real existência.

Da avaria: conjunto da carga atingida por sinistro marinho.

De credores: compreende todos os titulares das dívidas passivas do falido.

De devedor insolvente: cabe ao administrador representar a massa, ativa e passivamente, contratando advogado, cujos honorários serão previamente ajustados e submetidos à aprovação judicial. Se os bens não foram alienados antes da organização do quadro geral, o juiz determinará a alienação em praça ou em leilão, destinando-se o produto ao pagamento dos credores, dos encargos e das dívidas da massa. Liquidada a massa sem que tenham sido integralmente pagos os credores, o devedor insolvente continua obrigado pelo saldo.

Falida: acervo de bens e obrigações do falido; será representada em juízo, ativa e passivamente, pelo administrador judicial.

Passiva: diz respeito a perdas e danos.

Sucessória ou da herança: constituída pelo patrimônio do *de cujus*.

✱ *V. CPC/1973, arts. 766, II, 773 e 774.*

✱ *V. CPC/2015, arts. 75, 166, 167, 334, 340, §§ 3º e 4º, e 696.*

✱ *V. Lei nº 11.101/2005 (Lei de Recuperação de Empresas e Falências), arts. 25 e 84.*

MATA ATLÂNTICA – Formação vegetal com grande riqueza de espécies, geralmente apresentando três estratos: superior com espécies arbóreas de altura entre 15 a 40 metros; intermediário com alta densidade de espécies, constituído por arbustos, arvoretas e árvores de pequeno porte, entre 3 e 10 metros;

e um terceiro, composto por grande variedade de ervas rasteiras, cipós, trepadeiras, além de palmeiras e samambaias. A Mata Atlântica abriga grande variedade de espécies da fauna brasileira, como: onça, sagui de tufo preto, paca, cotia, tucano de bico verde, serelepe, monocarvoeiro, entre outras. Essa vegetação atualmente recobre principalmente o litoral e Serra do Mar, estendendo-se para o interior do Estado, onde adquire características típicas de clima mais seco com perda de folhas, floração e frutificação em períodos bem determinados. Entre as espécies vegetais da Mata Atlântica encontram-se o pau-jacaré, bromélias, palmeiras, o guapuruvu e a imbaúba. A Mata Atlântica, que outrora recobria todo o litoral brasileiro, do Rio Grande do Norte ao Rio Grande do Sul, atualmente representa apenas 3% da área original.

MATAR – Assassinar, tirar a vida de alguém, praticar homicídio.

✱ *V. CP, art. 121.*

MATER SEMPER CERTA EST, PATER AUTEM INCERTUS – (Latim) A mãe é sempre certa, o pai, porém, incerto.

MATÉRIA – O fundamento de fato ou de direito, a substância de uma enunciação jurídica. Essência de obra escrita, do assunto tratado em uma obra.

De direito: normas legais que dizem respeito a uma controvérsia.

De fato: relativa apenas aos eventos e prova discutidos no processo.

Do direito: o que é objeto das normas jurídicas.

Irrelevante: que não pode exercer nenhum efeito na causa em julgamento.

Nova: que sobrevém à sentença ou execução ou que até então não foi alegada e apreciada na causa principal.

Relevante: que, por ser adequada ou pertinente à causa, pode influir no julgamento desta, como a fundada no direito expresso ou em prova.

Velha: já deduzida e julgada.

MATERIAL AVANÇADO – É o material que, devido às suas propriedades intrínsecas ou ao seu processo tecnológico de preparação, possui a potencialidade de gerar novos produtos e processos inovadores de elevado valor tecnológico e econômico, de elevar o desempenho, de agregar valor ou de introduzir novas funcionalidades aos produtos e processos tradicionais.

✱ *V. Dec. nº 10.746/2021 (Institui a Política de Ciência, Tecnologia e Inovação de Materiais Avançados e o Comitê Gestor de Materiais Avançados), art. 3º, I.*

MATERNIDADE – Estado ou qualidade de mãe, de genitora. Relação de parentesco que liga a mãe ao seu filho. Quando a maternidade constar do termo de nascimento do filho, a mãe só poderá contestá-la provando a falsidade do termo ou das declarações nele contidas, em processo contencioso.

✱ *V. CC, arts. 1.608 e segs.*

✱ *V. Lei nº 6.015/1973 (Lei de Registros Públicos), art. 113.*

MATRICIDA – Aquele que mata a própria mãe, que comete *matricídio.*

MATRÍCULA – Inscrição do comerciante no Registro do Comércio; inscrição renovável do navio no porto de domicílio do armador, relativa à viagem que vai empreender. É um dos papéis de bordo; inscrição em registros públicos para legalizar o exercício de algumas funções ou garantir o gozo de certos direitos.

De Universidade Pública: "A cobrança de taxa de matrícula nas universidades públicas viola o disposto no art. 206, IV, da Constituição Federal" (Súm. Vinc. nº 12).

MATRILINEAR – Sucessão feita pela linha materna.

MATRIMÔNIO – *V. Casamento.*

MAU PROCEDIMENTO – Modo de proceder ilegal, imoral, amoral, contrário ao Direito e aos bons costumes. É motivo de justa causa para a dispensa do empregado.

✱ *V. CLT, art. 482,* b.

MAUS-TRATOS – Delito que consiste em submeter alguém a trabalho excessivo ou inadequado, abusar dos meios de correção ou disciplina, privar de alimentação ou dos cuidados indispensáveis, estando a pessoa sob sua autoridade, guarda, ou vigilância para fins de educação, ensino, tratamento ou custódia, expondo-a a perigo de vida ou de saúde. A pena é de detenção de 2 meses a 1 ano ou multa. Se resultado de lesão corporal de natureza grave, reclusão de 1 a 4 anos; se resulta a morte, reclusão de 4 a 12 anos. Perderá o poder familiar, por ato judicial, o pai ou a mãe que castigar imoderadamente o filho. Verificada a hipótese de maus-tratos, pelos pais ou responsável pelo menor, a autoridade poderá determinar, como medida cautelar, o afastamento do agressor da moradia comum. A prática de maus-tratos, contra animais silvestres, domésticos ou domesticados, nativos ou exóticos é crime ambiental, punido com detenção de três meses a um ano e multa.

✱ *V. CP, art. 136.*

✱ *V. CC, arts. 1.635 a 1.638, I.*

✱ *V. Lei nº 8.069/1990 (Estatuto da Criança e do Adolescente), arts. 129 e 130.*

✱ *V. Lei nº 9.605/1998 (Lei dos Crimes Ambientais), art. 32.*

MAXIMA CAPITIS DEMINUTIO EST CUM ALIQUIS SIMUL ET CIBITATEM ET LIBERTATEM AMISIT – (Latim) A diminuição máxima da capacidade se dá quando alguém perde a cidadania e a liberdade.

MEAÇÃO – Contrato rural, no qual se estabelece a divisão, em duas partes iguais, dos frutos colhidos, entre o dono da terra e o parceiro ou meeiro que a cultiva. Diz-se do direito de copropriedade sobre a coisa comum, no condomínio por meação de paredes, cercas, muros e valas. No casamento com comunhão universal de bens, se ele se dissolve, cada cônjuge recebe a sua meação ou, no caso de morte, os seus herdeiros. Diz-se, ainda, da parte que cabe ao cônjuge supérstite, que é a metade dos bens do acervo, sendo a herança a outra metade que cabe aos herdeiros. Um cônjuge não pode dispor, em testamento, da meação do outro.

✱ *V. CC, arts. 1.667 a 1.671, 1.297 a 1.313, 1.314 a 1.330.*

✱ *V. Lei nº 6.515/1977 (Lei do Divórcio), art. 2º, parágrafo único.*

MEADO – Em termos de data, é sempre o 15º dia, qualquer que seja o mês.

MEDIAÇÃO – Ato ou efeito de mediar, intervir para obter acordo entre pessoas físicas ou jurídicas; atividade que consiste em aproximar as partes interessadas na concretização de um negócio, mediante comissão a ser paga por uma ou pelas duas partes. O mesmo que *corretagem* (q.v.). No Dir. Comercial, são chamados de *agentes auxiliares do comércio*; no Dir. Imobiliário, os corretores têm sua atividade disciplinada em lei, sendo autuados e presos aqueles que não estiverem legalmente inscritos e registrados nessa função. O locador é obrigado a pagar as taxas de administração imobiliária, se houver, e as de *intermediação*, nestas compreendidas as despesas necessárias à aferição da idoneidade do locatário e de seu fiador.

✱ *V. Lei nº 6.530/1978 (Regula a profissão de corretor de imóveis).*

✱ *V. Dec. nº 81.871/1978 (Regulamenta esta lei, art. 5º).*

✱ *V. Lei nº 8.245/1991 (Lei das Locações), art. 22, VII.*

MEDICAMENTO – 1. Palavra oriunda do latim *medicamentu*, que se refere a produto farmacêutico destinado a curar enfermidade ou aliviar os sintomas desta. 2. O receituário odontológico ou médico necessário para medicamentos sujeitos a prescrição e de uso contínuo, durante o período de calamidade pública gerada pela pandemia de Coronavírus (COVID-19), será válido enquanto as medidas de isolamento para contenção da doença continuarem.

Genérico: 1. Medicamento vendido com o nome técnico, ou seja, o nome do princípio ativo que o compõe, devendo preceder a marca comercial na receita médica, bem como na embalagem. 2. Consoante a Lei nº 6.360/1976, é um medicamento similar a um produto de referência ou inovador, que se pretende ser com este intercambiável, geralmente produzido após a expiração ou renúncia da proteção patentária ou de outros direitos de exclusividade, comprovadas a sua eficácia, segurança e qualidade, e designado pela Denominação Comum Brasileira – DCB ou, na sua ausência, pela Denominação Comum Internacional – DCI.

Referência: Segundo a Lei nº 6.360/1976, trata-se do produto inovador registrado no órgão federal responsável pela vigilância sanitária e comercializado no País, cuja eficácia, segurança e qualidade foram comprovadas cientificamente no órgão federal competente, por ocasião do registro.

Similar: Nos termos da Lei nº 13.235/2015, que alterou o inc. XX do art. 3º da Lei nº 6.360/1976, é aquele que contém o(s) mesmo(s) princípio(s) ativo(s), que apresenta a mesma concentração, forma farmacêutica, via de administração, posologia e indicação terapêutica e que é equivalente ao medicamento registrado no órgão federal responsável pela vigilância sanitária, podendo diferir somente em características relativas ao tamanho e à forma do produto, ao prazo de validade, à embalagem, à rotulagem, aos excipientes e veículos, comprovadas a sua eficácia, segurança e qualidade, devendo sempre ser identificado por nome comercial ou marca.

✱ *V. Lei nº 6.360/1976 (Dispõe sobre a Vigilância Sanitária a que ficam sujeitos os Medicamentos, as Drogas, os Insumos Farmacêuticos e Correlatos, Cosméticos, Saneantes), art. 3º.*

✱ *V. Lei nº 14.028/2020 (Altera a Lei nº 13.979, de 6 de fevereiro de 2020, para garantir que o receituário médico ou odontológico de medicamentos sujeitos a prescrição e de uso contínuo tenha validade pelo menos enquanto perdurarem as medidas de isolamento para contenção do surto da Covid-19).*

MEDICINA – Ciência aplicada, voltada ao estudo, prevenção, tratamento e cura das doenças do ser humano. O exercício da medicina depende de aprovação em entidade de ensino especializada, com certificação do profissional no Conselho Regional de classe. A Medicina integra-se a um conjunto mais amplo de ações governamentais voltadas para a Saúde Pública, mas também pode ser exercida em regime privado, por profissionais liberais e empresas especializadas.

✱ *V. CF, arts. 196 a 200.*

✱ *V. Lei nº 3.268/1957 (Dispõe sobre o Conselho Federal e os Conselhos Regionais de Medicina), art. 17.*

✱ *V. Lei nº 6.932/1981 (Dispõe sobre as atividades do médico residente).*

✱ *V. Lei nº 8.080/1990 (Dispõe sobre o Sistema Único de Saúde – SUS).*

✱ *V. Lei nº 9.656/1998 (Dispõe sobre os planos e seguros privados de assistência à saúde).*

✱ *V. Lei nº 12.842/2013 (Dispõe sobre o exercício da medicina).*

✱ *V. Lei nº 12.871/2013 (Institui o Programa Mais Médicos para o Brasil, e regulamenta o funcionamento dos cursos de medicina).*

✱ *V. Dec. nº 20.931/1932 (Regula e fiscaliza o exercício da medicina, da odontologia, da medicina veterinária e das profissões de farmacêutico, parteira e enfermeira).*

MEDICINA DO TRABALHO – Ramo da Medicina aplicado às relações de trabalho, visando à prevenção e tratamento de acidentes de trabalho e doenças laborais. Os empregadores, sejam da iniciativa privada ou da Administração Pública, estão obrigados a adotar medidas de controle de riscos à saúde de seus empregados, bem como adotar medidas preventivas e mantem serviços de saúde do trabalho, seja por profissionais próprios ou contratados por instituições especializadas. A Medicina do Trabalho está inserida nas políticas públicas de saúde e, em um contexto mais amplo, no próprio Sistema Nacional de Seguridade Social.

✱ *V. CF, arts. 7º, XXII, e 200, II e VIII.*

✱ *V. CLT, arts. 154 a 201.*

✱ *V. Lei nº 8.080/1990 (Dispõe sobre o Sistema Único de Saúde – SUS), arts. 3º; 6º, I, c, V, e § 3º; 13, VI; 15, VI; 16, II, c, e V; 17, IV, d, e VII; e 18, III, e IV, d.*

MEDICINA LEGAL – Ramo da Medicina aplicado ao Direito, para esclarecer questões técnicas de ordem criminal, civil ou administrativa.

MÉDICO – 1. Relativo à Medicina. 2. Profissional que pratica a Medicina, com diploma legal para tanto, certificado e inscrito pelo Conselho Regional respectivo. 3. Nos termos da Lei nº 13.270/2016, que altera o art. 6º da Lei nº 12.842/2013, a denominação "médico" é privativa do graduado em curso superior de Medicina reconhecido e deverá constar obrigatoriamente dos diplomas emitidos por instituições de educação superior credenciadas na forma do art. 46 da Lei nº 9.394, de 20 de dezembro de 1996 (Lei de Diretrizes e Bases da Educação Nacional), vedada a denominação "bacharel em Medicina". 4. Para o Dir. Civil e do Consumidor, o médico tem responsabilidade por atos, lesões decorrentes de dolo ou culpa, devendo satisfazer o dano sempre que da imprudência, negligência ou imperícia, em atos profissionais, resultar morte, inabilitação de servir ou ferimento. 5. Para o Dir. Penal, há uma série de disposições especiais, seja para isentar a responsabilidade de médicos por procedimentos para salvar a vida do paciente (hipóteses dos arts. 128 e 146 do CP), seja para tipificar crimes próprios, que apenas podem ser cometidos por esses profissionais, como nos casos dos arts. 268 e 269 do CP.

✱ *V. CC, art. 951.*

✱ *V. CDC, art. 14, § 4º.*

✱ *V. CP, arts. 128, 129, § 6º, 135, 146, § 3º, I, 268, 269, 282, 302.*

✱ *V. Lei nº 3.268/1957 (Dispõe sobre o Conselho Federal e os Conselhos Regionais de Medicina), art. 17.*

✱ *V. Lei nº 9.263/1996 (Lei do Planejamento Familiar), arts. 15 e 16.*

✱ *V. Lei nº 9.434/1997 (Dispõe sobre a remoção de órgãos, tecidos e partes do corpo humano para fins de transplante e tratamento), arts. 3º, 14 a 19 e 21.*

✱ *V. Lei nº 12.842/2013 (Dispõe sobre o exercício da medicina).*

✱ *V. Lei nº 12.871/2013 (Institui o Programa Mais Médicos para o Brasil, e regulamenta o funcionamento dos cursos de medicina).*

✱ *V. Lei nº 13.333/2016 (Prorroga o prazo de dispensa de que trata o art. 16 da Lei nº 12.871, de 22 de outubro de 2013).*

✱ *V. Dec. nº 20.931/1932 (Regula e fiscaliza o exercício da medicina, da odontologia, da medicina veterinária e das profissões de farmacêutico, parteira e enfermeira).*

MÉDICO-LEGISTA – Versado em Medicina Legal, serve de perito em inquéritos policiais e instruções processuais criminais.

MÉDICO RESIDENTE – Profissional médico recém-formado, o qual exerce atividades em regime supervisionado em hospitais e unidades de saúde, com objetivo de especialização em determinada área da Medicina. Por não caracterizar, a princípio, vínculo de emprego, a residência médica é utilizada ostensivamente no Brasil por instituições públicas e privadas de assistência à saúde, como forma de burlar a aplicação da legislação trabalhista, expondo os profissionais a condições abusivas de trabalho.

✱ *V. Lei nº 6.932/1981 (Dispõe sobre as atividades do médico residente).*

✱ *V. Dec. nº 80.281/1977 (Regulamenta a Lei nº 6.932/1981).*

MEDIDA CAUTELAR – A ação cautelar visa à proteção provisória de um direito até a vinda de provimento definitivo. O processo cautelar é acessório, serve para obtenção de medidas urgentes que são necessárias ao bom desenvolvimento de outro processo, o principal. Pode a medida ser requerida antes do processo principal ou, de modo incidente, durante o seu curso. Os pressupostos da cautelar são: uma pretensão razoável, com possibilidade de ser aceita em juízo; e perigo na demora processual, como na busca e apreensão de pessoa ou de coisa. Se for preparatória, a parte tem de propor a ação em 30 dias da efetivação da medida cautelar, se não ela perde a eficácia. As cautelares são requeridas ao juiz da causa principal em curso e, se preparatórias, ao juiz competente para conhecer da ação principal. O processo cautelar, ainda que dependa do destino do principal, não é simples incidente ou procedimento, mas um terceiro gênero, ao lado dos processos de conhecimento e de execução. Medidas caute-

M

lares podem ser aplicadas, subsidiariamente, no Direito do Trabalho, como especifica a própria CLT Consideram os juristas que são aplicáveis medidas cautelares como o arresto, o sequestro de bens, caução, busca e apreensão, exibição de documentos, produção antecipada de provas, o atentado (CPC/1973, arts. 796 a 889, correspondentes aos arts. 294 a 302 do CPC/2015). O CPC/1973 apontava as medidas cautelares *típicas* e *atípicas, já o CPC/2015 não traz esse rol. Por fim, a* Lei nº 8.437/1992 dispõe sobre a concessão de medidas cautelares contra atos do Poder Público.

MEDIDA DE SEGURANÇA – Medida de caráter preventivo, que pode substituir a pena, que o juiz, na sentença condenatória ou na absolutória, impõe ao réu em face de sua periculosidade. As medidas de segurança são: internação em hospital de custódia e tratamento psiquiátrico, ou, na falta deste, em outro estabelecimento adequado; sujeição a tratamento ambulatorial. Extinta a punibilidade, não se impõe medida de segurança nem subsiste a que tenha sido imposta. Sendo inimputável o agente, o juiz determinará a sua internação; se o fato previsto como crime for punível com detenção, poderá o juiz submetê-lo a tratamento ambulatorial. A internação ou o tratamento será por tempo indeterminado, até que, por perícia médica, se comprove a cessação de periculosidade; o prazo deverá ser, no mínimo, de 3 anos. A perícia médica deverá repetir-se de ano em ano, ou a qualquer tempo, se o juiz o determinar. O internado será recolhido a estabelecimento com características hospitalares e será submetido a tratamento.

✱ *V. CP, arts. 96 a 99.*

✱ *V. CPP, arts. 378 a 380, 389, 492, II, c, 581, XIX a XXIII, 596, parágrafo único, 627, 715 e 751.*

MEDIDAS DE SEGURANÇA – O Dec. nº 7.845/2012, que regulamenta procedimentos para credenciamento de segurança e tratamento de informação classificada em qualquer grau de sigilo, e dispõe sobre o Núcleo de Segurança e Credenciamento, conceituou medidas de segurança. De acordo com o art. 2º, XII, consideram-se medidas de segurança: "(...) medidas destinadas a garantir sigilo, inviolabilidade, integridade, autenticidade e disponibilidade da informação classificada em qualquer grau de sigilo;"

MEDIDA LIMINAR – Medida preventiva cuja finalidade é a de resguardar direitos ameaçados, podendo ser requerida antes mesmo da propositura do feito em juízo, neste caso, mediante ação cautelar preparatória.

✱ *V. CPC/1973, art. 804.*

✱ *V. CPC/2015, art. 300, § 1º.*

MEDIDA PROVISÓRIA – 1. Fonte formal do Direito brasileiro, inspirada na figura análoga prevista na Constituição italiana de 1948 (art. 77), esta medida veio a substituir, na atual Constituição Federal, a figura do Decreto-lei, prevista na CF de 1967. É de competência privativa do Presidente da República, com força de lei, editada em caso de relevância e urgência. Terá de ser submetida de imediato ao Congresso Nacional para sua definitiva ratificação. Se o Congresso estiver de recesso, será convocado extraordinariamente para se reunir no prazo de 5 dias. Se não for convertida em lei no prazo de 60 dias a partir de sua publicação, a medida provisória perderá sua eficácia, devendo o Congresso Nacional disciplinar as relações jurídicas dela decorrentes, por meio de Ato Declaratório. Até 2001, era comum a substituição da Medida Provisória por outra, com número diferente e leves alterações no texto, pouco antes de esgotar-se o prazo fatal. Com a EC nº 32/2001, as Medidas Provisórias não podem mais ser reeditadas, contudo, aquelas vigentes até 10.09.2001 tiveram sua vigência prorrogada indefinidamente, até posterior conversão ou revogação por lei.

✱ *V. CF, arts. 59, V, e 62.*

✱ *V. EC nº 32/2001.*

MEDIDA PROVISIONAL – Providência urgente que se toma no curso de uma causa, como prestação de alimentos, serviços para conservação de coisa objeto de apreensão etc.

MEDIDA RESTRITIVA DE LIBERDADE – As penas privativas de liberdade podem ser de três espécies: reclusão, detenção e prisão simples. Entre a reclusão e detenção não há diferença ontológica. No entanto, suas consequências jurídicas as diferenciam. Na reclusão o regime inicial de cumprimento de pena é o fechado; já na detenção é o semiaberto. A pena de reclusão deverá sempre ser executada com prioridade sobre a de detenção. A prisão simples, por sua vez, é cumprida sem rigor penitenciário e o condenado deve permanecer separado daqueles que cumprirem pena de reclusão e detenção.

Tribunal do Júri: *V.* art. 413, § 3º, do CPP (com redação dada pela Lei nº 11.689/2008).

MEEIRO – Aquele que possui ou tem direito à metade de uma coisa ou de certos bens, como cada cônjuge em relação ao patrimônio comum do casal, sob regime de comunhão de bens. No contrato de meação rural, o proprietário e o colono são meeiros.

MEIO AMBIENTE – 1. É o conjunto de condições, leis, influências e infraestrutura de ordem física, química e biológica, que permite, abriga e rege a vida em todas as suas formas. O conceito legal do art. 3º, I, da Lei nº 6.938/1981 sinaliza o meio ambiente como uma unidade formada por inter-relações entre o homem, a natureza original, a artificial e os bens culturais, de forma interdependente. Portanto, o ambiente é um bem unitário formado também pelo patrimônio cultural em sentido amplo (histórico, artístico, turístico, paisagístico e arquitetônico). 2. A respeito dos elementos corpóreos e incorpóreos que integram o meio ambiente, diga-se que possuem conceitos e regimes jurídicos próprios, sendo constantemente alvo de legislação específica, como ocorre, por exemplo, com o patrimônio cultural, que tem tratamento constitucional. A Constituição Federal (art. 216, *caput*) define o patrimônio cultural brasileiro e ordena que o Poder Público, com a colaboração da comunidade, promova e proteja o patrimônio cultural, punindo os danos e ameaças que lhe são impostos (§ 1º). Proteger os documentos, as obras e outros bens de valor histórico, artístico e cultural. A preservação dos monumentos, as paisagens naturais notáveis e os sítios arqueológicos é competência comum da União, dos Estados, do Distrito Federal e dos Municípios (art. 23 da CF). Incumbe ao Município, ademais, legislar sobre temas de interesse local e promover a proteção do patrimônio histórico-cultural local, observada a legislação e a ação fiscalizadora federal e estadual (art. 30 da CF). 3. Não havendo dúvida da amplitude do conceito de meio ambiente, as obras e atividades potencialmente causadoras de significativa degradação ao patrimônio cultural também deverão ser precedidas por Estudo e Relatório de Impacto Ambiental (EIA/RIMA), conforme reclama o art. 225, § 1º, IV, da CF. 4. Outros meios de proteção do patrimônio ambiental são a ação civil pública (art. 1º, I, da Lei nº 7.347/1985) e a ação popular (art. 1º, *caput* e § 1º, da Lei nº 4.717/1965, e art. 5º, LXXIII, da CF). Ainda, na esfera penal, há os crimes contra o patrimônio cultural (arts. 62 a 65 da Lei nº 9.605/1998, a chamada "Lei dos Crimes Ambientais"), sem falar nas infrações administrativas ambientais previstas no Dec. nº 6.514/2008. 5. Em relação a este ato normativo infralegal, o Dec. nº 9.760/2019 inseriu diversos dispositivos, com o fim de estimular conciliações extrajudiciais entre a Administração Pública ambiental e os particulares, visando reduzir a litigiosidade em face dos autos de infração lavrados.

✱ *V. CF, arts. 5º, LXXIII, 129, III, e 225.*

✱ *V. Lei nº 6.938/1981 (Dispõe sobre a Política Nacional do Meio Ambiente), art. 3º, I.*

✱ *V. Lei nº 7.347/1985 (Lei da Ação Civil Pública), art. 1º, I, 4º, e 5º, V, b.*

✱ *V. Lei nº 9.605/1998 (Lei dos Crimes Ambientais).*

✱ *V. Lei nº 11.685/2008 (Estatuto do Garimpeiro).*

✱ *V. Dec. nº 6.514/2008 (Dispõe sobre as infrações e sanções administrativas ao meio ambiente, estabelece o processo administrativo federal para apuração destas infrações).*

✱ *V. Súmulas nºs 467, 613, 618, 623 e 629 do STJ.*

MEIRINHO – Oficial de justiça, beleguim, no antigo direito judiciário. Usa-se, atualmente, com sentido pejorativo.

MELIANTE – Criminoso, gatuno, malandro, vadio.

MEMORANDO – Comunicado breve, por escrito, para esclarecer, orientar, informar. Nota diplomática que um país envia a outro, expondo sua pretensão ou seu ponto de vista sobre questão que é por ambos negociada.

MEMÓRIA – Juridicamente, é a fixação de conservação de um fato em documento que irá servir posteriormente de prova, como na vistoria feita *ad perpetuam rei memoria*. Também *depoimento de futura memória* é o que se colhe de testemunha para apresentação em processo futuro.

MEMORIAL – 1. Sustentação escrita e dirigida a autoridade judiciária ou administrativa. 2. Peça escrita na qual uma das partes, por seu patrono, especifica razões de fato e de direito que amparam, em seu entender, a pretensão que discute em juízo. Os memoriais substituem o debate oral.

Descritivo: peça na qual o agrimensor descreve, de maneira circunstanciada, o imóvel a ser demarcado ou dividido.

De incorporação: conjunto de documentos que o incorporador deposita no Registro de Imóveis para saber-se como será a construção que se pretende levantar.

De loteamento: documentação a ser apresentada no Registro de Imóveis pelos proprietários de terras a serem loteadas, com o plano do loteamento, a descrição da propriedade e prova de inexistência de ônus.

✱ *V. CPC/1973, arts. 454, § 3º, 962, 972, 975 e 980.*

✱ *V. CPC/2015, arts. 364, 583 e 597.*

MENAGEM – Prisão fora do cárcere que a justiça concede sob promessa de que o preso não sairá do lugar onde está ou do que lhe for designado. É benefício concedido a militares e cumprida a pena sem rigor carcerário. O Dec.-lei nº 1.002/1969 trata da menagem a militar por crime cuja pena máxima privativa de liberdade não exceda a 4 anos, levando-se em conta a natureza do crime e os antecedentes do acusado, norma que se estende às pessoas equiparadas ao militar e ao civil sujeito à legislação castrense. A menagem é aplicada durante o estado de sítio, quando se estabelece a permanência obrigatória em localidade determinada.

✱ *V. Dec.-lei nº 1.002/1969 (Código de Processo Penal Militar), arts. 263 a 269.*

✱ *V. CF, arts. 137 a 141.*

MENÇÃO – Referência, no corpo de um escrito, a ato, fato ou circunstância que tem relação com ele.

MENDICÂNCIA – Ato de pedir, publicamente, com habitualidade, esmolas ou auxílio de qualquer natureza, a pretexto de pobreza ou necessidade. Indigência. Se exercida por ociosidade ou cupidez é contravenção penal, apenada com prisão simples de 15 dias a 3 meses. Aumenta-se a pena de um sexto a um terço se é praticada de modo vexatório, ameaçador ou fraudulento; com simulação de moléstia ou deformidade; em companhia de alienado ou de menor de 18 anos.

✱ *V. LCP, art. 60.*

MENOR – 1. Coisa não grande, quando comparada com outra. 2. Pessoa que não atingiu a maioridade, que não alcançou, em virtude de idade, a capacidade jurídica plena; não pode, portanto, exercer pessoalmente os seus direitos, nem pode ser responsabilizado por deveres inerentes ao maior de idade. O menor goza de inimputabilidade penal até os 18 anos. Aos 16 anos, com o voto facultativo, o menor atinge a maioridade política. Diz-se *impúbere* o menor que não atingiu a idade permitida para o casamento (16 anos); *púbere*, o que pode contrair matrimônio (maior de 16 anos). O menor de 18 anos é penalmente inimputável, ficando sujeito à legislação especial. A corrupção de menores trata-se do ato de induzir alguém menor de 14 anos a satisfazer a lascívia de outrem, com reclusão, de 2 a 5 anos, conforme redação dada pela Lei nº 12.015/2009. Entregar filho menor de 18 anos a pessoa inidônea é crime apenado com detenção de 1 a 2 anos. A pena é de 1 a 4 anos de reclusão se o agente pratica delito para obter lucro ou se o menor é enviado para o exterior. Incorre na mesma pena quem auxilia a efetivação de ato destinado ao envio de menor para o exterior, com fito de lucro. O Estatuto da Criança e do Adolescente dispõe sobre sua proteção integral, considerando criança a pessoa até 12 anos de idade incompletos, e adolescente a que tem entre 12 e 18 anos. Excepcionalmente, aplica-se o Estatuto às pessoas entre 16 e 18 anos de idade. A lei trata de seus direitos fundamentais, da prevenção de ocorrência de ameaça ou violação de seus direitos, da política de atendimento, das medidas de proteção, da prática de ato infracional, das medidas pertinentes aos pais ou responsáveis, do acesso à justiça, da perda e suspensão do poder familiar, da destituição da tutela, da adoção, da colocação em família substituta, da liberdade assistida etc. Prescreve em um ano, contado o prazo do dia em que chegar à maioridade, a ação do filho para desobrigar e reivindicar imóveis de sua propriedade, alienados ou gravados pelo pai fora dos casos expressos em lei; e a ação dos herdeiros do filho, a contar do dia do falecimento, se o filho morreu menor, e também a do seu representante legal, se o pai decaiu do poder familiar, correndo o prazo da data em que houver decaído. O adotado, quando menor ou interdito, poderá desligar-se da adoção no ano imediato àquele em que cessar a interdição ou a menoridade. Quem institui um menor herdeiro, ou legatário seu, poderá nomear-lhe curador especial para os bens deixados, ainda que o menor esteja sob o poder familiar ou curatela. Os menores abandonados terão tutores nomeados pelo juiz ou serão recolhidos a estabelecimentos públicos destinados a este fim. O mútuo feito a menor, sem prévia autorização de quem o guarda, não pode ser reavido nem do mutuário nem de seus fiadores ou abonadores; este dispositivo perde eficácia se a pessoa que poderia autorizar o mútuo o ratificar depois; se o menor, ausente essa pessoa, foi constrangido a contrair o empréstimo para seus alimentos habituais; se o menor tiver bens como os indicados no art. 1.693, II, do CC; neste caso, a execução do credor não lhe poderá ultrapassar as forças.

✱ *V. CF, arts. 14, § 1º, II, c, e 228.*

✱ *V. CC, arts. 3º e 5º, §§ 1º e 2º.*

✱ *V. CPC/1973, arts. 405, § 1º, III, e 888, IV e V.*

✱ *V. CPC/2015, arts. 71 e 447, § 1º, III.*

✱ *V. CP, arts. 27, 65, I, 115, 218 e 245.*

✱ *V. Lei nº 8.069/1990 (Estatuto da Criança e do Adolescente – ECA).*

✱ *V. EC nº 65/2010 (Deu nova redação ao art. 227, § 3º, VII, da CF, para que haja programas de prevenção e atendimento especializado à criança, ao adolescente e ao jovem dependente de entorpecentes e drogas afins).*

MENORIDADE – Período de vida em que a pessoa, por causa da idade, não tem capacidade jurídica plena. A incapacidade do menor é *absoluta*, quando tem menos de 16 anos; e *relativa*, se maior de 16 e menor de 18; mas a incapacidade pode cessar pela *emancipação* (q.v.).

✱ *V. CC, arts. 3º e 4º.*

MENS LEGIS – (Latim) O espírito da lei.

MENS LEGISLATORIS – (Latim) A intenção do legislador.

MENS SANA IN CORPORE SANO – (Latim) Mente sã em corpo sadio.

MERCADORIA – Todo bem móvel objeto de ato de comércio, que seja apreciável, permutável, suscetível de ser cortado, pesado e medido.

MERCÊ – Benefício, dádiva, graça; deferimento.

MERITÍSSIMO – De grande mérito. Tratamento dispensado aos juízes togados de primeira instância. Abrevia-se MM. Nos arrazoados aos tribunais prefere-se a expressão *Colenda Câmara* ou *Turma*, ou *Egrégio Tribunal*.

MÉRITO – 1. Qualidade apreciável de uma coisa ou pessoa. 2. Merecimento, honra, préstimo, valor. 3. Tudo quanto diz respeito à substância do pedido, ao conteúdo do feito, razão de ser de uma petição, arrazoado ou causa. Aprecia-se o mérito após as questões preliminares, pois estas poderão tornar prejudicado o pedido. O juiz, pela apreciação do mérito, julgará procedente a ação e dará a sentença. O juiz conhecerá diretamente do pedido, proferindo a sentença, quando a questão de mérito for unicamente de direito ou, sendo de direito e de fato, não houver necessidade de produzir prova em audiência; ou quando ocorrer a revelia, a menos que o revel compareça antes do julgamento. Em recurso à segunda instância, rejeitada a preliminar, ou se com ela for compatível a apreciação do mérito, seguir-se-ão a discussão e julgamento da matéria principal, pronunciando-se sobre esta os juízes vencidos na preliminar. O CPC/1973, bem como o CPC/2015 preveem todas as hipóteses para a extinção do processo com e sem julgamento do mérito.

✱ *V. CPC/1973, arts. 267, 269, 330, I, e 561.*

✱ *V. CPC/2015, arts. 355, 485, 487 e 939.*

MESA – Diz-se do conjunto de pessoas que dirigem os trabalhos de uma reunião ou sessão legislativa, judiciária ou deliberativa.

METADE DISPONÍVEL – *V. Parte disponível.*

MICROEMPREENDEDOR INDIVIDUAL – Classificação empresarial para fins tributários, criada pela LC nº 128/2008, que inseriu os arts. 18-A a 18-C à LC nº 123/2006 (Estatuto da Micro e Pequena Empresa). O processo de abertura, registro, alteração e baixa do microempreendedor individual de que trata o art. 18-A da LC nº 123, de 14 de dezembro de 2006, bem como qualquer exigência para o início de seu funcionamento deverão ter trâmite especial e simplificado, preferentemente eletrônico, opcional para o empreendedor, na forma a ser disciplinada pelo Comitê para Gestão da Rede Nacional para a Simplificação do Registro e da Legalização de Empresas e Negócios – CGSIM. Poderão ser dispensados o uso da firma, com a respectiva assinatura autógrafa, o capital, requerimentos, demais assinaturas, informações relativas à nacionalidade, estado civil e regime de bens, bem como remessa de documentos, na forma estabelecida pelo CGSIM.

✱ *V. LC nº 123/2006 (Estatuto Nacional das Microempresas e Empresas de Pequeno Porte), arts. 18-A a 18-E.*

✱ *V. CC, art. 968, §§ 4º e 5º.*

MICROEMPRESA – 1. Firma individual ou sociedade empresária, com faturamento bruto anual até R$ 240.000,00 (duzentos e quarenta mil reais), que aufere vantagens fiscais, como a isenção do Imposto de Renda. Em seguida à sua denominação ou firma, adotará a expressão "microempresa" ou a abreviatura ME. 2. O Estatuto da Microempresa (LC nº 123/2006) dispensa a escrituração, mandando arquivar apenas a documentação relativa aos negócios realizados. A isenção abrange livros fiscais e comerciais. O microempresário goza de benefícios tributários e tem condições especiais em operações de crédito. Pode requerer registro como microempresário o comerciante individual ou a sociedade comercial de receita bruta anual não superior a certa soma, salvo as exceções que a lei estabelece. Além dos benefícios previstos expressamente na LC nº 123/2006, há diversos outros diplomas legais que preveem tratamento favorecido às microempresas, por exemplo, a Lei nº 8.666/1993, revogada pela Lei nº 14.133/2021, que estabelece preferência para a adjudicação de propostas formuladas em certames licitatórios. 3. A Lei nº 13.999/2020 instituiu o Programa Nacional de Apoio às Microempresas e Empresas de Pequeno Porte (PRONAMPE) para o fomento de pequenos negócios. A referida lei foi alterada pela Lei nº 14.045/2020 para instituir linha de crédito destinada a profissionais liberais que trabalham como pessoa física, durante o estado de calamidade pública provocado pela pandemia de Coronavírus (COVID-19).

✱ *V. CF, arts. 146, III,* d, *e 179.*

✱ *V. ADCT, arts. 47 e 94.*

✱ *V. LC nº 48/1984 (Estabelece normas integrantes do Estatuto da Microempresa relativas à isenção de ICMS e de ISS).*

✱ *V. LC nº 123/2006 (Estatuto Nacional das Microempresas e Empresas de Pequeno Porte).*

✱ *V. Lei nº 6.938/1981 (Dispõe sobre a Política Nacional do Meio Ambiente), arts. 17-D, § 1º, I, e 17-I, II.*

✱ *V. Lei nº 8.666/1993 (Regulamenta o art. 37, XXI, da CF, institui normas para licitações e contratos da Administração Pública e dá outras providências), arts. 3º, § 14, 5º-A e 33, III. Revogada pela Lei nº 14.133/2021.*

✱ *V. Lei nº 9.099/1995 (Dispõe sobre os Juizados Especiais Cíveis e Criminais), art. 8º, § 1º, II.*

✱ *V. Lei nº 10.259/2001 (Dispõe sobre a instituição dos Juizados Especiais Cíveis e Criminais no âmbito da Justiça Federal), art. 6º, I.*

✱ *V. Lei nº 11.101/2005 (Lei de Recuperação de Empresas e Falências), arts. 24, § 5º, 26, IV, 41, IV, 51, § 2º, 68, parágrafo único, 70 a 72, 83, IV,* d, *168, § 4º, e 192, § 2º.*

✱ *V. Lei nº 12.153/2009 (Dispõe sobre os Juizados Especiais da Fazenda Pública, no âmbito dos Estados, do Distrito Federal, dos Territórios e dos Municípios), art. 5º, I, § 1º, II.*

✱ *V. Lei nº 13.999/2020 (Institui o Programa Nacional de Apoio às Microempresas e Empresas de Pequeno Porte*

(PRONAMPE), para o desenvolvimento e o fortalecimento dos pequenos negócios; e altera as Leis nºs 13.636, de 20 de março de 2018, 10.735, de 11 de setembro de 2003, e 9.790, de 23 de março de 1999).

✱ *V. Lei nº 14.045/2020 (Altera a Lei nº 13.999, de 18 de maio de 2020, para instituir linha de crédito destinada aos profissionais liberais que atuem como pessoa física, durante o estado de calamidade pública reconhecido pelo Decreto Legislativo nº 6, de 20 de março de 2020, e a Lei nº 12.087, de 11 de novembro de 2009, para criar o Conselho de Participação em Fundos Garantidores de Risco de Crédito para Microempresas e para Pequenas e Médias Empresas e o Conselho de Participação em Operações de Crédito Educativo).*

✱ *V. Dec. nº 6.204/2007 (Regulamenta o tratamento favorecido, diferenciado e simplificado para as microempresas e empresas de pequeno porte nas contratações públicas de bens, serviços e obras, no âmbito da Administração pública Federal).*

✱ *V. Dec. nº 8.364/2014 (Regulamenta o Fórum Permanente das Microempresas e Empresas de Pequeno Porte).*

✱ *V. Súm. nº 184 do STJ.*

✱ *V. Súm. nº 377 do TST.*

MILÍCIA – 1. Força militar de um país, normalmente associada a tropas que reforçam o exército regular. 2. Para a legislação penal, caracteriza-se por ser uma organização criminosa, comumente agindo sob pretexto de prestar serviços de segurança privada, praticando atos de extermínio e outros ilícitos. Configura crime contra a paz pública, com pena de reclusão de 4 (quatro) a 8 (oito anos), sem prejuízo de caracterizar outros delitos, tipificados no Código Penal ou no Código Penal Militar. Os crimes praticados pelos membros destas organizações são inafiançáveis e imprescritíveis.

✱ *V. CF, art. 5º, XVII e XLIV.*

✱ *V. CP, arts. 121, § 6º, 129, § 7º, e 288-A.*

✱ *V. CPP, art. 323, III.*

✱ *V. Lei nº 12.850/2013 (Define organização criminosa e dispõe sobre a investigação e o procedimento criminal).*

✱ *V. Lei nº 8.072/1990 (Dispõe sobre crimes hediondos), art. 1º, I.*

MILITAR – Membro das Forças Armadas ou de corporações auxiliares, como as milícias estaduais. O domicílio do militar na ativa é onde ele servir; o dos oficiais e tripulantes da Marinha Mercante é o lugar onde o navio estiver matriculado. Não corre prescrições contra os que estiverem servindo nas Forças Armadas em tempo de guerra. Pode escusar-se de tutela os militares em serviço. O CC dispõe também sobre o testamento militar. O militar, na ativa, será citado na unidade em que estiver servindo, se não se conhecer sua residência ou nela não for encontrado. São absolutamente impenhoráveis o soldo e os equipamentos dos militares. Na prestação alimentícia devida por militar, o juiz mandará descontar em folha de pagamento a importância. Se figurar em rol de testemunhas, o militar será requisitado pelo juiz ao comando do corpo em que servir. O militar alistável é elegível; se contar menos de 10 anos de serviço, deverá afastar-se da atividade; se contar mais de dez anos de serviço, será agregado pela autoridade superior e, se eleito, passará automaticamente, no ato da diplomação, para a inatividade (CC, arts. 1.893 a 1.896; CPC/1973, arts. 216, parágrafo único, 412, § 2º, 649, IV e V, 734, correspondentes aos arts. 243, parágrafo único, 455, § 4º, III, 529, 833, IV e V, e 912 do CPC/2015; CF, art. 14, § 8º, I e III). "É vedada aos militares temporários, para aquisição de estabilidade, a contagem em dobro de férias e licenças não gozadas" (Súm. nº 346 do STJ). "Não viola a Constituição o estabelecimento de remuneração inferior ao salário mínimo para as praças prestadoras de serviço militar inicial" (Súm. Vinc. do STF nº 6).

MINA – Local onde são encontrados minérios, combustíveis, água, metais, à flor da terra ou no subsolo. Minas e jazidas são propriedades diferentes da do solo; também se diz da cavidade artificial para extração desses bens. As minas podem ser objeto de hipoteca, independentemente do solo onde se encontram.

✱ *V. CC, art. 1.473, VI.*

MINIFÚNDIO – Propriedade agrária de pequena extensão, em oposição a *latifúndio.*

MINISTÉRIO – 1. Qualquer cargo ou função, pública ou particular. 2. Exercício de uma atividade, ocupação ou profissão. 3. Sacerdócio. 4. Para o Dir. Administrativo, é um órgão do Poder Executivo federal, com atribuições previamente designadas em lei, geralmente agrupadas por afinidade de temas correlatos. 5. A CF prevê que a criação, alteração e atribuição e competências aos ministérios dependem de lei, cuja autoria é privativa do Presidente da República. 6. Atualmente, a organização dos ministérios é regida pela Lei nº 13.844/2019, decorrente da conversão da MP nº 870/2019, que, entre diversas alterações, destaca-se pela extinção do Min. do Trabalho, que existia há décadas, agora transformado em Secretaria subordinada ao Min. da Economia, o que apresenta forte caráter simbólico, pois representa a submissão do trabalho ao capital mesmo no âmbito administrativo.

✱ *V. CF, arts. 61,§ 1º, II, e, e 88*

✱ *V. Lei nº 13.844/2019 (Estabelece a organização básica dos órgãos da Presidência da República e dos Ministérios).*

MINISTÉRIO PÚBLICO – 1. Instituição permanente, essencial à função jurisdicional do estado, incumbindo-lhe a defesa da ordem jurídica, do regime democrático e dos interesses sociais e individuais indisponíveis 2. Órgão de natureza administrativa encarregado de defender interesses da sociedade e de fiscalizar a aplicação e a execução das leis. 3. Os membros do Ministério Público dos Estados, do Distrito Federal e Territórios são denominados promotores de Justiça e atuam em varas criminais; curadores de massa falida, curadores de ausentes e incapazes, de família e sucessões, de acidentes de trabalho e de menores. 4. Os membros do Ministério Público da União são denominados conforme o ramo do Poder Judiciário perante o qual atuam, sendo Procuradores da República, Procuradores do Trabalho, Procuradores Eleitorais ou Promotores da Justiça Militar. 5 São funcionalmente independentes, embora funcionários da Administração Pública. A independência funcional também opera dentro da própria instituição, de modo que os membros não são obrigados a aderir a pareceres ou peças processuais exaradas por outros membros em processos judiciais. 6. Compete ao Ministério Público velar pelas fundações; se estas estenderem sua atividade a mais de um Estado, caberá em cada um deles ao Ministério Público esse encargo. 7. As nulidades do ato jurídico podem ser alegadas pelo Ministério Público quando lhe couber intervir, assim como a nulidade do casamento, a menos que tenha já falecido um dos cônjuges. 8. Sempre que no exercício do poder familiar colidirem interesses dos pais com os do filho, a requerimento deste ou do Ministério Público, o juiz lhe dará curador especial; também no caso de abuso de poder do pai ou da mãe, cabe ao juiz, a requerimento de parente ou do Ministério Público adotar medida cabível suspendendo até o poder familiar. 9. A interdição deve ser promovida pelo Ministério Público no caso de loucura furiosa; se não existir, ou não promover a interdição o pai, a mãe, o tutor, o cônjuge ou parente próximo; se existirem, mas forem menores ou incapazes. O Ministério Público será o defensor nos casos em que não for o promotor da interdição. 10. Cabe ao Ministério Público requerer a sucessão provisória ao juízo competente, quando não houver interessados após o prazo legal de 2 anos. 11. Pode-se requerer a inscrição e especialização da hipoteca legal dos incapazes ao Ministério Público, na falta do pai, mãe, tutor ou curador, assim como a inscrição da hipoteca legal do ofendido, além deste, ao Ministério Público, sobre os imóveis do delinquente para o cumprimento das penas pecuniárias e pagamento das custas, podendo os interessados solicitar sua promoção oficial ao Ministério Público. 12. Se os encargos da doação, a que o donatário está obrigado a cumprir, forem de interesse geral o Ministério Público pode exigir a sua execução, depois da morte do doador, se esse não o tiver feito. 13. A Lei nº 13.894/2019 previu que o Ministério Público intervirá, quando não for parte, nas ações de família em que figure mulher vítima de violência doméstica.

✱ **V.** *CF, arts. 21, XIII, 22, XVII, 94, 107, I, 108, I, a, e 127 a 130.*

✱ **V.** *LC nº 75/1993 (Estatuto do Ministério Público da União).*

✱ **V.** *Lei nº 8.625/1993 (Lei Orgânica do Ministério Público).*

✱ **V.** *Lei nº 7.347/1985 (Lei da Ação Civil Pública), arts. 5º, I e §§ 1º e 3º; 6º; 7º; 8º, § 1º; 9º; 10; 13; 15.*

✱ **V.** *CC, arts. 50, 168, 1.637 e 1.769.*

✱ **V.** *CDC, arts. 5º, II; 51, § 4º; 80; 82, I; 92; e 106, VI.*

✱ **V.** *CPC/1973, arts. 19, § 2º, 27, 29, 81 a 85, 121, 138, I e parágrafos, 167, par. único, 197, 198, 236, § 2º, 240, 302, par. único, 446, III, 454, 457, § 2º, 478, 480, 487, 499, 511, 566, II, 698, par. único, 731, 862, 999, 1.105, 1.122, 1.126, 1.131, III, 1.133, 1.141, 1.144, 1.145, 1.151, 1.163, 1.169, 1.177, 1.189, 1.200 a 1.204 e 1.212.*

✱ **V.** *CPC/2015, arts. 82, § 1º, 91, 93, 148, 176 a 181, 207, parágrafo único, 230, 234, § 4º, 235, 272, 341, parágrafo único, 361, 364, 367, § 2º, 626, 721, 735, § 2º, 737, 739, 740, 745, 747, 764, 765, 778, § 1º, I, 948, 956, 967, 996 e 1.007.*

✱ **V.** *CP, arts. 95; 100, §§ 1º e 3º; 101.*

✱ **V.** *CPP, arts. 5º, 16, 24, 27, 29, 39, 42, 45 a 47, 68, 87, 92, 93, 112, 115, 120, 142, 144, 257, 258, 268, 272, 333, 348, 384, 390, 399, 406, 408, 416, 419, 436, 448, 471, 473, 474, 529, 533, 564, 576, 593, 653, 654, 688, 730, 734, 745, 755, 800 e 801.*

✱ **V.** *CLT, arts. 430, parágrafo único; 477, § 3º; 642-A, § 1º, II; 736 a 755; 790-A, II; 793; 876; 895, § 1º, III; e 896, §§ 4º, 9º e 10.*

✱ **V.** *ECA, arts. 33, § 4º; 35; 50, §§ 1º e 12; 52-C, §§ 1º e 2º; 70-A, II; 88, V e VI; 90, § 3º, II; 92, § 3º; 93, parágrafo único; 95; 97, § 1º; 101, §§ 2º, 8º, 9º, 10 e 12; 102, § 4º; 118, § 2º; 121, § 6º; 124, I; 126; 128; 136, IV, XI e parágrafo único; 139; 140, parágrafo único; 141, § 1º; 148, I; 153; 155; 156, II; 157; 160 a 162; 166 a 168; 174 a 177; 179 a 182; 186, §§ 1º e 4º; 191; 193; 194; 196; 197-B; 197-D; 198, II e VIII; 199-C a 199-E; 201 a 205; 210, I; 214, § 1º; 217; 220; 221; 223; 260, § 4º; 260-H e 260-J.*

✱ **V.** *LRE, arts. 8º; 19; 22, § 4º; 30, § 2º; 52, V; 59, § 2º; 99, XIII; 104, VI; 132; 142, § 7º; 143; 154, § 3º; 184; e 187.*

✱ **V.** *Lei nº 9.099/1995 (Dispõe sobre os Juizados Especiais Cíveis e Criminais), arts. 11; 57, parágrafo único; 72; 76 a 79; 82, § 1º; e 89.*

✱ **V.** *Lei nº 12.016/2009 (Disciplina o mandado de segurança individual e coletivo), arts. 8º, 12 e 15.*

✱ **V.** *Lei nº 12.529/2011 (Lei de Defesa da Concorrência), arts. 9º, § 2º, e 87.*

✱ *V. Súmulas nºs 643, 701 e 714 do STF.*

✱ *V. Súmulas nºs 99, 116,189, 226, 234, 329, 594 e 601 do STJ.*

✱ *V. Súmulas nºs 100, VI, e 407 do TST.*

✱ *V. Orientações Jurisprudenciais nºs 130, 237 e 350 da SBDI-I do TST.*

MINISTRO – 1. Aquele que exerce um cargo, ofício ou profissão. 2. Sacerdote, clérigo, pastor. 3. Para o Dir. Administrativo, é a autoridade máxima de cada ministério da Adm. Pública federal, também denominado *Ministro de Estado*. A CF os incluiu como sujeitos a foro especial por prerrogativa de função, cuja competência para processamento de ações penais relativas a atos praticados no exercício do cargo é do Supremo Tribunal Federal. Também podem ser sujeitos ativos de crime de responsabilidade, de competência do Senado federal, após aprovação pela maioria absoluta da Câmara dos Deputados. Apenas o cargo de Ministro da Defesa é privativo de brasileiro nato.4. É o nome dado ao cargo dos juízes do Supremo Tribunal Federal do STJ, do TST, do STM e do TCU. Tais cargos só podem ser ocupados por quem tenha "notável saber jurídico", e, ainda, "reputação ilibada". Terá de ter o indicado mais de 35 anos e menos de 65 anos. Deverá ser nomeado pelo Presidente da República e ser sabatinado pelos Senadores com perguntas jurídicas, políticas e filosóficas: obtendo maioria absoluta (mais de 50%) dos Senadores não haverá óbice para o cargo; 2/3 das vagas de Ministro do STJ são reservadas a juízes de carreira e 1/3 a profissionais militantes nas atividades essenciais à Justiça (advogados e promotores). No Poder Judiciário, apenas o cargo de Ministro do STF é privativo de brasileiro nato.

✱ *V. CF, arts. 12, § 3º, IV e VII; 50, §§ 1º e 2º; 51, I; 52, I, II e III, a e b; 58, § 2º, III; 76; 84, I, II, XIV e XV e par. único; 87; 101; 102, I, c; 104; 105, I, b e c; 111-A; 119; 123.*

✱ *V. Lei nº 1.079/1950 (Define os crimes de responsabilidade e regula o respectivo processo de julgamento), arts. 1º a 38.*

✱ *V. Súmulas nºs 194 e 460 do STF.*

✱ *V. Súm. nº 177 do STJ.*

MINITRIO – Para os efeitos da legislação eleitoral, é todo veículo automotor que usa equipamento de som com potência nominal de amplificação maior que 10.000 (dez mil) e até 20.000 (vinte mil) *watts*.

✱ *V. Lei nº 9.504/1997 (Estabelece normas para as eleições), art. 38, § 12, II.*

MINUTA – Esboço, rascunho, de ato, documento ou contrato escrito, que deve ser submetido à aprovação, revisto, corrigido, antes de se tornar um texto definitivo. Redação oral ou escrita, ditada ou oferecida pela parte ao tabelião; alegações escritas pelo agravante para sustentar seu direito, concluindo por pedir a reforma da decisão de que recorreu.

MINUTAR – Redigir ou ditar a minuta.

MITOMANIA – Tendência patológica para a mentira, para atrair a atenção das pessoas ou alcançar a compaixão de outrem. Em sua forma mais acentuada, o mitômano faz acusações e auto-acusações de falsos crimes ou de denúncias e depoimentos falsos.

MOBBING – (Inglês) *V. Assédio moral.*

MOÇÃO – Propositura que contém uma declaração ou recomendação. Pode ser *de censura* ou *de desconfiança*, isto é, deliberação parlamentar que desautoriza o gabinete podendo causar sua queda.

MODAL – Disposição que grava com modo ou encargo, como na doação modal.

MODIFICAÇÕES DA PENHORA – A penhora feita pode sofrer modificações que consistem ou na substituição do bem penhorado por dinheiro depositado com juros e custas, ou substituição por outros bens em lugar do que foi apreendido; ou ainda em ampliação ou redução da penhora, dependendo da avaliação e de requerimento do exequente ou do executado.

MODO – Forma, maneira de ser. O mesmo que *encargo*. Pode ser: *originário*, quando começa a ter existência com o próprio ato; *derivado*, quando sucede a outro, ou a fato já existente. Como a condição e o termo, é elemento acidental do ato jurídico.

MODULAÇÃO DE EFEITOS – 1. Técnica de decisão judicial, pela qual se fixa, no tempo, os efeitos de determinada norma declarada nula, a fim de preservar situações jurídicas constituídas ou tendo em vista razões de segurança jurídica ou excepcional interesse social. 2. Surge expressamente no Dir. brasileiro com as Leis nºs 9.868/1999 e 9.882/1999, as quais regem, respectivamente, o processo de ação direta de inconstitucionalidade e de arguição de preceito fundamental. Referidos diplomas permitem que o Pleno do STF, ao declarar a inconstitucionalidade de lei ou ato normativo do Poder Público, restrinja os efeitos da decisão ou decida que ela somente tenha eficácia a partir do trânsito em julgado ou outro momento que venha a ser fixado. A Lei nº 11.417/2006, que disciplina o procedimento de edição de súmulas vinculantes, também adota esta possibilidade. Em qualquer caso, o quórum para a fixação temporal de efeitos é de 2/3 (dois terços) dos membros da Corte. Posteriormente, o STF passou a adotar a modulação de efeitos também ao julgamento de recursos extraordinários com repercussão geral reconhecida. 3. A Lei nº 13.015/2014 alterou dispositivos da CLT acerca do processamento de recursos de revista perante o TST, inserindo o art. 896-C, cujo § 17 estabelece que, ao proceder à revisão de jurisprudência consolidada em julgamento de recursos repetitivos, o Tribunal Superior do Trabalho poderá modular os efeitos de sua decisão, a fim de preservar a segurança jurídica das relações firmadas sob a égide da jurisprudência anterior.

✱ *V. Lei nº 9.868/1999 (Dispõe sobre o processo e julgamento da ação direta de inconstitucionalidade e da ação direta de constitucionalidade perante o STF), art. 27.*

✱ *V. Lei nº 9.882/1999 (Dispõe sobre o processo e julgamento da arguição de descumprimento de preceito fundamental), art. 11.*

✱ *V. Lei nº 11.417/2006 (Disciplina a edição, revisão e cancelamento de enunciado de súmula vinculante pelo STF), art. 4º.*

✱ *V. CLT, art. 896-C, § 17.*

MODUS ADQUIRENDI – (Latim) Maneira de adquirir.

MODUS FACIENDI – (Latim) Maneira de agir.

MODUS IN REBUS – (Latim) Originária de um verso de Horácio ("Sátiras"): *est modus in rebus*, significando "há um modo, uma medida para as coisas". Conforme a coisa deve ser, nos limites.

MODUS OPERANDI – (Latim) Maneira de operar.

MODUS VIVENDI – (Latim) Maneira de viver.

MOEDA – Meio legal de pagamento por excelência, a moeda é o instrumento comum de troca, medida usual e convencional de valor e meio legal de pagamento. Chamava-se *pecunia* no Direito Romano. Há a moeda cunhada em metal e o *papel-moeda*. *Moeda corrente* é a que está em uso; e *divisionária* é a fração da moeda principal. Falsificar moeda metálica ou papel-moeda de curso legal no país ou no estrangeiro é crime apenado com reclusão de 3 a 12 anos e multa. Incorre nas mesmas penas quem importa, exporta, adquire, vende, troca, cede, empresta, guarda ou introduz na circulação moeda falsa. Quem, tendo recebido de boa-fé, como verdadeira, moeda falsa ou alterada, a restitui à circulação, depois de conhecer a falsidade, é punido com detenção de 6 meses a 2 anos e multa. O funcionário público, diretor, gerente ou fiscal de banco de emissão, que fabrica, emite ou autoriza a fabricação ou emissão de moeda com título ou peso inferior ao determinado em lei de papel-moeda em quantidade superior à autorizada é punido com reclusão de 3 a 15 anos e multa. Nas mesmas penas incorre quem desvia e faz circular moeda, cuja circulação ainda não estava autorizada. Os crimes assimilados aos de moeda falsa são punidos com reclusão de 2 a 8 anos e multa. O máximo de reclusão é elevado a 12 anos e aumentada a multa se o crime é cometido por funcionário da repartição onde o dinheiro estava recolhido, ou tem fácil acesso a ela em razão do cargo. Também se pune o crime de fabricar, adquirir, fornecer, a título oneroso ou gratuito, possuir ou guardar maquinismo, aparelho, instrumento ou qualquer objeto especialmente destinado à fabricação de moeda. A pena é de 2 a 6 anos de reclusão e multa.

✱ *V. CP, arts. 289 a 291.*

MOLÉSTIA DO TRABALHO – É a doença que se adquire ou se desencadeia em razão de condições especiais em que o trabalho é realizado e está diretamente relacionado a ele. Chama-se *mesopatia*, do grego *mesos*, meio, e *pathos*, sofrimento. Classificada ou não como profissional, equipara-se a acidente de trabalho para fins de indenização decorrente de infortunística. O trabalhador recebe 92% do salário de contribuição do dia do acidente. São beneficiários (também das moléstias profissionais) os empregados rurais e urbanos, os temporários, os avulsos, os segurados especiais, os presidiários que exerçam trabalho remunerado. Não são beneficiários os domésticos, os empresários urbanos ou rurais, os autônomos, os eclesiásticos, os facultativos.

MOLÉSTIA PROFISSIONAL – Causada ou desencadeada pelo exercício do próprio trabalho peculiar a certa atividade, como as doenças provocadas por inalação de sílica (silicose). Alguns as denominam de *idiopatias*, ou *tecnopatias*, isto é, doenças da arte, do ofício. Caracteriza-se como acidente do trabalho e o trabalhador recebe da Previdência Social o benefício de 92% do salário de contribuição do dia do acidente. Também se diz *doença profissional*.

MONANDRIA – União de uma mulher com um só homem, legítima ou não. É o oposto de *ambigamia*.

MONARQUIA – Forma de governo segundo a classificação de Maquiavel (*O Príncipe*, Maquiavel, Hemus, 1977, edição com comentários de Napoleão Bonaparte, p. 11, tradução de Torrieri Guimarães). Caracteriza-se pelo aspecto vitalício da investidura na chefia do Estado. Pode, porém, ser temporária a chefia do governo, como ocorre na monarquia parlamentarista. O monarca somente se afasta se abdica ou morre. A forma mais comum de investidura é a hereditária. Tem o monarca o poder de escolher livremente seu sucessor: cooptação.

MONITORAÇÃO ELETRÔNICA – Fiscalização dos condenados autorizados à saída temporária no regime semiaberto e prisão domiciliar realizada por equipamento eletrônico (arts. 146-B e 146-C da Lei nº 7.210/1984).

✱ *V. Dec. nº 7.627/2011.*

✱ *V. Lei nº 12.258/2010 (Altera o Decreto-Lei nº 2.848/1940 (Código Penal), e a Lei nº 7.210/1984 (Lei de Execução Penal), para prever a possibilidade de utilização de equipamento de vigilância indireta pelo condenado nos casos em que especifica).*

MONOGAMIA – União matrimonial legítima entre um homem e uma mulher. A lei penal proíbe a *bigamia* (q.v.).

MONOPÓLIO – Privilégio ou direito exclusivo, concedido a pessoa física ou jurídica, de direito privado ou público, de fabricar ou comerciar produtos com exclusão de concorrentes ou competidores. Denomina-se: *de fato*, se a competição é limitada e resulta de circunstâncias que eliminam o concorrente mais fraco; *legal*, se instituído por lei, no interesse do Estado; este pode ser de *interesse público*, se concedido por um tempo limitado a inventor, para que explore comercialmente o seu invento; de *ordem pública* ou *de segurança*, quando o Estado detém o privilégio de explorar serviço público ou indústria, o que se chama de *monopólio estatal*; e *fiscal*, se o Estado controla e domina o mercado de certos produtos, com exclusão de similares.

MONTE – Conjunto de bens de uma herança.

Líquido ou partível: o que resta do *monte-mor*, deduzidas as dívidas, os impostos, as custas e despesas do funeral.

Mor: total dos bens da herança, apurados a final e não o que resulta apenas da avaliação.

MONTEPIO – Instituição que visa prover à subsistência dos que forem qualificados por seus filiados, indicados por eles, depois que vierem a falecer. O associado paga uma contribuição periódica que forma um pecúlio, o qual passará às pessoas beneficiárias dele. A pensão paga recebe também o nome de montepio, o qual é excluído do regime de comunhão universal de bens.

MORA – Atraso, impontualidade no cumprimento de obrigação. Quando é do devedor, diz-se *mora solvendi*; quando do credor, *mora accipiendi* ou *credendi*. *Purgar a mora*: livrar-se dela pelo pagamento do débito, pela renúncia da outra parte etc. Nos casos previstos em lei pode o devedor ou terceiro requerer, com efeito de pagamento, a consignação da quantia ou da coisa que o credor se recusa, injustificadamente, a receber.

✱ *V. CPC/1973, arts. 890 a 900.*

✱ *V. CPC/2015, arts. 539 a 549.*

✱ *V. CC, arts. 390 a 401.*

MORATÓRIA – Dilação de prazo que se concede ao devedor para pagar dívida depois de vencida. É *convencional*, se resulta de acordo entre credor e devedor, ficando este temporariamente isento dos efeitos da mora; é *legal*, se é compreendida na suspensão geral dos vencimentos e exigibilidade das obrigações vencidas, que o Governo decreta em casos de emergência a favor dos devedores.

MORE UXORIS – (Latim) Com a aparência e os costumes de casados, como os concubinos que vivem na mesma casa, como marido e mulher.

MORGANÁTICO – Casamento de príncipe com mulher do povo, que não terá os direitos do marido.

MORTE – Cessação definitiva da vida corporal do ser humano, pondo termo à sua capacidade jurídica adquirida com o nascimento. Entre os efeitos da morte, estão: a dissolução da sociedade e do vínculo conjugal; a solução dos contratos de prestação pessoal; a extinção dos mandatos, se não era em causa própria; abre-se de imediato a sucessão, transmitidos os bens a seus herdeiros. Na Lei Penal, extingue-se a punibilidade; se não existe ação penal, esta não pode mais ser interposta contra o morto; se já existe, não prossegue; se o réu condenado falecer, não se executa a pena. O meio por excelência da prova da morte é a certidão de óbito. No juízo criminal, prova-se pelo auto de exame de corpo de delito, que é suprível pela prova testemunhal, quando desaparecidos os vestígios. O Direito brasileiro não admite a *morte civil*, mas há resquícios dela no CC. A lei civil prevê indenização no caso de homicídio.

✱ *V. CC, arts. 6º, 23 a 38, 948 a 950, 1.816, 1.820, 1.882, 1.784 a 1.823.*

✱ *V. Lei nº 6.015/1973 (Lei de Registros Públicos, art. 88).*

✱ *V. Cônjuge Supérstite. Lei nº 12.195/2010 (Altera o art. 990 da Lei nº 5.869/1973 (Código de Processo Civil), para assegurar ao companheiro sobrevivente o mesmo tratamento legal conferido ao cônjuge supérstite, quanto à nomeação do inventariante).*

MORTIS CAUSA DONATIO EST QUAE INPENDENTE METU MORTUS FITI – (Latim) A doação por causa da morte é a que se faz sob ameaça do medo da morte.

MORTIS CAUSA DONATIO EST QUAE PROPTER MORTIS FITI SUSPICIONEM – (Latim) Doação por causa da morte é aquela feita por suspeita de morte.

MOTIM – Diz-se da rebelião coletiva de grupos sob disciplina estrita. Exemplos: tripulação, guarnição militar, internos ou presos (CP, art. 354). O mesmo que amotinamento.

MOTIVAÇÃO – O mesmo que *fundamentação*. Parte imprescindível da sentença em que o juiz aduz os fundamentos e as circunstâncias que embasaram o seu convencimento e o levaram a proferir a sentença. Ato pelo qual alguém indica o motivo de sua vontade expressa.

MOTIVO – Elemento determinante da ação; razão, causa.

De relevante valor social ou moral: o que é aprovado pela moral prática. É circunstância atenuante da pena em crime cometido por esse motivo.

Frívolo, fútil ou irrelevante: causa que, por insignificante ou infundada, não justifica a prática do delito e revela o ânimo perverso do agente, agravando a pena e qualificando a infração.

Justo, legal ou procedente: que prejudica o curso do processo ou impede que se realize um ato judicial.

Torpe: o que é infame, ignóbil, revelando baixeza moral. Pode constituir elemento do delito ou circunstância agravante.

MOTOBOY – Meio destinado ao transporte remunerado de mercadorias – motofrete – que somente poderá circular nas vias com autorização emitida pelo órgão ou entidade executivo de trânsito dos Estados e do Distrito Federal, conforme a Lei nº 12.009/2009, que acresceu o Capítulo XIII-A (arts. 139-A e 139-B) ao Código de Trânsito Brasileiro, que dispõe sobre a regularização da utilização de motocicletas.

MOTOCICLETA – Meio destinado ao transporte remunerado de mercadorias – motofrete – que somente poderá circular nas vias com autorização emitida pelo órgão ou entidade executivo de trânsito dos Estados e do Distrito Federal, conforme a Lei nº 12.009/2009, que acresceu o Capítulo XIII-A (arts. 139-A e 139-B) ao Código de Trânsito Brasileiro, que dispõe sobre a regularização da utilização de motocicletas.

MOTOFRETE – Meio destinado ao transporte remunerado de mercadorias que somente poderá circular nas vias com autorização emitida pelo órgão ou entidade executivo de trânsito dos Estados e do Distrito Federal, conforme a Lei nº 12.009/2009, que acresceu o Capítulo XIII-A (arts. 139-A e 139-B) ao Código de Trânsito Brasileiro.

MOTONETA – Meio destinado ao transporte remunerado de mercadorias – motofrete – que somente poderá circular nas vias com autorização emitida pelo órgão ou entidade executivo de trânsito dos Estados e do Distrito Federal, conforme a Lei nº 12.009/2009, que acresceu o Capítulo XIII-A (arts. 139-A e 139-B) ao Código de Trânsito Brasileiro, que dispõe sobre a regularização da utilização de motonetas.

MOTORISTA – 1. Pessoa que conduz automóvel ou outro veículo motorizado. 2. O CTB exige prévia habilitação do motorista, profissional ou não, como condição para condução de veículos automotores, sob pena de infração administrativa, pela qual respondem tanto o condutor desabilitado como o proprietário do veículo que permitiu a condução por pessoa não habilitada.

✱ ***V.*** *CTB, arts. 140 a 160, 162 a 164.*

MOTORISTA PROFISSIONAL – 1. Motorista que exerce profissionalmente a condução de veículos para transporte de passageiros ou de cargas. 2. A Lei nº 12.619/2012 regulamentou a profissão, inserindo dispositivos à CLT e ao CTB, aplicáveis conforme o trabalhador exerça suas funções como empregado ou profissional autônomo. Em 2015, foi editada a Lei nº 13.103, que alterou diversas disposições acerca do exercício desta atividade, estipulando o dever das empresas de transporte de realizar periodicamente exames toxicológicos em seus empregados, e esclareceu que a possibilidade de ajuste de jornada de 12 horas de trabalho por 36 de descanso, mediante acordo ou convenção coletiva, admite compensação.

✱ ***V.*** *CLT, arts. 71, § 5º, 168, § 6º, 235-A a 235-H.*

✱ ***V.*** *CTB, arts. 67-A a 67-E.*

✱ ***V.*** *Lei nº 7.290/1984 (Define a atividade do Transportador Rodoviário Autônomo de Bens).*

✱ ***V.*** *Lei nº 11.442/2007 (Dispõe sobre o transporte rodoviário de cargas por conta de terceiros).*

✱ ***V.*** *Dec. nº 8.433/2015 (Regulamento do Motorista Profissional).*

✱ ***V.*** *Orientações Jurisprudenciais nºs 332 e 388 da SBDI-I do TST.*

MOTOTAXISTA – Meio destinado ao transporte remunerado de mercadorias – motofrete – que somente poderá circular nas vias com autorização emitida pelo órgão ou entidade executivo de trânsito dos Estados e do Distrito Federal, conforme a Lei nº 12.009, de 29-7-2009, que acresceu o Capítulo XIII-A (arts. 139-A e 139-B) ao Código de Trânsito Brasileiro, que dispõe sobre a regularização da utilização de motocicletas.

✱ ***V.*** *Lei nº 12.436/2011 (veda o emprego de práticas que estimulem o aumento de velocidade por motociclistas profissionais).*

MOTU PROPRIO – (Latim) Por alta recreação; por conta própria.

MÓVEIS – Todas as coisas que podem ser transportadas de um lugar para outro, sem prejuízo e alteração de sua forma e substância, compreendidos os *semoventes*. Peças de mobília. Para os efeitos legais, são móveis: os direitos reais sobre objetos móveis e as ações correspondentes; direitos de obrigações e as respectivas ações; direitos de autor.

MULHER – A condição jurídica da mulher vem sofrendo constante evolução, notada especialmente pela promulgação das diversas leis que visam ampliar-lhe direitos e prerrogativas, como o Estatuto da Mulher Casada, pelo qual adquiriu a capacidade plena para os atos da vida civil, sem a necessidade da autorização marital (salvo para atos específicos, nos quais há a necessidade recíproca de outorga uxória). A CF estabeleceu a igualdade entre homens e mulheres, revogando quaisquer disposições legais reminiscentes em contrário, além de normas diversas que protegem o trabalho, a maternidade etc. Em 2006, foi editada a Lei nº 11.340 (Lei Maria da Penha), com o objetivo de dar proteção específica à mulher contra a violência doméstica e familiar (q.v.). A Lei elimina a possibilidade de o condenado em crime que configure violência contra a mulher sofra apenas pena pecuniária (multa ou pagamento de cestas básicas), como comumente acontecia nos Juizados Especiais Criminais. Prevê a criação de Juizados de Violência Doméstica e Familiar contra a Mulher, entre outras. *V. Lei Maria da Penha.*

✱ *V. Lei nº 13.271/2016 (Dispõe sobre a proibição de revista íntima de funcionárias nos locais de trabalho e trata da revista íntima em ambientes prisionais).*

✱ *V. Lei nº 13.272/2016 (Institui o ano de 2016 como o Ano do Empoderamento da Mulher na Política e no Esporte).*

MULTA – Indenização pecuniária ou multa fiscal, imposta pela Fazenda Pública para reparação de danos, aos infratores de leis ou regulamentos, fiscais ou administrativos. No Dir. Penal, é pena principal, complementar ou acessória e consiste em soma de dinheiro fixada na sentença. Pode, em alguns casos, ser convertida em prisão. No Dir. Civil, é sanção que se convenciona em *cláusula penal*, consistente em uma soma certa de dinheiro, paga como indenização por danos ou prejuízos causados pela parte que não cumpre prestação no prazo estabelecido; multa contratual; obrigação acessória da principal. Pode ser: *moratória*, quando cominada pelo atraso na execução da obrigação; e *compensatória*, quando a obrigação não é executada, total ou parcialmente, e equivale a perdas e danos da infração contratual.

✱ *V. CF, art. 5º, XLVI, c.*

✱ *V. CC, arts. 409 a 416.*

✱ *V. CP arts. 32, III, 49 a 52.*

MULTIPROPRIEDADE – 1. É o direito comum de uso de uma coisa que se exerce mediante rodízio. 2. É o regime de condomínio em que cada um dos proprietários de um mesmo imóvel é titular de uma fração de tempo, à qual corresponde a faculdade de uso e gozo, com exclusividade, da totalidade do imóvel, a ser exercida pelos proprietários de forma alternada. A Lei nº 13.777/2018, em vigor a partir de 4-2-2019, inseriu os arts. 1.358-B a 1.358-U ao CC, positivando o regime de condomínio em multipropriedade, o qual já era praticado por meio de contratos atípicos, como os de *time sharing* (tempo partilhado), sem constituir direito real sobre os imóveis compartilhados.

✱ *V. CC, art. 1.358-B a 1.358-U.*

✱ *V. Lei nº 6.015/1973 (Lei de Registros Públicos), arts. 176, § 1º, II, "6", §§ 10 a 12; art. 178, III.*

MUNICÍPIO – Pessoa jurídica de direito público interno, que tem autonomia político-administrativa; é a célula básica da federação brasileira. A iniciativa popular para apresentação de projetos também vigora nos municípios. Pode sofrer intervenção estadual, nos casos previstos na CF. O Município é representado em juízo, ativa e passivamente, pelo prefeito, procurador ou por Associação de Representação de Municípios expressamente autorizada para tal fim.

✱ *V. CF, arts. 29 a 31, 35 e 156.*

✱ *V. EC nº 57/2008 (Convalida os atos de criação, fusão, incorporação e desmembramento de Municípios).*

✱ *V. CPC, art. 75, inciso III.*

MÚNUS – Cargo, encargo, dever, obrigação, ofício. É *pessoal*, quando exercido apenas pela pessoa nomeada ou designada; *público*, conferido por lei e imposto pelo Estado, em benefício coletivo, não podendo ser recusado fora dos casos previstos em lei, como o serviço do júri, o serviço militar, a advocacia de ofício, a tutela, a curatela etc.

MUNUS PROPRIE EST QUOD NECESSARIE OBIMUS LEGI, MORE, IMPERIOVE EJUS QUI JUBENDI HABET POTESTATEM – (Latim) Múnus público é o dever de um homem privado; dele provem pela lei, pelo costume, pelo poder de quem tem autoridade de mandar.

MUNUS PUBLICUM EST OFFICIUM PRIVATI OMNES, EX QUO COMMODUM AD SINGULOS, UNIVERSOSQUE CIVES, REMQUEM EORUM IMPERIO MAGISTRATUS EXTRAORDINARIUM PERVENITE – (Latim) O múnus público é o dever de um homem privado; dele provem para cada cidadão e para a nação uma comodidade extraordinária, em virtude do poder de seu magistrado.

MUTATIO LIBELLI – A operação de denúncia ou queixa para nova definição jurídica do fato em razão de conhecimento posterior de uma circunstância elementar omitida na denúncia.

✱ *V. CPP, art. 384.*

✱ *V. Lei nº 11.719/2008 (Altera dispositivos do Dec.-lei nº 3.689/1941 – Código de Processo Penal –, relativos à suspensão do processo,* emendatio libelli, mutatio libelli *e aos procedimentos).*

MUTUANTE – Diz-se daquele que, no contrato de mútuo, entrega a coisa mutuada.

MUTUÁRIO – Pessoa que recebe coisa fungível por empréstimo, obrigando-se a restituir outra do mesmo gênero, qualidade e quantidade. Pessoa que contrai empréstimo de dinheiro a juros; prestamista de casa própria financiada pela Caixa Econômica Federal. O mutuário inadimplente perde seu imóvel, retomado pelo agente financeiro, que promoverá a execução administrativa ou extrajudicial da dívida, quando o mutuário atrasar o pagamento do débito por 3 meses ou mais. Para tanto, ele está apoiado na Lei nº 5.741/1971 e no Dec.-lei nº 70/1966. Estas duas legislações têm diferentes procedimentos para a retomada do bem; mas os agentes financeiros, em sua maioria, prefere aplicar os dispositivos do

Decreto-Lei. Explica-se: seu trâmite é mais rápido e o mutuário não tem oportunidade de defesa. O procedimento é o seguinte: verificado o débito (de 3 meses), o Banco envia a cobrança judicial (com juros e comissões) por meio de agente fiduciário; se em 20 dias o mutuário não liquidar os débitos, considera-se vencido o contrato e o agente exige o valor integral da dívida. A partir disso, o imóvel vai a leilão, ficando o mutuário impedido de discutir os vícios do contrato e o procedimento de execução, enquanto residir no imóvel. Só pode defender-se depois que o imóvel for vendido a terceiro. Os Bancos ignoram a Lei nº 5.741/1971, porquanto por ela a cobrança se faz judicialmente; o mutuário deverá ser citado para pagar a dívida ou depositar o valor em juízo em 24 horas. Não pagando, o agente financeiro penhora o imóvel hipotecado. Mesmo assim, o mutuário tem prazo de 10 dias, contados a partir da data da penhora, para contestar a execução da dívida. Enquanto se discute o processo, o imóvel não poderá ir a leilão. O mutuário pode, se não tiver condições de pagar a dívida, entrar na Justiça, antes de 90 dias do prazo para pagamento, pedindo a revisão do contrato.

MÚTUO – Contrato real pelo qual uma pessoa transfere a propriedade de quantidade de coisa fungível ou uma soma de dinheiro a outra. Pode ser: *gratuito*, quando feito por liberalidade, sem impor obrigação ao mutuário; *oneroso*, se fica convencionada certa remuneração ou juros; *civil*, se não tem finalidade especulativa nem são comerciantes as partes que realizam o contrato, regido por lei civil; *mercantil*, se sua finalidade é comercial, sendo uma das partes comerciante.

✱ *V. CC, art. 586.*

Consentimento: concurso de vontades ao formar-se ou dissolver-se um ato jurídico ou contrato sinalagmático.

Dissentimento: desacordo entre as partes que provoca a rescisão do contrato. Conjugação de vontades das partes para desfazer ato jurídico ou realizar o distrato.

N

NAÇÃO – Comunidade ou sociedade natural de pessoas que vivem no mesmo território e estão ligadas entre si pela mesma origem, língua, costumes, tradições históricas, cultura, tendo consciência de sua individualidade entre os demais povos e vontade determinada de mantê-la. Não se confunde com *Estado*, sendo esse a nação politicamente organizada. A nação é o elemento humano do Estado, submetido a uma lei e a um poder central.

NACIONAL – Cidadão de um país, por oposição a estrangeiro. Pessoa ou coisa com relação ao país em que nasceu ou a que pertence.

NACIONALIDADE – 1. Vínculo jurídico-político de direito interno que liga o indivíduo ao Estado em virtude do local de nascimento, da ascendência paterna ou da manifestação de vontade do interessado. 2. Vínculo com o país de nascimento pelo qual a pessoa tem direitos e deveres que decorrem de sua qualidade de cidadão. 3. Para aferição da nacionalidade física, adotam-se dois princípios: a originária ou de fato, que considera o *jus soli*, ligando o indivíduo ao lugar de seu nascimento, não importando a nacionalidade de seus genitores; o *jus sanguinis*, regulado pelo direito de sangue, de parentesco da família, sendo nacional apenas a pessoa nascida de pais nacionais; mista, quando se combinam filiação e local de nascimento; adquirida, secundária ou de direito, a que se obtém por vontade expressa da pessoa capaz, que renuncia à nacionalidade de origem. Pode ser tácita, se resulta de lei. 4. Compete à União legislar sobre nacionalidade, cidadania e naturalização. No livro de nascimento, será averbada a perda da nacionalidade brasileira, quando comunicada pelo Ministério da Justiça. Para inscrição de opção de nacionalidade, é competente o cartório da residência do optante ou de seus pais. Se residirem no estrangeiro, faz se o registro no Distrito Federal. 5. A EC nº 131/2023 extinguiu a perda da nacionalidade brasileira em razão da mera aquisição de outra nacionalidade e trouxe a possibilidade de pedido expresso de perda da nacionalidade brasileira perante a autoridade responsável, assegurado ao cidadão que renunciou readquirir sua nacionalidade brasileira originária, caso seja de seu interesse, nos termos da lei.

✱ ***V.*** *CF, arts. 12, § 4º, II, 13 e 22, XIII.*

✱ ***V.*** *EC nº 131/2023 (Altera o art. 12 da Constituição Federal para suprimir a perda da nacionalidade brasileira em razão da mera aquisição de outra nacionalidade, incluir a exceção para situações de apatridia e acrescentar a possibilidade de a pessoa requerer a perda da própria nacionalidade).*

✱ ***V.*** *Lei nº 6.015/1973 (Lei de Registros Públicos), arts. 29, § 2º, e 102, item 5º.*

NÃO À ORDEM – Cláusula que, lançada em título, impede novo endosso que não seja de mandato. Está subentendida no endosso pignoratício.

NÃO CONHECER – Expressão que significa que a instância superior recusa o conhecimento do recurso, não apreciando seu mérito.

NÃO INTERVENÇÃO – No Direito Internacional Público, é o princípio que proíbe a intromissão de um Estado na vida e nos negócios de outro. ***V.*** *Doutrina Monroe.*

NÃO RECEBER – Não admitir, não deferir, rejeitar. Ato do juiz *a quo* que não dá seguimento a recurso.

NÃO USO – Falta de uso, abandono, cessação, renúncia de coisa ou de direito real, por parte do titular, de que resulte sua extinção. As servidões prediais extinguem-se pelo não uso durante 10 anos contínuos, ficando ao dono do prédio serviente o direito de fazê-las cancelar mediante prova da extinção.

* *V. CC, art. 1.389, III.*

NASCENTE – 1. Que nasce; que começa a aparecer; que está no começo. 2. Ponto do horizonte onde nasce o Sol, leste, este, oriente, levante. 3. Ponto onde começa uma corrente de água. 4. Para fins de Dir. Ambiental, é o afloramento natural do lençol freático que apresenta perenidade e dá início a um curso d'água. 5. O Código de Águas (Dec. nº 24.643/1934) também reconhece como nascentes as águas que afloram por indústria humana, como poços artesianos, e proíbe que o proprietário de local onde aflore uma nascente restrinja o acesso do curso d'água aos vizinhos e à população, caso já tenha satisfeitas as suas necessidades. 6. O Código Civil garante o acesso à passagem forçada de cursos d'água cuja nascente esteja em terreno vizinho, se necessário, por via judicial.

* *V. Lei nº 12.651/2012 (Novo Código Florestal), arts. 3º, XVII; 4º, IV; 8º, § 1º; e 61-A, § 5º.*

* *V. Dec. nº 24.643/1934 (Código de Águas), arts. 34 e 35, 89 a 95.*

* *V. CC., arts. 1.285, 1.290, 1.309 e 1.310.*

NASCIMENTO – Início da vida extrauterina, o nascimento com vida marca o começo da personalidade humana, detentora desde então de direitos, salvaguardados por lei desde a concepção. O nascimento sem vida não gera direitos nem transfere a sucessão. Todo nascimento deve ser obrigatoriamente registrado no Registro Civil das Pessoas Naturais, mesmo o natimorto. O nascimento ou o óbito de filhos de brasileiro ou brasileira nascidos em país estrangeiro registram-se nos consulados brasileiros, sendo para tanto competentes as autoridades consulares brasileiras. Para os reconhecidamente pobres, são gratuitos o registro civil de nascimento e a certidão de óbito.

* *V. LINDB (antiga LICC), arts. 18 e 19.*

* *V. CC, art. 2º.*

* *V. CF, art. 5º, LXXVI,* a *e* b.

NASCITURO – Ser humano concebido, mas ainda no ventre materno. O nascituro tem expectativa de direito, que se consolida com o nascimento com vida. O seu direito à vida é tutelado pela lei penal, que pune o aborto.

* *V. CC, art. 2º.*

* *V. CP, art. 124.*

NATIMORTO – Feto que nasce sem vida, que não chega a respirar. Se morreu logo após o nascimento, transmite direitos, devendo-se para tanto apurar se chegou a respirar.

NATURA IURIS AB HOMINE REPETENDA – (Latim) A natureza do direito deve ser buscada no homem.

NATURALE IURI COMMUNIA SUNT OMNIUM ILLA AER ET ACQUA PROFUENS ET MARE ET PER HOC LITORA MARIS – (Latim) Por direito natural, são comuns a todos estas coisas: o ar e a água que emana e o mar e, por isso, as praias do mar.

NATURALIDADE – Qualidade ou estado de quem nasceu em certo lugar, no país em que habita ou naquele em que se fez cidadão, por naturalização. A terra onde se nasce.

NATURALIZAÇÃO – Ato jurídico gracioso pelo qual o Governo de um país concede a estrangeiro nele domiciliado, a seu pedido, direitos e prerrogativas de que desfrutam os seus naturais. A naturalização implica a perda da nacionalidade de origem. Compete privativamente à União legislar sobre naturalização. A lei não pode estabelecer distinção entre brasileiros natos e naturalizados, salvo nos casos previstos na CF Perde sua nacionalidade o brasileiro que adquirir outra por naturalização voluntária. Perde também a nacionalidade o brasileiro que tiver cancelada sua naturalização, por sentença judicial, em virtude de atividade nociva ao interesse nacional. O estrangeiro casado que se naturalizar brasileiro pode, com expressa anuência de seu cônjuge, requerer ao juiz, no ato de entrega do decreto de naturalização, se apostile ao mesmo a adoção do regime de comunhão de bens, respeitados os direitos de terceiros e dada esta adoção ao competente registro. São brasileiros naturalizados os estrangeiros de qualquer nacionalidade, residentes no Brasil há mais de 30 anos ininterruptos e sem condenação penal, desde que requeiram a nacionalidade brasileira.

* *V. LINDB (antiga LICC), art. 7º, § 5º.*

* *V. CF, art. 12, II,* b, *§ 4º, I e II.*

NAUFRÁGIO – Perda de navio, quando afunda no mar, mesmo não indo a pique. Conforme as circunstâncias, pode constituir crime de perigo comum, como em caso de incêndio. É circunstância que agrava a pena ter o agente cometido o crime em ocasião de naufrágio.

* *V. CP, arts. 61, II,* j, *e 250, § 1º, II,* c.

NECESSIDADE – Estado ou ausência de algo que deve ser satisfeito. As necessidades são individuais ou coletivas, como alimentos, água, luz, habitação, a defesa do território, a segurança pública etc. A lei distingue entre *necessidade pública* e *utilidade pública*, surgindo a primeira para atender a situações de emergência que, para se resolver, exigem a transferência *urgente* de bens de terceiros para seu domínio e uso imediato; e a segunda, quando essa transferência não é imprescindível, ainda que conveniente.

NECESSITAS FACIT JUSTUM QUOD DE JURE NON EST LICITUM – (Latim) A necessidade torna justo o que de direito não é lícito.

NECESSITAS FACIT LICITUM QUOD ALIAS ESSET ILICITUM – (Latim) A necessidade torna lícito o que de outro modo seria ilícito.

NECROFILIA – Perversão sexual, aberração repugnante, crime que consiste em profanar cadáver, satisfazendo nele o desejo libidinoso. Vilipendiar cadáver ou suas cinzas: pena de detenção de 1 a 3 anos, e multa.

✱ *V. CP, art. 212.*

NECRÓFILO – O que tem a tara da *necrofilia.*

NECROPSIA – O mesmo que *autópsia.* É o exame do cadáver feito por médico legista. Somente poderá ser realizado após seis horas da morte. (q.v.).

NEGANTI INCUMBIT PROBATIO – (Latim) A prova incumbe ao que nega.

NEGATIVA NON SUNT PROBANDA – (Latim) Negativas não devem ser provadas.

NEGATIVA – Certidão extrajudicial fornecida por órgãos públicos para informar e garantir que imóveis, títulos ou pessoas estão livres de ônus ou de processos.

NEGATIVAÇÃO – Registrar ou dar informação negativa, proibitiva ou desabonadora.

NEGLIGÊNCIA – Falta do cuidado necessário para a condução de um negócio. Descuido, incúria, desídio, desleixo. Omissão voluntária de diligência ou cuidado. Na negligência há culpa *in omittendo.* É uma forma de culpa que impõe penalidade ao agente. Quem, por negligência, violar direito ou causar prejuízo a outrem, fica obrigado a reparar o dano; terá o dono ação de perdas e danos contra aquele que, incumbido de conservar a coisa, por negligência a deixou perecer, cabendo a este direito regressivo contra terceiro. Pessoas que a lei priva de administrar os próprios bens têm ação regressiva contra seus representantes legais quando estes, por negligência, derem causa à prescrição. O tutor responde pelos prejuízos que, por negligência, causar ao pupilo, sendo destituído. O credor anticrético responde pelos frutos que, por negligência, deixar de perceber.

✱ *V. CC, arts. 186 a 188, 195, 1.752, 1.766 e 1.509.*

NEGÓCIO – Atividade, ocupação ou trabalho; conjunto de operações de natureza mercantil ou financeira. Ajuste de natureza econômica.

Fiduciário: negócio feito com base na confiança ou no crédito, como o *aval.*

Jurídico: para renomados juristas brasileiros, negócio jurídico é entidade autônoma, destacada dos atos jurídicos; caracteriza-se pela relação de causalidade entre a vontade do homem e a obtenção dos efeitos jurídicos que busca; logo, é a declaração de vontade que objetiva produzir efeitos jurídicos ou a realização de um fim prático tutelado pela ordem jurídica, segundo a *teoria voluntarista.* Já os partidários da *teoria objetivista* dizem ser o negócio jurídico um instrumento da autonomia privada, que concede ao agente a prerrogativa de autorregulamentar seus interesses (Orlando Gomes). Mas o CC brasileiro, como o francês e o italiano, segue a *teoria voluntarista*, para a qual não há diferença entre *ato jurídico* e *negócio jurídico.* O negócio jurídico pode ser: *aleatório*, quando as prestações dependem de acontecimento futuro; *bilateral*, em que há declaração de vontade das partes (contratos); *complexo*, em que as partes visam um fim comum; *cumulativo*, é o oneroso, com prestações certas, equivalentes e determinadas, que se opõe ao aleatório; *confirmatório*, é ato unilateral que consiste na declaração de renúncia à faculdade de pedir anulação do negócio; ineficaz quanto a terceiro se prejudica direito deste; *conjunto*, em que duas pessoas fazem declaração de vontade em um sentido único, como uma só parte; *constitutivo*, que ganha eficácia a partir de sua conclusão; *declaratório*, é a ratificação de outro; *formal ou abstrato*, aquele que não se vincula a uma determinada causa; *gratuito*, em que há diminuição patrimonial de uma parte sem contraprestação da outra (doação); *misto*, que tem características de dois ou mais negócios nominados; *nominado*, aquele previsto em lei, de modo expresso (locação); *oneroso*, em que há ônus para ambas as partes; *parciário*, em que há promessa de percentagem em troca de lucro que alguém obtém para outro (corretagem); *patrimonial*, aquele que envolve o patrimônio da família; *pessoal*, o que se refere ao ordenamento familiar (emancipação); *plurilateral*, o que envolve três ou mais pessoas; *receptício*, o unilateral, em que uma pessoa deve tomar conhecimento da declaração de vontade, como na revogação de mandato; *de simples administração*, que diz respeito apenas aos frutos sem diminuição do patrimônio; *de simples disposição*, aquele que implica alteração do patrimônio do titular; *solene*, aquele que, para ter validade, depende de que se observe a forma prescrita em lei; *unilateral*, em que basta a declaração de uma só pessoa (testamento, confissão de dívida etc.). Comete crime de concorrência desleal, apenado com detenção de 3 meses a 1 ano, e multa, quem divulga ou explora, sem autorização, quando a serviço de outrem, segredo de fábrica ou de *negócio* que lhe foi confiado ou que conhece em razão de serviço (Lei nº 9.279/1996, art. 195). O CC/2002 considera *nulo*, e não apenas *anulável*, o negócio simulado.

NEGOTIORUM GESTIO – (Latim) Gestão de negócios.

NEMINEM IGNORANTIA LEGIS EXCUSAT – (Latim) A ninguém escusa a ignorância da lei.

NEMO ALIENUM NOMNE LEGI AGERE POTEST – (Latim) Ninguém, por lei, pode agir em nome alheio.

NEMO AUDITUR PROPRIAM TURPITUDINEM ALLEGAS – (Latim) Ninguém é ouvido alegando a própria torpeza.

NEMO CENSETUR IGNORAREM LEGEM – (Latim) Não se admite a ninguém ignorar a lei.

NEMO CONDEMNATUR, NISI PER LEGALE JUDICIUM – (Latim) Ninguém é condenado a não ser em juízo legal.

NEMO DEBET INAUDITUS DAMNARI – (Latim) Ninguém deve ser condenado sem ser ouvido.

NEMO DEBET LUCRARI EX ALIENUM DAMNO – (Latim) Ninguém deve lucrar com o dano alheio.

NEMO PUNITUR PRO ALIENUM DELICTU – (Latim) Ninguém é punido por delito alheio.

NEMO TENETUR SE DETEGERE – (Latim) 1. Em tradução literal, significa "ninguém é obrigado a se descobrir". 2. Brocardo empregado no sentido de que ninguém é obrigado a produzir prova contra si mesmo. 3. Para grande parte da doutrina, seria uma verdadeira garantia constitucional, não apenas no Processo Penal, mas em todo tipo de procedimento. 4. Em acepção mais restrita, abrangeria apenas o direito ao silêncio, quando inquirido sobre circunstâncias que permitam inferir a culpa. Em acepção mais abrangente, abarcaria também a omissão quanto à produção de quaisquer provas que possam levar o julgador a concluir pela culpa, o que também alcançaria o autor da demanda, em relação a fatos modificativos, impeditivos ou extintivos de seu direito, e até mesmo as testemunhas, quando o fato que deve revelar puder acarretar-lhe risco de dano pessoal. 5. No Processo Penal, parte da doutrina e jurisprudência aceita não apenas tal garantia em matéria probatória, mas também no sentido da prática de atos que visem elidir sua responsabilização criminal, tais como a fuga para evitar a prisão em flagrante e a apresentação de documentos falsos para evitar a identificação por autoridades públicas. Entretanto, tal tese tem sido controvertida no âmbito dos Tribunais Superiores, que por vezes afastam a premissa de que o direito de defesa alcança tais condutas. 6. O CPC/2015 expressamente acolhe tal premissa, embora pondere este direito com o dever das partes de colaborar para a descoberta da verdade dos fatos.

- ✱ *V. CF, art. 5º, LXIII.*
- ✱ *V. CPP, art. 186.*
- ✱ *V. CPC/1973, arts. 347, 363 e 406.*
- ✱ *V. CPC/2015, arts. 379, 388, 404 e 448.*

NEMO TENETUR SE IPSUM ACCUSARE – Ninguém pode ser coagido a se autoacusar.

NEOPLASIA – 1. Processo biológico patológico, pelo qual é produzido um neoplasma, ou seja, uma massa anormal de tecido, como resultado do crescimento ou divisão irregular de células. Neoformação. 2. Para o Dir. brasileiro, interessa saber qual a natureza do processo neoplásico, pois o processo maligno, ou seja, que produz metástase, é qualificado como doença grave para diversos fins, como a autorização para saque de saldo de FGTS, em decorrência de doença que acometa o titular da conta vinculada ou seu dependente. 3. A legislação também concede isenção de Imposto de Renda Pessoa Física a portadores de neoplasia maligna que recebam proventos de aposentadoria, pensão ou reforma, havendo controvérsia jurisprudencial se a isenção deve permanecer apenas pelo período em que os sintomas estão presentes ou se pode ser mantida após eventual tratamento que inative a metástase. 4. Diversos municípios concedem gratuidade no transporte coletivo e dispensa de observância de rodízio de veículos a portadores de neoplasia maligna. 5. Para fins previdenciários, a invalidez decorrente de neoplasia maligna dispensa a carência mínima para concessão de auxílio doença e aposentadoria por invalidez. 6. A Lei nº 13.770/2018 trouxe disposições a respeito da cirurgia plástica reconstrutiva da mama nos casos de mutilação decorrente de tratamento de neoplasia. 7. A Lei nº 14.238/2021 instituiu o Estatuto da Pessoa com Câncer para garantir o acesso, em igualdade de condições, ao tratamento adequado e o exercício das liberdades fundamentais e direitos da pessoa com câncer.

- ✱ *V. Lei nº 7.713/1988 (Altera a legislação do Imposto de Renda), art. 6º, XIV.*
- ✱ *V. Lei nº 8.036/1990 (Dispõe sobre o Fundo de Garantia por Tempo de Serviço), art. 20, XI.*
- ✱ *V. Lei nº 8.213/1991 (Dispõe sobre planos de benefícios da Previdência Social), arts. 26, II, e 151.*
- ✱ *V. Lei nº 9.656/1998 (Dispõe sobre os planos e seguros privados de assistência à saúde), art. 10-A.*
- ✱ *V. Lei nº 9.797/1999 (Dispõe sobre a obrigatoriedade da cirurgia plástica reparadora da mama pela rede de unidades integrantes do Sistema Único de Saúde – SUS nos casos de mutilação decorrentes de tratamento de câncer), art. 2º.*
- ✱ *V. Lei nº 14.238/2021 (Institui o Estatuto da Pessoa com Câncer; e dá outras providências).*

NEPOTISMO – É a nomeação, contratação ou designação de familiar de Ministro de Estado, familiar da máxima autoridade administrativa correspondente ou, ainda, familiar de ocupante de cargo em comissão ou função de confiança de direção, chefia ou assessoramento, para: cargo em comissão ou função de confiança, atendimento a necessidade temporária de excepcional interesse público, salvo quando a contratação tiver sido procedida de regular processo seletivo e estágio, salvo se a contratação for precedida de processo seletivo que assegure o princípio da isonomia entre os concorrentes (art. 3º, I, II e III, do Dec. nº 7.203/2010).

- ✱ *V. Dec. nº 7.203/2010 (Dispõe sobre a vedação do nepotismo no âmbito da administração pública federal).*
- ✱ *V. Súm. Vinc. nº 13 do STF.*

NEQUE CONTRA LEGES, NEQUE CONTRA BONOS MORES PASCICI POSSUMUS – (Latim) Não podemos fazer contratos nem contra as leis, nem contra os bons costumes.

NEXO CAUSAL – Relação de causalidade; conexão entre fato ou ação e resultado. Relação existente entre o delito e a consequência mediata ou imediata da ação ou omissão do agente.

NIHIL ALIUD EST FALSITAS NISI VERITATIS IMITATIO – (Latim) A falsidade nada mais é do que a imitação da verdade.

NIHIL OBSTAT – (Latim) Nada obsta.

NINFOMANIA – NINPHON (GREGO) – Palavra de origem grega (*nymphon*), que significa câmara nupcial. Consiste no impulso patológico sem controle da mulher, que a leva a manter relações sexuais. O mesmo que furor uterino, andromania e uteromania.

NÍVEL UNIVERSITÁRIO – Adicional de função ou gratificação especial para funcionário público, de nível universitário, que ocupa cargo para cujo ingresso ou desempenho seja exigido diploma de curso superior.

NOITE – Período de tempo que se estende das 18 horas, em que se finda o dia legal ou judicial, salvo exceções previstas em lei, até as 6 horas do dia seguinte. É circunstância que influi no aumento da pena nos casos de furto e violação de domicílio.

✱ *V. CP, arts. 150, § 1º, e 155, § 1º.*

NOJO – 1. Enjoo, náusea, asco, repugnância, repulsa. 2. Desgosto, tristeza, luto. 3. Período de 7 dias após o falecimento de cônjuge/companheiro ou parente, consanguíneo ou afim, em linha reta ou na linha colateral até o segundo grau, durante o qual a lei processual proíbe a citação dos nojosos, salvo no caso de se evitar o perecimento de direito. 4. Para a legislação trabalhista, é hipótese de interrupção do contrato de trabalho, não acarretando qualquer prejuízo ao empregado a ausência, por até 2 dias, em virtude de falecimento do cônjuge, ascendente, descendente, irmão ou pessoa que, declarado em sua carteira de trabalho e previdência social, viva sob sua dependência econômica. No caso de professores, este prazo sobe para 9 dias. 5. Para servidores públicos federais, é hipótese de concessão de licença sem prejuízo, por até 8 dias, em razão do falecimento do cônjuge, companheiro, pais, madrasta ou padrasto, filhos, enteados, menor sob guarda ou tutela e irmãos.

✱ *V. CPC/1973, art. 217, II.*

✱ *V. CPC/2015, art. 244, II.*

✱ *V. CLT, art. 473, I.*

✱ *V. Lei nº 8.112/1990 (Regime Jurídico Único dos Servidores Públicos Civis da União, Autarquias e Fundações Públicas Federais), art. 97, III,* b.

NOME – Palavra que identifica a pessoa, singular ou coletiva, ou a coisa, para distingui-la de outras. O *nome civil* é aquele dado à pessoa desde o nascimento, registrado no Registro Civil das Pessoas Naturais e que, com as exceções da lei, deve acompanhá-la por toda a vida. Consta de *prenome*, que é o peculiar ao indivíduo no trato diário, e *sobrenome* ou *patronímico*, que é o nome da família. O prenome pode ser simples (José) ou composto (José Pedro) e admite-se a sua retificação por erro gráfico, ou sua substituição por sentença judicial, a requerimento do interessado, se for tal que exponha seu titular ao ridículo. A mudança ou alteração pode ser pedida no primeiro ano após completar a maioridade civil, isto é, no 22º ano de vida; alteração posterior somente por exceção e justificadamente, após audiência do Ministério Público, por sentença do juiz a que estiver sujeito o registro. A alteração é publicada na Imprensa. O *nome comercial* é o que uma pessoa, física ou jurídica, adota para individualizar o exercício de seu comércio; é o nome da firma, que a diferencia das outras. Seu uso indevido é crime. O *nome de fantasia* é aquele que se atribui a uma firma comercial, que nada tem a ver com sua razão social. Ex.: Mappin era o nome fantasia da extinta Casa Anglo Brasileira. *Nome de guerra* é a alcunha que adota um criminoso, marginal ou uma meretriz. O mesmo que *vulgo* (Lei nº 6.015/1973 – Lei de Registros Públicos, arts. 56 a 58). O CC atende à igualdade entre o marido e a mulher (CF, art. 22, § 5º) e estatui em seu art. 1.565, § 1º, que qualquer dos nubentes, se quiser, pode acrescer ao seu nome o sobrenome do outro. A escolha é facultativa. Já o art. 1.578 determina que o cônjuge declarado culpado em ação de separação judicial perde o direito de usar o sobrenome do outro se assim o requerer expressamente o cônjuge inocente, e se isto não trouxer as consequências que o artigo prevê em seus incisos. O inocente pode renunciar ao direito de usar o patronímico do outro.

✱ *V. EC nº 66/2010 (Dispõe sobre a dissolubilidade do casamento civil pelo divórcio, suprimindo o requisito de prévia separação judicial por mais de 1 (um) ano ou de comprovada separação de fato por mais de 2 (dois) anos).*

NOMEAÇÃO – 1. Ato ou efeito de nomear. 2. Ato do Poder Público que confere a alguém cargo, encargo ou função. 3. Provimento de cargo público.

✱ *V. Lei nº 8.112/1990 (Regime Jurídico Único dos Servidores Públicos Civis da União, Autarquias e Fundações Públicas Federais), arts. 9º e 10.*

À autoria: no Direito Processual, é o instituto que faculta à pessoa que detém a coisa em nome de terceiro, a qual é objeto de demanda, em nome próprio, nomear à autoria o seu proprietário ou possuidor. Sendo providência facultativa, o réu pode deixar de invocala, arguindo ilegitimidade da parte, mas responderá por perdas e danos se não comprovar a ma-fe do autor. O réu requererá a nomeação no prazo para a defesa; o juiz, ao deferir o pedido, suspenderá o processo e mandará ouvir o autor no prazo de 5 dias. Presume-se aceita a nomeação se o autor nada requereu nos prazos em que lhe competia manifestar-se ou se o nomeado não comparecer, ou, comparecendo, nada alegar.

✱ *V. CPC/1973, arts. 62 a 69.*

✱ *V. CPC/2015, arts. 338 a 340.*

De bens à penhora: ato pelo qual o devedor, executado, faz a nomeação de bens a serem penhorados nos termos que a lei especifica.

✱ *V. CPC/1973, arts. 655 e 656.*

✱ *V. CPC/2015, arts. 835, 842, 847 e 848.*

Efetiva: designação de pessoa para cargo isolado de provimento efetivo ou de carreira. Esta depende de habilitação prévia em concurso público.

✱ *V. CF, art. 41.*

✱ *V. Lei nº 8.112/1990 (Regime Jurídico Único dos Servidores Públicos Civis da União, Autarquias e Fundações Públicas Federais), arts. 9º, I, e 10.*

Em comissão: designação de pessoa para cargo de confiança vago.

✱ *V. Lei nº 8.112/1990 (Regime Jurídico Único dos Servidores Públicos Civis da União, Autarquias e Fundações Públicas Federais), arts. 9º, II, e 10.*

NOMEN JURIS – Denominação jurídica. Título do delito.

NOMINAL – 1. Em que há menção ou indicação de nome, como no *cheque,* e no *endosso nominal.* 2. Diz-se do valor que vem inscrito no papel-moeda. 3. Refere-se a valor que não representa a quantia efetiva mencionada e sim outra que varia segundo as circunstâncias: *capital nominal.*

✱ *V. CPC/1973, arts. 62 a 69.*

✱ *V. CPC/2015, arts. 338 a 340.*

NOMOGRAFIA – Ciência das leis e de sua interpretação.

NOMÓLOGO – Aquele que escreve sobre leis.

NON BIS IN IDEM – (Latim) Não duas vezes na mesma coisa ou pela mesma coisa. Ninguém pode ser punido pela segunda vez, por fato já julgado ou ser duplamente punido pelo mesmo delito.

NON ESSE ET NOM POSSE PROBARE IDEM EST – (Latim) Não existir e não poder provar são coisas iguais.

NON EST MAIOR DEFECTUS QUAN IGNORATIO – (Latim) Não há defeito maior do que a ignorância.

NON LICET ACTORI QUOD REO LICITUM NON EXISTITIT – (Latim) Não é lícito ao autor o que não o é ao réu.

NON LIQUET – (Latim) Não claro. Expressão latina utilizada nas situações em que o julgador não identificava no ordenamento jurídico lei específica destinada ao caso concreto e se declarava desobrigado de julgar por este motivo. A legislação brasileira proíbe tal prática, pois o magistrado não se exime de julgar a demanda sob a alegação de obscuridade ou lacuna da lei. O julgamento será embasado nas leis do país e, na falta delas, na analogia, nos costumes e nos princípios gerais de Direito como a norma pátria prevê. A situação do non liquet leva à absolvição por falta de provas do acusado, na seara do Direito Penal, e à improcedência da ação nas demais áreas do Direito.

✱ *V. CPC, art. 140.*

✱ *V. LINDB, art. 4º.*

NON OMNE QUOD LICET HONESTUM EST – (Latim) Nem tudo o que é lícito é honesto.

NON PROBANDUM FACTUM NOTORIUM – (Latim) O fato notório não precisa ser provado.

NON VIDENTUR REM AMITTERE QUIBUS PRÓPRIA NON FUIT – (Latim) Não parece perderem a coisa os que não eram seus donos.

NORMA – Preceito, regra, modelo, teor, minuta; linha de conduta.

Jurídica: prescrição legal, preceito obrigatório, cuja característica é a possibilidade de ter seu cumprimento exigido, se necessário, com o emprego da força, da coerção, o que se chama *coercitividade.* Outras características são: *imperatividade,* que lhe dá mais força do que as normas éticas e morais, porque deve ser atendida obrigatoriamente, coercitivamente; a *generalidade,* porque, sendo abstrata, prevê e regula todos os casos enquadráveis em um tipo abstrato; a *bilateralidade* ou *alteridade,* porque regula a conduta de um ou mais indivíduos em relação à conduta de um ou mais sujeitos; a *heteronomia,* porque é imposta sobre a vontade do destinatário, sem levar em conta seu assentimento; é imposta por um ordenamento jurídico de força coercitiva; a *coercibilidade,* porque obriga seu atendimento, podendo ensejar, o seu descumprimento, a coerção contra o infrator, aliando a *vis compulsiva,* que é a pressão psicológica contida no texto impositivo da norma, à *vis corporalis* ou *materialis,* que é o emprego da violência autorizada pelo Estado. Toda norma jurídica implica uma sanção por seu cumprimento ou descumprimento. Pode a norma jurídica ser: *dispositiva* ou *facultativa,* se se limita a declarar o direito, autorizar condutas ou atuar em casos duvidosos ou omissos; e *interpretativa,* se explica o conteúdo da lei e sua aplicabilidade. Também se diz *atípica,* quando elaborada sem a participação de órgãos públicos com competência legislativa, sendo *primárias,* como os contratos coletivos de trabalho e as sentenças normativas dos tribunais trabalhistas, e *secundárias,* como os contratos individuais de trabalho e as sentenças individuais. É *coercitiva,* quando estabelece ação ou omissão, indisponível, de cumprimento obrigatório, sem que as partes possam alterá-la. É taxativa e limita a autonomia da vontade individual. Pode ser *imperfeita,* quando não invalida o ato viciado nem impõe sanção desfavorável a seu infrator, por razões sociais; *mais que perfeita,* quando a sanção supera a infração, cominando-se ao infrator uma pena suplementar; *menos que perfeita,* a que não invalida o ato viciado, porém impõe sanção ao transgressor, a qual é relativamente branda, como a perda de um direito; *perfeita,* quando é rigorosamente proporcional ao seu cumprimento ou descumprimento, impedindo que o ato produza efeito quando infringe requisitos e formalidades intrínsecas à lei; *penal em branco,* quando seu preceito é complementado por outra norma; a sanção que impõe, ainda que precisa, só se aplica quando transgredida a norma que a complementa.

✱ *V. CPC/1973, arts. 218, 412 e 579.*

✱ *V. CPC/2015, arts. 245, 455 e 782, § 2º.*

✱ *V. CC, arts. 70, 150, 1.548, 1.551, 1.210, 412, 876, 477, 437, 580, 656, 667, 952, 1.867 e 1.899.*

✱ *V. CP, arts. 178, 237 e 269.*

NOSCE TE IPSUM – (Latim) Conhece-te a ti mesmo.

NOSOCÔMIO – *V. Hospital.*

NOTA – Papel-moeda. Registro. Relação das mercadorias adquiridas, indicando-se quantidade, espécie e preço. Exposição resumida, oficial, sobre certo assunto, publicada por órgãos do Governo. Comunicação entre ministros de pastas ou de países diferentes. Lançamento de escritura pública nos livros do notário ou assentamentos feitos por tabeliães.

De culpa: declaração escrita que a autoridade assina e entrega ao acusado preso em flagrante, em 24 horas contadas de sua prisão, para estar ciente do que se alega contra ele; a nota deve trazer, além do motivo da prisão o nome do condutor e das testemunhas. O preso passará recibo, que será assinado por duas testemunhas, quando não souber, não puder ou não quiser assinar.

✱ *V. CPP, arts. 288 a 306 , § 2º.*

Diplomática: pela qual o chanceler de um país, em nome de seu governo, se dirige a outro chanceler de outra nação, para assuntos próprios de seu país ou de interesse de ambos.

Fiscal: nota de entrega de mercadoria expedida pelo comerciante ao consumidor por ocasião da venda ou em seguida à prestação de serviço.

NOTA PROMISSÓRIA – Título de crédito no qual uma pessoa firma, por escrito, uma promessa de pagamento para outra; o sacador, emitente ou subscritor (obrigado principal) promete pagar ao beneficiário ou sacado, constante do documento, ou a sua ordem, uma quantia em dinheiro. Está sujeita às mesmas normas aplicáveis à letra de câmbio, com as exceções previstas na Lei Uniforme. Vale, assim, tudo o que se disse (*V. Letra de câmbio*) a propósito de endosso, aval, vencimento, pagamento, protesto, execução etc., no regime jurídico da nota promissória. Não se aplicam, porém, as normas relativas ao aceite, vencimento antecipado por recusa do aceite, cláusula não aceitável etc. A responsabilidade do subscritor (que é o devedor principal) é idêntica à do aceitante da letra de câmbio; conclui-se que o protesto é facultativo e que o exercício desse direito prescreve em 3 anos. O aval em branco favorece seu subscritor. Podem ser emitidas com vencimento a certo tempo de vista, devendo o credor apresentar o título ao visto do emitente no prazo de um ano do saque, sendo a data do visto o termo *a quo* do lapso do vencimento. A nota promissória deste tipo pode ser protestada por falta de data, a qual atende aos requisitos da Lei Uniforme das Letras. Não se admite nota promissória ao portador.

✱ *V. Dec.-lei nº 1.700/1979 (Extingue o registro das letras de câmbio e notas promissórias).*

NOTA PROMISSÓRIA RURAL – Título de crédito, líquido e certo, emitido pelo comprador de mercadorias em favor do produtor agrícola ou de cooperativas. Deve conter a denominação Nota Promissória Rural e outros requisitos que a lei enumera (Dec.-lei nº 167/1967, que disciplina os títulos de crédito rural).

NOTÁRIO – Oficial público de notas, tabelião, incumbido de elaboração de escrituras públicas, como contratos e outros atos jurídicos previstos em lei. Os notários gozam de fé pública e são civilmente responsáveis por todos os prejuízos que causarem a terceiros, por culpa ou dolo, pessoalmente, pelos substitutos que designarem ou escreventes que autorizarem, assegurado o direito de regresso, consoante a Lei nº 13.286/2016, que alterou o art. 22 da Lei nº 8.935/1994.

✱ *V. Lei nº 8.935/1994 (Regulamenta o art. 236 da CF, dispondo sobre serviços notariais e de registro – Lei dos Cartórios).*

✱ *V. Lei nº 13.286/2016 (Dispõe sobre a responsabilidade civil de notários e registradores).*

NOTIFICAÇÃO – 1. Ato de levar um fato ao conhecimento de uma pessoa, de informá-la a respeito de ato realizado ou a efetuar-se em juízo, ou de ordem emanada dele para que faça ou deixe de fazer o que está especificado no mandado. 2. A notificação judicial interrompe a prescrição e constitui o devedor em mora, nas obrigações sem prazo assinado. 3. Procede-se à notificação no processo cautelar.

✱ *V. CPC/1973, arts. 867 e 873.*

✱ *V. CPC/2015, art. 726.*

✱ *V. CC, arts. 202, II, 397 e 436.*

NOTITIA CRIMINIS – (Latim) Comunicação feita a uma autoridade da prática de um crime, de maneira informal. Pode ser levada ao juiz, ao órgão do Ministério Público ou à autoridade policial. Essa, conhecido o fato, dá início imediato ao inquérito, se o crime for de ação pública incondicionada, com aquiescência ou não da vítima ou de seu representante legal; se for de ação pública condicionada, a instauração de inquérito depende de representação da vítima ou de quem a represente. Se for crime de ação penal privada, a autoridade instaurará o inquérito policial se assim o requererem, igualmente, a vítima ou seu representante legal.

NOVAÇÃO – Modo convencional de extinguir uma ação substituindo-a por outra, distinta e autônoma. Substitui-se uma obrigação por outra nova, devido a mudança de devedor ou de credor, ou do objeto da própria obrigação, ou pela extinção desta. São seus requisitos: haver obrigação anterior; criar nova obrigação; e o *animus novandi*, que é o mais importante. Pode ser: *expressa*, se o credor declara de maneira positiva a sua intenção de novar; *mercantil*, aquela prevista no CCom, diferente das de Direito Civil, porque sujeita a menos formalismo; *objetiva*, quando muda o objeto da prestação; *subjetiva* ou *pessoal*, quando se dá pela substituição das partes; *tácita*, a que resulta de fatos que indicam, sem dúvida, a intenção de novar, sem manifestação expressa; *voluntária*, nome que se dá às novações comuns.

✱ *V. CC, arts. 361 a 372.*

NOXAL – Referente a dano. Ação noxal é o mesmo que *ação de perdas e danos.*

NUA-PROPRIEDADE – Direito abstrato de propriedade que resta ao dono do móvel ou imóvel dado em usufruto, cujo titular tem a posse e passa a auferir para si os frutos por ela produzidos, sejam eles naturais ou civis, conforme a coisa e sua administração.

NÚBIL – Idade a partir da qual pode a pessoa contrair matrimônio. Aquele que está na idade própria para casar, procriar. A lei civil brasileira estabelece a idade núbil aos 16 anos.

✱ *V. CC, art. 1.517.*

NUDA COGITATIO – (Latim) Mera cogitação, o que, no Dir. Penal, é impunível, se o agente não vai além da simples intenção de praticar o delito.

NULIDADE – 1. Defeito, vício que torna o ato nulo. 2. Ineficácia total ou parcial do ato jurídico, a que falta formalidade ou solenidade que lhe é essencial. Pode ser *absoluta e relativa.* A *absoluta* ocorre nos casos expressos em lei e na violação de dispositivos de ordem pública, como na citação irregular ou na incompetência absoluta, o que leva à nulidade do ato e do próprio processo; a *relativa* ocorre em irregularidades que podem ser sanadas, nas quais não há cominação de nulidade. No Dir. Processual, tanto a absoluta como a relativa podem ser declaradas de ofício pelo juiz (ao contrário do Dir. Civil), porque o processo é iniciado pela parte, mas se desenvolve por impulso oficial. A *anulabilidade,* que difere da nulidade relativa, caracteriza-se pela infração de norma não impositiva, de mero interesse pessoal da parte, que não deve ser declarada de ofício pelo juiz, como no caso de penhora de bens que só devem ser penhorados na falta de outros. As nulidades relativas (e os atos anuláveis) devem ser alegados pela parte na primeira oportunidade que falar nos autos, sob pena de preclusão. As absolutas podem ser alegadas a qualquer tempo, mas a parte responderá, em alguns casos, pelas custas se o não fizer na primeira oportunidade que tiver de falar nos autos. Só nos casos de interesse público não se decretará a nulidade, se não houver prejuízo para a parte, ou quando o juiz puder decidir do mérito a favor da parte a quem aproveita a declaração de nulidade. Não há nulidade sem prejuízo. *Nulidade da sentença* é aquela que ocorre no julgamento em que não se obedecem a certas normas legais.

✱ *V. CC, arts. 171, 180, 181, 307, 367, 426, 533, 548, 848, 850, 956, 1.502, 1.548, 1.550, 1.691, 1.788, 1.892, 1.912, 1.990, 1.960 e 2.027.*

✱ *V. CPC/1973, arts. 154, 214, §§ 1º e 2º, 243 a 250, 266, 267, IV, 327, 560, parágrafo único, 618, 694 e 768.*

✱ *V. CPC/2015, arts. 188, 239, 276 a 283, 314, 351, 352, 485, IV, 803, 903 e 938.*

✱ *V. LINDB (antiga LICC), art. 7º, § 3º.*

NULIDADE DE CASAMENTO – *V. Anulação de casamento.*

NULLA ACTIO SINE LEGE – (Latim) Não há ação sem lei.

NULLA EST MAIOR PROBATIO QUAN PROPRIO ORE CONFESSIO – (Latim) Não há prova maior do que a confissão oral.

NULLA ET NON FACTA, PARIA SUNT – (Latim) Causas nulas e não feitas são iguais.

NULLA EXECUTIO SINE TITULO – (Latim) Não há execução sem título.

NULLA IUS SINE ACTIONEM – (Latim) Não há lei sem ação.

NULLA POENA SINE CULPA – (Latim) Não há pena sem culpa formada.

NULLA POENA SINE IUDICIO – (Latim) Não há pena sem julgamento formal.

NULLA POENA SINE LEGE – (Latim) Não há pena sem lei.

NULO – O que não tem validade, nem produz efeitos, desde a sua concepção.

NULLUM CRIME SINE CULPA – (Latim) Não há crime sem culpa determinada.

NULLUM CRIME SINE LEGE; NULLA POENA SINE LEGE POENALE – (Latim) Não há crime sem lei que o qualifique; não há pena sem lei penal.

NULLUM CRIMEN, NULLA POENA SINE PRAEVIA LEGE – (Latim) Não há crime, nem pena, sem lei prévia.

NULLUM QUOD EST NULLUM PRODUCIT EFFECTUM – (Latim) Nada que é nulo produz efeito.

NULLUM TRIBUTUM SINE PRAEVIA LEGE – (Latim) Não há tributo sem lei anterior.

NUNCIAÇÃO DE OBRA NOVA – *V. Ação de nunciação de obra nova.*

NUNCUPAÇÃO – Ato pelo qual o testador nomeia verbalmente os legatários.

NUNCUPATIVO – Feito de viva voz, oral, como expressão ou disposição de última vontade.

NUNTIARE IDEM EST AC PROHIBIRE – (Latim) Nunciar é o mesmo que proibir.

NUPTIAE NON CONCUBITUS, SED CONSENSUS FACIT – (Latim) Não é o concúbito, e sim o consentimento que faz as núpcias.

NU-PROPRIETÁRIO – Diz-se daquele que tem o domínio direto da coisa de que outrem tem o domínio útil.

O

OBITER DICTUM – (Latim) 1. Refere-se ao que foi dito de modo retórico, de passagem, sem representar grande influência no que foi decidido.

ÓBITO – Morte, falecimento, decesso, perecimento. A certidão de óbito é o meio por excelência para provar que uma pessoa é falecida. Extrai-se a certidão dos livros do Registro Civil das Pessoas Naturais, nos quais devem ser registrados todos os óbitos ocorridos no país ou no estrangeiro.

✱ *V. Lei nº 6.015/1973 (Lei de Registros Públicos), arts. 77 a 88.*

OBJEÇÃO – Impugnação, refutação, discordância.

OBJEÇÃO DE CONSCIÊNCIA – Diz-se da recusa em acatar o cumprimento de um dever personalíssimo de ordem pública, fundada em crença religiosa ou convicção moral, gerando a exceção excludente respectiva.

OBJETIVO – Alvo, fim, escopo, finalidade. Juridicamente é o direito concreto, real, a norma jurídica que dá o direito de agir, daí o direito positivo, objetivo, em oposição a *subjetivo*, que é a faculdade de agir.

OBJETO – Aquilo que está ligado, juridicamente, ao sujeito ou que corresponde a ele. É a matéria de uma obrigação, de uma ação, de um direito; a coisa que se obriga a dar, fazer ou não fazer; o conteúdo do direito ou da obrigação, que serve de causa a uma relação jurídica. Assunto, matéria, motivo, causa.

Da ação: é o que se pede, o que se reivindica na petição inicial ou na reconvenção. O mesmo que *objeto do pedido.*

De valor probatório: inutilizar, no todo ou em parte, ou deixar de restituir autos, documento ou objeto de valor probatório que recebeu como advogado ou procurador: pena de detenção de 6 meses a 3 anos e multa.

✱ *V. CP, art. 356.*

Jurídico: é o bem que a lei protege, como a vida, a honra, a propriedade.

Material: pessoa ou coisa sobre a qual recai a ação do agente. Há crime, porém, sem objeto material, como o de mera atividade; ato obsceno.

OBLAÇÃO – Ato de dar voluntariamente; oferenda, dádiva, doação de bens móveis.

OBLIGATIO ACTIONUM VELUT MATER DIXIT – (Latim) A obrigação é chamada a mãe das ações.

OBLIGATIO CONTRAHITUR RE – (Latim) A obrigação se contrai pela coisa.

OBLIGATIO IMPOSSIBILIUM NULLA EST – (Latim) A obrigação de coisas impossíveis é nula.

OBLIGATIO EST IURIS VINCULUM ADSTRINGIMUR ALICUJUS SALVENDAE REI – (Latim) A obrigação é o vínculo de direito pela qual são os obrigados a pagar coisa a alguém.

OBRA NOVA – Aquela construída pela primeira vez, ou em construção, ou que é acrescida à construção já existente, alterando ou modificando seu estado ou condição. Se fere direitos de vizinhança enseja a *ação de nunciação de obra nova* (q.v.).

OB-REPÇÃO – Fraude, dissimulação, ardil para obter benefício ou favor jurídico indevido, com ocultação da verdade, que deveria ser revelada. O mesmo que *sub-repção.*

OB-REPTÍCIO – Ardiloso, caviloso, obtido por *ob-repção.*

OB-ROGAR – Revogar uma lei, derrogar.

OBRIGAÇÃO – Vinculação jurídica entre duas ou mais pessoas que consiste no dever de dar, fazer, ou abster-se de fazer algo em proveito de outrem, de ordem econômica ou moral. O vínculo obrigacional pressupõe o *credor,* que tem o poder conferido por lei de exigir a prestação devida, e o *devedor,* que tem o dever jurídico de cumpri-la. A obrigação diz-se *acessória,* se depende, para subsistir, da principal, ou a ela adere, para completá-la ou garanti-la, como a fiança, a cláusula penal; e a *principal,* a que existe por si mesma, sem depender de outra. A obrigação pode ser ainda:

Alternativa ou disjuntiva: a que pode ser cumprida de dois ou mais modos distintos, à escolha do devedor.

A termo: a que tem prazo definido para produzir ou não efeitos.

Autônoma: a que tem existência própria, regulada por normas especiais e não estando ligada à causa que lhe deu origem.

Cartular: a que consta de título de crédito.

Civil: em que se caracterizam seus elementos: sujeitos (ativo e passivo), objeto (a prestação) e vínculo jurídico (a base legal). Opõe-se a *obrigação natural.*

Comercial: a que se baseia em negócio comercial, regulada pelo Dir. Comercial.

Composta: a que tem dois ou mais objetos.

Condicional: a que depende de fato futuro e incerto (condição) para se tornar exigível (condição suspensiva) ou para deixar de existir (condição resolutiva).

Conexa: originada do mesmo contrato ou do mesmo negócio.

Conjunta, conjuntiva ou comum: na qual há pluralidade de credores ou de devedores, divididas as responsabilidades, e um só objeto de prestação que se divide em tantas partes quantos sejam os sujeitos ativos ou passivos da obrigação.

Correlativa: depende do cumprimento de outra.

Creditória: que tem por objeto um crédito.

De dar: a que se cumpre com a entrega do objeto da prestação, ou devolução, restituição, transferência de coisa certa ou de um direito. O credor não é obrigado a receber outra coisa, ainda que mais valiosa.

De fazer ou positiva: cujo objeto é um ato do devedor, na realização de coisa material, como a construção de uma casa.

De não fazer ou negativa: é a omissiva, resultando a abstenção de praticar um ato ou realizar algo. Decorre de proibição legal ou contratual.

Divisível: aquela cujas prestações podem ser divididas.

Extracartular: que motiva a emissão de título, mas não se vincula a ele.

Facultativa: em que o devedor se reserva a faculdade de substituir a obrigação principal por outra acessória.

Ilíquida: aquela cujo objeto não está previsto com certeza ou cuja prestação só pode ser fixada por avaliação.

Indivisível: aquela cujas prestações devem ser cumpridas por inteiro, sem divisão.

Líquida: de existência certa, objeto determinado.

Líquida e certa: a que não oferece qualquer dúvida quanto à sua exatidão.

Modal: a que se sujeita a encargo ou modo.

Pecuniária: a que tem de ser cumprida com pagamento em dinheiro.

Personalíssima: a que só pode ser cumprida pela pessoa.

Pessoal: a que se baseia somente no crédito que merece o devedor.

Positiva: a que implica fazer, dar, restituir.

Propter rem: a que acompanha a coisa, ainda que seu proprietário mude.

Pura e simples: cujo cumprimento não se restringe a qualquer condição.

Real: a que se apoia em garantia real (hipoteca).

Recíproca: nos contratos sinalagmáticos, em que à prestação fixa corresponde outra, certa e equivalente.

Solidária: em que há vários credores e vários devedores de uma mesma coisa, podendo ser exigida de um deles a totalidade da prestação, cujo pagamento libera os demais para com todos os credores, cabendo ao que pagou ação regressiva contra os demais devedores.

✱ *V. CC, arts. 233 a 420.*

✱ *V. LINDB (antiga LICC), art. 9º.*

✱ *V. CPC/1973, arts. 287, 291, 571, 621 a 632, 638, 641, 642, 645 e 894.*

✱ *V. CPC/2015, arts. 328, 543, 800, 806 a 815, 821 e 822.*

OBRIGAÇÃO CAMBIAL – Aquela que decorre de título cambial.

OBRIGAÇÃO NATURAL – Baseia-se em dever moral ou de consciência; pode revestir-se da materialidade formal de um título, mas não tem o poder de exigibilidade por via de ação. As dívidas de jogo e as apostas, como são atos ilícitos, não têm o amparo judicial, mas são reconhecidas porque a lei civil aponta a impossibilidade de ressarcimento quando pagas, a menos que sejam ganhas por dolo ou se o perdedor é menor ou interdito. A nulidade resultante não pode ser oposta a terceiro de boa-fé. Da mesma forma, o que pagou para saldar dívida prescrita, não pode reaver o que pagou; salvo o caso de herdeiro que paga dívida do *de cujus*, ignorando que a mesma prescrevera, tendo então o direito de repetição do indébito.

✱ *V. CC, arts. 351, 435, 814 a 839.*

OBRIGADO – Devedor; o sujeito passivo da obrigação. Diz-se *principal* ou *direto* quando assume o encargo de pagar a obrigação ou contrato; e *subsidiário* ou *indireto*, quando garante o cumprimento da obrigação principal (fiador, sacador, avalista etc.).

OBRIGATIO EST JURIS VINCULUM ADSTRINGIMUR ALICUJUS SALVENDAE REI – (Latim) A obrigação é vínculo de direito, pelo qual somos constrangidos com a necessidade de pagar alguma coisa. Essa é a definição romana de obrigação, constante das *Institutas*, 3, 13, pr.

OBRIGATÓRIO – Sujeito ativo da obrigação, credor; obrigacionista.

OBRIGATORIEDADE – Qualidade do que é obrigatório. Princípio pelo qual a lei impõe-se à obediência de todos, desde que entra em vigor.

OBSCENIDADE – Qualidade de obsceno. Torpeza de natureza sexual; indecência.

OBSCENO – Que ultraja o pudor, que fere o decoro, torpe. Praticar ato obsceno em lugar público, ou aberto ou exposto ao público, é crime apenado com detenção de 3 meses a 1 ano ou multa. Fazer, importar, exportar, adquirir ou ter sob sua guarda, para fim de comércio, distribuição ou exposição pública, escrito, desenho, pintura, estampa ou qualquer objeto obsceno; detenção de 6 meses a 2 anos ou multa. Incorre na mesma pena quem vende, distribui, ou expõe à venda ou ao público qualquer dos objetos acima, realiza em lugar público ou acessível ao público, apresentação teatral, ou exibição cinematográfica de caráter obsceno, ou qualquer outro espetáculo que tenha o mesmo caráter, ou realiza, em lugar público ou acessível a ele, ou pelo rádio, audição ou recitação de caráter obsceno.

✱ *V. CP, arts. 233 e 234.*

OBSCURE DICTUM HABETUR PRO NON DICTUM – (Latim) O que se disse de modo obscuro tem-se por não dito.

OBSERVANTIA LEGUM SUMMA LIBERTAS – (Latim) A observância das leis é a liberdade suprema.

OBSTÁCULO – Embaraço, dificuldade, estorvo criado pela parte, casuisticamente, irremovível pelos meios legais, para retardar ou impossibilitar o prosseguimento da causa ou do recurso.

OCCASIO FACIT FUREM – (Latim) A ocasião faz o ladrão.

OCIOSIDADE – Ausência de atividade útil; vício de pessoa, apta para o trabalho, que não tem ocupação honesta ou se abstém de procurá-la. Entregar-se alguém, habitualmente, à ociosidade é contravenção penal punida com prisão simples, de 15 dias a 3 meses. *V. Vadiagem.*

✱ *V. LCP, art. 59.*

OCULTAÇÃO – Ato ou efeito de ocultar, dolosamente, uma coisa: ocultação de criminoso, de cadáver, crimes previstos no CP.

OCUPAÇÃO – Modo legítimo de aquisição de propriedade de coisa sem dono, ou abandonada, nos casos que a lei permite. Dá-se, desde logo, quando se trata de coisa móvel, como na caça, na pesca; tratando-se de imóvel, a ocupação é o início da aquisição, que se consolida com a usucapião.

OFENDÍCULO – Meio mecânico de defesa da propriedade que consiste na instalação de arame farpado, cacos de garrafas em muros, cercas de ferro com pontas aguçadas (lanças), eletrificação de grades e maçanetas. Os ofendículos estão respaldados na inviolabilidade do domicílio, mas os excessos são puníveis.

✱ *V. CF, art. 5º,* caput, *XI e XXII.*

OFENDIDO – Sujeito passivo de delito por ofensa ou dano; o mesmo que *vítima*.

✱ *V. CPP, arts. 201, 210, 212, 217 e 386.*

✱ *V. Lei nº 11.690/2008 (Altera dispositivos do Dec.-lei nº 3.689/1941 – Código de Processo Penal –, relativos à prova).*

OFENSA – Lesão sofrida pela pessoa ou coisa, moral ou física. Injúria, ultraje, desacato.

OFENSOR – Sujeito ativo da ofensa, que deve responder penalmente e reparar os prejuízos que causou, quando for o caso.

OFICIAL – Titular de ofício público; funcionário de categoria superior. Relativo a ofício ou a função pública. ***De Justiça:*** auxiliar da Justiça que efetua citações e intimações, a mando do juiz, e lavra certidões e autos das diligências que realiza. Tem fé pública. Também se diz *oficial de diligências* ou *oficial judicial*. ***De registro:*** serventuário privativo e vitalício que é encarregado de um ofício dos registros públicos, que são: o civil das pessoas naturais, o civil das pessoas jurídicas, o de títulos e documentos e o de imóveis. ***Judiciário:*** todo servidor público que exerce ofício de justiça: tabelião, escrivão, oficial de registro etc. ***Público:*** encarregado de ofício público, judicial ou não, o que abrange, genericamente, o tabelião, o escrivão, o escrevente, o partidor, o distribuidor, até o tradutor juramentado, o leiloeiro etc.

OFÍCIO REQUISITÓRIO – É o meio utilizado para a cobrança de providências de um órgão público competente para outro. Por meio de ofício é requisitado pelo judiciário ao executivo o pagamento de importância objeto de condenação judicial (Precatório).

OLHO D'ÁGUA – A Lei nº 12.651/2012 (Novo Código Florestal), em seu art. 3º, XVIII, conceituou olho d'água: "XVIII – olho d'água: afloramento natural do lençol freático, mesmo que intermitente;"

OLIGARQUIA – Na Grécia antiga, governo exercido por pequeno grupo de pessoas, de uma mesma classe aristocrática ou família. Atualmente, regime político em que uma minoria se apossa do Governo e age no interesse de grupos que se sustentam. Oposto a *democracia*.

OLIGOPÓLIO – Diz-se da minoria que domina o mercado (bem, serviço ou atividade).

OMBUDSMAN – **OUVIDOR** – O agente público que recebe reclamações, inspeciona e controla uma instituição ou governo. Criado na Suécia para o controle da administração e posteriormente adotado em vários países.

OMISSÃO – Inação, abstenção. Ato de omitir, de deixar de fazer algo. Pode ser *voluntária* ou *involuntária*, aparecendo, no primeiro caso, como elemento configurador de crimes dolosos; e, no segundo, de crimes de natureza culposa. Também significa falta de menção (de previsão, lacuna) da lei ou do ato jurídico.

De comunicação de crime: deixar de comunicar à autoridade competente crime de ação pública de que teve conhecimento no exercício de função pública, desde que a ação penal não dependa de representação, ou crime de ação pública de que teve conhecimento no exercício da medicina ou de outra profissão sanitária, desde que a ação penal não dependa de representação e a comunicação não exponha o cliente a procedimento criminal, constituem contravenção penal apenada com multa.

✱ *V. CP, art. 135; LCP, art. 66.*

De socorro: delito que consiste em deixar alguém, voluntariamente, de prestar assistência a uma criança, abandonada ou extraviada, a uma pessoa inválida ou ferida, ao desamparo ou em grave e iminente perigo ou de prestar socorro a alguém dentro de sua profissão, especialmente o médico. Pena de detenção de 1 a 6 meses ou multa, aumentada de metade, se da omissão resulta lesão corporal de natureza grave, e triplicada, se resulta a morte.

OMNIA QUAE IURE CONTRAHUNTUR CONTRARIO JURE PEREUNT – (Latim) Tudo que se contrai por direito perece por direito contrário.

ONERAÇÃO – Criar ônus ou encargo, encarecer.

ONERAR – Impor ônus a; sujeitar a certo gravame; agravar com encargos ou tributos.

ONEROSO – Que não é gratuito, que envolve ônus, como os contratos comerciais. Os contratos civis podem ser *onerosos* (compra e venda) ou *gratuitos* (doação).

ÔNUS – Obrigação imposta por lei; encargo.

Probandi: obrigação de provar, que cabe a quem afirma. A Lei nº 13.467/2017 (Reforma Trabalhista) trouxe disposição detalhada sobre o ônus da prova no art. 818 da CLT, inclusive com a possibilidade do juízo atribuí-lo de modo diverso por meio de decisão fundamentada e anterior à abertura da instrução processual.

Real: que recai sobre a coisa, alheia, móvel ou imóvel. Corresponde ao direito sobre coisa alheia, mas é necessária a publicidade pelo registro.

ONUS PROBANDI INCUMBI EI QUI AGIT – (Latim) O ônus da prova cabe a quem aciona a justiça.

OPÇÃO – Escolha, opção entre duas alternativas, situações, obrigações, coisas. Especificamente, significa a preferência ou perempção, assim como o contrato que o proprietário ou o vendedor do imóvel firma com o corretor para assegurar que a venda será feita por este mediante comissão estipulada. Pode ser *convencional*, se resulta de acordo entre as partes estipulantes; e *legal*, se estabelecida por lei.

OPERE CITATO – (Latim) Obra citada.

OPINIO DELICTI – Opinião, ponto de vista sobre o delito.

OPOENTE – Terceiro que oferece oposição judicial ao entrar na lide. O mesmo que *oponente*.

OPOR – Apresentar oposição; contrapor; oferecer recurso contra uma decisão judicial.

OPOSIÇÃO – 1. Objeção, estar contra algo ou alguém. 2. Argumentação contrária a uma ideia. 3. Diferença, desigualdade ou incompatibilidade de uma coisa em relação a outra. 4. Grupo político antagônico em relação àquele que ocupa o poder em determinado momento, exercendo fiscalização sobre os governantes. 5. Impedimento legal à formação, execução ou cumprimento de ato jurídico.

De terceiro: modo pelo qual o terceiro, que julga ter direito ao objeto da demanda, total ou parcial, intervém na lide, oferecendo oposição contra autor e réu, até ser proferida a sentença. *Oposição* difere de *assistência*, porque nesta interessa que a sentença favoreça uma das partes e, naquela, o opoente nega que qualquer das partes tenha direito e posiciona-se como seu legítimo possuidor.

✱ *V. CPC/1973, arts. 56 a 61.*

✱ *V. CPC/2015, arts. 682 a 686.*

ORALIDADE – *V. Princípio de oralidade.*

ORÇAMENTO – Peça escrita, organizada pelo Governo, na qual faz previsão de receita e fixa as despesas para determinado período financeiro. É uma lei de caráter *sui generis*. A CF aponta três tipos de orçamentos compreendidos na Lei Orçamentária: *fiscal*, referente aos Poderes da União, seus fundos, órgãos e entidades da administração direta e indireta, incluídas fundações; *de investimento*, das empresas em que a União detenha a maioria do capital social com direito a voto; *da seguridade social*, que abrange todas as entidades e órgãos a ela vinculados, fundos e fundações instituídos e mantidos pelo Poder Público. A EC nº 95/2016 instituiu Novo Regime Fiscal no âmbito dos Orçamentos Fiscal e da Seguridade Social da União disciplinado nos arts. 106 a 114, do ADCT.

✱ *V. CF, arts. 165 a 169, com a redação dada pelas Emendas Constitucionais nºs 19 e 20 de 1998.*

✱ *V. Lei nº 4.320/1964 (Estatui normas gerais de direito financeiro para elaboração e controle dos orçamentos e balanços da União, dos Estados, dos Municípios e do Distrito Federal).*

ORDEM – Disciplina; classe, categoria, organização, boa disposição e equilíbrio entre partes de um todo. *À ordem*, cláusula que, em títulos de crédito, indica que podem eles ser transmitidos por endosso.

De pagamento: carta pela qual se autoriza a pagar ao portador, ou a terceiro, certa soma de dinheiro.

De preferência: os graus ou classes em que se colocam os credores e os devedores, no direito falimentar. Neste, os credores de indenizações por acidente de trabalho são os primeiros na ordem de preferência.

De prisão: mandado que a autoridade expede contra o condenado ou o acusado de delito, assim como na prisão civil ou administrativa.

✱ *V. CF, art. 5º, LXII; CPP, arts. 282 a 300.*

Do dia: relação dos assuntos a serem debatidos em sessão legislativa ou deliberativa; manifesto de autoridades militares, transmitindo informações dos seus subordinados, instruções e notícias.

Executória: a que um juiz expede a outro, de instância inferior, determinando-lhe a execução de ato judicial ou processual.

Hereditária: na qual se colocam as várias classes de herdeiros legítimos; o mesmo que *ordem de sucessão*.

Jurídica: conjunto das normas obrigatórias, pelas quais o Estado regula e protege as relações de direito, interesses e deveres dos cidadãos, garantindo-lhes a liberdade, o livre exercício, em benefício da harmonia, da ordem e do equilíbrio social. Uma característica especial da ordem jurídica é a hierarquia entre as normas, não podendo haver conflito entre elas.

Legal: sistema de relações jurídicas imposto pelo Estado; quando emanada de funcionário público, no exercício de suas funções, deve ser cumprida, sob pena de configurar crime de desobediência, apenado com detenção de 15 dias a 6 meses e multa.

✱ *V. CP, art. 330.*

Pública: conjunto de princípios éticos, jurídicos, políticos, econômicos e sociais que, no interesse geral, regem a convivência entre os cidadãos, levando a uma situação de segurança e tranquilidade.

ORDENAÇÕES – São compilações de leis feitas pela Monarquia em Portugal, sendo as mais conhecidas: *afonsinas* que D. Afonso V mandou publicar; *filipinas*, que Filipe II de Espanha e de Portugal ordenou fossem cumpridas, dentre as leis em vigor, no período em que governou os dois países; e *manuelinas*, compiladas ao tempo do reinado de D. Manuel e por ele mandadas publicar.

ORDENADO – *V. Remuneração* e *vencimento*.

ORDENATÓRIO – Despacho que põe ordem a um processo.

ORGANISMO GENETICAMENTE MODIFICADO – *V. Biossegurança*.

ORGANIZAÇÃO CRIMINOSA – 1. Para fins de investigação criminal e processo penal, é a associação de 4 (quatro) ou mais pessoas estruturalmente ordenada e caracterizada pela divisão de tarefas, ainda que informalmente, com objetivo de obter, direta ou indiretamente, vantagem de qualquer natureza mediante a prática de infrações penais cujas penas máximas sejam superiores a 4 (quatro) anos, ou que sejam de caráter transnacional. É o chamado banditismo organizado. O fenômeno é mundial e ocorre principalmente com o tráfico de drogas, de armas e de pessoas; além do roubo de cargas e de lavagem de dinheiro. 2. Para fins de tipificação penal, constitui um delito autônomo, tipificado no art. 2º da Lei nº 12.850/2013, cuja pena é de reclusão, de 3 (três) a 8 (oito) anos e multa, sem prejuízo das penas correspondentes aos crimes praticados. Não se confunde com o conceito de quadrilha ou bando, tipificado no art. 288 do CP, o qual dispensa a estruturação organizacional, bem como abrange quaisquer tipos de crimes como objetivo. Pode também se caracterizar como organização terrorista, paramilitar ou milícia, conforme os objetivos e métodos de atuação da associação.

✱ *V. Lei nº 12.850/2013 (Define organização criminosa e dispõe sobre a investigação e o procedimento criminal).*

✱ *V. Lei nº 12.694/2012 (Dispõe sobre o processo e o julgamento colegiado em primeiro grau de jurisdição de crimes praticados por organizações criminosas).*

ORGANIZAÇÃO DO ESTADO – Compreende, no Brasil, a União, os Estados, o Distrito Federal e os Municípios, todos autônomos, tendo como capital Brasília.

✱ *V. CF, arts. 18 a 43, com as alterações introduzidas pelas Emendas Constitucionais nºs 16/1997, 18/1998, 19/1998 e 20/1998.*

ORGANIZAÇÃO DOS PODERES – Os Poderes Legislativo, Executivo e Judiciário têm suas funções, atribuições, responsabilidades, funcionamento, fixados pela CF.

✱ *V. CF arts. 44 a 135, com as alterações introduzidas pelas Emendas Constitucionais nºs 18/1998 a 20/1998.*

ORGANIZAÇÃO JUDICIÁRIA – Conjunto de normas que regula a organização e a administração da justiça; doutrina que trata da CF e disposição dos órgãos judiciários: hierarquia, competência e funções de juízes e tribunais, seus auxiliares etc. A organização do Poder Judiciário está formulada pela CF, adotando-se o princípio do duplo grau de jurisdição (instância inferior e instância superior).

✱ *V. CF, arts. 92 a 126, com as alterações introduzidas pelas Emendas Constitucionais nºs 20 e 22/1998.*

ORGANIZAÇÃO PARAMILITAR – Associação, partido, comitê, entidade de classe ou grupamento que tenha por objetivo a mudança do regime vigente ou do Estado de Direito, por meios violentos ou com o emprego de grave ameaça. Configura crime contra a segurança nacional, com pena de reclusão de 1 (um) a 5 (cinco) anos, bem como crime contra a paz pública, com pena de reclusão de 4 (quatro) a 8 (oito anos), sem prejuízo de caracterizar outros delitos, tipificados no CP ou no CPM. Os crimes praticados por estas organizações são inafiançáveis e imprescritíveis.

✱ *V. CF, art. 5º, XVII e XLIV.*

✱ *V. CP, art. 288-A.*

✱ *V. CPP, art. 323, III.*

✱ *V. Lei nº 7.170/1983 (Define crimes contra a segurança nacional, a ordem política e social), arts. 16 e 30.*

ORGANIZAÇÃO SINDICAL – É livre a associação profissional ou sindical, vedadas ao Poder Público a interferência e a intervenção na organização sindical. Proíbe-se a criação de mais de uma organização sindical, em qualquer grau, representando categoria profissional ou econômica na mesma base territorial. É obrigatória a participação dos sindicatos nas negociações coletivas de trabalho. Ninguém é obrigado a filiar-se ou manter-se filiado a um sindicato.

✱ *V. CF, art. 8º.*

ÓRGÃO DE REGISTRO NÍVEL 1 – O Dec. nº 7.845/2012, que regulamenta procedimentos para credenciamento de segurança e tratamento de informação classificada em qualquer grau de sigilo e dispõe sobre o Núcleo de Segurança e Credenciamento, conceituou órgão de registro nível 1. De acordo com o art. 2º, XIII, considera-se órgão de registro nível 1: "(...) ministério ou órgão de nível equivalente habilitado pelo Núcleo de Segurança e Credenciamento; (...)".

ÓRGÃO DE REGISTRO NÍVEL 2 – O Dec. nº 7.845/2012, que regulamenta procedimentos para credenciamento de segurança e tratamento de informação classificada em qualquer grau de sigilo e dispõe sobre o Núcleo de Segurança e Credenciamento, conceituou órgão de registro nível 2. De acordo com o art. 2º, XIV, considera-se órgão de registro nível 2: "(...) órgão ou entidade pública vinculada a órgão de registro nível 1 e por este habilitado; (...)".

ORGANIZAÇÃO TERRORISTA – 1. Associação de agentes voltados à prática de crimes de natureza política, de modo violento e indiscriminado, visando intimidar e provocar insegurança. 2. Até a edição da Lei nº 13.260/2016, constituía crime contra a segurança nacional, com pena de reclusão de 3 (três) a 10 (dez) anos, aumentando até o dobro ou triplo, se do fato resultar lesão corporal grave ou morte, respectivamente. 3. Com a nova lei, há uma maior especificação de condutas enquadradas no conceito, distinguindo atos de terrorismo e atos de auxílio a organizações terroristas, com penas que podem variar de 5 (cinco) a 30 (trinta) anos. A partir de então, surge a tese no sentido de ter se tornado crime contra a paz ou incolumidade pública, o que deslocaria a competência para julgamento da Justiça Militar para a Justiça Comum. Atos terroristas são inafiançáveis e insuscetíveis de graça ou anistia. 4. A Lei nº 13.170/2015 disciplina o procedimento de indisponibilidade de bens, direitos ou valores em decorrência de resoluções do Conselho de Segurança das Nações Unidas, sobretudo no que diz respeito à persecução de valores movimentados por organizações terroristas.

✱ *V. CF, arts. 4º, VIII, e 5º, XLIII.*

✱ *V. CPP, art. 323, II.*

✱ *V. Lei nº 7.170/1983 (Define crimes contra a segurança nacional, a ordem política e social), arts. 20 e 30.*

✱ *V. Lei nº 12.850/2013 (Define organização criminosa e dispõe sobre a investigação e o procedimento criminal), art. 1º, § 2º, II.*

✱ *V. Lei nº 13.260/2016 (Disciplina o terrorismo, e regulamenta o art. 5º, inc. XLIII, da CF).*

✱ *V. Lei nº 8.072/1990 (Dispõe sobre crimes hediondos), art. 2º.*

✱ *V. Lei nº 13.170/2015 (Disciplina a ação de indisponibilidade de bens, direitos ou valores em decorrência de resolução do Conselho de Segurança das Nações Unidas).*

✱ *V. Lei nº 10.309/2001 (Dispõe sobre a assunção pela União de responsabilidades civis perante terceiros no caso de atentados terroristas ou atos de guerra contra aeronaves de empresas aéreas brasileiras).*

OUTORGA – Consentimento, concessão, aprovação, licença.

Marital: autorização dada pelo marido à mulher para que esta pratique atos da vida civil que carecem deste consentimento. Tanto a uxória quanto a marital podem ser supridas judicialmente.

Uxória: autorização que a mulher dá ao marido para que este possa praticar certos atos da vida civil, os quais, sem ela, não poderia fazê-lo.

OUVIDOR – No Brasil, antes da Independência, era a autoridade superior da Comarca. Hoje, diz-se do agente público que tem por função receber reclamações, inspecionar ou controlar instituição ou governo. *V. Ombudsman.*

OUVIR – Permitir que as partes se pronunciem sobre certo ato judicial ou pedido. Dar vista de autos ou de petição à parte para que se manifeste.

OVERRULING – 1. Expressão do Dir. norte-americano, trazida ao Dir. brasileiro pela doutrina processualista. Técnica pela qual a parte, ou mesmo o juiz, demonstra que determinado precedente aparente aplicável a um determinado caso concreto foi superado pela jurisprudência posteriormente firmada nos Tribunais Superiores. 2. Com a positivação, no Dir. brasileiro, de métodos de resolução de demandas em massa, tal técnica tem sido cada vez mais evocada para afastar a aplicação de decisões de Tribunais Superiores. Tal previsão passou a figurar no CPC/2015 e, antes, na CLT, com as inovações introduzidas pela Lei nº 13.015/2014. 3. Ante a insegurança jurídica normalmente produzida por alterações na jurisprudência, há previsão para que os tribunais, ao reverem o entendimento dominante sobre determinada matéria, promovam a modulação de efeitos do novo entendimento.

✱ *V. CPC/2015, arts. 489, § 1º, VI; 927, §§ 2º a 4º; 986.*

✱ *V. CLT, art. 896-C, § 17.*

P

PACIENTE – Aquele sobre o qual recai ação movida por outrem; sujeito passivo de ilícito penal. O que sofre constrangimento ilegal, a favor de quem se impetra *habeas corpus*.

PACO – Na gíria policial, pacote habilmente preparado para dar a impressão de conter grande soma de dinheiro; usado na prática de estelionato.

PACOTILHA – Pequena quantidade de mercadorias que, no contrato de engajamento, o capitão e os marinheiros podem levar com eles sem precisar pagar frete.

PACTA ADJETO – (Latim) Convenção ou obrigação acessória que se adita ao contrato principal, não afetando a sua substância, mas garantindo-o, esclarecendo-o. É o chamado *pacto acessório*, como a cláusula de multa.

PACTA DANT LEGEM CONTRACTUI – (Latim) As convenções dão lei ao contrato.

PACTÁRIO – Estipulante, pactuário, pactante, contratante. Aquele que faz um pacto, contrato, com outrem.

PACTA SUNT SERVANDA – (Latim) Princípio que determina, no Dir. Internacional e nos contratos, que os pactos devem ser obrigatoriamente cumpridos pelas partes.

PACTO – Acordo, convenção, contrato.

Antenupcial: convenção que os nubentes celebram, por escritura pública, sob condição suspensiva, antes de celebradas as núpcias, quanto ao regime de bens vigente no casamento. A Lei admite alteração do regime de bens, com autorização judicial em pedido motivado de ambos os cônjuges, ressalvados direitos de terceiros. Se os nubentes não celebrarem o pacto ou ocorrer a nulidade deste, prevalecerá o regime de comunhão parcial. A separação dos bens, se estipulada, deve constar do pacto; não constando, comunicam-se os adquiridos na constância do matrimônio.

A retro: em que se prevê a retrovenda.

Comissório: cláusula com efeito de condição resolutiva comum aos contratos bilaterais: dá-se a resolução do contrato quando uma das partes se torna inadimplente. É *tácito* se a condição resolutiva se subentende e positiva-se por interpelação judicial; e *expresso*, quando constar do contrato e opera-se de pleno direito.

De melhor comprador: pelo qual o vendedor, em um prazo determinado, pode desistir do negócio se aparecer novo comprador com melhor preço. *V. Cláusula.*

✱ *V. LINDB (antiga LICC), art. 7º, § 4º.*

✱ *V. CC, arts. 166, III, 1.537, 1.639, 1.640, 1.653 a 1.657, 1.659 a 1.665, 1.687, 1.688 e 1.428, parágrafo único.*

PACTUM DE NON PETENDO INTRA TEMPUS – (Latim) Pacto de não pedir dentro de certo tempo (moratória).

PACTUM EST DUORUM CONSENSUS ATQUE CONVENTIO – (Latim) O pacto é o consenso, ou convenção de dois.

PACTUM SERVATE DOMINII – (Latim) Pacto de reserva de domínio.

PADRÃO – Modelo, paradigma; modelo oficial de pesos e medidas. Marco, em geral de pedra, que indica a divisa dos terrenos.

Monetário: valor legal da unidade monetária de um país.

PADRASTO – Aquele que se casa com viúva que tem filhos e se torna padrasto deles.

PAGAMENTO – Prestação daquilo que é objeto de dívida; uma das formas de extinção da obrigação. O pagamento sem causa que o justifique dá margem à *repetição do indébito*.

Com sub-rogação: dá-se quando um terceiro paga a obrigação pelo devedor ou lhe dá meios para solvê-la, investindo-se por isso nos mesmos direitos, preferências ou garantias do antigo credor.

Por intervenção: quando um terceiro, estranho ao título, que ia ser protestado no vencimento, paga-o em honra de um dos obrigados.

Portable: o que deve ser efetuado no domicílio do credor.

Quérable: que só pode ser feito no domicílio do devedor.

✱ ***V.*** *CC, arts. 304 e 359.*

PAGUE-SE – Cláusula própria do endosso nominativo que, aposta em título de crédito, transfere a propriedade deste à pessoa indicada, que substitui o credor.

PAI – Parente masculino do primeiro grau na linha ascendente. A Lei nº 13.257/2016 alterou o art. 473 da CLT para acrescentar períodos em que o empregado pode se ausentar do trabalho sem prejuízo do salário para acompanhar a esposa ou companheira gestante em consulta médica (até 2 dias) ou acompanhar filho de até 6 anos em consulta médica (1 dia).

Putativo: O que gera filho durante o casamento que veio a ser anulado, porém contraído de boa-fé por ambos os nubentes.

PAIXÃO – Emoção forte e duradoura, amor extremado, sentimento exacerbado; difere da simples emoção, que tem curta duração. A paixão pode levar ao crime, pois reduz a capacidade de escolha (*vis eletiva*) do indivíduo e não exclui a imputabilidade penal. Só a patológica é causa de inimputabilidade; mas é motivo de redução da pena, sob certas condições. Pode ser motivo de crime, o que deve ser levado em consideração ao se fixar a pena.

PANDEMIA – 1. Originária do grego *pandemías*, que significa "todo o povo". 2. É a propagação mundial de doença, atingindo grande número de pessoas que não estão imunes a ela. 3. A pandemia de Coronavírus (COVID-19), no Brasil, surgiu como "Emergência em Saúde Pública de importância Nacional (ESPIN)", assim reconhecida pela Portaria nº 188, de 3 de fevereiro de 2020, do Ministério da Saúde, e se agravou para estado de calamidade pública decretado pelo Decreto Legislativo nº 6, de 20 de março de 2020. Posteriormente, atos administrativos e legislativos foram editados pelo Poder Público para orientar a respeito da contenção da situação de pandemia e manutenção da saúde dos indivíduos, dentre eles, distanciamento social, fechamento temporário de estabelecimentos e adiamento de eventos culturais. A situação de pandemia causada pelo COVID-19 fez o poder legislativo editar a Lei nº 14.023/2020, que alterou a Lei nº 13.979/2020, para estabelecer o rol daqueles considerados como profissionais essenciais ao controle de doenças e à manutenção da ordem pública. Por sua vez, o Decreto nº 10.282, de 20/03/2020 estipulou um rol de serviços públicos e atividades essenciais. 4. A Lei nº 14.128/2021 prevê uma compensação financeira a ser paga pela União aos profissionais e trabalhadores de saúde que, durante o período de emergência de saúde pública de importância nacional decorrente da disseminação do novo coronavírus (SARS-CoV-2), por terem trabalhado no atendimento direto a pacientes acometidos pela Covid-19, ou realizado visitas domiciliares em determinado período de tempo, no caso de agentes comunitários de saúde ou de combate a endemias, tornarem-se permanentemente incapacitados para o trabalho, ou ao seu cônjuge ou companheiro, aos seus dependentes e aos seus herdeiros necessários, em caso de óbito. O valor da compensação varia de R$ 10.000,00 (dez mil reais) a R$ 50.000,00 (cinquenta mil reais), conforme o preenchimento das condições previstas na referida lei. 5. A partir da sanção da Lei nº 14.536/2023, os Agentes Comunitários de Saúde e os Agentes de Combate às Endemias passam a ser considerados como profissionais de saúde o que concede a eles o direito de acumular cargos públicos, conforme autorizado pela Carta Magna aos profissionais de saúde. 6. Em 5-5-2023, a Organização Mundial da Saúde (OMS) veio a público comunicar o término da Emergência de Saúde Pública de Importância Internacional (ESPII) causada pela Covid-19 depois de, praticamente, três anos e três meses contados da data da declaração da emergência global, em 30-1-2020.

✱ ***V.*** *LC nº 173/2020 (Estabelece o Programa Federativo de Enfrentamento ao Coronavírus SARS-CoV-2 (Covid-19), altera a Lei Complementar nº 101, de 4 de maio de 2000, e dá outras providências).*

✱ ***V.*** *Lei nº 13.979/2020 (Dispõe sobre as medidas para enfrentamento da emergência de saúde pública de importância internacional decorrente do coronavírus responsável pelo surto de 2019).*

✱ ***V.*** *Lei nº 14.020/2020 (Institui o Programa Emergencial de Manutenção do Emprego e da Renda, dentre outras providências).*

✱ ***V.*** *Lei nº 14.040/2020 (Estabelece normas educacionais excepcionais a serem adotadas durante o estado de* *calamidade pública reconhecido pelo Decreto Legislativo nº 6, de 20 de março de 2020; e altera a Lei nº 11.947, de 16 de junho de 2009).*

✱ *V. Lei nº 14.042/2020 (Institui o Programa Emergencial de Acesso a Crédito – Peac, dentre outras providências).*

✱ *V. Lei nº 14.043/2020 (Institui o Programa Emergencial de Suporte a Empregos).*

✱ *V. Lei nº 14.046/2020 (Dispõe sobre o adiamento e o cancelamento de serviços, de reservas e de eventos dos setores de turismo e de cultura em razão do estado de calamidade pública reconhecido pelo Decreto Legislativo nº 6, de 20 de março de 2020, e da emergência de saúde pública de importância internacional decorrente da pandemia da Covid-19).*

✱ *V. Lei nº 14.047/2020 (Dispõe sobre medidas temporárias para enfrentamento da pandemia da Covid-19 no âmbito do setor portuário, dentre outras providências).*

✱ *V. Lei nº 14.048/2020 (Dispõe sobre medidas emergenciais de amparo aos agricultores familiares do Brasil para mitigar os impactos socioeconômicos da Covid-19).*

✱ *V. Lei nº 14.061/2020 (Prorroga até 30 de setembro de 2020 a suspensão da obrigatoriedade da manutenção das metas quantitativas e qualitativas contratualizadas pelos prestadores de serviço de saúde, de qualquer natureza, no âmbito do Sistema Único de Saúde (SUS), estabelecida na Lei nº 13.992, de 22 de abril de 2020).*

✱ *V. Lei nº 14.121/2021 (Autoriza o Poder Executivo federal a aderir ao Instrumento de Acesso Global de Vacinas Covid-19 (Covax Facility) e estabelece diretrizes para a imunização da população).*

✱ *V. Lei nº 14.124/2021 (Dispõe sobre as medidas excepcionais relativas à aquisição de vacinas e de insumos e à contratação de bens e serviços de logística, de tecnologia da informação e comunicação, de comunicação social e publicitária e de treinamentos destinados à vacinação contra a covid-19 e sobre o Plano Nacional de Operacionalização da Vacinação contra a Covid-19).*

✱ *V. Lei nº 14.125/2021 (Dispõe sobre a responsabilidade civil relativa a eventos adversos pós-vacinação contra a Covid-19 e sobre a aquisição e distribuição de vacinas por pessoas jurídicas de direito privado).*

✱ *V. Lei nº 14.128/2021 (Dispõe sobre compensação financeira a ser paga pela União aos profissionais e trabalhadores de saúde que, durante o período de emergência de saúde pública de importância nacional decorrente da disseminação do novo coronavírus (SARS-CoV-2), por terem trabalhado no atendimento direto a pacientes acometidos pela Covid-19, ou realizado visitas domiciliares em determinado período de tempo, no caso de agentes comunitários de saúde ou de combate a endemias, tornarem-se permanentemente incapacitados para o trabalho, ou ao seu cônjuge ou companheiro, aos seus dependentes e aos seus herdeiros necessários, em caso de óbito; e altera a Lei nº 605, de 5 de janeiro de 1949).*

✱ *V. Lei nº 14.186/2021 (Altera a Lei nº 14.046, de 24 de agosto de 2020, para dispor sobre medidas emergenciais para atenuar os efeitos da crise decorrente da pandemia da covid-19 nos setores de turismo e de cultura.).*

✱ *V. Lei nº 14.259/2021 (Altera a Lei nº 14.124, de 10 de março de 2021, que dispõe sobre as medidas excepcionais relativas à aquisição de vacinas e de insumos e à contratação de bens e serviços de logística, de tecnologia da informação e comunicação, de comunicação social e publicitária e de treinamentos destinados à vacinação contra a covid-19 e sobre o Plano Nacional de Operacionalização da Vacinação contra a Covid-19).*

✱ *V. Lei nº 14.536/2023 (Altera a Lei nº 11.350, de 5 de outubro de 2006, a fim de considerar os Agentes Comunitários de Saúde e os Agentes de Combate às Endemias como profissionais de saúde, com profissões regulamentadas, para a finalidade que especifica).*

✱ *V. Decreto nº 10.282/2020 (Regulamenta a Lei nº 13.979, de 6 de fevereiro de 2020, para definir os serviços públicos e as atividades essenciais).*

✱ *V. Resolução nº 4, de 13 de maio de 2020, do Comitê de Crise para Supervisão e Monitoramento dos Impactos da Covid-19 (Institui Grupo de Trabalho para a Coordenação de Ações Estratégicas de Tecnologia da Informação, em resposta aos impactos relacionados à pandemia do coronavírus - Covid-19).*

✱ *V. Resolução nº 5, de 13 de maio de 2020, do Comitê de Crise para Supervisão e Monitoramento dos Impactos da Covid-19 (Institui Grupo de Trabalho de Apoio aos Brasileiros no Exterior, em resposta aos impactos relacionados ao coronavírus, no âmbito do Comitê de Crise da Covid-19).*

✱ *V. Resolução nº 11, de 25 de novembro de 2020, do Comitê de Crise para Supervisão e Monitoramento dos Impactos da Covid-19 (Institui Grupo de Trabalho para a coordenação das medidas de proteção e a prestação de contas de benefícios, em resposta aos impactos relacionados ao coronavírus, no âmbito do Comitê de Crise da Covid-19).*

PAPILOSCOPIA – O mesmo que *dactiloscopia* (q.v.).

PAR – Igual, de idêntico valor. *Ao par*: diz-se da moeda em relação a outra estrangeira, ou dos títulos de crédito quando cotados por seu valor nominal.

PARADIGMA – Padrão, modelo. Os empregados que têm a mesma função, na mesma localidade, com o mesmo empregador, devem receber salários iguais, segundo as regras de equiparação salarial; isto não ocorrendo, ou seja, havendo empregado na mesma função com salário maior, terá este a denominação de paradigma para a ação de equiparação salarial.

✱ *V. CF, art. 7º, XXX.*

✱ *V. CLT, art. 461.*

✱ *V. Súm. nº 6 do TST.*

PARAESTATAL – Nome dado a autarquia, entidade ou empresa que não integra diretamente os órgãos do Estado, exercendo funções que poderiam ser por ele exercidas, e em cuja administração o Estado intervém.

PARAFERNAL – Diz-se do bem que pertence à mulher casada, excluído da propriedade do marido e que pode ser administrado sem sua ingerência.

PARÁGRAFO – Divisão de artigo, versando assunto que o complementa. A técnica legislativa ordena que os parágrafos tenham numeração ordinal até o nono, e cardinal a partir do décimo. Deve-se escrever por extenso quando há um só parágrafo após o *caput* do artigo.

PARANOIA – Perturbação mental caracterizada por ideias de perseguição, grandeza e reivindicação, bem como sentimento de ser ameaçado.

PARCEIRO – Membro de parceria, comparte, sócio. O parceiro incumbido da cultura não responderá por encargos do prédio, se não os assumir. É presumida a culpa do patrão ou comitente pelo ato culposo do empregado ou preposto.

✱ ***V.*** *Súm. nº 341 do STF.*

PARCERIA AGRÍCOLA – Contrato pelo qual uma pessoa usa a propriedade de outra para exploração agrícola, dividindo-se os lucros ou as perdas segundo critérios que fixarem.

PARCERIA PECUÁRIA – Contrato em que uma das partes entrega à outra animais para que sejam tratados e criados, mediante pagamento de uma cota proporcional aos lucros. A *parceria rural* abrange a *agrícola* e a *pecuária.* A Lei nº 6.015/1973 – Lei de Registros Públicos – art. 27, V, impõe a transcrição do contrato de parceria agrícola ou pecuária no Registro de Títulos e Documentos.

✱ ***V.*** *Lei nº 4.504/1964 (Estatuto da Terra), que regula os diferentes tipos de parcerias.*

PARCIALIDADE – Qualidade do que é parcial; tendenciosidade, favorecimento ilegítimo de uma das partes; vício do ato de quem declara nele sua vontade, torcendo os fatos, encobrindo a verdade, para favorecer a outrem.

PARECER – Opinião fundamentada, estudo de aspectos de uma lei ou caso jurídico. Conselho ou esclarecimento dado por advogado ou jurisconsulto sobre questão de direito ou de fato submetida ao seu juízo. Opinião de técnico, perito, arbitrador, sobre assunto de sua especialidade. Ato pelo qual comissão do Legislativo se pronuncia sobre projeto de lei ou emenda sobre ele apresentada.

Administrativo: opiniões de órgãos técnicos sobre questões submetidas à sua apreciação; têm caráter apenas opinativo, a menos que seja ratificado por ato posterior.

PAREDE – Divisória de tijolos; quando construída com tijolos e vidro translúcido pode ser erguida a menos de metro e meio do prédio vizinho, não importando servidão sobre ela. A parede-meia tem regras na lei civil.

✱ ***V.*** *CC, arts. 1.304 e 1.305.*

✱ ***V.*** *Súm. nº 120 do STF.*

PARENTALIDADE – É o vínculo socioafetivo maternal, paternal ou qualquer outro que resulte na assunção legal do papel de realizar as atividades parentais, de forma compartilhada entre os responsáveis pelo cuidado e pela educação das crianças e dos adolescentes.

✱ ***V.*** *Lei nº 8.069/1990 (Estatuto da Criança e do Adolescente), art. 22.*

✱ ***V.*** *Lei nº 14.457/2022 (Institui o Programa Emprega + Mulheres, dentre outras disposições.), art. 1º, parágrafo único.*

PARENTE – Pessoa que está ligada a outra por afinidade ou consanguinidade.

PARENTESCO – É o vínculo existente entre pessoas, por *afinidade* (entre um cônjuge e os parentes do outro), *consanguinidade* ou *cognição* (o oriundo da mesma ascendência). ***V.*** *Relações de parentesco.*

PARIDADE SALARIAL – É a igualdade salarial imposta pela CF, art. 7º, XXX, XXXI, e art. 461 da CLT.

PARI PASSU – (Latim) A passo igual; andamento simultâneo de ações.

PARLAMENTARISMO – Forma de governo em que se confia ao próprio Parlamento a chefia do Estado, exercida por um primeiro-ministro que comanda um Gabinete formado por ministros auxiliares. A Chefia do Estado é confiada ao Presidente da República ou ao Rei, se a forma de governo for a Monarquia. Se o gabinete perder a confiança do Parlamento é derrubado. Pode ocorrer, também, a dissolução do Parlamento pelo Gabinete, com a convocação do povo para eleições gerais. O Brasil teve duas experiências parlamentaristas: a *de fato*, no Segundo Império; *de direito*, entre 1961 a 1963, pelo Ato Adicional nº 4, de 2 de setembro de 1961. A última tentativa de implantação desse regime ocorreu em 21 de abril de 1993, durante o plebiscito, preferindo o povo o presidencialismo e a forma republicana de governo.

PARLAMENTO – Nos regimes constitucionais bicamerais é o conjunto da Câmara dos Deputados e do Senado Federal que exercem o Poder Legislativo. O mesmo que *Congresso Nacional.*

PARRICÍDIO – Crime do *parricida*; homicídio contra o próprio pai ou pai e mãe.

PARS EST IN TOTUM SEDE TOTUM NON EST IN PARTE – (Latim) A parte está no todo, porém o todo não está na parte.

PARQUES – São áreas geográficas extensas e delimitadas, dotadas de atributos naturais excepcionais, objeto de preservação permanente, submetidas à condição de inalienabilidade e indisponibilidade em seu todo. Destinam-se a fins científicos, culturais, educativos e recreativos. São criadas e administradas pelos Governos Federal, Estadual e Municipal, visando principalmente a preservação dos ecossistemas naturais contra quaisquer alterações que os desvirtuem.

PARTE – Sujeito ativo ou passivo de relação jurídico-processual, o autor, o réu, o órgão do Ministério Público, ou terceiro interveniente. Diz-se do contratante no contrato, do recorrente e do recorrido em procedimento recursal. Aplica-se o termo ainda para indicar comunicação, queixa, feita à autoridade competente, verbal ou por escrito; e a porção que cabe a cada um na divisão de coisa comum. No sentido processual, a parte diz-se: *adversa*, o litigante em relação ao seu oponente na mesma ação; *ilegítima*, a que não tem interesse jurídico, moral ou patrimonial para estar em juízo, ou é estranha ao processo; *legítima*, quando tem interesse e capacidade para agir judicialmente. No Dir. Civil, diz-se a parte *disponível* em relação à porção de bens de que alguém pode dispor, livremente, em testamento, respeitadas as legítimas dos herdeiros necessários; *ideal*, *ficta* ou *abstrata*, aquela não determinada ou incerta que sócios ou condôminos possuem na coisa comum indivisa; *real*, aquela certa e determinada, delimitada, que a pessoa possui numa coisa; *viril*, a que cabe a cada um na herança.

✱ *V. CC, arts. 1.847,* caput, *1.967, 1.968 e 2.002.*

PARTEIRA – 1. Mulher que faz partos. 2. Da mesma forma que os cirurgiões, médicos, farmacêuticos, dentistas, a parteira é obrigada a satisfazer o dano oriundo de imprudência, negligência ou imperícia em atos profissionais, de que resulte morte, inabilitação ou ferimento. 3. O piso salarial nacional da parteira foi instituído pela EC nº 124/2022.

✱ *V. CF, art. 198, §§ 12 e 13.*

✱ *V. CC, art. 951.*

✱ *V. EC nº 124/2022 (Institui o piso salarial nacional do enfermeiro, do técnico de enfermagem, do auxiliar de enfermagem e da parteira).*

PARTICIPAÇÃO – Fato de se ter ou tomar parte em alguma coisa. Interferência, contribuição, cooperação. Comunicado, aviso. No Dir. Penal a *participatio fraudis* é um dos requisitos da fraude, juntamente com o *consilium fraudis* e o *eventus damni*.

Nos lucros das empresas: determinada pela CF e tornada obrigatória pela Lei nº 10.101/2000, após sucessivas reedições de Medidas Provisórias desde o final de 1994. Pela norma constitucional, o benefício está desvinculado da remuneração do empregado, não se sujeitando a descontos sociais, trabalhistas, previdenciários e fiscais.

✱ *V. CF, art. 7º, XI.*

PARTIDOR – Serventuário que tem a função especial de organizar os planos das partilhas e cálculos judiciais.

PARTIDOS POLÍTICOS – 1. São pessoas jurídicas de direito privado, destinadas a assegurar, no interesse do regime democrático, a autenticidade do sistema representativo e a defender os direitos fundamentais definidos na Constituição Federal. 2. A EC nº 97/2017 fixou normas de acesso dos partidos políticos aos recursos do fundo partidário e tempo de propaganda gratuito na televisão e no rádio. 3. A EC nº 111/2021 incluiu o § 6º no art. 17 da CF para dispor sobre fidelidade partidária e estabelecer que os Deputados Federais, os Deputados Estaduais, os Deputados Distritais e os Vereadores que se desligarem do partido pelo qual tenham sido eleitos perderão o mandato, salvo nos casos de anuência do partido ou de outras hipóteses de justa causa estabelecidas em lei, não computada, em qualquer caso, a migração de partido para fins de distribuição de recursos do fundo partidário ou de outros fundos públicos e de acesso gratuito ao rádio e à televisão.

✱ *V. CF: art. 17.*

✱ *V. Lei nº 9.096/1995 (Lei dos Partidos Políticos).*

PARTILHA – Divisão dos bens deixados pelo *de cujus* entre seus herdeiros. Operação de formação e distribuição dos quinhões mediante julgamento ou homologação, após o inventário. Quanto à *natureza*, pode ser a partilha *por ato inter vivos* ou *em vida*, quando o pai faz aos filhos doação legalmente válida, sem prejudicar a *legítima*, e reservando parte ou renda para sua subsistência; não significa adiantamento da legítima e deve ser feita por escritura pública ou instrumento particular, sendo obrigatória a escritura pública se houver donatário menor ou interdito, ou se os bens forem imóveis de valor superior ao fixado em lei; *causa mortis*, aquela derivada do inventário dos bens deixados pelo *de cujus*; *aritmética*, a que se aplica a bens suscetíveis de divisão numérica (dinheiro); *material*, a que incide sobre coisas efetivamente divisíveis, sendo cada quinhão destacado da parte material do todo partilhado; na impossibilidade de partição, a *partilha jurídica* fixa uma parte ideal para cada sucessor. No tocante ao *processo* a partilha é: *amigável*, quando feita pelos interessados, por acordo unânime entre os coerdeiros, homologada pelo juiz, sem a participação do partidor. Não é admitida quando há herdeiro ausente ou revel. É feita por instrumento público, por redução a termo nos autos do inventário ou por escrito particular homologado pelo juiz ou por sentença sua. O inventário obedecerá, neste caso, às normas do *arrolamento* (q.v.); *judicial*, quando se faz perante juiz e partidor, por haver menores e interditos interessados ou se não houver acordo entre os sucessores maiores e capazes. Se, após a partilha, for constatada a existência de bens não arrolados, se fará uma *sobrepartilha*. Depois da partilha os herdeiros respondem pelas dívidas proporcionalmente à parte que lhes coube na herança; mas não respondem por encargos superiores às forças da herança.

O tema relacionado à partilha de bens foi parcialmente alterado pela Lei nº 11.965/2009, que passou a dispor sobre a participação do defensor público na lavratura da escritura pública de inventário e de partilha e de divórcio consensual. Além disso, o § 1º do art. 982 do CPC/1973, correspondente ao art. 610, § 2º, do CPC/2015 dispõe que a partir de agora o tabelião somente lavrará a escritura pública se todas as partes interessadas estiverem assistidas por advogado comum ou advogados de cada uma delas ou por defensor público, cuja qualificação e assinatura constarão do ato notarial. Veja que, com o advento desta alteração, passa a entrar a figura do defensor público no rol.

✱ *V. CC, arts. 2.013 a 2.022.*

✱ *V. EC nº 66/2010 (Dispõe sobre a dissolubilidade do casamento civil pelo divórcio, suprimindo o requisito de prévia separação judicial por mais de 1 (um) ano ou de comprovada separação de fato por mais de 2 (dois) anos).*

PARTO SUPOSTO – Crime que consiste em dar parto alheio como próprio; registrar como seu o filho de outrem; ocultar recém-nascido ou substituí-lo, suprimindo ou alterando direito inerente ao estado civil, é crime apenado com reclusão de 2 a 6 anos. Se o crime é cometido por motivo de reconhecida nobreza, a pena de detenção de um a 2 anos, podendo o juiz não aplicar a pena.

✱ *V. CP, art. 242.*

PASSAGEM – Contrato de adesão envolvendo empresa de transporte e o passageiro. *V. Bilhete de passagem.*

Forçada: direito de trânsito que tem o dono de prédio urbano ou rústico encravado em outro, por força de lei, para obter por meio deste saída para a via pública, fonte, ou porto. A ação é de procedimento sumário.

✱ *V. CC, arts. 1.285 a 1.287.*

Inocente: no direito internacional, navios mercantes e de guerra, desde que não estejam desenvolvendo manobras militares, propaganda, pesquisa, levantamento hidrográfico ou pesca, podem navegar por mar territorial que não seja o de sua bandeira. Já para o trânsito de aeronaves é necessária autorização do país.

PASSAPORTE – Documento, visado pelas embaixadas, que dá ao seu legítimo possuidor livre trânsito em país estrangeiro por período determinado. Pode ser: *comum*, concedido pelo governo do país a cidadão que dele queira sair, visado pela autoridade diplomática do país a que se destina, na saída e na chegada de seu portador; *especial*, o concedido a certas pessoas, com prévia autorização; *diplomático*, concedido ao Presidente e Vice-Presidente da República, Ministros de Estado, Presidente e Vice do Poder Legislativo, do Supremo Tribunal Federal, a membros do Corpo diplomático, etc.; *para estrangeiro*, conferido àqueles vindos de país que não tenha, no Brasil, representante diplomático. Consoante a Lei de Migração, é um documento de viagem.

✱ *V. Lei nº 13.445/2017 (Lei de Migração), art. 5º, I.*

✱ *V. Dec. nº 9.199/2017 (Regulamenta a Lei de Migração), art. 4º, § 2º, I.*

PATENTE – Título concedido a autor de uma invenção ou descoberta que tenha utilidade industrial, assegurando-lhe o privilégio de uso e exploração exclusiva da mesma durante certo prazo. Esse título chama-se *carta-patente* ou *carta de privilégio*. O privilégio vigora por 15 anos, findos os quais o objeto da patente cai em domínio público.

✱ *V. CF, art. 5º, XXIX.*

✱ *V. Lei nº 9.279/1996 (Regula os direitos e obrigações relativos à propriedade industrial).*

PATER FAMILIAS – (Latim) No Dir. Romano era o indivíduo independente, livre, chefe de seu grupo familial e de seus bens, incluídos os escravos, com poder de vender e até de eliminar os próprios filhos, na era do patriarcado.

PATERNIDADE – Qualidade, situação, de quem é pai. *V.* relações de parentesco (Lei nº 8.560/1992, que regula a investigação de paternidade de filhos havidos fora do casamento). Não se admite registro de nascimento sem o nome do pai. Quando isto ocorre abre-se um procedimento ou averiguação oficiosa, sendo obrigatório o ajuizamento de Ação de Investigação de Paternidade (Lei nº 8.560/1992). Se a mãe, porém, não indicar o nome do pai para preservá-lo ou por não o saber, faz-se o registro sem essas providências legais para respeitar-se o silêncio da mulher. O teste de DNA facilita o reconhecimento, sendo utilizado largamente nos casos de investigação de paternidade, o que torna inadequado o preceito: *Mater semper certa, pater semper incertus.*

PATÍBULO – Aparelho em forma de estrado alto, onde se aplica a pena capital, por estrangulamento ou decapitação dos condenados. Não existe no Brasil, onde não se aplica a pena de morte.

PATRÃO – Empregador. Mestre de embarcação de pequena cabotagem.

PATRIARCADO – Regime familiar no qual prepondera o poder, a autoridade do pai.

PATRICIDA – Aquele que trai ou é inimigo de sua própria pátria.

PATRILINEAR – Diz-se da sucessão por linha paterna.

PATRIMÔNIO – Conjunto dos bens de alguém a que se pode atribuir valor econômico, compreendendo a propriedade, direitos reais, pessoais e obrigacionais, ativos e passivos. O total dos valores de uma administração econômica, elemento material da azienda.

Genético: Informação de origem genética, contida em amostras do todo ou de parte de espécime vegetal, fúngico, microbiano ou animal, na forma de moléculas e substâncias provenientes do metabolismo destes seres vivos e de extratos obtidos destes organismos vivos ou mortos, encontrados em seus *habitats* naturais e, no caso de espécies domesticadas ou cultivadas, nos meios onde tenham desenvolvido suas propriedades características.

PATROCÍNIO – Proteção, auxílio, apoio de empresa a clube esportivo. Defesa dos direitos de alguém em juízo, por advogado. Subvenção dada por empresas para a montagem de espetáculos culturais.

Infiel: crime contra a administração da Justiça, que consiste no fato de trair, o advogado ou procurador, o seu dever profissional, prejudicando os interesses cujo patrocínio lhe foi confiado em juízo. A pena é de detenção de 6 meses a 3 anos e multa. É punível, também, o patrocínio simultâneo de interesses de partes contrárias, na mesma causa. O Estatuto da OAB consigna, como infração disciplinar, "prejudicar, por culpa grave, interesse confiado ao seu patrocínio" e prevê censura ao infrator.

✱ *V. CP, art. 355.*

✱ *V. Lei nº 8.906/1994 (Estatuto da Advocacia e a OAB), art. 34, IX.*

PATRONÍMICO – É o nome propriamente dito. ***V.*** *Nome.* Compete à Justiça Estadual decidir pedido de brasileira naturalizada para adicionar ao seu nome o patronímico de companheiro brasileiro nato.

✱ *V. Súm. nº 51 do TFR.*

PATRONO – Defensor; o que patrocina; o advogado de uma das partes em litígio.

PEÇA – Juridicamente, é qualquer escrito ou documento introduzido nos autos do processo, para instruí-lo: laudo, certidão etc.

PECULATO – Crime contra a Administração Pública; consiste no fato de o funcionário apropriar-se indebitamente de dinheiro, valor ou coisa móvel, pública ou particular, da qual tenha a guarda em razão do cargo, ou desviá-la em proveito próprio ou alheio. A pena é de reclusão de 2 a 12 anos e multa. Incide na mesma pena o funcionário que, mesmo não tendo a posse do dinheiro, valor ou bem, o subtrai ou concorre para isso, em proveito próprio ou alheio, valendo-se da facilidade de ser funcionário.

Culposo: dá-se quando o funcionário concorre culposamente para o crime de outrem. É apenado com detenção de 3 meses a 1 ano. Extingue-se a punibilidade se a reparação do dano precede a sentença; se lhe é posterior, reduz de metade a pena imposta. Também ocorre peculato por erro de outrem, quando o funcionário se apropria de dinheiro ou de qualquer utilidade que, no exercício do cargo, recebeu por erro de outrem. A pena é de reclusão de 1 a 4 anos, e multa.

✱ *V. CP, arts. 312 e 313.*

PECÚLIO – Benefício previdenciário ao acidentado, cuja capacidade laboral se mostre igual ou inferior a 25%.

PEDIDO – 1. Ato ou efeito de pedir. 2. Petição, requerimento, rogo, súplica. 3. A coisa que se pediu. 4. Encomenda, requisição de mercadoria. 5. Para fins de Dir. Processual, é um dos elementos da ação, ao lado das partes e da causa de pedir. Pode ser escrito ou oral (nas hipóteses autorizadas por lei), neste último caso, reduzido a termo e endereçado ao juiz, por quem tenha legítimo interesse de agir, expondo sua pretensão.

O pedido pode ser:

Alternativo: quando se pode reconhecer, de modos diferentes, a relação de direito objeto da lide; diz-se *subsidiário* quando duas pretensões são formuladas, pleiteando-se a acolhida de uma delas e, não sendo isso possível, que se dê acolhimento à outra.

Cominatório: para forçar a que se cumpra a obrigação de fazer ou não fazer, sob cominação de pena.

Conexo: quando são da mesma natureza as coisas que constituem o seu fundamento.

Consequente: se resulta da violação da própria relação jurídica a ser arguida.

Contraposto: *aquele formulado pelo réu na própria contestação, sem necessidade de formular reconvenção. Admissível no procedimento perante os Juizados Especiais Cíveis.*

Cumulativo: quando há mais de uma reivindicação na mesma petição, uma em correlação com as outras, podendo ser promovida com o mesmo rito e perante o mesmo juiz.

De acesso: formulado por qualquer interessado, a fim de obter informação que diga respeito a assunto de seu interesse, endereçada à autoridade competente, e cuja negativa pode ser impugnada judicialmente, por meio de *habeas data* ou mandado de segurança, conforme o caso.

De arquivamento: formulado pelo Ministério Público após receber o relatório de inquérito policial, quando não vislumbrar elementos que justifiquem o oferecimento de denúncia.

De cooperação: formulado por autoridade judiciária, nacional ou estrangeira, a outra, para fins de realização de atos processuais ou outro tipo de medida.

De explicações: formulado por quem infere calúnia, difamação ou injúria, a partir de referências, alusões ou frases proferidas por terceiro. Espécie de interpelação judicial, com vistas a obrigar alguém a responder formalmente por ato que possa configurar crime contra a honra.

De demissão: rescisão do contrato de trabalho por iniciativa do empregado.

De reconsideração: dirigido à mesma autoridade que expediu o ato para que o invalide ou altere, segundo o que pretende o requerente. É direito do administrado, no âmbito dos processos administrativos federais, salvo se houver procedimento específico para a questão.

De uniformização de interpretação de lei federal: incidente processual cabível no âmbito dos Juizados Especiais Federais, de competência da Turma Nacional de Uniformização de Jurisprudência, para proferir decisões sobre questões de direito material controvertidas no âmbito das Turmas Recursais Federais. Embora não seja espécie de recurso, a TNU vem atuando como verdadeiro Tribunal Superior dos Juizados Especiais Federais, julgando os casos concretos submetidos a sua apreciação.

Genérico: o que não indica quantidade ou extensão do direito arguido pela parte. Seu valor será apurado na liquidação, quando se tornará aferido, líquido.

✱ *V. CPC/1973, arts. 259 e 289.*

✱ *V. CPC/2015, arts. 26 a 41, 67 a 69, 99, 133, 237, 292, 322 a 329.*

✱ *V. CP, art. 144.*

✱ *V. CPP, arts. 18 e 28.*

✱ *V. CLT, arts. 477, § 1º, 500, 840, § 1º, e 852-B, I.*

✱ *V. Lei nº 9.099/1995 (Lei dos Juizados Especiais Cíveis e Criminais), arts. 14 a 17 e 31.*

✱ *V. Lei nº 9.784/1999 (Lei do Processo Administrativo), art. 56, § 1º.*

✱ *V. Lei nº 10.259/2001 (Dispõe sobre os Juizados Especiais Federais), art. 14.*

✱ *V. Lei nº 12.527/2011 (Regula o acesso a informações no âmbito da Administração Pública), arts. 10 a 14.*

PEDOFILIA – é a perversão sexual na qual a atração sexual de um indivíduo adulto está dirigida primariamente para crianças pré-púberes ou não. É a atração sexual por crianças.

✱ *V. art. 244-B do CP que foi inserido pela Lei nº 12.015/2009 que dispõe sobre condutas criminosas utilizadas por eletrônicos e salas de bate-papo da Internet.*

✱ *V. Lei nº 11.829/2008 (Altera a Lei nº 8.069, de 13 de julho de 1990 – Estatuto da Criança e do Adolescente, para aprimorar o combate à produção, venda e distribuição de pornografia infantil, bem como criminalizar a aquisição e a posse de tal material e outras condutas relacionadas à pedofilia na internet).*

PEITA – Suborno; pagamento, em dinheiro ou coisa de valor, com intuito de corromper.

PEITAR – Subornar; praticar crime de corrupção ativa; corromper alguém, afastá-lo do cumprimento do seu dever funcional, com oferta de dinheiro ou de outra recompensa.

PELEGO – Diz-se dos agentes do Ministério do Trabalho, infiltrados nos sindicatos operários. Designação dada aos sindicalistas oportunistas ou subservientes para a obtenção de vantagens pessoais.

PENA – Sanção legal, punição ou cominação prevista em lei, que o Estado impõe àquele que infringe norma de direito. Punição legal da culpa apurada em processo judicial, nos limites da lei. Entre os caracteres da pena estão: a *legalidade*, que exige a prévia cominação legal para sua aplicação, não havendo crime nem pena sem lei que os defina; a *pessoalidade*, não passando a pena da pessoa do delinquente, o que é preceito constitucional; e a *proporcionalidade*, que diz que a pena deve ser proporcional ao delito praticado, o que não impede que ela seja individualizada, levando o juiz em conta fatores subjetivos, como reincidência, a personalidade do réu etc. Medidas de segurança não são penas, ainda quando restrinjam a liberdade. No Dir. Penal, as penas são *principais*, as que existem por si, autônomas e incluem reclusão, detenção e multa; e *acessórias*, subsidiárias complementares da principal, privativas de liberdade do agente, que são: a *perda de função pública*, para o funcionário condenado à pena privativa de liberdade ou por outro crime à pena de reclusão; a *interdição de direitos*, que é a decretação, temporária ou permanente, de incapacidade para o exercício de direitos e funções que a lei indica, além da suspensão de direitos políticos; a *publicação da sentença condenatória* (pena moral), com sua divulgação, em resumo, à custa do condenado, sempre que o interesse público o exija. Há ainda as *penas restritivas de direitos*, também conhecidas como *penas alternativas* (CP, arts. 43 a 47, 55 a 77). Nas contravenções, temos como *principais* a prisão simples e a multa; e *acessórias*, as interdições de direito e a publicação da sentença. A pena pode ser ainda *privativa* ou *restritiva da liberdade*, *pecuniária*, *administrativa*, *disciplinar*, *civil* (na violação de cláusula de contrato ou direito patrimonial de alguém), *abstrata* (a que está na lei), *concreta* (a fixada pelo juiz, por sentença).

PENALIDADE – Castigo, punição. Sistema de penas cominadas pela lei.

PENALISTA – Criminalista, penologista; perito em Dir. Penal.

PENALOGIA – Parte da ciência criminal que trata das penas, aplicação e efeito da sanção penal, como meio de defesa e preservação do grupo social. Dir. Penal. Diz-se também *penologia*.

PENDENTE – Que está em curso, em discussão, dependendo de uma decisão.

PENHOR – Direito real sobre bens móveis alheios, entregues para garantir o cumprimento de uma obrigação, de forma privilegiada dentre os demais credores. Completa-se pela tradição efetiva, se penhor comum ou caução de títulos; e pelo *constituto possessório* seguido de transcrição se o penhor é agrícola ou pecuário. O penhor pode ser *convencional*, se resulta de contrato entre as partes; e *legal*, que é a garantia dada pela lei a certos credores de determinada obrigação. O *convencional* subdivide-se em: *civil*, quando o objeto sobre que recai é de natureza civil, coisas corpóreas, móveis e semoventes; *mercantil*, se garante obrigação de natureza mercantil e consiste na entrega de coisas móveis, ações e títulos de crédito, mercadorias etc.; *rural*, pelo qual agricultores e pecuaristas sujeitam cultura ou animais ao pagamento da dívida. O *rural*, conforme a coisa penhorada, pode ser: *agrícola*, o que abrange máquinas e implementos agrícolas, colheitas pendentes, frutos armazenados etc.; e *pecuário*, se constituído sobre animais que se criam pastando; *industrial*, se compreende veículos automotores, equipamentos de terraplenagem e pavimentação, viaturas etc. O penhor civil é monopólio da Caixa Econômica Federal.

✱ *V. CC, arts. 1.431 a 1.460.*

✱ *V. CPC/1973, arts. 874 a 876.*

✱ *V. CPC/2015, arts. 674, § 2º, IV, 703 a 706.*

✱ *V. CCom, art. 632.*

PENHOR DE AUTOMÓVEL – Inexistente no Código Civil de 1916, foi introduzido pelo CC/2002. O penhor pode ser constituído mediante instrumento público ou particular, registrado no Cartório de Títulos e Documentos do domicílio do devedor e anotado no Certificado de Propriedade. Pode ser feito pelo prazo máximo de dois anos, prorrogável até o limite de igual tempo, sendo esta prorrogação averbada à margem do registro respectivo. Para se fazer o penhor, o veículo deve estar segurado contra furto, avaria, perecimento e danos causados a terceiros (CC, arts. 1.461 a 1.466). O CC exige o registro das transações de penhor para que possam servir contra terceiros.

PENHORA – 1. Ato ou efeito de penhorar. 2. Ato de se vincular bens do executado, com apreensão judicial e depósito, suficientes para saldarem a sua dívida. A apreensão nem sempre ocorre, podendo os bens continuar em poder do executado, que também pode ser o seu depositário. *Nomear bens à penhora* é o ato do executado que designa os bens a serem reservados; *reforço da penhora* é o fato de ocorrer nova penhora de bens do executado, quando os abrangidos na primeira não bastaram para o ressarcimento total da dívida, juros e custas. A partir da Lei nº 11.382/2006, que deu nova redação ao § 4º do art. 659 do CPC/1973 (equivalente ao art. 844 do CPC/2015), cabe agora ao exequente, sem prejuízo da imediata intimação do executado, providenciar, para presunção absoluta de conhecimento por terceiros, a respectiva averbação no ofício imobiliário, mediante apresentação de certidão de inteiro teor do ato e independentemente de mandado judicial. 3. No Processo do Trabalho, a penhora de bens é requisito de admissibilidade de embargos à execução pelo devedor, oportunidade em que o executado poderá impugnar o título e, simultaneamente, o próprio ato de constrição de bens. Portanto, o prazo para oposição dos embargos não é contado da citação para pagamento, mas sim da garantia do juízo. Entretanto, a Lei nº 13.467/2017 (Reforma Trabalhista) dispensou a exigência de penhora em relação às entidades filantrópicas e/ou aqueles que compõem ou compuseram a diretoria destas instituições. 4. É admissível, em regra, a penhora em cumprimento provisório de sentença, exceto quando a execução é promovida contra a Fazenda Pública, tendo em vista que o pagamento em quantia certa deve ser feito por meio de requisição de pequeno valor ou de precatório. 5. A partir da Lei nº 13.043/2014, foi admitida a substituição de penhora pelo oferecimento de fiança bancária ou seguro garantia em execuções fiscais. O CPC/2015 adotou esta possibilidade em seu art. 848, par. único, desde que a garantia compreenda o valor do débito acrescido de 30% (trinta por cento). Por fim, a Lei nº 13.467/2017 (Reforma Trabalhista) passou a admitir esta possibilidade também no Processo do Trabalho.

Compulsória: quando o executado deixa que se esgote o prazo de pagar a dívida.

No rosto dos autos: a que é feita sobre direitos do executado em ação por ele proposta e não extinta, como em divisão ou partilha de herança; a penhora é averbada pelo escrivão no verso da primeira folha dos autos, para converter-se depois em penhora real dos bens ou direitos que forem partilhados ou adjudicados ao executado ou que lhe caibam.

Real e afilhada: quando os bens são retirados de fato do executado e entregues a depositário. Comete atentado a parte que, no curso do processo, viola penhora. Não são admissíveis embargos do devedor antes de seguro o juízo pela penhora, na execução por quantia certa. Julgada procedente a ação principal, o arresto se resolve em penhora.

✱ *V. CPC/1973, arts. 646 a 679, 685, II, 697, 704, 711, 712, 737, I, 818 e 879, I.*

✱ *V. CPC/2015, arts. 824 a 869, 874, II, 881, 908 e 909.*

✱ *V. CLT, arts. 880 a 884.*

✱ *V. Lei nº 4.673/1965 (Dispõe sobre a impenhorabilidade sobre os bens penhorados em execução fiscal).*

✱ *V. Lei nº 6.830/1980 (Lei de Execuções Fiscais), arts. 7º, II, 9º, III e §§ 1º a 3º, 11 a 15 e 30.*

✱ *V. Súm. nºs 417 do TST.*

✱ *V. Súmulas nºs 417 e 451 do STJ.*

✱ *V. Súmulas nºs 44 e 242 do TFR.*

PENITENCIÁRIA – Presídio especial onde são recolhidos condenados à pena de reclusão, em regime fechado. A destinada a mulheres, além dos requisitos previstos para a dos homens, poderá ser dotada de seção para gestante e parturiente e creche para o menor desamparado, cuja responsável esteja presa.

✱ *V. Lei nº 7.210/1984 (Lei de Execução Penal), arts. 87 a 90.*

PENITENCIARISTA – Aquele que se dedica ao estudo do instituto penitenciário. Jurista especializado neste assunto.

PENITENTE – Contratante que se arrepende em contrato escrito com multa penitencial.

PENOLOGIA – *V. Penalogia.*

PENOLOGISTA – *V. Penalista.*

PENSÃO – 1. Prêmio do aforamento, certo e invariável, que o enfiteuta paga anualmente. 2. Abono, renda. 3. Pequeno hotel, geralmente familiar. 4. Fornecimento regular de alimentação em um domicílio ou hospedagem. 5 Renda vitalícia paga ao cônjuge ou aos seus herdeiros, por contrato de constituição de renda ou por decisão judicial; é a chamada *pensão civil.*

Alimentícia: importância em dinheiro que o cônjuge/companheiro necessitado recebe do outro por força de decisão judicial ou de acordo voluntário na dissolução de casamento/união estável. Com o CC/2002, ambos os cônjuges/companheiros têm o direito de pedir pensão alimentícia. A Lei nº 8.971/1994 que determina no seu art. 1º que a companheira de um homem solteiro ou o companheiro de mulher solteira, separado judicialmente, divorciado ou viúvo, poderá valer-se do direito de requerer alimentos enquanto não constituir nova união e desde que prove necessidade. ***V.*** *Alimentos.*

✱ *V. CC, arts. 1.694 a 1.710.*

✱ *V. Lei nº 5.478/1968 Dispõe sobre a ação de alimentos), art. 22.*

✱ *V. Lei nº 8.971/1994 (Regula o direito dos companheiros a alimentos e à sucessão), art. 1º.*

✱ *V. Súm. nº 490 do STF.*

✱ *V. Súmulas nºs 313 e 358 do STJ.*

Por morte: 1. Benefício previdenciário pago aos dependentes do segurado do regime geral de Previdência Social ou dos regimes próprios dos servidores públicos. Podem habilitar-se ao pagamento os dependentes definidos na legislação previdenciária, que assim se qualificassem na data do óbito do instituidor. O casamento posterior da pensionista não interrompe o pagamento do benefício. 2. Até a entrada em vigor da MP nº 664/2014, posteriormente convertida na Lei nº 13.183/2015, não havia carência passando a ser pago a partir da data do óbito, ou da decisão judicial em caso de morte presumida. A partir de então, foi aprovada a instituição de uma carência mínima de 18 (dezoito) contribuições, bem como exigida uma duração mínima do casamento/união estável de dois anos. 3. O salário de benefício é calculado com base no valor da aposentadoria que o segurado recebia ou à qual teria direito se fosse aposentado na data do falecimento. Até a entrada em vigor da Lei nº 9.528/1997, a renda mensal inicial era apurada atribuindo-se 80% (oitenta por cento) da base de cálculo à parcela familiar e 10% (dez por cento) por dependente, até o limite de dois (100%). A partir de então, a RMI passou a ser de 100% do salário de benefício. Com a promulgação da Emenda Constitucional nº 103/2019, a renda mensal, exceto na hipótese de pensão por morte acidentária, é composta por 50% do salário de benefício, acrescida de 10% por dependente, até o limite de 100% Havendo mais de um pensionista, rateia-se a pensão por todos em partes iguais. Cessando o direito de um à pensão, a parte cessante reverterá em favor dos demais. 4. A pensão pode ser dada provisoriamente em caso de morte presumida, declarada pelo juiz, em casos comprovados de desaparecimento do segurado em razão de acidente, desastre ou catástrofe. 5. A despeito da pensão por morte exigir que o instituidor tivesse qualidade de segurado na data do óbito, a jurisprudência passou a afastar tal exigência caso seja comprovado que o segurado falecido já havia adquirido o direito à concessão de aposentadoria na data da morte. 6. O STF julgou procedente a ADI nº 4.582 para restringir a aplicabilidade do art. 15 da Lei nº 10.887/2004, referente à reajuste dos proventos de pensão e aposentadoria no mesmo dia e índice do reajuste dos benefícios do RGPS, apenas aos servidores ativos e inativos e aos pensionistas da União.

✱ *V. CF, art. 201, V e § 10.*

✱ *V. EC nº 103/2019 (Altera o sistema de previdência social e estabelece regras de transição e disposições transitórias), arts. 23 e 24.*

✱ *V. Lei nº 8.213/1991 (Dispõe sobre os Planos de Benefícios da Previdência Social), arts.74 a 79.*

✱ *V. Lei nº 8.112/1990 (Regime Jurídico Único Públicos Civis da União, Autarquias e Fundações Públicas Federais), arts. 215 a 225.*

✱ *V. Lei nº 10.887/2004, art.15.*

✱ *V. Dec. nº 3.048/1999 (Regulamento da Previdência Social), arts. 105 a 115.*

✱ *V. Súm. nº 613 do STF.*

✱ *V. Súmulas nºs 336, 340 e 416 do STJ.*

✱ *V. Súmulas nºs 36, 37, 52 e 63 da TNU.*

Por morte acidentária: beneficia os dependentes do segurado da Previdência Social que faleceu em decorrência de evento definido pela lei como acidente de trabalho, não havendo carência e começando o benefício da data do óbito ou da decisão do juiz em caso de morte presumida. O valor é de 100% do salário de benefício ou do de contribuição vigente no dia do acidente, considerando-se a alternativa mais vantajosa. A competência para ações versando sobre a concessão ou manutenção desse benefício também é das Varas Estaduais de Acidentes de Trabalho.

PENSÃO ESPECIAL – A CF prevê pensão vitalícia de dois salários mínimos a seringueiros recrutados na região amazônica durante a Segunda Guerra Mundial; e pensão especial para ex-combatentes desse mesmo conflito. Além desta modalidade, a legislação foi criando diversos benefícios destinados a sujeitos pré-determinados, de forma casuística, não raro tendo por destinatários vítimas de eventos lesivos de conhecimento notório, tais como as deformações genéticas causadas pelo uso do medicamento talidomida, da exposição a material radioativo na cidade de Goiânia/GO em 1987, ou da contaminação de materiais em clínica de hemodiálise no município de Caruaru/PE em 1996. A despeito de esses benefícios serem denominados como pensões, a rigor apresentam natureza assistencial, pois não exigem contribuição prévia pelas vítimas dos eventos ou seus dependentes.

✱ *V. ADCT, arts. 53 e 54.*

✱ *V. Lei nº 7.070/1982 (Dispõe sobre pensão especial aos portadores de síndrome da Talidomida).*

✱ *V. Lei nº 9.422/1996 (Dispõe sobre pensão especial ao cônjuge, companheiro ou companheira, descendente, ascendente e colaterais até segundo grau das vítimas fatais de hepatite tóxica, por contaminação em processo de hemodiálise no Instituto de Doenças Renais, com sede na cidade de Caruaru, no Estado de Pernambuco).*

✱ *V. Lei nº 9.425/1996 (Dispõe sobre pensão especial às vítimas do acidente nuclear ocorrido em Goiânia, Goiás).*

✱ *V. Lei nº 11.520/2007 (Dispõe sobre a concessão de pensão especial às pessoas atingidas pela hanseníase que foram submetidas a isolamento e internação compulsórios).*

PENSIONISTA – 1. O que recebe pensão do Estado ou da Previdência Social. 2. Morador em pensionato ou em casa de pensão.

PEQUENA PROPRIEDADE OU POSSE RURAL FAMILIAR – Aquela explorada mediante o trabalho pessoal do agricultor familiar e empreendedor familiar rural, incluindo os assentamentos e projetos de reforma agrária, e que atenda ao disposto no art. 3º da Lei nº 11.326, de 24 de julho de 2006.

PER CAPITA – (Latim) Por cabeça.

PERDA – Extravio, desaparecimento, privação, prejuízo.

Da instância: quando o processo não prossegue no espaço de tempo que a lei prevê.

Da nacionalidade: de brasileiro, nos casos que a lei especifica. *V. Nacionalidade.*

Da posse: Perde-se a posse ao cessar, embora contra a vontade do possuidor, o poder sobre o bem ao qual se refere o art. 1.196 do CC. No prazo do contrato, não se conta o tempo em que o prestador de serviço, por culpa sua, deixou de servir.

✱ *V. CC, art. 1.223.*

Do poder familiar: pena imposta ao pai ou à mãe que castigar imoderadamente o filho, deixá-lo em abandono, ou praticar atos contra a moral e os bons costumes.

Dos direitos políticos: nos casos previstos na CF.

✱ *V. CF, arts. 5º, XLVII,* b, *12, § 4º, 15.*

✱ *V. CC, art. 1.635.*

Abandono da posse: Perde-se a posse ao cessar, embora contra a vontade do possuidor, o poder sobre o bem ao qual se refere o art. 1.196 do CC (q.v.). No prazo do contrato não se conta o tempo em que o prestador de serviço, por culpa sua, deixou de servir.

✱ *V. CC, art. 1.223.*

PERDA DE BENS – 1. Para fins de Direito e Processo Penal, é considerada modalidade de pena, acessória à condenação principal, pela qual o condenado é privado dos instrumentos do crime, bem como dos respectivos produtos ou valores que constituam proveito auferido pelo agente com a prática do delito, os quais revertem em favor da União, ressalvado o direito do lesado ou de terceiro de boa-fé. Falecendo o agente, a perda de bens prossegue contra seus sucessores, até o limite das forças da herança. Ainda em fase de instrução criminal, poderão ser tomadas medidas assecuratórias, como sequestro de bens e valores, para posterior decretação de perda. 2. No âmbito do Direito Administrativo, constitui sanção civil por atos de improbidade administrativa que impliquem enriquecimento ilícito do agente público ou prejuízo ao Erário Público.

✱ *V. CF, arts. 5º, XLVI,* b, *e 37, § 4º.*

✱ *V. CP, arts. 32 e 91.*

✱ *V. CPP, art. 124.*

✱ *V. Lei nº 8.429/1992 (Lei de Improbidade Administrativa), arts. 6º e 12, I e II.*

PERDÃO – Graça concedida pelo Presidente da República a um condenado comum, extinguindo-se a punibilidade; perdão judicial. Nos crimes em que se procede apenas mediante queixa, o perdão do ofendido impede o prosseguimento da ação. O perdão, no processo ou fora dele, expresso ou tácito, a todos aproveita; se concedido por um dos ofendidos,

P

não prejudica o direito dos outros; se o querelado o recusa, não produz efeito. Perdão tácito é aquele que resulta de ato incompatível com a vontade de prosseguir na ação. Não se admite o perdão depois que passa em julgado a sentença condenatória. O perdão poderá ser aceito por procurador com poderes especiais. A renúncia tácita e o perdão tácito admitirão todos os meios de prova. Concedido o perdão, mediante declaração expressa nos autos, o querelado será intimado a dizer, em 3 dias, se o aceita, devendo, ao mesmo tempo, ser cientificado de que o seu silêncio importará aceitação. Aceito o perdão, o juiz julgará extinta a punibilidade. A aceitação do perdão fora do processo constará de declaração assinada pelo querelado, por seu representante legal ou procurador com poderes especiais.

✱ *V. CP, arts. 105 e 106.*

✱ *V. CPP, arts. 50 a 59.*

PERDAS E DANOS – Prejuízo patrimonial efetivo, por perda certa ou o que a pessoa deixou de ganhar por culpa de outro, que não cumpriu obrigação. O devedor que não pagou no tempo e forma devidos, só responde pelos lucros que foram ou podiam ser previstos na data da obrigação. Mesmo que a inexecução resulte de dolo do devedor, as perdas e danos só incluem prejuízos efetivos e os lucros cessantes por efeito dela direto e imediato. As perdas e danos, nas obrigações de pagamento em dinheiro, consistem nos juros da mora e custas, sem prejuízo da pena convencional. Se a coisa perecer por fato alheio à vontade do dono, terá este ação, pelos prejuízos, contra o culpado. A mesma ação de perdas e danos terá o dono contra aquele que, incumbido de conservar a coisa, por negligência a deixe perecer; cabendo a este, por sua vez, direito regressivo contra o terceiro culpado.

✱ *V. CC, arts. 402 a 405, § 2º, e 643.*

PERECIMENTO – Perda, cessação da vida corpórea. Extinção de um direito ou de coisa que lhe servia de causa. Um dos modos de perda da propriedade imóvel.

Da coisa: extinção material do objeto de relação jurídica, confusão com outra da qual não pode ser diferenciada, situação em lugar inacessível.

Do direito: por efeito de renúncia, decadência, prescrição etc. Também se extingue a hipoteca pela destruição da coisa; o penhor resolve-se pelo perecimento da coisa. Na obrigação de dar coisa incerta, não poderá o devedor, antes da escolha, alegar perda ou deterioração da coisa, ainda que por força maior ou caso fortuito. O possuidor de boa-fé não responde pela perda ou deterioração da coisa a que não der causa.

✱ *V. CC, art. 1.436.*

PEREMPÇÃO – 1. É a perda do direito de ação do autor que dá causa, por 3 vezes, à extinção do processo, por abandono. A extinção do processo sem julgamento do mérito não impede que o autor proponha a ação de novo, salvo no caso de perempção, litispendência ou coisa julgada. Se o autor der causa, por 3 vezes, à extinção do processo por não promover atos e diligências que lhe competirem, abandonando a causa por mais de 30 dias, não poderá intentar nova ação contra o réu com o mesmo objeto, mas fica-lhe ressalvada a possibilidade de alegar em defesa o seu direito. O juiz ordenará o arquivamento dos autos, declarando a extinção do processo, se a parte, intimada pessoalmente, não suprir a falta em 48 horas, e o autor será condenado ao pagamento das despesas e de honorários de advogado. Compete ao réu, antes de discutir o mérito, alegar a perempção. 2. No Dir. Penal, também se extingue a punibilidade pela perempção; caracteriza a inércia do querelante após deflagrada a ação ou quando não formula o pedido de condenação em suas alegações finais.

✱ *V. CPC/1973, arts. 267, III, V, 268, parágrafo único, e 301, IV.*

✱ *V. CPC/2015, arts. 337, V, 485, III e IV, 486, § 3º.*

PEREMPTO – Extinto, por decurso de prazo legal, abandono da ação; que incorreu em *perempção* (q.v.).

PER FAS ET PER NEFAS – (Latim) Pelo permitido e pelo proibido.

PERFILHAÇÃO – Reconhecimento voluntário, por parte do pai ou da mãe, ou por ambos, de filiação ilegítima. A CF não admite distinções; todos os filhos podem ser reconhecidos a qualquer tempo, sejam naturais, sejam adulterinos, sejam até incestuosos, mesmo na constância da sociedade conjugal. O reconhecimento dos filhos nascidos fora do casamento é irrevogável e será feito no registro de nascimentos; por escritura pública ou escrito particular a ser arquivado em cartório; por testamento, ainda que incidentalmente manifestado; por manifestação expressa e direta perante o juiz, ainda que o reconhecimento não tenha sido o objeto único e principal do ato que o contém. O filho maior só pode ser reconhecido com o seu consentimento. O casamento nulo produz os mesmos efeitos que um casamento válido, em relação aos filhos e ao contraente de boa-fé. Essa disposição abrange os filhos naturais, adulterinos e incestuosos.

✱ *V. CF, art. 227, § 6º.*

✱ *V. CC, art. 1.561.*

✱ *V. Lei nº 6.015/1973 (Dispõe sobre Registros Públicos), arts. 29, § 1º,* d, *e 102, 4º.*

✱ *V. Lei nº 6.515/1977 (Lei do Divórcio), art. 14, parágrafo único.*

✱ *V. Lei nº 8.560/1992 (Lei de Investigação de Paternidade), arts. 1º e 3º.*

PERÍCIA – 1. Conhecimento, prática, experiência ou habilidade em determinada ciência, profissão ou arte. 2. Averiguação feita por profissional com conhecimentos especializados sobre a coisa objeto de análise. Exame, vistoria, avaliação de que se incumbem peritos nomeados pelo juiz com indicação, pelas partes, de assistente técnico nas ações civis. A perícia é feita para suprir a insuficiência de conhecimentos específicos sobre o objeto da prova. A perícia, como meio de prova, tem valor relativo, podendo o juiz desconsiderar as conclusões do perito, caso existam outros elementos de convicção nos autos. 3. No Processo. Penal, o trabalho é feito por peritos oficiais e, na falta destes, por duas pessoas tecnicamente habilitadas para o cargo, designadas pela autoridade. A perícia médica será realizada ao termo do prazo mínimo fixado e repetida de ano em ano, ou a qualquer tempo, se assim o determinar o juiz da execução, no caso de medidas de segurança para inimputável, com internação ou tratamento ambulatorial. 4. No Processo do Trabalho, as perícias sobre periculosidade e insalubridade obedecem a normas especiais. Para caracterização de acidente ou doença do trabalho, a perícia pode ser considerada como o marco inicial da pretensão (*actio nata*), caso a própria vítima não tivesse ciência inequívoca da incapacidade laboral. 5. Para fins de Dir. Previdenciário, a concessão de aposentadoria por invalidez ou auxílio doença depende de perícia realizada por médico do próprio INSS, o que pode ser suprido no caso de nexo técnico epidemiológico entre a doença e a atividade desenvolvida pelo empregador. 6. Para fins da legislação de trânsito, a perícia é prevista como meio de constatação de direção de veículos sob efeito de substâncias entorpecentes, sendo que a recusa em se submeter ao exame pode gerar presunção relativa contrária ao motorista.

✱ *V. CC, arts. 212, V, e 232.*

✱ *V. CPC/1973, arts. 366, 420, 421,* caput, *425, 429 e 435.*

✱ *V. CPC/2015, arts. 406, 464, 465, 469, 473 e 477.*

✱ *V. CPP, arts. 97, § 2º, 158 a 161, 170, 176, 180, 182, 184 e 342.*

✱ *V. CTB, arts. 269, IX, e 277.*

✱ *V. CLT, arts. 195, 790-B, 852-H, §§ 4º e 6º.*

✱ *V. Lei nº 5.584/1970 (Dispõe sobre normas de Direito Processual do Trabalho), art. 3º.*

✱ *V. Lei nº 8.213/1991 (Dispõe sobre planos de benefícios da Previdência Social), arts. 21-A, 43, § 1º, 60, § 4º, e 104, I.*

✱ *V. Súmulas nºs 230, 314, 345 e 460 do STF.*

✱ *V. Súmulas nºs 293, 448 e 453 do TST.*

✱ *V. Orientações Jurisprudenciais nºs 165 e 278 da SBDI-I do TST.*

PERICULOSIDADE – 1. Qualidade do que oferece perigo. 2. Condição ambiental de trabalho que não pode ser neutralizada por medidas e equipamentos, ante o risco de evento imprevisível e de consequências nocivas à saúde e segurança dos empregados. O trabalho nestas condições dá direito a um adicional, calculado à base de 30% sobre o salário contratual, sem acréscimos ulteriores. Por sua vez, este adicional repercute nas demais verbas de natureza salarial, como horas extras e adicional noturno. Atualmente a legislação estabelece como perigosas as atividades que lidam com explosivos, inflamáveis, sistemas elétricos de potência, radiações ionizantes, atividades de segurança e vigilância patrimonial ou com emprego de motocicleta, conforme previsão em quadros aprovados pelo Ministério do Trabalho. É proibido qualquer trabalho perigoso a menores de 18 (dezoito) anos de idade. ***V.*** *Adicional.* 3. O trabalho em condições perigosas também enseja o direto do trabalhador à aposentadoria especial, com menor tempo de contribuição do que o previsto para os demais trabalhadores. 4. Condição do indivíduo que, por sua índole má ou antecedentes criminais, oferece perigo à sociedade, o que é considerado para efeitos de cálculo da pena, aplicação de medidas de segurança e em incidentes em execução penal, mediante exame criminológico.

✱ *V. CF, arts. 7º, XXIII e XXXIII, e 201, § 1º.*

✱ *V. CLT, arts. 193 a 197.*

✱ *V. Norma Regulamentadora 16, aprovada pela Portaria MTE 3.214/1978 (Estabelece atividades e operações perigosas).*

✱ *V. Lei nº 8.213/1991 (Dispõe sobre planos de benefícios da Previdência Social), arts. 57 e 58.*

✱ *V. CP, arts. 59 e 97.*

✱ *V. CPP, arts. 326, 549 a 555, 710, II, 715 e 751 a 763.*

✱ *V. LEP, arts. 8º, 9º, 100, 114, e 171 a 179.*

✱ *V. Súm. nº 212 do STF.*

✱ *V. Súmulas nºs 39, 70, 132, 191, 361, 364, 447 e 453 do TST.*

✱ *V. Orientações Jurisprudenciais nºs 165, 172, 259, 324, 345, 347 e 385 da SBDI-I do TST.*

PERICULUM IN MORA – (Latim) Situação de fato que se caracteriza pela iminência de um dano decorrente de demora de providência que o impeça. Muito utilizada a expressão em casos de medidas cautelares.

PERIGO – Situação de fato, contingência, circunstância diante da qual pode ocorrer lesão à pessoa ou a direito seu. É *atual* ou *iminente* quando envolve grave ameaça, real, momentânea, que consumar-se-á se não for evitada; *comum* ou *coletivo*, quando sujeita um número variável de pessoas; *presumido* ou *abs-*

trato, é aquele reconhecido em virtude de texto de lei e não do exame de cada caso, distinguindo-se nisso do *perigo concreto*. Esse decorre de presunção *juris tantum*, admitindo prova em contrário; o *abstrato* decorre de presunção *juris et de jure*, que não admite prova em contrário. O Dir. Penal prevê também: *perigo de contágio venéreo*, que consiste em expor alguém, nas relações sexuais ou ato libidinoso, a contágio de moléstia venérea, de que sabe ou deve saber que está contaminado, com pena de detenção de 3 meses a 1 ano ou multa. Se o agente tem intenção de transmitir a moléstia, reclusão de 1 a 4 anos e multa; procede-se apenas mediante representação; *perigo de contágio de moléstia grave*: praticar, com a finalidade de transmitir a outrem moléstia grave de que está contaminado, ato capaz de produzir o contágio, é crime apenado com reclusão de 1 a 4 anos e multa; *perigo para a vida ou para a saúde de outrem*: consiste em expor a vida ou a saúde de outrem a perigo direto e iminente; é crime apenado com detenção de 3 meses a 1 ano, se o fato não constitui crime mais grave. O CP, no Capítulo III, Da Periclitação da Vida e da Saúde, trata ainda de abandono de incapaz (133), exposição ou abandono de recém-nascido (134), omissão de socorro (135) e maus-tratos (136).

✱ ***V.*** *CP, arts. 130 a 136.*

PERÍODO DE GRAÇA – É o lapso temporal estipulado em lei durante o qual o segurado do Regime Geral de Previdência Social pode requerer benefícios previdenciários mesmo sem efetuar o recolhimento mensal de contribuições nesse período. A qualidade de segurado do cidadão é mantida durante determinado período de tempo, nessas condições, podendo perdurar de 12 até 36 meses.

✱ ***V.*** *Lei nº 8.213/1991 (Dispõe sobre os Planos de Benefícios da Previdência Social), art. 15.*

✱ ***V.*** *Decreto nº 3.048/1999 (Regulamento da Previdência Social), art. 13.*

PERITO – 1. Quem possui especialização em certo ramo do conhecimento, atividade ou assunto. 2. Que possui domínio técnico ou prático em determinada profissão ou atividade. Técnico nomeado, pelo juiz, para emitir opinião ou parecer sobre matéria de que tenha conhecimento prático ou na qual seja especialista. São escolhidos entre profissionais de nível universitário, inscritos no órgão de classe. Arbitrador; o que realiza perícias. O perito é auxiliar do juízo. A remuneração do perito será paga pela parte que houver requerido o exame, ou pelo autor, quando requerido por ambas as partes ou determinado de ofício pelo juiz. Também se aplicam os motivos de impedimento e de suspeição ao perito e assistentes técnicos. Ao realizar inspeção judicial direta pode o juiz valer-se de um ou mais peritos. O crédito do perito constitui título executivo extrajudicial. No Dir. Penal, não podem ser peritos os que estiverem sujeitos à interdição de direitos prevista no art. 47, I a III, do CP.

✱ ***V.*** *CPC/1973, arts. 33, 138, I e III, 145 a 147, 429, 433, 434, 441 e 585.*

✱ ***V.*** *CPC/2015, arts. 95, 148, 156 a 158, 473, 477, 478, 482 e 784.*

✱ ***V.*** *CP, art. 47, I a IV.*

✱ ***V.*** *CPP, arts. 105, 112, 159, § 2º, a 177, 179, 180, 182, 275 a 281, 330, § 1º, e 527.*

✱ ***V.*** *CLT, art. 879, § 6º.*

✱ ***V.*** *Lei nº 5.584/1970 (Dispõe sobre normas de Direito Processual do Trabalho), art. 3º.*

PERJÚRIO – Falso testemunho; quebra de juramento; falsidade. Delito contra a administração da Justiça.

✱ ***V.*** *CP, art. 342.*

PER LEGEM POTEST FIERI QUOD PER PACTUM – (Latim) Pode-se fazer pela lei o que se faz por pacto.

PERMISSA VENIA – (Latim) Com a devida permissão.

PERMISSÃO – Autorização, consentimento expresso para fazer coisa ou para praticar certo ato. Compete ao Poder Executivo outorgar e renovar concessão, permissão e autorização para o serviço de radiodifusão sonora e de sons e imagens. O prazo da permissão será de 10 anos para emissoras de rádio e de 15 anos para as de televisão. O cancelamento, antes de vencido o prazo, depende de decisão judicial. Na aquisição da posse, determina a lei civil que "não induzem posse os atos de mera permissão ou tolerância". Segundo Hely Lopes Meirelles, "permissão é o ato administrativo negocial, discricionário e precário, pelo qual o Poder Público faculta ao particular *a execução de serviços de interesse coletivo*, ou *o uso especial de bens públicos*, a título gratuito ou remunerado, nas condições estabelecidas pela Administração. Não se confunde com a *concessão* nem com a *autorização*: a *concessão* é contrato administrativo bilateral; a *autorização* é ato administrativo unilateral. Pela concessão contrata-se um serviço de utilidade pública; pela autorização consente-se numa atividade ou situação de interesse exclusivo ou predominante do particular; pela permissão, faculta-se a realização de uma atividade de interesse concorrente do permitente, do permissionário e do público".

Condicionada: aquela em que o próprio Poder Público se autolimita na faculdade discricionária de revogá-la, a qualquer tempo, fixando em norma legal o prazo de sua vigência e/ou assegurando outras vantagens ao permissionário como incentivo para a execução do serviço, como nas permissões de transporte coletivo. A CF torna obrigatória a licitação para a permissão de qualquer serviço público (Hely Lopes Meirelles, *Direito administrativo brasileiro*, 14ª edição atualizada, RT).

✱ **V.** *CF, arts. 175 e 223, §§ 1º a 5º.*

✱ **V.** *CC, art. 1.208.*

✱ **V.** *Lei nº 8.987/1995 (Dispõe sobre o regime de concessão e permissão da prestação de serviços públicos previsto no art. 175 da Constituição Federal).*

✱ **V.** *Lei nº 9.074/1995 (Estabelece normas para outorga e prorrogações das concessões e permissões de serviços públicos e dá outras providências).*

PERMUTA – É uma forma de alienação e de aquisição de coisa. Contrato pelo qual as partes transferem e recebem um bem, uma da outra; esses bens se substituem, reciprocamente, no patrimônio dos que os trocam. Pressupõe-se que os bens permutados sejam do mesmo valor, mas também se admite troca de coisas de valores desiguais, um em relação ao outro, havendo *reposição* em dinheiro do que faltar. 3. Troca de função pública ou de posto entre dois empregados de igual categoria, no Direito Administrativo. A EC nº 130/2023 determinou que a permuta de juízes de comarca de igual entrância, quando for o caso, e dentro do mesmo segmento de justiça, inclusive entre os juízes de segundo grau, vinculados a diferentes tribunais, na esfera da justiça estadual, federal ou do trabalho, atenderá, no que couber, ao disposto nas alíneas "a", "b", "c" e "e" do inciso II do *caput* no art. 93 e no art. 94 desta Constituição. Tal determinação permite a permuta entre juízes de direito vinculados a diferentes tribunais.

✱ **V.** *CF, arts. 93 e 94.*

✱ **V.** *EC nº 130/2023 (Altera o art. 93 da Constituição Federal para permitir a permuta entre juízes de direito vinculados a diferentes tribunais).*

De bem público: para que esta ocorra há necessidade de *autorização legal* e *avaliação prévia* das coisas objetos de troca. Não se exige licitação, impossível de realizar-se, por não admitir, a determinação dos objetos de troca, substituição ou competição licitatória. São aplicados à permuta os dispositivos legais da compra e venda civil ou comercial; na troca de imóveis, há que atender às formas e registros competentes para a transferência de domínio.

✱ **V.** *CC, art. 533.*

PERQUIRIÇÃO – Ato de perquirir, indagar, investigar. O mesmo que perquisição.

PERQUIRIR – Investigar a fundo, minuciosamente; procurar com atenção.

PERSEGUIÇÃO – Fato típico acrescentado ao Código Penal, pela Lei nº 14.132/2021, consistente em perseguir alguém, reiteradamente e por qualquer meio, ameaçando-lhe a integridade física ou psicológica, restringindo-lhe a capacidade de locomoção ou, de qualquer forma, invadindo ou perturbando sua esfera de liberdade ou privacidade. A pena é de reclusão por 6 (seis) meses a 2 (dois) anos e multa.

✱ **V.** *CP, art. 147-A.*

✱ **V.** *Lei nº 14.132/2021 (Acrescenta o art. 147-A ao Decreto-Lei nº 2.848, de 7 de dezembro de 1940 (Código Penal), para prever o crime de perseguição; e revoga o art. 65 do Decreto-Lei nº 3.688, de 3 de outubro de 1941 (Lei das Contravenções Penais).*

PERSEGUIR – Seguir de perto um foragido, para prendê-lo ou interrogá-lo. Molestar alguém, seguidamente, impedindo-o de exercer atividade lícita, ou causando-lhe dano moral ou material.

PERSONA NON GRATA – (Latim) Pessoa que não é bem-vinda.

PERSONALIDADE – No sentido jurídico, é a aptidão que tem todo homem, por força da lei, de exercer direitos e contrair obrigações. A *personalidade civil* começa com o nascimento com vida, mas o nascituro tem seus direitos assegurados desde a concepção. Logo, é aquela conferida pela lei, distinguindo o CC entre *pessoas naturais* e *pessoas jurídicas* (CC, arts. 2º a 4º; CF, art. 5º, *caput*). Avanço importante do CC/2002 é o direito de personalidade (q.v.). Existe uma tendência de incluir no art. 2º do CC os direitos do embrião por causa da clonagem, havendo uma grande corrente de opinião que defende ser o embrião um ser vivo e com direito à vida.

PERSUASÃO – Ato de persuadir, fazer acreditar, convencer. É o uso de argumentos que convençam alguém de que a razão ou a verdade está com quem as apresentou.

PERTINÊNCIA – Adequação, propriedade, exatidão; adequabilidade à causa sob apreciação judicial.

PERTINENTE – Diz-se de toda a matéria que pode ser admitida no processo por relacionar-se com o fundo da causa e capaz de influir no julgamento.

PERTURBAÇÃO DO TRABALHO – Contravenção que consiste em alguém perturbar o trabalho ou o sossego alheio com gritaria, algazarra, exercendo profissão incômoda ou ruidosa contra as determinações legais, abusando de instrumentos sonoros ou de sinais acústicos; provocando ou não procurando impedir barulho produzido por animal de que tem a guarda: prisão simples de 15 dias a 3 meses, ou multa.

✱ **V.** *LCP, art. 42.*

PERVERSÃO – Depravação dos próprios costumes; ato de perverter, corromper, viciar alguém, induzindo-o a atos desonestos.

PERVERSIDADE – Depravação, corrupção, maldade. Qualidade de perverso, de quem exacerba os sofrimentos da vítima de homicídio, agravando as suas lesões e dores. É circunstância agravante.

PESCA – É lícito pescar nas águas públicas, ou nas particulares, com o consentimento do dono. Ao pescador pertence o peixe que pescar e o que, arpoado ou farpado, perseguir, embora outrem o colha. Quem pescar, sem permissão do proprietário, em águas alheias perderá para ele o peixe que apanhe, e responderá pelo dano que lhe cause. Nas águas particulares que atravessem terrenos de muitos donos, cada um dos ribeirinhos tem direito a pescar de seu lado, até o meio delas. O Código de Pesca (Dec.-lei nº 221/1967) define a pesca como "todo ato tendente a capturar ou extrair elementos animais ou vegetais que tenham na água seu normal ou mais frequente meio de vida". A pesca pode ser *comercial*, *desportiva* e *científica*, regulamentadas pelo Código da Pesca, que dispõe ainda sobre as limitações à pesca, restrições quanto a instrumentos e métodos de pesca, lançamento de resíduos líquidos ou sólidos às águas; e reserva ao Poder Público o direito de interditar a pesca, transitória ou definitivamente, em águas do domínio público ou privado, nas épocas e nos locais que lhe parecerem necessários. As *infrações de pesca* são contravenções penais ou crimes, conforme sua gravidade.

✱ *V. Lei nº 9.605/1998 (Tipifica condutas lesivas ao meio ambiente), arts. 33 a 36.*

✱ *V. Dec.-lei nº 221/1967 (Código de Pesca), arts. 1º a 5º, 17, 22 a 25, 33 a 39 e 61.*

✱ *V. Lei nº 13.288/2016 (Dispõe sobre os contratos de integração, obrigações e responsabilidades nas relações contratuais entre produtores integrados e integradores).*

PESSOA – Ser que é capaz de exercer direitos e contrair obrigações. O CC divide-a em *pessoa natural* e *pessoa jurídica*. A personalidade civil começa com o nascimento com vida, mas a lei põe a salvo desde a concepção os direitos do nascituro. As pessoas jurídicas são de direito público, interno ou externo, e de direito privado. De direito público interno são a União, cada um dos Estados e o Distrito Federal, cada um dos municípios legalmente constituídos, e são civilmente responsáveis por atos de seus representantes. São pessoas jurídicas de direito privado: as sociedades civis, religiosas, pias, científicas ou literárias, as associações de utilidade pública e as fundações; as sociedades mercantis. O domicílio civil da pessoa natural é o lugar onde ela estabelece sua residência com ânimo definitivo. A que não tem residência habitual, seu domicílio será o lugar onde for encontrada. O domicílio das pessoas jurídicas é da União, o Distrito Federal; dos Estados, as respectivas capitais; dos municípios, os locais onde funcione a Administração Municipal. O *usufruto* (q.v.) constituído em favor de pessoa jurídica extingue-se com esta, ou, se ela perdurar, aos 30 anos da data em que se começou a exercer. A pessoa jurídica pode ser formada por pessoas naturais ou bens, como nas fundações.

✱ *V. CC, arts. 1º a 21, 40 a 69.*

PESSOA COM DEFICIÊNCIA – 1. Para o Dir. Internacional, incorporado pelo ordenamento jurídico brasileiro, é toda aquela que tem impedimentos de longo prazo de natureza física, mental, intelectual ou sensorial, os quais, em interação com uma ou mais barreiras, podem obstruir sua participação plena e efetiva na sociedade em igualdade de condições com as demais pessoas. Portanto, o conceito jurídico não abarca toda e qualquer pessoa que apresenta alguma limitação, mas apenas aquelas cuja restrição efetivamente impacte sua interação no meio social. Diante da atual definição, não é correta a aplicação dos termos *deficiente* ou *pessoa portadora de deficiência*. 2. No ordenamento jurídico brasileiro, as pessoas com deficiência foram as primeiras por minorias a serem tuteladas por normas protetivas, as quais se espraiam pela legislação trabalhista, previdenciária, sanitária e tributária, culminando com a promulgação da Lei nº 13.146/2015 (Estatuto das Pessoas com Deficiência). 3. No plano internacional, o conceito foi aperfeiçoado pela Organização Mundial da Saúde (OMS), sendo, afinal, consagrado pela aprovação, em 2006, da Convenção Internacional sobre os Direitos das Pessoas com Deficiência, ratificada pelo Congresso Nacional brasileiro na forma do art. 5º, § 3º, da Constituição, e, portanto, formalmente equiparada às Emendas Constitucionais. 4. A Constituição Federal garante um salário mínimo mensal ao portador de deficiência que comprove não poder prover a própria manutenção ou tê-la provida pela família. Esse dispositivo é disciplinado pela Lei nº 8.742/1993, regulamentada pelo Dec. nº 6.214/2007. Contudo, em função da definição de pessoa com deficiência, constante do art. 20, § 2º, daquele diploma legal, com a redação dada pela Lei nº 13.146/2015, a qual apenas reproduz a definição da Convenção Internacional, surgiu uma controvérsia acerca da eventual restrição do alcance do benefício de prestação continuada, passando apenas a ser concedido aos deficientes incapazes para o trabalho, sem considerar o impacto da deficiência na efetiva inserção social do indivíduo. Tal interpretação paradoxalmente vai contra a teleologia da norma, que é a de aumentar o alcance de proteção das pessoas com deficiência, e tem gerado numerosas demandas judiciais em face da negativa de concessão de benefícios pelo INSS, a despeito da constatação de incapacidade dos requerentes para prover o próprio sustento. 5. O art. 227, § 1º, II, da CF, prevê a criação de programas de prevenção e atendimento especializado para as pessoas portadoras de deficiência física, sensorial ou mental, bem como de integração social do adolescente e do jovem portador de deficiência, mediante o treinamento para o trabalho e a convivência, e a facilitação do acesso aos bens e serviços coletivos, com a eliminação de obstáculos arquitetônicos e de todas as formas de discriminação. Com base nesta disposição, foi editada a Lei nº 10.098/2000, que disciplina normas gerais sobre acessibilidade às pessoas com deficiência, nas vias e espaços públicos, no mobiliário urbano, na construção e reforma de edifícios e nos meios de transporte e de comunicação. 6. Em cumprimento ao mandamento constitucional de reserva de cargos e empregos públicos a pessoas com deficiência na Administração Pública, foram editadas numerosas leis e outros atos normativos pelos entes federados. No âmbito da União, são asseguradas até 20% (vinte por cento) das vagas oferecidas em concursos públicos, desde que as atribuições dos cargos a serem preenchidos sejam compatíveis com a condição pessoal do candidato. *V. Deficiente, pessoa portadora de deficiência.*

✱ *V. CF, arts. 7º, XXXI, 23, II, 24, XIV, 37, VIII, 40, § 4º, I, 201, § 1º, 203, IV e V, 208, III, 227, § 1º, II, e § 2º, e 244.*

✱ *V. LC nº 142/2013 (Regulamenta a aposentadoria especial da pessoa com deficiência).*

✱ *V. Lei nº 7.853/1989 (Dispõe sobre o apoio às pessoas portadoras de deficiência).*

✱ *V. Lei nº 8.112/1990 (Regime Jurídico Único dos Servidores Públicos Civis da União, Autarquias e Fundações Públicas Federais), art. 5º, § 2º.*

✱ *V. Lei nº 8.213/1991 (Lei dos Planos de Benefícios da Previdência Social), art. 93.*

✱ *V. Lei nº 8.742/1993 (Lei Orgânica da Assistência Social), art. 20, §§ 2º, 3º, 5º, 9º e 10.*

✱ *V. Lei nº 10.048/2000 (Dispõe sobre a prioridade de atendimento, em serviços públicos, a idosos e pessoas com deficiência).*

✱ *V. Lei nº 10.098/2000 (Estabelece normas gerais e critérios básicos para a promoção da acessibilidade das pessoas portadoras de deficiência ou com mobilidade reduzida).*

✱ *V. Lei nº 11.126/2005 (Dispõe sobre o direito do portador de deficiência visual de ingressar e permanecer em ambientes de uso coletivo acompanhado de seu cão-guia).*

✱ *V. Lei nº 13.146/2015 (Estatuto das Pessoas com Deficiência).*

✱ *V. Dec. nº 3.298/1999 (Dispõe sobre a Política Nacional para a Integração da Pessoa Portadora de Deficiência).*

✱ *V. Dec. nº 5.296/2004 (Regulamenta as Leis nºs 10.048/2000 e 10.098/2000).*

✱ *V. Dec. nº 6.214/2007 (Regulamento do Benefício de Prestação Continuada da Assistência Social), art. 16.*

✱ *V. Dec. nº 6.949/2009 (Promulga a Convenção Internacional dos Direitos das Pessoas com Deficiência).*

✱ *V. Dec. nº 9.508/2018 (Reserva às pessoas com deficiência percentual de cargos e de empregos públicos ofertados em concursos públicos e em processos seletivos no âmbito da administração pública federal direta e indireta).*

✱ *V. Súmulas nºs 377 e 552 do STJ.*

✱ *V. Súmulas nºs 79 e 80 da TNU.*

PESSOA DESAPARECIDA – 1. Todo ser humano cujo paradeiro é desconhecido, não importando a causa de seu desaparecimento, até que sua recuperação e identificação tenham sido confirmadas por vias físicas ou científicas.

✱ *V. Lei nº 13.812/2019 (Institui a Política Nacional de Busca de Pessoas Desaparecidas, cria o Cadastro Nacional de Pessoas Desaparecidas e altera a Lei nº 8.069, de 13 de julho de 1990 (Estatuto da Criança e do Adolescente)).*

PESSOA PORTADORA DE DEFICIÊNCIA – *V. Pessoa com deficiência.*

PETIÇÃO – 1. Requerimento, postulação, pedido escrito, encaminhado à autoridade judiciária ou a outro agente do Poder Público. 2. Nenhum juiz prestará a tutela jurisdicional senão quando a parte ou o interessado a requerer (por meio de petição escrita e fundamentada) nos casos e formas legais. O processo civil começa por iniciativa da parte, mas se desenvolve por impulso oficial. Esta peça escrita, que impulsiona a Justiça, é a *petição inicial*. 3. Na Justiça do Trabalho o pedido pode ser formulado oralmente, mas é sempre reduzido a termo. O juiz decidirá, sempre, nos estritos limites do pedido formulado na inicial. 4. O antigo libelo, que era exposição breve e clara, feita em juízo, do conteúdo da pretensão do autor, foi absorvido pela petição inicial, que deve conter, obrigatoriamente, todos os requisitos daquele. A fixação do valor da causa deverá constar da petição inicial, forçosamente; se o autor não o indicar, será intimado a fazê-lo no prazo de 10 dias; não o fazendo, a inicial será indeferida, extinguindo-se o processo sem julgamento de mérito. O réu poderá impugnar, no prazo de 15 dias da contestação, o valor da causa; a impugnação será autuada em apenso, ouvindo-se o autor no prazo de 5 dias. O juiz, sem suspender o processo, utilizando, se necessário, os serviços de um perito, determinará, em 10 dias, o valor da causa. É importante fixar esse valor, porque ele determinará o procedimento a ser adotado (ordinário ou sumário), servindo também de referência para a fixação da base de incidência das custas e do pagamento da taxa judiciária, da estipulação de honorários advocatícios a serem pagos pelo vencido. A petição inicial será indeferida pelo juiz quando não preencher os requisitos exigidos nos arts. 282 e 283 do CPC/1973, correspondente aos arts. 319 e 320 do CPC/2015 ou quando o autor não sanar defeitos e irregularidades capazes de dificultar o julgamento de mérito; quando for inepta, sendo que a sua inépcia acarretará a *preclusão*, isto é, a proibição de que a ação prossiga, extinguindo-se sem julgamento de mérito; quando a parte for manifestamente ilegítima; quando o autor carecer de interesse processual; quando o juiz, desde logo, verificar a *decadência* ou a *prescrição*; quando o tipo de procedimento que o autor escolheu não corresponder à natureza da causa ou ao valor da ação, só não sendo indeferida, neste caso, se se adaptar ao tipo de procedimento legal. Não cabe recurso do *deferimento*, mas cabe do *indeferimento* da petição inicial. A postulação, a qualquer órgão do Poder Judiciário e aos juizados especiais é uma atividade privativa do advogado, segundo o novo Estatuto da Advocacia e da OAB.

✱ *V. CPC/1973, arts. 2º, 128, 258 a 262, 267, I e II, 282 a 286, 292, § 2º, 295, I, 297, 300 e segs., 304 a 314, 315 e segs., 319, 459, 460, 616 e 918.*

✱ *V. CPC/2015, arts. 2º, 141, 146, 291 a 293, 319 a 331, 335, 336, 343, 344, 485, 490, 492 e 801.*

✱ *V. CLT, art. 731.*

✱ *V. Lei nº 5.478/1968 (Lei da Ação de Alimentos).*

✱ *V. Lei nº 6.830/1980 (Lei de Execução Fiscal), art. 6º.*

✱ *V. Lei nº 8.906/1994 (Estatuto da Advocacia e a OAB), art. 1º.*

✱ *V. Lei nº 12.016/2009 (Lei do Mandado de Segurança), art. 6º.*

PETICIONÁRIO – Aquele que faz petição ou requerimento; postulante; querelante.

PETRÓLEO – A Constituição Federal transformou em *monopólio* da União a pesquisa, a lavra, a refinação, o transporte marítimo e por meio de condutor, de petróleo bruto e outros hidrocarbonetos e gases raros, sendo sua exploração realizada preferencialmente pela Petrobras, conforme art. 1º da Lei nº 13.365/2016, que redefiniu o conceito de operador na Lei nº 12.351/2010. Abriu-se exceção à regra monopolista com os chamados "contratos de risco".

✱ *V. CF, art. 177, I.*

✱ *V. Lei nº 12.351/2010 (Dispõe sobre a exploração e a produção de petróleo, de gás natural e de outros hidrocarbonetos fluidos, sob o regime de partilha de produção, em áreas do pré-sal e em áreas estratégicas; cria o Fundo Social – FS e dispõe sobre sua estrutura e fontes de recursos).*

✱ *V. Lei nº 13.365/2016 (Altera a Lei nº 12.351, de 22 de dezembro de 2010, para facultar à Petrobras o direito de preferência para atuar como operador e possuir participação mínima de 30% (trinta por cento) nos consórcios formados para exploração de blocos licitados no regime de partilha de produção).*

PICHAÇÃO – A Lei nº 9.605/1998 (Lei dos Crimes Ambientais) foi alterada pela Lei nº 12.408/2011 para descriminalizar o ato de grafitar, se tiver por objetivo valorizar o patrimônio público ou privado mediante manifestação artística, desde que consentida pelo proprietário (bem privado) e, no caso de bem público, com a autorização do órgão competente e a observância das posturas municipais e das normas editadas pelos órgãos governamentais responsáveis pela preservação e conservação do patrimônio histórico e artístico nacional. Ainda, a Lei nº 12.408/2011 proíbe a comercialização de tintas em embalagens do tipo aerossol a menores de 18 anos.

PIGNORATÍCIO – Que diz respeito ao penhor; credor garantido com penhor.

PIRATARIA – Assalto a navio em alto-mar, ou na costa, por outro navio clandestino, com pilhagem de carga ou de bens da equipagem ou dos passageiros.

De vídeo: reprodução clandestina e comercialização de fitas cassetes sem a autorização de quem detém os seus direitos. A Lei nº 9.610/1998 proíbe a venda, exposição à venda ou manutenção em depósitos para fins de venda de cassetes, cartuchos, discos, videoprogramas e aparelhos semelhantes, contendo fitas de registro de som gravadas, sem que tragam, de forma indissociável, em seu corpo, o número de inscrição no CGC do Ministério da Fazenda, da empresa responsável pelo processo industrial de reprodução da gravação. A lei penal pune o delito de *violação de direito autoral* com detenção de 3 meses a 1 ano, ou multa; a pena passa a ser de reclusão de 1 a 4 anos e multa se a violação consistir na reprodução por qualquer meio, de obra intelectual, no todo ou em parte, para fins de comércio sem autorização expressa do autor ou de quem o represente, ou consistir na reprodução de fonograma e videofonograma, sem autorização do produtor ou de quem o represente. Incide na mesma pena quem vende, expõe à venda, introduz no país, adquire, oculta ou tem em depósito, para venda, original ou cópia de obra intelectual, fonograma ou videofonograma, produzidos com violação de Dir. Autoral. Se as fitas não têm a etiqueta do Concine ou são fitas com essa etiqueta mas com intuito de iludir o usuário, aplicam-se os arts. 171, 175, 180, *caput*, e 184 do CP.

✱ *V. Lei nº 9.610/1998 (Lei dos Direitos Autorais).*

PIS/PASEP – Lei Complementar nº 26/1975 – Altera disposições da Lei Complementar nº 19/1974 que regula o PIS/PASEP. Programas especiais de investimentos elaborados e revistos periodicamente, segundo diretrizes e prazos de vigência dos Planos Nacionais de Desenvolvimento PND. Compete ao

BNDE elaborar os programas especiais e processar a aplicação dos recursos em investimentos e financiamentos consoante as diretrizes de aplicação aprovadas pelo Governo (art. 1º, parágrafo único). Os programas foram unificados a partir de 1º-7-1976, sob a sigla PIS/PASEP, sem afetar o saldo das contas individuais existentes em 30-6-1976. Esta lei revogou os arts. 8º e seu parágrafo único, 9º e seus §§ 1º e 2º da Lei Complementar nº 7/1970 e os §§ 2º ao 5º da Lei Complementar nº 8/1970 e as demais disposições em contrário.

PLACAS ESPECIAIS – A Lei nº 12.694/2012 acresceu o § 7º ao art. 115, do CTB, para dispor: "§ 7º Excepcionalmente, mediante autorização específica e fundamentada das respectivas corregedorias e com a devida comunicação aos órgãos de trânsito competentes, os veículos utilizados por membros do Poder Judiciário e do Ministério Público que exerçam competência ou atribuição criminal poderão temporariamente ter placas especiais, de forma a impedir a identificação de seus usuários específicos, na forma de regulamento a ser emitido, conjuntamente, pelo Conselho Nacional de Justiça – CNJ, pelo Conselho Nacional do Ministério Público – CNMP e pelo Conselho Nacional de Trânsito – CONTRAN."

PLÁGIO – Violação da propriedade intelectual que se caracteriza pela imitação total ou parcial de obra literária alheia, inculcando-se a qualidade de autor desta. O plágio é *parcial*, quando alguém se vale de obras alheias em trabalho seu, sem indicar a fonte ou sem pôr entre aspas as citações, para que pareçam próprias. Torna-se *contrafação* quando há reprodução fraudulenta de obra alheia com objetivo de lucro. Ocorre tanto em livros, como em música, filmes, pintura etc.

PLANEJAMENTO – Estudo e fixação de diretrizes e metas que orientem a ação governamental.

Familiar: é de livre decisão do casal, vedada qualquer forma coercitiva desse direito por instituições oficiais ou privadas.

✱ *V. CF, art. 226, § 7º.*

✱ *V. Lei nº 9.263/1996 (Lei do Planejamento Familiar).*

PLANO DIRETOR – O Plano Diretor é o instrumento básico da política de desenvolvimento do Município. Sua principal finalidade é orientar a atuação do poder público e da iniciativa privada na construção dos espaços urbano e rural e na oferta dos serviços públicos essenciais, visando assegurar melhores condições de vida para a população. O art. 50 da Lei nº 10.257/2001 estabelece que: "os Municípios que estejam enquadrados na obrigação prevista nos incisos I e II do *caput* do art. 41 desta Lei e que não tenham plano diretor aprovado na data de entrada em vigor desta Lei deverão aprová-lo até 30 de junho de 2008". A Lei nº 13.406/2016, que alterou dispositivos da Lei nº 12.587/2012, estendeu o prazo exigido para a elaboração do Plano de Mobilidade Urbana e para sua compatibilização com o plano diretor municipal.

✱ *V. Lei nº 10.257/2001 (Estatuto da Cidade), arts. 39 a 42-B.*

PLATAFORMA CONTINENTAL – Prolongamento das serras continentais sob o mar, até a profundidade aproximada de 200 metros. É bem público da União, regulado por normas federais, que disciplinam sua exploração e pesquisa.

✱ *V. Dec. nº 63.164/1968 (Dispõe sobre a exploração e a pesquisa da plataforma submarina, art. 3º, parágrafo único).*

PLEA BARGAIN – *V.* Acordo de não persecução penal.

PLEBE – Entre os romanos era o conjunto de cidadãos, em oposição aos *patrícios*; daí *plebiscito*, consulta que se fazia aos cidadãos sobre assuntos de interesse da população; e *plebeu*, homem da plebe, do povo.

PLEBISCITO – Convocação do povo para decidir, por meio de voto, exprimindo-se pelo "sim" e pelo "não", sobre questões nacionais, como o ocorrido em 21 de abril de 1993, para que o povo escolhesse entre Presidencialismo e Parlamentarismo, República e Monarquia. É da competência exclusiva do Congresso Nacional. Pode ser feito pelas populações diretamente interessadas, para criação, incorporação, fusão e desmembramento de municípios, e também desmembramento ou incorporação de Estados (CF, arts. 18, §§ 3º e 4º e 49, XV; Emenda Constitucional (CF/1988) nº 2/1992, que dispõe sobre o plebiscito previsto no art. 2º do ADCT da mesma Constituição). A Lei nº 9.709/1998 regulamentou os institutos do plebiscito, do referendo e da iniciativa popular.

PLEITEANTE – O autor de um feito, o que demanda na Justiça, litigante.

PLEITEAR – Demandar, questionar em juízo, postular, peticionar.

PLENÁRIO – Diz-se do Tribunal do Júri ou de qualquer assembleia deliberativa ou parlamentar, assim como de tribunal reunido com número legal ou regimental de membros para funcionar em *sessão plenária*. O próprio órgão ou recinto onde se realiza a reunião.

Preparação do processo para julgamento em Plenário: ***V.*** *arts. 422 a 424 do CPP.*

Da Instrução em Plenário: ***V.*** *arts. 473 a 475 do CPP.*

PLENO IURE – (Latim) De pleno direito.

PLENOS PODERES – Cláusula ampla que o mandante dá ao mandatário para que aja em seu nome e por sua conta. Poderes plenos estão consubstanciados na *carta credencial* de um representante diplomático para discutir e concluir tratados internacionais em nome de seu país.

PLURIUM CONCUBENTUM – (Latim) Exceção oposta na investigação de paternidade, pela qual se alega e prova que a mãe do investigante, ao tempo de sua concepção, coabitara com outro ou outros homens e não com o investigado.

PLUS COGITATUM QUAM DICTU – (Latim) Mas se pensou do que se disse.

PLUS SITE LICET, QUOD MINUS, LICEBIT – (Latim) Se é lícito o mais será lícito o menos.

POBREZA – Estado da pessoa que vive com recursos escassos, quase na penúria, impossibilitada de prover os gastos de processo judicial, para a qual é dada assistência jurídica gratuita. A CF prevê, entre os objetivos fundamentais da República Federativa do Brasil a erradicação da pobreza e da marginalização e redução das desigualdades sociais e regionais. E diz que é competência da União, dos Estados, do Distrito Federal e dos Municípios, combater as causas da pobreza e os fatores de marginalização, promovendo a integração social dos setores desfavorecidos da população.

✱ *V. CF, arts. 3º, III, e 23, X.*

PODER – 1. Força imanente do Governo para atingir sua finalidade; possibilidade legal de agir, de fazer. 2. Direito de ordenar, de fazer-se obedecer, pela força coercitiva da lei ou das atribuições de que se reveste o cargo de que está investido quem tem a faculdade de ordenar.

Constituinte: capacidade ou vontade política de criar ou alterar a ordem jurídica do Estado. Pode ser: *originário*, quando dá origem à nova CF; *instituído* ou *derivado*, quando apenas modifica, em parte, a Constituição, mediante emendas. O poder constituinte *originário* não se submete a nenhum princípio senão o daqueles que o encarnam, e não se vincula a qualquer condição. Há, ainda, o poder constituinte *decorrente*, assim chamado o poder de auto-organização dos Estados Federados. Dá-se o *abuso do poder* quando a autoridade, embora tenha competência para a prática do ato, vai além dos limites de suas atribuições ou se desvia das finalidades administrativas; cabe contra ele o *mandado de segurança* e o *direito de representação*. *Excesso de poder* se verifica quando a autoridade, competente para praticar o ato, exorbita no uso de suas faculdades administrativas, tornando o ato arbitrário, ilícito e nulo. Dá-se o *desvio de finalidade* ou de *poder* quando a autoridade, atuando embora nos limites de sua competência, pratica atos por motivos ou com fins diferentes dos objetivados pela lei ou pelo interesse público. É causa de nulidade dos atos da Administração. *Uso do poder* é prerrogativa da autoridade, mas sem *abuso*, nos justos limites exigidos pelo bem-estar social.

De polícia: faculdade de que a Administração Pública dispõe "para condicionar e restringir o uso e o gozo de bens, atividades e direitos individuais, em benefício da coletividade ou do próprio Estado", segundo a definição de Hely Lopes Meirelles. Tem atributos específicos, como a *discricionariedade*, *autoexecutoriedade* e a *coercibilidade*. As sanções de que está aparelhado iniciam-se com a *multa* e prossegue com penalidades mais graves que incluem a interdição de atividade, fechamento de estabelecimento, demolição de construção, embargo de obra etc. Distingue-se o *poder de polícia originário*, que nasce com a entidade que o exerce e é pleno no seu exercício e consectário, e o *delegado*, que provém de outra entidade, por transferência legal e é limitado aos termos da delegação, caracterizando-se por atos de execução. A polícia administrativa age por meio de *ordens*, *proibições*, *normas limitadoras* e *sancionadoras* da conduta, outorgando *alvarás* e fiscalizando atividades e bens sujeitos ao controle da Administração. O juiz também exerce poder de polícia, competindo-lhe manter a ordem e o decoro na audiência, ordenar que se retirem os de comportamento inconveniente, requisitar, se necessário, força policial.

Dever de agir: para o administrador público é a *obrigação de agir*, o direito público acrescenta ao *poder* do administrador o *dever* de administrar.

Disciplinar: faculdade de punir infrações funcionais de servidores e pessoas sujeitas à disciplina dos órgãos e serviços da Administração. Não se confunde com o *hierárquico*. As penas disciplinares são: *repreensão*, *multa*, *suspensão*, *destituição de função*, *demissão*, *cassação de aposentadoria* ou *disponibilidade*.

Discricionário: aquele concedido pela lei à Administração, explícita ou implicitamente, para praticar atos administrativos, com liberdade na escolha de sua conveniência, oportunidade e conteúdo. Não se confunde com *poder arbitrário*. Se praticado por autoridade incompetente, ou por forma diferente da que a lei prescreve, ou informado de finalidade estranha ao interesse público, o ato discricionário é ilegítimo e nulo; seria, assim, *ato arbitrário*.

Hierárquico: é o que tem o Executivo para distribuir e escalonar as funções de seus órgãos, ordenar e rever a atuação de seus agentes, fixando as relações de subordinação entre servidores de seu quadro de pessoal.

Regulamentar: faculdade dos chefes de Executivo (Presidente da República, governadores, prefeitos) de explicar a lei para sua correta aplicação, ou de expedir atos diretos autônomos sobre matéria de sua competência ainda não disciplinada por lei. É poder indelegável.

Vinculado ou regrado: é aquele que a lei confere à Administração Pública para a prática de ato que lhe compete, apontando os elementos e requisitos necessários à sua formalização. Oposto a *poder discricionário*.

✱ *V. CPC/1973, art. 445, I a III.*

* *V. CPC/2015, arts. 178, 360, I a III.*
* *V. Lei nº 4.717/1965 (Lei da Ação Popular): art. 2º, e, parágrafo único, e.*
* *V. Lei nº 8.112/1990 (Regime Jurídico Único dos Servidores Públicos Civis da União, Autarquias e Fundações Públicas Federais).*
* *V. Lei nº 12.016, de 7-8-2009 (Lei do Mandado de Segurança).*

PODER EXECUTIVO – É um dos três poderes de que se compõe o Estado, incumbido de fazer executar as leis e governar, com instrumentos próprios, para gerir os negócios públicos e realizar os fins do Estado. Poder atribuído, nos regimes democráticos, ao chefe da Nação e a seus auxiliares imediatos. Prefere-se, atualmente, a denominação de *Governo* ou *função governamental*, pois o Executivo tem o poder, também, de legislar sobre várias matérias por meio de *medidas provisórias* (q.v.) e apresentar emendas à CF e projetos de leis complementares e ordinárias e leis delegadas. Nesse sentido, o Presidente da República passa a ser o chefe do Governo e o Chefe de Estado no regime presidencialista.

* *V. CF, arts. 60, II, 61,* caput *e § 1º, 62, 68, 76 e 84,* caput, *I, II, IV, V.*

PODER FAMILIAR – Antes denominado "pátrio poder", é uma soma de direitos e obrigações estabelecida para a proteção dos filhos menores. Compete em conjunto ao pai e à mãe, durante o casamento e a união estável. Quando há discordância, cabe recurso ao juiz. No impedimento ou na falta de um deles, o outro exercerá o poder familiar com exclusividade (arts. 1.630 a 1.638 do CC); o art. 1.689 do CC preconiza que o poder familiar implica a administração e o usufruto dos bens dos filhos.

PODER JUDICIÁRIO – Conjunto de órgãos destinados à administração da Justiça, que tem o poder de julgar, como função do Estado, aplicar a lei e zelar pelo seu fiel cumprimento. São órgãos do Poder Judiciário: O Supremo Tribunal Federal (STF), o Superior Tribunal de Justiça (STJ), Tribunais Regionais Federais e Juízes Federais, os Tribunais e Juízes do Trabalho, os Tribunais e Juízes Eleitorais, os Tribunais e Juízes Militares, os Tribunais e Juízes dos Estados e do Distrito Federal. O STF e os Tribunais Superiores têm sede em Brasília e jurisdição em todo o território nacional.

* *V. CF, arts. 92 a 126, com as alterações introduzidas pelas Emendas Constitucionais nºs 19, 20 e 22.*

PODER LEGISLATIVO – O Poder Legislativo é exercido, no âmbito federal, pelo Congresso Nacional, composto de Câmara dos Deputados e do Senado Federal; cada deputado federal terá mandato de 4 anos; o dos senadores é de 8 anos, e são invioláveis por suas opiniões, palavras e votos. Já nos campos estadual e municipal, o exercício se dá, respectivamente, pelos deputados estaduais e vereadores, com mandato de 4 anos. A CF fixa as atribuições do Poder Legislativo e as normas para o seu funcionamento.

* *V. CF, arts. 44 a 75, com as alterações introduzidas pelas Emendas Constitucionais nºs 18 e 19.*

POENA DEBET CULPAE RESPONDERE – (Latim) A pena deve corresponder à culpa.

POENA MAIOR ABSORVIT MINOREM – (Latim) A pena maior absorve a menor.

POENA NULLA ESSE DEBET, UBI NULLUM DELICTUS – (Latim) Nenhuma pena deve existir onde nenhum delito existe.

POLÍCIA – Órgão do Poder Público incumbido de garantir, manter, restaurar a ordem e a segurança públicas; zelar pela tranquilidade dos cidadãos; pela proteção dos bens públicos e particulares; prevenir contravenções e violações da lei penal; auxiliar a Justiça. A Lei nº 9.264/1996 sofreu alteração em seu art. 3º para transformar em cargos de nível superior os da carreira policial civil do Distrito Federal.

Administrativa: Distingue-se da *polícia judiciária e da polícia de manutenção da ordem pública*, isto é, a civil e a militar. É aquela que assegura o cumprimento dos atos da Administração Pública e a boa execução das leis e dos regulamentos a que deve obedecer. É geral, quando cuida genericamente da segurança, da salubridade e da moralidade públicas; e especial, quando cuida de setores específicos da atividade humana que afetem bens de interesse coletivo, como construção, indústria de alimentos, venda de remédios, uso de águas, exploração de minas e florestas etc.

Judiciária: Aquela à qual incumbe a investigação e a apuração de fraudes e infrações à norma penal, prisão de seus autores, reunião de provas contra eles, em inquérito policial regular, que é entregue à Justiça como base do procedimento criminal. É auxiliar direto da Justiça.

Penal: São os agentes do sistema penitenciário da União e dos Estados que passaram, por disposição constitucional expressa, a ser considerados como policiais para fins administrativos, penais e previdenciários. Apesar da referida equiparação, o trabalho por eles desenvolvido é de agente penitenciário e não de polícia.

* *V. CF, art. 144, VI e §§ 5º e 6º.*

Sanitária: Um dos setores da *polícia administrativa especial* (q.v.), é comum a todas as entidades estatais e a mais exercitada na prática administrativa. É regida por complexa legislação federal, estadual e municipal: Códigos Sanitários estaduais e regulamentos sanitários municipais. O SUS (Sistema Único de Saúde) é regulamentado pelas Leis nºs 8.080/1990 e 8.142/1990.

* *V. CPP, art. 4º.*
* *V. CF, arts. 23, II, e 24, XII.*

✱ *V. Lei nº 9.264/1996 (Dispõe sobre o desmembramento e a reorganização da Carreira Policial Civil do Distrito Federal), art. 3º.*

POLÍTICA NACIONAL DE MOBILIDADE URBANA – Criada pela Lei nº 12.587/2012, a Política Nacional de Mobilidade Urbana é instrumento da política de desenvolvimento urbano de que tratam o inciso XX do art. 21 e o art. 182 da Constituição Federal, objetivando a integração entre os diferentes modos de transporte e a melhoria da acessibilidade e mobilidade das pessoas e cargas no território do Município. A Política Nacional de Mobilidade Urbana tem por objetivo contribuir para o acesso universal à cidade, o fomento e a concretização das condições que contribuam para a efetivação dos princípios, objetivos e diretrizes da política de desenvolvimento urbano, por meio do planejamento e da gestão democrática do Sistema Nacional de Mobilidade Urbana.

POLÍTICA NACIONAL DE RESÍDUOS SÓLIDOS – Instituída pela Lei nº 12.305/2010. Regulamentada pelo Dec. nº 11.300/2022.

Logística Reversa de Embalagens de Vidro: instrumento de desenvolvimento econômico e social caracterizado por um conjunto de ações, procedimentos e meios destinados a viabilizar a coleta e a restituição de embalagens de vidro ao setor empresarial, para reaproveitamento, em seu ciclo ou em outros ciclos produtivos, ou para outra destinação final ambientalmente adequada.

Resíduos Sólidos: material, substância, objeto ou bem descartado resultante de atividades humanas em sociedade, a cuja destinação final se procede, se propõe proceder ou se está obrigado a proceder, nos estados sólido ou semissólido, bem como gases contidos em recipientes e líquidos cujas particularidades tornem inviável o seu lançamento na rede pública de esgotos ou em corpos d'água, ou exijam para isso soluções técnica ou economicamente inviáveis em face da melhor tecnologia disponível (art. 3º, XVI, da Lei nº 12.305/2010). Objeto da Política Nacional de Resíduos Sólidos.

POLUIÇÃO – Toda alteração das propriedades naturais do meio ambiente, causada por agente de qualquer espécie, prejudicial à saúde, à segurança ou ao bem-estar da população sujeita aos seus efeitos. É a degradação da qualidade ambiental resultante de atividades que direta ou indiretamente prejudiquem a saúde, a segurança e o bem-estar da população; criem condições adversas às atividades sociais e econômicas; afetem desfavoravelmente a biota; afetem as condições estéticas ou sanitárias do meio ambiente; e lancem matérias ou energia em desacordo com os padrões ambientais estabelecidos. O combate à poluição, no Brasil, faz-se por leis, decretos, portarias, mas não há uma legislação sistemática para combate da poluição e proteção ambiental, como há em outros países.

✱ *V. Lei nº 6.938/1981 (Dispõe sobre a Política Nacional do Meio Ambiente), art. 3º, III.*

✱ *V. Lei nº 7.347/1985 (Disciplina Lei da ação civil pública), arts. 1º, I, 4º, e 5º, V, b.*

✱ *V. Lei nº 9.605/1998 (Lei dos crimes Ambientais), art. 54.*

PONTO – Local onde o comerciante se estabelece. Constitui um dos elementos do *fundo de comércio* e é propriedade do comerciante, destacada do imóvel em que se efetua seu negócio. O imóvel valoriza-se graças ao ponto de comércio. Diz-se também do registro diário de entrada e de saída do serviço de empregado ou de funcionário público.

PORÇÃO – Parte, cota, fração.

Disponível: metade da meação líquida de cada cônjuge, no regime de comunhão, de que pode dispor livremente em dote ou doação; a outra metade constitui a *legítima*.

Viril: a que compreende o quinhão igual de cada herdeiro.

PORTABLE – Dívida que deve ser paga na residência ou domicílio do credor.

PORTADOR – Tomador. Possuidor de título ou de ação que não traz o nome do beneficiário. Aquele que toma cambial sacada a seu favor.

PORTARIA – Ato escrito pelo qual se determinam providências de ordem administrativa, para o bom andamento dos serviços públicos. Ato interno pelo qual também se iniciam sindicâncias e processos administrativos, quando a portaria tem, então, função assemelhada à da *denúncia* (q.v.). A portaria não atinge nem obriga o particular, como tem decidido o STF. No Estado de São Paulo, o Dec. nº 1/1972, em seu art. 3º, diz que a Portaria é ato administrativo da competência privativa de diretores-gerais e coordenadores; de diretores e autoridades do mesmo nível; de autoridades policiais; de dirigentes de autarquias, bem assim de outras autoridades administrativas, quando a portaria for a espécie de ato estabelecido em lei.

PORTE DE ARMA – Regulado atualmente pelos arts. 6º a 11 da Lei nº 10.826/2003 (Estatuto do Desarmamento), o porte de arma somente é permitido às pessoas constantes de rol taxativo previsto expressamente no art. 6º do Estatuto. O porte ilegal de arma de fogo de uso permitido constitui crime previsto no art. 14, que é apenado com reclusão de 2 a 4 anos e multa. Referido crime é inafiançável, salvo quando a arma de fogo estiver registrada em nome do agente. Constitui crime mais grave o porte de arma de uso proibido ou restrito, apenado com reclusão de 3 a 6 anos e multa.

PORTEIRO DOS AUDITÓRIOS – Serventuário da Justiça a quem compete cuidar do expediente na sala das audiências, efetuar pregões de abertura e encerramento destas e de praças, hastas públicas e leilões.

POSSE – 1. Exercício pleno, ou não, de alguns dos poderes inerentes ao domínio ou propriedade. 2. A posse é a exteriorização da propriedade, o poder *de fato* sobre a coisa, sendo a propriedade um poder *de direito*. Não é possuidor o que está em relação de dependência para com outro e conserva a posse em nome deste e em cumprimento de ordem ou instruções suas; sendo-lhe demandada a coisa em nome próprio, deverá nomear à autoria o proprietário ou o seu possuidor. No caso do usufrutuário, credor pignoratício, locatário, se exerce temporariamente a posse direta, não anula esta a posse indireta das pessoas de quem eles a houveram. É justa a posse que não for violenta, clandestina ou precária; mas não induzem posse os atos de mera permissão ou tolerância, assim como não autorizam sua aquisição os atos violentos, clandestinos, senão depois de cessar a violência ou a clandestinidade. A posse é de boa-fé se o possuidor ignora o vício, ou o obstáculo que lhe impede a aquisição da coisa, ou do direito possuído. O possuidor com justo título tem por si a presunção da boa-fé, salvo prova em contrário, ou quando a lei expressamente não admite esta presunção, e quando as circunstâncias indiquem que o possuidor não ignora que possui indevidamente. O possuidor tem direito a ser mantido na posse em caso de turbação, e restituído no de esbulho. As ações de manutenção e as de esbulho serão sumárias, se intentadas dentro de ano e dia da turbação ou esbulho; e, passado esse prazo, ordinárias, não perdendo o caráter possessório. O prazo de ano e dia não corre enquanto o possuidor defende a posse, restabelecendo a situação de fato anterior à turbação ou esbulho. 3. A mulher que desejar garantir os direitos do filho nascituro apresentará laudo que ateste a sua gravidez e o juiz declarará a requerente investida na posse dos direitos que assistem ao nascituro. 4. O CC especifica os modos de aquisição e perda da posse, assim como assegura ao proprietário o direito de usar, gozar e dispor dos seus bens, e de reavê-los do poder de quem quer que injustamente os possua. Regula, ainda, a aquisição e a perda de propriedade imóvel e móvel. 5. No Dir. Administrativo, é investidura, por meio de assinatura de termo, do servidor público na função ou no cargo para o qual foi nomeado e considerado apto física e mentalmente, por prévia inspeção médica oficial, para o exercício do cargo.

✱ *V. CC, arts. 1.196 a 1.224.*

✱ *V. CPC/1973, arts. 877 e 878.*

✱ *V. CPC/2015, arts. 47, § 1º, 561, I, 615, 674, 677 e 678, parágrafo único.*

✱ *V. Lei nº 8.112/1990 (Regime Jurídico Único dos Servidores Públicos Civis da União, Autarquias e Fundações Públicas Federais), arts. 13 e 14.*

POSSE OU PORTE ILEGAL DE ARMA DE FOGO – Crime tipificado nos arts. 14 e 16 da Lei nº 10.826/2003, definido pela posse, detenção, aquisição, fornecimento, recebimento, manutenção em guarda ou depósito, transporte, cessão, ainda que gratuita, empréstimo, remessa, emprego ou ocultação de arma de fogo, acessório ou munição, sem autorização e em desacordo com determinação legal ou regulamentar. O art. 14 trata das armas de uso permitido, cominando pena de reclusão de dois a quatro anos e multa. O art. 16, por sua vez, cuida de armas de uso proibido ou restrito, cominando pena de reclusão de três a seis anos e multa, elencando diversas outras condutas por equiparação. A Lei nº 10.826/2003 previa originariamente que o crime tipificado no art. 14 seria inafiançável e o crime do art. 16 insuscetível de liberdade provisória, contudo, o STF, no julgamento da ADI 3.112, declarou inconstitucionais os dispositivos respectivos. Por fim, a Lei nº 13.497/2017 alterou o parágrafo único do art. 1º da Lei nº 8.072/1990, incluindo o crime de porte ilegal de arma de fogo restrita ou proibida como crime hediondo.

✱ *V. Lei nº 8.072/1990 (Dispõe sobre crimes hediondos), art. 1º, parágrafo único.*

✱ *V. Lei nº 10.826/2003 (Estatuto do Desarmamento), arts. 14 e 16.*

POSSEIRO – Aquele que invade e ocupa coisa, não tendo a ela direito. O que ocupa, por primeiro, mansa e pacificamente, terras devolutas.

POSSESSIONEM ENIM REM FACTI NON IURIS ESSE – (Latim) A posse é questão de fato não de direito.

POSSESSÓRIO – Relacionado ou inerente à posse. Postulação judicial que visa manter ou reintegrar alguém na posse de coisa; juízo onde este tipo de ação é proposto.

POSSIBILIDADE – Viabilidade; qualidade do que pode acontecer.

Jurídica: é uma das condições da ação, que a reivindicação do autor seja viável.

POSSUIDOR – Aquele que detém a posse de alguma coisa, que sobre ela exerce de fato seu poder de domínio.

POSTO DE CONTROLE – O Dec. nº 7.845/2012, que regulamenta procedimentos para credenciamento de segurança e tratamento de informação classificada em qualquer grau de sigilo, e dispõe sobre o Núcleo de Segurança e Credenciamento, conceituou posto de controle. De acordo com o art. 2º, XV, considera-se posto de controle: "(...) unidade de órgão ou entidade pública ou privada, habilitada, responsável pelo armazenamento de informação classificada em qualquer grau de sigilo;"

POSTULAÇÃO – Pedido, petição, reivindicação, requerimento. Exposição do fato e alegação do direito que a parte apresente a juízo, fundamentando pretensão sua ou refutando a de outrem.

POSTULADO – Aquilo que se pede. Princípio, assertiva, fato, que se reconhece como verdadeiro, sem necessidade de demonstração.

POSTULAR – Peticionar, requerer, pedir, reivindicar.

POSTURA – Deliberação ou norma escrita de caráter obrigatório, emanada do poder municipal. Trata de questões específicas, de seu interesse.

POUSIO – A Lei nº 12.651/2012 (Novo Código Florestal), em seu art. 3º, XXIV, conceituou pousio: "XXIV

– pousio: prática de interrupção temporária de atividades ou usos agrícolas, pecuários ou silviculturais, por no máximo 5 (cinco) anos, para possibilitar a recuperação da capacidade de uso ou da estrutura física do solo;"

POVO – Coletividade social constituída pelos que habitam um país, uma região, uma localidade. No sentido amplo, designa os habitantes de um país, ligados por vínculos de cidadania ao Estado, no gozo de direitos e deveres, a mesma língua, a mesma história, as mesmas tradições.

PRAÇA – O mesmo que *hasta pública* (q.v.).

PRAESCRIPTIUM INTERRUMPTUR PERSONALI CITATIONE JUDICIS COMPETENTIS – (Latim) A prescrição se interrompe por citação de juiz competente.

PRAESUMPTIO CEDIT VERITATI – (Latim) A presunção cede à verdade.

PRAESUMPTIO IURIS ET DE JURE PROBATIONEM IN CONTRARIU NON ADMITIT – (Latim) A presunção de direito e por direito não admite prova em contrário.

PRAETIUM AESTIMATIONES – (Latim) Preço estimado.

PRÁTICA FORENSE – Parte do Dir. Processual que trata da aplicação dos preceitos normativos, termos e atos necessários à instrução e promoção da lide. Praxe, uso do foro.

PRÁTICO – 1. Pessoa que trabalha em profissão liberal, mas não possui diploma. 2. Pessoa com habilidade no desenvolvimento de tarefas úteis. 3. Em Filosofia Geral, se refere à ação, ao fazer com engenhosidade. 4. Em Direito Militar, é o nome que se dá ao oficial sem curso que logrou passar os postos de hierarquia militar em virtude de seu conhecimento prático das atividades. 5. Em Direito Marítimo, é a pessoa responsável por conduzir embarcações. Exerce a praticagem. Segundo o conceito expresso na Lei nº 9.537/1997, é o "aquaviário não-tripulante que presta serviços de praticagem embarcado". A referida lei esclarece, em seu art. 15, que ao prático não é permitido se recusar à prestação do serviço de praticagem, sob pena de ter o certificado de habilitação suspenso ou cancelado em caso de reincidência na recusa.

✱ *V. CLT, art. 371.*

✱ *V. Lei nº 9.537/1997 (Dispõe sobre a segurança do tráfego aquaviário em águas sob jurisdição nacional e dá outras providências), arts. 2º, XV; 12 a 15.*

PRAXISTA – O que conhece a praxe, versado na prática forense; jurista especializado em praxe processual. Processualista.

PRAZO – Lapso de tempo em que um ato deve ou não ser praticado. Conta-se por dias, por intervalos de 24 horas, de meia-noite ao meio-dia, entre a data de início (*dies a quo*) e o termo final de uma relação jurídica (*dies ad quem*). Exclui-se o dia de início e inclui-se o do vencimento. O prazo diz-se: *convencional* ou *contratual*, se ajustado pelas partes; *consuetudinário*, se decorre de usos e costumes; *contínuo*, é aquele que flui continuamente, mesmo em domingos e feriados; *de graça* ou *favor*, aquele que o credor concede por tolerância, graciosamente; *determinado* ou *certo*, aquele, suspensivo ou resolutivo, cuja duração é fixada com antecedência, com previsão; *extintivo* ou de *decadência*, dentro do qual decai o direito que não foi exercido; também chamado *prazo de caducidade*; *indefinido*, quando não tem fixada a sua duração; *indeterminado* ou *incerto*, quando fixado em relação a acontecimento futuro necessário, tendo o seu término no dia em que ele ocorrer; *legal*, aquele fixado por lei; *preclusivo*, aquele durante o qual deve ser cumprido um ato, tornando-se inoperante se isso não acontecer; *resolutivo*, quando seu vencimento implica a extinção ou caducidade de um direito a ele subordinado; *suspensivo*, quando se estabelece que o exercício do direito se dará apenas numa certa data. Os atos entre vivos, sem prazo, são exequíveis desde logo; salvo se a execução tiver de ser feita em lugar diverso ou depender de tempo. No Dir. Penal, o dia do começo inclui-se no cômputo do prazo; dias, meses e anos são contados pelo calendário comum. O prazo para internação ou tratamento ambulatorial será indeterminado, sendo o mínimo de 1 e o máximo de 3 anos. O CP aponta, ainda, prazos de prescrição antes de trânsito em julgado de sentença, das penas restritivas de direito e depois de transitar em julgado sentença final condenatória, além de outros prazos. A ação contra grave violação dos deveres do casamento, como tentativa de morte, sevícia ou injúria grave, abandono do lar por um ano contínuo, condenação por crime infamante e conduta desonrosa, poderá ser proposta a qualquer tempo, no foro do domicílio da residência da mulher (art. 100, I, do CPC/1973, correspondente ao art. 53 do CPC/2015). O prazo forense diz-se: *citatório*, aquele dentro do qual devem ser feitas certas citações ou atendidas estas; *cominatório*, em cujo percurso deve ser praticado o ato indicado, sob sanção se o não for; *deliberatório*, fixado para que as partes nele apresentem defesa; *dilatório*, aquele que decorre antes do prazo marcado para efetivação de ato no processo; *improrrogável*, aquele que o juiz não pode prorrogar a seu arbítrio; *judicial*, o concedido pelo juiz; *prorrogável*, o que pode ser ampliado pelo juiz, sem ferir dispositivo legal; *que corre em cartório*, aquele cujos casos a lei especifica, contado com os autos em poder do escrivão, de onde não podem sair com vistas às partes; *restabelecido*, quando é de novo instituído em favor da parte. Na *intimação*, o prazo começa no ato da intimação, cientificada nos autos; nas *citações*, inicia-se com a juntada nos autos do ato citatório ou da peça que o contém; no *edital*, começa o prazo no fim do tempo fixado pelo juiz.

✱ *V. CC, arts. 132 a 134.*

✱ *V. CPC/1973, arts. 177 a 199, 241, 242 e 506.*

* ✱ *V. CPC/2015, arts. 218 a 235 e 1.003.*
* ✱ *V. CLT, arts. 775 a 776.*
* ✱ *V. CP, arts. 10, 97, § 1º, 109 a 118.*
* ✱ *V. Lei nº 1.408/1951 (Prorroga o vencimento de prazos judiciais).*
* ✱ *V., sobre divórcio, CC, arts. 1.572, 1.574 e 1.580.*
* ✱ *V. EC nº 66/2010 (Dispõe sobre a dissolubilidade do casamento civil pelo divórcio, suprimindo o requisito de prévia separação judicial por mais de 1 (um) ano ou de comprovada separação de fato por mais de 2 (dois) anos).*

PREÂMBULO DA LEI – O que vem antes dos artigos da lei, como justificativa e esclarecimento de seu conteúdo; elemento de interpretação da lei, que se compõe de epígrafe, ementa e considerandos. Também se diz *exposição de motivos.*

PRECARIEDADE – Característica do que é inseguro, temporário, que está em más condições.

Da posse: detenção temporária da coisa, por mera tolerância do proprietário, com ou sem abuso de confiança do detentor.

PRECÁRIO – Inseguro, em mau estado, temporário. Diz-se de um tipo de comodato por tempo indeterminado, a arbítrio de quem empresta a coisa, que lhe deve ser restituída quando reclamada.

PRECATÓRIA – *V. Carta precatória.*

PRECATÓRIO – 1. Requisição determinada pelo juiz a repartições públicas e assemelhadas, para previsão, nos respectivos orçamentos, de verba suficiente ao pagamento de condenações judiciais sofridas pelo Estado. O mesmo que requisitório. 2. A EC nº 62 altera o art. 100 da CF e acrescenta o art. 97 ao ADCT, instituindo regime especial de pagamento de precatórios pelos Estados, pelo Distrito Federal e pelos Municípios. Posteriormente, a EC nº 94/2016 voltou a alterar o art. 100 da CF e acrescentou os arts. 101 a 105 no ADCT, em que estipulava prazo aos Estados, ao Distrito Federal e aos Municípios para o pagamento de seus precatórios até 31 de dezembro de 2020 – débitos vencidos e os que vencerão dentro desse período. 3. A Lei nº 13.463/2017 determinou o cancelamento dos precatórios federais expedidos e depositados há mais de dois anos em instituições financeiras oficiais, sem levantamento pelos credores. Contudo, não se declarou por essa lei a caducidade do direito do credor, que poderá solicitar a expedição de novo precatório, o qual assumirá nova posição na ordem cronológica de requisições de pagamento. 4. A Lei nº 14.057/2020 disciplinou os acordos diretos para pagamento de precatórios de grande valor, bem como os acordos terminativos de litígios contra a Fazenda Pública. 5. A EC nº 113/2021 determinou que, sem interrupção no pagamento do precatório e mediante comunicação da Fazenda Pública ao Tribunal, o valor de eventuais débitos do credor do requisitório deverá ser depositado à conta do juízo responsável pela ação de cobrança para posterior decisão sobre o destino definitivo do valor, bem como estabeleceu a taxa referencial do Sistema Especial de Liquidação e de Custódia (Selic) para correção monetária e juros de mora das condenações da Fazenda, inclusive no que diz respeito ao pagamento de requisições de pequeno valor e precatórios. Ademais, revogou o art. 108 do ADCT e autorizou, excepcionalmente, o parcelamento das contribuições previdenciárias e dos débitos referentes a elas pelos Municípios. 6. A EC nº 114/2021, dentre outras disposições, estabeleceu ordem de preferência de pagamento oriundo de condenações da Fazenda transitadas em julgado, inseriu no ordenamento a possibilidade de o credor do precatório ainda não pago celebrar acordo com renúncia de 40% (quarenta por cento) do valor do crédito, bem como alterou a data limite para apresentação dos precatórios até 02 de abril, antes a data era 01 de julho, para pagamento até o final do exercício seguinte.

* ✱ *V. CF, art. 100.*
* ✱ *V. EC nº 113/2021 (Altera a Constituição Federal e o Ato das Disposições Constitucionais Transitórias para estabelecer o novo regime de pagamentos de precatórios, modificar normas relativas ao Novo Regime Fiscal e autorizar o parcelamento de débitos previdenciários dos Municípios; e dá outras providências).*
* ✱ *V. EC nº 114/2021 (Altera a Constituição Federal e o Ato das Disposições Constitucionais Transitórias para estabelecer o novo regime de pagamentos de precatórios, modificar normas relativas ao Novo Regime Fiscal e autorizar o parcelamento de débitos previdenciários dos Municípios; e dá outras providências).*
* ✱ *V. ADCT, arts. 33, 78, 86, 87, 97 e 107-A.*
* ✱ *V. CPC/1973, art. 730, II.*
* ✱ *V. CPC/2015, arts. 535, § 3º, I, e 910, § 1º.*
* ✱ *V. Lei nº 13.463/2017 (Dispõe sobre os recursos destinados aos pagamentos decorrentes de precatórios e de requisições de pequeno valor federais).*
* ✱ *V. Lei nº 14.057/2020 (Disciplina o acordo com credores para pagamento com desconto de precatórios federais e o acordo terminativo de litígio contra a Fazenda Pública e dispõe sobre a destinação dos recursos deles oriundos para o combate à Covid-19, durante a vigência do estado de calamidade pública reconhecido pelo Decreto Legislativo nº 6, de 20 de março de 2020; e altera a Lei nº 7.689, de 15 de dezembro de 1988, e a Lei nº 8.212, de 24 de julho de 1991).*
* ✱ *V. Súm. Vinculante nº 17.*
* ✱ *V. Súmulas nºs 655 e 733 do STF.*
* ✱ *V. Súmulas nºs 144 e 311 do STJ.*

PRECEDENTE – 1. Que precede ou antecede, anterior, predecessor. 2. Fato ou circunstância que ocorreu antes de outra do mesmo gênero. 3. Procedimento ou decisão anterior, que será considerada em relação a práticas posteriores. 4. Modos e circunstâncias de vida de um acusado ou condenado em âmbito penal, para fins de avaliação da necessidade de prisão preventiva ou fixação da pena. 5. Julgamento anterior sobre idêntica questão de fato ou de direito, que pode ou não vincular os julgadores em hipóteses idênticas. 6. Com o CPC/2015, os precedentes devem ser observados pelos juízes e Tribunais, em especial aqueles oriundos dos Tribunais Superiores, os quais também devem sistematizar sua jurisprudência, a fim de permitir seu amplo conhecimento pela sociedade. 7. Os Tribunais, antes do CPC/2015, já possuíam comissões de estudo de sua jurisprudência, as quais estão sendo convertidas em comissões de precedentes, a exemplo do STJ, que passou a prever expressamente o órgão em seu Regimento Interno. 8. A Lei nº 13.655/2018, que inseriu diversos dispositivos na Lei de Introdução às normas do Direito brasileiro, prevê indiretamente a observância dos precedentes também em seara administrativa, de modo que, ao adotar nova interpretação de normas e atos administrativos, as autoridades devam observar as orientações gerais até então vigentes, bem como, na medida do possível, estabelecer regime de transição para adoção do novo entendimento pelos administrados.

✱ *V. Dec.-lei nº 4.657/1942 (Lei de Introdução às normas do Direito Brasileiro – LINDB (antiga LICC), arts. 23 e 24.*

✱ *V. CPC/2015, arts. 489, § 1º, V e VI; 926 a 928.*

✱ *V. RISTJ, arts. 40, § 1º, V, e 46-A.*

PRECEITO – Determinação ou ordem judicial que tem de ser observada, atendida.

PRECÍPUO – Refere-se aos bens que o testador retira de sua porção disponível para doar a um herdeiro que, por esse motivo, não é obrigado a trazê-los à colação.

PRECLUSÃO – Caducidade de um direito, de termo ou faculdade processual que não foi exercitada no prazo fixado. Impedimento de retornar a fases ou oportunidades já superadas no processo. Pode ser: *temporal*, a perda do direito de praticar um ato por encerramento do prazo; deve-se contestar no prazo ou não se poderá mais fazê-lo, a não ser por justa causa; *lógica*, prática de ato incompatível com outro que se queira também praticar; *consumativa*, referente a atos já realizados, que não podem ser de novo praticados; *máxima*, a produzida pela coisa julgada, que afasta alegações e defesas que a parte poderia ainda opor. A preclusão, que só alcança as partes e não o juiz, pode também apresentar-se sob a forma *pro judicato*, na qual o juiz não pode decidir questão interlocutória já decidida e que não foi objeto de recurso. No Dir. Administrativo, a *coisa julgada administrativa* é uma preclusão de direitos internos, quando se exaurem os meios de impugnação, tornando-se irretratável a última decisão, que pode ser atacada por via judicial.

✱ *V. CPC/1973, arts. 183, 245, 295, I, 473, 516 e 601.*

✱ *V. CPC/2015, arts. 223, 278, 330, I, 507 e 774, parágrafo único.*

PRECLUSO – Que não produz efeito; decaído, caduco.

PREÇO – Custo, valor, determinado na compra e venda; valor real ou convencional dado à coisa objeto de aquisição ou de obrigação. O preço não é *caro* ou *barato*, o objeto é que deve ser assim qualificado. É, na verdade, alto ou baixo. Retribuição pecuniária do valor do bem, do serviço ou da atividade que se compra, ou se utiliza. Pode ser *privado*, o que se estabelece em livre concorrência; *semiprivado*, quando a Administração interfere na sua formação, conjugando interesses públicos e privados; *público*, são as tarifas, fixadas exclusivamente pelo poder público.

PRECONCEITO – Prejuízo, conceito ou opinião formados antecipadamente, sem maior ponderação ou conhecimento dos fatos. Intolerância. A CF inclui entre os objetivos fundamentais do Brasil a promoção do bem de todos "sem preconceitos de origem, raça, sexo, cor, idade e quaisquer outras formas de discriminação". E informa que será considerado crime inafiançável e imprescritível a prática de racismo, sujeito à pena de reclusão na forma da lei. A Lei nº 7.716/1989 deu nova redação à Lei Afonso Arinos nº 1.390/1951, incluindo entre as infrações penais a prática de atos que resultem de preconceito de raça, de cor, de sexo ou de estado civil. As penas variam de reclusão de um até cinco anos, sendo que as condutas tipificadas são impedimento de acesso a cargos públicos, negar emprego em empresa privada, recusar ou impedir acesso a estabelecimento comercial, bem como matrícula em estabelecimento de ensino. São crimes também de preconceito impedimento a acesso a locais abertos ao públicos, clubes esportivos, transportes públicos, entrada de edifícios, às Forças Armadas e ao casamento.

✱ *V. CF, arts. 3º, IV, e 5º, XLII.*

✱ *V. Lei nº 7.716/1989, com as modificações introduzidas pela Lei nº 9.459/1997.*

PRÉ-CONTRATO – Aquele que visa garantir a celebração de outro, futuro, definitivo.

PRÉ-DEFUNTO – Pessoa que morreu antes de outra, em relação à qual é referida. O mesmo que *pré-morto*.

PRÉDIO – No sentido jurídico, abrange o solo e suas benfeitorias (casa etc.) que a ele se incorporam; bem imobiliário. No Dir. Romano, distinguia-se o *prédio urbano*, o imóvel com edificação na cidade ou no campo, e o *rústico*, os fundos de terras não edificadas no campo. Hoje se diz que prédio urbano é o que está nos limites do perímetro da cidade; fora dele, é rústico. A nova Lei do Inquilinato, em vigor com acessórios de medidas provisórias, só cuida da locação de imóveis urbanos. O CC distingue a ambos, porém não os conceitua.

✱ *V. Lei nº 8.245/1991 (Lei das Locações).*

✱ *V. Lei nº 12.112/2009.*

PREEMPÇÃO – Direito de preferência, prelação, que tem o vendedor de um bem de adquiri-lo de novo, caso o comprador queira vendê-lo posteriormente. É preciso que esse direito esteja estipulado em contrato de compra e venda; aplica-se também a prelação em dação em pagamento. Pode ser *convencional*, quando estabelecida em contrato, não sendo admissível nas permutas, vendas judiciais, execuções por dívida, desapropriação por utilidade pública, constituição e transferência de direitos reais; e *legal*, utilizada apenas na desapropriação, quando a União, o Estado, o Distrito Federal e o Município oferecem ao ex-proprietário, preferencialmente, o imóvel desapropriado pelo preço da desapropriação, caso não o utilize para o fim que a motivou. O mesmo que *retrocessão*, neste caso.

✱ *V. CC, arts. 513 a 520.*

PREFEITO – Chefe do Poder Executivo municipal. Responde por *crime comum* e *crime de responsabilidade* perante o Tribunal de Justiça; e por *infrações político-administrativas* perante a Câmara de Vereadores, que pode cassar o mandato do prefeito por essas infrações. Não há *impeachment*, mas pode haver o afastamento prévio do cargo ou a sua prisão preventiva, decretados pelo juiz, por conveniência da instrução criminal ou para assegurar o futuro cumprimento da pena, o que é apenas medida cautelar da Justiça.

✱ *V. CF, art. 29, VIII.*

✱ *V. Dec.-lei nº 201/1967 (Dispõe sobre a responsabilidade de Prefeitos e Vereadores, arts. 1º a 5º).*

PREFERÊNCIA – Vantagem que desfrutam alguns credores de serem pagos em primeiro lugar na competição com outros credores. Cláusula que obriga o comprador a oferecer ao vendedor a coisa que dele compra, quando quiser aliená-la de novo. Direito que tem o locatário de ter oferecido a si, em primeiro lugar, o imóvel onde reside, caso o locador queira vendê-lo. Essa primazia ocorre, ainda, no caso de promessa de venda, cessão ou promessa de cessão de direitos ou dação em pagamento. O locador é obrigado a informar o locatário, por meio de notificação judicial, extrajudicial ou qualquer outro meio de ciência inequívoca, explicando-lhe todas as condições do negócio, preço, forma de pagamento, existência de ônus reais, local e hora para exame de documentação relacionada ao negócio. O locatário que não se manifestar em 30 dias, depois de notificado, perde o direito. Se o imóvel estiver sublocado, a preferência cabe ao sublocatário, depois ao locatário. Pode ocorrer a pluralidade de pretendentes, ficando com a preferência o locatário mais antigo; se forem da mesma data, o mais idoso. O direito de preferência não alcança os casos de perda da propriedade, sua venda por decisão judicial, permuta, doação, integralização de capital, cisão, fusão e incorporação. Se o locador não der ao locatário o direito de preferência, este poderá reclamar na Justiça e exigir perdas e danos. Pode, ainda, depositar o preço e outras despesas do ato de transferência, haver para si o imóvel locado, mas, para tanto, deverá requerer em 6 meses a partir do registro do ato no Cartório de Imóveis, se o contrato de locação estiver averbado 30 dias antes, pelo menos, da alienação junto à matrícula do imóvel. No caso de coexistir no imóvel locatário e condômino, a preferência é do condômino. *V. Falência.*

✱ *V. Lei nº 11.101/2005 (Lei de Recuperação de Empresas e Falências).*

PREGÃO – Aviso público, proclamação. Anúncio feito pelo leiloeiro ou pelo porteiro dos auditórios de coisa levada a leilão ou hasta pública e dos lances que os licitantes fazem, chamada de testemunhas ou das partes feita pelo porteiro, ou o modo como declara aberta ou encerrada uma audiência do juiz. Local que as Bolsas de Valores mantêm para encontro de seus membros e realização, entre eles, de negociações para compra e venda de ações, em mercado livre e aberto. Pelo Dec. nº 3.555/2000 regulamentou a modalidade licitatória denominada pregão, para aquisição de bens e serviços comuns.

✱ *V. Dec. nº 7.174/2010 (Regulamenta a contratação de bens e serviços de informática e automação pela Administração Pública Federal, direta ou indireta, pelas fundações instituídas ou mantidas pelo Poder Público e pelas demais organizações sob o controle direto ou indireto da União).*

PREJUDICIAL – Questão, ação ou exceção, que deve merecer exame preliminar, por ter influência decisiva no mérito da ação principal, se esta for julgada procedente. *V. Questão prejudicial.*

PREJULGADO – Pronunciamento do Tribunal Superior do Trabalho e do Tribunal Superior Eleitoral, prévio e de caráter interpretativo, sobre direito em tese, que vinha estatuído no art. 902 da CLT e no art. 263 do Cód. Eleitoral. Foi extinto após o STF julgá-lo inconstitucional em 1982, tendo o TST convertidos os seus prejulgados em *enunciados*, de acordo com a Resolução Administrativa nº 44/1985, que atualmente os denominam por Súmulas. *V. Enunciado.*

PRELAÇÃO – *V. Preempção* e *preferência*.

PRELIMINAR – Defesa indireta; deve ser alegada antes do mérito, na contestação. O mesmo que *objeção*. Decisão que precede a da questão principal, podendo decidi–la. Argumento que precede e guarda conexão com outro. Processualmente, é o argumento que visa apontar vícios na lide ou indicar fatos que impeçam o seu regular andamento, para favorecer o réu, ensejando a não apreciação do mérito pelo juiz. Enquanto no processo comum as exceções são formuladas em qualquer tempo e grau de jurisdição, em petição própria, no processo trabalhista elas devem ser arguidas como preliminares da contestação, na própria audiência, verbalmente ou por escrito, em razão do *princípio da concentração* dos atos processuais trabalhistas. No processo trabalhista, podem ser arguidas as preliminares de *inexistência* ou *nulidade da citação, inépcia da petição inicial, litispendência, coisa julgada, conexão de ações, carência da ação*. O CPC/1973 traz as hipóteses de arguição dessas preliminares em seu art. 301, correspondente ao art. 337 do CPC/2015.

✱ *V. CLT, arts. 763 a 910.*

✱ *V. CPC/1973, arts. 103, 105, 106, 214, 247, 267, IV e VI e § 3º, 301, 305, 327, 467, 468 e 474.*

✱ *V. CPC/2015, arts. 55, 57, 58, 239, 280, 337, 340, 351, 352, 485, IV e VI e § 3º, 502, 503 e 508.*

PREMEDITAÇÃO – Determinação deliberada, consciente, tomada com antecedência, dolosa, pelo agente do crime antes de o consumar. É agravante qualificativa do delito.

PRÊMIO – 1. Recompensa ou pagamento pela realização de um serviço ou tarefa. 2. Homenagem concedida a alguém. 3. Quantia em dinheiro ou bens entregues a vencedores de concursos de prognósticos ou outro tipo de sorteio. 4. Prestação que o segurado paga ao segurador como preço de risco, no contrato de seguro. 5. Pagamento pelos serviços do testamenteiro, o qual, se não tiver sido fixado pelo testador, o juiz arbitrará, considerando o valor da herança e o trabalho de execução do testamento. O prêmio não excederá a 5% calculados sobre a herança líquida e deduzidos apenas da metade disponível quando houver herdeiros necessários, e de todo o acervo líquido nos demais casos. Se casado em comunhão de bens com herdeiro ou legatário, não terá direito ao prêmio, mas lhe é lícito preferir o prêmio à herança ou legado. Não se pagará o prêmio por adjudicação dos bens do espólio, a menos que o testamenteiro seja meeiro. O testamenteiro será removido e perderá o prêmio se forem consideradas ilegais suas despesas ou em discordância com o testamento; e se não cumprir as disposições testamentárias. 6. A Lei nº 13.467/2017 (Reforma Trabalhista) passou a definir prêmio como liberalidade concedida pelo empregador, na forma de bens, serviços ou valores em dinheiro, a um empregado ou grupo de empregados, em razão de desempenho superior ao ordinariamente esperado no exercício de suas atividades. A mesma lei alterou a redação do § 2º do art. 457 da CLT, afirmando que seu pagamento, ainda que habitual, não integra a remuneração do empregado e não constitui base de incidência de qualquer encargo trabalhista e previdenciário. Entretanto, tal definição parece ser inconstitucional, por colidir com o art. 201, § 11, da CF/1988, além de confrontar a jurisprudência dos Tribunais Superiores, firmada no sentido de que, se o prêmio decorreu diretamente da prestação de serviços, deve integrar a remuneração, com repercussão em outras verbas trabalhistas.

✱ *V. CC/2002, arts. 757 a 758, 760, 763 a 764, 766 a 767, 769 a 770 e 773, 1.987 a 1.989.*

✱ *V. CPC/1973, arts. 1.138 a 1.140.*

✱ *V. CPC/2015, art. 553.*

✱ *V. CLT, art. 457, §§ 2º e 4º.*

PREMISSA – Cada uma das proposições de um silogismo, a premissa maior e a menor, das quais se tira uma conclusão.

PREMORIÊNCIA – Morte de pessoa que antecede a de outra, àquela referida.

PREMORIENTE – O mesmo que *pré-morto*; aquele que morre antes de outro.

PRENOME – Nome que precede o de família, pelo qual se diferenciam os membros de um mesmo grupo doméstico. Nome de batismo, civil ou próprio. Quando se compõe de dois ou mais nomes, chama-se *composto*: Regina Helena, Elisa Maria, Lygia Maria. Alteração do art. 58 da Lei de Registros Públicos (com nova redação pela Lei nº 10.362/2001) permite substituir o prenome por "apelido público notório".

PRENOTAÇÃO – Registro prévio, provisório, feito pelo oficial competente, em título apresentado à inscrição ou transcrição, no Registro Público, garantindo a prioridade da pessoa que o apresentou. Sendo requerida com antecedência, chama-se *premonitória* ou *acauteladora*. A transcrição será datada do dia em que se apresentar o título ao oficial de registro e este o prenotar no protocolo. Se sobrevir falência ou insolvência do alienante entre a prenotação do título e sua transcrição por atraso do oficial, ou dúvida julgada improcedente, far-se-á não obstante a transcrição exigida, que retroage, neste caso, à data da prenotação.

✱ *V. Lei nº 6.015/1973 (Lei de Registros Públicos), arts. 132, I, e 146 e segs.*

✱ *V. CC, arts. 1.246 e 1.496.*

PREPARO – Pagamento das custas dentro dos prazos fixados em lei. Estão dispensados de preparo os recursos interpostos pelo Ministério Público, pela Fazenda Nacional, Estadual e Municipal e pelas respectivas entidades da administração indireta, que gozam de isenção legal. O agravo retido não depende de preparo. O preparo do recurso extraordinário será feito no tribunal de origem, no prazo de 10 dias, contados da publicação do despacho a que se refere o art. 543, § 1º, sob pena de deserção, e abrangerá as custas devidas ao STF e despesas de remessa e retorno dos autos.

✱ *V. CPC/1973, arts. 465, parágrafo único, 511, 519, 527, 533, 536 e 545.*

✱ *V. CPC/2015, arts. 99, § 7º, 997, § 2º, 1.007, 1.017, § 1º, 1.019, 1.021 e 1.023.*

PREPONENTE – *V. Preposto.*

PREPOSTO – 1. Que foi posto antes, que se apresenta com antecedência. 2. Favorito, preferido. 3. Aquele que, por nomeação, delegação ou incumbência recebida de outro, dirige negócio ou presta serviço ao preponente, em caráter permanente, como o administrador, o gerente etc. A partir da entrada em vigor do novo Código Civil, há responsabilidade objetiva do preponente pelos atos dos seus prepostos que, nesta qualidade, provoquem danos a terceiros. 4. No Processo do trabalho, é facultado ao empregador "fazer-se substituir pelo gerente ou qualquer outro preposto que tenha conhecimento do fato, e cujas declarações obrigarão o preponente". Até a entrada em vigor da Lei nº 13.467/2017 (Reforma Trabalhista), prevalecia o entendimento de o preposto deveria ser empregado da empresa, salvo no caso de empregadores domésticos e de micro e pequenas empresas. A partir da entrada em vigor da nova lei, esta exigência foi expressamente afastada. 5. No Processo Civil, foi expressamente previsto para a audiência de conciliação no procedimento sumário (abolido no CPC/2015), desde que seja investido de poderes para transigir com a parte contrária. 6. O vigente Estatuto da Advocacia exige a presença de advogados para apresentação de ação ou abertura de processo em qualquer órgão do Poder Judiciário e nos Juizados Especiais; porém o STF criou exceções que não constavam daquele Estatuto, determinando que não é obrigatório constituir advogado em Juizados de Pequenas Causas, Juizados de Paz e Varas do Trabalho.

✱ *V. CC, arts. 932, III, 1.169 a 1.171.*

✱ *V. CLT, art. 843, §§ 1º e 3º*

✱ *V. CPC/1973, art. 277, § 3º.*

✱ *V. CPC/2015, arts. 160, parágrafo único, 242, § 1º, 272, § 7º, e 890, V.*

✱ *V. CCom, arts. 74 a 86.*

✱ *V. LC nº 123/2006 (Estatuto da Microempresa e Empresa de Pequeno Porte), art. 54.*

✱ *V. Lei nº 8.906/1994 (Estatuto da Advocacia e a OAB), art. 1º, I.*

✱ *V. Súm. nº 341 do STF.*

✱ *V. Súmulas nºs 122 e 377 do TST.*

PRÉ-QUALIFICAÇÃO – Verificação prévia da idoneidade jurídica, técnica e financeira de empresas que participam de licitação ou de concorrência pública.

PREQUESTIONAMENTO – 1. Exigência dos Tribunais Superiores para conhecimento de recursos fundamentados em violação à Constituição ou à lei, pela qual é necessário ter-se levantado previamente a questão controvertida perante o juízo de origem, mesmo por meio de embargos declaratórios, se omissa a decisão a quo. 2. No âmbito dos recursos perante o TST, passou a ser expressamente previsto pela Lei nº 13.015/2014, que inseriu o § 1º-A ao art. 896 da CLT. 3. O CPC/2015 não adota expressamente o prequestionamento como requisito de admissibilidade recursal, porém menciona o termo em dois dispositivos, levando a entender que seria questão a ser suscitada em embargos de declaração opostos apenas contra decisões de Tribunais.

✱ *V. CPC/2015, arts. 941, § 3º, e 1.025.*

✱ *V. CLT, art. 896, § 1º-A.*

✱ *V. Súmulas nºs 282 e 356 do STF.*

✱ *V. Súmulas nºs 98, 211 e 320 do STJ.*

✱ *V. Súm. nº 297 do TST.*

✱ *V. Orientações Jurisprudenciais nºs 62, 118, 119, 151, 256 da SBDI-I do TST.*

✱ *V. Orientações Jurisprudenciais nºs 124 e 135 da SBDI-II do TST.*

PRERROGATIVAS DO ADVOGADO – O advogado tem a prerrogativa de ter vista dos processos judiciais ou administrativos de qualquer natureza, em cartório ou na repartição competente, ou retirá-los pelos prazos legais. Os arts. 40 e 141, IV, do CPC/1973, correspondentes aos arts. 107 e 152, IV, do CPC/2015, esclarecem que o advogado tem direito de: a) examinar, em cartório de justiça e secretaria de Tribunal, autos de qualquer processo, salvo o disposto no art. 155; b) requerer, como procurador, vista dos autos de qualquer processo pelo prazo de 5 dias; c) retirar os autos do cartório ou secretaria, pelo prazo legal, sempre que lhe competir falar neles por determinação do juiz, nos casos previstos em lei. Ao receber os autos, o advogado assinará carga no livro competente. No entanto, referida prerrogativa foi parcialmente alterada pela Lei nº 11.969/2009, no que concerne à carga de autos para obtenção de cópias, para a qual cada procurador poderá retirá-los pelo prazo de uma hora, independentemente de ajuste para alteração. No CPC/2015, se o prazo for comum às partes, o advogado poderá retirar o processo para obter cópias por duas a seis horas.

PRESCRIÇÃO – 1. Ato ou efeito de prescrever. 2. Ordem formal, ditame, regra, ordenação, comando. 3. Norma, preceito. 4. Receita médica. 5. Conjunto de medidas ordenadas por um médico em relação a um paciente, com vistas ao tratamento deste. 6. No Dir. Processual, à exceção do Processo Penal, entende-se como a perda da eficácia de determinada pretensão de um direito subjetivo, em razão da inércia de seu titular durante determinado lapso temporal estabelecido em lei. 7. Em sentido mais restrito, refere-se à perda do direito de ação, em relação a uma pretensão de natureza condenatória, obstando a propositura de demanda em face da parte contrária. 8. Até 2006, o reconhecimento da prescrição pelo Juiz dependia da provocação pela parte contrária em contestação, mas a Lei nº 11.280/2006, que alterou a redação do art. 219, § 5º, do CPC/1973 (correspondente ao art. 487, II, do CPC/2015) e revogou o art. 194 do CC/2002, estabeleceu o dever de o juiz reconhecer a prescrição de ofício, a qualquer tempo, até a prolação de sentença. Ainda remanesce a controvérsia sobre a possibilidade de reconhecimento de prescrição da pretensão após o trânsito em julgado da decisão em fase de conhecimento, ante a garantia constitucional da coisa julgada. Também há controvérsia sobre a aplicabilidade deste preceito no Processo do Trabalho, ante a suposta incompatibilidade desta disposição com o princípio da proteção do trabalhador. 9. Apesar da reforma das disposições do CPC/1973 acerca da execução de título judicial, por meio da Lei nº 11.232/2005, que instituíram o processo sincrético, em que a execução passou a ser uma fase do mesmo processo em que constituído o título executivo judicial, a jurisprudência e doutrina ainda entendem pelo cabimento de prescrição superveniente à sentença (entenda-se: decisão de mérito transitada em julgado), caracterizando, assim, a *prescrição da pretensão executiva*. 10. Após longa controvérsia doutrinária e jurisprudencial acerca da possibilidade de prescrição intercorrente (o correto seria denominar-se prescrição intracorrente), a disposição do art. 40 da Lei de Execução Fiscal (Lei nº 6.830/1980), que dava a entender pela inexistência deste fenômeno em relação à Dívida Ativa da Fazenda Pública, foi alterada, pela Lei nº 11.051/2004, que inseriu o § 4º ao aludido dispositivo legal, admitindo expressamente. a possibilidade de sua decretação, ante a inércia da Fazenda Pública em dar andamento a determinações do Juízo no curso do processo executivo fiscal. Posteriormente, tal previsão foi estendida a todos os processos submetidos ao CPC e, com a Lei nº 13.467/2017 (Reforma Trabalhista), também ao Processo do Trabalho, superando jurisprudência contrária do TST. A Lei nº 14.195/2021 alterou a redação do art. 206-A no Código Civil para determinar que a prescrição intercorrente observará o mesmo prazo de prescrição da pretensão, observadas as causas de impedimento, de suspensão e de interrupção da prescrição previstas neste Código e observado o disposto no art. 921 do CPC sobre suspensão da execução. 11. A prescrição está sujeita a *suspensão*, quando o titular de um direito não tem condições de utilizá-lo (por menoridade, casamento, por doença mental); a ação judicial e a citação interrompem a prescrição; e também se sujeita à *interrupção*, que faz com que o tempo transcorrido seja eliminado, não se levando em conta no caso de nova inércia do titular. 12. No Dir. Processual Penal, ocorre a *prescrição da pretensão punitiva*, que é a extinção da responsabilidade criminal do acusado, por inação do titular da ação penal, que não a exercitou no prazo legal, ou pela não efetivação da decisão penal condenatória em determinado lapso temporal previsto em lei. É, pois, uma das formas de extinção da punibilidade. Nos crimes conexos, a extinção da punibilidade de um deles não impede, quanto aos outros, a agravação da pena resultante da conexão. O art. 111 do CP institui as regras da prescrição, antes de transitar em julgado a sentença final, começando a correr: a) do dia em que o crime se consumou; b) no caso de tentativa, do dia em que cessou a atividade criminosa; c) nos crimes permanentes, do dia em que cessou a permanência; d) nos de bigamia e nos de falsificação ou alteração de assentamento do registro civil, da data em que o fato se tornou conhecido; e) nos crimes contra a dignidade sexual de crianças e adolescentes, previstos no Código Penal ou em legislação especial, da data em que a vítima completar 18 anos, salvo se a esse tempo já houver sido proposta a ação penal. 13. A Constituição Federal declara imprescritíveis os crimes de racismo e a prática de ações por grupos armados, civis ou militares, contra a ordem constitucional e o Estado Democrático. 14. A doutrina e jurisprudência costumam entender como uma espécie de prescrição *aquisitiva* ou *positiva* o instituto da *usucapião*, em razão de posse continuada pelo prazo e sob as condições impostas por lei. Contudo, tal definição é equivocada, pois apenas analisa o fenômeno a partir da posição jurídica do proprietário esbulhado da posse do bem, e não do possuidor, o qual não tem pretensão *condenatória*, mas, sim, *constitutiva*. Ademais, o surgimento de uma determinada pretensão de direito subjetivo depende de uma efetiva violação da posição jurídica do titular, o que pode não ocorrer no caso da usucapião, pois a posse pode ser adquirida a justo título. 15. Para fins de Dir. Administrativo, a *prescrição administrativa* é o escoamento de prazo para a tomada de medidas disciplinares pela Administração em relação à conduta de seus servidores, ou para o exercício de direitos e obrigações de particulares perante o Poder Público, não estendendo seus efeitos às ações judiciais. A Lei nº 14.230/2021 alterou o art. 23 da Lei nº 8.429/1992 para fixar o prazo prescricional de 8 (oito) anos a partir da ocorrência do fato ou, no caso de infrações permanentes, do dia em que cessou a permanência, às sanções previstas na Lei de Improbidade Administrativa. 16. No âmbito do Processo do Trabalho, os prazos de prescrição para os trabalhadores urbanos e rurais foram unificados pelo art.

7º, XXIX, da Constituição, que estabelece o prazo de 5 anos para o exercício do direito de ação, podendo ser proposta a demanda até 2 anos após o término da relação de trabalho. A rigor, o prazo bienal constante do dispositivo não é prescricional, mas, sim, decadencial, pois fulmina todos os direitos porventura titularizados pelo extrabalhador, independentemente da data de surgimento da obrigação. Ainda remanesce a discussão sobre a aplicação ou não do prazo previsto neste dispositivo constitucional para o trabalho doméstico e outras formas de relação de trabalho, que passaram à competência da Justiça do Trabalho com a EC nº 45/2004. Outra controvérsia diz respeito ao prazo aplicável para pretensões que não guardam relação direta com a legislação trabalhista, embora tenham passado para a jurisdição da Justiça laboral, em especial as decorrentes de acidente de trabalho, tendendo a jurisprudência a aplicar também o lapso prescricional quinquenal. A Lei nº 13.467/2017 (Reforma Trabalhista) reuniu no *caput* do art. 11 da CLT os prazos prescricionais, que seguem sendo de cinco anos para urbanos e rurais e de dois anos após o término do contrato, bem como incluiu o art. 11-A na CLT, sobre prescrição intercorrente. 17. No âmbito tributário, o CTN prevê prazos para a ação do contribuinte, que deseja a repetição de indébito de valores pagos indevidamente ou a maior, e também para o exercício da cobrança pela Fazenda Pública. Embora a jurisprudência, a princípio, não entendesse aplicável o CTN para regular a prescrição de contribuições sociais, como as devidas à Previdência Social e ao FGTS, tal posição foi revista mais recentemente, ante a conceituação mais moderna de tributo, que passaria a abranger todas as formas de exação que se subsumam à definição do art. 3o do CTN. 18. Embora a CF induza a interpretação de que qualquer dano ao Erário Público seria imprescritível, o Supremo Tribunal Federal começou a formar jurisprudência restringindo a previsão a danos decorrentes de atos de improbidade administrativa, afastando, assim, lesões por mero ilícito civil e condenações administrativas impostas pelos Tribunais de Contas, as quais podem mesmo ser fulminadas pelo decurso de prazo sem exercício de ação pela Fazenda Pública. 19. Em virtude do estado de calamidade pública provocado pela pandemia de coronavírus, a Lei nº 14.010/2020 estabeleceu que os prazos prescricionais relativos a pretensões de Dir. Privado não poderiam começar a correr ou ficariam suspensos pelo lapso temporal entre a data de entrada em vigor daquele diploma legal e o dia 30-10-2020. Especificamente em relação aos prazos de usucapião, dispôs aquela lei que apenas estariam suspensos os prazos em curso até o dia 30-10-2020.

✱ **V.** *CF, arts. 5º, XLII e XLIV, 7o, XXIX, 37, § 5º, e 53, § 5º.*

✱ **V.** *CC/2002, arts. 189 a 193, 195 a 206, 206-A, 219 e 617.*

✱ **V.** *CPC/1973, arts. 219, § 5º, 269, IV, 295, IV, 475L, VI, 617, 741, VI, 777, 810 e 811, IV.*

✱ **V.** *CPC/2015, arts. 310, 332, § 1º, 487, II e parágrafo único, 525, VI, 535, VI, 802, 921, §§ 1º, 4º e 5º, 924, V, e 1.013, § 4º.*

✱ **V.** *CLT, arts. 11, 11A, 149, 440 e 884, § 1º.*

✱ **V.** *CP, arts. 107, VI, e 109 a 118.*

✱ **V.** *CTN, arts. 168, 169 e 174.*

✱ **V.** *CDC, art. 27.*

✱ **V.** *LRE, arts. 6º, 71, parágrafo único, 82, § 1º, 96, II, 157, 160 e 182.*

✱ **V.** *Lei nº 6.404/1976 (Lei das Sociedades por Ações), arts. 285 a 288.*

✱ **V.** *Lei nº 6.830/1980 (Lei de Execuções Fiscais), arts. 2º, § 3º, e 40, § 4º.*

✱ **V.** *Lei nº 8.112/1990 (Dispõe sobre o regime jurídico dos servidores públicos civis da União, das autarquias e fundações públicas federais), arts. 110 a 112, 142 e 170.*

✱ **V.** *Lei nº 8.213/1991 (Lei dos Planos de Benefícios da Previdência Social), arts. 103, parágrafo único, e 104.*

✱ **V.** *Lei nº 8.429/1992 (Dispõe sobre as sanções aplicáveis em virtude da prática de atos de improbidade administrativa, de que trata o § 4º do art. 37 da Constituição Federal; e dá outras providências), art. 23.*

✱ **V.** *Lei nº 9.873/1999 (Estabelece prazo de prescrição para o exercício de ação punitiva pela Administração Pública Federal), arts. 1º e 1ºA.*

✱ **V.** *Lei nº 12.529/2011 (Estrutura o Sistema Brasileiro de Defesa da Concorrência), art. 46.*

✱ **V.** *Lei nº 14.195/2021 (Dispõe sobre a prescrição intercorrente na Lei nº 10.406, de 10 de janeiro de 2002 (Código Civil), dentre outras disposições).*

✱ **V.** *Lei nº 14.230/2021 (Altera a Lei nº 8.429, de 2 de junho de 1992, que dispõe sobre improbidade administrativa), art. 2º.*

✱ **V.** *Dec.lei nº 4.597/1942 (Dispõe sobre a prescrição das ações contra a Fazenda Pública).*

✱ **V.** *Dec. nº 20.910/1932 (Regula a prescrição quinquenal contra a Fazenda Pública).*

✱ **V.** *Súm. Vinc. nº 8.*

✱ **V.** *Súmulas nºs 146, 147, 497 e 604 do STF.*

✱ **V.** *Súmulas nºs 85, 106, 191, 220, 229, 314, 323, 338, 398, 409, 438 e 547 do STJ.*

✱ **V.** *Súmulas nºs 28, 56 e 74 da TNU.*

✱ **V.** *Súmulas nºs 6, IX, 114, 153, 156, 199, II, 206, 268, 275, 294, 308, 326, 327, 350, 362, 373, 382 e 452 do TST.*

✱ **V.** *Orientações Jurisprudenciais nºs 38, 76, 83, 129, 130, 175, 242, 243, 271, 344, 359, 370, 375, 392, 401 e 417 da SBDII do TST.*

PRESENTAÇÃO – *V.* Representação.

PRESIDENCIALISMO – Forma de governo representativo, com eleição direta e universal, por sufrágio popular, poderes autônomos e harmônicos entre si, e ministros escolhidos pelo Presidente e por ele demissíveis *ad nutum*. O regime presidencialista foi referendado pelo povo em plebiscito realizado em 21 de abril de 1993.

PRESO – Indivíduo recolhido à prisão, por agentes policiais ou autoridade judicial, para apuração de crime ou já sentenciado.

PRESSUPOSTO – O que se dá como existente para que outra coisa se verifique.

De direito: no Dir. Administrativo, é o texto normativo que fundamenta o ato administrativo.

De fato: no Dir. Administrativo, é o conjunto de situações fáticas que resultam na prática do ato administrativo por parte da Administração.

Processual: todos os requisitos indispensáveis para que se constitua e desenvolva regularmente o processo, como a capacidade civil das partes, a representação por advogado, a petição inicial corretamente formulada, a existência de citação, a competência do juiz, o procedimento adequado. Por sua vez, os requisitos externos ao processo em curso que impedem a validade ou eficácia dele são chamados de pressuposto processual extrínseco ou negativo como a coisa julgada e a litispendência.

* *V. CPC/1973, art. 267, IV, e § 3º.*
* *V. CPC/2015, arts. 64, § 1º, 70, 239, 485, IV e § 3º, 502 e 687.*

PRESTAÇÃO – Ato de dar, conceder, desobrigar-se, de fazer, de cumprir. Parcela de um pagamento.

Alimentícia: O mesmo que *pensão alimentícia* (q.v.).

De contas: 1. Ato pelo qual o que dirige negócio de outro presta-lhe contas, perante este ou em juízo, de despesas e de lucros, demonstrando com documentos idôneos o resultado de sua administração; a ação compete a quem tem o direito de exigir contas e a quem tiver a obrigação de prestá-las. Para o administrador público, é um dever indeclinável prestar contas de sua gestão e a própria CF o impõe expressamente. 2. Conforme o disposto no art. 2º, XIV, da Lei nº 13.019/2014, é o procedimento em que se analisa e se avalia a execução da parceria, pelo qual seja possível verificar o cumprimento do objeto da parceria e o alcance das metas e dos resultados previstos, compreendendo duas fases: a) apresentação das contas, de responsabilidade da organização da sociedade civil; b) análise e manifestação conclusiva das contas, de responsabilidade da administração pública, sem prejuízo da atuação dos órgãos de controle.

De serviço à comunidade: Pena restritiva de direitos, pela qual o condenado deve realizar serviços gratuitos a entidades assistenciais, escolas, orfanatos etc., em programas comunitários ou estatais. Essa inovação foi introduzida na Lei Penal pela Lei nº 7.209/1984. As tarefas devem ser cumpridas durante 8 horas semanais, aos sábados, domingos e feriados ou em dias úteis, para não prejudicar a jornada normal de trabalho.

* *V. CF, arts. 70 a 75.*
* *V. CPC/1973, arts. 732 a 735, 914 a 919.*
* *V. CPC/2015, arts. 323, 528, 529, 550 a 553, 618, VII, 622, V, 735, § 5º, 763, 870, parágrafo único, 911 a 913 e 1.012, § 1º, II.*
* *V. CP, arts. 43, I, 46 e 78, § 1º.*
* *V. Lei nº 6.515/1977 (Lei do Divórcio).*
* *V. Lei nº 13.019/2014 (Estabelece o regime jurídico das parcerias entre a administração pública e as organizações da sociedade civil), art. 2º, XIV.*

PRESUNÇÃO – 1. Ato ou efeito de presumir. 2. Inferência ou opinião baseada na probabilidade, suposição. 3. Exercício reflexivo pelo qual se infere fatos incertos a partir de fatos certos, admitindo-se aqueles primeiros como verdadeiros, até prova em contrário. 4. Conjetura, juízo antecipado e provisório; aquilo que se presume. 5. Conclusão que a lei extrai de fatos acessórios para concluir a verdade de determinados fatos. 6. Meio de prova indireta. 7. A presunção jurídica pode ser: comum ou de fatos, aquela que se baseia no que acontece comumente, não sendo meio de prova, mas atividade interpretativa do juiz; *legal*, a que decorre da lei e que se subdivide em *legal absoluta* (presunção *juris et de jure*) quando a própria lei a reputa verdadeira, em razão de ato ou fato ocorrido, ainda que haja prova em contrário, como na coisa julgada; e *legal relativa* (presunção *juris tantum*) a que considera uma afirmação falsa ou verdadeira até prova em contrário. Os atos administrativos, de qualquer categoria, já nascem com a *presunção de legitimidade*, independentemente de norma legal que a estabeleça. 8. No Direito do Trabalho pode-se dizer que na falta de acordo ou prova sobre condições essenciais ao contrato verbal, esta se presume existente, como se a tivessem estatuído os interessados, na conformidade dos preceitos jurídicos adequados à sua legitimidade (art. 447 da CLT).

* *V. CPC/1973, arts. 335, 467 e 469.*
* *V. CPC/2015, arts. 274, parágrafo único, 374, IV, 375, 502, 504 e 828, § 4º.*
* *V. CC, art. 136, V.*
* *V. CP, art. 26.*
* *V. CLT, arts. 447 e 456.*

De morte: para todos os efeitos, presumem-se mortos os ausentes com declaração judicial de sucessão definitiva, no processo de ausência (CC, art. 6º) ou no caso de indícios veementes de morte, não dependendo desse processo (art. 7º).

PRESUNÇÃO DE INOCÊNCIA – 1. Para o Dir. Constitucional, é princípio e garantia individual, também conhecido como *princípio da não-culpabilidade*, aplicável não apenas no âmbito Penal, mas também em seara cível ou administrativa, segundo o qual não se pode aplicar nenhuma sanção a alguém sem que se produzam provas do descumprimento de dever de conduta estabelecido na lei ou em ato voluntário. 2. No Dir. Internacional, é reconhecida pela Declaração Internacional de Direitos Humanos, bem como em outros diplomas internacionais, dentre os quais o Pacto de San José da Costa Rica, embora não especifiquem minuciosamente qual o momento em que as provas e o julgamento infirmam a presunção em favor do acusado. 3. Para o Dir. Penal, é a própria premissa da ideia de *pena* que pressupõe a formação definitiva da culpa mediante o trânsito em julgado da sentença condenatória, sem o que não pode produzir os efeitos previstos na lei, inclusive em relação aos desdobramentos cíveis e administrativos da condenação. 4. Para o Processo Penal, implica imposição de ônus probatório ao órgão acusador, que tem que demonstrar cabalmente os elementos do crime/contravenção (*V. Crime*), não sendo admissível a sua inversão no Dir. brasileiro; imposição de ônus argumentativo ao juiz, que somente poderá determinar a prisão ou outras medidas restritivas da liberdade ou patrimônio do acusado sem elementos, ainda que indiciários, de que o réu esteja em vias de evadir-se, prejudicar a investigação/instrução penal ou perturbar a ordem pública ou econômica (*periculum in libertatis*); imposição de ônus ao condenado que após o trânsito em julgado da sentença condenatória, tem que provar a insubsistência dos elementos da condenação através de revisão criminal. 5. Após a promulgação da CF, a jurisprudência passou a debater a possibilidade de execução provisória da pena, tal como admitida no CPP, em sua redação original. O STF, a partir de 2009, firmou entendimento pela impossibilidade. Contudo, em 2016, houve revisão do entendimento, pelo qual admitiu-se a possibilidade de execução provisória após condenação ou manutenção de condenação por órgão judiciário de segundo grau de jurisdição. Por derradeiro, em 2019, o Excelso Pretório, no julgamento conjunto das Ações Declaratórias de Constitucionalidade nº 43, 44 e 54, afirmou a constitucionalidade do art. 283 do CPP, com a redação dada pela Lei nº 12.403/2011, revertendo o entendimento anterior.

✱ *V. CF, art. 5º, LVII.*

✱ *V. CP, art. 110.*

✱ *V. CPP, arts. 63, 283. 674, 675 e 691.*

PRETENSÃO – Diz-se do direito reivindicado em juízo.

PRETERDOLO – Intenção de cometer delito com resultado mais grave do que o desejado. Também se diz *preterintenção*. Há *dolo* no antecedente e *culpa* no consequente.

✱ *V. CP, arts. 19, 129, § 3º, 133, §§ 1º e 2º, 134, §§ 1º e 2º, 135, parágrafo único, 136, §§ 1º e 2º, e 137, parágrafo único.*

PRETERINTENCIONALIDADE – Qualidade do fato delituoso (misto de dolo e culpa) em que o efeito produzido, quase sempre imprevisível, vai além da intenção do agente e do seu conhecimento do mal que poderia causar.

PREVARICAÇÃO – Crime contra a Administração Pública que consiste em retardar ou deixar de praticar ato de ofício, ou praticá-lo ao arrepio da lei, para satisfazer interesse ou sentimento pessoal. A pena é de detenção de 3 meses a 1 ano e multa.

✱ *V. CP, art. 319.*

PREVENÇÃO – 1. Critério de confirmação e manutenção da competência de juiz que tomou conhecimento, por primeiro, da causa, excluindo-se possíveis concorrentes de outros juízos. Modo de firmar-se a competência exclusiva de um juiz entre dois ou mais competentes. 2. Positiva-se a prevenção pela citação válida do réu, quando se trata de juízes de comarcas diferentes, o que se chama *prevenção do foro;* se são da mesma comarca, a prevenção firma-se com o primeiro despacho, a chamada prevenção do juízo. 3. Matéria do art. 183 da LRE, limitando-se a estabelecer norma territorial que indica onde será processado o feito criminal porque estabelece a competência ao juízo em que foi decretada a falência, não importa o local em que a conduta (ação ou omissão) realizou-se. Foi instalada em São Paulo, pioneiramente, a Câmara Especial de Falência e Recuperações de Empresas.

✱ *V. CPC/1973, arts. 94, § 3º, 106, 107, 108, 219 e 800.*

✱ *V. CPC/2015, arts. 46, 58, 59, 60, 61, 240, 299, 312 e 802, parágrafo único.*

✱ *V. Lei nº 11.101/2005 (Lei de Recuperação de Empresas e Falências), art. 6º, §§ 6º e 8º.*

PREVIDÊNCIA COMPLEMENTAR – Está prevista no art. 202 da CF: "O regime de previdência privada, de caráter complementar e organizado de forma autônoma em relação ao regime geral de previdência social, será facultativo, baseado na constituição de reservas que garantam o benefício contratado, e regulado por lei complementar". Este regime se compõe de entidades de caráter paraestatal. A legislação brasileira prevê dois tipos de previdência privada: as fechadas e as abertas, as primeiras acessíveis apenas aos empregados de uma só empresa ou de grupo de empresas; as segundas podem ter fins lucrativos e atribuir rendas e outras prestações não necessariamente complementares daquelas da

Previdência Social, pelo que se integram no sistema nacional de seguros privados.

PREVIDÊNCIA SOCIAL – 1. Consiste num conjunto de políticas sociais cujo fim é amparar e assistir o cidadão e a sua família em situações como a velhice, a doença e o desemprego. A Previdência Social é política pública integrante da seguridade social. Portanto não deve ser referida como sinônimo de Seguridade Social, a qual, segundo a CF, é o conjunto de ações envolvendo não só a previdência, mas também a saúde pública e a assistência social. 2. A Previdência é seguro social, mediante contribuições de empregados, empregadores, do Estado e de outrass fontes previstas na legislação, e serve para substituir a renda do trabalhador, quando da perda de sua capacidade laborativa. 3. A previdência social exerce três papeis na sociedade:

Social: proteção e dignidade, com redução da pobreza.

Econômica: em mais de 67% dos municípios brasileiros os recursos pagos pela previdência são maiores do que os do fundo de participação dos municípios.

Política: Paz social.

4. No Brasil, o Regime Geral de Previdência Social é administrado pelo Ministério da Economia, e as políticas referentes a esta área são executadas pela autarquia federal denominada INSS – Instituto Nacional do Seguro Social. 5. Ao largo do Regime Geral, subsistem os regimes próprios de seguridade social dos servidores públicos de cada ente federado, submetidos a normas gerais estabelecidas na CF. 6. A Emenda Constitucional nº 103/2019, seguindo uma linha de reformas do sistema previdenciário que se sucedem desde a década de 1990, estabeleceu requisitos mais gravosos para concessão de benefícios previdenciários, sobretudo aposentadorias, além de alterar normas sobre as contribuições ao sistema e sobre cálculo dos benefícios.

✱ ***V.*** *Seguridade Social.*

✱ ***V.*** *CF, arts. 40 e 201.*

✱ ***V.*** *EC nºº 103/2019 (Altera o sistema de previdência social e estabelece regras de transição e disposições transitórias).*

✱ ***V.*** *Lei nº 8.213/1991 (Dispõe sobre os planos de benefícios da Previdência Social).*

✱ ***V.*** *Dec. nº 3.048/1999 (Regulamento da Previdência Social).*

PRIMA FACIE – (Latim) À primeira vista.

PRIMARIEDADE – Qualidade de primário, do agente de um só delito. Previdência Social – ***V.*** *Seguridade Social.*

PRINCIPAL – Coisa independente de outra, da qual outra é acessória; valor da obrigação, sem os juros. Aquele que é responsável em maior grau em uma obrigação. O valor da cominação na cláusula penal não pode exceder o da obrigação principal; a nulidade da obrigação importa a da cláusula penal. A nulidade da obrigação principal implica a das obrigações acessórias, mas a destas não induz a da obrigação principal. Com o principal, prescrevem os direitos acessórios.

✱ ***V.*** *CPC/1973, arts. 153, 167, 920 e 922.*

✱ ***V.*** *CPC/2015, arts. 164, 207, 554 e 556.*

PRINCÍPIO – 1. Preceito, regra, causa primária, proposição, começo, origem. 2. O processo civil está regido por alguns princípios, entre eles:

Da economia processual: em que, salvo disposição em contrário, nenhum ato é nulo e não será refeito se tiver atendido aos requisitos processuais, ainda que realizado de maneira diversa da prevista em lei.

Da imparcialidade do juiz: em que se tem a garantia de um juiz independente e imparcial no julgamento da *lide*.

Da inércia do juiz ou da iniciativa das partes: em que às partes é que cabe tomar a iniciativa de propor as questões a serem decididas pelo juiz que, em princípio, não toma iniciativas e só decide diante de um pedido e nos limites deste. O juiz age, mas mantém-se equidistante das partes.

Da instrumentalidade: serve para ressaltar que o processo é um instrumento de realização do direito e não um fim em si.

Da lealdade: em que as partes e os seus advogados têm a obrigação de serem verdadeiros na exposição dos fatos, leais no seu proceder e de boa-fé; quem pleiteia de má-fé responde por perdas e danos.

Da oralidade: em que se busca a utilização da palavra falada, embora sem prescindir de provas documentais.

Da persuasão racional do juiz: deve ele decidir com a prova dos autos, mas aprecia o que neles está com seu livre convencimento, segundo critérios racionais.

Da publicidade: o CPC/1973 adota o critério da publicidade restrita, com atos judiciais públicos e outros em segredo de Justiça, a portas cerradas. Já o CPC/2015 trata deste princípio em seu art. 930.

Da sucumbência: que diz caber ao sucumbente, ao vencido, pagar as despesas do processo.

Do contraditório: em que se manda, sobre cada questão, o juiz ouvir os dois lados. O CPC/1973 aponta, ainda, o *princípio da identidade física do juiz*, pelo qual o juiz, titular ou substituto, que iniciar a audiência, concluirá a instrução, julgando a lide, salvo se for transferido, promovido ou aposentado; nestes casos, passará os autos ao sucessor, que prosseguirá na audiência; o *princípio da livre apreciação da prova;* o da *isonomia processual*, com igualdade de tratamento para as partes.

✱ *V. CPC/1973, arts. 20 e 130.*

✱ *V. CPC/2015, arts. 82, § 2º, 84, 85, 139, I, 370 e 371.*

Do duplo grau de jurisdição: em que a decisão de primeiro grau pode ser revista pelo segundo grau de jurisdição, por meio do competente recurso, no prazo hábil.

Do juiz natural: determina que a pessoa só pode ser julgada por autoridade judiciária cuja competência foi previamente fixada no ordenamento jurídico. É uma garantia de vedação a tribunais de exceção ou juízos extraordinários criados depois do acontecimento dos fatos a serem julgados.

✱ *V. CF, art. 5º, XXXVII e LIII.*

PRINCÍPIO DA ANUALIDADE – Pelo qual nenhum tributo pode ser exigido ou aumentado, a não ser no exercício financeiro posterior àquele em que a lei orçamentária que o institui foi aprovada. Difere do princípio de anterioridade, atualmente vigente essa nosso sistema tributário. Por ele, fica mantida a regra da entrada em vigor somente no exercício seguinte ao da criação ou aumento do tributo, mas sem necessidade de inclusão na lei orçamentária.

PRINCÍPIO DA EVENTUALIDADE – Acolhido pelo CPC/1973, de forma moderada, bem como pelo CPC/2015, permite ao réu aduzir toda a sua defesa na contestação, mesmo convencido de que basta esta ou aquela preliminar para extinguir a ação, pois, eventualmente, a preliminar pode ser repelida, e não lhe será possível mais aditar a defesa.

✱ *V. CPC/1973, art. 300.*

✱ *V. CPC/2015, art. 336.*

PRINCÍPIO DA LEGALIDADE – Expresso na atual CF, pelo qual as pessoas não são obrigadas a fazer ou deixar de fazer alguma coisa senão em virtude de lei.

✱ *V. CF, art. 5º, II.*

PRINCÍPIO DA RESERVA LEGAL – É o que tutela a ordem jurídica, no que diz respeito à utilidade individual dos cidadãos e dos órgãos do Estado. É garantia constitucional do direito do cidadão, como indivíduo, perante o poder de punir do Estado que, juridicamente disciplinado e limitado, se torna poder jurídico, faculdade ou possibilidade de punir de acordo com o direito.

✱ *V. CF, art. 5º, XXXIV; CP, arts. 1º e 3º.*

PRINCÍPIOS GERAIS DE DIREITO – 1. São critérios maiores, muitas vezes não escritos, que estão presentes em cada ramo do Direito. 2. No Dir. do Trabalho, um desses princípios é a proteção ao trabalhador, devendo o juiz, na dúvida, interpretar as normas no sentido mais favorável ao empregado. 3. No Dir. Processual, existem os princípios da sucumbência, do contraditório etc. Eles preenchem as lacunas da lei e o CPC/1973, em seu art. 126, correspondente ao art. 140 do CPC/2015, informa que "o juiz não se exime de sentenciar ou despachar alegando lacuna ou obscuridade da lei. No julgamento da lide caber-lhe-á aplicar as normas legais; não as havendo, recorrerá à analogia, aos costumes e aos princípios gerais de direito". 4. O próprio CTN permite que, não havendo norma expressa, aplique-se, na seguinte ordem, a analogia, os princípios gerais de direito tributário, os princípios gerais de direito público, a equidade; o uso da analogia não poderá resultar na exigência de tributo não previsto em lei; e o emprego da equidade não poderá resultar na dispensa do pagamento de tributo devido. O juiz só decidirá por equidade nos casos previstos em lei. Quando a lei for omissa, o juiz decidirá o caso de acordo com a analogia, os costumes e os princípios gerais de direito, decide a lei civil e, no mesmo sentido, o CCom, quanto à sociedade mercantil.

✱ *V. CPC/1973, arts. 126 e 127.*

✱ *V. CPC/2015, art. 140.*

✱ *V. CTN, art. 108, I a IV, §§ 1º e 2º.*

PRISÃO – Medida legal ou administrativa, de caráter punitivo, pela qual o indivíduo tem restringida a sua liberdade de locomover-se, por prática de ilícito penal ou por ordem de autoridade competente, nos casos previstos em lei. Designa, também, o estabelecimento para onde são recolhidos os condenados a cumprirem pena ou o local onde, provisoriamente, aguardam julgamento ou o resultado de averiguações a seu respeito. A *prisão administrativa*, prevista no CPP, art. 319, deixou de ser permitida com a promulgação da CF de 1988, que determina que "ninguém será preso senão em flagrante delito ou por ordem escrita e fundamentada de autoridade judiciária competente, salvo nos casos de transgressão militar ou crime propriamente militar, definidos em lei". A prisão de qualquer pessoa e o local onde se encontre devem ser comunicados imediatamente ao juiz competente e à família do preso ou à pessoa que ele indicar. O preso será informado de seus direitos e que poderá permanecer calado, assegurada a ele a assistência da família e de seu advogado; a prisão ilegal será de pronto relaxada pela autoridade judiciária. O preso tem direito à identificação dos responsáveis por sua prisão ou por seu interrogatório policial. Não haverá prisão por dívida, salvo a do responsável pelo inadimplemento voluntário e inescusável de obrigação alimentícia. Com o advento da Lei nº 12.736/2012, foi acrescido ao Código de Processo Penal o § 2º ao art. 387, que diz: "§ 2º O tempo de prisão provisória, de prisão administrativa ou de internação, no Brasil ou no estrangeiro, será computado para fins de determinação do regime inicial de pena privativa de liberdade".

Simples: uma das penas principais, na contravenção, privativa da liberdade, cumprida em seção especial de prisão comum, separado dos outros presos.

✱ *V. Súm. Vinc. nº 25 (É ilícita a prisão civil de depositário infiel, qualquer que seja a modalidade do depósito).*

✱ *V. CF, art. 5º, LXI a LXVII.*

✱ *V. CPP, arts. 282 a 350.*

✱ *V. Lei nº 5.256/1967 (Lei da Prisão Especial).*

✱ *V. Lei nº 7.960/1989 (Lei da Prisão Temporária).*

✱ *V. Lei nº 12.258/2010 (Altera o Decreto-Lei nº 2.848/1940 (Código Penal), e a Lei nº 7.210/1984 (Lei de Execução Penal), para prever a possibilidade de utilização de equipamento de vigilância indireta pelo condenado nos casos em que especifica).*

Tribunal do Júri: *V.* art. 413, § 3º, do CPP.

PRISÃO-ALBERGUE DOMICILIAR – Segundo a Lei nº 7.210/1984 (Lei de Execução Penal) a prisão-albergue (Casa do Albergado) destina-se ao cumprimento de pena privativa de liberdade em regime aberto e da pena de limitação de fim de semana. O recolhimento desses presos em residência particular só será admitido para condenado maior de 70 anos, aquele acometido de doença grave, a condenada com filho menor ou deficiente físico ou mental e a condenada gestante.

✱ *V. Lei nº 7.210/1984 (LEP), arts. 93 e 117, I a IV.*

PRISÃO CIVIL – Meio judicial coercitivo, sem caráter de pena, que restringe a liberdade de locomoção a fim de constranger o devedor a cumprir obrigação de natureza civil e não criminal. A Constituição Federal admite a prisão civil da pessoa que não paga pensão alimentícia e do depositário infiel. Contudo, o STF decidiu que, após a ratificação do Pacto de San José da Costa Rica (Dec. Leg. nº 27/1992, promulgado pelo Dec. nº 678/1992), apenas subsiste a prisão do devedor de alimentos.

✱ *V. CF, art. 5º, LXVII.*

✱ *V. Convenção Americana sobre Direitos Humanos (Pacto de San José da Costa Rica), art. 7º, 7.*

✱ *V. CPC/1973, art. 733.*

✱ *V. CPC/2015, arts. 161, parágrafo único, 528 e 911*

✱ *V. Lei nº 5.478/1968 (Dispõe sobre ação de alimentos), art. 19.*

✱ *V. Súm. Vinc. nº 25 do STF.*

PRISÃO DOMICILIAR – Com a alteração sofrida pela Lei nº 12.403/2011, o CPP passou a prever expressamente capítulo para Prisão Domiciliar. Segundo tal corpo legislativo, "Art. 317. A prisão domiciliar consiste no recolhimento do indiciado ou acusado em sua residência, só podendo dela ausentar-se com autorização judicial. Art. 318. Poderá o juiz substituir a prisão preventiva pela domiciliar quando o agente for: I – maior de 80 (oitenta) anos; II – extremamente debilitado por motivo de doença grave; III – imprescindível aos cuidados especiais de pessoa menor de 6 (seis) anos de idade ou com deficiência; IV – gestante a partir do 7º (sétimo) mês de gravidez ou sendo esta de alto risco. Parágrafo único. Para a substituição, o juiz exigirá prova idônea dos requisitos estabelecidos neste artigo". A Lei nº 13.769/2018 estabeleceu a substituição da prisão preventiva por prisão domiciliar da mulher gestante ou que for mãe ou responsável por crianças ou pessoas com deficiência.

✱ *V. CPP, arts. 317, 318 e 318-A.*

PRISÃO EM FLAGRANTE – É espécie de prisão pré-processual, na qual o indivíduo tem sua liberdade cerceada, não necessitando de ordem escrita da autoridade competente (mandado). Não poderá ser preso em flagrante, qualquer que seja o delito: o Presidente da República (art. 86, § 3º, da CF); os menores de 18 anos; os diplomatas estrangeiros, desde que haja tratado assinado pelo Brasil nesse sentido; o agente que socorre (presta pronto e integral socorro) a vítima de acidente de trânsito (art. 301 do CTB). Também não poderão ser presos em flagrante agentes que praticaram crimes que admitam fiança. Exceção a essa regra (ou seja, poderão ser presos em flagrante mesmo sendo o crime inafiançável): os deputados e senadores; os magistrados e membros do Ministério Público e os advogados (sendo, para estes últimos, somente válido para os crimes cometidos no exercício da função). Vale esclarecer que, com a edição da Lei nº 12.403/2011, a prisão em flagrante continua em vigor. Ocorre que, de uma leitura conjunta dos arts. 306 e 310 do CPP chega-se à conclusão de que a prisão em flagrante será muito breve, tendo em vista que o prazo para que se comunique a prisão ao juiz é curto (24 horas). Assim, a prisão em flagrante será convertida em uma das hipóteses do art. 310 do CPP ou da Lei nº 7.960/1989 (Prisão temporária).

PRISÃO PREVENTIVA – "Art. 311. Em qualquer fase da investigação policial ou do processo penal, caberá a prisão preventiva decretada pelo juiz, de ofício, se no curso da ação penal, ou a requerimento do Ministério Público, do querelante ou do assistente, ou por representação da autoridade policial. Art. 312. A prisão preventiva poderá ser decretada como garantia da ordem pública, da ordem econômica, por conveniência da instrução criminal, ou para assegurar a aplicação da lei penal, quando houver prova da existência do crime e indício suficiente de autoria. Parágrafo único. A prisão preventiva também poderá ser decretada em caso de descumprimento de qualquer das obrigações impostas por força de outras medidas cautelares (...)". Na presença dessas situações autorizativas de Prisão Preventiva, será admitida sua a decretação: I – nos crimes dolosos punidos com pena privativa de liberdade máxima superior a 4 (quatro) anos; II – se tiver sido condenado por outro crime doloso, em sentença transitada em julgado, ressalvado o disposto no inciso I do caput do art. 64 do CP (reincidência); III – se o crime envolver violência doméstica e familiar contra a mulher, criança, adolescente, idoso, enfermo ou pessoa com deficiência, para garantir a execução das medidas protetivas de urgência. Também será admitida a prisão preventiva quando houver dúvida sobre a identidade civil da pessoa ou quando esta não fornecer elementos suficientes para esclarecê-la, devendo o preso ser colocado imediatamente em liberdade após a identificação, salvo se outra hipótese recomendar a manutenção da medida. A prisão preventiva em nenhum caso será decretada se o juiz verificar pelas provas constantes dos autos ter o agente praticado o fato nas condições previstas nos incisos I, II e III do *caput* do art. 23 do CP. A decisão que decretar, substituir ou denegar a prisão preventiva será sempre motivada. O juiz poderá revogar a prisão preventiva se, no correr do processo, verificar a falta de motivo para que subsista, bem como de novo decretá-la, se sobrevierem razões que a justifiquem.

PRISÃO TEMPORÁRIA – Decretada pelo juiz, por representação da autoridade policial ou de requerimento do Ministério Público, nas hipóteses fixadas em lei, com duração máxima de 5 dias, prorrogável por igual período em caso de extrema e comprovada necessidade. A duração será de 30 dias em caso de crime hediondo.

✱ *V. Lei nº 7.960/1989 (Lei da Prisão Temporária).*

✱ *V. Lei nº 8.072/1990 (Lei dos Crimes Hediondos).*

PRIVILÉGIO – Favor, benefício especial, prerrogativa. Diz-se do direito ou vantagem que a lei confere, por exceção, a algumas pessoas com exclusão de outras, como o que tem o credor de ser atendido antes de outros em razão de garantia maior para o seu crédito. Ou o privilégio de foro, que assegura a certas pessoas serem julgadas por certos tribunais especiais. As autarquias nascem com os privilégios administrativos da entidade que as institui, com vantagens tributárias e prerrogativas processuais.

De invenção: é o que confere ao inventor a exclusividade do uso e exploração de invento industrial; tal privilégio é de duração limitada, caindo depois em domínio público. O direito do inventor, reconhecido pelo Estado, resulta na *patente de invenção.*

✱ *V. Lei nº 9.279/1996 (Lei da Propriedade Industrial).*

✱ *V. CF, art. 5º, XXIX.*

PRIVILEGIUM FORI – (Latim) Foro privilegiado.

PROBANTE – Que faz prova, que serve como prova.

PROBATIO INCUMBIT ASSERENTI – (Latim) A prova incumbe a quem afirma.

PROBATIO PER TESTES EAMDEM VIM QUAM PER INSTRUMENTA – (Latim) A prova testemunhal tem a mesma força da escritura pública.

PROBATÓRIO – Relativo à prova, que contém ou serve de prova.

PROCEDÊNCIA – Conformidade com o Direito, contendo fundamento legal; que atende aos requisitos da ação; acolhimento, deferimento. Origem.

PROCEDIMENTO – Conjunto de atos que constituem o modo pelo qual se desenvolve e se aplica o processo, a sua dinâmica. Modo de agir, rito, forma legal de movimentar a lide. O procedimento inadequado ocasiona o indeferimento da inicial. Comportamento, no sentido da moral e dos costumes. O direito processual civil admite o *procedimento comum,* que é a maneira pela qual devam ser conduzidos os processos a que a lei não deu um rito especial. O *especial* é aquele que tem rito próprio, com formalidades adequadas à natureza da relação jurídica que a ele está subordinada. Divide-se o *comum* em *ordinário e sumário, nos termos do CPC/1973, pois o CPC/2015 não aborda o procedimento sumário*: aplica-se o primeiro a todas as demandas, salvo as de rito especial ou rito comum sumário; e o segundo é aplicável a causas cujo valor não exceda a 60 vezes o valor do salário mínimo e outras indicações especificadas em lei. A Lei nº 10.444/2002 altera o art. 280 do CPC/1973, sem correspondente no CPC/2015: não são admissíveis no procedimento sumário a ação declaratória incidental e a intervenção de terceiros sobre a assistência, o recurso de terceiro prejudicado e a intervenção fundada em contrato de seguro (CPC/1973, arts. 159, 223, 225, 258, 271, 272, parágrafo único, 275 a 282, 286, 295, V, 315, 407, 440 a 443, 890 a 1.210, correspondentes aos arts. 248, 250, 291, 318, 319, 324, 330, 343, 357, 450, 481 a 484, 539 a 770 do CPC/2015; Lei nº 8.038/1990, que institui normas procedimentais para os processos que especifica, perante o STJ e o STF). O inc. I do art. 275 do CPC/1973, sem correspondente no CPC/2015, foi também modificado pela Lei nº 10.444/2002.

PROCEDIMENTOS ESPECIAIS – Estão previstos no CPC/1973, mantidos no CPC/2015 (arts. 539 a 770), e também em leis avulsas. Dividem-se, em geral, em duas fases, a primeira de andamento diverso das demais, a segunda obedecendo ao procedimento comum ordinário. São de *jurisdição contenciosa,* como a consignação em pagamento, a anulação de títulos, as prestações de contas, o usucapião, o inventário, a reserva de domínio etc.; e de *jurisdição voluntária,* como as alienações judiciais, os testamentos, a tutela, a curatela, a herança jacente, a retificação de nome e outros. Procedimentos especiais regidos pelo CPC de 1939 são mantidos pelo art. 1.218 do CPC/1973, sem correspondente no CPC/2015, como o que diz respeito à dissolução e liquidação de sociedades ou os salvados marítimos. Há procedimentos especiais regulados por leis esparsas, como os casos de desapropriação, falências etc.

PROCESSAMENTO – Ato de organizar um processo, de lhe dar forma.

PROCESSAR – Instaurar ação judicial, processo, dar-lhe andamento. Verificar, computar.

PROCESSANTE – Diz-se do órgão, juiz, câmara ou comissão que preside os atos de um processo judicial ou administrativo.

PROCESSO – Conjunto organizado de preceitos legais que dão forma e movimento à ação; compõe-se de peças, termos e atos com que se instrui, disciplina e promove a lide em juízo para efetivação do direito nela pleiteado. Sequência de atos interdependentes que se destinam a solucionar litígio, vinculando o juiz e as partes a direitos e obrigações. O processo simulado, de que autor e réu se servem, para conseguir fim proibido em lei, deve ser obstado por sentença do juiz. Litigante de má-fé é aquele que opõe resistência injustificada ao andamento do processo ou o que procede de modo temerário em qualquer incidente ou ato processual. Na nomeação à autoria, o juiz, ao deferir o pedido suspende o processo. Os arts. 265 e 267 do CPC/1973, correspondentes aos arts. 313 e 485 do CPC/2015, indicam as hipóteses em que o processo é suspenso ou se extingue. Quando, a requerimento do réu, o juiz declarar extinto o processo sem julgar o mérito, o autor não poderá intentar de novo a ação, sem pagar ou depositar em cartório as despesas e os honorários em que foi condenado (CPC/1973, arts. 17, IV, e V, 28, 64, 265, 267, correspondentes aos arts. 80, IV e V, 92, 313, 485 do CPC/2015). A Lei nº 9.756/1998 acrescentou parágrafo único ao art. 481 do CPC/1973, correspondente ao art. 949 do CPC/2015, o qual, segundo o Dr. Gerson Afonso Borges, "fere o princípio do livre convencimento do juiz, engessa o Direito por não haver forma prescrita para o reexame do referido entendimento".

Cumulativo: processo único que serve para a composição de várias lides. A cumulação é decorrência da economia processual.

PROCESSO ADMINISTRATIVO – É aquele que encerra litígio entre a Administração Pública e o administrado ou o servidor; divide-se em várias espécies, as mais comuns sendo o *disciplinar* e o *tributário* ou *fiscal*. Nele devem ser observados cinco princípios: o da *legalidade objetiva, da oficialidade, do informalismo, da verdade material* e o *da garantia de defesa*. Obedece às fases de instauração, instrução, defesa, relatório e julgamento; sua tramitação é oficial e pública, só se justificando o sigilo nos casos em que está em jogo a segurança nacional. Suas modalidades são: *processo de expediente, processo de outorga, processo de controle* e *processo punitivo*. O processo administrativo *disciplinar* (inquérito administrativo) é meio de apuração e punição de faltas graves dos servidores públicos. É sempre necessário para imposição de pena de demissão a funcionário estável e também o é para o efetivo, ainda que em estágio probatório. Na União será regulado pela Lei nº 8.112/1990 – Regime Jurídico dos Servidores Civis da União, e nos Estados e Municípios, pela legislação própria de cada entidade estatal; para aluno de escola pública rege-se por rito especial e sumário. O processo administrativo *tributário* visa determinar, exigir ou dispensar do crédito fiscal, bem como fixar o alcance de normas de tributação em casos concretos, ou à imposição de penas aos contribuintes faltosos. Está regulado pelo Dec. nº 70.235/1972.

✱ ***V.*** *Súm. Vinc. nº 5 do STF.*

PROCESSO CAUTELAR – ***V.*** *Ação cautelar.*

✱ ***V.*** *Lei nº 8.437/1992 (Dispõe sobre medidas cautelares).*

PROCESSO DE CONHECIMENTO – É aquele no qual o autor pede ao juiz que lhe seja reconhecido, por sentença, um direito. O juiz entra no mérito da questão e toma conhecimento das razões das partes. Termina com a sentença do juiz, da qual o vencido pode recorrer em 15 dias.

✱ ***V.*** *CPC/1973, arts. 1º a 565.*

✱ ***V.*** *CPC/2015, arts. 1º a 317.*

PROCESSO DE EXECUÇÃO – Serve para obrigar o devedor a cumprir o que foi determinado ou convencionado em título executivo judicial ou extrajudicial. Tem por fundamento um título executivo judicial, como a sentença condenatória proferida no Processo Civil, o formal e a certidão de partilha, a sentença estrangeira homologada pelo STF etc.; ou um título extrajudicial, como a letra de câmbio, a nota promissória, a duplicata, o cheque, a certidão de dívida ativa da Fazenda, o acordo escrito referendado pelo órgão do Ministério Público e todos os demais títulos a que a lei expressamente atribuir força executiva. Inicia-se com a petição acompanhada do título executivo; no caso de título judicial, a execução corre nos mesmos autos em que correu o processo de conhecimento. O devedor não é citado para apresentar sua defesa, mas para que pague em 3 dias, sob pena de penhora. O devedor pode propor ação paralela contra o credor, em 15 dias contados da data de juntado aos autos o mandado de citação, independentemente da garantia do juízo por penhora, depósito ou caução, no qual poderá alegar os motivos elencados no art. 745 do CPC/1973, correspondente ao art. 917 do CPC/2015; são distribuídos por dependência e correm em autos apartados ao da execução, instruídos com cópias principais do processo; excepcionalmente, o juiz lhe concederá o efeito suspensivo. É possível ao executado, a qualquer tempo, porém antes de alienados os bens, proceder à remissão da dívida, pagando o principal acrescido dos juros e honorários advocatícios. A Lei nº 11.382/2006 extinguiu a figura da remissão por ascendente ou descendente do devedor. Existem, ainda, a execução para entrega de coisa, das obrigações de fazer e não fazer, a de prestação alimentícia, e a execução por quantia certa contra devedor insolvente; a execução por dívidas fiscais é regulada pela Lei nº 6.830/1980. A suspensão e a extinção da execução estão previstas no CPC/1973, arts. 791 a 795, correspondentes aos arts. 921 a 925 do CPC/2015.

✱ *V. CPC/1973, arts. 566 a 795.*

✱ *V. CPC/2015, arts. 771 a 925.*

PROCESSO LEGISLATIVO – Conjunto de atos dos órgãos legislativos que visam à elaboração de leis, resoluções e decretos. O processo desenvolve-se com a iniciativa da lei, emendas, votação, sanção ou veto e promulgação, seguida da publicação. É do processo legislativo a emenda constitucional, leis complementares, leis ordinárias, leis delegadas, medidas provisórias, decretos legislativos, resoluções.

✱ *V. CF, arts. 59 a 69.*

PROCESSO NOS TRIBUNAIS – Compete a qualquer juiz solicitar o pronunciamento prévio do tribunal a respeito da interpretação do Direito, quando verificar que, a seu respeito, ocorre divergência ou no julgamento recorrido a interpretação foi diversa da que lhe haja dado outra turma, câmara, grupo de câmaras ou câmaras cíveis reunidas. Ocorre para uniformização da jurisprudência, declaração de inconstitucionalidade, homologação de sentença estrangeira, ação rescisória, recursos, apelação, agravo de instrumento, embargos, recursos para o STF, obedecendo a uma ordem de entrada os autos no tribunal, registrados e ordenados para distribuição.

✱ *V. CPC/1973, arts. 476 a 565.*

✱ *V. CPC/2015, arts. 929 a 1.044.*

PROCESSUALISTA – Jurista especializado no estudo e na teoria do processo judicial.

PROCESSUALÍSTICA – Ciência que sistematiza os princípios básicos do processo judicial.

PROCLAMA – Edital, aviso, proclamação; pregão de casamento religioso lido e afixado nas igrejas. Editais de casamento que o oficial do registro civil e de casamentos publica. Usa-se o termo no plural.

PROCRASTINAR – Adiar, atrasar, protelar de maneira indevida uma decisão, por má-fé.

PROCURAÇÃO – Incumbência dada a outra pessoa por alguém para tratar de negócios em seu nome; documento no qual essa incumbência é consignada. Instrumento escrito do contrato de mandato que comprova a celebração de um pacto. O CPC/1973 alterou a antiga denominação da procuração *ad judicia* para *procuração geral para o foro, este entendimento foi mantido pelo CPC/2015;* pode-se, porém, acrescentar à cláusula *ad judicia* a expressão *et extra*, que autoriza o procurador a praticar todos os atos extrajudiciais de representação e defesa; deve-se especificar, no instrumento, os atos que o CPC/1973 (bem como o CPC/2015) exige sejam levados a efeito mediante ordem expressa. Pelo atual Estatuto da Advocacia e a OAB o advogado, afirmando urgência, pode atuar sem a procuração, obrigando-se a apresentá-la em 15 dias, prorrogáveis por igual período, por despacho do juiz. O advogado que renunciar ao mandato continuará, nos 10 dias seguintes à notificação de renúncia, a representar o mandante, salvo se for substituído antes do término desse prazo. É proibido distribuir petição sem a procuração, a menos que o requerente postule em causa própria, se a procuração estiver junta aos autos principais e no caso previsto no art. 37 do CPC/1973 (q.v.), correspondente ao art. 104 do CPC/2015. A procuração pode ser: *apud acta*, quando tomada por termo nos autos, pelo escrivão do feito, a pedido da parte e por ela assinada na presença do juiz ou na de duas testemunhas; *por instrumento particular*, se de próprio punho ou datilografada e assinada pelo outorgante, conforme as exigências legais; *por instrumento público*, se lavrada por notário público em seus livros de notas; *em causa própria*, quando o procurador assume, por determinação do mandante, o direito de dono da coisa ou negócio, que passa a tratar como próprio, ainda que agindo em nome do cedente; *especial*, aquela que dá amplos poderes para a prática de atos especificados, que excedem a administração ordinária; *extrajudicial* (*ad negotia*), diz-se da procuração geral ou especial para realização de negócios, fora da órbita forense; *geral*, aquela que confere poderes de mera administração dos interesses e bens do mandante; *judicial* (*ad litem*), feita por instrumento público ou particular autenticado, conferindo ao procurador poderes para a defesa de direitos, não englobando, quando não expressos, poderes para a prática de atos que exigiriam fossem expressamente citados.

✱ *V. CPC/1973, arts. 37, 38 e 202, II.*

✱ *V. CPC/2015, arts. 104, 105 e 260, II.*

PROCURADOR – Aquele que recebe poderes para agir em nome do outro, por meio de um contrato de mandato, que é a *procuração* (q.v.). Podem ser procuradores em juízo todos os legalmente habilitados, que não forem menores de 18 anos, não emancipados ou não declarados maiores; juízes em exercício, escrivães ou outros funcionários judiciais, correndo o pleito nos juízos onde servirem e não procurando em causa própria; inibidos por sentença de procurar em juízo, ou de exercer ofício público, ascendentes, descendentes ou irmãos do juiz da causa; ascendentes ou descendentes da parte adversa, exceto em causa própria.

✱ *V. CC, arts. 653 a 690.*

De justiça: promotor de justiça atuante no 2º grau de jurisdição.

Do estado: é o advogado concursado que representa o Estado em juízo.

PROCURADOR-GERAL DA REPÚBLICA – Chefe do Ministério Público da União, órgão funcionalmente independente que atua junto a todas as Justiças nas quais sejam debatidos interesses da União. Nomeado pelo Presidente da República dentre integrantes da carreira, deve ter mais de 35 anos e seu nome ser aprovado pela maioria absoluta dos membros do Senado Federal para mandato de 2 anos, permitida a recondução. Além das funções administrativas, é de sua competência oficiar nos feitos em julgamento pelo STF e oferecer *representação* por inconstitucionalidade de lei ou ato normativo federal ou estadual. Ele tem, sob sua chefia, o Subprocurador-Geral da República e os Procuradores-Gerais das Justiças Militar, Eleitoral e do Trabalho; a maior parte do quadro do Ministério é de Procuradores da República, com exercício nas Procuradorias do Distrito Federal, dos Estados. Eles desempenham, ao mesmo tempo, funções de advogado e de representantes da União e as de promotor público. O Procurador-Geral da República é inquirido em sua residência ou onde exerce a profissão.

✱ ***V.*** *CF, arts. 103, VI, 128, § 1º.*

✱ ***V.*** *CPC/1973, arts. 12, I, e 411.*

✱ ***V.*** *CPC/2015, arts. 75 e 454.*

✱ ***V.*** *LC nº 75/1993 (Lei Orgânica do Ministério Público da União), arts. 25 a 27.*

✱ ***V.*** *Lei nº 8.625/1993 (Lei Orgânica Nacional do Ministério Público).*

✱ ***V.*** *Lei nº 5.010/1966 (Organiza a Justiça Federal de 1a instância), art. 10.*

✱ ***V.*** *Dec.-lei nº 2.386/1987 (Dispõe sobre a carreira no Ministério Público Federal).*

PRO DERELICTO – (Latim) Em total abandono, desamparado. Diz-se dos bens abandonados.

PRODIGALIDADE – Malbaratamento de bens próprios; incapacidade para os administrar, por desperdiçá-los em gastos inúteis e sem controle.

PRÓDIGO – Aquele que faz, habitualmente, gastos injustificáveis, imoderados, sem proveito; o que dissipa o seu patrimônio, a ponto de arruinar-se; o que esbanja a sua fortuna. O pródigo está relacionado entre os relativamente incapazes para os atos da vida civil. Sua interdição limita-se à esfera patrimonial, mas para casar-se em regime diverso do da separação de bens ele precisa do consentimento de seu curador, visto que o casamento pode envolver disposição de bens.

✱ ***V.*** *CC, arts. 1.767, V, e 1.782.*

✱ ***V.*** *CPC/1973, art. 1.185.*

✱ ***V.*** *CPC/2015, arts. 71, 72 e 337, IX.*

PRO FORMA – (Latim) Por simples formalidade, para não fugir ao costume, à praxe.

PROGÊNIE – Linhagem, origem, prole, ascendência, geração. O mesmo que *progenitura*.

PROGENITOR – Na acepção usual refere-se ao pai, mas originalmente referia-se ao avô, a pessoa que procria antes do pai. Deve-se usar, com mais acerto, a palavra genitor quando se referir ao pai.

PROGRAMAÇÃO – 1. Ato ou efeito de programar. 2. Lista pormenorizada de anúncios e programas a serem exibidos em emissoras de rádio e televisão. 3. Criação e desenvolvimento deprogramas de computador. 4. Conjunto de ações planejadas por uma organização. 5. Para o Dir. Financeiro, é o planejamento de despesas da Adm. Pública dentro de determinadoperíodo de tempo, constante das leis orçamentárias e demais normas infralegais. Contudo, desde a promulgação da CF, a programação orçamentária é meramente autorizativa, sem obrigar o Poder Executivo a efetivamente desembolsar os recursos aprovados no orçamento público. A Emenda Constitucional nº 100/2019 alterou diversos dispositivos constitucionais, pretendendo estabelecer a garantia de execução orçamentária mínima de determinados itens da programação financeira aprovada pelo Congresso Nacional. Alguns meses depois da promulgação desta emenda, a Emenda Constitucional nº 102/2019 dispôs sobre hipótese em que os desembolsos mínimos previstos podem deixar de ser operacionalizados. No mesmo sentido a Emenda Constitucional nº 105/2019 aborda as emendas individuais impositivas apresentadas ao projeto de lei orçamentária anual com o intuito de estabelecer parâmetros para alocação de recursos destinados a Municípios, Estados e Distrito Federal.

✱ ***V.*** *CF, arts.165, § 9º, III, e §§ 10 a 15; 166, §§ 11 a 14 e 16 a 20; 167, VI, e § 5º.*

✱ ***V.*** *Lei nº 4.320/1964 (Institui normas gerais de Direito Financeiro), arts.47 a 50.*

✱ ***V.*** *Dec.-lei nº 200/1967 (Dispõe sobre a organização da Administração Federal, estabelece diretrizes para a reforma administrativa e dá outras providências), art.72.*

✱ ***V.*** *Dec. nº 93.872/1986 (Dispõe sobre a unificação dos recursos de caixa do Tesouro Nacional, atualiza e consolida a legislação pertinente), arts. 9º a 16.*

PROGRAMA DE PARCERIAS DE INVESTIMENTOS (PPI) – Trata-se da celebração de contratos de parceria para a execução de empreendimentos públicos de infraestrutura e de outras medidas de desestatização. Esse programa é destinado à ampliação e ao fortalecimento da interação entre o Estado e a iniciativa privada.

✱ ***V.*** *Lei nº 13.334/2016 (Cria o Programa de Parcerias de Investimentos – PPI).*

PROGRAMA EMPRESA CIDADÃ – ***V.*** *Empresa Cidadã.*

PROIBIÇÃO – Interdição, vedação, negação. Norma legal ou determinação de autoridade competente, proibindo a prática de certos atos.

PRO INDIVISO – (Latim) Bens que ainda não foram divididos, quer estejam inventariados ou não.

PROJETO – 1. Termo proveniente do latim projectu, que se refere a um esboço prévio à realização de um ato. 2. Planejamento do que se pretende realizar. 3. Na seara da arquitetura e da engenharia, trata-se de esquema detalhado feito antes de iniciar uma obra, com a descrição das medidas, orçamento e cálculos. 4. Segundo a Lei nº 13.204/2015, que inseriu o inc. III-B ao art. 2º da Lei nº 13.019/2014, projeto é o conjunto de operações, limitadas no tempo, das quais resulta um produto destinado à satisfação de interesses compartilhados pela administração pública e pela organização da sociedade civil. 5. Na Lei nº 8.666/1993, revogada pela Lei nº 14.133/2021, os projetos são classificados em: básico, que é o conjunto de elementos necessários e suficientes, com nível de precisão adequado, para caracterizar a obra ou o serviço, ou complexo de obras ou serviços objeto da licitação, elaborado com base nas indicações dos estudos técnicos preliminares, que assegurem a viabilidade técnica e o adequado tratamento do impacto ambiental do empreendimento e possibilitem a avaliação do custo da obra e a definição dos métodos e do prazo de execução; e executivo, considerado o conjunto dos elementos necessários e suficientes à execução completa da obra, de acordo com as normas pertinentes da Associação Brasileira de Normas Técnicas – ABNT.

✱ *V. Lei nº 8.666/1993 (Institui normas para licitações e contratos da Administração Pública), art. 6º, IX e X. Revogada pela Lei nº 14.133/2021.*

✱ *V. Lei nº 13.019/2014 (Estabelece o regime jurídico das parcerias entre a administração pública e as organizações da sociedade civil), art. 2º, III-B.*

PROJETO DE LEI – *V. Iniciativa popular.*

PRO LABORE – (Latim) Pelo trabalho. Remuneração que alguém recebe por serviço eventual que presta para outrem.

PROLAÇÃO – Ato de proferir; promulgação, publicação; decisão judiciária.

PROLATAR – Proferir decisão, dar a sentença.

PROMESSA – Declaração de vontade de que será celebrado contrato, de que se fará uma compra ou um pagamento. Obrigação de fazer. *V. Compromisso de compra e venda.*

De recompensa: declaração de uma pessoa capaz que se obriga, por meio de qualquer meio de publicidade, a pagar gratificação ou recompensa a quem preencher, licitamente, uma certa condição, praticar ou realizar um ato ou serviço, segundo o que se pede no anúncio. Quem faz essa promessa contrai obrigação de fazer o prometido (CC, arts. 854 a 860). O CP prevê agravamento de pena ao agente que executa crime ou dele participa mediante pagamento ou promessa de pagamento.

✱ *V. CP, art. 62, IV.*

PROMISSÓRIA – *V. Nota promissória.*

PROMITENTE – Aquele que promete ou assume obrigação de fazer ou não fazer; aquele que se obriga com o estipulante a realizar certa prestação em benefício de terceiro. Também se diz *compromitente.*

PROMOÇÃO – Ato de promover. Acesso vertical de funcionário público efetivo à classe superior da carreira a que pertence, com as vantagens do cargo. Ato de propor ação e dar-lhe andamento. Fala, requerimento, pronunciamento do Ministério Público em ato de ofício. A promoção dos magistrados, segundo a CF, será de entrância para entrância, alternadamente, por antiguidade e merecimento, atendidas as normas que a Lei maior especifica.

✱ *V. CF, art. 93, II.*

PROMOTOR – Órgão do Ministério Público, servidor da lei, defensor dos interesses da Justiça, da sociedade, da União, dos Estados, do Distrito Federal, com função junto aos juízes de Direito, na Justiça comum, federal, trabalhista.

PROMULGAÇÃO – Ato pelo qual o chefe do Poder Executivo sanciona uma lei e determina seja ela publicada; sucede à sanção e antecede a publicação. A promulgação torna patente a existência da lei, tornando o seu texto obrigatório e dando-lhe força executória. A sanção é facultativa, a promulgação é obrigatória.

✱ *V. CF, arts. 60, § 3º, 66 e 84, IV.*

PRONTUÁRIO – Cadastro, ficha de registro de uma pessoa ou de uma atividade. É também a ficha policial onde estão registrados antecedentes e fatos da vida pregressa de criminosos e contraventores, suas condenações e prisões. Registro, igualmente, da vida carcerária do condenado.

PRONÚNCIA – Sentença do juiz, ante a prova dos autos, declarando o indiciado incurso na sanção penal que corresponde à classificação de seu delito, determinando seja o seu nome lançado no rol dos culpados, sujeitos a prisão e julgamento pelo Tribunal do Júri. Baseia-se na materialidade do crime e nos indícios de autoria.

✱ *V. CPP, arts. 413 a 421.*

Sobre a intimação da sentença de pronúncia: *V. art. 420 do CPP (com redação dada pela Lei nº 11.689/2008).*

PRONUNTIATIO JUDICIS FINEM CONTROVERSIAE IMPONENS ABSOLUTIONE VEL CONDEMNATIONEM – (Latim) Pronunciamento do juiz põe fim à controvérsia pela absolvição ou pela condenação (sentença).

PROPRIEDADE – É o mais amplo dos direitos reais, de uso e disposição sobre um bem, oponível *erga* *omnes*. A coisa que é objeto desse direito. O mesmo que *domínio*. A partir da Constituição Federal de 1988, o direito de propriedade não é mais absoluto e ilimitado, encontrando limites no seu exercício regular e na sua função social.

✱ *V. CF, arts. 5º, caput, XXII e XXIII; 170, II e III; 182, § 2º; e 186.*

✱ *V. CC, arts. 185 a 188 e 1.228 a 1.232.*

Corpórea: a que incide sobre coisa material.

Incorpórea ou imaterial: que não recai sobre coisa corpórea, como o direito autoral sobre trabalho intelectual de natureza literária, artística e científica.

Intelectual: é a soma de direitos sobre toda criação produzida pelo cérebro humano que permita uma vantagem econômica ou exploração comercial ao criador ou autor. É espécie do gênero propriedade incorpórea ou imaterial. Quanto às criações científicas, filosóficas ou literárias, denominadas obras, e às artísticas, assim consideradas a pintura e a escritura, a propriedade intelectual é chamada de direitos autorais. Por sua vez, as chamadas patentes de invenções, são a propriedade intelectual das invenções. O Decreto nº 10.886/2021 instituiu a Estratégia Nacional de Propriedade Intelectual - ENPI para o período de 2021 a 2030.

✱ *V. CF, art. 5º, XXIX.*

✱ *V. Lei nº 9.279/1996 (Regula direitos e obrigações relativos à propriedade industrial).*

✱ *V. Lei nº 9.610/1998 (Altera, atualiza e consolida a legislação sobre direitos autorais e dá outras providências).*

✱ *V. Lei nº 12.270/2010 (Dispõe sobre medidas de suspensão de concessões ou outras obrigações do País relativas aos direitos de propriedade intelectual e outros, em casos de descumprimento de obrigações do Acordo Constitutivo da Organização Mundial do Comércio).*

✱ *V. Dec. nº 10.886/2021 (Institui a Estratégia Nacional de Propriedade Intelectual).*

PROPRIEDADE RESOLÚVEL OU REVOGÁVEL – É a que contém em si mesma o princípio que a deve extinguir quando realizada a condição resolutória ou chegado a termo extintivo, seja por força de declaração de vontade, seja por determinação legal. Logo, ela é instituída mediante a *cláusula resolutória*, que opera *ex tunc*, com retroatividade em seus efeitos e tida como se jamais existisse.

PRO RATA – (Latim) Na razão do que deve caber, proporcionalmente, a cada uma das partes.

PRORELIT – Programa de Redução de Litígios Tributários, segundo o qual o sujeito passivo com débitos de natureza tributária, vencidos até 30 de junho de 2015 e em discussão administrativa ou judicial perante a Secretaria da Receita Federal do Brasil ou a Procuradoria-Geral da Fazenda Nacional, poderá, mediante requerimento, desistir do respectivo contencioso e utilizar créditos próprios de prejuízos fiscais e de base de cálculo negativa da Contribuição Social sobre o Lucro Líquido – CSLL, apurados até 31 de dezembro de 2013 e declarados até 30 de junho de 2015, para a quitação dos débitos em contencioso administrativo ou judicial.

✱ *V. Lei nº 13.202/2015 (Institui o Programa de Redução de Litígios Tributários – PRORELIT).*

PRORROGAÇÃO – Dilação, aumento, ampliação.

Da competência: extensão da jurisdição de um juiz, originariamente incompetente, até a jurisdição de outro; ocorre quando o juízo é relativamente incompetente porém o interessado não argui, em tempo hábil, a incompetência. O mesmo que *prorrogação de jurisdição*. No Dir. Administrativo, trata-se do prolongamento da vigência do contrato além do prazo inicial, com o mesmo contratante e nas mesmas condições anteriores, por *termo aditivo*, sem nova licitação.

PROSCRIÇÃO – Ato de proscrever, desterrar ou exilar.

PROSCRITO – Banido, desterrado, exilado.

PRO SOLUTO – (Latim) Diz-se do ato de saldar ou extinguir dívida ou obrigação, por meio de título mercantil que cria obrigação autônoma que absorve a primeira, eliminando-a.

PRO SOLVENDO – (Latim) Diz-se de títulos dados em pagamento, que só ocorre, porém, quando os títulos são resgatados como, por exemplo, no pagamento feito com cheque.

PROTEÇÃO AMBIENTAL – A lei obriga a reparação de danos causados ao meio ambiente, ao consumidor, a bens e direitos de valor histórico, artístico ou turístico. Para tanto, é postulada pelo Ministério Público ou por pessoas jurídicas públicas ou particulares a Ação Civil Pública de Responsabilidade.

✱ *V. CF, art. 5º, LXXIII.*

✱ *V. Lei nº 4.717/1965 (Lei de Ação Popular), art. 1º.*

✱ *V. Lei nº 7.347/1985 (Lei da Ação Civil Pública), arts. 1º, 5º, § 2º, e 6º.*

✱ *V. Lei nº 9.605/1998 (Lei dos Crimes Ambientais).*

PROTESTO – Processo judicial gracioso, a termo, em que se declara o propósito de prevenir certa responsabilidade, conservar um direito, exercitá-lo contra terceiros, pedindo-se a notificação de pessoa que dele deve tomar ciência. Ato extrajudicial pelo qual o portador de obrigação líquida e certa prova que o devedor não a satisfez no vencimento; meio de interromper, por via judicial, a prescrição de título de crédito.

Cambial: é o que se promove perante o Cartório de Protesto de Títulos por falta de aceite ou de pagamento de letra de câmbio, nota promissória, cheque, duplicata. O protesto, que é acautelatório de direitos, provoca os seguintes efeitos: coloca o devedor em mora; provada a falta de pagamento instrui o pedido de falência; interrompe a prescrição da ação cambial.

✱ *V. Lei nº 6.690/1979 (Disciplina o cancelamento de protesto de títulos cambiais).*

✱ *V. Lei nº 9.492/1997 (Regulamenta os serviços concernentes ao protesto de títulos e outros documentos de dívida).*

Por novo júri: era instrumento privativo da defesa; admitia-se somente quando a sentença condenatória fosse de reclusão, por tempo igual ou superior a 20 anos, em nenhum caso poderia ser feito mais de uma vez. Os jurados do primeiro julgamento não podiam atuar no segundo. O STF advertia, ainda, que seria nulo o julgamento se houvesse a participação de jurado participante no julgamento anterior no mesmo processo. O protesto por novo júri não impedia que se interpusesse apelação quando o réu tivesse sido condenado à mesma sentença por outro crime no qual não houvesse cabimento o protesto; a apelação suspendia a decisão do protesto. Atualmente o instituto se encontra revogado pela Lei nº 11.689/2008.

✱ *V. CPP, art. 607 e segs.*

PROTOCOLO – Livro para registro, pelo tabelião, do que ocorre na audiência. Livro para carga e descarga de autos, no cartório. Etiqueta a ser observada nas cerimônias e recepções oficiais, nas relações diplomáticas; convenção menos solene que os tratados, acessória destes, entre países.

PROVA – Meios regulares e admissíveis em lei, utilizados para demonstrar a verdade ou falsidade de fato conhecido ou controvertido ou para convencer da certeza de ato ou fato jurídico. Objetivamente, é todo meio lícito usado pela parte ou interessado na demonstração daquilo que alega. Subjetivamente, é qualquer meio lícito capaz de levar o juiz a convencer-se da verdade de uma alegação da parte. Sem a prova, não existe processo; porém há fatos que dispensam provas, como os notórios, aqueles cuja ocorrência seria impossível, fatos cuja prova será moralmente ilegítima por afrontar a decência, a moral, os costumes ou agredir a privacidade, os fatos impertinentes, os irrelevantes, os controversos, os confessados. O ônus da prova cabe ao autor, quanto ao que alega; ao réu, quanto a fato impeditivo, modificativo ou extintivo do direito do autor. A prova *oral* dá-se no depoimento das partes e das testemunhas, na audiência de instrução e julgamento; a prova *documental* é apresentada com a petição inicial ou com a resposta do réu; a prova *pericial* é determinada no saneamento do processo, antes da audiência de instrução e julgamento. *A produção antecipada de provas* dá-se no bojo de circunstâncias especiais (desaparecimento de vestígios, receio de morte de testemunha etc.); são provas ditas *ad perpetuam rei memoriam* por se destinarem a preservar a veracidade de afirmação ou fato. É admitida tanto em processo judicial como no administrativo. No processo civil são meios de prova: a confissão, a exibição de documento ou coisa, a prova documental, a testemunhal, a pericial, a inspeção judicial.

✱ *V. CF, art. 5º, XII, LI.*

✱ *V. CC/2002, arts. 212 a 239.*

✱ *V. CPC/1973, arts. 233, 331, 332, 333,* caput *e parágrafo único, 334, I e III, 335, 343, 355 a 363, 364 a 399, 400,* a, *443, 846 a 851.*

✱ *V. CPC/2015, arts. 258, 357, 369 a 484, 966, VI e VII, e 972.*

Produção de provas para julgamento em Plenário: V. art. 423 do CPP.

✱ *V. CPP, arts. 155 a 159.*

✱ *V. Lei nº 11.690/2008 (Altera dispositivos do CPP relativos à prova).*

PROVARÁ – Designação de cada item do libelo, do arrazoado ou da inicial de ação ordinária, com argumentos sobre a matéria e pontos que se pretende sejam objeto de prova.

PROVEDOR DE SERVIÇOS – 1. Qualquer entidade pública ou privada que permite aos seus usuários se comunicarem por meio de um sistema de computador. 2. Qualquer outra entidade que realiza o processamento ou armazenamento de dados de computador em nome desses serviços de comunicação ou de seus usuários.

✱ *V. Dec. nº 11.491/2023 (Promulga a Convenção sobre o Crime Cibernético, firmada pela República Federativa do Brasil, em Budapeste, em 23 de novembro de 2001).*

✱ *V. Convenção sobre o Crime Cibernético, art. 1º, alínea "c".*

PROVIDÊNCIAS PRELIMINARES – São determinadas pelo juiz, em 10 dias, após a conclusão dos autos.

✱ *V. CPC/1973, arts. 323 a 328.*

✱ *V. CPC/2015, arts. 343, 347 a 353.*

PROVIMENTO – Ato de acolher ou admitir um recurso interposto a autoridade judiciária mais elevada de decisão de juiz inferior. Nomeação de alguém para preenchimento de cargo ou ofício público.

PSICOPATIA – (MEDICINA LEGAL) – Doença cuja estrutura de personalidade defende o indivíduo de sofrer angústia pelas transgressões das normas éticas e comportamentais vigentes. Fator compreendido entre os psiquiátricos, modificador da imputabilidade, classificado como duradouro, assim como as neuroses.

✱ *V. CP, art. 22.*

PSICOTRÓPICOS – (MEDICINA LEGAL) – São drogas psicoativas cujo uso causa dependência e complicações que podem levar à morte do usuário. Classificam-se em anfetaminas (estimulante); barbitúricos (depressivo); delirantes (alucinógeno de 2ª linha – dissolvente de pinturas, líquidos para limpar roupas – líquidos para isqueiro – gasolina – cola de sapateiro); substâncias alucinógenas de 1ª linha: maconha, LSD, mescalina, psilocibina, Peyolt, haxixe; opiáceos (depressivos) tipos farmacológicos: heroína, morfina, codeína, metadona, demerol, dolantina, pentazocina.

✱ *V. Lei nº 11.343/2006 (Institui o Sistema Nacional de Políticas Públicas sobre Drogas – Sisnad; prescreve medidas para prevenção do uso indevido, atenção e reinserção social de usuários e dependentes de drogas; estabelece normas para repressão à produção não autorizada e ao tráfico ilícito de drogas; define crimes e dá outras providências).*

PUBLICAÇÃO – Ato do juiz ao proferir a sentença na audiência de julgamento ou de lê-la em audiência para tanto designada. Ciência que se dá às partes, por intimação do escrivão, da decisão do processo em que não há instrução em audiência. Divulgação de nova lei pela imprensa, para conhecimento de todos, não podendo ninguém escusar-se de cumpri-la alegando desconhecimento. Deve ser publicada no *Diário Oficial da União*, dos Estados e dos Municípios, onde houver. Compete ao Presidente da República, no âmbito federal, promulgar e fazer publicar a lei. O período que decorre entre a publicação e a vigência chama-se *vacatio legis;* o prazo de vigência é contado da publicação e não da data da lei. Uma lei republicada, por incorreções na primeira publicação, dá margem às seguintes consequências: se se informar, em nota ao pé da página do *Diário Oficial da União*, que está sendo feita a republicação por ter ocorrido incorreções na anterior, conta-se da primeira publicação a vigência da parte não corrigida e da segunda a parte com correções. Se houver a republicação da lei sem a nota explicativa, a lei só tem validade a partir da segunda publicação, ficando o texto anterior sem efeito. Os atos praticados conforme a lei publicada com erros são válidos, pois o texto republicado é tido como lei nova, a qual não atinge aqueles atos; havendo alteração em lei em vigor, a vigência da parte alterada é contada a partir da publicação do novo texto, se não for prevista outra data.

✱ *V. CF, art. 84, IV.*

✱ *V. LINDB (antiga LICC), arts. 1º,* caput, *e 3º.*

PUBLICIDADE – Leis, atos e contratos administrativos, que produzirem consequências jurídicas fora dos órgãos que os emitem, e para terem validade universal, exigem publicidade, sendo a sua publicação obrigatória. A publicação de contratos pode ser resumida; a de licitação abrange desde os avisos de abertura e editais até as decisões.

✱ *V. Dec. nº 78.382/1976.*

✱ *V. Lei nº 8.666/1993 (Estatuto Licitatório), com as alterações introduzidas pela Lei nº 8.883/1994 e pela Lei nº 9.648/1998, art. 3º, § 3º). Revogada pela Lei nº 14.133/2021.*

✱ *V. Lei nº 11.800/2008 (Acrescenta parágrafo único ao art. 33 da Lei nº 8.078, de 11 de setembro de 1990 – Código de Defesa do Consumidor, para impedir que os fornecedores veiculem publicidade ao consumidor que aguarda, na linha telefônica, o atendimento de suas solicitações).*

PUBLICIZAÇÃO – 1. Tornar público. 2. Transferência da gestão de serviços e atividades, não exclusivas do Estado, para o setor público não estatal, assegurando o caráter público à entidade de direito privado, bem como autonomia administrativa e financeira.

✱ *V. Lei nº 13.307/2016 (Dispõe sobre a forma de divulgação das atividades, bens ou serviços resultantes de projetos esportivos, paraesportivos e culturais e de produções audiovisuais e artísticas financiados com recursos públicos federais).*

PURGAÇÃO – Ato de purgar, de corrigir as faltas, os efeitos de um ato.

Da mora: procedimento em que a parte, para evitar aplicação de pena, pede seja-lhe permitido cumprir obrigação fora do prazo em que o deveria fazer. É também ato do devedor que satisfaz prestação vencida com acréscimo de acessórios e prejuízos que resultam do atraso. Direito do inquilino em atraso no pagamento de aluguéis, de obter do juiz a fixação de data para fazer esse pagamento. Pode fazê-lo em 15 dias, contados da data da juntada de mandado de citação nos autos da ação movida pelo locador, e o juiz determina dia e hora para que purgue o débito. Se o credor estiver ausente ou negar-se a receber, o montante da dívida será depositado em agência bancária, em nome do locador e à disposição do juiz. Se o locador achar que o depósito feito não cobre o devido, e justifica a diferença, o locatário poderá complementar o depósito no prazo de 10 dias, contados da ciência dessa manifestação; não o fazendo, o pedido de rescisão do contrato prossegue pela diferença, podendo o locador levantar o depósito, e também os aluguéis que forem vencendo até a sentença, se incontroversos. Não se admite *emenda de mora* se o locatário tiver usado essa faculdade por duas vezes nos 12 meses anteriores à propositura da ação. Se houve cumulação de pedidos – rescisão da locação e cobrança de aluguéis devidos –, a execução deste último pode se iniciar antes da desocupação do imóvel.

✱ *V. Lei nº 8.245/1991 (Dispõe sobre a locação de imóveis urbanos).*

Q

QUADRILHA – Conjunto de malfeitores que se associam para a prática de crimes. Até 2013, caracterizava-se pela reunião de mais de três pessoas para o fim de cometer crimes, e com a edição da Lei nº 12.850/2013, que alterou o art. 288 do CP, passou a ser a associação de três ou mais pessoas com o objetivo de cometer crimes, não sendo necessário até que os crimes se consumam. É a *societas delinquentium* ou *societas sceleris*, que não se confunde com a *societas in crimine*, na qual não há punição se o delito não chega a ser, ao menos, tentado. Não se confunde com o conceito de organização criminosa, o qual pressupõe estrutura ordenada e caracterizada pela divisão de tarefas, ainda que informalmente. A pena é de reclusão de 1 (um) a 3 (três) anos, que aumenta até a metade se houver a participação de criança ou adolescente.

✱ *V. CP, arts. 29 a 31 e 288.*

QUADRO – 1. Listagem metódica; descrição, resenha, relação. 2. Conjunto dos servidores públicos que ocupam cargos remunerados criados por lei e que formam um grupo organizado para determinado serviço. 3. Relação dos sócios de uma associação, sociedade, corporação. 4. Membros de uma organização militar. 5. O total ou a quantidade máxima de funcionários ou empregados que devem ocupar os cargos de um departamento ou repartição.

De horário: O art. 74 da CLT dispõe que: "O horário do trabalho constará de quadro, organizado conforme modelo expedido pelo Ministério do Trabalho e afixado em lugar bem visível. Esse quadro será discriminativo no caso de não ser o horário único para todos os empregados de uma mesma seção ou turma".

QUADRO GERAL DE CREDORES – É a lista dos credores da falência ou da recuperação judicial que informa o nome de todos os habilitados, o valor a ser pago a cada um deles, bem como a classificação de cada crédito quando da decretação da falência ou do requerimento da recuperação judicial. Esse quadro é organizado pelo administrador judicial, homologado pelo juiz e, depois de assinado por ambos, juntado aos autos e publicado no órgão oficial, no prazo de 5 (cinco) dias, contado da data da sentença que houver julgado as impugnações aos créditos.

✱ *V. Lei nº 11.101/2005 (Regula a recuperação judicial, a extrajudicial e a falência do empresário e da sociedade empresária.), arts. 6º, 10, 14, 15, 17, 18, 19, 22, I, f, 39, 80, 89, 140, § 2º, 149 e 192, § 1º.*

QUAE ACCESSIONUM LOCUM OBTINENT, EXTINGUUNTUR QUUM PRINCIPALIS RES PEREMPTAE FUERINT – (Latim) As coisas dadas por acessão extinguem-se quando as coisas principais forem destruídas.

QUAESTIO FACTI – (Latim) Questão de fato.

QUAESTIO IURIS – (Latim) Questão de direito.

QUALIDADE – Atributo; o que é da natureza de uma coisa; a aptidão para agir. Título que distingue uma pessoa, personalizando-a como sujeito ativo ou passivo de direito ou, perante a lei, por sua maneira de ser no organismo social ou porque exerce alguma função. Caráter essencial, próprio da coisa ou do ato, que o distingue de outro de igual espécie ou natureza. Em Dir. Administrativo é um dos fatores considerados para fixação do critério de julgamento das propostas; é a aptidão do objeto para a satisfação de seus fins.

Para agir: legitimidade *ad causam.*

QUALIFICAÇÃO – Classificação, aptidão; identificação do acusado, do ofendido, da testemunha, em ato lavrado pelo escrivão do feito, com todas as informações: nome, idade, estado civil, filiação, profissão, naturalidade, grau de instrução, residência, relações de parentesco, amizade ou inimizade entre testemunhas, grau de dependência do qualificado com as partes. Indicação da pena que define ou classifica a infração. É requisito indispensável da denúncia ou queixa. O CPP aponta outras hipóteses de qualificação.

✱ *V. CPP, arts. 41, 185, 203 e 724, I.*

QUALIFICADO – Referente ao delito ou à contravenção revestidos de circunstâncias qualificadoras, agravantes. Identificado, o que tem qualidade, competência ou aptidão para alguma coisa.

QUANTI MINORIS – (Latim) Ação mediante a qual se pede redução do preço de algo.

QUANTUM SATIS – (Latim) Quanto baste.

QUANTUM SUFFICIT – (Latim) Em quantidade suficiente.

QUASE-ALIJAMENTO – Perda de mercadorias baldeadas para lanchas ou chatas, a fim de aliviar o navio ameaçado de sinistro. É considerado *avaria comum.*

QUASE-CONTRABANDO DE GUERRA – Atos que se assemelham aos de contrabando de guerra, como os transportes de tropas por navios neutros ou de provisões para um dos beligerantes.

QUASE-CONTRATO – Vínculo de obrigações recíprocas entre as partes, originário do Dir. Romano, sem caráter de estipulação formal por meio de acordo de vontades, que não tem os atributos do contrato mas que obriga como se fosse. Sua característica básica é que não existe prévio acordo entre as partes. Não é, em geral, admitido na legislação brasileira, que tem na *gestão de negócios* (q.v.) um verdadeiro contrato. Podem ser incluídas como quase-contrato a tutela, a curatela, a aceitação da herança, mas a doutrina, repita-se, está relegada no direito brasileiro.

QUASE-CRIME – É o chamado *ato ilícito por culpa,* em que o agente não tem a intenção de prejudicar nem a compreensão do dano, mas está obrigado a repará-lo. Modalidade do *delito civil,* na qual não há dolo. Revela periculosidade do agente, que deve ser submetido à medida de segurança.

QUASE-DOMICÍLIO – Lugar onde é encontrada pessoa sem residência habitual ou que exerce sua atividade em viagens sem ponto central de negócios.

✱ *V. CC, arts. 71 e 72.*

QUASE-FLAGRÂNCIA – Ato de prisão de autor de delito quando, após praticá-lo, é perseguido sem interrupção pelo clamor público ou autoridade. Diz-se também *flagrância imprópria.*

QUASE USUFRUTO – Coisas que se consomem pelo uso caem no domínio do usufrutuário, mas este está obrigado a restituir, findo o usufruto, o equivalente em gênero, qualidade e quantidade, ou, não sendo possível, seu valor pelo preço corrente ao tempo da restituição.

✱ *V. CC, art. 1.392.*

QUEBRA – Perda que a mercadoria sofre em peso ou quantidade. O mesmo que *falência.*

De caixa: Trata-se de verba que se destina a compensar descontos sofridos em razão de erro de caixa.

✱ *V. Súm. nº 247 do TST.*

De fiança: dá-se quando o afiançado, intimado ao processo, não comparece perante a autoridade e não prova, de imediato, motivo justo; ou se, na vigência da fiança, pratica nova infração penal.

De segurança: O Dec. nº 7.845/2012, que regulamenta procedimentos para credenciamento de segurança e tratamento de informação classificada em qualquer grau de sigilo, e dispõe sobre o Núcleo de Segurança e Credenciamento, conceituou quebra de segurança. De acordo com o art. 2º, XVI, considera-se quebra de segurança: "(...) ação ou omissão que implica comprometimento ou risco de comprometimento de informação classificada em qualquer grau de sigilo;"

QUEDA D'ÁGUA – Constitucionalmente, é propriedade imóvel distinta da do solo, para aproveitamento industrial. Em águas públicas, pertence à União; em caudais particulares, aos seus proprietários.

✱ *V. CF, art. 176, §§ 1º e 4º.*

✱ *V. Dec. nº 24.643/1934 (Cód. de Águas), art. 147.*

QUEIXA – Exposição escrita, circunstanciada e formal, peça inicial nos crimes de ação penal privada, feita pelo ofendido ou por quem o represente legitimamente, perante o juiz competente. Indica-se nela os nomes do querelado e das testemunhas, tempo e lugar do crime, circunstâncias do fato delituoso, sua definição legal, as razões da acusação, o valor do dano e o pedido de sanção punitiva ao incriminado. Quando dirigida à autoridade policial, pede-se abertura de inquérito para instruir o que se chama de queixa-crime. Corresponde à *denúncia* na ação penal pública. Se a queixa-crime é promovida dolosamente dá origem ao crime de denunciação caluniosa, fato ilícito indenizável. No caso de morte do ofendido ou de ter sido declarado ausente por decisão judicial, o direito de oferecer queixa ou de prosseguir na ação passa ao cônjuge, ascendente, descendente ou irmão. Nos crimes contra a honra só se procede mediante queixa, salvo quando, na injúria violenta, resulte lesão corporal. Se o crime é contra o Presidente da República ou contra chefe de Governo estrangeiro, procede-se por requisição do Ministro da Justiça; se contra funcionário público, em razão de suas funções, por representação do ofendido. Procede-se mediante queixa: nos crimes contra marcas de indústria e comércio; contra o privilégio de invenção; de concorrência desleal. Decai do direito de queixa ou de representação o ofendido que não o exercer no prazo de 6 meses contados do dia em que vier a saber quem é o autor do crime ou do dia em que se esgota o prazo para oferecimento de denúncia. Interrompe-se a prescrição pelo recebimento da denúncia ou da queixa. Não pode ser exercido o direito de queixa quando expressa ou tacitamente renunciado. Extingue-se a punibilidade pela renúncia do direito de queixa, ou pelo perdão aceito, nos crimes de ação privada.

✱ *V. CP, arts. 100, §§ 2º e 4º, 103, 104, 107, V, 145 e 339.*

✱ *V. CPP, arts. 41 a 50, 406.*

QUEIXOSO – Aquele que se sente ofendido, prejudicado, ameaçado e pede providências à autoridade competente; aquele que oferece queixa-crime; querelante.

QUERELA – Queixa; ação penal privada.

QUERELA NULLITATIS – Expressão latina, também conhecida como *querela nullitatis insanabilis*, é conceito desenvolvido pela doutrina processualista para definir a ação declaratória de inexistência de sentença ou mesmo de processo judicial, pela ausência de pressupostos de desenvolvimento válido e regular da relação jurídica processual, sobretudo nos casos de falta de citação válida e de incompetência absoluta do Juízo. Por ser uma ação declaratória de nulidade absoluta, a doutrina majoritária defende que não está sujeita a prazo prescricional ou decadencial. Diferentemente da ação rescisória, seu processamento é de competência do juízo de primeiro grau.

QUERELADO – Pessoa contra a qual é apresentada queixa-crime. Na ação penal privada é o *réu*; na ação pública é o *denunciado*.

QUERELANTE – O queixoso; o autor da queixa-crime, da querela.

QUESITO – Pontos ou questões de um arrazoado ou libelo que devem ser respondidos por peritos, técnicos ou pelos jurados. No Tribunal do Júri são as perguntas escritas sobre o fato criminoso em debate e outras circunstâncias essenciais ao julgamento, pelas quais os jurados podem decidir a causa. No Dir. Processual Civil, incumbe às partes apresentar os quesitos ao perito indicado pelo juiz, no caso de prova pericial; o juiz indeferirá os quesitos impertinentes e pode formular os que julgar necessários ao esclarecimento da causa; as partes podem apresentar, durante as diligências, quesitos suplementares, que somente são admissíveis até a realização de exame pericial. Da juntada dos quesitos aos autos, dará o escrivão ciência à parte contrária. Os quesitos suplementares estarão sujeitos também à aprovação do juiz; se aprovados, deles devem ter ciência o perito e os assistentes técnicos com tempo de os incluírem nas respostas. As partes que desejarem esclarecimento do perito ou do assistente técnico requererão ao juiz que mande intimá-lo a comparecer à audiência, formulando desde logo as perguntas, sob forma de quesitos.

✱ *V. CPP, arts. 484 a 490.*

✱ *V. CPC/1973, arts. 421, § 1º, II, 425, 426, I e II, e 435.*

✱ *V. CPC/2015, arts. 335, I, 465, § 2º, III, 469, 470 e 477.*

QUESÍVEL – Dívida que deve ser paga na residência ou domicílio do devedor. O mesmo que *quérable* (em desuso).

QUESTÃO – Caso que sofre contestação. Conflito de interesses que se submete à decisão dos tribunais; litígio, processo, ação. Ponto básico de uma discussão.

De alta indagação: *V. Alta indagação.*

De direito: concerne à interpretação do Dir. em tese, a discussão sob o alcance dos dispositivos da lei.

De fato: material, consiste em verificar fatos, apreciar provas etc. Opõe-se a *questão de direito*. O juiz decidirá todas as questões – de direito e de fato, quando este estiver provado por documento –, remetendo para os meios ordinários só as que exigirem alta indagação ou dependerem de outras provas. Da decisão que, em inventário, remete o interessado às vias ordinárias cabe agravo de instrumento. Quando a questão de mérito for unicamente de direito ou, sendo de direito e de fato, não houver necessidade de produzir prova em audiência, o juiz conhecerá diretamente do pedido, proferindo sentença. Já as questões de fato, não propostas no juízo inferior, poderão ser suscitadas na apelação, se a parte provar que deixou de fazê-lo por motivo de força maior. As questões de direito podem ser suscitadas a qualquer tempo, em recurso ordinário, de acordo com o princípio *jura novit curia*.

Prejudicial: no juízo civil, questão preliminar cujo exame e solução obrigatoriamente antecede a da matéria principal, dependendo dela o julgamento da causa a que se prende e da qual, se resolvida favoravelmente, impede a apreciação do mérito, por prejulgá-la. A validade do contrato é questão prejudicial em relação às obrigações que decorrem desse contrato. Faz coisa julgada a resolução da prejudicial, se a parte o requerer, o juiz for competente em razão da matéria e constituir pressuposto necessário para o julgamento do processo. Se o conhecimento da lide depender da verificação da existência de fato delituoso, o juiz pode mandar sobre-estar o andamento do processo até que se pronuncie a Justiça criminal.

Preliminar: aquela cujo exame deve vir antes de outra alegada no mesmo processo. A que diz respeito ao processo, no seu início, ou outra que sobrevenha no seu curso, em primeira ou em segunda instâncias, para modificar a natureza da ação ou seus efeitos.

QUI EXCIPIT, PROVARE DEBET QUOD EXCIPITUR – (Latim) Quem excepciona deve provar o que excepcionou.

QUI HABET AURES AUDIENDI, AUDIAT – (Latim) Quem tem ouvidos para ouvir, ouça.

QUI HABET COMMODA, FERRE DEBET ONERA – (Latim) Quem tem as vantagens deve sofrer o ônus.

QUI MEDIUM VULT, FINEM VULT – (Latim) Quem quer o meio, quer o fim.

QUINHÃO – 1. Parte que cabe a cada um na repartição de um todo. 2. Destino, fado, sorte. 3. Partilha, herança.

Hereditário: é a fração dos bens de que alguém pode dispor livremente (até a metade do bem), ainda que existam herdeiros necessários, aos quais caberá a outra metade, que constitui a *legítima*. O mesmo que *quota disponível*.

✱ *V. CC/2002, arts. 1.679, 1.790, I, 1.794, 1.795, 1.832, 1.905, 1.906, 1.935, 1.944, 1.946, 1.966, 1.967, § 1º, e 2.026.*

✱ *V. CPC/1939, arts. 408, 410, 445, § 1º, c, 446, §§ 2º e 4º, 480, parágrafo único, 491, 501, 503, 506, § 2º, 509, II e III, 513, 522, § 1º, 706, I, e 898.*

✱ *V. CPC/1973, arts. 720, 980, § 1º, III, § 2º, I, 1.000, parágrafo único, 1.001, 1.016, 1.022, 1.025, 1.027, 1.044, 1.112, V, 1.117, I, e 1.118, III.*

✱ *V. CPC/2015, arts. 597, § 4º, I, 627, § 3º, 628, § 2º, 641, 647 a 650, 653, 655 e 725, V.*

QUINTO CONSTITUCIONAL – Percentual de preenchimento das vagas de um tribunal por advogados e membros do Ministério Público; quinta parte na nomeação de desembargadores que corresponde a advogados, não magistrados.

✱ *V. CF, arts. 94, 107, I, 111, § 2º, e 115, II.*

QUI PLUS PETIT, A RATIONE CADE – (Latim) Quem pede mais decai de sua ação.

QUIROGRAFÁRIO – Credor ou crédito não privilegiado; escrito particular de dívida que não goza de preferência. Documento firmado, de próprio punho, só pelo devedor. Sem garantia real, na falência.

QUID PRO QUO – (Latim) Tomar uma coisa por outra. Comumente empregado para expressar um engano ou confusão no emprego de uma palavra ou expressão. Em certos contextos, também é empregada para expressar troca de favores.

QUIRÓGRAFO – Escrito particular elaborado e assinado, ou unicamente assinado, pelo devedor, reconhecendo uma obrigação ou relação de direito.

QUI SCRIBIT, BIS LEGEM – (Latim) Quem escreve, lê duas vezes.

QUI TACET, CONSENTIRE VIDETUR – (Latim) Quem cala parece consentir.

QUITAÇÃO – 1. Recibo; uma das formas de remissão de dívida; documento ou ato pelo qual alguém se desvincula de obrigação. 2. No Dir. Trabalhista, os recibos de quitação geral valem apenas quanto aos valores pagos, quaisquer que sejam seus dizeres. A Lei nº 13.467/2017 (Reforma Trabalhista) facultou aos empregados e aos empregadores firmarem termo de quitação anual de obrigações trabalhistas junto ao sindicato da categoria profissional, durante o curso do contrato de trabalho ou após o seu término. O referido termo especificará as obrigações de dar e fazer mensalmente cumpridas e dele constará a quitação anual dada pelo empregado com força liberatória das parcelas nele elencadas.

✱ *V. CLT, arts. 477 e 507-B.*

✱ *V. Lei nº 13.294/2016 (Dispõe sobre o prazo para emissão de recibo de quitação integral de débitos de qualquer natureza pelas instituições integrantes do Sistema Financeiro Nacional, nos termos da Lei nº 4.595, de 31 de dezembro de 1964).*

QUOD ABUNDANT NON NOSCE – (Latim) O que abunda não prejudica.

QUOD EVINCITUR IN BONIS NON EST – (Latim) O que é pedido por evicção não está entre os nossos bens.

QUOD NON EST UN ACTIS NON EST IN MUNDO – (Latim) O que não está na ação não está no mundo.

QUÓRUM – Número mínimo de membros presentes para que funcione tribunal ou assembleia, deliberando regularmente. Maioria de votos proferidos em julgamento de corte judiciária. No Legislativo, presença de um mínimo regimental de deputados e senadores, indispensável em certas votações.

QUOTA – 1. Quinhão que compete a cada um na divisão de coisa. 2. Contribuição ou parte proporcional que, em um grupo de pessoas, cada uma dá para a consecução de um objetivo predeterminado. 3. Parte de cada sócio para a constituição de uma sociedade por cotas de responsabilidade limitada. 4. Ação de uma companhia.

Disponível: ***V.*** *Quinhão hereditário.*

Parte: quantia em dinheiro ou equivalente em bens com que cada sócio contribui para a formação do capital social.

- ***V.*** *CC/2002, arts. 56, parágrafo único, 61, 262, 270, 283, 322, 414, 831, 980-A, § 3º, 997, IV, 1.003 a 1.007, 1.010, 1.026 a 1.031, 1.045, 1.048, 1.055 a 1.059, 1.063, 1.081 a 1.084, 1.094, III e IV, 1.095, § 1º, 1.098, II, 1.101, parágrafo único, 1.103, V, 1.334, I, 1.392, § 3º, e 1.429, parágrafo único.*
- ***V.*** *CPC/1939, arts. 298, X, 931 e 1.023.*
- ***V.*** *CPC/1973, arts. 80, 655, VI, e 685-A, § 4º.*
- ***V.*** *CPC/2015, arts. 132, 600, parágrafo único, 620, IV, 630, parágrafo único, 799, VII, 835, IX, 843, 861 e 876, § 7º.*

QUOT CAPITA, TOT SENSUS – (Latim) Quantas as cabeças, quantas as sentenças.

R

RÁBULA – Advogado de poucos conhecimentos, que usa de recursos pouco convencionais em juízo; chicaneiro. Diz-se também daquele que advoga sem ser formado. Estão em desuso a palavra e a figura, desde que, com o advento do Estatuto da OAB, foi abolida a figura do advogado provisionado, que atuava sem diploma.

RABULAR – Agir como um rábula. O mesmo que *rabulejar*.

RAÇA – Características hereditárias comuns a um grupo de pessoas.

RACISMO – Doutrina que prega a superioridade de uma raça sobre as outras. No Brasil, a prática do racismo é crime inafiançável e imprescritível, sujeito à pena de reclusão. Um dos princípios fundamentais do Brasil, nas suas relações internacionais, é o repúdio ao terrorismo e ao racismo (CF, arts. 4º, XII, e 5º, XLII; Lei nº 7.716/1989, com as modificações introduzidas pela Lei nº 9.459/1997). Recente manifestação de racismo veiculada em site de relacionamentos pode levar quatro jovens estudantes a responder por crime de racismo, com pena de 2 a 5 anos de prisão e multa. Se cometido por um menor, o ato deverá ser classificado com infracional, sendo o praticante levado à Vara de Infância e Juventude, sujeito a medidas socioeducativas.

RADIALISTA – A Lei nº 6.615/1978 qualifica o radialista como o empregado de empresa de radiodifusão que exerça uma das funções em que se desdobram as atividades mencionadas no art. 4º do mesmo diploma legal (técnica, administração, produção).

RADIOISÓTOPOS – São elementos químicos com núcleo atômico instável capaz de permitir um rearranjo de partículas que produz energia na forma de radiação ionizante. No ano de 2022, a EC nº 118 permitiu expressamente a comercialização, a utilização e a produção de radioisótopos tanto para pesquisa e uso médicos quanto para pesquisa e uso agrícolas e industriais.

✱ ***V.*** *EC nº 118/2022 (Dá nova redação às alíneas* b *e* c *do inciso XXIII do* caput *do art. 21 da Constituição Federal, para autorizar a produção, a comercialização e a utilização de radioisótopos para pesquisa e uso médicos).*

RAIS – (Relação Anual de Informações Sociais). Deve ser preenchida pelas empresas, com elementos para suprir as necessidades de controle, estatística e informações das entidades governamentais na área social, conforme o Dec. nº 61.799/1967.

RAIZ – ***V.*** *Bens de raiz.*

RAPTO CONSENSUAL – Art. 220 do CP revogado pela Lei nº 11.106/2005.

RAPTO VIOLENTO OU MEDIANTE FRAUDE – Art. 219 do CP revogado pela Lei nº 11.106/2005.

RASA – Diz-se das custas cobradas pelo número de linhas dos traslados e outros documentos; pagamento por extração de certidões etc.

RATA – Proporção. *Pro rata*: proporcionalmente, em partes iguais.

RATEIO – Distribuição de lucros, bens, dividendos, prejuízos ou despesas de forma proporcional.

✱ ***V.*** *CC, arts. 283, 284, 831, 957, 962 e 1.967.*

RATIFICAÇÃO – Confirmação, aprovação, consentimento expresso ou tácito pelo qual se confirma ou se valida o ato anterior, suscetível de nulidade por vício. Ato pelo qual se confirma tratado entre dois países. Na gestão de negócios, a ratificação pura e simples do dono retroage ao dia do começo da gestão e produz todos os efeitos do mandato. O casamento de incapaz pode ser ratificado quando ele adquirir a capacidade.

✱ *V. CC, arts. 172 a 175 e 1.553.*

RATIFICAR – Confirmar por ratificação ato inoperante praticado antes; aprovar ato que alguém pratica em nosso nome, sem mandato ou autorização.

RATIO DECIDENDI – (Latim) 1. Refere-se à razão de decidir, ao que fundamentou a decisão. 2. Regra de direito inicialmente observada pelo julgador, de modo implícito ou explícito, para lograr atingir a conclusão a que se chegou a respeito do caso sub judice. 3. Princípio de direito que serve de base para a decisão.

RATIO JURIS – (Latim) A razão do Dir. Princípio determinante da norma legal, a lógica jurídica.

RATIONE CONTRACTUS – (Latim) Em razão do contrato.

RATIONE DOMICILII – (Latim) Em razão do domicílio.

RATIONE LOCI – (Latim) *V. Competência* e *jurisdição.*

RATIONE OFFICII – (Latim) Em razão do ofício (cargo).

RATIONE MATERIAE – (Latim) *V. Competência* e *jurisdição.*

RATIONE PERSONAE – (Latim) Em razão da pessoa.

RATIONE TEMPORIS – (Latim) Em razão do tempo.

RATIONE VALORIS – (Latim) Em razão do valor.

RATIO STRICTA – (Latim) Razão estrita.

RATIO SUMMA – (Latim) Suprema razão.

RAZÃO – Certeza, direito, faculdade de conhecer e de julgar as coisas; motivo, causa. Raciocínio orientado para a formação de um juízo.

Comercial: denominação sob a qual o comerciante ou a sociedade mercantil exercem a sua atividade; é o nome da firma. Se for comerciante individual, registra-se o próprio nome civil, completo ou abreviado da pessoa física, que passa a ser *firma individual* após o registro. Pode-se acrescentar um aditivo que indica o gênero do negócio que realiza. Pode-se abreviar o prenome, mas o nome registra-se por inteiro na Junta Comercial, o que lhe garante exclusividade em seu uso.

De Estado: motivo de ordem superior, dito de interesse nacional, que o Estado invoca para colocar-se acima do interesse dos particulares, ainda que amparado pelo Direito.

Social: é a designação do nome coletivo escolhido pelos sócios e registrado no contrato social; deve ter o aditamento, se não individualizar todos os sócios, ao nome e firma de um, do termo *e companhia*, por extenso ou abreviado. Dele não pode fazer parte pessoa não comerciante.

RAZÕES – Argumentação escrita em que o advogado do litigante expõe o fato objeto da demanda, sustentando o direito com base nas provas, na lei, na doutrina, na jurisprudência e conclui de conformidade com o pedido. O mesmo que *arrazoado.*

Finais: sustentação dos litigantes, após a instrução do feito e antes da sentença, debatendo questões de direito e de fato suscitadas nos autos. No processo trabalhista, cada parte dispõe de dez minutos para suas argumentações orais. Na lei processual diz-se *alegações finais.*

RÉ – Mulher ou pessoa jurídica que responde a processo.

REABILITAÇÃO – Ato do Estado restituindo ao condenado, que cumpriu a pena principal ou revele boa conduta, ou tenha ressarcido o dano causado pelo delito quando a lei o permitia, a situação social, civil e jurídica de que o privara. Ato do juiz declarando o comerciante isento dos efeitos da falência, reintegrado na plenitude de seus direitos. Instituto pelo qual, por sentença do juiz, extingue-se pena de interdição por incapacidade civil aplicada ao condenado. A reabilitação pode ser requerida após 2 anos de extinção da pena ou do término da execução e alcança quaisquer penas aplicadas em sentença definitiva, assegurando ao condenado os seguintes benefícios: 1. sigilo dos registros sobre o processo e a condenação, o que não é de maior relevância, visto que a Lei de Execuções Penais já garante esse sigilo, cumprida ou extinta a pena, sem a exigência do prazo de 2 anos; 2. suspensão da perda de cargo, função pública ou mandado eletivo, vedada porém a reintegração na situação anterior; 3. suspensão da incapacidade para o exercício do poder familiar, tutela ou curatela, proibida também a reintegração na situação anterior; 4. suspensão da inabilitação para dirigir veículo. No primeiro caso, a reintegração é vedada nos crimes praticados com abuso de poder ou violação do dever para com a Administração Pública quando a pena superar 4 anos; na incapacidade para exercício do poder familiar, tutela ou curatela, nos crimes dolosos sujeitos à pena de reclusão, cometidos contra filho, tutelado ou curatelado. De ofício ou a requerimento do Ministério Público a reabilitação será revogada se o reabilitado for condenado, como reincidente, por decisão definitiva, a pena que não seja de multa.

✱ *V. CP, arts. 93 a 95.*

✱ *V. LEP, art. 202.*

R

READMISSÃO – Restauração de contrato findo entre o empregador e o empregado, nos termos do art. 453 da CLT e Súm. nº 138 do TST.

REAJUSTAMENTO – Ato ou efeito de reajustar; ato de acertar ou corrigir algo; reenquadramento.

De preços e tarifas: é medida convencionada entre as partes contratantes para evitar que se rompa o equilíbrio financeiro do ajuste por razões de mercado, como inflação, reajuste de salário etc. É conduta contratual autorizada por lei. A nova lei do real (moeda) acabou com a indexação de tarifas e de preços.

REAJUSTE DE ALUGUEL – O reajuste de aluguel é a atualização do seu valor por índice preestabelecido no contrato, depois de, no mínimo, 12 meses de locação.

REAL – Unidade monetária brasileira que substituiu o cruzeiro e a URV, a partir de 1º de julho de 1994.

REATO – Estado ou condição de réu.

REBUS SIC STANTIBUS – (Latim) Enquanto as coisas ficarem no estado em que estão. ***V.*** *Cláusula.*

RECÂMBIO – Direito que tem o portador de letra de câmbio, não paga e protestada, de sacar sobre os obrigados regressivos nova letra, descontando o título na praça indicada, para reembolsar-se de seu valor e acessórios. O mesmo que *ressaque*.

RECEBER – Acolher ou admitir recurso; dar-lhe provimento. Aceitar em pagamento; entrar na posse de; tomar, aceitar.

RECEITA – O que o comerciante apura nas vendas à vista em certo período; o que a pessoa, natural ou jurídica, recebe como rendimentos. Opõe-se a despesa.

Pública: total das rendas previsto no orçamento, arrecadadas de fontes produtivas durante um exercício financeiro. Por ela é fixada a despesa para atender a gastos administrativos. Pode ser *ordinária*, aquela proveniente de fontes produtivas do Estado, certas e permanentes, fixadas no orçamento; e *extraordinárias*, a de rendas incertas, eventuais e temporárias, para cobrir déficits orçamentários ou que o Governo decreta para cobrir despesas imprevistas.

RECENSEAMENTO – Levantamento geral para apurar dados sobre população, produção e outros dados estatísticos.

Geral: é aquele que se faz a cada 10 anos, para coletar dados sobre o país, sob os aspectos de população, condições de vida, aspectos cultural, político, religioso, econômico, agrícola, industrial, comercial, dos transportes e comunicações e serviços públicos. O último Censo do IBGE (2000) apurou uma população de 170 milhões de habitantes. O Censo, porém, feito em condições precárias, sem verbas suficientes, foi largamente contestado.

RECEPTAÇÃO – Delito praticado por pessoa que compra, guarda ou oculta, em proveito próprio ou de terceiro, coisa que sabe ser produto de crime, ou ato de induzir outra pessoa a que o faça de boa-fé. Só coisas móveis ou mobilizadas podem ser objeto de receptação. Ela é *culposa*, quando o agente devia presumir que a origem da coisa é ilícita; e *dolosa*, se ele tem conhecimento de que a coisa é produto de um delito, obtida por meio criminoso, ou influi para que outro, de boa-fé, a compre ou oculte. A ocultação caracteriza o dolo. É crime acessório, contra o patrimônio, pois exige crime anterior, que é o pressuposto necessário para a configuração da receptação. Mesmo sendo acessório, é delito autônomo, já que o agente da receptação pode ser estranho ao crime precedente. Difere do favorecimento real, que é crime contra a administração da Justiça, auxiliando o criminoso a ocultar a *res furtiva*, ao passo que a receptação é crime contra o patrimônio, em proveito próprio ou alheio. A pena é de reclusão de 1 a 4 anos e multa. Na *culposa*, a pena é de detenção de 1 mês a 1 ano ou multa, ou ambas as penas. Pune-se a receptação, mesmo que desconhecido ou isento de pena o autor do crime de que proveio a coisa; se o criminoso é primário, o juiz pode deixar de aplicar a pena, conforme as circunstâncias. Na receptação *dolosa*, sendo o criminoso primário e de pequeno valor a coisa furtada, pode o juiz substituir a pena de reclusão pela de detenção, diminuí-la de um a dois terços, ou aplicar somente a pena de multa. No caso de bens e instalações do patrimônio da União, Estado, Municípios, concessionária de serviços públicos ou sociedade de economia mista, adquiridos dolosamente, a pena é de reclusão de 1 a 5 anos, e multa de um a cinco salários mínimos do maior valor vigente no país.

✱ *V. CP, art. 180, §§ 1º e 4º.*

RECEPTADOR – Aquele que pratica a *receptação* (q.v.). Intrujão.

RECESSO – Férias; suspensão das atividades legislativas ou judiciárias.

RECIBO – Documento escrito e assinado pelo qual a pessoa afirma ter recebido de outra soma de dinheiro ou coisa que especifica. É prova de pagamento ou quitação. A CLT dispõe que o pagamento de salários deve ser feito contra recibo.

✱ *V. CLT, art. 464.*

✱ *V. Lei nº 13.294/2016 (Dispõe sobre o prazo para emissão de recibo de quitação integral de débitos de qualquer natureza pelas instituições integrantes do Sistema Financeiro Nacional, nos termos da Lei nº 4.595, de 31 de dezembro de 1964).*

RECIDIVA – Reincidência, repetição.

RECLAMAÇÃO – 1. Ato ou efeito de reclamar. 2. Exigência, protesto, queixa, reclamo, reivindicação.

3. Requerimento, verbal ou escrito, à autoridade pública em que se pede providências contra ato ou fato que prejudique alguém ou a coletividade. 4. Para o Dir. Administrativo, é espécie do gênero *petição*, aplicada para designar manifestações dos particulares ou servidores em face de violação de seus direitos, postulando providências por parte da autoridade. 5. Para o Dir. Tributário, é espécie de processo administrativo fiscal, de iniciativa do contribuinte, para impugnar lançamento tributário ou outras medidas adotadas pela autoridade fiscal, respeitado o procedimento estabelecido em lei ou normas regulamentares. Quando exercido regularmente, é hipótese de suspensão do crédito tributário, enquanto pendente de decisão pelo órgão competente. 6. Ação de competência originária dos Tribunais, para preservar a sua competência ou garantir a autoridade das suas decisões. Caberá reclamação pela parte interessada ou pelo Ministério Público. Ao contrário do que a maioria da doutrina sustenta, não é modalidade de recurso, mas, sim, uma ação autônoma, bastante semelhante ao mandado de segurança, mas cuja causa de pedir é mais restrita, pois a ilegalidade que se busca sanar se refere ao respeito à competência ou autoridade do próprio tribunal perante o qual se propõe a demanda. Com a EC nº 45/2004, do ato administrativo ou decisão judicial que contrariar a Súmula Vinculante ou que indevidamente a aplicar, caberá reclamação ao STF que, julgando-a procedente, anulará o ato administrativo ou cassará a decisão judicial reclamada e determinará que outra seja proferida, com ou sem a aplicação da súmula, conforme o caso. Embora a previsão legal permita inferir que a legitimidade seria restrita às partes do processo original, o STF vem estendendo o cabimento a quaisquer interessados na preservação das decisões daquela Corte, em outros casos nos quais se vislumbre o desrespeito a entendimento do Excelso Tribunal, não apenas em relação a matérias objeto de Súmula Vinculante, mas também a decisões em ações de controle concentrado de constitucionalidade e até em julgamentos de recurso extraordinário. O CPC/2015 amplia o cabimento da reclamação a quaisquer Tribunais, bem como padroniza seu procedimento. 7. No âmbito do Conselho Nacional de Justiça, é o processo administrativo de apuração de infrações disciplinares por membros da magistratura, servidores do Poder Judiciário, e prestadores de serviços notariais e de registro, independentemente da competência concorrente do respectivo Tribunal ao qual ou representado se vincula. Pode ser formulada por qualquer interessado, independentemente de assistência por advogado. 8. A EC nº 45/2004 também estabeleceu a possibilidade de reclamação perante o Conselho Nacional do Ministério Público, para apuração de infrações disciplinares pelos seus membros e demais servidores da instituição, como reflexo da própria autonomia conferida a esta corporação. 9. No processo de inventário e partilha, é a designação do incidente de impugnação em face da nomeação do inventariante ou do quadro de credores. 10. O CPC/2015 também designa por reclamação o incidente pelo qual as partes podem impugnar as listas de ordem cronológica e as preferências para julgamento, no âmbito de cada órgão jurisdicional.

Trabalhista: nome dado às ações no âmbito da Justiça do Trabalho. Contudo, após a EC nº 45/2004, que ampliou as competências das Cortes laborais, deve ser empregada no sentido de demanda decorrente da relação de trabalho. Houve uma discussão acerca da revogação do *jus postulandi* (direito de postular pessoalmente) no Processo do Trabalho, em função do texto do art. 133 da CF, e, posteriormente, pelo Estatuto da Advocacia e a OAB. Porém, o TST entendeu pela possibilidade do *jus postulandi*, o que foi corroborado pelo STF no julgamento da ADI nº 1.127, em que foi dada interpretação conforme a Constituição ao art. 1º, I, da Lei nº 8.906/1994, no sentido de que permanecem em vigor as disposições de lei especial que autorizem a propositura de ações sem participação de advogado, tais como nas reclamações trabalhistas, *habeas corpus* e processos perante os Juizados Especiais. A reclamação trabalhista pode ser formulada pelo empregado pessoalmente, ou representado por seu advogado ou pelo sindicato da categoria. Pode ser *escrita* ou *verbal*, e, neste caso, tomada a termo, em duas vias, datadas e assinadas pelo escrivão ou chefe de secretaria; uma dessas é destinada à citação notificatória do reclamado. Nas localidades que não dispõem de Vara do Trabalho, os juízes de direito têm competência para julgar as causas trabalhistas. A Lei nº 13.467/2017 detalhou os elementos que deverão constar da reclamação escrita, sob pena de ser julgada extinta sem resolução do mérito.

- ✱ *V. CF, arts. 7º, XXIX, 37, § 3º, I, 58, § 2º, IV, 102, I, l, 103-A, § 3º, 103-B, § 4º, III, § 5º, I, § 7º, 105, I, f, 130-A, § 2º, III, § 3º, I, e § 5º.*
- ✱ *V. CPC/1973, arts. 1.000, II, 1.024, 1.036, § 2º, 1.151, 1.155, IV, e 1.158.*
- ✱ *V. CPC/2015, arts. 153, § 4º, 627, II, 652, 664, § 2º, 740, § 6º, 742, IV, 743, § 2º, 937, VI, 985, § 1º, e 988 a 993.*
- ✱ *V. CLT, arts. 2º, 448, 477 a 479, 482, 668, 669, 731, 763 a 910.*
- ✱ *V. CTN, art. 151, III.*
- ✱ *V. Lei nº 5.584/1970 (Dispõe sobre normas de Direito Processual do Trabalho), arts. 4º e 14 a 18.*
- ✱ *V. Lei nº 8.038/1990 (Institui normas processuais para os processos que especifica, perante o STJ e o STF), arts. 13 a 18.*
- ✱ *V. Lei nº 8.906/1994 (Estatuto da Advocacia e a OAB), art. 7º, XI.*

✱ *V. Lei nº 9.784/1999 (Lei do Processo Administrativo), arts. 48 e 64-B.*

✱ *V. Lei nº 11.417/2006 (Regulamenta a edição de Súmulas Vinculantes), art. 7º.*

✱ *V. Dec. nº 70.235/1972 (Dispõe sobre o processo administrativo fiscal), art. 14-A.*

✱ *V. RICNJ, arts. 4º, III, 8º, I e II, 42, 43, IV e XVI, 47, II,* a, *67 a 72, 101, 105, 115, § 1º, e 118, § 4º, II.*

✱ *V. RISTF, arts. 9º, I,* c, *10, 13, V,* b, *55, XX, 56, X,* d, *68, 70, 77-D, § 2º, 89, 92, 96, § 6º, 145, VI, 149, III, 156 a 162 e 358, II.*

✱ *V. RISTJ, arts. 11, X, 12, III, 21, XIII, b e j, 64, XI, 67, XXII, 96, 99, 173, IV, e 187 a 192.*

✱ *V. Súmulas nºs 224, 368 e 734 do STF.*

✱ *V. Súmulas nºs 82 e 97 do STJ.*

RECLAMADO – No processo trabalhista é a denominação dada ao réu. O mesmo que *suscitado.*

RECLAMANTE – É o autor da reclamação trabalhista. Sujeito ativo no dissídio entre empregados e empregadores.

RECLUSÃO – Privação da liberdade do condenado, que é recolhido a prisão fechada (penitenciária) ou, na falta desta, a seção especial de prisão comum, sujeito a trabalho remunerado e a isolamento durante o repouso noturno. O tempo de prisão varia segundo a espécie de infração. As palavras, no direito criminal, têm estreita ligação com a vida religiosa: reclusão tem origem etimológica que lembra clausura, encarceramento em convento. Viviam as freiras em celas individuais e pagavam, presas, as suas penas, sujeitas à rígida disciplina, cumprindo sem cessar suas penitências (penas penitenciárias). Aduz o CP: "Art. 33. A pena de reclusão deve ser cumprida em regime fechado, semiaberto ou aberto. A de detenção, em regime semiaberto, ou aberto, salvo necessidade de transferência a regime fechado. § 1º Considera-se: a) regime fechado a execução da pena em estabelecimento de segurança máxima ou média; b) regime semiaberto a execução da pena em colônia agrícola, industrial ou estabelecimento similar; c) regime aberto a execução da pena em casa de albergado ou estabelecimento adequado. § 2º As penas privativas de liberdade deverão ser executadas em forma progressiva, segundo o mérito do condenado, observados os seguintes critérios e ressalvadas as hipóteses de transferência a regime mais rigoroso: a) o condenado a pena superior a 8 (oito) anos deverá começar a cumpri-la em regime fechado; b) o condenado não reincidente, cuja pena seja superior a 4 (quatro) anos e não exceda a 8 (oito), poderá, desde o princípio, cumpri-la em regime semiaberto; c) o condenado não reincidente, cuja pena seja igual ou inferior a 4 (quatro) anos, poderá, desde o início, cumpri-la em regime aberto. § 3º A determinação do regime inicial de cumprimento da pena far-se-á com observância dos critérios previstos no art. 59 deste Código. § 4º O condenado por crime contra a administração pública terá a progressão de regime do cumprimento da pena condicionada à reparação do dano que causou, ou à devolução do produto do ilícito praticado, com os acréscimos legais".

✱ *V. CP, arts. 33, 44 e 60.*

RECLUSO – Indivíduo condenado à *reclusão* (q.v.).

RECOMPENSA – Remuneração em pecúnia ou bens por serviços prestados; pagamento correspondente ao cumprimento de promessa ou por um achado. Quem restitui coisa achada tem direito a uma recompensa e à indenização pelas despesas que houver feito com a conservação e o transporte da coisa, se o dono não preferir abandoná-la. Aquele que, por anúncios públicos, se compromete a recompensar, pelo preenchimento de uma condição ou pelo desempenho de um serviço, "contrai obrigação de fazer o prometido". Comete crime de concorrência desleal quem se atribui recompensa que não obteve.

✱ *V. CC, arts. 1.234, 854 a 860.*

RECONCILIAÇÃO – Conciliação, ato de conciliar.

✱ *V. Lei nº 6.515/1977 (Lei do Divórcio).*

✱ *V. CPP, art. 520.*

✱ *V. EC nº 66/2010 (Dispõe sobre a dissolubilidade do casamento civil pelo divórcio, suprimindo o requisito de prévia separação judicial por mais de 1 (um) ano ou de comprovada separação de fato por mais de 2 (dois) anos).*

RECONDUÇÃO – Prorrogação de contrato, nas mesmas condições e sem preceder um novo ajuste. Ato pelo qual o funcionário não efetivo é renomeado para cargo que já vinha exercendo. Novo provimento em cargo ou em ofício que vinha sendo exercido. Pode ser *expressa* ou *tácita.*

RECONHECIMENTO – Ato de reconhecer, em juízo, a verdade de um fato ou uma afirmação. Modo como o tabelião reconhece e declara legítima a assinatura de uma pessoa, dando-lhe o cunho legal de fidedigna. O reconhecimento diz-se: *autêntico*, se o tabelião garante ter sido a assinatura feita pelo próprio signatário, na sua presença; *por abonação direta*, quando o tabelião reconhece a assinatura de terceiro garantida por duas pessoas, idôneas, que o tabelião conhece; *por abonação indireta*, quando duas pessoas idôneas, que o tabelião conhece, declaram e assinam por escrito que a firma exarada é, legitimamente, de quem a exarou; *facultativo*, quando o interessado o faz por simples cautela ou segurança; *por semelhança, assemelhação ou comparação*, quando o tabelião reconhece a firma por comparação com assinatura da mesma pessoa existente em seus arquivos ou fichários; *obrigatório*, quando a lei ou o regulamento o exigem; *semiautêntica*, se o notário certifica que a pessoa, sua conhecida, reconhece a assinatura apresentada como sendo de seu próprio punho:

De utilidade pública: ato do Governo que declara entidade ou associação como útil à coletividade, disso decorrendo várias consequências legais.

✱ *V. CP, art. 300.*

Falso: crime que consiste em falsidade documental, ao se reconhecer como verdadeiro, no exercício de função pública, firma ou letra que o não seja. A pena é de reclusão, de 1 a 5 anos e multa se o documento é público; e de 1 a 3 anos e multa se é particular.

✱ *V. CP, art. 299.*

RECONSIDERAÇÃO – Ato do juiz de suspender ou retirar resolução anterior, proferindo nova decisão ou desfazendo um ato, voluntariamente ou por provimento de agravo.

RECONSIDERAÇÃO DE AVISO-PRÉVIO – Dado o aviso-prévio se a parte notificante reconsiderar o ato antes de seu término, é facultado à outra parte aceitar ou não a reconsideração. Se ela for aceita ou prosseguindo a prestação do serviço após expirado o prazo, continuará em vigor o contrato como se não tivesse sido dado o aviso-prévio.

✱ *V. CLT, art. 489.*

RECONVENÇÃO – É nova ação, formulada na própria contestação, que o demandado promove contra o demandante. É uma contra-ação que visa a excluir o pedido do autor e até obter que seja condenado. Para que seja admitida é preciso que tenha conexão com a contestação ou com a ação principal. Só ao réu é permitido reconvir. É ação incidente que deve competir ao mesmo juiz e permitir o mesmo rito processual. O réu passa a chamar-se *reconvinte*, e o autor da ação principal *reconvindo* o qual não é citado, mas sim intimado, na pessoa de seu procurador, a contestá-la em 15 dias. Não cabe reconvenção no processo de execução; há julgados que entendem não caber reconvenção igualmente nas ações possessórias. Ela não é julgada com a ação na mesma sentença. Indeferida liminar de reconvenção, cabe agravo de instrumento, por tratar-se de decisão interlocutória, que não põe termo ao processo. Admite-se, também, a reconvenção no processo trabalhista.

✱ *V. CPC/1973, arts. 315 a 318.*

✱ *V. CPC/2015, arts. 83, § 1º, III, 85, § 1º, 286, parágrafo único, 329, 343 e 702, § 6º.*

✱ *V. Súmulas nºs 258, 342 e 472 do STF.*

✱ *V. Súm. nº 292 do STJ.*

RECORRENTE – Diz-se da parte que interpõe recurso. Conforme o recurso, recebe outros nomes: apelante, agravante, embargante.

RECORRIDO – Tribunal de cuja decisão se interpõe recurso. Parte contra a qual o recurso é interposto.

RECUPERAÇÃO EXTRAJUDICIAL – Instituída pela Lei nº 11.101/2005, Lei de Lei de Recuperação de Empresas e Falências, que revogou o Dec.-lei nº 7.661/1945, antiga Lei de Falências, a recuperação extrajudicial dispensa a participação de todos os credores, sendo estes selecionados, para os quais o devedor propõe novas condições de pagamento, não ensejando a realização de assembleia-geral para aprovar o plano. Trata-se da renegociação com alguns credores dos créditos com garantia real, quirografários ou subordinados – dispensados os demais –, para a solução dos problemas de liquidez, na qual o devedor propõe remissão ou dilação, de antemão elaborada, acordo este que difere da recuperação judicial pela necessidade da convocação nesta de credores em assembleia; não há habilitação pois são chamados apenas os credores escolhidos pelo devedor.

RECUPERAÇÃO JUDICIAL – Instituída pela Lei nº 11.101/2005, que revogou o Dec.-lei nº 7.661/1945, antiga Lei de Falências, a recuperação judicial permite ao empresário e a sociedade empresária, definidos nos arts. 966 e 982 do CC, apresentar aos seus credores um plano de recuperação empresarial, cujo objetivo é a preservação da empresa impedindo a sua falência. Deverá esse plano ser apresentado no prazo improrrogável de 60 dias do deferimento do processo de recuperação, propositalmente curto pela nova Lei que objetiva uma rápida solução para a crise da empresa. Encaminhado o plano a juízo os credores serão chamados (por edital) a manifestar-se. Não havendo objeções, o plano será aprovado; havendo objeções, será convocada assembleia-geral de credores que deliberará alterando-o ou rejeitando-o. Caberá ao juiz conceder a recuperação judicial ou, caso não concorde, decretará a falência.

✱ *V. Súm. nº 480 do STJ.*

RECURSO – 1. Ato ou efeito de recorrer. 2. Ajuda, amparo, auxílio, proteção, socorro. 3. Material, meio, expediente, instrumento, coisa. 4. Dinheiro, numerário, pecúnia, valor, riqueza. 4. Meio que se confere à parte vencida, ou a outrem, para impugnar decisão judicial ou administrativa, dentro da mesma relação processual, interposto em face do mesmo órgão julgador ou perante órgão hierarquicamente superior, visando à obtenção de um novo julgamento ou a prolação de uma decisão que modifique ou revogue a anterior. São exemplos de recursos:

Administrativo: meio de reexame de decisões perante a própria Administração, compreendendo, entre outras figuras, o pedido de reconsideração, reclamações e representações.

Adesivo: também conhecido por *contrarrecurso*, é interposto por quem não recorreu da decisão no momento originalmente oportuno, mas decide recorrer, após ser intimado para responder ao recurso da parte contrária. Seu requisito é ter sido a sentença apenas parcialmente procedente, descontentando autor e réu. Ele se subordina ao recurso principal; se este não for aceito, aquele também será rejeitado. Ele não cabe, apenas, nos embargos de declaração e no agravo de instrumento.

Agravo: *V. Agravo.*

Agravo de instrumento: quando se tratar de decisão suscetível de causar à parte lesão grave e de difícil reparação, bem como nos casos de inadmissão da apelação e nos relativos aos efeitos em que a apelação é recebida, será admitida a interposição de agravo de instrumento. (É exceção à regra que dispõe: das decisões interlocutórias caberá agravo, no prazo de 10 dias, na forma retida.) São necessárias, para o agravo de instrumento, as cópias para integral conhecimento dos desembargadores, a respeito da matéria a ser apreciada, tendo em vista que os autos principais permanecem em primeira instância. A apreciação ocorrerá por distribuição aleatória. Haverá notícia acerca do agravo com a petição de informação, nos termos do art. 526 do CPC/1973 (correspondente ao art. 1.018 do CPC/2015). Neste caso, se o juízo *a quo* reconsiderar a decisão agravada, fica prejudicado o exame do recurso pelo juízo *ad quem*.

Agravo retido: recurso cabível das decisões interlocutórias, no prazo de 10 dias. O agravo retido deverá ser interposto em primeira instância, devendo este ser apartado aos autos principais. Antes da Lei nº 11.187/2005 a regra era a interposição de agravo de instrumento. No entanto, com a mudança literal do texto legal, há de se verificar como regra o agravo na forma retida. O agravo retido independe de preparo.

Apelação: *V. Apelação.*

Criptográfico: o Dec. nº 7.845/2012, que regulamenta procedimentos para credenciamento de segurança e tratamento de informação classificada em qualquer grau de sigilo e dispõe sobre o Núcleo de Segurança e Credenciamento, conceituou recurso criptográfico. De acordo com o art. 2º, XVII, considera-se recurso criptográfico: "(...) sistema, programa, processo, equipamento isolado ou em rede que utiliza algoritmo métrico ou assimétrico para realizar cifração ou decifração; (...)".

Embargos de declaração: é recurso dirigido ao juiz da causa e por ele decidido; não visa à reforma de decisão, mas esclarecer dúvida, obscuridade ou contradição nela contida. Deve ser apresentado 5 dias após a publicação da decisão. Suspende o prazo para interpor outro recurso; não há vista à outra parte, nem pagamento de custas.

Embargos de declaração (2ª instância): interpostos à própria Câmara quando no acórdão há dúvida, contradição, obscuridade, no prazo de 5 dias da data da sua publicação.

Embargos de divergência: definido no art. 546 do CPC/1973 (correspondente ao art. 1.043 do CPC/2015), visa a uniformização de jurisprudência dentro do STF e do STJ, quando divergirem decisões entre Turmas, ou entre estas e seções, Órgão Especial ou Plenário, no julgamento de recursos especiais ou extraordinários. Observar-se-á, no recurso de embargos, o procedimento estabelecido no regimento interno.

Embargos infringentes: interpostos quando o acórdão não foi unânime, havendo voto vencido, e se foi proferido em apelação ou ação rescisória; para interpor e responder, o prazo é de 15 dias. O CPC/2015 irá extinguir este recurso, contudo, remanesce ainda a controvérsia acerca de seu cabimento no âmbito dos Tribunais Superiores, ante a autonomia que dispõem para elaborar procedimentos por meio de seus Regimentos Internos.

Especial: *V. Recurso especial.*

Ex officio: *V. Reexame necessário.*

Extraordinário: *V. Recurso ordinário.*

Hierárquico próprio: dirigido à autoridade ou instância superior do mesmo órgão administrativo, pleiteando revisão do ato recorrido.

Hierárquico impróprio: dirigido a autoridade ou órgão estranho à repartição que expediu o ato recorrido, mas com competência julgadora expressa; só é admissível quando estabelecido por norma legal que indique como utilizá-lo, a autoridade ou órgão incumbido do julgamento, e os casos em que cabe.

Ordinário: *V. Recurso ordinário.*

✱ *V. CF, arts. 5º, XXXIV, a, 102, II e III, e 105, II e III.*

✱ *V. CPC/1973, arts. 499, 500, 508, 518 a 529.*

✱ *V. CPC/2015, arts. 994 a 1.044.*

✱ *V. CPP, arts. 574 a 646.*

✱ *V. CLT, arts. 893 a 901.*

✱ *V. CE, arts. 268 a 282.*

✱ *V. ECA, arts. 198 a 199-E.*

✱ *V. Lei nº 8.038/1990 (Institui normas processuais para os processos que especifica, perante o STJ e o STF), arts. 26, 29, 30 e 33.*

✱ *V. Lei nº 9.784/1999 (Lei de Processo Administrativo), arts. 56 a 65.*

RECURSO DE APELAÇÃO – *V. Apelação.*

Contra sentença de impronúncia ou de absolvição sumária: *V. Art. 416 do CPP.*

RECURSO DE REVISTA – 1. No CPC/1939, era recurso previsto na hipótese de divergência no entendimento por parte de órgãos fracionários de Tribunais de Apelação, correspondendo ao atual incidente de uniformização de jurisprudência, previsto no CPC/1973. 2. No Processo do Trabalho, é recurso de competência do TST, contra decisões proferidas pelos Tribunais Regionais do Trabalho, em duas hipóteses: interpretação divergente da mesma norma legal e violação da lei ou de sentença normativa. Seu objeto é a uniformização da jurisprudência, não se discutindo questão de fato, mas só o direito em tese. Deve ser apresentado ao presidente do tribunal recorrido em 8 dias. Se denegado, pode-se interpor agravo de instrumento em 8 dias para o TST. Recebido, o recorrido tem 8 dias para as contrarrazões. 3. A Lei nº 13.015/2014 inseriu os arts. 896-B e 896-C à CLT, estendendo à Justiça do Trabalho a sistemática de julgamento de recursos repetitivos, no âmbito do processamento de recursos de revista. 4. A Lei nº 13.467/2017 (Reforma Trabalhista) fixou parâmetros de identificação de transcendência da causa, requisito do recurso de revista, com base nos temas elencados no § 1º do art. 896-A da CLT, bem como procedimentos a serem adotados nos casos em que o requisito é preenchido ou não, entre eles a possibilidade de sustentação oral por cinco minutos em sessão, se o relator considerou não ter transcendência o recurso. A referida lei previu como requisito para admissão do recurso a necessidade da parte transcrever na peça recursal, no caso de suscitar preliminar de nulidade de julgado por negativa de prestação jurisdicional, o trecho dos embargos declaratórios em que foi pedido o pronunciamento do tribunal sobre questão veiculada no recurso ordinário e o trecho da decisão regional que rejeitou os embargos quanto ao pedido, para cotejo e verificação, de plano, da ocorrência da omissão. Outrossim, permitiu ao relator do recurso de revista denegar seguimento a este, por decisão monocrática, em caso de intempestividade, deserção, irregularidade de representação ou de ausência de qualquer outro pressuposto extrínseco ou intrínseco de admissibilidade.

- ✱ ***V.*** *CPC/1939, arts. 853 a 861.*
- ✱ ***V.*** *CLT, arts. 893, III, 896 a 896-C.*
- ✱ ***V.*** *Lei nº 7.701/1988 (Dispõe sobre a especialização de Turmas dos Tribunais do Trabalho), art. 5º, a.*
- ✱ ***V.*** *Súmulas nºs 23, 102, I, 126, 184, 192, I, II e IV, 218, 221, 266, 283, 285, 333, 337, 413, 442 e 459 do TST.*
- ✱ ***V.*** *Orientações Jurisprudenciais nºs 111, 147, 219, 257 e 334 da SBDI-I do TST.*
- ✱ ***V.*** *Orientação Jurisprudencial nº 152 da SBDI-II do TST.*

RECURSO ESPECIAL – 1. Recurso de competência do STJ, interposto nas causas decididas, em única ou última instância, pelos Tribunais Regionais Federais ou pelos tribunais dos Estados, do Distrito Federal e Territórios, quando a decisão recorrida: a) contrariar tratado ou lei federal, ou negar-lhes vigência; b) julgar válido ato de governo local contestado em face de lei federal; c) der à lei federal interpretação divergente da que lhe haja atribuído outro tribunal. Os recursos extraordinário e especial serão recebidos no efeito devolutivo, apresentados no prazo de 15 dias. No processamento dos recursos extraordinários e especiais exige-se o prequestionamento, isto é, que a questão controvertida tenha sido arguida, previamente, no juízo de origem. O art. 542 do CPC teve acrescido o § 3º, que cria nova modalidade de recurso especial e extraordinário, a retida, já que o objetivo da nova redação é evitar a subida isolada de recurso extraordinário e especial de decisões que não põem fim ao processo. 2. A Lei nº 11.642/2008 inseriu o art. 543-C ao CPC/1973, criando a sistemática de julgamento de recursos repetitivos, a fim de atribuir ao julgamento de recursos especiais considerados representativos de controvérsia em vários outros processos a fixação e tese jurídica, a qual vinculará o julgamento dos demais recursos com idêntica questão de Direito. O STJ ampliou a interpretação deste dispositivo, entendendo também cabível no julgamento de embargos de divergência. O CPC/2015 mantém e reforça esta sistemática, pois exigirá que os juízes observem as decisões proferidas por este procedimento. 3. Também é o nome empregado para os recursos perante o Tribunal Superior Eleitoral, em face de decisões de última ou única instância proferidas pelos Tribunais Regionais Eleitorais, que divirjam de outro TRE sobre a aplicação de lei, ou que sejam proferidas com violação de expressa disposição legal. 4. A EC nº 125/2022 estabeleceu um novo requisito a ser observado quando da interposição de recurso especial que é a relevância das questões de direito federal infraconstitucional. Segundo tal requisito, possuem relevância as ações penais; de improbidade administrativa; com valor da causa superior a 500 (quinhentos) salários mínimos; que possam gerar inelegibilidade; situações em que o acórdão recorrido contraria a jurisprudência dominante do STJ; dentre outros casos previstos em lei.

- ✱ ***V.*** *CF, art. 105, III.*
- ✱ ***V.*** *CPC/1973, arts. 496, VI, 497, 500, II, 508, 541 a 543 e 543-C.*
- ✱ ***V.*** *CPC/2015, arts. 927, IV, 928, II, 937, III, 987, 994, VI, 997, § 2º, II, 1.029 a 1.034 e 1.036 a 1.041.*
- ✱ ***V.*** *Lei nº 8.038/1990 (Institui normas processuais para os processos que especifica, perante o STJ e o STF), arts. 26 e 27.*
- ✱ ***V.*** *CE, arts. 276, I, e 278.*
- ✱ ***V.*** *RISTJ, arts. 255 a 257.*
- ✱ ***V.*** *Res. nº 8/2008 do STJ.*
- ✱ ***V.*** *Súmulas nºs 5, 7, 13, 83, 86, 123, 126, 203, 207, 211, 315, 316 e 518 do STJ.*
- ✱ ***V.*** *EC nº 125/2022 (Altera o art. 105 da Constituição Federal para instituir no recurso especial o requisito da relevância das questões de direito federal infraconstitucional).*

R

RECURSO EXTRAORDINÁRIO – 1. Em sentido lato, corresponde a qualquer recurso cabível no âmbito dos Tribunais Superiores, em razão de sua *jurisdição extraordinária*, ou seja, que apenas analisa a interpretação, pelos juízos ordinários, da lei e demais normas jurídicas, sem reexaminar fatos e provas do caso concreto. 2. Em sentido estrito, é recurso de competência do STF, nas causas decididas em única ou última instância, quando a decisão recorrida: a) contrariar dispositivo desta Constituição; b) declarar a inconstitucionalidade de tratado ou lei federal; c) julgar válida lei ou ato de governo local contestado em face desta Constituição; d) julgar válida lei local contestada em face de lei federal. 3. A EC nº 45/2004 determina que no recurso extraordinário o recorrente deverá demonstrar a repercussão geral das questões constitucionais discutidas no caso, nos termos da lei, a fim de que o Tribunal examine a admissão do recurso, somente podendo recusá-lo pela manifestação de dois terços de seus membros. Para regulamentar este dispositivo, foi editada a Lei nº 11.418/2006, que inseriu os arts. 543-A e 543-B ao CPC, disciplinando a atribuição de repercussão geral em recurso extraordinário. O CPC/2015 mantém e reforça esta sistemática, pois exigirá que os juízes observem as decisões proferidas por meio deste procedimento.

✱ *V. CF, art. 102, III.*

✱ *V. CPC/1973, arts. 496, VI, 497, 500, II, 508, 541 a 543 e 543-C.*

✱ *V. CPC/2015, arts. 927, IV, 928, II, 937, III, 987, 994, VI, 997, § 2º, II, 1.029 a 1.034 e 1.036 a 1.041.*

✱ *V. Lei nº 8.038/1990 (Institui normas processuais para os processos que especifica, perante o STJ e o STF), arts. 26 e 27.*

✱ *V. RISTF, arts. 321 a 329.*

✱ *V. Súmulas nºs 228, 249, 272, 279 a 284, 286, 291, 292, 299, 356, 400, 454, 456, 513, 515, 528, 602, 633 a 637, 640, 728, 733 e 735 do STF.*

RECURSO ORDINÁRIO – 1. Em sentido lato, corresponde aos recursos cabíveis perante os Tribunais de Justiça dos Estados, os Tribunais Regionais Federais, Eleitorais e do Trabalho, em razão de sua *jurisdição ordinária*, ou seja, que analisa fatos e provas de cada caso concreto. 2. Em sentido mais estrito, abrange as apelações e recursos ordinários no âmbito dos tribunais superiores. 3. Perante o STF e o STJ, é cabível em matérias como *habeas corpus* e mandado de segurança. 4. Na Justiça do Trabalho, de acordo com nova redação dada pela Lei nº 11.925/2009, caberá recurso ordinário para instância superior: a) das decisões definitivas ou terminativas das Varas e Juízos, no prazo de 8 dias; e b) das decisões definitivas ou terminativas dos Tribunais Regionais, em processos de sua competência originária, no prazo de 8 dias, quer nos dissídios individuais, quer nos dissídios coletivos. Só pode recorrer aquele que sofrer dano em razão da sentença (lesividade), no prazo de 8 dias da intimação da sentença da Vara, excluído o dia da intimação, incluído o do vencimento (tempestividade) e pagando-se as custas no prazo de 5 dias da interposição do recurso, mediante guia (preparo). Estes são os pressupostos objetivos. Os subjetivos: o recurso pode ser interposto pela parte vencida ou por terceiro prejudicado que tenha participação na relação processual na fase do conhecimento. 5. No Processo perante a Justiça Eleitoral, é aplicado para designar tanto os recursos em face das decisões de primeiro grau, quanto em relação aos recursos de decisões dos TRE, neste último caso quando versarem sobre expedição de diplomas nas eleições federais e estaduais, bem como quando denegarem *habeas corpus* ou mandado de segurança.

✱ *V. CF, arts. 102, II, e 105, II.*

✱ *V. CPC/1973, arts. 496, V, 497, 508, 539 e 540.*

✱ *V. CPC/2015, arts. 937, II, 994, V, 997, § 2º, II, 1.027 a 1.028.*

✱ *V. CE, arts. 257, § 2º, 276, II, e 277.*

✱ *V. CLT, arts. 893, II, e 895.*

✱ *V. Lei nº 8.038/1990 (Institui normas processuais para os processos que especifica, perante o STJ e o STF), arts. 30 a 37.*

✱ *V. RISTF, arts. 307 a 312 e 318 a 320.*

✱ *V. RISTJ, arts. 244 a 252.*

✱ *V. Súmulas nºs 99, 100, VII, 158, 201, 283, 393 e 414 do TST.*

✱ *V. Orientação Jurisprudencial nºs 142, II, da SBDI-I do TST.*

✱ *V. Orientação Jurisprudencial nºs 84, 100, 113, 148, 152 e 156 da SBDI-II do TST.*

RECURSOS NATURAIS – A palavra recurso significa algo a que se possa recorrer para a obtenção de alguma coisa. O homem recorre aos recursos naturais, isto é, aqueles que estão na Natureza, para satisfazer suas necessidades. São eles: a atmosfera, as águas interiores, superficiais e subterrâneas, os estuários, o mar territorial, o solo, o subsolo e os elementos da biosfera, a fauna e a flora. Os recursos naturais podem ser renováveis, isto é, continuarem a ser disponíveis após o seu uso, ou não renováveis, deixarem de ser disponíveis após seu uso.

RECURSOS PÚBLICOS – São os meios financeiros oriundos de impostos e outras fontes destinados ao custeio e aos investimentos do Poder Público.

✱ *V. Lei nº 9.096/1995 (Lei dos Partidos Políticos).*

RECURSOS REPETITIVOS – *V. Julgamento de recursos repetitivos.*

RECUSA – Ato de recusar, de impugnar. Não aceitação, rejeição. Dá-se a recusa do juiz quando se lhe argui suspeição ou impedimento; impugna-se o jurado e a testemunha nos casos que a lei aponta.

REDDE CAESARI QUAE SUNT CAESARIS ET QUOD SUNT DEI DEO – (Latim) Dai a César o que é de César e a Deus o que é de Deus. (Jesus Cristo).

REDIBIÇÃO – É a recusa de coisa objeto de contrato comutativo, em razão de defeito ou vício oculto que diminua o seu valor ou inviabilize a sua utilização.

✱ *V. CC, art. 441.*

✱ *V. CDC, art. 18.*

REDIBITÓRIO – *V. Vício redibitório.*

REDUÇÃO – Diminuição.

De jornada de trabalho: não é permitido ao empregador reduzir a jornada de trabalho do empregado com redução de vencimentos, porém, excepcionalmente, pode fazê-lo de acordo com a Lei nº 4.923/1965. Ela dispõe que a empresa em má situação econômica poderá reduzir a jornada normal ou o número de dias de trabalho, com redução salarial não superior a 25% do salário contratual, respeitado o salário mínimo e, proporcionalmente, reduzidas a remuneração e as gratificações de gerentes e diretores. Essa redução será temporária, não excedendo três meses e prorrogável se indispensável, dependendo de acordo com o sindicato profissional. Não ocorrendo esse acordo a empresa pode levar o caso à Justiça do Trabalho. Empresas nessa situação não podem admitir novos empregados antes de readmitir os dispensados, ficando sem programar horas extras por 6 meses.

De salário: a CF derrogou o art. 503 da CLT que permitia ao empregador, em caso de força maior ou prejuízos comprovados, reduzir unilateralmente os salários. Só é permitido, hoje, por acordo ou convenção coletiva de trabalho.

✱ *V. CF, art. 7º, VI; CLT, art. 468.*

REEXAME NECESSÁRIO – 1. Recurso interposto de ofício pelo órgão prolator da decisão originária, remetendo os autos ao tribunal, haja ou não apelação das partes. É verdadeira condição de eficácia da decisão, quando esta se subsume à previsão legal. Havendo decisão de procedência em primeiro grau, a reversão do julgado em segunda instância não enseja o reexame pelo Tribunal Superior, pois já houve efetivamente duplo grau de jurisdição. 2. Em Processo Civil, segundo o art. 475 do CPC/1973, correspondente ao art. 485, III, do CPC/2015, está sujeita ao duplo grau de jurisdição, não produzindo efeito senão depois de confirmada pelo tribunal a sentença: proferida contra a União, o Estado, o Distrito Federal, o Município, e as respectivas autarquias e fundações de direito público; que julgar procedentes, no todo ou em parte, os embargos à execução de dívida ativa da Fazenda Pública (art. 585, VI, do CPC/1973, correspondente ao art. 485, III, do CPC/2015). Nesses casos, o juiz ordenará a remessa dos autos ao tribunal, havendo ou não apelação; não o fazendo, deverá o presidente do tribunal avocá-los. Conforme CPC/1973, não se aplica esse dispositivo sempre que a condenação, ou o direito controvertido, for de valor certo não excedente a 60 salários mínimos, bem como no caso de procedência dos embargos do devedor na execução de dívida ativa do mesmo valor. Entretanto, o CPC/2015 altera o valor de acordo com o ente federativo envolvido, sendo de: 1.000 salários mínimos, em relação à União e demais pessoas jurídicas de Direito público federais; 500 salários mínimos, em relação aos Estados, Distrito Federal, capitais de Estados, bem como respectivas autarquias e fundações de Direito Público; e de 100 salários mínimos, para os municípios e respectivos entes de Direito Público. Contudo, este limite depende que a sentença tenha valor certo, não necessitando de fase de liquidação. Também não se aplica o reexame necessário à sentença que estiver fundada em jurisprudência do plenário do STF ou em súmula deste Tribunal ou do tribunal superior competente. 3. No Processo Penal, estão sujeitas ao reexame necessário as sentenças que concedam *habeas corpus* e que absolvam sumariamente o réu em procedimento perante o Tribunal do Júri. *V. Apelação necessária, duplo grau de jurisdição obrigatório, recurso* ex officio, *reexame obrigatório, remessa oficial.*

✱ *V. CPC/1973, art. 475.*

✱ *V. CPC/2015, art. 496.*

✱ *V. CPP, art. 574.*

✱ *V. Dec.-lei nº 779/1969 (Dispõe sobre a aplicação de normas processuais trabalhistas à Administração Pública direta), art. 1º, V.*

✱ *V. Súm. nº 423 do STF.*

✱ *V. Súmulas nºs 45, 253, 325, 390 e 490 do STJ.*

✱ *V. Súm. nº 303 do TST.*

✱ *V. Orientação Jurisprudencial nº 334 da SBDI-I do TST.*

REEXAME OBRIGATÓRIO – *V. Reexame necessário.*

REFERENDO – Consulta popular. O povo é chamado diretamente às urnas para opinar e decidir sobre uma política pública. Em 23-10-2005 houve o referendo sobre a proibição de armas de fogo e compra de munições, respondendo "sim" os que eram favoráveis à proibição e "não" os contrários a ela. O referendo movimentou mais de 120 milhões de eleitores em todo o País e o "não" venceu por larga diferença de votos. Há distinção entre *referendo* e *plebiscito*: no primeiro o cidadão é convocado a votar após a edição da norma legal, devendo ratificá-la ou não; no segundo, convoca-se o povo para opinar antes da criação da lei. O primeiro referendo ocorreu em 1963, quando foi proposta a mudança de governo do presidencialismo para o parlamentarismo, sendo este rejeitado pelo povo. Em 1993 houve plebiscito para decidir entre os regimes monárquicos parlamentarismo e presidencialismo, tendo o povo escolhido esse último.

REFORMA AGRÁRIA – Conjunto de medidas destinadas a promover a melhor distribuição da terra, com mudanças no regime de sua posse e uso, para atender aos princípios de Justiça social e ao aumento da produtividade. Compete à União desapropriar, por interesse social, o imóvel rural que não esteja cumprindo sua função social, pagando justa e prévia indenização em títulos da dívida agrária, com cláusula de preservação do valor real, resgatáveis em até 20 anos, a partir do segundo ano de sua emissão, e cuja utilização a lei definirá.

✱ ***V.*** *CF, art. 18.*

✱ ***V.*** *Lei nº 4.504/1964 (Estatuto da Terra), art. 1º.*

✱ ***V.*** *Dec. nº 59.566/1966 (Regulamenta o Estatuto da Terra).*

✱ ***V.*** *Dec. nº 62.504/1968 (Dispõe sobre o desmembramento de imóveis rurais).*

✱ ***V.*** *Dec.-lei nº 554/1969 (Dispõe sobre desapropriação, por interesse social, de imóveis rurais, para fins de reforma agrária).*

REFORMATIO IN PEJUS – (Latim) Reforma de decisão judicial contra o recorrente, prejudicando-o em relação à primeira sentença, o que não é admitido pelo nosso direito positivo.

REFUGIADO – 1. Pessoa que se dirige a um local resguardado, a salvo de perigo (refúgio). 2. Pessoa que busca refúgio, em razão de perseguição criminal, política ou intolerância ao grupo a que pertence, em território onde não seja oprimida. 3. Segundo a Lei de Migração, é pessoa que tenha recebido proteção especial do Estado brasileiro, conforme previsto na Lei nº 9.474, de 22-7-1997. A Organização Internacional de Refugiados (International Refugee Organization – IRO) criada pela Organização das Nações Unidas (ONU) tem como objetivo atender a demanda de pessoas que buscam refúgio em outros países.

✱ ***V.*** *Lei nº 9.474/1997 (Define mecanismos para a implementação do Estatuto dos Refugiados de 1951).*

✱ ***V.*** *Lei nº 13.445/2017 (Lei de Migração), arts. 2º, 26, § 2º, 121.*

✱ ***V.*** *Dec. nº 9.199/2017 (Regulamenta a Lei de Migração), arts. 75, § 2º, 96, 106, parágrafo único, 119 a 122.*

✱ ***V.*** *Dec. nº 10.917/2021 (Dispõe sobre o Comitê Federal de Assistência Emergencial).*

REGIME – Método, sistema, forma de governo.

De bens: regras que fixam e regem as relações de ordem econômica entre cônjuges. No aspecto formal, pode ser: convencional, se escolhido pelos contraentes, em pacto antenupcial; *legal*, se determinado pela lei, não havendo declaração dos contraentes ou sendo nula ou ineficaz. No aspecto substancial, pode ser: *de comunhão universal*, quando se comunicam todos os bens presentes e futuros e as dívidas passivas dos contraentes, com as exceções da lei. O regime dissolve-se: pela morte de um dos cônjuges; pela sentença que anule o casamento e pelo divórcio. Efetuada a divisão do ativo e do passivo, cessa a responsabilidade de um pelas dívidas do outro; *de comunhão parcial ou limitada*, do qual se excluem alguns bens, assim como obrigações anteriores ao casamento e as advindas de atos ilícitos. Entram na comunhão os bens adquiridos na constância do casamento, mesmo que em nome de um só dos cônjuges; os adquiridos por fato eventual; os adquiridos por doação, herança ou legado, em favor de ambos os cônjuges; as benfeitorias em bens particulares de cada cônjuge; os frutos dos bens comuns, ou dos particulares de cada cônjuge, percebidos durante o casamento ou pendentes ao tempo de cessar a comunhão dos adquiridos; os frutos civis do trabalho, a indústria de cada um, ou de ambos. Não havendo convenção, ou sendo nula ou ineficaz, vigora o regime de comunhão parcial; *separação*, quando os bens de cada cônjuge permanecem sob sua administração exclusiva, podendo ser livremente alienados, se forem móveis. Este regime é obrigatório, com as exclusões que a lei estipula. O regime dotal acolhido no direito anterior e muito pouco utilizado, foi abolido pelo CC atual. No regime de separação legal comunicam-se os bens adquiridos na constância do casamento. Atualmente, admite-se a alteração do regime de bens na vigência do casamento, mediante autorização judicial ou pedido motivado de ambos os cônjuges, apurada a procedência das razões invocadas e ressalvado os direitos de terceiros.

De participação final nos aquestos: não existente no direito anterior. Embora parecido com o regime de comunhão parcial, os aquestos – bens adquiridos após o casamento – permanecem como patrimônio individual e separado de cada um dos cônjuges. Com o divórcio ou morte, os bens adquiridos por ambos são partilhados igualmente.

Jurídico único: instituído pela CF para servidores civis da Administração direta, autárquica e fundacional, menos empresas públicas e sociedades de economia mista.

✱ ***V.*** *CF, art. 37, I, II, XVI e XVII.*

✱ ***V.*** *CP, arts. 34 a 37.*

✱ ***V.*** *CC, arts. 1.639, § 2º, 1.634, 1.667, 1.669 a 1.684, 1.747 e 1.774.*

✱ ***V.*** *LINDB (antiga LICC), art. 7º, § 4º.*

✱ ***V.*** *Súm. nº 377 do STF.*

✱ ***V.*** *EC nº 66/2010 (Dispõe sobre a dissolubilidade do casamento civil pelo divórcio, suprimindo o requisito de prévia separação judicial por mais de 1 (um) ano ou de comprovada separação de fato por mais de 2 (dois) anos).*

REGIME ESPECIAL DE REGULARIZAÇÃO CAMBIAL E TRIBUTÁRIA (RERCT) – É o regime destinado à declaração voluntária de recursos, bens ou direitos de origem lícita, não declarados ou declarados com omissão ou incorreção em relação a dados essenciais, remetidos ou mantidos no exterior, ou repatriados por residentes ou domiciliados no País.

✱ *V. Lei nº 13.254/2016 (Dispõe sobre o Regime Especial de Regularização Cambial e Tributária (RERCT) de recursos, bens ou direitos de origem lícita, não declarados ou declarados incorretamente, remetidos, mantidos no exterior ou repatriados por residentes ou domiciliados no País).*

REGIME PLURALISTA – Diz-se da multiplicidade partidária e autonomia dos corpos intermediários da sociedade cível, representados pelos sindicatos e pelas empresas.

REGIME POLÍTICO – Diz-se do Estado organizado conforme certos princípios que determinam as relações entre governantes e governados fixando seus direitos e deveres.

REGIMENTO – Normas agrupadas que disciplinam o serviço interno ou o funcionamento de tribunais, assembleias legislativas, corporações, fundações, instituições civis.

De custas: código que fixa normas e tabelas para o pagamento das custas judiciais.

REGISTRO – Lançamento, transcrição, integral ou por extrato, em livro próprio, de fatos ou atos escritos, escrituras, títulos ou documentos. Livro em que isso se faz. Cartório especial onde se fazem tais lançamentos. O registro confere: *autenticidade, publicidade e perpetuidade* ao ato ou documento. Pode ser *obrigatório*, se deriva da própria lei, retirando dele o ato jurídico a sua eficácia; e *facultativo*, quando depende da pessoa interessada. Os atos do registro são: *averbação, inscrição, transcrição e arquivamento*. Pode ser *civil* e *comercial*.

De empregados: anotação do contrato de trabalho em livro ou fichas próprias, sujeitos a controle do Ministério do Trabalho. A Lei nº 13.467/2017 atualizou o valor da multa ao empregador que mantiver empregado sem registro, bem como fixou multa para situações antes não detalhadas pela CLT.

✱ *V. CLT, arts. 41, 47 e 47-A.*

De imóveis: cartório para inscrição, transcrição e averbação da propriedade imobiliária.

De nascimento: é um documento cujo conteúdo é extraído do assento de nascimento lavrado em um livro depositado aos cuidados de um cartório de Registo Civil. Pode ser emitida de duas formas: em breve relato, que traz os dados principais inscritos no livro de assentamento ou em inteiro teor, que reproduz todo o assento de nascimento em sua integralidade. A certidão de inteiro teor também é chamada de certidão *verbo ad verbum.*

✱ *V. Lei nº 6.015/1973 (Lei dos Registros Públicos).*

De sentença: inscrição de sentença em livro próprio nos cartórios e secretarias do tribunal.

De sociedade: no Cartório de Registro de Títulos e Documentos.

De testamento: cópia do testamento, falecido o testador, no competente livro do cartório correspondente ao juízo onde se procederão ao inventário e partilha.

De títulos cambiais: obrigatório no Ministério da Fazenda, em 15 dias, sob pena de nulidade.

REGISTRO CIVIL DE PESSOAS JURÍDICAS – As pessoas jurídicas podem ser de *direito público* (União, Estados, Municípios, Distrito Federal) e de *direito privado* (sociedades civis, religiosas, pias, científicas, culturais, associações de utilidade pública, fundações, sociedades mercantis). Para prova de sua existência legal, as pessoas jurídicas de direito privado devem inscrever seus contratos, atos constitutivos, estatutos ou compromissos no seu registro peculiar, regulado por lei especial, ou com autorização e aprovação do Governo, quando necessária; averbam-se, ainda, as alterações que esses atos sofrerem. A Lei nº 12.399/2011 alterou o art. 974 do CC, para acrescentar o § 3º ao referido artigo, estabelecendo que "Art. 974. (...) § 3º O Registro Público de Empresas Mercantis a cargo das Juntas Comerciais deverá registrar contratos ou alterações contratuais de sociedade que envolva sócio incapaz, desde que atendidos, de forma conjunta, os seguintes pressupostos: I – o sócio incapaz não pode exercer a administração da sociedade; II – o capital social deve ser totalmente integralizado; III – o sócio relativamente incapaz deve ser assistido e o absolutamente incapaz deve ser representado por seus representantes legais".

✱ *V. Lei nº 6.015/1973 (Dispõe sobre os registros públicos), arts. 114 a 121.*

REGISTRO CIVIL DE PESSOAS NATURAIS – Incumbe-se de registros e averbações de atos jurídicos e títulos de pessoas naturais, conferindo-lhes autenticidade e publicidade. São anotados os nascimentos, os casamentos, óbitos, a emancipação por outorga dos pais ou sentença do juiz, interdição de loucos, surdos-mudos e pródigos; sentença declaratória de ausência, opções de nacionalidade, sentença que deferir legitimação adotiva, as que decidirem nulidade ou anulação do casamento, o divórcio, o restabelecimento da sociedade conjugal, as sentenças que legitimam filhos concebidos na constância do casamento e as que declararem a filiação legítima, casamentos de que resultem legitimação de filhos havidos ou concebidos anteriormente, atos judiciais ou extrajudiciais de reconhecimento de filhos ilegítimos; as escrituras de adoção e os atos que as dissolverem; as alterações ou abreviaturas de nomes. Promover inscrição, no registro civil, de nascimento inexistente, é crime apenado com reclusão de 2 a 6 anos.

✱ *V. CP, arts. 241 e 242, parágrafo único.*

✱ *V. Lei nº 6.015/1973 (Dispõe sobre os registros públicos), art. 29 e segs.*

REGISTRO DO COMÉRCIO – Registro público de atos e fatos do comércio, que qualquer interessado pode consultar sem precisar justificar-se. Da mesma forma, não pode ser recusado pedido de certidão com os emolumentos pagos. O fundamento desse registro é, exatamente, a publicidade dos fatos e atos nele inscritos, cuja falta enseja a própria nulidade do ato em sua validade entre terceiros. Neste caso, mesmo válido entre as partes, não produz efeitos com relação a terceiros. São seus órgãos centrais: o Departamento Nacional de Registro do Comércio (DNRC) com funções supervisoras, orientadoras e coordenadoras no plano técnico; a Divisão Jurídica do Registro do Comércio (DJRC), com funções consultiva e fiscalizadora no plano jurídico. São órgãos regionais: as Juntas de Comércio de todas as circunscrições do País, com funções administradora e executiva. São órgãos locais: as Delegacias das Juntas Comerciais nas zonas das circunscrições a que pertencerem, com funções iguais. O processo de abertura, registro, alteração e baixa do microempreendedor individual de que trata o art. 18-A da Lei Complementar nº 123, de 14 de dezembro de 2006, bem como qualquer exigência para o início de seu funcionamento deverão ter trâmite especial e simplificado, preferentemente eletrônico, opcional para o empreendedor, na forma a ser disciplinada pelo Comitê para Gestão da Rede Nacional para a Simplificação do Registro e da Legalização de Empresas e Negócios – CGSIM. Poderão ser dispensados o uso da firma, com a respectiva assinatura autógrafa, o capital, requerimentos, demais assinaturas, informações relativas à nacionalidade, estado civil e regime de bens, bem como remessa de documentos, na forma estabelecida pelo CGSIM.

✱ *V. Lei nº 8.934/1994 (Dispõe sobre o registro público de empresas mercantis e atividades afins, regulamentada pelo Dec.-lei nº 1.800/1996).*

REGISTRO TORRENS – Sistema de inscrição de imóvel rural, regulado atualmente pela Lei nº 6.015/1973, com as alterações da Lei nº 6.216/1975.

✱ *V. Lei nº 6.015/1973 (Lei dos Registros Públicos), arts. 277 a 288.*

REGRAS GERAIS (DO CP) – Aplicam-se aos fatos incriminados por lei especial, se esta não dispuser de modo diverso.

✱ *V. CP, art. 12.*

REGRA TÉCNICA DE PROFISSÃO, ARTE OU OFÍCIO – Se não é observada, a pena á aumentada de um terço no homicídio doloso.

✱ *V. CP, art. 121, § 4º.*

REGRESSO – *V. Ação regressiva.*

REGULAMENTAÇÃO – Ato de estabelecer regras, normas, de regulamentar a aplicação de uma lei. Por determinação da CF, a regulamentação dos serviços concedidos compete ao Poder Público.

✱ *V. CF, art. 175, parágrafo único.*

REGULAMENTO – Conjunto de regras para esclarecer e completar o texto da lei, facilitando sua execução. Estatuto com as regras de funcionamento de órgão do serviço público, que devem ser obrigatoriamente observadas. Regulamento decorre do poder regulamentar dos chefes do Executivo (federal, estadual, municipal); é ato administrativo geral e normativo, por meio de decreto, para explicar o modo e forma de execução da lei (regulamento de execução) ou prover situações não disciplinadas (regulamento autônomo). Não é lei; é ato inferior a ela e não pode contrariá-la, nem restringir ou ampliar as suas disposições.

Da empresa: regras que o empregador estabelece para disciplinar o trabalho dentro de sua empresa. A Súm. nº 51 do TST estabelece que: "As cláusulas regulamentares que revoguem ou alterem vantagens deferidas anteriormente, só atingirão os trabalhadores admitidos após a revogação ou alteração do regulamento".

REGULARIZAR – Sanar vícios, sanear, ordenar, atender às exigências legais.

REINCIDÊNCIA – Prática, pelo mesmo agente, de novo crime, depois de transitada em julgado a sentença que, no País ou no estrangeiro, o tenha condenado por delito anterior. O mesmo que *recidiva*. Nos crimes dolosos, induz periculosidade do agente. Para efeito de reincidência não prevalece a condenação anterior, se entre a data do cumprimento ou da extinção da pena e a infração posterior tiver decorrido período de tempo superior a 5 anos; e também não se consideram os crimes militares próprios e políticos. A reincidência é sempre agravante da pena; um dos requisitos para suspensão da pena é que o condenado não seja reincidente em crime doloso. A prescrição, depois de transitar em julgado a sentença condenatória, regula-se pela pena aplicada e verifica-se nos prazos fixados (art. 109 do CP), os quais se aumentam de um terço se o condenado é reincidente. A reabilitação será revogada, de ofício ou a requerimento do Ministério Público, se o reabilitando for condenado, como reincidente, por decisão definitiva, a pena que não seja de multa. O curso da prescrição é interrompido pela reincidência. A sentença que conceder perdão judicial não será considerada para efeitos de reincidência. Nas contravenções penais, o conceito é mais abrangente; verifica-se a reincidência quando o agente pratica contravenção depois de passar em julgado a sentença que o condenou, no Brasil ou no estrangeiro por qualquer crime, ou, no Brasil, por contravenção.

✱ *V. CP, arts. 61, I, 63, 64, 77, I, 95, 110,* caput, *117, VI, e 120.*

✱ *V. LCP, art. 7º.*

REINCIDENTE – Aquele que reincide em comportamento criminoso; o que pratica nova infração penal, depois de condenado por crime.

REINTEGRAÇÃO – Recuperação, retorno, volta a estado anterior.

De posse: restituição de um bem a quem dele fora desapossado. Ação que move na Justiça aquele que foi, injustamente, desapossado de coisa legitimamente sua. *V. Ação possessória.*

✱ *V. CPC/1973, arts. 926 a 931.*

✱ *V. CPC/2015, arts. 73, § 2º, 554, 557 e 560 a 566.*

No cargo: volta do funcionário público ao cargo do qual fora afastado indevidamente por resolução administrativa ou sentença judicial.

No emprego: volta do empregado estável ao emprego do qual fora afastado pelo empregador sem as formalidades da lei ou por ter sido julgado improcedente ação movida contra ele.

REITERAÇÃO – Renovação daquilo que se pediu, por idêntica ou por nova via de direito.

REITERAR – Repetir, insistir, renovar pedido.

REIVINDICAÇÃO – Requerimento, pretensão, pedido. Reclamação que alguém faz em juízo para que se lhe reconheça o direito de propriedade ou domínio sobre coisa móvel ou imóvel, indevidamente detida ou na posse de outrem. O mesmo que *ação de reivindicação* (q.v.). Ato de procurar, por via judicial, reaver certos bens que estão em poder do falido. *Reclamação restitutória.*

REIVINDICATÓRIA – *V. Ação de reivindicação.*

RELAÇÃO – Laço, vínculo, relatório; rol.

De causalidade: ação ou omissão sem a qual o resultado não teria ocorrido.

✱ *V. CP, art. 18.*

De direito ou jurídica: vínculo entre o sujeito do direito e seu objeto; nexo entre o sujeito ativo e o passivo de um direito. Relação entre duas ou mais pessoas, regulada por normas legais. Diz-se *pública*, quando se estabelece entre cidadãos e o Estado; *relativa*, se o poder jurídico incide sobre certas pessoas; e *absoluta*, se a relação se estende a todos, indistintamente.

De emprego ou trabalho: intercâmbio de interesses, reciprocidade de direitos e deveres entre o empregado e o empregador, entre o prestador de serviços e quem o contratou.

Jurídico-processual: vínculo que une os participantes do processo, autor, réu, o Ministério Público, às vezes, e o juiz.

RELAÇÕES DE PARENTESCO – Relação jurídica de família, entre pessoas que vêm de um tronco comum, ou a que liga um dos cônjuges aos parentes do outro. Diz-se *parente* a pessoa em relação de ascendência ou descendência com outras ou que descende, com esta, de autor comum. Parentes legítimos, em primeiro grau são: *consanguíneos*, quando o são por parte dos pais; *uterinos*, por parte das mães; *germanos*, por parte de pai e mãe. O parentesco faz-se por *linha reta*, quando pessoas se originam e descem verticalmente de um antepassado e outras por ele sobem, simultaneamente; *linha colateral oblíqua ou transversal*, que são parentes vindos de um só tronco, mas que não descendem diretamente uns dos outros; contam-se os graus do 2º ao 6º; não há o 1º; os chamados à sucessão vão até o 4º grau; e, juridicamente, não são considerados parentes colaterais os do 7º grau em diante. Contam-se os graus pelo número de gerações; e a *linha de afinidade*, que é o vínculo que o casamento forma entre cada cônjuge e os parentes do outro.

✱ *V. CC, arts. 1.561, 1.597, I e II, 1.839 a 1.853.*

RELAÇÕES DOMÉSTICAS – É circunstância que sempre agrava a pena se o agente comete o crime prevalecendo-se de relações domésticas, de coabitação ou de hospitalidade.

✱ *V. CP, art. 61, II,* f.

RELATIVAMENTE INCAPAZ – *V. Incapaz.*

RELATOR – Encarregado de relatar, de expor, de apresentar relatório, numa assembleia deliberativa ou legislativa, sobre assunto ou projeto em debate. Juiz a quem foi distribuído o feito e que explana, perante o tribunal, o caso a ser julgado e constante dos autos que ele apresenta.

RELATÓRIO – Peça circunstanciada que a autoridade policial elabora, concluído o inquérito, contendo as investigações realizadas para a elucidação do fato criminoso e de sua autoria, para servir de base à queixa ou denúncia. Exposição sumária, feita pelo relator, da espécie ou fato da causa para apreciação do tribunal. Preâmbulo da abertura em que o juiz expõe concisamente o pedido e a defesa das partes, que nomeia, com o resumo dos fundamentos das razões que apresentam e os pontos básicos a serem esclarecidos. Histórico resumido que faz o juiz que preside o Tribunal do Júri do processo relativo ao réu, narrando o crime e mencionando provas e conclusão da acusação e da defesa. Explanação de fatos administrativos de uma sociedade, empresa ou organização pública; exposição pormenorizada dos trabalhos de uma comissão.

RELAXAR – Suspender a execução de uma pena ou corretivo ou uma prisão ilegal.

RELEVAÇÃO – Dispensa de cumprimento de obrigação; ação de absolver, de isentar de pena.

RELEVÂNCIA DA OMISSÃO – A omissão é penalmente relevante quando o agente devia e podia agir para evitar o resultado.

✱ *V. CP, art. 13, § 2º.*

RELEVO ONDULADO – A Lei nº 12.651/2012 (Novo Código Florestal), em seu art. 3º, XXIII, conceituou relevo ondulado: "XXIII – relevo ondulado: expressão geomorfológica usada para designar área caracterizada por movimentações do terreno que geram depressões, cuja intensidade permite sua classificação como relevo suave ondulado, ondulado, fortemente ondulado e montanhoso;"

RELOCAÇÃO – Recondução ou renovação de locação; prorrogação, implícita, da locação, sem que se faça novo contrato escrito.

REMESSA DOS AUTOS – É a tramitação dos autos do cartório para o juiz da causa ou ao advogado, ou o envio ao grau de jurisdição superior.

REMIÇÃO – 1. Ato ou efeito de remir. 2. Resgate, pagamento, quitação. 3. Libertação, redenção, alforria. 4. Saldamento de dívida, liberação de ônus, de obrigação, de um direito. 5. A legislação não raras vezes emprega o termo *remissão* no sentido de remição, equívoco que pode causar confusão, ante a proximidade de conceitos.

Da execução: até 2006, podiam o cônjuge, descendente ou ascendente remir quaisquer bens penhorados, na insolvência do devedor, depositando o preço pelo qual foram alienados ou adjudicados. Com a Lei nº 11.382/2006, que revogou os arts. 787 a 790 do CPC, a remição da execução por qualquer interessado deve se dar da mesma forma que por parte do próprio devedor, sendo paga a importância da dívida, juros, custas e honorários advocatícios.

Da hipoteca: pagamento da importância garantida pela hipoteca.

Da pena: no Dir. Penal, é a redução do tempo originalmente estipulado para a pena privativa de liberdade, pelo exercício de trabalho ou de estudo pelo condenado. Também se aplica às hipóteses de prisão cautelar.

De bens executados: liberação de bens, pendentes de execução, pelo pagamento de certa importância.

De foro: pagamento de importância pelo enfiteuta a quem havia recebido o imóvel por enfiteuse, liberando o bem.

✱ *V. ADCT, art. 49.*

✱ *V. CC/2002, arts. 1.429, 1.436, V, 1.481 a 1.484, 1.499, V, 1.505 e 1.510.*

✱ *V. CPC/1973, arts. 558, 651 e 1.048.*

✱ *V. CPC/2015, arts. 826, 877, §§ 3º e 4º, e 902.*

✱ *V. CTN, art. 131, I.*

✱ *V. Lei nº 5.584/1970 (Dispõe sobre normas de Direito Processual do Trabalho), art. 13.*

✱ *V. Lei nº 7.210/1984 (Lei de Execução Penal), arts. 126 a 130.*

✱ *V. Dec.-lei nº 9.760/1946 (Dispõe sobre os bens imóveis da União), arts. 103, III, e 122 a 124.*

✱ *V. Súm. Vinc. nº 9.*

✱ *V. Súm. nº 458 do STF.*

✱ *V. Súm. nº 341 do STJ.*

REMISSÃO – 1. Ato ou efeito de remitir, que significa perdoar. 2. Liberação, perdão, renúncia, absolvição. 3. Também empregado no sentido de ato ou efeito de remeter, que significa enviar, encaminhar ou direcionar o leitor para outras partes do texto. 4. Para o Dir. Civil, é a ação espontânea de desobrigar de um ônus sem impor qualquer condição. É causa de extinção de obrigações. Na remissão de dívida, a entrega voluntária do título da obrigação, quando por escrito particular, prova a desoneração do devedor e de seus coobrigados, se o credor for capaz de alienar, e o devedor capaz de adquirir. A entrega do objeto empenhado prova a renúncia do credor à garantia real, mas não a extinção da dívida. A remissão concedida a um dos codevedores extingue a dívida na parte que a ele corresponde, de modo que, mesmo reservando o credor a solidariedade contra os outros, já lhes não pode cobrar o débito sem dedução da parte remitida. Atos de remissão de dívida praticados por devedor já insolvente, ou por ele reduzido à insolvência, poderão ser anulados pelos credores quirografários como lesivos dos seus direitos. A ação pode ser intentada contra o devedor insolvente, a pessoa que com ele celebrou a estipulação considerada fraudulenta, ou terceiros adquirentes que hajam procedido de má-fé. Se um dos credores remitir a dívida, a obrigação não se extingue em relação aos outros, mas estes só poderão exigi-la com o desconto da cota do credor remitente. O credor que tiver remitido a dívida ou recebido o pagamento responderá aos outros pela parte que lhes caiba. 5. O foreiro não tem direito à remissão do foro, por esterilidade ou destruição parcial do prédio enfitêutico, nem pela perda total de seus frutos; pode, em tais casos, porém, abandoná-lo ao senhorio direto e, independentemente do seu consenso, fazer inscrever o ato da renúncia. 6. Em Dir. Tributário, a remissão é hipótese de extinção do crédito tributário, dependendo de lei específica, que autorize a administração fazendária, sob certas circunstâncias, a perdoar, total ou parcialmente, o sujeito passivo da obrigação. 7. Ao pagamento e à remissão da dívida aplicam-se as normas dos arts. 401 e 402 do CPC/1973, correspondentes aos arts. 444 e 445 do CPC/2015. A execução extingue-se pela renúncia (remissão) ao crédito pelo credor. 8. No Dir. Penal, a remissão da pena ocorre quando o Estado concede uma espécie de perdão ao condenado, que pode assumir a forma de *anistia*, *graça* ou *indulto*.

✱ *V. CC/1916, art. 687.*

✱ *V. CC/2002, arts. 158, 262, 272, 277, 385 a 388 e 1.436.*

✱ *V. CPC/1973, arts. 403, 685-B, 686, I, 703, I, 794, III.*

✱ *V. CPC/2015, arts. 877, § 2º, 886, I, 901, § 2º, 924, III e IV, e 1.046, § 4º.*

✱ *V. CP, art. 107, II.*

✱ *V. CTN, arts. 125, II, 156, IV, e 172.*

REMOÇÃO – 1. Transferência, mudança de pessoa ou coisa. 2. Transferência de funcionário, a pedido ou por conveniência do serviço público, de uma repartição para outra, ou de uma localidade para outra, sem alterar a sua situação funcional. A EC nº 130/2023 determinou que a remoção a pedido de juízes de comarca de igual entrância atenderá, no que couber, ao disposto nas alíneas "a", "b", "c" e "e" do inciso II do *caput* do art. 93, bem como no art. 94 da CF. 3. Afastamento do cargo ou da função, por negligência ou culpa, como uma espécie de penalidade: remoção de tutor, de curador etc.

✱ *V. CF, arts. 93 e 94.*

✱ *V. CC, art. 1.732, inciso III.*

✱ *V. EC nº 130/2023 (Altera o art. 93 da Constituição Federal para permitir a permuta entre juízes de direito vinculados a diferentes tribunais).*

REMUNERAÇÃO – 1. Ato ou efeito de remunerar. 2. Rendimento, prêmio, preço, recompensa. 3. Contraprestação pelos serviços prestados. 4. Em sentido lato, é empregada como sinônimo de *salário*. Em sentido estrito, é a soma daquilo que o empregado recebe a título de salário, gorjetas e outros benefícios, se houver. A legislação trabalhista acolhe a distinção entre os termos salário e remuneração, prevendo que certos pagamentos sejam feitos à base do primeiro, como o aviso prévio, e outros com base na segunda, como indenização, férias etc. 5. A remuneração recebe várias denominações: *vencimentos*, para funcionários públicos, professores; *subsídios*, para magistrados e outros agentes políticos; *jeton*, para parlamentares; *soldo*, parte do que recebem os militares; *etapa*, parte do que recebem os marítimos, sua alimentação; *honorários*, para os profissionais liberais. 6. A legislação tributária brasileira, ao longo das décadas, foi se descolando da definição trabalhista, passando a prever a incidência de tributos sobre valores que, a princípio, não constituem *remuneração*, tais como a gratificação natalina (13º salário). 7. Paga-se remuneração ao depositário ou administrador, ao leiloeiro, ao perito, intérprete ou tradutor, ao administrador da massa de bens do insolvente, ao assistente técnico, aos membros do Comitê de credores, ao administrador judicial, ao testamenteiro e ao tutor – tudo em conformidade com o que dispõem as leis civil e processual civil e a Nova Lei de Recuperação de Empresas e Falências. 8. A CF dispõe sobre remuneração de servidores públicos, dos deputados estaduais, e dá como direito dos trabalhadores urbanos e rurais o salário mínimo fixado em lei e unificado nacionalmente. A remuneração percebida em desacordo com a CF será imediatamente reduzida aos limites dela decorrentes, não se admitindo invocação de direito adquirido ou de percepção de excesso a qualquer título. O mesmo ocorre para vencimentos, vantagens e proventos de aposentadoria. 9. A CF garante a irredutibilidade de salários, o que não abrange todas as parcelas da remuneração, de modo que, na prática, certos valores, como horas extras habituais, podem ser suprimidos, sem que isto viole a garantia constitucional. 10. A princípio, todas as parcelas da remuneração devem ser computadas para a base de cálculo de contribuições previdenciárias e, consequentemente, para apuração de benefícios. Entretanto, a jurisprudência vem excluindo a incidência de valores pagos não a título de contraprestação pelo trabalho, mas como indenização por custos que o trabalhador incorre para o trabalho. 11. A Lei nº 13.467/2017 (Reforma Trabalhista) determinou que integraria o salário além da importância fixa estipulada, as gratificações legais e as comissões pagas pelo empregador, bem como elencou parcelas específicas pagas pelo empregador que não integrarão a remuneração do empregado, não serão base de encargo trabalhista e previdenciário, nem serão incorporadas ao contrato de trabalho.

✱ *V. CF, arts. 7º, VII, 27, § 2º, e 37, X, XI, XIII e XVI, 40, §§ 2º, 3º, 11 e 17, 61, § 1º, II, e 201, § 11.*

✱ *V. ADCT, art. 17.*

✱ *V. CLT, arts. 457 e 458.*

✱ *V. CC/2002, arts. 651, 676, 698, 701 a 703, 705, 714, 716 a 719, 724 a 726, 728, 753, § 4º, 1.068, 1.070, parágrafo único, 1.071, IV, 1.401, 1.752 e 1.901, II.*

✱ *V. CPC/1973, arts. 20, § 2º, 33, 149, e 767.*

✱ *V. CPC/2015, arts. 84, 95, 160.*

✱ *V. Lei nº 7.713/1988 (Altera a legislação do imposto de renda), arts. 3º, 6º e 7º.*

✱ *V. Lei nº 8.036/1990 (Dispõe sobre o Fundo de Garantia por Tempo de Serviço), art. 15.*

✱ *V. Lei nº 8.212/1991 (Lei Orgânica da Seguridade Social), art. 28.*

✱ *V. Súmulas Vinculantes nºs 6 e 16.*

✱ *V. Súmulas nºs 307, 462 e 593 do STF.*

✱ *V. Súm. nº 219 do STJ.*

✱ *V. Súmulas nºs 7, 27, 45, 63, 93, 115, 139, 146, 149, 171, 264, 354 e 450 do TST.*

✱ *V. Orientações Jurisprudenciais nºs 297, 339 e 363 do TST.*

RENDA – 1. Tecido leve e transparente, feito de linho, algodão, seda etc., utilizado em roupas, toalhas etc. 2. Em sentido lato, são proventos que se auferem periodicamente pelo trabalho, pela exploração econômica de coisa ou pela aplicação ou investimento de capital: remuneração, receita, rendimento. 3. Em sentido mais estrito, é o rendimento líquido obtido por certo investimento, deduzidos os custos e despesas, materiais e financeiras. 4. Preço do uso de coisa arrendada ou alugada. 5. Prestação do devedor no contrato de renda sobre imóveis. 6. Tudo quanto o Estado arrecada em tributos e na exploração de suas terras, empresas e bens patrimoniais, o que vem a constituir a *receita pública*. 7. Se o legado consistir em renda vitalícia, ou pensão periódica, esta, ou aquela, correrá da morte do testador. 8. Já a doação em forma de subvenção periódica extingue-se com a morte do doador, salvo se este outra coisa dispuser. 9. Renda de imóvel alugado constitui título executivo extrajudicial. 10. Renda vinculada a imóvel é direito real de fruição sobre coisa alheia. 11. Dar às rendas públicas aplicação diversa da especificada em lei é crime contra as Finanças Públicas, apenado com detenção de 1 a 3 meses ou multa.

✱ *V. CC/2002, arts. 545, 803 a 813 e 1.926.*

✱ *V. CP, art. 315.*

✱ *V. CTN, arts. 43 a 45.*

✱ *V. CPC/1973, art. 585, IV.*

✱ *V. CPC/2015, arts. 343 e 784, VII.*

✱ *V. Súmulas nºs 125, 136, 215, 262, 386, 394, 447, 463, 486 e 498 do STJ.*

RENDA MENSAL VITALÍCIA –1. Também conhecido como renda mensal vitalícia, até a entrada em vigor da Lei nº 8.743/1993 (Lei Orgânica da Assistência Social), era o benefício pago pela Previdência Social aos maiores de 70 anos ou inválidos que não exercesse matividade remunerada,não auferissem rendimentos superiores ao valor da renda mensal fixa da em lei, não fosse mantido por pessoa de quem dependesse obrigatoriamente e não tivesse outro meio de prover ao próprio sustento. Era preciso que fosse filiado à Previdência Social por pelo menos 12 (doze) meses, consecutivos ou não. Com a criação do benefício de prestação continuada, foram mantidos apenas os auxílios até então concedidos.

✱ *V. Lei nº 6.179/1974 (Institui amparo previdenciário para maiores de setenta anos de idade e para inválidos).*

✱ *V. Lei nº 8.213/1991 (Dispõe sobre os Planos de Benefícios da Previdência Social), art.139, revogado pela Lei nº 9.528/1997).*

RENDA MÍNIMA – Foi instituída pela Lei nº 10.219/2001, e Dec. nº 3.823/2001. Dispõe que o Governo Federal, a partir do exercício de 2001, beneficiará as famílias de renda reduzida com uma complementação a ela.

RENDEIRO – Proprietário da casa dada à renda. O que dá ou toma de arrendamento uma propriedade, recebendo ou pagando renda por seu uso. Arrendador ou arrendatário; parceiro agrícola.

RENDIMENTO – Renda, receita, proveito ou lucro da exploração de imóveis, coisas naturais ou artificiais ou de aplicações financeiras. No Dir. Administrativo, para efeitos de licitação, rendimento é a *produtividade*, abrangendo todos os elementos de que ela depende. Entram na classe das coisas acessórias os frutos, produtos e rendimentos. No Dir. das Sucessões, o descendente, ascendente ou cônjuge, que for sucessor provisório do ausente, fará seus todos os frutos e rendimentos dos bens que a este couberem. Os outros sucessores devem capitalizar metade desses frutos e rendimentos, segundo o disposto no art. 472, de acordo com o representante do Ministério Público e prestar, anualmente, contas ao juiz competente. No contrato dotal, é permitido estipular que a mulher receba, diretamente, para suas despesas particulares, uma certa parte dos rendimentos dos bens dotais.

✱ *V. CC, art. 33.*

RENOVAÇÃO – Revigoramento, nova realização, ação de renovar; substituição por coisa nova; restabelecimento de coisa extinta; restituição ao estado anterior.

De ação: salvo em caso de perempção, litispendência ou coisa julgada, o autor pode intentar nova ação, mas a petição só será despachada com a prova do pagamento ou depósito das custas e honorários de advogado.

✱ *V. CPC/1973, art. 268.*

✱ *V. CPC/2015, arts. 486 e 938, § 1º.*

RENOVATÓRIA – *V. Ação renovatória.*

RENÚNCIA – Desistência voluntária, abandono, abdicação. Abandono de um direito, por vontade de seu titular, ou transferência para outrem. Ato de deixar, espontaneamente, cargo público. Causa de extinção de direitos subjetivos. Desistência, por parte do enfiteuta, do domínio útil em favor do senhorio. Caducidade de recurso, no juízo *a quo*, por não ter sido preparado e remetido a tempo à superior instância. No Dir. Penal e no Processual Penal, nos crimes de ação privada, a renúncia ao direito de queixa é um dos modos de extinção da punibilidade. É *expressa*, quando feita pelo ofendido ou por seu representante legal; e *tácita*, quando resulta da prática de ato que não se compatibiliza com o propósito de iniciar a ação; diverge do perdão, porque é unilateral, decorrendo apenas da manifestação de vontade do ofendido. No processo civil, a procuração geral para o foro não permite ao advogado renunciar ao direito sobre que se funda a ação; mas pode, a qualquer tempo, renunciar ao mandato, notificando o mandante para que lhe dê sucessor e continuando a representá-lo nos 10 dias seguintes à notificação. A parte pode renunciar ao prazo estabelecido exclusivamente em seu favor. O processo extingue-se com julgamento de mérito quando o autor renunciar ao direito sobre que se funda a ação. Reputar-se-á renunciado o agravo se a parte não pedir expressamente, nas razões e contrarrazões da apelação, sua apreciação pelo tribunal. No Dir. Civil, temos:

A alimentos: pode-se deixar de exercer o direito a alimentos, mas não se pode renunciar a eles.

À garantia real: com a entrega do objeto empenhado prova-se a renúncia do credor, mas não a extinção da dívida.

✱ ***V.*** *EC nº 66/2010 (Dispõe sobre a dissolubilidade do casamento civil pelo divórcio, suprimindo o requisito de prévia separação judicial por mais de 1 (um) ano ou de comprovada separação de fato por mais de 2 (dois) anos).*

Ao benefício de ordem: não aproveita este benefício – que é o de exigir que sejam excutidos primeiro os bens do devedor –, ao fiador se ele o renunciou expressamente.

Ao direito de revogar liberalidade: não se pode renunciar, antecipadamente, o direito de revogar a liberalidade por ingratidão do donatário.

Da prescrição: só será válida sendo feita depois que a prescrição, que pode ser expressa ou tácita, se consumar.

Da servidão: o dono do prédio serviente tem direito ao cancelamento da transcrição, embora o dono do prédio dominante lho impugne, quando o titular houver renunciado à sua servidão.

Da solidariedade: o credor pode renunciar à solidariedade em favor de um, alguns ou todos os devedores.

De sócio: dissolve-se a sociedade pela renúncia de qualquer dos sócios, se a sociedade for de prazo indeterminado e se a renúncia é feita de boa-fé, em tempo oportuno, e notificada aos sócios dois meses antes; a renúncia é de má-fé quando o sócio renunciante pretende apropriar-se exclusivamente dos benefícios que os sócios tinham em mente colher em comum; e inoportuna se as coisas não estiverem em seu estado integral ou se a sociedade perder ou for prejudicada com a dissolução. Os sócios têm o direito de excluir o sócio de má-fé, desde logo; ou, no caso de inoportuna, prosseguir a sociedade apesar da oposição do renunciante, até a época do primeiro balanço ordinário ou até a conclusão do negócio pendente.

Pela ratificação de obrigação anulável: a ratificação expressa ou a execução voluntária da obrigação anulável, importa renúncia a todas as ações, ou exceções, de que dispusesse contra o ato o devedor. No Dir. Administrativo, temos a *renúncia administrativa*, ato pelo qual o Poder Público, unilateralmente, extingue crédito ou direito próprio, liberando a pessoa obrigada perante a Administração. Não admite condição e, uma vez consumada, é irreversível. Exige lei que a autorize por importar em despojamento de direitos que vão além dos poderes habituais do administrador. No Dir. das Sucessões, a renúncia só pode ser feita por escritura pública ou por termo judicial; não existem: renúncia tácita, condicional ou em favor de alguém. A renúncia à herança é incondicional e sempre em favor do monte a ser dividido entre os herdeiros da mesma classe, não renunciantes. O herdeiro que renuncia, considera-se como se nunca tivesse existido, não se chamando ninguém para substituí-lo, não existindo, portanto, direito de representação em relação ao renunciante. Mas os descendentes do renunciante podem herdar por direito próprio e não como representantes, caso não haja outro herdeiro da classe daquele que renunciou. Os credores podem aceitar a herança em nome do renunciante até o limite das dívidas, com autorização do juiz, caso sejam prejudicados pela renúncia. A renúncia pode ser anulada se houver coação, erro, dolo ou fraude a credores.

✱ ***V.*** *CPC/1973, arts. 38, 45, 186, 269, V, 502, 503 e 838.*

✱ ***V.*** *CPC/2015, arts. 105, 112, 225, 487, III,* c, *999 e 1.000.*

✱ ***V.*** *CC, arts. 175, 191, 1.388, I, 1.806 a 1.813.*

RENUNCIA IN IURIS EST DONATIO – (Latim) A renúncia a direito é doação.

REPARAÇÃO – Conserto, compensação de prejuízos, indenização que se pode exigir de alguém por violação do direito alheio, por ação ou por omissão voluntária, negligência ou imprudência. Satisfação por injúria ou ofensa. O CP trata da reparação do dano.

✱ ***V.*** *CP, arts. 9º, I, 16, 65, III,* b, *78, § 2º, 91, I, e 312, § 3º.*

REPERCUSSÃO GERAL – Requisito de admissibilidade do recurso extraordinário pelo STF, segundo o qual o recorrente deve demonstrar, em preliminar no recurso, a existência, ou não, de questões constitucionais relevantes do ponto de vista econômico, político, social ou jurídico, que ultrapassem os interesses subjetivos da causa. A apreciação da repercussão geral é de competência exclusiva do STF, que somente poderá não conhecer do recurso pela manifestação de dois terços de seus membros.

✱ ***V.*** *CF, art. 102, § 3º.*

✱ ***V.*** *CPC/1973, arts. 543-A e 543-B.*

✱ ***V.*** *CPC/2015, arts. 1.035 e 1.036 a 1.040.*

REPERGUNTA – Nova pergunta que o Ministério Público faz à testemunha depois que ela foi inquirida pelo juiz, ou o advogado, por intermédio do juiz, à testemunha trazida pela parte adversa. Reinquisição, constitui cerceamento de defesa o indeferimento pelo juiz de reperguntas ligadas à controvérsia.

REPETIÇÃO DE ATO PROCESSUAL – Ao pronunciar a nulidade, o juiz declarará que atos são atingidos e ordenará providências para que sejam repetidos ou retificados, não ocorrendo se a falta não prejudicar a parte ou se o juiz puder decidir do mérito a favor da parte a quem aproveite a nulidade. As custas caberão a quem der causa à repetição.

✱ *V. CPC/1973, arts. 29 e 249.*

✱ *V. CPC/2015, arts. 93 e 282.*

RÉPLICA – 1. No judiciário penal é a contradita complementar da acusação, oral e fundamentada, que o órgão da Justiça opõe aos argumentos da defesa. 2. Contracontestação. 3. No processo civil é a manifestação do autor sobre arguição do réu em matéria que impede, altera ou extingue o fato sobre o qual se baseia a lide.

✱ *V. CPC/1973, arts. 301, 326 e 327.*

✱ *V. CPC/2015, arts. 337, 350, 351, 352,430 e 437.*

REPOUSO – Descanso. No Dir. do Trabalho é regulado pela CLT e legislação conexa, havendo diferentes períodos segundo as categorias de trabalhadores e condições de trabalho. É obrigatório o intervalo mínimo de 11 horas consecutivas entre duas jornadas de trabalho e de, no mínimo, uma hora para alimentação, não podendo ultrapassar de 2 horas.

Semanal remunerado: a cada semana, todo empregado tem direito a 24 horas consecutivas de repouso, de preferência aos domingos, e também nos feriados civis e religiosos, conforme a tradição local. Se trabalhar em feriados civis e religiosos, o trabalhador deve receber remuneração em dobro, a menos que se lhe dê outro dia para folgar; se não for compensado em outro dia da semana, deve ser pago em dobro. Quando indispensável o trabalho aos domingos, deve haver escala de revezamento, que deve constar de quadro exposto à fiscalização. Para ter direito à remuneração dos dias de repouso, o empregado terá de cumprir integralmente a jornada de trabalho da semana anterior, salvo as faltas justificadas.

✱ *V. CLT, arts. 66 a 72, 235, 308, 382 a 386, 396, 409 e 412.*

✱ *V. Lei nº 605/1949 (Dispõe sobre o repouso semanal remunerado e o pagamento de salários nos dias feriados civis e religiosos, regulamentada pelo Dec. nº 27.048/1949 - revogado pelo Decreto nº 10.854/2021).*

REPRESENTAÇÃO – 1. Ato ou efeito de representar. 2. Exibição, exposição. 3. Atuação em uma peça teatral ou cena filmada. 4. Reprodução de uma cena ou momento por meio de uma pintura, escultura ou outra forma de arte. 5. Exposição da ideia que se concebe a respeito de alguma coisa. 6. Aparência de importância que ostenta certo cargo ou autoridade. 7. Delegação, exercício do poder legislativo decorrente de delegação popular, pelo voto direto. 8. 9. O Dir. Civil dispõe sobre hipóteses de representação legal, que dispensa instrumento de mandato, e o CC/2002 introduziu o Capítulo II do Livro III, nos arts. 115 a 120, mencionando os poderes e limites dos representantes. 10. Na sucessão legítima, é o direito dos descendentes em linha reta, ou colateral, do falecido, de suceder em todos os direitos que a ele competiam. 11. No Processo Penal, é a autorização dada pela vítima ou por quem a represente, para que a autoridade policial, o promotor ou o juiz instaurem inquérito para posterior oferecimento de denúncia nos crimes de ação pública condicionada, que dependem dessa formalidade. 12. Em Dir. Administrativo, é a denúncia formal e escrita de irregularidades internas ou de abusos de poder na prática de atos de Administração, podendo ser exercitada por qualquer pessoa. 13. A Constituição prevê a competência de diversos órgãos para formular representações em face de ilegalidades, como corolário do sistema de controle recíproco entre os Poderes, casos, por exemplo, da representação interventiva, proposta em face de entes federativos que descumprirem mandamentos constitucionais, ou da representação perante o Conselho Nacional de Justiça, para apuração de infrações administrativas e disciplinares por membros da magistratura e servidores do Poder Judiciário. 14. No que concerne às pessoas jurídicas, entendia Pontes de Miranda que os seus dirigentes não exerciam *representação*, pois somente se representa algo que existe no mundo dos fatos. Por esta razão, afirmava o autor que as pessoas jurídicas são *presentadas* por seus dirigentes/administradores, pois estes, na sua atuação como tais, são o corpo do próprio ente jurídico.

V. Apresentação.

Comercial: tem múltiplas semelhanças com o contrato de trabalho, realçando-se a onerosidade, a não eventualidade, a pessoalidade, a previsão de justas causas para rescisão contratual e mesmo a subordinação. Esta última fica patenteada na representação comercial pelas convocações para instruções (Lei nº 4.886/1965, art. 28), nas autorizações para conceder abatimentos (art.29), na exclusividade (art. 31), na determinação de zona de atuação (art. 27, *a*), na obrigação de transmitir ao representado reclamações de clientes (art. 30). Disso se deduz que a representação comercial é autônoma no sentido de não colocar o representante no regime da lei trabalhista, embora permaneça a subordinação. Fica clara a distinção entre o representante comercial e o empregado, tendo este vinculação empregatícia, o que não acontece com aquele.

De inconstitucionalidade: prevista na CF, como competência originária do STF. Pode ser solicitada a qualquer tempo pelo Procurador-Geral da República ou por qualquer das autoridades, entidades ou órgãos que a CF enumera e ataca-se a lei em tese ou qualquer ato normativo, antes mesmo de produzir efeitos concretos.

Sindical: Dispõe o art. 513, *a*, da CLT: "São prerrogativas dos sindicatos: a) representar, perante as autoridades administrativas e judiciárias, os interesses gerais da respectiva categoria ou profissão liberal ou os interesses individuais dos associados relativos à atividade ou profissão exercida". Suas principais espécies são: a voluntária e a legal, sendo a primeira a trasladação da vontade do representado para o representante, investindo-o do poder de tomar decisões em nome do primeiro, em face de terceiros; na legal, o poder de agir em nome de outrem é outorgado pelo Estado, visando à proteção de determinado interesse.

O CP trata de representação nos arts. 100, § 1º, 102, 103, 145, 225, § 2º, 234, parágrafo único, II.

✱ ***V.*** *CF, arts. 1º, parágrafo único, 5º, LXX, 8º, II e III, 11, 34, VII,* a, *36, III, 37, § 3º, III, 45, 46, 58, § 2º, IV, e § 4º, 71, XI, 84, VII, 103, VIII, 103-B, IV, 125, § 2º, e 129, IV e IX.*

✱ ***V.*** *CC/2002, arts. 1.567, 1.570, 1.634, V, 1.747, I, e 1.774.*

✱ ***V.*** *CP, arts. 100, § 1º, 102, 103, 145, 225, § 2º, e 234, parágrafo único, II.*

✱ ***V.*** *CLT, arts. 164, 513, 515, 516, 522, § 3º, 524,* a, *543, 611, 616, 625-A e 625-B.*

✱ ***V.*** *Lei nº 4.886/1965 (Regula as atividades dos representantes comerciais autônomos).*

✱ ***V.*** *Lei nº 8.038/1990 (Institui normas processuais para os processos que especifica, perante o STJ e o STF), arts. 19 a 22.*

✱ ***V.*** *Lei nº 12.562/2011 (Dispõe sobre o processo e julgamento da representação interventiva perante o STF).*

✱ ***V.*** *Súmulas nºs 594 e 714 do STF.*

REPRESENTAÇÃO PROCESSUAL – 1. Faculdade legal que se atribui a alguém para agir em juízo em nome alheio, defendendo direito alheio. 2. O CPC/1973 arrola hipóteses de representação em seu art. 12, correspondente ao art. 75 do CPC/2015, dispensando, para estes casos, quaisquer outras manifestações de vontade que não a prova da qualidade do próprio representante. As pessoas jurídicas serão representadas por quem seus estatutos designarem, ou, não o designando, por seus diretores; o interdito, por seu curador; o menor impúbere pelos pais ou tutor. Os incapazes serão representados por curador especial designado pelo juiz, se não tiver representantes ou se os interesses destes colidirem com os seus; e da mesma forma o réu preso ou o revel citado por edital ou com hora certa, e ao devedor assim citado que não se defender. Além destas hipóteses, a legislação esparsa elenca diversos tipos de representação, entre as quais se destaca a conferida aos legitimados para ações civis públicas, ações coletivas de consumo, mandados de segurança coletivos e ações populares. Por disposição constitucional, os sindicatos estão expressamente autorizados a representar todos os integrantes de sua categoria, respeitados os limites geográficos de sua circunscrição. 3. Em juízo, a parte será representada por advogado legalmente habilitado, o que não se confunde com a representação da própria parte, mas, sim, configura uma hipótese especial de mandato (*ad juditia*), com poderes mais restritos do que os conferidos aos representantes gerais (*ad negotia*). 4. A regularidade de representação da parte em juízo e pressuposto processual, cuja ausência implica a extinção do processo sem julgamento de mérito, podendo ser conhecida de ofício, e a qualquer tempo ou grau de jurisdição. 5. O processo é suspenso pelo juiz no caso de morte ou perda da capacidade processual de qualquer das partes ou de seu representante legal, a menos que já tenha iniciado a audiência de instrução e julgamento. Nesse caso, o advogado continuará no processo até o encerramento da audiência; o processo só será suspenso a partir da publicação da sentença ou do acórdão.

✱ ***V.*** *CF, arts. 5º, XXI, 8º, III, 131 e 132.*

✱ ***V.*** *CPC/1973, arts. 8º, 9º, 12, 13, 36 e 301, IX.*

✱ ***V.*** *CPC/2015, arts. 71, 72, 75, 76, 103, 111, 242, 287, parágrafo único, III e 337.*

✱ ***V.*** *CLT, arts. 791, §§ 1º e 3º, 793, 839,* a, *840, § 1º, 843, 852 e 856 a 867.*

✱ ***V.*** *Súm. nº 644 do STF.*

✱ ***V.*** *Súmulas nºs 383, 395, 436 e 456 do TST.*

✱ ***V.*** *Orientações Jurisprudenciais nºs 110, 318, 319, 371 e 374 da SBDI-I do TST.*

✱ ***V.*** *Orientação Jurisprudencial nº 151 da SBDI-II do TST.*

REPRESENTANTE – Mandatário, preposto. Pessoa que representa outra, com mandato tácito ou expresso. O dolo do representante de uma das partes só obriga o representado a responder civilmente até a importância do proveito que teve. O representante pode adquirir a posse em nome do representado.

✱ ***V.*** *CC, arts. 149 e 1.205, I.*

REPRISTINAÇÃO – Restauração expressa de lei revogada, promovida por outra lei, chamada *repristinatória*.

✱ ***V.*** *LINDB (antiga LICC), art. 2º, § 3º.*

REPÚBLICA – Forma de Governo que se caracteriza pelo regime representativo, eleições periódicas e rotatividade do poder.

✱ *V. CF, arts. 1º, 3º e 4º.*

REQUERIMENTO – Pedido, reivindicação, pretensão. Nos crimes de ação pública incondicionada o inquérito pode ser iniciado por requerimento da vítima ou de seu representante legal. A autoridade policial não pode indeferir o requerimento, sob pena de ser criminalmente responsabilizada, a menos que a punibilidade já esteja prescrita, que o fato narrado não configure crime, que o requerimento não forneça dados suficientes para a investigação ou se dirija a autoridade incompetente.

REQUISIÇÃO – 1. No Dir. Administrativo, é a utilização, por força coativa, de bens ou serviços particulares pelo Poder Público, por ato de execução imediata e direta da autoridade requisitante e indenização ulterior, para atendimento de necessidades coletivas, de caráter urgente e transitório. A CF autoriza o uso da propriedade particular na iminência de perigo público, pelas autoridades competentes, civis e militares. É ato de império do Poder Público, discricionário, que independe da intervenção prévia do Poder Judiciário, como *ato de urgência*. 2. No Cível, o juiz pode requisitar certidões e procedimentos administrativos às repartições públicas, no interesse da Justiça, assim como pode requisitar funcionário público ou militar que figure no rol de testemunhas. Também requisitará força policial para efetivar a execução, para auxiliar os oficiais de Justiça na penhora de bens e na prisão de quem resistir à ordem. Se os bens a serem penhorados estiverem em repartição pública, precederá a penhora a requisição do juiz ao respectivo chefe da repartição. 3. No Dir. Penal, pode haver requisição de ação pública pelo Ministro da Justiça.

✱ *V. CF, arts. 5º, XXV, e 22, III.*

✱ *V. CPC/1973, arts. 399, 412, § 2º, 579, 659, § 1º, 662 e 825, parágrafo único.*

✱ *V. CPC/2015, arts. 438, 455, § 4º, III, 782, § 2º, 845 e 846, § 2º.*

✱ *V. CP, art. 100, § 1º.*

REQUISITO – Condição, exigência legal para validade de ato jurídico ou de contrato. Pode ser: *extrínseco* ou *não solene*, quando é exigido apenas para prova do ato, sem obedecer a forma especial; *intrínseco*, *solene* ou *essencial*, quando é imprescindível ao ato; *natural*, o que se presume compreendido em todo contrato; *acidental*, próprio de determinado ato ou contrato. No Dir. Penal, é condição alheia à culpabilidade, porque estranha ao conceito do crime.

REQUISITÓRIO – Ato da autoridade pública pedindo ou determinando se tome uma providência.

✱ *V. CPC/1973, arts. 730 e 731.*

✱ *V. CPC/2015, art. 910.*

RESCINDÊNCIA – Ação de desfazimento de contrato que contenha, embora aparentemente válido, vício que o torne anulável.

RESCINDIBILIDADE – Qualidade própria dos contratos bilaterais de poderem ser rescindidos.

RESCISÃO – 1. Ato de declarar nulo, sem validade, negócio jurídico ou contrato eivado de vício ou defeito que o torne anulável, e ainda por infração de cláusula contratual, inadimplemento de obrigação e em outros casos em que a lei imponha a nulidade relativa. O mesmo que *resilição*. 2. No Dir. Administrativo, rescinde-se o contrato durante a sua execução por inadimplemento de uma das partes, pela superveniência de eventos impeditivos do prosseguimento do ajuste ou ocorrência de fatos que levem ao seu rompimento de pleno direito. A rescisão pode ocorrer: por ato unilateral da Administração (rescisão administrativa), por acordo entre as partes (rescisão amigável), por decisão judicial, por declaração de ocorrência de fato previsto como extintivo do contrato (rescisão de pleno direito). O termo *resilição* (em lugar de rescisão) é usado incorretamente como tradução do francês *résiliation*, que corresponde à rescisão contratual. Não se deve usar, pois incorreto, o vocábulo *revogação* no sentido de *rescisão* ou *anulação*, porque são institutos jurídicos diferentes. 3. No Dir. do Trabalho, é empregado como sinônimo de extinção do contrato de trabalho por iniciativa do empregador. A Lei nº 13.467/2017 (Reforma Trabalhista) determinou como obrigação do empregador, quando da extinção do contrato de trabalho, a anotação na CTPS do trabalhador, a comunicação da dispensa aos órgãos competentes, além do pagamento das verbas rescisórias. 4. Em virtude da situação de calamidade pública, estabelecida pelo Decreto Legislativo nº 6, de 20.03.2020, gerada pela pandemia de Coronavírus (COVID-19), o Min. da Economia editou norma interna, orientando os Auditores Fiscais do Trabalho a não considerarem fraudulenta a recontratação do trabalhador, nos casos de rescisão sem justa causa, dentro do prazo de 90 (noventa) da data da rescisão.

✱ *V. CPC/1973, arts. 485 e 495.*

✱ *V. CPC/2015, arts. 966 e 975.*

✱ *V. CLT, arts. 477 a 486.*

✱ *V. Portaria nº 16.655/2020 do Ministério da Economia (Disciplina hipótese de recontratação nos casos de rescisão sem justa causa, durante o estado de calamidade pública de que trata o Decreto Legislativo nº 6, de 20 de março de 2020).*

Indireta do contrato de trabalho: é aquela em que o empregado pode considerar rescindido o seu contrato, pleiteando indenização devida, segundo as causas elencadas pela CLT, art. 483.

RES COMUNIS OMNIUM – (Latim) Coisa que é comum a todos, que todos podem usar livremente.

RES CONSUMPTIBILIS SUNT QUAE USU CONSUMUNTUR – (Latim) As coisas consumíveis são aquelas que se consomem pelo uso.

RES CORPORALES SUNT QUAE TANGIT POSSUM; INCORPORALES QUAE TANGI NOM POSSUMUS – (Latim) As coisas corpóreas são as que se podem tocar; as incorpóreas as que não podem ser tocadas.

RES DERELICTA – (Latim) Coisa que o dono ou possuidor abandonou voluntariamente e que é suscetível de passar à posse daquele que primeiro a ocupe.

RESERVA – Aquilo que se põe de parte para uso oportuno. Porção de bens disponíveis, que a lei reserva aos herdeiros necessários. Soma de dinheiro que as empresas retiram dos seus lucros para compor o seu fundo de reserva, para emergências. Situação do militar que deixa a ativa mas se mantém sujeito a ser convocado em certas situações. As empresas fazem também reserva de fundos para amortizações e ampliações ou para gastos eventuais, neste caso chamada *reserva de contingência*. Já a *reserva legal* é aquela estabelecida por dispositivo de lei. No Dir. Penal, o *princípio da reserva legal* é o que determina que não há crime sem lei anterior que o defina nem pena sem prévia cominação legal.

Mental: omissão intencional, em contrato, para não se cumprir a obrigação prevista. Declaração em desacordo com a vontade real de um contratante com o fim de lesar a outra parte.

RESERVA DE PLENÁRIO – Pela chamada cláusula de reserva de plenário (art. 97 da CF), ou regra do full beach, prevalece que, mesmo no controle difuso, os tribunais somente podem reconhecer a inconstitucionalidade de um ato normativo pelo voto da maioria absoluta de seus membros ou do respectivo órgão especial.

✱ *V. CF, art. 97.*

✱ *V. Súm. Vinc. nº 10 do STF.*

RESERVA LEGAL – Para fins de Dir. Ambiental, é a área localizada no interior de uma propriedade ou posse rural, delimitada conforme região geográfica e vegetação nativa, com a função de assegurar o uso econômico de modo sustentável dos recursos naturais do imóvel rural, auxiliar a conservação e a reabilitação dos processos ecológicos e promover a conservação da biodiversidade, bem como o abrigo e a proteção de fauna silvestre e da flora nativa.

✱ *V. Lei nº 12.651/2012 (Novo Código Florestal), arts. 3º, III, e 12.*

RESERVAS BIOLÓGICAS – São áreas delimitadas com a finalidade de preservação e proteção integral da fauna e flora, para fins científicos e educativos, onde é proibida qualquer forma de exploração dos seus recursos naturais.

RESERVAS FLORESTAIS – Geralmente são áreas extensas, não habitadas, de difícil acesso e ainda em estado natural. Seus recursos naturais não se encontram suficientemente identificados e avaliados a ponto de permitir que sejam manejadas. Busca-se então, por meio da criação das reservas, proteger seus recursos para uso futuro e impedir ou conter qualquer atividade que ameace sua integridade, até que as áreas sejam melhor conhecidas e então estabelecidos objetivos de manejo permanente, como, por exemplo, transformá-las em Estações Ecológicas, Parques Estaduais ou Reservas Biológicas. Enquanto isso não ocorre, as Reservas Florestais permanecem protegidas pela legislação estadual e administradas pelo Instituto Florestal.

RES EXTRA PATRIMONIUM – (Latim) Coisa fora do patrimônio.

RESGATE – No Dir. Administrativo, tem o mesmo sentido de *encampação* (q.v.); no Dir. Civil, corresponde à *remição* ou *remissão* (q.v.). Diz-se também da aquisição de título de obrigação posto em circulação, da qual é definitivamente retirado. Aplica-se, penalmente, no sentido do preço pago pela libertação de alguém, vítima de sequestro.

RESIDÊNCIA – Lugar onde a pessoa fixa, temporariamente, a sua morada com ou sem a intenção de nela permanecer sempre. Chama-se *residência de fato* em oposição a *residência de direito* ou *domicílio* (q.v.). Diz-se, também, do período de 2 anos de prática hospitalar que deve ser cumprido pelo formando de Medicina, como parte obrigatória de sua formação profissional.

RESIDÊNCIA JURÍDICA – 1. Constitui modalidade de ensino destinado a bacharéis em Direito que estejam cursando especialização, mestrado, doutorado, pós-doutorado ou, ainda, que tenham concluído o curso de graduação há no máximo 5 (cinco) anos. 2. Consiste no treinamento em serviço, abrangendo ensino, pesquisa e extensão, bem como o auxílio prático aos magistrados e servidores do Poder Judiciário no desempenho de suas atribuições institucionais.

✱ *V. Res. nº 439/2022 do CNJ (Autoriza os tribunais a instituírem programas de residência jurídica).*

RESIDENTE – 1. Proveniente do latim residens, residentis. 2. É a pessoa que mora, que reside em determinado lugar.

Fronteiriço: pessoa nacional de país limítrofe ou apátrida que conserve a sua residência habitual em Município fronteiriço de país vizinho.

✱ *V. Lei nº 13.445/2017 (Lei de Migração), art. 1º, § 1º, IV.*

✱ *V. Dec. nº 9.199/2017 (Regulamenta a Lei de Migração), art. 1º, parágrafo único, IV.*

Médico: *V. Médico residente.*

RESÍDUOS – Detritos, sobras. Remanescentes de bens legados que, por morte do beneficiário e em razão de cláusula expressa, são restituídos à pessoa designada pelo testador. Produto da venda de bens de raiz e rendimentos dos testadores em poder dos testamenteiros. Importância das vintenas que estes perdem, além de penas pecuniárias, reposições e indenizações a que são obrigados etc.

Resíduos Sólidos: material, substância, objeto ou bem descartado resultante de atividades humanas em sociedade, a cuja destinação final se procede, se propõe proceder ou se está obrigado a proceder, nos estados sólido ou semissólido, bem como gases contidos em recipientes e líquidos cujas particularidades tornem inviável o seu lançamento na rede pública de esgotos ou em corpos d'água, ou exijam para isso soluções técnica ou economicamente inviáveis em face da melhor tecnologia disponível (art. 3º, XVI, da Lei nº 12.305/2010). Objeto da Política Nacional de Resíduos Sólidos.

✱ *V. Lei nº 12.305/2010 (Institui a Política Nacional de Resíduos Sólidos).*

RESIGNAÇÃO – Desistência, demissão voluntária, exoneração a pedido.

RESIPISCÊNCIA – Arrependimento do agente que praticou ato ilícito.

RESISTÊNCIA – Delito cometido por quem se insurge, com violência, ou por ameaça, contra funcionário público ou agente da autoridade, ou contra quem lhe presta auxílio, na prática de ato legal, no exercício regular de suas funções e no cumprimento de ordem, mandado de natureza administrativa, policial ou judicial, emanado de superior hierárquico. A pena é de detenção de 2 meses a 2 anos; se o ato, em razão da resistência, não se executa, pena de reclusão de 1 a 3 anos; as penas são aplicáveis sem prejuízo daquelas correspondentes à violência. Oposição do Estado à pessoa física ou jurídica que atente ao seu direito, patrimônio ou soberania. Direito de todo cidadão de se opor, em defesa própria, ou de outrem, a ordens ilegais ou injustas, ou a constrangimentos de que seja vítima por parte de agentes da autoridade. Pode ser *ativa*, se exercida com violência contra ato tido como ilegal ou injusto; e *passiva*, se consiste na inexecução do ato pretendido ou na recusa a obedecê-lo.

✱ *V. CP, art. 329.*

RES IN IUDICIO DEDUCTA EST – (Latim) A coisa foi trazida a juízo.

RES INTER ALIOS JUDICATA, ALTERI NO PRODEST NEC NOCET – (Latim) A coisa feita ou julgada entre terceiros, nem aproveita nem prejudica a outrem.

RES IUDICATA PRO VERITATE ACCIPITUR – (Latim) A coisa julgada aceita-se como verdade.

RES OMISSA – (Latim) Coisa perdida.

RES NULLIUS – (Latim) Coisa de ninguém, sem dono.

RES NULLIUS EST PRIMI OCCUPANTIS – (Latim) A coisa sem dono é do primeiro ocupante.

RESOLUÇÃO – 1. No âmbito contratual, é empregado no mesmo sentido que *rescisão*. 2. Diz-se ainda da extinção da propriedade, da hipoteca, do penhor, nos casos previstos em lei. 3. Ordem de autoridade administrativa graduada, fixando normas ou alterando dispositivos do funcionamento ou da organização de serviço a seu cargo. 4. No processo legislativo, é o diploma legal que regula matéria de competência do Congresso Nacional, com efeitos apenas internos.

✱ *V. CC, art. 1.499, II.*

RESPONSABILIDADE – Dever jurídico a todos imposto de responder por ação ou omissão imputável que signifique lesão ao direito de outrem, protegido por lei.

Civil: obrigação imposta a uma pessoa de ressarcir os danos que causou a alguém. Pode ser *contratual*, se prevista em contrato, regendo-se pelos princípios gerais do contrato; e *extracontratual*, também denominada "aquiliana", que se baseia, em princípio, na culpa. Refere-se "àquele que, por ação ou omissão voluntária, negligência ou imprudência, violar direito ou causar prejuízo a outrem, fica obrigado a reparar o dano". Mas a lei e a jurisprudência impõem, também, a responsabilidade de pais, tutores, curadores, patrões ou comitentes, pela guarda de coisas inanimadas, pela guarda de animais, e, em certos casos, a responsabilidade objetiva ou sem culpa. Contra os responsáveis indiretos, a jurisprudência admite a presunção relativa (*juris tantum*) de culpabilidade, invertendo o ônus da prova, que passa àqueles. O dono ou detentor de animal responde pelos danos causados por este, a menos que prove que o vigiava com cuidado, que o animal foi provocado, que a vítima foi imprudente ou o fato resultou de caso fortuito ou de força maior. Essas causas excluem a responsabilidade civil, assim como a *ausência de nexo de causalidade*, a *legítima defesa*, o *fato exclusivo de terceiro*. Neste último caso, haverá responsabilidade se a conduta do terceiro foi concorrente ou desencadeante da ação do autor direto do dano. Não se exime quem causa dano a terceiro em legítima defesa ou em estado de necessidade; o autor direto do dano tem ação regressiva contra quem motivou a ação; porém, perante o lesado, todos respondem solidariamente. O transportador sempre responde por danos aos passageiros, em razão do transporte, causados por terceiros, contra os quais tem ação regressiva; mas não responde por eventos provocados por passageiros durante a viagem. Se o evento ocorre por fato fortuito ou força maior não há responsabilidade civil. Discute-se, ainda, a validade da "cláusula de não indenização" estipulada em contrato e que afasta a responsabilidade civil; admite-se se for bilateralmente ajustada, com vantagem paralela e compensadora em benefício do renunciante e não contrariar a ordem pública e os bons costumes. Mas, para o STF, é inoperante em contrato de transporte. A responsabilidade objetiva, sem culpa, baseia-se no risco criado por determinada atividade (teoria do risco criado), como coisas que caiam de uma casa, a do farmacêutico por erro de seu preposto, acidentes do trabalho, seguro obrigatório, na legítima defesa com danos a terceiros, em estado de necessidade etc. As pessoas jurídicas de direito privado respondem indiretamente pelos atos de seus representantes e prepostos e pelos atos próprios; as que prestam serviços públicos respondem pelos danos causados pela atividade administrativa, independentemente da culpa de seus funcionários. A CF adotou a teoria da *responsabilidade objetiva* do Poder Público, porém sob a modalidade do *risco administrativo*. Assim, pode ser atenuada a responsabilidade do Estado, se provada a culpa parcial ou concorrente da vítima, ficando revogado o art. 22 do CC. No dano material ou patrimonial, a indenização deve abranger não só o prejuízo imediato (danos emergentes) mas também o que o ofendido deixou de ganhar (lucros cessantes). A reparação do dano moral está garantida pela CF e por Súmula do STJ. O dano estético é considerado um dano moral. O CPC/1973 trata da *responsabilidade patrimonial* nos seus arts. 591 a 597, correspondentes nos arts. 789 a 796 do CPC/2015. A responsabilidade civil decorrente de contrato administrativo se rege pelas normas do Dir. Privado; nela podem incidir tanto o particular contratado como a própria Administração. A *responsabilidade administrativa* decorre de infringência de norma da Administração, fixada em lei ou no próprio contrato, ou violação das normas internas pelo próprio servidor, o que gera o *ilícito administrativo*, dando ensejo à aplicação de pena disciplinar no devido processo legal. A concubina pode pleitear indenização por morte do companheiro, motivada por ato ilícito. O credor fiduciário não é responsável por acidente causado pelo motorista devedor fiduciante.

✱ *V. CF, arts. 5º, V e X, e 37, § 6º.*

✱ *V. CC, arts. 186, 188, I, 930, 932, 936 a 938 e 943.*

✱ *V. CPC/1973, arts. 37, parágrafo único, 63, 69, 70, III, 85, 100, V,* a, *133, 144, 147, 150, 275, II,* d *e* e, *286, II, 602, § 2º, e 1.069.*

✱ *V. CPC/2015, arts. 53, 77, § 7º, 104, 125, II, 143, 155, 158, 161, 181, 302, parágrafo único, 324, II, 718 e 789 a 796.*

✱ *V. Súmulas nºs 161, 187 e 341 do STF.*

✱ *V. Súm. nº 37 do STJ.*

Executória: É a situação de sujeição à atuação da sanção; a situação em que se encontra o vencido de não poder impedir que a sanção seja realizada com prejuízo seu. Tal responsabilidade consiste propriamente na destinação dos bens do vencido a servirem e a satisfazer o direito do credor.

RESPONSABILIDADE LIMITADA – Cláusula de sociedade mercantil pela qual a obrigação do sócio quanto aos encargos da empresa, perante ela mesma e terceiros, limita-se ao valor da sua cota de capital integralizada. Abrevia-se *Ltda.*

RESPONSABILIDADE SOLIDÁRIA – Dispõe a CLT em seu art. 2º, § 2º, que uma ou mais empresas, mesmo tendo cada uma delas personalidade jurídica própria, se estiverem sob direção, controle ou administração de outra (grupo industrial, comercial ou de outra qualquer atividade econômica), para efeitos da relação de emprego serão sempre solidariamente responsáveis a empresa principal e cada uma das subordinadas. No Direito Civil é a responsabilidade comum a mais de uma pessoa, podendo ser exigido de cada uma delas o cumprimento integral da respectiva obrigação.

RESPOSTA DO RÉU – Citado, o réu tem 15 dias para apresentar resposta, que pode assumir as formas de contestação, exceção, reconvenção ou reconhecimento do pedido. A falta de contestação acarreta a revelia.

✱ *V. CPC/1973, arts. 297 a 299.*

✱ *V. CPC/2015, arts. 146, 299, 335 a 346, 404 e 715, § 1º.*

RESSACADO – Aquele contra quem se ressaca nova letra de câmbio à vista, por recusa de aceite ou de pagamento no título primitivo.

RESSALVA – Ato pelo qual, em instrumento público, a parte contraente restringe ou modifica condição de contrato. Reserva de direito quanto a certo ato, às vezes secreto, modificando, conservando ou resguardando direito. Repetição, escrita e rubricada pelo escrivão, tabelião, juiz etc. no final ou à margem de um ato, das palavras emendadas ou entrelinhadas no texto para validá-las.

RESSAQUE – Nome que se dá à nova letra de câmbio à vista que o possuidor de uma letra de câmbio não aceita ou vencida e não paga e protestada saca sobre qualquer coobrigado regressivo para haver deste a soma devida. O mesmo que *recâmbio.*

RESSARCIMENTO – Reparação de dano, indenização, satisfação de prejuízo ou despesa de outrem.

RESSEGURO – Contrato pelo qual um terceiro assume, mediante prêmio ajustado com o primeiro segurador, o risco total ou parcial por ele coberto sobre coisa que é objeto de seguro. Simplistamente o resseguro é visto como um seguro do seguro. Tecnicamente, é um contrato que visa equilibrar e dar solvência aos seguradores e evitar, por meio da diluição dos riscos, quebradeiras generalizadas de seguradores no caso de excesso de sinistralidade, como a ocorrência de grandes tragédias, e garantir assim o pagamento das coberturas aos segurados.

✱ *V. Dec. nº 6.499/2008 (Dispõe sobre o limite máximo de cessão e retrocessão a resseguradoras eventuais de que trata o § 1º do art. 8º da Lei Complementar nº 126/2007).*

RESTAURAÇÃO – Reposição no estado anterior, conserto, reparação, reconstituição.

De autos: recomposição de autos que se extraviaram, foram inutilizados ou indevidamente retidos, admitida se não existirem autos suplementares. Deve-se instaurar processo em que se prove o fato. O desaparecimento dos autos enseja responsabilidade civil (perdas e danos), criminal (apuração e punição de crimes eventualmente praticados), processual (pagamento de custas e honorários). A responsabilidade profissional alcança advogados e serventuários. O advogado está obrigado a requerer a restauração de autos desaparecidos que estavam em sua posse.

✱ *V. CPC/1973, arts. 1.063 a 1.071.*

✱ *V. CPC/2015, arts. 712 a 718.*

RESTINGA – A Lei nº 12.651/2012 (Novo Código Florestal), em seu art. 3º, XVI, conceituou restinga: "XVI – restinga: depósito arenoso paralelo à linha da costa, de forma geralmente alongada, produzido por processos de sedimentação, onde se encontram diferentes comunidades que recebem influência marinha, com cobertura vegetal em mosaico, encontrada em praias, cordões arenosos, dunas e depressões, apresentando, de acordo com o estágio sucessional, estrato herbáceo, arbustivo e arbóreo, este último mais interiorizado; (...)".

RESTITUIÇÃO – Devolução, ao legítimo dono, de coisa possuída indevidamente: dinheiro, objeto, mercadoria arrecadada na falência etc. Reposição no estado de fato anterior.

De autos: retirados pelo advogado, devem ser restituídos no prazo legal, assumido este compromisso em anotação no *livro de carga*; não o fazendo, pode a parte contrária, ou qualquer interessado, cobrar a devolução. Intimado, o advogado deve restituir os autos em 24 horas, sob pena de perder o direito à vista fora do cartório e de incorrer em multa, além de o juiz determinar, de ofício, que se risque o que neles tiver escrito e se desentranhem alegações e documentos que apresentar. Há, no caso, duas sanções: de *ordem processual*, já que a demora na devolução acarreta preclusão, razão por que o juiz manda riscar as alegações; de *ordem disciplinar*, por imposição de multa contra o advogado, mediante comunicação do juiz à seção da OAB.

De carteira profissional: tendo a empresa recebido carteira profissional para fazer anotações, se a retiver por mais de 48 horas estará sujeita à multa de valor igual a 15 (quinze) vezes o salário mínimo.

De prazo: concessão de novo prazo ou a devolução de parte do prazo, que ficara suspenso por obstáculo judicial provocado pela parte contrária ou superveniência de férias. Devolução de tributos, indevidamente recebidos.

RESTRICTO SENSU – (Latim) Em sentido restrito. Opõe-se a *lato sensu*.

RETALHISTA – O mesmo que *varejista*.

RETENÇÃO – Conservação de algo por parte de quem o possui de boa-fé e se recusa a devolvê-lo a seu dono.

De autos: *V. Restituição.*

De penhor: direito do credor pignoratício de conservar a coisa objeto de garantia em seu poder, até que receba indenização das despesas justificadas que houver feito, desde que não originárias de culpa sua.

✱ *V. CC, art. 1.433.*

De salários: a CLT admite-a, como matéria de defesa, para ressarcimento de despesas. São direitos dos trabalhadores urbanos e rurais, garantidos pela CF, entre outros, a proteção do salário na forma da lei, constituindo crime sua retenção dolosa. O devedor que paga tem direito a quitação regular e pode reter o pagamento, enquanto esta não lhe for dada.

✱ *V. CLT, arts. 487, § 2º, e 767.*

✱ *V. CF, art. 7º, X.*

RETENÇÃO DE VEÍCULO – Modalidade de medida administrativa por infração da legislação de trânsito, pela qual o veículo envolvido deve permanecer no local até a regularização da situação. Se não for possível a regularização no local, a autoridade poderá liberar a remoção do veículo por condutor habilitado, mediante recolhimento do certificado de licenciamento anual, ou, na ausência de condutor habilitado, o veículo será recolhido ao depósito. A liberação do veículo retido apenas por transporte irregular de passageiros não está condicionada ao prévio pagamento de multas, taxas e despesas com remoção e estada.

✱ *V. CTB, arts. 238, VIII, 269, I e 270.*

✱ *V. Súm. nº 510 do STJ.*

RETICÊNCIA – Reserva mental; omissão, falta de declaração, com o fim de dissimular algo, de ocultar cláusula. Nos atos bilaterais, o silêncio intencional de uma das partes a respeito de fato ou qualidade que a outra ignore, constitui omissão dolosa, provando-se que sem ela não se teria celebrado o contrato.

✱ *V. CC, art. 147.*

RETOMADA – Dir. do locador de reaver imóvel locado, geralmente para uso próprio.

RETOMBO – Ato do escrivão que, em revista em seu cartório, recolhe documentos, autos e livros findos, que deposita nos arquivos. Restauração de limites demarcados de propriedade agrária.

RETORSÃO – Represália verbal instantânea da pessoa injuriada, que pode ser considerada outra injúria. O mesmo que *réplica*. Sistema pelo qual um país recusa ao estrangeiro que reside em seu território a fruição dos mesmos direitos que seu país de origem nega aos nacionais daquele. O juiz deixa de aplicar a pena de injúria (detenção de um a 6 meses ou multa) no caso de retorsão imediata.

✱ *V. CP, art. 140, § 1º, II.*

RETRATABILIDADE – Qualidade do ato ou contrato sujeito a retrovenda ou que pode ser renovado ou desfeito pela vontade apenas das partes.

RETRATAÇÃO – Revogação, desfazimento, desmentido. Retirada voluntária da declaração de vontade, cessando os seus efeitos. Ato de declarar nula ou retirar, por arrependimento ou qualquer outro motivo, uma proposta. Diz-se também da confissão espontânea de erro que faz o acusado de crime de calúnia, injúria ou difamação antes de proferida a sentença, quando se desdiz e afirma a falsidade da imputação, por meio de termo nos autos, ficando isento de pena. Declaração perante o juiz da causa, retificando confissão anteriormente feita por erro ou sob violência ou coação.

✱ *V. CP, arts. 107, VI, 143 e 342, § 3º.*

RETRATO – Ato pelo qual pode o vendedor, em prazo prefixado que não exceda a 3 anos, resgatar o imóvel de quem lho adquirira, pagando-lhe o preço recebido e as despesas feitas no período. O mesmo que *retrovenda*.

RETRIBUIÇÃO – Remuneração, recompensa, paga de serviço ou trabalho; contraprestação.

RETROAÇÃO – Ato de retroagir.

RETROAGIR – Produzir efeito retroativo; atingir o que ocorrera antes.

RETROATIVIDADE – Atividade no passado, efeito que abrange o tempo anterior. Influência de lei nova, decisão ou negócio jurídico sobre situações passadas. Na falência, há retroatividade da sentença que a decreta.

Da lei: no Dir. Penal, aplica-se a lei nova mais favorável ao réu, quanto a fatos que ocorreram antes que ela entrasse em vigor. Extingue-se a punibilidade pela retroatividade de lei que não mais considera o fato como criminoso. A lei não deve ser retroativa; não deve alcançar fatos do passado e sim regular situações atuais e futuras. Mas, se pretender regular fatos anteriores a sua vigência, terá de respeitar o *direito adquirido*, o *ato jurídico perfeito* e a *coisa julgada*.

✱ *V. LINDB (antiga LICC), art. 6º.*

✱ *V. CF, art. 5º, XXXVI.*

✱ *V. CP, art. 107, III.*

RETROCESSÃO – Ato de devolução de imóvel expropriado pela pessoa de direito público àquele de que o expropriara, com restituição do preço, em razão de não o utilizar no interesse público como previsto. Também se diz do ato do adquirente, que devolve um bem ao que lho vendera, em razão de cláusula contratual.

RETROVENDA – Contrato de compra e venda com cláusula que dá ao vendedor o direito de resgatar a coisa vendida, decorrido certo prazo, pagando o preço previamente convencionado. O vendedor conserva a sua ação contra terceiros, mesmo que estes ignorassem a cláusula de retrato.

✱ *V. CC, arts. 505 e 508.*

RÉU – Aquele contra quem é ajuizada ação cível ou penal; sujeito passivo da relação jurídico-processual. É chamado de *acusado* durante a investigação e instrução criminal.

Confesso: aquele que se confessa autor do delito que lhe é imputado.

REVALIDAÇÃO – Ato de revalidar, confirmar, pelo qual se legitima ou legaliza outro ato ou se dá a ele nova validade e maior efeito jurídico.

REVEL – Diz-se da parte que, citada legalmente, não comparece em juízo; réu ou reconvindo que não comparece quando deveria apresentar a sua defesa.

REVELIA – É o não comparecimento do réu para defender-se em juízo. Dá-se na audiência e não antes. Pena em que incorre a parte que não comparece a juízo no prazo legal em que deve defender-se ou contestar a ação; a pena consiste em sua não intimação ou notificação para os demais atos e termos da causa. Se o réu não contestar a ação, reputar-se-ão verdadeiros os fatos afirmados pelo autor, a menos que haja pluralidade de réus e algum deles contestar a ação; se o litígio versar sobre direitos indisponíveis; se a petição inicial não estiver acompanhada do instrumento público, que a lei considere indispensável à prova do ato. A revelia não é suprida pelo comparecimento do réu sem advogado. A revelia somente gera uma presunção relativa da verdade dos fatos alegados pelo autor.

✱ *V. CPC/1973, arts. 319 a 324.*

✱ *V. CPC/2015, arts. 72, II, 76, § 1º, II, 253, § 4º, 257, IV, 344 a 349, 355, II, e 889, parágrafo único.*

REVERSÃO – Retorno do servidor aposentado compulsoriamente ou do militar reformado ao serviço ativo, após processo regular. Volta ao doador de bens que havia doado com a cláusula (resolutiva) de que retornassem a ele com a morte do donatário e de seus descendentes.

R

REVERSIBILIDADE – Condição de bens ou direitos que, por acordo entre as partes ou dispositivo de lei, retornam à situação anterior.

REVERSÍVEL – Sujeito à *reversão* (q.v.).

REVEZAMENTO – Jornada de trabalho por turnos, quando a empresa deve trabalhar diuturnamente. O revezamento dos trabalhadores deve ser feito de 6 em 6 horas, a menos que negociação coletiva disponha de modo diferente.

✱ *V. CF, art. 7º, XIV.*

REVIDAR – Repelir agressão ou ofensa com outra mais grave.

REVIDE – Ato de revidar; contradizer; opor ofensa maior a outra recebida.

REVIDENDO – Feito submetido à revisão.

REVISÃO CRIMINAL – Ação penal constitutiva que visa à reparação de eventuais erros judiciários. Direito que tem o condenado de pleitear, antes ou após extinguir-se a pena, ao STF, se a condenação foi por ele proferida ou aos TRF e Tribunais de Justiça, nos demais casos, a desclassificação da infração, a alteração da pena, a absolvição ou a anulação do processo. Se tiver falecido, a postulação pode ser feita pelo cônjuge, ascendente ou descendente. A revisão criminal será admitida nos termos do art. 62 do CPP. Há quem afirme que deve ser aplicada, primeiramente, a lei mais benigna (Lei nº 6.416/1976, que alterou dispositivos do CP) perante o juízo das Execuções Criminais, como orienta o STF, conforme o art. 13 da Lei de Introdução ao CPP Pode-se reiterar o pedido sempre que baseado em provas novas. O tribunal, se o interessado o requerer, poderá reconhecer o direito a uma justa indenização pelos prejuízos sofridos. Essa indenização será devida pela União ou Estado, se uma ou outro proferir a condenação; não será devida se o erro ou a injustiça da condenação proceder de ato ou falta imputável ao próprio impetrante, como a confissão ou a ocultação de prova em seu poder; se a acusação houver sido meramente privada. Se o réu falecer no curso da revisão o juiz nomeará curador para a defesa.

✱ *V. CPP, arts. 621 a 631.*

REVISÃO DE ALUGUEL – Acordo entre locador e locatário para a alteração do valor do aluguel, majorando-o ou minorando-o, que pode ser feita no próprio contrato ou por meio de adendo contratual. Não havendo o acordo para a revisão do aluguel, é possível à parte pleiteá-la em juízo por meio da *ação revisional de aluguel* (q.v.).

✱ *V. Lei nº 8.245/1991 (Lei das Locações), arts. 18 e 19.*

✱ *V. Lei nº 12.112/2009.*

REVOGAÇÃO – Anulação de ato jurídico unilateral; ato de extinguir, o Poder Legislativo, uma lei ou retirar-lhe a eficácia. Não se destinando à vigência temporária, uma lei terá vigor até que outra a modifique ou revogue. A revogação da lei diz-se: *geral*, quando é totalmente revogada, o que configura a ab-rogação; *parcial*, se apenas uma parte é revogada, quando se diz que houve *derrogação*; *expressa*, quando a nova lei fixa data para a revogação da lei anterior; *tácita* ou *implícita*, se a nova lei é incompatível ou substitui matéria de lei anterior; *pura e simples*, quando a lei é extinta, sem entrar em choque com a sua substituta.

De mandato: ato pelo qual o mandante destitui o mandatário dos poderes que lhe conferira. Pode ser *expressa* ou *tácita*.

Do testamento: ato do testador que, em novo diploma, dispõe de modo contrário à sua vontade expressa no testamento. Pode ser *expressa*, *tácita*, *total*, ou *parcial*. O CP aponta a *revogação obrigatória* e a *revogação facultativa*, nos casos de suspensão condicional da pena. No livramento condicional, trata da *revogação do livramento*, da revogação facultativa e dos efeitos da revogação. No Dir. Administrativo, ocorre a *revogação da licitação* por motivos de oportunidade e conveniência da Administração; e a *revogação de ato administrativo*, legal ou perfeito, por não convir sua existência à Administração.

✱ *V. CC, arts. 1.969 a 1.972.*

✱ *V. CP, arts. 81, I a III, § 1º, 86 a 88.*

✱ *V. LINDB (antiga LICC), art. 2º.*

REVOLUÇÃO POLÍTICA – Subversão político-social caracterizada pela substituição, geralmente violenta, da forma de Estado, de governo, regime de governo e dos próprios governantes. Diferentemente do golpe de Estado, onde os próprios governantes subvertem a ordem no objetivo de maior poder, nesta, a ordem constituída é subvertida integralmente.

RIOS PÚBLICOS – A CF mantém, como bens do Estado e da União, os rios e lagos, derrogando o art. 29 do Cód. de Águas, que os punha também sob o domínio dos municípios.

RITO – Sequência de fases de um processo, seu andamento, procedimento.

RIXA – Briga entre três ou mais pessoas, com desforço físico, de que resultam lesões corporais nos contendores. Diz-se *qualificada*, quando ocorre morte ou lesão corporal grave. A pena é de detenção de 15 dias a 2 meses, ou multa. No caso de morte ou lesão grave, aplica-se ao que participa da rixa a pena de detenção de 6 meses a 2 anos. A pena não se aplica ao que participa apenas para separar os contendores.

✱ *V. CP, art. 137.*

RODOVIA FEDERAL – São rodovias interestaduais construídas e administradas, direta ou indiretamente, pela União. Podem ter as seguintes nomenclaturas:

Rodovias diagonais: Essas rodovias podem apresentar dois modos de orientação*:* Noroeste-Sudeste ou Nordeste-Sudoeste.

Rodovias de ligação: Estas rodovias apresentam-se em qualquer direção, geralmente ligando rodovias federais, ou pelo menos uma rodovia federal a cidades ou pontos importantes ou ainda a nossas fronteiras internacionais.

Rodovias longitudinais: São as rodovias que cortam o país na direção Norte-Sul.

Rodovias radiais: São as rodovias que partem da Capital Federal em direção aos extremos do país.

Rodovias transversais: São as rodovias que cortam o país na direção Leste-Oeste.

✱ *V. Lei nº 9.294/1996 (Código de Trânsito Brasileiro).*

ROGATÓRIA – *V. Carta rogatória.*

ROGO – Pedido, reivindicação. Diz-se da *assinatura a rogo*, aquela feita para suprir a de quem não pode ou não sabe assinar.

ROL – Lista, relação de coisas ou de pessoas, como bens, culpados, testemunhas etc. Pode ser apresentado rol de testemunhas em folha anexa à inicial; se não for apresentado, o juiz fará um novo prazo. Esse rol pode ser oferecido por telefone, certificado pelo escrivão.

ROUBO – Na lei penal, define-se roubo como a subtração de coisa móvel alheia, para si ou para outrem, mediante grave ameaça ou violência à pessoa, ou depois de havê-la, por qualquer meio, reduzido à impossibilidade de resistência. Difere do furto com violência, porque esta, no caso, se dirige à coisa e não à pessoa, como no roubo. A violência apresenta-se sob duas formas: *vis absoluta* (a física) e *vis compulsiva* (moral). O elemento subjetivo é o dolo específico. A pena é de reclusão de 4 a 10 anos e multa. Aplica-se a mesma pena a quem, após o roubo, emprega violência contra pessoa ou grave ameaça, para garantir a impunidade do crime ou a detenção da coisa roubada para si ou para outrem (roubo impróprio). Aumenta-se de um terço até a metade a pena se a violência ou ameaça é feita com uso de arma; se concorrem duas ou mais pessoas; se a vítima está em serviço de transporte de valores e o criminoso conhece esta circunstância (roubo qualificado). Se ocorre lesão corporal grave, reclusão de 5 a 15 anos e multa; se resulta morte, reclusão de 15 a 30 anos, sem prejuízo da multa. Há crime de latrocínio quando o homicídio se consuma, ainda que não realize o agente a subtração de bens da vítima.

✱ *V. CP, art. 157.*

✱ *V. Súm. nº 610 do STF.*

ROYALTY – Pagamento de direitos pela utilização de uma patente estrangeira.

RUBRICA – Assinatura abreviada, em geral um apelido; epígrafe, dividida em parágrafos, dos títulos de livros de Dir. Romano e Canônico. Título sob o qual se inscreve verba testamentária ou lançamento contábil. Na técnica legislativa, é o *nomen juris* de cada artigo de lei, resumindo seu teor.

RUFIANISMO – Crime que consiste em explorar a prostituição alheia participando, diretamente ou não, dos seus proventos, ou é sustentado por quem a exerça. A pena aplicada é a de reclusão, de 1 a 4 anos, e multa. Se a vítima é menor de 18 e maior de 14 anos ou se o crime é cometido por ascendente, padrasto, madrasta, irmão, enteado, cônjuge, companheiro, tutor ou curador, preceptor ou empregador da vítima, ou por quem assumiu, por lei ou outra forma, obrigação de cuidado, proteção ou vigilância, reclusão, de 3 a 6 anos, e multa. Se há o uso de violência, grave ameaça, fraude ou outro meio que impeça ou dificulte a livre manifestação da vontade da vítima, reclusão, de 2 (dois) a 8 (oito) anos, sem prejuízo da pena correspondente à violência, conforme alteração ocorrida pela Lei nº 12.015/2009.

✱ *V. CP, art. 230.*

S

S.A. – Abrev. de sociedade anônima. *V. Sociedade anônima.*

SABOTAGEM – Usualmente, entende-se como ação de militares e de civis contra alvos inimigos durante guerra entre países, numa atividade paralela à das Forças Armadas em luta. No Dir. Penal, é o ato de invadir ou ocupar uma empresa, comercial, industrial ou agrícola, visando impedir ou embaraçar o curso normal do trabalho, ou com o mesmo fim danificar o estabelecimento ou as coisas nele existentes ou delas dispor. É crime contra a organização do trabalho. A pena é de reclusão de 1 a 3 anos e multa.

✱ *V. CP, art. 202.*

SACADO – Banco ou pessoa contra quem é sacada letra de câmbio, cheque ou qualquer ordem de pagamento.

SACADOR – Pessoa que saca ou emite letra de câmbio ou ordem de pagamento.

SADISMO – 1. É a prática sexual na qual uma pessoa encontra satisfação sexual no sofrimento de outra. 2. Prazer em provocar dor ou sofrimento a outra pessoa, ou assistir ao sofrimento de outrem. 3. Crueldade em demasia.

SALÁRIO – Importância paga pelo empregador, em retribuição aos serviços prestados pelo empregado. Entra no cômputo dos ganhos que o trabalhador obtém com seu trabalho e que constituem a *remuneração* (q.v.). Além do salário, nela entram as gorjetas, percentagens, comissões e gratificações; as diárias para viagens, os abonos pagos pelo empregador somente quando seu valor for maior do que a metade do salário; alimentação, habitação, vestuário ou outras prestações fornecidas pela empresa. Não sendo previamente definido, ou não havendo prova de salário acertado, o empregado receberá um salário igual ao de outro trabalhador que faça, na empresa, serviço igual ao seu. Não havendo função equivalente, usa-se como referência o salário pago em geral pelo mesmo serviço. É proibida qualquer discriminação relativa a salário, com base em sexo, cor, idade, estado civil ou deficiência física. Roupas, equipamentos e acessórios especiais para uso no local do trabalho e prestação de certo serviço não constituem salário. O salário deve corresponder a um mês de serviço; só pode ultrapassar esse período em caso de comissões e percentagens. Deve ser obrigatoriamente feito até o 5º dia útil do mês seguinte ao trabalhado, em dia útil, no local de trabalho, o seu pagamento. (Atualmente, as empresas depositam em contas bancárias dos funcionários, que recebem o comprovante (holerite) no dia do pagamento). Se for pago em cheque, tem de ser de agência bancária da mesma localidade em que o serviço é prestado e durante o horário de funcionamento da agência. Trabalhador analfabeto não pode receber em cheque. Pagamento em dinheiro só na moeda do país, a menos que o trabalhador preste serviços à empresa no Exterior ou seja técnico estrangeiro trabalhando, temporariamente, no Brasil. Pode-se pagar parte do salário em gêneros alimentícios, moradia, vestuário, mas 30% deverá ser em dinheiro. Comissões e percentagem são pagas somente após efetivadas as transações a que se referem. O pagamento deve ser feito contra recibo assinado pelo empregado. Se analfabeto, confirmado com a impressão digital, ou o recibo ser assinado *a rogo* (q.v.). São garantias do salário: *irredutibilidade*: não pode ser reduzido senão por acordo ou convenção coletiva; *inalterabilidade:* não pode o empregador alterar a forma de pagamento, considerando-se nula qualquer alteração que prejudique o empregado, ainda que o trabalhador nela consinta; *impenhorabilidade:* o salário é impenhorável, não pode servir de garantia para o pagamento de dívidas, com uma só exceção: o pagamento de pensão alimentícia; *prazo:* o empregador que atrasar o pagamento sujeita-se à multa administrativa, cujo valor será reajustado anualmente pela Taxa Referencial (TR), divulgada pelo Banco Central do Brasil, ou pelo índice que a substituir, nos termos da Lei nº 13.467/2017 (Reforma Trabalhista), referente a cada empregado prejudicado; atraso de 3 meses ou mais caracteriza a mora contumaz e justifica rescisão do contrato pelo empregado, a ser julgada pela Justiça do Trabalho. Constitui crime, segundo a CF, a retenção dolosa de salário. Havendo salários retidos por ocasião da rescisão do contrato de trabalho, o empregador está obrigado a pagá-los ao comparecer ao Tribunal do Trabalho, sob pena de ser condenado a pagá-los em dobro. Na falência, recuperação judicial ou extrajudicial, os créditos trabalhistas devem ser os primeiros a ser pagos. Por lei, o empregador pode descontar do salário: Previdência Social, imposto de renda, contribuição sindical, financiamento da casa própria; e o empregado pode permitir descontos de adiantamento salarial, mensalidade sindical, seguro de saúde, pensão alimentícia, aluguel e outros. Danos causados à empresa podem ser descontados do salário, se o empregado agiu de má-fé. Se não, o desconto só será permitido se constar cláusula no contrato de trabalho. É proibido por lei cobrar juros de adiantamento salarial ou compensação de dívidas no salário. A Lei nº 14.611/2023 estabeleceu a igualdade salarial e de critérios remuneratórios entre mulheres e homens para a realização de trabalho de igual valor ou no exercício da mesma função.

✱ ***V.*** *Lei nº 14.611/2023 (Dispõe sobre a igualdade salarial e de critérios remuneratórios entre mulheres e homens; e altera a Consolidação das Leis do Trabalho, aprovada pelo Decreto-Lei nº 5.452, de 1º de maio de 1943).*

Décimo terceiro salário: pago no final do ano em duas parcelas, a primeira em 30 de novembro, a segunda obrigatoriamente até o dia 20 de dezembro. O empregado pode receber a metade por ocasião de suas férias, devendo para isso requerer, por escrito, à empresa até o dia 31 de janeiro; o cálculo dessa metade, pago com férias, é feito com base no salário do mês das férias. Comissões e gratificações incluem-se no cálculo do 13º salário. O valor do 13º salário é o do mês de dezembro. A cada mês trabalhado, o empregado tem direito a um doze avos do salário, o que equivale ao salário de dezembro dividido por 12; período de 15 dias ou mais é considerado mês inteiro; desconta-se da parcela paga em dezembro a contribuição da Previdência Social e a parcela do Imposto de Renda. Faltas legais e justificadas não se deduzem na rescisão do contrato sem justa causa ou a pedido do empregado, paga-se-lhe o 13º proporcionalmente até a rescisão; o demitido por justa causa perde direito ao 13º. No caso do requisitante do trabalhador avulso, ele recolhe mensalmente 8,4% da folha; o sindicato paga aos avulsos o total creditado até o mês anterior, na terceira semana dos meses de junho e/ou dezembro. Empregado brasileiro não pode receber salário menor do que o estrangeiro, na mesma função, a menos que o estrangeiro tenha mais tempo de casa; a empresa, com aprovação do Ministério do Trabalho e da Previdência Social, tiver o quadro organizado em carreira, no qual seja garantido o acesso por antiguidade; o brasileiro for aprendiz, ajudante ou servente e o estrangeiro, não; a produção for menor que a do estrangeiro, se o pagamento for por comissão ou tarefa.

Do menor aprendiz: o menor, de 12 a 18 anos, não pode receber menos do que meio salário por mês na primeira metade do período máximo de tempo previsto para o aprendizado; na segunda parte do aprendizado, passa a receber dois terços do salário mínimo.

Mínimo: importância que o governo considera indispensável à subsistência do trabalhador e de sua família, pretendendo-se que cubra gastos com alimentação, habitação, vestuário, higiene, transporte, educação e saúde. Trinta por cento podem ser pagos em dinheiro, o restante em gêneros alimentícios, vestuário e moradia. Se a alimentação é preparada pelo empregador, este só poderá descontar até 25% do salário pelo fornecimento de duas refeições ao dia. A CF em vigor aboliu o salário mínimo regional, tendo ele o mesmo valor em todo o território brasileiro (Lei nº 6.205/1975, que estabelece a descaracterização do salário mínimo como fator de correção monetária). ***V.*** Súm. Vinculantes do STF nºs 4 e 6, que estabelecem respectivamente: "Salvo nos casos previstos na Constituição, o salário mínimo não pode ser usado como indexador de base de cálculo de vantagem de servidor público ou de empregado, nem ser substituído por decisão judicial"; e "Não viola a Constituição o estabelecimento de remuneração inferior ao salário mínimo para as praças prestadoras de serviço militar inicial".

✱ ***V.*** *Súm. nº 431 do TST.*

S

✱ *V. CF, art. 7º, IV, V, VI, X e XII.*

✱ *V. CLT, arts. 457 e 634.*

✱ *V. art. 441 do CPP, que diz que "*nenhum desconto será feito nos vencimentos ou salário do jurado sorteado que comparecer à sessão do júri*".*

✱ *V. Súmulas Vinculantes nºs 4, 6, 15 e 16.*

SALÁRIO DE BENEFÍCIO – É a base para o cálculo dos auxílios e das aposentadorias na Previdência Social. O seu valor não pode ser inferior ao de um salário mínimo, nem superior ao limite máximo do salário de contribuição vigente na data do início do benefício. Calcula-se pela média aritmética simples dos maiores salários de contribuição correspondentes a 80% de todo o período contributivo multiplicada pelo fator previdenciário.

✱ *V. Dec. nº 3.048/1999 (Aprova o Regulamento da Previdência Social), art. 32.*

SALÁRIO DE CONTRIBUIÇÃO – 1. Salário de contribuição é uma expressão do Direito Previdenciário que possui um conceito geral e, na redação legal, foram expressas as bases de cálculo. 2. É o fato gerador sobre o qual haverá as contribuições sociais sobre a folha de salários, mas, de acordo com o tipo de trabalhador, a base de cálculo é diferente e especificada na lei. Para o empregado, temporário e avulso, é a soma das importâncias que recebeu, efetivamente, a qualquer título, durante o mês, em uma ou mais empresas, respeitados os limites em vigor. Para os demais segurados, é o salário-base. Todos os salários de contribuição considerados no cálculo de benefício serão corrigidos monetariamente. A Lei nº 13.467/2017 (Reforma Trabalhista) retirou do salário de contribuição os valores referentes à assistência médica, odontológica e reembolso de despesas com óculos, medicamentos, entre outros.

✱ *V. CF, art. 201, § 3º, com a redação dada pela EC nº 20/1998.*

✱ *V. CLT, art. 458, § 5º.*

✱ *V. Lei nº 8.212/1991 (Dispõe sobre a organização da Seguridade Social, institui Plano de Custeio, e dá outras providências.), art. 28, incisos I a IV.*

✱ *V. Dec. nº 3.048/1999 (Aprova o Regulamento da Previdência Social), art. 214, incisos I a VI.*

SALÁRIO-EDUCAÇÃO – Destinado ao ensino fundamental público como fonte adicional de financiamento, recolhido, na forma da lei, pelas empresas que poderão deduzir a aplicação realizada no ensino fundamental de seus empregados e dependentes.

✱ *V. CF, art. 212, § 5º, com a redação dada pela EC nº 14/1996.*

✱ *V. Dec.-lei nº 1.422/1975 (Dispõe sobre o salário-educação; regulamentado pelo Dec. nº 3.142/1999).*

SALÁRIO-FAMÍLIA – São seus beneficiários o empregado (menos o doméstico), temporário e o avulso, responsável pelo sustento de filhos sob qualquer condição (enteados, tutelados, sob guarda), menores de 14 anos ou inválidos de qualquer idade. O aposentado por invalidez ou por idade e os demais aposentados com 65 anos (homens) ou 60 anos (mulheres) também têm direito ao salário-família. Seu valor varia segundo a remuneração mensal do segurado e começa a ser pago desde a data de apresentação dos documentos que comprovem o direito de recebê-lo. As cotas são pagas pelas empresas com o salário; para o aposentado é pago pela Previdência Social, com a aposentadoria. Sendo segurados o pai e a mãe, ambos têm direito, separadamente, ao salário-família. Foi ele estendido, também, aos trabalhadores rurais pela CF de 1988, que revogou o Enunc. nº 227 do TST.

✱ *V. CF, art. 7º,* caput, *XII, com a redação dada pela EC nº 20/1998.*

✱ *V. Dec. nº 3.048/1999 (Aprova o Regulamento da Previdência Social).*

SALÁRIO-MATERNIDADE – 1. Benefício previdenciário concedido pelo período de 120 (cento e vinte) dias, cujo termo inicial pode se dar entre 28 (vinte e oito) dias antes da data do parto e a ocorrência deste. Não se confunde com a *licença-maternidade*, que é o direito trabalhista concedido às trabalhadoras empregadas, regidas pela Consolidação das Leis do Trabalho, ou servidoras públicas, regidas por estatutos. O benefício, concedido às seguradas pelo regime geral de previdência social, também se estende a outros tipos de trabalhadoras, tais como as domésticas, as seguradas especiais e as contribuintes individuais, sendo, nestes dois últimos casos, pago o valor diretamente pelo INSS. Nos demais casos, o benefício é pago pelo empregador, que pode se creditar do montante devido a título de contribuições previdenciárias. 2. Com a edição da Lei nº 10.421/2002, a adoção ou a obtenção de guarda judicial também passaram a ser fatos geradores do benefício, embora a Lei fizesse diferenciação do prazo de concessão conforme a idade da criança adotada ou sob guarda. Com a edição da Lei nº 12.873/2013, foi concedido o benefício nas mesmas condições da regra geral, bem como foi expressamente autorizado o pagamento a adotante ou guardião do sexo masculino, a despeito de decisões judiciais que já deferiam o benefício nessas hipóteses, por violação ao princípio da isonomia. 3. A Lei nº 12.873/2013 passou a admitir a concessão do salário-maternidade ao cônjuge ou ao companheiro, quando do óbito da segurada ou segurado que fazia jus ao benefício originariamente, caso em que o pedido deve ser requerido dentro do prazo para fruição do benefício originário. Ainda nessa hipótese, o cônjuge/companheiro deve se afastar do trabalho, uma vez que a função do benefício é justamente a de permitir uma integração da criança com sua família. 4. No caso de servidores públicos, o afastamento do trabalho não é coberto pelo regime próprio de previdência social, mas, sim, às expensas do órgão ao qual o beneficiário está vinculado, o que passou a ser expressamente previsto pela Emenda nº 103/2019. 5. No julgamento, em 02.04.2020, da Medida Cautelar na ADI nº 6327, o Supremo Tribunal Federal concedeu, em parte, a liminar, para fixar a interpretação de que, na hipótese em que a criança ou a mãe precisa permanecer internada após o parto, o prazo para concessão do benefício apenas se inicia com a alta hospitalar, justamente em virtude da teleologia do benefício, que é a de viabilizar o convívio entre a criança e sua genitora. O Supremo Tribunal Federal (STF), no julgamento de mérito da Ação Direta de Inconstitucionalidade (ADI) 6327, tornou definitiva a liminar para fixar como marco inicial da licença-maternidade e do salário-maternidade a alta hospitalar da mãe ou do recém-nascido – o que ocorrer por último – nos casos mais graves, em que houver a necessidade de internação que exceda duas semanas. 6. No julgamento, em 06.08.2020, do Recurso Extraordinário nº 576.967, o STF também fixou o entendimento de que não deve incidir contribuição previdenciária sobre os valores pagos pelo empregador a título de salário-maternidade. Referido julgamento superou o entendimento, até então prevalecente, pela exigibilidade do tributo sobre tal verba, consubstanciado na decisão proferida pelo Superior Tribunal de Justiça no Recurso Especial nº 1.230.957, em 26-2-2014.

✱ *V. CF, art. 201, II.*

✱ *V. EC nº 103/2019 (Altera o sistema de previdência social e estabelece regras de transição e disposições transitórias), art. 9º, § 3º.*

✱ *V. Lei nº 8.212/1991 (Lei Orgânica da Seguridade Social), arts. 28, § 2º, e 89, § 9º.*

✱ *V. Lei nº 8.213/1991 (Lei dos Planos de Benefícios da Previdência Social), arts. 25, III, 26, VI, 27-A, 28, 39, par. único, e 71 a 73.*

✱ *V. Dec. nº 3.048/1999 (Aprova o Regulamento da Previdência Social), arts. 19-C, II, 27-A, 29, III, 30, II, 31, III, 65, par. único, 93 a 103, 120, 167, IV e § 4º, 173, II, 214, § 2º, 225, § 9º, III, e 255.*

SALÁRIO PROFISSIONAL – 1. É o mínimo que pode ser pago aos integrantes de uma categoria profissional, consoante o estabelecido por sentença ou convenção coletiva. 2. O mesmo que piso salarial, que, para algumas categorias de profissionais liberais, é fixado por lei. 3. A EC nº 120/2022 determinou como responsabilidade da União o pagamento do vencimento dos agentes comunitários de saúde e dos agentes de combate às endemias, bem como fixou piso salarial para tais agentes. 4. A EC nº 127/2022 definiu como competência da União assistir financeiramente aos Estados, Distrito Federal, Municípios e entidades filantrópicas para o cumprimento dos pisos salariais profissionais nacionais das categorias enfermeiro, técnico de enfermagem, auxiliar de enfermagem e parteira.

✱ *V. EC nº 63/2010 (Altera o § 5º do art. 198 da CF para dispor sobre piso salarial profissional nacional e diretrizes para os Planos de Carreira de agentes comunitários de saúde e de agentes de combate às endemias).*

✱ *V. EC nº 120/2022 (Acrescenta §§ 7º, 8º, 9º, 10 e 11 ao art. 198 da Constituição Federal, para dispor sobre a responsabilidade financeira da União, corresponsável pelo Sistema Único de Saúde (SUS), na política remuneratória e na valorização dos profissionais que exercem atividades de agente comunitário de saúde e de agente de combate às endemias).*

✱ *V. EC nº 127/2022 (Altera a Constituição Federal e o Ato das Disposições Constitucionais Transitórias para estabelecer que compete à União prestar assistência financeira complementar aos Estados, ao Distrito Federal e aos Municípios e às entidades filantrópicas, para o cumprimento dos pisos salariais profissionais nacionais para o enfermeiro, o técnico de enfermagem, o auxiliar de enfermagem e a parteira, dentre outras disposições).*

SALA ESPECIAL – *V. Sala secreta.*

SALA SECRETA – No Tribunal do Júri, é a sala especial onde os juízes de fato (os jurados) se reúnem para deliberarem sobre o caso submetido a seu julgamento, podendo consultar os autos, examinar elementos materiais de prova e procederem, na sala do plenário, às respostas dos quesitos, em cédulas com palavras *sim* ou *não*, que representam os votos do Conselho de Sentença, absolvendo ou condenando o acusado. *V. Sala especial.*

✱ *V. CPP, art. 485.*

SALGADO OU MARISMAS TROPICAIS HIPERSALINOS – A Lei nº 12.651/2012 (Novo Código Florestal), em seu art. 3º, XIV, conceituou salgado ou marismas tropicais hipersalinos: "XIV – salgado ou marismas tropicais hipersalinos: áreas situadas em regiões com frequências de inundações intermediárias entre marés de sizígias e de quadratura, com solos cuja salinidade varia entre 100 (cem) e 150 (cento e cinquenta) partes por 1.000 (mil), onde pode ocorrer a presença de vegetação herbácea específica; (...)".

SALUBRIDADE – *V. Insalubridade* e *adicional de insalubridade.*

SALVADOS – Diz-se do que escapa ileso de acidente de grandes proporções, como mercadorias recolhidas de naufrágio, incêndio, inundação. Tem privilégio especial sobre a coisa salvada o credor por despesa de conhecimento. Paga-se sobre estas mercadorias o imposto de *salvagem*.

SALVO-CONDUTO – Documento assinado pelo juiz em favor daquele a quem concedeu ordem de *habeas corpus* em virtude de ameaças de violência ou coerção ilegal. Documento que recebe o liberado condicional, com sua ficha de identificação ou retrato, descrição dos sinais que o individualizam e as condições de seu livramento. Ato escrito pelo qual a autoridade policial, durante estado de emergência, concede ao seu portador trânsito livre sem o risco de ser preso ou detido. Documento de autoridade militar, com a mesma finalidade, em tempo de guerra.

SANÇÃO – Vocábulo com sentidos vários, um deles o efeito do cumprimento ou descumprimento da norma contratual ou legal. Pode ser providência que se estabelece em cláusula de contrato para o caso de arrependimento ou para sua inexecução por uma das partes. Pode significar aprovação de ato ou de fato por uma autoridade, sua confirmação ou ratificação. Nesse sentido também se diz de uma das etapas do processo legislativo, que é a *sanção da lei* nova pelo chefe do Poder Executivo, a qual precede a promulgação e a publicação da lei. A sanção, nesse caso, é privativa do Presidente da República e pode ser *expressa*, se a aprova e *tácita*, se em 15 dias não se pronunciar sobre o projeto de lei. No Dir. Penal, sanção é a parte da lei onde estão cominadas as penas para os delitos. Podem ser adotadas, também, sanções diplomáticas e econômicas, no sentido de represália.

✱ *V. CF, arts. 66,* caput, *§ 3º, e 84.*

SANCIONADO – Que recebeu a sanção; aprovado, ratificado. Punido.

SANCIONAR – Aprovar projeto de lei; aplicar a pena prevista.

SANEAMENTO – 1. Ato de sanear. 2. Eliminação de irregularidades ou vícios em um processo. O CPC/1973 e o CPC/2015 tratam do saneamento do processo como *despacho saneador* (q.v.). Não sendo caso de extinção imediata nem de antecipação da lide, o juiz dará a *decisão de saneamento*, que é decisão interlocutória, e determina que o feito prossiga regularmente. O juiz também decide sobre a admissibilidade e a realização de provas, ou sobre eventuais preliminares arguidas pelas partes, designa a audiência e reconhece, implicitamente, o cabimento da ação, em tese.

✱ *V. CPC/2015, art. 329, II.*

SAPIENTIA ARS EST – (Latim) A sabedoria é uma arte.

SAQUE – Ato de saquear. Pilhagem. Diz-se de ordem de pagamento expedida por alguém contra outro ou contra banco, onde tem fundos disponíveis para a cobertura. O saque é *coberto*, quando o sacado dispõe de fundos para o pagamento; e *a descoberto*, no caso contrário.

SATISFAÇÃO – Reparação, ressarcimento, indenização; cumprimento (de obrigação).

SATISFAÇÃO DE LASCÍVIA MEDIANTE PRESENÇA DE CRIANÇA OU ADOLESCENTE – Incluído pela Lei nº 12.015/2009, que criou o art. 218-A tipificando-o pelo ato de praticar, na presença de alguém menor de 14 anos, ou induzi-lo a presenciar, conjunção carnal ou outro ato libidinoso, a fim de satisfazer lascívia própria ou de outrem, reclusão, de 2 a 4 anos.

SATURNISMO – Doença profissional, grave intoxicação provocada por trabalho com chumbo e seus compostos.

SCIRE LEGES NON HOC EST VERBA EARUM TENERE SEM VIM AC POTESTATEM – (Latim) Saber as leis não é reter suas palavras, mas sua força e poder.

SEBE – Cerca, tapume, inerente ao direito de tapagem conferido ao proprietário de prédio urbano ou rural, nas condições previstas em lei. A *sebe viva* é aquela feita com vegetais vivos ou plantas que se prestam a corte especial.

SEÇÃO – Divisão administrativa ou judicial, parte de um departamento em repartições públicas.

SECRETARIA – Divisão do Poder Executivo estadual que cuida da administração de determinado setor de atividades, sob a supervisão de um Secretário de Estado e obedecendo à orientação público-administrativa do governador. Exemplo: Secretaria de Esportes e Turismo do Estado de São Paulo. A escolha do secretariado é atribuição do Governador, que pode demiti-lo *ad nutum*. Pode ser, ainda, órgão coordenador de atividades de uma empresa ou escola. Em alguns órgãos judiciários funcionam secretarias.

SECTÁRIO – Partidário radical de uma ideologia política, religiosa, artística, jurídica, obcecado por suas próprias razões, não admitindo contradita.

SECUNDUM ALLEGATA ET PROBATA JUDEX JUDICARE DEBET – (Latim) O juiz deve julgar segundo o alegado e o provado.

SECUNDUM IUS – (Latim) Segundo o direito.

SECUNDUM LEGGE – (Latim) Segundo a lei.

SECUNDUM VERBA – (Latim) Segundo a palavra.

SECUNDUM VOLUNTATEM – (Latim) Segundo a vontade.

SECURITÁRIO – Aquele que trabalha com seguros; empregado de empresa de seguros.

SECURITIZAÇÃO – 1. Prática corrente no mercado financeiro, consistente em converter passivos financeiros, como direitos de crédito, faturas a receber etc., em títulos negociáveis no mercado de capitais, com o objetivo de diluir o risco de inadimplência do credor originário, emissor dos títulos. 2. O Dir, brasileiro reconhece expressamente a securitização de recebíveis decorrentes de operações de financiamento imobiliário, através da emissão de cédulas de crédito imobiliário (CCI) por companhias securitizadoras, autorizadas a operar pela Comissão de Valores Mobiliários (CVM). 3. Outra espécie de securitização expressamente prevista em nosso ordenamento é a de recebíveis de empresas de agronegócio, por meio da emissão de certificados de recebíveis de agronegócio (CRA) por companhias securitizadoras. 4. Estas previsões legais não impedem a securitização de outros tipos de recebíveis, a qual deve ser realizada em observância às normas gerais sobre negócios jurídicos e títulos de crédito, bem como às Resoluções e Instruções Normativas editadas pelo Conselho Monetário Nacional e pela CVM. 5. Em caso de falência do emissor dos títulos securitizados, não será declarada a ineficácia de atos de cessão de créditos em prejuízo dos direitos dos portadores dos valores mobiliários emitidos pelo securitizador.

✱ *V. Lei nº 9.514/1997 (Dispõe sobre o Sistema de Financiamento Imobiliário, institui a alienação fiduciária de coisa imóvel e dá outras providências), arts. 3º e 8º.*

✱ *V. Lei nº 11.076/2004 (Dispõe sobre o certificado de recebíveis do agronegócio – CRA, e dá outras providências), arts. 36 e 37.*

✱ *V. Lei nº 11.101/2005 (Regula a recuperação judicial e a falência do empresário e da sociedade empresária), art. 136, § 1º.*

✱ *V. Res. CMN nº 2.686/2001 (Estabelece condições para a cessão de créditos a sociedades anônimas de objeto exclusivo e a companhias securitizadoras de créditos imobiliários).*

✱ *V. Instrução CVM nº 414/2004 (Dispõe sobre o registro de companhia aberta para companhias securitizadoras de créditos imobiliários e de oferta pública de distribuição de certificados de recebíveis imobiliários – CRI).*

SEGREDO – Aquilo que não pode ser revelado, que se oculta à vista; sigilo. Aquilo que não se divulga; assunto conhecido de poucos, reservado. Mistério, enigma, razão secreta.

De Estado: tudo o que o Estado guarda em sigilo, cuja divulgação é prejudicial aos seus interesses e à sua segurança, razão por que sua divulgação é severamente punida. Toda pessoa, ou agente da Administração e membros do governo ou não, tem o dever jurídico de não revelar nada do que vier a saber em razão de sua função, cargo, ou por outro meio e que diga respeito à segurança do país.

De Justiça: condição a que chega um processo cujos atos deixam de ter publicidade, para preservar o decoro da parte, não prejudicar a marcha da lide ou o interesse social. Fica o assunto restrito ao âmbito da Justiça, das pessoas que obrigatoriamente devem lidar com os autos. Ocorre no impedimento matrimonial por parentesco, em ação de alimentos, na internação de psicopata, no Juizado de Menores; a audiência realiza-se a portas fechadas.

Profissional: segredo de que se tem conhecimento em face do exercício de uma profissão e cuja revelação configura-se crime. Revelar, sem justa causa, segredo de que se tem ciência em razão de função, ministério, ofício ou profissão, e cuja revelação possa produzir danos a outrem, é crime apenado com detenção de 3 meses a 1 ano ou multa. Procede-se apenas por representação. A Lei Civil garante que ninguém é obrigado a depor de fato a cujo respeito, por estado ou profissão, deva guardar segredo. Leis que cuidam do sigilo profissional: Lei nº 8.112/1990, art, 132 para funcionário público federal; Lei nº 1.079/1950, art. 5º, 4, crime contra a União "revelar negócios políticos ou militares que devam ser mantidos secretos a bem da defesa, da segurança externa ou dos interesses da nação"; Lei nº 4.595/1964, art. 38, sobre sigilo bancário. Também são punidos: violação de segredo de fábrica ou negócio, com detenção de 3 meses a 1 ano ou multa; divulgação de segredo de correspondência confidencial ou documento particular, com detenção de 1 a 6 meses ou multa.

S

✱ *V. CPC/1973, arts. 155, 444, 815, 823 e 841.*

✱ *V. CPC/2015, arts. 11, 189 e 368.*

✱ *V. CC/2002, art. 229.*

✱ *V. CP arts. 153 e 154.*

SEGUNDA HIPOTECA – Aquela que o dono do imóvel já hipotecado pode constituir sobre ele, com um novo título em seu favor ou de outro credor. O devedor não é tido como insolvente por faltar ao pagamento das obrigações garantidas por hipotecas posteriores à primeira. A hipoteca anterior, vencida, pode ser remida pelo credor da segunda se o devedor não o fizer, ficando sub-rogado nos direitos desta, sem prejuízo dos que lhe competirem contra o devedor comum. No caso da *penhora,* não se procede a uma segunda a menos que a primeira tenha sido anulada; se executados os bens, o produto da alienação não bastar para o pagamento do credor; ou o credor desistir da primeira, por serem litigiosos os bens ou por estarem penhorados, arrestados ou onerados. Recaindo mais de uma penhora sobre os mesmos bens, cada credor conservará o seu título de preferência.

✱ *V. CPC/1973, arts. 613 e 667.*

✱ *V. CPC/2015, arts. 797, parágrafo único, e 851.*

✱ *V. CC/2002, arts. 812 a 814.*

SEGUNDAS NÚPCIAS – A mulher casada pode livremente exercer o direito que lhe competir sobre pessoas e bens do leito anterior; não perde o direito ao poder familiar. A viúva, ou a mulher cujo casamento se desfez por ser nulo ou por ter sido anulado, não pode casar até 10 meses depois do início da viuvez ou da dissolução da sociedade conjugal, salvo se antes de findo esse prazo der à luz algum filho. Também não podem contrair segundas núpcias: as pessoas casadas; o viúvo ou viúva que tiver filho do cônjuge falecido enquanto não fizer o inventário dos bens do casal e der partilha aos herdeiros.

✱ *V. CC, arts. 1.523, 1.548, 1.642, I, 1.640, parágrafo único, 1.689 e 1.636.*

SEGURADO – 1. Que se segurou ou que está coberto por seguro. 2. Pessoa que contrata seguro em benefício próprio ou de terceiros. As obrigações do segurado e do segurador estão previstas largamente no CC, arts. 760 a 785. 3. Para o Dir. Previdenciário, é toda pessoa identificada pela lei previdenciária como titular de direitos a benefícios e obrigada a realizar contribuições em decorrência do próprio trabalho ou atividade. São segurados obrigatórios da Previdência Social os prestadores de serviços de natureza urbana ou rural, como: empregados, temporários, domésticos, empresários, autônomos, avulsos, eclesiásticos, segurados especiais – produtores, parceiros, meeiros, arrendatários rurais e assemelhados –, servidor público em regime jurídico próprio, servidor civil ou militar exercendo atividades abrangidas pela Previdência Social. Pode tornar-se *segurado facultativo* qualquer pessoa maior de 14 anos, como a dona de casa, o síndico de condomínio, o estudante, o brasileiro que acompanha o cônjuge que presta serviços no exterior, o que deixou de ser segurado obrigatório da Previdência Social, o membro de conselho tutelar da criança e adolescente quando não vinculado a qualquer regime previdenciário, o bolsista, o estagiário e o brasileiro residente ou domiciliado no exterior. 4. A Lei nº 8.213/1991 também estabelece por quanto tempo os segurados mantêm essa qualidade, mesmo quando não efetuam recolhimentos ao sistema, período conhecido popularmente como graça. A manutenção da qualidade de segurado é elemento essencial para a aquisição de direito aos benefícios por incapacidade (auxílio-doença, auxílio-acidente e aposentadoria por invalidez), bem como para dependentes aos benefícios de pensão por morte e auxílio-reclusão. Por outro turno, tendo preenchido os requisitos para percepção de aposentadoria, não é mais necessário que a pessoa comprove qualidade de segurado no momento do requerimento administrativo. A Lei nº 13.846/2019 estabeleceu que, exceto pelo recebimento de auxílio-acidente, a percepção de qualquer outro benefício previdenciário mantém a qualidade de segurado.

✱ *V. Lei nº 8.212/1991 (Dispõe sobre a organização da Seguridade Social), arts. 12 a 14.*

✱ *V. Lei nº 8.213/1991 (Dispõe sobre os planos de benefícios da Previdência Social), arts. 11 a 15.*

✱ *V. Lei nº 10.666/2003, art. 3º.*

✱ *V. Dec. nº 3.048/1999 (Regulamento da Previdência Social), arts. 9º a 14.*

✱ *V. Súmulas nºs 110, 146, 226, 272, 340 e 416 do STJ.*

SEGURANÇA – Garantia, estabilidade, firmeza.

Do juízo: providência para que a sentença, proferida ou não, possa ser cumprida; garantia para interposição de recurso ou de embargos à execução.

✱ *V. CPC/1973, art. 737.*

✱ *V. CPC/2015, arts. 139, VII, 525, § 13, 535, § 6º, 702, 837, 882, § 2º, 927, §§ 3º e 4º, 937, VI, 976, II, e 982, § 3º.*

Do trabalho: providências e medidas exigidas por lei para garantir o trabalhador contra acidentes, moléstias profissionais e excessivo desgaste.

✱ *V. CLT, arts. 154 e segs. e 899.*

SEGURIDADE SOCIAL – Compreende uma integração de ações de iniciativa dos Poderes Públicos e da sociedade, destinados ao amparo em caso de doenças, invalidez, morte, idade avançada, proteção à maternidade, proteção ao desempregado. Resumindo: abrange a saúde, a previdência social e a assistência social.

✱ *V. Previdência Social.*

✱ *V. CF, arts. 5º, LXXIV, 7º, II, 24, XIV, e 194 a 204.*

✱ *V. Lei nº 8.212/1991 (Dispõe sobre a organização da Seguridade Social, institui o Plano de Custeio).*

SEGURO – 1. Livre de perigo ou não exposto a ele. 2. Que oferece segurança contra riscos ou perigos. 3. Não suscetível de falhar ou errar. Eficaz, estável, firme, fixo, infalível. 4. Que não oferece dúvida, certo, confiável. 5. Que não pode fugir, ser perdido ou subtraído. Agarrado, custodiado, garantido, guardado, preso, protegido. 6. Para o Dir. Civil, é um dos contratos típicos mais regulados, pelo qual o segurador, pelo recebimento do prêmio, se compromete a garantir interesse legítimo do segurado, relativo a pessoa ou coisa, contra riscos predeterminados. Por esse conceito, o Código Civil de 2002 rompe com a ideia de contrato aleatório do Código de 1916, de modo que, independentemente de se consumar o risco assegurado, há uma contraprestação pelo prêmio pago. Os seguros podem *ser de pessoa* ou *de dano*, sendo que apenas os da primeira espécie podem ser contratados com mais de uma seguradora. 7. A Constituição Federal diz que compete, privativamente, à União legislar sobre a política de crédito, câmbio, seguros e transferência de valores. Também diz que compete à União fiscalizar as operações de natureza financeira, especialmente as de crédito, *câmbio* e capitalização, bem como as de seguros e de previdência privada. 8. No Brasil, a atividade das companhias seguradoras, incluindo a aprovação dos diversos tipos de seguro, é regulada pela Superintendência de Seguros Privados, autarquia integrante do Sistema Nacional de Seguros Privados, com poder fiscalizatório e disciplinar, podendo inclusive decretar intervenção e liquidação extrajudicial das sociedades seguradoras. Contudo, a Lei nº 13.784/2019 revogou a disposição do Dec.-lei nº 73/1966 que autorizava a SUSEP a condicionar o funcionamento de seguradoras estrangeiras à igualdade de condições de funcionamento do país de origem. 9. A lei penal pune, com a mesma pena do estelionato (reclusão de 1 a 5 anos e multa) quem destrói, total ou parcialmente, ou oculta coisa própria, ou lesa o próprio corpo ou a saúde, ou agrava as consequências da lesão ou doença, com o intuito de haver indenização ou o valor do seguro.

✱ *V. CF, arts. 7º, II e XXIII, 21, VIII, 22, VII.*

✱ *V. CC, arts. 206, § 1º, II, § 3º, IX; 757 a 802.*

✱ *V. CP, art. 171, §2º, V.*

✱ *V. Dec.-Lei nº 73/1966 (Dispõe sobre o Sistema Nacional de Seguros Privados, regula as operações de seguros e resseguros).*

✱ *V. Lei nº 8.374/1991 (Dispõe sobre o Seguro Obrigatório de Danos Pessoais causados por embarcações ou por sua carga).*

✱ *V. Lei nº 13.784/2019 (Institui a Declaração de Direitos de Liberdade Econômica; estabelece garantias de livre mercado; altera as Leis nos 10.406, de 10 de janeiro de 2002 (Código Civil), 6.404, de 15 de dezembro de 1976, 11.598, de 3 de dezembro de 2007, 12.682, de 9 de julho de 2012, 6.015, de 31 de dezembro de 1973, 10.522, de 19 de julho de 2002, 8.934, de 18 de novembro 1994, o Decreto-Lei nº 9.760, de 5 de setembro de 1946 e a Consolidação das Leis do Trabalho, aprovada pelo Decreto-Lei nº 5.452, de 1º de maio de 1943; revoga a Lei Delegada nº 4, de 26 de setembro de 1962, a Lei nº 11.887, de 24 de dezembro de 2008, e dispositivos do Decreto-Lei nº 73, de 21 de novembro de 1966; e dá outras providências).*

✱ *V. Súmulas nºs 105, 188, 504 e 529 do STF.*

✱ *V. Súmulas nºs 246, 257, 402, 405, 426, 473, 474, 529, 540, 544, 573, 580, 610, 616, 620 e 632 do STJ.*

SEGURO DE ACIDENTES DO TRABALHO – 1. Direito garantido pela CF a todos os trabalhadores, urbanos e rurais, a cargo do empregador, sem excluir a indenização a que este está obrigado, quando incorrer em dolo ou culpa. 2. Instituído pela Lei nº 6.367/1976, nunca foi operacionalizado efetivamente como seguro, mas sim como contribuição previdenciária adicional, recolhida junto com a cota-parte do empregador sobre a folha de salários, contabilizada à parte pela Previdência Social, e apurada em percentual proporcional à classe de risco da atividade econômica exercida pela empresa, atualmente variando de 1 a 3 por cento sobre o total das remunerações pagas no mês de competência. 3. A Lei nº 10.666/2003 passou a prever que a alíquota de seguro de acidentes de trabalho possa ser rearbitrada de acordo com o enquadramento de determinada empresa segundo metodologia de aferição dos índices de frequência, gravidade e custo dos benefícios previdenciários decorrentes de acidentes de trabalho concedidos aos empregados, podendo ser reduzida em até cinquenta por cento ou aumentada em até cem por cento. Para operacionalização desse dispositivo, o Decreto nº 6.042/2007 inseriu diversos dispositivos ao Regulamento da Previdência Social, estabelecendo o Fator Acidentário de Proteção (FAP) e o Nexo Técnico Epidemiológico Previdenciário (NTEP). Contudo, subsiste fundada controvérsia jurisprudencial acerca da legalidade dessas disposições, pois a metodologia aplicada não considera os índices de cada empresa individualmente, generalizando os resultados por atividade econômica, segundo a tabela CNAE, elaborada pelo IBGE. 4. Os empregados domésticos passaram a fazer jus aos benefícios previdenciários por acidente de trabalho com a promulgação da Emenda Constitucional nº 72/2013, condicionada à regulamentação por lei. Com a edição da Lei Complementar nº 150/2015, foi previsto o recolhimento de seguro de acidentes de trabalho, pela alíquota de 0,8% da remuneração do trabalhador doméstico. 5. A jurisprudência trabalhista consolidou o entendimento de que a competência para execução de contribuições previdenciárias incidentes sobre as verbas objeto de condenação alcança também o seguro de acidentes do trabalho.

✱ *V. CF, art. 7º, XXVIII.*

✱ *V. LC nº 150/2015 (Dispõe sobre o contrato de trabalho doméstico), art. 34, III.*

✱ *V. Lei nº 8.212/1991 (Lei Orgânica da Seguridade Social), art. 22, II, e § 3º.*

✱ *V. Lei nº 10.666/2003, art.10.*

✱ *V. Dec. nº 3.048/1999, (Regulamento da Previdência Social), arts. 202 a 203 e Anexo V.*

✱ *V. Súm. nº 351 do STJ.*

✱ *V. Súm. nº 454 do TST.*

SEGURO DE CRÉDITO À EXPORTAÇÃO – Tem a finalidade de garantir as operações de crédito à exportação contra os riscos comerciais, políticos e extraordinários que possam afetar a produção de bens e a prestação de serviços destinados à exportação brasileira, bem como as exportações brasileiras de bens e serviços. Pode ser utilizado por exportadores, instituições financeiras e agências de crédito à exportação que financiarem, refinanciarem ou garantirem a produção de bens e a prestação de serviços destinados à exportação brasileira, bem como as exportações brasileiras de bens e serviços.

SEGURO DE FIANÇA LOCATÍCIA – Garantia prevista pela Lei nº 8.245/1991, que visa dar garantia ao locador (segurado-beneficiário) de prejuízos que possa sofrer com o inadimplemento do contrato de locação, pelo locatário, reconhecido em face de decretação do despejo e/ou fora da imissão de posse do imóvel, em razão de não pagamento dos aluguéis e/ou dos encargos legais. Partes do contrato: a *seguradora*, o *segurado-beneficiário* (o locador, pessoa física ou jurídica, proprietário ou não do imóvel, que pode acumular a condição de estipulante), o *garantido* (pessoa física ou jurídica na condição de locatário, razão do contrato e de sua execução); o *estipulante* (pessoa física ou jurídica em nome da qual poderá ser emitida apólice coletiva em favor do segurado e a quem cabe proceder a todas as obrigações previstas para este).

✱ *V. Lei nº 8.245/1991 (Lei das Locações), arts. 37, III, e 41.*

✱ *V. Lei nº 12.112/2009.*

SEGURO DE PESSOAS E BENS – É o que garante à Administração Pública o reembolso de quanto venha a gastar com indenização de danos a vizinhos e terceiros, nos contratos administrativos cuja execução seja, particularmente, perigosa. Sua finalidade é a garantia da Administração e do empreiteiro, nas obras e serviços públicos, indenizáveis independentemente de culpa do executor.

SEGURO-DESEMPREGO – 1. Benefício previdenciário concedido ao trabalhador demitido sem justa causa e que tenha recebido salários de uma ou mais empresas nos 18 (dezoito) meses anteriores à data da dispensa, não considera os índices de cada empresa individualmente terceiro requerimento, precisa comprovar ter recebido remuneração nos 6 (seis) meses anteriores ao pedido. O candidato ao benefício também não pode receber outros benefícios previdenciários, tampouco ter outra fonte de renda apta à sua subsistência. Para formular o requerimento, deverá juntar ao formulário próprio, fornecido pelo empregador por ocasião da comunicação da dispensa, a Carteira de Trabalho, documento de identidade, termo de Rescisão de Contrato de Trabalho com o FGTS quitado, e entregá-lo na Caixa Econômica Federal, nas unidades do Sistema Nacional de Emprego ou no Posto de Atendimento do Seguro-Desemprego no Ministério do Trabalho. Somente a CEF faz os pagamentos e o trabalhador deve procurá-la 45 dias depois de o formulário ser entregue. O seguro-desemprego é pago uma vez por mês, durante 3 a 5 meses; se o empregado conseguir novo emprego, o pagamento é interrompido. O valor do benefício varia de 1 salário mínimo até R$ 1.735,29. 2. A Lei nº 13.134/2015 passou a prever expressamente que, na hipótese de recebimento indevido de parcelas de seguro-desemprego, a União poderá promover a cobrança da diferença, após prévio processo administrativo, com a possibilidade de dedução dos valores sobre eventuais benefícios futuros. 3. A Lei nº 10.779/2003 estendeu o benefício aos pescadores profissionais que exercem seu ofício de forma artesanal, durante o período de vedação à atividade por determinação dos órgãos de proteção ambiental, o que passou a ser denominado *seguro-defeso*. Entretanto, o beneficiário deve se enquadrar como segurado especial da Previdência Social, efetuando recolhimentos nesta qualidade. 4. A Lei nº 10.208/2001 estendeu o benefício aos empregados domésticos, os quais atualmente têm os requisitos para concessão disciplinados na Lei Complementar nº 150/2015. 5. A Lei nº 13.189/2015, que instituiu o Programa de Proteção ao Emprego (atualmente denominado Programa Seguro-Emprego), admite que os empregados de empresas que atendam aos requisitos legais e celebrem acordos ou convenções coletivas de trabalho com objetivo específico de aderir ao programa, tenham complementação de renda pelo seguro-desemprego, caso as cláusulas do instrumento normativo tenham estabelecido redução temporária de salários. 6. Embora o seguro-desemprego seja um benefício previdenciário, sua gestão não é realizada pelo INSS, mas sim pela Secretaria Especial de Trabalho e Previdência, vinculada ao Ministério da Economia, e os seus recursos estão vinculados ao produto da arrecadação das contribuições ao Programa de Integração Social (PIS), gerido pelo Fundo de Amparo ao Trabalhador (FAT), fundo público sem personalidade jurídica, administrado por um Conselho Curador. 7. AMP nº 905/2019, que até a data de fechamento desta edição não havia sido convertida em lei, acabou com a controvérsia jurisprudencial acerca da manutenção da qualidade de segurado pelo desempregado, enquanto receber o benefício. Entretanto, passou a estabelecer a retenção de contribuição previdenciária sobre os valores pagos a este título, pairando fundados indícios de inconstitucionalidade sobre tal disposição, ante a violação do princípio da capacidade contributiva. 8. A Justiça do Trabalho firmou entendimento pela possibilidade de condenação do empregador em indenização substitutiva do seguro-desemprego quando o trabalhador não consegue receber o benefício em razão da recusa da empresa em fornecer as guias para requerimento administrativo.

✱ *V. CF, arts. 7º, II, 201, III, e 239.*

✱ *V. LC nº 150/2015 (Dispõe sobre o contrato de trabalho doméstico), art. 26.*

✱ *V. CLT, art. 477, § 10.*

✱ *V. Lei nº 7.998/1990 (Regula o Programa do Seguro-Desemprego, o Abono Salarial, institui o Fundo de Amparo ao Trabalhador – FAT).*

✱ *V. Lei nº 10.779/2003 (Dispõe sobre a concessão do benefício de seguro desemprego, durante o período de defeso, ao pescador profissional que exerce a atividade pesqueira de forma artesanal).*

✱ *V. Lei nº 13.189/2015 (Institui o Programa Seguro-Emprego), art. 4º.*

✱ *V. Súm. nº 389 do TST.*

SEGURO DE VIDA – 1. Modalidade de contrato de seguro que objetiva garantir, mediante prêmio anual que se ajustar, o pagamento de certa soma a determinada pessoa ou determinadas pessoas, por morte do segurado, podendo estipular-se igualmente o pagamento dessa soma ao próprio segurado, ou a terceiro, se aquele sobreviver ao prazo de seu contrato. 2. Na vigência do CC/1916, a jurisprudência formou o entendimento de que, salvo se tiver havido premeditação, o suicídio do segurado no período contratual de carência não exime o segurador do pagamento do seguro. Entretanto, o CC/2002 limitou esta possibilidade apenas após dois anos de vigência inicial do contrato, tendo a jurisprudência interpretado pela possibilidade de o beneficiário requerer a devolução do montante da reserva técnica formada Pode-se fazer seguro de vida em nome de outrem; é lícito também fazê-lo de modo que só tenha direito a ele o segurado, se chegar a certa idade, ou for vivo a certo tempo. 3. O STJ firmou entendimento, na Súm. nº 620, de que a embriaguez do segurado no momento do sinistro não exime a seguradora de pagar a indenização prevista neste seguro. 4. O valor de seguro de vida é considerado bem absolutamente impenhorável, e não se integra ao monte-mor do espólio, para fins de responder pelas dívidas do segurado.

✱ *V. CC, arts. 758 a 789.*

✱ *V. CPC, art. 7833, VI.*

✱ *V. Súmulas nºs 610 e 620 do STJ.*

SEGURO-GARANTIA – 1. Na linguagem empresarial é conhecido por *performance bond*. É a garantia que uma companhia seguradora oferece para a plena execução do contrato. A seguradora obriga-se, na apólice, a completar à sua custa o objeto do contrato ou a pagar à Administração o necessário para que essa o transfira a terceiro ou o realize diretamente. De uso generalizado na América do Norte, o *seguro-garantia*, com outras denominações e variantes, já se difundiu na América do Sul. No Brasil, começou a ser utilizado nos contratos de construção do Metrô de São Paulo. 2. A Lei nº 13.043/2014 passou a admitir que, em processo de execução fiscal, o executado pudesse garantir o débito através do oferecimento de apólice de seguro garantia com cobertura pelo valor do débitro exequendo, a fim de assegurar o juízo para oposição de embargos à execução. Posteriormente, a jurisprudência passou a admitir o oferecimento de apolíce de seguro garantia mesmo antes da propositura da execução fiscal, de modo a permitir a expedição e certidão de regularidade fiscal. 3. O CPC generalizou a possibilidade de oferecimento de seguro- garantia, condicionando que o valor da apólice seja correspondente ao débito exequendo acrescido de trinta por cento. 4. A Lei nº 13.467/2017 (Reforma Trabalhista) passou a admitir também essa hipótese no âmbito do Processo do Trabalho, o que é objeto de críticas doutrinárias, pois a penhora de bens do executado também é meio de inibir o devedor a tentar procrastinar a satisfação do débito.

✱ *V. CPC, arts. 784, VI, 833, VI, e 835, § 2º, e 848, par. único.*

✱ *V. CLT, art. 882, e 889, § 11.*

✱ *V. Lei nº 6.830/1980 (Lei das Execuções Fiscais), art. 9º, II.*

✱ *V. Orientação Jurisprudencial nº 59 da SBDI-II do TST*

SEGURO MÚTUO – Aquele no qual se associam segurados, pondo em comum entre si o prejuízo que advenha a qualquer deles, do risco por todos corrido. Em lugar do prêmio, os segurados contribuem com cotas necessárias para as despesas da Administração e os prejuízos verificados. O conjunto dos segurados constitui a pessoa jurídica a que pertencem as funções de segurador.

✱ *V. Dec.-lei nº 8.934/1946 (Dispõe sobre as sociedades mútuas de seguros sobre a vida).*

✱ *V. Dec.-lei nº 4.609/1942 (Assegura garantia subsidiária do Governo Federal às sociedades mútuas de seguro).*

✱ *V. Dec.-lei nº 7.377/1945 (Dispõe sobre o ativo das sociedades mútuas de seguro).*

✱ *V. CC, art. 801.*

SEGURO OBRIGATÓRIO DE DANOS PESSOAIS – 1. Cobre todos os danos pessoais, incluídos os sofridos pelo próprio segurado em acidentes de automóvel. Não tem conteúdo apenas reparatório, mas cobre a morte e lesões sofridas pelos indivíduos, sem qualquer atenção à reparação dos danos materiais. Os danos pessoais compreendem indenização por morte, invalidez permanente, despesas de assistência médica e suplementares. É, portanto, seguro especial de acidentes pessoais, decorrente de causa súbita e involuntária, destinado a pessoas transportadas ou não, lesadas por veículos em circulação, automotores, de via terrestre, ou por sua carga. 2. A Lei nº 6.194/1974 aboliu o Dec.-lei nº 814/1969. Há imposição legal da obrigatoriedade de seu pagamento até 5 dias após a apresentação dos documentos reveladores do sinistro e da qualidade do titular do

S

direito. 3. O art. 20 do Dec.-lei nº 73/1966 estabelece a contratação obrigatória de seguros para cobertura de determinados riscos, entre os quais o de danos pessoais causados por veículos automotores de vias terrestres e por embarcações, popularmente, denominado "DPVAT". O DPVAT tem suas condições de cobertura e limites de responsabilidade definidos na Lei nº 6.194/1974, em que foram estabelecidos percentuais de cobertura relativos a diversos tipos de lesões decorrentes de acidentes de trânsito, de acordo com a tabela anexa àquela norma, chamada popularmente de tabela do açougueiro. 4. A MP nº 904/2019 extinguiu a cobertura pelo DPVAT a partir de 1º de janeiro de 2020, havendo fundados indícios de inconstitucionalidade dessa norma que resultou em sua suspensão pela ADI nº 6.262. 5. A Lei nº 14.544/2023 determinou, o que a Caixa Econômica Federal será a responsável pela gestão dos pedidos de DPVAT para assegurar a sua continuidade quanto aos sinistros ocorridos no período de 1º-1-2023 até 31-12-2023. Anteriormente, o Seguro DPVAT era administrado pela Seguradora Líder. A gestão passou para a Caixa Econômica Federal através de contrato celebrado com a Superintendência de Seguros Privados – Susep.

✱ *V. Lei nº 6.194/1974 (Dispõe sobre Seguro Obrigatório de Danos Pessoais causados por veículos automotores de via terrestre, ou por sua carga, a pessoas transportadas ou não).*

✱ *V. Lei nº 14.544/2023 (Dispõe sobre a gestão e a operacionalização dos pedidos das indenizações previstas no art. 3º da Lei nº 6.194, de 19 de dezembro de 1974, com vistas a assegurar a sua continuidade; e altera a Lei nº 14.075, de 22 de outubro de 2020).*

SELADOS E PREPARADOS – Expressão usada pelo juiz, em despacho, já consagrada na prática forense, pela qual ordena que, antes de o feito subir a julgamento, sejam pagos os emolumentos e selos devidos.

SEMOVENTE – 1. O que se move ou se traslada por si mesmo; o ser vivo animal que tem utilidade para o homem. Para o Dir. Civil, é tipo de bem móvel. 2. Como bem móvel, dotado de utilidade econômica, os semoventes podem ser objeto de penhora em processo de execução ou fase de cumprimento de sentença, podendo ser alienados antecipadamente. 3. A Lei nº 13.330/2016 introduziu o § 6º ao art. 155 do Código Penal, prevendo pena de reclusão de 2 (dois) a 5 (cinco) anos se a subtração for de semovente domesticável de produção, ainda que abatido ou dividido em partes no local da subtração. Também foi inserido o tipo penal de receptação de semovente domesticável de produção, com pena de reclusão de 2 (dois) a 5 (cinco) anos e multa. Portanto, tais tipos penais partem da premissa de que os animais são patrimônio.

✱ *V. CC, art. 82.*

✱ *V. CPC, arts. 620, IV, c, 742, II, 835, VII, 840, II, 847, III, 862 e 886, III.*

✱ *V. CP, arts. 155, § 6º, e 180-A.*

SEMPER FLAMMA FUMO PROXIMA EST – (Latim) Onde há fumaça há fogo.

SENADO FEDERAL – Órgão do Poder Legislativo, representando os Estados e o Distrito Federal, que forma, com a Câmara dos Deputados, o Congresso Nacional. O mandato do senador é de 8 anos, renovando-se a representação de 4 em 4 anos, alternadamente, por um e dois terços. Cada Estado elege três senadores, e cada um destes terá dois suplentes.

✱ *V. CF, arts. 44,* caput, *46, 47, 52 a 57.*

SENHORIO – Locador, proprietário, dono; o titular do domínio.

SENTENÇA – Ato do juiz que extingue o processo, resolvendo ou não o mérito da causa (CPC/1973, art. 162, § 1º, correspondente ao art. 203, § 1º, do CPC/2015). A sentença pode ser: *absolutória,* a que declara o réu isento de responsabilidade criminal, reconhecendo a improcedência do pedido ou extinguindo a instância; *arbitral,* decisão de árbitros no juízo arbitral ou juízo de primeira e segunda instâncias; *citra petita,* a que não decide a lide, apreciando e julgando apenas parte do pedido, atribuindo ao autor menos do que ele pede; *condenatória,* a que obriga o réu, condenando-o, a satisfazer no todo ou em parte o pedido do autor; no penal, a que impõe ao réu uma pena (detenção, reclusão e/ou multa); *constitutiva,* quando cria, modifica ou extingue um estado ou relação jurídica; *contra legem,* prolatada com violência ao direito expresso; *de alçada,* dada por juiz competente apenas para julgar o valor da causa ou por tribunal que só pode julgar determinadas causas; *declaratória,* a que se limita à declaração de existência ou não de um direito; *definitiva* ou *de mérito,* a que acolhe ou rejeita o pedido, que absolve ou condena, sem por fim ao feito; *de preceito,* a sentença condenatória que resulta da confissão do réu; *escrita,* quando o juiz, não suficientemente esclarecido, a redige e depois a prolata, em certo prazo, em audiência posterior à da instrução da causa, que ele designa; *executória,* aquela que vai ser posta em execução; *extra petita,* a que decide matéria estranha ao pedido, opondo-se ao preceito legal em tese; *final,* aquela que, apreciando ou não o mérito, põe termo ao processo em última instância e torna a coisa julgada; *homologatória,* aquela que sanciona, aprova ou ratifica ato praticado pela parte, observados os requisitos legais; *ilíquida,* que não estatui o montante a ser pago a título de condenação ou não torna certo o objeto; *inepta,* aquela que, ambígua ou contraditória, traz conclusão em desacordo com as premissas ou com o pedido;

injusta, a que interpreta mal, falsamente, a prova e aplica inadequadamente a lei; *interlocutória*, quando resolve apenas questão incidente (a que ocorre antes da contestação) ou emergente (depois da contestação); pode ser *mista*, quando resolve um incidente, prejudica a questão principal e põe fim ao processo; e *simples*, quando só decide questões referentes à ordem do processo; *irrecorrível*, contra a qual não cabe qualquer recurso; *justa*, a que se enquadra no caso em julgamento, com fundamentos e conclusão no direito expresso, na prova produzida e na verdade dos fatos; *líquida*, a que fixa o valor da condenação ou o objeto que nesta incida; *nula*, a que por lei não pode produzir efeito jurídico. É nula se proferida por juiz incompetente; com ofensa à coisa julgada; contra dispositivo da lei; quando seu principal fundamento for prova falsa em juízo ou falsidade inequívoca, apurada na própria ação rescisória; *rescindenda*, aquela sujeita à ação rescisória; *revocatória*, a que revoga ou reforma sentença anterior, declarando aberta a falência; *terminativa*, que encerra o processo sem decidir a lide, sem conhecer o mérito da causa; *ultra petita*, a que julga além do pedido ou sobre matéria alheia a ele, violando o direito estatuído; *verbal* ou *oral*, a que o juiz profere de viva voz, após os debates, na audiência de instrução e julgamento. A sentença só produz efeito quando prolatada, publicada e dela sendo intimadas as partes. Não se dá publicidade à sentença proferida em casos processados em segredo de Justiça (CPC/1973, art. 456, correspondente ao art. 366 do CPC/2015). A Lei nº 10.444/2002 deu nova redação ao § 5º do art. 461 e acrescentou o § 6º e mais o art. 461-A e seus três parágrafos do CPC/1973, correspondentes aos arts. 497 a 500 e 538 do CPC/2015. A Lei nº 11.232/2005 alterou a Lei nº 5.869/1973 – CPC/1973, para estabelecer o cumprimento das sentenças no processo de conhecimento (q.v.), mantido no CPC/2015, nos arts. 513 a 538.

Da Sentença no Tribunal do Júri: *V.* arts. 492 e 493 do CPP.

SENTENÇA ESTRANGEIRA – Só terá eficácia no Brasil depois de homologada pelo STJ. A execução se fará por carta de sentença extraída dos autos da homologação e obedecerá às regras estabelecidas para a execução da sentença nacional de mesma natureza.

✱ *V. LINDB (antiga LICC), arts. 7º, § 6º, e 15.*

✱ *V. CPC/1973, arts. 483 e 484.*

✱ *V. CPC/2015, arts. 961 e 965.*

SENTENCIADO – Presidiário, o condenado por sentença.

SENTENTIA DEBET ESSE LIBELLO CONFORMIS – (Latim) A sentença deve ser conforme o libelo.

SENTENTIA EST ESPLICATOR LEGIS – (Latim) A sentença é a intérprete da lei.

SENTENTIA QUAE IN REM IUDICATAM TRANSIT PRO VERITATE HABETUR – (Latim) Sentença que passa em julgado tem-se por verdade.

S.E.O. – (Abreviatura) Salvo erro ou omissão.

SEPARAÇÃO – Ato de separar-se, afastar, desunir pessoas ou coisas.

De bens: regime em que o casamento se faz com separação dos bens dos cônjuges, que não se comunicam. É preciso distinguir a *separação plena*, em que os nubentes devem fazer dupla declaração no pacto antenupcial, estipulando que não se comunicam nem os bens anteriores nem os posteriores ao casamento. Cada um fica só com o que é seu; e *separação limitada* ou *restrita*, na qual se declara só a incomunicabilidade dos bens anteriores ao casamento, semelhante ao da comunhão parcial. Este regime de separação limitada ou restrita é obrigatório em certos casos, como: casamento do maior de 60 anos e da maior de 50 (salvo na hipótese do art. 45 da Lei nº 6.515/1977 – Lei do Divórcio), dos que dependerem de autorização judicial para se casar, do viúvo ou da viúva que tiver filho do cônjuge falecido, enquanto não der partilha aos herdeiros etc. O citado art. 45 da Lei do Divórcio diz que o maior de 60 e a maior de 50 anos, se tiverem vivido juntos por 10 anos antes de 28-6-1977, podem estabelecer livremente o regime de bens, e também se tiverem filho dessa união.

De poderes: é a tripartição de funções no Estado com harmonia dos poderes Executivo, Legislativo e Judiciário.

SEPARAÇÃO DE CORPOS – Pode dar-se quando os nubentes são menores de 16 anos e o juiz permite que se casem para evitar a imposição ou o cumprimento de pena criminal, mas lhes ordena a separação de corpos até que alcancem a idade legal. No cível, pode o autor de ação de anulação ou nulidade de casamento ou de divórcio requerer a separação de corpos ao juiz, que a concederá com a possível brevidade. É ato processual que não sofre interrupção por causa das férias forenses. O Processo Civil diz que o juiz poderá ordenar ou autorizar, na pendência da ação principal ou antes mesmo de sua propositura, o afastamento temporário de um dos cônjuges da residência do casal.

✱ *V. CC, arts. 1.517 e 1.520.*

✱ *V. CPC/1973, arts. 155, 173, II.*

✱ *V. CPC/2015, arts. 189 e 214, I.*

✱ *V. EC nº 66/2010 (Dispõe sobre a dissolubilidade do casamento civil pelo divórcio, suprimindo o requisito de prévia separação judicial por mais de 1 (um) ano ou de comprovada separação de fato por mais de 2 (dois) anos).*

SEPARAÇÃO DO DOTE – Pode ser pedida pela mulher, judicialmente, quando a desordem nos negócios do marido levem a temer que os bens destes não sejam suficientes para garantir os dela; salvo o direito dos credores de se opor à separação quando fraudulenta. Separado o dote, a mulher administrará, mas continuará inalienável, provendo o juiz, ao conceder a separação, a que sejam convertidos em imóveis os valores entregues pelo marido em reposição dos bens dotais. Para produzir efeitos em relação a terceiros, a sentença da separação será averbada no registro próprio. Lei nº 6.015/1973, art. 167, cuida da averbação das sentenças de dote. O CC/2002 aboliu o regime dotal, no casamento.

SEPARAÇÃO JUDICIAL – A EC nº 66/2010 dispõe sobre a dissolubilidade do casamento civil pelo divórcio, suprimiu o requisito de prévia separação judicial por mais de um ano ou de comprovada separação de fato por mais de dois anos.

SEPULTURA – Jazigo; tumba; lugar onde sepultam-se os mortos; proibido violação.

SEQUESTRADO – Diz-se do bem objeto de sequestro; pessoa vítima do crime de sequestro.

SEQUESTRO – No Dir. Processual Civil, é a apreensão judicial de certo bem objeto do processo ou de documento necessário à formulação de prova. No Dir. Penal, é crime contra a liberdade individual ao se privar alguém, injustamente, de sua liberdade de locomoção, conservando-o em lugar solitário, tornando difícil a obtenção de socorro pela vítima. A pena é de reclusão de 1 a 3 anos; aumenta para 2 a 5 anos se a vítima é ascendente, descendente ou cônjuge do agente; se o crime é praticado mediante internação da vítima em casa de saúde ou hospital; se a privação de liberdade dura mais de 15 dias. Se resulta à vítima grave sofrimento físico ou moral, a reclusão é de 2 a 8 anos. É considerado crime hediondo a extorsão mediante sequestro e na sua forma qualificada. Sequestrar pessoa com o fim de obter, para si ou para outrem, qualquer vantagem, como condição o preço do resgate, é crime apenado com reclusão de 8 a 15 anos, e multa. Se o sequestro dura mais de 24 horas, se o sequestrado é menor de 18 anos, ou se o crime é cometido por bando ou quadrilha, reclusão de 12 a 20 anos e multa; se resulta do fato lesão corporal grave, reclusão de 16 a 24 anos e multa; se resulta morte, reclusão de 24 a 30 anos e multa. A lei determina que não cabem graça ou anistia nos crimes definidos como hediondos, como o sequestro. O livramento condicional, nesses crimes, exige cumprimento de dois terços da pena e ausência de reincidência específica, isto é, a reincidência em crime da mesma natureza, com violação do mesmo artigo, ou, mesmo diversos os dispositivos, havendo idênticas características básicas, pelos fatos constitutivos ou pelos motivos determinantes. A pena para esse crime será integralmente cumprida em regime fechado.

✱ *V. Lei nº 8.072/1990 (Lei dos Crimes Hediondos), art. 1º.*

✱ *V. CP, arts. 148 e 159, §§ 1º a 3º.*

De móveis, bens e rendimentos: Pode o juiz, se a parte o requerer, decretar o sequestro de bens móveis, semoventes ou imóveis, quando sua posse ou propriedade for objeto de disputa e haja fundado receio de rixas ou danificações. Pode igualmente ordenar o sequestro dos frutos e rendimentos do imóvel reivindicando se o réu os estiver dissipando; igualmente os bens do casal, nas ações de anulação de casamento, se o cônjuge os estiver dissipando.

✱ *V. CPC/1973, arts. 522 a 525, 919 e 1.016, § 1º.*

✱ *V. CPC/2015, arts. 159, 214, I, 300, § 3º, 553, 641, § 1º, e 1.015 a 1.017.*

Relâmpago: caracteriza-se como referido crime quando o sequestrado é levado à agência bancária onde tem conta para retirar dinheiro e entregá-lo a seus sequestradores. Ocorre com pedestres e motoristas surpreendidos pela ação dos criminosos. Esse tipo de sequestro passou a ser tipificado com o advento da Lei nº 11.923, de 17-4-2009, que acresceu o § 3º ao art. 158 do CP que caracteriza referido crime quando "(...) é cometido mediante a restrição da liberdade da vítima, e essa condição é necessária para a obtenção da vantagem econômica, a pena é de reclusão, de 6 (seis) a 12 (doze) anos, além da multa; se resulta lesão corporal grave ou morte, aplicam-se as penas previstas no art. 159, §§ 2º e 3º, respectivamente".

SEQUESTRO E CÁRCERE PRIVADO – A Lei nº 11.106, de 28-3-2005, acrescentou ao inciso I a expressão "ou companheiro" do agente; acrescentou os incisos IV e V do art. 148 do CP (q.v.).

SERVENTIA – O que tem utilidade imediata em prédio urbano ou rural, de janelas e portas a caminho, passagens e atravessadouros particulares em propriedades que dão acesso a lugares públicos. Servidão. Diz-se também do ofício de Justiça e do local onde é executado.

SERVENTUÁRIO – Aquele que exerce cargo ou ofício público.

Da Justiça: é o auxiliar imediato do juiz, concursado, como o tabelião, escrivão, escrevente juramentado, distribuidor, contador, partidor.

✱ *V. CPP, arts. 105, 112 e 274.*

SERVIÇAL – *V. Empregado doméstico.*

SERVIÇO – Trabalho. Desempenho de atividade material ou intelectual, com fim produtivo e intenção de lucro. Duração do trabalho.

Ambiental: Atividade individual ou coletiva que favorece a manutenção, a recuperação ou a melhoria dos serviços ecossistêmicos.

✱ ***V.*** *Lei nº 14.119/2021 (Institui a Política Nacional de Pagamento por Serviços Ambientais), art. 2º, III.*

Ativo: Tempo de serviço permanente ao funcionário público, civil ou militar.

Autônomo: O realizado por conta própria, sem vínculo empregatício.

Autorizado: Aquele que, por ato unilateral, o poder público consente em sua execução por particular, sem regulamentação específica, sujeito a modificações e podendo ser suprimido a qualquer instante.

De utilidade pública: O que a Administração presta diretamente ou permite que seja prestado por terceiros, regulamentado e sob seu controle, mas por conta e risco dos prestadores, como o de gás, telefone, transporte coletivo etc.

Ecossistêmico: benefício relevante para a sociedade gerado pelos ecossistemas, em termos de manutenção, recuperação ou melhoria das condições ambientais, nas seguintes modalidades: a) serviços de provisão, os que fornecem bens ou produtos ambientais utilizados pelo ser humano para consumo ou comercialização, tais como água, alimentos, madeira, fibras e extratos, entre outros; b) serviços de suporte, os que mantêm a perenidade da vida na Terra, tais como a ciclagem de nutrientes, a decomposição de resíduos, a produção, a manutenção ou a renovação da fertilidade do solo, a polinização, a dispersão de sementes, o controle de populações de potenciais pragas e de vetores potenciais de doenças humanas, a proteção contra a radiação solar ultravioleta e a manutenção da biodiversidade e do patrimônio genético; c) serviços de regulação, os que concorrem para a manutenção da estabilidade dos processos ecossistêmicos, tais como o sequestro de carbono, a purificação do ar, a moderação de eventos climáticos extremos, a manutenção do equilíbrio do ciclo hidrológico, a minimização de enchentes e secas e o controle dos processos críticos de erosão e de deslizamento de encostas; d) serviços culturais, os que constituem benefícios não materiais providos pelos ecossistemas, por meio da recreação, do turismo, da identidade cultural, de experiências espirituais e estéticas e do desenvolvimento intelectual, entre outros.

✱ ***V.*** *Lei nº 14.119/2021 (Institui a Política Nacional de Pagamento por Serviços Ambientais), art. 2º, II.*

Impróprio do Estado: O que atende a necessidades comuns da coletividade e a Administração prestao remuneradamente por seus órgãos ou delega sua prestação a concessionários, permissionários ou autorizatários.

Industrial: O que traz renda aos que o prestam, pela remuneração da utilidade usada ou consumida (tarifa, preço público), sempre fixada pelo poder público; tipo de serviço impróprio do Estado.

Militar: O que todo jovem aos 18 anos está obrigado a prestar às Forças Armadas.

Próprio do Estado: O que se relaciona intimamente com as atribuições do poder público, como segurança, higiene e saúde pública, que não é delegado a particulares.

Público: O prestado pelos órgãos governamentais no interesse da coletividade, como o de polícia, saúde pública, instrução, transportes etc. A EC nº 128/2022 proibiu a imposição e a transferência, por lei, de obrigação financeira fruto de prestação de serviço público para a União, os Estados, o Distrito Federal e os Municípios sem a previsão de fonte de custeio correspondente.

✱ ***V.*** *CPP, art. 439.*

✱ ***V.*** *Dec. nº 6.654/2008 (Aprova o Plano Geral de Outorgas de Serviço de Telecomunicações prestado no regime público).*

✱ ***V.*** *Lei nº 11.800 (Acrescenta parágrafo único ao art. 33 da Lei nº 8.078, de 11 de setembro de 1990 – Código de Defesa do Consumidor, para impedir que os fornecedores veiculem publicidade ao consumidor que aguarda, na linha telefônica, o atendimento de suas solicitações).*

✱ ***V.*** *EC nº 128/2022 (Acrescenta § 7º ao art. 167 da Constituição Federal, para proibir a imposição e a transferência, por lei, de qualquer encargo financeiro decorrente da prestação de serviço público para a União, os Estados, o Distrito Federal e os Municípios).*

Público relevante: O que decorre do desempenho efetivo das funções de jurado.

Uti singuli *ou individual:* Aquele que tem usuários determinados e utilização particular, mensurável, para cada destinatário, como o telefone, a água, a energia elétrica domiciliar etc. É de utilização individual, facultativa e mensurável, devendo ser remunerado por preço público (tarifa), e não por tributo (imposto, taxa).

Uti universi *ou geral:* O que a Administração presta sem ter usuários determinados, como o de iluminação pública, calçamento e outros, que satisfaz indiscriminadamente a população.

✱ ***V.*** *CF, arts. 5º, VIII, 14, § 2º, e 143.*

✱ ***V.*** *Lei nº 4.375/1964 (Lei do Serviço Militar, regulamentada pelo Dec. nº 57.654/1966).*

✱ ***V.*** *Lei nº 9.608/1998 (Lei do Voluntário).*

Voluntário: A atividade não remunerada prestada por pessoa física a entidade pública de qualquer natureza ou a instituição privada de fins não lucrativos que tenha objetivos cívicos, culturais, educacionais, científicos, recreativos ou de assistência à pessoa.

✱ *V. Lei nº 13.297/2016 (Altera o art. 1º da Lei nº 9.608, de 18 de fevereiro de 1998, para incluir a assistência à pessoa como objetivo de atividade não remunerada reconhecida como serviço voluntário).*

SERVIÇO EXTRAORDINÁRIO – Aquele que se realiza além da jornada normal de trabalho ou em domingos e feriados. A CF fixa adicional de, no mínimo, 50% para o serviço extraordinário (horas extras) sobre a hora normal de trabalho.

✱ *V. CF, art. 7º, XIII e XVI.*

✱ *V. CLT, arts. 59 e 61.*

SERVIDÃO – Direito real sobre coisa alheia (*jus in re aliena*), a servidão é a facilidade ou o proveito que um prédio (serviente) presta a outro (dominante). É estabelecida por lei ou por convenção. Se por lei integra o direito de vizinhança ou o Dir. Administrativo. São servidões: o direito de trânsito por propriedade de outrem, direitos de aqueduto, esgoto, transmissão de força, restrições convencionais nas construções de prédios, como o gabarito, levar gado a beber ou pastar em terras alheias etc. Não constitui servidão ato de mera tolerância, como o trânsito permitido por simples cortesia. A servidão adquire-se por ato jurídico registrado, por usucapião nas servidões aparentes, ou pela lei (Dir. de Vizinhança). A servidão extingue-se pela renúncia gratuita ou onerosa (resgate); pela confusão os dois prédios passam ao domínio da mesma pessoa); pela supressão das obras e pelo abandono do uso por período de 10 anos. Pode ser: *rústica* ou *urbana*; *aparente*, que pode ser vista, ou *não aparente*, como a proibição de construir além de determinada altura (gabarito). São *contínuas*, aquelas usadas todo o tempo; ou *descontínuas* que se usam esporadicamente. São ainda *perpétuas*, *indivisíveis* e *inalienáveis*. Alguns tipos específicos de servidão: de *águas alheias*: direito de utilização de água de poço, cisterna ou rio pertencente a outrem; o mesmo que *servidão de tiragem de água*.

Administrativa ou pública: ônus real de uso, imposto pela Administração à propriedade particular para garantir a realização e conservação de obras e serviços públicos ou de utilidade pública, mediante indenização dos prejuízos sofridos pelo proprietário. Não se confunde com as servidões civis.

✱ *V. CC, art. 1.285.*

De águas pluviais: direito de receber a água de chuva que vem de propriedade vizinha.

De ar e luz: a que impede o proprietário de prédio serviente de erguer parede que prejudique ou impeça entrada de ar ou de luz na propriedade dominante.

De escoamento: direito do prédio dominante de escoar águas servidas por meio do serviente.

De passagem: direito do dono de prédio dominante de trafegar pelo serviente, se não existir outro caminho, outra passagem para a via pública.

SERVIDOR PÚBLICO – Pertence à categoria dos *agentes públicos administrativos*, prestadores de serviços à Administração e a ela vinculados por relações profissionais, em vista da sua investidura em cargos e funções, com retribuição pecuniária. A CF instituiu o regime jurídico e planos de carreira para a Administração Direta, autárquica e fundacional. A Administração tem liberdade plena para fixar as bases do concurso e os critérios de julgamento, sendo que o concurso público é obrigatório para a primeira investidura em cargo público ou no cargo inicial da carreira. Vencido o concurso, o candidato adquire o direito à nomeação, mas a conveniência e a oportunidade de provimento do cargo ficam à discrição do Poder Público. O concurso tem validade de 2 anos, contados da homologação, prorrogável por igual período uma só vez. Segue-se-lhe o *provimento* do cargo pela *nomeação* do candidato aprovado. Este ato de investidura no cargo completa-se pela *posse* e o *exercício*. Sem a posse (*conditio juris* da função pública) não pode haver provimento nem exercício da função pública. A *estabilidade* é garantia constitucional de permanência no serviço público ao funcionário efetivo que tenha ultrapassado o *estágio probatório*, que é de 3 anos para os nomeados por concurso.

✱ *V. CF, arts. 37 a 42, com a redação dada pela EC nº 19/1998.*

✱ *V. Lei nº 8.112/1990 (Regime Jurídico Único dos Servidores Públicos Civis da União, Autarquias e Fundações Públicas Federais), art. 20.*

SETEIRA – Abertura de 10 centímetros de largura por 20 centímetros de comprimento, na parede da casa, a menos de metro e meio da propriedade vizinha para se obter a claridade. Fresta.

✱ *V. CC, art. 1.301.*

SEVÍCIA – Ofensa física, maus-tratos, flagelação. Diz-se *direta*, quando importa em ofensas físicas; *indireta*, se o agente não proporciona alimentos, vestuário ou deixa de tratar de uma enfermidade do paciente.

✱ *V. CC, art. 1.638, I.*

SHOPPING CENTER – 1. Palavra inglesa: centro de compras. 2. Significa um conglomerado comercial de diferentes lojistas que se utilizam de espaços e/ou unidades por meio de contratos respectivos de locação. 3. O contrato de locação é classificado como de locação não comercial.

✱ *V. Lei nº 8.245/1991 (Dispõe sobre as locações dos imóveis urbanos e os procedimentos a elas pertinentes) arts. 52, § 2º e 54.*

SIC – (Latim) Emprega-se entre parênteses, no final de uma citação ou no meio de uma frase, para indicar reprodução textual do original ou chamar a atenção para o que se afirma, por errado ou estranho que pareça.

SICÁRIO – Assassino de aluguel, facínora. A palavra vem do nome de uma espécie de punhal (*sica*) usado pelos trácios e que os romanos consideravam arma de bandidos.

SI ET IN QUANTUM – (Latim) Significa o suficiente, ou tanto quanto basta para ser concedido em caráter provisório, podendo haver alteração ou cessação do ato, como na *posse deferida*, no *documento aceito*, na *pensão arbitrada* com essa expressão.

SIGILO – Segredo inviolável, cuja transgressão é punível por lei: sigilo da correspondência. Cautela que toma a autoridade policial ou a judicial para que não sejam divulgadas, no interesse da Justiça, diligências ou providências relativas ao fato delituoso ou a processo em andamento. No Dir. Penal, revelar fato de que tem ciência em razão do cargo e que deva permanecer em segredo, ou facilitar-lhe a revelação, é crime apenado com detenção de 6 meses a 2 anos ou multa, se o fato não constitui crime mais grave; e devassar o sigilo da proposta de concorrência pública ou proporcionar a terceiro o ensejo de devassá-lo, é crime, com detenção, de 3 meses a 1 ano e multa. A violação de segredo da empresa constitui justa causa para rescisão do contrato de trabalho pelo empregador. No Dir. Administrativo, o sigilo é consectário da igualdade entre os licitantes e deve ser guardado até a abertura das propostas.

✱ *V. CP, arts. 325 e 326.*

✱ *V. CLT, art. 482,* g.

✱ *V. CPP, art. 20.*

SIGLA – Abreviatura de palavras ou denominações, pelo uso de uma ou mais letras: CPC – Código de Processo Civil; P.D. – Pede deferimento; INSS – Instituto Nacional do Seguro Social.

SIGNATÁRIO – Aquele que apõe a sua assinatura em documento. Cartas particulares, obtidas por meios criminosos, não são admitidas em juízo. Mas podem ser exibidas pelo destinatário para defesa de seus direitos, mesmo sem o consentimento do signatário.

✱ *V. CPP, art. 233.*

SILÊNCIO – Consentimento presumível de pessoa que se cala, nada diz, quando tinha o dever jurídico ou interesse de manifestar-se. Nos casos previstos em lei, o silêncio equivale à declaração tácita de vontade.

Da lei: ausência de norma jurídica que se encaixe com precisão na hipótese em julgamento; lacuna.

✱ *V. CPC/1973, art. 126.*

✱ *V. CPC/2015, arts. 140, 154, parágrafo único, e 609.*

Do contrato: omissão a propósito de indagação que venha a surgir na interpretação de cláusula contratual.

Intencional: omissão proposital, de má-fé, quanto a pessoa, coisa ou fato que não deveriam ser ocultos a outrem a quem era necessário ter conhecimento deles. Pode ser causa de nulidade de contrato se comprovado que, conhecendo uma das partes o que lhe foi ocultado, o contrato não se efetuaria. O silêncio do querelado importa aceitação do perdão; o do réu implica prejuízo de sua defesa. Na Administração Pública, o silêncio é conduta omissiva; se ofende direitos, sujeita-se à correção judicial e à reparação, por abuso do poder.

✱ *V. CPP, arts. 58 e 186.*

SILOGISMO – Raciocínio dedutivo que se forma com três proposições: *premissa maior*, que é o enunciado de um juízo; *premissa menor*, que é a declaração de caso particular contido na premissa maior, e a *conclusão*, que deriva de maneira lógica e cabal das duas primeiras. Ex.: todos os homens são mortais (premissa maior); *A* é homem (premissa menor); logo *A* é mortal (conclusão).

SÍMILE NON EST IDEM – (Latim) O que parece não é igual.

SIMPLES NACIONAL – Regime Especial Unificado de Arrecadação de Tributos e Contribuições devidos pelas Microempresas e Empresas de Pequeno Porte, que implica o recolhimento mensal, mediante documento único de arrecadação, de IRPJ, IPI, CSLL, COFINS, PIS/PASEP, Contribuição para a Seguridade Social, ICMS e ISS, observadas as disposições da LC nº 123/2006, que instituiu o Estatuto Nacional da Microempresa e da Empresa de Pequeno Porte. A referida lei foi alterada pela LC nº 155/2016 para reorganizar e simplificar a metodologia de apuração do imposto devido pelos optantes do Simples Nacional. Posteriormente, a LC nº 188/2021 modificou o funcionamento e a composição do Comitê Gestor do Simples Nacional (CGSN), bem como ampliou a aplicação do referido regime tributário mediante a alteração do limite de renda bruta exigido.

✱ *V. Dec. nº 6.451/2008 (Regulamenta o art. 56 da Lei Complementar no 123, de 14 de dezembro de 2006, que dispõe sobre a constituição do Consórcio Simples por microempresas e empresas de pequeno porte optantes pelo Simples Nacional).*

✱ *V. Lei Complementar nº 123/2006 (Institui o Estatuto Nacional da Microempresa e da Empresa de Pequeno Porte), arts. 12 a 16.*

S

✱ *V. Lei Complementar nº 188/2021 (Altera a Lei Complementar nº 123, de 14 de dezembro de 2006 (Estatuto Nacional da Microempresa e da Empresa de Pequeno Porte), para modificar a composição e o funcionamento do Comitê Gestor do Simples Nacional (CGSN) e ampliar o âmbito de aplicação de seu regime tributário).*

SIMULAÇÃO – 1. Ajuste para a prática de ato sem visar aos efeitos que este aparenta e que devia produzir. Simulação é defeito de ato jurídico para enganar ou prejudicar a terceiro. Segundo Clóvis Beviláqua é a "declaração enganosa da vontade, visando produzir efeito diverso do ostensivamente indicado". Pode ser *absoluta*, se contém declaração totalmente falsa da vontade, como a alienação fictícia de bens do comerciante insolvável; *relativa*, quando as partes disfarçam o ato ostensivo, na intenção de praticar outro, diverso, que é a expressão de sua vontade real, como a doação feita sob forma de compra e venda. Pode ainda ser *inocente*, se não há a intenção de lesar a terceiro; e *maliciosa* ou *fraudulenta*, quando existe má-fé das partes, com intenção de infringir a lei, lesar a Fazenda Pública ou prejudicar a terceiro. 2. Há, ainda, prevista na lei penal, a *simulação de casamento*. No Dir. Processual, se o juiz convencer-se do que autor e réu se serviram do processo para a prática de ato simulado ou para obter fim proibido por lei, proferirá sentença que obste aos objetivos das partes. É lícito à parte inocente provar com testemunhas, nos contratos simulados, a divergência entre vontade real e a vontade declarada. Na execução por quantia certa contra devedor insolvente, os credores têm prazo de 20 dias, que lhes é comum, para alegarem, entre outras nulidades, a simulação de dívidas e contratos, podendo o devedor impugnar, nesse prazo, quaisquer débitos.

✱ *V. CP, art. 239.*

✱ *V. CPC/1973, arts. 129, 404, I, e 768.*

✱ *V. CPC/2015, arts. 142 e 446, I.*

✱ *V. CC, arts. 167, 171, II, 177, 206, § 3º, V,* b, *e 956.*

SINALAGMÁTICO – Contrato no qual são fixadas obrigações recíprocas para os contratantes.

SINASE – A Lei nº 12.594/2012 instituiu o Sistema Nacional de Atendimento Socioeducativo (SINASE), que regulamenta a execução das medidas socioeducativas destinadas a adolescente que pratique ato infracional. Entende-se por SINASE o conjunto ordenado de princípios, regras e critérios que envolvem a execução de medidas socioeducativas, incluindo-se nele, por adesão, os sistemas estaduais, distrital e municipais, bem como todos os planos, políticas e programas específicos de atendimento a adolescente em conflito com a lei.

SINDICALISMO – Movimento que preconiza a organização das categorias profissionais, de todos os trabalhadores, em sindicatos e suas federações.

SINDICÂNCIA – Ato de colher, reunir informações, em cumprimento de ordem superior, para formar prova sobre um fato ou ocorrência. Apuração, investigação. Na Administração Pública, é o meio sumário de elucidação de irregularidades; é o verdadeiro inquérito administrativo que precede o *processo administrativo disciplinar.*

SINDICATO – Associação de empregadores ou de empregados, de trabalhadores autônomos ou profissionais liberais, que exercem a mesma atividade ou profissão ou atividades ou profissões similares e conexas, para fins de estudo, defesa e coordenação de seus interesses econômicos ou profissionais. A CLT indica as prerrogativas dos sindicatos, entre elas a de fundar e manter agências de colocação, e seus deveres, entre eles o de manter assistência judiciária a seus associados, o de promover a conciliação dos dissídios, o de promover a fundação de cooperativas de consumo e de crédito; o de fundar e manter escolas de alfabetização e pré-vocacionais.

✱ *V. CLT, arts. 511 a 514; CF, arts. 8º e 150, VI,* c.

SINDICATURA – Ofício ou cargo de síndico.

SÍNDICO – Administrador, em alguns setores de atividades: operações da Bolsa, em companhia, associação ou classe.

De condomínio: condômino que, por escolha ou eleição dos demais, administra imóvel comum ou edifício de apartamentos. O síndico, de acordo com a lei, é eleito na forma prevista pela convenção condominial, com mandato de 2 anos, permitida a reeleição. A função pode ser atribuída, também, à pessoa física ou jurídica – administradora – estranha ao condomínio. O síndico pode ser destituído pela forma estatuída na convenção ou, silenciando esta, pelo voto de dois terços dos condôminos presentes em assembleia-geral especialmente convocada. As atribuições do síndico estão especificadas em lei.

✱ *V. Lei nº 4.591/1964 (Lei do Condomínio em Edificações), arts. 22 a 27.*

✱ *V. CPC/1973, arts. 690, § 1º, I, 988, VII.*

✱ *V. CPC/2015, arts. 616, IX, 892 e 895.*

SINE AUCTORE NON ERIT REUS – (Latim) Sem autor não haverá réus.

SINE CAUSA – (Latim) Sem ação, sem causa.

SINECURA – Emprego, em geral cargo público, que exige pouco esforço de quem o exerce.

SINE DIE – (Latim) Sem dia marcado, indeterminado.

SINE IURE – (Latim) Sem direito.

SINE QUA NON – (Latim) Sem a qual não (indispensável).

SINISTRO – Acontecimento de qualquer natureza que causa danos a pessoas ou coisas, com perda total ou parcial. Avaria eventual que o navio sofre em sua carga durante a viagem, por colisão, incêndio, tempestade etc. O termo é usado, de preferência, em matéria de seguro, feito exatamente para o segurado guardar-se desses eventos danosos.

SISA – Imposto que recai sobre a transmissão de imóvel e respectivos direitos e que compete aos municípios. É a transmissão *inter vivos*, a qualquer título, por ato oneroso, de bens imóveis e de direitos reais sobre imóveis, exceto os de garantia, bem como cessão de direitos para a sua aquisição. Não incide sobre a transmissão de bens ou direitos incorporados ao patrimônio de pessoa jurídica em realização de capital, nem sobre a transmissão de bens ou direitos decorrentes de fusão, incorporação, cisão, ou extinção de pessoa jurídica, salvo se, nesses casos, a atividade preponderante do adquirente for a compra e venda desses bens ou direitos, locação de bens imóveis ou arrendamento mercantil.

✱ *V. CF, art. 156.*

SISTEMA – Método, critério, complexo de regras para a concretização de certas atividades; assim se diz do *sistema financeiro*, do *sistema jurídico*, *sistema tributário* etc.

Administrativo brasileiro: o Brasil adotou, desde sua Constituição Republicana (1891) o *sistema de jurisdição única*, isto é, o controle administrativo pela Justiça comum. Para correção judicial dos atos da Administração, ou para remover a resistência dos particulares às atividades do Poder Público, este e os administrados dispõem dos mesmos meios processuais admitidos no direito comum e terão de recorrer ao mesmo Poder Judiciário que decide litígios do Dir. Público e do Dir. Privado, devido ao sistema de jurisdição única vigente no Brasil.

✱ *V. CF, art. 77, §§ 2º e 3º.*

Agroflorestal: São formas de uso ou manejo da terra, nos quais se combinam espécies arbóreas (frutíferas e/ou madeireiras) com cultivos agrícolas e/ou criação de animais, de forma simultânea ou em sequência temporal e que promovem benefícios econômicos e ecológicos. Os sistemas agroflorestais ou agroflorestas apresentam como principais vantagens, frente à agricultura convencional, a fácil recuperação da fertilidade dos solos, o fornecimento de adubos verdes, o controle de ervas daninhas, entre outras coisas.

Agropastoril: São os que integram os componentes lavoura e pecuária, em rotação, consórcio ou sucessão, na mesma área, em um mesmo ano agrícola ou por múltiplos anos. É o sistema desenvolvido tendo como objetivo evitar o desgaste do solo. Nessa técnica há o desenvolvimento de várias culturas diferentes num mesmo solo a fim de evitar que uma das espécies faça uso de todos os nutrientes do solo e que esse seja, consequentemente, prejudicado.

Agrossilvopastoril: São aqueles que podem ser definidos como um conjunto de objetos que se relacionam entre si e com os meios externos e produzem determinados recursos. Desta maneira, relacionam-se com outros sistemas, internos ou externos, maiores ou menores. Alguns cientistas consideram que um sistema rural de boa qualidade é um organismo vivo. Um SASP – Sistema Agrossilvopastoril – integra árvores, arbustos, lavoura e pecuária em um conjunto produtivo. Seu correto manejo possibilita concomitantemente a conservação ambiental, o aumento da produtividade agrícola, o conforto e a maior produção animal, além de melhor qualidade de vida, contribuindo para a fixação do homem no campo.

De representação proporcional: sistema que oferece alternativas de divisão de votos; a do *quociente eleitoral*, pela qual se divide o número de votos válidos pelo de mandatos a serem conferidos e cada partido elege tantos representantes quantas vezes o total de seus votos abranja o quociente eleitoral; e o *quociente fixo*, pelo qual se divide o total de votos válidos da legenda. Problema a resolver, no sistema proporcional, é o das *sobras* de votos, aqueles que não atingiram o quociente indispensável para eleger o candidato.

Majoritário: consiste na divisão das regiões eleitorais em circunscrições, tantas quantas forem os lugares a preencher. São dois os critérios: eleição em um só turno, elegendo-se o candidato com maior número de votos, por maioria simples; e as eleições em dois turnos, caso nenhum candidato alcance maioria absoluta (mais da metade dos votos) no primeiro turno. A CF adota este segundo critério para a eleição do Presidente da República.

Representativo: é o regime constitucional pelo qual o país escolhe, em eleições livres, seus representantes. Tem duas modalidades: *parlamentarismo* e *presidencialismo* (q.v.).

Sistema de Compensação de Energia Elétrica (SCEE): Sistema no qual a energia ativa é injetada por unidade consumidora com microgeração ou minigeração distribuída na rede da distribuidora local, cedida a título de empréstimo gratuito e posteriormente compensada com o consumo de energia elétrica ativa ou contabilizada como crédito de energia de unidades consumidoras participantes do sistema.

✱ *V. Lei nº 14.300/2022 (Institui o marco legal da microgeração e minigeração distribuída, o Sistema de Compensação de Energia Elétrica (SCEE) e o Programa de Energia Renovável Social (PERS), dentre outras disposições).*

SISTEMA DE COMPUTADOR – Qualquer aparelho ou um conjunto de aparelhos interconectados ou relacionados entre si que asseguram, isoladamente ou em conjunto, pela execução de um programa, o processamento eletrônico de dados.

✱ *V. Dec. nº 11.491/2023 (Promulga a Convenção sobre o Crime Cibernético, firmada pela República Federativa do Brasil, em Budapeste, em 23 de novembro de 2001).*

✱ *V. Convenção sobre o Crime Cibernético, art. 1º, alínea "a".*

SISTEMA NACIONAL DE CULTURA – Com o advento da EC nº 71/2012, foi acrescido à Constituição Federal o art. 216-A instituindo o Sistema Nacional de Cultura. É organizado em regime de colaboração, de forma descentralizada e participativa, institui um processo de gestão e promoção conjunta de políticas públicas de cultura, democráticas e permanentes, pactuadas entre os entes da Federação e a sociedade, tendo por objetivo promover o desenvolvimento humano, social e econômico com pleno exercício dos direitos culturais.

SISTEMA NACIONAL DE INFORMAÇÕES DE SEGURANÇA PÚBLICA, PRISIONAIS E SOBRE DROGAS – SINESP – Instituído pela Lei nº 12.681/2012, o Sistema Nacional de Informações de Segurança Pública, Prisionais e sobre Drogas – SINESP tem a finalidade de armazenar, tratar e integrar dados e informações para auxiliar na formulação, implementação, execução, acompanhamento e avaliação das políticas relacionadas com: I – segurança pública; II – sistema prisional e execução penal; e III – enfrentamento do tráfico de crack e outras drogas ilícitas.

SISTEMA NACIONAL DO MEIO AMBIENTE – SISNAMA – Instituído pela Lei nº 6.938/1981, sendo constituído pelos órgãos e entidades da União, dos Estados, do Distrito Federal, dos Municípios e pelas Fundações instituídas pelo Poder Público, responsáveis pela proteção e melhoria da qualidade ambiental.

SISTEMA NACIONAL DE MOBILIDADE URBANA – Criado pela Lei nº 12.587/2012, que institui as diretrizes da Política Nacional de Mobilidade Urbana; o Sistema Nacional de Mobilidade Urbana é o conjunto organizado e coordenado dos modos de transporte, de serviços e de infraestruturas que garante os deslocamentos de pessoas e cargas no território do Município.

SISTEMA NACIONAL DE POLÍTICAS PÚBLICAS SOBRE DROGAS – SISNAD – Criado pela Lei nº 11.343/2006, tem a finalidade de articular, integrar, organizar e coordenar as atividades relacionadas com a prevenção do uso indevido, a atenção e a reinserção social de usuários e dependentes de drogas, cuja regulamentação das atividades depende da edição de Decreto.

SISTEMA NACIONAL DE PREVENÇÃO E COMBATE À TORTURA – SNPCT – instituído pela Lei nº 12.847/2013, tem como objetivo fortalecer a prevenção e o combate à tortura, por meio de articulação e atuação cooperativa de seus integrantes, dentre outras formas, permitindo as trocas de informações e o intercâmbio de boas práticas.

SISTEMA ÚNICO DE SAÚDE (SUS) – Criado pela Lei nº 8.080/1990, que dispõe sobre as condições para a promoção, proteção e recuperação da saúde, a organização e o funcionamento dos serviços correspondentes e dá outras providências, constitui o conjunto de ações e serviços de saúde, prestados por órgãos e instituições públicas federais, estaduais e municipais, da Administração direta e indireta e das fundações mantidas pelo Poder Público, constitui o Sistema Único de Saúde (SUS). Com a edição da Lei nº 13.239/2015, passaram a ser obrigatórias a oferta e a realização de cirurgia plástica reparadora de sequelas de lesões causadas por atos de violência contra a mulher pelo SUS. A Lei nº 13.362/2016 assegurou às mulheres com deficiência a prevenção, a detecção, o tratamento e o seguimento dos cânceres do colo uterino e de mama, no âmbito do Sistema Único de Saúde – SUS.

✱ *V. Lei nº 11.664/2008 (Dispõe sobre a efetivação de ações de saúde que assegurem a prevenção, a detecção, o tratamento e o seguimento dos cânceres do colo uterino e de mama, no âmbito do Sistema Único de Saúde – SUS), art. 2º, § 2º.*

✱ *V. Lei nº 13.239/2015 (Dispõe sobre a oferta e a realização, no âmbito do Sistema Único de Saúde – SUS, de cirurgia plástica reparadora de sequelas de lesões causadas por atos de violência contra a mulher).*

SITUAÇÃO DE EMERGÊNCIA – 1. Estar em situação crítica. 2. Segundo o Decreto nº 7.257/2010, a situação de emergência é "situação anormal, provocada por desastres, causando danos e prejuízos que impliquem o comprometimento parcial da capacidade de resposta do poder público do ente atingido". 3. A situação de emergência é reconhecida pelo Poder Executivo federal mediante requerimento do Poder Executivo do Estado, do Distrito Federal ou do Município afetado pelo desastre. 4. A situação de pandemia de COVID-19 fez o Poder Executivo federal reconhecer a situação de emergência por meio da Portaria nº 188, de 03.02.2020, do Ministério da Saúde, que se agravou para estado de calamidade pública mediante o Decreto Legislativo nº 6, de 20.03.2020.

✱ *V. Decreto Legislativo nº 6/2020 (Reconhece, para os fins do art. 65 da Lei Complementar nº 101, de 4 de maio de 2000, a ocorrência do estado de calamidade pública, nos termos da solicitação do Presidente da República encaminhada por meio da Mensagem nº 93, de 18 de março de 2020).*

✱ *V. Decreto nº 7.257/2010 (Regulamenta a Medida Provisória nº 494 de 2 de julho de 2010, para dispor sobre o Sistema Nacional de Defesa Civil – SINDEC, sobre o reconhecimento de situação de emergência e estado de calamidade pública, sobre as transferências de recursos para ações de socorro, assistência às vítimas, resta-*

belecimento de serviços essenciais e reconstrução nas áreas atingidas por desastre, e dá outras providências), art. 2º, III.

✱ **V.** *Portaria nº 188/2020 do Ministério da Saúde (Declara Emergência em Saúde Pública de importância Nacional (ESPIN) em decorrência da Infecção Humana pelo novo Coronavírus (COVID-19)).*

SOBERANIA – É um dos elementos formais do Estado no conjunto de seus poderes institucionais, pelos quais exerce autoridade absoluta sobre qualquer outro poder, no âmbito interno, e situase no mesmo plano de poder de outros Estados. Logo, *soberania interna* é o império que o Estado exerce, coercitivamente, sobre seu território e sua população; e *soberania externa* é sua independência e igualdade perante outros Estados, seu poder de autodeterminação. Segundo a CF, a soberania é um dos fundamentos da República Federativa do Brasil. Leis, atos e sentenças de outro país, ou qualquer declaração de vontade, não terão eficácia no Brasil quando ofenderem a soberania nacional, a ordem pública e os bons costumes.

✱ **V.** *CF, art. 1º; LINDB (antiga LICC), art. 17.*

SOBREÁRBITRO – O terceiro árbitro, que desempata questão em que dois outros divergiram. Desempatador.

SOBREAVISO – Precaução, cautela, cuidado, prevenção.

De sobreaviso: prevenido, alerta, de atalaia.

SOBREDIREITO – Define-se como direito sobre o próprio direito, isto é, aquele composto por normas do próprio direito.

SOBRENOME – Nome acrescentado ao prenome; cognome ou apelido de família; patronímico. A lei não veda completar-se o nome com o sobrenome de ascendente. O descendente tem direito ao sobrenome de seu ascendente, mesmo não tendo sido usado por uma ou mais gerações. Também se admite a inclusão de sobrenome de madrasta e de tutor. A lei permite à concubina adotar o patronímico de seu companheiro, se este concordar, se tiverem vida em comum por mais de 5 anos ou houver filho da união. Para isso é preciso que nenhum dos dois seja casado. Também a desquitada (antes da Lei do Divórcio) que manteve o nome do marido pode adotar o sobrenome do companheiro. Esse uso só se justifica enquanto durar o concubinato ou o companheiro não se opuser. O homem pode acrescentar ao seu nome o sobrenome da mulher, pelo CC/2002. **V.** *Prenome.*

SOBREPARTILHA – Nova partilha, feita nos mesmos autos do inventário, para distribuição de bens remanescentes que não tinham sido descritos ou partilhados, por não se saber que o *de cujus* os tinha, ou eram remotos, litigiosos, sonegados ou de difícil e morosa liquidação.

✱ **V.** *CC, art. 2.021.*

SOBREPROVA – Prova nova, adicional à que fora produzida e que a confirma ou complementa.

SOBRE-ESTAR – Suspender, deter, paralisar o curso, deixar de dar andamento a. O processo será sobre-estado até que o réu seja intimado da sentença de pronúncia.

✱ **V.** *CPP, arts. 93, § 1º, e 413.*

SOBREVIVENTE – 1. Pessoa que sobrevive à outra; supérstite. 2. O cônjuge, nesta condição, casado sob regime de comunhão de bens e que vivia com o *de cujus* ao tempo da morte deste, tem preferência sobre o herdeiro para ser nomeado inventariante. São direitos do cônjuge sobrevivente: à sua metade nos bens comuns do casal (meação) em qualquer caso; ao terceiro lugar na ordem da vocação hereditária, qualquer o regime de bens, se à morte do outro não estivesse dissolvida a sociedade conjugal. No regime de comunhão universal de bens: direito de continuar até a partilha na posse da herança; direito de ser inventariante; direito de habitar o imóvel destinado à residência da família enquanto perdurar a viuvez, desde que seja o único imóvel a inventariar. Se o regime não era o da comunhão universal: direito, enquanto perdurar a viuvez, ao usufruto da quarta parte dos bens do cônjuge falecido, se houver filhos desse ou do casal, ou a metade, se não houver filhos.

✱ **V.** *CC, arts. 1.797, 1.829, III, 1.831 e 1.838.*

✱ **V.** *CPC/1973, art. 990.*

✱ **V.** *CPC/2015, arts. 600, III, e 617.*

SOBRINHO – Parente em linha colateral ou transversal do terceiro grau. Na classe dos colaterais de terceiro grau (tios e sobrinhos do *de cujus*) os sobrinhos têm preferência, com exclusão dos tios, pois, na falta dos irmãos do falecido, os filhos destes herdarão, isto é, os sobrinhos.

✱ **V.** *CC, art. 1.843.*

SOCIEDADE – Agrupamento de pessoas que mantêm entre si relações convencionais, políticas, econômicas, sociais, culturais, obedecendo a regras comuns de convivência, sob um ordenamento jurídico que as rege. No enfoque civil e comercial, é a reunião de pessoas que somam recursos para um fim lícito de interesse comum. Constitui-se por meio de contrato entre pessoas que se obrigam a conjugar esforços ou recursos para alcançar um fim comum. Conforme o tipo de sociedade os sócios respondem ou não com os seus bens particulares pelas obrigações sociais. A sociedade mercantil nasce com o registro do contrato ou estatuto na Junta Comercial (Registro do Comércio); tem por nome uma firma ou razão social, ou denominação; é pessoa jurídica com personalidade distinta das pessoas dos sócios; tem vida, direitos, obrigações e patrimônios próprios; é representada por aquele que estiver designado no contrato ou estatuto; a sociedade é que comercia, não os sócios; o patrimônio é da sociedade, não dos sócios; ele responde sempre ilimitadamente pelo seu passivo; pode mudar sua estrutura, alterando o quadro social ou o tipo de sociedade; a formação do nome da sociedade e a responsabilidade dos sócios variam de acordo com o tipo de sociedade: é "sociedade de pessoas" quando os sócios são escolhidos por suas qualidades pessoais; e "sociedade de capital", quando a pessoa do sócio é indiferente (sociedade anônima); pode ser brasileira ou estrangeira. A brasileira apresenta-se sob três tipos: *empresa brasileira,* a que é constituída sob as leis do país e tem nele sua sede e administração; *brasileira de capital nacional,* aquela cujo efetivo controle, em caráter permanente, é de titularidade direta de pessoas físicas domiciliadas e residentes no país ou de entidade de Dir. Público Interno; essa tem preferência nas concorrências públicas; e *brasileira de titulares brasileiros,* aquela cujos proprietários são brasileiros natos ou naturalizados há mais de 10 anos ou pertence a sociedades cujo capital pertença, exclusiva e nominalmente, a brasileiros, como as jornalísticas e de radiodifusão sonora e as de sons e imagem. Cláusula leonina em sociedade mercantil implica a nulidade total do contrato (CF, art. 222). Quando se trata de interligações de sociedades temos: *sociedades coligadas:* ocorre quando uma participa do capital de outra (10% ou mais), mas não a controla, sendo proibida a participação recíproca; *sociedade controladora:* tem as mesmas obrigações que o acionista controlador; é a titular de direitos de sócio que garantem a ela, permanentemente, supremacia nas deliberações sociais assim como o poder de eleger a maioria dos administradores da sociedade controlada; *sociedade subsidiária integral:* a que tem como único acionista uma outra sociedade, a qual deve ser brasileira; *grupo de sociedades:* constituído por convenção aprovada pelas sociedades que o compõem. É formado pela controladora e suas controladas, sendo que a controladora ("de comando de grupo") tem de ser brasileira. O grupo não tem nome, firma ou razão social nem denominação social, apenas uma designação que deve incluir as palavras "grupo de sociedades" ou "grupo". Este não adquire personalidade jurídica, mas pode ser representado perante terceiros por pessoa designada na convenção; *consórcio:* contrato pelo qual duas ou mais sociedades, autônomas ou sob um só controle, se comprometem a executar conjuntamente um empreendimento. Não tem personalidade jurídica e não induz solidariedade. O Direito americano dá-lhe o nome de *joint venture.* As sociedades limitadas passam a ser, na prática, pelo CC atual, empresas de sociedade anônima um pouco mais simplificadas. Seus proprietários terão de averbar na Junta Comercial toda e qualquer alteração do estado civil dos sócios. Uma pequena padaria poderá ter de fazer assembleias anuais e publicar em jornais anúncios de convocação de reuniões.

SOCIEDADE ANÔNIMA – 1. Também chamada *companhia* ou *sociedade de capital,* é sociedade empresária, com capital dividido em partes iguais, chamadas *ações.* 2. O capital da sociedade anônima poderá ser *determinado* (fixo), se totalmente subscrito; *autorizado,* se a subscrição for inferior ao capital constante nos estatutos, que deverão prever a possibilidade de novas realizações de capital nos limites também previstos, sem necessidade de alterações estatutárias ou convocação de Assembleia Geral para consentimento. 3. Destinada aos grandes empreendimentos, pertencente à classe das sociedades empresariais e, de acordo com a divisão do CC/2002, com personalidade jurídica própria (personificada), devendo conter, no mínimo, dois acionistas. Havendo autorização do Governo Federal para a negociação de seus valores mobiliários, será de *capital aberto,* ou seja, lançamento de suas ações à subscrição pública; isso não ocorrendo, será de *capital fechado* e, consequentemente, de administração e contabilidade mais simples. A responsabilidade dos acionistas é limitada à integralização das ações subscritas, respondendo os acionistas controladores e os administradores por abusos que venham a ocorrer. Nos casos omissos da Lei das Sociedades por Ações, aplicam-se as disposições do CC/2002, arts. 1.088 e 1.089. 4. A Lei nº 14.030/2020, aprovada em decorrência do estado de calamidade pública provocado pela pandemia de Coronavírus (COVID-19), especificou disposições sobre a realização de assembleias gerais ordinárias durante o estado de emergência, permitindo a realização de reuniões virtuais, bem como autorizando ainda a Comissão de Valores Mobiliários (CVM) a prorrogar prazos para adequação às condições sanitárias.

✱ *V. CC, arts. 1.088 e 1.089.*

✱ *V. Lei nº 6.404/1976 (Dispõe sobre as Sociedades por Ações).*

✱ *V. Lei nº 14.030/2020 (Dispõe sobre as assembleias e as reuniões de sociedades anônimas, de sociedades limitadas, de sociedades cooperativas e de entidades de representação do cooperativismo durante o exercício de 2020).*

SOCIEDADE CIVIL DE FINS ECONÔMICOS – A denominação foi mudada para *Sociedade Simples* (q.v.).

SOCIEDADE COMERCIAL – Objetiva o lucro pela prática de atos de comércio, de mediação entre o produtor e o consumidor, com habitualidade e finalidade lucrativa. Começa a existir com seu registro na Junta Comercial; deve ter dois sócios, no mínimo (Lei nº 8.934/1994, que dispõe sobre o registro público de empresas mercantis e atividades afins; Lei nº 6.404/1976 – Lei das Sociedades por Ações; Lei Complementar nº 123/2006, sobre microempresas e empresas de pequeno porte; e Dec. nº 3.708/1919, sobre as sociedades limitadas).

SOCIEDADE DE CAPITAL – *V. Sociedade anônima.*

SOCIEDADE DE CAPITAL E INDÚSTRIA – Tem dois tipos de sócios: o *capitalista,* que fornece o capital e responde pelas obrigações sociais, ilimitadamente; e o de *indústria,* que entra com o trabalho ou com seus conhecimentos e não responde por obrigação alguma. Pode ser constituída por contrato com o nome individual do capitalista; se forem dois ou mais os capitalistas, a razão social segue as normas das sociedades em nome coletivo, proibida qualquer referência ao sócio de indústria. Não houve menção no CC/2002 a este tipo de sociedade, porém, nada impede que seja constituída, visto ser apenas uma variante da Sociedade em Conta de Participação ou da Sociedade em Nome Coletivo, quanto a esta em relação aos sócios capitalistas.

SOCIEDADE DE ECONOMIA MISTA – 1. Pessoa jurídica de Dir. Privado, com criação autorizada por lei e capital com participação majoritária ou minoritária do Estado. 2. Para o Dir. brasileiro, reveste-se, necessariamente, da forma de sociedade por ações, cuja maioria do capital com direito a voto seja titularizado por entes da Administração direta ou indireta. 3. O conceito previsto na Lei nº 13.303/2016 passou a excluir da definição as denominadas empresas semiestatais, cuja participação no capital por pessoa jurídica de Dir. Público é minoritária, ainda que esta exerça alguma forma de controle e gestão. 4. Embora sejam pessoas jurídicas de Dir. Privado, as sociedades de economia mista se submetem parcialmente a normas de Dir. Público, como o controle por Tribunais de Contas, a contratação de pessoal previamente selecionado em concurso público e a necessidade de procedimento licitatório para contratação de bens e serviços. 5. As sociedades de economia mista se submetem à mesma tributação das empresas privadas, embora a jurisprudência venha caminhando no sentido de estender privilégios e imunidades quando a atividade desenvolvida também abranger serviços públicos de responsabilidade do ente controlador. 6. Para o Dir. do Trabalho, equiparam-se a empregadores privados, sendo seus empregados regidos pela Consolidação das Leis do Trabalho. Entretanto, a jurisprudência trabalhista entende que aos empregados de empresas públicas é garantido o direito de conhecer a motivação de qualquer ato de dispensa, o que mitiga o poder potestativo de direção. 7. As sociedades de economia mista estão sujeitas à legislação societária, especialmente no que diz respeito aos controles de gestão e contábeis, bem como à disciplina fiscalizatória da Comissão de Valores Mobiliários (CVM).

✱ *V. CF, arts. 37, XVII e XIX e § 9º; e 173, §§ 1º a 3º.*

✱ *V. Dec.-lei nº 200/1967 (Dispõe sobre a organização da Administração Federal, estabelece diretrizes para a reforma administrativa e dá outras providências), art. 5º, III.*

✱ *V. Lei nº 13.303/2016 (Dispõe sobre o estatuto jurídico da empresa pública, da sociedade de economia mista e de suas subsidiárias, no âmbito da União, dos Estados, do Distrito Federal e dos Municípios), art. 4º.*

✱ *V. Lei nº 6.404/1976 (Lei das Sociedades por Ações), arts. 235 a 240.*

SOCIEDADE EM COMANDITA POR AÇÕES – Classificada pelo CC/2002 como *sociedade empresarial* tanto quanto a comandita simples, pelo fato de exercer atividade econômica organizada para a produção de bens ou serviços (arts. 966 e 971 do CC). O capital social desse tipo de sociedade é fracionado em unidades representadas por ações, motivo pelo qual os seus sócios são chamados de acionistas. É categorizada como sociedade institucional assim como a sociedade anônima, ambas disciplinadas pela Lei nº 6.404/1976 (art. 280) e pelos arts. 1.090 a 1.092 do CC/2002. Na sociedade em comandita por ações a responsabilidade dos acionistas diretores é ilimitada, sendo limitadas a dos demais acionistas. Poderá ser usada denominação ou razão social, porém, seguidos da expressão "Comandita por Ações".

✱ *V. CC, arts. 1.090 a 1.092.*

SOCIEDADE EM COMANDITA SIMPLES – Tem dois tipos de sócios: os *comanditários* ou *capitalistas,* que apenas respondem pela integralização das cotas subscritas (CC, arts. 1.045 a 1.051), prestam apenas capital e não trabalho e não interferem na administração; e os *comanditados,* que entram com capital e trabalho, dirigem a empresa e respondem ilimitadamente perante terceiros. Se o sócio comanditário praticar ato de gestão ou usar o nome da firma social, sujeita-se às mesmas responsabilidades do comanditado. A razão social só pode ser formada com nomes dos comandidatos.

✱ *V. CC, arts. 1.045 a 1.051.*

SOCIEDADE EM CONTA DE PARTICIPAÇÃO – É desprovida de personalidade jurídica (não personificada, segundo divisão do CC/2002); trata-se de sociedade oculta, porém, não irregular, dispondo de um sócio ostensivo e outro oculto. Não tem nome.

✱ *V. CC, arts. 991 a 996 e seus §§.*

SOCIEDADE EM NOME COLETIVO – Todos os sócios são solidária e ilimitadamente responsáveis, com seus

S

bens particulares, pelas obrigações sociais, podendo ser chamados a saldá-las se a sociedade não o fizer. O art. 1.039 em seu parágrafo único, preceitua que: "Sem prejuízo da responsabilidade perante terceiros, podem os sócios, no ato constitutivo ou por unânime convenção posterior, limitar entre si a responsabilidade de cada um". O nome só pode ter a forma de firma ou razão social. Apareceu na Idade Média, a princípio formada só por pessoas de uma mesma família; é, assim, a primeira modalidade de sociedade conhecida, tendo-se chamado de *sociedade geral, sociedade solidária e limitada* ou *sociedade de responsabilidade ilimitada.* Se não individualizar todos os sócios, ela deve conter, pelo menos, o nome ou firma de um com o aditamento por extenso ou abreviado – *e Companhia,* não podendo dela fazer parte pessoa não comerciante. Como, inicialmente, era firma familiar, sentavam-se o pai e os filhos à mesa, com vinho e com pão, daí a expressão *e companhia (et cum pagnis).*

✱ *V. CC, arts. 1.039 a 1.044.*

✱ *V. Dec. nº 916/1890, art. 3º, § 1º.*

SOCIEDADE IRREGULAR OU DE FATO – Não possui contrato social, ou não o tem registrado na Junta Comercial, se o seu fim é comercial, ou no Registro Civil das Pessoas Jurídicas se tem finalidade civil. Com isto, a sociedade é considerada *irregular* ou *de fato.* Há diferença entre as duas denominações: a *de fato* não tem nem mesmo um contrato escrito; a *irregular* tem esse contrato, mas não o registro dele na Junta Comercial. *Irregular* ou *de fato* esse tipo de sociedade possui capacidade processual, ativa e passiva, sendo representada em juízo pela pessoa a quem couber a administração dos seus bens. Os sócios respondem, subsidiária e ilimitadamente, no caso de falência pelas dívidas da sociedade.

✱ *V. CPC/1973, art. 12, VII.*

✱ *V. CPC/2015, art. 75, IX.*

SOCIEDADE LEONINA – Aquela que direcionar a soma dos lucros a um dos associados, ou a exclusão de algum a ela ou, ainda, "a que desonerar de toda contribuição nas perdas as somas ou efeitos entrados por um ou mais sócios para o fundo social", segundo o art. 288 do Código Comercial revogado em sua Primeira Parte, composta de 456 artigos pelo CC/2002. Contudo, os direitos essenciais do art. 109 da Lei nº 6.404/1976 foram reconhecidos pelo CC em vários pontos. Disso resulta que os sócios, de qualquer sociedade, têm o direito de participar dos resultados da atividade empresarial desenvolvida, restando nula a sociedade leonina.

SOCIEDADE LIMITADA – Classificada pelo CC/2002 como *não personificada.* Entre outras modificações, o CC 2002 alterou a denominação anterior de Sociedade por Quotas de Responsabilidade Limitada, passando a chamar-se apenas Sociedade Limitada. Introduzida no ordenamento jurídico em 1919 por meio do Dec. nº 3.708. A responsabilidade dos sócios não excede ao valor de sua quota, ficando diretamente responsável pela integralização da quota que subscreveu e indiretamente pelas subscritas pelos demais sócios, significando a não afetação de seu patrimônio particular pelas dívidas da sociedade. O CC/2002 tacitamente revogou o Dec. nº 3.708/19 (CC, arts. 1.052 a 1.087). A primeira alteração é com relação à própria denominação: sociedade limitada e não mais sociedade por quotas de responsabilidade limitada. Integralizadas as quotas de todos os sócios, não mais responderão estes com seus bens particulares pelas dívidas da sociedade. Continua, porém, ilimitada a responsabilidade daqueles que infringirem o contrato social ou a lei (CC, art. 1.080); aplicação subsidiária da Lei nº 6.404/1976 (Lei das Sociedades por Ações), ou dos dispositivos afetos à sociedade simples (CC, arts. 997 a 1.038). No nome da sociedade limitada, que poderá se dar sob a forma de firma ou denominação, deverá constar a expressão *limitada* ou sua abreviatura (CC, art. 1.158). A contar de 11-1-2003, como as demais sociedades constituídas em lei anterior, terá o prazo de um ano para sua adaptação às novas disposições. A Lei nº 11.127/2005 prorrogou este prazo de adaptação para 11 de janeiro de 2007. O quorum de deliberação para designar administradores não sócios foi alterado, pela Lei nº 14.451/2022, de unanime para, no mínimo, 2/3 (dois terços) dos sócios antes da integralização do capital e, após a integralização, de quantidade de sócios que somados detenham mais da metade do capital social.

✱ *V. CC, arts. 1.052 a 1.087; 2.031.*

SOCIEDADE POR AÇÕES – Diz-se das sociedades anônimas ou comandita por ações que têm seu capital dividido em ações, sendo que nesta última se aplicam todas as normas relativas às Sociedades por Ações com as alterações previstas nos arts. 280 a 284 da Lei das Sociedades por Ações e pelos arts. 1.090 a 1.092 do CC Os acionistas administradores e controladores das Sociedades por Ações poderão responder civilmente por abusos que possam ocorrer, da mesma forma que os diretores e gerentes da comandita por ações. São as referidas sociedades, disciplinadas pela Lei nº 6.404/1976 – Lei das Sociedades por Ações.

SOCIEDADE POR QUOTAS DE RESPONSABILIDADE LIMITADA – *V. Sociedade Limitada.*

SOCIEDADE SIMPLES – É a sociedade que visa a fim econômico não empresarial, tendo por objeto social o exercício de certas profissões ou a prestação de serviços técnicos (arts. 997 a 1.038 do CC). Poderá constituir-se das seguintes formas comerciais: sociedade em nome coletivo; sociedade em comandita simples; sociedade limitada. Não poderá adotar as formas anônima ou por ações que pertencem ao tipo societário de sociedade empresária. Seu registro deverá ser efetuado no Registro Civil das Pessoas Jurídicas.

✱ *V. CC, arts. 982, 983, parágrafo único, 985 e 1.150.*

SOCIETAS CRIMINIS – (Latim) Conluio entre duas ou mais pessoas para a prática de atividade criminosa em caráter transitório não permanente.

SOCIETAS SCELERIS – (Latim) Organização que tem como finalidade a prática de crimes, incluindo-se nesta categoria a associação de criminosos, a conspiração e a formação de bandos ou quadrilhas. A reunião de mais de três pessoas em quadrilha ou bando para o fim de cometer delitos é crime apenado com reclusão de 1 a 3 anos, aplicando-se a pena em dobro se a quadrilha ou bando é armado.

✱ *V. CP, art. 288.*

SOCII MEI SOCIUS, MEUS SOCIUS NON EST – (Latim) O sócio do meu sócio não é meu sócio.

SÓCIO – Pessoa que integra uma sociedade civil ou comercial, que tem ações de uma empresa ou companhia. 2. Quando o sócio decide não mais integrar a sociedade e se desvincula dela (sócio retirante), ele continua responsável subsidiário pelas obrigações trabalhistas da sociedade relativas ao período em que era sócio somente em ações ajuizadas até dois anos da averbação da mudança do contrato social, nos termos da Lei nº 13.467/2017 (Reforma Trabalhista). A referida lei esclarece que, se comprovada fraude na alteração do contrato social, o sócio retirante responderá solidariamente em conjunto com os outros sócios. *V. Sociedade.*

SOCIOGENIA – Ciência que estuda a formação da sociedade.

Criminal: investiga as causas que ocasionam o delito para pesquisar fatores sociais diretos que fazem surgir o criminoso. Divide-se em: *antropogenia criminal,* estudo do criminoso no grupo humano que lhe deu origem; *etiologia criminal,* estudo do criminoso no meio de onde proveio; *demogenia criminal,* pesquisa do delito nas constituições sociais.

SOCIOLOGIA – Ciência positiva que estuda o desenvolvimento das sociedades humanas e seus fatores econômicos, culturais, artísticos, religiosos; os fenômenos do meio ambiente, suas causas e efeitos; a convivência e mútuas relações dos indivíduos, atividades, realizações e destinos.

Criminal: estuda o delito como fenômeno natural da convivência humana e a influência desta na formação do delinquente. Foram seus apologistas Enrico Fermi, Lombroso, Tarde e Rosse. O mesmo que *criminologia.*

Jurídica: ramo das ciências sociais que estuda a origem, formação, evolução histórica, desenvolvimento e socialização do Direito.

SOCORRO – 1. Ato ou efeito de socorrer. 2. Assistência, auxílio, ajuda, benefício, remédio, subsídio. 3. Reforço militar, de tropas, munição etc. 4. O CP impõe pena a quem não presta assistência, podendo fazê-lo, ou não pede, para criança extraviada ou abandonada, ou pessoa inválida ou ferida, o socorro de autoridade pública. A omissão é apenada com detenção de 1 a 6 meses e multa, aumentada de metade, se resulta lesão corporal grave, e triplicada, se resulta morte (art. 135 do CP). 5. O Código de Trânsito Brasileiro também tipifica tal conduta nos acidentes de trânsito, punindo-a com detenção de 6 meses a 1 ano ou multa.

✱ *V. CP, art. 135.*

✱ *V. CTB, art. 304.*

SODALÍCIO – 1. Grupo de pessoas que vivem juntas ou em comum: confraria, irmandade, sociedade. 2. Empregado como sinônimo para órgão julgador colegiado, como câmara ou turma.

SOFISMA – Argumento que encadeia ideias de forma capciosa, com uma conclusão falsa mas, aparentemente, lógica, que induz a erro.

SOFÍSTICA – Parte da lógica que ensina o modo de refutar sofismas.

SOFTWARE – Palavra inglesa que designa o conjunto de programas definidores de sequências de instruções que os computadores interpretam e executam, implementando as funções para as quais são feitos. Essas séries de comandos que o computador utiliza é o que se denomina "software", termo ainda não aportuguesado, mas de uso corrente na linguagem técnica da informática.

SOGRO – Pai do marido em relação à mulher deste, sua nora; ou o pai da mulher, em relação ao marido desta, seu genro. É parente em primeiro grau da linha reta ascendente. Feminino: sogra.

SOLA COGITATIO NON FACIT FUREM – (Latim) Só a cogitação de furtar não faz o ladrão.

SOLDADA – Remuneração por serviços, especialmente de marítimos. Pode ser *eventual,* quando os tripulantes têm participação nos lucros alcançados com a viagem; *fixa,* quando há contrato de pagamento por mês ou por viagem.

SOLDO – Parte dos vencimentos, básica e irredutível, dos militares correspondente ao posto ou graduação, na ativa, sobre o qual podem incidir outras vantagens, como o adicional por tempo de serviço.

SOLEMNIA VERBA – (Latim) Palavras solenes.

SOLENIDADE – Formalidades que se fazem necessárias para que certos atos jurídicos tenham existência e eficácia: Pode ser: *essencial, formal* ou *substancial,* quando é indispensável, por exigência da lei, para que o ato seja perfeito e válido; *não essencial* ou *não formal,* quando serve para prova do ato jurídico, ficando sua forma ao arbítrio das partes.

SOLICITADOR – Era, antigamente, o auxiliar do advogado; nomeado pelo juiz, era obrigado a prestar seu patrocínio aos acusados, sob pena de multa. Atualmente, foi substituído pelo *estagiário* (q.v.).

✱ *V. CPP, art. 264.*

SOLIDARIEDADE – 1. Característica, particularidade ou estado de solidário. 2. Sentimento de compadecimento com as dificuldades e/ou sofrimentos de outras pessoas. 3. Identificação de pensamentos, ideias, sensações, sentimentos etc. 4. Vinculação jurídica pela qual, na mesma obrigação, concorrem vários credores ou devedores, cada qual com direito ou obrigação na dívida toda. A solidariedade pode, portanto, ser ativa (vários credores) ou passiva (vários devedores). 5. A solidariedade resulta da lei ou da vontade das partes, razão pela qual há diversas previsões de responsabilidade solidária na legislação. 6. No Dir. do Trabalho, são exemplos de solidariedade por expressa previsão legal a configuração de grupo econômico e a contratação de serviços de subempreitada. 7. No Processo Civil, a previsão legal de responsabilidade solidária, em regra, não dispensa a necessidade de propositura de ação contra todos os codevedores, limitando-se o provimento judicial àqueles constantes do título executivo. 8. No Dir. Previdenciário, é definido como princípio que estabelece a corresponsabilidade de toda a sociedade pelo custeio dos benefícios. Tal princípio foi positivado na CF, impondo, inclusive, a contribuição pelos servidores públicos inativos, e já existem projetos pretendendo também estender aos aposentados pelo regime geral de Previdência Social.

✱ *V. CF, arts. 40 e 195.*

✱ *V. CC, arts. 265 e 266.*

✱ *V. CPC/1973, arts. 77, III, e 509, parágrafo único.*

✱ *V. CPC/2015, arts.130, III, e 1.005, parágrafo único.*

✱ *V. CLT, arts. 2º, § 2º, e 455.*

SOLO – Constitui bens imóveis tudo o que o homem incorporar permanentemente ao solo – semente, edifícios, construções –, de modo que se não possa retirar sem destruição, modificação, fratura ou dano. A propriedade do solo abrange a do que lhe está superior e inferior em toda a altura e em toda a profundidade, úteis ao seu exercício, não podendo o proprietário opor-se a trabalhos que sejam empreendidos a uma altura ou profundidades tais que não tenha ele interesse em impedi-los.

✱ *V. CC, arts. 79 e 1.229.*

SOLTURA – Ato de por em liberdade o preso, nos casos previstos em lei.

✱ *V. CPP, arts. 596, 653, 660, § 6º, 665, 670 e 683.*

SOLUTIO INDEBITI – (Latim) Pagamento indevido.

SOLUTIONE TANTUM – (Latim) Somente pelo pagamento.

SOLVE ET REPETE – (Latim) Paga e repete. O princípio desta locução latina, de Dir. Tributário, aplica-se aos contribuintes devedores; devem primeiro pagar o que lhes está sendo cobrado para depois demandarem a restituição do que julgam ser pagamento indevido.

SOLVÊNCIA – Situação daquele que dispõe de pecúnia e valores econômicos suficientes para satisfazer suas obrigações quando exigíveis; solvabilidade.

SOLVENTE – Pessoa que, por seu ativo comercial, ou não, está em condições de solver os seus compromissos, cobrir o seu passivo. Aquele que paga uma dívida.

SONEGAÇÃO – Ato de sonegar, de omitir bens que devem ser declarados, de não pagar o que é devido. Ocultar, dolosa ou fraudulentamente, coisa ou pessoa, recusar-se a entregá-las quando legitimamente reclamadas. Ocultar mercadorias para escapar ao pagamento de tributos fiscais, violando a lei ou prejudicando a terceiros. Furtar-se ao pagamento de tributos, taxas, impostos.

De bens: ocultar dolosamente bens que deveriam ser inventariados, o inventariante ou os herdeiros.

De estado de filiação: deixar em asilo de expostos ou outra instituição de assistência filho próprio ou alheio, ocultando-lhe a filiação ou atribuindo-lhe outra, com o fim de prejudicar direitos inerentes ao estado civil, é crime apenado com 1 a 5 anos de reclusão e multa.

De incapaz: crime que consiste em recusar-se a pessoa, sem justa causa, a entregar menor ou interdito que está em seu poder a quem legitimamente os reclama.

De papel ou objeto de valor probatório: inutilizar, no todo ou em parte, ou deixar de restituir autos, documento ou objeto de valor probatório, que recebeu como advogado ou procurador, é crime apenado com detenção de 6 meses a 3 anos e multa.

Fiscal: ação ou omissão dolosa destinada a impedir, no todo ou em parte, que o Fisco conheça a ocorrência de fato gerador; fraude para evitar pagamento de débitos fiscais.

Ou destruição de correspondência: quem se apossa indevidamente de correspondência alheia, embora não fechada e, no todo ou em parte a sonega ou destrói, comete crime apenado com detenção de 1 a 6 meses ou multa.

✱ *V. CC, arts. 1.992 e 1.996.*

✱ *V. CPC/1973, art. 1.040, I.*

✱ *V. CPC/2015, arts. 621, 622, VI, e 669.*

✱ *V. CP, arts. 151, § 1º, 243, 248 e 356.*

✱ *V. Lei nº 6.538/1978 (Dispõe sobre os serviços postais), art. 40, § 1º.*

✱ *V. Lei nº 4.729/1965 (Define o crime de sonegação fiscal).*

SONEGADOS – Bens que o herdeiro ou o próprio inventariante não descreveu no inventário, estando em seu poder ou com ciência sua no de outrem. Aquele que os omitir na colação, a que os deva levar, ou o que deixar de restituí-los, perde o direito que sobre eles lhe cabia. Se o sonegador for o inventariante, será removido do cargo ao se provar a sonegação, ou negando ele a existência dos bens, quando indicados. A pena de sonegados só se pode requerer e impor em ação ordinária, movida pelos herdeiros, ou pelos credores da herança. Não sendo restituídos os bens sonegados, o sonegador pagará a importância dos valores que ocultou, acrescida de perdas e danos. Ficam sujeitos à sobrepartilha os bens sonegados.

✱ *V. CC, arts. 992 a 996.*

✱ *V. CPC/1973, arts. 994, 995, VI, e 1.040, I.*

✱ *V. CPC/2015, arts. 621, 622, VI, e 669, I.*

SORORICIDA – Aquele que mata a própria irmã.

SORORICÍDIO – O assassinato da própria irmã.

SOSSEGO PÚBLICO – Direito que tem cada indivíduo de gozar de tranquilidade, silêncio e repouso necessários, sem perturbações sonoras abusivas de qualquer natureza. A violação do sossego público ou alheio é infração contravencional, configurada por gritaria ou algazarra; exercício de profissão incômoda ou ruidosa, contrariando normas legais; abuso de instrumentos sonoros ou de sinais acústicos; provocando (ou não procurando impedir) barulho produzido por animal de que se tem a guarda. É apenado com prisão simples de 15 dias a 3 meses ou multa.

✱ *V. LCP, art. 42.*

SPES JURIS – (Latim) Expectativa de direito.

SPREAD – Palavra inglesa que indica a sobretaxa do juro convencionado percentualmente, em gravame de operação financeira, fixada em percentual flexível quando existe risco de inadimplemento contratual por parte do devedor.

***STANDARD* JURÍDICO** – (*Standard*, palavra inglesa, substituída por padrão em português. O mesmo que *paradigma, protótipo*). Expressão que sintetiza as regras de experiência comum, de experiência técnica, desde que não haja, nesta última, impasse com a prova pericial para a prolatação de sentenças judiciais, servindo-se também o juiz de sua própria experiência. Art. 335 do CPC/1973 (*JTA* 121/391), correspondente ao art. 375 do CPC/2015.

STARTUP – 1. Palavra inglesa que, em tradução livre, significa comece, dê início. 2. Começar uma empresa e colocá-la em atividade. 3. Em que pese esse termo não contar com uma tradução oficial para o português, ele está relacionado a um tipo específico de empresa ou, de modo mais simplificado, atividade comercial destinada a busca de um modelo de negócio inovador, repetível e escalável com custo baixo, mas possibilidade de crescimento rápido. 4. Consoante a Lei Complementar nº 182/2021, são as organizações empresariais ou societárias, nascentes ou em operação recente, cuja atuação caracteriza-se pela inovação aplicada a modelo de negócios ou a produtos ou serviços ofertados. A receita bruta anual dessas empresas deve ser de até R$ 16 milhões. Têm de possuir até dez anos de inscrição no Cadastro Nacional da Pessoa Jurídica (CNPJ), bem como declarar, no ato constitutivo, a utilização de modelos de negócios inovadores para a geração de produtos ou serviços.

✱ *V. Dec. nº 10.534/2020 (Institui a Política Nacional de Inovação e dispõe sobre a sua governança).*

✱ *V. Lei Complementar nº 182/2021 (Institui o marco legal das* startups *e do empreendedorismo inovador, dentre outras disposições), art. 4º.*

STATUS QUO ANTE – (Latim) Condição anterior.

STAY PERIOD – Decretada a falência de acordo com o art. 6º da LRE, são suspensas as ações ou execuções contra o devedor que perdura por 180 dias, período este denominado "stay period", a contar do deferimento do processamento da recuperação judicial. Entretanto, a LRE estabelece algumas exceções a essa regra, não se interrompendo as ações em que se demande quantia ilíquida; as reclamações trabalhistas e as execuções fiscais; as ações movidas por titulares dos créditos elencados no § 3º do art. 49 da LRE; e os resultantes de Adiantamentos de Contrato de Câmbio, conforme estabelecem o § 4º do art. 49, art. 52, III, art. 86, II. Nos termos ainda do § 3º do art. 49, *in fine*, não poderão ser vendidos ou retirados do estabelecimento do devedor bens essenciais à sua atividade.

STRAINING – (Inglês) 1. Termo plurívoco, geralmente indicando esforço, tensão ou projeção para a frente. 2. No âmbito da Ciência da Administração, da Sociologia e do Dir. do Trabalho, é empregado no sentido de assédio moral institucional (também chamado de assédio moral organizacional), forma moderna de assédio nas relações de trabalho, pela qual a empresa ou organização dirige esforços para empregados indeterminados, com o intuito de dissipar acusações de perseguições ou discriminações individuais, por meio de condutas aparentemente objetivas (sem destinatários certos) que exercem impacto psicológico nos funcionários, levando-os a ultrapassar os limites da subordinação, submetendo-se a longas cargas de trabalho, metas abusivas e outras formas de humilhação.

STRICTO SENSU – (Latim) No sentido literal, estrito, exato, que não admite interpretação extensiva.

STRICTO JURE – (Latim) Refere-se ao rigor do Dir., ao rígido formalismo legal do ato jurídico, que não permite a ampliação do sentido da norma que o regulamenta.

✱ *V. CC, arts. 104 a 108.*

✱ *V. CPC/1973, art. 10.*

✱ *V. CPC/2015, art. 73.*

SUASÓRIO – Persuasório; próprio para persuadir.

SUBADQUIRENTE – Terceiro, que recebe bem do primeiro adquirente, que tem a propriedade a título singular.

SUBALUGAR – Alugar a terceiro, total ou parcial, coisa que se locou de alguém. Sublocar.

SUBARRENDAMENTO – Contrato pelo qual o arrendatário transfere, total ou parcialmente, a outro, direitos e obrigações do arrendamento que fizera.

✱ *V. Dec. nº 59.566/1966 (Regulamenta o Estatuto da Terra), art. 3º, § 7º.*

SUBASSINAR – Subscrever; apor assinatura abaixo de ato escrito.

SUBEMPREITADA – Transmissão de contrato de empreitada a terceiro; nova empreitada da mesma obra.

SUBFATURAMENTO – Fraude cambiária: atribui-se valor inferior ao real à mercadoria exportada, ficando com o importador, à disposição do exportador, a diferença a menos da quantia declarada na fatura; manobra para transferência clandestina de lucros.

SUB JUDICE – (Latim) Questão que está sob exame, pendente de decisão judicial.

SUBLOCAÇÃO – A Lei do Inquilinato em vigor manda aplicar às sublocações, no que couber, as disposições relativas às locações. Rescindida a locação ou finda, resolvem-se as sublocações, assegurado o direito de indenização do sublocatário contra o sublocador. O sublocatário responde subsidiariamente ao locador pela importância que deve ao sublocador, quando este for demandado e, ainda, pelos aluguéis que se vencerem durante a lide.

✱ *V. Lei nº 8.245/1991 (Dispõe sobre a locação de imóveis urbanos), arts. 14 a 16.*

✱ *V. Lei nº 12.112/2009.*

SUBORNO – 1. Peita; pagamento em dinheiro ou oferta de vantagem para que alguém pratique ou se abstenha de praticar ato em prejuízo de terceiro. 2. Delito de quem, no exercício de função ou cargo público, ou em razão dele, exige ou aceita, por si ou por interposta pessoa, vantagem ou recompensa para agir com ilicitude, fazendo ou deixando de fazer um determinado ato. 3. No Dir. Penal, o crime está configurado no caso de falso testemunho ou falsa perícia, se o crime é praticado mediante suborno, quando as penas são aumentadas de um terço. 4. O suborno do juiz é uma das causas de nulidade processual.

✱ *V. CP, art. 342.*

✱ *V. CPC/1973, art. 564, I.*

✱ *V. CPC/2015, art. 943.*

SUB-REPÇÃO – Fraude para obtenção de vantagem indevida, com a ocultação da verdade de fato que, revelado, daria motivo à recusa. O mesmo que *ab-repção.*

SUB-REPTÍCIO – Obtido de maneira irregular, ilícita, por meio de artifícios ou ocultação da verdade na exposição de motivos ou razões.

SUB-ROGAÇÃO – Cessão ou transferência de direitos ou de créditos do credor para terceiros, que resgata a obrigação, ficando este na posição daquele. Pode ser: *legal,* quando decorre de lei; *convencional,* quando há acordo entre as partes, ou de uma com terceiro, podendo ser do devedor e do credor; *pessoal,* quando se substitui uma pessoa por outra, que fica com todos os direitos e ações do sub-rogante; e *real,* quando se substitui uma coisa dada em garantia por outra.

✱ *V. CC, arts. 346 a 351.*

SUB-ROGADO – O que é investido nos direitos de outra pessoa, substituindo-a. Terceiro que paga a dívida de outrem ou empresta-lhe dinheiro para isso, ficando no lugar do credor pago quanto a seus direitos sobre o devedor.

SUB-ROGANTE – O credor originário; o que transfere ao terceiro crédito ou direito de ação sobre obrigação ativa.

SUBSCRIÇÃO – 1. Ato de subscrever. 2. Assinatura de uma carta, ata ou outro documento. 3. Compromisso, assumido por escrito, de contribuir com certa quantia em dinheiro ou bens para a realização de uma obra, a fundação de uma empresa etc. 4. Contrato plurilateral complexo pelo qual uma pessoa se torna titular de ação ou debênture emitida por sociedade anônima.

SUBSIDIARIEDADE – Um dos princípios que são aplicados para resolver os conflitos aparentes das normas, isto é, quando dois preceitos legais parecem incidir sobre um fato delituoso, sendo necessário escolher o mais adequado. Sendo o fato delituoso mais grave descrito na lei principal, esta absorve o fato menos grave da lei subsidiária. A subsidiariedade é *explícita,* quando a própria norma determina que só será aplicada se o fato não constitui delito mais grave; e *implícita,* quando deverá ser reduzida. Na aplicação da lei penal no tempo, o atual CP manteve-se fiel ao critério da lei mais benigna.

SUBSÍDIO – 1. Amparo, auxílio, elemento essencial para se conseguir um objetivo, para realizar um trabalho. 2. No plural, indica apontamentos, informações colhidas ou recolhidas. 3. No Dir. Constitucional, é a parte fixa dos vencimentos pagos aos membros dos Poderes Legislativo, Executivo e Judiciário. 4. No Dir. Administrativo é o valor destinado à realização de obras públicas pela União. 5. O Decreto nº 9.588/2018 instituiu o Comitê de Monitoramento e Avaliação dos Subsídios da União (CMAS) destinado a fiscalizar as políticas públicas financiadas pelos subsídios da União.

✱ *V. EC nº 19/1998.*

✱ *V. Decreto nº 9.588/2018.*

SUBSTABELECER – Transferir obrigações e poderes de que se foi investido; passar o mandatário a outra pessoa os poderes da procuração; sub-rogar.

SUBSTABELECIMENTO – Transferência, sub-rogação feita pelo mandatário a terceiro, ao qual passa os poderes recebidos do mandante. Pode ser *parcial*, se substabelece ao outro apenas parte dos poderes; e *total*, quando lhe passa todos os poderes que recebeu do mandante. Quanto à duração pode ser *temporária* (com reserva de poderes) e *definitiva* (sem reserva de poderes). Se o mandante não autorizar o substabelecimento, o mandatário é obrigado a indenizar prejuízo que venha a causar por culpa sua ou daquele a quem substabeleceu sem a devida autorização, mesmo se o dano ocorre por caso fortuito, a menos que demonstre que ele ocorreria mesmo sem o substabelecimento. Se estiver autorizado a substabelecer, o mandatário só terá imputados contra si os danos causados pelo substabelecido se este for notoriamente incapaz ou insolvente. A autorização tem de ser expressa, na própria procuração. No substabelecimento com reserva de poderes, o mandatário não se desvincula definitivamente do mandato, podendo retornar ao seu efetivo exercício, constando a reserva no próprio termo do substabelecimento.

✱ *V. CC, arts. 654 e 667.*

SUBSTITUIÇÃO – Permuta, troca, colocação de pessoa ou de coisa, no lugar de outra. No Dir. das Sucessões, é a disposição adjeta do testador em designar a pessoa que deverá receber a herança ou legado, na ausência de beneficiário direto. A novação dá-se, também, quando o novo devedor substitui o antigo, ficando esse quite com o credor; e quando, em razão de obrigação nova, outro credor é substituído ao antigo, ficando o devedor quite com este.

De parte: é o ingresso no processo de terceiro que vem a tomar o lugar da parte originária, em virtude de aquisição ou cessão da coisa litigiosa, ou por morte de qualquer das partes.

Da penhora: o devedor, ou responsável, pode, a todo tempo, antes da arrematação ou da adjudicação, requerer a substituição do bem penhorado por dinheiro (ou por outro bem, desde que não haja prejuízo e ouvida a parte contrária); neste caso, a execução correrá sobre a quantia depositada.

✱ *V. CPC/1973, art. 668.*

✱ *V. CPC/2015, art. 847.*

✱ *V. CC, arts. 360, I a III, e 1.947 a 1.960.*

SUBSTITUIÇÃO PROCESSUAL – Existe quando a lei habilita a intervir no processo, como parte legítima, pessoa estranha à relação jurídica que se debate. O substituto ingressa em juízo *em seu próprio nome*, por um direito alheio, o que diferencia a *substituição* da *representação*, pois nesta o representante processual age *em nome de outro*. A substituição processual pode ser *legal*, se decorre de lei; e *voluntária*, se decorre da vontade individual. A lei determina que "ninguém poderá pleitear, em nome próprio, direito alheio, salvo quando autorizado por lei". E ainda mais: "Só é permitida, no curso do processo, a substituição voluntária das partes nos casos expressos em lei". Ocorrendo a morte de qualquer das partes, dar-se-á substituição pelo seu espólio ou pelos seus sucessores, atendido o que dispõe o art. 265 do CPC/1973, correspondente ao art. 313 do CPC/2015 que, entretanto, não se aplica se a ação for personalíssima (art. 267, IX). Feita a citação, proíbe-se ao autor modificar o pedido ou a causa de pedir, sem a aprovação do réu, mantendo-se as mesmas partes, salvo as substituições permitidas por lei. Na confissão, cabe ao confitente o direito de propor ação anulatória ou rescisória, porém, uma vez iniciada, passa aos seus herdeiros.

✱ *V. CPC/1973, arts. 6º, 41 a 43, 264, 265, 267, IX, 352, parágrafo único, 1.055 a 1.062.*

✱ *V. CPC/2015, arts. 18, 108 a 110, 313, 485, IX, 393, parágrafo único, e 687 a 692.*

SUBSTITUTIVO – Novo projeto de lei em que se propõe alterações em outro, sobre a mesma matéria, apresentado à Casa legislativa.

SUBSTITUTO – Diz-se do sujeito ativo de uma substituição. Funcionário público que ocupa o lugar de outro, durante as férias deste, ou licença, impedimento ou vacância do seu cargo. Na substituição testamentária, é a terceira pessoa que sucede em lugar do herdeiro ou do legatário; o segundo beneficiado, no fideicomisso.

SUBSUNÇÃO – Operação de subsumir, significando tomar, acolher, aceitar um fato como incluído no âmbito de aplicação de uma lei.

SUBTERFÚGIO – Meio artificioso, evasivo; ardil para livrar-se de uma dificuldade.

SUBTRAÇÃO – Apoderamento, apropriação sub-reptícia, fraudulenta ou dolosa, de pessoa ou de coisa alheia. É elemento material do furto.

De incapazes: crime que consiste em retirar menor de 18 anos, ou interdito, do poder de quem o tem sob a sua guarda em razão de lei ou de ordem judicial. A pena é de detenção, de 2 meses a 2 anos, se o fato não constitui elemento de outro crime. O fato de ser o agente pai ou tutor do menor ou curador do interdito, não o exime de pena, se destituído ou temporariamente privado do poder familiar, tutela, curatela, ou guarda; se restituiu o menor ou o interdito sem que este sofresse maus-tratos ou privações, pode o juiz não aplicar a pena. É crime subtrair o condômino, coerdeiro ou sócio, para si ou para outrem, a quem legitimamente a detém, a coisa comum; a pena cominada é de detenção de 6 meses a 2 anos ou multa. Só se procede por representação e não se pune subtração de coisa comum fungível, cujo valor não exceda a cota a que tem direito o agente.

✱ *V. CP, arts. 155, 156, § 2º, e 249.*

SUBSUNÇÃO – Operação de subsumir, significando tomar, acolher, aceitar um fato como a aplicação de uma lei.

SUBVENÇÃO – Auxílio que é dado pelo Poder Público a instituições beneficentes ou a estabelecimentos de interesse público.

SUCEDER – Ser chamado à sucessão; herdar por direito próprio, receber parte na herança.

SUCESSÃO – A sucessão é aberta no momento da morte do autor da herança, transmitindo-se automaticamente a propriedade e a posse dos bens aos herdeiros. A cessão é aberta no momento da morte do autor da herança, transmitindo-se a propriedade e a posse dos bens que ele deixou automaticamente aos herdeiros. É preciso, porém, proceder ao inventário, para conhecer o que foi transmitido. Para os efeitos legais, considera-se a sucessão aberta como um bem imóvel. Há três modos de suceder: *por direito próprio,* que é a sucessão dos filhos, sozinhos ou em concorrência com outros descendentes; são contemplados *per capita; por direito de representação,* sucessão dos descendentes concorrendo com outros filhos, estejam ou não no mesmo grau; são contemplados *per stirpes; por direito de transmissão,* quando o herdeiro morre, após a abertura da sucessão e esta passa aos seus legítimos herdeiros. A sucessão é *legítima,* quando a herança se confere segundo a lei, na ordem de vocação que ela estabelece; *testamentária,* se decorre de ato de vontade em testamento ou codicilo; *a título definitivo,* aquela requerida por interessados, após 10 anos da data da sentença que concedeu a abertura da sucessão provisória do ausente, ou quando este completaria 80 anos, se de 5 anos datam as suas últimas notícias; *a título provisório,* que é a imissão dos herdeiros na posse temporária e administração dos bens do ausente, findo o prazo de 1 ano sem notícias dele, se não deixou representante ou procurador, ou, deixando-os, passaram-se 3 anos; *a título singular,* quando se transmite ao legatário, em sucessão testamentária, apenas um direito ou certas coisas; *a título universal,* quando se transfere ao herdeiro a totalidade do patrimônio do morto, ou uma parte da alíquota, sem designação de coisa ou valor; *beneficiária,* aquela aceita pelo herdeiro a benefício do inventário. A Lei nº 8.971/1994, do senador Nélson Carneiro, sancionada pelo presidente Itamar Franco em 29-12-1994, além de garantir o direito de homens e mulheres de pleitear pensão de alimentos da companheira ou companheiro, também assegura à companheira e ao companheiro o direito de concorrer à herança. Assim, quando os bens deixados resultarem de atividade em que houve participação do companheiro ou companheira, terá o sobrevivente o direito à metade desses bens. Se houve filhos comuns ou do companheiro falecido, o sobrevivente terá direito ao usufruto de parte dos bens, enquanto não constituir nova união. Na falta de descendentes e de ascendentes, o companheiro sobrevivente ficará com a totalidade da herança. Já a Lei nº 9.278/1996, que dispõe sobre a união estável, estipula que "dissolvida a união estável por morte de um dos conviventes, o sobrevivente terá direito real de habitação, enquanto viver ou não constituir nova união ou casamento, relativamente ao imóvel destinado à residência da família".

✱ *V. Lei nº 8.971/1994 (Regula o direito dos companheiros a alimentos e à sucessão).*

SUCUMBÊNCIA – Princípio pelo qual o vencido é obrigado a pagar ao vencedor pelas despesas por este antecipadas, incluindo os honorários de advogado. Mesmo que as partes não peçam formalmente a condenação em custas e verba honorária, o juiz deve condenar a parte perdedora. Segundo Chiovenda "o fundamento desta condenação é o fato objetivo da derrota; e a justificação deste instituto está em que a atuação da lei não deve representar uma diminuição patrimonial para a parte a cujo favor se efetiva, por ser interesse do Estado que o emprego do processo não se resolva em prejuízo de quem tem razão e por ser, de outro turno, que os direitos tenham um valor tanto quanto possível nítido e constante" (CHIOVENDA, *Instituições de Direito Processual Civil,* vol. 3, pág. 285). O novo Estatuto do Advogado e da OAB dispõe que "nas causas em que for parte o empregador, ou pessoa por este representada, os honorários de sucumbência são devidos aos advogados empregados. Os honorários de sucumbência, percebidos por advogado empregado de sociedade de advogados, são partilhados entre ele e a empregadora, na forma do estabelecido em acordo". Diz, ainda, que os advogados inscritos na OAB têm direito aos honorários convencionados, aos fixados por arbitramento judicial e aos de sucumbência. Os honorários incluídos na condenação, por arbitramento ou sucumbência, pertencem ao advogado, tendo este direito autônomo para executar a sentença nesta parte, podendo requerer que o precatório, quando necessário, seja expedido em seu favor. No caso de falecimento ou incapacidade civil do advogado, os honorários de sucumbência, proporcionais ao trabalho realizado, são recebidos por seus sucessores ou representantes legais. É nula, segundo aquele Estatuto, qualquer disposição, cláusula, regulamento ou convenção, individual ou coletiva, que retire do advogado o direito ao recebimento dos honorários de sucumbência.

✱ *V. CPC/1973, art. 20.*

✱ *V. CPC/2015, arts. 82, § 2º, 84 e 85.*

✱ *V. Lei nº 8.906/1994 (Estatuto da Advocacia e a OAB), arts. 21, parágrafo único, 22 e 23.*

SUFRAGAR – 1. Pedir com sufrágios ou orações. 2. Aprovar uma decisão pelo voto.

SUFRÁGIO – 1. Do latim *suffragium,* é a oração feita pela alma de um morto. 2. Processo de escolha por meio de votação, verbal ou por escrita, em assembleia de qualquer natureza. 3. Votação em pleito eleitoral. É *universal*, quando todos os cidadãos, com capacidade legal, têm o dever e o direito do voto; *limitado*, quando a lei delimita esse direito a poucos indivíduos; *direto*, quando o próprio eleitor vota na pessoa de seu candidato ou representante; *indireto*, quando o candidato recebe os votos de um corpo legislativo ou grupo reduzido de cidadãos eleitos para esse fim. O voto é *obrigatório* para os maiores de 18 anos; e *facultativo* para analfabetos, maiores de 70 anos e maiores de 16 anos e menores de 18 anos.

✱ *V. CF, art. 14, § 1º, I e II.*

SUICÍDIO – 1. Ato de exterminar, eliminar a própria vida. O mesmo que autocídio. 2. É crime o induzimento, instigação ou auxílio à prática do suicídio. 3. A Lei nº 13.968/2019 incluiu na tipificação do crime o induzimento, instigação ou auxílio à automutilação. A pena é de reclusão de 2 a 6 anos, se o suicídio se consumar ou da automutilação resultar morte; ou reclusão de um a 3 anos, se da automutilação ou da tentativa de suicídio resultar lesão corporal de natureza grave ou gravíssima. A pena é duplicada se o crime é cometido por motivo egoístico, torpe ou fútil; se a vítima é menor ou tem diminuída, por qualquer causa, a capacidade de resistência. O julgamento desse crime compete ao Tribunal do Júri. 4. A Lei nº 13.819/2019 instituiu a Política Nacional de Prevenção da Automutilação e do Suicídio, que contou com a implementação de ações de assistência social, pela Lei nº 14.531/2023, destinadas a evitar tal prática. 5. A Lei nº 14.811/2024 incluiu entre os crimes hediondos (Lei nº 8.072/1990) o induzimento, instigação ou auxílio a suicídio ou a automutilação realizados por meio da rede de computadores, de rede social ou transmitidos em tempo real.

✱ *V. CP, arts. 122 e 146, § 3º, II.*

✱ *V. Lei nº 8.072/1990 (Dispõe sobre os crimes hediondos, nos termos do art. 5º, inciso XLIII, da Constituição Federal, e determina outras providências).*

✱ *V. Lei nº 13.819/2019 (Institui a Política Nacional de Prevenção da Automutilação e do Suicídio).*

✱ *V. Lei nº 14.531/2023 (Altera as Leis nºs 13.675, de 11 de junho de 2018, que cria a Política Nacional de Segurança Pública e Defesa Social (PNSPDS), e 13.819, de 26 de abril de 2019, que institui a Política Nacional de Prevenção da Automutilação e do Suicídio, para dispor sobre a implementação de ações de assistência social, a promoção da saúde mental e a prevenção do suicídio entre profissionais de segurança pública e defesa social e para instituir as diretrizes nacionais de promoção e defesa dos direitos humanos dos profissionais de segurança pública e defesa social; e dá outras providências).*

✱ *V. Lei nº 14.811/2024 (Institui medidas de proteção à criança e ao adolescente contra a violência nos estabelecimentos educacionais ou similares, prevê a Política Nacional de Prevenção e Combate ao Abuso e Exploração Sexual da Criança e do Adolescente e altera o Decreto-Lei nº 2.848, de 7 de dezembro de 1940 (Código Penal), e as Leis nºs 8.072, de 25 de julho de 1990 (Lei dos Crimes Hediondos), e 8.069, de 13 de julho de 1990 (Estatuto da Criança e do Adolescente).*

SUI GENERIS – (Latim) De seu gênero, único no gênero, especial, original, sem comparação.

SUJEIÇÃO – Submissão, subordinação. Situação jurídica em que alguém fica impossibilitado de agir.

SUJEITO – Submisso, subordinado. Aquele que participa de um delito; pode ser *ativo*, o que pratica a infração; *passivo*, o paciente ou a vítima.

Da obrigação: cada pessoa juridicamente vinculada, ou o seu titular. Diz-se: *ativo*, aquele que tem o direito de exigir satisfação da obrigação; *passivo*, o que deve dar, fazer, abster-se de fazer alguma coisa ou realizar algum pagamento.

SUMÁRIO – Resumido, sucinto; processo em que se suprimem formalidades para lhe dar mais celeridade.

De culpa: parte do processo criminal, com atos necessários ao esclarecimento de responsabilidades, como os depoimentos.

SUMARÍSSIMO – Procedimento que, atualmente, só existe em uma das fases do Juizado Especial Cível.

SÚMULA – 1. Sumário, resumo. 2. Verbete que registra a interpretação pacífica ou majoritária adotada por um Tribunal a respeito de um tema específico, a partir do julgamento de diversos casos análogos, com a dupla finalidade de tornar pública a jurisprudência para a sociedade bem como de promover a uniformidade entre as decisões. De rigor destacar que a Lei nº 13.467/2017 (Reforma Trabalhista) disciplinou a elaboração e a alteração de súmulas e enunciados pelo Tribunal Pleno.

✱ *V. CPC/1973, art. 479.*

✱ *V. CPC/2015, art. 926, § 2º.*

✱ *V. CLT, art. 702.*

Vinculante: 1. Súmula de jurisprudência dominante aprovada pelo Supremo Tribunal Federal, por pelo menos 2/3 do Plenário, tornando-se um entendimento obrigatório, ao qual todos os outros Tribunais e juízes, bem como a Administração Pública, Direta e Indireta, terão que seguir. Na prática, adquire força de lei, criando um vínculo jurídico e possuindo efeito *erga omnes*. Vincular significa ligar ou prender a vínculo, submeter a vínculo. A súmula vinculante tem por objetivo a validade, a interpretação e a eficácia de normas determinadas frente aos ditames constitucionais, acerca das quais haja controvérsia atual entre órgãos judiciários ou entre esses e a Administração Pública que acarrete grave insegurança jurídica e relevante multiplicação de processos sobre questão idêntica. 2. Eventual desrespeito ao teor de súmula vinculante permite a propositura de ação de reclamação constitucional diretamente perante o

S

STF, para garantia da autoridade de suas decisões. Por esta razão, o STF entende que carece interesse de agir a quem propôs ação pleiteando direito já amparado em enunciado de súmula vinculante, uma vez que pode requerer expressamente a sua observância por parte das autoridades públicas. 3. A Lei nº 13.015/2014 expressamente admite o cabimento de recursos de embargos e de revista perante o TST, por alegação de violação, pela decisão recorrida, a enunciado de súmula vinculante.

✱ *V. CF, art. 103-A.*

✱ *V. Lei nº 11.417/2006 (Regula a edição, a revisão e o cancelamento de enunciado de súmula vinculante pelo STF).*

✱ *V. Lei nº 9.784/1999 (Regula o processo administrativo no âmbito da Administração Pública Federal), arts. 56, § 3º, 64-A e 64-B.*

✱ *V. CLT, arts. 894, II; 896, a e § 9º.*

✱ *V. RISTF, arts. 354-A a 354-E.*

SUPERENDIVIDAMENTO – 1. Aumento excessivo do valor ou da quantidade de dívidas de um indivíduo. 2. Segundo a Lei nº 14.181/2021, é a impossibilidade manifesta de o consumidor pessoa natural, de boa-fé, pagar a totalidade de suas dívidas de consumo, exigíveis e vincendas, sem comprometer seu mínimo existencial, nos termos da regulamentação.

✱ *V. CDC, art. 54-A, § 1º.*

✱ *V. Lei nº 14.181/2021 (Altera a Lei nº 8.078, de 11 de setembro de 1990 (Código de Defesa do Consumidor), e a Lei nº 10.741, de 1º de outubro de 2003 (Estatuto do Idoso), para aperfeiçoar a disciplina do crédito ao consumidor e dispor sobre a prevenção e o tratamento do superendividamento).*

SUPERFATURAMENTO – 1. Para fins de Dir. Administrativo, refere-se a contratos públicos para obras ou compras cujos preços são maiores do que os de mercado, frustrando o objetivo da licitação. Constitui crime de ação penal pública, com pena de detenção de 3 (três) a 6 (seis) anos e multa, sem prejuízo das sanções por ato de improbidade administrativa e da responsabilidade civil dos envolvidos. Podem ser responsabilizados tanto os agentes públicos competentes para os atos licitatórios ou executórios do contrato, que provocaram prejuízos à Administração Pública, bem como os particulares que se beneficiaram da prática, respondendo todos solidariamente pela reparação do dano. 2. Fraude cambiária, praticada quando se atribui valor superior ao real à mercadoria importada, ficando o comprador com crédito no estrangeiro da importância a mais. Constitui infração administrativa ao controle das importações, cominando multa de 100% (cem por cento) da diferença no valor da mercadoria e perdimento dos bens, neste último caso, se a fraude foi consumada mediante a falsificação ou adulteração de documentos necessários ao embarque ou desembaraço aduaneiro, sem prejuízo das sanções criminais, por falsidade material ou ideológica.

✱ *V. CF, art. 37, §§ 4º e 5º.*

✱ *V. Lei nº 8.429/1992 (Lei de Improbidade Administrativa), arts. 9º, II e III, 10, IV e V, e 12, I e II.*

✱ *V. Lei nº 8.666/1993 (Institui normas para licitações e contratos administrativos), arts. 25, § 2º, e 96. Revogada pela Lei nº 14.133/2021.*

✱ *V. Lei nº 12.846/2013 (Dispõe sobre a responsabilização administrativa e civil de pessoas jurídicas pela prática de atos contra a Administração Pública, nacional ou estrangeira), art. 5º, IV.*

✱ *V. Dec.-Lei nº 37/1966 (Dispõe sobre o imposto de importação, reorganiza os serviços aduaneiros e dá outras providências), arts. 105, VI, e 169, II.*

SUPERINTENDÊNCIA DO DESENVOLVIMENTO DA AMAZÔNIA – SUDAM – Autarquia de regime especial, com autonomia administrativa e financeira, instituída pela LC nº 124/2007 com a finalidade de promover o desenvolvimento includente e sustentável de sua área de atuação abrangida pelos Estados do Acre, Amapá, Amazonas, Mato Grosso, Rondônia, Roraima, Tocantins, Pará e Maranhão na sua porção a oeste do Meridiano 44º, e a integração competitiva da base produtiva regional na economia nacional e internacional.

SUPERINTENDÊNCIA DO DESENVOLVIMENTO DO NORDESTE – SUDENE – Autarquia de regime especial, com autonomia administrativa e financeira, instituída pela LC nº 125/2007 com a finalidade de promover o desenvolvimento includente e sustentável de sua área de atuação abrangida pelos Estados do Maranhão, Piauí, Ceará, Rio Grande do Norte, Paraíba, Pernambuco, Alagoas, Sergipe, Bahia e algumas regiões e municípios de Minas Gerais e do Espírito Santo, e a integração competitiva da base produtiva regional na economia nacional e internacional.

SUPERIOR TRIBUNAL DE JUSTIÇA – Tem sua sede em Brasília e compõe-se, no mínimo, de trinta e três ministros, nomeados pelo Presidente da República. Devem ter mais de 35 anos e menos de 70 anos, de notável saber jurídico e reputação ilibada, aprovada a sua escolha pelo Senado Federal, da seguinte forma: um terço dentre juízes dos Tribunais Regionais Federais e um terço dentre desembargadores dos Tribunais de Justiça, indicados em lista tríplice elaborada pelo próprio STJ; e um terço, em partes iguais, dentre advogados e membros do Ministério Público Federal, Estadual, do Distrito Federal, alternadamente, indicados nos termos do art. 94 da CF (q.v.). Junto ao STJ funciona o Conselho da Justiça Federal, ao qual cabe exercer supervisão administrativa e orçamentária da Justiça Federal de 1º e 2º graus. A EC nº 132/2023 determinou que é competência do STJ julgar os conflitos entre entes federativos, ou entre estes e o Comitê Gestor do Imposto sobre Bens e Serviços, relacionados aos tributos previstos nos arts. 156-A e 195, V.

✱ *V. CF, arts. 104 e 105.*

* *V. EC nº 122/2022 (Altera a Constituição Federal para elevar para setenta anos a idade máxima para a escolha e nomeação de membros do Supremo Tribunal Federal, do Superior Tribunal de Justiça, dos Tribunais Regionais Federais, do Tribunal Superior do Trabalho, dos Tribunais Regionais do Trabalho, do Tribunal de Contas da União e dos Ministros civis do Superior Tribunal Militar).*
* *V. EC nº 132/2023 (Altera o Sistema Tributário Nacional).*

SUPÉRSTITE – Denominação do cônjuge sobrevivente, usada no direito sucessório, com referência à meação dos bens do falecido.

* *V. Lei nº 12.195/2010 (Altera o art. 990 da Lei nº 5.869/1973 (Código de Processo Civil), para assegurar ao companheiro sobrevivente o mesmo tratamento legal conferido ao cônjuge supérstite, quanto à nomeação do inventariante).*

SUPERVENIÊNCIA – Circunstância de um fato ocorrer após outro tomado como referência. A lei garante que a incapacidade superveniente não invalida o testamento eficaz, nem o testamento do incapaz se valida com a superveniência da capacidade. No Dir. Penal, a superveniência de causa relativamente independente exclui a imputação quando, por si só, produziu o resultado; os fatos anteriores, porém, imputam-se a quem os praticou.

* *V. CC, art. 1.861.*
* *V. CP, art. 13, § 1º.*

SUPLEMENTO – Complemento, adição. Ato escrito com o fim de suprir incapacidade civil, como no suplemento de idade ou emancipação.

Da legítima: quando se completa a parte da herança indisponível em benefício dos herdeiros necessários.

De crédito: quantia com que se cobre verba insuficiente de despesa pública.

De prova: quando se reforça a prova de maior valor com a apresentação de outra de valor menor.

SUPLÊNCIA – Ato de suprir. Cargo de suplente.

SUPLENTE – Aquele que substitui, legalmente, o titular de cargo ou de função em seu impedimento ou ausência temporária; substituto: suplente de deputado, de senador, de vogal etc.

SUPLETIVO – Que supre, complementa; subsidiário. O mesmo que *supletório*.

SÚPLICA – Pedido feito à autoridade judiciária, sob a forma de petição ou de recurso. Ato de implorar.

SUPLICADO – Réu, requerido, postulado; o que se pede, o que é objeto de súplica; pessoa em relação a quem se faz o pedido de providência à autoridade.

SUPLICANTE – Pessoa que dirige petição ao juízo; peticionário, postulante, requerente. O termo está em desuso.

SUPORTE FÁTICO – É o fato ou o complexo de fatos suficientes para que exista uma figura jurídica ou para a incidência da norma.

SUPREMO TRIBUNAL FEDERAL – É a mais alta corte de Justiça do país, com sua sede em Brasília; é composto por onze ministros, escolhidos entre os cidadãos com mais de 35 anos e menos de 70 anos, de notável saber jurídico e reputação ilibada. São nomeados pelo Presidente da República depois de aprovada a escolha pela maioria absoluta do Senado Federal. Entre outras atribuições, compete-lhe processar e julgar, originariamente, a *ação direta de inconstitucionalidade* (q.v.) de lei ou ato normativo federal ou estadual; nas infrações penais comuns, o Presidente da República, o Vice-Presidente, os membros do Congresso Nacional, seus próprios ministros e o Procurador-Geral da República. A competência para processar e julgar estão amplamente expostas na CF.

* *V. CF, arts. 101 a 103.*
* *V. EC nº 122/2022 (Altera a Constituição Federal para elevar para setenta anos a idade máxima para a escolha e nomeação de membros do Supremo Tribunal Federal, do Superior Tribunal de Justiça, dos Tribunais Regionais Federais, do Tribunal Superior do Trabalho, dos Tribunais Regionais do Trabalho, do Tribunal de Contas da União e dos Ministros civis do Superior Tribunal Militar).*

SUPRESSÃO – Eliminação; ato de extinguir, suprimir; ocultação, furto.

De direito inerente ao estado civil de recém-nascido: *V. Parto suposto.*

De documento: destruir, suprimir ou ocultar, em benefício próprio ou de outrem, ou em prejuízo alheio, documento público ou particular verdadeiro, do qual não podia dispor, é crime apenado com reclusão de 2 a 6 anos e multa, se o documento é público, e de 1 a 5 anos e multa, se é particular.

* *V. CP, art. 305.*

Ou alteração de marca em animais: crime contra o patrimônio, que consiste em suprimir ou alterar, indevidamente, em gado ou rebanho alheio, marca ou sinal indicativo de propriedade. Pena de detenção de 6 (seis) meses a 3 (três) anos e multa.

* *V. CP, art. 162.*

SUPRIMENTO – Ato de suprir falha ou omissão, de completar ato, de corrigir uma irregularidade etc. Abastecimento, no sentido de suprimento de gêneros alimentícios.

Da outorga marital: autorização dada pelo juiz à mulher casada para a prática de um ato jurídico que depende do consentimento do marido, que se recusa a dar-lho sem apresentar uma justa causa; ou não o pode dar, por um motivo justo. No primeiro caso diz-se *autorização corretiva*, no segundo, *supletiva*.

Da outorga uxória: autorização do juiz ao marido para praticar ato jurídico que precisa de autorização da mulher, que se nega a dar-lhe sem justa causa. A falta, não suprida pelo juiz, da autorização ou da outorga, quando necessária, invalida o processo; essa falta deve ser alegada em contestação, sob pena de condenação nas custas a partir do saneamento do processo, e perder, ainda que vencedor na causa, o direito a haver do vencido honorários advocatícios, procedendo-se na forma dos arts. 327 e 329 do CPC/1973, correspondentes aos arts. 351 a 353 do CPC/2015. Não especificando o CPC/1973 qual o procedimento referente ao suprimento de autorização ou de outorga, mandam os juristas que se aplique o art. 1.103 do próprio CPC/1973, correspondente ao art. 719 do CPC/2015, que abre o capítulo sobre as disposições gerais dos procedimentos especiais de jurisdição voluntária.

✱ *V. CPC/1973, arts. 11 e 301, VIII.*

✱ *V. CPC/2015, arts. 74 e 337, IX.*

✱ *V. CC/2002, arts. 1.648, 1.700 e 1.701.*

De assento: ato de complementar anotação em registros públicos.

De capacidade: ato de suplementar manifestação de vontade do relativamente incapaz para validar um ato jurídico.

De consentimento: ato do juiz autorizando sejam praticados atos por parte do ausente ou incapaz, ou porque a pessoa que deveria fazê-lo se recusa sem justa razão; o mesmo que *judicial.*

De falta: ato processual que completa outro, anterior, validando-o.

De idade: o mesmo que *emancipação* (q.v.).

De nulidade: ato de cumprir formalidade para tornar válido ato antes anulável ou relativamente nulo.

De numerário: providência que toma um órgão público para suprir outro do numerário para pagamentos inadiáveis.

SURSIS – É a suspensão condicional da pena, significando o adiamento da execução de pena privativa de liberdade por certo período de prova, imposta a criminosos ou contraventores primários em razão de prática criminal, com a condição de que, naquele período de tempo, não cometam nova infração, e ao término do "sursis" dá-se a extinção da punibilidade. As condições a serem cumpridas durante a suspensão da pena podem ser legais ou judiciais, respectivamente, expressas em lei ou pelo juiz, podendo ser modificadas durante o prazo (arts. 59 e 77; 77, II, 77, § 2º, 78, § 1º, 81, §§ 2º e 3º, e 82 do CP e art. 158, § 2º, da LEP). O período de prova varia de dois a quatro anos e de quatro a seis anos, dependendo das características de cada caso. Nas penas cominadas de tempo igual ou inferior a um ano poderá ser proposto pelo Ministério Público, quando da denúncia, a suspensão condicional do processo por dois a quatro anos nos termos do "sursis". (Lei nº 9.099/1995 – Juizados Especiais Cíveis e Criminais). São requisitos dos diversos tipos de "sursis": detenção ou reclusão não superior a dois ou quatro anos, suspensão não extensiva à multa ou à pena restritiva de direitos – sendo que multa anterior não impede o sursis (art. 80 do CP); circunstâncias judiciais inteiramente favoráveis; não se ausentar do local de residência sem autorização; e comparecimento mensal a juízo.

✱ *V. Leis nºs 9.268/1996 e 9.714/1998.*

SUSCITADO – Proposto, levantado, oposto. Ajuizados, propostos (dissídios coletivos). Na Justiça do Trabalho é a denominação dada ao reclamado, ao réu.

SUSCITANTE – Aquele que argui, opõe defesa, suscita, ajuíza dissídio. Na reclamação trabalhista é o nome dado ao autor; o mesmo que *reclamante.*

SUSPEIÇÃO – Receio legítimo, fundamentado, que se pode opor quanto à imparcialidade do juiz, da testemunha, do perito, motivado por circunstâncias ou interesses intercorrentes que os impeçam ou privem da exação no cumprimento do dever. Nos juízos cível e criminal, é uma das espécies de *exceção* que podem ser levantadas contra o juiz da causa, ou contra testemunhas e contra peritos. No processual penal, é *exceção dilatória,* expediente de defesa indireta do réu, incidente processual de dilação do exercício da ação. O juiz pode, espontaneamente, afirmar suspeição, devendo fazê-lo, por escrito, declarando o motivo e remetendo de imediato o processo ao seu substituto, intimadas as partes; se não o fizer, poderá ser recusado por qualquer das partes pelos fatos que a lei aponta. A arguição de suspeição precederá a qualquer outra, salvo quando fundada em motivo superveniente. No STF e nos Tribunais de Apelação, o juiz que se julgar suspeito deve declará-lo nos autos; se for revisor, passar o feito a seu substituto na ordem de precedência, ou, se for relator, apresentar os autos em mesa para nova distribuição. Se não for relator nem revisor, deve dar-se por suspeito verbalmente, na sessão de julgamento, registrando-se na ata a declaração. Se o presidente do STF se der por suspeito, compete ao seu substituto designar dia para o julgamento e presidi-lo. Não sendo reconhecida a suspeição, será julgada pelo Tribunal Pleno, funcionando como relator o presidente ou, se recusado este, o vice-presidente. Pode ser arguida suspeição do órgão do Ministério Público e também de peritos, intérpretes, serventuários e funcionários da Justiça. No Tribunal do Júri, a suspeição dos jurados deve ser arguida oralmente. Não se pode opor suspeição às autoridades policiais nos atos do inquérito, porém deverão declarar-se suspeitas quando ocorrer motivo legal. Ao contrário do *impedimento* (q.v.), a rescisão da sentença proferida por juiz suspeito está sujeita à preclusão.

✱ *V. CPP, arts. 95 a 107, 214, 254, 255, 258, 267, 274, 280, 281, 458, 460 e 564, I.*

✱ *V. CP, arts. 138, III e parágrafos, 312 a 314.*

✱ *V. art. 470 do CPP, que trata da arguição de impedimento, de suspeição ou de incompatibilidade contra o juiz pre-*

sidente do Tribunal do Júri, órgão do Ministério Público, jurado ou qualquer funcionário.

SUSPEITA – Desconfiança; ato de pressentir, por conjeturas baseadas em circunstâncias ou atitudes aparentes, com laivos de verdade, porém insuficientes para formar um juízo. É meio de prova indireta.

SUSPEITO – Aquele que é passível de suspeição; que inspira receio ou desconfiança; aquilo que é visto com reserva ou com suspeita.

SUSPENSÃO – Ato ou efeito de suspender. Interrupção temporária do exercício de cargo, atividade, função, direito. Uma das mais graves penalidades impostas ao funcionário público, de natureza pecuniária, que consiste em privá-lo de direitos e vantagem, e do cargo, por prazo não excedente a 90 dias. Diz-se *preventiva* quando se faz necessária para apuração de faltas que lhe são imputadas. A suspensão do empregado por mais de 30 dias consecutivos importa a rescisão imposta do contrato de trabalho. O empregado acusado de falta grave pode ser suspenso, mas só pode ser despedido após inquérito em que assume a procedência da acusação.

Coletiva de trabalho: O CP diz que cometem crime três ou mais empregados que participem de suspensão ou abandono coletivo de trabalho, praticando violência contra pessoa ou coisa, apenando o delito com detenção de 1 mês a 1 ano e multa, além da pena correspondente à violência. Quando a suspensão do trabalho prejudique ou interrompa obra pública ou serviço de interesse coletivo, a pena é de detenção de 6 meses a 2 anos e multa. Contrariamente a esse texto legal, a CF garante o direito de greve, competindo aos trabalhadores decidir sobre a oportunidade de exercê-lo e sobre os interesses que devam defender por meio dele.

Da audiência: Ocorre para atendimento de formalidade, para realização de diligência etc.

Da prescrição: Provocada por evento que impede o seu curso e que, cessados os seus efeitos, volta a prescrição a correr, somando-se o período anterior ao posterior. O CC aponta diversas hipóteses em que não corre a prescrição. Também o CP indica os casos em que a prescrição não corre ou interrompe o seu curso.

Do processo: Pode ocorrer em diversas hipóteses, como a morte da parte ou de seu procurador, a convenção das partes, força maior etc. A Lei nº 13.363/2016 acrescentou às hipóteses de suspensão do processo o parto ou adoção por parte da advogada, bem como o advogado se tornar pai quando forem eles os únicos patronos no feito. Durante a suspensão, não podem ser realizados atos processuais, salvo em caso de urgência, para evitar dano irreparável.

✱ *V. CF, art. 9º.*

✱ *V. CC, arts. 198 a 204.*

✱ *V. CPC/1973, arts. 265 e 266.*

✱ *V. CPC/2015, arts. 77, § 7º, 313 a 315, 689, 702, § 4º, 981 e 982.*

✱ *V. CP, arts. 116 e 117.*

✱ *V. Lei nº 13.363/2016 (Altera a Lei nº 8.906, de 4 de julho de 1994, e a Lei nº 13.105, de 16 de março de 2015 – Código de Processo Civil, para estipular direitos e garantias para a advogada gestante, lactante, adotante ou que der à luz e para o advogado que se tornar pai).*

SUSPENSÃO CONDICIONAL DA PENA – Instituto de política criminal que visa à reeducação do delinquente primário (e aos condenados a penas de curta duração), que pode ficar em liberdade sob certas condições, obrigando-se a cumprir algumas exigências. O juiz suspende, temporariamente, a execução da pena se a causa e as circunstâncias do delito, os antecedentes e as condições pessoais do sentenciado o permitirem. O Brasil adota o sistema de suspensão condicional da pena, *sursis,* sendo este um direito de todo condenado que preencha certos requisitos. O juiz tem de se manifestar sobre o *sursis* por ocasião da sentença; se não o fizer, acarreta a sua nulidade. No primeiro ano do prazo, o condenado deverá prestar serviços à comunidade ou submeter-se à limitação de fins de semana. Se tiver reparado o dano que causou, salvo se não puder fazê-lo, e se lhe forem favoráveis certas circunstâncias (art. 59 do CP), o juiz poderá substituir a exigência da prestação de serviços ou limitação de fins de semana por uma ou mais das seguintes condições: proibição de frequentar certos lugares; proibição de ausentar-se da comarca onde reside, sem autorização do juiz; comparecimento pessoal e obrigatório a juízo, mensalmente, para informar e justificar suas atividades. A suspensão não alcança penas restritivas de direitos nem a multa. A revogação da suspensão condicional pode ser: *obrigatória,* se o beneficiário é condenado em sentença irrecorrível por crime doloso; se frustra, embora solvente, a execução de pena de multa ou não efetua, sem motivo justificado, a reparação do dano; se descumpre a condição do § 1º do art. 78 do CP; e *facultativa,* se o condenado descumpriu qualquer outra condição imposta ou é irrecuperavelmente condenado por crime culposo ou contravenção, à pena privativa de liberdade ou restritiva de direitos. A execução da pena privativa de liberdade, não superior a 4 anos, poderá ser suspensa, por 4 a 6 anos, se o condenado for maior de 70 anos de idade. Se o beneficiário estiver sendo processado por outro crime ou contravenção, considera-se prorrogado o prazo da suspensão até o julgamento definitivo. Quando facultativa a revogação, pode o juiz, em lugar de decretá-la prorrogar o período de prova até o máximo se não foi o fixado. Expirado o prazo sem haver revogação, considera-se extinta a pena privativa de liberdade.

✱ *V. CP, arts. 77 a 82.*

✱ *V. CPP, arts. 696 a 709.*

S

SUSPENSÃO CONDICIONAL DO PROCESSO – É um dos avançados institutos adotados pela Lei nº 9.099/1995, que trouxe para o Brasil o modelo da Justiça Criminal Consensual. Segundo o art. 89, *caput*, da Lei nº 9.099/1995, nos crimes em que a pena mínima cominada for igual ou inferior a 1 (um) ano, abrangidas ou não por esta Lei, o Ministério Público, ao oferecer a denúncia, poderá propor a suspensão do processo, por 2 (dois) a 4 (quatro) anos, desde que o acusado não esteja sendo processado ou não tenha sido condenado por outro crime, presentes os demais requisitos que autorizariam a suspensão condicional da pena (art. 77 do Código Penal). A suspensão condicional do processo é uma exceção à rígida concepção do princípio da legalidade processual, já que adota o princípio da oportunidade regrada pela lei e condicionada a uma decisão judicial. Por razões de conveniência, o Estado pode renunciar à investigação, à instauração e ao julgamento de processos penais.

✱ *V. Lei nº 11.719/2008 (Altera dispositivos do Dec.-lei nº 3.689, de 3 de outubro de 1941 – Código de Processo Penal –, relativos à suspensão do processo,* emendatio libelli, mutatio libelli *e aos procedimentos).*

SUSPENSÃO DA CONSIGNAÇÃO – É o sobrestamento pelo período de até doze meses de uma consignação individual efetuada na ficha financeira de um consignado.

SUSTAR – Interromper, impedir, suspender, paralisar, fazer parar.

Protesto de título: procedimento não previsto no CPC/1973, porém resguardado por ele. O CPC/2015 manteve o mesmo entendimento. Se a sustação for deferida, o autor da ação cautelar tem prazo de 30 dias para propor ação ordinária de desconstituição ou de anulação de título.

SUSTENTAÇÃO ORAL – Argumentação, fundamentação, arrazoado, por meio do qual o advogado ou o órgão do Ministério Público defende, oralmente, perante o juiz ou o tribunal, as alegações oferecidas no recurso. Exposição das razões do recorrente e do recorrido na sessão de julgamento. A sustentação oral também está presente na apelação, nos embargos infringentes e no recurso extraordinário. O novo Estatuto do Advogado e da OAB estabelece, como um dos direitos do advogado, "sustentar oralmente as razões de qualquer recurso ou processo, nas sessões de julgamento, após o voto do relator, em instância judicial ou administrativa, pelo prazo de 15 (quinze) minutos, salvo se prazo maior for concedido".

✱ *V. CPC/1973, arts. 554 e 565.*

✱ *V. CPC/2015, art. 937.*

✱ *V. Lei nº 8.906/1994 (Estatuto da Advocacia e a OAB), art. 7º, IX.*

SUUM CUIQUE – (Latim) A cada um o que é seu.

SWAP – Palavra inglesa que se traduz por *permuta*. Trata-se da concessão de empréstimos entre bancos, com taxas de câmbio idênticas e em moedas diferentes. É utilizado, costumeiramente, para antecipar recibos em divisas estrangeiras.

T

TABACO – Fumo. A propaganda comercial de tabaco está sujeita a restrições legais e é obrigatória a advertência sobre os males decorrentes de seu uso. Esse dispositivo constitucional já se transformou em lei, e toda propaganda de cigarro traz essa advertência. Recentes medidas, em determinadas localidades, restringem o uso do fumo em repartições municipais, em lanchonetes e outras áreas públicas.

✱ *V. CF, art. 220, § 4º.*

✱ *V. Lei nº 9.294/1996 (Dispõe sobre as restrições ao uso e à propaganda de produtos fumígeros, bebidas alcoólicas, medicamentos, terapias e defensivos agrícolas, nos termos do § 4º do art. 220 da Constituição Federal).*

TABELA – Lista, rol, demonstrativo. Quadro com explicações que ilustram certas leis ou com valores referentes a pagamento de impostos, taxas, emolumentos.

TABELAMENTO – Fixação de preços que devem vigorar por determinação legal, alterando os anteriores. É norma temporária; aplica-se ao fato praticado no período de sua vigência, punindo-se o infrator, ainda que a tabela vigente ao tempo do delito tenha sido alterada. O tabelamento de preços é função privativa da União, por seus órgãos centralizados ou entes descentralizados.

✱ *V. Lei nº 1.521/1951 (Altera dispositivos da legislação vigente sobre crimes contra a economia popular).*

TABELIÃO – Serventuário público, da Justiça, incumbido de redigir, registrar, autenticar atos, contratos, documentos, escrituras, que exigem forma e autenticidade legal e pública. Ao que se encarrega de lavrar escrituras dá-se o nome de *tabelião de notas* ou *notário*.

TÁBUA – Tabela, demonstrativo, lista. Como a escrita antiga se fazia em tabuinhas cobertas de cera, o nome foi dado a algumas codificações, como a Lei das Doze Tábuas, fonte principal do Dir. Romano; e às tábuas entregues a Moisés, contendo os Mandamentos da Lei de Deus aos judeus no deserto. São lembradas, ainda, as Tábuas de Amalfi, que era um código de navegação e de comércio, redigido no século X, na cidade italiana de Amalfi, do qual restam fragmentos.

TACIT FIERI NON POTEST QUOD PROHIBITUR EXPRESSE – (Latim) Não pode ser feito tacitamente o que é expressamente proibido.

TÁCITO – Implícito, subentendido, que se presume do próprio ato ou fato, sem palavras. Oposto a *expresso*.

TALIÃO – Pena antiga, típica do direito vindicativo, da legislação mosaica, que consistia em aplicar ao delinquente pena proporcional ao dano que causou: "olho por olho, dente por dente, mão por mão, pé por pé". Estava presente no Código de Hamurabi, rei babilônio e também na Lei das Doze Tábuas. Maomé incluiu a Lei de Talião em seu Alcorão, e ela persistiu em vigor até a Idade Média (Êxodo, Cap. XXI, versículos 22 a 25).

TAM LABOR QUAM PECÚNIA – (Latim) Tanto trabalho quanto a paga.

TANATOLOGIA – Parte da Medicina Legal que estuda a morte e os problemas que ela acarreta, procedendo-se à dissecação do cadáver para investigar com certeza a causa da morte.

TANATOSCOPIA – Estudo das circunstâncias da morte, do ponto de vista médico-jurídico ou judiciário.

TANTUM CONSUMPTUM, TANTUM IUDICATUM – (Latim) Tanto se consumou, quanto se julgou.

TANTUM DEVOLUTUM, QUANTUM APPELLATUM – (Latim) Tanto se devolveu, quanto se apelou.

TAPAGEM – Tapume, parede divisória. Ato de cercar, murar, isolar prédio urbano ou rústico com valo, cerca etc. *Direito de tapagem* é o que tem o proprietário de cercar sua propriedade.

TAPUME – Cerca, divisão, separação, parede, sebes vivas, valas ou banquetas. Os tapumes divisórios entre propriedades presumem-se comuns, sendo obrigados a concorrer, em partes iguais, para as despesas de sua construção e conservação, os proprietários dos imóveis confinantes.

✱ *V. CC, art. 1.297.*

TAREFA – Modalidade de contrato de trabalho que fazem empregado e empregador, pelo qual se fixa o salário *por tarefa*, isto é, na proporção do serviço realizado em certo período de tempo, ou pagamento por produção. Diz-se também do trabalho imposto a alguém ou a ser realizado dentro de certa obrigação assumida. No Dir. Administrativo, diz-se regime de tarefa aquele em que a execução de pequenas obras ou parte de obra maior é ajustada por preço certo, global ou unitário, com pagamento periódico, após medição do órgão contratante.

TAREFEIRO – Trabalhador que recebe por *tarefa*, cuja remuneração depende de sua produção. A remuneração diária, por lei, não poderá ser inferior à do salário mínimo.

✱ *V. CLT, arts. 78, 140, 478 e 487.*

TARIFA – Lista de preços; imposto. Importância fixada pela Administração para pagamento, pelos usuários, de serviços públicos ou de utilidade pública prestados por particulares, concessionários desses serviços.

Aduaneira: quantia que é paga a repartição fiscal pela mercadoria que entra ou sai do país.

TAXA – 1. Preço corrente dos produtos em mercado. 2. Razão pela qual são fixados juros sobre um capital. 3. Tributo que pode ser instituído pela União, Estados, Distrito Federal e Municípios, tendo como fato gerador o exercício do poder de polícia ou pela utilização, efetiva ou potencial, de serviços públicos específicos e divisíveis, prestados ao contribuinte ou colocados a sua disposição. As taxas não podem ter base de cálculo própria de impostos. 4. A CF havia fixado em 12% ao ano as taxas de juros reais, nelas incluídas comissões e quaisquer outras remunerações direta ou indiretamente referidas à concessão de crédito. A cobrança acima desse limite deveria ser conceituada como crime de *usura*, punido, em todas suas modalidades, nos termos que a lei determinar. Entretanto, o Governo Federal interpretava esta disposição como uma norma de eficácia limitada, dependente da aprovação de Lei Complementar, o que acabou sendo sufragado pelo STF, culminando com a edição da Súmula Vinculante nº 19. Por fim, a EC nº 40/2003 revogou o § 3º do art. 192 da CF.

✱ *V. CF, arts. 145, II, § 2º, e 192, § 3º.*

✱ *V. CTN, art. 77.*

✱ *V. Súm. Vinc. nº 19.*

TAXA JUDICIÁRIA – Corresponde a certos atos judiciais, pagos proporcionalmente, até certos limites, ao valor declarado na causa, ou por valor fixo em certos casos.

TECIDO – 1. Que se teceu, feito em tear, estofo, pano, trama. 2. Arranjado, combinado, preparado, tramado, urdido. 3. Conjunto, disposição, encadeamento, ordem, série. 4. Reunião de células com a mesma estrutura, exercendo determinada função. 5. A Lei nº 9.434/1997, regulamentada pelo Decreto nº 9.175/2017, dispõe acerca da remoção de órgãos e tecidos para fins de transplante e tratamento, excluindo da definição o sangue, o esperma e o óvulo.

✱ *V. Lei nº 9.434/1997 (Dispõe sobre a remoção de órgãos, tecidos e partes do corpo humano para fins de transplante e tratamento).*

✱ *V. Decreto nº 9.175/2017 (Regulamenta a Lei nº 9.434, de 4 de fevereiro de 1997, para tratar da disposição de órgãos, tecidos, células e partes do corpo humano para fins de transplante e tratamento).*

TÉCNICA JURÍDICA – Conjunto de meios adequadamente utilizados para se alcançar os objetivos do Dir.. É o método de realização da norma jurídica, por meio de procedimentos instrumentais; é um artifício pelo qual se aplica o procedimento mais prático e eficiente. A definição mais comum de técnica jurídica é a de um conjunto de princípios que disciplinam a elaboração, interpretação e a aplicação corretas da norma jurídica, permitindo a perfeita realização do Direito na vida social. A Lei Complementar nº 95/1998 dispõe sobre a elaboração, a redação, a alteração e a consolidação das leis, regulamentada pelo Dec. nº 2.954/1999.

TÉCNICA LEGISLATIVA – Conjunto de preceitos que orientam a elaboração racional da lei, que deve ser concisa e clara.

TÉCNICO – Perito, pessoa especializada em um assunto, que o juiz escolhe e nomeia para realizar exames periciais, fornecendo-lhe subsídios para a correta aplicação da lei na causa em julgamento.

TELEFONISTA – Empregado encarregado de receber e fazer ligações telefônicas em empresas públicas ou privadas. A lei garante-lhe horário especial de trabalho, cuja jornada é de 6 horas por dia. Considera-se presente a pessoa que contrata por telefone ou telégrafo.

✱ *V. CLT, arts. 227 a 231.*

✱ *V. CC, arts. 428 a 434.*

TELEGRAFISTA – É também empregado com horário especial de trabalho garantido por lei.

✱ *V. CLT, arts. 227 a 231.*

TELEOLOGIA – Estudo do alcance, essência e causas finais das normas legais; segundo Ihering, o fim é o criador do Direito.

TELETRABALHO – Trabalho à distância. Neologismo empregado para definir a prestação de serviços em local distinto de qualquer estabelecimento do empregador, inclusive na própria residência do empregado, sob controle por meios telemáticos, principalmente pela *internet*. Com a Lei nº 12.551/2012, que inseriu o parágrafo único ao art. 6º da CLT, o controle do trabalho por meios telemáticos foi expressamente equiparado à subordinação direta, para fins de comprovação de vínculo de emprego e jornada de trabalho, acompanhando a evolução doutrinária e jurisprudencial. A Lei nº 13.467/2017 (Reforma Trabalhista) incluiu na CLT o Capítulo II-A (Do Teletrabalho) para disciplinar este modo de prestação de trabalho. O art. 75-B da CLT conceitua o teletrabalho como a prestação de serviços fora das dependências do empregador, de maneira preponderante ou não, com a utilização de tecnologias de informação e de comunicação, que, por sua natureza, não configure trabalho externo. Caso o empregado precise comparecer às dependências do empregador, ainda que de modo habitual, para realizar atividades pontuais que exijam a presença dele no local, o regime de teletrabalho não será descaracterizado. O contrato individual de trabalho informará expressamente a prestação de serviços nesta modalidade e elencará as atividades que o empregado desenvolverá. A alteração do regime presencial para o de teletrabalho é possível se houver mútuo acordo entre as partes, esta alteração será registrada em aditivo contratual. Por outro lado, a alteração do teletrabalho para o trabalho presencial poderá ocorrer por determinação do empregador, assegurado ao empregado o prazo de transição mínimo de 15 dias, e também deverá constar de aditivo contratual. A responsabilidade por adquirir, realizar a manutenção e o fornecimento dos equipamentos tecnológicos e da infraestrutura necessária e adequada à prestação do teletrabalho será fixada em contrato escrito, com a ressalva de que tais utilidades não integrarão a remuneração do empregado nos casos em que ficar acordado o fornecimento pelo empregador. Ademais, o empregado deverá assinar termo de responsabilidade em que se compromete a seguir as instruções fornecidas pelo empregador quanto à execução do trabalho e precauções para evitar acidente de trabalho e doenças. A Lei nº 14.442/2022 determinou que é a legislação brasileira a ser aplicada ao empregado admitido no Brasil que optar pelo desenvolvimento de teletrabalho do exterior, salvo disposição em contrário no contrato de trabalho e trabalhadores expressamente contratados para trabalhar fora do país.

✱ *V. CLT, arts. 6º, parágrafo único, 62, III e 75-A a 75-E.*

TEMERÁRIO – Ousado, imprudente, abusivo. Diz-se *temerária* a lide incabível, absurda, destinada apenas a causar incômodo ou prejuízo a terceiro e que sujeita o seu autor a penalidades.

TEMERIDADE – Qualidade do que é temerário; diz-se de quem, com precipitação, sem meditação necessária nem cálculo antecipado, pratica ato nocivo ou despropositado, sem lhe prever as consequências.

TEMOR – Receio, medo, quebra brusca de ânimo diante do perigo.

Reverencial: estado de submissão e respeito a que alguém submete a outrem, pelo exercício de autoridade desmedida; medo de desagradar ou de desobedecer a alguém. Não é considerado coação. Não gera vício de vontade que possa anular ato jurídico.

TEMPESTIVO – Que se realiza no prazo estabelecido, legal, oportuno ou próprio.

TEMPESTIVIDADE – Qualidade de *tempestivo*, de oportuno, apresentado no prazo legal.

TEMPO – Prazo, período, intervalo entre um ato e outro; duração de termo legal, dentro do qual podem ser praticados atos jurídicos. O tempo é: *certo*, quando fixado por mês, dia e ano ou por período determinado; *incerto*, se estabelecido em relação a condição eventual; *contínuo*, se flui ininterruptamente, em ordem cronológica; *hábil* ou *útil*, se compreende o prazo legal, que corre por dias úteis para a prática de atos judiciais; *de serviço*, período em que se exerceu determinada função, cargo ou de efetivo trabalho em uma empresa. Períodos de férias e licença são computados como de serviço.

✱ *V. CLT, arts. 4º, 453, 471 a 476-A.*

TEMPO PARCIAL – *V. Jornada de trabalho em tempo parcial.*

TEMPUS EST OPTIMUS JUDEX RERUM OMNIUM – (Latim) O tempo é ótimo juiz de todas as coisas.

TENTATIVA – Ato de se procurar atingir, sem êxito, um resultado. Começo de execução de um crime, com firme determinação demonstrada por atos objetivos e que se interrompe ou não se completa, por absoluta ineficácia do meio utilizado pelo agente ou por ter ocorrido uma causa externa que obsta o ato delituoso. O CP define a tentativa, afirmando que "o crime é tentado quando, iniciada a execução, não se consuma por circunstâncias alheias à vontade do agente". Pune-se a tentativa com a mesma pena do crime consumado, diminuída de um a dois terços. E o agente que, voluntariamente, desiste de prosseguir na execução ou impede que o resultado se produza, responde apenas pelos atos já praticados. Não ocorre tentativa nos crimes culposos. Quanto à prescrição da tentativa, ela começa a correr antes de transitar em julgado a sentença final, do dia em que cessou a atividade criminosa, isto é, se os atos executórios foram praticados em dias diferentes, a prescrição terá início no último deles. Não se pune a tentativa no crime impossível, isto é, quando, por ineficácia absoluta do meio ou por absoluta impropriedade do objeto, é impossível consumar-se o crime.

✱ *V. CP, arts. 14, II, parágrafo único, 15, 17 e 111, II.*

TEOR – Conteúdo de um documento, de uma norma, de um ato ou texto escrito.

TEORIA – Conjunto sistemático de princípios básicos que norteiam uma disciplina; a parte especulativa de uma ciência; especulação que procura esclarecer um problema nas diversas áreas do conhecimento humano, humanas e exatas.

Da imprevisão: consiste no reconhecimento de que eventos novos, imprevistos e imprevisíveis pelas partes e a elas não imputáveis, onerosos, retardadores ou impeditivos da execução do contrato, autorizam sua revisão para ajustá-lo às circunstâncias supervenientes. Ela provém da cláusula *rebus sic stantibus*, com os seus desdobramentos de *força maior, caso fortuito, fato do príncipe, fato da administração* e *interferências imprevistas.*

Da lesão: aquela que proíbe a exploração da inexperiência, da boa-fé ou ignorância do outro para a obtenção de lucro exorbitante na realização de ato ou de contrato.

Da proposta e da aceitação: a que estuda o acordo das vontades na formação dos contratos de compra e venda entre pessoas que vivem em lugares diferentes. Há duas teorias principais: a da *agnição* ou *declaração,* pela qual se declara perfeito o contrato logo que a proposta é aceita, ainda que o proponente não tenha recebido a resposta. Admite duas modalidades: a *teoria da expedição,* a que dá o contrato por concluído logo que o aceitante transmite, por carta, telegrama ou por outra via, a resposta (aceitação); é a que o CC brasileiro adota; a *da recepção,* pela qual se forma o contrato desde o momento em que a aceitação chega ao proponente, embora este ignore o conteúdo da resposta epistolar, por telegrama ou mensageiro; e há a *teoria da cognição, informação* ou *percepção,* que considera o contrato perfeito desde o momento em que o proponente toma ciência da aceitação expressa da proposta.

Do Estado: ramo do Dir. Público dedicado ao estudo especulativo, definição, função, poderes e fim do Estado. A Teoria Geral do Estado é disciplina dos currículos das Faculdades de Direito; estuda o Estado como pessoa jurídica de Dir. Público Internacional, sua formação, elementos que o constituem, disciplina os poderes institucionais de sua soberania e outros temas.

Do não locupletamento: princípio segundo o qual não é permitido a ninguém o enriquecimento ilícito com dano ao patrimônio alheio. Ocorre quando há abuso, nesse aspecto, da parte de administradores públicos e políticos em cargos públicos, com a indevida transferência de bens para seu patrimônio pessoal.

Dos motivos determinantes: teoria do Dir. Administrativo segundo a qual os motivos alegados para a prática de um ato ficam a ele vinculados de tal maneira que a apresentação de motivos falsos ou inexistentes implicarão na invalidade do ato.

Geral do Direito: conjunto de conhecimentos especulativos que resultam do estudo do Direito, desde as suas fontes e fundamentos, afinidade com outras regras e princípios que se vão criando e aplicando com o fim de disciplinar a atividade humana, regular as relações sociais e assegurar o bem-estar de todos.

TEORIA TRIDIMENSIONAL DO DIREITO – O autor desta teoria é o eminente Professor Miguel Reale, na qual ele ensina não haver "norma legal sem a motivação axiológica dos fatos sobre os quais os valores incidem". Com isto, entende-se a norma jurídica como elemento integrante da relação fático-valorativa. Explica o ilustre jurista que esta teoria somente surgiu ao se reconhecer que "fato, valor e norma se dialetizam de maneira complementar". Resulta disso que a norma jurídica deve ser sempre *objeto de interpretação*, não sendo uma afirmação lógico-sintética (objeto ideal), mas antes "um enunciado em necessária correlação com a base fático-axiológica". Assim sendo, ele distingue o "normativismo jurídico concreto" do "normativismo puro" de Hans Kelsen. Resumindo, diz o mestre que "a *norma* é o enunciado resultante da correlação *fato-valor*, ou seja, da *causalidade factual* em contraposição à *causalidade axiológica* ou *motivacional*" no dizer de Edmund Husserl.

TERCEIRIZAÇÃO – 1. Para a Ciência da Administração, é o processo de transferência a terceiros de processos, atividades ou serviços anteriormente desenvolvidos pela própria organização, normalmente repassados a empresas especializadas na atividade subcontratada, também conhecido por *outsourcing*. 2. Para o Dir. do Trabalho, é forma de intermediação de mão-de-obra, que encontra amparo em limites legais rígidos, como os constantes da Lei nº 6.019/1974 (necessidade transitória de substituição de pessoal e acréscimo extraordinário de serviços), sendo que a jurisprudência ampliou, para serviços de limpeza ou conservação e aqueles ligados a atividades não essenciais da organização (atividades-meio). Excedidos estes limites, é configurada a relação de emprego diretamente com o tomador de serviços, exceto quando for ente da Administração Pública. Mesmo dentro das limitações legais e jurisprudenciais, a tendência dos Tribunais trabalhistas é imputar responsabilidade subsidiária aos tomadores de serviços. No caso de terceirização por entes da Administração Pública, após o julgamento pelo STF da ADC 16, vem firmando-se o entendimento de que a responsabilidade do tomador de serviços depende da caracterização de culpa na ausência de fiscalização quanto ao cumprimento das obrigações trabalhistas pela empresa contratada. 3. As Leis nºs 13.429/2017 e 13.467/2017 (Reforma Trabalhista) alteraram substancialmente o texto da Lei nº 6.019/1974, induzindo à interpretação de que seria possível a terceirização de atividades-fim das empresas contratantes de serviços. Tal entendimento foi fortalecido com o julgamento do RE 958.252, pelo qual o STF fixou a tese de que é lícita a terceirização ou qualquer outra forma de divisão do trabalho entre pessoas jurídicas distintas, independentemente do objeto social das empresas envolvidas, mantida a responsabilidade subsidiária da empresa contratante. 4. Para o Dir. Administrativo, insere-se em um contexto mais amplo de medidas de transferência de atividades típicas do Estado para entidades privadas (empresas ou organizações não governamentais), tais como as parcerias público-privadas, as concessões e permissões de serviços públicos e os termos de parceria com organizações sociais. 5. Para fins de Dir. Previdenciário, o tomador de serviços, em qualquer hipótese, é solidariamente responsável pelas contribuições previdenciárias devidas pela empresa prestadora de serviços terceirizados, o mesmo sendo aplicado às contribuições para o FGTS. 6. A Lei nº 12.891/2013, ao inserir o art. 100-A à Lei nº 9.504/1997, passou a prever expressamente a possibilidade de terceirização de pessoal para atividades de militância em campanhas eleitorais, estipulando limites de contratação conforme o cargo disputado e o número total de eleitores.

- ✱ **V.** *CLT, art. 455.*
- ✱ **V.** *Lei nº 6.019/1974 (Dispõe sobre o trabalho temporário), arts. 4º-A a 5º-D.*
- ✱ **V.** *Lei nº 7.102/1984 (Estabelece normas para constituição e funcionamento de empresas particulares que exploram serviços de segurança e transporte de valores), art. 3º, I.*
- ✱ **V.** *Lei nº 8.036/1990 (Dispõe sobre o Fundo de Garantia por Tempo de Serviço), art. 15, § 1º.*
- ✱ **V.** *Lei nº 8.212/1991 (Lei Orgânica da Seguridade Social), art. 31.*
- ✱ **V.** *Lei nº 8.666/1993 (Institui normas para licitações e contratos administrativos), art. 71. Revogada pela Lei nº 14.133/2021.*
- ✱ **V.** *Lei nº 9.504/1997 (Estabelece normas para as eleições), art. 100-A.*
- ✱ **V.** *Súm. nº 331 do TST.*
- ✱ **V.** *Orientação Jurisprudencial nº 383 da SBDI-I do TST.*

TERCEIRO – Aquele que é estranho em uma relação jurídica ou em um contrato, que não é parte por si ou por representante seu. Qualquer pessoa que participa, além de autor e réu, de uma demanda, por nela ter interesse próprio ou interesses que venham a ser afetados pelo resultado do pleito. A sentença, de modo geral, só produz efeito entre as partes legítimas envolvidas na lide. Pode ocorrer, porém, que esse efeito venha a recair, indiretamente, sobre interesses de pessoas que não participam do processo. Por esta razão, e neste caso, a lei permite ou determina o ingresso de terceiros na lide, para ajudar as partes ou para excluí-las. Essa intervenção de terceiros pode assumir as seguintes formas: *assistência,* quando alguém, interessado na vitória de um dos litigantes, entra no processo como seu assistente. Neste caso, a assistência será *simples,* quando o direito do assistente não estiver diretamente envolvido na lide; será *litisconsorcial,* se a sentença envolver o direito do assistente, cujo interesse terá de ser jurídico e não apenas econômico; ele pode contestar no lugar do assistido revel, recorrer da sentença ainda que o assistido não o faça, purgar mora do locatário assistido; mas não pode postular contra o assistido; *oposição,* intervenção de terceiro visando excluir uma das partes ou a ambas, e para pleitear a coisa ou o direito para si, no todo ou parcialmente. Ele age para fazer valer direito próprio incompatível com o direito de uma das partes ou de ambas; *nomeação à autoria,* ocorre quando se propõe demanda e o réu alega que não possui a coisa em nome próprio, mas em nome alheio e o indica, para que contra este se volte a ação, passando a demanda a ser do nomeado. Igual solução se adota no caso de alguém que cause prejuízo e alega ter agido por ordem de terceiro; *denunciação da lide,* dá-se com a citação de terceiro considerado garante de seu direito pelo réu ou pelo autor, no caso de perderem a demanda. Tem o caráter de ação paralela incidental entre denunciante e denunciado, este só podendo ser condenado em relação ao denunciante e não em relação à outra parte, perante a qual aparece como terceiro alheio ao pleito. Não cabe denunciação da lide em execução; é obrigatória em três casos que a lei define.

Chamamento ao processo: dá-se quando o devedor, citado como réu, pede que sejam citados também outros coobrigados, para decidir-se, no processo, a responsabilidade de todos. A sentença valerá como título executivo ao que satisfizer a dívida, para exigi-la, por inteiro, do devedor principal ou de cada codevedor a sua cota. Só o réu pode fazer o chamamento ao processo.

O terceiro será excluído do processo se não sanar, no prazo dado pelo juiz, defeito processual que lhe caiba. Também responde por perdas e danos se pleitear de má-fé. O terceiro, que demonstrar interesse jurídico, pode requerer ao juiz certidão do dispositivo da sentença, bem como do inventário e partilha que resultem da extinção da sociedade conjugal, nos processos que correm em segredo de Justiça. O juiz da causa principal é competente para as ações que digam respeito ao terceiro interveniente. O terceiro prejudicado pode interpor recurso; cumpre-lhe demonstrar o nexo de interdependência entre seu interesse de intervir e a relação jurídica submetida a juízo. Compete ao terceiro, em qualquer pleito, informar ao juiz os fatos e as circunstâncias de que tenha ciência e exibir coisa ou documento em seu poder. Na obrigação de fazer, se o fato puder ser prestado por terceiro, é lícito ao juiz, a requerimento do credor, decidir que aquele o realize à custa do devedor. O CPC/1973, nos arts. 907 e o CPC/2015, no art 259, II, cuidam, ainda, da citação de terceiro para ação de anulação e substituição de títulos ao portador; da exclusão do confinante na divisão que se segue à demarcação; da penhora de crédito em poder de terceiro; da prestação de caução em favor do interessado; de seu pronunciamento em audiência no tempo fixado pelo juiz; do terceiro que se opõe à habilitação de herdeiros; e de sua responsabilidade na execução de sentença, quando ficam sujeitos à execução os bens do devedor, se estão em poder de terceiros.

✱ ***V.*** *CPC/1973, arts. 13, III, 16 a 18, 50 a 80, 109, 155, 341, 360 a 363, 454 e, § 1º, 472, 634, 672 e §§, 908, I, 948, 1.060, V.*

✱ ***V.*** *CPC/2015, arts. 76, 79 a 81, 119 a 132, 189, 364, 380, 401 a 404, 506, 572, 689, 790, III, 808, 817, 856, 967, II, e 996.*

✱ ***V.*** *CC, arts. 148, 154, 158, 220, 221, 228, 172, 191, 203, 456, 1.657, 1.205, I e II, 1.212, 1.245, 1.427, 249, 304, parágrafo único, a 306, 879, 346, III, 347, II, 388, 437, 563, 673, 686, 1.882.*

TERGIVERSAÇÃO – Fazer rodeios, agir de modo evasivo, usar subterfúgios. Também é crime praticado por procurador ou advogado que, na mesma causa, defende partes contrárias simultânea ou sucessivamente. ***V.*** *Patrocínio Infiel.*

✱ ***V.*** *CP, art. 355, parágrafo único.*

TERMINOLOGIA – Nomenclatura; conjunto dos termos técnicos ou próprios de uma profissão, arte ou ciência.

TERMO – 1. Início e fim de um prazo processual. 2. Registro por escrito, feito pelo escrivão, de ato destinado a produzir efeitos de direito. Menção nos autos, que o escrivão faz para regularizar o processo. 3. Dia em que se iniciam ou se findam os efeitos de uma relação de direito ou de negócio jurídico. 4. Diz-se, ainda, do marco divisório de propriedades rurais. 5. O termo pode ser *certo* ou *incerto, inicial, primordial* ou *suspensivo, termo final, extintivo* ou *resolutivo, expresso* ou *tácito, implícito, acessório.* 6. No Dir. Processual há os termos *dilatórios*, que se subdividem em *legais, judiciais, peremptórios, prorrogáveis e fatais*; os *prejudiciais* e os *iterativos*.

De abertura e de encerramento: termos que o comerciante lavra na primeira e na última página do livro Diário.

De graça: prorrogação de prazo que o juiz concede ao devedor, em certas circunstâncias, para que satisfaça uma obrigação.

Inicial: no Dir. Civil, é o momento de início da eficácia dos negócios jurídicos e da aquisição de direitos. Se, porventura, o termo inicial for suspensivo, ele suspenderá o exercício dos direitos, de modo que, antes do vencimento do referido termo, a obrigação não é exigível. No Dir. Processual, é a data de início de determinado prazo para a realização de diligência ou ato no processo.

✱ ***V.*** *CC, arts. 131 e 132.*

✱ ***V.*** *CPC, art. 224.*

TERMO DE EXECUÇÃO DESCENTRALIZADA – instrumento por meio do qual é ajustada a descentralização de crédito entre órgãos e/ou entidades integrantes dos Orçamentos Fiscal e da Seguridade Social da União, para execução de ações de interesse da unidade orçamentária descentralizadora e consecução do objeto previsto no programa de trabalho, respeitada fielmente a classificação funcional programática.

✱ ***V.*** *Dec. nº 8.180/2013.*

TERMOS – Forma, maneira, conformidade com. No final dos requerimentos, usa-se a fórmula: "nestes termos, pede deferimento", para se solicitar o atendimento do pedido. Diz-se do que está em condições de ser atendido; fatos que ocorrem no andamento da causa.

TERRAS DEVOLUTAS – São terras públicas nas faixas de fronteira e as que não se aplicam a qualquer público ou não estão na posse ou domínio particular de uma pessoa. Terras incorporadas ao domínio ou ao patrimônio da União e dos Estados, quando nas suas fronteiras. São terras vagas que podem ser alienadas a particulares, de modo compatível com a política agrícola e com o plano nacional de reforma agrária. As terras devolutas necessárias à proteção dos ecossistemas naturais são, porém, indisponíveis. São bens da União, ainda, as *terras indígenas* (q.v.).

✱ *V. CF, arts. 20, II e XI, 188 e 225, § 5º.*

TERRAS DOS NEGROS – A CF garante aos remanescentes das comunidades dos quilombos, que estejam ocupando as suas terras, o reconhecimento de sua propriedade definitiva, devendo o Estado emitir-lhes os títulos respectivos.

✱ *V. CF, art. 68 das Disposições Transitórias.*

TERRAS INDÍGENAS – 1. Nos termos da CF, são as "terras tradicionalmente ocupadas pelos índios as por eles habitadas em caráter permanente, as utilizadas para suas atividades produtivas, as imprescindíveis à preservação dos recursos ambientais necessários a seu bem-estar e as necessárias a sua reprodução física e cultural, segundo seus usos, costumes e tradições". 2. Segundo a Lei nº 6.001/1973, são "as terras ocupadas ou habitadas pelos silvícolas, previstas na CF, as áreas reservadas e as terras de domínio das comunidades indígenas ou de silvícolas". 3. Constituem bens da União as terras indígenas, competindo-lhe legislar sobre as populações indígenas. É da competência exclusiva do Congresso Nacional autorizar, em terras indígenas, a exploração e o aproveitamento de recursos hídricos e pesquisa e lavra de riquezas minerais, que pertencem à União. 4. São reconhecidos aos índios, entre outros, os direitos originários sobre as terras que tradicionalmente ocupam, competindo à União demarcá-las, proteger e fazer respeitar os seus bens e direitos, os quais cabe aos juízes processar e julgar. As terras ocupadas pelos índios destinam-se a sua posse permanente, cabendo-lhes o usufruto exclusivo das riquezas do solo, dos rios e dos lagos nelas existentes. A pesquisa e a lavra dos recursos só poderão ser efetuadas mediante concessão ou autorização da União. O Estado proíbe atividade garimpeira em terras indígenas; essas terras são inalienáveis e indisponíveis, e os direitos sobre elas imprescritíveis. A CF determinou que a União deveria terminar a demarcação das terras indígenas em 5 anos, a contar da promulgação da Carta Magna. 5. Com a decretação do estado de calamidade pública, gerada pela pandemia de Coronavírus – COVID-19, medidas emergenciais foram tomadas para assegurar a proteção social e a prevenção do contágio e da disseminação da doença nos territórios indígenas. A Lei nº 14.160/2021 estabeleceu barreiras sanitárias protetivas dessas áreas para controlar o trânsito de pessoas e mercadorias.

✱ *V. CF, arts. 20, XI, 49, XVI, 231, §§ 1º a 7º, e 67 das Disposições Transitórias.*

✱ *V. Lei nº 6.001/1973 (Dispõe sobre o Estatuto do Índio), art. 17.*

✱ *V. Lei nº 14.021/2020 (Dispõe sobre medidas de proteção social para prevenção do contágio e da disseminação da Covid-19 nos territórios indígenas; cria o Plano Emergencial para Enfrentamento à Covid-19 nos territórios indígenas; estipula medidas de apoio às comunidades quilombolas, aos pescadores artesanais e aos demais povos e comunidades tradicionais para o enfrentamento à Covid-19; e altera a Lei nº 8.080, de 19 de setembro de 1990, a fim de assegurar aporte de recursos adicionais nas situações emergenciais e de calamidade pública).*

✱ *V. Lei nº 14.160/2021 (Dispõe sobre o estabelecimento de barreiras sanitárias protetivas de áreas indígenas).*

✱ *V. Medida Provisória nº 1.005/2020 (Dispõe sobre o estabelecimento de barreiras sanitárias protetivas de áreas indígenas).*

TERRAS PÚBLICAS – Compete exclusivamente ao Congresso Nacional aprovar, previamente, a alienação ou concessão de terras públicas com área superior a 2.500 hectares. Excetuam-se alienações ou concessões para fins de reforma agrária.

✱ *V. CF, arts. 49, XVII, e 188, §§ 1º e 2º; Disposições Transitórias, art. 51, §§ 1º a 3º.*

TERRENOS DE MARINHA – São bens imóveis da União as faixas de terras com 33 metros de largura, medidos da linha da preamar média para a parte da terra a dentro. São também terrenos de marinha os situados no continente, na costa marítima, nas margens dos rios e dos lagos, até onde se faça sentir a influência das marés; os *acrescidos*, que se tenham formado natural ou artificialmente; e os *marginais*, aqueles banhados por correntes navegáveis, fora do alcance das marés e que vão até a distância de 15 metros medidos para a parte da terra, a partir da linha média das enchentes. Segundo a CF, a enfiteuse continuará a ser aplicada aos terrenos de marinha e seus acrescidos, situados na faixa de segurança, a partir da orla marítima.

TERRITORIALIDADE – Princípio pelo qual a situação e as relações jurídicas entre nacionais e estrangeiros são reguladas pela lei territorial que vigora e obriga apenas dentro do território nacional. Ele manda aplicar a lei brasileira, sem prejuízo de convenções, tratados e regras de direito internacional, ao crime cometido no território nacional. Para efeitos penais, consideram-se extensão do território nacional embarcações e aeronaves brasileiras, de natureza pública ou a serviço do governo brasileiro, onde quer que se encontrem e as que se achem no espaço aéreo ou em alto-mar. Aplica-se, ainda, a crimes praticados a bordo de aeronaves ou embarcações estrangeiras de propriedade privada que estejam em pouso no território nacional ou em voo no espaço aéreo correspondente, e estas em porto ou mar territorial brasileiro. A territorialidade da lei sofre exceção no caso dos representantes diplomáticos.

TERRITÓRIO – Área delimitada da superfície terrestre, que contém a nação, dentro de cujas fronteiras o Estado exerce sua soberania, seu poder de império. Abrange o território propriamente dito, o subsolo, as águas territoriais, ilhas, rios, lagos, mares interiores, espaço aéreo etc. Pode ser uma ficção de direito – *o território ficto* –, como aquilo que, pelo princípio da extraterritorialidade, é tido como prolongamento da nação cuja bandeira ostenta: navios de guerra e aeronaves militares, onde quer que se encontrem, os consulados e as embaixadas, o mar territorial e o espaço aéreo a ele superposto; pode ser, também, *flutuante*, que é a extensão do mar sob jurisdição do Estado (navios de guerra com bandeira nacional); e *volante*, representado pela aviação militar, quando em país estrangeiro ou em viagem pelo espaço aéreo livre e ficticiamente considerado parte do território nacional.

✱ *V. CP, arts. 5º e 7º.*

✱ *V. Lei nº 11.697/2008 (Dispõe sobre a organização judiciária do Distrito Federal e dos Territórios e revoga as Leis nºs 6.750/1979, 8.185/1991, 8.407/1992, e 10.801/2003, exceto na parte em que instituíram e regularam o funcionamento dos serviços notariais e de registro no Distrito Federal).*

TERRORISMO – 1. Prática de crimes de natureza política, por razões de xenofobia, discriminação ou preconceito de raça, cor, etnia e religião, quando cometidos com a finalidade de provocar terror social ou generalizado, expondo a perigo pessoa, patrimônio, a paz pública ou a incolumidade pública. 2. Até a edição da Lei nº 13.260/2016, constituía crime contra a segurança nacional, com pena de reclusão de 3 (três) a 10 (dez) anos, aumentando até o dobro ou triplo, se do fato resultar lesão corporal grave ou morte, respectivamente. 3. Com a nova lei, há uma maior especificação de condutas enquadradas no conceito, distinguindo atos de terrorismo e atos de auxílio a organizações terroristas, com penas que podem variar de 5 (cinco) a 30 (trinta) anos. A partir de então, surge a tese no sentido de ter se tornado crime contra a paz ou incolumidade pública, o que deslocaria a competência para julgamento da Justiça Militar para a Justiça Comum. Atos terroristas são inafiançáveis e insuscetíveis de graça ou anistia. 4. A Lei nº 13.170/2015 disciplina o procedimento de indisponibilidade de bens, direitos ou valores em decorrência de resoluções do Conselho de Segurança das Nações Unidas, sobretudo no que diz respeito à persecução de valores movimentados por organizações terroristas.

✱ *V. CF, arts. 4º, VIII, e 5º, XLIII.*

✱ *V. CPP, art. 323, II.*

✱ *V. Lei nº 7.170/1983 (Define crimes contra a segurança nacional, a ordem política e social), arts. 20 e 30.*

✱ *V. Lei nº 8.072/1990 (Dispõe sobre crimes hediondos), art. 2º.*

✱ *V. Lei nº 10.309/2001 (Dispõe sobre a assunção pela União de responsabilidades civis perante terceiros no caso de atentados terroristas ou atos de guerra contra aeronaves de empresas aéreas brasileiras).*

✱ *V. Lei nº 12.850/2013 (Define organização criminosa e dispõe sobre a investigação e o procedimento criminal), art. 1º, § 2º, II.*

✱ *V. Lei nº 13.170/2015 (Disciplina a ação de indisponibilidade de bens, direitos ou valores em decorrência de resolução do Conselho de Segurança das Nações Unidas).*

✱ *V. Lei nº 13.260/2016 (Disciplina o terrorismo, e regulamenta o art. 5º, inc. XLIII, da CF).*

TESOURO – Quem encontra tesouro em prédio alheio e se apropria, no todo ou em parte, da cota a que o proprietário do prédio tem direito, comete crime apenado com detenção de um mês a um ano, ou multa. Se o criminoso é primário e de pouco valor o achado, a pena pode ser reduzida de um a dois terços, ou o juiz aplica apenas a pena de multa.

✱ *V. CP, art. 169, I, combinado com o art. 155, § 2º.*

TESTADOR – Pessoa capaz, que dispõe de seus bens fazendo testamento.

TESTAMENTARIA – Cargo ou função de testamenteiro; administração dos bens do testador. Trata-se de múnus personalíssimo e intransferível.

TESTAMENTEIRO – Pessoa a quem o testador ou o juiz designa para fazer cumprir suas disposições de última vontade, mediante testamento ou codicilo. Aquele que executa um testamento. O mesmo que *testamentário*. Pode ser: *dativo*, quando nomeado pelo juiz à falta de outro indicado pelo próprio testador; *legítimo*, o representado pelo cabeça do casal; *particular*, o que apenas cumpre as disposições deixadas pelo testador, de cujos bens não é depositário nem administrador; *universal*, aquele que tem a posse e a administração da herança, até que se cumpra o que dispõe o testamento.

✱ *V. CPC/1973, arts. 1.135 a 1.141.*

✱ *V. CPC/2015, art. 735.*

TESTAMENTO – Ato jurídico, unilateral, personalíssimo, gracioso, solene e revogável, pelo qual uma pessoa capaz, atendido o que a lei prescreve, dispõe de seu patrimônio, total ou parcialmente, dando-lhe uma destinação após sua morte e faz outras declarações de última vontade, como nomeação de tutores, reconhecimento de filhos ilegítimos, deserdação, revogação de testamentos anteriores. Só pode ser revogado por outro testamento, no todo ou em parte. O testamento é inoperante ou nulo (inoficioso) quando deserdar ou prejudicar um herdeiro necessário, sem causa justificada, ou quando o legado abrange mais da metade disponível dos bens do doador. Dividem-se os testamentos em *especiais* e *ordinários*. São ordinários: *público*, quando feito perante o tabelião ou cônsul, escrito, com os requisitos legais em livro de notas, perante cinco testemunhas; o *particular, privado* ou *hológrafo*, aquele escrito de próprio punho e lido pelo testador perante cinco testemunhas, assinado por estas e pelo testador, sem interferência do tabelião; o *cerrado, secreto* ou *místico*, o que é escrito de próprio punho pelo testador ou por outra pessoa, a seu pedido, assinado por ele, autenticado por oficial público em presença de cinco testemunhas, idôneas, cujo conteúdo se mantém em sigilo até a morte do testador. O testamento lhe é devolvido em invólucro lacrado. São especiais: o *militar*, feito perante duas ou três testemunhas, assinado de próprio punho pelo militar, que está em guerra, em praça sitiada ou sem comunicações; o *marítimo*, feito a bordo de navio nacional, mercante ou de guerra, quando em alto-mar. Será *público*, se lavrado pelo comandante ou escrivão de bordo, por ditado ou por declarações do testador, perante duas testemunhas idôneas, que assinam o documento após o testador; será *particular* (cerrado) se escrito pelo testador ou por outrem e entregue, perante duas testemunhas, ao comandante ou escrivão de bordo para que o autentique. Perderá seu efeito se o testador não morrer 3 meses após seu desembarque. Militares em combate, feridos, podem testar nuncupativamente, confiando suas últimas vontades a duas testemunhas; se ele não morrer e convalescer dos ferimentos, o testamento não terá efeito. É válido testamento datilografado pelo próprio autor e nulo o testamento particular datilografado por terceiro. Graças às novas tecnologias, procura-se introduzir no Brasil o testamento feito em vídeo, com o próprio testador apresentando as cláusulas de seu testamento. No CC/2002, a cláusula de inalienabilidade só poderá ser gravada especificando-se a causa. A intenção do legislador foi a de limitar o uso desse recurso, porque o vínculo tira o bem de circulação por toda uma geração. A cláusula, porém, poderá ser questionada pelo herdeiro na justiça, o que pode ensejar intermináveis controvérsias.

✱ *V. CC, arts. 1.857 a 1.900.*

✱ *V. CPC/1973, arts. 1.125 a 1.141.*

✱ *V. CPC/2015, arts. 49, 214, I, e 735 a 737.*

TESTEMUNHA – Pessoa natural convocada para atestar em juízo ou extrajudicialmente, mesmo não sendo parte interessada na lide, a existência de um ato ou para esclarecer fato que é de seu conhecimento ou que presenciou. Diz-se daquele que está presente à conclusão de ato jurídico e que concorre com sua assinatura, testemunhando-o, para sua autenticidade e formalidades extrínsecas. A testemunha deve ser, como pressupostos que a caracterizem, pessoa idônea, estranha ao feito, não se confundindo com as partes; deve conhecer, direta ou indiretamente, os fatos, para atestar sobre a sua existência; ter capacidade jurídica para depor. Não se admite o testemunho de pessoa jurídica, cujas informações integrem a prova documental. Não podem depor as pessoas incapazes, as impedidas e as suspeitas. O depoimento da testemunha será oral, não podendo trazê-lo por escrito, porém pode consultar seus apontamentos. Não pode se eximir de depor, mas podem recusar-se a fazê-lo: o ascendente ou descendente, o afim em linha reta, o cônjuge, mesmo separado, o irmão e o pai, a mãe, ou o filho adotivo do acusado, salvo quando não for possível, por outro modo, obter-se ou integrar-se a prova do fato e de suas circunstâncias. Não podem depor as pessoas que, em razão de suas funções, ministério, ofício ou profissão, devam guardar segredo, salvo se, desobrigadas pelo principal interessado, quiserem dar seu testemunho. O juiz não permitirá que a testemunha manifeste suas apreciações pessoais, salvo quando inseparáveis da narrativa do fato. A testemunha que, regularmente intimada, não comparecer sem motivo justificado, poderá o juiz requisitar à autoridade policial sua apresentação ou determinar que seja conduzida por oficial de Justiça, o qual poderá pedir o auxílio de força policial. A testemunha faltosa pode sofrer pena de multa, ser processada por crime de desobediência e condenada a pagar as custas da diligência. O Presidente, o Vice-Presidente da República, senadores, deputados federais e estaduais, ministros, governadores, secretários estaduais, prefeitos, membros do Poder Judiciário, ministros e juízes dos Tribunais de Contas da União, dos Estados, do Distrito Federal, bem como os do Tribunal Marítimo, serão inquiridos em local, dia e hora previamente ajustados entre eles e o juiz. O Presidente e o Vice-Presidente da República, os Presidentes do Senado, da Câmara dos Deputados e do STF poderão optar pela prestação de depoimento por escrito; nesse caso, as perguntas, formuladas pelas partes e deferidas pelo juiz, lhes serão transmitidas por ofício. Os militares deverão ser requisitados à autoridade superior. Testemunha que more fora da jurisdição do juiz será interrogada pelo juiz do lugar de sua residência, expedindo-se carta precatória, a qual não suspenderá a instrução criminal. Quando a testemunha não conhecer a língua nacional, nomeia-se intérprete para traduzir perguntas e respostas. A testemunha não é obrigada a depor de fatos que lhe acarretem graves danos, bem como ao seu cônjuge e aos seus parentes consanguíneos ou afins em linha reta, ou na colateral em segundo grau; ou a cujo respeito, por estado ou profissão, deva guardar sigilo. O depoimento, depois de datilografado, será assinado pelo juiz, pela testemunha e pelas partes. Apresentado o rol, a parte só pode substituir testemunha que falecer; que, por enfermidade, não estiver em condições de depor; que, tendo mudado de residência, não for encontrada pelo oficial de Justiça. Arrolado como testemunha o juiz da causa, pode ele declarar-se impedido se tiver conhecimento de fatos que possam influir na decisão; neste caso, será defeso à parte que o incluir no rol desistir de seu depoimento; se nada souber, mandará excluir o seu nome. A Lei nº 11.900/2009 admitiu, excepcionalmente, a possibilidade de testemunhar por videoconferência ou outro recurso tecnológico de transmissão de sons e imagens em tempo real, permitida a presença do defensor e podendo ser realizada, inclusive, durante a realização da audiência de instrução e julgamento. Terão prioridade na tramitação o inquérito e o processo criminal em que figure indiciado, acusado, vítima ou réu colaboradores, vítima ou testemunha protegidas. Qualquer que seja o rito processual criminal, o juiz, após a citação, tomará antecipadamente o depoimento das pessoas incluídas nos programas de proteção, devendo justificar a eventual impossibilidade de fazê-lo no caso concreto ou o possível prejuízo que a oitiva antecipada traria para a instrução criminal.

✱ *V. CPC/1973, arts. 407 a 419.*

✱ *V. CPC/2015, arts. 357, 382, 442 a 463, 536, § 2º, 677, 737 e 784, III.*

✱ *V. CC, arts. 227 a 229.*

✱ *V. CPP, arts. 202 a 225, 304, 401, 405, 410, 417, § 2º, 453, 454, 468, 533, 537 e 616.*

TESTEMUNHO – Ato de testemunhar; depoimento. Pode ser *direto,* que merece crédito, por ser de vista ou ouvida própria; *indireto,* o auricular, o que se sabe de ouvir de outros.

TESTIFICAR – Afirmar, testemunhar, declarar na qualidade de testemunha.

TESTIS UNUS, TESTIS NULLUS – (Latim) Uma testemunha, testemunha nenhuma.

TIMBRE – Selo, impresso, sinete, rubrica, sinal gravado em sinete para firmar ou autenticar papéis oficiais ou particulares.

TIMEO HOMINENS UNIUS LIBRI – (Latim) Teme o homem de um só livro.

TIME SHARING – O mesmo que multipropriedade e tempo compartilhado. Trata-se de direito comum de uso de uma coisa, mediante rodízio.

TIPICIDADE – Conformidade a um tipo penal; correspondência entre o fato real e o tipo (descrição legal-penal de uma infração). Adequação do fato praticado ao fato previamente descrito na lei penal, com o consequente exame dos demais elementos que configuram o ilícito punível.

TIPO – Descrição abstrata e puramente objetiva previamente feita na lei penal para caracterizar como crime determinada conduta. Existem o *objetivo,* que é o tipo criminal visto sob o aspecto da materialidade; e o *subjetivo,* aquele sob o aspecto da intenção do agente.

TIRANIA – Forma autocrática e ilegítima de governo, baseada na força, exercida com opressão e crueldade. Perdurou desde o século VI a.C., vinda da Ásia, passando pela Grécia, até formas mais brandas na Idade Média, chegando a Oliver Cromwel, na Inglaterra (1658).

TIRANICÍDIO – Delito de quem mata um tirano, um déspota; ato de tiranicida.

TITULARIZAÇÃO – É a cessão de créditos de uma sociedade para outra, criada com a exclusiva finalidade de adquiri-los.

TÍTULO – Causa, origem. Designação de livro, código ou parte dele, indicando o assunto a ser tratado. Documento que torna legítimo um direito ou prova a capacidade profissional de seu portador. Ato ou fato de que resulta uma obrigação. Modo de aquisição de um direito (a *título* gracioso, a *título* oneroso); ato escrito ou instrumento autêntico ou formal que prova ou confere direito, capaz de produzir efeito jurídico (título de propriedade). Denominação honorífica que define a pessoa: ministro, papa etc. Papel negociável, de curso forçado (apólices, ações, debêntures etc.). Documento que autoriza o exercício de um direito ou de certa função (título de nomeação).

À ordem: cláusula aposta no título que condiciona seu pagamento apenas à pessoa indicada para o receber ou a quem o mesmo for transferido por endosso.

Ao portador: é todo título, de crédito ou não, em que não está indicada a pessoa favorecida. Para efeitos penais, equipara-se a documento público o título ao portador ou transmissível por endosso. Sua emissão sem permissão legal é crime apenado com detenção de 1 a 6 meses ou multa. Quem o recebe ou utiliza como dinheiro é apenado com detenção de 15 dias a 3 meses e multa.

De dívida pública: aquele emitido sobre empréstimo contraído por pessoa jurídica de Dir. Público.

Executivo: aquele a que a lei dá força executiva, que pode ser cobrado em processo de execução. Podem ser judiciais (sentença condenatória no juízo civil) e extrajudiciais (duplicata).

✱ *V. CP, arts. 292 e 297, § 2º.*

Societário: aquele que atribui a seu proprietário a qualidade de sócio; diz-se também *corporativo.*

Vinculado: o que é dado em garantia de empréstimo monetário; o que está adstrito ao cumprimento de uma obrigação.

TÍTULO CAMBIAL – Título formal e abstrato pelo qual se deve pagar, contra apresentação, após o vencimento, a quantia nele estipulada. O mesmo que letra de câmbio e nota promissória.

TÍTULO DA DÍVIDA AGRÁRIA (TDA) – Emitido pela União para o pagamento de terras desapropriadas para a reforma agrária.

✱ *V. CF, art. 184;*

✱ *V. Lei nº 8.629/1993, art. 5º.*

TÍTULO DE CRÉDITO – Escrito autônomo, transmissível, com forma própria, que representa valor em dinheiro ou operação de crédito. Documento formal, com força executiva, de circulação desvinculada da obrigação que lhe deu origem. Tem as seguintes características: *documentalidade:* trata-se, sempre, de documento indispensável para o exercício do direito; *força executiva:* tem a mesma força da sentença judicial tramitada em julgado, com direito ao processo de execução, mas só produz efeito quando preenche os requisitos da lei; *literalidade*: vale pelo que está grafado nele, não sendo permitido alegar o que nele não está contido; *formalismo:* se faltar uma palavra que nele é essencial, deixa de valer como título de crédito, porém, não invalida o negócio jurídico que lhe deu origem; *solidariedade:* as obrigações nele expressas são solidárias, podendo ser chamado a responder pela totalidade da dívida cada um dos coobrigados; *independência:* extensão da autonomia, significa a desvinculação, um em relação ao outro, dos diversos coobrigados; *abstração:* um dos aspectos da autonomia; a desvinculação da causa em relação ao próprio título; *circulação:* característica básica; a transmissão ocorre pela tradição ou pelo endosso a terceiro de boa-fé.

O registro das letras de câmbio e notas promissórias foi extinto pelo Dec.-lei nº 1.700/1979. A Lei nº 8.021/1990 proibiu a emissão de títulos ao portador ou nominativos endossáveis, com a finalidade de identificar os contribuintes para fins fiscais. A transmissão deve operar-se somente por endosso em preto ou pleno, consignando-se sempre o nome do beneficiário. Legislação: para as letras de câmbio e notas promissórias, aplica-se a Lei Uniforme das Letras e Promissórias, aprovada pelo Decreto Legislativo nº 54/1964 e promulgada pelo Dec. nº 57.663/1966. *V.* ainda, o Dec. nº 2.044/1908. Para o cheque, vigora a Lei nº 7.357/1985, que substituiu a Lei Uniforme do Cheque, que fora promulgada pelo Decreto Executivo nº 57.595/1966. Para aplicar a Lei Uniforme é preciso utilizar-se, concomitantemente, o Anexo I (a própria Lei Uniforme) e o Anexo II (Lista articulada das ressalvas), que modificam ou excluem o que está disposto no Anexo, ressalvas que são derrogatórias. Os Anexos I e II vêm apensos ao Dec. nº 57.663/1966. Em caso de extravio ou destruição do título, pode-se requerer sua nulidade. Alguns julgados permitem anulação do título nas hipóteses de erro, dolo, coação, simulação ou fraude; já outros julgados apenas permitem a ação declaratória para obstar o protesto e declarar não existir obrigação em relação ao autor, subsistindo as obrigações cambiais expressas no título. A letra de câmbio, a nota promissória e a duplicata prescrevem contra o devedor principal em 3 anos da data do vencimento; o cheque, em 6 meses, contados do prazo de apresentação que é de 30 dias, se pagável na mesma praça, e de 60 dias quando emitido numa praça para ser pago em outra. O protesto extrajudicial efetuado por Cartório de Protesto não interrompe a prescrição. O prazo de protesto da duplicata é de 30 dias, a partir do vencimento. Além da Nota Promissória comum, existe a Nota Promissória Rural. Nos títulos de crédito, não há necessidade de processo de conhecimento prévio; vai-se à execução desde logo; a ação cambial é direta, se for contra o devedor principal; e indireta, ou de regresso, se for contra os demais coobrigados e respectivos avalistas. Na ação direta, não é preciso o protesto. Perdido o direito de ação executiva, o portador pode mover ação ordinária de enriquecimento ilícito contra o sacador ou o aceitante, mas deve demonstrar a origem ou a causa da obrigação.

✱ *V. CC, arts. 202, 1.395, 321, 386, 816, 887 a 903, 905 a 909.*

✱ *V. CPC/1973, arts. 100, III, 622, 682, 827, 885 a 887, 907 a 913.*

✱ *V. CPC/2015, arts. 53 e 871, III.*

✱ *V. Dec. nº 2.044/1908 (Define a letra de câmbio e a nota promissória), arts. 36 e 48.*

✱ *V. Dec.-lei nº 167/1967 (Dispõe sobre títulos de loteamento rural), art. 42.*

✱ *V. Lei nº 5.474/1968 (Dispõe sobre as duplicatas), art. 18.*

✱ *V. Lei nº 7.357/1985 (Dispõe sobre o cheque), arts. 33 e 61.*

✱ *V. Lei Uniforme das Letras, art. 7º.*

✱ *V. Lei Uniforme do Cheque, arts. 52 e 53.*

TÍTULO DE ESTABELECIMENTO – *V. Sociedade.* Comete crime de concorrência desleal quem usa indevidamente título de estabelecimento alheio. Detenção de 3 meses a 1 ano, e multa.

✱ *V. Lei nº 9.279/1996 (Regula direitos e obrigações relativos à propriedade industrial), art. 195.*

TÍTULO EXECUTIVO – Toda execução tem por base um título executivo *judicial,* que pode ser a sentença condenatória proferida no processo civil, o formal e a certidão de partilha, a sentença estrangeira homologada pelo STF etc.; e *extrajudicial*, que são a letra de câmbio, a nota promissória, a duplicata, o cheque, a certidão da dívida ativa da Fazenda, o acordo escrito, referendado pelo Órgão do Ministério Público e todos os demais títulos a que a lei expressamente atribuir força executiva. O devedor é citado para pagar em 3 dias, sob pena de penhora. O devedor pode opor ação paralela, em 15 dias da citação, o que tem o nome de *embargos do devedor* (q.v.), que, distribuídos por dependência, correm em autos apartados ao da execução e não lhe suspendem os efeitos, salvo em casos excepcionais. *V. Execução.*

✱ *V. CPC/1973, arts. 580 a 587, e 590.*

✱ *V. CPC/2015, arts. 515, 778, 779, I, 781, 783 a 785, 788 e 803, I.*

✱ *V. Lei nº 9.099/1995 (Dispõe sobre os Juizados Especiais Cíveis e Criminais).*

TÍTULO NOMINATIVO – Diz-se daquele que representa mercadoria, o qual circula como sendo a própria mercadoria.

TOCAIA – Emboscada; ocultamento em lugar apropriado para matar alguém de surpresa.

TOGA – Túnica talar preta usada por juízes, não se confunde com a *beca*, utilizada por advogados e membros do Ministério Público no exercício de suas funções nos tribunais.

TOGADO – Que usa toga; que faz parte da Magistratura. A CF estabelece que os juízes togados de investidura limitada no tempo, admitidos por concurso público de provas e títulos e em exercício na data em que a Carta Magna foi promulgada, adquiriram estabilidade, observado o estágio probatório, e passam a compor quadro em extinção, mantidas as competências, prerrogativas e restrições de legislação a que estavam sujeitos, salvo as inerentes à transitoriedade da investidura. Sua aposentadoria será regulada pelas normas fixadas para os outros juízes estaduais. O TST é composto de 27 ministros, sendo 17 togados e vitalícios.

✱ *V. CF, art. 111, § 1º; Disposições Transitórias, art. 21, parágrafo único.*

TOMADA DE PREÇOS – Trata-se de uma das modalidades de licitação entre interessados registrados para contratos cujo valor é imediatamente inferior àqueles que exigem concorrência.

✱ *V. Lei nº 8.666/1993 (Lei das Licitações), art. 22, § 2º. Revogada pela Lei nº 14.133/2021.*

TOMBAMENTO – Declaração feita pelo Poder Público quanto ao valor histórico, artístico, paisagístico, turístico, cultural ou científico, de coisas ou locais que, por isso, precisam ser preservados de acordo com inscrição em livro próprio. Forma de proteção ao patrimônio público, garantida pela CF. Qualquer entidade estatal pode dispor sobre o tombamento de bens em seu território. É obrigatória a homologação do tombamento pelo Ministro da Cultura.

✱ *V. CF, art. 216, § 1º.*

✱ *V. Dec.-lei nº 25/1937 (Organiza a proteção do patrimônio histórico e artístico nacional).*

✱ *V. Lei nº 3.924/1961 (Dispõe sobre os monumentos arqueológicos e pré-históricos).*

✱ *V. Lei nº 5.471/1968 (Dispõe sobre a exportação de livros antigos).*

✱ *V. Lei nº 6.292/1975 (Dispõe sobre o tombamento de bens).*

TOMBO – Arrolamento, registro e arquivamento de papéis, livros e autos de um cartório; livro no qual são registrados os nomes das partes, a espécie da lide, o número recebido por ela, a ordem cronológica das distribuições.

TÔMBOLA – Espécie de jogo de azar, com distribuição de prêmios. Loteria de sociedade, semelhante à loto, para fins beneficentes, com prêmios em objetos.

TORPEZA – Ato vil, indigno; procedimento intencionalmente indecoroso ou ignóbil, que provoca repulsa e indignação. Ninguém pode alegar, em juízo, sua própria torpeza em seu benefício.

TORTURA – É agravante da pena e qualifica o homicídio. A CF garante que ninguém será submetido à tortura; sua prática constitui crime inafiançável, insuscetível de graça ou anistia.

✱ *V. CF, art. 5º, III e XLIII.*

✱ *V. CP, arts. 61,* d, *121, § 2º, III.*

✱ *V. Lei nº 9.455/1997 (Lei dos Crimes de Tortura).*

TOTALITARISMO – Regime político baseado na força do Estado sobre o indivíduo, em que um grupo organizado, simbolizado em um chefe ou ditador, impõe sua vontade ao povo, restringindo liberdades e garantias, extinguindo partidos políticos e sindicatos, dirigindo a economia privada, proibindo a livre manifestação do pensamento. A palavra *totalitarismo* foi criada por Mussolini, que impôs o regime fascista na Itália, logo seguido pelo nazismo de Hitler, na Alemanha.

TÓXICO – Substância que produz dependência física se ingerida regularmente, como o entorpecente, o alucinógeno, o psicotrópico. Os viciados pelo uso de substâncias entorpecentes são passíveis de interdição quando acometidos de perturbações mentais. Compete ao Sistema Único de Saúde participar do controle e fiscalização da produção, transporte, guarda e utilização de substâncias e produtos psicoativos, tóxicos e radioativos (CPC/1973, art. 1.185 sem correspondência no CPC/2015; CF, art. 200, VII; Lei nº 11.343/2006, sobre prevenção e repressão ao tráfico de drogas). A Lei nº 8.072/1990 (Lei dos

Crimes Hediondos) estabelece em seu art. 2º que "o tráfico ilícito de entorpecentes e drogas afins" são insuscetíveis de anistia, graça, indulto e fiança. A pena será cumprida integralmente em regime fechado. A União manterá presídios de segurança máxima para cumprimento de penas de condenados de alta periculosidade. As penas para crimes hediondos foram aumentadas.

TRABALHADOR – Pessoa que presta serviço a empregador, mediante salário que esse lhe paga pela prestação, em caráter permanente, de serviços de seu ofício; operário. Aquele que emprega sua energia física ou intelectual na produção de um trabalho útil.

Autônomo: aquele que realiza, por sua conta e risco, trabalho profissional remunerado, em proveito próprio. Para o trabalhador autônomo, segurado da Previdência Social o salário de contribuição é definido por uma tabela com dez classes diferentes de salários, do mínimo ao máximo do salário de contribuição. A alíquota é de 10% para as três primeiras classes e de 20% para as demais. A Lei nº 13.467/2017 (Reforma Trabalhista) estabeleceu que a contratação do autônomo afasta a qualidade deste de empregado (segundo as características no art. 3º da CLT), se as formalidades legais forem cumpridas pelo trabalhador de forma contínua ou não, bem como com exclusividade ou não. Ademais, tratou do recolhimento da contribuição sindical referente aos trabalhadores autônomos que ocorrerá no mês de fevereiro, caso o trabalhador autorize prévia e expressamente, nos termos do art. 583, da CLT.

✱ *V. CLT, arts. 442-B e 583.*

Avulso: é o que presta serviços a diversas empresas, por intermédio de entidade de classe a que se vincula, sem vínculo empregatício. Para o avulso, a base de cálculo do salário de contribuição na Previdência Social é a remuneração percebida no mês, variando as alíquotas segundo o nível dessa remuneração.

✱ *V. Dec.nº 63.912/1968 (Regula o pagamento de gratificação de Natal ao trabalhador avulso). (Revogado pelo Decreto nº 10.854/2021)*

Doméstico: o que presta serviço à pessoa ou família, na residência, sem fins lucrativos, recebendo salário mensal. Para efeitos de Previdência Social, está no mesmo caso de trabalhador *avulso* (q.v.), ambos devendo recolher mensalmente para a Previdência Social um valor baseado no salário de contribuição.

Estrangeiro: deve ter, devidamente anotada, a Carteira de Identidade de Estrangeiro, cujos dados devem ser, obrigatoriamente, transcritos no Registro de Empregados da empresa.

Eventual: aquele chamado para serviços de emergência, sem relação de emprego (o mecânico, o médico, etc.), regidas suas lides pela Justiça Comum e não pela Trabalhista.

Rural: toda pessoa que presta serviço remunerado a empregador rural, como o safrista, o meeiro ou colono, o agregado. Não o são: empreiteiros, empregados domésticos em propriedade rural, arrendatários, parentes do proprietário que não recebem salário, parceiros e trabalhadores em propriedades rurais sem finalidade econômica. Tem os mesmos direitos que o empregado urbano.

✱ *V. Lei nº 5.889/1973 (Estatui normas reguladoras do trabalho rural).*

Temporário: trabalhador recrutado por empresas especializadas na locação de mão de obra temporária, para atender à necessidade de substituição transitória de pessoal permanente ou à demanda complementar de serviços. O vínculo trabalhista firma-se entre o trabalhador e a empresa recrutadora, e não entre ele e a empresa tomadora dos serviços. Proíbe-se à empresa de trabalho temporário cobrar do trabalhador qualquer importância ainda que a título de mediação, podendo apenas efetuar os descontos previstos em lei. Até 2017, a duração do contrato de trabalho temporário não poderia exceder três meses, sob pena de declaração do vínculo diretamente com a tomadora de mão de obra. Com a entrada em vigor da Lei nº 13.429/2017, o prazo foi estendido para até 180 (cento e oitenta) dias, prorrogável por mais 90 (noventa), quando comprovada a manutenção das condições que o ensejaram. Após o término deste prazo, o trabalhador somente poderá ser colocado à disposição da mesma tomadora de serviços após 90 (noventa) dias. O Decreto nº 10.060/2019 (revogado pelo Decreto nº 10.854/2021), revogando o regulamento anterior (Dec. nº 73.841/1974), estabeleceu os requisitos para a inscrição de empresas locadoras de mão de obra temporária perante o Ministério da Economia (sucessor do extinto Ministério do Trabalho), destacando-se a exigência de capital social mínimo, conforme o número de empregados temporários a ela vinculados. Perante a Previdência Social, é segurado obrigatório, sem qualquer distinção em relação aos empregados regidos pela CLT.

✱ *V. Lei nº 6.019/1974 (Dispõe sobre o trabalho temporário em empresas urbanas), arts. 2º a 13.*

✱ *V. Lei nº 8.213/1991 (Dispõe sobre os planos de benefícios da Previdência Social), art.11, I, "b".*

✱ *V. Dec. nº 10.060/2019 (Regulamenta a Lei nº 6.019, de 3 de janeiro de 1974, que dispõe sobre o trabalho temporário). (Revogado pelo Decreto nº 10.854/2021)*

TRABALHO – 1. Proveniente do latim tripalium, composto por tri (três) e palum (madeira). 2. Atividade progressiva e contínua de uma força natural, bem como o efeito dessa ação. 3. Utilização das faculdades e forças humanas para atingir um objetivo. 4. Esforço intelectual ou físico destinado a adquirir, realizar ou transformar algo. 5. Profissão, ofício,

T

emprego. 6. O Dir. do Trabalho dá ao termo uma definição ampla e outra restrita. A definição ampla consiste em toda e qualquer atividade desenvolvida com força humana, o que envolve empregados, avulsos, rurais, temporários, intermitentes, voluntários, autônomos e empresários. Por sua vez a definição restrita considera apenas as atividades previstas nos moldes dos arts. 2º e 3º da CLT. O trabalho pode ser *diurno*, no período das 5 às 22 horas nas cidades e das 5 às 21 horas na atividade agrícola; e entre 4 e 20 horas na pecuária; e *noturno* o realizado entre 22 horas e as 5 horas; cada hora noturna tem a duração de 52 minutos e 20 segundos e é paga com adicional de 20%.

Da mulher: tem como princípios básicos de proteção especial a proteção à maternidade, contra a discriminação no mercado de trabalho, contra atividades perigosas e insalubres. A empregada gestante tem direito a estabilidade no emprego, desde a comprovação da gravidez até 5 meses após o parto. Tem direito a *licença-maternidade, salário-maternidade, auxílio-natalidade,* redução da jornada de trabalho e licença remunerada de duas semanas no caso de aborto não criminoso, comprovado por atestado médico.

De igual valor: é o trabalho prestado na mesma localidade, ao mesmo empregador, com a mesma produtividade e perfeição técnica por empregados cuja diferença de tempo na função é de 2 anos; ao trabalho de igual valor deve corresponder o mesmo salário (isonomia salarial), salvo se o empregador tiver quadros organizados em carreira, com as promoções processando-se, alternadamente, por antiguidade e merecimento.

De revezamento: a CF determina que, entre os direitos dos trabalhadores, está a jornada de 6 horas para o trabalho realizado em turnos ininterruptos de revezamento, salvo negociação coletiva.

✱ ***V.*** *CLT, arts. 5º, 73, 353, 461, 792 e 793.*

✱ ***V.*** *CF, art. 7º, XIV, XXXIII, com a redação dada pela EC nº 20/1998.*

Do menor: o trabalho é proibido ao menor de 16 anos, salvo na condição de aprendiz; e o noturno e em atividades insalubres ao menor de 18 anos. O menor não pode trabalhar em teatro de revista, cinemas, cabarés e outros locais que possam prejudicar a sua formação moral, salvo autorização especial do juiz de menores, que também deve autorizar o trabalho do menor da rua. O trabalho do menor só poderá ser prorrogado por acordo por motivo de força maior. O menor pode assinar recibo de pagamento de salário; pedido de demissão e recibos de quitação geral só tem valor com assinatura do responsável legal. Os estabelecimentos industriais e comerciais são obrigados a empregar, na proporção de 5% do total de seus empregados, menores matriculados em cursos ministrados pelo Senai ou Senac.

✱ ***V.*** *EC nº 65/2010 (Alterou a redação do art. 227, § 3º, III, que garante o acesso do trabalhador adolescente e jovem à escola).*

Extra: o realizado além da jornada normal, remunerado também com um adicional de 50% sobre a hora normal. É proibido a menor de 18 anos.

TRADIÇÃO – Modo derivado de adquirir o domínio da coisa móvel, pela transferência do alienante para o adquirente. Ato de entrega real ou ficta da coisa que é objeto de contrato. No tocante a direitos reais sobre imóveis, a tradição só se opera pela transcrição do título de aquisição no respectivo registro. Modo de adquirir *inter vivos*, com os requisitos legais. A tradição, em certos casos, pode ser simbólica ou ficta, com a entrega de algo que represente a coisa, ou mediante declaração do transmitente. A tradição tem de ser registrada para valer contra terceiro, como na alienação fiduciária, ou na compra e venda de automóveis, que devem ser registrados no Registro de Títulos e Documentos. A tradição pode ser: *consensual* ou *convencional,* quando a coisa objeto do contrato permanece em poder do alienante ou de terceiro, que a possui em nome e por conta do adquirente; ou se, por ordem e conta deste, se acha em trânsito; se é transferida ao comprador por algum documento; *real* ou *efetiva,* em que se faz a transferência material ou positiva da própria coisa vendida para o poder do comprador; *simbólica, virtual, artificial* ou *ficta,* a que se faz pela entrega não da coisa objeto de contrato mas de outra que a representa. Há, ainda, a *tradição de longa mão:* a que se faz sem a apreensão material da coisa pelo adquirente, porém estando a seu dispor; e a tradição de *mão curta:* em que o adquirente, por uma ficção de direito, transforma em posse a detenção sobre a coisa, com ânimo de tê-la para si, o contrário do *constituto possessório,* que é uma forma de tradição ficta, operada pelo próprio contrato. Estes institutos pertencem ao Dir. Antigo. O domínio das coisas não se transfere pelos contratos antes da tradição; esta, porém, se subentende, quando o transmitente continua a possuir pelo constituto possessório. A aquisição da posse indireta equivale à tradição. Feita por quem não seja proprietário, a tradição não alheia à propriedade, a não ser na hipótese que a lei prevê. Também não transfere o domínio a tradição, quando tiver por título um ato nulo. O comodato perfaz-se com a tradição do objeto.

✱ ***V.*** *CC, arts. 1.223, 1.267 e 1.268, 1.226, e 1.227, 1.431, 233 a 238, 291, 490 a 494 e 579.*

TRADITIO EST DE MANU IN MANUM DATIO – (Latim) Tradição é doação de mão a mão.

TRADUÇÃO – Passagem de texto de documento de um idioma para outro, de língua estrangeira para o português. A lei Processual Civil determina que só se pode juntar aos autos documento redigido em língua estrangeira quando acompanhado de versão em vernáculo, firmada por tradutor juramentado. Será executada no Brasil a sentença estrangeira que esteja traduzida por intérprete autorizado.

✱ *V. CPC/1973, art. 157.*

✱ *V. CPC/2015, art. 192, parágrafo único.*

✱ *V. CC, art. 224.*

✱ *V. LINDB (antiga LICC), art. 15,* d.

✱ *V. Lei nº 9.610/1998 (Altera, atualiza e consolida a legislação sobre direitos autorais e dá outras providências).*

TRADUTOR – Profissional especializado em traduzir texto de um idioma para outro. Constitui título executivo extrajudicial o crédito do tradutor quando aprovado por decisão judicial.

Público: o tradutor público juramentado é o que faz traduções de língua estrangeira para o vernáculo, incluindo as judiciais, competindo-lhe passar certidões, intervir em exames judiciais quanto a traduções, servir de perito em juízo, e praticar os demais atos que a lei enumera. A Lei nº 14.195/2021 revogou o Decreto nº 13.609/1943 e trouxe novas disposições sobre a profissão de tradutor e intérprete público como as atividades privativas e a possibilidade do profissional se registrar para um ou mais idiomas estrangeiros ou, ainda, em Língua Brasileira de Sinais (Libras).

✱ *V. CPC/1973, art. 585, V.*

✱ *V. CPC/2015, arts. 162, 192, parágrafo único, 515, V, e 784.*

✱ *V. Lei nº 14.195/2021 (Dispõe sobre sobre a profissão de tradutor e intérprete público, dentre outras disposições) arts. 22 a 34.*

TRÁFICO – 1. Comércio, mercancia. 2. Ato de comerciar. 3. Negócio. 4. Negócio fraudulento, indecoroso.

✱ *V. Súm. nº 492 do STJ.*

TRÁFICO DE INFLUÊNCIA – Tipificação de crime a quem solicitar, exigir, cobrar ou obter, para si ou para outrem, vantagem ou promessa de vantagem, a pretexto de influir em ato praticado por funcionário público no exercício da função.

✱ *V. CP, art. 332.*

TRÁFICO DE PESSOAS – Crime consistente em agenciar, aliciar, recrutar, transportar, transferir, comprar, alojar ou acolher pessoa, mediante grave ameaça, violência, coação, fraude ou abuso, com a finalidade de remover-lhe órgãos, tecidos ou partes do corpo; submetê-la a trabalho em condições análogas à de escravo; submetê-la a qualquer tipo de servidão; adoção ilegal; ou exploração sexual. A pena aplicada é de reclusão de 4 a 8 anos, e multa.

✱ *V. CP, art. 149-A.*

✱ *V. Lei nº 13.344/2016 (Dispõe sobre prevenção e repressão ao tráfico interno e internacional de pessoas e sobre medidas de atenção às vítimas).*

TRÁFICO INTERNACIONAL DE PESSOA PARA FIM DE EXPLORAÇÃO SEXUAL – Em razão da alteração ocorrida pela Lei nº 12.015/2009, foram retiradas as expressões "tráfico de mulheres" e "tráfico internacional de pessoas" e substituídas por "tráfico internacional de pessoa para fim de exploração sexual", passando a tipificar tal crime como o ato de promover ou facilitar a entrada, no território nacional, de alguém que nele venha a exercer a prostituição ou outra forma de exploração sexual, ou a saída de alguém que vá exercê-la no estrangeiro, sob pena de reclusão de 3 a 8 anos. O art. 231, § 1º, do CP dispõe que incorrerá na mesma pena aquele que agenciar, aliciar ou comprar a pessoa traficada, assim como, tendo conhecimento dessa condição, transportá-la, transferi-la ou alojá-la. O § 2º, por sua vez, trata das causas de aumento de pena: I – a vítima é menor de 18 anos; II – a vítima, por enfermidade ou deficiência mental, não tendo ela o necessário discernimento para a prática do ato; III – se o agente é ascendente, padrasto, madrasta, irmão, enteado, cônjuge, companheiro, tutor ou curador, preceptor ou empregador da vítima, ou se assumiu, por lei ou outra forma, obrigação de cuidado, proteção ou vigilância; IV – há emprego de violência, grave ameaça ou fraude. Aplicar-se-á também multa, se o crime é cometido com o fim de obter vantagem econômica, conforme menciona o § 3º.

✱ *V. CP, arts. 149-A, V e § 1º, IV; 231.*

✱ *V. Lei nº 13.344/2016 (Dispõe sobre prevenção e repressão ao tráfico interno e internacional de pessoas e sobre medidas de atenção às vítimas).*

TRÁFICO INTERNO DE PESSOA PARA FIM DE EXPLORAÇÃO SEXUAL – Nos termos do art. 231-A do CP, trata-se de ato de promover ou facilitar o deslocamento de alguém dentro do território nacional para o exercício da prostituição ou outra forma de exploração sexual, reclusão, de 2 a 6 anos. Incorre na mesma pena aquele que agenciar, aliciar, vender ou comprar a pessoa traficada, assim como, tendo conhecimento dessa condição, transportá-la, transferi-la ou alojá-la. A pena é aumentada da metade se: I – a vítima é menor de 18 anos; II – a vítima, por enfermidade ou deficiência mental, não tem o necessário discernimento para a prática do ato; III – se o agente é ascendente, padrasto, madrasta, irmão, enteado, cônjuge, companheiro, tutor ou curador, preceptor ou empregador da vítima, ou se assumiu, por lei ou outra forma, obrigação de cuidado, proteção ou vigilância; ou IV – há emprego de violência, grave ameaça ou fraude. Aplicar-se-á

T

multa no caso de ser cometido crime com o fim de obter vantagem econômica.

✱ *V. CP, arts. 149-A, V; 231-A.*

✱ *V. Lei nº 13.344/2016 (Dispõe sobre prevenção e repressão ao tráfico interno e internacional de pessoas e sobre medidas de atenção às vítimas).*

TRAMITAÇÃO – Andamento de processo, seguindo formalidades legais e de praxe; trâmite; rito processual.

TRANCAMENTO – Paralisação, encerramento de processo.

TRANSAÇÃO – Ato jurídico que configura acordo expresso pelo qual as partes se fazem concessões mútuas e extinguem obrigações litigiosas, prevenindo ou pondo fim à lide. Produz o efeito de coisa julgada e só se rescinde por dolo, violência, ou erro essencial quanto à pessoa ou coisa controversa. Só é permitida quanto a direitos patrimoniais de caráter privado. Quando diz respeito a obrigações que resultam de delito, não perime a ação penal da Justiça pública. Não é permitida aos pródigos; o tutor pode transmitir. No caso de transação, se um dos credores remitir a dívida, a obrigação não ficará extinta para com os outros, mas estes só a poderão exigir descontada a cota do credor remitente. No compromisso escrito, aplica-se, quanto possível, o que está disposto a respeito da transação no CC No mandato, o poder de transigir não importa o de firmar compromisso. Havendo transação, as partes dividem as despesas, igualmente, se nada tiverem disposto sobre elas. O processo extingue-se, com julgamento de mérito, quando as partes transigirem. Também se extingue a execução quando o devedor obtém por transação a remissão total da dívida. No caso de assistência, cessa a intervenção do assistente se a parte principal transigir sobre direitos controvertidos. Nada impede a conciliação por meio de advogado com poderes expressos para transigir. A sentença de mérito transitada em julgado pode ser rescindida, entre outros motivos, quando houver fundamento para invalidar a transação em que se baseou a sentença.

✱ *V. CC, arts. 840 a 848.*

✱ *V. CPC/1973, arts. 26, § 2º, 38, 53, 269, III, 447 a 449, 485, VIII, 584, III, 741, 746, 794, II, 820, III, e 992, II.*

✱ *V. CPC/2015, arts. 90, 105, 122, 359, 487, 535, 619, 910, § 2º, 924 e 966.*

TRANSAÇÃO PENAL – Aquela realizada entre acusação e réu que objetiva a extensão da condenação a ser imposta por sentença.

✱ *V. Lei nº 9.099/1995 (Lei dos Juizados Especiais), art. 76.*

TRANSCRIÇÃO – Modo solene pelo qual se adquire o domínio de imóvel, dando publicidade ao ato, pelo lançamento no competente registro público dos principais característicos do bem e do título de transferência.

TRANSEXUAL (MEDICINA LEGAL) – Consiste no ódio ao próprio sexo. Os homens portadores deste mal exigem a amputação do pênis e a abertura, a bisturi, de uma vagina artificial. Nas mulheres, a exigência é maior: elas querem que o cirurgião lhes implante o órgão sexual masculino. Tarefa difícil, embora não impossível, cabe ao psiquiatra, ao endocrinologista, ao cirurgião e ao médico-legista autorizar a transformação sexual.

TRANSFERÊNCIA – Modalidade de provimento de função, com a deslocação de funcionário público de um quadro, carreira, cargo, ou de um lugar para outro. Transmissão a outrem de uma coisa, direito, título, obrigação.

De empregado: ato unilateral ou consensual pelo qual se transfere a residência do empregado, sendo lícita quando ocorrer a extinção do estabelecimento em que ele trabalha. O empregador precisa da anuência do empregado para transferi-lo, a menos que exerça cargo de confiança ou a transferência esteja explícita ou implicitamente colocada como uma das condições do contrato, em caso de real necessidade do serviço. As despesas correrão por conta do empregador. A Lei nº 7.064/1982 regula a situação de trabalhadores contratados no Brasil e transferidos para o exterior; excluído de seu regime aquele que vai prestar serviço transitório não superior a 90 dias. Os empregados transferidos ao exterior ficam sujeitos à legislação brasileira da Previdência Social, FGTS e PIS-Pasep. Após 2 anos, pode gozar férias anuais no Brasil custeando a empresa empregadora a viagem dele e de seus dependentes que com ele residam; as férias e o custeio da viagem não serão devidos se o empregado voltar definitivamente para o Brasil antes da época em que teria direito às férias.

✱ *V. CLT, arts. 459, 469, 470, 477 a 481, 483, 543 e 659, IX.*

✱ *V. Lei nº 7.064/1982 (Dispõe sobre a situação dos trabalhadores contratados ou transferidos para prestar serviços no exterior), arts. 1º a 3º.*

TRANSFERÊNCIA DE PRESOS – É a remoção do reeducando de um estabelecimento penal para outro por motivo de segurança, conveniência ou mudança de regime. São legitimados para requerer o processo de transferência, cujo início se dá com a admissibilidade pelo juiz da origem da necessidade da transferência do preso para estabelecimento penal federal de segurança máxima, a autoridade administrativa, o Ministério Público e o próprio preso.

✱ *V. Lei nº 7.210/1984 (Lei de Execução Penal).*

✱ *V. Lei nº 11.671/2008 (Dispõe sobre a transferência e inclusão de presos em estabelecimentos penais federais de segurança máxima e dá outras providências).*

TRANSGRESSÃO – Ato ou efeito de infringir princípio ou norma; contravenção, crime.

TRANSIGÊNCIA – Em direito, renunciar parcial ou integralmente à própria pretensão.

TRANSIGERE EST ALIENARE – (Latim) Transigir é alienar.

TRANSITAR EM JULGADO – diz-se quando se esgota o prazo para interposição de recurso contra qualquer decisão judicial.

TRANSMISSÃO – Ato de transmitir, transferir direito real (transmissão de propriedade), direito patrimonial, contrato (transmissão de herança, de locação), o exercício de função ou situação jurídica (transmissão de cargo, de poder, da posse).

TRANSPLANTE – 1. Procedimento cirúrgico de transferência de um tecido, órgão ou parte dele para outra parte do corpo do mesmo indivíduo ou de outro. 2. Tecido ou órgão que se transplanta. 3. A Lei nº 9.434/1997, regulamentada pelo Decreto nº 9.175/2017, garante, no Brasil, a retirada e transplante de tecidos, órgãos e partes de cadáver para fins terapêuticos e científicos, com expressa manifestação da vontade do disponente, a autorização escrita do cônjuge ou parentes, de corporações civis ou religiosas responsáveis pelos despojos. À falta de responsáveis, só com autorização do diretor da instituição onde ocorrer o óbito, sendo ela também necessária nas hipóteses anteriores. A manifestação de vontade de analfabetos e incapazes será feita por meio de instrumento público. Feita a retirada, o cadáver será condignamente recomposto e entregue aos responsáveis pelo sepultamento. 4. A violação às normas sobre transplantes da Lei nº 9.434/1997 enseja pena de reclusão, de um a seis anos, e multa, de 150 a 300 dias-multa, exceto nos casos de ausência de consentimento expresso do receptor que ensejam pena de detenção de seis meses a dois anos.

✱ *V. Lei nº 9.434/1997 (Dispõe sobre a remoção de órgãos, tecidos e partes do corpo humano para fins de transplante e tratamento).*

✱ *V. Dec. nº 9.175/2017 (Regulamenta a Lei nº 9.434, de 4 de fevereiro de 1997, para tratar da disposição de órgãos, tecidos, células e partes do corpo humano para fins de transplante e tratamento).*

TRANSPORTE – 1. Ato de transportar, conduzir. 2. Contrato pelo qual uma empresa se incumbe de transportar, mediante remuneração de seus serviços, coisas ou pessoas de um lugar para outro, vigorando desde o recebimento da carga ou passageiro até a sua descarga ou desembarque no lugar de destino. 3. O CP prevê penas para atentado e sinistro contra o transporte aéreo, fluvial e marítimo. 4. A competência para o processo e julgamento de ações de indenização por danos a mercadorias no transporte aéreo é da Justiça Comum Estadual. 5. A lei civil determina que o comprador correrá os riscos de coisa expedida para lugar diverso, salvo se de suas instruções se afastar o vendedor. O STF, determina que a empresa locadora de veículos responde, civil, e solidariamente com o locatário, pelos danos por esse causados a terceiro no uso do carro locado. 6. A partir de 2015, com a edição da EC nº 90, o transporte passa a figurar como direito social, exigindo que os entes federados promovam políticas públicas de mobilidade urbana e rural. Também é garantida a gratuidade do transporte coletivo a maiores de 65 (sessenta e cinco) anos.

✱ *V. CF, arts. 6º, 227, § 2º, e 230, § 2º.*

✱ *V. CP, art. 261.*

✱ *V. CC, art. 494.*

✱ *V. Lei nº 7.029/1982 (Dispõe sobre o transporte dutoviário de álcool).*

✱ *V. Lei nº 12.587/2012 (Institui as diretrizes da Política Nacional de Mobilidade Urbana).*

✱ *V. Súm. nº 21 do TFR.*

✱ *V. Súm. nº 492 do STF.*

TRANSPORTE INTERMODAL – Transporte de um bem realizado por diversos meios, ficando para um único contratante a sua responsabilidade.

✱ *V. Lei nº 9.611/1998 (Dispõe sobre o Transporte Multimodal de Cargas e dá outras providências).*

TRANSTORNOS GLOBAIS DO DESENVOLVIMENTO (TGD) – São distúrbios nas interações sociais recíprocas que costumam manifestar-se nos primeiros cinco anos de vida. Caracterizam-se pelos padrões de comunicação estereotipados e repetitivos, assim como pelo estreitamento nos interesses e nas atividades. Os TGD também causam variações na atenção, na concentração e, eventualmente, na coordenação motora. Mudanças de humor sem causa aparente e acessos de agressividade são comuns em alguns casos. As crianças apresentam seus interesses de maneira diferenciada e podem fixar sua atenção em uma só atividade, como observar determinados objetos, por exemplo.

TRASLADO – Primeira cópia fiel, integral, de documento original, lavrada no livro de notas do tabelião. Diz-se da cópia de escritura ou de peças de autos processuais para compor autos complementares ou relativos a incidente processual ou recurso processado à parte. Dá-se o nome de *escritura autêntica* ao primeiro traslado de documento original; as cópias posteriores são chamadas *certidões*. Traslados e certidões extraídos por oficial público, de instrumentos ou documentos lançados em suas notas, fazem a mesma prova que os originais, ressalvado o incidente de falsidade destes, oportunamente levantado em juízo. Deferida a formação do agravo, o agravado será intimado para, no prazo de 5 dias, indicar as peças dos autos que serão trasladadas e juntar documentos novos. Será de 15 dias o prazo para a extração, conferência e o conserto do traslado, prorrogável por mais 10 dias, mediante pedido do escrivão.

✱ *V. CPC/1973, arts. 365, III, 524 e 525.*

✱ *V. CPC/2015, arts. 425, II, 1.016 e 1.017.*

✱ *V. CC, arts. 216 a 218.*

✱ *V. LRP, art. 161,* caput.

TRATADO – Acordo de Direito Internacional, celebrado entre Estados em forma escrita, que conste de instrumento único ou de dois ou mais instrumentos conexos, sem importar sua denominação específica.

✱ *V. CF, art. 5º, § 2º.*

✱ *V. Convenção sobre Direito dos Tratados, Viena/1929, art. 2º.*

TRATAMENTO – Modo de cuidar de alguém, maneira como se desenvolvem as relações pessoais; modo adotado para a resolução de problemas e dificuldades. Forma de dirigir-se às autoridades, às pessoas que ocupam cargos públicos ou juízes ou órgãos estatais e judiciários. No caso de homicídio, a indenização consiste no pagamento das despesas que resultem do tratamento da vítima, seu funeral e o luto da família. No caso de ferimento ou ofensa à saúde, o ofensor indenizará o ofendido das despesas do tratamento e dos lucros cessantes até o fim da convalescença, além de lhe pagar a importância da multa no grau médio da pena criminal correspondente. Se resultar aleijão ou deformidade, esta soma será duplicada; se for mulher solteira ou viúva ainda em condições de casar, a indenização consistirá em dotá-la; se resultar defeito que impeça o ofendido de exercer a profissão ou ofício, ou lhe diminua o valor do trabalho, além das despesas do tratamento e lucros cessantes até o fim da convalescença, inclui-se pensão correspondente à importância do trabalho para o qual se inabilitou, o da depreciação que sofreu. No Dir. Penal, pode o juiz mandar internar o agente para tratamento psiquiátrico ou ambulatorial como medida de segurança para o inimputável, por prazo indeterminado. Em qualquer fase do tratamento ambulatorial, o juiz poderá determinar a internação do agente, se a providência for necessária para fins curativos.

De informação classificada: O Dec. nº 7.845/2012, que regulamenta procedimentos para credenciamento de segurança e tratamento de informação classificada em qualquer grau de sigilo e dispõe sobre o Núcleo de Segurança e Credenciamento, conceituou tratamento de informação classificada. De acordo com o art. 2º, XVIII, considera-se tratamento de informação classificada: "(...) conjunto de ações referentes a produção, recepção, classificação, utilização, acesso, reprodução, transporte, transmissão, distribuição, arquivamento, armazenamento, eliminação, avaliação, destinação ou controle de informação classificada em qualquer grau de sigilo."

✱ *V. CC, arts. 948, I, a 950.*

✱ *V. CP, arts. 96, I e II, e 97, §§ 1º, 3º e 4º.*

TRÉPLICA – No Tribunal do Júri, é a fase da defesa oral em que o defensor responde fundamentadamente, à réplica do acusador. A tréplica não é habitual, sendo raramente admitida. Finda a acusação, o defensor usará da palavra para a defesa do réu; o acusador pode replicar e a defesa treplicar, admitindo-se a reinquirição de qualquer das testemunhas. O tempo para a acusação e a defesa será de 2 horas para cada, de meia hora para a réplica e outro tanto para a tréplica. Havendo mais de um réu, o tempo para a acusação e para a defesa será, em relação a todos, acrescido de 1 hora e elevado ao dobro o da réplica e o da tréplica.

✱ *V. CPP, arts. 473 e 474, § 2º.*

TRIBUNAL – 1. Oriundo do latim tribunale, que designava originariamente o estrado onde ficavam os juízes, protegido por barras de madeira que os separavam do povo, nos julgamentos na Roma antiga. 2. Local ou edifício onde se realizam audiências e julgamentos judiciais, foro, vara. 3. Conjunto de magistrados que compõe um órgão judiciário. 4. Corpo de juízes, de superior instância, que se reúne para julgar, cumulativamente, causas originárias e recursos de decisões de instâncias inferiores, areópago, colegiado, sodalício. Quando completo, com participação de todas as câmaras, diz-se *tribunal pleno.* 5. A CF garante que não haverá no Brasil juízo ou tribunal de exceção. Também cuida do Poder Judiciário, da composição e atribuições dos tribunais, organização, manutenção, competência etc. 6. As disposições sobre organização judiciária da CF são complementadas pela Lei Orgânica da Magistratura (LOMAN), por leis específicas para a Justiça Comum Federal e dos Estados, bem como pelos Regimentos Internos dos próprios órgãos. 7. O CPC/2015 disciplina os julgamentos pelos Tribunais da Justiça Comum, sendo aplicado supletivamente aos julgamentos em matéria penal e subsidiariamente aos procedimentos das Justiças Especializadas. 8. A CLT simultaneamente disciplina a estrutura dos Tribunais trabalhistas e seus procedimentos, aplicando subsidiariamente disposições da LOMAN e do CPC. 9. Embora a legislação empregue as expressões "tribunal de contas", "Tribunal Marítimo" e "Superior Tribunal de Justiça Desportiva", trata-se de órgãos administrativos, para deliberações em matérias específicas, sem função jurisdicional.

✱ *V. CF, arts. 5º, XXXVII, 30, § 4º, 92 a 126 e 235, IV.*

* *V. CPC/2015, arts. 926 a 1.044.*
* *V. CPP, arts. 574 a 667.*
* *V. CLT, arts. 643 a 721 e 893 a 901.*
* *V. Código Eleitoral, arts. 12 a 31 e 257 a 264.*
* *V. LC nº 39/1979 (Lei Orgânica da Magistratura Nacional).*
* *V. Lei nº 8.038/1990 (Institui normas procedimentais perante o Superior Tribunal de Justiça e o Supremo Tribunal Federal).*
* *V. Lei nº 8.457/1992 (Organiza a Justiça Militar da União).*

TRIBUNAL DE ALÇADA – Era o Tribunal estadual inferior que recebia parte das competências antes atribuídas ao respectivo Tribunal de Justiça (LOM – Lei Orgânica da Magistratura – Lei Complementar nº 35/1979, art. 108). Foi extinto pelo art. 4º da EC nº 45/2004, cujos membros foram incorporados ao Tribunal de Justiça do respectivo Estado.

TRIBUNAL DE CASSAÇÃO – Aquele que tem competência para anular uma decisão de instância inferior, porém não para reformá-la.

TRIBUNAL DE CONTAS – A CF prevê um Tribunal de Contas da União, com nove ministros, sede no Distrito Federal, com jurisdição no território nacional, exercendo no que lhe couber as atribuições previstas no seu art. 96. Os ministros do Tribunal de Contas da União são nomeados dentre brasileiros com mais de trinta e cinco e menos de setenta anos de idade, bem como têm as mesmas garantias, prerrogativas, impedimentos, vencimentos e vantagens dos Ministros do STJ e somente poderão aposentar se com as vantagens do cargo quando o tiverem exercido efetivamente por mais de 5 anos. Estas normas se aplicam aos Tribunais de Contas dos Estados, do Distrito Federal e dos Municípios. São órgãos sem função jurisdicional (não julgam) destinados a fiscalizar e verificar as contas do Poder Executivo. Os juízes emitem parecer e não sentença.

* *V. CF, arts. 73 a 75.*
* *V. EC nº 122/2022 (Altera a Constituição Federal para elevar para setenta anos a idade máxima para a escolha e nomeação de membros do Supremo Tribunal Federal, do Superior Tribunal de Justiça, dos Tribunais Regionais Federais, do Tribunal Superior do Trabalho, dos Tribunais Regionais do Trabalho, do Tribunal de Contas da União e dos Ministros civis do Superior Tribunal Militar).*

TRIBUNAL DE EXCEÇÃO – Aquele constituído *ad hoc*, preteridas as normas gerais de competência.

* *V. CF, art. 5º, XXXVII.*

TRIBUNAL DE JUSTIÇA DESPORTIVA – Exerce jurisdição privada; instituído por entidades da administração do esporte.

* *V. Lei nº 9.615/1998 (Lei Pelé), art. 23, I.*

TRIBUNAL DO JÚRI – Presidido por magistrado de carreira e composto por 21 juízes de fato (leigos) ou jurados, sete dos quais são escolhidos para compor o *Conselho de Sentença* (q.v.). É um tribunal popular, competindo aos jurados decidir sobre a existência ou não do ato delituoso e sua punibilidade; e ao juiz cabe aplicar, graduar a pena.

* *V. CF, art. 5º, XXXVIII.*
* *V. CP, arts. 121 a 127.*
* *V. CPP, arts. 406 e 433.*

TRIBUNAL MARÍTIMO – Órgão administrativo e vinculado ao Ministério da Marinha, sediado em Brasília e com jurisdição em todo o território nacional. Tem competência para julgar, tecnicamente, fatos e acidentes da navegação.

* *V. Lei nº 2.180/1954 (Dispõe sobre o Tribunal Marítimo).*

TRIBUTO – 1. O que se é obrigado a fazer, prestar ou sofrer. 2. Homenagem. 3. Em sentido amplo, é todo valor devido ao Poder Público. Em sentido estrito, é toda prestação pecuniária compulsória, em moeda, ou cujo valor nela se possa exprimir, que não seja sanção de ato ilícito, instituída em lei e cobrada mediante atividade administrativa plenamente vinculada. A natureza jurídica específica do tributo é determinada pelo fato gerador da respectiva obrigação, sendo irrelevantes para qualificá-lo a denominação e demais características formais adotadas pela lei; a destinação legal no produto de sua arrecadação. Os tributos são impostos, taxas e contribuições de melhoria. É vedado exigir ou aumentar tributo sem lei que o estabeleça. 4. Para o Dir. Financeiro, é a receita derivada instituída pelas entidades de Direito Publico, compreendendo os impostos, as taxas e contribuições, nos termos da Constituição e das leis vigentes em matéria financeira, destinado o seu produto ao custeio de atividades gerais ou específicas exercidas por essas entidades.

* *V. CF, art. 150.*
* *V. CTN, arts. 3º a 5º.*
* *V. Lei nº 4.320/1964 (Institui normas gerais de Direito Financeiro), art. 9º.*
* *V. Dec. nº 2.730/1998 (Dispõe sobre a comunicação, ao Ministério Público Federal, de crimes de natureza tributária e conexos, relacionados com as atividades de fiscalização e lançamento de tributos e contribuições).*

TRIO ELÉTRICO – Para os efeitos da legislação eleitoral, é todo veículo automotor que usa equipamento de som com potência nominal de amplificação maior que 20.000 (vinte mil) *watts*.

* *V. Lei nº 9.504/1997 (Estabelece normas para as eleições), art. 38, § 12, III.*

TRIPLICATA – Documento de que há três cópias; a terceira cópia de um ato escrito ou documento original; terceira via de letra de câmbio, tendo sido as anteriores extraviadas ou danificadas; segunda via de duplicata mercantil, extraviada, perdida ou não aceita.

TRIPULAÇÃO – 1. Pessoal a bordo de um navio, aeronave etc., responsáveis pela manutenção ou serviços. 2. Segundo a Lei nº 13.475/2017, que regulamenta a profissão de aeronauta, é o conjunto de tripulantes de voo e de cabine que exercem função a bordo de aeronave.

✱ *V. Lei nº 7.565/1986 (Código Brasileiro de Aeronáutica Civil), arts. 156 a 159.*

✱ *V. Lei nº 13.475/2017 (Regulamenta a profissão de aeronauta), art. 9º.*

TRIPULANTE – 1. Que ou quem faz parte da tripulação de navio ou aeronave; aeronauta, marinheiro. 2. A Lei nº 13.475/2017 classifica os tripulantes de aeronave em: tripulantes de voo, que compreendem o piloto de aeronave e o mecânico de voo; e tripulantes de cabine , que compreendem os comissários de voo.

✱ *V. Lei nº 7.565/1986 (Código Brasileiro de Aeronáutica Civil), arts. 156 a 159.*

✱ *V. Lei nº 13.475/2017 (Regulamenta a profissão de aeronauta), arts. 1º a 3º.*

TROCA – Negócio jurídico bilateral no qual cada parte assume a obrigação de dar à outra coisa do mesmo valor. Escambo, permuta.

✱ *V. CC, art. 533.*

TRUSTE – Fusão de empresas, em geral sob direção única, para exercer o monopólio sobre um ou mais setores da produção ou distribuição de bens, dominar o mercado suprimindo a concorrência, para obter depois lucros exorbitantes com a elevação dos preços dos seus produtos.

TURBAÇÃO (DA POSSE) – Ato externo ou fato material que impede ou atenta contra o exercício da posse pelo seu legítimo possuidor. É *positiva* quando o turbador invade imóvel, ocupando-o parcial ou totalmente, não desapossando o legítimo possuidor, porém praticando atos sem o seu consentimento; e *negativa*, quando o intruso impede que o possuidor do terreno dele se utilize livremente, lavrando-o, fazendo construções etc.

✱ *V. CPC/1973, arts. 926 e 927, II.*

✱ *V. CPC/2015, arts. 555, parágrafo único, I, 556, 558, 560, 561, II e III, 565 e 567.*

TURMA – Às Turmas compete processar e julgar nos Tribunais, dentro da respectiva área de especialização, os "habeas corpus" e as causas em grau de recurso, ressalvadas as exceções previstas na CF Podem as Turmas remeter os feitos de sua competência à Seção de que são integrantes, ressalvada a competência do Plenário ou da Seção, em cada área de especialização. A Turma que primeiro conhecer de um processo, ou de qualquer incidente ou recurso, terá a jurisdição preventa para o feito e seus novos incidentes ou recursos, mesmo relativos à execução das respectivas decisões. O funcionamento do STF é exercitado por meio do Tribunal Pleno e Turmas que são compostas por cinco Ministros cada uma (sendo presidida por um deles), e três Subprocuradores-Gerais da República para a finalidade de processar e julgar as causas de competência originária daquela Suprema Corte, competência recursal (em recurso ordinário: *habeas corpus*, o mandado de segurança, o *habeas data* e o mandado de injunção decididos em única instância pelos Tribunais Superiores, se denegatória a decisão; em recurso extraordinário, mediante as causas decididas em única ou última instância, quando a decisão recorrida contrariar dispositivo da CF (art. 102). Da mesma forma dispõem o STJ, TST, TRF, TRT de turmas especializadas nas respectivas áreas de competência.

TURISMO – Originário da palavra francesa *tour* – que quer dizer viagem circular, derivada do latim *tornare* – girar, arredondar. O fenômeno turístico está relacionado com as viagens, com a visita a um local diverso de residência das pessoas. Assim, o turismo em termos históricos se iniciou quando o homem deixou de ser sedentário e passou a viajar, principalmente motivado pela necessidade de comércio com outros povos. É aceitável, portanto admitir que o turismo de negócios antecedeu o turismo de lazer. Como se vê, o hábito de viagens para outras localidades, por inúmeros motivos, é um fenômeno antigo na história da humanidade. O turismo está relacionado com viagens, porém não são todas as viagens que são consideradas como turismo. A OMT – Organização Mundial do Turismo – define turismo como "o deslocamento para fora do local de residência por período superior a 24 horas e inferior a 60 dias motivados por razões não econômicas".

✱ *V. Lei nº 11.727/2008 (Dispõe sobre medidas tributárias destinadas a estimular os investimentos e a modernização do setor de turismo).*

✱ *V. Lei nº 11.771/2008 (Dispõe sobre a Política Nacional de Turismo).*

TURPIS CAUSA – (Latim) Causa torpe.

TUTELA – 1. Proteção, amparo. 2. Relação de subordinação ou dependência. 3. Encargo civil, conferido por lei à pessoa juridicamente capaz para administrar os bens e cuidar da conduta de pessoa menor de idade que está fora do poder familiar, representando-a nos atos da vida civil. A tutela é *dativa*, decorrente de nomeação de juiz, à falta de tutor legítimo ou testamentário, ou se algum destes for excluído da tutela ou removido por inidôneo; é supletiva da tutela legal; *legal* ou *legítima*, quando recai, por lei, nos parentes consanguíneos do menor; *testamentária*, aquela instituída por ato de vontade do testador (pai ou mãe) e válida se, ao tempo de seu desenlace, estiver ele ainda de posse do poder familiar em relação ao menor 4. No âmbito processual civil, é a prestação jurisdicional requerida pelo autor e concedida, total ou parcialmente, pelo Poder Judiciário. A doutrina buscou diferenciar as figuras da *tutela antecipada* e da *tutela cautelar*, entretanto, o juiz pode deferir o pedido de um no bojo do outro, visto que ambos visam preservar direitos das partes, antes que se percam pela demora da decisão judicial. O art. 461 do CPC/1973, correspondente aos arts.497, 499, 500, 536, § 1º, e 537 do CPC/2015, permite ao juiz fixar multa, caso haja atraso no cumprimento da tutela antecipada. A mesma lei citada deu nova redação ao art. 287 do CPC/1973, sem correspondente no CPC/2015, cominando pena não somente para o descumprimento da sentença, mas também a impondo ao não cumprimento da decisão antecipatória da tutela. O art. 294, parágrafo único, do CPC/2015 informa que a tutela de urgência é gênero de que são espécies a tutela cautelar e a tutela antecipada, enquanto o art. 300 do novo Código de Ritos fixa os requisitos para a concessão delas. Por sua vez, o art. 311 do CPC/2015 criou a figura da tutela de evidência, a qual é também espécie da tutela provisória, sem exigir, contudo, a urgência no provimento, bastando atender a algum dos requisitos previstos.

✱ *V. CC/2002, arts. 1.728 a 1.766.*

✱ *V. CPC/1973, arts. 1.187 a 1.198.*

✱ *V. CPC/2015, arts. 178, 294 a 311 e 759 a 763.*

TUTOR – 1. Pessoa a quem é confiada a tutela de alguém. 2. Defensor, protetor. 3. Pessoa que é investida da tutela, por lei, nomeação em testamento ou por determinação judicial. Difere-se do curador, na medida em que é nomeado apenas para representar e zelar pelos interesses de pessoas incapazes em função da idade, ao passo que aquele outro é constituído em favor dos demais incapazes para os atos da vida civil. Difere-se do adotante, na medida em que não é constituída relação de parentesco em função do encargo.

Ad hoc: o que é nomeado pelo juiz para intervir em ato em que possa haver divergência entre os interesses do tutor regular e do tutelado.

Dativo: aquele nomeado pelo juiz.

De fato: aquele que administra negócios do menor e cuida dele, para protegê-lo, sem estar investido em tutela, de acordo com as formalidades previstas em lei.

Legal: aquele sobre o qual recai tutela legítima, por lei.

Oficial: o que exerce o cargo público de tutor; judicial.

Suspeito: diz-se do negligente ou infiel.

Testamentário: aquele que é indicado por ato do testador, por *tutela testamentária* (q.v.).

✱ *V. CC, arts. 5º, parágrafo único, I; 24; 197, III; 497, I; 580; 932, II; 974, § 1º; 1.518; 1.523, IV; 1.633; 1.634, IV; 1.720, parágrafo único; 1.728 a 1.766; 1.768, I; e 2.040.*

✱ *V. ECA, arts. 36 a 38, 44, 142, 164 e 201, III e IV.*

✱ *V. CPC/1973, arts. 8º; 174, II; 405, § 2º, III; 690-A, I; 888, V; 914 a 919; 1.177, I; 1.187 a 1.198; e 1.206, § 1º.*

✱ *V. CPC/2015, arts. 71, 215, 447, 550 a 553, 747, 759 a 763, 890 e 892.*

T

U

UBI – (Latim) Onde.

UBI ACEPTUM EST SEMEL JUDICIUM, IBI ET FINEM ACCIPERE DEBET – (Latim) Onde se aceitou a lide, aí deve ela terminar.

UBI COMMODUM, IBI INCOMMODUM – (Latim) Onde está a vantagem está a desvantagem.

UBI EADEM LEGIS RATIO, IBI IPSA LEX – (Latim) Onde há a mesma razão da lei, aí deve a lei ser a mesma.

UBI HOMO, IBI JUS – (Latim) Onde está o homem, aí está o direito.

UBI IUS DUBIUM, NON INDUCITUR MALA FIDES – (Latim) Onde o juízo é duvidoso não se induz a má-fé.

UBI LEX NON DISTINGUIT, NEC INTERPRES DISTINGUERE DEBET – (Latim) Onde a lei não distingue, nem o intérprete deve distinguir.

UBI LEX, IBI POENA – (Latim) Onde está a lei deve estar a pena.

UBI NON EST IUSTITIA SIBI NON POTEST ESSE JUS – (Latim) Onde não há justiça, aí não pode haver o direito.

UBI NON EST LEX NEC PRAEVERICATIS – (Latim) Onde não há lei, aí não há prevaricação.

UBI SOCIETAS, IBI IUS – (Latim) Onde há sociedade, há direito.

UBI VERITAS? – (Latim) Onde está a verdade?

ÚLTIMA INSTÂNCIA – Jurisdição atingida pelo feito cuja decisão não mais poderá ser discutida pelo fato de não lhe sobrevir grau superior subsequente.

✱ *V. CF, art. 102, III e 105, II, a e III.*

✱ *V. CLT, arts. 155, III; 678, I,* c *e* d*; 702, II e § 2º,* b.

ULTIMA RATIO – (Latim) Último recurso, razão final, decisória, o último argumento.

ÚLTIMA VONTADE – Disposições solenes e derradeiras que uma pessoa toma, em seu testamento, para serem cumpridas após seu desenlace.

✱ *V. CC, arts. 438, parágrafo único; 791; 1.326; 1.786; 1.814, III; 1.896; 1.976 e 2.018.*

✱ *V. CPC/1973, arts. 82, II, e 96.*

✱ *V. CPC/2015, arts. 48 e 178.*

ÚLTIMAS DECLARAÇÕES – São as declarações finais que o inventariante presta para viabilizar a partilha.

✱ *V. CPC/1973, arts. 991, III, 1.011 e 1.012.*

✱ *V. CPC/2015, arts. 618, III, 622, I, 636 e 637.*

ULTIMATO – Nota em termos enérgicos e definitivos, expondo matéria em litígio entre dois países e pedindo providências em certo sentido, com a declaração formal de que, não havendo resposta em certo prazo, ou rejeitada a proposta, estarão rompidas as relações diplomáticas e abertas as hostilidades.

ULTRAJE – Afronta ou ofensa grave à dignidade, à honra ou ao decoro de pessoa, da família, de instituição ou do próprio Estado.

A culto: escarnecer de alguém publicamente, por motivo de crença ou função religiosa; impedir ou perturbar cerimônia ou prática de culto religioso; vilipendiar publicamente ato ou objeto de culto religioso, é crime apenado com detenção de 1 mês a 1 ano e multa. Se se emprega violência, aumenta-se a pena de um terço, sem prejuízo da pena para a violência.

Público ao pudor: capítulo do CP que engloba a prática de ato obsceno em lugar público, ou aberto ou exposto ao público, crime apenado com detenção de 3 meses a 1 ano e multa; fazer, importar, exportar, adquirir ou ter sob guarda, para fins de comércio, distribuição ou de exposição pública, escrito, desenho, pintura, estampa ou qualquer objeto obsceno, crime apenado com detenção de 6 meses a 2 anos, e multa. Incorre na mesma pena quem vende, distribui ou expõe à venda ou ao público, qualquer desses objetos; realiza, em lugar público ou a ele acessível, representação teatral, ou exibição cinematográfica de caráter obsceno, ou qualquer outro espetáculo que tenha o mesmo caráter; e realiza, em lugar público ou a ele acessível, ou pelo rádio, audição ou recitação de caráter obsceno.

✱ *V. CP, arts. 208, 233 e 234, I a III.*

✱ *V. CPM, arts. 161 e 238.*

ULTRA PETITA – (Latim) Fora do pedido, que vai além do pedido. A sentença não deve decidir além daquilo que foi pedido pelo autor nem aquém (*citra petita*) nem fora da questão proposta na inicial (*extra petita*). No Processo Penal, o juiz pode dar ao fato definição jurídica diversa da que conste na queixa ou na denúncia, ainda que tenha, por isso, de aplicar pena mais grave, não se aplicando, porém, esse procedimento na segunda instância. Reconhecendo essa possibilidade, ele baixará o processo para que a defesa, em 8 dias, fale e, querendo, produza prova, podendo ser ouvidas até três testemunhas. Se, pela nova definição houver necessidade de aplicação de pena mais grave, o juiz baixará o processo para que o Ministério Público adite a denúncia ou a queixa, abrindo-se prazo de 3 dias para a defesa, que pode produzir prova e arrolar até três testemunhas.

✱ *V. CPC/1973, arts. 128 a 460.*

✱ *V. CPC/2015, arts. 141 e 492.*

✱ *V. CPP, arts. 383, 384 e 408, § 3º.*

✱ *V. Súm. nº 453 do STF.*

✱ *V. Súm. nº 298 do TST.*

✱ *V. Orientação Jurisprudencial nº 36 da SBDI-II do TST.*

ULTRATIVIDADE DA LEI – Diz-se da aplicação de dispositivos de lei, após cessada sua vigência, desde que incidam sobre fatos ocorridos enquanto estava em vigor. É o caso das leis temporárias (as que fixam tabelas de preços por um período) ou de lei excepcional (a que decreta estado de sítio). A Lei nº 13.467/2017 (Reforma Trabalhista) foi expressa ao vedar a ultratividade de convenção ou acordo coletivo, assim estes vigem pelo prazo máximo de dois anos, o que contraria o estipulado anteriormente na Súm. 277 do TST.

✱ *V. CP, art. 3º.*

✱ *V. CLT, art. 614, § 3º.*

✱ *V. Súm. nº 277 do TST.*

UNA VOCE – (Latim) A uma só voz.

UNIÃO – 1. Pessoa jurídica de Dir. Público Interno, cujo domicílio é o Distrito Federal. 2. Uma das partes componentes da organização político-administrativa da República Federativa do Brasil, a que se completa com os Estados, o Distrito Federal, e os Municípios, todos autônomos. 3. São poderes da União, independentes e harmônicos entre si, o Legislativo, o Executivo e o Judiciário. A CF fixa os bens e as competências que cabem à União e prevê a não intervenção nos Estados nem no Distrito Federal, a não ser para manter a integridade nacional; repelir invasão estrangeira ou de uma unidade da Federação em outra; pôr termo a grave comprometimento da ordem pública, e outras medidas de preservação de direitos. A União tem autonomia para instituir tributos, competindo-lhe, ainda, instituir impostos sobre vários itens. A União pode, em certos casos, receber a herança do ausente ou aquela à qual não concorra nenhum parente sucessível ou à qual tenham renunciado os herdeiros.

✱ *V. CF, arts. 1º, 2º, 18, 20, 24, 34, I, 145, I a III, e 153.*

✱ *V. CC, arts. 41, I, 75, 39, parágrafo único, e 1.822, I.*

✱ *V. CPC/1973, art. 475, II.*

✱ *V. CPC/2015, arts. 45, 51, 75, I, 174, 242, § 3º, 246, §§ 1º e 2º, 269, § 3º, 496, 889, VIII, 892, § 3º, 1.007, § 1º, e 1.050.*

UNIÃO ESTÁVEL – 1. É a convivência duradoura, pública e contínua, de um homem e uma mulher estabelecida com objetivo de constituição de família, com aparência de casamento. É reconhecida pelo art. 226, § 3º, da CF, como entidade familiar. 2. Também se diz *união livre* ou *casamento de fato*, quando a coabitação é notória, de longa data, com domicílio e economia comuns. A lei nega, porém, validade às relações ocasionais ou furtivas, ou envolvendo pessoas casadas, em condições que impedem o matrimônio entre si, o que o Código Civil define por *concubinato*. A ligação estável, exclusiva, notória (*affectio maritalis*), a comunhão de interesses, entre um homem e uma mulher, produz efeitos jurídicos. A lei permite à companheira usar o patronímico do companheiro, preenchidos os requisitos seguintes: se ele concordar, se houver vida em comum por mais de 5 anos ou um filho da união. A divorciada que conservou o nome do marido pode adotar o patronímico do companheiro; esse uso só se justifica enquanto perdurar a união ou enquanto o companheiro a isso não se opuser. Sendo a companheira naturalizada ou se for estrangeira, a competência será do Ministro da Justiça. No conceito de união estável não cabem as uniões adulterinas (convivência simultânea com esposa e outra mulher ou vice-versa), incestuosas, múltiplas (duas ou mais uniões de fato), recentes ou transitórias (sem tempo que caracterize estabilidade). No tocante a direitos e deveres, consta o

U

dever recíproco de lealdade, respeito e assistência, assim como o de guarda, sustento e educação dos filhos. Salvo contrato escrito, vigora entre os conviventes ou companheiros, naquilo que couber, o regime da comunhão parcial de bens. Provada a necessidade, também cabe o direito a alimentos entre os conviventes. O companheiro também é considerado curador do outro convivente, caso este seja interditado. Entre conviventes cabem direitos sucessórios, na forma do art. 1.790 do CC. Aberta a sucessão do companheiro, o convivente supérstite deve administrar a herança, até eventual nomeação de outro inventariante. Contudo, se o convivente houver sido autor, coautor ou partícipe de homicídio ou tentativa contra o *de cujus*, ficará necessariamente excluído da sucessão. Podem os conviventes converter a união estável em casamento, por meio de pedido ao juiz e assentamento no Registro Civil. É necessário, entretanto, que a conversão seja precedida de exame dos requisitos legais para o casamento. 3. O STF, em julgamento conjunto da ADPF 132 e da ADI 4277, deu interpretação conforme a Constituição Federal ao art. 1.723 do CC, para equiparar a união homoafetiva à união estável, para fins de direitos pessoais e patrimoniais. Ademais, no julgamento do Recurso Extraordinário nº 646.721, o STF declarou inconstitucional o art. 1.790 do CC, na parte em que distinguia os regimes sucessórios dos cônjuges sobreviventes em relação ao dos companheiros, determinando a aplicação, em ambos os casos, do regime previsto no art. 1.829 do Código. 4. Para o Dir. Previdenciário, os companheiros em união estável são beneficiários dos segurados, podendo postular a concessão de benefícios, inclusive pensão por morte. Contudo, a Lei nº 13.846/2019 passou a exigir que, perante o INSS, os requerimentos de benefícios lastreados na condição de convivente com o instituidor devem ser instruídos com início de prova material contemporânea, produzida em período não superior a 24 (vinte e quatro) meses antes da data do óbito ou da reclusão do segurado. A mesma lei também previu que o convivente condenado criminalmente por homicídio doloso ou tentativa de homicídio do companheiro perde o direito ao benefício. 5. As Leis nºs 11.106/2005 e 11.340/2006 alteraram o Código Penal, para equiparar o companheiro ao cônjuge para fins de caracterização e agravantes genéricas de crimes praticados contra o outro convivente, bem como para qualificar crimes de lesão corporal, sequestro e cárcere privado, bem como todos os crimes contra a dignidade sexual. 6. A Lei nº 12.424/2011 criou a usucapião por abandono do lar, pelo qual o cônjuge ou companheiro que exercer por dois anos ininterruptos a posse direta, com exclusividade, de propriedade dividida com convivente que deixou o lar, poderá adquirir-lhe o domínio integral, desde que não seja proprietário de outro imóvel urbano ou rural. 7. No âmbito do programa habitacional Minha Casa Minha Vida, criado pela Lei nº 11.977/2009, em caso de dissolução da união estável, o título de propriedade será registrado em nome da mulher e ou a ela transferido, independente do regime de bens aplicável, exceto nos casos em que envolvam recursos do FGTS. Nesse mesmo sentido determinou a Lei nº 14.118/2021, que instituiu o programa habitacional Casa Verde e Amarela. 8. Para fins de Dir. Tributário, a união estável permite a declaração conjunta de rendimentos dos companheiros para o Imposto de Renda.

✱ **V.** *CF, art. 226, § 3º.*

✱ **V.** *CC, arts.1.240-A, 1.694, 1.723 a 1.727.*

✱ **V.** *Lei nº 8.069/1990 (Estatuto da Criança e do Adolescente), art. 42, § 2º.*

✱ **V.** *Lei nº 8.971/1994 (Regula o direito dos companheiros a alimentos e à sucessão).*

✱ **V.** *Lei nº 9.278/1996 (Regula o art. 226, § 3º, da CF).*

✱ **V.** *Lei nº 8.213/1991 (Dispõe sobre os planos de benefícios da Previdência Social), arts.15, §§ 5º a 7º; 16, I, e § 3º; e 74, § 2º.*

✱ **V.** *CP, arts. 61, II,* f*; 129, § 9º; 148, § 1º, I; 226, II; 227, § 1º; 228, § 1º; 230, § 1º; 231, § 2º, III; 231-A, § 2º, III.*

✱ **V.** *Lei nº 11.977/2009 (Dispõe sobre o Programa Minha Casa, Minha Vida – PMCMV), art. 35-A.*

✱ **V.** *Lei nº 14.118/2021 (Institui o Programa Casa Verde e Amarela), art. 14.*

✱ **V.** *Dec. nº 3.000/1999 (Regulamenta a tributação, fiscalização, arrecadação e a administração do Imposto sobre a Renda e Proventos de Qualquer Natureza), art. 10.*

✱ **V.** *Súm. nº 380 do STF.*

✱ **V.** *Súm. nº 63 da TNU.*

UNIÃO LIVRE – Vida em comum de homem e mulher, sob o mesmo teto, como se casados fossem, ainda que não o sejam. **V.** *Concubinato.*

ÚNICA INSTÂNCIA – Diz-se da competência originária do STF quanto a julgar causas específicas em primeiro e único grau de jurisdição.

✱ **V.** *CF, arts. 102, I,* i*, II,* a*, e 105, II,* b.

✱ **V.** *CLT, art. 702, I e § 2º,* a.

✱ **V.** *Lei nº 12.016/2009 (Disciplina o mandado de segurança individual e coletivo), art. 18.*

✱ **V.** *CPM, arts. 570 e 619.*

UNIDADE DESCENTRALIZADA – Em Direito Financeiro, é o órgão da administração pública federal direta, a autarquia, a fundação pública ou a empresa estatal dependente recebedora da dotação orçamentária e dos recursos financeiros.

✱ *V. Lei nº 14.791/2023 (Dispõe sobre as diretrizes para a elaboração e a execução da Lei Orçamentária de 2024 e dá outras providências).*

UNIDADE DESCENTRALIZADORA – Em Direito Financeiro, é o órgão da administração pública federal direta, a autarquia, a fundação pública ou a empresa estatal dependente detentora e descentralizadora da dotação orçamentária e dos recursos financeiros.

✱ *V. Lei nº 14.791/2023 (Dispõe sobre as diretrizes para a elaboração e a execução da Lei Orçamentária de 2024 e dá outras providências).*

UNIDADES DE CONSERVAÇÃO – São as porções do território nacional, incluindo as águas jurisdicionais, com características naturais de relevante valor de domínio público ou propriedade privada, legalmente instituídas pelo poder público com os objetivos e limites definidos, sob regimes especiais de administração, às quais se aplicam garantias adequadas de proteção.

✱ *V. Lei nº 12.651/2012 (Novo Código Florestal) – arts. 12, §§ 4º e 5º, e 38, II.*

✱ *V. Lei nº 9.985/2000 (Institui o Sistema Nacional de Unidades de Conservação da Natureza).*

✱ *V. Dec. nº 4340/2002 (Regulamenta artigos da Lei nº 9.985, de 18 de julho de 2000).*

UNIFICAÇÃO DE PENAS – Incidente processual penal, pelo qual o juiz, ao julgar dois ou mais delitos, de igual espécie, devendo os subsequentes ser havidos como continuação do primeiro pelas condições de tempo, lugar, maneira de execução, aplica ao agente a pena de um só dos crimes, se idêntica às dos outros, ou a mais grave, se diversas, aumentada, em qualquer dos casos, de um sexto a dois terços. A mesma providência é cabível se o réu for condenado a penas privativas de liberdade que somem mais de 30 anos; sobrevindo condenação por fato posterior ao início do cumprimento da pena, será feita nova unificação, desprezando-se o tempo de pena já cumprido. Até 1984, o recurso cabível das decisões de unificação de penas em execução era o recurso em sentido estrito, e com a edição da Lei nº 7.210/1984, passou a ser o agravo em execução penal.

✱ *V. CP, art. 75, §§ 1º e 2º.*

✱ *V. CPP, arts. 82, 581, XVII.*

✱ *V. CPM, arts. 79, 81.*

✱ *V. CPPM, arts. 107.*

✱ *V. LEP, arts. 66, III, a, 81-B, I, d, 111 e 197.*

UNIFORME – *V. Vestimenta.*

UNIFORMIZAÇÃO DA JURISPRUDÊNCIA – 1. Trata-se de incidente no julgamento de recurso, ocorrendo divergência na interpretação de tese jurídica. Neste caso, poderá a Câmara ou Grupo de Câmaras atribuir por acórdão ao Tribunal Pleno a solução da questão em abstrato. Com a solução dada pelo Pleno, a Câmara ou o Grupo de Câmaras deve completar o julgamento, aplicando no caso concreto a tese encontrada, e, na medida do possível, editar súmula de jurisprudência dominante sobre a matéria. 2. Com o advento da Lei nº 13.015/2014, o incidente de uniformização de jurisprudência passou a ser expressamente previsto no Processo do Trabalho, podendo ser provocado por qualquer órgão julgador, pelo Presidente do Tribunal Regional, ao julgar a admissibilidade de recursos de revista ou pelo próprio TST, quando concluir que determinado Regional apresenta dissídio jurisprudencial sobe determinada matéria.

✱ *V. CPC/1973, art. 476.*

✱ *V. CPC/2015, arts. 926 e 978.*

✱ *V. CLT, art. 896, §§ 3º a 5º.*

UNÍLOQUO – Ato que exprime a vontade de uma só pessoa, como o testamento.

UNITARISMO – Doutrina religiosa protestante que negava o princípio católico da Santíssima Trindade. Na esfera política, doutrina que prega a unicidade do poder.

UNIUS DICTUS, DICTUS NULLIUS – (Latim) Dito por um, dito por ninguém.

UNIVERSALIDADE – 1. Conjunto de coisas singulares, corpóreas ou não, móveis ou imóveis, economicamente apreciáveis, de existência própria e independente dos elementos que a constituem. 2. Pode ser: *de direito*, se formada por conjunto abstrato de coisas e direitos: herança, dote, bens sociais, massa falida; e *de fato*, se resulta de agrupamento de coisas materiais, corpóreas, que formam um todo: biblioteca, rebanho, fundo de comércio etc. Nas ações universais, pode-se formular pedido genérico, se o autor não puder individuar, na petição, os bens demandados. 3. No juízo da insolvência, havendo dia designado para a praça ou leilão, ter-se-á a arrematação, entrando para a massa o produto dos bens. 4. As sociedades são universais, ou particulares. É universal a que abranja todos os bens presentes, ou todos os futuros, quer uns e outros, em sua totalidade, quer somente a dos seus frutos e rendimentos.

✱ *V. CC, arts. 90, 91 e 1.405, 2ª parte.*

✱ *V. CPC/1973, arts. 286, I, e 762.*

✱ *V. CPC/2015, art. 324.*

✱ *V. Súm. nº 308 do STF.*

UNLAWFUL ENTRY – Violação de domicílio; em Contabilidade, lançamento ilegal, que contraria a lei.

UNWRITTEN LAW – Expressão inglesa com o mesmo sentido de usos e costumes entre nós. São os atos que constituem prática habitual, generalizada, conjunto de procedimentos, de condições e modos de agir consuetudinários, consolidados em certas comunidades. Trata-se de uma das fontes do Direito.

URBI ET ORBI – (Latim) Na cidade e no universo, em todo lugar.

USO – Direito real limitado, que tem como conteúdo o poder de usar.

✱ *V. CC, art. 1.412.*

USO ABUSIVO DO DIREITO – O mesmo que *lide temerária* (q.v.).

USO ALTERNATIVO DO SOLO – Para fins de Lei Ambiental: consiste na substituição de vegetação nativa e formações sucessoras por outras coberturas do solo, como atividades agropecuárias, industriais, de geração e transmissão de energia, de mineração e de transporte, assentamentos urbanos ou outras formas de ocupação humana.

✱ *V. Lei nº 12.651/2012 (Novo Código Florestal), art 3º, VI.*

USOS COMERCIAIS – Regras e práticas habituais entre comerciantes, não contrárias à lei, que regulam relações de negócios, consideradas obrigatórias ou com força de lei, para suprir deficiências ou omissões do direito expresso. São *gerais*, as que se observam em todo o território nacional, não podendo ser alteradas ou impugnadas pelas partes; *locais*, adotadas apenas em certas regiões do país; *internacionais*, as que se observam entre praças de vários países (cláusulas FOB, CIF, FAR, FOR etc.); *técnicas*, se constam de processos ou fórmulas usuais no comércio (acondicionamento e transporte de mercadorias, apresentação e exposição de produtos, serviços de carga e descarga etc.); *convencionais*, os que resultam de ajuste das partes, sem caráter obrigatório; *interpretativos*, os que não estão generalizados, porém são adotados, por atos e fatos, em certa praça ou entre certo número de comerciantes.

USOS E COSTUMES – Fonte direta do Direito e meio complementar de integração das normas jurídicas, é a reiteração constante de conduta em certo meio social, na certeza de seus membros entendê-la como obrigatória ou uma prática geral, aceita como o Direito em vigor. ***V.*** *Direito Consuetudinário.*

✱ *V. LINDB (antiga LICC), art. 4º.*

✱ *V. CPC/1973, arts. 126 e 335.*

✱ *V. CPC/2015, arts. 140 e 375.*

✱ *V. CLT, art. 8º.*

USQUE AD TERMINUM – (Latim) Até o fim, o término.

USUÁRIO – O que se utiliza de coisa ou de serviço. Titular de direito real de uso da coisa alheia, da qual obtém vantagens materiais.

De drogas: o uso de substâncias entorpecentes é infração penal prevista no art. 28 da Lei nº 11.343/2006. As penas cominadas para a conduta tipificada pela nova lei têm o caráter de tratamento e não de punição: advertência sobre os efeitos das drogas; prestação de serviços à comunidade; medida educativa de comparecimento a programa ou curso educativo.

USUCAPIÃO – Do latim *usucapio*. 1. Captação ou aquisição pelo uso prolongado. 2. Modo originário de aquisição da propriedade, não dependente da vontade do titular anterior, pela posse exercida por alguém com ânimo de dono, por tempo determinado, sem interrupção e sem oposição. 3. Pelo conceito originário do Dir. romano, a posse não poderia ser clandestina (oculta, não praticada à vista de todos) nem violenta (mediante força) nem precária (posse concedida por permissão, como no empréstimo, ou por contrato, como no aluguel). O possuidor que atendesse a esses requisitos, apresentando a prova de sua posse ao juiz, poderia pedir-lhe que reconhecesse a aquisição da propriedade por usucapião. Contudo, desde 1981, o Dir. brasileiro começou a reconhecer a possibilidade de usucapião sem prova de justo título, chamada, por isso, de *usucapião extraordinária*. 4. A doutrina e jurisprudência costumam entender o instituto da usucapião como uma espécie de prescrição aquisitiva ou positiva. Contudo, tal definição é equivocada, pois apenas analisa o fenômeno a partir da posição jurídica do proprietário esbulhado da posse do bem, e não do possuidor, o qual não tem pretensão *condenatória*, mas, sim, *constitutiva*. Ademais, o surgimento de uma determinada pretensão de direito subjetivo depende de uma efetiva *violação* da posição jurídica do titular, o que pode não ocorrer no caso da usucapião, pois a posse pode ser adquirida a justo título. 5. Havendo procedência da ação, a sentença valerá como título de propriedade e será registrada no Registro de Imóveis. 6. Não se concede usucapião para apropriação de bens públicos. 7. Para os bens imóveis, o prazo para usucapir é de 15 anos, reduzido para 10 entre ausentes, se o possuidor tiver justo título e boa-fé (residindo o proprietário em município diverso) ou para 10 anos, entre presentes, quando o proprietário reside no mesmo município. 8. A servidão predial aparente pode ser também adquirida por usucapião. 9. Nos termos da lei, a usucapião de 15 ou 10 anos é chamada de *ordinária*, sobre imóvel urbano ou rural particular com qualquer área; o de 20 anos é *extraordinária* (sem justo título e sem boa-fé) sobre imóvel urbano ou rural particular com qualquer área. Para bens móveis, o prazo cai para 3 anos, com justo título e boa-fé, e para 5, sem estes requisitos. 10. A CF atual traz duas espécies de usucapiões especiais: a *especial urbana*, que exige os seguintes requisitos: área urbana particular de até 250 metros quadrados, posse por 5 anos com ânimo de dono, ausência de oposição, uso como moradia própria ou da família, não ser proprietário de outro imóvel e só pode ser pleiteado uma vez; e a *especial rural*, com estes requisitos: área rural particular de até 50 hectares, posse por 5 anos com ânimo de dono, não haver oposição, uso como moradia própria ou da família, produtividade agrícola por trabalho próprio ou da família, e não possuir outro imóvel. 11. Por *justo título* entende-se o ato jurídico que preenche os requisitos formais para a transmissão da propriedade, não válido, por ser anulável (nulidade relativa) ou porque o vendedor não era dono; se a nulidade for absoluta, não há justo título; no caso de bens móveis, ou de imóveis de valor inferior ao que prevê o art. 160 do CC/2002, basta a tradição manual para a transmissão de propriedade de coisas móveis; na sucessão hereditária, também não é preciso que o justo título seja um documento, porque a transmissão ocorre com a abertura da sucessão; mas na transmissão *inter vivos* é necessário que o justo título seja escritura pública e transcrita, pois só a transcrição completa as formalidades indispensáveis para a transmissão de propriedade. 12. O CPC/1973 regula a ação de usucapião de terras particulares, nos dois casos, ordinária e extraordinária. O procedimento é especial até a fase de contestação e daí segue o rito ordinário. O CPC/2015 extingue o procedimento especial, passando a adotar integralmente o procedimento comum, em qualquer hipótese. 13. Também o possuidor de parte ideal não pode usucapir a gleba toda, havendo julgados no sentido de que seria permitido quando for em benefício da comunhão. 14. Condômino com parte localizada pode usucapir sua parte certa, a qual pode abranger o imóvel todo. 15. Contra imóvel de propriedade de incapaz não correm os prazos de aquisição. Autor casado precisa da outorga uxória para propor a ação. 16. A Prefeitura pode usucapir (LRP, art. 167, I, 28; CF, arts. 183, § 3º, e 191, parágrafo único; CC/2002, arts. 1.201, 1.238 a 1.244, 1.260, 1.301 e 1.379; CPC/1973, arts. 941 a 945, sem correspondentes no CPC/2015). 17. A Lei nº 12.424/2011 acrescentou o art. 1.240-A ao CC/2002, dispondo sobre o usucapião especial por abandono do lar, prescrevendo que aquele que exercer, por 2 anos ininterruptamente e sem oposição, posse direta, com exclusividade, sobre imóvel urbano de até 250 m² cuja propriedade divida com ex-cônjuge ou ex-companheiro que abandonou o lar, utilizando-o para sua moradia ou de sua família, adquirir-lhe-á o domínio integral, desde que não seja proprietário de outro imóvel urbano ou rural. 18. O CPC/2015 inseriu o art. 215-A na Lei de Registros Públicos (Lei nº 6.015/1973), permitindo a usucapião extrajudicial, por meio da qual o possuidor pode comparecer diretamente ao Oficial de Registro de Imóveis, munido da documentação pertinente à prova de sua ocupação, e o Tabelião então procederá à notificação de outros interessados, para eventual impugnação. Não havendo oposição, será então averbada a aquisição da propriedade, e, em caso contrário, serão os autos remetidos ao Poder Judiciário com competência sobre o local em que situada a coisa, para processamento da demanda pelo rito comum.

✱ *V. CF, arts. 183 e 191.*

✱ *V. CC/2002, arts. 102, 1.238 a 1.244, 1.260 a 1.262 e 1.379.*

✱ *V. CPC/1973, arts. 941 a 945.*

✱ *V. CPC/2015, arts. 246, § 3º, 259, I, e 1.071.*

✱ *V. Lei nº 6.015/1973 (Lei dos Registros Públicos), arts. 167, I, item 28, 214, § 5º, 215-A, 226 e 288-A, § 4º, I.*

✱ *V. Lei nº 6.969/1981 (Dispõe sobre a aquisição, por usucapião, de imóveis rurais).*

✱ *V. Dec.-lei nº 9.760/1946 (Dispõe sobre os bens imóveis da União), art. 200.*

✱ *V. Súmulas nºs 98, 100, 237, 263, 340 e 391 do STF.*

✱ *V. Súmulas nºs 11 e 193 do STJ.*

✱ *V. Súm. nº 13 do TFR.*

USUFRUTO – 1. Direito real pelo qual o usufrutuário pode usar coisa alheia e até patrimônio alheio, durante certo tempo, retirando frutos, utilidades e vantagens que o bem móvel ou imóvel produza. São partes no usufruto: o *nu-proprietário*, que é o dono do bem do qual se destacam os direito de uso; e o usufrutuário, o beneficiário, aquele que usufrui desse direito. O usufruto diz-se *próprio* ou *perfeito*, que é aquele propriamente dito; *impróprio* ou *imperfeito*, se recai sobre coisas consumíveis, devendo então o usufrutuário devolver em espécie ou moeda o equivalente à coisa consumida; *legal* ou *legítimo*, se foi determinado por lei; *normal*, aquele que se refere a coisas infungíveis incorpóreas, como direitos autorais; *particular*, o que recai sobre coisas determinadas; *pleno*, quando abrange frutos e utilidades da coisa; *restrito*, se abrange apenas parte de frutos e utilidades; *simultâneo*, se beneficia mais de uma das pessoas que usam e recebem, ao mesmo tempo, os seus frutos; *sucessivo* ou *reversível*, que não se extingue com a morte do usufrutuário, sendo transmissível aos seus herdeiros; *temporário*, se é fixado tempo limitado de duração; *universal*, se incide sobre todo um patrimônio ou universalidade de bens; *vitalício*, que tem a duração da vida do usufrutuário; *voluntário*, o instituído espontaneamente por ato *inter vivos* (convencional) ou por ato de última vontade (testamentário); *beneficiário*, se não visa retribuir ato do usufrutuário; *remuneratório*, se tem por fim remunerar o beneficiário, retribuindo um ato seu. 2. A Constituição Federal dispõe que as terras tradicionalmente ocupadas por povos indígenas são de propriedade da União, contudo garante-lhes o usufruto exclusivo das riquezas do solo, dos rios e dos lagos nelas existentes. O Estatuto do Índio (Lei nº 6.001/1973) regulamenta a demarcação das terras tradicionalmente ocupadas por povos indígenas, tutelando sua posse e o exercício do usufruto sobre as riquezas naturais.

✱ *V. CF, arts. 20, XI, e 213, § 2º.*

✱ *V. CC/2002, arts. 1.225, IV, 1.390 a 1.400, 1.410 e 1.411.*

✱ *V. CPC/1973, arts. 647, III, e 1.112, VI.*

✱ *V. CPC/2015, arts. 725, VI, 799, II, 804, § 6º, 825, 867 a 869 e 889, III.*

✱ *V. LRE, art. 50, XIII.*

✱ *V. Lei nº 6.001/1973 (Estatuto dos Índios), arts. 2º, IX, 22, 24, 26, 39, II, e 40, II.*

✱ *V. Lei nº 6.015/1973 (Lei dos Registros Públicos), arts. 167, I, item 7, e 220, V.*

✱ *V. Lei nº 6.404/1976 (Lei das Sociedades por Ações), arts. 40, I, 100, I, f, 114, 169, § 2º, e 171, § 5º.*

USURA – 1. Em seu sentido original, de origem romana, correspondia ao valor de uso de algo, correspondente ao interesse pelo qual alguém paga por alguma coisa. 2. Em sentido lato, corresponde à estipulação de preços abusivos, seja em relação ao valor de troca de um bem (usura real), ou em relação à taxa de juros por um financiamento ou empréstimo a prazo (usura pecuniária). 3. Para o Dir. Civil e do Consumidor, a usura permite a revisão em juízo do preço avençado em negócio jurídico, bem como a nulidade de cláusulas que estipulam índices de reajuste ou taxas de juros, rearbitrando conforme índices oficiais ou preços médios de mercado. 4. Em relação à usura pecuniária, o STF entendeu que a redação original do art. 192 da CF, que limitava as taxas de juros a 12% ao ano, não se aplicava às Instituições Financeiras, cujas taxas de juros são reguladas pelo Banco Central, e depois estendeu a outras hipóteses, concluindo que o § 3º do art. 192, revogado pela EC nº 40/2003, não era autoaplicável, dependendo de regulamentação por Lei Complementar. 5. Para o Dir. Penal, a usura, tanto pecuniária como real, é crime que consiste em cobrar juros, comissões ou descontos percentuais, sobre dívidas em dinheiro, superiores à taxa permitida por lei, bem como cobrar ágio superior à taxa oficial de câmbio, sobre quantia permutada, por moeda estrangeira (pecuniária) ou, ainda, emprestar sob penhor que seja privativo de instituição oficial de crédito. E ainda: obter ou estipular, em qualquer contrato, abusando da premente necessidade, inexperiência ou leviandade da outra parte, lucro patrimonial que exceda o quinto do valor corrente ou justo da prestação feita ou prometida (real). A pena é de 6 meses a 2 anos de detenção e multa. Procuradores, mandatários ou mediadores, bem como cessionários de crédito usurário, cientes de sua ilicitude, que intervierem na operação usurária, cientes de sua natureza ilícita, e fizerem valer esse crédito em sucessiva transmissão ou execução judicial, incorrem nas mesmas penas. São agravantes do crime de usura: ser cometido em época de grave crise econômica; ocasionar grave dano individual; dissimular-se a natureza usurária do contrato; e quando cometido por militar, funcionário público, ministro de culto religioso, por pessoa cuja condição econômico-social seja manifestamente superior à da vítima; em detrimento de operário ou de agricultor; de menor de 18 anos ou de deficiente mental, interditado ou não. Nos crimes de usura, haverá suspensão da pena e livramento condicional em todos os casos permitidos pela legislação comum.

✱ *V. CF, art. 192.*

✱ *V. CC. arts. 157, 478 a 480.*

✱ *V. CDC, arts. 39, X, 41, 51, IV e X, §§ 1º a 4º, 52.*

✱ *V. Lei nº 1.521/1951 (Lei dos Crimes contra a Economia Popular).*

✱ *V. Dec. nº 22.626/1933 (Dispõe sobre juros nos contratos – Lei de Usura).*

✱ *V. Medida Provisória nº 2.172-32/2001, (Estabelece a nulidade de disposições contratuais usurárias), com vigência mantida pela EC nº 32/2001.*

✱ *V. Súm. Vinc. nº 7 do STF.*

✱ *V. Súm. nº 596 do STF.*

✱ *V. Súm. nº 283 do STJ.*

USURPAÇÃO – 1. Ato de apossar-se, ilegitimamente, em proveito próprio, por fraude, artifício ou violência, de coisa, título, direito, estado de fato ou dignidade que a outro pertence. 2. Interrupção, com violência, de uso ou posse de coisa alheia. 3. Pode atingir a função ou o poder público, atribuições, o nome alheio, a marca de animais, de fábrica, alteração de limites de prédios, esbulho de águas etc. 4. No Dir. Civil, havendo usurpação, a indenização consistirá em devolver a coisa, mais o valor de suas deteriorações, ou, faltando ela, em se embolsar seu equivalente ao prejudicado, estimando-se a coisa por seu preço normal e o de afeição, contanto que este não supere aquele. A satisfação compreende os juros compostos. 5. No Dir. Penal, é crime que consiste em suprimir ou deslocar tapume, marco, ou qualquer outro sinal indicativo de linha divisória, para apropriar-se, no todo ou em parte, de coisa imóvel, alheia, com pena de detenção de 1 a 6 meses e multa. Esta pena se aplica, também, a quem desvia ou represa, em proveito próprio ou de outrem, águas alheias; quem invade, com violência a pessoa ou grave ameaça, ou com ajuda de mais de duas pessoas, terreno ou edifício alheio, para o fim de esbulho possessório, impondo-se também pena pela violência. Se a propriedade é particular e não há violência, somente se procede mediante queixa. A Lei nº 8.176/1991, nos termos do art. 2º, também definiu como crime de usurpação a produção de bens ou a exploração de matéria-prima pertencente à União, sem autorização legal ou em desacordo com as obrigações impostas pelo título autorizativo, com pena de detenção de 1 (um) a 5 (cinco) anos e multa.

✱ *V. CP, art. 161.*

✱ *V. CC, art. 952.*

✱ *V. CPC/1973, art. 951.*

✱ *V. CPC/2015, art. 594.*

✱ *V. Lei nº 8.176/1991 (Define crimes contra a ordem econômica e cria o Sistema de Estoques de Combustíveis), art. 2º.*

De função pública: crime que consiste em usurpar o exercício de função pública; a pena é de detenção de 3 meses a 2 anos e multa. Se o agente aufere vantagem do fato, a pena é de reclusão de 2 a 5 anos e multa.

✱ *V. CP, art. 328.*

UTENSÍLIOS – 1. Objeto, Instrumento, aparelho ou apetrecho necessário ou útil aos usos da vida diária, empregado em tarefas manuais e trabalhos profissionais. 2. Para fins de execução em Processo Civil, são impenhoráveis, não estando sujeitos à constrição patrimonial, por inalienáveis, os livros, as máquinas, os utensílios e os instrumentos necessários ou úteis ao exercício de qualquer profissão.

✱ *V. CPC/1973, art. 649, V.*

✱ *V. CPC/2015, art. 833, V.*

✱ *V. CC, art. 964, VI.*

UTILIDADE PÚBLICA – É um dos casos ou motivos que ensejam a desapropriação, que estão elencados no art. 5º do Dec.-lei nº 3.365/1941, com as alterações de leis posteriores. A declaração de *utilidade pública* ou de *interesse social* pode atingir qualquer bem necessário ou conveniente ao serviço público ou à coletividade; pode recair sobre patrimônio material ou imaterial; pode abranger direitos e ações; pode incidir sobre a propriedade particular ou pública, com a só exigência de que, neste último caso, o poder expropriante seja de nível superior ao da Administração expropriada e esteja munido de prévia autorização legislativa para expedir o ato expropriatório. Qualquer entidade estatal pode expropriar bens particulares; a União pode desapropriar os dos Estados-membros e dos municípios; e o Estado-membro só pode expropriar os de seus municípios, não cabendo a estes a desapropriação de bens de outros municípios ou de entidades políticas maiores. A lei penal pune como crime o atentado contra a segurança ou o funcionamento de serviços de utilidade pública, como água, luz, força etc. A pena é de reclusão de 1 a 5 anos e multa, aumentada de um terço até a metade, se o dano ocorre pela subtração de material essencial ao funcionamento dos serviços. No Dir. Ambiental, utilidade pública são as atividades de segurança nacional e proteção sanitária; as obras de infraestrutura destinadas às concessões e aos serviços públicos de transporte, sistema viário, inclusive aquele necessário aos parcelamentos de solo urbano aprovados pelos Municípios, saneamento, gestão de resíduos, energia, telecomunicações, radiodifusão, instalações necessárias à realização de competições esportivas estaduais, nacionais ou internacionais, bem como mineração, exceto, neste último caso, a extração de areia, argila, saibro e cascalho; atividades e obras de defesa civil; atividades que comprovadamente proporcionem melhorias na proteção das funções ambientais e outras atividades similares devidamente caracterizadas e motivadas em procedimento administrativo próprio, quando inexistir alternativa técnica e locacional ao empreendimento proposto, definidas em ato do Chefe do Poder Executivo federal. ***V.*** *Desapropriação.*

✱ *V. Dec.-lei nº 3.365/1941 (Dispõe sobre desapropriação por utilidade pública), art. 5º.*

✱ *V. Lei nº 6.602/1978 (Altera o Dec.-lei nº 3.365/1941).*

✱ *V. CP, art. 265.*

✱ *V. CLT, art. 559.*

✱ *V. Lei nº 12.815/2013 (Dispõe sobre a exploração pela União de portos e instalações portuárias), art. 39.*

✱ *V. Súmulas nºs 23 e 652 do STF.*

✱ *V. Súmulas nºs 109 e 144 do TFR.*

UT RETRO – (Latim) Como ficou dito antes.

UT ROGAS – (Latim) Como propões (para aprovação de lei).

UXORICÍDIO – Homicídio da esposa, praticado por seu cônjuge. Para o Dir. Penal, é circunstância agravante, implicando em aumento da pena-base fixada. Para o Dir. Civil, exclui o marido da sucessão hereditária, bem como a mera tentativa caracteriza a impossibilidade de comunhão de vida do casal, para fins de separação litigiosa.

✱ *V. CP, arts. 61, IV, e, e 121.*

✱ *V. CC, arts. 1.573, II, e 1.814, I.*

U

V

VACÂNCIA – 1. Estado de coisa não ocupada ou desabitada. 2. Diz-se do tempo em que uma comarca, termo, cargo, emprego ou ofício permanente não é preenchido. 3. Estado a que passam os bens que não são reclamados pelos herdeiros no decurso do prazo legal. Um ano depois de concluído o inventário, serão declarados vacantes os bens da herança jacente se, praticadas todas as diligências legais, não aparecerem herdeiros. Esta declaração não prejudicará os herdeiros que legalmente se habilitarem; porém, passados 5 anos da abertura da sucessão, os bens arrecadados passarão ao domínio do Estado, ou ao do Distrito Federal, se o *de cujus* tiver sido domiciliado nas respectivas circunscrições, ou se incorporarão ao domínio da União, se o domicílio tiver sido em território ainda não constituído em Estado. Como não existem mais territórios no Brasil. Os bens com valor de afeição (retratos, objetos de uso pessoal, livros e obras de arte) só serão alienados depois de declarada a vacância da herança.

✸ *V. CPC/1973, arts. 1.142, 1.143 e 1.153.*

✸ *V. CPC/2015, arts. 738, 739, 741, § 3º, 742 e 743.*

✸ *V. CC, arts. 1.820 a 1.822, parágrafo único, e 1.823.*

VACATIO LEGIS – (Latim) Período que decorre do dia da publicação da lei à data em que entra em vigência, durante o qual vigora a anterior sobre o mesmo assunto. No Brasil, em geral, a lei entra em vigor na data de sua publicação, sendo rara a *vacatio legis*.

VADE MECUM – (Latim) Palavra latina que significa objeto que anda sempre conosco e também livro para consulta a qualquer momento.

VADIAGEM – Vagabundagem. Contravenção penal que consiste no fato de alguém se entregar, habitualmente, à ociosidade, sendo válido para o trabalho e sem renda que lhe dê meios de subsistência ou sem prover a própria subsistência com um emprego lícito. Pena de prisão simples, de 15 dias a 3 meses, que se extingue se o condenado adquirir renda que lhe dê os meios necessários para subsistir.

✸ *V. LCP, art. 59 e parágrafo único.*

VALE – Documento sem forma legal, particular e resumido, que se usa no comércio, no qual se afirma o recebimento, por empréstimo, de certa soma em dinheiro, ou se declara pequeno débito; por ele também se indica a retirada, emergencial, de numerário em caixa. É princípio de prova por escrito.

Transporte: utilizado no sistema de transporte coletivo urbano, intermunicipal ou interestadual, com características idênticas ao urbano, excluídos os serviços seletivos e os especiais. É benefício que o empregador antecipa ao empregado para seu deslocamento de casa para o trabalho, ida e volta. Não tem natureza de salário e não se incorpora à remuneração, nem é base de incidência de contribuição previdenciária nem do FGTS. Não é, igualmente, rendimento tributável.

✸ *V. Lei nº 7.418/1985, que instituiu o vale-transporte.*

VALIDADE – Trata-se de qualidade do ato jurídico que tem agente capaz, objeto lícito. Forma prescrita ou não defesa em lei.

✸ *V. CC, art. 104.*

VALOR – 1. Estimativa aproximada de bem econômico; relação entre ele e a moeda corrente. 2. Tudo o que represente dinheiro; proporção entre coisa que se dá e o que se recebe em troca.

Da causa: 1. No Processo Civil, é elemento essencial para o prosseguimento da inicial, sempre atribuído, na petição, à causa, mesmo não tendo esta conteúdo econômico imediato. O critério para sua fixação pode ser: *legal*, quando previsto em lei, como o da ação de alimentos, que será a soma de 12 prestações mensais pedidas pelo autor; e *voluntária*, se a lei não o fixa, devendo o autor fazer uma estimativa. Deve corresponder, em regra, ao proveito econômico que o autor aspira. Fixa-se o valor da causa no momento em que se propõe a ação. O réu pode impugná-lo no prazo concedido à contestação, em petição à parte, autuada em separado. Pode o juiz, nos casos de critério legal, corrigir o seu valor, de ofício. Cabe agravo de instrumento da decisão que resolve incidente sobre o valor da causa. Em ação cautelar, o valor da causa não é requisito essencial. Na consignação em pagamento, com prestações vencíveis mês a mês, o valor da causa é o valor da primeira prestação consignada multiplicado por 12. Na consignatória de aluguel é de uma anuidade; no contrato, é o valor do mesmo. Na ação de despejo, é a soma de 12 aluguéis, sendo o contrato por prazo indeterminado, mas há controvérsia na jurisprudência. O valor da condenação não é condicionado pelo valor da causa. A fixação desse valor é importante para que se determine qual o procedimento a ser adotado, se o ordinário ou o sumário; serve de referência também para a fixação da base de incidência de custas e pagamento de taxa judiciária e estipulação de honorários advocatícios. 2. No Processo do Trabalho, não é elemento essencial da petição inicial, mas se esta não contiver, deverá ser fixado pelo juiz antes de iniciar a instrução, para fins de atribuição do procedimento, e não sendo impugnado, é inalterável no curso processo. Sendo fixado pelo juiz, pode ser impugnado mediante pedido de revisão, perante o Presidente do Tribunal Regional respectivo. Conforme o valor da causa, o procedimento pode se caracterizar como: dissídio de alçada, até 2 (dois) salários mínimos na data de ajuizamento, sem possibilidade de recurso, salvo se versar sobre matéria constitucional; sumaríssimo, até 40 (quarenta) vezes o salário mínimo vigente na data do ajuizamento da reclamação; ordinário, acima de 40 (quarenta) salários mínimos, ou quando for parte ente da Administração Pública direta, autárquica ou fundacional. A fixação do valor da causa não impede, contudo, que o juiz arbitre outro valor em sentença ilíquida, para fins de atribuição de custas, não podendo, contudo, arbitrar valor superior em caso de ação rescisória ou mandado de segurança.

✱ *V. CPC/1973, arts. 258 a 261, 275, I, e 522.*

✱ *V. CPC/2015, arts. 62, 63, 291 a 293, 303, § 4º, 319, V, 700, § 3º, e 1.015.*

✱ *V. CLT, arts. 789, 840, § 1º e 852-A.*

✱ *V. Lei nº 5.584/1970 (Dispõe sobre normas de Direito Processual do Trabalho), art. 2º.*

✱ *V. Súm. nº 449 do STF.*

✱ *V. Súm. nº 261 do TFR.*

✱ *V. Súm. nº 71 do TST.*

✱ *V. Orientações Jurisprudenciais nºs 88 e 155 da SBDI-II do TST.*

Mobiliário: Título ou contrato de investimento coletivo referente a negócio oferecido ao público, em que o investidor aplica seus recursos na expectativa de obter lucro em empreendimento controlado pelo ofertante ou por terceiro.

✱ *V. Lei nº 6.385/1976 (Dispõe sobre o mercado de valores mobiliários e cria a Comissão de Valores Mobiliários (CVM), art. 2º.*

Presente: Fórmula matemática pela qual se obtém um valor atual que, capitalizado a uma determinada taxa de juros ao longo de um determinado prazo, totaliza um valor futuro pré-definido. É aplicada em operações matemático-financeiras como cálculo de ágio por rentabilidade futura (*goodwill*), liquidação antecipada de dívidas a prazo ou cálculo de indenização por pagamento mensal em parcela única.

✱ *V. Lei nº 6.404/1976 (Lei das Sociedades por Ações), art. 183, VIII, § 1º,* d, *e 184, III.*

✱ *V. Lei nº 12.973/2014 (Altera a legislação relativa ao Imposto de Renda das Pessoas Jurídicas), arts. 4º e 5º.*

✱ *V. Dec.-lei nº 1.598/1977 (Altera a legislação do imposto sobre a renda), arts. 12, § 1º, IV, § 5º, e 19, § 7º.*

VANI TIMORIS IUSTA EXCUSATIO NON EST – (Latim) O vão temor não é escusa válida.

VARA – Designação da circunscrição em que o juiz exerce sua jurisdição. Denominação que se dá a cada uma das divisões de jurisdição nas comarcas onde há mais de um juiz de Direito.

Do Trabalho: atual denominação das Juntas de Conciliação e Julgamento, por força da EC nº 24/1999, que aboliu a figura do juiz classista na Justiça do Trabalho. Tais varas são presididas por juiz singular e togado.

VÁRZEA DE INUNDAÇÃO OU PLANÍCIE DE INUNDAÇÃO – A Lei nº 12.651/2012 (Novo Código Florestal), em seu art. 3º, XXI, conceituou várzea de inundação ou planície de inundação: "XXI – várzea de inundação ou planície de inundação: áreas marginais a cursos d'água sujeitas a enchentes e inundações periódicas;"

VECTIGALIA NERVOS REIPUBLICARE – (Latim) Os tributos são os nervos da república.

VEÍCULO – Um dos efeitos da condenação é a inabilitação para dirigir veículo, quando usado como meio para a prática de crime doloso.

VENALIDADE – Qualidade de funcionário público que se deixa subornar no exercício do cargo, exigindo ou aceitando vantagem, para agir em descumprimento do seu dever. É crime contra a Administração Pública.

VENCIMENTO – 1. Ordenado, rendimento, salário, proventos. 2. Dia em que se há de cumprir certa obrigação. 3. Expiração de prazo para prática de certo ato. 4. Para fins de Dir. Administrativo, é a retribuição pecuniária devida ao servidor público pelo exercício efetivo do cargo, correspondendo ao padrão fixado em lei. Em sentido amplo, é o padrão remuneratório do servidor com as vantagens auferidas a título de adicional ou gratificação. Os vencimentos dos servidores, titulares de cargos ou ocupantes de funções e atividades da Administração direta e indireta, são fixados por escalas previstas nos sistemas retribuitórios das diversas classes existentes no serviço público. A Constituição Federal consagrou a irredutibilidade dos vencimentos dos servidores públicos. Os vencimentos não podem ser retidos pela Administração, em face de sua natureza alimentar; também não podem sofrer arresto, sequestro ou penhora; mas as prestações alimentícias devidas pelo servidor público são descontáveis em folha. Embora a Constituição Federal preveja a proibição da diferença de salários pelo exercício de idênticas funções (art. 7º, XXX, combinado com art. 39, § 3º), o STF entende que não cabe ao Poder Judiciário, que não tem função legislativa, equiparar vencimentos com base no princípio da isonomia. 5. Para fins de Dir. Civil, é o termo final para realizar um pagamento, antes do qual o devedor não pode ser compelido a cumprir a obrigação, bem como o credor não é obrigado a receber o objeto do pagamento.

✱ *V. CF, arts. 37, XII, XV, e 39, §§ 1º e 3º.*

✱ *V. Lei nº 8.112/1990 (Dispõe sobre o regime jurídico dos servidores públicos civis da União, das autarquias e fundações públicas federais), arts. 40 e 41, §§ 3º e 4º.*

✱ *V. CPC/1973, arts. 649, IV, 734 e 821.*

✱ *V. CPC/2015, arts. 529, 833, IV, e 912.*

✱ *V. Lei nº 5.478/1968 (Dispõe sobre ação de alimentos), art. 5º, § 7º.*

✱ *V. CC, arts. 132, § 1º, 315, 331, 889, § 1º, 902 e 939.*

✱ *V. CPP, arts. 441 e 688, II, b.*

✱ *V. Súm. Vinc. nº 37.*

✱ *V. Súmulas nºs 11, 339, 358, 647, 671, 679, 681 e 682 do STF.*

VENCIMENTOS – *V. Vencimento.*

VENDA – Ato ou contrato pelo qual uma pessoa (vendedor) transfere à outra (comprador) coisa certa, quantidade de coisas, mediante pagamento à vista ou a prazo, do preço acertado. A venda diz-se: *a contento*, quando o comprador pode desfazer a venda se não lhe agradar a coisa vendida, graças a uma cláusula resolutiva; *a crédito* ou *a prestações*, quando o comprador paga a mercadoria dentro de um certo prazo, em prestações mensais; *ad corpus*, quando se transmite coisa certa, vendida por preço único; *ad gustum*, quando o comprador paga o preço depois de provar a mercadoria e aceitá-la; *ad mensuram*, quando a venda se faz por preço unitário, ou relativo à totalidade dos objetos; *a retalho*, em pequenas porções ou quantidades; *direta*, feita pelo produtor ao comerciante, do vendedor ao comprador, sem intermediários; *judicial*, aquela feita em praça ou leilão público, ou fora deste por leiloeiro escolhido e autorizado por alvará do juiz, que assiste ao ato; *resolúvel*, a que pode ser anulada se o comprador não pagar no prazo e condições estipuladas. A venda, de ascendente a descendente, volta a ser *anulável* e não *nula*, pelo CC/2002, dispensando-se o consentimento do cônjuge se o regime de bens for o da separação obrigatória.

✱ *V. CC, art. 496 e parágrafo único.*

A prêmio: quando da desistência do negócio há pagamento de indenização pela parte desistente.

VENIRE CONTRA FACTUM PROPRIUM – (Latim) 1. Vir contra o ato próprio. Empregada para expressar a contradição de alguém em relação às suas próprias palavras ou atos. 2. No Dir. Civil, foi desenvolvida a teoria dos atos próprios, pela qual, na interpretação da vontade das partes em um ato ou negócio jurídico, deve-se atentar para a forma como alguém se comportou, a fim de evitar conclusões que contraditórias em relação ao próprio ato ou negócio praticado. Também visa afastar alegações das partes que, tentando alterar a verdade dos fatos, deduzam pretensões ou defesas em processo administrativo ou judicial, alegando que a vontade declarada era diferente da real intenção do declarante.

VERBA DUBIA CONTRA PROFERENTEM INTERPRETANDA SUNT – (Latim) As palavras duvidosas devem ser interpretadas contra quem as profere.

VERBA DE REPRESENTAÇÃO – Aquela vinculada a despesas do agente público, em virtude da dignidade do seu cargo.

VERBA LEGIS – (Latim) As palavras da lei.

VERDADE – Conformidade da vontade declarada com os fatos. Qualidade do que se apresenta a nossos sentidos como existente, de maneira inequívoca. Compete às partes e a seus procuradores expor os fatos em juízo conforme a verdade; reputa-se litigante de má-fé aquele que alterar intencionalmente as verdades dos fatos.

✱ *V. CPC/1973, arts. 14, I, e 17, II.*

✱ *V. CPC/2015, arts. 77, I, 80, II, 375 e 504, II.*

VERBA NON MUTANT SUBSTANTIA REI – (Latim) As palavras não mudam a substância da coisa.

VERBA VOLANT, SCRIPTA MANENT – (Latim) As palavras voam, os escritos permanecem.

VERBI GRATIA – (Latim) A saber, por exemplo.

VERBIS CONTRACTA OBLIGATIO – (Latim) A obrigação contraída por palavras.

VERBO AD VERBUM – (Latim) Palavra por palavra.

VERBORUM OBLIGATIO INTER PRAESENTIS NON INTER ABSENTES CONTRAHITUR – (Latim) A obrigação por palavras se contrai entre os presentes e não entre os ausentes.

VERBORUM OBLIGATIO VERBIS TOLLITUR – (Latim) A obrigação verbal se extingue por palavras.

VEREADORES – VEREADOR – Parlamentar integrante do Poder Legislativo municipal. Também chamado de *edis*, compõe a Câmara Municipal, a qual tem a função de ditar normas de interesse local do Município, respeitadas as competências legislativas previstas na Constituição Federal. Antigamente, os vereadores tinham funções meramente legislativas, passando, com a Constituição Federal de 1988, a exercer idênticas atribuições dos demais entes federativos, sobretudo a fiscalização contábil, financeira e orçamentária municipal. A Constituição Federal de 1988 prevê a idade mínima de 18 anos para que qualquer cidadão seja candidato ao cargo de vereador (art. 14, § 3º, VI, *d*), sendo eleito para uma legislatura de quatro anos, mediante voto direto. No tocante ao número de vereadores, ressalte-se que esse deve ser proporcional à população do município. No entanto, com a EC nº 58, de 23-9-2009, que alterou os arts. 29 e 29-A da CF, a composição das Câmaras Municipais passou a observar o limite mínimo de: 9 (nove), nos Municípios de até 15.000 (quinze mil) habitantes, até o máximo de 55 (cinquenta e cinco), nos municípios com mais de 8.000.000 (oito milhões de habitantes. Quanto à sua remuneração, será a fixada pela Câmara Municipal em cada legislatura, para a subsequente, observado o disposto no art. 37, XI, da CF. Nos termos do art. 29-A, o total da despesa do Poder Legislativo Municipal, incluídos os subsídios dos Vereadores e excluídos os gastos com inativos, não poderá ultrapassar os percentuais relativos ao somatório da receita tributária e das transferências previstas nos arts. 153, § 5º, 158 e 159. As eleições para vereador sempre ocorrerão simultaneamente com as eleições para prefeito e vice-prefeito. Se um servidor público for eleito para o cargo de vereador, e havendo compatibilidade de horários, perceberá as vantagens do cargo, emprego ou função, sem prejuízo da remuneração do cargo efetivo, e em não havendo compatibilidade, será afastado do cargo, sendo-lhe facultado optar pela remuneração do cargo ou pelo subsídio, sempre contando o tempo como de serviço, para efeito de vantagens pessoais ou de aposentadoria.

✱ *V. CF, arts. 14, § 3º, VI,* d, *29 a 31, 38, II e III.*

✱ *V. Lei nº 9.504/1997 (Estabelece normas para as eleições), art. 1º, parágrafo único, II.*

✱ *V. Lei nº 8.112/1990 (Regime Jurídico Único dos Servidores Públicos Civis da União, Autarquias e Fundações Públicas Federais), art. 94, III, §§ 1º e 2º.*

VEREDA – fitofisionomia de savana, encontrada em solos hidromórficos, usualmente com a palmeira arbórea Mauritia flexuosa – buriti emergente, sem formar dossel, em meio a agrupamentos de espécies arbustivo-herbáceas.

VEREDICTO – 1. Decisão de qualquer tribunal judiciário em causa submetida ao seu julgamento. 2. Para o Processo Penal, é a decisão dos Conselhos de Sentença nos julgamentos perante o Tribunal do Júri, que se dá por maioria de votos, cuja soberania é assegurada pela Constituição Federal, de modo que eventuais recursos não podem mudar o resultado, mas apenas determinar novo julgamento da causa.

✱ *V. CF, art. 5º, XXXVIII,* c.

✱ *V. CPP, arts. 482 a 491, 564, III,* k, *593, III,* c.

VERIFICAÇÃO DE CONTAS – Exame judicial de livros do comerciante, a fim de estabelecer prova da existência de débito vencido, para fundamentar pedido de falência.

VERISIMILE NON EST VENDITOREM IGNORASSE MODUM SUAE REI – (Latim) Não é verossímil que o vendedor ignore o estado de seu negócio.

VERITAS EVIDENS NON PROBANDA – (Latim) A verdade evidente não deve ser provada.

VERITAS ODIUM PARIT – (Latim) A verdade (franqueza) gera o ódio.

VERNÁCULO – 1. Idioma falado por um povo, livre de vícios e de estrangeirismos. 2. O emprego do vernáculo é obrigatório em atos e termos processuais; os documentos em língua estrangeira têm de ser vertidos para o vernáculo.

✱ *V. CC, art. 224.*

✱ *V. CPC/1973, arts. 151, 156 e 157.*

✱ *V. CPC/2015, arts. 162 e 192.*

VESTIMENTA – 1. Proveniente do latim vestimenta. 2. Grupo de itens têxteis destinados a cobrir o corpo. 3. Traje, vestuário, roupa. 4. A Lei nº 13.467/2017 (Reforma Trabalhista) incluiu na CLT orientações a respeito da vestimenta a ser utilizada no trabalho, in-

V

clusive esclareceu que a higienização do uniforme é responsabilidade do trabalhador, excluída a situação em que são necessários procedimentos ou produtos diferentes dos utilizados para a higienização das vestimentas de uso comum.

✱ *V. CLT, art. 456-A.*

VETO – Ato do Chefe do Poder Executivo rejeitando, parcial ou totalmente, texto de lei aprovado pelo Legislativo. Diz-se da declaração pela qual o membro de uma assembleia impede que uma deliberação seja aprovada. O projeto de lei pode receber veto do Presidente da República (ou dos governadores do Estado e do Prefeito Municipal) se for inconstitucional ou contrário ao interesse público. O veto é o controle prévio da constitucionalidade da lei. O veto parcial somente abrangerá texto integral de artigo, de parágrafo, de inciso ou de alínea. Será apreciado em sessão conjunta, dentro de 30 dias a contar do seu recebimento, só podendo ser rejeitado pela maioria absoluta dos deputados e senadores em escrutínio secreto. Se não for mantido, será o projeto enviado para promulgação ao Presidente da República.

✱ *V. CF, arts. 66, §§ 2º a 5º, e 84, V.*

VETUSTAS SEMPER PRO LEGE HABETUR – (Latim) Antiguidade é sempre havida como lei.

VETUSTAS VICES LEGIS OBTINET – (Latim) A antiguidade tem um lugar de lei.

VEXATA QUAESTIO – (Latim) Questão debatida, fechada.

VIA EST JUS EUNDE ET AMBULANDI, NAM ET ITER ET ACTUM IN SE CONTINET VIA – (Latim) "Via" é o direito de ir e andar, pois, o "iter" e o "actum" se contêm em "via".

VIAS DE FATO – Contravenção penal que consiste na agressão a alguém, ofendendo-o fisicamente, sem lhe causar lesões corporais nem sequelas, como ferimentos, corrimento de sangue, hematomas. Para caracterizá-la é preciso o agente ter o ânimo de ofender fisicamente o adversário com empurrões, pontapés, socos, golpes de judô, capoeira etc. A pena é de prisão simples de 15 dias a 3 meses ou multa, se o fato não constitui crime.

✱ *V. LCP, art. 21.*

VÍCIO – 1. Dependência física em relação a hábitos danosos à saúde, como o de embriagar-se, de fumar, de drogar-se com entorpecentes. 2. Degeneração moral ou psíquica do indivíduo que pratica contravenções e procede em desacordo com os bons costumes, de modo incompatível com o meio social em que vive. Diz-se, também, do elemento objetivo ou subjetivo, ou defeito da forma ou do fundo do ato jurídico que o torna nulo ou anulável. Nesse sentido, pode ser: *de consentimento*, quando há manifestação da vontade de modo involuntário e inoperante, por erro, dolo, coação, fraude, violência etc.; *de incapacidade*: quando quem o pratica não dispõe de aptidão legal; *intrínseco* ou *interno*, quando o ato jurídico é atingido na sua substância (incapacidade absoluta, simulacro, preterição da forma prescrita por lei); *extrínseco* ou *externo*, se o vício afeta o ato jurídico na sua forma material; *sanável*, quando o defeito é relativo, sem ofensa de norma jurídica; *insanável*, quando a falha atinge o ato na sua forma própria; *aparente*, quando o defeito é ostensivo, visível; *oculto*, quando estiver encoberto, imperceptível ao exame do interessado. É lícito à parte inocente provar com testemunhas, nos contratos em geral, os vícios do consentimento. O vendedor e o locador se responsabilizam pelos vícios da coisa empenhada ou locada. Mas sempre se presumirá que o segurador não se obriga a indenizar prejuízos resultantes de vício intrínseco da coisa segurada.

✱ *V. CPC/1973, art. 404, II.*

✱ *V. CPC/2015, art. 446, II.*

VÍCIO REDIBITÓRIO – Defeito oculto que torna a coisa recebida, em razão de contrato comutativo, imprópria para o uso a que se destina, ou lhe diminui o valor, podendo por isso ser enjeitada, assim como as doações gravadas de encargos. A ignorância desses vícios pelo alienante não o exime da responsabilidade, salvo cláusula expressa no contrato. Se ele conhecia o vício ou o defeito, devolverá o que recebeu com perdas e danos; se o não conhecia, apenas devolverá o valor recebido mais as despesas de contrato. Sua responsabilidade subsiste mesmo que a coisa pereça em poder do alienatário, se perecer por vício oculto já existente ao tempo da tradição. Pode também, em vez de rejeitar a coisa o adquirente reclamar abatimento no preço. Se a coisa foi vendida em hasta pública, não cabe ação redibitória nem abatimento no preço. A ação prescreve em 15 dias da compra. Em caso de imóvel, o prazo é de 6 meses.

✱ *V. CC, arts. 441 a 445.*

VIDA – Tempo compreendido entre o nascimento e a morte do ser humano. Ocupação, profissão.

Civil: atividade da pessoa na posse de direitos civis e políticos.

Marital: a de duas pessoas que, não sendo casadas, vivem, coabitam, sob o mesmo teto, como se o fossem, ou *more uxorius*.

Pregressa: diz-se dos antecedentes do delinquente, sua atividade criminosa, seus costumes e moral, comportamento, que constam de seu prontuário policial.

VIDEOCONFERÊNCIA – 1. Tecnologia que permite a realização de conferência por vídeo mediante contato sonoro e visual entre indivíduos que se encontram em locais diferentes no momento da reunião. Essa tecnologia possibilita a comunicação entre duas pessoas ou entre um grupo, conforme a necessidade do usuário, e proporciona efeito prático semelhante à presença física de todos os interlocutores no mesmo lugar. 2. O interrogatório do réu preso pode ocorrer por videoconferência ou outro recurso tecnológico de transmissão de sons e imagens em tempo real, desde que a medida seja necessária para atender a uma das seguintes finalidades: prevenir risco à segurança pública, quando exista fundada suspeita de que o preso integre organização criminosa ou de que, por outra razão, possa fugir durante o deslocamento; viabilizar a participação do réu no referido ato processual, quando haja relevante dificuldade para seu comparecimento em juízo, por enfermidade ou outra circunstância pessoal; impedir a influência do réu no ânimo de testemunha ou da vítima, desde que não seja possível colher o depoimento destas por videoconferência, nos termos do art. 217 do CPP; responder à gravíssima questão de ordem pública. As partes serão intimadas, com 10 dias de antecedência, da decisão que determinar a realização de interrogatório por videoconferência. Ainda, em qualquer modalidade de interrogatório, o juiz garantirá ao réu o direito de entrevista prévia e reservada com o seu defensor; porém, se realizado por videoconferência, fica também garantido o acesso a canais telefônicos reservados para comunicação entre o defensor que esteja no presídio e o advogado presente na sala de audiência do Fórum, e entre este e o preso. A sala reservada, no estabelecimento prisional, para a realização da videoconferência será fiscalizada pelos corregedores e pelo juiz de cada causa, como também pelo Ministério Público e pela Ordem dos Advogados do Brasil. Este procedimento também se aplica à realização de outros atos processuais que dependam da participação de pessoa que esteja presa, como acareação, reconhecimento de pessoas e coisas, e inquirição de testemunha ou tomada de declarações do ofendido. 3. No âmbito da Administração Pública Federal fundacional, autárquica e direta, as reuniões de colegiados também foram autorizadas a ocorrer mediante a utilização de videoconferência. 4. A Lei nº 14.176/2021 autorizou, excepcionalmente, o Instituto Nacional do Seguro Social (INSS) a realizar avaliação social mediada por meio de videoconferência para a concessão do benefício de prestação continuada à pessoa com deficiência.

✱ **V.** *CPP, arts. 185, 217 e 222, § 3º.*

✱ **V.** *Lei nº 7.210/1984 (Lei de Execução Penal), arts. 52, VII, e § 6º.*

✱ **V.** *Lei nº 14.176/2021 (Altera a Lei nº 8.742, de 7 de dezembro de 1993, para estabelecer o critério de renda familiar per capita para acesso ao benefício de prestação continuada, estipular parâmetros adicionais de caracterização da situação de miserabilidade e de vulnerabilidade social e dispor sobre o auxílio-inclusão de que trata a Lei nº 13.146, de 6 de julho de 2015 (Estatuto da Pessoa com Deficiência); autoriza, em caráter excepcional, a realização de avaliação social mediada por meio de videoconferência; e dá outras providências).*

✱ **V.** *Decreto nº 10.416/2020 (Autoriza o uso de videoconferência nas reuniões de colegiados da administração pública federal).*

VIDEOGRAMA – Para fins da legislação sobre direitos autorais, é a fixação concomitante de imagens e sons sobre um suporte material. É considerado uma obra intelectual, sendo tutelada contra utilização e comercialização sem autorização de seu autor, intérprete ou executor, ou produtor. O artista e o produtor videográfico têm direito à percepção de proventos pecuniários pela utilização de seus fonogramas, desde que os usuários obtenham benefício direto ou indireto da execução pública. A violação de direitos autorais incidentes sobre videogramas, seja de titularidade do autor, artista intérprete ou executante, produtor ou quem os represente, constitui crime com pena de reclusão, de 2 (dois) a 4 (quatro) anos e multa. Incide na mesma pena quem, com o intuito de lucro direto ou indireto, distribui, vende, expõe à venda, aluga, introduz no País, adquire, oculta ou tem em depósito original ou cópia de videograma, com violação de direito autoral sem autorização do titular do direito.

✱ **V.** *Lei nº 9.610/1998, art. 5º, VIII e IX.*

✱ **V.** *CP, art. 184, §§ 1º e 2º.*

✱ **V.** *Dec. nº 4.533/2002 (Regulamenta a Lei nº 9.610/1998, no que se refere a fonogramas).*

VIDEOGRAMA MUSICAL – Videograma que registra qualquer representação sonora classificável como música. Com a publicação da Emenda Constitucional nº 75, de 15-10-2013, a produção no Brasil de fonogramas e videogramas musicais contendo obras musicais ou literomusicais de autores brasileiros e/ou obras em geral interpretadas por artistas brasileiros bem como os suportes materiais ou arquivos digitais que os contenham, adquiriram imunidade tributária em relação a impostos, salvo na etapa de replicação industrial de mídias ópticas de leitura a *laser*.

✱ **V.** *CF, art. 150, VI,* e.

VIGER – Vigorar, estar em vigência, em execução.

VILIPÊNDIO – Ofensa, profanação, ultraje, aviltamento. ***A cadáver:*** é crime vilipendiar cadáver ou suas cinzas, apenado com detenção de 1 a 3 anos e multa.

✱ **V.** *CP, art. 212.*

VIM VI REPELLERE LICET, SCRIBIT CASSIUS, IDQUE JUS NATURAE COMPARATUR – (Latim) Cássio escreve ser lícito repelir a força pela força e esse direito é tomado à natureza.

VÍNCULO – Relação jurídica de parentesco; gravame, ônus; vínculo jurídico no casamento legítimo, entre marido e mulher.

Jurídico: entre o titular do direito e o da obrigação, entre credor e devedor.

Real: relação entre a obrigação e sua garantia; ônus.

VINCULUM JURIS QUO NECESSITATE ADSTRINGIMUR ALICUJUS SOLVENDAE REI – (Latim) Vínculo de direito pelo qual, por necessidade, somos obrigados a pagar alguma coisa.

VINTENA – 1. Imposto calculado com base no quinto do valor do negócio. 2. Prêmio que o testador fixa ou o juiz arbitra, que se dá ao testamenteiro pela execução do testamento. Poderá ele perder o prêmio, por ordem do juiz, se, findo o prazo legal, não estiver terminada a partilha e for removido a requerimento de algum herdeiro.

✱ *V. CPC/1973, arts. 1.138 a 1.140.*

✱ *V. CPC/1973, arts. 1.138 a 1.140, sem correspondentes no CPC/2015.*

VIOLAÇÃO – 1. Ofensa a direito alheio. 2. Infração de norma contratual ou legal. 3. Estupro.

De correspondência: devassar indevidamente o conteúdo de correspondência fechada, dirigida a outrem, é crime punido com detenção de 1 a 6 meses ou multa. Na mesma pena incorre quem se apossa indevidamente de correspondência alheia, mesmo não fechada, e, no todo ou em parte, a sonega ou destrói. Cartas particulares, obtidas por meios criminosos, não são admitidas em juízo.

De direito autoral: é crime apenado com detenção de 3 meses a 1 ano ou multa. Se a violação consistir na reprodução, parcial ou total, por qualquer meio, de obra intelectual para fim de comércio, sem expressa autorização do autor ou de quem o represente, ou consistir na reprodução de fonograma e videofonograma, sem autorização do produtor ou de quem o represente, a pena é de 1 a 4 anos e multa. Incorre na mesma pena quem vende, expõe à venda, introduz no país, oculta ou tem em depósito, para venda, original ou cópia de obra intelectual, fonograma ou videofonograma, produzidos com violação de direito autoral.

De domicílio: entrar ou permanecer, astuciosa ou clandestinamente, ou contra a vontade expressa ou tácita de quem de direito, em casa alheia ou em suas dependências, é crime apenado com detenção de 1 a 3 meses ou multa. A lei define "casa" como qualquer compartimento habitado; aposento ocupado de habitação coletiva; compartimento não aberto ao público, onde alguém exerce profissão ou atividade. Não é "casa" para efeitos da lei: hospedaria, estalagem, ou outra habitação coletiva, enquanto aberta, salvo se algum crime está sendo ali praticado ou na iminência de o ser; taverna, casa de jogo, e outras desse gênero. Se o crime é praticado durante a noite, ou em lugar ermo ou com emprego de violência ou de arma, ou por duas ou mais pessoas, a pena é de detenção de 6 meses a 2 anos, além da punição correspondente à violência. Aumenta-se a pena de um terço, se o fato é cometido por funcionário público, fora dos casos legais, ou não sendo observadas as formalidades da lei, ou com abuso do poder. Não constitui crime entrar e ficar na casa alheia ou em suas dependências, durante o dia, observadas as formalidades legais, para efetuar prisão ou outra diligência; a qualquer hora do dia ou da noite, quando se está cometendo ali um crime ou se está na iminência de cometê-lo.

De privilégio de invenção: é crime violar privilégio de invenção ou descoberta, fabricando o produto, usando meio ou processo que é objeto de privilégio, importando, para vender, produto fabricado com violação de privilégio. A pena é de detenção de 6 meses a 1 ano e multa, aumentada de um terço se o agente foi mandatário preposto ou empregado do concessionário ou do cessionário do privilégio; se entrou em conluio com representante, mandatário, preposto ou empregado do concessionário ou do cessionário, para conhecer a invenção ou modo de seu emprego.

De segredo de fábrica ou negócio: é crime de concorrência desleal, apenado com detenção de 3 meses a 1 ano e multa, divulgar ou explorar, sem autorização, estando a serviço de outrem, segredo de fábrica ou de negócio a si confiado ou de que teve ciência em razão do serviço; cabe ação pública mediante representação.

De segredo profissional: revelar, sem justa causa, segredo que se conhece em razão de função, ministério, ofício ou profissão, e cuja revelação provoque dano a outrem, é crime apenado com detenção de 3 meses a 1 ano ou multa, procedendo-se apenas por representação.

De sepultura: violar, profanar sepultura ou urna funerária é crime, apenado com reclusão de 1 a 3 anos e multa.

Do direito de marca: reproduzir, indevidamente, total ou parcialmente, marca de outrem registrada, ou imitando-a de modo a induzir em erro ou confusão; usar marca legítima de outrem em produto ou artigo que não é de sua fabricação; vender, expor à venda ou ter em depósito o artigo ou produto com marca abusivamente imitada ou reproduzida, parcial ou totalmente, ou artigo ou produto com marca de outrem que não é de fabricação desse, é crime apenado com detenção de 3 meses a 1 ano e multa.

Do sigilo das comunicações: comete crime quem divulga indevidamente, transmite a outrem ou utiliza, de modo abusivo, comunicação radiotelegráfica ou radioelétrica dirigida a terceiros, ou conversação telefônica entre outras pessoas; quem instala ou usa estação ou aparelho radioelétrico, sem observar disposição legal; a pena é de detenção de 1 a 6 meses ou multa, aumentada de metade se há dano para outrem; se o agente pratica o crime com abuso de função em serviço postal, telegráfico, radioelétrico ou telefone, a pena é de detenção de 1 a 3 anos; procede-se somente por representação. A CF garante a inviolabilidade do sigilo das comunicações, com ressalva para as telegráficas, telefônicas e correspondência, no caso do estado de defesa e do estado de sítio.

A sentença de mérito transitada em julgado pode ser rescindida quando violar literal disposição de lei.

Pela importância, cumpre ressaltar que com o advento da Lei nº 12.012, de 6-8-2009, passou a tipificar como crime o ingresso de pessoa portando aparelho telefônico de comunicação móvel, de rádio ou similar, sem autorização legal, em estabelecimento prisional.

✱ *V. CF, arts. 5º, XII, 136, 137 e 138.*

✱ *V. CP, arts. 150, 151, 154, 184 a 186 e 210.*

✱ *V. CPC/1973, art. 485, V.*

✱ *V. CPC/2015, art. 966, V.*

✱ *V. CPP, art. 233.*

✱ *V. Lei nº 4.117/1962 (Código Brasileiro de Telecomunicações).*

✱ *V. Lei nº 6.538/1978 (Dispõe sobre os serviços postais), arts. 36 a 49.*

VIOLAÇÃO SEXUAL MEDIANTE FRAUDE – Antes das alterações ocorridas com o advento da Lei nº 12.015/2009, referido crime titulava-se como "posse sexual mediante fraude", sendo este o ato de ter conjunção carnal com mulher, com embuste ou fraude de forma que, se o crime fosse cometido contra mulher virgem, menor de 18 e maior de 14 anos, com pena de reclusão de 2 a 6 anos. No entanto, a Lei nº 12.015/2009 alterou esse entendimento e passou a denominar esse crime como violação sexual mediante fraude, considerado este como o ato de ter conjunção carnal ou praticar outro ato libidinoso com alguém (e não mais prevê como sujeito passivo apenas a figura da mulher), mediante fraude ou outro meio que impeça ou dificulte a livre manifestação de vontade da vítima, com reclusão, de 2 a 6 anos. Além disso, se o crime é cometido com o fim de obter vantagem econômica, aplica-se também multa.

VIOLÊNCIA – Uso de força física sobre alguém, para coagi-lo a submeter-se à vontade de outrem, para fazer ou deixar de fazer algo. Pode ser: *física, material* ou *real*, quando se emprega força material e outros meios que impossibilitem a resistência do paciente (*vis corporalis*); *moral ou ficta*, quando o agente intimida o paciente com ameaça grave de mal iminente, ou se é juridicamente incapaz de livre consentimento (*vis compulsiva*); *iminente*, a que se apresenta com perigo atual, traduzido na ameaça de consumação imediata; *arbitrária*, aquela cometida no exercício de função pública ou a pretexto de exercê-la. Presume-se a violência no estupro, na violação sexual mediante fraude e no estupro de vulnerável (com redação incluída pela Lei nº 12.015/2009), se a vítima não é maior de 14 anos; se é alienada ou débil mental, e o agente o sabia; se não pode, por qualquer razão, oferecer resistência. O sistema de garantia de direitos da criança e do adolescente vítima ou testemunha de violência surgiu com o objetivo de prevenir e coibir a violência contra crianças e adolescentes.

✱ *V. Lei nº 12.299/2010 (Dispõe sobre medidas de prevenção e repressão aos fenômenos de violência por ocasião de competições esportivas; altera a Lei nº 10.671/2003).*

✱ *V. Lei nº 13.431/2017 (Estabelece o sistema de garantia de direitos da criança e do adolescente vítima ou testemunha de violência).*

✱ *V. Dec. nº 9.603/2018 (Regulamenta a Lei nº 13.431, de-4-4-2017, que estabelece o sistema de garantia de direitos da criança e do adolescente vítima ou testemunha de violência).*

VIOLÊNCIA CONTRA IDOSO – "Art. 19. Os casos de suspeita ou confirmação de violência praticada contra idosos serão objeto de notificação compulsória pelos serviços de saúde públicos e privados à autoridade sanitária, bem como serão obrigatoriamente comunicados por eles a quaisquer dos seguintes órgãos: I – autoridade policial; II – Ministério Público; III – Conselho Municipal do Idoso; IV – Conselho Estadual do Idoso; V – Conselho Nacional do Idoso". Para os efeitos do Estatuto do Idoso, considera-se violência contra o idoso qualquer ação ou omissão praticada em local público ou privado que lhe cause morte, dano ou sofrimento físico ou psicológico.

VIOLÊNCIA DOMÉSTICA E FAMILIAR (CONTRA A CRIANÇA E O ADOLESCENTE) – 1. A Lei nº 14.344/2022 conceitua como qualquer ação ou omissão que cause à criança ou ao adolescente morte, lesão, sofrimento físico, sexual, psicológico ou dano patrimonial, no âmbito domiciliar, familiar e relação doméstica.

✱ *V. CP, art. 129, § 9º.*

✱ *V. Lei nº 14.344/2022 (Cria mecanismos para a prevenção e o enfrentamento da violência doméstica e familiar contra a criança e o adolescente e dá outras providências).*

VIOLÊNCIA DOMÉSTICA E FAMILIAR (CONTRA A MULHER) – 1. A Lei nº 11.340/2006 definiu, para fins de proteção da mulher contra a violência doméstica, as circunstâncias que a caracterizam e as formas pelas quais se consubstancia. É considerada violência doméstica e familiar contra a mulher a que lhe cause morte, lesão, sofrimento físico, sexual ou psicológico e dano moral ou patrimonial, ocorrida na unidade doméstica (espaço de convívio permanente de pessoas, com ou sem vínculo familiar), no âmbito da família e em qualquer relação íntima de afeto. Pode assumir a forma de violência física (conduta que ofenda a integridade ou saúde corporal); psicológica (conduta que cause à mulher dano emocional, diminuição da autoestima, prejuízo ao seu desenvolvimento, ou que tenha por objetivo degradar ou controlar suas ações, emoções, crenças e decisões, por meio de ameaça, constrangimento, humilhações, perseguição e outros); sexual (as condutas que violem os direitos sexuais e reprodutivos da mulher); violência patrimonial (as condutas que configurem deterioração, subtração, retenção dos bens e recursos da mulher); violência moral (consubstanciada nas condutas que configurem calúnia, difamação ou injúria) (arts. 5º a 7º). 2. A Lei nº 13.772/2018 reconheceu que a violação da intimidade da mulher configura violência doméstica e familiar, inclusive tipificando tal conduta como crime, ao inserir o art. 216-B ao Código Penal, cominando pena de detenção de 6 (seis) meses a (um) ano e multa. 3. A jurisprudência vem estendendo às vítimas de violência doméstica o direito ao afastamento do trabalho, reconhecendo o direito ao recebimento de benefício previdenciário de auxílio-doença, vindo mesmo o Superior Tribunal de Justiça a endossar esse direito. Por seu turno, a Lei nº 13.846/2019 passou a conferir ao INSS a possibilidade de exigir regressivamente do agressor a restituição das quantias pagas às seguradas em decorrência desse tipo de afastamento. 4. A situação de calamidade pública gerada pela pandemia de Coronavírus (COVID-19) demandou, do Poder Público, medidas de enfrentamento à violência doméstica.

✱ ***V.** CP, arts. 61, II, f, 121, VI e § 2º-A, I, 129, §§ 9º e 11, 149-A, § 1º, III, e 216-B.*

✱ ***V.** Lei nº 8.213/1991 (Dispõe sobre os Planos de Benefícios da Previdência Social), art. 120, II.*

✱ ***V.** Lei nº 11.340/2006 (Lei Maria da Penha).*

✱ ***V.** Lei nº 14.022/2020 (Altera a Lei nº 13.979, de 6 de fevereiro de 2020, e dispõe sobre medidas de enfrentamento à violência doméstica e familiar contra a mulher e de enfrentamento à violência contra crianças, adolescentes, pessoas idosas e pessoas com deficiência durante a emergência de saúde pública de importância internacional decorrente do coronavírus responsável pelo surto de 2019).*

VIRGEM – (MEDICINA LEGAL) – HÍMEN ÍNTEGRO – A mulher que nunca praticou o ato sexual tem os grandes lábios carnosos, firmes e bem adaptados na linha mediana, fechando a vulva. O CC/2002 aboliu o conceito "defloramento da mulher", não sendo mais causa de anulação do casamento por erro essencial, não cabendo ao marido o direito de repudiá-la.

✱ ***V.** CC, arts. 1.556 a 1.560.*

VIRTUS PROBANDI – (Latim) A força da prova.

VIS AC POTESTAS TESTAMENTI AB HEREDIS INSTITUTIONE INCIPIT – (Latim) A força e o poder do testamento começam com a instituição do herdeiro.

VIS COMPULSIVA – Força que impele.

VIS CORPORALIS – Força corporal, força física.

VISITANTE – 1. Originário do latim *visitans*. 2. Pessoa que visita. 3. Pessoa que passa por uma exposição, museu ou lugar com o objetivo de apreciá-lo e conhecê-lo. 4. Indivíduo que se dirige, temporariamente, para fora de sua área, sem a intenção de se mudar. 5. Nos termos da Lei de Migração e do Decreto correspondente, visitante é pessoa nacional de outro país ou apátrida que venha à República Federativa do Brasil para estadas de curta duração, sem pretensão de se estabelecer temporária ou definitivamente no território nacional.

✱ ***V.** Lei no 13.445/2017 (Lei de Migração), art. 1º, § 1º, V.*

✱ ***V.** Dec. nº 9.199/2017 (Regulamenta a Lei de Migração), art. 1º, parágrafo único, V.*

VIS MAIOR EST QUAM GRAECI ... VIM DIVINAM APPELLANT – (Latim) Força maior é a que os gregos chamam força divina.

VISTA DOS AUTOS – Entrega de autos, em cartório, para exame do advogado que tem direito assegurado por lei de examinar processo de qualquer natureza, mediante a carteira da OAB. O CPC/1973, bem como o CPC/2015, também garantem que os atos processuais são públicos, salvo os que correm em segredo de Justiça. O direito de consultar os autos e de pedir certidões de seus atos é restrito às partes e aos seus procuradores. O terceiro, que demonstrar interesse jurídico, pode requerer ao juiz certidão do dispositivo da sentença, bem como de inventário e partilha que resultem de extinção da sociedade conjugal. O Estatuto do Advogado e da OAB também dispõe sobre o direito do advogado de examinar autos de processos em quaisquer órgãos dos Poderes Judiciário e Legislativo ou da Administração Pública em geral, mesmo sem procuração, se não estiverem sob sigilo, também nas repartições policiais, retirando-os nos prazos legais.

✱ *V. CPC/1973, art. 155.*

✱ *V. CPC/2015, arts. 107, 152, IV, b, 179, I, e 189.*

✱ *V. Lei nº 8.906/1994 (Estatuto da Advocacia e a OAB), art. 7º, XIII a XVI.*

VISTO – 1. Oriundo do termo em latim vistus, de percebido pela visão. 2. Examinado, aceito, conferido. 3. Declaração inserida em documento por autoridade ou funcionário para atribuir validade, no sentido de examinado, verificado e considerado conforme. 4. Permissão concedida a estrangeiro para entrar no País. 5. Nos termos da Lei de Migração, o visto é o documento que dá a seu titular expectativa de ingresso em território nacional.

✱ *V. Lei nº 6.815/1980 (Define a situação jurídica do estrangeiro no Brasil, cria o Conselho Nacional de Imigração), art. 130-A.*

✱ *V. Lei nº 13.333/2016 (Prorroga o prazo de dispensa de que trata o art. 16 da Lei nº 12.871, de 22 de outubro de 2013).*

✱ *V. Lei nº 13.445/2017 (Lei de Migração), arts. 6º a 18.*

✱ *V. Dec. nº 9.199/2017 (Regulamenta a Lei de Migração), arts. 4º a 57.*

VISTORIA – Exame de alguma coisa ou local, feito pessoalmente pelo juiz ou por perito, para o esclarecimento de fatos convertidos.

✱ *V. CPC/1973, art. 420.*

✱ *V. CPC/2015, art. 464.*

VITALICIEDADE – Garantia constitucional de que gozam os juízes; no primeiro grau, só será adquirida após 2 anos de exercício, dependendo a perda do cargo, nesse período, de deliberação do tribunal a que o juiz estiver vinculado e, nos demais casos, de sentença judicial transitada em julgado. Têm os juízes a garantia do cargo por toda a vida.

✱ *V. CF, art. 95, I.*

VÍTIMA – Sujeito passivo do delito ou da contravenção, o ofendido, o prejudicado, aquele que sofreu um dano, agressão física ou moral.

Coletiva: são aquelas em que a ação do criminoso ou do vitimário atinge várias pessoas ao mesmo tempo, como ocorre nas ações terroristas.

Como única culpada: é a que dá causa exclusiva ao surgimento do fato. Cite-se o indivíduo embriagado que atravessa avenida movimentada, vindo a falecer atropelado, ou aquele que toma medicamento sem atender o prescrito na bula, as vítimas de roleta-russa, de suicídio etc.

Conscientes: são aquelas que sabem perfeitamente da situação de risco em que se encontram. O motorista que não se utiliza de cinto de segurança e em consequência se fere numa colisão ou aquele que sem preservativos mantém relações sexuais com outra pessoa e vem a se contaminar são os casos mais conhecidos.

Cooperadora: é aquela que por imprudência, concorre para a produção do resultado.

Da tecnologia: são as vítimas do computador. A utilização criminosa de computadores e da internet tem produzido vítimas em todo o mundo. Os chamados hackers conseguem acesso a computadores e subtraem dados, introduzem vírus e destroem sistemas de informática das vítimas quer pessoas físicas, quer jurídicas, estas principalmente na espionagem industrial e nas fraudes, como vem ocorrendo nos grandes bancos brasileiros. Também as vítimas de crimes contra a propriedade intelectual e de cópias não autorizadas de *software* e de dados, podem ser mencionadas.

Determinada: é aquela conhecida do agente como na extorsão mediante sequestro, nos furtos com abuso de confiança, na apropriação indébita, homicídio praticado por vingança etc.

Do grupo familiar do vitimário: são as vítimas de crimes sexuais, dos maus tratos contra pessoas idosas, do abandono material, etc. O vitimário, que é o sujeito ativo do delito, o pratica, em detrimento de seus familiares.

Falsa: é a que provoca a ação da autoridade pública comunicando-lhe ter sido vítima de um crime que sabe não ter ocorrido. Muito comum nesta categoria de vítimas, também conhecidas como simuladas, a alegação de que fora atacada, ofendida e até estuprada para vingar-se de seu inimigo ou simplesmente para exteriorizar seu ódio, inveja ou ciúmes contra alguém da própria família.

Habituais: são as mais atingidas pela conduta criminosa. Ex: gerentes de banco, motoristas de táxi, garçons etc.

Indeterminada: é a chamada vítima da sociedade moderna, do desenvolvimento e do progresso científico, em que o crime atinge a coletividade em geral e o indivíduo em particular. Ex: terrorismo, propaganda enganosa, crimes contra o consumidor etc.

Indiferente: é a comum, do dia a dia, desconhecida pelos criminosos como no roubo, furto, estelionato etc.

Inocente: também chamada de ideal é aquela que não tem nenhuma participação no evento criminoso. São aqueles casos em que o delinquente é o único culpado pela produção do resultado, pois a vítima em nada colaborou para o crime.

Latente: é aquela que contribui na produção de um resultado criminoso devido ao seu comportamento contrário às regras sociais. Latente significa escondido, oculto, disfarçado. No momento em que a latência se manifesta, ela se torna vítima mais facilmente que outras. Ex: homossexuais, travestis e prostitutas, ou pessoas com distúrbio físico-psicológico resultante de intoxicação pelo álcool ou pelas drogas e, assim, mais fadadas a acidentes em virtude de seu procedimento imprudente, como nos casos de rachas automobilísticos.

Menos culpada do que o delinquente: é aquela que contribui, de alguma forma, para o resultado de um crime, ora frequentando locais reconhecidamente perigosos, ora expondo seus objetos de valor sem a preocupação que deveria ter em cidades grandes e criminógenas. Também chamada de vítima precipitadora, pois com sua conduta, causa a sua própria vitimização.

Natas: são as que contribuem para a consumação de uma infração penal devido, principalmente, ao seu temperamento agressivo, algumas vezes simulado, e com personalidade insuportável, precipitam a eclosão do crime. A imprudência verificada nos crimes de trânsito, a prepotência ao expor seus objetos de valor em locais perigosos, a desinformação constante, a provocação habitual e a homossexualidade são as suas mais visíveis características. São incontáveis as agressões decorrentes de provocação da vítima, podendo ser classificada também como quase tão culpada quanto o agressor.

Por tendência: são aquelas mais vulneráveis ao acontecimento criminoso. Acidentes do trabalho são as espécies mais visíveis destas vítimas.

Reincidentes: são aquelas que já foram vítimas em duas ou mais ocasiões por crimes idênticos ou diversos.

Resistente: é aquela que reage a uma injusta agressão.

Singular: é aquela em que a ação do criminoso ou do vitimário atinge apenas o ofendido, como na ameaça, no furto ou roubo, lesão corporal etc.

Tão culpada quanto o delinquente: é conhecida ainda como vítima provocadora. Sem a sua participação o crime não teria ocorrido, como acontece com os homicídios privilegiados cometidos após injusta provocação da vítima. É o que ocorre, muita vez, no estelionato, na corrupção, na rixa etc.

VITIMOLOGIA – Na Criminologia é a parte que estuda as vítimas e seu comportamento.

VIVENTIS NULLA EST HEREDITAS – (Latim) Nenhuma herança existe de pessoa viva.

VOCAÇÃO – Chamamento, convocação. Usa-se, popularmente, como sinônimo de pendor para determinada atividade, daí os "testes vocacionais".

À Curadoria: chamamento, pela ordem legal, daquele que deve exercer esse múnus público. A sucessão de bens de estrangeiro é regulada por lei brasileira em benefício do cônjuge ou dos filhos brasileiros, segundo a vocação hereditária, sempre que não lhes seja mais favorável a lei pessoal do *de cujus*.

Hereditária: convocação legal dos herdeiros legítimos para receberem, ao abrir-se a sucessão, os bens da herança. Não existe mais a ordem de filhos, pais e cônjuges quanto ao direito à herança. Todos passam a ter os mesmos direitos.

Tutelar: chamamento ao exercício da tutela, na ordem que a lei determina, daquele a quem cabe a tarefa.

✱ *V. CC, arts. 1.731, 1.775 e 1.829.*

✱ *V. LINDB (antiga LICC), art. 10, § 9º.*

VOGAL – Também chamado *juiz leigo*, por não ser graduado em Direito; é o juiz classista da Justiça do Trabalho, representante do empregador ou do empregado. Diz-se, também, *temporário*, porque sua investidura não pode ir além de 3 anos, prorrogável por dois períodos, proibida depois a sua recondução. Tal componente da Justiça do Trabalho foi extinto em função da EC nº 24/1999, que aboliu a figura do juiz classista e substituiu as Juntas de Conciliação de Julgamento pelas Varas do Trabalho, presididas por um só magistrado togado.

VOLENTI NON FIT INJURIA – (Latim) Não se causa dano, a quem quer.

VONTADE – Faculdade que o homem possui de determinar, orientar a sua conduta, de optar, livremente, pela ação ou pela omissão. Exercício dessa faculdade. Livre disposição para agir e decidir por si próprio. A vontade é *expressa*, se manifestada verbalmente ou por escrito; *tácita*, se é presumida por atos ou omissões; *unilateral*, se produz o efeito jurídico desejado sem depender de outra, ou se é expressa por uma só pessoa, num grupo de outras; *bilateral*, se duas pessoas se manifestam na formação de ato ou contrato.

VOTO – Exercício do sufrágio, maneira de manifestar, secretamente ou não, a vontade em julgamento, deliberação ou eleição. Ato pelo qual o cidadão participa de pleito eleitoral, escolhendo candidatos a cargos públicos ou de representação legislativa. O voto é *direto*, quando o eleitor, sem intermediação, elege os seus representantes, que é a forma adotada pela CF em vigor. É *indireto* quando o eleitor primeiro escolhe os seus delegados que farão, em segundo grau, no colégio eleitoral, a escolha dos governantes. Há defensores e detratores de ambos os processos de escolha. O voto pode ser: *aberto*, quando o eleitor expressa sua vontade, verbalmente ou por escrito, de maneira ostensiva; *e secreto*, que preserva a liberdade de manifestação do pensamento e inibe pressões sobre o eleitor, assegurando sua liberdade de escolha. Diz-se também do voto que lhe é *de confiança*, quando é dado como manifestação de apoio à ação de um líder; ou quando a maioria do Parlamento assim apoia a ação política, econômica ou social do Gabinete ou Conselho, no regime parlamentar; *de consciência*, o que é dado pelo jurado; *de desempate*, quando proferido pelo Presidente do Tribunal, Assembleia, Congresso, decidindo pleito que tem o mesmo número de votos pró e contra; nas causas criminais, o desempate sempre favorece o réu; *deliberativo*, pelo qual se manifesta opinião ou vontade sobre assunto em debate; *de Minerva*, o mesmo que *de qualidade* ou *de desempate*; *eleitoral*, aquele dado em pleito político; *jurídico*, aquele proferido em julgamento feito por órgão judicante coletivo; *vencido*, proferido por membro de tribunal que assina decisão da maioria, dela discordando, esclarecendo ou não sua discordância e declarando-se "vencido". No Brasil, a soberania popular é exercida pelo sufrágio universal e pelo voto direto e secreto, com valor igual para todos e nos termos da lei. O voto é *obrigatório* para os maiores de 18 anos e *facultativo* para os analfabetos, os maiores de 70 anos e aos maiores de 16 e menores de 18 anos.

✱ *V. CF, arts. 14,* caput, *I e II, e 60, § 4º, II.*

VOX POPULI, VOX DEI – (Latim) Voz do povo, voz de Deus.

VOZ DE PRISÃO – Ordem verbal dada por autoridade, ou por qualquer pessoa do povo, no caso de flagrante delito, para determinar a prisão de alguém.

VOZ HUMANA – A CF garante a proteção às participações individuais em obras coletivas e à reprodução da imagem e voz humanas, inclusive nas atividades esportivas.

✱ *V. CF, art. 5º, XXVIII,* a.

VU – Votação unânime. Abreviatura usada nas decisões sobre processos.

VULGO PRESUMITUR ALICUI IN LITE NON DEBERE JURARE QUAM DOMINUM LITIS – (Latim) Vulgarmente se presume que somente jura quem é dono da lide.

W

WAIVER OF IMMUNITY – Expressão inglesa que serve para designar a renúncia voluntária da testemunha ao direito de não prestar testemunho auto-acusatório, não podendo ser obrigada a isto.

WARRANT – Título de garantia pignoratícia, nominativo e negociável, emitido pelos armazéns gerais sobre mercadorias neles depositadas, com o "conhecimento de depósito" que o completa e acompanha, sendo porém os dois independentes e autônomos; mas não se pode retirar a mercadoria dos armazéns sem a entrega dos dois títulos. O conhecimento de depósito é título que representa a mercadoria depositada; endossado, transfere a propriedade das coisas em depósito. O *warrant* é só um título pignoratício; seu endosso investe o cessionário no direito de penhor sobre as mercadorias depositadas. A emissão de *warrant* em desacordo com disposição legal é crime contra o patrimônio, com pena de reclusão de 1 (um) a 4 (quatro) anos e multa.

✱ ***V.*** *CP, art. 178.*

✱ ***V.*** *Instrução CVM nº 400/2003 (Dispõe sobre as ofertas públicas de distribuição de valores mobiliários, nos mercados primário ou secundário).*

WHISTLEBLOWING – 1. Prática comum no direito de diversos países, pela qual se oferecem recompensas para fornecimento de informações que colaborem com a resolução de crimes ou ilícitos administrativos. Não se confunde com a figura da *delação premiada*, pois o denunciante a princípio não participou da ação ilícita ou da organização criminosa. 2. No Brasil, foi introduzida pela Lei nº 13.608/2018, que autoriza os entes federados a estabelecer formas de recompensa pelo oferecimento de informações, bem como a estabelecer serviços de recepção de denúncias por telefone, garantindo o anonimato dos denunciantes.

✱ ***V.*** *Lei nº 13.608/2018 (Dispõe sobre o serviço telefônico de recebimento de denúncias e sobre recompensa por informações que auxiliem nas investigações policiais).*

WITNESS – Palavra inglesa que significa declarante, prova, indício, sinal, vestígio, testemunho, depoimento. *Bear*: dar testemunho. *In whereof*: em fé de que. *The was sworn*: a testemunha prestou juramento. *To call as* (*or to*): arrolar como testemunha; invocar como testemunha.

WRIT – Palavra inglesa que significa "ordem escrita" – ordem judicial no caso, por exemplo, de mandado de segurança, quando o juiz denega ou assegura o direito pleiteado. Detém ainda os significados de estatuto, édito, escritura, lei, sentença, citação, execução. Exemplo: *writ of rigth*: mandado de reintegração de posse. Serve *a writ upon any one*: mandar citar uma pessoa. *The Holy Writ*: a Bíblia. *Writ of attachment*: ordem de prisão; mandado de penhora ou posse. *Writ of error*: mandado de revisão de processo.

X

XENOFOBIA – Aversão a pessoas, coisas, ou ideias de origem estrangeira. O mesmo que xenofobismo. A Lei nº 13.445/2017 (Lei de Migração) inciso II, definiu como princípios de diretrizes da política migratória brasileira o repúdio e a prevenção à xenofobia.

✱ **V.** *Lei nº 10.671/2003 (Estatuto de Defesa do Torcedor), art. 13-A, IV e V.*

✱ **V.** *Lei nº 12.663/2012 (Dispõe sobre as medidas relativas à Copa das Confederações FIFA 2013, à Copa do Mundo FIFA 2014 e à Jornada Mundial da Juventude – 2013), art. 28, IV e V.*

✱ **V.** *Lei nº 13.445/2017 (Lei de Migração), art. 3º, II.*

XEROCÓPIA – Processo de reprodução de documentos ou papéis escritos, por cópias sucessivas. Fotocópia obtida por xerografia, processos de impressão eletrostática. Vale como certidão, sempre que o escrivão portar por fé sua conformidade com o original. A cópia tem o mesmo valor probante que o original, cabendo ao escrivão, intimadas as partes, proceder à conferência e certificar a conformidade entre a cópia e o original. Fazem a mesma prova que os originais as reproduções dos documentos públicos, desde que autenticadas por oficial público ou conferidas em cartório com os respectivos originais. A Lei nº 6.015/1973 diz que as certidões extraídas dos registros públicos, deverão ser fornecidas em papel e mediante escrito que permitam sua reprodução por fotocópia ou processo equivalente.

✱ **V.** *CPC/1973, arts. 365, IV, 384 e 385.*

✱ **V.** *CPC/2015, arts. 423, 424 e 425, IV.*

✱ **V.** *Lei nº 6.015/1973 (Lei de Registros Públicos), art. 19, § 5º.*

XIFOPAGIA – Em Medicina Legal, é a manifestação teratológica que consiste no fato de dois indivíduos nascerem ligados na altura do tórax ou da região xifoidea, isto é, da base do externo ao umbigo. O Direito brasileiro considera que são duas pessoas, havendo duas cabeças, dois cérebros, duas individualidades.

Z

ZELADOR – Excluído da condição de doméstico os que ocupam apartamentos residenciais, desde que estejam a serviço da administração do prédio e não de cada condômino em particular.

✱ ***V.*** *Lei nº 2.757/1956 (Dispõe sobre a situação dos empregados porteiros, zeladores, faxineiros e serventes de prédios de apartamentos residenciais).*

✱ ***V.*** *Lei nº 8.212/1991 (Dispõe sobre a organização da Seguridade Social, institui Plano de Custeio, e dá outras providências), art. 31, § 4º, I.*

✱ ***V.*** *Lei nº 6.538/1978 (Dispõe sobre os Serviços Postais), art. 22.*

ZERÉZIMA – Documento impresso dado pelos serviços informatizados ao iniciar-se os processos de votação, apuração e totalização eletrônica, no qual são indicados os elementos utilizados e a inexistência de outros registros prévios.

ZONA – Extensão do território onde são executados serviços especiais do Estado, como zona fiscal, zona aduaneira etc.

✱ ***V.*** *Cód. Bras. Aer., art. 15.*

✱ ***V.*** *Lei nº 4.886/1965 (Regula as atividades dos representantes comerciais autônomos), arts. 27 e 31.*

ZONA CONTÍGUA – Faixa entre o Mar Territorial e o Alto Mar, atualmente fixada por convenção internacional em 22 milhas marítimas, sobre a qual o Estado litorâneo exerce sua jurisdição sobre atividades pesqueiras e outras de interesse nacional.

✱ ***V.*** *Lei nº 8.617/1993 (Dispõe sobre o mar territorial, a zona contígua, a zona econômica exclusiva e a plataforma continental brasileiros, e dá outras providências), art. 4º.*

ZONA COSTEIRA – A CF diz que a zona costeira é patrimônio nacional, devendo ser utilizada na forma da lei, dentro de condições que assegurem a preservação do meio ambiente, inclusive quanto ao uso dos recursos naturais.

✱ ***V.*** *CF, art. 225, § 4º.*

ZONA ECONÔMICA EXCLUSIVA BRASILEIRA – Faixa de mar que se estende de doze à *duzentas milhas* marítimas, sobre a qual o Brasil tem soberania para exploração e aproveitamento econômico dos recursos naturais, bem como a conservação e gestão desses recursos.

✱ ***V.*** *CF, art. 20, V, e § 1º.*

✱ ***V.*** *Lei nº 8.617/1993 (Dispõe sobre o mar territorial, a zona contígua, a zona econômica exclusiva e a plataforma continental brasileiros), art. 6º.*

✱ ***V.*** *Lei nº 9.478/1997 (Dispõe sobre a política energética nacional, as atividades relativas ao monopólio do petróleo, institui o Conselho Nacional de Política Energética e a Agência Nacional do Petróleo), art. 3º.*

ZONA ELEITORAL – A jurisdição eleitoral é dividida por zonas eleitorais, similares às varas da Justiça Comum, onde se realizam as eleições. São dirigidas por um juiz de direito, indicado pela Justiça Estadual, e são divididas em seções eleitorais.

✱ ***V.*** *CE, arts. 32 a 35.*

ZONA DE FRONTEIRA – Faixa de até 150 quilômetros de largura, ao longo das fronteiras terrestres, designada como faixa de fronteira; é fundamental para a defesa do território nacional, sendo sua ocupação e utilização reguladas por lei, segundo prevê a CF

✱ *V. CF, art. 20, § 2º.*

ZONA FRANCA – Área especialmente reservada, por convenção internacional, para o livre trânsito de mercadorias, de operações de importação e exportação, isentas para tanto de tributação.

De Manaus: a CF manteve a Zona Franca de Manaus, com características de área livre de comércio, importação e exportação, de incentivos fiscais, pelo prazo de 25 anos, a partir da promulgação da CF (5-10-1988). Somente a Lei Federal pode modificar os critérios que disciplinaram ou venham a disciplinar a aprovação dos projetos na Zona Franca de Manaus. A EC nº 121/2022 estendeu os incentivos e benefícios do regime especial da Zona Franca de Manaus à política industrial para o setor de tecnologias da informação e comunicação e para o setor de semicondutores. A EC n° 121/2022 estendeu os incentivos e benefícios do regime especial da Zona Franca de Manaus à política industrial para o setor de tecnologias da informação e comunicação e para o setor de semicondutores.

✱ *V. CF, Disposições Transitórias, art. 40, parágrafo único.*

✱ *V. EC nº 121/2022 (Altera o inciso IV do § 2º do art. 4º da Emenda Constitucional nº 109, de 15 de março de 2021).*

ZONAS DE PROCESSAMENTO DE EXPORTAÇÃO (ZPE) – 1. Caracterizam-se como áreas de livre comércio com o exterior, destinadas à instalação de empresas voltadas para a produção de bens a serem comercializados no exterior, sendo consideradas zonas primárias para efeito de controle aduaneiro. Estão sujeitas ao regime jurídico instituído pela Lei nº 11.508/2007, com a finalidade de reduzir desequilíbrios regionais, bem como fortalecer o balanço de pagamentos e promover a difusão tecnológica e o desenvolvimento econômico e social do País. 2. A Lei nº 14.184/2021 alterou o marco legal das ZPE (Lei nº 11.508/2007) para modernizá-lo e redefiniu o conceito para áreas de livre comércio com o exterior, destinadas à instalação de empresas direcionadas para a produção de bens a serem comercializados no exterior, a prestação de serviços vinculados à industrialização das mercadorias a serem exportadas ou a prestação de serviços a serem comercializados ou destinados exclusivamente para o exterior, consideradas zonas primárias para efeito de controle aduaneiro.

✱ *V. Lei nº 11.508/2007 (Dispõe sobre o regime tributário, cambial e administrativo das Zonas de Processamento de Exportação, e dá outras providências).*

✱ *V. Lei nº 14.184/2021 (Altera a Lei nº 11.508, de 20 de julho de 2007, para fins de modernização do marco legal das Zonas de Processamento de Exportação (ZPE)).*

ZONA URBANA – Aquela situada na cidade, alcançada por serviços públicos. Para efeitos tributários é a zona definida em lei municipal que seja beneficiada, no mínimo, por dois dos melhoramentos referidos no CTN, art. 32, § 1º.

✱ *V. Dec.-lei nº 271/1967 (Dispõe sobre loteamento urbano, responsabilidade do loteador, concessão de uso do espaço aéreo), art. 1º, § 3º.*

ZONEAMENTO – Discriminação de setores ou zonas para fins administrativos. Disciplina que condiciona o uso da propriedade imobiliária mediante a delimitação de áreas categorizadas, considerando-se as utilizações que nela são admitidas.

Ambiental: *V.* Zoneamento ecológico-econômico.

Ecológico-econômico: Para fins de Dir. Ambiental, é o processo de definição de setores ou zonas em uma unidade de conservação ambiental, com o objetivo de proporcionar os meios e condições para que todos os objetivos da unidade possam ser alcançados de forma harmônica e eficaz. É um dos instrumentos previstos pela Política Nacional do Meio Ambiente, voltado à definição de áreas prioritárias de ação governamental, visando à qualidade e equilíbrio ecológicos, compatibilizando-os com o desenvolvimento econômico e social. Também é instrumento aplicado para delimitação de áreas de reserva ambiental, bem como para estipulação de ações que devem ser adotadas para manejo sustentável se propriedades rurais. ***V.*** *Zoneamento ambiental.*

✱ *V. Lei nº 9.985/2000 (Institui o Sistema Nacional de Unidades de Conservação da Natureza), art. 2º, XVI.*

✱ *V. Lei nº 6.938/1981 (Dispõe sobre a Política Nacional do Meio Ambiente), art. 9º, II.*

✱ *V. Lei nº 12.651/2012 (Novo Código Florestal), art. 13.*

✱ *V. Dec. nº 4.297/2002 (Estabelece critérios para o zoneamento ecológico-econômico do Brasil).*

Z